CB053044

A INSTITUIÇÃO
DA RELIGIÃO CRISTÃ

João Calvino

A INSTITUIÇÃO DA RELIGIÃO CRISTÃ

Organizada agora pela primeira vez em quatro livros e em capítulos precisos e distintos, muito adequada ao estudo. Além disso, enriquecida de tão grande acréscimo que quase pode ser tomada por uma obra nova.

Tomo II
Livros III e IV

Edição integral de 1559

editora
unesp

Título original em latim: Institutio Christianae Religionis (1559)

© 2007 da tradução brasileira

Fundação Editora da UNESP (FEU)

Praça da Sé, 108

01001-900 – São Paulo – SP

Tel.: (0xx11) 3242-7171

Fax: (0xx11) 3242-7172

www.editoraunesp.com.br

atendimento.editora@unesp.br

CIP – Brasil. Catalogação na fonte
Sindicato Nacional dos Editores de Livros, RJ

C168i
t.2

Calvin, Jean, 1509-1564

A instituição da religião cristã, Tomo II, Livros III e IV/João Calvino; [tradução do Tomo II, Livro III, Elaine C. Sartorelli; capítulos 1 a 13 e 20 do Livro IV, Omayr J. de Moraes Jr.; capítulos 14 a 19 do Livro IV, Elaine C. Sartorelli]. — São Paulo: Editora UNESP, 2009.

Tradução de: Institutio Christianae Religionis
"Edição integral de 1559"
Conteúdo: t.2. livros III e IV
ISBN 978-85-7139-900-6 (t.2)

1. Igrejas reformadas — Doutrinas e controvérsias — Obras anteriores a 1800. 2. Teologia dogmática — Obras anteriores a 1800. I. Título.

08-5571.   CDD: 284.2

                                                  CDU: 275

Editora afiliada:

Asociación de Editoriales Universitarias de América Latina y el Caribe   Associação Brasileira de Editoras Universitárias

Os Editores homenageiam a memória
de Olavo Egydio Setubal,
incentivador desta publicação.

Abreviaturas adotadas

- **Ab** .... Abdias
- **Ag** .... Ageu
- **Am** .... Amós
- **Ap** .... Apocalipse
- **At** .... Atos dos apóstolos
- **Br** .... Baruque
- **Cl** .... Colossenses
- **1Co** .... Coríntios, 1
- **2Co** .... Coríntios, 2
- **1Cr** .... Crônicas, 1
- **2Cr** .... Crônicas, 2
- **Ct** .... Cântico dos cânticos
- **Dn** .... Daniel
- **Dt** .... Deuteronômio
- **Ecl** .... Eclesiastes
- **Eclo** .... Eclesiástico
- **Ed** .... Esdras
- **Ef** .... Efésios
- **Et** .... Ester
- **Ex** .... Êxodo
- **Ez** .... Ezequiel
- **Fm** .... Filêmon
- **Fp** .... Filipenses
- **Gl** .... Gálatas
- **Gn** .... Gênesis
- **Hb** .... Hebreus

- **Hc** .... Habacuque
- **Is** .... Isaías
- **Jd** .... Judas
- **Jl** .... Joel
- **Jn** .... Jonas
- **Jó** .... Jó
- **Jo** .... João
- **1Jo** .... João, 1
- **2Jo** .... João, 2
- **3Jo** .... João, 3
- **Jr** .... Jeremias
- **Js** .... Josué
- **Jt** .... Judite
- **Jz** .... Juízes
- **Lc** .... Lucas
- **Lm** .... Lamentações
- **Lv** .... Levítico
- **Mc** .... Marcos
- **1Mc** .... Macabeus, 1
- **2Mc** .... Macabeus, 2
- **Ml** .... Malaquias
- **Mq** .... Miqueias
- **Mt** .... Mateus
- **Na** .... Naum
- **Ne** .... Neemias
- **Nm** .... Números

Sumário

Da maneira de receber a graça de Cristo, e que frutos nos advêm daí e que efeitos se seguem

As coisas que dissemos acerca de Cristo são-
-nos úteis pela ação misteriosa do Espírito.

 evemos ver agora de que maneira chegam até nós os bens que o Pai conferiu a seu Filho Unigênito, não para seu uso, mas para que, com eles, socorresse os pobres e necessitados. Mas antes devemos ter em conta que, enquanto Cristo estiver fora de nós e nós dele separados, tudo quanto padeceu e fez pela salvação do gênero humano nos é inútil e não faz nenhuma diferença. Logo, para que nos comunique os bens que recebeu do Pai, é preciso que Ele se faça nosso e que habite em nós. Por essa razão, é chamado "nossa cabeça" (Ef 4, 15) e "primogênito entre muitos irmãos" (Rm 8, 29); de nós, por nossa vez, diz-se que somos "enxertados nele" (Rm 11, 17) e "revestidos dele" (Gl 3, 27); porque, como já disse, nada de tudo o que Ele possui é para nós até que nos tornemos unos com Ele.

Embora seja verdade que não conseguimos isso pela fé, uma vez que nem todos compreendem indistintamente a comunicação de Cristo que é oferecida pelo Evangelho, a própria razão nos ensina a subir mais alto e inquirir sobre a eficácia oculta do Espírito, mediante a qual se dá que usufruamos de Cristo e de todos os seus bens. Já dissertei sobre a divindade eterna e sobre a essência do Espírito.[1] Contentemo-nos agora com este princípio essencial: tal como Cristo veio na água e no sangue, assim dê testemunho o Espírito, para que não se perca a salvação obtida para nós. Porque, assim como são citadas três testemunhas no céu, o Pai, o Filho e o Espírito, assim também há outras três na terra: a água, o sangue e o Espírito (1Jo 5, 7-8). Nem em vão repete-se o testemunho do Espírito, o qual sentimos gravado em nossos corações com a força do sinete

---

1 Cf. Livro I, Capítulo XIII, §§ 14-15.

por meio do qual ocorre que Cristo chancele a purificação e o sacrifício. Também por essa razão, Pedro diz que os fiéis são eleitos na santificação do Espírito, para obedecerem e serem aspergidos com o sangue de Cristo (1Pd 1, 2). Com essas palavras, adverte-nos a fim de que o derramamento daquele sangue sagrado não seja em vão, mas que nossas almas sejam por ele purificadas em misteriosa aspersão do Espírito. Por igual razão, também Paulo, falando da purificação e da justificação, diz que estamos em posse de ambas, em nome de Cristo e pelo Espírito de nosso Deus (1Co 6, 11). Resumindo: o Espírito Santo é o vínculo com que Cristo nos ata a Ele firmemente. A isso se refere aquilo que ensinamos sobre sua unção no livro anterior.[2]

2. Entretanto, para que o tema, singularmente importante, esclareça-se com mais certeza pelo conhecimento, deve-se considerar que Cristo veio provido do Espírito Santo de um modo peculiar, isto é, para afastar-nos do mundo e abrigar-nos na esperança da herança eterna. Por isso é chamado "espírito de santificação",[3] porque não somente nos nutre e aquece com seu poder, que resplandece tanto no gênero humano como nos demais animais, mas é em nós raiz e semente da vida celestial. E assim os profetas recomendam o reino de Cristo, principalmente por causa do anúncio de que o derramamento do Espírito seria então mais abundante. O mais admirável é o passo de Joel: "Naquele dia, derramarei meu Espírito sobre toda carne" (Jl 2, 28). Pois, ainda que o profeta pareça restringir os dons do Espírito ao ofício de profetizar, sob essa figura, no entanto, quer dizer que Deus, pela iluminação de seu Espírito, haveria de tornar discípulos seus aqueles que antes foram desprovidos e vazios da doutrina celeste. Mais adiante, porque Deus Pai, por causa de seu Filho, nos concede o Espírito, e mesmo depositou nele toda a plenitude, para que fosse ministro e dispensador de sua liberalidade, ora é chamado Espírito do Pai, ora Espírito do Filho. "Vós", diz Paulo, "não viveis segundo a carne, mas segundo o Espírito, se realmente o Espírito de Deus habita em vós. E se alguém não tem o Espírito de Cristo, não pertence a Ele" (Rm 8, 9). Por esse motivo, em verdade, faz a esperança da plena renovação, porque "aquele que ressuscitou Cristo dos mortos vivificará nossos corpos mortais por causa de seu Espírito, que habita em vós" (Rm 8, 11). E nada há de absurdo em atribuir ao Pai o louvor dos dons de que é autor, e entretanto em atribuir as mesmas partes a Cristo, em quem

---

2 Cf. Livro II, Capítulo XV, § 2.
3 2Ts 2, 13; 1Pd 1, 2.

esses dons do Espírito foram depositados para que os reparta entre os seus. E por isso chama a si os que têm sede, para que bebam (Jo 7, 37). E Paulo ensina que o Espírito "distribuiu a cada um conforme a medida do dom de Cristo" (Ef 4, 7).

E deve-se saber também que se chama Espírito de Cristo não somente enquanto é Verbo eterno de Deus unido com o Pai pelo Espírito, mas também segundo sua Pessoa de Mediador; porque, se não estivesse revestido dessa virtude, teria vindo até nós em vão. E nesse sentido é chamado o Segundo Adão, que nos foi dado do céu em Espírito vivificante (1Co 15, 45), quando Paulo compara a vida singular que o Filho de Deus inspira aos seus, para que sejam uma só coisa com Ele, com a vida animal, que é também comum aos réprobos. Ou quando, igualmente, pede que a graça de Cristo e o amor de Deus sejam com todos os fiéis, acrescenta ao mesmo tempo a comunicação do Espírito (2Co 13, 13), sem a qual ninguém provará o favor paterno de Deus, nem os benefícios de Cristo. Como diz em outro lugar, "o amor de Deus foi derramado em nossos corações pelo Espírito Santo que nos foi dado" (Rm 5, 5).

3. Far-se-á necessário notar com que títulos a Escritura designa o Espírito, quando se trata do princípio e da total instauração da nossa salvação. Primeiro, é chamado "espírito de adoção", porque é testemunha da benevolência gratuita de Deus, com a qual Deus Pai nos admitiu em seu unigênito dileto, para que fosse nosso caminho para o Pai. E ainda anima nossa confiança de suplicar a Ele e até mesmo nos dita as palavras, para que clamemos sem temor: "Abba, Pai!" (Rm 8, 15; Gl 4, 6). Pela mesma razão, é chamado "marca" e "selo de nossa herança" (2Co 1, 22), porque Ele de tal maneira vivifica do céu aos que peregrinam neste mundo e são semelhantes aos mortos, que estamos certos de que nossa salvação está em segurança sob a fiel custódia de Deus. Daí também que se diz ser "vida", por causa de sua justiça (Rm 8, 10). E porque nos fecunda com sua aspersão para fazer brotar sementes de justiça; é às vezes chamado "água", como em Isaías: "Todos os que tendes sede: vinde às águas" (Is 55, 1). E de novo: "Derramarei águas sobre a seca, e rios sobre a terra árida" (Is 44, 3). A isso corresponde a sentença de Cristo que citei pouco antes: "Se alguém tem sede, venha a mim" (Jo 7, 37). No entanto, às vezes é denominado assim por sua energia para purificar e limpar; como em Ezequiel, quando o Senhor promete águas limpas para lavar seu povo de todas as imundícies (Ez 36, 25). E uma vez que, banhados no líquido de sua graça, restitui-nos ao vigor da vida e nos nutre, daí obtém o nome de "azeite" e "unção" (1Jo 2, 20-27). Por outro lado, porque, derretendo e queimando continuamente os vícios de nossa concupiscência, incendeia nossos corações no amor de Deus e no exercício da piedade, por efeito disso, com razão, se lhe chamam também "fogo" (Lc 3, 16). Finalmente, é-nos descrito como se fosse "fonte" (Jo 4, 14), de onde emanam em nossa direção todas as riquezas celestiais; ou então como "mão de Deus", com a qual Ele exerce seu poder. Porque inspira com o sopro de sua virtude a vida divina em nós, de tal forma que não sejamos mais guiados por nós, mas regidos por sua ação e movimento; tanto que, se houver em nós quaisquer coisas boas, são frutos de sua graça, e sem ele, em verdade, nossos dotes não são senão trevas da mente e perversidade do coração. Isto já foi claramente explicado: que, enquanto nossa mente não estiver voltada para o Espírito, Cristo permanece de alguma forma ocioso, porque com frieza o contemplaríamos fora de nós, ou antes, longe de nós. Sabemos, no entanto, que Cristo não beneficia senão aqueles de quem é cabeça (Ef 4, 15) e o primogênito entre os irmãos (Rm 8, 29), aqueles, que, afinal, estão revestidos dele (Gl 3, 27). Somente essa união garante não ser em vão sua vinda até nós com o nome de Salvador. Para aí tende esse sagrado matrimônio por meio do qual somos feitos carne de sua carne e ossos de seus ossos (Ef 5, 30), ou antes, uma só coisa com Ele. Somente pelo Espírito une-se conosco. Pela graça e pelo poder do mesmo Espírito, somos feitos membros seus, para que nos contenha debaixo de si, e para que o possuamos reciprocamente.

4. No entanto, como é a mais importante de suas obras, à fé se refere a maior parte de tudo quanto ocorre a cada passo na Escritura para descrever seu poder e operação: porque somente pela fé nos guia à luz do Evangelho, como ensina João ao dizer que foi dada aos que creem em Cristo a prerrogativa de serem filhos de Deus, os quais não nasceram da carne e do sangue, mas de Deus (Jo 1, 13); pois quando opõe Deus à carne e ao sangue, afirma que este é um dom sobrenatural: que recebam a Cristo pela fé aqueles que, de outra maneira, permaneceriam entregues à incredulidade. Semelhante a isso é a resposta de Cristo a Pedro: "Não to revelou nem a carne nem o sangue, mas o meu Pai que está nos céus" (Mt 16, 17). Toco nesses temas de modo sucinto, pois já tratei deles extensamente em outra parte.[4] Também semelhante a isso é o que diz Paulo, que os efésios "receberam a marca do Espírito Santo prometido" (Ef 1, 13), querendo dizer que o Espírito é nosso mestre interior, por obra de quem a promessa de salvação penetra em nossa mente, pois, de outro modo,

---

4 Cf. Livro I, Capítulo XIII, § 14ss.

apenas conseguiria golpear o ar ou nossos ouvidos. Da mesma forma, quando diz que os tessalonicenses foram escolhidos por Deus "mediante a santificação do Espírito e a fé da verdade" (2Ts 2, 13) e, nesse contexto, adverte-nos de que a própria fé não advém senão do Espírito. E João o explica com mais clareza: "que Ele permanece em nós, sabemos pelo Espírito que Ele nos deu" (1Jo 3, 24). E, de novo, "reconhecemos que nós permanecemos nele e Ele em nós por isto: porque nos deu algo de seu Espírito" (1Jo 4, 13). E, igualmente, o Senhor prometeu a seus discípulos, para que fossem capazes da sabedoria celestial, "o Espírito de verdade, o qual o mundo não é capaz de receber" (Jo 14, 17). E atribui ao Espírito, como ofício próprio, recordar o que Ele mesmo lhes havia ensinado com palavras. Porque em vão apresentar-se-ia a luz aos cegos, a não ser que aquele Espírito de inteligência lhes abrisse os olhos do entendimento. Com razão, podes chamar-lhe a chave com que nos são abertos os tesouros do reino dos céus e sua iluminação, os olhos para ver de nosso entendimento. Por isso, Paulo valoriza tanto o ministério do Espírito (2Co 3, 6): porque sem proveito clamariam os doutores, se o próprio Cristo, o Mestre interior, não atraísse para si, por meio do seu Espírito, aqueles que lhe são dados pelo Pai (Jo 6, 44). Logo, como já dissemos, se na pessoa de Cristo se encontra a salvação perfeita, do mesmo modo, para que nos façamos partícipes dele, nos batiza "no Espírito Santo e no fogo" (Lc 3, 16), iluminando-nos na fé de seu Evangelho e regenerando-nos de tal maneira que sejamos novas criaturas até que, uma vez limpos das imundícias profanas, consagra-nos a Deus, como templos santos.

Capítulo II

Sobre a fé: onde se estabelece sua definição e se explica o que tem de próprio.

odas essas coisas serão fáceis de entender quando for estabelecida uma definição mais clara de fé, para que o leitor apreenda a força e a natureza dela. Antes, porém, convém repetir de memória coisas já ensinadas: que Deus, quando nos prescreve por meio de sua Lei o que deve ser feito, ameaça-nos, se falharmos em alguma parte, com aplicar-nos aquela terrível sentença de morte eterna. Por outro lado, cumprir a Lei como Ele exige não somente é árduo como está absolutamente além de nossas forças e fora de nossas faculdades. Se olhamos somente para nós mesmos e consideramos qual a condição digna de nossos méritos, nenhuma esperança nos resta; mas, rechaçados por Deus, somos sepultados em condenação eterna. Em terceiro lugar, já foi explicado que há somente um caminho de libertação que nos resgata de tão infeliz calamidade: a aparição de Cristo Redentor, por cuja mão o Pai celestial, apiedado de nós conforme sua imensa bondade e clemência, quis nos socorrer, desde que abracemos essa sua misericórdia com fé sólida, e nela descansemos com esperança constante. Mas agora convém examinar atentamente qual deve ser a fé por meio da qual todos os que foram adotados como filhos por Deus entram na posse do reino dos céus, uma vez que, em assunto de tão grande importância, não basta uma opinião qualquer ou ainda uma igual convicção. Além disso, a verdadeira propriedade da fé deve ser investigada por nós — e com o maior cuidado e empenho, quanto mais que, nesse assunto, é hoje ainda mais perniciosa a alucinação de muitos. Se boa parte do mundo, tendo ouvido sobre a fé, não compreende nada do que não seja certo assentimento vulgar à narração do Evangelho; e mais ainda, quando disputam acerca da fé nas escolas, considerando a

Deus simplesmente um objeto da fé, mais desencaminham as pobres almas com sua vã especulação do que as dirigem a um objetivo. Porque, uma vez que Deus habita numa luz inacessível (1Tm 6, 16), é necessário Cristo apresentar-se como intermediário. Daí também que Ele se refira a si mesmo como "luz do mundo" (Jo 8, 12); e, em outro lugar, como "caminho, verdade e vida" (Jo 14, 6). Pois ninguém vai ao Pai, que é a fonte da vida, senão por Ele; porque só Ele conhece o Pai, e, depois dele, os fiéis aos quais Ele quiser se revelar (Lc 10, 22). Em conformidade com isso, Paulo assevera que julga não saber coisa alguma além de Cristo (1Co 2, 2). E, no capítulo 20 dos *Atos dos apóstolos*, relata que ele não fez senão pregar a fé em Cristo; e, em outro lugar, apresenta a Cristo falando desta maneira: "Enviar-te-ei entre os gentis, para que, pela fé em mim, recebam perdão dos pecados e herança entre os santificados" (At 26, 17-18). E Paulo testemunha que a glória de Deus é visível para nós na pessoa de Cristo, ou — o que tem igual valor — que a iluminação do conhecimento da glória de Deus resplandece em seu rosto (2Co 4, 6). É verdade, de fato, que a fé tem olhos para o Deus uno. Mas se deve acrescentar também que ela nos dá a conhecer aquele a quem o Pai enviou, Jesus Cristo. Porque o próprio Deus permaneceria escondido ao longe se o fulgor de Cristo não se irradiasse até nós. Para esse fim, o Pai depositou em seu unigênito tudo o que tinha, para nele se revelar, para que, por meio dessa comunicação de bens, expressasse a verdadeira imagem de sua glória. Porque, como já foi dito, importa que sejamos atraídos pelo Espírito para sermos incitados a buscar Cristo, ao mesmo tempo em que, por outro lado, somos avisados de que não se deve buscar o Pai invisível em outro lugar que não nessa imagem. Agostinho, que, discorrendo sobre a finalidade da fé, trata desse tema com elegância, afirma que nos é necessário saber aonde e por onde se deve ir; e conclui, em seguida, que o caminho mais seguro contra todos os erros é aquele que é Deus e é homem. Porque Deus é aquele para onde vamos, e o homem, aquele por onde vamos. E somente em Cristo se encontra um e outro (*Cidade de Deus*, livro 11, c.2). Nem Paulo, enquanto prega a fé em relação a Deus, tem em mente rebater o que tantas vezes inculca sobre a fé: que ela tem toda a sua firmeza em Cristo. E Pedro une perfeitamente as duas coisas dizendo que, por intermédio de Cristo, cremos em Deus (1Pd 1, 21).

2. Logo, esse mal, como inúmeros outros, deve ser imputado aos escolásticos, que como que envolveram a Cristo com um véu fechado, e, em vista disso, a menos que nos esforcemos por andar em linha reta, tocar-nos-á sempre vagar por labirintos. Mas, além disso, porque debilitam, com

sua tenebrosa definição, toda a força da fé — e quase mesmo a exaurem —, fabricaram a ficção da fé "implícita"; nome com o qual, adornando a mais crassa ignorância, iludem a pobre gente simples para sua grande ruína. Mais ainda (para dizer de forma clara e aberta o que a coisa é): essa ficção não apenas põe a perder a verdadeira fé, como a destrói totalmente. Será que crer é isto, não entender nada, contanto que obedientemente submetas teu intelecto à Igreja? A fé está situada não na ignorância, mas no conhecimento, e, de fato, depende não só de Deus, mas também da vontade divina. Pois nós não alcançamos a salvação por isso, ou seja, quer por estarmos prontos a abraçar como verdadeiro o que for que a Igreja houver determinado, quer por relegarmos a ela a tarefa de investigar e de conhecer, mas por sabermos que Deus é nosso Pai benévolo, em virtude da reconciliação realizada por intermédio de Cristo, e que Cristo nos foi dado em justiça, santificação e vida. Em virtude desse conhecimento, digo, e não pela submissão de nosso intelecto, obtemos o ingresso no reino dos céus. Pois quando o apóstolo diz que "Crendo com o coração se alcança a justiça, confessando com a boca se consegue a salvação" (Rm 10, 10), indica que não é suficiente um homem crer implicitamente naquilo que não entende e tampouco procura entender, mas requer um conhecimento explícito da bondade divina, em que consiste nossa justiça.

3. Evidentemente não nego que, sendo cercados de ignorância, muitas coisas são implícitas para nós no presente, e assim vão continuar até que, abandonado o corpo de carne, tenhamos acesso à presença de Deus. Em tais coisas, nada convém mais que suspender nosso julgamento e fortalecer o espírito para que a unidade da Igreja seja mantida. Entretanto, atribuir, sob tal pretexto, o nome de fé à ignorância misturada com certa humildade é o maior dos absurdos. Pois a fé repousa no conhecimento de Deus e de Cristo (Jo 17, 3), não na reverência à Igreja. Podemos ver o labirinto que fabricaram com essa "implicação", uma vez que se abraça, sem discernimento algum, seja lá o que for, contanto que seja proposto sob a chancela da Igreja, por imperitos à maneira de oráculos, às vezes até mesmo os erros mais monstruosos. Essa facilidade irrefletida, ainda que seja o mais certo precipício para a ruína, não obstante é desculpada por todos; porque ela não crê em nada categoricamente, mas sob esta condição: se tal for a fé da Igreja. Assim, fingem que têm a verdade no erro, a luz na cegueira, a ciência correta na ignorância. Para não nos demorarmos mais em refutar tais absurdos, exortamos o leitor a apenas comparar essas coisas com as nossas. Pois a própria clareza da verdade fornecerá refutação suficientemente fácil. E não se questiona entre eles isto: a fé está implícita pelos muitos vestígios de ignorância, mas afirmam que creem corretamente aqueles que estão estupefatos em sua estultícia e ainda se dão por satisfeitos, contanto que deem seu assentimento à autoridade e ao julgamento da Igreja. Como se a Escritura não ensinasse a cada passo que a inteligência está unida à fé!

4. Nós concedemos que a fé, enquanto peregrinamos por este mundo, seja implícita; não só porque até agora muitas coisas estão ocultas, mas porque, rodeados pelas trevas de numerosos erros, não compreendemos tudo. Porque a suprema sabedoria daquele mais perfeito é aproveitar e esforçar-se em ir mais longe, com plácida docilidade. Por isso, Paulo exorta os fiéis a esperarem uma revelação, se houver dissensão entre um e outro acerca de algum tema (Fp 3, 15). E a própria experiência nos ensina que, enquanto não estivermos despojados da carne, saberemos menos do que desejaríamos. A cada dia, encontramos, lendo a Escritura, muitos passos obscuros, que nos convencem de nossa ignorância. Com um tal freio, Deus nos mantém na modéstia, distribuindo a cada um uma porção de fé, a fim de que até mesmo o melhor e mais douto esteja sempre pronto a aprender. É possível perceber notáveis exemplos dessa fé implícita nos discípulos de Cristo, antes de alcançarem a iluminação plena. Vemos com quanta dificuldade saboreiam os primeiros rudimentos, como hesitam nas mínimas coisas, como dependentes da palavra do Mestre, e mesmo assim não aproveitam muito. Mais ainda: quando correm ao sepulcro pelo aviso das mulheres, a ressurreição de seu Mestre parece-lhes um sonho. Contudo, uma vez que o próprio Cristo havia antes dado testemunho da sua fé, não é justo dizer que estavam dela desprovidos; e mais: se não estivessem persuadidos de que Cristo haveria de ressuscitar, todo o seu afeto nessa questão teria desaparecido. Nem foi a superstição o que levou as mulheres a ungir com unguentos aromáticos o cadáver de um morto, sem que houvesse nenhuma esperança. Mas alguma fé tinham nas palavras daquele que, sabiam, era veraz; ainda assim, a rudeza que até então ocupava-lhes a mente envolvia sua fé em trevas de tal maneira que ficaram quase atônitos. Daí também dizer-se que por fim creram, quando a verdade das palavras de Cristo se lhes foi provada com a própria realidade. Não que só então começassem a crer, mas sim porque a semente da fé oculta, que estava como morta em seus corações, voltou então com vigor renovado. Logo, havia neles verdadeira fé, ainda que implícita, já que, com reverência, haviam abraçado a Cristo como único Mestre. Então, educados por Ele, elegeram-no autor de sua salvação. E, enfim, creram que havia descido do céu a fim de atrair para lá, com a graça do Pai, aqueles que haviam de ser seus discípulos.

5. É lícito chamar fé implícita também àquela que, no entanto, não é senão uma preparação para a fé. Os evangelistas contam que muitos foram os que creram levados unicamente pela admiração aos milagres, mas não avançaram além da crença de que Cristo era o Messias prometido, a despeito de, na verdade, terem sido iniciados na suave doutrina do Evangelho. Tal observância, que os sujeitou a submeterem-se espontaneamente a Cristo, é ornada com a denominação de fé, ainda que não fosse mais que um princípio de fé. Assim, aquele cortesão que acreditou na cura de Cristo prometida a seu filho, tendo retornado à casa, conforme o testemunho do evangelista, voltou a crer (Jo 4, 53), sem dúvida porque primeiro tomou o que ouvira da boca de Cristo como um oráculo, e, em seguida, entregou-se à sua autoridade para receber sua doutrina. No entanto, deve-se compreender que ele estava tão dócil e preparado para aprender que a palavra "crer" denota, antes de tudo, certa fé em particular, e, em segundo lugar, coloca-o entre os discípulos que haviam aceitado Cristo. João nos propõe exemplo semelhante a este nos samaritanos, que, acreditando no que a mulher samaritana lhes dissera, acorreram a Cristo com fervor; eles, não obstante, tendo-o escutado, responderam: "Já não cremos por causa da tua fala, mas porque o ouvimos, e sabemos que este é o Salvador do mundo, o Cristo" (Jo 4, 42). Com esses exemplos, fica patente que são chamados fiéis também aqueles que ainda não foram instruídos nos primeiros rudimentos da fé, contanto que se sintam inclinados à obediência, não em sentido próprio, mas na medida em que Deus, por indulgência, acha por bem conceder tão grande honra àquele piedoso afeto. Mas essa docilidade, aliada ao desejo de aprender, está longe de ser a crassa ignorância em que se entorpecem os que se dão por satisfeitos com uma fé implícita (como a imaginam os papistas). Porque se Paulo condena com severidade aqueles que, embora aprendendo sempre, não chegam à ciência da verdade (2Tm 3, 7), censura ainda mais pesada merecem aqueles que, de caso pensado, aspiram a nada saber!

6. O verdadeiro conhecimento de Cristo então se dá se o recebemos tal como o Pai no-lo oferece: revestido de seu Evangelho. Porque assim como Cristo nos foi destinado com o objetivo de nossa fé, assim também jamais chegaremos a Ele senão guiados pelo Evangelho. E, de fato, abrem--se-nos ali os tesouros da graça. Se estes permanecessem fechados, de pouco nos aproveitaria Cristo. Assim, Paulo aduz a fé como companheira inseparável da doutrina, com estas palavras: "Não foi assim que Cristo vos foi ensinado, se é que ouvistes falar dele e nele fostes instruídos conforme a verdade que há nele, em Jesus" (Ef 4, 20-21). No entanto, não restrinjo a fé ao Evangelho a tal ponto de não admitir que o que foi transmitido por Moisés e pelos profetas fosse suficiente por então para edificá-la. Mas, porque apareceu no Evangelho uma manifestação muito mais plena de Cristo, esta é com toda razão chamada por Paulo de "doutrina de fé".[5] E, pela mesma razão, afirma em outro lugar que, com o advento da fé, a Lei foi abolida (Rm 10, 4), querendo dar a entender um novo e insólito gênero de ensinar, do qual apareceu o Mestre e com o qual Cristo elucidou melhor a misericórdia do Pai e deu testemunho mais seguro sobre nossa salvação. Não obstante, o método nos será mais fácil e mais lógico se do gênero descermos gradualmente à espécie. A princípio, somos advertidos de haver uma relação perpétua da fé com a Palavra; e de aquela não ser separada desta, tanto quanto os raios não podem ser separados do sol de que se originam. Por isso, o Senhor exclama, em Isaías: "Ouvi-me, e vossa alma viverá!" (Is 55, 3). E a mesma fonte de fé demonstra João com estas palavras: "Estas coisas foram escritas para que creiais" (Jo 20, 31). E o profeta, desejando exortar o povo à fé, diz: "Se hoje ouvirdes sua voz" (Sl 95, 8). Ou seja, "ouvir" se entende a cada passo por "crer". Enfim, não é em vão que, em Isaías, Deus distinga os filhos da Igreja dos estranhos a ela, com esta marca: que o Senhor "ensinará a todos, para que sejam instruídos por Ele mesmo" (Is 54, 13). Por que, se esse benefício fosse geral, dirigiria essa fala a uns poucos? Em correspondência com isso, está o fato de os evangelistas colocarem a cada passo estes dois termos, "fiéis" e "discípulos", como sinônimos, notadamente em Lucas e com mais frequência nos *Atos dos apóstolos*; até mesmo estendendo, no capítulo 9 dos *Atos*, o epíteto a uma mulher (At 6, 1-2.7; 9, 1.10.19.25-26.36.38; 11, 26.29; 13, 52; 14, 20.22.28; 20, 1). Por esse motivo, quando a fé se afasta, o mínimo que seja, do objetivo do qual se deveria aproximar, não é capaz de reter sua natureza, e, em vez de fé, torna-se confusa credulidade e erro vacilante do espírito. Essa mesma Palavra é a base em que se assenta e se sustenta a fé; quando dela se desvia, arruína-se. Suprime pois a Palavra, e já não restará nenhuma fé. Não discutiremos aqui se é necessário o ministério do homem para semear a Palavra de que se origina a fé; trataremos disso em outra parte. Mas dizemos que a própria Palavra, como quer que se nos apresente, é como um espelho no qual a fé contempla Deus. Portanto, quer Deus se

---

5 1Tm 4, 6.

sirva nisso da ajuda do homem, quer atue sozinho em virtude de sua potência, sempre é verdade que se apresenta por meio de sua Palavra àqueles que quer atrair a si. Daí Paulo definir a fé como a obediência que se presta ao Evangelho (Rm 1, 5); e, em outro lugar, louva nos filipenses a humildade da fé (Fp 2, 17). E não se trata, pois, na inteligência da fé, só de que saibamos que há um Deus, mas também, e isso principalmente, que compreendamos qual é sua vontade com respeito a nós. E não somente temos de saber que é Ele em si mesmo, mas também, no que nos diz respeito, como quer ser para conosco. Já admitimos, por conseguinte, que a fé é a noção percebida, desde sua Palavra, da vontade divina com relação a nós. Seu fundamento, porém, é a persuasão presumida da verdade de Deus. Enquanto teu espírito discutir com si mesmo acerca da certeza dessa verdade, dúbia e vacilante, para não dizer nula, a autoridade será da Palavra. Nem é suficiente tampouco creres que Deus é veraz, que não pode enganar nem mentir, se não aceitares como indubitável que tudo quanto procede dele é verdade sacrossanta e inviolável.

7. No entanto, uma vez que o coração do homem não se dirige à Palavra de Deus nem à fé a seu gosto, deve-se investigar ainda o que a fé contempla propriamente na Palavra. Foi a voz de Deus a que disse a Adão: "Morrerás de morte" (Gn 2, 17). E foi também a voz de Deus a que disse a Caim: "A voz do sangue de teu irmão clama a mim desde a terra" (Gn 4, 10). Mas essas palavras, por si, não podem senão fazer estremecer a fé, tanto falta para que sejam pilares que a confirmem. Não negamos até aqui que o ofício da fé seja aceder à verdade de Deus quantas vezes Ele fale, o que for que Ele fale, do modo que Ele fale. Mas buscamos agora o que a fé encontra na Palavra do Senhor, com que se sustenta e se apoia. Se nossa consciência enxergar somente indignação e castigo, como não vai tremer e fugir? No entanto, a fé deve buscar Deus, e não fugir dele. Fica claro, portanto, que ainda não temos uma definição plena da fé, pois não devemos considerar fé o conhecer qual seja a vontade de Deus. Que acontecerá se, no lugar da vontade, cujo mensageiro é às vezes triste e cuja mensagem é às vezes temível, pusermos benevolência ou misericórdia? Por certo que assim chegaremos muito mais perto da natureza da fé; seremos muito mais atraídos a buscar Deus então, depois de termos aprendido que nossa salvação repousa nele, o que Ele mesmo nos confirma ao declarar que nossa salvação é para Ele cuidado e preocupação. Logo, é necessário que, por meio da promessa de sua graça, testemunhe ser para nós um Pai propício. De nenhuma outra forma podemos nos aproximar dele, e somente nela pode o coração do homem repousar. Por isso, os termos "misericórdia" e "verdade" são frequentemente colocados juntos nos *Salmos*, como duas coisas ligadas entre si. Pois de nada nos serviria saber que Deus é veraz, a não ser que nos atraísse a si com sua clemência; nem sua misericórdia seria de nosso conhecimento, se não nos fosse oferecida com sua própria voz: "Preguei tua fidelidade e tua salvação; não ocultei tua misericórdia e tua verdade. Tua misericórdia e tua verdade me guardem" (Sl 40, 10-11). E, em outra parte: "Até os céus chega a tua misericórdia, e tua fidelidade alcança até as nuvens" (Sl 36, 5). E também: "Todos os caminhos do Senhor são clemência e verdade para os que observam a aliança" (Sl 25, 10). E igualmente: "Multiplicada é sobre nós sua misericórdia, e a verdade do Senhor permanece pela eternidade" (Sl 117, 2). E, enfim: "Cantarei teu nome por causa de tua misericórdia e de tua fidelidade" (Sl 138, 2). Omito o que se lê nos profetas sobre o mesmo tema: que Deus é clemente e fiel em suas promessas. De modo temerário, portanto, imaginaríamos que Deus nos é propício sem que Ele mesmo no-lo testemunhasse e nos precedesse com seu convite, para que sua vontade não fosse dúbia ou obscura. Já se viu, porém, que Cristo é o único penhor de Seu amor, sem o qual apareceriam, em cima e em baixo, sinais de ódio e de ira. Assim, uma vez que não se há de ter muito conhecimento da ação da bondade divina, a menos que nos faça descansar nela, deve ser excluída a inteligência mesclada com a dúvida, a inteligência que não se mantém sólida, mas que está como que em luta permanente consigo. Agora, falta muito para que a mente do homem, como é cega e envolta em trevas, penetre e eleve-se até a compreensão da vontade de Deus. Tampouco se assenta tranquilo nessa convicção o coração, uma vez que flutua em hesitação perpétua. E, assim, convém a mente ser iluminada e o coração confirmado de outra maneira, para que a Palavra de Deus produza em nós a fé plena. Portanto, chegaremos a uma definição precisa de fé se dissermos que é o conhecimento firme e certo da benevolência divina para conosco, fundado sobre a verdade da promessa gratuita feita em Cristo pelo Espírito Santo, revelada a nossa mente e selada em nosso coração.

8. Antes de avançarmos, serão necessários alguns preâmbulos, para desfazer os nós que, de outra maneira, poderiam ser obstáculos ao leitor. Em primeiro lugar, deve-se refutar a distinção frívola, que anda de boca em boca nas escolas, entre a fé formada e a fé informe. Porque eles imaginam que aqueles que não são tocados por nenhum temor de Deus, nem por sentimento algum de piedade, nem por isso deixam de crer o necessário para a salvação. Como se o Espírito Santo, ao iluminar nosso coração para a fé, não nos fosse testemunha de nossa adoção! Eles, no entanto, contrariando toda a Escritura, arrogantemente honram com o nome de fé a essa persuasão vazia de todo temor de Deus. Não é necessário disputar mais sobre essa definição; basta dizer qual é a natureza da fé, tal qual nos é transmitida pela Palavra de Deus. Ver-se-á então, com toda clareza, quão inábil e tolamente grunhem mais do que falam quando tratam da fé. Já abordei esse aspecto antes; exporei o restante a seu tempo.[6] De momento, digo apenas que não se pode inventar nada mais absurdo do que este disparate: que a fé seja um consentimento pelo qual se admita como verdade tudo o que se extrai da Escritura, com desprezo para com Deus. Mas antes se deveria verificar se alguém obtém a fé para si pelo próprio esforço ou se é o Espírito Santo que, por meio da fé, nos é testemunha de nossa adoção. E assim balbuciam parvoíces infantis, quando perguntam se a fé, formada pela qualidade que se lhe acrescenta, é a mesma ou se é diferente e nova. Por aqui se percebe que eles, tagarelando dessa maneira, nunca pensaram sobre o dom singular do Espírito Santo. Porque o início do processo de crer já contém, em si, a reconciliação com a qual o homem se aproxima de Deus. Se eles considerassem bem o que diz Paulo, que "com o coração se crê para justiça" (Rm 10, 10), deixariam de fantasiar essa fútil qualidade. Se precisássemos apenas de uma única razão, esta, sobre a qual já tratei em parte e que repetirei ainda mais profundamente, deveria prevalecer para pôr fim a esse debate: saber que o próprio assentimento pertence ao coração, mais do que ao cérebro, e ao afeto, mais do que à inteligência. Por esse motivo, chama-se obediência da fé (Rm 1, 5), serviço a que Deus não prefere nenhum outro. E com razão, uma vez que nada é mais precioso para Ele que a sua verdade, a qual, segundo diz João Batista (Jo 3, 33), é chancelada pelos crentes, como se fora posto um selo. E, desde que nada há de duvidoso nesse assunto, concluímos, numa palavra, que eles falam tolamente quando dizem que a fé é formada pelo acréscimo de uma afecção piedosa ao assentimento, uma vez que semelhante assentimento também consta de uma afecção piedosa; pelo menos assim o demonstra a Escritura. Mas um outro argumento, ainda mais claro, se nos oferece. Como a fé recebe a Cristo, como Ele nos é oferecido pelo Pai, e Ele não nos é oferecido apenas para a justiça, a remissão dos pecados e a paz, mas também para a santificação e a fonte de água viva, ninguém poderá jamais o conhecer sem dúvidas, como se deve, sem que alcance

---

6 Cf. Livro III, Capítulo XI, § 20.

ao mesmo tempo a santificação do Espírito. Ou, se alguém deseja que isso seja dito de forma mais clara: a fé está situada no conhecimento de Cristo. E Cristo não pode ser conhecido senão pela santificação de seu Espírito. Por conseguinte, a fé não pode, de forma alguma, ser separada de uma afecção piedosa.

9. Aqueles que costumam atacar o que diz Paulo, "se alguém tivesse toda a fé, a ponto de remover montanhas, mas não tivesse amor, nada seria" (1Co 13, 2), deformam com isso a fé; despojando-a da caridade, não se dão conta daquilo que é a fé para o apóstolo nesse passo. Tendo Paulo tratado, no capítulo anterior, dos diversos dons do Espírito, entre os quais havia contado a diversidade de línguas, as virtudes e a profecia (1Co 12, 10), e depois de exortar os coríntios a se aplicarem a coisas melhores do que essas, isto é, de onde houvesse para toda a Igreja um rendimento de mais frutos e lucros, acrescenta: "Eu vos mostrarei um caminho ainda mais excelente" (1Co 12, 31). De tal modo que todos esses dons, ainda que em si mesmos excelentes, hão de ter igual valor que nada, a menos que sirvam à caridade. Foram, pois, dados para a edificação da Igreja, e, a não ser que empregados com essa finalidade, perdem sua graça. Para comprová-lo, Paulo emprega uma distribuição, repetindo aqueles mesmos dons que havia antes enunciado, mas com outros nomes. Para isso, porém, toma "virtudes" e "fé" pela faculdade de realizar milagres. E uma vez que, por conseguinte, seja essa faculdade uma virtude ou fé, é um dom particular de Deus de que qualquer ímpio pode desfrutar e abusar, como o dom das línguas, como a profecia e outros dons, não será de estranhar se estiver separada da caridade. Todo o erro deles, no entanto, consiste nisto: em que, sendo πολύδημον o vocábulo "fé", não observam a diversidade de significados, e por isso brigam, como se a acepção fosse a mesma em toda parte. O trecho de Tiago que alegam em defesa de seu erro será discutido em outro lugar. Mas, ainda que concedamos, por motivos didáticos, que há várias formas de fé, quando queremos demonstrar que tipo de conhecimento os ímpios têm de Deus, não obstante reconhecemos e pregamos a única fé dos mais pios, como ensina a Escritura. É certo que muitos creem em Deus e julgam que a história evangélica e as demais partes da Escritura são verdadeiras (com quase o mesmo critério que costuma haver a respeito daqueles feitos que ou as narrativas de outrora relatam ou que nós mesmos vimos com os próprios olhos). Alguns ainda vão além, pois consideram a Palavra de Deus o mais certo dos oráculos, e não negligenciam em absoluto seus preceitos, e sentem-se movidos por suas ameaças e promessas. A estes atribui-se algum testemunho de fé, mas por κατάχρηδιζ: uma vez que não impugnam com manifesta impiedade a Palavra de Deus, quer rechaçando-a, quer menosprezando-a, mas têm diante de si certa aparência de obediência.

10. Entretanto, como essa sombra ou imagem de fé é de nenhuma importância, é assim indigna de ser chamada fé. E, embora em seguida veremos mais profundamente quão longe está da sólida verdade da fé, nada impede que dela tratemos agora de passagem. Conta-se que Simão Mago acreditou, apesar de pouco depois ter revelado sua incredulidade (At 8, 13.18). Porque a fé atribuída a ele, não a entendemos, como alguns, como se ele simulasse com palavras a fé que não tinha no coração; mas antes julgamos que, vencido pela majestade do Evangelho, nele confiou de alguma forma, e de tal maneira reconheceu a Cristo como autor da vida e da salvação, que lhe deu esse nome espontaneamente. Do mesmo modo, diz-se no Evangelho de Lucas que, por algum tempo, creram aqueles nos quais a semente da Palavra foi sufocada antes de chegar a frutificar, ou seja, que logo secou e perdeu-se antes de haver deitado raízes (Lc 8, 7.13). Não duvidamos que esses tais, tomados de certo gosto pela Palavra, agarraram-se a ela avidamente e experimentaram sua virtude divina de tal maneira que não somente expõem aos olhos dos homens sua falaz simulação de fé, mas também a seus próprios espíritos. Porque eles se persuadiram de que a reverência que outorgam à Palavra de Deus é a mesmíssima piedade, pois pensam que não há impiedade senão o opróbrio manifesto ou o desprezo confessado. Mas aquele assentimento, seja qual for, não penetra até o coração nem fixa residência ali. E ainda que algumas vezes pareça ter deitado raízes, não são estas, no entanto, raízes vivas. O coração humano tem tantos recessos de vaidade, é abundante de tantos esconderijos de mentira, está coberto de tão fraudulenta hipocrisia, que muitas vezes engana a si mesmo. Compreendam, pois, os que se vangloriam de tais simulacros de fé, que, nessa parte, não levam vantagem aos diabos em nada (Tg 2, 19). É certo que os primeiros são muito inferiores a estes, pois, como estúpidos, ouvem e entendem coisas que fazem tremer os próprios diabos; os outros são nisto iguais a eles, pois qualquer que seja o sentimento pelo qual são tocados, este se transforma afinal em terror e consternação.

11. Sei que a alguns parece duro quando se atribui fé aos réprobos, sendo que Paulo sustenta ser ela fruto de nossa eleição (1 Ts 1, 4-5). Mas esse nó é fácil de desatar, porque, ainda que não sejam iluminados para a fé, nem sintam verdadeiramente a eficácia do Evangelho a menos que estejam predestinados para a salvação, a experiência nos mostra que às vezes os réprobos se sentem tocados por um sentimento semelhante ao dos eleitos, tanto que, em sua opinião, não diferem muito dos eleitos. Por isso, não há absurdo algum no passo do apóstolo: que "uma vez provaram o dom celestial" (Hb 6, 4); nem no que afirma Cristo: que "tiveram fé por algum tempo" (Lc 8, 13). Não que percebam solidamente a força da graça espiritual ou a iluminação certa da fé, mas sim que o Senhor, para fazê-los mais comprometidos e inescusáveis, insinua-se em suas mentes tanto quanto sua bondade pode ser experimentada sem o Espírito de adoção. Se alguém objetar que não resta aos fiéis coisa alguma com que ter certeza de sua adoção, respondo: ainda que exista grande semelhança e afinidade entre os eleitos de Deus e aqueles aos quais se concedeu uma fé passageira, apenas nos eleitos, no entanto, é vigorosa aquela confiança que Paulo celebra, de clamar de boca cheia "Abba, Pai!" (Gl 4, 6). Por conseguinte, assim como Deus regenera para sempre com a semente incorruptível apenas os eleitos, e não permite que essa semente de vida, colocada dentro de seus corações, pereça jamais, assim também a graça de sua adoção os marca profundamente, para que a marca seja permanente e fixa. Mas isso não impede em absoluto que essa operação do Espírito tenha outro andamento, inferior, nos réprobos. Nesse meio-tempo, os fiéis são ensinados a se autoexaminarem com atenção e humildade, para que não se lhes insinue a segurança da carne, em lugar da certeza da fé. Acrescenta ainda que os réprobos jamais experimentam senão uma percepção confusa da graça, tanto que apreendem uma sombra, mais do que um corpo sólido. Porque, propriamente falando, o Espírito marca apenas nos eleitos a remissão dos pecados, a fim de que, com fé especial, apliquem-na em seu proveito. Não obstante, pode-se dizer com razão que os réprobos creem que Deus lhes é propício, porque acolhem o dom da reconciliação, ainda que de uma maneira confusa e não suficientemente ordenada. Não que sejam partícipes, com os filhos de Deus, quer da fé quer da regeneração, mas que, sob o manto da hipocrisia, parecem ter em comum com aqueles o mesmo princípio de fé. Mas não nego que Deus ilumine suas mentes até o ponto de fazê-los reconhecer sua graça; diferencia, no entanto, aquela percepção que oferece a seus eleitos desse testemunho peculiar, de tal maneira que estes nunca alcançam um resultado sólido de que usufruir. De fato, não se mostra por isso propício aos réprobos, como se os recebesse resgatados da morte sob sua custódia, mas somente manifesta a eles sua misericórdia no presente. Mas apenas aos eleitos outorga a raiz viva da fé, para que perseverem até o fim. Esclarece-se, assim, aquela objeção: se Deus lhes mostra verdadeiramente sua graça, isto se deveria fixar neles para sempre. Porque nada impede que Deus ilumine a alguns por algum tempo com a percepção de sua graça, que pouco depois se esvairá.

12. Ainda que a fé seja também um conhecimento da benevolência divina para conosco, e uma inequívoca convicção de sua verdade, não é estranho que se esvaia uma percepção temporária do amor divino, o qual, por maior afinidade que tenha com a fé, dela muito difere. A vontade de Deus é imutável, consinto-o, e sua verdade sempre está de acordo consigo; mas nego que os réprobos avancem a ponto de penetrar naquela secreta revelação que a Escritura reivindica só para os eleitos. Nego, pois, que captem a vontade de Deus enquanto imutável ou que abracem com constância sua verdade, porque se afundam num sentimento transitório. Assim como a árvore que, plantada com insuficiente profundidade para fincar raízes vivas, seca com o passar do tempo, ainda que por alguns anos produza flores, folhas e até frutos. Afinal, assim como, pela defecção do primeiro homem, a imagem de Deus pôde ser apagada de sua mente e de sua alma, assim também não é estranho que Ele ilumine os réprobos com alguns raios de sua graça, os quais, em seguida, permita que se apaguem. Tampouco nada impede que a notícia de seu Evangelho toque levemente a uns, e a outros penetre-os profundamente. Isto, entretanto, deve-se ter em conta: que, porque o Espírito de Deus é para os eleitos penhor infalível e marca de sua adoção, por mais que a fé seja neles exígua e débil, jamais se poderá apagar de seus corações sua imagem gravada; mas que os réprobos são apenas salpicados por tal luz, que logo se extingue. Nem por isso é o Espírito falaz, pois a semente que lança em seus corações, para que permaneça sempre incorruptível, não vivifica como nos eleitos. E vou ainda mais longe, pois, uma vez que consta da doutrina da Escritura e da experiência do cotidiano que os réprobos se sentem às vezes tocados pelo sentimento da graça divina, é necessário que certo desejo de amor mútuo seja despertado em seus corações. Assim, durante algum tempo, floresceu em Saulo um piedoso afeto para amar a Deus, pois, sabendo-se tratado paternalmente por Ele, sentia-se cativado pela doçura de sua bondade. Mas, do mesmo modo como a convicção sobre o amor paternal de Deus não está, nos réprobos, fincada até as raízes, assim também não retribuem seu amor plenamente, como filhos, mas são antes guiados por uma espécie de afeição mercenária. Pois esse Espírito de amor foi dado somente a Cristo, com esta condição: de que o inculque em seus membros. E certamente o que Paulo afirma não alcança senão aos fiéis: "O amor de Deus foi derramado em nossos corações pelo Espírito Santo que nos foi dado" (Rm 5, 5), ou seja, a caridade que gera aquela confiança de invocar a Deus, de que já tratei. Do mesmo modo, vemos, pelo contrário, que Deus se encoleriza estranhamente com seus filhos, aos que, no entanto, não deixa de amar; não que os odeie perto de si, mas quer aterrorizá-los pela percepção de sua ira, para humilhar-lhes a soberba da carne, sacudir-lhes o torpor e convidá-los à penitência. E assim sentem que Deus está ao mesmo tempo irado contra eles, ou melhor, contra seus pecados, e que lhes é propício, porque eles, sem fingimento algum, suplicam para aquele em quem se refugiam com tranquila confiança que aplaque sua ira. Por todas essas razões, está realmente claro que alguns que carecem de verdadeira fé não simulam a fé, mas, levados pelo ímpeto de um súbito zelo, enganam-se a si mesmos com uma falsa opinião. Não há dúvida de que a indolência deles se apodera, a fim de que não examinem seu coração dignamente, como deveria ser. É provável que tais fossem aqueles de quem, segundo João, o próprio Cristo não se fiava, ainda que cressem nele, porque conhecia a todos e sabia o que havia no homem (Jo 2, 24-25). Porque se muitos não decaíssem da fé comum (chamo-a comum porque é grande a semelhança e a afinidade da fé temporal com a fé viva e perpétua), Cristo não teria dito a seus discípulos: "Se vós permanecerdes em minha palavra, sereis verdadeiramente meus discípulos e conhecereis a verdade, e a verdade vos libertará" (Jo 8, 31). Ele se dirige àqueles que haviam abraçado sua doutrina e os exorta ao aperfeiçoamento da fé, para que não apaguem, com seu torpor, a luz que lhes fora dada. Por isso Paulo reivindica fé para os eleitos, como algo que lhes é próprio (Tt 1, 1), dando a entender que muitos se esvaem porque não tinham raiz viva. Como diz Cristo em Mateus, "Toda árvore que meu Pai celestial não plantou será arrancada" (Mt 15, 13). A mentira é ainda mais crassa em outros, que não se envergonham de zombar de Deus e dos homens. Tiago investe contra esse tipo de homens, que profanam impiamente a fé com um pretexto falacioso (Tg 2, 14). E Paulo tampouco pediria aos filhos de Deus uma fé sem fingimento (1Tm 1, 5) se não fosse porque muitos arrogam ousadamente o que não têm, e enganam o mundo, e às vezes até a si, por meio de aparências frívolas. Assim, compara a boa consciência a um cofre no qual está guardada a fé, porque muitos, repudiando a boa consciência, naufragaram na fé (1Tm 1, 19).

13. Deve-se ter em conta ainda a variedade de significados da Palavra. Muitas vezes, "fé" vale o mesmo que "sã doutrina de piedade", como na passagem que citamos há pouco e na epístola onde Paulo quer que os diáconos "guardem o mistério da fé com consciência pura" (1Tm 3, 9). E, de novo, quando denunciam a defecção de alguns da fé (1Tm 4, 1). Mas também, ao contrário, diz que Timóteo foi alimentado na doutrina da fé (1Tm 4, 6). E, mais uma vez, quando diz que "as conversas fúteis e mundanas" e a oposição da falsamente chamada ciência são a causa de que se afastem da fé muitos a que em outra parte chama "réprobos quanto à fé" (2Tm 2, 16; 3, 8). Do mesmo modo, voltando atrás, quando prescreve a Tito: "Repreende-os severamente, para que sejam sãos na fé" (Tt 1,13; 2, 2), entende pela ideia "sanidade" nada mais que pureza de doutrina, que com facilidade se corrompe e degenera por causa da leviandade dos homens. E certamente porque em Cristo, ao qual a fé abarca, "estão escondidos todos os tesouros da ciência e da sabedoria" (Cl 2, 3), o termo se estende à totalidade da doutrina celeste, da qual não se pode separar. Pelo contrário, restringe-se algumas vezes a algum objeto particular, como quando Mateus diz que Cristo viu a fé daqueles que desceram o paralítico pelo telhado (Mt 9, 2); e Ele mesmo proclama que não havia encontrado em Israel uma fé tão grande quanto a que o centurião demonstrara (Mt 8, 10). Ora, é provável que o centurião estivesse completamente voltado para a cura de seu filho, cuidado que ocupara toda a sua atenção. Mas, porque satisfeito só com o sinal e a resposta de Cristo, não insiste em pedir sua presença corporal, e, por causa dessa circunstância, sua fé é de tal modo louvada. E já ensinamos acima que Paulo aceita como fé o dom dos milagres, por meio do qual operam os que nem estão regenerados pelo Espírito de Deus nem o cultivam com seriedade. Em outro lugar também, coloca como fé a doutrina por meio da qual somos instruídos na fé. Porque quando escreve que a fé há de ser abolida (1Co 13, 10), não há dúvida de que se refere ao ministério da Igreja, o qual é hoje útil em razão de nossa inconstância. Evidentemente, há em todas essas formas de falar uma analogia. Quando o nome "fé" é impropriamente transferido para uma falsa profissão ou para um título mentiroso, a καταχρήδιζ não deve parecer mais áspera do que quando o temor de Deus é substituído por um culto vicioso e perverso, como se conta às vezes na história sagrada, que nações estrangeiras, que foram trasladadas a Samaria e aos lugares vizinhos, haviam temido a deuses falsos e ao Deus de Israel,[7] o qual equivale a misturar o céu com a terra. Mas agora perguntamos: que é a fé que diferencia os filhos de Deus dos

---

7 2Rs 17, 24.41.

incrédulos, pela qual invocamos a Deus como Pai, pela qual passamos da morte à vida e pela qual Cristo — salvação eterna e vida — habita em nós? Mas me parece que já expliquei breve e claramente sua propriedade e natureza.

14. Persigamos de novo agora cada uma das partes de sua definição; tendo-as explicado diligentemente, não restará (na minha opinião) nenhuma dúvida. Quando chamamos à fé "conhecimento", não entendemos com isso a compreensão tal qual costuma haver daquelas coisas que estão ao alcance do juízo humano. Porque lhe é de tal forma superior que é preciso a mente do homem exceder-se e superar-se para chegar a ela. E, quando a atinge, tampouco compreende o que sente; mas enquanto está persuadida daquilo que não chega a captar, entende muito mais com a certeza dessa persuasão do que se percebesse alguma coisa humana de acordo com sua capacidade. Por essa razão, com elegância expressa-se Paulo, que chama a isso "compreender qual é a largura, a longitude, a profundidade e a altura, e conhecer o amor de Cristo, que excede a todo conhecimento" (Ef 3, 18-19). Pois quis dizer que é de todas as formas infinito o que nossa mente abarca pela fé, e que esse gênero de conhecimento é de longe mais sublime que toda inteligência. Porque, ainda que o segredo de sua vontade estivesse escondido por séculos e gerações, o Senhor o revelou aos santos (Cl 1, 26; 2, 2); com muito melhor razão, a fé é sucessivamente chamada na Escritura de "reconhecimento", e, em João, de "ciência", quando testemunha que os fiéis sabem que são filhos de Deus (1Jo 3, 2). E, sem dúvida, sabem-no perfeitamente; mas foram mais confirmados na convicção da verdade divina do que ensinados por uma demonstração racional. Indicam-no também as palavras de Paulo: "Enquanto moramos no corpo, somos peregrinos, longe do Senhor; pois caminhamos pela fé, e não pela visão" (2Co 5, 6), o que nos mostra aquelas coisas que entendemos por meio da fé, embora ausentes de nós e escondidas de nossa visão. De onde estabelecemos que o conhecimento da fé está contido na certeza, mais do que na apreensão.

15. Acrescentamos que esse conhecimento é seguro e firme tanto mais sólida se expressa a constância da persuasão. Pois, assim como não se contenta com uma opinião dúbia e variável, a fé tampouco se satisfaz com uma concepção obscura e perplexa, mas requer uma certeza plena e fixa, a qual costuma haver acerca das coisas averiguadas e provadas. Pois a incredulidade está tão profundamente arraigada em nosso coração, e somos tão propensos a ela que, embora todos confessem da boca para fora que Deus é fiel, ninguém se convence disso sem grandes lutas. Principalmente quando chega o momento da prova, quando as vacilações revelam todo o vício que permanecia oculto. Mas o Espírito Santo não reclama, com tão ilustres títulos, a autoridade para a Palavra de Deus em vão, mas diz que quer trazer remédio a essa enfermidade, a fim de que Deus obtenha de nós plena fé em suas promessas. "As palavras do Senhor são palavras limpas", diz Davi, "prata refinada em exímio forno de terra, purificada sete vezes".[8] E também: "A palavra do Senhor é purificada no fogo, é escudo para todos aqueles que creem nele" (Sl 18, 31). Também Salomão o confirma, quase com as mesmas palavras: "Toda palavra de Deus é purificada no fogo" (Pr 30, 5). Mas, porque quase todo o salmo 119 é empregado nesse tema, seria supérfluo citar mais lugares. Certamente, todas as vezes em que Deus confia dessa maneira sua Palavra a nós, indiretamente nos atira em rosto nossa incredulidade; porque Ele não pretende outra coisa a não ser erradicar de nosso coração todas as dúvidas perversas. São também muitíssimos os que concebem a misericórdia de Deus de tal forma que recebem dela o mínimo de consolo. Pois se sentem constrangidos por uma miserável ansiedade, ao mesmo tempo que duvidam se Deus lhes será misericordioso, porque eles mesmos demarcam com limites exíguos demais aquela mesma clemência da qual parecem estar mais do que persuadidos. Com efeito, pensam consigo desta maneira: é verdade que ela é grande e abundante, e que se derrama sobre muitos, acessível e preparada para todos; mas é duvidoso que ela chegue a eles, ou melhor, que eles possam chegar a ela. Esse pensamento como que para no meio caminho, fica pela metade. E, assim, não reforça o espírito com uma segura tranquilidade tanto quanto o perturba com uma irrequieta hesitação. Longe disso é o outro sentido de πληροφορίας, que a Escritura sempre atribui à fé, isto é, aquele que claramente põe fora de toda dúvida a bondade de Deus, que nos é proposta. Mas isso não pode acontecer a menos que sintamos verdadeiramente sua suavidade e a experimentemos em nós mesmos. Razão pela qual o apóstolo deduz da fé a confiança, e desta, a ousadia. Assim, então, diz que "por Cristo e na fé, temos a ousadia" (Ef 3, 12), que existe pela fé nele. Com essas palavras, prova cabalmente que não há fé correta a não ser quando ousamos, de espírito tranquilo, comparecer perante o olhar de Deus. Tal ousadia não pode nascer senão de uma firme confiança em nossa salvação pela benevolência divina. Tanto isso é verdade que muitas vezes o nome de fé é usurpado como sinônimo de "confiança".

---

8 Sl 12, 7.

16. O ponto principal da fé reside em não julgarmos que as promessas de misericórdia oferecidas pelo Senhor são verdadeiras somente fora de nós, não em nós, mas que, ao encerrá-las dentro de nós, façamo-nas nossas. Justamente daí nasce aquela confiança a que, em outro lugar, Paulo chama "paz" (Rm 5, 1); a não ser que alguém prefira fazer a paz derivar de lá. É, porém, uma segurança que aquieta e serena a consciência diante do juízo de Deus, sem a qual se sentiria forçosamente atormentada e como que despedaçada por tumultuosa agitação, exceto se acaso se esquecesse de Deus e de si, adormecida por um momento. E é realmente por um momento, pois não usufrui por longo tempo desse infeliz esquecimento, mas, ao contrário, recuperando em seguida a memória do julgamento divino, dilacera-se da forma mais cruel. Em suma, não há ninguém verdadeiramente fiel senão aquele que, convencido com sólida convicção de que Deus é para ele Pai propício e benévolo, promete a si mesmo todas as coisas pela liberalidade de Deus, ou aquele que, apoiado nas promessas de benevolência de Deus para com ele, presume uma expectativa indubitável de salvação, como demonstra o apóstolo com estas palavras: "contanto que mantenhamos firme até o fim nossa constância inicial" (Hb 3, 14). Assim, avalia que ninguém espera no Senhor como se deve, exceto aquele que confiantemente se vangloria de ser herdeiro do reino dos céus. O fiel, afirmo, não é senão aquele que, repousado na segurança de sua salvação, afronta confiantemente o Diabo e a morte, como somos ensinados pela famosa aclamação de Paulo:[9] "Tenho certeza de que nem a morte, nem a vida, nem os anjos, nem os principados, nem o presente, nem o futuro, nem as potências, nem a altura, nem a profundeza, nem outra criatura qualquer será capaz de nos separar do amor de Deus, que está no Cristo Jesus, nosso Senhor" (Rm 8, 38-39). Assim também o apóstolo estima que os olhos de nossa mente não estão bem iluminados a menos que conheçamos "a esperança da herança eterna, à qual ele nos chama" (Ef 1, 8). E ensina assim, a cada passo, para indicar que a bondade de Deus não é compreendida por nós a menos que dela colhamos o fruto da grande segurança.

17. Mas (alguém dirá) algo muito diferente experimentam os fiéis, que não somente são tentados — o que lhes acontece com frequência — pela inquietação para reconhecer a graça de Deus para com eles, mas são por vezes tomados de sobressalto por gravíssimos terrores, tal é a veemência das tentações em perverter suas mentes. Isso não parece estar muito

---

9 Conclusão de *Romanos*.

de acordo com aquela certeza da fé. Por conseguinte, esse nó tem de ser desatado se quisermos que a doutrina proposta mantenha-se superior. Claro que nós, quando ensinamos que a fé deve ser certa e segura, não imaginamos uma certeza tal que não seja tocada por nenhuma dúvida, nem uma segurança que não seja acometida por nenhuma preocupação; mas dizemos que há de haver para os fiéis um combate eterno contra a desconfiança de si mesmos. Tão longe estamos de colocar suas consciências numa plácida quietude, nunca interrompida por perturbações de nenhum tipo! De novo, no entanto, negamos que, como quer que sejam afligidos, possam decair ou descer daquela confiança firme que conceberam acerca da misericórdia do Senhor. A Escritura não propõe exemplo de fé mais ilustre e memorável que o de Davi, especialmente se considerares todo o percurso de sua vida. No entanto, ele, como nem sempre tivesse paz de espírito, faz inúmeras queixas, das quais bastará escolher algumas poucas. Quando reprova os movimentos turbulentos de sua alma, que faz senão exasperar-se com sua própria incredulidade? "Por que te abates", diz, "ó minha alma, e te tumultuas dentro de mim? Espera em Deus" (Sl 42, 6; 43, 5). E certamente aquela consternação foi um sinal evidente de desconfiança, como se houvesse pensado que Deus o desamparava. Em outro lugar, lê-se uma confissão mais clara: "Disse eu em minha precipitação: fui banido do olhar de teus olhos" (Sl 31, 23). E, em outro lugar, disputa consigo com ansiosa e infeliz perplexidade, e até promove um litígio acerca da natureza de Deus: "Esqueceu-se Deus de ter misericórdia? Apartar-se-á para sempre?" (Sl 77, 10). E ainda mais duro é o que vem a seguir: "mas eu disse: o que me mata é que a destra do Altíssimo não é a mesma".[10] Pois, como que desesperado, condena-se a si mesmo à morte, e não somente confessa que está atormentado pela dúvida mas até, como se já houvesse sucumbido na batalha, já nada lhe resta, porque o próprio Deus o deserdou, moveu, para perdê-lo, a mão com que outrora o ajudava. Por isso, não sem causa, exorta sua alma a retornar à quietude (Sl 116, 7), pois experimentara atirar-se entre as vagas turbulentas. E, não obstante, é admirável que, em meio a tantos abalos, sua fé sustente o coração dos homens pios. E verdadeiramente faz as vezes de palmeira, que suporta qualquer peso sobre ela, que se ergue até o alto, assim como Davi, quando podia parecer vergado, embora repreendendo-se a si mesmo, não desiste de levantar-se até Deus. Em verdade, aquele que, lutando contra a própria falta de firmeza, esforça-se por entre suas

---

10 Sl 77, 11.

ansiedades para chegar à fé, está já em grande parte vitorioso. É o que se pode deduzir desta sentença de Davi e de outras semelhantes: "Espera pelo Senhor. Sê forte, e Ele fortalecerá teu coração" (Sl 27, 14). Acusa-se a si de timidez, e, repetindo o mesmo duas vezes, confessa estar submetido frequentemente a muitas perturbações. Enquanto isso, não apenas se sente desgostoso com os próprios vícios, mas se aplica com todo empenho a corrigi-los. Decerto, se vos aprouver compará-lo com mais propriedade, num exame justo, com o rei Acaz, encontrar-se-á uma grande diferença entre ambos. Isaías é enviado para levar remédio à ansiedade daquele rei hipócrita e ímpio, e lhe fala com estas palavras: "Fica em guarda e acalma-te; não temas" etc. (Is 7, 4). Mas que faz o rei? Como seu coração, como dito anteriormente, estava agitado tal qual as árvores da floresta sacudidas pelo vento, ele, apesar da promessa recebida, não deixa de temer. Esta é, pois, a recompensa apropriada e a pena da infidelidade: tremer de tal maneira que, na tentação, aquele que não abre para si a porta da fé, afaste-se de Deus. Em contrapartida, no entanto, os fiéis, aos quais o peso das tentações encurva e quase oprime, frequentemente recobram-se, embora não sem incômodo e dificuldade. E, uma vez que são cônscios da própria fraqueza, oram com o profeta: "Não tires de minha boca em tempo algum a palavra da verdade" (Sl 119, 43). Com essas palavras, somos ensinados que os fiéis às vezes ficam mudos, como se sua fé estivesse prostrada, mas, apesar disso, não esmorecem nem voltam as costas, mas antes prosseguem em sua luta e, orando, recordam sua torpeza, para que ao menos não sejam acometidos de estupidez por indulgência.

18. Para que isso seja bem entendido, é necessário voltar àquela distinção entre a carne e o espírito, que já recordamos em outro lugar,[11] e de modo muito claro se comprova nesta parte. Com efeito, tal divisão, sente-a em si o peito do homem pio, o qual está em parte inundado pela suavidade do conhecimento da bondade divina, e em parte apertado pela amargura da sensação da própria calamidade; em parte recosta-se na promessa do Evangelho, em parte treme com o testemunho de sua iniquidade; em parte exulta com a posse da vida, em parte se aterroriza com a morte. Essa oscilação provém da imperfeição da fé, pois, no curso da vida presente, ela jamais se porta conosco tão bem que fiquemos curados da doença da desconfiança, sejamos todos preenchidos e possuídos pela fé. Daí os conflitos, quando a desconfiança que habita no restante

---

11 Cf. Livro II, Capítulo II, § 27; Livro 3, Capítulo I.

da carne se insurge contra a fé que foi recebida lá dentro para combatê-la. Mas se, na mente do fiel, a certeza está mesclada com a dúvida, acaso não voltamos sempre a que a fé não é líquida e certa, mas consiste somente de um conhecimento obscuro e confuso da vontade de Deus para conosco? De modo algum, em absoluto. Se somos distraídos por pensamentos variados, nem por isso somos separados da fé; se somos atormentados de cima a baixo pela agitação da desconfiança, nem por isso soçobramos em seu abismo. Se somos empurrados, nem por isso perdemos o passo. Com efeito, o resultado final dessa batalha é que a fé vence essas dificuldades que, ao assediá-la assim, parecem pô-la em perigo.

19. Em resumo: quando a menor gota de fé se instala primeiro em nossa mente, já começamos a contemplar a face de Deus, plácida e serena e propícia para conosco. É certo que isso vem desde longe, mas agora com um olhar direto, para que saibamos que não nos enganamos de forma alguma. Ademais, quanto mais avançamos — como nos convém avançar continuamente —, como se tivéssemos feito progressos, mais vamos nos aproximando de vê-lo com maior propriedade e certeza, e o próprio ato de continuar torna-o para nós mais familiar. E assim vemos que a mente iluminada pelo conhecimento de Deus é, no início, mantida envolta em muita ignorância, a qual vai pouco a pouco se dissipando. No entanto, ignorar certas coisas, ou não distinguir claramente o que distingue, não impede alguém de usufruir de um conhecimento nítido da vontade divina para com ele, o que, na fé, é a primeira parte, e a mais importante. Assim como um homem fechado em um cárcere, privado de realmente olhar o sol, percebe seus raios brilhantes apenas de forma indireta, através de uma janela estreita e como que pela metade, ele, embora não receba com os olhos o claro esplendor do sol, dele tira proveito; do mesmo modo nós, atados pelos vínculos deste corpo terreno, de todas as formas e por todos os lados rodeados de grande escuridão, somos, no entanto, iluminados um pouquinho pela luz irradiante de Deus para nos revelar sua misericórdia o bastante para uma segurança sólida.

20. Ambas as coisas o apóstolo nos ensina com elegância em diversos lugares. Quando diz que "nosso conhecimento é limitado, assim como é limitado nosso profetizar" e que "vemos como num espelho, num enigma" (1Co 13, 9.12), indica quão pequena é a porçãozinha dessa sabedoria divina que verdadeiramente nos é dada na presente vida. Pois, mesmo que essas palavras não indiquem apenas que a fé é imperfeita enquanto gememos sob o peso da carne, mas que são necessários nosso assíduo esforço em aprender e nossa constante preocupação, por causa de nossa imperfeição, não obstante dão a entender que, com nossa estatura e nossas angústias, não compreendemos aquilo que é infinito. E Paulo o afirma acerca de toda a Igreja, pois a ignorância é obstáculo e empecilho para cada um, que não avança tanto como seria desejável. Contudo, ele mesmo mostra, em outro lugar, com quão indubitável e nada falacioso gosto nos chega a mais exígua gotinha de fé, quando afirma que, pelo Evangelho, "todos nós, com o rosto descoberto, refletimos a glória do Senhor e, segundo essa imagem, somos transformados com uma glória cada vez maior" (2Co 3, 18). Em meio a tal ignorância, é inevitável que nos vejamos muito envolvidos por dúvidas e temores simultâneos, sobretudo porque nosso coração, por certo instinto natural seu, é propenso à incredulidade. A isso se acrescentam as tentações, que, tanto infinitas em número quanto variadas em espécie, assaltam-nos de quando em quando com grande ímpeto. Em especial a própria consciência, oprimida pelo peso dos pecados que sobre ela recai, ora se queixa e geme consigo, ora se repreende, ora se encoleriza em silêncio, ora se revolta abertamente. Logo, quer as adversidades nos manifestem a ira de Deus, quer a consciência encontre motivo ou tema em si mesma, a incredulidade lança mão, para combater a fé, dessas armas e máquinas de guerra, as quais estão sempre voltadas para o mesmo objetivo: que pensemos ser Deus nosso adversário e inimigo, e que não esperemos dele auxílio algum, e que o temamos como a um inimigo mortal.

21. Para resistir a tais golpes, a fé se arma e se mune com a Palavra do Senhor. Mas quando a ataca a tentação de que Deus é seu inimigo, porque lhe é hostil, ela contra-ataca respondendo que Deus é, enquanto a aflige, misericordioso, porque o castigo provém mais do amor que da ira. Quando se sente atingida pelo pensamento de que Deus é defensor das iniquidades, opõe a objeção de que a misericórdia está preparada para todos os delitos, sempre que o pecador se recolhe à clemência do Senhor. Assim, a mente piedosa, por mais que se exaspere e se torture das formas mais espantosas, ergue-se afinal, acima de todas as dificuldades, e não consente que lhe seja tirada jamais a confiança que tem na misericórdia de Deus. E mais, quaisquer disputas que a aflijam e fatiguem convertem-se na certeza dessa confiança. A prova disso é que os santos, quando se veem extremamente oprimidos pela vingança de Deus, nele, no entanto, depositam suas queixas, e, ainda que pareça que não serão ouvidos, a Ele invocam. Mas que sentido teria lamentar-se junto a Ele se não esperassem consolo algum? Como poderiam ter a ideia de invocá-lo se não cressem que Ele preparou para eles algum auxílio? Assim os discípulos, aos quais Cristo repreende a pouca fé, queixavam-se de estar perecendo, e, no entanto, imploravam por seu auxílio (Mt 8, 25). Mas, ao castigá-los pela pouca fé, não os exclui do número dos seus, nem os conta entre os incrédulos, mas os incita a se afastarem do vício. Logo, reafirmamos o que foi dito acima: que a raiz da fé não pode jamais ser arrancada de um peito piedoso sem que permaneça fincada no mais profundo do coração, por mais que pareça que, ao ser puxada, será de fato arrancada; que sua luz jamais é apagada ou obstruída de tal maneira que não reste ao menos algo oculto entre as cinzas; e que se desvenda por tais provas que a Palavra, que é semente incorruptível, produz fruto semelhante a si, cujo gérmen jamais seca nem se perde de todo. Com efeito, como seja para os santos tema de extremo desespero sentir, a julgar pelos acontecimentos presentes, que a mão de Deus se alça para destruí-los. Até aqui, no entanto, Jó afirma sua esperança para o futuro: se fosse morto por Ele, nem por isso desistiria de nele esperar (Jó 13, 15). Assim é, certamente. A incredulidade não reina dentro do coração dos pios, mas os combate desde fora; nem os fere mortalmente com seus dardos, mas apenas os incomoda, ou decerto os machuca de um jeito tal que a ferida seja curável. Pois a fé, como Paulo ensina, serve-nos de "escudo" (Ef 6, 16), o qual, opondo-se às armas, recebe os golpes para repeli-los por inteiro ou ao menos para quebrá-los, para que não nos penetrem nas partes vitais. Logo, quando a fé é atingida, é como se um soldado valente fosse obrigado por um violento golpe de dardo a mover o pé e retirar-se um pouco para outro lugar; e quando a própria fé é ferida, é como se o escudo recebesse uma parte qualquer do golpe, de tal forma que não fosse trespassado. Pois a alma pia recuperar-se-á sempre do golpe, para dizer, com Davi: "Ainda que ande num vale de sombra de morte, não temerei mal algum, porque Tu estás comigo" (Sl 23, 4). Com certeza, andar pela escuridão da morte é terrível, e não pode dar-se outra coisa senão que dela se aterrorizem os fiéis, por mais que tenham firmeza. Mas, uma vez que triunfa o pensamento de que têm a Deus presente e cuidando de sua salvação, o temor é ao mesmo tempo vencido por tal segurança. Por maiores que sejam as máquinas de guerra (como diz Agostinho) que o Diabo erige contra nós, enquanto ele não tiver lugar no nosso coração, onde habita a fé, será lançado para fora. Assim, a julgar pela experiência, os fiéis não somente escapam sãos e salvos de todos os combates, de tal maneira que, apenas recobrado o vigor, já estão de novo preparados para descer à arena, mas também se cumpre neles o que afirma João: "Esta é a vitória que venceu o mundo, vossa fé" (1Jo 5, 4). E não afirma que a fé sairá vitoriosa somente em uma batalha, ou em poucas, ou contra um ou outro choque, mas que triunfará frente a todo o mundo, quantas milhares de vezes for atacada.

22. Há outra espécie de temor e de tremor, por causa da qual, no entanto, a certeza da fé não diminui em nada, tanto que ainda se estabiliza mais solidamente. De fato, quando os fiéis consideram que os exemplos do castigo divino contra os ímpios lhes são mostrados à maneira de ensinamentos, para que se acautelem, com toda atenção, de não atrair para si a ira de Deus com semelhantes abominações, ou, quando reconhecem para si mesmos sua miséria, aprendem a depender inteiramente do Senhor, sem o qual veem que são mais mutáveis e transitórios que um vento qualquer. Quando o apóstolo, pois, com os flagelos anunciados com que o Senhor vingara-se outrora do povo de Israel, infunde terror aos coríntios, para que estes não cometam malfeitos semelhantes (1Co 10, 11), sua confiança neles não é abalada em nada, mas somente os sacode de seu torpor, com o qual a fé costuma ser arruinada mais do que confirmada. Tampouco quando toma como argumento a queda dos judeus para exortar a que "quem julga estar de pé, tome cuidado para não cair" (1Co 10, 12; Rm 11, 20), ordena que andemos vacilando, como se estivéssemos pouco seguros de nossa estabilidade, mas somente priva-nos da arrogância e da confiança temerária em nossa própria virtude, a fim de que, expulsos os judeus, os gentios, admitidos em seu lugar, não os ultrajassem com maior ferocidade. Ainda que não fale ali somente dos fiéis, mas também dos hipócritas, que se vangloriavam somente das aparências exteriores. E não admoesta a cada homem em particular, mas, feita a comparação entre os judeus e os gentios, mostra depois que aqueles receberam penas justas por sua incredulidade e ingratidão quando foram expulsos, e exorta a estes a que não se ensoberbeçam, orgulhando-se de si mesmos, e percam a graça da adoção transferida para eles. Do mesmo modo que naquela rejeição dos judeus restaram alguns daqueles que não foram alijados do pacto da adoção, assim também poderiam surgir alguns dentre os gentios que, sem a verdadeira fé, se envaidecessem somente da tola confiança da carne, e assim abusassem da bondade de Deus, para sua perdição. No entanto, mesmo que entendas essas palavras como dirigidas aos fiéis e aos eleitos, não seguirá disso nenhum inconveniente. Pois uma coisa é reprimir a temeridade, que às vezes se insinua nos santos desde a carne, a fim de que ela não se regozije com vã presunção, e outra coisa é derrotar a consciência por meio do temor, para que não repouse em plena segurança na misericórdia de Deus.

23. Então, quando Paulo ensina que não nos ocupemos de nossa salvação com temor e tremor (Fp 2, 12), não exige senão que nos acostumemos a voltar os olhos para o poder do Senhor, com grande desprezo por nós mesmos. E por certo nada pode nos despertar tanto a pôr no Senhor a confiança e a certeza de nosso espírito quanto a desconfiança de nós mesmos e a ansiedade que provém da consciência de nossa calamidade. Nesse sentido, deve-se entender o que diz o profeta: "pela abundância de tua misericórdia, entrarei em teu templo, adorarei em teu temor" (Sl 5, 8), onde, de modo conveniente, une a ousadia da fé, que se apoia na misericórdia de Deus com um religioso temor, que necessariamente há de se apoderar de nós cada vez que, comparecendo perante a presença da majestade divina, entendemos, por seu esplendor, quão grande é nossa imundície. Também Salomão diz: "Bem-aventurado o homem que sempre atemoriza seu coração, porque, com o endurecimento, precipita-se para o mal" (Pr 28, 14). Ele entende o temor como algo que nos torna mais cautelosos, sem contudo nos imobilizar pela aflição. Ou seja: quando nosso ânimo, confuso em si mesmo, reconforta-se em Deus, levanta-se nele, abatido em si mesmo; desconfiando de si, respira na confiança dele. Portanto, nada impede que os fiéis tenham temor e, ao mesmo tempo, possuam o mais seguro dos consolos, uma vez que ora voltam os olhos para a própria vaidade, ora elevam o pensamento para a verdade de Deus. Alguém dirá: como podem o pavor e a fé habitar no mesmo espírito? Ora, da mesma forma que o torpor e a ansiedade, por exemplo. Porque, ainda que os ímpios recorram à insensibilidade para não sentir impressionados pelo temor a Deus, o julgamento de Deus, no entanto, os persegue de tal maneira que nunca alcançam o que pretendem. Assim, nada impede que Deus prepare os seus para a humildade, a fim de que, lutando valorosamente, detenham-se sob o freio da modéstia. E que tenha sido essa a intenção do apóstolo é evidente pelo contexto, quando assinala como causa do temor e do tremor o beneplácito de Deus, por meio do qual dá aos seus tanto o querer o bem quanto a perseguição incansável.[12] Nesse sentido, convém entender o que diz o profeta, "Os filhos de Israel temerão a Deus e à sua bondade" (Os 3, 5), porque a piedade não somente gera a reverência, mas também a própria doçura e suavidade da graça impregnam o homem, abjeto em si mesmo, com temor e ao mesmo tempo com admiração, para que dependa de Deus e se sujeite humildemente a seu poder.

---

12 Fp 2, 12-13.

24. E não aprovamos tampouco a mais pestilenta das filosofias, a qual alguns semipapistas estão começando hoje a tramar pelos cantos. Como não são capazes de defender aquela dúvida crassa que foi transmitida nas escolas, recorrem a outra ficção para fazerem a confiança mesclar-se com a incredulidade. Eles admitem que, sempre que temos os olhos postos em Cristo, encontramos nele matéria plena para ter esperança; mas, como sempre somos indignos de todos esses bens que nos são oferecidos em Cristo, sustentam que, ao olharmos nossa indignidade, vacilamos e hesitamos. Em suma, põem a consciência entre a esperança e o medo, de tal forma que ela se alterna em intervalos para aqui e para ali. E tanto entrelaçam a esperança e o medo que, para a esperança se manifestar, o medo é reprimido; e quando este ressurge, a esperança é de novo ameaçada. É assim que Satanás, quando vê que as máquinas de guerra com que antes costumava destruir a certeza da fé foram descobertas e agora de nada adiantam, esforça-se por destruir a esperança com oblíquos subterfúgios. Mas que tipo de confiança será essa, que a cada passo cede ao desespero? Se considerares a Cristo, dizem, a salvação é certa; mas se te voltares para ti, certa é a perdição. Logo, é necessário que a desconfiança e a boa esperança reinem alternadamente em teu espírito. Como se devêssemos pensar que Cristo está distante de nós, em vez de habitando em nós! Por isso, pois, esperamos dele a salvação, não porque se nos mostre de longe, mas porque, incorporados a seu corpo, faz-nos partícipes não somente de todos os seus bens mas também de si mesmo. Portanto, volto contra eles seu próprio argumento desta maneira: se considerares a ti, a condenação é certa; mas, uma vez que Cristo se te comunicou, com todos os seus bens, para que tudo o que Ele tem se torne teu e para que te tornes um membro seu e, além disso, um com Ele, então sua justiça destrói os teus pecados, sua salvação abole a tua condenação, e Ele mesmo, com sua dignidade, intercede para que tua indignidade não chegue aos olhos de Deus. Por certo é assim: que de modo algum convém Cristo separar-se de nós, ou nós, dele; mas é preciso seguir firmemente com as duas mãos aquela união com que nos juntou a Ele. Assim o apóstolo nos ensina. Nosso corpo, em verdade, diz: "Está morto, por causa do pecado, mas o espírito de Cristo que habita em vós vive, por causa da justiça" (Rm 8, 10). Segundo o gracejo destes, o apóstolo deveria dizer: "É verdade que Cristo tem vida em si; mas vós, como sois pecadores, permaneceis sujeitos à morte e à condenação". No entanto, ele fala de modo muito diferente, pois ensina que essa condenação, que por nossa causa merecemos, é anulada pela salvação de Cristo; e, para confirmá-

-lo, usa aquela razão que aduzi antes: que Cristo não está fora de nós, mas habita em nós. E não somente está unido a nós por um elo de sociedade indissolúvel, mas também, por certa comunhão admirável, vem unindo--se conosco mais e mais a cada dia, num mesmo corpo, até que esteja unido a nós por completo. Não nego, contudo, o que disse acima, que ocorrem às vezes certas interrupções da fé, conforme sua fraqueza entre golpes violentos a faz oscilar de um lado para outro. E, assim, sua claridade é sufocada na densa escuridão das tentações. Mas, seja o que for que aconteça, não deixa de procurar o amor de Deus.

25. Nada diferente disso expôs Bernardo, quando, em sua quinta homilia, *Da dedicação do templo*, trata desse tema abertamente. "Estando eu, por benefício de Deus, refletindo às vezes sobre a alma", diz, "parece--me encontrar nela duas coisas como que contrárias. Se a considero como é em si mesma e por si mesma, não posso dizer nada de mais verdadeiro sobre ela senão que está reduzida a nada. Será preciso enumerar cada uma de suas misérias: quão carregada está de pecados, cercada de trevas, enredada em deleites, contorcendo-se em concupiscências, sujeita a paixões, cheia de ilusões, inclinada sempre ao mal, propensa a todos os vícios; enfim, cheia de ignomínia e de confusão? Se até nossos atos justos, olhados à luz da verdade, são vistos como excrescências menstruais, como serão então percebidas nossas injustiças (Is 64, 6)? Se a luz que há em nós é treva, quão grandes não serão as próprias trevas (Mt 6, 23)? Que dizer, pois? Sem dúvida o homem é feito de igual vaidade, está reduzido a nada, o homem é nada. Mas como é que o homem não é absolutamente nada se Deus o tem em tal alta conta? Como não é nada aquele em quem Deus pôs seu coração? Respiremos, irmãos! Ainda que não sejamos nada em nossos corações, pode ser que, no coração de Deus, alguma coisa nossa esteja oculta. Ó, Pai de misericórdia, ó, Pai dos miseráveis, como pões teu coração diante de nós? Porque teu coração está onde está o teu tesouro.[13] E como somos nós o teu tesouro, se nada somos? Todos os povos são diante de Ti como se não existissem, são considerados nada; de fato, diante de Ti, mas não dentro de Ti. São assim no julgamento de tua verdade; mas não no afeto de tua piedade. Seguramente, Tu chamas as coisas que não são como se fossem. E, assim, as coisas que Tu chamas, não são; e, no entanto, são, quando as chamas. Porque, embora ainda não sejam quanto a si mesmas, em Ti, no entanto são, em conformidade com o que diz Paulo: 'Não por obras de

---

13 Mt 6, 21.

justiça, mas por Ele que chama' (Rm 9, 12)".[14] Depois, Bernardo diz que é admirável a conexão dessas duas considerações: "Certamente, as coisas que estão unidas entre si não se destroem umas às outras".[15] E o declara ainda mais claramente também na conclusão, com estas palavras: "... se com ambas as considerações já examinamos diligentemente aquilo que somos; ou, melhor dizendo, em uma, o quanto somos nada e, na outra, em quão alta conta estamos, penso que nossa glória parece equilibrada; mas talvez tenha aumentado mais, tenha-se consolidado realmente, para que nos vangloriemos não em nós, mas no Senhor. Por certo, se pensarmos que Deus decidiu salvar-nos, libertar-nos-emos imediatamente; só isto já nos permite respirar. Mas, mirando mais alto, busquemos a cidade de Deus, busquemos seu templo, busquemos sua casa, busquemos sua esposa. Não esqueço um por outro, mas com temor e reverência digo que somos algo no coração de Deus. Nós somos, mas por concessão dele, não por merecimento nosso".[16]

26. Ademais, o temor do Senhor — cujo testemunho atribui-se, a cada passo, a todos os santos, e que algumas vezes é chamado "princípio da sabedoria" e outras é denominado "a própria sabedoria" (Sl 111, 10; Pr 1, 7; Pr 15, 33;[17] Jó 28, 28) —, ainda que seja só um, emana de um sentimento duplo. Pois Deus tem em si a reverência de Pai e de Senhor. Assim, quem quiser cultuá-lo como se deve, aplicar-se-á em tornar-se para Ele filho obediente e servo submisso. O Senhor, pelo profeta, chama "honra" à obediência que se lhe deve como a um Pai; e "temor" ao serviço que se lhe deve como a um Senhor. "O filho", diz, "honra o Pai, e o servo, a seu senhor. Se sou pai, onde está a honra? Se sou senhor, onde está o temor?".[18] Vês entretanto que, por mais que os diferencie, confunde-os um e outro ao mesmo tempo. Logo, que o temor do Senhor seja para nós reverência, mescla de honra e de temor. Não se deve estranhar se o espírito aceitar da mesma forma um e outro afeto. Pois quem pensa consigo sobre que tipo de pai Deus é para nós, este tem motivo suficiente, ainda que o inferno não exista, para ter mais medo de uma ofensa a Ele do que de uma morte terrível. Mas também, para coibirmos de todas as formas aquela que é a lascívia de nossa carne, inclinada à licença para pecar,

---

14 Bernardus Claravall, In dedicatione ecclesiae sermo V, 3. 4 MSL183, 531 A-D.
15 Bernardus Claravall, In dedicatione ecclesiae sermo V, 5 MSL 183, 532 A.
16 Bernardus Claravall, In dedicatione ecclesiae sermo V, MSL 183, 7. 8 533 A-534 A.
17 Pr 9, 10.
18 Ml 1, 6.

devemos, ao mesmo tempo, ser tomados pelo pensamento de que o Senhor, sob cujo domínio estamos, abomina todo tipo de iniquidade, de cujo castigo não escaparão aqueles que, vivendo na degradação, tenham provocado a ira dele contra si mesmos.

27. Aquilo que diz João, que "no amor não há temor, mas o amor perfeito joga fora o temor" (1Jo 4, 18), não se opõe em nada ao que dizemos, uma vez que o temor tem seu castigo. Pois ele fala do terror da incredulidade, de que difere em muito o temor dos fiéis. E os ímpios temem a Deus não porque receiam incorrer em ofensa contra Ele, ainda que pudessem fazê-lo impunemente; mas porque sabem que Ele está armado com o poder da vingança, e, tendo ouvido sobre sua ira, são acometidos de horror. E temem tanto assim essa ira porque a julgam iminente sobre eles, porque esperam em todo momento que se abata sobre suas cabeças. Os fiéis, porém, como já dito, temem a ofensa mais do que o castigo, e não são perturbados pelo temor do castigo, como se este já pendesse sobre seus pescoços, mas o temor os torna mais cautelosos, para que não procurem o castigo. Assim o apóstolo, quando fala aos fiéis, diz: "que ninguém vos iluda; por causa disso vem a ira de Deus contra os filhos da rebeldia" (Ef 4, 6). Não os ameaça com a ira do Senhor que virá sobre eles, mas os admoesta a cogitar que ela está preparada para os ímpios, por causa do pecado que havia relatado, para que eles mesmos não queiram experimentá-la. Embora raramente ocorra que os réprobos despertem somente com simples ameaças; antes persistem ainda mais em sua contumácia, limitados e embotados em sua dureza, sempre que Deus os fulmina do céu com palavras. Mas quando são feridos por sua mão, veem-se forçados, queiram ou não, a temer. A este temor, chamam-no comumente "servil", e opõem-no ao voluntário e livre, que convém aos filhos. Outros introduzem sutilmente uma espécie mediana de temor, porque aquele servil e o afeto coagido às vezes subjugam os espíritos para que cheguem ao temor de Deus espontaneamente.

28. Já na benevolência divina, para a qual se diz que a fé mira, entendemos que se obtém a posse da salvação e da vida eterna. Pois se nenhum bem pode nos faltar quando Deus nos é propício, é-nos plenamente suficiente, para a certeza de nossa salvação, que Ele nos faça mais seguros do seu amor. "Mostra-nos teu rosto", diz o profeta, "e estaremos salvos" (Sl 80, 4). Por isso a Escritura estabelece a culminação de nossa salvação em que Ele, tendo abolido todas as inimizades, recebeu-nos em sua graça (Ef 2, 14). Com o que indica que, havendo Deus se reconciliado conosco, não há nenhum perigo, e tudo correrá bem para nós. Porque a fé, tendo conseguido o amor de Deus, tem as promessas da vida presente e futura e a firme segurança de todos os bens, mas do tipo que se pode ter pela Palavra. Pois a fé certamente não promete nem longevidade nesta vida, nem honra, nem riquezas — uma vez que o Senhor não nos quis oferecer nenhuma dessas coisas —, mas se dá por satisfeita com a certeza de que, por mais que nos faltem muitas coisas que dizem respeito ao sustento desta vida, Deus não nos há de faltar jamais. A principal segurança da fé repousa na esperança da vida futura, que nos foi dada pela Palavra de Deus fora de toda dúvida. Quaisquer que sejam as misérias e calamidades que atinjam na terra aos que Deus abraçou com seu amor, estas não podem, porém, impedir que sua benevolência seja para eles felicidade plena. Por isso, quando quisemos exprimir a suma felicidade, pusemos a graça de Deus como manancial do qual brotam para nós bens de todos os tipos. E se pode ver na Escritura, a cada passo, isto: sempre somos reconduzidos ao amor de Deus, não somente no que diz respeito à salvação eterna, mas quando se trata de qualquer bem nosso. Por essa razão, Davi canta que a bondade divina, quando sentida num coração piedoso, é mais suave e mais desejável do que a própria vida (Sl 63, 3). Enfim, se, em lugar da promessa, afluíssem para nós todas as coisas, mas não tivéssemos certeza acerca do amor ou do ódio de Deus, nossa felicidade seria maldita e, portanto, miserável. Mas se Deus resplandece para nós seu rosto paterno, até as próprias misérias serão felizes, pois se converterão em ajuda para a salvação. Assim Paulo, inventariando todas as nossas adversidades, vangloria-se contudo de que elas não podem separar-nos do amor de Deus (Rm 8, 35). E, em suas orações, sempre começa pela graça de Deus, de onde advém toda prosperidade. De forma semelhante, Davi opõe somente o favor de Deus a todos os terrores que nos perturbam: "Se eu andar em meio às sombras da morte, não temerei males, porque tu estás comigo" (Sl 23, 4). E sentimos nosso espírito vacilar sempre, a não ser que, satisfeitos com a graça de Deus, busquemos nela a paz e assimilemos totalmente aquilo que se diz no salmo: "Bem-aventurada a nação cujo Deus é o Senhor e o povo que Ele elegeu como herança para si" (Sl 33, 12).

29. Fazemos da promessa gratuita o fundamento da fé, porque dela se constitui propriamente a fé. Pois, ainda que a fé estabeleça que Deus é de todo veraz — quer ordene, quer proíba, quer prometa, quer ameace —, e ainda que a fé aceite obedientemente seus mandamentos, observe suas interdições e preste atenção a suas ameaças, sempre, no entanto, ela começa propriamente na promessa, nela se constitui e nela acaba. Pois busca em Deus a vida que não encontra nos mandamentos, nem nas ameaças de castigos, mas apenas na promessa da misericórdia, e ela não é senão gratuita; uma vez que, se fosse condicional, pela qual seríamos remetidos a nossas próprias obras, não prometeria vida mais do que, se observarmos, já há em nós mesmos. Logo, a menos que quisermos que a fé trema e vacile, é preciso que a apoiemos na promessa de salvação que o Senhor nos oferece de antemão e por sua liberalidade, e mais em consideração à nossa miséria que à nossa dignidade. Por isso, Paulo confere particularmente ao Evangelho o título de "palavra de fé"[19] — título que não atribui nem aos preceitos nem às promessas da Lei. E a razão é que não há nada que possa sustentar a fé, a não ser essa embaixada generosa pela qual Deus reconcilia o mundo consigo (2Co 5, 18-20). Daí a reiterada correlação que ele mesmo faz entre a fé e o Evangelho quando ensina que o ministério do Evangelho lhe foi dado como missão, para a obediência da fé; e que é "poder de Deus para a salvação de todo aquele que crê"; e que "no Evangelho, a justiça de Deus se revela pela fé e para a fé" (Rm 1, 5.16.17). E não é de admirar que, sendo o Evangelho ministério de reconciliação (2Co 5, 18), não existe nenhum outro testemunho suficientemente firme da benevolência de Deus para conosco que a fé possa procurar conhecer. Logo, quando dizemos que é preciso a fé apoiar-se na promessa gratuita, não estamos negando que os fiéis abracem e retenham toda a Palavra de Deus; mas apontamos a promessa da misericórdia como a finalidade mesma da fé. Do mesmo modo que os fiéis devem reconhecer que Deus é de fato juiz e algoz dos malfeitores e, mesmo assim, devem olhar especialmente para sua clemência, uma vez que assim deve ser considerado Aquele que lhes é descrito como benévolo e misericordioso, livre da ira, abundante na bondade, suave para todos, derramando sua misericórdia sobre todas as suas obras (Sl 86, 5; 103, 8;145, 8).

30. E pouco me importa o latido de Pighio, ou de outros cães como ele, quando ventilam que essa restrição, como que despedaçando a fé, arrebata-nos a unidade em vão. Eu admito, como já disse, que o objeto geral da fé (como eles dizem) é a verdade de Deus, quer ameace, quer ofereça a esperança da graça. Por esse motivo, o apóstolo atribui à fé isso de que Noé tenha temido a destruição do mundo quando nada se percebia ainda (Hb 11, 7). Se o temor da pena iminente foi obra da fé, as ameaças não devem ser excluídas da definição desta. De fato, isso é ver-

---

19 Rm 10, 8.

dade. Mas os caluniadores nos levam a mal injustamente, como se negássemos que a fé tem em conta a totalidade da Palavra divina. Queremos indicar só estes dois pontos: primeiro, que certamente a fé nunca será firme enquanto não chegar à promessa gratuita; segundo, não somos reconciliados com Deus de nenhuma outra forma a não ser pela fé, porque é esta que nos une a Cristo. Ambas as coisas são dignas de nota. Nós buscamos uma fé que diferencie os filhos de Deus dos réprobos, e os fiéis dos incrédulos. Se alguém crer que Deus ordena com justiça o que quer que ordene e que ameaça deveras, será por isso chamado de fiel? De modo algum! Logo, o estado de sua fé não será firme a não ser que repouse na misericórdia de Deus. E mais, para que disputamos sobre a fé? Não é acaso para que aprendamos o caminho da salvação? Mas de que forma a fé fornece a salvação, senão na medida em que nos incorpora a Cristo? Não é, pois, nenhum absurdo se, em sua definição, insistimos tanto em seu efeito principal e só depois colocamos aquela nota distintiva que separa os fiéis dos réprobos. E, enfim, esses malfeitores não têm nada a censurar em nossa doutrina, a menos que, na mesma repreensão, envolvam Paulo, que acertadamente chama ao Evangelho "palavra da fé" (Rm 10, 8).

31. Daí concluímos de novo o que já foi exposto: que a fé necessita da Palavra não menos que o fruto, da raiz viva da árvore. Porque, segundo o testemunho de Davi, não podem confiar em Deus senão aqueles que conheceram seu nome (Sl 9, 11). Esse conhecimento, porém, não vem da imaginação de cada um, mas do fato de o próprio Deus ser testemunha de sua bondade. Assim o confirma o profeta em outro lugar: "Tua salvação seja conforme tua fala" (Sl 119, 41); e "esperei em tua Palavra; faz-me salvo".[20] Deve ser notada aí a relação entre a fé e a palavra, de onde segue depois a salvação. Nós, no entanto, não excluímos a potência de Deus, sem cuja consideração a fé, ainda que sustente a si mesma, nunca concederá a Deus sua honra. Parece que Paulo relata, a propósito de Abraão, uma coisa fútil ou trivial ao dizer que ele crera ser poderoso o Deus que prometera a ele uma semente bendita (Rm 4, 21). E, em outro lugar, sobre si mesmo, diz: "Eu sei em quem pus minha fé, e estou certo de que Ele é poderoso para guardar até aquele dia o bem a mim confiado" (2Tm 1, 12). Mas, se alguém pondera consigo quantas dúvidas se nos insinuam de quando em quando acerca da potência de Deus, reconhecerá suficientemente que fizeram não poucos progressos na fé aqueles que

---

20 Sl 119, 42.

a engrandecem como é digna de ser. Todos confessamos que Deus pode tudo o que quer. No entanto, quando qualquer mínima tentação nos consterna pelo medo e nos torna atônitos de horror, daí bem se vê que nós derrogamos da potência de Deus, à qual preferimos as ameaças que Satanás opõe a suas promessas. É por essa razão que Isaías, quando quer imprimir no coração do povo a certeza da salvação, discorre de forma tão magnífica sobre a imensa potência de Deus. Muitas vezes, pode parecer que, quando começou o discurso sobre a esperança do perdão e da reconciliação, fez digressões e andou divagando com rodeios longos e supérfluos, recordando quão admiravelmente Deus governa a máquina do céu e da terra com toda a ordem da natureza; e, no entanto, não há ali nada que não esteja submetido à finalidade que tem em vista. Porque, se a potência de Deus, que tudo pode, não nos vem ao encontro, nossos ouvidos mal admitirão a palavra ou a avaliarão com medida justa. Acrescenta que se nota aqui uma potência efetiva. Porque a piedade, como foi visto em outro lugar, sempre acomoda a potência de Deus à prática e à necessidade; sobretudo, põe diante de si as obras de Deus com as quais Ele se manifestou como Pai. Daí que seja tão frequente na Escritura a memória da redenção, por meio da qual os israelitas podiam aprender que Deus, que já uma vez fora o autor de sua salvação, haveria de ser seu guardião eterno. Também Davi admoesta-nos, com seu exemplo, de que os benefícios que Deus outorga a cada um em particular servem-lhe depois para a confirmação de sua fé. Mais ainda: quando parece que nos desamparou, convém estender nossos pensamentos mais longe, para que seus benefícios anteriores nos deem ânimo, como se diz em outro salmo: "Recordei-me dos dias antigos; meditava sobre todas as tuas obras" (Sl 143, 5). E: "Recordar-me-ei das obras do Senhor e de tuas maravilhas antigas desde o início" (Sl 77, 11).[21] Mas, sem a Palavra, tudo o que concebemos sobre a potência de Deus e sobre suas obras é vão; por isso afirmamos destemidamente que não há fé até que Deus nos ilumine com o testemunho de sua graça. Mas aqui poderia surgir outra questão. Que pensar de Sara e de Rebeca, se ambas, levadas, como parece, pelo zelo da fé, ultrapassaram os limites da Palavra? Sara, como ardesse do desejo de uma descendência prometida, ofereceu ao marido sua criada (Gn 16, 5). Que ela havia pecado de muitas formas, não se nega; mas agora trato somente deste vício: que, levada por seu zelo, não se manteve dentro dos limites da Palavra de Deus. É, no entanto, certo que esse desejo

---

21 Sl 77,12.

lhe veio da fé. Rebeca, convencida pelo oráculo da eleição de seu filho Jacó, procurou a bênção para ele com um mau artifício: enganou o marido, que era testemunha e ministro da graça de Deus; obrigou o filho a mentir; corrompeu a Palavra de Deus com várias fraudes e imposturas. E, finalmente, naquilo que dependia dela, aboliu a promessa, expondo-a ao ridículo (Gn 27). E, no entanto, esse ato, por mais pecaminoso e digno de repreensão que fosse, não era desprovido de fé, porque foi preciso superar grandes obstáculos para que tentasse de tal forma algo que, sem a esperança da comodidade terrena, estava cheio de grandes moléstias e perigos. Da mesma forma, não privaremos completamente de fé o santo patriarca Isaac, que, avisado pelo mesmo oráculo divino de que a honra fora repassada ao filho menor, não deixou no entanto de ser mais apegado a seu primogênito, Esaú. Tais exemplos certamente ensinam que não raro os erros misturam-se com a fé, de tal maneira, entretanto, que ela tenha sempre a primazia, quando é verdadeira. Pois o erro particular de Rebeca não anulou nem o efeito da bênção tampouco a fé, que, em geral, dominava seu espírito, e que foi princípio e causa daquele ato. No entanto, Rebeca mostra com isso quão escorregadia é a sinuosidade da mente humana tão logo se permita algo a si mesma, por pouquinho que seja. Mas, se bem que a falta e a fraqueza obscureçam a fé, não a extinguem; adverte-nos entretanto de quão importante é estarmos, com toda a atenção, pendentes da boca de Deus. E, ao mesmo tempo, confirma-se o que ensinamos: que a fé se desvanece quando não é sustentada pela Palavra; como se os espíritos, tanto de Sara quanto de Isaac e de Rebeca, se tivessem desvanecido em seus oblíquos desvarios, por não terem sido retidos pelo freio secreto de Deus, na obediência da Palavra.

32. Retrocedendo, encerramos, não sem razão, todas as promessas em Cristo, uma vez que o apóstolo encerra todo o Evangelho no conhecimento de Cristo (Rm 1, 17); e, em outro lugar, ensina que, quantas sejam as promessas de Deus, nele são "sim" e "amém" (2Co 1, 20). A razão disso, tenho-a à mão: se Deus promete alguma coisa, atesta com isso sua benevolência, motivo pelo qual não há nenhuma promessa sua que não seja um testemunho de seu amor. E isso não nega que, enquanto os ímpios são cumulados dos grandes e contínuos benefícios da prodigalidade divina, acarretam com isso para si um julgamento ainda mais pesado. Porque, como não compreendem ou não reconhecem que os bens lhes vêm da mão de Deus, ou, se alguma vez o reconhecem, não levam em conta a bondade dele, não podem, então, ser educados acerca da misericórdia de Deus mais do que os animais brutos, que, por suas condições, recebem o mesmo fruto de sua liberalidade sem nisso pensar. E isso em nada impede que, ao cuspir fora as promessas que lhes foram feitas, por esse motivo atraiam para si um castigo maior. Pois, ainda que a eficácia das promessas se revele justamente quando encontrarmos a fé dentro de nós, sua virtude e propriedade nunca se extinguem por causa de nossa incredulidade e ingratidão. Logo, uma vez que o Senhor nos convida, com suas promessas, não somente para que recebamos os frutos de sua benignidade mas também para que raciocinemos, declara nesse momento seu amor ao homem. De onde se deve voltar a este ponto: que toda e qualquer promessa de Deus é uma prova do amor divino por nós. Agora, é fora de dúvida que ninguém é amado por Deus fora de Cristo. Ele é o filho amado em quem reside e repousa o amor do Pai (Mt 3, 17; 17, 5), e daí, por meio dele, se estende até nós, como ensina Paulo: "nos predestinou à adoção em seu filho amado" (Ef 1, 6). É necessário pois que, por intercessão do Filho, a graça do Pai se dirija para nós e nos alcance. Por isso, em outro lugar, o apóstolo o chama "nossa paz" (Ef 2, 14) e, em outra parte, apresenta-o como o vínculo pelo qual Deus, por seu amor paterno, une-se a nós (Rm 8, 3). Por conseguinte, devemos pôr nossos olhos em Cristo sempre que alguma promessa nos é oferecida, e não é absurdo o que Paulo ensina: que, quaisquer que sejam as promessas de Deus, em Cristo se confirmam e se cumprem (Rm 15, 8). Alguns exemplos impugnam isso, pois não é crível que Naaman, o sírio, quando indagou do profeta sobre o modo de cultuar a Deus corretamente, tenha sido doutrinado sobre o Mediador (2Rs 5, 17-19); no entanto, sua piedade é louvada. Cornélio, pagão e romano, com muita dificuldade pôde apreender aquilo que apenas obscuramente alguns judeus entendiam; no entanto, suas esmolas e orações foram agradáveis a Deus (At 10, 31), como os sacrifícios de Naaman haviam sido aprovados pelo oráculo do profeta (2Rs 5, 17-19), o que nenhum dos dois teria podido conseguir se não fosse pela fé. Um relato semelhante é o do eunuco, ao qual Filipe se dirigiu; a menos que tivesse alguma fé, ele não se teria dado ao trabalho de uma viagem longa, difícil e dispendiosa para adorar (At 8, 27). Mas vemos que, interrogado por Filipe, confessa sua ignorância acerca do Mediador (At 8, 31). Concordo, sim, que a fé deles era em parte implícita, não somente com respeito à pessoa de Cristo, mas também com respeito à sua virtude e ao ofício que o Pai lhe confiou. É evidente, no entanto, que eles estavam imbuídos dos princípios que lhes deram algum gosto, ainda que leve, de Cristo. E isso não deve parecer novo. Porque nem o eunuco teria vindo de uma região longínqua para Jerusalém em busca de um Deus desconhecido, nem Cornélio, uma vez tendo abraçado a religião judaica, teria vivido tanto tempo nela sem se acostumar aos rudimentos da pura doutrina. Quanto a Naaman, teria sido absurdo Eliseu o prevenir sobre coisas miúdas e calar-se sobre o principal. Logo, ainda que o conhecimento de Cristo fosse neles obscuro, não se pode dizer que fosse nulo, porque se exercitavam nos sacrifícios da Lei, os quais importava diferenciar dos falsos sacrifícios dos pagãos por sua própria finalidade, ou seja, Cristo.

33. E essa demonstração, realmente desnuda e simples, da Palavra de Deus deveria ser suficiente para gerar a fé, se não o impedissem nossa cegueira e teimosia. Mas, como tem propensão para a vaidade, nossa mente nunca pode chegar à verdade de Deus; como sofre de embotamento, está sempre cega para a sua luz. Além disso, sem a iluminação do Espírito Santo, nada nos conduz à Palavra. De onde se vê claramente que a fé é muito superior à inteligência humana. E não basta que a mente seja iluminada pelo Espírito de Deus, a menos que, por sua virtude, também o coração seja fortalecido e amparado. Nesse tema os escolásticos se perderam por completo, pois, na consideração da fé, arrancam do conhecimento um assentimento mero e simples, preterindo a confiança do coração e a segurança. A fé é, pois, um dom de Deus, singular, mas com dupla função, tanto porque a mente do homem é purificada para experimentar a verdade de Deus, quanto porque o espírito nela se fortalece. Pois o Espírito não apenas dá início à fé, mas a vai aumentando gradualmente, até que ela nos conduza ao reino dos céus. "Guarda", diz Paulo, "o bem precioso a ti confiado com a ajuda do Espírito Santo que habita em nós" (2Tm 1, 14). Como, no entanto, Paulo afirma que o Espírito nos é dado pela pregação da fé (Gl 3, 2), é fácil resolver isso sem nenhum trabalho. Se apenas um único fosse o dom do Espírito, o apóstolo teria afirmado um absurdo: que o Espírito, que é o autor e a causa da fé, é também o efeito da fé. Mas, como trata dos dons com que Deus adorna sua Igreja e a conduz à perfeição pelos desenvolvimentos da fé, não há por que estranhar que os atribua à fé, a qual nos prepara para recebê-los. De fato, considera-se um paradoxo dizer isto: que ninguém pode crer em Cristo a não ser aquele a quem isso foi dado.[22] Isso se deve em parte a que os homens não levam em conta quão recôndita e sublime é a sabedoria celestial, nem quão grande é a ignorância humana para compreender os segredos divinos; e, em parte também, à ausência de observação

---

22 Jo 6, 65.

daquela firme e estável constância do coração, ou seja, da parte principal da fé.

34. E se, como Paulo proclama, ninguém é testemunho da vontade humana, a não ser o espírito do homem que está nele (1Co 2, 11), que homem estaria seguro da vontade divina? E se a verdade de Deus é vacilante em nós, mesmo naquelas coisas que vemos com os olhos, como há de ser firme e estável quando o Senhor nos promete coisas que nem o olho vê nem o entendimento capta? Tão inferior e deficiente é aqui a prudência humana que renunciar a ela é o primeiro grau de aproveitamento na escola de Deus. Porque somos impedidos por ela, como que recobertos por um véu, de nos aproximar dos mistérios de Deus, os quais são revelados apenas às crianças (Mt 11, 25; Lc 10, 21). Porque nem a carne nem o sangue os revela (Mt 16, 17), nem "o homem animal percebe as coisas que são do Espírito, porque para ele são loucura, e não as pode entender, porque só podem ser avaliadas pelo Espírito" (1Co 2, 14). Logo, é-nos necessário o auxílio do Espírito Santo, ou melhor, somente sua virtude vigora aqui. Não há ninguém entre os homens que tenha conhecido o pensamento de Deus, ou que tenha sido seu conselheiro (Rm 11, 34); só "o Espírito esquadrinha tudo, mesmo as profundezas de Deus" (1Co 2, 10), e por meio dele se dá que entendamos a vontade de Cristo. "Ninguém pode vir a mim", diz, "se o Pai que me enviou não o atrair". Logo, todo aquele que ouviu o Pai, e aprendeu, vai. Não que alguém tenha visto o Pai, senão aquele que foi enviado por Deus.[23] Portanto, assim como não podemos chegar a Cristo de forma alguma, a menos que levados pelo Espírito de Deus, do mesmo modo, quando atraídos por Ele, somos transportados, mente e espírito, acima de nossa própria inteligência. Pois a alma, iluminada por Ele, assume como que uma nova visão para contemplar os mistérios celestiais, por cujo esplendor estava antes ofuscada. E, assim, o intelecto do homem, tocado pela luz do Espírito Santo, começa então a realmente saborear aquelas coisas que pertencem ao reino de Deus, quando, antes, encontrava-se de todo vazio e incapaz de obter por meio delas algum gosto. Por essa razão, Cristo, mesmo expondo admiravelmente a dois de seus discípulos os mistérios de seu reino, não consegue nada até que se lhes abre o entendimento, para que entendam a Escritura (Lc 24, 27. 45). Assim, instruídos os apóstolos por sua boca divina, é preciso ainda que se lhes envie o Espírito da verdade, para que este faça entrar em suas mentes aquela mesma doutrina que haviam

---

23 Jo 6, 44.46.

recebido pelos ouvidos (Jo 16, 13). A Palavra de Deus é semelhante ao sol: ilumina a todos a quem é pregada, mas não produz fruto entre os cegos. E, nessa parte, todos nós somos, por natureza, cegos; por isso não pode penetrar em nossa mente, a não ser pelo acesso que lhe dá o Espírito, esse mestre interior, com sua iluminação.

35. Quando tratamos, em outro lugar, da corrupção de nossa natureza, demonstramos mais detalhadamente como os homens não são capazes de crer.[24] E, por isso, não fatigarei o leitor com repetições. Basta isto: o que é chamado por Paulo de "Espírito de fé" é aquela fé com a qual somos agraciados pelo Espírito (2Co 4, 13), e não a que temos naturalmente. Por isso, ora para que Deus "vos leve a realizar todo o bem que desejais fazer e a obra de vossa fé" entre os tessalonicenses (2Ts 1, 11). Chamando à fé "obra de Deus" e designando-a apositivamente pelo epíteto de "beneplácito", nega que venha do movimento natural do homem. E, não contente com isso, acrescenta que é uma amostra do poder divino. Aos coríntios, diz que a fé não depende da sabedoria dos homens, mas que se apoia na potência do Espírito.[25] Fala, é verdade, dos milagres externos; mas, porque os réprobos são cegos para vê-los, compreende também aquele selo interior de que faz menção em outro lugar. E, para que Deus abrilhante ainda mais sua liberalidade com tão preclaro dom, não o julga digno de todos indistintamente, mas o reparte como um privilégio especial entre aqueles que elege. Coisa de que antes já citamos testemunhos, sobre os quais Agostinho, fiel intérprete, exclama: "... para que o Salvador nos ensinasse que o próprio ato de crer é um dom, e não mérito, diz 'Ninguém vem a mim se o Pai não o atrai, e se não lhe for concedido por meu Pai' (Jo 6, 44). É algo surpreendente que dois ouçam uma coisa, e um se rebaixe, e o outro se eleve. Aquele que se rebaixa, que o impute a si mesmo; aquele que se eleva, que não o impute a si mesmo".[26] E, em outro lugar: "Por que razão se dá a um e não a outro? Não me envergonho de dizê-lo: é um profundo mistério da cruz. Tudo o que podemos procede de um segredo desconhecido dos julgamentos de Deus, a que nem podemos perscrutar. O que posso, vejo-o; de onde posso, não o vejo, salvo que vejo que é de Deus. Mas por que este e não aquele? Isto é demasiado para mim, é um abismo, um mistério da cruz. Posso gritar de admiração, mas não o posso demonstrar com argumen-

---

24 Cf. Livro II, Capítulo II, § 18ss.
25 1Co 2, 4s.
26 Aug., Sermo 131, 2s. MSL 38, 730.

tos num debate".[27] Volta a isto, em suma: quando Cristo nos ilumina para a fé pela virtude de seu Espírito, insere-nos ao mesmo tempo em seu corpo, para que sejamos partícipes de todos os bens.

36. Resta que aquilo que o entendimento recebeu seja então transferido para o coração. Pois a Palavra de Deus não é admitida pela fé se girar no mais alto do cérebro, mas apenas quando finca raízes no fundo do coração, a fim de ser uma fortaleza inexpugnável, para conter e repelir todos os avanços das tentações. E se é verdade que a verdadeira inteligência da mente é a iluminação do Espírito, seu poder se mostra de forma muito mais evidente em tal confirmação do coração, na medida em que, com efeito, a desconfiança do coração é maior do que a cegueira da mente, e é muito mais difícil que o coração seja instruído pela segurança do que a mente imbuída pela reflexão. Por isso o Espírito exerce a função de selo, para selar em nosso coração aquelas mesmas promessas cuja certeza imprimiu antes em nossa mente, e ocupa o lugar do penhor, para confirmá-las e ratificá-las. "Nele acreditastes e recebestes a marca do Espírito Santo prometido, que é a garantia da nossa herança" (Ef 1, 13-14), diz o apóstolo. Vês como nos ensina que os corações dos fiéis são marcados pelo Espírito como que por um selo? Como, por essa razão, chama o Espírito de "promessa", porque ele nos torna o Evangelho indubitável? De forma parecida, diz aos coríntios: "Aquele que nos ungiu é Deus, que também imprimiu em nós sua marca e nos deu como garantia o Espírito derramado em nossos corações" (2Co 1, 22);[28] e, em outro lugar, quando fala da confiança e do atrevimento da esperança, põe como fundamento da própria fé "a garantia do Espírito" (2Co 5, 5).

37. No entanto, não me esqueci do que disse antes, e cuja recordação a experiência renova continuamente, a saber: que a fé é impelida por várias dúvidas, de tal maneira que a mente dos homens pios raramente repousa, ou pelo menos não desfruta sempre de um estado de tranquilidade. Mas, quaisquer que sejam os ataques com que são atingidos, ou emergem do próprio abismo das tentações ou permanecem em sua posição. Só mesmo essa segurança alimenta e guarda a fé quando nos persuadimos do que diz o salmo: "Deus é nossa proteção, nosso auxílio nas tribulações. Não temeremos, portanto, ainda que a terra trema e os montes se transfiram para o coração do mar" (Sl 46, 3).[29] E, em outro

---

27 Aug., Sermo 165, 5 MSL 38, 905.
28 2Co 1, 21-22.
29 Sl 46, 2-3.

lugar, celebra também este suavíssimo repouso: "Eu me deitei e dormi, e despertei, porque o Senhor me sustentava" (Sl 3, 6). Não porque Davi tenha sido sempre inclinado, com igual disposição, à alegre hilaridade; mas, como experimentava a graça de Deus conforme a medida da fé, vangloria-se de desprezar intrepidamente qualquer coisa que pudesse inquietar a paz de seu espírito. Por isso a Escritura, quando quer nos exortar à fé, ordena que nos aquietemos. Assim em Isaías: "Em esperança e em silêncio será vossa fortaleza" (Is 30, 15). E no salmo: "Guarda silêncio perante o Senhor, e espera-o" (Sl 37, 7). A esses passos corresponde aquele do apóstolo aos hebreus: "É-vos necessária a paciência" etc. (Hb 10, 36).

38. Daí se pode julgar quão pernicioso é este dogma escolástico: não podemos, de modo algum, presumir acerca da graça de Deus para conosco, salvo por conjectura moral, conforme cada um repute a si mesmo como não indigno dela. De fato, se o afeto que o Senhor tem por nós fosse julgado por nossas obras, confesso que não poderíamos compreendê-lo nem pela mais sutil conjectura. Mas, como a fé deve corresponder à simples e gratuita promessa de Deus, não resta lugar a dúvidas. Pois, pergunto, de que confiança nos armaremos se raciocinarmos que Deus nos é propício somente com a condição de que a pureza de nossa vida assim o mereça? Mas, como destinamos outro lugar para tratar dessas coisas, não prosseguiremos nisso por agora; sobretudo quando é de todo evidente que nada é mais contrário à fé do que a conjectura ou qualquer outra coisa semelhante com a dúvida. Mas aqui distorcem da pior maneira o testemunho do *Eclesiastes*, que trazem na boca repetidas vezes: "Ninguém sabe se é digno de amor ou de ódio" (Ecl 9, 1). Pois, para não dizer que esse passo foi traduzido incorretamente na *Vulgata*, não se pode ocultar nem às crianças o que Salomão, com essas palavras, quis dizer a si mesmo: se alguém, pelo estado presente das coisas, quiser avaliar a quem Deus persegue com o ódio e a quem abraça com amor, tal trabalho é vão e não é determinado por nenhum merecimento, pois os eventos sobrevêm igualmente ao justo e ao injusto, ao homem pio tanto quanto ao ímpio. De onde segue que Deus nem sempre dá testemunho de seu amor àqueles a quem concede prosperidade em tudo, tampouco que sempre mostre seu ódio àqueles a quem aflige. E faz isso para censurar a vaidade do intelecto humano, que é dominado por tão grande embotamento nas coisas mais necessárias. Como havia escrito um pouco antes, não se pode distinguir em que a alma do homem difere da alma do animal, pois parece que ambos morrem da mesma morte (Ecl 3, 19).

Se alguém quiser deduzir daí que a doutrina que professamos sobre a imortalidade da alma apoia-se nessa única conjectura, não seria com razão considerado louco? Estarão, pois, em seu juízo estes que concluem que não existe a certeza da graça de Deus, uma vez que não se pode compreender nenhuma através do aspecto carnal das coisas presentes?

39. Mas eles alegam que arrogar para si um conhecimento indubitável da vontade divina é presunção temerária. Eu lhes concederia isso, evidentemente, se tomássemos para nós a atribuição de querer submeter o incompreensível conselho de Deus à fragilidade de nosso intelecto. Mas, quando simplesmente dizemos, com Paulo, que "não recebemos o espírito do mundo, mas o Espírito que vem de Deus, para conhecermos os dons que Deus nos concedeu" (1Co 2, 12), que podem eles gritar contra isso, sem que afrontem injuriosamente ao Espírito de Deus? E se é um horrendo sacrilégio acusar a Revelação proferida por Ele ou de mentira, ou de incerteza ou de ambiguidade, que crime cometemos ao defender sua certeza? Mas eles proclamam que tampouco isto está isento de grande temeridade: que nos atrevamos a nos gabar assim do Espírito de Cristo. Quem acreditaria que a tolice dos que querem ser tidos por doutores do mundo seja tanta que desconheçam vergonhosamente até os primeiros fundamentos da religião? Seria incrível para mim mesmo se seus próprios escritos não o comprovassem. Paulo anuncia que são filhos de Deus somente aqueles que são guiados pelo Espírito dele (Rm 8, 14); estes querem que os filhos de Deus sejam guiados por seu próprio espírito, desprovidos do Espírito de Deus. Ele ensina que Deus deve ser chamado por nós de Pai, dizendo por tal palavra pelo Espírito, "porque o Espírito mesmo dá testemunho de que somos filhos de Deus a nosso espírito" (Rm 8, 16); estes, embora não impeçam a invocação a Deus, afastam no entanto o Espírito, sob cuja guia Ele há de ser devidamente invocado. Paulo nega que sejam servos de Cristo "os que não têm o Espírito de Cristo";[30] estes inventam um cristianismo que não tenha necessidade do Espírito de Cristo. Paulo não nos deixa esperança alguma de ressurreição gloriosa a menos que sintamos que o Espírito reside em nós (Rm 8, 11); estes inventam uma esperança vazia de tal sentimento. Mas eles responderão talvez que não negam ser necessário estarmos possuídos pelo Espírito, mas que é humildade e modéstia não o reconhecer. Então, que quer Paulo para si quando ordena aos coríntios que se examinem para ver se estão na fé, que se submetam à prova, pois, se alguém não reconhece que Cristo reside nele,

---

30 Rm 8, 9.

está reprovado (2Co 13, 5)? E João diz: "que ele permanece em nós, sabemos pelo Espírito que nos deu" (1Jo 3, 24). E que outra coisa fazemos, senão pôr em dúvida as promessas de Cristo, quando queremos ser considerados servos de Deus sem o Espírito que Ele anunciou que derramaria sobre todos os seus servos (Is 44, 3)? Por que somos injustos com o Espírito Santo, nós que separamos dele sua obra característica? Sendo pois estes os primeiros rudimentos da religião, é da mais infeliz cegueira tachar os cristãos de arrogantes, porque ousam vangloriar-se da presença do Espírito Santo, vanglória sem a qual o cristianismo não existe. Mas eles demonstram, com seu exemplo, como é verdade o que Cristo disse: que seu Espírito não é conhecido pelo mundo, e que o reconhecem somente aqueles em quem Ele está (Jo 14, 17).

40. Mas, para tentar destruir a fortaleza da fé com novos subterfúgios, atacam-na também de outra posição. Pois dizem que, embora seja lícito estabelecer um juízo acerca da graça de Deus segundo o estado presente da justiça, o resultado final de nossa perseverança permanece, no entanto, em suspenso. Grande confiança de salvação nos resta, se julgamos, por conjectura moral, que estamos na graça no presente momento, mas não sabemos o que será amanhã! Bem outra coisa diz o apóstolo: "Tenho certeza de que nem a morte, nem a vida, nem os anjos, nem as potestades, nem os principados, nem o presente, nem o futuro serão capazes de nos separar do amor de Deus, que está em Cristo" (Rm 8, 38).[31] Pretendem contudo evadir-se com uma solução frívola, tagarelando que o apóstolo o sabia por uma especial revelação. Mas estão tão apanhados que não poderão escapar! Pois o apóstolo trata ali dos benefícios que advêm da fé a todos os fiéis em geral, não dos que ele próprio em particular experimentava. Mas é igualmente verdade que, em outro lugar, assusta-nos com a menção de nossa debilidade e inconstância. "Quem julga estar de pé", diz, "tome cuidado para não cair" (1Co 10, 12). Isso é verdade. Mas não para que nos consternemos pelo terror, mas para que aprendamos a humilhar-nos sob a poderosa mão de Deus, como o explica Pedro (1Pd 5, 6). Além disso, que despropósito é limitar a certeza da fé a um instante no tempo, quando lhe é próprio, tendo superado os espaços desta vida, prolongar-se até a imortalidade futura! Quando os fiéis, pois, admitem que devem à graça de Deus o fato de que, iluminados por seu Espírito, usufruem por meio da fé da contemplação da vida celeste, tal glória está tão longe da arrogância que, se alguém se envergonhar de confessá-lo,

---

31 Rm 8, 38-39.

mostra com isso uma ingratidão extrema, mais do que testemunha modéstia e submissão, ao suprimir malignamente a bondade de Deus.

41. Parecia-me, portanto, que não se pode demonstrar a natureza da fé de melhor maneira ou mais claramente do que pela substância da promessa, na qual de tal modo se apoia como seu fundamento, que, se esta fosse suprimida, aquela se arruinaria em seguida, ou melhor, evaporar-se-ia. Por isso extraímos da promessa nossa definição de fé, a qual, não obstante, acomoda-se à definição ou descrição que dela faz o apóstolo mais do que a sua disputa, e não é diferente dela em nada, quando diz que a fé é a certeza daquilo que se espera, e a demonstração de realidades que não se veem (Hb 11, 1). Pois pela palavra ὑπόδταδιζ, termo que utiliza, entende como que um arrimo sobre o qual a mente piedosa se apoia e se recosta. Como se dissesse que a fé é uma posse certa e segura das coisas que nos foram prometidas por Deus. A menos que alguém prefira entender ὑπόδταδιζ por "confiança", o que não me desagrada, embora eu tenha predileção pelo outro sentido, que é o mais corrente. Além disso, significa que até o último dia, em que os livros serão abertos (Dn 7, 10), essas coisas são demasiado sublimes para serem percebidas por nossos sentidos, ou olhadas com nossos olhos, ou tocadas com nossas mãos; e que, portanto, elas não podem ser possuídas por nós agora a menos que excedamos a capacidade de nosso entendimento e elevemos nosso olhar acima de todas as coisas que há neste mundo; em suma, a menos que superemos a nós mesmos. Acrescenta-se que a segurança de possuir refere-se a coisas que estão na esperança, e que, portanto, não se veem. Porque a visão, como diz Paulo, é diferente da esperança, e não esperamos as coisas que vemos (Rm 8, 24). Quando a chama "indício" ou "prova" ou, como Agostinho o traduziu com frequência, "convicção das coisas que não estão presentes",[32] pois em grego é ἔλεγχος, fala do mesmo modo como se dissesse que é uma evidência de coisas não aparentes, uma visão daquelas coisas que não se veem, uma claridade de coisas escuras, uma presença de coisas ausentes, uma demonstração das coisas ocultas. Porque os mistérios de Deus, como são os pertinentes à nossa salvação, não podem ser contemplados em si, nem em sua natureza (como se diz), mas os vemos apenas na Palavra de Deus, de cuja verdade devemos estar tão persuadidos que temos de considerar realizado e cumprido tudo quanto Ele nos diz. Como, pois, elevar-se-á nosso espí-

---

32 In Ioh. tract. 79, 1; 95, 2 MSL 35, 1837; 1872. De peccatorum meritis et remissione II, 31, 50 MSL 44, 181; CSEL 60, 121, 5ss.

rito para provar o gosto da bondade de Deus, sem que, ao mesmo tempo, todo ele se acenda do desejo de amar a Deus? Pois essa abundância de suavidade que Deus traz escondida para os que o temem não pode ser conhecida verdadeiramente sem que cause profunda emoção; e por completo arrebata e traz a si aquele a quem uma vez afetou. Portanto, não é de espantar que esse afeto nunca penetre um coração perverso e oblíquo, pois por ele somos transportados ao céu e somos admitidos nos mais recônditos tesouros de Deus e nos mais sagrados mistérios de seu reino, os quais não devem ser profanados com a entrada de um coração impuro. Quanto ao que os escolásticos ensinam, que a caridade é anterior à fé e à esperança, é um mero delírio, visto que somente a fé primeiro gera em nós a caridade. Como Bernardo está mais certo do que eles! "O testemunho da consciência", diz, "ao qual Paulo chama a glória dos fiéis (2Co 1, 12), consiste, creio, em três pontos. Antes de mais nada, é necessário que creias que tu não podes obter a remissão dos pecados a não ser pela indulgência de Deus; depois, que não podes em absoluto ter nada de boa obra, a não ser que Ele te haja concedido isso; e, por último, que tu não podes merecer a vida eterna com nenhuma boa obra, a não ser que ela também te seja dada gratuitamente".[33] E pouco depois acrescenta que essas coisas não bastam, mas que são apenas o início da fé; porque "crendo que os pecados não podem ser perdoados a não ser por Deus, importa, ao mesmo tempo, que sustentemos que nos são perdoados, até que estejamos convencidos, pelo testemunho do Espírito, de que nossa salvação está bem assegurada. Porque Deus perdoa os pecados, Ele mesmo nos dá méritos e também nos recompensa com os prêmios; e não podemos parar no princípio".[34] Mas dessas e de outras coisas trataremos em seus devidos lugares. Baste de momento saber apenas o que é a fé.

42. Ora, onde quer que essa fé esteja viva, não poderá se dar que não tenha consigo por companheira a esperança da salvação eterna, ou melhor, ela a engendra e a produz. Desaparecida a esperança, por mais que discorramos sobre a fé de modo eloquente e elegante, estamos convencidos de que não há fé em nós. Pois se a fé é, como já ouvimos, uma convicção certa acerca da verdade de Deus, coisa que não nos pode mentir, enganar ou ser inútil para nós, aqueles que conceberam essa certeza esperam, ao mesmo tempo, que Deus cumpra suas promessas, as quais,

---

33 Bernardus Cl., In festo annuntiationis beatae Virginis sermo 1, 1 MSL 183, 383 AB.
34 Ibidem 3. Col. 383 D-384 A.

como estão convictos, não podem ser senão verdadeiras. De maneira que, em suma, a esperança não é outra coisa que não a expectativa daquelas coisas que a fé acreditou verdadeiramente prometidas por Deus. Assim, a fé crê que Deus é veraz; a esperança espera que, em seu devido tempo, revele sua verdade. A fé crê que Deus é nosso Pai; a esperança espera que se mantenha sempre assim para conosco. A fé crê que nos é dada a vida eterna; a esperança espera que um dia se nos revelará. A fé é o fundamento sobre o qual a esperança repousa; a esperança alimenta e sustenta a fé. Pois, assim como só pode esperar algo de Deus aquele que antes tenha acreditado em suas promessas, é necessário, da mesma maneira, que a fragilidade de nossa fé seja sustentada e mantida esperando e confiando com paciência, a fim de que não caia desfalecida. Razão pela qual Paulo coloca devidamente nossa salvação na esperança (Rm 8, 24). Pois, enquanto espera o Senhor em silêncio, a esperança retém a fé, para que esta não se precipite, apressando-se em demasia; confirma-a, para que não vacile nas promessas de Deus ou comece a duvidar de sua verdade; reconforta-a, para que não se fatigue; acompanha-a até a meta final, para que não se canse no meio ou mesmo no princípio da jornada. Renovando-a, enfim, e restaurando-a continuamente, faz que ela mesma vá crescendo aos poucos com mais vigor rumo à perseverança. Mas ficará mais claro quantos subsídios da esperança são necessários para estabilizar a fé se pensarmos por quantas espécies de tentação são acometidos e assaltados aqueles que abraçaram a Palavra de Deus. Primeiro, o Senhor, retardando suas promessas muitas vezes mais tempo do que gostaríamos, mantém-nos em suspenso; aqui, o dever da esperança é fazer o que o profeta aconselha: "Se as promessas demoram, esperemos, entretanto" (Hc 2, 3). Às vezes, Deus não apenas consente que esmoreçamos, mas até demonstra contra nós uma clara indignação. Aqui, é muito mais necessário que a esperança nos socorra, para que, segundo o que outro profeta diz, possamos esperar o Senhor, ainda que Ele tenha escondido seu rosto de Jacó (Is 8, 17). Surgem também alguns zombadores, como diz Pedro, que perguntam: "Onde está a promessa ou o advento? Desde a morte de nossos pais, tudo permanece como no princípio da criação!" (2Pd 3, 4). Sussurram-nos essas coisas até mesmo a carne e o mundo. Aqui importa que a fé, sustentada pela tolerância da esperança, contemple fixamente a eternidade, para que considere mil anos como se fossem um só dia (Sl 90, 4; 2Pd 3, 8).

43. Por causa dessa conjunção ou afinidade, a Escritura confunde às vezes os dois termos, "fé" e "esperança". Quando Pedro ensina que "graças à fé e pelo poder de Deus, estamos guardados para a salvação até o tempo da revelação" (1Pd 1, 5), atribui à fé o que se enquadra mais na esperança. E não sem motivo, pois já ensinamos que a esperança não é senão o alimento e a força da fé. Às vezes, juntam-se as duas ao mesmo tempo. Assim, na mesma epístola: "para que vossa fé e esperança estejam em Deus" (1Pd 1, 21). E Paulo, aos filipenses, deduz da esperança a expectativa, porque, esperando pacientemente, reprimimos nossos desejos até que se apresente o tempo oportuno de Deus (Fp 1, 20). Tudo isso se pode compreender melhor pelo capítulo décimo da *Epístola aos hebreus*, que já citei.[35] Paulo, em outro lugar, ainda que fale impropriamente, entende isso mesmo, com estas palavras: "pelo Espírito, é da fé que aguardamos a justificação, objeto de nossa esperança" (Gl 5, 5). Decerto porque abraçamos o testemunho do Evangelho sobre o amor gratuito, esperamos que Deus mostre de forma explícita aquilo que agora está escondido sob a esperança. Já não nos é, pois, obscuro o quão tolamente Pedro Lombardo dá à esperança um fundamento duplo, a graça de Deus e o mérito das obras. Não pode haver outro objetivo senão o da fé. E já expusemos de modo muito claro que um único é o objetivo da fé, a misericórdia de Deus, para a qual se deve olhar, por assim dizer, com ambos os olhos. Mas vale a pena escutar a vívida razão que apresenta: "Se tu te atreves a esperar algo sem os méritos, não se deve chamar a isso esperança, mas presunção".[36] Quem, amigo leitor, não execrará com razão a tais bestas, que acusam aos que confiam que Deus é veraz de agir temerária e presunçosamente? Pois, como o Senhor quer que esperemos tudo de sua bondade, dizem que é presunção apoiar-se nela e nela repousar. Ó, mestre, digno dos discípulos que granjeou nas insanas escolas dos rábulas! Nós, pelo contrário, quando vemos que os oráculos de Deus ordenam que os pecadores recebam a esperança da salvação, presumimos de bom grado sua verdade, tanto que, confiados só em sua misericórdia, e descartada a confiança nas obras, atrevemo-nos a bem esperar. Não nos enganará aquele que disse: "Faça-se conforme a vossa fé" (Mt 9, 29).

---

35 Hb 10, 36.
36 Lomb., Sent. III dist. 26, 1 MSL 192, 811.

Somos regenerados pela fé.
Sobre a penitência.

 mbora já tenhamos ensinado, em parte, como a fé abrange Cristo e que por meio dela usufruímos de seus bens, isso teria ficaria obscuro sem a explicação dos efeitos que experimentamos, o que não é possível fora do tema principal do Evangelho: a penitência e a remissão dos pecados.[37] Logo, se omitidos esses dois pontos principais, qualquer disputa sobre a fé será estéril e truncada, além de inútil. Já quando Cristo nos confere ambas as coisas, ou seja, a vida nova e a reconciliação gratuita, e o alcance de ambas pela fé, a razão e o método da exposição postulam que comecemos a dissertar sobre uma e outro neste lugar. Passaremos, pois, da fé à penitência, porque, bem conhecido esse artigo, tornar-se-á mais evidente como o homem é justificado somente pela fé e por mera graça, e como, no entanto, a santidade da vida real, por assim dizer, não pode ser separada da imputação gratuita da justiça. Que a penitência não apenas segue imediatamente à fé mas que também dela nasce, deve estar fora de toda controvérsia. Pois a graça e a remissão nos são oferecidas por intermédio da pregação do Evangelho, para que o pecador, libertado da tirania de Satanás, do jugo do pecado e da miserável servidão dos vícios, passe ao reino de Deus; por isso, com certeza, ninguém pode abraçar a graça do Evangelho sem se afastar dos erros de sua vida pregressa e aplicar todo seu empenho à meditação da penitência. A força da penitência nunca foi conhecida por aqueles a quem parece que ela precede a fé, mais do que provém dela ou é produzida por ela, como o fruto pela árvore, e que são movidos a experimentá-la por um argumento demasiado leviano.

---

37 Lc 24, 47; At 5, 31.

2. Cristo, dizem, e João Batista exortavam o povo em seus sermões primeiro ao arrependimento, e somente depois anunciavam que o reino de Deus estava próximo (Mt 3, 2; 4, 17). Os apóstolos receberam esse mesmo encargo de pregar, e Paulo, como conta Lucas, seguiu também essa ordem (At 20, 21). Mas eles se detêm supersticiosamente no ajuntamento de sílabas, e não consideram com que sentido as palavras estão unidas entre si. Pois quando o Senhor e João Batista pregam deste modo: "Fazei penitência, porque o reino de Deus está próximo", acaso não deduzem a causa do arrependimento daquela graça e da promessa de salvação? As palavras deles, por conseguinte, valem como se dissessem: "Uma vez que o reino de Deus se aproxima, arrependei-vos". Pois Mateus, quando narra que João Batista havia pregado assim (Mt 3, 2), ensina que, com isso, cumpriu-se o vaticínio de Isaías sobre a voz que clama no deserto: "Preparai o caminho do Senhor, fazei veredas retas a nosso Deus" (Is 40, 3). Mas, nas palavras do profeta, ordena-se que essa voz comece por trazer consolação e notícias alegres.[38] No entanto, quando atribuímos a origem do arrependimento à fé, não fantasiamos nenhum espaço de tempo em que seja gerada. Mas queremos mostrar que o homem não pode praticar seriamente a penitência, a menos que tenha antes sabido que é de Deus. Mas ninguém pode estar de fato convencido de que é de Deus se não recebeu antes sua graça. Mas tudo isso será demonstrado mais claramente no decurso da exposição. O que os enganou talvez é que muitos foram dominados pelos pavores da consciência ou formados para obedecer a Deus antes de terem sido impregnados do conhecimento da graça, e até mesmo antes de a ter experimentado. E esse é um temor inicial, que alguns contam entre as virtudes, porque percebem que é muito próximo da verdadeira e justa obediência. Mas aqui não se trata de quão variadamente Cristo nos atrai a si ou nos prepara para o exercício da piedade; apenas digo que nenhuma retidão pode ser encontrada onde não reina o Espírito que Cristo recebeu, para que o comunicasse a seus membros. Além disso, conforme o que se diz no salmo, "em Ti está a propiciação, para que sejas temido" (Sl 130, 4), ninguém jamais reverenciará a Deus, a não ser aquele que confiar ser-lhe o Senhor propício; ninguém se disporá voluntariamente à observância da Lei, senão aquele que estiver convencido de que seus serviços são agradáveis a Deus. Indulgência que, em perdoando e tolerando nossos vícios, é um sinal do favor paterno, o que também a exortação de Oseias demonstra: "Vinde, voltemos

---

38 Is 40, 1-2.

ao Senhor: porque Ele nos arrebatou e curar-nos-á; feriu-nos, e cuidar-nos-á" (Os 6, 1), porque a esperança do perdão se acrescenta como um estímulo, para que não se enredem em seus pecados. Carece, porém, de toda espécie de razão o desvario daqueles que, para começar pela penitência, prescrevem a seus neófitos certos dias em que se exercitem na penitência, passados os quais, por fim, admitem-nos na comunhão da graça evangélica. Falo de muitos anabatistas, sobretudo daqueles que se regozijam prodigiosamente de ser considerados espirituais, e de seus companheiros, os jesuítas, e demais gentalha. Sem dúvida, produz tais frutos esse espírito de frenesi, de maneira que determina uns poucos dias para a penitência, quando esta deve ser prorrogada pelo homem cristão por toda a vida.

3. Ademais, alguns homens doutos, muito antes destes nossos tempos, como quisessem falar sobre a penitência com simplicidade e sinceridade, de acordo com a Escritura, disseram que ela consiste de duas partes: a mortificação e a vivificação. Interpretam a mortificação como uma dor, um terror da alma, concebido do reconhecimento do pecado e da percepção do julgamento de Deus. Pois, quando é conduzido ao verdadeiro conhecimento do pecado, o homem começa então verdadeiramente a odiá-lo e a execrá-lo, e sente-se descontente consigo, confessa-se miserável e perdido, e deseja ser diferente. Além disso, quando é tocado por alguma percepção do julgamento de Deus (porque um segue imediatamente ao outro), então jaz abatido e consternado, e, humilhado e rebaixado, treme, perde o ânimo, desespera-se. Tal é a primeira parte da penitência, comumente chamada contrição. A vivificação, interpretam-na como uma consolação que nasce da fé, isto é, quando o homem, prostrado pela consciência do pecado e abatido pelo temor de Deus, olhando em seguida para a bondade divina, para a misericórdia, a graça e a salvação que Deus lhe oferece por intermédio de Cristo, levanta-se, respira, recobra o ânimo e como que volta da morte à vida. Por certo essas duas palavras, se constar somente a interpretação correta, exprimem de maneira bem conveniente a força da penitência. Mas não concordo que tomem a vivificação como uma alegria que a alma recebe quando se acalma de sua perturbação e medo, pois antes significa o desejo de viver santa e piedosamente, o que se origina do novo nascimento, como se se dissesse que o homem morre para si para começar a viver para Deus.

4. Outros, porque viam que esse nome se entende de várias formas na Escritura, estabeleceram duas formas de penitência. E, para distingui-las de alguma forma, a uma chamaram "legal" (pela qual o pecador, ferido pelo cautério do pecado e machucado pelo terror da ira de Deus, fica preso, apanhado nessa perturbação, e não se pode desembaraçar dela); e à outra, chamaram-na "evangélica" (pela qual o pecador, realmente aflito gravemente em si mesmo, no entanto eleva-se mais alto e abraça-se a Cristo, medicamento para sua ferida, consolo de seu terror e porto de sua miséria). Querem que Caim, Saul e Judas sejam exemplos da penitência legal (Gn 4, 13; 1Sm 15, 30; Mt 27, 4). Quando a Escritura rememora a penitência deles, entende que, reconhecida a gravidade de seu pecado, eles temeram a ira de Deus, mas, considerando de Deus somente sua vingança e seu julgamento, perderam-se em tal pensamento. Logo, sua penitência não foi senão uma porta do inferno, pela qual, tendo entrado já nesta vida, começaram a enfrentar as penas da ira da majestade de Deus. Vemos a penitência evangélica em todos aqueles que, feridos pelo aguilhão do pecado, mas endireitados e animados pela confiança na misericórdia de Deus, convertem-se ao Senhor. Aterrorizado ficou Ezequias, recebida a mensagem de sua morte; mas, chorando, orou e, contemplando a bondade de Deus, recobrou a confiança (2Rs 20-22; Is 38, 1).[39] Conturbados ficaram os ninivitas com o horrível anúncio de que seriam destruídos. Mas, cobertos de saco e de cinza, oraram, esperando que o Senhor pudesse voltar-se e dar as costas ao furor da ira (Jn 3, 5). Davi confessou ter pecado demasiadamente ao fazer o censo do povo, mas acrescentou: "Tira, Senhor, o pecado de teu servo" (2Sm 24, 10). Reconheceu o crime de adultério, quando o profeta Natan o repreendeu, e prostrou-se perante o Senhor, mas, ao mesmo tempo, esperava o perdão (2Sm 12, 13-16). Semelhante foi a penitência daqueles que, na pregação de Pedro, sentiram tocado seu coração; mas, confiantes na misericórdia de Deus, acrescentaram: "Varões irmãos, que faremos?" (At 2, 37). Tal foi também a do próprio Pedro, que chorou amargamente, mas não deixou de esperar (Mt 26, 75; Lc 22, 62).

5. Embora tudo isso seja verdade, enquanto posso compreendê-lo pela Escritura, o nome "penitência", no entanto, deve ser entendido de outra maneira. Pois, porque abarcam a fé sob a penitência, entra em choque com isso aquilo que Paulo diz nos *Atos*, que ele deu testemunho aos judeus e aos gentios da penitência para com Deus e da fé em Cristo (At 20, 21). Aí, enumera-as como duas coisas diferentes, a penitência e a fé. Que, então? Pode a penitência existir sem a fé? De jeito nenhum! Não obstante, ainda que não possam ser separadas, devem ser distintas. Pois, assim

---

39 Is 38, 2.

como sem esperança não há fé, e contudo a fé e a esperança são coisas distintas, da mesma forma, a penitência e a fé, ainda que unidas entre si por um vínculo perpétuo, querem estar unidas, mais do que confundidas. É claro que não ignoro que, sob o nome "penitência", está compreendida a totalidade da conversão a Deus, da qual a fé é uma das partes principais; mas claro se verá em que sentido isso é afirmado, quando tiver sido explicada sua força e natureza. Para os hebreus, a palavra para "penitência" significa "conversão" ou "volta"; para os gregos, indica uma mudança de mentalidade ou de intenção. E a ambas as etimologias corresponde perfeitamente a realidade, cujo ponto essencial é que nos afastemos de nós mesmos para nos convertermos a Deus e, abandonada nossa velha mentalidade, revistamo-nos de outra, nova. Razão pela qual, em minha opinião, a penitência poderia ser assim definida: é a verdadeira conversão de nossa vida a Deus, a qual procede de um sincero e sério temor de Deus, e que consiste na mortificação de nossa carne e do homem velho e na vivificação do Espírito. Nesse sentido devem ser entendidos todos os sermões pelos quais outrora os profetas, e depois deles os apóstolos, exortaram os homens de seu tempo à penitência. Porque sua única pretensão era que, confundidos por seus pecados e espicaçados pelo temor do julgamento divino, os homens se prostrassem e se humilhassem perante aquele contra quem haviam delinquido, e, com verdadeiro arrependimento, retornassem ao caminho reto. Por isso empregam indiferentemente, no mesmo sentido, "converter-se" e "voltar-se para o Senhor", "arrepender-se" e "fazer penitência" (Mt 3, 2). Daí também que a história sagrada diz que penitência é "agir depois de Deus": o momento em que os homens que, tendo desprezado a Deus, excediam-se em seus apetites, eles começam a obedecer à sua Palavra (1Sm 7, 2) e sentem-se dispostos a ser conduzidos aonde quer que os chame. E Paulo e João Batista (Lc 3, 8; Rm 6, 4; At 26, 20) disseram produzir frutos dignos de penitência, ou seja, conduzir a vida que, em todas as ações, dê mostras e testemunho de tal arrependimento.

6. Porém, antes de prosseguirmos, convirá explicar melhor a definição proposta por nós. Há nela três pontos principais a considerar. Primeiro, quando a chamamos "conversão de vida a Deus", exigimos uma transformação, não somente nas obras externas mas também na própria alma, que, quando se despoja da velha natureza, então de novo faz nascer de si os frutos das obras, correspondentes à renovação. O profeta, quando quer exprimir isso, manda que aqueles a quem chama à penitência façam para si um coração novo (Ez 18, 31). Daí que muitas vezes

Moisés, para mostrar como os israelitas converter-se-iam ao Senhor devidamente guiados na penitência, ensina-lhes que isso seja feito com todo o coração e com toda a alma[40] (fala que com frequência vemos repetida pelos profetas);[41] e, denominando-a "circuncisão do coração", atinge os afetos mais íntimos. Não obstante, não há lugar de onde melhor se possa examinar qual é a propriedade mais afim da penitência do que o capítulo quarto de Jeremias: "Se te voltares, ó Israel, diz o Senhor, volta-te para mim. Arai um campo para vós, e não semeais entre espinhos. Circuncidai-vos para o Senhor, e tirai o prepúcio de vossos corações" (Jr 4, 1.3-4). Vide como anuncia que não havemos de conseguir nada ao praticar o amor à justiça, a menos que primeiro a impiedade tenha sido arrancada do fundo do coração. E, para tocá-los mais vivamente, adverte-os de que o negócio é com Deus,[42] junto a quem de nada adianta tergiversar, pois Ele tem ódio ao coração dúplice. Por causa disso, Isaías se ri das empresas inúteis dos hipócritas, que afetavam diligentemente um arrependimento externo nas cerimônias, enquanto não se preocupavam em dissolver os laços de iniquidade com que traziam os pobres atados (Is 58, 5-7). E aí também mostra admiravelmente em quais obras a penitência é apropriada, não fingida.

7. O segundo ponto é que ensinamos que a penitência procede de um sério temor de Deus. Pois, antes de se inclinar ao arrependimento, a mente do pecador precisa ser despertada pelo pensamento do julgamento divino. Quando, porém, estiver assentado bem profundamente o pensamento de que um dia Deus subirá a seu tribunal para exigir-nos as contas de tudo o que tivermos dito ou feito, tal pensamento não permitirá ao pobre pecador repousar, nem respirar um só instante, mas o estimulará continuamente a meditar outro gênero de vida, para poder comparecer perante o juízo de Deus com segurança. Por isso, muitas vezes a Escritura, quando nos exorta à penitência, lembra esse julgamento de Deus, como em Jeremias: "Não seja que minha fúria saia como o fogo, e que não haja quem a apague, por causa da maldade de vossas obras" (Jr 4, 4). Ou no sermão de Paulo aos atenienses: "mas Deus, sem levar em conta os tempos da ignorância, agora faz saber aos homens que todos, em todo lugar, devem converter-se. Pois Ele estabeleceu um dia para julgar o mundo com justiça" (At 17, 30).[43] E em muitos outros lugares.

---

40 Dt 30, 2.10.
41 Jr 24, 7.
42 Em latim: *monet cum Deo esse negotium*.
43 At 17, 30-31.

Algumas vezes, pelas punições já aplicadas, Deus declara-se juiz, para que os pecadores pensem consigo que castigos maiores são iminentes para eles, a menos que se arrependam a tempo. Tens um exemplo no capítulo 29 do *Deuteronômio*. Uma vez que a conversão começa do horror e do ódio ao pecado, por isso o apóstolo diz que "a tristeza segundo Deus produz o arrependimento, e assim leva à salvação". Mas chama "tristeza segundo Deus" (2Co 7, 10) quando detestamos não somente a pena mas o próprio pecado, pelo qual compreendemos que desagradamos a Deus, e o odiamos e execramos. E não é de estranhar, porque, se não fôssemos vivamente espicaçados, a preguiça de nossa carne não poderia ser corrigida; e mais, não seriam suficientes as alfinetadas para seu estupor e apatia se Deus não fosse além, mostrando-nos o açoite. Há também a contumácia, a qual é necessário quebrar como que a golpes de martelo. Logo, a severidade que Deus usa para ameaçar-nos, arranca-a dele a perversidade de nosso intelecto, porque em vão tentaria nos atrair a si de forma branda. Não cito os testemunhos que ocorrem a cada passo da Escritura. Também por outra razão o temor de Deus é princípio de penitência: porque, ainda que a vida de um homem seja perfeita no cômputo de todas as virtudes, exceto no que se refere no culto a Deus, ele poderá ser elogiado pelo mundo, mas no céu será mera abominação, uma vez que a parte principal da justiça é restituir a Deus seu poder e sua honra, da qual nós impiamente o privamos quando não temos o propósito de nos submeter a seu domínio.

8. Em terceiro lugar, resta explicar o que foi dito a respeito de a penitência consistir em duas partes, a saber: na mortificação da carne e na vivificação do espírito. Os profetas exprimem isso com toda clareza, ainda que de forma mais simples e rude, para que o captasse aquele povo carnal, quando dizem: "Afasta-te do mal e faz o bem" (Sl 34, 15). E: "Lavai-vos e limpai-vos; afastai o mal de vossas obras dos meus olhos. Deixai de fazer o mal, aprendei a fazer o bem, buscai o julgamento, ajudai o oprimido" (Is 1, 16).[44] Pois, quando se afastam do mal, exigem a destruição de toda a carne, que é repleta de malícia e de perversidade. Coisa absolutamente difícil e árdua é despojarmo-nos de nós mesmos e abandonar nossa disposição natural, dado que a carne não deve ser considerada de todo morta se não houver sido abolido o que tenhamos de nós. Mas, como todo afeto da carne "é rebeldia contra Deus" (Rm 8, 4),[45] o primeiro passo para a obe-

---

44 Is 1, 16-17.
45 Rm 8, 7.

diência da Lei é a negação de nossa natureza. Depois, os profetas designam a renovação pelos frutos que daí saem: justiça, juízo e misericórdia. Contudo, não bastará empenhar-se em tais deveres religiosamente a menos que, primeiro, a própria mente e o coração revistam o afeto de justiça, de juízo e de misericórdia. Isso acontece quando o Espírito de Deus de tal forma impregna nossa alma, embebida de sua santidade com novos pensamentos e afetos, que com justiça pode ser considerada nova. E, decerto, como somos naturalmente afastados de Deus, a não ser que a abnegação nos preceda, nunca tendemos para aquilo que é reto. Por isso tantas vezes nos é ordenado nos desnudarmos do homem velho, renunciarmos ao mundo e à carne, lançarmos fora nossas concupiscências, renovarmo-nos no espírito de nossa mente. O próprio nome "mortificação" adverte quão difícil é esquecer-nos de nossa natureza primeira; porque daí deduzimos que somos formados para o temor de Deus e aprendemos os rudimentos da piedade não de outra forma, a não ser quando, imolados violentamente pelo Espírito, somos reduzidos a nada. Como se Deus dissesse que, para sermos contados entre seus filhos, é necessária a aniquilação de nossa natureza.

9. Ambas as coisas, a mortificação e a vivificação, vêm-nos da participação de Cristo. Pois, se temos verdadeira comunicação em sua morte, nosso velho homem é crucificado por seu poder, e o corpo do pecado é morto, para que a corrupção de nossa primeira natureza não vigore mais (Rm 6, 6). Se somos partícipes da ressurreição, por ela ressuscitamos para uma vida nova, que corresponde à justiça de Deus. Logo, numa palavra, interpreto a penitência como uma regeneração, cujo fim não é outro senão a restauração em nós da imagem de Deus, que, pela transgressão de Adão, foi desfigurada e quase destruída. Assim o ensina o apóstolo quando diz: "Todos nós, com o rosto descoberto, refletimos a glória do Senhor e, segundo essa imagem, somos transformados, com uma glória cada vez maior, pelo Espírito do Senhor" (2Co 3, 18). E: "Precisais renovar-vos, pela transformação espiritual de vossa mente, e vestir-vos do homem novo, criado à imagem de Deus, na verdadeira justiça e santidade". E em outro lugar: "E vos revestistes do homem novo, que vai sendo sempre renovado à imagem do seu Criador, a fim de alcançar um conhecimento cada vez mais perfeito" (Ef 4, 23; Cl 3, 10). Portanto, por essa regeneração somos, por benefício de Cristo, restaurados na justiça de Deus, da que havíamos caído por causa de Adão, como apraz ao Senhor restituir integralmente à herança da vida todos aqueles que Ele adota. Mas essa restauração não se completa em um instante, ou num dia, ou num ano, mas, por progressos contínuos e até mesmo lentos, Deus vai abolindo pouco a pouco a corrupção da carne em seus eleitos: purga-os de suas impurezas e consagra-os para si como templos, renovando-lhes todos os sentidos para a verdadeira pureza, para que, durante toda a sua vida, exercitem--se na penitência e saibam que não há fim para essa luta, a não ser a morte. Por isso é tanto maior o descaramento de Staphylo, rábula e apóstata impuro, que, gracejando, diz que eu confundo o estado da vida presente com o da glória celestial, porque, seguindo a Paulo (2Co 4, 4), interpreto que a imagem de Deus é verdadeira santidade e justiça. Como se, quando uma coisa qualquer é definida, não se deva buscar a mesma integridade e perfeição! E essa passagem não nega haver desenvolvimentos; mas digo aí que, conforme alguém se aproxima da semelhança de Deus, resplandece nele a imagem de Deus. E, para que os fiéis possam chegar a esse ponto, Deus lhes aponta o estádio da penitência, no qual devem correr por toda a vida.

10. Logo, os filhos de Deus são liberados da servidão do pecado pela regeneração dessa forma, e não como se já estivessem de posse de inteira liberdade, sem experimentar moléstia alguma causada por sua carne. Mas permanece para eles motivo perpétuo de luta, para se exercitarem; e não apenas para se exercitarem, mas para aprenderem a conhecer melhor sua fraqueza. Todos os escritores em seu juízo estão de acordo neste tema: que permanece no homem regenerado um foco do mal, de onde jorram sem cessar os desejos que o seduzem e o excitam ao pecado. E admitem também que os santos de tal maneira estão enredados na enfermidade da concupiscência que não podem fazer nada para impedir que à luxúria, à avareza, à ambição sejam movidos e incitados. E não vale a pena esforçarmo-nos em investigar o que sentiram os doutores antigos nesse tema, quando pode bastar para isso um único Agostinho, que, fielmente e com grande diligência, reuniu todas as sentenças.[46] A ele, pois, recorram os leitores, se quiserem saber algo de certo sobre o pensamento dos antigos. Além disso, pode parecer que há entre Agostinho e nós uma diferença, porque, quando confessa que os fiéis, enquanto vivem neste corpo mortal, de tal maneira são retidos, atados à concupiscência, que são incapazes de não cobiçar, ele, entretanto, não se atreve a chamar essa enfermidade de pecado; mas, contente em designá-la pelo nome de fraqueza, ensina então que só é pecado quando a obra ou o consentimento

---

46 Aug. Contra duas epístolas Pelagianorum ad Bonifacium IV 10, 27ss; 11, 31 MSL 44, 629ss, 634; CSEL 60, 553ss, 563ss; Contra Iulianum Pelagianum II c. 1, 3; c. 3-5.8.9 MSL 44, 673. 675ss, 688ss.

chega à concepção ou à apreensão, isto é, quando a vontade cede ao primeiro impulso do apetite.[47] Nós, porém, consideramos pecado tudo aquilo que o homem, por qualquer desejo, é em geral tentado a fazer contra a Lei de Deus. Afirmamos até que a própria perversidade que tais concupiscências de algum modo geram em nós é também pecado. Ensinamos, pois, que o pecado está sempre nos santos, até que se dispam do corpo mortal, porque em sua carne reside a perversidade de cobiçar que luta contra a retidão. Não obstante, Agostinho tampouco se abstém sempre de chamá-la pecado, como quando diz "Paulo chama pelo nome de pecado àquilo de onde provêm todos os pecados, a concupiscência carnal. Este pecado, no que diz respeito aos santos, perde seu reino neste mundo e perece no céu".[48] Confessa, com essas palavras, que os fiéis, enquanto submetidos à concupiscência da carne, são réus do pecado.

11. Quanto ao que se diz, que Deus purifica sua Igreja de todo pecado e que promete a graça de sua libertação por meio do batismo e que a completa em seus eleitos (Ef 5, 26-27), referimo-nos mais à acusação do pecado que à matéria dele. É certo que Deus faz isso ao regenerar os seus, para abolir neles o reino do pecado (pois lhes subministra a virtude do Espírito dele, com a qual se tornam superiores e vencedores na luta); mas o pecado somente deixa de reinar, não de habitar. Por isso dizemos assim: o homem velho é crucificado e a lei do pecado está abolida nos filhos de Deus, de tal maneira, no entanto, que neles restam resquícios do pecado (Rm 6, 6), não para dominá-los, mas para humilhá-los com a consciência de sua debilidade. E confessamos, de fato, que esses resquícios não lhes são imputados, como se não estivessem neles; mas afirmamos, ao mesmo tempo, que se dá exclusivamente pela misericórdia de Deus que os santos sejam libertados dessa acusação, os quais, de outra maneira, seriam com razão pecadores e réus diante de Deus. E não nos será difícil confirmar essa doutrina, uma vez que há na Escritura testemunhos claros sobre o tema. Queremos algo mais claro do que o que Paulo clama em *Romanos* 7? Em primeiro lugar, já demonstramos em outro lugar que ele fala no papel de homem regenerado (Rm 7, 6); e Agostinho também o comprova, com firmes razões.[49] Calo-me quanto ao fato de ele empregar estes dois termos: "mal" e "pecado". Por mais que certas vozes

---

47 Aug., in Ioh. tract. 41, 8, 10 MSL 35, 1698; De peccat. mer. e remiss. II 7, 9 MSL 44, 156 CSEL 60, 79, 22; Contra duas ep. Pelag. III, 3, 5 MSL 44, 590ss, CSEL 60, 490, 6; Contra Iul. II, 1, 3; 5, 12 MSL 44, 673.682.
48 Aug., Sermo 155, 1 MSL 38, 341.
49 Aug., Sermo 154 MSL38, 833ss; In Ioh. tract. 41, 11 MSL 35, 1698.

possam cavilar, quem desejará reclamar disso para nós? Quem poderá negar que a repugnância contra a Lei de Deus é um mal? Quem negará que é pecado impedir a justiça? Quem, enfim, não concederá que há culpa onde há miséria espiritual? Pois Paulo apregoa todas essas coisas sobre essa doença. Temos, ademais, uma demonstração segura extraída da Lei, com que toda essa questão pode ser logo resolvida. Ordena-se-nos que amemos a Deus com todo o coração, com toda a mente e com toda a alma.[50] Uma vez que convém que todas as faculdades de nossa alma estejam ocupadas por esse amor a Deus, é evidente que não cumprem tal preceito aqueles que ou são capazes de receber no coração o apetite mais leviano ou de admitir em seu espírito algum pensamento que os desvie do amor de Deus para a vaidade. Quê, então? Acaso não são próprias da alma estas faculdades: ser alterada por movimentos repentinos, apreender com os sentidos e conceber com a mente? E essas faculdades, quando abrem a porta para pensamentos vãos e depravados, acaso não mostram igualmente que estão vazias do amor de Deus? Porque aquele que não admite que todos os desejos da carne são pecados e que a doença de cobiçar, a que chamam aguilhão, é a nascente do pecado, deve negar que a transgressão da Lei seja pecado também.

12. Se a alguém parece absurdo condenar assim, sem exceção, todos os desejos aos quais o homem é naturalmente afeito, uma vez que nos foram legados por Deus, autor da natureza, respondemos que não condenamos de maneira alguma os apetites que Deus infundiu na índole do homem em sua primeira criação, e que não podem ser erradicados sem que se perca sua própria humanidade, mas apenas as motivações insolentes e desenfreadas, que entram em conflito com a Lei de Deus. Mas, como todas as nossas faculdades, em virtude da depravação de nossa natureza, estão de tal maneira viciadas e corrompidas que em todas as nossas ações se vê uma ἀταξία perpétua e uma intempérie, porque de tal maneira nossos apetites não se podem separar da incontinência que por isso afirmamos serem eles viciosos. Mas, se vos apraz ter um resumo do assunto, ensinamos que todos os desejos do homem são maus e os condenamos como pecado; não porque naturais, mas porque desordenados; e são desordenados porque, de uma natureza corrompida e poluta, não pode advir nada de puro ou de sincero. E Agostinho tampouco se afasta dessa doutrina tanto quanto possa parecer à primeira vista. Quando receia a inveja por meio da qual os pelagianos empenhavam-se em caluniá-

---

50 Dt 6, 5; Mt 22, 37.

-lo, abstém-se às vezes do nome "pecado";[51] mas quando escreve que, permanecendo a Lei do pecado nos santos, retira-lhes somente a culpa, indica suficientemente que não discorda de nossa opinião.[52]

13. Citaremos também outros tantos parágrafos seus, dos quais se forme uma ideia melhor sobre o que pensava. No livro segundo *Contra Juliano*, diz: "Essa lei do pecado é perdoada pela regeneração espiritual e permanece na carne mortal; é perdoada sim, porque a imputação se dissolve no sacramento pelo qual os fiéis são regenerados; permanece, no entanto, porque ela produz os desejos contra os quais os fiéis combatem".[53] E: "... assim, a lei do pecado (que estava também nos membros de tão grande apóstolo) é perdoada, não prescrita, pelo batismo".[54] E também: "Ambrósio chamava de iniquidade essa lei do pecado que permanece, mas cuja imputação é dissolvida no batismo, porque é algo iníquo que a carne deseje contra o espírito".[55] E: "... o pecado morre quanto à imputação em que nos mantinha; mas, até que seja purificado com a perfeição do sepulcro, rebela-se também o morto".[56] E ainda mais claramente no livro quinto: "... assim como a cegueira do coração é o pecado, pelo qual não se crê em Deus; e é a pena do pecado, pela qual o coração soberbo é punido com digno rigor; e é a causa do pecado, quando algo do coração cego incorre em erro; assim também a concupiscência da carne, contra a qual todo espírito bom luta, é pecado, porque contém em si uma desobediência contra a soberania da mente; e é a pena do pecado, porque foi merecidamente imposta ao desobediente; e é a causa do pecado daquele que consente na defecção ou daquele que nasce com seu contágio".[57] Aqui, Agostinho diz "pecado" sem ambiguidade, porque, refutado já o erro dos pelagianos e confirmada a verdade, temia menos as calúnias. E igualmente também na homilia 41 sobre João, onde fala sem temor do fundo do coração: "Se na carne serves à lei do pecado, faz o que o próprio apóstolo diz: 'não reine pecado em vosso corpo mortal, para que não obedeçais a seus desejos' (Rm 6, 12). Não diz 'não haja', mas 'não reine'. Enquanto viveres, necessariamente há de haver pecado em

---

51 Aug., Contra duas ep. Pelag. ad Bonif. I, 13, 27; III, 3, 5 MSL 44, 563. 590ss; CSEL 60, 445ss, 490ss.
52 Aug., Retract. I, 15, 2 MSL 32, 609 CSEL 36, 73, 17ss (lib. I 14, 3); De peccator. mer. II, 33, 53 MSL44, 182 CSEL 60, 123, 12ss; De nuptiis et concupiscentia I, 26, 29 MSL 44, 430 CSEL 42, 241, 13ss; Contra Iul. VI, 19, 61 MSL 44, 860.
53 Aug., Contra Iul. II, 3, 5 MSL 44, 675.
54 Ibidem, 4, 8 col. 678.
55 Ibidem, 5, 12 col. 682; Ambros., De Isaac vel anima c. 8, 65 CSEL 32 I, 688, 6.
56 Aug., Contra Iul. II 9, 32 MSL 44, 696.
57 Aug., Contra Iul. V 3, 8 MSL 44, 787.

teus membros, mas ao menos tire-lhe o reino e não se faça o que ele manda".[58] Os que defendem que a concupiscência não é pecado costumam objetar o testemunho de Tiago: "A concupiscência, depois de o haver concebido, dá o pecado, à luz" (Tg 1, 15). Mas isso se desmente sem nenhum trabalho; se não entendermos que ele fala apenas das obras más, ou dos pecados atuais, nem sequer a má vontade deve ser reputada como pecado. Mas como, a partir daí, chama as ações vergonhosas e impudentes de "filhas da concupiscência" e lhes atribui o nome de pecado, não se segue que cobiçar não seja algo mau e condenável diante de Deus.

14. Alguns anabatistas de nosso século imaginam não sei que frenético despropósito em lugar da regeneração espiritual, ou seja, que os filhos de Deus são já agora restituídos ao estado de inocência, que já não é necessário preocupar-se em refrear os impulsos da carne, mas que devem apenas seguir o Espírito como guia, sob cuja ação nunca se perde o caminho. Seria inacreditável que a mente do homem pudesse resvalar em tal desatino se eles mesmos, arrogante e publicamente, não houvessem apregoado esse seu dogma. É algo certamente monstruoso! Mas é justo que sofram as penas de tal atrevimento sacrílego aqueles que se meteram a converter a verdade de Deus em mentira. Dever-se-ia então suprimir toda diferença entre o torpe e o honesto, o justo e o injusto, o bom e o mau, as virtudes e os vícios? Tal diferenciação, dizem, vem da maldição do velho Adão, da qual nós estamos isentos por intermédio de Cristo. Não haverá, pois, diferença entre a prostituição e a castidade, a sinceridade e a astúcia, a verdade e a mentira, a justiça e o roubo? Deixa de lado, dizem, todo vão temor; o Espírito não te mandará fazer nada de mau, contanto que tu permitas a ação dele sobre ti com segurança e sem receio. Quem não se sentirá estupefato diante de tais monstruosidades? É, no entanto, uma filosofia popular entre aqueles que, cegos pela demência de seus desejos, abandonaram o senso comum. Mas, por favor, que Cristo fabricam para nós e que Espírito vomitam? Pois nós não reconhecemos senão a um Cristo e a seu único Espírito, que os profetas prometeram e que o Evangelho prega que se manifestou, e sobre o qual não ouvimos jamais nada disso. O Espírito da Escritura não é o patrono do homicídio, da prostituição, da embriaguez, da soberba, da contenda, da avareza, da fraude, mas, sim, o autor do amor, da pudicícia, da sobriedade, da modéstia, da paz, da moderação e da verdade. Ele não nos produz vertigens nem se atira inconsideradamente de cabeça para baixo, a tor-

---

58 Aug., In Ioh., tract. 41, 12 MSL 35, 1698.

to e a direito, mas, cheio de sabedoria e inteligência, separa devidamente o justo do injusto. Não instiga à licenciosidade dissoluta e desenfreada, mas ensina a conservar a medida e a moderação. Mas para que ainda nos damos ao trabalho de refutar com irritação tais bestialidades? Para os cristãos, o Espírito do Senhor não é uma fantasia turbulenta que ou eles mesmos pariram em seus sonhos ou que aceitaram, inventada por outros; mas pedem com contrição que o possam conhecer pela Escritura, onde se diz sobre ele estas duas coisas: primeiro, que nos é dado para a santificação, a fim de que, purgados de nossas imundícias e sujidades, nos guie na obediência da Lei divina; obediência que não se pode alcançar a menos que nossos apetites tenham sido dominados e subjugados, mas aos quais estes querem dar rédea solta. Segundo, que nós somos purgados com sua santificação, de tal forma no entanto que, enquanto encarcerados no peso deste corpo mortal, continuamos obsediados de quando em quando por muitos vícios e muitas fraquezas. A partir daí, ocorre que, distantes da perfeição por tão longo intervalo, é-nos necessário aproveitar algo sempre e, enredados nos vícios, lutar com eles dia após dia. Daí segue também que, tendo banidas a preguiça e a negligência, temos de velar, com o espírito alerta, para que, incautos, não nos vejamos cercados pelas armadilhas de nossa carne. A não ser que nos fiemos em que já fizemos mais progressos do que o apóstolo, que se sentia incomodado pelo anjo de Satanás (2Co 12, 7),[59] para que sua virtude fosse aperfeiçoada na fraqueza, e porque não apresentava a divisão entre o espírito e a carne como algo fictício, mas sim que ocorria em sua própria carne (Rm 7, 6).[60]

15. Mas o apóstolo, na descrição da penitência, enumera sete de suas causas, ou efeitos, ou partes, e o faz pelo melhor motivo. Essas coisas são: empenho ou solicitude; excusa; indignação; temor; desejo; zelo; e punição (2Co 7, 11). Não deve parecer absurdo eu não me atrever a determinar se devem ser consideradas causas ou efeitos da penitência, porque se pode defender uma e outra opinião. Podem ser chamadas também de afeições relativas à penitência. Mas como, omitidas essas questões, entende-se claramente o que Paulo quer dizer, contentar-nos-emos com uma exposição simples. Paulo diz que a solicitude se origina em nós pela tristeza que é segundo Deus. Pois aquele que é tocado pelo sentimento grave de haver pecado diante de Deus é ao mesmo tempo impulsionado à

---

59 2Co 12, 9.
60 Rm 7, 6ss.

diligência e à atenção, para livrar-se por completo dos laços do Diabo, a fim de melhor se precaver contra suas astúcias e de não mais se separar da direção do Espírito Santo e não se ver surpreendido por negligência. Em seguida, vem a excusa, que neste lugar não significa a defesa com que o pecador, para escapar ao julgamento de Deus, ou nega que caiu em delito ou atenua a culpa, mas antes significa a purificação, que está mais no pedido do perdão do que na confiança da causa. Como filhos que não são incorrigíveis, quando reconhecem e confessam seus erros, apresentam seu pedido de perdão, e, para que ele tenha efeito, podem protestar de todos os modos possíveis que eles não honraram seus pais com a reverência que lhes devem; desculpa-se, enfim, não provar que são justos e inocentes, mas somente para conseguir a absolvição. Vem a seguir a indignação, pela qual o pecador grita consigo interiormente, irrita-se consigo e agride a si, quando reconhece sua perversidade e sua ingratidão para com Deus. Pelo nome "temor" entende-se o terror que se infiltra em nossa mente sempre que pensamos sobre aquilo de que somos merecedores e sobre quão horrível é a severidade da ira de Deus contra os pecadores. Então, necessariamente nos sentimos atormentados por uma estranha inquietação, que em parte nos instrui para a humildade, e em parte nos torna mais cautelosos para o futuro. E se do temor nasce a preocupação, da que já havia falado, vemos com que nexo todas essas coisas se encadeiam. Parece-me que o termo "desejo" foi empregado para significar um grande empenho em nosso dever e a alegria na obediência, a que nos deve convidar, sobretudo, o reconhecimento de nossos delitos. A isso também tende o zelo, que se acrescenta em seguida, pois significa o ardor com que somos abrasados, quando encostam em nós estes aguilhões: que fiz? Até onde teria caído se a misericórdia de Deus não me socorresse? A última é a punição, porque, quanto mais severos formos conosco e mantivermos uma posição de aguda censura acerca de nossos pecados, tanto mais devemos esperar que Deus nos seja propício e misericordioso. É impossível, realmente, que a alma, perturbada pelo horror do julgamento divino, não antecipe ela mesma partes do castigo da pena que lhe há de ser imposta. Os fiéis sabem muito bem, por experiência, que tipo de pena é o pudor, a confusão, o gemido, o desgosto de si e os demais afetos que nascem do reconhecimento sério de nossos delitos. Lembremo-nos, não obstante, de que se deve ter medida, para que a tristeza não nos consuma, porque não há coisa a que as consciências inquietas mais estejam expostas do que cair em desespero. E também Satanás, com esse artifício, lança todos aqueles que vê prostrados pelo medo de Deus nesse profundo abismo de pesar, mais e mais, para que nunca possam dali sair. Não pode ser excessivo o temor que finda na humildade e não se afasta da esperança do perdão. No entanto, segundo o preceito do apóstolo, acautele-se sempre o pecador, para que, enquanto se entrega ao desagrado de si mesmo, não se deixe oprimir por um excessivo receio (Hb 12, 3). Porque, dessa maneira, afastar-se-ia de Deus, que nos chama a si por meio da penitência. Muito útil é, a propósito desse tema, a admoestação de Bernardo: "A dor por causa do pecado é necessária, contanto que não seja contínua. Aconselho-vos a que, de vez em quando, volteis as costas à recordação incômoda e dolorosa de vossos caminhos e vos retireis para a serena planície da memória dos benefícios de Deus. Mesclemos mel ao fel, para que o saudável amargor possa dar-nos saúde, quando for bebido temperado com a doçura misturada. E se provais o que é vosso na humildade, senti também o que é de Deus, na bondade".[61]

16. Agora já se pode entender quais são os frutos da penitência, ou seja, as obras de piedade para com Deus e as de caridade para com os homens e, enfim, a santidade e a pureza em toda a vida. Em resumo, com quanto maior empenho cada um adapta sua vida à regra da Lei de Deus, tanto mais certos são os sinais que dá de penitência. E assim, frequentemente o Espírito, quando nos exorta à penitência, ora nos faz voltar a cada um dos preceitos da Lei, ora aos deveres da Segunda Tábua; ainda que em todos os lugares, depois de haver condenado a imundícia na própria fonte do coração, desce em seguida aos testemunhos externos que são marca do arrependimento sincero. Exporei aos olhos do leitor um painel disso na descrição da vida cristã. Não reunirei aqui os testemunhos dos profetas, em que eles em parte zombam da inépcia daqueles que tentam aplacar a Deus com cerimônias e demonstram que estas são meras brincadeiras de crianças; e em parte nos ensinam que a integridade externa de nossa vida não é o principal da penitência, porque Deus vê o coração. Qualquer um que for medianamente versado na Escritura, por si mesmo, sem instrução de outrem, entenderá que, quando o negócio é com Deus, nada feito, a menos que comecemos pelo afeto interior do coração. Um passo de Joel ajuda não pouco a compreender os demais: "Rasgai vossos corações, não vossos vestidos" (Jl 2, 13). O mesmo expressou Tiago com brevidade: "Limpai as mãos, pecadores, e purificai os corações, homens de coração dúplice" (Tg 4, 8). De fato, aí se põe primeiro o acessório; mas, já em seguida, mostra-se a fonte e o princípio, isto é, que as

---

61 Bernardus Cl., In cantica serm. 11, 2 MSL 183, 824 D, 825 B.

sujeiras ocultas hão de ser limpas, para que no próprio coração erija-se um altar a Deus. Há também alguns exercícios externos, de que nos utilizamos privadamente como remédios ou para nos humilhar ou para dominar nossa carne e, publicamente, como testemunho de arrependimento (2Co 7, 11), e que emanam daquela punição de que fala Paulo. Com efeito, tudo isto é próprio de um espírito aflito: estar em andrajos, em gemidos e lágrimas, evitar o luxo e qualquer tipo de adorno, abdicar de todos os deleites. Então, aquele que sente quão grande mal é a rebelião da carne procura todos os remédios com que a debele. Além disso, aquele que reflete bem no quanto é grave ter violado a justiça de Deus, este não consegue tranquilizar-se até que, com humildade, dá glória a Deus. Assim, os escritores antigos mencionam com frequência esses exercícios, quando falam dos frutos da penitência. Ainda que em absoluto não deposite neles a força da penitência, o leitor, entretanto, há de me perdoar se disser o que sinto a respeito. Parece-me que insistiram nisso muito mais do que seria conveniente. E, se alguém ponderar com prudência, concordará comigo, espero, em que eles erraram na medida duplamente. Pois, como insistissem tanto na disciplina corporal e a louvassem com elogios tão desmedidos, conseguiram com isso que o povo a abraçasse com a maior devoção. Mas, enquanto isso, ficava obscurecido aquilo que de longe deveria ser de maior interesse. E depois, porque foram um pouco mais rígidos em exigir castigos do que no-lo pede a mansidão eclesiástica, como haverá em seguida.

17. Mas porque alguns, ao ouvir muitas vezes que o pranto, o jejum e a cinza são mencionados em vários lugares da Escritura, e lembrados especialmente em Joel (Jl 2, 12), acreditam que a parte principal do arrependimento esteja no jejum e no pranto. Essa sua alucinação deve ser destruída. O que se diz em Joel sobre converter todo o coração ao Senhor Deus e rasgar, não os vestidos, mas o coração, é próprio do arrependimento. As lágrimas e os jejuns não figuram aí como efeitos necessários e perpétuos, mas antes como circunstâncias particulares. Uma vez que havia vaticinado o castigo pesadíssimo que estava iminente sobre os judeus, tenta persuadi-los a que revertam de antemão a ira de Deus, não apenas se arrependendo mas também externando indícios de sua dor. Como o réu, para obter a misericórdia do juiz, costuma rebaixar-se humildemente, de barba crescida, cabelo despenteado, roupa escura, assim era importante que eles, como réus perante o tribunal de Deus, afastassem, por seu aspecto miserável, a severidade divina. Mas, embora talvez a cinza e a roupa de saco estivessem mais em consonância com aqueles tempos, é evidente, no entanto, que o pranto e os jejuns hão de ser um costume muito oportuno também entre nós, sempre que o Senhor nos ameaçar com algum flagelo ou calamidade. Pois Ele anuncia que se prepara e como que se arma para infligir-nos algum castigo, quando nos faz perceber o perigo. Bem, pois, faz o profeta, que exorta os seus ao pranto e ao jejum, isto é, à lamentação dos réus, sobre cujas torpezas falara um pouco antes. Tampouco fariam mal hoje em dia os pastores eclesiásticos se, ao virem a ruína pendente sobre a cabeça dos seus, vociferassem para apressar o povo ao jejum e ao pranto, contanto que insistissem sempre com maior cuidado e mais atenção no principal, ou seja, que devem rasgar o coração, e não os vestidos. Não há dúvida de que o jejum nem sempre está unido à penitência, mas que se reserva especialmente para os tempos de calamidades. Daí que Cristo o une à angústia, quando absolve os apóstolos da necessidade do jejum, até que, privados de sua presença, fossem acabrunhados pela dor (Mt 9, 15). Falo do jejum solene. Pois a vida dos homens piedosos deve ser temperada pela frugalidade e pela sobriedade, de modo que toda ela se pareça em seu decurso como uma espécie de jejum contínuo. Mas, como todo esse assunto será desenvolvido quando tratar da disciplina da Igreja, abordo-o menos por agora.

18. Acrescentarei aqui no entanto que, quando o nome "penitência" se transfere para essa manifestação externa, ele impropriamente se desvia do significado genuíno, que expus. Pois não é tanto uma conversão a Deus, mas uma confissão de culpa com o pedido de perdão da pena e da acusação. Fazer penitência assim, em cinza e cilício, não é outra coisa senão dar testemunho de desgosto, quando Deus se irrita conosco por causa de nossas graves ofensas (Mt 11, 21; Lc 10, 13). E é realmente uma espécie de confissão pública, com a qual nós, condenando-nos a nós mesmos diante dos anjos e do mundo, antecipamos o julgamento de Deus. Porque Paulo, repreendendo a fraqueza dos que são complacentes para com seus pecados, diz: "Se nos julgássemos a nós mesmos, não seríamos julgados por Deus" (1Co 11, 31). Mas nem sempre é necessário tornar os homens conhecedores e testemunhas de nosso arrependimento; mas se confessar secretamente a Deus é a parte da verdadeira penitência que não pode ser omitida. Porque não há nada menos coerente do que dizer que Deus perdoa os pecados nos quais continuamos deleitando-nos e, para Ele não os trazer à luz, protegendo com a hipocrisia. E não somente convém confessarmos os pecados que admitimos a cada dia, mas estes devem nos levar mais longe, às faltas mais graves, e trazer à memória os pecados que parecem sepultados já há muito, o que nos prescreve Davi, com seu próprio exemplo. Pois, tocado pela vergonha de seu crime recente, examina-se a si até o útero da mãe, e reconhece que já então estava corrompido e infectado pela queda da carne (Sl 51, 7). E isso não para atenuar sua culpa, como muitos que se ocultam na multidão e, envolvendo os outros consigo, cortejam a impunidade. Muito longe disso está Davi, que livremente exagera sua culpa, porque, corrompido desde a primeira infância, não havia deixado de cumular males sobre males. E, em outro lugar, faz ainda um exame de sua vida pregressa, a fim de implorar a misericórdia de Deus para pecados de sua juventude (Sl 25, 7). E decerto então por fim saberemos, por experiência, que nos foi sacudida essa letargia se, gemendo e chorando sob o peso de nossos males, pedirmos um alívio a Deus. Além disso, deve-se notar que a penitência que fomos ordenados a praticar com assiduidade difere daquela outra que como que ressuscita da morte aqueles que ou haviam caído torpemente, ou haviam se entregado ao pecado com licenciosidade desenfreada, ou, com uma espécie de rebeldia, haviam jogado fora o jugo de Deus. Pois muitas vezes a Escritura, quando exorta à penitência, quer dizer que é como se fosse a passagem da morte à vida e como uma ressurreição. E, quando diz que o povo fez penitência, entende-se que ele se converteu da idolatria e de outros erros crassos. Por essa razão, Paulo ordena luto aos pecadores que não fizeram penitência por suas lascívias, fornicação e impudicícia (2Co 12, 21). Essa diferença deve ser observada com muita atenção, para que, quando ouvirmos que poucos são chamados à penitência, a tola segurança não se nos insinue, como se já não nos dissesse respeito a mortificação da carne, de cujo cuidado não nos permitem descansar os desejos depravados que sempre nos atiçam e os vícios que pululam em nós incessantemente. Logo, a penitência especial que é exigida somente de alguns, aqueles que, afastados do temor de Deus, o Diabo envolveu em seus laços fatais, não tira a penitência ordinária, à qual a corrupção de nossa natureza nos obrigada a prestar atenção no decurso de toda a vida.

19. Ademais, se é verdade, como se vê de modo muito claro, que todo o Evangelho consiste nestes dois pontos principais — a penitência e a remissão dos pecados —, acaso não vemos por isso que o Senhor gratuitamente justifica os seus, para santificá-los e restaurá-los na verdadeira justiça? João Batista, mensageiro enviado antes de Cristo para preparar seus caminhos (Mt 11, 10), pregava: "Fazei penitência, pois o reino de Deus se aproxima" (Mt 3, 2). Convidando à penitência, aconselhava-os a

se reconhecerem pecadores e a confessarem todas as suas ações condenáveis diante do Senhor, para que desejassem de todo o coração a mortificação da carne e uma nova regeneração no Espírito. Ao anunciar o reino
de Deus, chamava-os à fé. Porque por "reino de Deus", que ele ensinava
estar próximo, queria dizer "remissão dos pecados", "salvação", "vida",
enfim, tudo o que alcançamos por meio de Cristo. Por essa razão lemos,
nos outros evangelistas, que João veio pregando o batismo da penitência para a remissão dos pecados (Mc 1, 4; Lc 3, 3). Que significa isso a
não ser que ensinou aos homens a que, pressionados e fatigados sob o
peso dos pecados, se convertessem ao Senhor e concebessem a esperança
da remissão e da salvação? Cristo também começou deste mesmo modo
sua pregação: "Aproxima-se o reino de Deus! Fazei penitência e acreditai
no Evangelho" (Mc 1, 15). Declara primeiro que os tesouros da misericórdia de Deus estão abertos nele; em seguida, exige penitência; e então, por último, confiança perante as promessas de Deus. E assim, quando quis resumir todo o Evangelho, disse que era necessário que padecesse
e ressuscitasse dos mortos e que se pregasse em seu nome a penitência e
a remissão dos pecados (Lc 24, 26 e 46).[62] Os apóstolos pregaram o mesmo depois de sua ressurreição: "Deus, por seu poder, o exaltou, para dar
a Israel a conversão e o perdão dos pecados" (At 5, 31). Prega-se a penitência em nome de Cristo, quando os homens ouvem, pela doutrina do
Evangelho, que todos os seus pensamentos, afetos e desejos estão corrompidos e viciados; e que, além disso, é preciso voltarem a nascer se
quiserem entrar no reino dos céus. Prega-se a remissão dos pecados
quando se ensina aos homens que Cristo tornou-se para eles redenção,
justiça, salvação e vida (1Co 1, 30), em cujo nome gratuitamente são
levados em consideração pelo Pai como justos e inocentes. E como apreendemos ambas as coisas pela graça, como já demonstrado em outra parte, mas, por outro lado, o objeto próprio da fé é a bondade de Deus, pela
qual os pecados são perdoados, valeu a pena distinguir atentamente a fé
da penitência.

20. Ademais, assim como o ódio contra o pecado, que é o começo da
penitência, abre-nos a porta para o conhecimento de Cristo, que não se
mostra a não ser aos pecadores miseráveis e aflitos, que gemem, labu-
tam, são acabrunhados e padecem fome, sede e dor e definham em miséria (Is 61, 1; Mt 11, 5; Lc 4, 18), assim também, se quisermos permanecer em Cristo, importa que persistamos na penitência, que insistamos

---

62 Lc 24, 46-47.

nela todos os dias de nossa vida, que a persigamos até o último momento. Pois Ele veio para chamar os pecadores, mas a que se arrependam (Mt 9, 13). Foi enviado para benzer os que são indignos, mas para que se convertam de sua maldade (At 3, 26; 5, 31). A Escritura está cheia de expressões semelhantes. Por isso, quando Deus oferece a remissão dos pecados, costuma juntamente estipular-nos o arrependimento, dando-nos a entender com isso que sua misericórdia deve ser para os homens ocasião de arrependimento. "Fazei juízo e justiça", diz, "porque próxima está a salvação" (Is 56, 1). E: "Virá o Redentor a Sião e àqueles que em Jacó se arrependeram do pecado" (Is 56, 1). E também: "Buscai o Senhor enquanto Ele pode ser achado, invocai-o enquanto está próximo. Que o ímpio abandone o seu caminho e a iniquidade de seus pensamentos, e converta-se ao Senhor, que terá misericórdia dele" (Is 55, 6-7). E ainda: "Convertei-vos e arrependei-vos, para que vossos pecados vos sejam apagados" (At 3, 19), onde se deve notar que aquela condição não se impõe tal como se nosso arrependimento fosse o fundamento do perdão que deve ser alcançado de nossas transgressões; mas, antes, o contrário (porque, para a finalidade de compadecer-se dos homens, o Senhor ordenou o arrependimento), Ele lhes indica para onde devem tender se desejam alcançar a graça. Portanto, enquanto habitarmos no cárcere de nosso corpo, devemos lutar continuamente contra os vícios de nossa natureza corrompida, e inclusive contra nossa alma natural. Platão diz às vezes que a vida do filósofo é a meditação da morte (tanto no *Fédon* quanto em muitas outras partes, disputa sobre isso).[63] Com maior verdade, poderíamos dizer: a vida do homem cristão é um perpétuo esforço e um exercício para mortificar a carne, até que, morta por completo, o Espírito de Deus obtenha o reino em nós. Por essa razão, julgo que aproveitou muito aquele que aprendeu a estar por demais desgostoso consigo; não para estar atolado aí, sem avançar, mas antes para apressar-se e suspirar mais por Deus, a fim de que, introduzido na morte e na vida de Cristo, medite uma penitência perpétua, como decerto não podem fazer de outra forma aqueles que têm um ódio genuíno do pecado. Pois ninguém jamais odeia o pecado sem antes ter sido cativado pelo amor à justiça. Essa sentença, além de ser a mais simples de todas, pareceu-me estar perfeitamente de acordo com a verdade da Escritura.

21. Ademais, que a penitência seja um dom singular de Deus, julgo-o tão evidente pelo que foi exposto aqui que não é necessário refazer um

---

63 Platão, Fédon, 64 A-B, 67 A-E; 81 A.

longo discurso. E, assim, a Igreja louva o benefício de Deus e maravilha-se de que tivesse concedido aos gentios a penitência para a salvação (At 11, 18). E Paulo, ordenando que Timóteo fosse paciente e manso para com os incrédulos, disse: "que Deus lhes dê a graça da conversão, para que conheçam a verdade e voltem à sensatez, escapando do laço do Diabo, que os apanhou e sujeitou à sua vontade" (2Tm 2, 25-26). É verdade que Deus afirma que deseja a conversão de todos, e destina exortações a todos, em geral; no entanto, a eficácia depende do Espírito de regeneração. Porque criar-nos a nós, homens, é mais fácil que, por nosso próprio valor, investir-nos de uma natureza mais excelente. E assim, não sem razão, somos chamados no percurso total de nossa regeneração de imagem, "criados em Cristo em vista das boas obras que Deus preparou de antemão para que as praticássemos" (Ef 2, 10). Aqueles que Deus quer livrar da morte, vivifica-os com o Espírito de regeneração; não porque a penitência seja propriamente causa de salvação, mas porque, como já vimos, é inseparável da fé e da misericórdia de Deus, dado que, conforme o testemunho de Isaías, o Redentor veio para Sião e para aqueles na família de Jacó que se afastaram da iniquidade (Is 59, 20). Isto permanece firme: onde quer que vigore o temor de Deus, o Espírito obra para a salvação do homem. E assim os fiéis, quando se queixam e se lamentam em Isaías de que foram abandonados por Deus, dão com isso como que um sinal de sua reprovação, e de que seus corações foram endurecidos por efeito da vontade divina (Is 63, 17). Também o apóstolo, querendo excluir os apóstatas da esperança da salvação, dá como razão que é impossível que se renovem na penitência (Hb 6, 6),[64] porque Deus, renovando aqueles que Ele não quer ver perecer, mostra um sinal de seu favor paterno e, de certa forma, atrai-os a si com os vislumbres de seu rosto sereno e feliz. Ao contrário, fulmina os réprobos, cuja impiedade é irremissível, ao endurecer seus corações. Com esse tipo de castigo, o apóstolo ameaça os apóstatas voluntários que, enquanto se afastam da fé no Evangelho, desonram a Deus, cospem injuriosamente em sua graça, profanam e pisoteiam o sangue de Cristo (Hb 10, 29) e até, tanto quanto está a seu alcance, crucificam-no de novo. Pois Paulo não corta — como alguns mais austeros querem afirmar — a esperança do perdão para todos os pecados voluntários, mas ensina que a apostasia é indigna de qualquer desculpa, de maneira que não se deve estranhar que Deus castigue tão sacrílego desprezo de si com rigor inexorável. O que Paulo afirma é que,

---

64 Hb. 6, 4-6.

para aqueles que já foram iluminados, que já sentiram o gosto do dom celestial, que foram feitos partícipes do Espírito Santo, que sentiram o gosto da boa palavra de Deus e das virtudes do século vindouro, é impossível ser mais uma vez renovados pela penitência se voltarem a cair, uma vez que, de novo, crucificarão o filho de Deus e o exporão ao escárnio (Hb 6, 4). E diz, em outro lugar: "Se quisermos pecar depois de termos recebido o conhecimento da verdade, já não há mais sacrifício que possa tirar nossos pecados, mas apenas uma horrenda expectativa do julgamento" etc. (Hb 10, 26). Essas são as passagens das quais os novacianos extraíram outrora uma interpretação errônea, matéria de turbação, e pela aspereza dos quais alguns homens bons sentiram-se ofendidos, e acreditaram na suposição de que esta epístola não era autêntica, embora em toda ela se respire espírito apostólico. Mas, uma vez que nossa contenda não é senão com aqueles que a admitem, é fácil mostrar como essas sentenças não favorecem seu erro em nada. Primeiro, é necessário que o apóstolo esteja de acordo com seu Mestre, o qual afirma que todo pecado e blasfêmia há de ser perdoado aos homens, exceto o pecado contra o Espírito Santo, que não lhes será perdoado nem neste mundo nem no outro.[65] É claro que o apóstolo se ateve a essa exceção, a menos que queiramos torná-lo adversário da graça de Cristo. Daí se conclui que não se nega o perdão a nenhum pecado em particular, a não ser a um único, aquele que procede de um furor desesperado e que não pode ser atribuído à debilidade e que demonstra abertamente que o homem que o comete está possuído pelo demônio.

22. Para prosseguirmos, convém, no entanto, investigar o que é a abominação que, de tão horrenda, não há de obter perdão algum. Agostinho, em certo lugar,[66] define-a como uma teimosia obstinada até a morte, acompanhada da descrença no perdão, o que não está suficientemente de acordo com as próprias palavras de Cristo: que não hão de ser perdoados neste mundo. Pois, ou Cristo disse isso em vão, ou tal pecado pode ser cometido nesta vida. Se, porém, a definição de Agostinho é verdadeira, não se comete tal pecado senão quando se persevera nele até a morte. Quanto ao que alguns dizem, que peca contra o Espírito Santo aquele que inveja no próximo as graças a ele concedidas, não vejo de onde isso possa ter sido tirado. Mas anunciemos a verdadeira definição, que,

---

65 Mt 12, 31-32; Mc 3, 28-29; Lc 12, 10.
66 Aug., Inchoata expositio ep. ad Rom. 22 MSL 35, 2104; Ep. 185, 11, 49 (ad Bonifacium tribunum) MSL 33, 814 CSEL 57, 42, 27ss.

quando for comprovada com testemunhos sólidos, por si só deitará abaixo facilmente todas as outras. Digo, pois, que pecam contra o Espírito Santo aqueles que, pelo fulgor dele, são despertados para a verdade divina de tal maneira que não podem alegar ignorância, e, no entanto, resistem com deliberada malícia, somente por resistir. Pois Cristo, para explicar o que havia dito antes, acrescenta em seguida: "A qualquer um que disser alguma palavra contra o filho do homem, isso lhe será perdoado; mas àquele que blasfemar contra o Espírito, isso não lhe será perdoado" (Mt 12, 31; Mc 3, 29; Lc 12, 10). E Mateus, em vez de blasfêmia contra o Espírito, diz "espírito de blasfêmia". Como pode alguém lançar uma afronta ao Filho de Deus, sem que essa se dirija ao mesmo tempo contra o Espírito? De fato, os imprudentes que obrigam a uma verdade desconhecida para Deus, que falam mal de Cristo por ignorância, não iam querer extinguir a verdade de Deus se esta lhes fosse revelada, predispostos a ela que estão em sua alma; nem iam querer prejudicar com uma única palavra aquele que reconhecessem ser o Cristo Senhor. Estes pecam contra o Pai e o Filho. Muitos são assim hoje em dia, e execram a doutrina do Evangelho da pior forma, mas, se soubessem o que ela é, estariam preparados para venerá-la de todo coração. Há, porém, aqueles cuja consciência está convicta de que a palavra que repudiam e combatem é a de Deus, e no entanto não deixam de combatê-la; diz-se que estes blasfemam contra o Espírito, uma vez que lutam contra a iluminação (que é obra do Espírito Santo). Assim eram alguns entre os judeus: por mais que não pudessem resistir ao Espírito que falava por Estêvão, ainda assim faziam força para resistir-lhe (At 6, 10). Não há dúvida de que muitos deles foram levados a isso pelo zelo da Lei; mas é evidente que havia outros que, com maliciosa impiedade, enfureciam-se contra o próprio Deus, isto é, contra a doutrina que não desconheciam proceder de Deus. Assim eram os próprios fariseus, contra os quais Cristo invectiva que, para rebaixar a virtude do Espírito Santo, infamavam-na com o nome de Belzebu (Mt 9, 34; 12, 24). Este é, pois, o espírito de blasfêmia: quando a audácia do homem, para ultrajar o nome divino, irrompe de propósito. Paulo dá a entender isso quando diz ter alcançado misericórdia porque, por ignorância, agia na incredulidade (1Tm 1, 13), e que, de outra forma, seria com razão indigno da graça do Senhor. Se a ignorância, junto com a incredulidade, propiciou-lhe o perdão, não há lugar para o perdão quando o conhecimento se aproxima da incredulidade.

23. Se prestares bem atenção, entenderás que o apóstolo não fala de uma ou de outra falta em particular, mas de uma deserção total, pela qual os réprobos abdicam da salvação. E não é de estranhar que sintam Deus como implacável aqueles que João afirma que não pertenciam ao número dos eleitos, por deles se terem separado (1Jo 2, 19). Porque ele dirige sua fala contra aqueles que imaginavam poder retornar à religião cristã mesmo depois de terem deserdado dela. Tentando afastá-los dessa opinião falsa e perniciosa, diz-lhes que é mais que verdadeiro isso de que aqueles que, de caso pensado e por vontade própria, rejeitaram a comunhão com Cristo não podem a ela retornar. E rejeitam-na, porém, não aqueles que simplesmente transgridem a Palavra de Deus numa vida dissoluta e licenciosa, mas aqueles que rejeitam toda a doutrina de Cristo de propósito. Logo, o paralogismo está nas palavras "cair" e "pecar", porque os novacianos interpretam "cair" da seguinte forma: se alguém, mesmo tendo aprendido na Lei do Senhor que não se deve furtar nem fornicar, não se abstêm do furto ou da fornicação. Mas afirmo que, ao contrário, há aí subjacente uma antítese tácita, na qual devem ser consideradas todas as coisas contrárias àquelas que antes foram ditas, de tal forma que se trate aqui não de um vício em particular, mas de um afastamento total de Deus e de uma apostasia do homem total, por assim dizer. Portanto, quando o apóstolo fala sobre aqueles que caíram depois de já terem sido iluminados, de terem provado o dom celestial, de terem sido feitos partícipes do Espírito Santo e de haverem também provado a boa Palavra de Deus e as virtudes do século vindouro (Hb 6, 4),[67] é necessário entender que apagaram a luz do Espírito com deliberada impiedade, menosprezaram o gosto do dom celestial, alienaram-se da santificação do Espírito, pisotearam a Palavra de Deus e as virtudes do século vindouro. E, para melhor explicitar essa resoluta intenção de impiedade, o apóstolo acrescenta de modo expresso, em outro lugar, o termo "voluntariamente". Pois, quando diz que já não resta sacrifício que possa tirar o pecado daqueles que, por vontade própria, depois de terem recebido o conhecimento da verdade, pecaram (Hb 10, 26), não nega que Cristo seja um sacrifício perpétuo para expiar as iniquidades dos santos (o que clama longamente por quase toda a epístola, ao tratar do sacerdócio de Cristo), mas diz que não resta nenhum outro quando este é jogado fora. E é jogado fora quando a verdade do Evangelho é negada de propósito.

24. Que a alguns pareça demasiado duro e alheio à clemência de Deus serem excluídos totalmente da remissão aqueles que buscam refúgio na

---

67 Hb 6, 4s.

misericórdia, isso facilmente se explica. Pois não diz que o perdão lhes será negado caso se convertam ao Senhor, mas nega por completo que estes possam chegar à penitência. Porque, por sua ingratidão, foram condenados, num julgamento justo de Deus, a uma cegueira perpétua. E nada impede que se dê em seguida o exemplo de Esaú, que, com lágrimas e queixumes, havia tentado em vão recuperar a primogenitura perdida;[68] tampouco aquela ameaça do profeta: "Quando chamarem, não escutarei" (Zc 7, 13). Porque não se designa, com tais maneiras de falar, nem a verdadeira conversão, nem a invocação de Deus, mas antes a ansiedade dos ímpios, pela qual, vendo-se em extrema necessidade, são forçados a olhar aquilo que antes negligenciavam: que não há para eles nada de bom que não venha do auxílio do Senhor. Mas eles não o imploram tanto quanto gemem porque algo lhes foi tirado. E assim o profeta, por "clamor", e o apóstolo, por "lágrimas", não entendem senão aquele horrível tormento que abrasa os ímpios de desespero e os tortura. Vale a pena notar-se isso diligentemente, pois, de outra maneira, Deus lutaria consigo mesmo, porque clama por meio do profeta que o pecador tornar-se-á converso assim que Ele lhe for propício (Ez 18, 20-21). E, como já disse, é certo que o espírito do homem não muda para melhor a não ser que venha até ele a graça do Senhor. A promessa da invocação não falhará jamais. Mas se chama indevidamente de conversão ou oração aquele cego tormento com que os réprobos são rasgados ao meio, quando veem que devem buscar a Deus para encontrar remédio para seus males, e no entanto recusam-se a comparecer diante dele.

25. Como o apóstolo nega que Deus seja aplacado pela penitência fingida, poder-se-ia perguntar: como Acab alcançou o perdão e escapou da pena imposta a ele (1Rs 21, 28-29), se, no entanto, é evidente não ter sido atemorizado senão por um súbito pavor no decurso de sua vida? Vestiu-se realmente de saco, aspergiu-se com cinza, prostrou-se na terra e (como o testemunha a própria Escritura), humilhou-se perante Deus;[69] mas foi pouco rasgar as vestes, quando seu coração permanecia ladino e endurecido pela maldade. E, contudo, vemos que Deus se rendeu à clemência. Respondo. Algumas vezes, os hipócritas são poupados por um tempo, de tal forma que, no entanto, a ira de Deus sempre se incumba deles; e isso acontece não tanto por causa deles quanto para dar exemplo para todos em geral. Pois em que foi a pena mitigada para o próprio

---

68 Hb 12, 16-17.
69 1Rs 21, 27.

Acab, que utilidade teve isso a não ser que não a sofreu enquanto vivo na terra? Logo, a maldição de Deus, embora oculta, fixou sua sede na casa de Acab, que pereceu em eterna perdição. O mesmo se vê em Esaú: porque, embora tenha sido deserdado, por suas lágrimas lhe foi concedida a bênção nesta vida presente (Gn 27, 18-19).[70] Mas porque, pelo oráculo de Deus, a hereditariedade espiritual podia residir em apenas um dos irmãos, então, rejeitado Esaú e eleito Jacó, tal abdicação excluiu a misericórdia de Deus. Restou-lhe o consolo, como a um homem bestial, de engordar com a gordura da terra e o orvalho do céu.[71] E isso que disse acima deve servir de exemplo aos demais, a fim de aprendermos a aplicar mais alegremente nossos talentos e nossos interesses à penitência sincera. Porque não há a menor dúvida de que Deus há de perdoar com facilidade àqueles que, verdadeiramente e de coração, se convertam a Ele, cuja clemência se estende também aos indignos, contanto que manifestem algum desgosto pelo pecado. Da mesma forma, aprendemos quão horrível julgamento aguarda a todos os teimosos, que, sem vergonha na cara e com um coração de pedra, desdenham as ameaças de Deus e levam-nas na brincadeira, como se fossem nada. Eis de que modo Deus estendeu muitas vezes a mão aos filhos de Israel para aliviar suas calamidades, embora seus clamores fossem dissimulados e sua alma fosse dúplice e pérfida, como Ele mesmo se queixa no salmo: "Voltaram imediatamente para a astúcia" (Sl 78, 36-37).[72] Porque quis assim os atrair com tão amigável facilidade para a sincera conversão ou então torná-los indesculpáveis. Mas, ao comutar as penas por um tempo, não impõe a si uma lei perpétua; antes levanta-se às vezes mais severamente contra os hipócritas e lhes duplica as penas, para que, por aí, possa-se ver o quanto nosso fingimento o desagrada. Mas, como já disse, Ele nos oferece alguns exemplos de sua propensão ao perdão, pelos quais os homens pios se animem a corrigir sua vida e seja mais condenada a soberba daqueles que impudentemente lutam contra o mais forte.

---

70 Gn 27, 40.
71 Gn 27, 28. Mas Calvino confunde a bênção de Esaú com a de Jacó.
72 Sl 78, 36s., 57.

Capítulo IV

Quão longe está da pureza do Evangelho
tudo o que os escolásticos tagarelam sobre a
penitência em suas escolas.
Sobre a confissão e a satisfação.

asso agora a desenvolver o que os sofistas escolásticos ensinaram acerca da penitência. Repassarei o assunto com o menor número de palavras possível, pois minha intenção não é expor tudo em minúcias, para que este livro, que pretendo preparar como um compêndio para ensinar, não se estenda em demasia. Por outro lado, os escolásticos emaranharam este tema, não muito complexo, com tantos rodeios que não te será fácil encontrar uma saída se estiveres um pouco mergulhado na lama deles. Antes de mais nada, já ao oferecer sua definição, ostentam abertamente que nunca entenderam o que é a penitência. Pois surrupiam certas frases de livros dos antigos, que não exprimem em absoluto a força da penitência. Por exemplo: "Fazer penitência é chorar os pecados já cometidos e não cometer pecados por que se deva chorar".[73] E também que "... é gemer pelos males passados e não cometer de novo males por que se deva gemer".[74] E também que "...é certa punição que dói, punindo em si o que dói haver cometido".[75] E ainda que "... é uma dor do coração e uma amargura da alma por todos os pecados que cada um cometeu ou com os quais consentiu".[76] Consentiremos que essas coisas estão bem ditas pelos antigos (negá-las, porém, não seria difícil para um briguento), mas não que

---

73 Gregorius I., Homil. In: Evang. lib. II hom.14, 15 MSL 76, 1256 B; P. Lomb. Sent. IV. dist. 14, 1 MSL, 192, 869.
74 Pseudo-Ambrosius, Serm. 25, 1 MSL 17, 655 A; P. Lomb. Sent. IV. dist. 14, 1 MSL 192, 869; Decret. Grat. II, De poenit. dist. 3. c. 1 Friedberg I. col. 1211.
75 Pseudo-Aug., De vera et falsa poenitentia c. 8, 22 MSL 40, 1120; Decret. Grat. II, De poenit. dist. 3 c. 4 Friedb. I. col. 1211.
76 Pseudo-Ambrosius, Sermo 25, 1 MSL 17, 655 A; Decret. Grat. II. De poenit. dist. 1. c. 39 Friedb I. col. 1168.

descrevam a penitência, pois eles as diziam para exortar os seus a não reincidirem nos mesmos delitos de que haviam sido libertos. Mas, se te apraz converter em definições todas essas sentenças, há outras que também deveriam ser costuradas aqui com não menor direito. Como esta, de Crisóstomo: "A penitência é um medicamento que extingue o pecado, um dom ofertado pelo céu, uma virtude admirável e uma graça que supera a força das leis".[77] Acrescenta que a doutrina que ensinam depois é ainda pior que tais definições, pois estão tão aferrados com unhas e dentes aos exercícios exteriores que, de seus imensos volumes, não extrais nada senão que a penitência é disciplina e austeridade, que serve em parte para domar a carne, em parte para castigar e punir os vícios. Sobre a renovação interior da mente que traz consigo a verdadeira correção da vida, espantoso silêncio... Falam muito de contrição e de atrição;[78] torturam as almas com muitos escrúpulos e as golpeiam com mais angústia e ansiedade; mas, quando lhes parece que conseguiram ferir os corações profundamente, curam toda a amargura com uma ligeira aspersão de cerimônias. Uma vez definida de forma tão arguta a penitência, dividem--na em três partes: contrição de coração, confissão de boca e satisfação de obra.[79] Nada mais dialético que essa definição, embora queiram parecer que gastaram toda a vida em compor silogismos. Mas se alguém, fundado na mesma definição (modo de argumentar que prevalece entre os dialéticos), raciocinar que um homem pode chorar seus pecados passados e não cometer pecados por que depois deva chorar; que pode gemer pelos males passados e não cometer outros por que deva gemer; que pode castigar aquele que sente dor de haver cometido etc., mesmo que não o confesse com a boca, como conservarão os escolásticos sua divisão? Pois se esse homem, verdadeiramente penitente, não o confessa, pode haver penitência sem confissão. E se respondem que a divisão se refere à penitência enquanto sacramento, ou que deve ser entendida de toda a perfeição da penitência, o que eles não incluem em suas defini-

---

77 Chrysostomus, De poenitentia homil. 7, 1 opp. (Paris. 1834ss.) t. II 385B.
78 Alanus de Insulis, Theologiae regulae, reg. 85 MSL 210, 665: Alex. Ales., Summa theol. IV. q. 74 (ed. Nuremberg 1482); Bonaventura, In sent. IV. dist. 17. p. 1. art. 2.s. 3; p. 2. art. 2.ss. 3. opp. 4, 429s., 477; Thomas Aq., S. th. III suppl. q. 1. art. 2.3; Scotus, In sent. IV. dist.14. q. 2, 14. opp. 18, 74 b ss.
79 Lomb., Sent. IV dist. 16, 1 MSL 192, 877; Decret. Grat. II De poenit. dist. 1. c. 40 Friedbg. I col. 1168, ex. hom. Suppositicia inter opp. Chrysostomi, quae incipit, "Provida mente", omissa a Maurinis, in ed. Erasmi Basil. 1530 t. II 347 A; Gregor. I, In 1. reg. VI 2, 33 MSL 79, 439 A; Thom. Aq., s. th. III q. 90. art. 2; Bullam Eugenii IV. "Exultate Deo". In: concilio Florent. 1439 promulgatam, Mansi, collectio conc. XXXI 1057 (Denziger, Enchiridion 16/17 no. 699).

ções, não há por onde me acusarem; que se culpem a si, pois não definem de forma mais simples e clara. Eu, decerto por minha grossura, quando se debate sobre alguma coisa, atenho-me à definição dela, que é o eixo e o fundamento de toda discussão. Mas que seja aquela uma licença magistral. Percorramos já, por ordem, as partes da divisão. Quanto a eu negligentemente desprezar como frívolas coisas que eles com grave sobriedade vendem por mistérios, faço-o não por ignorância (e não me seria demasiado difícil examinar o que for que eles julguem disputar entre si com argúcia e sutileza); mas, a meu ver, seria maldade fatigar os leitores com tais inépcias infrutíferas. De fato, pelas questões que suscitam e de que tratam, e nas que se embaraçam miseravelmente, é fácil compreender que eles apenas tagarelam sobre coisas que ignoram. Por exemplo: agrada a Deus a penitência por um único pecado, quando permanece a obstinação nos demais?[80] E também: os castigos infligidos pela vontade divina valem como satisfação?[81] E ainda: poderia a penitência pelos pecados mortais ser reiterada?[82] Aqui, definem torpe e impiamente que a penitência todos os dias se faz pelos pecados veniais.[83] Do mesmo modo, atormentam-se muito por um erro crasso no dito de Jerônimo: "A penitência é uma segunda tábua de salvação depois do naufrágio".[84] Com o que demonstram que jamais despertaram de seu estupor irracional para perceber nem sequer a milésima parte de seus vícios.

2. Queria, porém, que os leitores se dessem conta de que não se trata aqui de uma rixa acerca da sombra de um asno, mas da coisa mais importante de todas, a saber, a remissão dos pecados. Quando aqueles exigem três coisas na penitência: compunção de coração, confissão de boca e satisfação de obra, ensinam que essas coisas são simultaneamente necessárias para alcançar o perdão dos pecados. Mas se é preciso saber alguma coisa em toda nossa religião, é com certeza preciso, antes de mais nada, entender e reter muito bem isto: por que razão, com que condição, com que facilidade ou dificuldade se alcança a remissão dos pecados. Se não temos um conhecimento claro e certo deste ponto, a consciência não pode ter nenhum repouso, nenhuma paz com Deus, nenhuma

---

80 Lomb., Sent. IV. dist. 15, 1 MSL 192, 872s.; Bonaventura, In sent. IV. dist. 15. art. un. q. 2. opp. 4, 351ss; Thomas Aq., S. th. III. suppl. q. 14. art. 1.
81 Thomas Aq., S. th. III. suppl. q. 15. art. 2.
82 Thomas Aq., S. th. III q. 84. art. 10.
83 Lomb., Sent. IV dist. 16, 3ss, MSL 192, 879; Thomas Aq., S. th. III, q. 87, art. 1.
84 Hieronymus, Ep. 84, 6 CSEL 55, 128; Ep. 130, 9, 2 CSEL 56, 189; Lomb., Sent. IV. dist. 14, 1 MSL 192, 869; Decrt. Grat. II De poenit. dist. 1. c. 72 Friedbg. 1 col.1179; Thomas Aq., S. th. III. q. 84. art. 6.

confiança ou segurança, mas anda constantemente perturbada, à deriva, inflama-se, atormenta-se, tortura-se, horroriza-se, odeia-se e foge do olhar de Deus. Porque, se a remissão dos pecados depende dessas circunstâncias, às quais eles a atam, não haverá nada mais infeliz e deplorável do que nós. Fazem da contrição a primeira parte para a obtenção do perdão, e a exigem como é devido, isto é, justa e plena.[85] Entretanto, não determinam quando alguém pode estar seguro de ter cumprido seu dever com essa contrição do modo justo. Eu admito, sem dúvida, que cada um deve-se empenhar com grande diligência e vigor, para que, chorando amargamente seus pecados, mais se anime ao desgosto e ao ódio por eles. Pois uma tristeza assim não deve ser lamentada, desde que gera a penitência para a salvação. Mas quando se exige uma intensidade da dor que corresponda ao tamanho da culpa e que se pese na mesma balança com a confiança do perdão, aqui se atormentam e se hostilizam de modos espantosos as pobres consciências, quando vêm que se lhes impõe a contrição devida de seus pecados e não sabem a medida do que é devido, para que possam julgar o que já pagaram e que ainda devem. Se disserem que se deve fazer tudo o que estiver ao nosso alcance,[86] voltamos sempre ao mesmo. Pois acaso alguém ousará prometer algo a si mesmo quando houver reunido todas as forças para lamentar seus pecados? Quando a consciência, tendo lutado por muito tempo consigo mesma e exercitado-se em longos combates, não encontra no final um porto em que repousar para se aliviar ao menos em parte, arranca de si a dor e verte lágrimas, com as quais faz sua contrição.

3. E se dizem que os calunio, pois que se apresentem e mostrem uma única pessoa que ou não tenha se entregado ao desespero com sua doutrina da contrição ou não tenha exposto ao julgamento de Deus uma simulação de dor, em lugar da dor verdadeira. Também nós dissemos em algum lugar que a remissão dos pecados nunca advém sem penitência, porque ninguém, a não ser aquele que está aflito e ferido pela consciência de seus pecados, pode implorar sinceramente a misericórdia de Deus.[87] Mas, ao mesmo tempo, acrescentamos que a penitência não é a causa da remissão dos pecados.[88] Eliminamos, porém, este tormento das almas: que as dívidas devem ser pagas. Ensinamos o pecador a olhar não para

---

85 Cypr.. Ep. 55, 18 CSEL 3 II, 636, 14.
86 G. Biel, In sent. IV dist.14. q. 1 art. 2. concl. 5 U.
87 III 3, 20; supra p.77ss.
88 III 3, 20.21; supra p.7ss.

sua compunção nem para suas lágrimas, mas a cravar os dois olhos somente na misericórdia do Senhor.[89] Lembramos apenas que são chamados por Cristo os que se esforçam e os que estão sobrecarregados, uma vez que Ele foi enviado para evangelizar os pobres, curar os contritos de coração, pregar a alforria aos cativos, libertar os presos, consolar os que choram (Mt 11, 28; Is 61, 1; Lc 4, 18).[90] Com isso, ficavam excluídos os fariseus, que, satisfeitos com a própria justiça, não reconheciam sua pobreza; e também os que desprezam a Deus, que, sem medo de sua ira, não buscam remédio para o mal. Pois esses tais não se esforçam, nem estão sobrecarregados, nem contritos de coração, nem prisioneiros, nem cativos. Mas há muita diferença entre ensinares que alguém merece o perdão de seus pecados por uma contrição justa e plena[91] (coisa que um pecador nunca poderia realizar) e o instruíres para que tenha fome e sede da misericórdia de Deus a fim de mostrar a Ele, pelo reconhecimento de sua miséria, sua angústia, sua lassidão e seu cativeiro, onde deve buscar refrigério, repouso, liberdade; enfim, ensinares-lhe a dar glória a Deus em sua humildade.

4. A respeito da confissão, sempre foi grande a disputa entre os canonistas e os teólogos escolásticos: estes, sustentando que a confissão é ordenada por preceito divino; aqueles, protestando que foi prescrita somente pelas constituições eclesiásticas.[92] Nessa verdadeira batalha, mostrou-se a impudência dos teólogos, que depravaram tantos passos da Escritura e que distorceram à força quantos citavam a seu favor. E, quando viram que nem assim podiam obter o que pretendiam, os que pareciam mais argutos entre eles saíram-se com esta escapatória: que a confissão se originou do direito divino, quanto à substância, mas que, quanto à forma, recebeu-a depois do direito positivo.[93] Assim, aqueles que são os mais ineptos entre os formalistas atribuem a citação ao direito divino, porque está dito: "Adão, onde estás?"; e igualmente a exceção, porque Adão, como que se isentando, respondera: "A mulher que me deste ...",

---

89 III 3, 20; suprap. 78, 14ss; Melanchthonis Locos comm. 1521 ed. Kolde, p.235.
90 III 3, 20 supra p. 77.
91 Thom. Aq., S. th. III suppl. q. 5 art. 2. corp.
92 Gratianum in Decreto II. De poenitentia dist. I. c. 30-37 Friedbg I col. 1165-67; Lomb., Sent. IV. dist. 17, 1-4 MSL 192, 880ss; Thom. Aq., S. th. III. suppl. Q. 6 rt. 2.3; Scot., In sent. IV. dist. 17. q. un. Opp. 18, 503ss; Biel, In sent. IV. dist 17. q. 1 art. 1 DE; Bullam Sixti IV. "Licet ea" a. 1479 (Erroris Petri de Osma de sacramento poenitentiae c. 2), Bull. Rom. (Taur.) V 265 a, (Denzinger, Enchiridion 16/17 No. 725); Io. Eckii Enchiridion 1532 c. 8 C 7 a b; Alf. De Castro, Adv. Haer. Fol. 82 a b.
93 Apud Io. Eckium, Enchir. c. 8. C 7 b.

etc. (Gn 3, 9-12), embora a forma tenha sido dada a ambos pelo direito civil. Mas vejamos com que argumentos defendem que a confissão, quer formada, quer informe, é um mandato de Deus. O Senhor, dizem, enviou os leprosos aos sacerdotes[94] (Mt 8, 4; Lc 5, 14; 17, 14). E quê? Enviou-os para que se confessassem? Quem jamais ouviu falar que os sacerdotes levíticos foram encarregados de ouvir confissões (Dt 17, 8.9)? Recorrem então a alegorias: foi ordenado pela Lei mosaica que os sacerdotes fizessem distinção entre lepra e lepra;[95] sendo o pecado uma lepra espiritual, compete aos sacerdotes pronunciar-se sobre ela.[96] Antes de responder, pergunto de passagem: se esse texto torna-os juízes da lepra espiritual, por que reclamam para si o conhecimento da lepra natural e carnal? Pois não é isto brincar com a Escritura? A Lei atribui aos sacerdotes levíticos o conhecimento da lepra; usurpemo-no-lo para nós! O pecado é lepra espiritual; sejamos então conhecedores do pecado! Respondo agora: tendo mudado o sacerdócio, é necessário haver também mudança da Lei (Hb 7, 12). Todos os sacerdócios são transferidos para Cristo, nele são cumpridos e findos; somente a Ele, pois, são transferidos todo o direito e a honra do sacerdócio. Se gostam tanto de correr atrás de alegorias, que aceitem a Cristo como único sacerdote e cumulem seu tribunal com a livre jurisdição de todas as coisas. Facilmente o permitiremos. Quanto ao mais, sua alegoria não vem ao caso, porque inclui entre as cerimônias uma lei meramente política. Por que, então, Cristo envia os leprosos aos sacerdotes? Para que os sacerdotes não o caluniassem de violar a Lei, a qual ordenava que aquele que se curasse da lepra se apresentasse perante o sacerdote e fizesse expiação com a oferta de um sacrifício. Por isso Cristo ordena aos leprosos limpos que cumpram o que era da Lei. "Ide", diz, "mostrai-vos aos sacerdotes e oferecei a oferenda que Moisés prescreveu na Lei, para que isto lhes sirva de testemunho".[97] E em verdade este milagre havia de ser testemunho para eles: haviam-nos declarado leprosos; agora declaram-nos curados. Acaso não estão os sacerdotes obrigados, queiram ou não, a ser testemunhas dos milagres de Cristo? Cristo permite que eles examinem seu milagre; eles não o podem negar, porque, embora tenham tergiversado até então, essa obra

---

94 Pseudo-Aug., De vera et falsa poenitentia c. 10, 25 MSL 40, 1122; Decr. Grat. II De poenit. dist. 1 c. 88 Friedbg. I, 1188; Lomb., Sent. IV dist. 18, 6 MSL 192, 887; etc.
95 Lv 14, 2ss.
96 Hieronymus, In Matth. III. c. 16. v. 19 MSL 26, 118 A B; Pseudo-Aug., De vera et f. poenit. 1. c.; Bonav., In sent. IV. dist. 17. p. 3. art. 1. q. 1. opp. 4, 451; Thomas Aq., S. Th. III. suppl. q. 6 art. 4 ad. 3; art. 6 ad. 2.
97 Lc 17, 14; Mt 8, 4.

lhes serve de testemunho. Da mesma forma, em outro lugar: "Este Evangelho será pregado em todo o mundo, como testemunho a todas as gentes" (Mt 24, 14). E: "perante reis e governadores, sereis conduzidos por minha causa, para dar-lhes testemunho" (Mt 10, 18), ou seja, para serem convencidos mais firmemente no julgamento de Deus. E se preferem ater-se a Crisóstomo, ele também ensina que Cristo fez isso por causa dos judeus, para que não o considerassem um prevaricador da Lei.[98] Embora me cause vergonha recorrer à aprovação de qualquer homem em algo tão claro, quando Cristo mesmo afirma que deixa todo o direito legal para os sacerdotes, como a inimigos confessos do Evangelho, sempre em busca de ocasião para importuná-lo com gritos, se ele não lhes fechasse a boca. Por isso, para que os sacrificadores papais detenham o poder, põem-se abertamente de parte daqueles a quem é necessário reprimir pela força, para que não maldigam a Cristo. Pois isso em nada diz respeito a seus verdadeiros ministros.

5. E extraem o segundo argumento da mesma fonte, isto é, da alegoria. Como se as alegorias fossem capazes de confirmar um dogma! Mas, se o fossem, eu contudo demonstraria que elas podem ser utilizadas por mim com mais elegância que por eles. Dizem que o Senhor prescreveu a seus discípulos, quando ressuscitou Lázaro, que lhe soltassem as ataduras e o deixassem ir[99] (Jo 11, 44). Em primeiro lugar, mentem quanto a isso; pois não se lê em parte alguma que o Senhor tenha dito tal coisa a seus discípulos, e é muito mais verossímil que o tenha dito aos judeus que estavam presentes, a fim de que, sem suspeita alguma de fraude, o milagre se fizesse mais evidente e sua virtude resplandecesse muito mais, uma vez que, sem nenhum contato e somente com sua voz, ressuscitava os mortos. Eu de fato o interpreto assim: que o Senhor, para tirar aos judeus toda suspeita malévola, quis que eles mesmos afastassem a pedra, sentissem o fedor, contemplassem os sinais inequívocos da morte, vissem como Lázaro ressuscitava somente pela virtude de sua palavra e que fossem eles os primeiros a tocá-lo vivo. E esta é também a opinião de Crisóstomo.[100] Concedamos, entretanto, que tenha dito isso aos discípulos. Que deduziriam daí? Que o Senhor deu aos apóstolos o poder de soltar ataduras? Quanto mais própria e corretamente poderíamos tratar dessas

---

98 Chrysostomus, Homil. de Chananaea c. 9. opp. T. III. 524 A.
99 Pseudo-Aug., De vera et falsa poenit. c. 10, 25 MSL 40, 1122; Decr. Grat. II De poenit. dist. 1. c. 88. Friedbg. I, 1188; Lomb., Sent. IV. dist. 18, 6 MSL 192, 887; Thomas Aq., S. th. III suppl. q. 8. art. 1; etc.
100 Pseudo-Chrysost., Contra Iudaeos, Gentiles et haereticos, opp. t. I 1011 A.

coisas de forma alegórica se disséssemos que Deus quis, com esse símbolo, ensinar a seus fiéis que soltassem as ataduras aos ressuscitados por Ele! Isto é, que não rememorassem os pecados que Ele esqueceu e que não condenassem como pecadores aqueles a quem Ele absolveu; que não lhes repreendessem de novo pelas coisas que Ele enterrou; que não fossem severos e exigentes ao punir, quando Ele é misericordioso e pronto a perdoar. Sem dúvida, nada nos deve inclinar ao perdão mais do que o exemplo de nosso juiz, que ameaça ser rígido e rigoroso com aquele que for implacável. Que venham agora e apregoem suas alegorias!

6. Travam batalha ainda mais acirrada quando combatem com estas citações, que lhes parecem evidentes: os que vinham ao batismo de João, confessavam seus pecados[101] (Mt 3, 6); e Tiago quer que confessemos nossos pecados uns aos outros[102] (Tg 5, 16). Nada há de estranho em que confessassem seus pecados aqueles que desejavam ser batizados. Já antes se dissera que João pregou o batismo da penitência e que batizou com água para a penitência. A quem teria batizado senão àqueles que se tivessem confessado pecadores? O batismo é um símbolo da remissão dos pecados. E quem seria admitido nesse símbolo senão os pecadores que se houvessem reconhecido como tais? Confessavam assim seus pecados, para que fossem batizados. E Tiago não manda que nos confessemos uns com os outros sem motivo. Mas se considerassem o que vem em seguida, entenderiam que também isso lhes favorece pouco. Diz: "Confessai vossos pecados uns aos outros, e orai uns pelos outros". Une, assim, a mútua confissão e a mútua oração. Confessai-vos comigo, e eu convosco; orai por mim, e eu por vós. Se somente aos sacrificadorezinhos devemos confessar-nos, segue que só por eles devemos orar. E quê? O que se seguiria dessas palavras de Tiago é que só os sacrificadorezinhos podem se confessar? Porque, como quer que nos confessemos mutuamente, fala apenas daqueles que podem ouvir a confissão de outros: ἀλλήλοιζ, diz, "mutuamente", "alternadamente", "sucessivamente", ou, se preferirem, "reciprocamente". Mas não se podem confessar reciprocamente senão aqueles que são dignos de ouvir confissões. Prerrogativa com a qual honram apenas aos sacrificadorezinhos; então, nós lhes legamos, e somente a eles, o ofício de confessar-se. Deixemos de lado, pois, tais pilhérias e percebamos qual é a intenção mesma do apóstolo, a qual é simples e clara. Uma vez que confiemos uns aos outros, alternadamente, nosso íntimo e

---

101 Thomas, S. th. III. suppl. q. 6 art. 6. ad. 2 (Eckius, 1. c. C 8 b).
102 Thomas, S. th. 1. c. et q. 8. art. 1 ad. 1 (Eckius, 1. c.).

nossas fraquezas, haveremos de receber entre nós mútuo consolo, mútuo conselho, mútua compaixão. E que então, cônscios das fraquezas de nossos irmãos, oremos ao Senhor por eles. Assim, por que citam Tiago contra nós, que pedimos tanto a confissão da misericórdia de Deus? Ninguém pode confessar a misericórdia de Deus entretanto, a menos que tenha confessado antes sua própria miséria. E mais: declaramos ser anátema qualquer um que não confessar ser pecador perante Deus, perante seus anjos, perante a Igreja e, por fim, perante todos os homens. Porque o Senhor encerrou todas as coisas sob o pecado, para que toda boca seja tapada e toda carne seja humilhada perante Ele (Gl 3, 22; Rm 3, 19), e só Ele seja justificado[103] e exaltado.

7. Admiro-me, porém, com o descaramento com que ousam sustentar que a confissão de que falam é de direito divino. Nós admitimos, certamente, que seu uso é antiquíssimo; mas podemos provar com facilidade que seu uso era livre naquele tempo. Que com certeza não houve nenhuma lei estabelecida nem constituição com respeito à confissão até o tempo de Inocêncio III, narram-no até os anais deles.[104] Decerto, se houvesse alguma lei mais antiga do que essas, eles teriam se apegado a ela antes de se contentar com decreto lateranense, com o que se tornaram ridículos até mesmo para as criancinhas. Não duvidam, entre outras coisas, em publicar fictícios decretos, que atribuem a concílios antiquíssimos, para ofuscar os olhos da gente simples com a reverência mesma de sua antiguidade. Nesse capítulo, não lhes veio à mente expor uma tal falácia. E assim (pelos testemunhos deles mesmos) ainda não transcorreram trezentos anos desde que foi, por Inocêncio III, introduzida a obrigação e imposta a necessidade da confissão. E, embora me cale sobre o tempo, só a barbárie dessas palavras anula a fé dessa lei. Pois esses bons padres mandam que toda pessoa de ambos os sexos confesse todos os seus pecados a seu próprio sacerdote uma vez por ano. E, com esperteza, excluem as pessoas e obrigam com tal preceito só os hermafroditas, pois ele não diz respeito a ninguém que seja ou macho ou fêmea. Depois se nota outra tolice ainda mais crassa em seus discípulos, quando não sabem explicar o que seja "o próprio sacerdote".[105] Por mais que todos os rábulas a soldo do papa bachareleiem, afirmamos que Cristo não foi o autor da lei que

---

103 Rm 3, 4.
104 Platynae historici Liber de vita Christi ac omnium pontificum. Rerum italicarum scriptores t. III p. I p. 32.
105 Bonav., In Sent. IV. dist. 17. p. 3. art. 1. q. 2. opp. 4, 452ss; Thom. Aq., S. th. III. Suppl. Q. 8. art. 4-6.

obriga os homens a enumerar seus pecados; ao contrário, que se passaram mil e duzentos anos da ressurreição de Cristo antes que tal lei fosse promulgada; e, da mesma forma, que essa tirania foi inventada quando, extintas a piedade e a doutrina, máscaras de pastores deram-se a si mesmos a licença de fazer tudo o que lhes aprouvesse, sem exceção. Além disso, existem testemunhos evidentes, tanto nas histórias quanto em outros escritores antigos, que ensinam que essa era uma disciplina política, instituída pelos bispos, não uma lei estabelecida por Cristo ou pelos apóstolos. Citarei somente um testemunho, dentre muitos, que não será documento obscuro do tema. Conta Sozomeno que essa constituição dos bispos foi diligentemente observada nas igrejas ocidentais, mas sobretudo em Roma.[106] Com o que dá a entender que não era o estatuto universal de todas as igrejas. Mas diz que um dos presbíteros fora especialmente destinado para presidir esse ofício.[107] Com isso, refuta-se o suficiente a mentira que inventaram, de que as chaves foram dadas indiferentemente a toda a ordem sacerdotal para esse uso. Porque não era função comum de todos os sacerdotes, mas obrigações particulares de um único, escolhido pelo bispo. É a ele que ainda hoje se chama "penitenciário" nas igrejas catedrais, ou seja, o conhecedor dos crimes mais graves e de cuja censura depende o exemplo.[108] Acrescenta ainda que havia esse costume também em Constantinopla, até que certa dama, passando-se por penitente para disfarçar a relação de outra espécie que tinha com o diácono, foi apanhada em flagrante. Por causa desse estratagema, Nectário, bispo daquela Igreja, homem conhecido tanto pela santidade quanto pela erudição, proibiu o rito da confissão.[109] E que aqui, aqui mesmo, estes asnos levantem as orelhas! Se a confissão auricular fosse Lei de Deus, como Nectário ter-se-ia atrevido a aboli-la e combatê-la? Acusarão Nectário, um santo homem de Deus, como está provado por todos os testemunhos antigos, de ser herege e cismático? Mas então, com o mesmo parecer, condenarão a Igreja de Constantinopla, na qual Sozomeno afirma que, naquele tempo, o costume da confissão não só era praticado às escondidas como até sua memória foi proibida. E inculpariam não apenas Constantinopla, mas todas as Igrejas orientais, que negligenciaram uma lei inviolável e imposta a todos os cristãos — se é verdade o que dizem.

---

106 Cassiodorus, Hist. trip. 9, 35 MSL 69, 1151 A-C; Sozomeni histor. eccles. VII, 16 ed. Hussey II 724ss; a Melanchthone in Locis comm. 1521 ed. Kolde p.437ss.
107 Cassiod., 1. c. col. 1151 B.
108 Thom. Aq., S. th. III. suppl. q. 8. art. 5. ad. 3.
109 Cassiod., 1. c. col. 1151 D. 1152 A.

8. Crisóstomo, que também foi bispo de Constantinopla, atesta essa ab-rogação com toda evidência em muitos lugares. Por isso, é estranho que estes se atrevam a rosnar contra o fato. Afirma: "Diz teus pecados, para os destruíres. Se te embaraçares em dizer os teus pecados a outra pessoa, dize-os em tua alma, diariamente. Não digo que te confesses a um companheiro teu, que te reprovará; dize-os a Deus, que cura os pecados. Confessa teus pecados em teu leito, para que tua consciência reconheça ali a cada dia os seus males".[110] E: "Não é necessário, porém, confessar-se diante de testemunhas. Que o exame de teus delitos se faça em teu pensamento; que esse julgamento não tenha testemunha; que somente Deus te veja ao te confessares".[111] E também: "Eu não te conduzo ao teatro dos teus companheiros, não te forço a revelares teus pecados diante dos homens. Repassa e expõe tua consciência diante de Deus. Mostra tuas chagas ao Senhor, médico eficientíssimo, e pede-lhe um medicamento; mostra-as àquele que não tas lançará na cara, mas que tas curará amorosamente".[112] E ainda: "Não fales de teu mal a um homem, para que ele não to lance na cara. Nem deve ser confessado a um companheiro, que o proclame em público. Mas mostra tuas chagas ao Senhor, que tem cuidado contigo e que é amoroso e médico". Depois apresenta a Deus falando desta maneira: "Eu não te forço a que avances para o meio do palco e que atraias muitas testemunhas; diz só para mim, em particular, o teu pecado, para que Eu cure tua ferida".[113] Diremos então que Crisóstomo, quando escreve semelhantes coisas, chega a tal ponto de temeridade que livre as consciências dos homens dos laços com que estão atadas pela Lei divina? De modo algum! Mas não se atreve a exigir como coisa necessária aquilo que entende que não foi prescrito pela Palavra de Deus.

9. Mas, a fim de que tudo isso fique mais claro e evidente, ensinaremos primeiro, com boa-fé, o tipo de confissão que nos é transmitida pela Palavra de Deus. E mostraremos depois as invenções dos papistas; mas não todas, pois quem poderia esgotar um mar tão imenso? Somente aquelas que contêm o resumo de seu sacramento da confissão. Aqui, é irritante lembrar quão frequentemente o tradutor antigo traduzira a palavra "confessar" por "louvar",[114] algo conhecido até para os ignorantes

---

110 Pseudo-Chrysost., In Ps. 50 homil. 2, 5s opp. t. V. 716ss. ADE.
111 Pseudo-Chrysost., Sermo de Poenitentia et confessione; in ed. Erasmi Basileae 1530 t. V. p. 512.
112 Chrysostomus, De incomprehensibili Dei natura contra Anomoeos homil. V, 7. opp. t. I. 600 CD.
113 Chrysostomus, De Lazaro concio IV, 4. opp. t. I 928 E, 929 A.
114 *Vulgata* Ps. 7, 18; 9, 2; 95 (94), 2; 100 (99), 4; 118 (117), 1 etc.

mais rudes; mas não há nada a fazer senão desmascarar o atrevimento dessa gente, quando transferem para seu edito tirânico aquilo que fora escrito sobre os louvores de Deus. A fim de provar que a confissão vale para alegrar os corações, metem-nos goela abaixo o que diz o salmo: "em voz de alegria e de confissão" (Sl 42, 5). Mas, se tem validade uma tal metamorfose, nascer-nos-á qualquer coisa do que seja. Mas, tendo eles assim perdido o pudor, recordem os leitores pios que, por um justo castigo de Deus, eles foram entregues a um espírito réprobo, para que sua audácia fosse mais detestável. Se nos aprouver acomodar-nos à doutrina simples da Escritura, não haverá o perigo de algum de nós se iludir com tais artimanhas. Pois ali está prescrita uma única maneira de se confessar, a saber: uma vez que é o Senhor quem perdoa, esquece e apaga os pecados, a Ele confessamos nossos pecados, com intuito de obter seu perdão. Ele é o médico; mostremo-lhe, pois, nossas feridas. Ele é o lesado e o ofendido; peçamo-lhe paz. Ele é o conhecedor dos corações, ciente de todos os pensamentos; apressemo-nos a depositar nosso coração diante dele. Ele é, enfim, quem chama os pecadores; não demoremos a nos aproximar dele. "Meu pecado", diz Davi, "eu to fiz conhecido, e não escondi minha injustiça. Disse: confessarei ao Senhor minha injustiça, em meu detrimento; e tu perdoaste a iniquidade do meu coração" (Sl 32, 5). Semelhante é a outra confissão de Davi: "Tem piedade de mim, ó Deus, segundo tua grande misericórdia" (Sl 51, 1).[115] E igual também a de Daniel: "Pecamos, Senhor, agimos perversamente, cometemos impiedades e fomos rebeldes ao afastar-nos de teus mandamentos" (Dn 9, 5). E outras que ocorrem a cada passo na Escritura, cuja repetição preencheria quase um livro inteiro. "Se confessarmos nossos pecados", diz João, "o Senhor é fiel para nos perdoar os pecados" (1Jo 1, 9). A quem nos confessaremos? Evidentemente que a Ele! Ou seja, se nos prostrarmos diante dele com o coração aflito e humilhado, se, acusando-nos e condenando-nos a nós mesmos de coração, pedirmos a Ele para ser absolvidos por sua bondade e misericórdia.[116]

10. Aquele que fizer essa confissão diante de Deus do fundo do peito, este sem dúvida terá a língua preparada para a confissão quantas vezes for necessário anunciar entre os homens a misericórdia de Deus; e não somente para sussurrar ao ouvido de um só por uma única vez o segredo de seu coração, mas para lembrar sinceramente e muitas vezes e aberta-

115 Sl 51, 3.
116 Melanchthonis Locos comm. 1521, ed. Kolde p.236, 239.

mente e aos ouvidos do mundo todo tanto a sua ignomínia quanto a magnificência e a glória de Deus. Desse modo, quando repreendido por Natã, Davi, estimulado pelo aguilhão de sua consciência, confessa seu pecado tanto diante de Deus quanto diante dos homens: "Pequei contra o Senhor" (2Sm 12, 13), isto é, "já não me desculpo nem tergiverso, para que não me julguem todos como pecador, e para que se manifeste também aos homens o que eu quis dizer a Deus secretamente". Assim, a esta confissão secreta que se faz a Deus, segue-se uma confissão voluntária diante dos homens, quantas vezes isso for necessário ou para a glória de Deus ou para nossa humilhação. Por essa razão, o Senhor ordenou antigamente ao povo de Israel que, sob o comando das palavras do sacerdote, o povo confessasse suas iniquidades publicamente no templo (Lv 16, 21). Pois previa que esse auxílio lhes era necessário, para que cada um fosse mais bem induzido ao justo reconhecimento do próprio pecado. E é justo que, pela confissão de nossa miséria, celebremos a bondade e a misericórdia de Deus entre nós e perante o mundo todo.

11. Convém, deveras, que essa espécie de confissão seja ordinária na Igreja, e que então seja empregada fora do ordinário, de modo especial, se alguma vez o povo em geral for culpado de algum delito comum. Desse segundo tipo temos um exemplo naquela confissão solene que todo o povo fez, a instâncias e sob orientação de Esdras e Neemias (Ne 1, 7).[117] Pois, como o longo exílio, a destruição da cidade e do templo e a desaparição do culto divino foram a pena da defecção geral de todos, eles não poderiam reconhecer, como deveriam, o benefício da libertação, se antes não se declarassem culpados. E não importa se houver às vezes numa congregação alguns poucos inocentes. Pois, quando os membros pertencem a um corpo fraco e afetado por um mal, não devem jactar-se de estar sãos. Mais ainda: não pode ser, contraída uma doença, que eles não peguem também algo da própria culpa. Logo, sempre que somos afligidos, quer pela peste, quer pela guerra, quer pela fome, quer por qualquer outra calamidade, nosso dever é recolher-nos ao luto, ao jejum e a outros sinais de arrependimento. Nesse caso, não se deve menosprezar a confissão, de que dependem todas as outras coisas. Quanto à confissão ordinária, além de ser recomendada pela boca do próprio Senhor, ninguém em sã consciência, tendo considerado sua utilidade, atrever-se-á a desaprová-la. Pois, uma vez que em toda reunião consagrada apresentamo-nos ao olhar de Deus e dos anjos, que outro começo terão nossas ações senão o reconhe-

---

117 Ne 9, 1ss.

cimento de nossa indignidade? Ora, dirás que isso se faz em qualquer oração, pois confessamos nossos pecados sempre que pedimos perdão. Admito-o. Mas, se considerares quão grande é a nossa arrogância, sonolência e estupidez, conceder-me-ás que seria uma instituição salutar se o povo cristão se exercitasse na humildade com um rito solene de confissão. Pois, ainda que a cerimônia que o Senhor ordenou aos israelitas fosse uma pedagogia da Lei, sua essência, no entanto, de certa maneira diz respeito também a nós. De fato, vemos que, nas igrejas morigeradas, observa-se com muito fruto o costume de, em todos os domingos, o ministro pronunciar uma fórmula de confissão em seu nome e em nome do povo, na qual condena a todos como réus de iniquidade e pede perdão a Deus. E, por fim, abre-se com essa chave a porta para orar, tanto para cada um em particular como para todos publicamente.

12. Além disso, a Escritura aprova duas formas de confissão privada. Uma que se faz por nossa causa, a que diz respeito àquilo de Tiago: que nos confessemos um ao outro os pecados (Tg 5, 16); pois sente que, revelando nossas fraquezas uns aos outros, ajudamo-nos com o conselho e o consolo mútuo. A outra que deve ser feita por amor ao próximo, para aplacá-lo e reconciliá-lo conosco, se em algo tiver sido ofendido por nosso vício. Com relação ao primeiro tipo, ainda que Tiago, ao não citar nominalmente ninguém em cujo coração possamos descarregar o nosso, permita-nos que escolhamos com liberdade, dentre o rebanho da Igreja, aquele que nos parecer mais idôneo para confessarmo-nos com ele, no entanto, como os pastores devem ser considerados idôneos mais do que os demais, eles em especial devem ser escolhidos por nós. Mas digo que têm precedência sobre os demais porque, pela própria vocação para o ministério, são-nos designados pelo Senhor, para que sejamos ensinados por sua boca a vencer e corrigir os pecados e para que recebamos consolo da confiança no perdão (Mt 16, 19; 18, 18: Jo 20, 23). Pois, por mais que o dever da admoestação e da correção mútua seja recomendado a todos os cristãos, impõe-se sobretudo aos ministros. Assim, embora devamos todos nos consolar mutuamente e nos confirmar na confiança da divina misericórdia, vemos, no entanto, que os ministros são constituídos como testemunhas e fiadores, para que façam nossa consciência mais segura quanto à remissão dos pecados; de tal maneira que se diz que eles mesmos perdoam os pecados e desatam as almas. Quando ouvires que isso lhes é atribuído, pensa que é para teu proveito. Portanto, cada um dos fiéis lembrará que é seu dever isto: se, angustiado e aflito pelo remorso dos pecados de tal maneira que não possa se abrir a não ser com auxílio alheio, não negligenciar o remédio que lhe é oferecido pelo Senhor, para usar em seu auxílio a confissão em particular a seu pastor e para implorar sua atenção em particular, a fim de que lhe ofereça socorro este cujo ofício é consolar o povo, tanto em público quanto em privado, com a doutrina evangélica de Deus. Mas sempre se há de empregar a devida moderação, a fim de que não se encadeiem as consciências com jugo irrevogável onde Deus não prescreve nada de irrevogável. Segue daí que é necessário a confissão ser livre, de tal forma que não possa ser exigida de todos, mas recomendada somente àqueles que julgam ter necessidade dela. Então, esses mesmos que fazem uso dela por necessidade não devem ser coagidos por nenhum mandamento a enumerar todos os seus pecados, nem ser induzidos a isso com astúcia, mas somente na medida em que julgarem que isso lhes é conveniente para alcançar o verdadeiro fruto da consolação. Os pastores fiéis não somente devem deixar a suas igrejas essa liberdade, mas devem mesmo mantê-la e reivindicá-la com firmeza, se quiserem afastar de seu ministério a tirania; e do povo, a superstição.

13. Sobre o segundo tipo de confissão, Cristo fala em Mateus: "Se trazes tua oferenda ao altar, e ali te recordas de que teu irmão tem algo contra ti, deixa ali tua oferenda diante do altar e vai primeiro reconciliar-te com teu irmão, e depois vem e apresenta tua oferenda" (Mt 5, 23). Pois assim deve ser restabelecida a caridade, que por nossa culpa se perdeu, culpa que admitimos reconhecendo-a e pedindo perdão por ela. Sob esse tipo se compreende até a confissão daqueles que, ao pecar, ofenderam toda a Igreja. Pois se Cristo dá tanto valor à ofensa particular de um único homem, a ponto de apartar do altar todos aqueles que de algum modo pecaram contra seus irmãos, até que retornem à harmonia pela justa satisfação, quanto maior é a razão para que aquele que prejudicou a Igreja com seu mau exemplo se reconcilie com ela pelo reconhecimento da culpa! Assim, aquele coríntio foi recebido na comunhão quando se prestou à correção humildemente (2Co 2, 6). Essa foi a forma de confissão na Igreja primitiva, como o recorda Cipriano: "Eles fazem penitência durante determinado tempo; depois vêm para a exomologese e recebem o direito da comungar pela imposição das mãos do bispo e do clero".[118] A Escritura ignora inteiramente toda outra razão ou forma de confissão. E não nos compete atar as consciências com novos laços, uma vez que Cristo veta com severidade máxima a submissão delas à servi-

---

118 Cyprianus, Ep. 16, 2 CSEL 3 II, 518, 17ss.

dão. No mais, não me oponho a que as ovelhas venham ao pastor sempre que queiram participar da Santa Ceia, tanto que desejaria com ardor que esse costume fosse observado em toda parte.[119] Pois tanto os que têm a consciência pesada podem ter aí uma oportunidade única quanto aqueles que têm necessidade de conselho conseguem assim lugar para o aconselhamento, contanto que se evite sempre a tirania e a superstição.

14. O poder das chaves tem lugar nestes três gêneros de confissão: ou quando toda a Igreja pede perdão por meio de um reconhecimento solene de seus pecados; ou quando, em particular, aquele que causou um escândalo por causa de um delito público e notório dê testemunho de seu arrependimento; ou quando aquele que, por causa da inquietação de sua consciência, necessita recorrer ao ministro e lhe revelar sua fraqueza. Quanto à reparação da ofensa, a questão é diferente. Porque, ainda que também com isso se pretenda a paz de consciência, a finalidade principal, no entanto, é que, suprimido o ódio, os espíritos se unam pelo vínculo da paz. Mas não se deve de modo algum desperdiçar aquele fruto que eu mencionei, para que confessemos mais livremente nossos pecados. Pois quando toda a Igreja se apresenta diante do tribunal de Deus e faz sua confissão como ré, tem como único refúgio a misericórdia de Deus. Não é consolação vulgar ou leviana ter presente um embaixador de Cristo, provido do mandato da reconciliação, e de quem ouça o anúncio de sua absolvição. Essa utilidade das chaves é recomendada com razão, quando a embaixada se faz devidamente, com a ordem e a reverência convenientes. Da mesma forma, quando aquele que de alguma forma se havia afastado da Igreja é restituído à união fraterna, alcançado o perdão, quanto vale o benefício de saber-se perdoado por aqueles de quem Cristo disse: "A quem perdoardes os pecados na terra, ser-lhe-ão perdoados no céu" (Jo 20, 23)? E não tem menor eficácia ou fruto a absolvição particular quando solicitada por aqueles que têm necessidade de um remédio com que aliviar sua enfermidade. Pois não raro ocorre que aquele que ouve as promessas gerais, que se destinam à toda a congregação dos fiéis, permaneça contudo em dúvida se a remissão já foi alcançada e tenha ainda o espírito inquieto. Se este revelar a seu pastor a ferida secreta de seu coração e ouvir em particular estas palavras do Evangelho, dirigidas a ele: "Teus pecados te são perdoados, confia" (Mt 9, 2), então recobrará a segurança e livrar-se-á daquela perturbação que antes o acometia. Não obstante, quando se trata das chaves, sempre devemos nos acautelar para

---

119 Melanchthonis Locos comm. 1535 CR Mel. Opp. XXI 494.

não fabular uma faculdade qualquer, separada da pregação do Evangelho. Mas essas coisas deverão ser mais bem explicadas em outro lugar, quando se tratar do regime da Igreja.[120] E veremos ali que qualquer autoridade que Cristo concedeu à sua Igreja para atar ou desatar está ligada à Palavra. E, no entanto, isso é especialmente verdadeiro no ministério das chaves, cuja força toda está colocada nele, para que a graça do Evangelho seja impressa no coração dos fiéis, tanto em geral como em particular, por meio daqueles a quem Deus ordenou; o que não pode acontecer senão pela pregação.

15. Que fazem os teólogos romanos? Determinam que todos de ambos os sexos, uma vez que tenham chegado à idade da razão, confessem pelo menos uma vez por ano todos os seus pecados a seu próprio sacerdote;[121] e que o pecado não pode ser perdoado a menos que haja um firme propósito de confessar-se;[122] e que, se esse propósito não for cumprido quando se apresenta a oportunidade, seu ingresso no paraíso já não pode ser permitido.[123] E que o sacerdote tem a autoridade das chaves, para com elas atar ou absolver o pecador, porque a palavra de Cristo não pode ser vã: "Tudo o que atardes na terra, será atado no céu" etc.[124] Com respeito a essa autoridade, guerreiam entre si com veemência. Uns dizem que a chave é uma em essência, a saber, a autoridade de atar e de desatar; que a ciência que se requer para o bom uso da autoridade, mas que é algo meramente acessório, não essencialmente inerente. Outros, porque veem que isso era uma licença muito excessiva, reconheceram duas chaves, de distinção e de poder.[125] Outros ainda, como vissem que, com tal moderação, coibia-se a improbidade dos sacerdotes, distinguiram: a chave da autoridade de discernir, a qual empregam para sentenças definitivas; e a chave da autoridade de poder, com a qual exercem a execução de suas sentenças; e acrescentam a ciência, como um conselheiro.[126] Mas não se atrevem a interpretar simplesmente que "atar e desatar" seja

---

120 Institutio, IV, XI e XII.
121 Decretalia Gregorii IX. Lib. V tit. 38 (De poenitentiis et remissionibus) c. 12 Corp. iur. can. II ed. Friedberg col. 887s., ex concilio Lateran. IV (1215) cap. 21.
122 Lomb., Sent. IV. dist. 17, 2 MSL 192, 881; Thomas, S. th. III suppl. q. 10 art. 1; Gabr. Biel, In sent. IV. Dist. 18. q. 1. art. 2. concl. 1 G.
123 Lomb., Sent. IV. dist. 17, 4 MSL 192, 883; Thom. Aq., S. th. III. suppl. Q. 10. art. 3 ad. 2.
124 Lomb., Sent. IV. dist. 18, 1 MSL 192, 885.
125 Lomb., Sent. IV. dist. 18, 2 MSL 192, 885.
126 Hugo de Sto. Vict., Summa sent. Tr. 6. c. 14 MSL 176, 152 A; Thomas Aq., S. th. III. suppl. q. 17. art. 3. corp.; D. Scotus, In sent. IV. dist. 18. q. un. 3.8; G. Biel, In sent. IV. dist. 18. q. 1. not. 4 D.

"perdoar e apagar", uma vez que ouvem o Senhor clamar por meio de seu profeta: "Eu sou, e não há outro além de mim; Eu sou, Eu sou o que apago tuas iniquidades, Israel" (Is 43, 11.25).[127] Mas eles dizem que compete ao sacerdote decidir quem serão os atados e os desatados e declarar os pecados que são perdoados ou devem ser mantidos;[128] e que o sacerdote o declara, quer na confissão, quando absolve e mantém os pecados, quer por sentença, quando excomunga ou admite na comunhão dos sacramentos.[129] Finalmente, quando compreendem que ainda não conseguiram desvencilhar-se desse nó, que sempre se possa objetar que pessoas indignas são muitas vezes atadas ou desatadas por seus sacerdotes, as quais, no entanto, não são atadas ou desatadas no céu, respondem o que é seu último refúgio: que o dom das chaves deve ser considerado com limitação, porque Cristo prometeu que a sentença do sacerdote que fosse pronunciada com justiça, conforme o exigem os méritos daquele que é atado ou desatado, será aprovada em seu tribunal no céu.[130] Ademais, afirmam que essas chaves foram dadas por Cristo a todos os sacerdotes, e que lhes são conferidas quando o bispo os ordena; mas que seu uso é livre apenas entre aqueles que desempenham ofícios eclesiásticos,[131] e que estes, mesmo excomungados ou suspensos, conservam as chaves, mas presas e enferrujadas.[132] E os que dizem isso poderiam parecer modestos e sóbrios de julgamento em comparação aos demais, que sobre uma nova bigorna forjaram chaves novas, com as quais afirmam que está trancado o tesouro da Igreja.[133] Temas que depois, no devido lugar, desenvolveremos.[134]

16. Responderei de modo sucinto a cada um desses pontos. Porém, calarei por enquanto sobre com que justiça, ou com que injustiça, submetem as almas a suas leis; tratarei disto oportunamente.[135] Mas —

---

127 Lomb., Sent. IV. dist. 18, 4 MSL 192, 886; Gabr. Biel, In sent. IV. dist. 18. q. 1. not. 2 B.

128 Lomb., Sent. IV. dist. 18, 6 MSL 192, 887ss.; Bonavent., In sent. IV. dist. 18. p. 1. art. 1. q. 1. opp. 4, 470; D. Scot., In Sent. IV. dist. 19. q. un. 4.5.6; Guilh. De Ockam, In sent. IV q. 8.9. Q; Gabr. Biel, In sent. IV. dist. 18. q. 1. art. 2. concl. 3. 4. I K.

129 Lomb., Sent. IV dist. 18, 7 MSL 192, 888.

130 Lomb., Sent. IV dist. 18, 8 MSL 192, 888.

131 Lomb., Sent. IV dist. 19, 1 MSL 192, 889.

132 Alex. Ales., S. th. IV. q. 79. m. 8. art. 2 (ed. Nurember 1482); Thom. Aq., S. th. III. suppl. q. 19. art. 6.

133 Alex. Ales., Summa th. IV. q. 83. m. 1. m. 3. art. 1; m. 5 (Nuremberg 1482); Alb. Magnus, In sent. IV. dist. 20 art. 26 opp. 29, 848; Bonaventura, In sent. IV. dist. 20. p. 2. art. Un. Q. 3. opp. 4, 534 b; Thomas Aq., S. Th. III. suppl. q. 25. art. 2 ad 1; Clementis VI. Constitutio "Unigenitus" (1343).

134 Institutio, III, V, 2.

135 Institutio, IV, X.

porque impõem a lei sobre a enumeração de todos os pecados; porque negam que estes possam ser perdoados a não ser sob uma condição, a de o propósito de confessar-se ter sido firmemente concebido; porque matraqueiam que não é possível entrar no Paraíso se a oportunidade de confessar-se for negligenciada — isso de modo algum pode ser admitido. Acaso devem ser enumerados todos os pecados? Mas Davi, que meditara consigo muito honestamente (segundo penso) sobre a confissão de seus pecados, exclamava, no entanto: "Quem poderá entender os próprios erros? Limpa-me, Senhor, dos que me são ocultos!" (Sl 19, 13). E, em outro lugar: "Minhas iniquidades passaram por minha cabeça e, como seu ônus era pesado, pesaram-me além de minhas forças" (Sl 38, 5). Ele por certo compreendia quão grande é o abismo de nossos pecados, quantas são as faces de nossos crimes, quantas cabeças tem e quão longa cauda arrasta essa hidra. Logo, não se punha a fazer o catálogo para recensear seus pecados, mas, do fundo de seus males, clamava ao Senhor: "Estou arruinado, sepultado e sufocado; as portas do inferno me rodearam. Que tua mão me tire deste poço em que me encontro imerso, abandonado e moribundo".[136] Quem, pois, cogitará agora o cálculo de seus pecados, quando vê que Davi não atingiu o número dos seus?

17. Nesse patíbulo, foram atormentadas mais do que cruelmente as almas daqueles que se sentiam movidos por algum sentimento de Deus.[137] No começo, citavam os pecados para sua divisão em galhos, em ramos, em raminhos, em folhas, e dissecavam-nos conforme suas fórmulas.[138] Depois consideravam a qualidade, as quantidades e as circunstâncias dos erros.[139] E as coisas até iam um pouquinho bem. Mas, quando foram mais longe, já não viam mais que céu e água:[140] nenhum porto, nenhum ancoradouro; e quanto mais avançavam, maior o caos que se oferecia a seus olhos, até se elevarem ondas como montanhas; e depois de tão longos círculos, não aparecia esperança alguma de salvação. E, assim, estavam entre a cruz e a espada e não puderam encontrar outra saída além do desespero. Então, esses verdugos cruéis, para aliviar as feridas que haviam causado, propuseram um lenitivo: que cada um fizesse o que

---

136 Sl 18, 6; 69, 2ss.15ss.
137 Melanchthonis Locos comm.1521, ed. Kolde, p.138.
138 Io. Gersonium, De praeceptis decalogi, de confessione etc., opp. (du Pin) I. col. 442ss; Tract. De differentia peccatorum venialium et mortalium, opp. II 486ss.
139 Lomb., Sent. IV. dist. 16, 1 MSL 192, 877s; Bonav., In sent. IV, dist. 16. p. 1. dub. 7. opp. 4, 399; dist. 17, p. 3. art. 2. q. 3. opp. 4, 461s; Biel, In sent. IV. dist. 17. q. 1. art. 2. concl. 4 NO.
140 Verg. Aen. III. 193.

estivesse a seu alcance. Contudo, uma vez mais, novas inquietações atormentavam e até novos suplícios torturavam as pobres almas: "Não dediquei o tempo suficiente, não me empenhei com a devida atenção, perdi muitas coisas por negligência, e o esquecimento que advém da falta de cuidado não é desculpável". Sugeriam-lhes também outros remédios com que mitigar de alguma forma suas dores: "Faz penitência de tua negligência; se não for excessiva, ser-te-á perdoada". Mas todas essas coisas não podem apagar a cicatriz. E não são lenitivos do mal tanto quanto são venenos adoçados com mel, para não incomodarem o gosto com seu amargor mas, antes, penetrarem até o fundo do coração sem ser sentidos. Logo, urge e soa sempre em seus ouvidos aquela terrível voz: "Confessa todos os teus pecados!". E esse horror não pode ser apaziguado senão com um consolo seguro. Pensem aqui os leitores: é possível prestar conta dos atos de todo o ano e guardar em que pecaram a cada dia? A experiência convence qualquer um de que, quando somente os delitos de um único dia devem ser examinados à noite, a memória se confunde, tanta é a quantidade e a variedade que se nos apresenta! Já nem falo dos hipócritas crassos e estúpidos, que, tendo percebido três ou quatro pecados mais graves, julgam-se desobrigados da retratação, mas daqueles que, como verdadeiros servos de Deus, tendo concluído seu exame, veem-se aniquilados e acrescentam a fala de João: "Se nosso coração nos repreende, maior que nosso coração é Deus" (1Jo 3, 20). E assim temem diante do olhar desse juiz, cujo conhecimento supera em muito todo o nosso senso.

18. Quanto ao fato de que uma boa parte do mundo se entregou a tais doçuras, às quais misturava-se um veneno mortal, isso não aconteceu porque o mundo acreditava que assim se dava satisfação a Deus, ou porque ele também se satisfizesse completamente, mas o fez da mesma forma como a âncora é lançada no meio do mar para se descansar um pouco da navegação, ou como um viajante cansado e fatigado se deita na estrada para descansar. Nem me dou ao trabalho de provar que isso é verdade. Cada qual pode ser testemunha de si mesmo. Direi, em resumo, que tipo de lei é essa. Em primeiro lugar, ela é simplesmente impossível. E assim não pode senão perder, danar, confundir e lançar na ruína e no desespero. Então, aos pecadores, afastados do verdadeiro sentimento de seus pecados, torna-os hipócritas e ignorantes de Deus e de si mesmos. Pois, enquanto se ocupam na completa enumeração de seus pecados, esquecem-se, entretanto, daquela secreta Lerna de vícios, de suas iniquidades ocultas e de suas sujidades interiores, por cujo conhecimento deveriam, antes de mais nada, meditar em sua miséria. Pelo contrário, a regra mais certa de confissão é reconhecer e confessar o abismo de nosso mal, que supera até nosso entendimento. De acordo com esta regra, vemos que o publicano formulou sua confissão: "Deus, sê propício a mim, pecador" (Lc 18, 13). Como se dissesse: "Tudo quanto sou, sou todo pecador; nem consigo alcançar, com minha língua ou minha mente, a magnitude de meus pecados; que o abismo de tua misericórdia faça desaparecer este abismo de pecado". Então, dirás, não é preciso confessar cada pecado em particular? Então nenhuma confissão é aceita pelo Senhor a não ser a que contenha estas duas palavras: "sou pecador"? Mas antes devemos prestar atenção para, tanto quanto possível, mostrar todo o nosso coração diante de Deus; e não apenas nos confessarmos pecadores com uma palavra, mas nos reconhecermos como tais, de verdade e de coração; e reconhecermos, com todo o nosso intelecto, quão grande e quão variada é a sujidade de nossos pecados, e não apenas que estamos imundos, mas também qual é e quão grande e em que partes se divide nossa imundícia; reconhecermos não somente ser devedores, mas estar onerados com tão grandes dívidas e difamados com quantos nomes; não apenas atingidos, mas com quantos e quão letais ferimentos fomos feridos. No entanto, quando, com tal reconhecimento, um pecador se mostrar diante de Deus, pensará séria e sinceramente que persistem muitos outros males, cujos esconderijos são mais profundos do que aqueles que ele possa penetrar por completo. E por isso exclama, com Davi: "Quem entenderá os próprios erros? Limpa-me, Senhor, dos que me são ocultos" (Sl 19, 13). Já quanto ao que afirmam de não serem perdoados os pecados senão com a condição de o pecador ter o firme propósito de confessar-se e de a porta do paraíso estar fechada para aquele que negligencia a oportunidade de confissão que lhe é oferecida, de modo algum o concederemos. Pois a remissão dos pecados não é agora diferente do que sempre foi. Lemos que muitos obtiveram de Cristo a remissão dos pecados; não lemos que alguém tenha-se confessado na orelha de um sacrificadorzinho. E de fato nem se poderiam confessar, uma vez que não havia sacrificadorezinhos confessores nem existia a própria confissão. E, ainda por muitos séculos depois, essa confissão foi algo inaudito para aqueles a quem, sem essa condição, perdoavam-se os pecados. Mas para que não disputemos mais sobre isso, como se fosse coisa duvidosa, clara é a Palavra de Deus, que permanece para sempre: "Todas as vezes que o pecador se arrepender, esquecer-me-ei de todas as suas iniquidades" (Ez 18, 21). Aquele que se atrever a acrescentar algo a essas palavras, este não ata os pecados, mas a própria misericórdia do Senhor. Porque aquilo que alegam, que não se pode emitir julgamento sem conhecimento de causa,[141] tem solução imediata: aqueles que se elegeram a si juízes arrogam-se essa autoridade de forma temerária. E é assombroso que fabriquem para si, com tanta segurança, princípios que ninguém em juízo perfeito admitiria. Jactam-se de que a eles lhes foi confiado o encargo de atar e de desatar; como se fosse uma jurisdição que se acrescenta ao processo! Ora, que essa lei tenha sido ignorada pelos apóstolos, toda a doutrina deles o clama. Nem compete ao sacerdote saber com certeza se o pecador é absolvido, mas àquele a quem se pede a absolvição; uma vez que quem ouve a confissão nunca pode saber se a enumeração dos pecados foi exata e íntegra. Assim, seria nula a absolvição se restrita às palavras daquele que está julgando. Acrescenta que toda a eficácia da absolvição consiste na fé e na penitência, duas coisas que escapam ao conhecimento do homem, quando um deve proferir sentença sobre o outro. Segue-se, pois, que a certeza de atar e desatar não está sujeita ao arbítrio de um juiz terreno; porque o ministro da Palavra, quando executa seus ofícios como se deve, não pode absolver senão condicionalmente. Mas, a favor do pecador, diz isto: "aqueles a quem perdoardes os pecados",[142] para que não duvidem de que o perdão que lhes é prometido por mandamento e palavra de Deus será ratificado no céu.

19. E portanto nada há de estranho se condenamos e desejamos que seja extirpada de nosso meio essa confissão auricular, coisa ademais pestilente e de todas as formas prejudicial à Igreja. E, ainda que fosse por si algo indiferente, uma vez que não tem nem utilidade nem fruto mas é causa de tantas impiedades, sacrilégios e erros, quem não afirmará que deve ser de todo abolido? Claro que eles contam certas finalidades, que vendem como muito frutíferas; mas elas ou são retocadas ou são absolutamente sem importância. Uma, no entanto, valorizam com singular prerrogativa: que a vergonha daquele que se confessa seja uma grave pena, com a qual o pecador se torne mais cauteloso no futuro, ao mesmo tempo em que antecipa o castigo de Deus, punindo-se a si mesmo.[143] Como se não humilhássemos o homem suficientemente, eu diria, quando o convocamos àquele sumo tribunal celeste, ao conhecimento de Deus! Aproveitaríamos muito se, por pudor diante de um homem, deixássemos de

---

141 Thomas Aq., S. th. III suppl. q. 6 art. 1. corp.
142 Jo 20, 23.
143 Lomb., Sent. IV. dist. 17, 4. 6. MSL 192, 882s., 885.

pecar, e não nos envergonhássemos de ter a Deus por testemunha de nossa má consciência! Isso, entretanto, é igualmente falso, pois nada origina maior confiança ou licença para pecar a cada passo do que quando, feita a confissão ao sacerdote, os homens julgam que podem limpar a boca e dizer "não fiz". E não somente tornam-se mais audaciosos para pecar durante o ano como ainda, no tempo restante do ano, seguros acerca da confissão, nunca suspiram por Deus, nunca se voltam para Ele, mas antes acumulam pecados sobre pecados, até que, segundo pensam, possam vomitá-los de uma só vez. Quando, porém, vomitam seus pecados, parece-lhes que se aliviam de suas cargas e que privam a Deus de seu julgamento, transferindo-o ao sacerdote; parece-lhes que induzem Deus ao esquecimento ao tornar cônscio o sacerdote. Ademais, quem vê com alegria chegar o dia da confissão? Quem vai confessar-se com boa disposição, e não como se fosse arrastado ao cárcere puxado pelo pescoço, de má vontade e relutante? A não ser talvez os próprios sacrificadorezinhos, que se deleitam com as narrativas mútuas de seus mexericos, como se fossem fábulas jocosas. Não estragarei muitas páginas contando as horríveis abominações de que a confissão auricular está repleta. Digo apenas que, se não agiu inconsideradamente aquele santo homem, o bispo Nectário, que, por um único rumor de fornicação, aboliu a confissão de sua igreja, ou antes da memória dos seus devotos, somos avisados com relação ao que se deveria fazer hoje, pelos infinitos estupros, adultérios, incestos e alcovitagens que dela procedem.

20. Devemos ver quanto deve valer o poder das chaves que eles tanto ressaltam, e no qual os confessores colocam, como se diz, a proa e a popa de seu reino. Pois as chaves, dizem, teriam sido dadas sem motivo? Pois sem motivo ter-se-ia dito: "Tudo o que desatardes na terra, será desatado no céu"(Mt 18, 18)?[144] Tornamos, pois, sem efeito a palavra de Cristo? Respondo que houve um motivo muito importante para que as chaves fossem dadas, como já expus há pouco, e explicarei de modo mais amplo quando tratar da excomunhão.[145] Mas que acontecerá se eu, de um só golpe, cortar a razão de todas as suas pretensões dizendo que seus sacrificadorezinhos não são vigários ou sucessores dos apóstolos? Mas disso também se tratará em outro lugar.[146] Agora se ergue, de onde mais se querem entrincheirar, um aríete com que serão destruídas todas as suas

---

144 Lomb., Sent. IV. dist. 17, 1 MSL 192, 880.
145 Institutio, IV, XII.
146 Institutio, IV, II.

fortalezas. Pois Cristo não concedeu aos apóstolos o poder de atar e desatar antes de lhes haver ofertado o Espírito Santo. Nego, assim, que o poder das chaves pertença a alguém antes de ter recebido o Espírito Santo. Nego que alguém possa usar as chaves a menos que o Espírito Santo o guie e ensine e lhe dite o que deve ser feito. Eles gracejam que têm o Espírito Santo, mas o negam com a própria realidade.[147] A não ser que imaginem ser o Espírito Santo uma coisa vã e insignificante, como certamente o imaginam. Mas não se pode acreditar neles. E, de fato, com essa arma serão totalmente destruídos. Porque, de qualquer porta de que se jactem de ter a chave, sempre hão de ser interrogados se têm o Espírito Santo, que é o árbitro e o moderador das chaves. Se responderem que o têm, hão de ser interpelados ademais sobre se o Espírito Santo pode errar. Isso já não se atreverão a proferir abertamente, ainda que de forma indireta o insinuem com sua doutrina. Devemos, por conseguinte, inferir que nenhum sacrificadorzinho tem o poder das chaves, com o qual eles frequentemente, sem discernimento, desatam o que o Senhor quisera atar e atam o que Ele determinara desatar.

21. Uma vez que se veem convencidos, com claríssimas evidências, de que atam e desatam dignos e indignos indistintamente,[148] usurpam o poder sem a ciência.[149] E, ainda que não ousem negar que para o bom uso se requer a ciência,[150] escrevem, no entanto, que o poder se transmite também aos maus administradores.[151] Mas este poder é: "Tudo o que atardes ou desatardes na terra, será atado ou desatado no céu".[152] Ou a promessa de Cristo mente ou os que possuem esse poder não atam nem desatam bem. Nem há porque tergiversar e limitar as palavras de Cristo segundo os méritos daquele que é atado ou desatado.[153] Também nós confessamos que não podem ser atados nem desatados senão aqueles que são dignos de ser atados ou desatados. Mas os porta-vozes do Evangelho e a Igreja têm a Palavra com que medir essa dignidade. Com a Palavra, os porta-vozes do Evangelho podem prometer a todos a remissão dos pecados em Cristo pela fé; e podem também proferir sentenças contra todos e sobre todos os que não abraçam a Cristo. Com a Palavra, a Igreja anuncia que fornicadores, adúlteros, ladrões, homicidas, avaros

---

147 Lomb., Sent. IV. dist. 18, 5 MSL 192, 887.
148 Lomb., Sent. IV. dist. 18, 8 MSL 192, 888.
149 Lomb., Sent. IV. dist. 19, 3 MSL 192, 890.
150 Lomb., Sent. IV. dist. 19, 1 MSL 192, 889.
151 Lomb., Sent. IV. dist. 19, 3 MSL 192, 890.
152 Mt 16, 19.
153 Lomb., Sent. IV. dist. 18, 8 MSL 192, 888.

e iníquos não têm parte no reino de Deus (1Co 6, 9); e a esses tais, ata-os com cadeias firmíssimas. E com a mesma Palavra, desata aqueles que, arrependidos, ela consola. Mas que poder seria não saber o que atar ou desatar, uma vez que não podes atar ou desatar a menos que o saibas? Por que, então, dizem que absolvem em virtude da autoridade que lhes é concedida, quando sua absolvição é incerta? De que nos serve esse poder imaginário se seu uso é nulo? E já provei que o uso ou é nulo ou é tão incerto que deveria ser considerado nulo. Mas, como eles admitem que boa parte dos sacerdotes não usa as chaves como se deve[154] e que o poder sem seu uso legítimo é ineficaz,[155] quem me convencerá de que aquele que me absolve é bom dispensador das chaves? Porque, se é mau, que possui senão esta frívola dispensação: "Uma vez que eu não tenho o uso justo das chaves, não sei que deva ser atado ou desatado em ti; mas, se o mereces, eu te absolvo"? O mesmo poderia fazer não digo um laico, mas até um turco ou o Diabo. Pois isso é o mesmo que dizer: "Não tenho a Palavra de Deus, regra certa para absolver; mas, se me foi concedida a autoridade de te absolver, se para tanto forem teus méritos". Vemos, pois, em que direção olhavam quando definiram que as chaves são a autoridade de discernir e o poder de executar, e que a ciência assemelha-se a um conselheiro, e, como um conselheiro, aponta para o bom uso dessa autoridade e poder. É evidente que quiseram reinar libidinosa e licensiosamente, sem Deus e sem sua Palavra.

22. Se alguém retrucar que os legítimos ministros de Cristo não hão de estar menos perplexos em seu ofício, porque a absolvição, que depende da fé, sempre será ambígua, e, assim, que aos pecadores não há de haver nenhum ou um muito fraco consolo, porque o próprio ministro, que não é juiz idôneo de sua fé, não está seguro da absolvição deles, a resposta é bem fácil. Eles dizem que os pecados não são perdoados pelo sacerdote a não ser que este seja conhecedor daqueles.[156] Então, segundo eles, a remissão depende do julgamento do sacerdote, cujas ações, a menos que ele saiba discernir prudentemente os que são dignos de perdão, são vãs e inúteis. Em conclusão, o poder de que falam é uma jurisdição unida com um exame, a que se restringem o perdão e a absolvição.[157] Nada firme se encontra nessa parte, mas um profundo abismo,

---

154 Lomb., Sent. IV. dist. 19, 1 MSL 192, 889.
155 Lomb., Sent. IV. dist. 19, 5 MSL 192, 892.
156 Thomas Aq., S. th. III. suppl. Q. 6. art. q. corp.; concil. Trid. Doctr. de sacram. poenit. c. 5.
157 Thom. 1. c. q. 17. art. 3. corp.

uma vez que, quando a confissão não é integral, a esperança do perdão também é deficiente.[158] Então, o próprio sacerdote permanece necessariamente em suspenso, enquanto não sabe se o pecador enumera seus males de boa-fé. E, por último, dada a ignorância e a rudeza dos sacerdotes, a maior parte deles não é mais apta para desempenhar esse ofício do que um sapateiro para cultivar a terra; e quase todos os outros devem com razão suspeitar de si mesmos. Daqui, pois, a perplexidade e a dúvida sobre a absolvição papal, que eles querem fundamentada na pessoa do sacerdote. E não somente isso, mas também no seu conhecimento, de modo que julga somente sobre as coisas que foram relatadas, perguntadas e averiguadas. Já se alguém perguntar a esses bons doutores se o pecador é reconciliado com Deus quando lhe são perdoados alguns de seus pecados, não vejo o que possam responder a isso, a menos que sejam forçados a confessar que infrutífero é o tudo o que o sacerdote pronuncie sobre os pecados perdoados, dos quais tiver ouvido uma recitação, enquanto os outros são retirados da acusação. Da parte do que se confessa, fica patente aqui que perniciosa ansiedade mantém sua consciência aprisionada, porque, enquanto se apoia na discrição do sacerdote, como dizem,[159] não pode construir nada por meio da Palavra de Deus. De todos esses absurdos está livre e imune a doutrina que ensinamos. Pois é condicional à absolvição, para que o pecador confie em que Deus lhe é propício, buscar sinceramente a expiação no sacrifício de Cristo e admitir a graça a Ele oferecida. Desse modo, não pode errar aquele que, conforme o ofício de que é encarregado, promulga o que lhe foi ditado pela Palavra de Deus. Mas o pecador pode abraçar uma absolvição certa e líquida quando lhe é proposta a simples condição de abraçar a graça de Cristo, segundo a regra geral do próprio Mestre, que foi impiamente desprezada no papado: "Faça-se segundo a tua fé" (Mt 9, 29).[160]

23. Prometi, em outra parte, que haveria de tratar sobre quão tolamente confundem o que a Escritura ensina sobre o poder das chaves; e o lugar mais oportuno será quando tratarmos do regime da Igreja.[161] Entretanto, recordem os leitores que o que foi dito por Cristo sobre a pregação do Evangelho e sobre a comunhão[162] foi virado do avesso para se aplicar à confissão auricular e secreta. Porque, quando objetam que o

---

158 Thom. 1. c. q. 19. art. 2.
159 Thom. 1. c. q. 17. art. 3. corp; q. 18. art. 4.
160 Mt. 8, 13.
161 Institutio, IV, X.
162 Mt. 16, 19; 18, 15-18; Jo. 20, 23.

direito de absolver foi dado aos apóstolos, e que os sacerdotes o exercem, perdoando os pecados que lhes são revelados, estabelecem de forma clara um princípio falso e frívolo. Porque a absolvição que serve à fé não é senão um testemunho de perdão extraído da promessa gratuita do Evangelho. A outra absolvição, no entanto, a que depende da disciplina da Igreja, em nada diz respeito aos pecados secretos, mas antes ao exemplo, para reparar publicamente uma ofensa à Igreja. Quanto aos que amontoam testemunhos com os quais provar que não basta confessar os pecados, nem a Deus somente, nem aos laicos, a menos que deles seja conhecedor o sacerdote,[163] pútrida e vergonhosa é sua diligência. Pois, se os doutores antigos às vezes convencem os pecadores a se aliviarem de suas faltas com seu pastor, não se pode entender que se tratava da recitação, que não estava então em uso. Ademais, Lombardo e outros semelhantes foram tão perversos que parecem ter consagrado livros espúrios de propósito, a fim de, com tal pretexto, enganar o povo simples. Com razão confessam que, porque a absolvição sempre acompanha a penitência, nenhum vínculo de condenação, propriamente falando, permanece quando alguém é tocado pela penitência, mesmo que não se tenha confessado ainda; e que o sacerdote então, mais que perdoar os pecados, anuncia e declara que eles foram perdoados. Mesmo assim, introduzem indiretamente um erro crasso com a palavra "declarar", substituindo a doutrina por uma cerimônia. Quanto ao que acrescentaram, que aquele que já alcançou o perdão diante de Deus é absolvido em presença da Igreja,[164] é arrastar intempestivamente para um uso particular o que, já dissemos, foi ordenado para a disciplina comum, quando a ofensa de uma culpa mais grave e notória deve ser reparada. Mas, pouco depois, pervertem e corrompem a moderação ao acrescentar outro modo de perdoar, a saber, com a imposição da pena e da satisfação.[165] Com isso arrogam a seus sacrificadores o direito de dividir o que Deus em toda parte nos promete por inteiro. Como Ele exige apenas penitência e fé, essa divisão, ou restrição, é totalmente sacrílega. E valeria também se o sacerdote, fazendo o papel de tribuno, apelasse a Deus, mas não quisesse suportar que Deus recebesse alguém por sua mera liberalidade, mas somente aquele que fosse colocado, prostrado, no banco dos réus, e ali tivesse sido multado.

---

163 Lomb., Sent. IV. dist. 17, 4.5 MSL 192, 882s.
164 Lomb. Sent. IV. dist. 18, 6 MSL 192, 887.
165 Lomb. Sent. IV. dist. 18, 7 MSL 192, 888.

24. Tudo isso se resume a isto: se querem fazer de Deus o autor dessa confissão fictícia, já refutei sua vaidade, assim como demonstrei que falsificaram os poucos textos que citam. Pois, como evidentemente não é senão uma lei imposta pelos homens, afirmo que é tirânica e promulgada com grave injúria a Deus, que, ao submeter as consciências por meio de sua Palavra, deseja que elas estejam livres do jugo dos homens. E pela razão de, para a obtenção do perdão, prescrever-se como necessário o que Deus desejou livre, digo que é um sacrilégio absolutamente insuportável, porque não há nada mais próprio de Deus que a remissão dos pecados, na qual reside nossa salvação. Mostrei também que tal tirania com certeza foi inventada quando o mundo estava oprimido por hedionda barbárie. Provei, além disso, que é pestilenta uma lei que ou precipita as pobres almas no desespero, onde reina o temor de Deus, ou, onde há segurança, embota-as mais, acariciando-as com vãs lisonjas. Por fim, expus que as mitigações que anunciam não pretendem senão enredar, obscurecer e depravar a pura doutrina e encobrir suas impiedades com cores artificiais.

25. Em terceiro lugar, depositam a satisfação na penitência.[166] Mas tudo o que matraqueiam a respeito pode-se derrubar com uma só palavra. Dizem que não basta o penitente abster-se dos males passados e mudar seus costumes para melhor, a menos que dê satisfação a Deus pelos pecados que cometeu.[167] E que há muitos meios pelos quais redimir-se dos pecados: lágrimas, jejuns, oferendas, obras de caridade. Dizem que, com essas coisas, o Senhor há de ser propício, as dívidas com a justiça de Deus hão de ser quitadas, as faltas hão de ser compensadas, há de se alcançar o perdão.[168] Pois ainda que, com a generosidade de sua misericórdia, Deus perdoe a culpa, Ele mantém, no entanto, pela disciplina de sua justiça, a pena; e essa pena deve ser redimida com satisfações. Tudo, pois, resume-se a isto: que realmente obtemos o perdão de nossas faltas pela clemência de Deus, mas quando intercede o mérito de nossas obras, pelas quais se compensa o dano de nossos pecados, a fim de que a satisfação quite as dívidas com a justiça de Deus. A tais mentiras oponho a remissão gratuita dos pecados, pois não há nada anunciado de modo mais claro na Escritura (Is 52,3; Rm 5, 8; Cl 2, 14; Tt 3, 5). Primeiro, o que é a remissão senão um dom de mera liberalidade? Pois não se diz que "per-

---

166 Lomb., Sent. IV. dist. 16, 4 col. 879.
167 Decr. Grat. II Causa 33 q. 3 (De poenitentia) dist. 1. c. 63, ed. Friedbg. I 1177.
168 Ibid. c. 76 col. 1180.

doa" aquele credor que, em ato privado, atesta que o dinheiro lhe foi pago, mas aquele que, sem nenhum pagamento, só por sua beneficência, rompe a obrigação. Por que, então, acrescenta-se "gratuitamente", senão para tirar toda ideia de satisfação? Logo, em que alicerce erguem até aqui suas satisfações, derrubadas por raio tão violento? Pois quê? Quando o Senhor exclama por Isaías: "Eu sou, Eu sou aquele que apago tuas iniquidades por causa de mim e não me recordarei de teus pecados" (Is 43, 25), acaso não anuncia com clareza que o fundamento dessa remissão vem somente de sua bondade? Além disso, como toda a Escritura faz referência a Cristo, nome pelo qual deve ser alcançada a remissão dos pecados (At 10, 43), acaso não exclui assim todos os outros nomes (Rm 5, 8; Cl 2, 14)? Como, então, ensinam que devemos alcançá-la em virtude das satisfações? E não podem negar que atribuem isso às satisfações, ainda que elas intervenham como socorro. Pois, quando diz "em nome de Cristo", a Escritura entende que nós não trazemos nem pretendemos coisa alguma de nossa parte, mas antes nos apoiamos somente na dignidade de Cristo. Assim, Paulo, ao asseverar que Deus, reconciliando o mundo consigo em Cristo, não imputando as faltas aos homens por amor a si mesmo (2Co 5, 19), acrescenta em seguida a fórmula: "aquele que não cometeu pecado, Deus o fez pecado por nós".

26. Mas eles, com sua perversidade, dizem que a remissão dos pecados e a reconciliação acontecem uma única vez, quando, no batismo, somos recebidos na graça de Deus por intermédio de Cristo; que, depois do batismo, devemos voltar a levantar-nos por meio das satisfações; que o sangue de Cristo não nos serve de nada, senão enquanto nos é dispensado pelas chaves da Igreja. E não falo de uma coisa duvidosa, uma vez que eles publicaram sua impudicícia em escritos claríssimos; e não um ou outro deles, mas todos os escolásticos! Pois o Mestre de todos eles, depois de ter confessado que Cristo pagou no madeiro a pena de nossos pecados, segundo a doutrina de Pedro (1Pd 2, 24), corrige imediatamente a sentença, introduzindo uma exceção: que no batismo nos são relaxadas todas as penas temporais dos pecados; mas que, depois do batismo, são diminuídas por meio da penitência, de maneira que a cruz de Cristo e nossa penitência cooperam simultaneamente.[169] João fala de forma muito diferente: "Se alguém pecar, temos junto do Pai um defensor, Cristo, o Justo; ele é a oferenda de expiação por nossos pecados". "Escrevo-

---

169 Lomb., Sent. III. dist. 19, 4 MSL 192, 797; Bonavent., In sent. III dist. 19, art. 1 q. 4 ad 3; Thomas Aq., S. th. III. q. 83 art. 4. ad. 3.

-vos, filhinhos: os vossos pecados vos foram perdoados em nome dele" (1Jo 2, 1.2.12). Sem dúvida alguma, ele fala aos fiéis, aos quais, ao mesmo tempo em que promete a Cristo como propiciação de seus pecados, mostra que não há outra satisfação com que se possa aplacar Deus ou torná-lo propício, uma vez que o tivermos ofendido. Não diz: Deus já se reconciliou uma vez convosco em Cristo; agora buscai vós outros meios de reconciliar-vos com Ele, mas o constitui advogado perpétuo, que, por sua intercessão, sempre nos restitui na graça do Pai: propiciação perpétua, mediante a qual nos são perdoados os pecados. Pois sempre será verdadeiro o que afirma o outro João: "Eis o Cordeiro de Deus, que tira os pecados do mundo" (Jo 1, 36).[170] E eu direi: tira-os Ele mesmo, não um outro; isto é, uma vez que só Ele é o Cordeiro de Deus, só Ele é também o sacrifício por nossos pecados; só Ele é a expiação; só Ele é a satisfação. Pois, como o direito e o poder de perdoar compete propriamente ao Pai, enquanto distinto do Filho, como já vimos, Cristo é colocado em segundo lugar, porque, transferindo para si a pena devida a nós, suprimiu nossa culpa perante o julgamento de Deus. De onde se conclui que não seremos jamais partícipes na expiação realizada por Cristo, a menos que resida nele aquela honra que arrebatam para si aqueles que pretendem aplacar Deus com suas compensações.

27. Convém considerar aqui duas coisas, para que se conserve para Cristo sua honra, íntegra e intacta, e para que as consciências, seguras do perdão dos pecados, tenham paz em Deus. Isaías diz que o Pai pôs sobre o Filho todas as nossas iniquidades, a fim de que sejamos curados por sua ferida (Is 53, 4-6). E Pedro diz o mesmo, repetindo-o com outras palavras: "Cristo carregou nossos pecados em seu corpo sobre o madeiro" (1Pd 2, 24). E Paulo escreve que o pecado foi condenado na carne de Cristo quando Ele foi feito pecado por nós (Rm 8, 3; Gl 3, 13); isto é, que a força e a maldição do pecado foi morta em sua carne quando Ele foi entregue como a óstia sobre a qual foi lançado todo o peso de nossos pecados, com sua maldição e execração, com o julgamento horrendo de Deus e a condenação à morte. Aqui não se ouve nenhuma dessas zombarias, de que depois da purgação original, nenhum de nós sentirá a eficácia da paixão de Cristo de outra forma que não seja pela penitência da satisfação;[171] mas, quantas vezes pecarmos, seremos chamados à única satisfação de Cristo. Supõe agora suas cantigas pestilentas: que a graça de

---

170 Jo. 1, 29.
171 Thom. Aq., S. th. III. q. 84. art. 5 corp.

Deus opera só na primeira remissão dos pecados; se voltarmos a cair depois, nossas obras cooperam para a obtenção do segundo perdão.[172] Se isso fosse verdade, acaso as coisas que foram acima atribuídas a Cristo permaneceriam guardadas para ele? É espantosa a diferença que há entre estas duas coisas: que nossas iniquidades foram postas sobre Cristo para que fossem expiadas sobre ele e que são expiadas por nossas obras. É Cristo propiciação por nossos pecados ou devemos aplacar Deus por meio de obras? E se se trata de tranquilizar a consciência, que tranquilidade será esta, ouvir que os pecados são perdoados por meio de satisfações? Quando, afinal, poderá ser atingida a medida dessa satisfação? Por conseguinte, sempre duvidará se Deus lhe será propício; sempre se atormentará, sempre se horrorizará. Pois aqueles que se contentam com satisfaçõezinhas levianas, avaliam o julgamento de Deus com demasiado desdém, e pouco percebem quão grande é a gravidade do pecado, como o diremos em outro lugar.[173] E mesmo que lhes concedamos que certos pecados se podem redimir com uma satisfação justa, que farão, no entanto, quando forem sufocados por tantos pecados, para cuja satisfação nem cem vidas, empregadas todas somente nisso, seriam suficientes? Acrescenta que nem todos os lugares nos quais se fala da remissão dos pecados referem-se aos catecúmenos, mas também aos filhos regenerados de Deus, que desde há muito são admitidos no seio da Igreja. Aquela missão que Paulo inspira tão esplendidamente: "Rogo-vos em nome de Cristo: reconciliai-vos com Deus" (2Co 5, 20), não está dirigida aos estranhos, mas àqueles que haviam sido regenerados havia já longo tempo. E que, prescindindo das satisfações ordenadas, envia-os à cruz de Cristo. Assim, quando escreve aos colossenses que Cristo pacificou pelo sangue da cruz as coisas que estão no céu e as que estão na terra (Cl 1, 20), não o restringe ao momento em que somos admitidos na Igreja, mas o estende a todo o percurso, o que se verá facilmente pelo contexto, onde diz aos fiéis que têm a redenção pelo sangue de Cristo, quer dizer, pela remissão dos pecados.[174] Embora seja supérfluo acumular as muitas passagens que ocorrem a cada passo.

28. Aqui, eles se recolhem ao refúgio de uma distinção absurda: a de que alguns pecados são veniais e outros, mortais. Dizem que, pelos mortais, deve-se uma grande satisfação; que os veniais são purgados com

---

172 Ibid. et q. 86 art. 4 ad 3.
173 Institutio, III, XII.
174 Cl. 1, 14.

remédios muito mais simples: com a oração do pai-nosso, com a aspersão de água benta, com a absolvição pela missa.[175] Assim brincam com Deus e dele zombam! No entanto, ainda que tenham constantemente na boca o pecado venial e o mortal, ainda não foram capazes de discernir um do outro, exceto que tornam pecado venial a impiedade e a imundícia do coração.[176] Nós, porém, porque a Escritura ensina a regra do justo e do injusto, anunciamos que "a paga do pecado é a morte" e que "a alma que pecar é digna de morte" (Rm 6, 23; Ez 18, 20). No mais, sustentamos que os pecados dos fiéis são veniais; não porque não mereçam a morte, mas porque, pela misericórdia de Deus, não há condenação para aqueles que estão em Jesus Cristo (Rm 8, 1), porque seus pecados não lhes são imputados, porque serão destruídos pelo perdão.[177] Sei com quanta iniquidade caluniam nossa doutrina. Dizem que ela é, acerca da igualdade dos pecados, o paradoxo dos estóicos.[178] Mas, com nenhuma dificuldade, serão vencidos pela própria língua. Pois eu lhes pergunto: se, entre os pecados que eles admitem como mortais, reconhecem que uns são menores que outros. Logo, não se conclui que sejam todos iguais os pecados mortais. Como a Escritura determina que a paga do pecado é a morte, que a obediência da Lei é o caminho da vida, e sua transgressão, a morte, não podem escapar dessa sentença. Que saída encontrarão para dar satisfação de tal cúmulo de pecados? Se a satisfação de um único pecado leva um dia, eles, enquanto a põem em prática, vão se enredando em muitos outros pecados, uma vez que mesmo o mais justo não passa um único dia que não vacile (Pr 24, 16). E, enquanto se prepararam para as satisfações por uns pecados, acumularão outros mais, numerosos ou, antes, inúmeros. Eis que a confiança na satisfação já foi decepada. Em que se demoram então? Como se atrevem ainda a pensar em dar satisfação?

29. Realmente, esforçam-se para desenredar-se. Mas, como se diz, a água deles está parada. Inventam uma distinção entre pena e culpa.[179] Admitem que a culpa é perdoada pela misericórdia de Deus, mas que, perdoada a culpa, fica a pena, que a justiça de Deus exige que seja paga.[180] Que inconstante leviandade é esta, meu bom Deus? Ora admi-

---

175 Lomb., Sent. IV. dist. 16, 4 MSL 192, 879; Thomas Aq., S. th. III. q. 87. art. 3.
176 Thom. Aq., S. th. II 1, q. 88.
177 Melanchthonis Locos comm. 1521, ed. Kolde p.223.
178 Jo. Roffens., Confut. C. 5 p.160; – Cic., Pro Mur. 61; Diog. Laert., VII 120; Lact. Div. Inst. III 23, 8 CSEL 19, 253, 9; Cypr., Ep. 55, 16 CSEL 3, II, 635, 5s.
179 Thomas Aq., S. th. III. q. 86. art. 4. corp.
180 Thom. Aq., S. th. III suppl. q. 15. art. 1. corp; Bonav., In sent. IV. dist. 18. p.1. art. 2. q. 2. opp. 4, 477 b.

tem que a remissão da culpa mostra-se gratuita, ora ensinam que a merecemos constantemente, com orações, lágrimas e outros rapapés de todo tipo. Mas, além disso, tudo o que a Escritura nos ensina sobre a remissão dos pecados opõe-se diametralmente a essa distinção. E, a despeito de estar convencido de já o ter provado suficientemente, acrescentarei alguns outros testemunhos, com os quais essas serpentes sinuosas enroscar-se-ão a tal ponto que não poderão dobrar depois nem a ponta do rabo. "Este é o novo pacto que Deus firmou conosco em seu Cristo: que não se lembrará de nossas iniquidades" (Jr 31, 31-34). O que teria querido dizer com essas palavras, aprendemo-lo de outro profeta, quando o Senhor diz: "Se o justo se afastar de sua justiça, não me lembrarei de todas as suas justiças; se o ímpio se apartar de sua impiedade, eu não me lembrarei de nenhuma de suas impiedades" (Ez 18, 24.27). Nega, pois, que Ele se há de recordar das justiças, o que significa indubitavelmente que Ele não há de fazer caso nenhum delas para remunerá-las. E, por conseguinte, Ele não se lembrará de nenhum dos pecados para exigir uma pena por eles. O mesmo se diz em outros lugares: "dar-lhes as costas" (Is 38, 17); "dispersá-los como uma nuvem" (Is 44, 22); "atirá-los ao fundo do mar" (Mq 7, 19); "não os imputar e os trazer ocultos" (Sl 32, 1). Com essas expressões, o Espírito Santo explicar-nos-ia claramente sua intenção, se tivéssemos ouvidos dóceis para Ele. Se Deus pune os pecados, certamente os imputa; se os vinga, recorda-se deles; se intima para comparecer perante o tribunal, não os encobre; se os examina, não lhes volta as costas; se os observa, não os dispersa como nuvens; se os expõe, não os atira ao fundo do mar. Agostinho interpreta-o da mesma forma, com palavras claríssimas: "Se Deus cobriu os pecados, não quis prestar-lhes atenção; se não quis prestar-lhes atenção, não quis considerá-los; se não quis considerá-los, não quis puni-los; não quis conhecê-los, mas preferiu perdoá-los. Por que, então, disse que os pecados estão ocultos? Para que não fossem vistos. Que queria dizer isso de que Deus vê os pecados, senão que os pune?".[181] Mas ouçamos também, de uma citação de outro profeta, sob que condições Deus perdoa os pecados: "Se vossos pecados forem escarlate, embranquecerão como a neve; e se forem vermelhos como o carmesim, serão como a lã branca" (Is 1, 18). Em Jeremias lê-se ainda: "Naquele dia, a iniquidade de Jacó será buscada e não será encontrada; e o pecado de Judá, e não estará; porque serei propício àqueles que Eu tiver salvado" (Jr 50, 20). Queres apreender em

---

poucas palavras qual o sentido disso? Pondera, pelo contrário, o que significavam estas expressões: "O Senhor ata em um saco as iniquidades" (Jó 14, 17); "reúne-as num feixe e as guarda" (Os 13, 12); "grava-as com cinzel de ferro numa pedra de diamante" (Jr 17, 1). Se isso quer dizer, como não há dúvida alguma, que a punição há de ser aplicada, não se pode duvidar tampouco que, pelas expressões opostas a essas, o Senhor afirma que perdoa toda aplicação da pena. E aqui insisto com o leitor para que não dê ouvidos às minhas interpretações, mas que consinta haver lugar somente para a Palavra de Deus.

30. O que, pergunto, Cristo nos teria dado, se ainda nos exigisse uma pena por nossos pecados? Pois quando dizemos que ele "carregou todos os nossos pecados em seu corpo sobre o madeiro" (1Pd 2, 24), não queremos dizer senão que ele aceitou a pena e a vingança que eram devidas por nossos pecados. Isaías declara o mesmo de forma ainda mais expressiva, ao dizer: "o castigo (ou a correção) de nossa paz foi sobre ele" (Is 53, 5). E que é o castigo de nossa paz, senão a pena devida por nossos pecados e que deveria ter sido paga por nós antes de que pudéssemos ser reconciliados com Deus, se Cristo não tivesse tomado nosso lugar? Claramente vês, pois, que Cristo suportou as penas dos pecados para delas eximir os seus. E toda vez que Paulo faz menção da redenção efetuada por ele, costuma chamá-la ἀπολύτρωδιζ "(3, 24;! Ef 1, 7; Cl 1, 14), termo que não indica simplesmente "redenção", como em geral se entende, mas o preço mesmo e a satisfação da redenção. Por essa razão, escreve que o próprio Cristo se entregou por nós como ἀντίλυτρον (1Tm 2, 6). "Qual é a propiciação para com Deus", diz Agostinho, "senão o sacrifício? E qual é o sacrifício, senão o que foi oferecido por nós na morte de Cristo?".[182] Mas um aríete vigoroso se nos oferece nos primórdios, no que se prescreve na Lei mosaica sobre a expiação dos males dos pecados. Pois o Senhor não nos manda esta ou aquela maneira de dar satisfação, mas requer toda compensação nos sacrifícios, quando, em outro lugar, enumera com diligência e com a ordem mais exata, todos os ritos de expiação.[183] Que acontece, então, para não ordenar ao pecador que procure apagar suas faltas com quaisquer boas obras, mas requeira somente a expiação por meio dos sacrifícios, se não fosse porque assim quer atestar que há um único gênero de satisfação com o qual é aplacado seu julgamento? Pois os sacrifícios que então imolavam os israelitas não eram

---

182 Aug., In Psal. 129, 3 MSL 37, 1697.
183 Ex. 30, 10; Lv. 4-7.16; Nm. 15, 22ss.

considerados obras de homens, mas estimavam seu valor desde sua verdade, ou seja, do único sacrifício de Cristo. Qual será a compensação que o Senhor receberá de nós, Oseias a expressa elegantemente com poucas palavras: "Tires toda a iniquidade, ó Deus". Eis a remissão dos pecados. "E te damos por pagamento os novilhos de nossos lábios" (Os 14, 2). Eis a satisfação. Sei muito bem que eles então esquivam-se mais sutilmente, quando distinguem entre a pena eterna e a temporal.[184] Mas como ensinam que, com exceção somente da morte, qualquer suplício que Deus inflige tanto ao corpo como à alma é pena temporal, de pouco lhes serve essa restrição. Pois os lugares que citamos acima querem dizer expressamente que somos recebidos por Deus em sua graça, para que, perdoando-nos a culpa, livre-nos de qualquer pena de que fôssemos merecedores. E quantas vezes Davi e outros profetas pedem perdão dos pecados, suplicam ao mesmo tempo que lhes seja aplicada a pena. E mais, impele-os a isso a ideia do julgamento de Deus. Por outro lado, quando prometem a misericórdia de Deus, quase sempre tratam de forma clara das penas e da remissão. Sem dúvida, quando o Senhor anuncia em Ezequiel o fim que haveria de pôr ao exílio babilônico, e isso por amor de si e não por causa dos judeus (Ez 36, 21.22.32), demonstra suficientemente que ambas as coisas são gratuitas. E, por fim, se somos libertados do castigo por Cristo, é necessário que cessem as penas que dali procediam.

31. Mas, uma vez que também eles se armam com testemunhos da Escritura, vejamos quais são os argumentos que apontam contra nós. Davi, dizem, quando foi repreendido pelo profeta Natã por seu adultério e homicídio, alcança o perdão de seu pecado; e, não obstante, é depois castigado com a morte do filho gerado no adultério (2Sm 12, 13).[185] Somos ensinados a buscar, por meio de satisfações, o perdão de tais penas, que deveriam nos ser infligidas mesmo depois da remissão da culpa.[186] Pois Daniel exortava a Nabucodonosor a redimir seus pecados com esmolas (Dn 4, 24).[187] E Salomão escreve que, pela justiça e pela piedade, perdoam-se as iniquidades. E em outro lugar que, pela caridade, uma multidão de pecados pode ser compensada (Pr 16, 6; 10, 12).

---

184 Thomas Aq., S. th. III. q. 86. art. 4 concl.
185 Thom. Aq., S. th. III. q. 86. art. 4; Eck., Enchir. C. 8. E 1 a b; De Castro, Adv. Haer. fol. 181 A B; Jo Roff., Conf. p. 160s. 300.
186 Thom. Aq., S. th. III q. 86 art. 4 ad. 3 fin.; De Castro, Adv. Haer. fol. 181 C; Jo. Roff., conf. p.160s.
187 Hugo, Summa VI. 11 MSL 176, 149 A; Eck., Enchir. C. 9. E 2 a; De Castro, Adv. Haer. fol. 181 B.

Sentença que também confirma Pedro (1Pd 4, 8).[188] E em Lucas o Senhor diz à mulher pecadora que seus muitos pecados lhe são perdoados, porque amou muito (Lc 7, 47).[189] Quão perversamente sempre avaliam às avessas as obras de Deus! Mas, se tivessem observado (coisa de que nem passaram perto) que há dois tipos de julgamento divino, teriam visto uma forma de pena na correção de Davi e outra, muito diferente, que poderia ser considerada voltada para o castigo. E, uma vez que nos convém compreender mais profundamente a que finalidade dirigem-se os castigos de Deus, com os quais corrige nossos pecados, e quanto diferem dos exemplos com os quais Ele persegue, indignado, os ímpios e os réprobos, julgo que não será supérfluo tratar ligeiramente desse ponto. A um tipo de julgamento, por razões didáticas, chamaremos de vingança; ao outro, de castigo. Ademais, por julgamento de vingança entenda-se que Deus pune seus inimigos para exercer sua ira contra eles, confundi-los, destruí-los e reduzi-los a nada. Logo, a vingança de Deus, propriamente dita, ocorre quando a punição vem acompanhada de sua indignação. Com o julgamento de castigo não se exaspera ao ponto de irar-se, nem se vinga para causar a perdição ou fulmina para matar. Portanto, não é um suplício propriamente, ou uma vingança, mas correção e admoestação. Um é próprio do juiz; outro, do Pai. Pois o juiz, quando castiga o malfeitor, olha para o próprio delito e determina a pena pelo próprio crime. O pai, quando corrige seu filho com severidade, não faz isso para vingar-se ou para lhe impor uma multa, mas antes para ensiná-lo e fazê-lo ser mais cauteloso no futuro. Crisóstomo serve-se dessa comparação em algum lugar. Ainda que tenha um sentido um pouco diferente, o resultado é o mesmo. Diz ele: o filho é açoitado, o criado é açoitado. Mas este é punido como servo, porque pecou; aquele, por sua vez, é castigado como homem livre e como filho que necessita de disciplina. Para este, o corretivo se transforma em prova e ocasião para emendar-se; para aquele, em açoites e golpes.[190]

32. Para que compreendamos breve e facilmente toda essa matéria, é preciso estabelecer uma primeira distinção entre as duas. Onde quer que a pena seja para a vingança, mostra-se aí a maldição e a ira de Deus, de que Ele sempre protege seus fiéis. Ao contrário, o castigo é tanto uma bênção de Deus quanto um testemunho de seu amor, como ensina a Es-

---

188 Jo Roff., Confut. P. 302.
189 Eck., Enchir.c. 9 E 4a; Thomas Aq., S. th. III. q. 49. art. 1. corp.
190 Pseudo-Chrysostomus, De fide et lege naturae c. 3. opp. t. I 1022 C.

critura (Jó 5, 17; Pr 3, 11; Hb 12, 5). Essa diferença se nota a cada passo na Palavra de Deus. Pois todas as aflições que os ímpios suportam na vida presente revelam como é a porta do inferno, de onde já contemplam de longe sua eterna condenação. E tão longe estão de emendar-se com isso ou de tirar daí algum proveito que antes se apresentam com tais prelúdios àquela duríssima geena que os espera no final. O Senhor, porém, ao castigar, castiga os seus, mas não os entrega à morte (Sl 118, 18). Por isso, quando são fustigados pelo açoite de Deus, admitem que isso foi bom para eles, para um verdadeiro aprendizado (Sl 119, 71). Lemos em toda parte que os santos não apenas suportaram tais penas com ânimo sereno como suplicaram veementemente por flagelos desse tipo. "Castiga-me, Senhor", diz Jeremias, "mas no teu julgamento, não na tua ira, para que não me aniquiles. Derrama teu furor sobre os povos que não te conheceram e sobre as nações que não invocaram teu nome" (Jr 10, 24). E Davi: "Senhor, não me repreendas em teu furor, nem me censures em tua ira" (Sl 6, 2; 38, 2). E não se opõe a isso o que algumas vezes se diz: que o Senhor se irrita com seus santos quando os castiga por seus pecados. Como em Isaías se lê: "Render-me-ei diante de ti, Senhor, porque te iraste contra mim: o teu furor se aplacou, e tu me consolaste" (Is 12, 1). E Habacuc: "Quando estiveres irado, lembra-te da misericórdia" (Hc 3, 2). E Miqueias: "Suportarei a ira de Deus, porque pequei contra Ele" (Mq 7, 9), quando adverte que aqueles que são justamente castigados não aproveitam nada com suas queixas, mas os fiéis encontram com que mitigar sua dor ao refletir sobre a intenção de Deus. Pois pela mesma razão se diz que profana sua herdade, a qual, no entanto, como sabemos, nunca profanará. Isso, porém, não deve ser atribuído ao propósito nem à vontade de Deus em punir, mas à sensação veemente de dor com a qual são atingidos aqueles que experimentam sua severidade. E Deus não somente espicaça seus fiéis com uma austeridade mediana, mas chega às vezes a feri-los de tal maneira que a eles mesmos lhes parece que não estão muito longe da condenação ao inferno. Assim atesta sua ira aos que a merecem, e assim lhes facilita sentirem-se desgostosos de seus males e movidos a aplacar Deus com maior cuidado, apressando-se a pedir perdão com solicitude. Mas, nisso mesmo, mostra-lhes às vezes mais claramente um testemunho de clemência do que de ira. Pois permanece o pacto que estabeleceu conosco em nosso verdadeiro Salomão,[191] pacto cuja validade nunca há de ser anulada, como

---

191 2Sm 7, 12ss.

afirmou aquele que nunca pode falhar. "Se seus filhos", diz, "deixarem minha Lei, e não andarem em meus juízos; se profanarem meus estatutos e não guardarem meus mandamentos, então castigarei com vara suas iniquidades, e com açoites seus pecados; mas não tirarei deles minha misericórdia" (Sl 89, 31). E, para tornar-nos mais seguros de sua misericórdia, diz que a vara com que castigará a descendência de Salomão há de ser de varões, e os açoites, de filhos de homens (2Sm 7, 14). Com esses pormenores, representa sua moderação e brandura, se bem que ao mesmo tempo indique que aqueles que sentem a mão de Deus contra eles não podem ser confundidos senão com um horror extremo e letal. A grande quantidade de brandura que Ele tem ao castigar seu povo em Israel, demonstra-a no profeta: "Purifiquei-te no fogo, mas não como prata, pois tu inteiro serias consumido" (Is 48, 10).[192] Embora ensine ao povo que os castigos são como purificações, acrescenta que os tempera de tal maneira que ele não se sinta mais oprimido pelos castigos do que o justo. Isso é absolutamente necessário. Porque, quanto mais alguém reverencia o Senhor e se consagra ao culto da piedade, menos endurecido está para suportar sua ira. Pois os réprobos, embora gemam sob as chibatadas, como, no entanto, não examinam a causa, mas antes voltam as costas tanto para seus pecados quanto para o julgamento de Deus, extraem só dureza de sua negligência; ou, como grunhem e escoiceiam, e até se revoltam contra seu juiz, este ímpeto furioso os deixa ainda mais atônitos em sua loucura e furor. Os fiéis, por sua vez, admoestados pelas chibatas de Deus, passam imediatamente à análise de seus pecados e, abalados pelo medo e pelo horror, refugiam-se, súplices, na oração. Se o Senhor não mitigasse as dores com que essas pobres almas se atormentam, sucumbiriam cem vezes, aos menores sinais de sua ira.

33. A outra distinção é que, quando os réprobos são feridos com os açoites de Deus, já então começam, de certa maneira, a aproximar-se das penas de seu julgamento; e embora não escapem impunemente por não terem escutado tais avisos da ira de Deus, não são, no entanto, castigados para que recobrem o bom-senso , mas somente para que compreendam que, para seu grande mal, têm a Deus por juiz e vingador. Os filhos, por sua vez, são açoitados com varas não para pagar uma multa por seus delitos, mas para tirar proveito do arrependimento. Por isso entendemos que tais castigos se referem mais ao futuro que ao passado. Prefiro explicá-lo com palavras de Crisóstomo, mais do que com as minhas: "Por causa

---

192 Is 43, 2.

disso", diz, "impõe-nos uma pena, não para obter alguma recompensa de nossos pecados, mas para corrigir-nos para o futuro".[193] E também Agostinho: "Aquilo que tu sofres e por que gemes é medicina para ti, não pena; castigo, não condenação. Não repilas o açoite se não queres ser repelido da herança" etc.[194] E: "... toda esta miséria do gênero humano sob a qual o mundo geme, sabei, irmãos, que é uma dor medicinal, e não uma sentença penal" etc.[195] Aprouve-me citar essas sentenças para que não parecesse a ninguém que empreguei uma expressão nova e inusitada. A isso mesmo tendem os lamentos cheios de indignação com que Deus frequentemente acusa o povo de ingratidão, pois este menosprezou com insistência todas as penas. Diz, em Isaías: "Para que vos ferirei de novo? Desde a planta do pé até o alto da cabeça não há coisa alguma sã" (Is 1, 5). Mas, porque os profetas estão cheios de sentenças semelhantes, será suficiente ter indicado que Deus não pune sua Igreja com outra finalidade que não a de, aprendida a lição, arrepender-se. Portanto, quando rejeitou Saul como rei, punia-o para vingar-se (1Sm 15, 23); quando privou Davi de seu filho pequeno, corrigia-o para que se emendasse (2Sm 12, 18). Nesse sentido deve-se entender o que diz Paulo: "Quando somos julgados pelo Senhor, somos castigados, para que não sejamos condenados com o mundo" (1Co 11, 32). Quer dizer, enquanto nós, os filhos de Deus, somos afligidos pela mão do Pai celestial, não se trata de uma pena com que sejamos confundidos, mas somente de um castigo com que sejamos instruídos. Coisa com que Agostinho está plenamente de acordo, pois ensina que devemos considerar de forma diferente as penas com que os homens são de forma igual castigados pelo Senhor. Porque, para os santos, elas são desafios e exercícios depois do perdão dos pecados; para os réprobos, que não têm perdão, são suplícios por sua iniquidade. Aqui, recorda as penas infligidas a Davi e a outros homens piedosos, e diz que Deus visava a que a piedade deles fosse assim exercitada na humildade e posta à prova.[196] Quanto ao que diz Isaías, que a iniquidade era perdoada ao povo judeu porque havia recebido da mão de Deus um castigo completo (Is 40, 2), não se deve argumentar que a absolvição da pena depende do perdão dos delitos. Mas isso é como se Deus dissesse: "Já vos apliquei penas o suficiente, e, por sua severidade e grande número,

---

193 Pseudo-Chrysostomus, Sermo de Poenitentia et confessione, in ed. Erasmi Basileae 1530 t. V p. 514.
194 Aug., In Ps. 102, 20 MSL 37, 1332.
195 Aug., In Ps. 138, 15 MSL 37, 1793.
196 Aug., De pecc. mer. et. rem. II33, 53-34,56MSL 44, 182s.; CSEL 60, 123ss.

vos consumistes em luto e em angústia; já é hora de que, recebida a mensagem de misericórdia plena, vossos corações se inundem de alegria por me terem como pai". Pois aí Deus se reveste da pessoa de um pai que, obrigado a repreender o filho mais asperamente, condói-se com a severidade, ainda que justa.

34. É preciso que o fiel seja instruído com tais considerações em meio à amargura de suas aflições. "É tempo do julgamento, que deve começar pela casa de Deus", na qual seu nome foi invocado (1 Pd 4, 17; Jr 25, 29). Que fariam os filhos de Deus se cressem que a severidade que experimentam é uma vingança do pai? Pois quem, ferido pela mão de Deus, pensa que Deus é um juiz que pune, não o pode conceber senão irado e contrário a si e detestar o açoite de Deus como maldição e condenação. Finalmente, jamais poderá convencer-se de que Deus o ama aquele que sentir que a vontade de Deus com respeito a ele é puni-lo mais. Mas aquele que, ao contrário, pensa que Ele está irado com seus vícios, mas que lhe é propício e benévolo, este tira proveito das chibatadas de Deus. Pois, de outra maneira, dar-se-ia necessariamente aquilo de que se queixa o profeta por tê-lo experimentado: "sobre mim passaram teus furores e oprimiram-me teus terrores" (Sl 88, 17). E igualmente o que escreve Moisés: "É que somos consumidos pela tua ira e turbados com tua indignação. Puseste nossas iniquidades sob teu olhar, e nossos pecados ocultos à luz de tua face. Ante tua ira, passaram todos os nossos dias; acabamos os nossos anos como o som de uma palavra" (Sl 90, 7). Davi, pelo contrário, falando dos castigos paternos, para ensinar que os fiéis são mais ajudados do que oprimidos por eles, canta assim: "Bem-aventurado o homem a quem tu corrigires, Senhor, e instruíres em tua Lei, para lhe dares a paz nos dias de aflição, enquanto que para o ímpio se abre a cova" (Sl 94, 12). Certamente é uma dura tentação Deus poupar os incrédulos e, dissimulando seus crimes, mostrar-se mais rígido para com os seus. E, por isso, para nosso consolo, acrescenta o aviso da Lei, com qual hão de aprender que, enquanto são chamados de volta ao bom caminho para sua salvação, permite-se aos ímpios que se precipitem em seus erros, cujo fim é o abismo. E não importa se a pena é eterna ou temporária. Pois guerras, fomes, pestes e enfermidades são maldições de Deus tanto quanto a própria sentença de morte eterna, quando são conduzidos a seu fim, para que sejam instrumentos da ira e da vingança divinas contra os réprobos.

35. Todos podem compreender agora, se não me engano, a que visa aquela correção do Senhor a Davi: para que fosse exemplo de quão seriamente desagradam a Deus o homicídio e o adultério, acerca dos quais

Ele proclamara haver tão grande ofensa em seu servo dileto e fiel, para que o próprio Davi fosse instruído a não se atrever a cometer tais crimes dali em diante. Não para que fosse uma pena pela qual se oferecesse a Deus alguma compensação. O mesmo se deve pensar também da outra correção pela qual o Senhor aflige seu povo com uma peste violenta (2Sm 24, 15), por causa da desobediência em que Davi havia caído ao dispor que o povo fosse recenseado. Pois perdoou a culpa de Davi gratuitamente; mas, porque convinha, tanto para o exemplo público a todos os que viriam quanto para humilhação de Davi, que tal maldade não ficasse impune, castigou-o severissimamente com seu açoite. Convém ter diante dos olhos que a esse mesmo fim tende também a maldição do gênero humano como um todo. Pois uma vez que, mesmo tendo sido alcançada a graça, todos padecemos até agora as misérias que foram impostas a nosso pai Adão como pena de seu pecado, com tais provas sentimos que somos advertidos sobre o quanto desgosta a Deus a transgressão de sua Lei, para que, rebaixados e humilhados pela consciência de nosso quinhão de miséria, aspiremos mais ardentemente à verdadeira beatitude. Não haveria ninguém mais tolo do que aquele que julgasse que as calamidades da vida presente nos são impostas como punição de nossas faltas. Parece-me que foi isso que Crisóstomo quis dizer, ao escrever assim: "Se Deus nos castiga, a nós, que perseveramos no mal, com a intenção de chamar-nos à penitência, então, uma vez feita a penitência, a pena seria já supérflua".[197] Por isso, como sabe o que mais convém a cada um, trata a este com maior rigor e a outro, com indulgência mais benigna. E assim, quando quer ensinar que não é excessivo nas penas que exige, reprova o povo duro e obstinado que, ferido, ainda assim não deixa de pecar (Jr 5, 3). No mesmo sentido, queixa-se de que Efraim é como um pão queimado de um lado e cru do outro (Os 7, 8), porque, com efeito, as chibatadas não lhe penetravam o coração, para que, cozidos os vícios do povo, este se fizesse capaz de perdão. Por certo, Ele, que assim fala, mostra que há de ser aplacado tão logo o pecador se arrependa; e, devido à nossa contumácia, mostra-se como quem exerce o rigor em castigar os delitos daqueles que poderiam corrigir-se voluntariamente. No entanto, uma vez que em tudo mostramos nossa dureza e nossa rudeza, as quais tem necessidade de castigo, nosso Pai prudentíssimo decidiu colocar-nos a todos à prova, sem exceção, no decorrer da vida. É estranho como insistem tanto no único exemplo de Davi e não se abalam com a quantidade

---

197 Chrysostomus, Ad Stagirium lib. III, 14. opp. T. I. 277 C.

de exemplos nos quais se poderia contemplar a remissão gratuita dos pecados. Lê-se que o publicano desceu do templo justificado; não segue pena alguma (Lc 18, 14). Pedro obteve o perdão de seu delito (Lc 22, 61); "Lemos sobre suas lágrimas", diz Ambrósio, "não sobre sua satisfação".[198] O paralítico ouve: "Levanta-te, teus pecados te são perdoados" (Mt 9, 2); não se lhe impõe nenhuma pena. Todas as absolvições que são mencionadas na Escritura são descritas como gratuitas. Dessa abundância de exemplos, dever-se-ia deduzir a norma, e não daquele único exemplo de Davi, que não sei o que tem de especial.

36. Daniel, na exortação em que persuadiu o rei Nabucodonosor a que redimisse seus pecados com sua justiça, e suas iniquidades, pela compaixão para com os pobres (Dn 4, 24), não quis dizer que a justiça e a misericórdia são a propiciação de Deus e a redenção das penas (pois jamais houve maior ἀπολύτρωδιζ que o sangue de Cristo). Mas, ao falar de redimir, refere-se mais aos homens do que a Deus, como se dissesse: "Exerceste, ó rei, um domínio violento e injusto; oprimiste os humildes, espoliaste os pobres, trataste dura e iniquamente o teu povo; pelas ações injustas, pela violência e pela opressão, mostra-lhes agora misericórdia e justiça". Da mesma forma, Salomão diz que "a caridade cobre todos os pecados" (Pr 10, 12), não com respeito a Deus, mas entre os próprios homens. Pois o versículo completa: "O ódio excita contendas; mas a caridade cobre todos os pecados". Com esse versículo, Salomão, como era seu costume, coteja, por antítese, os males que nascem do ódio com os frutos da caridade, neste sentido: aqueles que se odeiam entre si, mordem-se uns aos outros, atormentam-se, reprovam-se, dilaceram-se e transformam tudo em vício; ao contrário, aqueles que se amam relevam muitas coisas entre si, fazem vista grossa e perdoam-se mutuamente. Não que um aprove os vícios do outro, mas porque os tolera e, aconselhando, remedia-os, mais do que os exaspera, censurando-os. E não há dúvida de que esse passo foi citado por Pedro nesse sentido, a menos que quisermos acusá-lo de uso corrompido, fraudulento e distorcido da Escritura. Quando ensina que "o pecado se corrige com misericórdia e bondade", não entende que, com essas coisas, apresentemos uma compensação perante a face de Deus, de tal maneira que Deus, aplacado por tal satisfação, perdoe a pena que, de outra forma, haveria de impor-nos; mas indica, segundo o costume da Escritura, que aqueles que, julgados por seus vícios e maldades anteriores, converterem-se a Ele mediante a piedade e a verdade,

---

198 Ambrosius, Expos. evang. Luc. Lib. X 88; CSEL 32 IV 489, 8.

encontra-lo-ão propício para com eles; como se dissesse que a ira do Senhor cessa, que Ele se abstém de seu julgamento se nos abstivermos de nossos erros. Contudo, ele não descreve a causa do perdão, mas antes o modo de nos convertermos a Ele verdadeiramente. Assim como os profetas denunciam com frequência que em vão os hipócritas repetem ritos fictícios em lugar da penitência diante de Deus, porque a Ele agrada a integridade com obras de caridades. Assim nos adverte também o autor da *Epístola aos hebreus*, recomendando a beneficência e a humanidade, pois, dessa forma, os sacrifícios agradam a Deus (Hb 13, 16). E certamente Cristo, quando zomba dos fariseus por se preocuparem apenas em limpar os pratos mas menosprezarem a limpeza do coração, ordena-lhes que deem esmolas, para que tudo esteja limpo (Mt 23, 25; Lc 11, 39), não os exorta a dar satisfação, mas somente lhes ensina qual limpeza será aprovada por Deus. Dessa expressão já se tratou em outro lugar.[199]

37. No que diz respeito ao texto de Lucas (Lc 7, 36), ninguém que tenha lido em juízo perfeito a parábola ali proposta pelo Senhor entrará em controvérsia conosco por causa disso. O fariseu pensava consigo que o Senhor não conhecia aquela mulher, uma vez que a admitia em sua presença com tanta facilidade. Pois sentia que não a teria admitido se soubesse que era pecadora. E deduzia disso que ele não era o profeta, se podia ser enganado dessa maneira. O Senhor, para mostrar que já não era pecadora aquela a quem os pecados haviam sido perdoados, propôs esta parábola: um credor tinha dois devedores, um lhe devia quinhentos dinheiros, o outro, cinquenta. A dívida de ambos foi perdoada. Qual dos dois obteve maior graça? E um fariseu responde: "Aquele a quem foi dado mais". E o Senhor acrescenta: "Saibas então que os pecados desta mulher foram perdoados, porque muito amou". Com essas palavras, como vês, não faz de seu amor a causa da remissão dos pecados, mas sua prova. Pois foram tiradas da comparação do devedor que havia sido perdoado pela dívida de quinhentos dinheiros, ao qual não disse que havia sido perdoado porque ele tinha amado muito, mas sim que ele ama muito porque a dívida fora perdoada. E convém aplicar tais palavras a essa comparação desta maneira: tu pensas que esta mulher é pecadora; no entanto, deverias reconhecer que não o é, uma vez que seus pecados lhe foram perdoados. O amor dela deveria convencer-te da remissão de seus pecados, pois com seu amor dá graças pelo benefício que recebeu. Este é um argumento *a posteriori*, com o qual fica algo demonstrado pelos

---

199 Lc 7, 36-50.

sinais que se seguem. Assim o Senhor dá testemunho da razão pela qual ela alcançara o perdão de seus pecados: "Tua fé", diz, "te salvou". Pela fé, pois, obtemos a remissão; pela caridade, damos graças e testemunhamos a beneficência do Senhor.

38. Pouco me tocam as coisas que aparecem aqui e ali nos escritos dos antigos sobre a satisfação. Pois vejo que alguns deles (para falar francamente, quase todos os livros que restaram) ou são falhos nessa parte ou se expressaram de forma demasiado áspera e dura.[200] Mas não admitirei que eles fossem tão rudes e ignorantes que tivessem escrito essas coisas no sentido em que os leem estes novos satisfacionários. Crisóstomo, em certo lugar, escreve assim: "Quando se pede misericórdia, a acusação cessa. Quando se solicita misericórdia, o julgamento não é severo; quando se pede misericórdia, não há lugar para a pena; onde há misericórdia, não há pergunta; onde há misericórdia, a resposta está dada".[201] Palavras que, por mais que as distorçam, nunca poderão fazê-las concordar com os dogmas dos escolásticos. Também no livro *Sobre os dogmas eclesiásticos*, atribuído a Agostinho, lês assim: "A satisfação da penitência é destruir as causas dos pecados, e não facilitar o acesso às sugestões destes".[202] Com o qual fica evidente que também naqueles tempos a doutrina da satisfação, de que algo devia ser pago como preço pelos pecados admitidos, era escarnecida a cada passo. Toda a satisfação se dirigia então à precaução de abster-se dos pecados no futuro. E também Crisóstomo ensina: que Ele não exige de nós senão que lhe confessemos com lágrimas nossas faltas;[203] e sentenças semelhantes são recorrentes nos escritos dele e nos de outros doutores antigos. É verdade que Agostinho chama, em certo lugar, às obras de misericórdia "remédios para obter o perdão dos pecados".[204] Mas, a fim de que ninguém tropece numa palavrinha, ele mesmo o explica em outro lugar: "A carne de Cristo", diz, "é o verdadeiro e único sacrifício pelos pecados. Não somente por todos aqueles que nos são apagados no batismo, mas por aqueles que depois se nos insinuam por fraqueza, por causa dos quais toda a Igreja clama diariamente: 'Perdoai-nos nossas dívidas!' (Mt 6, 12). E nos são perdoados por causa daquele único sacrifício".[205]

---

200 Jo. Roff. Refutationem, art. 5 p. 156ss.
201 Pseudo-Chrysostomus, In Ps. 50 homil. 2, 2 opp. T. V 711 CD.
202 Pseudo-Aug., De ecclesiasticis dogmatibus c. 24 (al. C. 54) MSL 42, 1218.
203 Chrysostomus, In Genesin hom. 10, 2 opp. T. IV. 89 A.
204 Aug., Enchir. 72 MSL 40, 266; ed. Scheel c. XIX, 72 p.46.
205 Aug., Contra duas epist. Pelagianorum III, 6, 16 MSL 44, 600; CSEL 60, 505. 5ss.

39. Além disso, muitas vezes eles chamaram satisfação não à compensação dada a Deus, mas ao testemunho público pelo qual aqueles que haviam sido penalizados com a excomunhão demonstravam à Igreja seu arrependimento quando queriam ser admitidos de novo à comunhão. Pois se indicavam aos penitentes certos jejuns e outras ações com as quais comprovassem que eles estavam verdadeiramente desgostosos; ou melhor, com as quais apagassem a memória de seus atos passados, e assim se dizia que se dava satisfação não a Deus, mas à Igreja. O que também foi explicado por Agostinho, com as mesmas palavras, no livro a Laurêncio.[206] Desse antigo ritual tiveram origem as confissões e satisfações que estão em uso hoje em dia. Crias de víboras, decerto, com que se fez de tal forma que não restou nem sombra do que havia de melhor naquela fórmula. Sei que os antigos falam às vezes com certa dureza; e, como disse acima, não nego que talvez se tenham equivocado. Mas o que estava antes maculado por pequenas nódoas foi emporcalhado por completo quando tocado pelas mãos sujas destes. E, se vamos disputar acerca da autoridade dos antigos, que antigos, bom Deus, eles nos impõem? Boa parte das sentenças com que Lombardo, seu porta-voz, compôs suas mentiras foi colhida de certos delírios tolos de monges que se fizeram passar por Ambrósio, Jerônimo, Agostinho e Crisóstomo.[207] Como, no presente argumento, ele extrai quase tudo de um livro de Agostinho sobre a penitência, que, costurado ineptamente por algum rapsodo com bons e maus autores em igual medida, de fato leva o nome de Agostinho. Mas ninguém medianamente douto dignar-se-á a reconhecê-lo como dele.[208] Que os leitores me desculpem se não investigo com mais argúcia suas inépcias, pois lhes quero diminuir o enfado. Com certeza não me seria muito trabalhoso expor, para seu grande opróbrio, o que eles se jactaram de ser grandes mistérios. Poderia fazê-lo com intenso aplauso de muitos. Mas, porque meu propósito é ensinar coisas proveitosas, deixá-lo-ei de lado.

---

206 Aug., Enchir. 65 MSL 40, 263; ed. Scheel c. XVII, 65 p.41; Decr. Grat. II C. 33. Q. 3 (De poenit.) c. 84 Friedberg I, 1183.
207 O. Baltzer, Die Sentenzen des Petrus Lombardus, p.3.
208 Lomb., Sent. IV. dist. 14-22. MSL 192, 868-899.

Capítulo V

Sobre os suplementos que os papistas acrescentam à satisfação, isto é, as indulgências e o purgatório.

 a doutrina da satisfação procedem as indulgências. Pois os papistas propalam que as faculdades que nos faltam para a satisfação se suprem com as indulgências. E chegam a tal grau de loucura que as definem como uma dispensação dos méritos de Cristo e dos mártires, a qual o papa distribui em suas bulas.[209] Realmente, são mais dignos do heléboro que de argumentos, e não valeria muito a pena deter-se em refutar erros tão frívolos, que, atacados por muitos aríetes, começam a enfraquecer e a desmoronar. Como, no entanto, uma breve refutação será útil para alguns imperitos, não a omitirei. Que as indulgências tenham-se conservado durante tanto tempo e mantido, em tão imoderada e furiosa lascívia, uma tão duradoura impunidade, isso pode servir de prova do quanto os homens estiveram, por tantos séculos, imersos numa longa noite de erros. Viam que eram ludibriados pelo papa e por seus cúmplices abertamente, às escâncaras; que se fazia um comércio lucrativo da salvação de suas almas; que se taxava o preço da salvação com umas poucas moedas; que não se dava nada de graça; que, sob o pretexto das oferendas, tiravam-lhes dinheiro com a finalidade de esbanjá-lo torpemente com rameiras, rufiões e comilanças; viam que aqueles que mais elogiavam as indulgências eram os que mais as desprezavam; que esse monstro crescia e se fortalecia a cada dia com maior atrevimento e que isso não tinha fim, que sempre tinham fôlego novo para arrancar novas moedas. E, no entanto, aceitavam as indulgências com grande veneração, adoravam-nas, compravam-nas. E até aqueles que discerniam mais claro que os outros julgavam

---

209 Thom. Aq., S. th. III suppl. q. 25. art. 1. corp.

que eram fraudes piedosas, com as quais podiam ser enganados com algum proveito. Quando enfim o mundo começou a ter um pouco de sensatez, as indulgências começaram a esfriar e, pouco a pouco, estão se congelando, até que finalmente desapareçam.

2. Entretanto, uma vez que há muitos que, embora vejam as sujeiras, as imposturas, os furtos e os roubos (com os quais os distribuidores de indulgências zombaram de nós e nos enganaram até o momento), não enxergam contudo a fonte mesma da impiedade, vale a pena apontar não apenas de que natureza as indulgências são mas também o que são quando totalmente limpas de toda mácula. Chamam-nas "tesouro da Igreja", "méritos de Cristo e dos santos apóstolos e mártires". Imaginam (como já o mencionei de passagem) que foi outorgada ao bispo de Roma a custódia integral de tal riqueza, em poder de quem está a dispensação de tantos bens, uma vez que ele pode, por si, prodigalizá-lo e delegar a outros o direito de prodigalizá-lo. Daqui vêm as indulgências, às vezes vitalícias, às vezes de alguns anos, concedidas pelo papa; as concedidas pelos cardeais, de cem dias; e as concedidas pelos bispos, de quarenta.[210] Não obstante, elas são (para descrevê-las de verdade) uma profanação do sangue de Cristo e um embuste de Satanás para afastar o povo cristão da graça de Deus e da vida que há em Cristo e separá-lo do verdadeiro caminho da salvação. Pois como se poderia profanar o sangue de Cristo de forma mais abjeta que negando ser Ele suficiente para a remissão dos pecados, para a reconciliação, para a satisfação, a menos que seja suprido e completado em outra parte do que lhe falta, como se estivesse ressecado e exaurido? "De Cristo dão testemunho a Lei e todos os profetas, porque a remissão dos pecados é recebida por Ele", diz Pedro (At 10, 43); as indulgências prodigalizam a remissão dos pecados por Pedro, por Paulo e pelos mártires. "O sangue de Cristo", diz João, "nos limpa do pecado" (1Jo 1, 7); as indulgências tornam o sangue dos mártires purificação dos pecados. Cristo, diz Paulo, "que não cometeu pecado, Deus o fez pecado por nós (isto é, satisfação do pecado), para que nele nos tornássemos justiça de Deus" (2Co 5, 21); as indulgências põem a satisfação dos pecados no sangue dos mártires. Paulo gritava e testemunhava aos coríntios que só Cristo foi crucificado e morreu por eles (1Co 1, 13); as indulgências anunciam que Paulo e os demais morreram por nós. E, em outro lugar, se diz que Cristo adquiriu a Igreja com seu sangue (At 20, 28); as indulgências estabelecem um

---

210 Innocentius III. in concil. Later. IV. 1215, Decretal. Lib. V tit. 28; Thomas Aq., S. th. III, suppl. q. 26. art. 3.

outro preço para sua aquisição, o sangue dos mártires. "Com uma só oferenda", diz o apóstolo, "Cristo tornou os santificados perfeitos para sempre" (Hb 10, 14); as indulgências objetam que a santificação é completada pelos mártires, pois, de outra forma, não seria suficiente. João diz que todos os santos "lavaram suas túnicas no sangue do Cordeiro" (Ap. 7, 14); as indulgências ensinam a lavar as túnicas no sangue dos santos.

3. Leão, bispo de Roma, fala brilhantemente contra esses sacrilégios numa epístola aos palestinos. Diz: "Ainda que a morte de muitos santos tenha sido preciosa aos olhos do Senhor (Sl 116, 15), o assassinato de nenhum inocente foi propiciação do mundo. Os justos receberam suas coroas, não as deram, e da fortaleza dos fiéis nasceram exemplos de paciência, não dons de justiça. A morte de cada um deles foi individual, e nenhum deles pagou a dívida de outros com o fim da própria vida; pois houve um único Senhor, o Cristo, em quem todos foram crucificados, todos foram mortos, sepultados e ressuscitados".[211] Sentença que, por ser memorável, voltou a repetir em outro lugar.[212] Certamente, não se pode desejar nada mais claro para refutar esse dogma ímpio. Com não menos exatidão, Agostinho diz a este propósito: "Mesmo que, irmãos, morramos por nossos irmãos, ainda assim o sangue de nenhum mártir é derramado para a remissão dos pecados, o que Cristo fez por nós; e não o fez para que o imitássemos, mas no-lo concedeu para que agradecêssemos".[213] E, em outro lugar: "Assim como só o Filho de Deus se fez homem para consigo fazer-nos filhos de Deus, só ele, não merecedor de seus males, sofreu a pena em nosso lugar, a fim de que nós, não merecedores de nossos bens, conquistássemos uma graça indevida".[214] É certo que toda a doutrina deles está costurada com horrendos sacrilégios e blasfêmias, mas esta é uma blasfêmia monstruosa, mais do que as outras. Reconheçam se são ou não suas estas prescrições: que, com sua morte, os mártires fizeram mais e foram mais merecedores diante de Deus do que o necessário; que sua prodigalidade de méritos foi tão excessiva que ela transbordou sobre os demais; que, para que um bem tão grande não se perdesse, o sangue deles mesclou-se com o de Cristo, e de ambos se constitui o tesouro da Igreja para remissão e satisfação dos pecados;[215] e assim se deve entender o que diz Paulo: "Supro em minha carne o que

---

211 Leo I, Ep. 124, 4, MSL 54, 1064/65.
212 Idem, Ep. 165, 5 MSL 54, 1161/63.
213 Aug., In Ioh. Tract. 84, 2 MSL 35, 1847.
214 Aug., Contra duas ep. Pelag. ad Bonif. IV 4, 6 MSL 44, 613; CSEL 60, 526, 19ss.
215 Thomas Aq., S. th. III suppl. q. 25. art. 1 corp.; Io. Eckii Enchir. Cap. 24 J5 a ss.

falta às aflições de Cristo em favor de seu corpo, que é a Igreja" (Cl 1, 24). Que é isso senão abandonar o nome de Cristo e torná-lo outro santinho vulgar, que dificilmente pode ser reconhecido na multidão? Um, um só, ele, deveria ser pregado, só ele proposto, só ele nomeado, só ele olhado, quando se tratasse de obter a remissão dos pecados, a expiação e a santificação. Mas ouçamos seus entimemas. Para não ser derramado sem proveito, o sangue dos mártires deve contribuir para o bem geral da Igreja. E porventura é assim? Acaso não houve proveito algum em glorificar a Deus com sua morte? Em favorecer a verdade com seu sangue? Em dar testemunho de seu desprezo à vida presente ao buscar outra melhor? Em confirmar a fé da Igreja com sua constância, e em quebrar a obstinação de seus inimigos? Mas, sem dúvida, eles não reconhecem proveito algum se só Cristo for o propiciador, se só ele tiver morrido por nossos pecados, se só ele for oferecido por nossa redenção. Contudo, dizem, se Pedro e Paulo tivessem morrido em seus leitos, teriam alcançado a coroa da vitória. Como lutaram até derramar o próprio sangue, não conviria à justiça de Deus deixá-lo estéril e sem proveito. Como se Deus não soubesse aumentar a glória em seus servos conforme a medida de seus dons! E suficientemente grande é a utilidade que recebe a Igreja em geral quando, com os triunfos dos mártires, acende-se o zelo em lutar.

4. Quão maliciosamente distorcem o texto de Paulo em que diz que ele supre em seu corpo o que faltava aos sofrimentos de Cristo (Cl 1, 24)! Pois ele não se refere ao defeito nem ao suplemento da obra da redenção, da satisfação ou da expiação, mas aos sofrimentos com os quais convêm que os membros de Cristo, ou seja, todos os fiéis, sejam exercitados enquanto estiverem nesta carne. Diz, pois, que subsiste isto dos sofrimentos de Cristo: que, aquilo que ele padeceu em si uma vez, padece-o a cada dia em seus membros. Cristo tem por bem fazer-nos a honra de reputar e carregar como seus os nossos sofrimentos. E quando Paulo acrescenta que sofria pela Igreja, não o entende como redenção, reconciliação ou satisfação da Igreja, mas para sua edificação e crescimento. Como diz em outro lugar: que suporta tudo por causa dos eleitos, para que alcancem a salvação que está em Jesus Cristo (2Tm 2, 10). E aos coríntios escrevia que suportava quaisquer tribulações pelo consolo e a salvação deles (2Co 1, 6). E em seguida, quando acrescenta que fora constituído ministro da Igreja, explica que o fora não para a redenção, mas para pregar o Evangelho, conforme a dispensação que lhe fora encomendada.[216] E, se querem ainda um outro intérprete, escutem Agosti-

---

216 Cl 1, 25.

nho: "Os sofrimentos de Cristo estão só em Cristo, como na cabeça; em Cristo e na Igreja, como em todo o corpo. Por esse motivo, Paulo, um de seus membros, diz: 'Supro em meu corpo o que falta às paixões de Cristo'. Se tu, quem quer que ouças isto, és um dos membros de Cristo, o que quer que padeceres de parte daqueles que não são membros de Cristo, tudo isso faltava aos sofrimentos de Cristo" (Sl 61).[217] E, em outro lugar, expõe a qual fim tendem os sofrimentos que os apóstolos padeceram pela Igreja: "Cristo é a porta para que Eu entre em vós, porque sois ovelhas de Cristo, compradas com seu sangue. Reconhecei vosso preço, que não é dado, mas pregado por mim". E logo acrescenta: "... como ele entregou sua alma, assim nós devemos entregar nossas almas pelos irmãos, para a edificação da paz, para a confirmação da fé".[218] Isso diz Agostinho. Mas não que Paulo tenha imaginado que faltava algo aos sofrimentos de Cristo no que diz respeito a toda a plenitude da justiça, da salvação e da vida; ou que tenha desejado acrescentar algo, ele que tão esplêndida e magnificamente prega que a pujança da graça por meio de Cristo se derramou com tanta liberalidade que sobrepujara de longe toda a força do pecado (Rm 5, 15). Somente por ela todos os santos se salvaram, não por mérito de sua vida ou de sua morte, como claramente Pedro o atesta (At 15, 11); de forma que será um insulto contra Deus e contra Cristo se alguém depositar a dignidade de algum santo em outro lugar que não seja somente a misericórdia de Deus. Mas para que me demoro tanto nisso, como se fosse coisa até aqui obscura, quando só o fato de expor tais monstros já é vencer?

5. Além disso, como deixaremos para trás tais abominações, quem ensinou ao papa a encerrar a graça de Jesus Cristo em chumbo e pergaminho, quando o Senhor quis que fosse distribuída com a Palavra do Evangelho? Evidentemente, ou o Evangelho de Deus é mentiroso, ou mentirosas são as indulgências. Pois Paulo é testemunha de que Cristo nos é apresentado no Evangelho, com toda a abundância dos bens celestiais, com todos os seus méritos, com toda a sua justiça, sabedoria e graça, sem exceção alguma, quando diz que a palavra de reconciliação está depositada nos ministros, para que assim desempenhem essa missão, como se Cristo estivesse exortando por eles: "Suplicamo-vos: reconciliai-vos com Deus. Aquele que não cometeu pecado, Deus o fez pecado por nós, para que nele nos tornássemos justiça de Deus" (2Co 5, 18). E os

---

217 Aug., In Ps. 61, 4 MSL 36, 730s.
218 Aug., In Ioh. Tract. 47, 2 MSL 35, 1733.

fiéis sabem o que vale a κοινωνία de Cristo, que, pelo testemunho do próprio apóstolo, se nos oferece no Evangelho para dela usufruirmos. Ao contrário, as indulgências tiram do armário do papa um pouco da graça e a afixam num pergaminho com chumbo, encerrado em determinado lugar, separada à força da Palavra de Deus. Se alguém perguntar a origem das indulgências, parece que esse abuso é proveniente de que, como antigamente se impunham aos penitentes satisfações mais severas do que podiam ser suportadas por todos, aqueles que se sentiam por demais sobrecarregados com a penitência que lhes era imposta, pediam alguma mitigação à Igreja. À remissão que se fazia a esses tais era chamada indulgência. Mas, quando transferiram as satisfações para Deus e disseram que são compensações com as quais os homens se redimem do julgamento de Deus, levaram ao mesmo tempo as indulgências como se fossem remédios expiatórios que nos liberam das penas merecidas. E com tamanha impudícia inventaram aquelas blasfêmias a que nos referimos, que não admitem pretexto algum.

6. Já nem nos incomodamos com seu purgatório, que, com este nosso machado, é quebrado, demolido e derrubado por completo, desde as fundações. Pois eu não concordo com aqueles que julgam que se deveria fazer vista grossa nessa parte e omitir a menção ao purgatório, do que, segundo dizem, originam-se lutas árduas e extrai-se pouca edificação. Na verdade, eu também opinaria que tais bagatelas deveriam ser negligenciadas se não arrastassem atrás de si questões sérias. Mas, dado que o purgatório está construído sobre muitas blasfêmias, e a cada dia se apoia em outras novas, suscitando muitos e graves escândalos, de certo não se deve passar por alto. Em todo caso, talvez se pudesse fazer de conta por um tempo que foi inventado sem a Palavra de Deus, por uma temeridade curiosa e audaz, porque se acreditou nele por causa de não sei quais revelações inventadas pela arte de Satanás, porque alguns passos da Escritura foram ineptamente distorcidos para confirmá-lo. Mesmo que o Senhor não tolere a audácia humana em irromper assim no recesso de seus julgamentos secretos e que tenha proibido perguntar a verdade aos mortos (Dt 18, 11), nem consinta que sua Palavra seja contaminada tão impiamente. Aceitemos, no entanto, que isso pudesse ter sido tolerado por algum tempo, como coisa sem importância. Mas quando se busca a expiação dos pecados em outro lugar que não no sangue de Cristo e quando a satisfação é transferida a outra parte, o silêncio é perigosíssimo. Logo, devemos gritar não apenas com o esforço da voz, mas também da garganta e dos pulmões, que o purgatório é uma invenção letal de Satanás, que anula a cruz de Cristo e que inflige uma insuportável afronta à misericórdia de Deus, que dissipa e destrói nossa fé. Pois que é o purgatório para eles senão uma satisfação paga pelas almas dos defuntos por seus pecados? Tanto que, abandonada a fantasia da satisfação, ele imediatamente vem abaixo por completo. E se já é mais do que claro desde a questão anterior, o sangue de Cristo é a única satisfação, expiação e purificação pelos pecados dos fiéis, que resta, a não ser que o purgatório é mera e horrível blasfêmia contra Cristo? Deixo passar os sacrilégios com os quais é defendido a cada dia, os escândalos que causa na religião e as inúmeras outras coisas que observamos terem origem de tal fonte de impiedade.

7. É necessário, no entanto, arrancar-lhes das mãos os textos da Escritura de que eles falsa e indevidamente costumam lançar mão. Dizem que, quando o Senhor assevera que o pecado contra o Espírito Santo não será perdoado nem neste mundo nem no vindouro (Mt 12, 32; Mc 3, 28; Lc 12, 10), afirma com isso que haverá a remissão de alguns pecados no mundo vindouro. Mas quem não vê que o Senhor fala ali da culpa do pecado? Se é assim, que tem a ver com o purgatório? Visto que, segundo sua própria opinião, ali se apaga a pena pelos pecados, cuja culpa negam que seja perdoada na vida presente... No entanto, para que não continuem a nos incomodar com seus clamores, terão uma solução mais clara. Como o Senhor quisesse eliminar toda a esperança de perdão de crime tão odioso, não considerou suficiente dizer que nunca haveria de ser perdoado, mas, para sublinhá-lo ainda mais, fez uso de uma divisão, com a qual abarcou tanto o julgamento que a consciência de cada um sente nesta vida quanto o Juízo Final, que terá lugar publicamente no dia da ressurreição. Como se dissesse: "Acautelai-vos da maliciosa rebelião, bem como da perdição iminente. Pois aquele que tiver a intenção deliberada de extinguir a luz do Espírito Santo que se lhe ofereceu, este não conseguirá nem nesta vida o perdão que se concede aos pecadores para sua conversão, nem no último dia, quando pelos anjos de Deus forem separados os cordeiros dos cabritos e o reino celestial for purificado de todos os escândalos". Propagam também aquela parábola de Mateus: "Entra em concórdia com teu adversário, para que ele não te entregue ao juiz, e o juiz, ao oficial, e o oficial ao cárcere, de onde não sairás dali enquanto não pagares o último centavo" (Mt 5, 25). Se, neste passo, por juiz entende-se Deus; por adversário, o Diabo; por oficial, o anjo; e por cárcere, o purgatório, de bom grado lhes estenderei a mão. Mas se ninguém ignora que Cristo quis mostrar aí a quantos males e perigos expõem-se

aqueles que obstinadamente preferem levar o processo até o fim a resolvê-
-lo num acordo justo e bom, a fim de exortar os seus mais veementemente à justa concórdia. Onde, pergunto, encontrar-se-á aí o purgatório?

8. Buscam argumento nas palavras de Paulo, quando ele afirma que
"em nome de Jesus, todo joelho se dobra nos céus, na terra e abaixo da
terra" (Fp 2, 10). Pois eles têm por incontestável que não se pode entender "aqueles que estão abaixo da terra" como "aqueles que estão condenados à condenação eterna". Por conseguinte, nada mais resta do que
serem as almas que estão padecendo no purgatório. Não teriam racioci-
nado tão pessimamente se o apóstolo tivesse designado por "dobrar todo
joelho" o verdadeiro culto da piedade; mas como ele simplesmente ensina que foi conferido a Cristo o poder sob o qual submeter todas as criaturas, que nos impede de entender "aqueles que estão abaixo da terra"
por demônios, os quais, tendo reconhecido o Senhor como seu juiz, certamente comparecerão diante de seu tribunal com terror e tremor? De
igual forma o próprio Paulo interpreta, em outro lugar, a mesma profecia: "Todos compareceremos perante o tribunal de Cristo. Porque o Senhor diz: todo joelho se dobrará diante de mim" etc. (Rm 14, 10). Todavia, não é lícito interpretar dessa maneira aquilo que diz o *Apocalipse*:
"... e todas as criaturas que estão no céu, na terra, debaixo da terra e no
mar, e todas as coisas que há aí, eu as ouvi dizer: 'ao que está sentado no
trono e ao Cordeiro, o louvor e a honra, a glória e o poder, pelos séculos
dos séculos'" (Ap 5, 13). Concedo-o facilmente. Mas de que criaturas
pensam que se trata, aqui? Pois decerto que aqui se compreendem as
criaturas que carecem de razão e as inanimadas. E com isso não se afirma senão que todas as partes do mundo, desde o mais alto dos céus até
o centro da terra, contam cada uma a seu modo a glória do Criador.
Quanto ao que dizem sobre a história dos macabeus (2Mc 12, 43), nem
me dignarei a uma resposta, para que não pareça que incluo este livro
no catálogo dos livros santos. Mas Agostinho o aceita como canônico.
Primeiro, com que garantia? "Os judeus", diz, "não consideram o livro dos
macabeus da mesma forma que a Lei, os *Profetas* e os *Salmos*, dos quais
o Senhor dá testemunho como de testemunhas suas, dizendo: 'Era
necessário que se cumprisse tudo o que está escrito de mim na Lei,
nos *Salmos* e nos *Profetas*' (Lc 24, 44). Mas essa história foi aceita pela
Igreja não sem utilidade, se com sobriedade é lida ou escutada" etc.[219]
Jerônimo, porém, ensina sem hesitação que a autoridade desse livro não

---

219 Aug., Contra Gaudentium I 31, 38 MSL 43. 729.

tem nenhuma força para confirmar dogmas. E naquele livrinho antigo, escrito sob o nome de Cipriano, sobre a exposição do Símbolo, consta explicitamente que esse livro não tinha nenhuma importância na Igreja primitiva. Mas o que combato aqui em vão? Como se o próprio autor do livro não mostrasse o quanto ele deve ser respeitado, quando, no fim, pede desculpas se houver dito algo não muito bem (2Mc 15, 39). É claro que aquele que confessa a necessidade de lhe perdoarem seus escritos não clama que são oráculos do Espírito Santo. Acrescenta que a piedade de Judas é louvada não por outro motivo do que por ele ter a firme esperança da última ressurreição, ao enviar a Jerusalém a oferenda pelos mortos. Pois o escritor da história não o atribui a um preço de que necessitava da redenção, mas porque estavam associados na vida eterna com os demais fiéis que haviam morrido para defender sua pátria e sua religião. Realmente, esse ato não estava isento de superstição e de um zelo despropositado; mas são insensatos os muitos que até agora o atribuem a um sacrifício legal, uma vez que sabemos que todos os usos de então cessaram com o advento de Cristo.

9. Mas têm em Paulo uma arma invencível, que não pode ser abatida assim tão facilmente: "Se alguém edificar sobre este alicerce com ouro, prata, pedras preciosas ou com madeira, feno, palha, a obra de cada um será conhecida; porque o Dia a manifestará, pois ele se revelará pelo fogo, e o fogo porá à prova a obra de cada um. Se a obra de alguém se queimar, ele sofrerá perda, mas ele mesmo será salvo, como que através das chamas" (1Co 3,12). Que pode ser esse fogo, dizem, senão o purgatório, por meio do qual são limpas as imundícies dos pecados, para que entremos puros no reino de Deus? No entanto, a maioria dos autores antigos entendeu ser outro o sentido dessa passagem, ou seja, que o fogo era a tribulação e a cruz com que o Senhor põe os seus à prova, para que não encontrem repouso nas imundícies da carne; o que é muito mais provável que a fantasia de um purgatório! Embora eu não concorde tampouco com eles, porque me parece que cheguei a uma compreensão muito mais precisa e clara dessa passagem. Mas, antes de a expor, gostaria que me respondessem se pensam que os apóstolos e todos os santos tiveram de passar por esse fogo do purgatório. Sei que o negarão. Pois seria absurdo demais que tivessem necessidade de ser purificados aqueles cujos méritos além de qualquer medida podem ser repartidos por todos os membros da Igreja, segundo sonham. Ora, o apóstolo afirma isso, e não diz que a obra de alguns há de ser provada, mas a de todos. E esse argumento não é meu, mas de Agostinho, que assim se opunha àquela interpretação. E (o que é ainda mais absurdo), Paulo não diz que hão de receber a recompensa, quando sua obra tiver sido posta à prova pelo fogo, aqueles que passarem por ele por causa de suas obras, mas sim aqueles que tiverem edificado a Igreja com a maior fidelidade possível. Vemos a princípio que o apóstolo fez uso de uma metáfora, quando chamou as doutrinas inventadas pela cabeça dos homens de madeira, feno e palha. A razão dessa metáfora também é clara: assim como a madeira, ao ser lançada ao fogo, imediatamente se consome e se perde, assim também as doutrinas humanas não poderão perdurar quando acontecer de serem submetidas a exame. Além disso, não é segredo para ninguém que o Espírito de Deus é que fará esse exame. Pois, para desenrolar o fio da metáfora e ajustar as partes entre si com uma correlação precisa, chamou fogo ao exame do Espírito Santo. Pois, assim como o ouro e a prata, quanto mais perto do fogo são colocados, com tanto mais certeza dão prova de sua integridade e pureza, assim a verdade do Senhor, quanto mais cuidadosamente se submete a exame espiritual, maior confirmação recebe de sua autoridade. E como o feno, a madeira, a palha, lançados ao fogo, são consumidos rapidamente, assim as invenções dos homens, não confirmadas pela Palavra do Senhor, não podem suportar o exame do Espírito Santo sem ser imediatamente lançadas por terra e destruídas. Finalmente, se as doutrinas inventadas são comparadas à madeira, ao feno e à palha, porque, como se fossem lenha, feno e palha, são queimados pelo fogo e reduzidas a nada, não são destruídos e derrotados senão pelo Espírito do Senhor, segue-se que o Espírito é aquele fogo pelo qual são examinados. A essa prova Paulo chama "o Dia do Senhor", segundo o uso costumeiro da Escritura. Pois se diz que é "Dia do Senhor" cada vez que Ele manifesta, de alguma forma, sua presença aos homens. Então, o mais importante: sua face brilha quando sua verdade brilha. Já provamos, portanto, que Paulo entende por fogo não outra coisa que o exame do Espírito Santo. Resta agora compreender de que maneira serão salvos por esse fogo aqueles que experimentarão algum detrimento de sua obra. Não será difícil entendê-lo se nos dermos conta de que tipo de gente o apóstolo fala. Refere-se, com efeito, àqueles que, querendo edificar a Igreja, mantêm o verdadeiro fundamento; mas sobre ele põem uma matéria que não lhe vai, quer dizer, que, sem se afastar dos princípios necessários e fundamentais da fé, enganam-se com respeito a alguns pontos de menor importância e não tão perigosos, mesclando suas vãs fantasias com a verdade de Deus. A obra destes tais sofrerá detrimento quando suas fantasias forem desmascaradas. Mas eles se salvarão, ainda que como pelo fogo; o Senhor não aceitará seus erros e ignorância, mas, pela graça de seu Espírito, livra-los-á dela. Portanto, todos os que contaminaram a santíssima pureza da Palavra de Deus com essa hediondez do purgatório necessariamente sofrerão detrimento em sua obra.

10. Mas esse foi o mais antigo costume da Igreja, dirão. Paulo soluciona essa objeção quando compreende também os homens de seu tempo na sentença em que anuncia que todos aqueles que tiverem colocado algo na construção da Igreja que seja menos consentâneo com seu alicerce, perderão seu trabalho. Logo, quando meus adversários objetam que o costume de orar pelos defuntos foi admitido há mais de mil e trezentos anos, eu, em contrapartida, lhes pergunto com que Palavra de Deus, com que revelação e com que exemplo isso se fez. Pois não somente lhes faltam aqui testemunhos da Escritura, mas todos os exemplos dos santos que ali se leem não mostram nada semelhante. Temos ali muitas, e às vezes longas, narrativas sobre o luto e o sepultamento; mas sobre preces não vês uma única linha. E, quanto maior a importância do fato, mais teria de ser mencionado. E ainda, os próprios antigos que faziam preces pelos mortos viam que estavam aí desprovidos tanto de um mandamento de Deus quanto de um exemplo legítimo. Por que, então, atreveram-se? A isso respondo que é porque eram homens; e, por isso, afirmo que não se deve imitar o que fizeram. Pois, como os fiéis não devem aprovar nada a não ser com a consciência convicta, tal qual diz Paulo (Rm 14, 23), essa convicção se requer sobretudo na oração. É crível, no entanto, que eles tenham sido movidos a isso por alguma razão. Certamente buscavam algum consolo com que aliviar sua tristeza, e lhes parecia desumano não dar algum testemunho de amor a seus mortos diante de Deus. Todos têm experiência de como é a propensão da natureza humana a esse afeto. Além disso, esse costume foi aceito como à maneira de uma tocha, que acendesse o fogo nos espíritos de muitos. Sabemos que foi costume difundido entre todos os povos e em todos os tempos oferecer aos mortos e purificar suas almas todos os anos. E ainda que Satã tenha iludido aos tolos mortais com tais artifícios, a ocasião de enganá-los, entretanto, partiu deste princípio verdadeiro: o de que a morte não é a anulação do homem, mas um trânsito desta vida à outra. E não há dúvida de que a mesma superstição convencerá os gentios diante do tribunal de Deus, porque negligenciarão o cuidado da vida futura, na qual declaravam crer. Ora, para não ficarem atrás dos profanos, os cristãos envergonharam-se de não oferecer nenhum ofício aos mortos, como se houvessem deixado de existir completamente. Daí procede tão grande empenho: porque se

fossem descuidados nas cerimônias fúnebres, nos banquetes e nas oferendas, pensavam que haveriam de ser expostos a grande opróbrio. E o
que surgiu dessa perversa emulação foi pouco a pouco aumentando com
novos acréscimos, de tal maneira que a principal santidade do papado é
levar socorro aos mortos que padecem. Mas a Escritura oferece outro consolo, muito melhor e mais sólido, quando atesta que são bem-aventurados os mortos que morrem no Senhor (Ap14, 13). E acrescenta a razão:
que, ao morrer, descansam de seus padecimentos. E não nos devemos
entregar a nosso amor ao ponto de introduzir na Igreja uma maneira
perversa de orar. Sem dúvida, qualquer pessoa dotada de medíocre prudência reconhece facilmente que tudo o que se lê nos escritores antigos
sobre esse tema deveu-se ao costume do público e à ignorância do vulgo. Eles mesmos, admito-o, incorreram nesse erro, de tanto que a incon-
siderada credulidade costuma privar de juízo a mente dos homens. Entretanto, seu próprio ensinamento demonstra com quanta hesitação
recomendavam as preces pelos mortos. Agostinho, no livro das *Confissões*, conta que Mônica, sua mãe, pediu-lhe veementemente que se lembrasse dela no altar ao celebrar os mistérios — por certo o desejo de uma
anciã, que o filho não apreciou de acordo com a regra da Escritura, mas
quis que fosse aprovado pelos demais por causa de seu afeto natural de
filho.[220] Mas o livro *Do cuidado que se deve ter para com os mortos*,
composto por ele, contém tantas hesitações que deve extinguir com sua
frialdade o calor do insensato ardor de quem deseje ser patrono dos
mortos.[221] Certamente, com frias verossimilhanças, reconduzirá à segurança aqueles que antes andavam preocupados. Pois eis seu único apoio:
que, como o costume de fazer preces pelos mortos se consolidou, não se
deve menosprezar tal prática. De resto, ainda que conceda que os sufrágios pelos mortos parecessem aos escritores antigos da Igreja uma coisa
piedosa, deve-se manter esta regra, que não pode falhar: a de que não é
lícito introduzir algo pessoal em nossas orações, mas nossos votos devem-se submeter à Palavra de Deus, pois é prerrogativa dele prescrever-
-nos o que Ele quer que seja pedido. Ora, como toda a Lei e o Evangelho
não sugerem nem mesmo com uma só sílaba a liberdade de orar pelos
mortos, tentar mais do que nos ordena é profanação da invocação de Deus.
Mas, a fim de que nossos adversários não se vangloriem de terem a Igreja antiga como sócia de seu erro, digo que a diferença é grande. Aqueles

---

220 Aug., Confess. IX 11, 27 et 13, 37 MSL 32, 775. 779s., CSEL 33, 219, 1s. 225, 19.
221 Aug., De cura pro mortuis MSL 40, 591-610.

rememoravam os mortos para não parecer que os haviam abandonado por completo, mas, ao mesmo tempo, confessavam ter dúvidas sobre o estado em que se encontravam. Tão longe estavam de afirmar algo acerca do purgatório que o tinham por coisa incerta. Mas estes, porque sonharam com o purgatório, postulam que seja tido como dogma da fé, sem questionamento. Aqueles, sobriamente e apenas por desencargo, encomendavam seus mortos a Deus na comunhão da Ceia Sagrada. Estes insistem continuamente no cuidado para com os mortos e, com sua importuna pregação, fazem-no ser preferido a todas as demais obras de caridade. E mais, não nos seria difícil mostrar testemunhos dos antigos que combatem de forma explícita todas aquelas preces pelos mortos que eram então usuais. Como o que diz Agostinho quando ensina que "todos esperam a ressurreição da carne e a glória eterna; mas o repouso que se segue à morte, recebê-lo-á todo aquele que for digno ao morrer".[222] E, assim, atesta que todos os homens piedosos usufruem do repouso bem-aventurado, não menos que os profetas, os apóstolos e os mártires. Se tal é sua condição, de que, pergunto, lhes servirão nossas preces? Omito aquelas superstições mais crassas, com as que fascinaram os espíritos da gente simples; embora sejam numerosas, e a maioria delas tão monstruosas que não é possível cobri-las com nenhuma cor honesta. Calo também aquelas torpíssimas transações que realizaram à vontade, tão grande o entorpecimento do mundo. Pois isso nem teria fim, e, mesmo sem as mencioná-las, os leitores piedosos já têm aqui o suficiente com que fortalecer sua consciência.

---

222 Aug., In Ioh. Tract. 49, 10 MSL 35, 1751.

Capítulo VI

Sobre a vida do homem cristão e, especialmente, com que argumentos a Escritura nos exorta a ela.

issemos que o objetivo da regeneração é os fiéis cultivarem em sua vida simetria e consenso entre a justiça de Deus e a obediência a ela,[223] e, desse modo, ratificarem a adoção pela qual foram recebidos como filhos. E, ainda que a Lei de Deus contenha em si aquela novidade pela qual se restaura em nós a imagem de Deus, no entanto, como nossa lerdeza tem necessidade tanto de muitos estímulos quanto de escoras, será útil extrair de passagens diversas da Escritura uma ordem com que organizar nossa vida, para que aqueles que desejam o arrependimento não se percam em sua intenção. Além disso, quando proponho que a vida de um cristão deva ser formada, não ignoro que ingresso num tema variado e copioso e que, por sua extensão, poderia preencher um longo volume, se me aprouvesse esgotá-lo em todas as suas partes. Pois vemos em quão grande prolixidade derramam-se as advertências dos doutores antigos, compostas somente sobre cada uma das virtudes em particular. E não por excessiva loquacidade, mas porque, se alguém se propuser a recomendar qualquer virtude, sua pena será conduzida pela abundância de matéria a tal amplitude que lhe parecerá não haver desenvolvido bem o tema se não disser muitas coisas. Mas minha intenção não é desenvolver uma instrução de vida que descreva cada uma das virtudes em particular e que se estenda em exortações. Isso se pode obter nos escritos de outros, principalmente nas homilias dos doutores antigos. Para mim já será o bastante se expuser um método pelo qual o homem piedoso seja encaminhado ao objetivo correto, o de uma vida ordenada. E, assim, demar-

---

223 Institutio, III, III, 9.

carei sucintamente certa regra geral, segundo a qual ele possa direcionar suas ações. Talvez haja tempo, em outra ocasião, para tais discussões; ou talvez deixe essa parte para outros, por não ser eu o mais indicado. Por inclinação natural, agrada-me a brevidade. E talvez não conseguisse, se quisesse, falar de modo mais copioso. Mesmo que um método de ensino mais prolixo fosse muito mais plausível, dificilmente eu me permitiria experimentá-lo. Além disso, o método da presente obra exige que exponhamos uma doutrina simples com a maior brevidade possível. Assim como os filósofos corretos e honestos têm fins claros, e daí deduzem os deveres particulares de todas as virtudes, da mesma forma a Escritura não apenas não carece de ordem nesse ponto, como tem uma disposição belíssima e muito mais clara que a de todos os filósofos. A única diferença é que estes, por serem homens ambiciosos, afetaram propositalmente uma excelente perspicuidade de disposição, para ostentar a destreza de seu engenho. Mas o Espírito de Deus, por ensinar sem afetação, nem sempre observou tão exatamente uma organização metódica, que, no entanto, quando a coloca em algum lugar, mostra bem que não a devemos negligenciar.

2. Além disso, a ordem da Escritura de que falamos consiste essencialmente de dois pontos. O primeiro é instilar e introduzir em nosso coração o amor à justiça, ao qual não somos propensos em absoluto por nossa natureza. O outro, prescrever-nos uma regra certa, que não nos permita afastar-nos do caminho da justiça. A Escritura tem várias e excelentes razões para inclinar-nos à justiça, das quais já mencionamos muitas em diversos lugares, e aqui abordaremos de passagem outras tantas. De qual princípio poderíamos começar melhor senão da advertência da necessidade de sermos santificados, já que nosso Deus é santo? Porque estávamos dispersos como ovelhas desgarradas e perdidos no labirinto deste mundo, Ele nos recolheu, para a Ele nos unir. Quando ouvimos uma menção à nossa união com Deus, recordemos que é preciso o laço dessa união ser a santidade. Não porque cheguemos à comunhão com Ele por mérito de nossa santidade (pois, antes de nos unir a Ele, é necessário sermos banhados por sua santidade, para que o sigamos quando Ele chamar), mas porque sua glória está muito ligada a não ter familiaridade alguma com a iniquidade e a imundície. Por essa razão, a Escritura ensina ser esta a finalidade de nossa vocação, para a qual convém estarmos sempre voltados, se quisermos responder a Deus quando nos chama (Is 35, 8ss.). Pois de que nos serviria ser tirados da maldade e da corrupção do mundo, em que estávamos imersos, se desejamos chafurdar nelas a vida toda? Além disso, ao mesmo tempo adverte-nos que, para ser contados entre o povo do Senhor, é necessário habitarmos na cidade santa de Jerusalém, que Ele consagrou a si e, por isso, não é lícito que seja profanada com a impureza de seus habitantes. Daí a afirmação de que há de haver um lugar no tabernáculo de Deus para aqueles que andam sem mácula e buscam a justiça (Sl 15, 2.24). Porque não convém que o santuário em que Ele habita esteja cheio de sujeiras, como um estábulo.

3. E, para melhor despertar-nos, mostra-nos de que forma Deus Pai nos reconciliou consigo em seu Cristo, como gravou nele imagem à qual quer que nos conformemos (Rm 6, 18). Ora, que me mostrem uma economia superior entre os filósofos aqueles que somente entre estes acham que há uma filosofia moral disposta devidamente e segundo uma ordem. Os filósofos, quando querem exortar à virtude, não alegam nada senão que vivamos de acordo com a natureza. A Escritura, porém, extrai sua exortação da verdadeira fonte, quando prescreve que nossa vida está relacionada não apenas a Deus, como autor ao qual está sujeita, mas, depois de nos ensinar que degeneramos da verdadeira origem e lei de nossa criação, acrescenta que Cristo, pelo qual voltamos à graça de Deus, nos foi proposto como modelo, cuja forma devemos reproduzir em nossa vida. Que poderias pedir de mais eficaz que isso? Que mais pedirias além disso? Pois, se somos adotados como filhos pelo Senhor com a condição de que nossa vida reproduza a de Cristo, vínculo de nossa adoção, a menos que nos consagremos e devotemos à justiça, não somente demonstramos uma péssima perfídia para com nosso Criador mas também renegamos nosso próprio Salvador. Então, de todos os benefícios de Deus que nos recorda e de cada uma das partes de nossa salvação, a Escritura tira pretexto para nos exortar. Por isso, uma vez que Deus se mostrou para nós como pai, havemos de ser censurados por nossa extrema ingratidão, a menos que demonstremos, por outro lado, que somos seus filhos (Ml 1, 6; Ef 5, 1; 1 Jo 3, 1). Por isso, tendo Cristo nos purificado com a aspersão de seu sangue e nos comunicado essa purificação pelo batismo, não devemos nos conspurcar com novas sujidades (Ef 5, 26; Hb 10, 10; 1Co 6, 11; 1Pd 1, 15-19). Por isso, uma vez que ele nos introduziu em seu corpo, devemo-nos acautelar com todo empenho para que nós, que somos seus membros, não nos contaminemos com mácula ou nódoa alguma (1Co 6, 15; Jo 15, 3; Ef 5, 23). Por isso, já que ele, que é nossa cabeça, subiu ao céu, é necessário que, depostos os afetos terrenos, aspiremos à vida celestial de todo coração (Cl 3, 1). Por isso, uma vez que o Espírito Santo consagrou-nos como templos de Deus, devemos atentar para que a glória divina seja iluminada por meio de nós, e não devemos nos expor a ser profanados com a imundície do pecado (1Co 3, 16; 6, 19; 2Co 6, 16). Por isso, já que tanto nossa alma quanto nosso corpo estão destinados à incorrupção celeste e à imperecível coroa da glória, devemos fazer todo o possível para que se conservem puros e incorruptos até o Dia do Senhor (1Ts 5, 23). Estes, direi, são os mais auspiciosos fundamentos de uma vida bem organizada, e não encontrarás outros semelhantes entre os filósofos, que, no elogio da virtude, nunca vão além da dignidade natural do homem.

4. Este é o lugar para dirigir-me aos que não têm nada de Cristo além de um título e um símbolo, e, no entanto, querem ser chamados cristãos. Com que cara, afinal, vangloriam-se de seu santo nome? Pois nada têm em comum com Cristo aqueles que não tenham recebido da palavra do Evangelho o correto conhecimento. Ora, o apóstolo nega que esses todos, que não foram instruídos corretamente, tenham aprendido quem é Cristo, mas apenas aquele que, tendo abandonado o homem velho que se corrompe segundo os desejos do erro, para revestir-se do novo, Cristo (Ef 4, 20-24). Falsamente, pois, e também com injúria para com Cristo, afirmam que dele possuem o conhecimento, por mais que matraqueiem com eloquência e facilidade acerca do Evangelho. Pois este não é doutrina de língua, mas de vida, e não se aprende unicamente com o intelecto e a memória, como as outras disciplinas, mas, quando recebida, possui afinal toda a alma e encontra sede e receptáculo no mais profundo do coração. Logo, que deixem de afrontar a Deus, jactando-se do que não são, ou que provem que não são discípulos indignos de Cristo, seu Mestre. Concedemos prioridade à doutrina em que se apoia nossa religião, visto que dela advém nossa salvação. Entretanto, é necessário que a doutrina penetre em nosso peito e chegue a nossos costumes, e de tal modo nos transforme que não nos seja infrutífera. Se, com razão, os filósofos se irritam e afastam ignominiosamente de seu convívio aqueles que, quando professam a arte que deveria ser a mestra da vida, convertem-na em sofística loquacidade, com quanto maior razão havemos de detestar esses ridículos sofistas, que se contentam em trazer o Evangelho nos lábios! Evangelho cuja eficácia deveria penetrar nos afetos mais íntimos do coração, cem vezes mais do que as frias advertências dos filósofos, e assentar-se na alma e afetar o homem em sua totalidade.

5. Eu não exijo que os costumes do cristão aspirem a nada senão ao Evangelho absoluto, o que, entretanto, é desejável e necessário que se tente. Mas não exijo uma perfeição evangélica tão severa que não reconheça como cristão aquele que não a houver atingido. Pois, se assim fosse, todos seriam excluídos da Igreja, uma vez que não se encontra ninguém que não esteja ainda afastado dela por longa distância. Muitos avançaram pouco até aqui e, no entanto, seriam alijados dela sem motivo. Que fazer, então? Devemos ter diante de nossos olhos esse objetivo, ao qual dirigir todo o nosso empenho. Estabeleçamos uma meta, pela qual trabalhemos e nos esforcemos. Pois não é permitido repartir com Deus, para que acolhas uma parte das coisas que te foram prescritas por sua Palavra e desprezes outra, segundo teu arbítrio. Porquanto Ele sempre nos recomenda, em primeiro lugar, a integridade como parte principal de seu culto, querendo dizer com essa palavra uma sincera simplicidade de alma, desprovida de engano e de ficção, coisa a que se opõe nosso coração duplo. Como se dissesse que há um princípio espiritual de viver retamente quando o afeto interior do coração consente em servir a Deus sem ficção, em santidade e em justiça. Mas, uma vez que no cárcere terreno de nosso corpo ninguém dispõe de forças para apressar esse percurso com a devida rapidez, ao passo que uma tão grande debilidade oprime a maioria, que, vacilando e claudicando, arrastando-se dificultosamente, caminhemos cada um segundo suas pequenas possibilidades e prossigamos o caminho que começamos. Ninguém avançará tão infrutiferamente que não percorra pelo menos uma parte do caminho a cada dia. Não desistamos, pois, de fazê-lo, a fim de algo sempre aproveitar no caminho do Senhor, e não desesperemos com a pouca importância do resultado. Ainda que o resultado não corresponda a nosso desejo, o trabalho não está perdido quando o dia de hoje supera o de ontem. Miremos em nosso objetivo com sincera simplicidade e aspiremos a essa meta, sem nos adular a nós mesmos com lisonjas nem condescender com nossos vícios, mas nos esforçando sempre na tentativa de nos tornarmos melhores, até que alcancemos a bondade que realmente buscamos e perseguimos por toda a vida. Atingi-la-emos quando, despojados da fraqueza de nossa carne, formos plenamente admitidos na companhia de Deus.

Capítulo VII

Resumo da vida cristã: a renúncia de nós mesmos.

mbora a Lei do Senhor contenha um método excelente e perfeitamente ordenado para a organização de nossa vida, nosso Mestre celestial quis formar os seus com um ensinamento ainda mais acurado do que a regra prescrita na Lei. O princípio dessa instrução é este: que o dever dos fiéis é oferecer seu corpo a Deus "em sacrifício vivo, santo e agradável a Ele"; e que nisso consiste o culto legítimo (Rm 12, 1). Daí procede a exortação para que não se acomodem à aparência deste mundo, mas que se transformem pela renovação de sua mente, a fim de provar qual é a vontade de Deus. Isto já é grandioso: estarmos consagrados e dedicados a Deus, a fim de que, a partir daí, não pensemos, falemos, meditemos ou façamos coisa alguma que não seja para sua glória. Pois o sagrado não pode ser aplicado a usos profanos, a não ser com grande injúria a Deus. E, se não somos nossos, mas do Senhor, é evidente o erro que deve ser evitado e, por outro lado, a que todas as nossas ações devem ser dirigidas. Não somos nossos; logo, que nem nossa razão nem nossa vontade tenham predomínio em nossas resoluções e em nossos atos. Não somos nossos; logo, não estabeleçamos para nós a finalidade de buscar o que nos convém segundo a carne. Não somos nossos; logo, convém que nos esqueçamos tanto quanto possível de nós mesmos e de todas as nossas coisas. Em contrapartida, somos de Deus; logo, vivamos e morramos para Ele. Somos de Deus; logo, que sua sabedoria e vontade presidam todas as nossas ações. Somos de Deus; a Ele, pois, dediquemos todas as partes de nossa vida, como a único fim legítimo (Rm 14, 8). Ó, quanto avançou aquele que não é instruído por si mesmo e que priva sua própria razão do domínio e do comando de si, para confiá-lo ao Senhor! Pois a peste

mais eficaz para a perdição dos homens é a obediência a si mesmos, quando, pelo contrário, o único porto de salvação é não provar nem desejar nada por si, mas antes somente seguir a Deus. E, assim, o primeiro passo é que o homem se afaste de si, para aplicar toda a força de seu intelecto ao serviço de Deus. Chamo serviço não somente o que consiste na obediência à Palavra, mas aquele pelo qual o intelecto do homem, esvaziada da sensação mesma de sua carne, converte-se inteiramente às ordens do Espírito de Deus. Essa transformação, à qual Paulo chama renovação da mente (Ef 4, 23), e que é a primeira entrada para a vida, todos os filósofos a ignoram. Pois eles antepõem somente a razão do homem como moderadora, e pensam que só a ela se deve escutar; só a ela, finalmente, entregam e permitem o comando de nossos costumes. Mas a filosofia cristã ordena que a razão ceda o lugar, que se sujeite e se submeta ao Espírito Santo, para que o homem já não viva, mas carregue em si o Cristo que vive e reina (Gl 2, 20)

2. Isso tem como outra consequência que não procuremos as coisas que são nossas, mas aquelas que são da vontade do Senhor e que são feitas para louvar a glória dele. É isto um grande avanço: que nós, quase esquecidos de nós mesmos e depreciada nossa razão, tentemos dedicar fielmente todo nosso empenho a Deus e a seus mandamentos. Pois, quando a Escritura nos ordena que renunciemos a nossa razão individual, não arranca de nosso coração somente a cobiça de possuir, a afetação de poder, o reconhecimento dos homens, mas também a ambição e todo apetite de glória humana e outras pestes mais secretas. É preciso o cristão estar de tal forma disposto e preparado que compreenda que seu negócio com Deus é para toda a vida. Por essa razão, da mesma forma que entregar todas as suas obras ao arbítrio e ao cálculo de Deus, assim também oferecerá a Ele, reverentemente, todo o desígnio de seu coração. Pois aquele que aprendeu a voltar-se para Deus em tudo o que faz afasta-se ao mesmo tempo de todo pensamento vão. Nisso consiste aquela renúncia de si que Cristo com tanta diligência ordena a seus discípulos (Mt 16, 24), desde o começo de seu aprendizado, e, uma vez estabelecida no coração, não deixa lugar primeiro nem para a soberba, nem para a pompa, nem para a ostentação, e em seguida para a avareza nem para a luxúria nem para a frouxidão nem para os demais males que nascem do amor por nós mesmos. Em contrapartida, onde quer que a renúncia de si não reine, ali ou são corriqueiros os vícios mais imundos, sem nenhum pudor; ou, se há ainda alguma espécie de virtude, esta se vicia com o desejo depravado de glória. Pois me mostra, se puderes, um homem que, não tendo renunciado a si, conforme o mandamento do Senhor, queira exercer a bondade entre os homens gratuitamente. Pois todos os que não tenham sido possuídos por esse sentimento, praticaram a virtude para receber pelo menos um elogio. E aqueles que, entre os filósofos, insistiram em que a virtude deve ser desejada por si mesma encheram-se de tal arrogância que é visível que não desejaram a virtude por outro motivo senão o de terem ocasião de ensoberbecer-se. E a tal ponto Deus está insatisfeito com aqueles que procuram o favor popular, e com estes, de tronco erguido, que anuncia que aqueles já receberam sua paga neste mundo, ao passo que as meretrizes e os publicanos estão mais próximos do reino dos céus do que estes. Mas ainda não expusemos completamente por quantos e quão grandes obstáculos o homem vê-se afastado da retidão enquanto não houver renunciado a si. Pois é verdade este ditado de antigamente: "Um mundo de vícios oculta-se na alma do homem". E não encontrarás outro remédio senão, tendo renunciado a ti mesmo e preterido tua razão, voltares toda a tua mente à busca daquelas coisas que o Senhor exige de ti, e que devem ser buscadas porque agradam ao Senhor.

3. Em outro lugar, Paulo expõe com maior clareza, ainda que brevemente, todas as partes de uma vida bem ordenada. "A graça salvadora de Deus", diz, "manifestou-se a todos os homens, ensinando-nos a, tendo renunciado à impiedade e às concupiscências mundanas, viver neste mundo de forma sóbria, justa e pia, aguardando a esperança bem-aventurada e a manifestação de glória de nosso grande Deus e Salvador nosso, Jesus Cristo, que se entregou por nós, para redimir-nos de toda iniquidade e purificar para si um povo que lhe pertença e que seja zeloso das boas obras" (Tt 2, 11). Assim, depois de haver proposto a graça de Deus para animar-nos, a fim de nos abrir um caminho para o verdadeiro culto de Deus, elimina os dois obstáculos que mais nos embaraçam, ou seja, a impiedade, à qual estamos demasiado inclinados por natureza; e, em seguida, os desejos mundanos, que se estendem mais longe. Sob o nome de impiedade inclui não somente as superstições, mas compreende também tudo o que luta contra o verdadeiro temor de Deus. Desejos mundanos significam o mesmo que afetos da carne. Dessa maneira, manda-nos que nos dispamos de nosso intelecto no que se refere a ambas as tábuas da Lei, e que renunciemos a tudo o que nossa razão e vontade nos ditam. No mais, restringe todas as ações de nossa vida a três partes: sobriedade, justiça e piedade. Entre estas, a sobriedade sem dúvida denota tanto castidade e temperança como um puro e frugal uso dos bens temporais e a tolerância à privação. A justiça, por sua vez, abarca todos os deveres da equidade, para que a cada um seja dado o que é seu. Segue-se a piedade, que faz a nós, retirados das imundícies do mundo, unidos com Deus em verdadeira santidade. Essas três virtudes, quando ligadas entre si por um vínculo indissolúvel, constituem a perfeição completa. Mas, como nada é mais difícil que ignorar as imposições da carne e, dominados os desejos, ou melhor, negados, dedicar-nos a Deus e a nossos irmãos e meditar numa vida angélica em meio às sujeiras da terra, Paulo, para desembaraçar nosso espírito de todos os laços, traz-nos à memória a esperança da imortalidade bem-aventurada, advertindo-nos que não combatemos em vão; porque, assim como Cristo se mostrou uma vez nosso Redentor, da mesma forma mostrará em seu último advento o fruto da salvação obtido por Ele. E, desse modo, quebra todos os encantamentos que nos envolvem, para que não aspiremos, como convém, à glória celestial. E mais: ensina-nos que devemos passar pelo mundo como peregrinos, a fim de que nossa herança do céu não se perca nem se arruíne.

4. Além disso, percebemos por essas palavras que a renúncia a nós mesmos em parte diz respeito aos homens e em parte (e isso é o principal) diz respeito a Deus. Quando, pois, a Escritura ordena que procedamos para com os homens de tal maneira que os tenhamos em maior honra que a nós mesmos e que nos empenhemos em procurar seu proveito com boa-fé (Rm 12, 10; Fp 2, 3), dá-nos mandamentos de que nosso espírito não é capaz se antes não se esvazia de seu sentimento natural. Pois com tal cegueira nos lançamos ao amor de nós mesmos que a qualquer um lhe parece ter uma causa justa para exaltar-se e desprezar os outros em comparação consigo. Se Deus nos conferiu algo que não se deve lamentar, confiados nisso, imediatamente nos ensoberbecemos e não apenas nos inchamos mas quase rebentamos de soberba. Os vícios, de que estamos cheios, nós os ocultamos secretamente dos outros, e, adulando-nos, fingimos que nos são leves e insignificantes. E até acariciamos como virtudes! Os dons que admiramos em nós, se em outros os vemos, ou até superiores, para que não sejamos forçados a reconhecê-los, com nossa maldade os rebaixamos e censuramos. Mas se são vícios, não nos contentamos em observá-los com atenção severa e aguda, mas os aumentamos de forma odiosa. Daí vem essa insolência pela qual cada um de nós, como se estivesse isento da lei comum, quer elevar-se acima dos outros e, sem excetuar ninguém entre os mortais, trata a todos com aspereza e arrogância e despreza-os, como se fossem inferiores a ele. Os pobres cedem diante dos ricos, os plebeus diante dos nobres, os escravos diante dos senhores, os ignorantes perante os letrados; mas não há ninguém que não alimente em seu interior certa opinião de sua superioridade. Assim, cada um, adulando-se a si mesmo, constrói uma espécie de reino em seu peito. Arrogando-se a si mesmo as coisas que lhes agradam, censuram o caráter e os costumes dos demais; e, se chegar à contenda, aí aparece seu veneno. Pois certamente há muitos que aparentam mansidão enquanto as coisas lhes correm com suavidade e a gosto; mas quem é que, quando provocado e irritado, guardará a mesma modéstia? E não há outro remédio senão arrancar das entranhas essa perniosíssima peste, ἡ φιλονεικχ κχὶ φιλαυτίχ, como o ensina também a doutrina da Escritura. Assim, somos instruídos a recordar que os dons que Deus nos deu não são bens nossos, pois são dons gratuitos de Deus; e se alguém se ensoberbece por eles, demonstra assim sua ingratidão. "Quem te faz diferente?", diz Paulo, "ou que tens que não tenhas recebido? E, se o recebeste, por que te glorias como se não o tivesses recebido?" (1Co 4, 7). Então, que pelo reconhecimento de nossos vícios sejamos reconduzidos à humildade. Assim não restará em nós nada com o que nos orgulhar; antes haverá muita matéria para rebaixar-nos. Por outro lado, manda que respeitemos e admiremos os bens de Deus nos outros, quaisquer que sejam, para que honremos também aqueles que os possuem. Pois seria grande atrevimento privar um homem da honra que o Senhor lhe conferiu. Quanto a seus vícios, porém, somos ensinados a fazer vista grossa, não para os alimentar com adulações, mas para não insultar, por causa deles, aqueles a quem se deve aceitar com benevolência e honra. Assim, resulta que não somente devemos conduzir-nos modesta e moderadamente com todos aqueles com quem tratarmos, mas até com afabilidade e amizade. E nunca chegarás à verdadeira mansidão por outro caminho senão estando imbuído de coração a rebaixares-te a ti mesmo e a reverenciares os outros.

5. Em cumprir nosso dever de buscar a utilidade do próximo, quanta dificuldade há! A menos que deixes de lado a preocupação de ti mesmo e te dispas, de certa forma, nada faremos nesse aspecto. Pois como realizarás as obras que Paulo ensina que são de caridade se não renunciares a ti a fim de te dedicares todo aos demais? "O amor", diz, "é paciente, é benfazejo, não é insolente, não é presunçoso, não inveja, não se incha de orgulho, não busca o que é seu, não se irrita" etc. (1Co 13, 4). Se exige somente uma coisa, que não buscássemos nosso proveito, mesmo assim não seria pequena a violência que teríamos de fazer à nossa natureza, que de tal maneira nos inclina somente ao amor de nós mesmos que não suporta com facilidade que tratemos do nosso negligentemente, para que velemos pela comodidade alheia; ou, melhor dizendo, que nos resignemos espontaneamente a ceder a outro nosso direito. A Escritura, no entanto, para conduzir-nos a isso, adverte-nos de que todas as graças que obtemos do Senhor nos foram confiadas por Ele com a condição de que contribuamos ao bem comum da Igreja; e, portanto, que o uso legítimo de todas essas graças implica a comunicação liberal e benigna delas aos demais. Para manter essa comunicação, não se poderia imaginar nenhuma outra regra, nem mais certa nem mais poderosa, pois nos ensina que todos os bens que valorizamos nos foram dados por Deus em depósito, e que os passou para nossas mãos com a condição de que os repartamos em benefício do próximo. A Escritura vai ainda mais longe quando compara essas graças às faculdades de que os membros do corpo humano foram dotados. Nenhum membro tem sua faculdade própria para si nem a aplica para uso privado, mas a transfere aos outros membros, e não tira daí outro proveito senão aquele que procede do bem-estar comum do corpo como um todo. Assim, seja o que for que o homem piedoso possa, deve poder em benefício de seus irmãos; preocupando-se consigo em particular apenas na medida em que seu espírito está voltado para a edificação geral da Igreja. E assim, que isto seja para nós um método para a benignidade e a beneficência: somos administradores de tudo o que Deus nos conferiu com que podemos ajudar ao próximo, e estamos obrigados a prestar contas de nossa administração. Além de tudo, essa é a única dispensação correta, a exigida pela regra da caridade. Assim, não somente ocorrerá que uniremos sempre a preocupação com o bem-estar alheio com o cuidado de nossa própria utilidade, mas até subordinaremos este àquela. E, para que não nos ficasse oculto que essa é a lei para administrar bem tudo o que recebemos de Deus, Ele a colocou antigamente até nos menores dons de sua benignidade. Pois mandou que lhe fossem oferecidas as primícias dos novos grãos (Ex 22, 29; 23, 19), para que, assim, o povo testemunhasse que não lhe era permitido apoderar-se de nenhum fruto dentre os bens antes de serem consagrados. E se os dons de Deus nos são realmente santificados depois que os dedicamos com nossas mãos a seu autor, vê-se que é um abuso intolerável não realizar tal dedicação. Por outro lado, em vão tentarás enriquecer a Deus pela comunicação de coisas tuas. Logo, uma vez que tua benignidade não pode subir até Deus (como diz o profeta), ela deve ser exercitada para com seus santos, que estão na terra (Sl 16, 3). Por esse motivo, as esmolas são comparadas a oferendas sagradas, pois são agora o correspondente das observâncias da Lei (Hb 13, 16).

6. Ademais, a fim de não esmorecermos ao fazer o bem (o que de outra forma necessariamente ocorreria em seguida), convém citar outro trecho do apóstolo: "O amor é paciente, não se irrita" (1Co 13, 4). O Senhor prescreve que se faça o bem a todos, sem exceção, ainda que eles sejam, em sua maior parte, completamente indignos, se são julgados pelos próprios méritos. Mas aqui a Escritura apresenta uma excelente razão, ao ensinar-nos que não devemos examinar o que os homens mereçam por si, mas sim considerar em todos a imagem de Deus, à qual devemos toda honra e amor. Ela deve ser observada ainda mais diligentemente naqueles que são "da família da fé" (Gl 6, 10), enquanto é neles renovada e restaurada pelo Espírito de Cristo. Assim, qualquer um que se apresente agora e que esteja necessitado da tua ajuda, não tens motivo por que te recusares a dedicares-te a ele. Dize que é um estranho; mas o Senhor mesmo imprimiu nele uma marca que te deve ser familiar, em virtude da qual proíbe que menosprezes tua carne (Is 58, 7). Dize que é um homem desprezível e sem valor; mas o Senhor demonstra que ele é alguém honrado com a distinção de sua imagem. Dize que tu não tens dívida nenhuma para com ele; mas Deus como que o colocou em seu lugar, a fim de que, diante dele, reconheças os benefícios com os quais Deus te prendeu a si. Dize que ele é indigno de que te dês ao menor trabalho por causa dele; mas a imagem de Deus, por causa da qual ele te foi recomendado, esta é digna de que te does e a tudo quanto tens. E se ele não apenas não for merecedor de benefício algum, mas até tiver te provocado com injúrias e malefícios, nem mesmo isso é razão justa para que deixes de abraçá-lo com amor e prosseguir nos deveres do amor (Mt 6, 14; 18, 35; Lc 17, 3). Dirás que ele é merecedor de algo muito diferente. Mas que merece o Senhor? Ele que, quando te ordena perdoar a esse homem qualquer pecado que tenha cometido contra ti, certamente quer considerá-lo cometido contra Ele. Este é, de fato, o único caminho para chegar àquilo que é tão contrário à natureza humana, além de difícil: amar aos que nos têm ódio, devolver males com bens, oferecer bênçãos aos que nos caluniam (Mt 5, 44); se nos lembrarmos que não devemos pensar na malícia dos homens, mas considerar neles somente a imagem de Deus, que, com sua beleza e dignidade, nos persuade a amá-los e abraçá-los, uma vez apagados e esquecidos seus delitos.

7. Logo, essa mortificação terá lugar dentro de nós se completarmos a caridade perfeita. Mas completa-la-á não aquele que apenas cumpra todas as obrigações da caridade, mesmo que não deixe passar nenhuma, mas aquele que o fizer por sincero afeto de amor. Pois pode acontecer que alguém de fato pague integralmente o que deve a todos, no que diz respeito aos deveres externos e, entretanto, esteja longe da verdadeira razão por que pagar. Pois verás alguns que desejam parecer liberais e que, no entanto, não prodigalizam nada que não joguem na cara com expressão soberba ou ainda com palavras insolentes. E chegou-se a tal calamidade, neste nosso século infeliz, que quase a maior parte dos homens não dá uma esmola sem insulto, o que é uma perversidade que não deveria ser tolerável, mesmo entre pagãos. Ora, requer-se dos cristãos muito mais além do que mostrar-se afável de rosto e tornar seus deveres amáveis pela cordialidade de suas palavras. Primeiro, devem olhar para quem carece de sua ajuda e levantar a pessoa, ao mesmo tempo em que se condoem de sua sorte, como se eles mesmos a experimentassem e padecessem, para que prestem auxílio com o mesmo sentimento de misericórdia e de humanidade, não de forma diferente do que prestariam auxílio a si mesmos. Aquele que com tal ânimo estiver disposto a ajudar seus irmãos, não apenas não contaminará seus deveres com nenhuma arrogância ou reprovação, como não desprezará o irmão a quem faz o bem por estar necessitado, nem o subjugará a si, como se ele estivesse obrigado; não mais, com efeito, do que insultamos um membro doente, para cujo restabelecimento o restante do corpo trabalha, nem pensamos que esse membro esteja particularmente obrigado para com os demais, por ter exigido mais esforço do que pôde retribuir. De fato, a comunicação dos deveres entre os membros não é considerada coisa gratuita, mas sim pagamento do que se deve por lei de natureza, e seria monstruoso negar. Também por essa razão, não se crerá livre aquele que houver cumprido algum tipo de dever, como costuma acontecer. Como o rico que, depois de haver dado algo de seu, deixa aos demais as outras cargas, como se em nada lhe dissessem respeito. Antes, pelo contrário, cada um pensará consigo que é devedor de tudo quanto é para com seus próximos; e, portanto, que não deve estabelecer o fim de sua beneficência para com eles, a menos que lhe faltem os meios, os quais devem ter seus limites de extensão demarcados por essa lei de caridade.

8. Abordemos de novo, de forma mais ampla, a parte principal da negação de nós mesmos, que, como dissemos, refere-se a Deus. Muito já foi dito sobre isso, e seria supérfluo repeti-lo. Bastará agora tratar do quanto nos forma para a equanimidade e a tolerância. Em primeiro lugar, enquanto na vida presente busca-se a comodidade ou a tranquilidade, a Escritura nos convoca a que, entregando-nos a nós mesmos e a tudo que é nosso ao arbítrio do Senhor, confiemo-nos a Ele, para que Ele domine e sujeite os afetos de nosso coração. Quanto à expectativa de recursos e de honras para obter poder, para acumular riquezas, para todas essas tolices que, acumuladas, nos parecem convir para a pompa e a magnificência, furioso é nosso desejo, infinita a cobiça. Pelo contrário, da pobreza, da insignificância e da condição humilde, é espantoso nosso temor, espantoso nosso ódio. E, por isso, somos impelidos a fugir delas de todas as formas possíveis. Vê-se por aí de quão irrequieta disposição são todos aqueles que são seduzidos pelas artes, no estudo das quais se fatigam aqueles que ordenam sua vida de acordo com seu próprio conselho, a fim de chegar aonde os leva ou o afeto da ambição ou o da avareza, para, dessa maneira, escapar da pobreza e de sua condição humilde. Logo, os homens piedosos devem, para não se enredarem em tais laços, manter este caminho: primeiro, não apetecerão nem esperarão nem cogitarão outro modo de prosperar, que não seja pela bênção do Senhor; e, por isso, nela descansarão e repousarão com toda confiança. Pois, por mais que pareça à carne que pode ela bastar-se lindamente a si mesma, quando, por sua própria indústria, aspira às honras e às riquezas, ou quando se apoia em seu próprio esforço, ou quando é ajudada pelo favor dos homens; é certo, no entanto, que todas essas coisas não são nada, e que nada haveremos de aproveitar, quer de nosso engenho, quer de nosso labor, senão na medida em que o Senhor fizer prosperar um e outro. Mas, ao contrário, só sua bênção encontrará o caminho em meio a todos os impedimentos, para fazer que tudo resulte para nós num êxito feliz e próspero. Então, embora possamos, sem essa bênção de Deus, alcançar alguma glória e opulência (assim como vemos diariamente que os ímpios acumulam grandes honras e recursos), como, entretanto, aqueles em quem recai a maldição de Deus não saboreiam nem o menor pedacinho de felicidade, sem ela não conseguimos nada a não ser aquilo que nos sai mal. Ademais, de modo algum nos deve apetecer o que torna os homens mais miseráveis.

9. Logo, se acreditarmos que toda razão de um sucesso próspero e desejável reside apenas na bênção de Deus, sem a qual nos espera todo tipo de miséria e de calamidade, só nos resta não aspirar cobiçosamente a honras e riquezas, quer apoiados na habilidade e no zelo de nosso próprio engenho, quer amparados no favor dos homens, quer confiados na vã imaginação da fortuna; mas que nos voltemos sempre para Deus, a fim de sermos guiados por seus auspícios à sorte que Ele nos previu. Assim, dar-se-á primeiro que não nos lançaremos à captura de riquezas e à busca de honras por meios ilícitos, ou com dolos, com más artes ou com rapacidade e com injúria ao próximo; mas buscaremos somente a fortuna que não nos afasta da inocência. Pois quem esperará o auxílio da bênção de Deus, entre fraudes, pilhagens e outras artes de iniquidade? Pois como ela não ajuda senão aos que pensam com pureza e agem com correção, afasta todos aqueles que a desejam do pensamento oblíquo e das ações perversas. Então, ela será para nós como um freio, para não ardermos na cobiça desmedida de enriquecer e para não ansiarmos ambiciosamente por honras. Pois com que falta de vergonha alguém confiará em que Deus lhe vá ajudar a conseguir aquilo que deseja contra sua própria Palavra? Longe de Deus prestar a assistência de sua bênção àquele que Ele maldiz com a própria boca! Finalmente, se as coisas não acontecem conforme nossos desejos e esperanças, seremos, no entanto, coibidos em nossa impaciência e em quaisquer imprecações de nossa condição. Porque saberemos que isso é murmurar contra Deus, por cujo arbítrio são dispensadas as riquezas e a pobreza, o desprezo e as honras. Em suma, aquele que descansar na bênção de Deus, como foi dito, nem tentará alcançar com más artes essas coisas que costumam ser furiosamente desejadas pelos homens, acerca das quais pensará que de nada lhe hão de servir; e, se algo lhe resultar prosperamente, não o imputará a si mesmo, ou a seu empenho, indústria e fortuna, mas reconhecerá a Deus como autor. E que, se os negócios dos outros florescem, ao passo que os dele pouco avançam, ou antes até retrocedem, suportará sua pobreza com maior tranquilidade e moderação do que algum profano suportaria um sucesso medíocre que não corresponda a seu desejo. Porque o crente teria um consolo, em que repousasse mais tranquilamente do que no cúmulo da opulência ou no ápice do poder; porque considera que as coisas são ordenadas pelo Senhor para sua salvação. E assim vemos que Davi foi tocado, quando segue a Deus e se deixa reger por Ele, afirma que é "semelhante a um menino desmamado de sua mãe" e que não andou "em coisas altas ou admiráveis" (Sl 131, 2. 1).

10. E não somente nessa parte deve existir, para os espíritos piedosos, essa tranquilidade e tolerância, mas também com relação a todos os acontecimentos aos quais a presente vida está sujeita. Logo, ninguém renunciou a si mesmo como se deve, senão aquele que, tendo-se entregado tão completamente ao Senhor, consente que todas as partes de sua vida sejam governadas segundo o arbítrio de Deus. Quem estiver animado dessa disposição jamais se considerará infeliz, aconteça o que acontecer, e não se queixará de sua sorte, com despeito de Deus. A partir daí, vê-se claramente quão necessário é esse sentimento, se considerares a quantos acidentes estamos expostos. Doenças de todo tipo nos infestam frequentemente: ora nos acomete a peste, ora somos atormentados pelas calamidades da guerra; ora a geada ou o granizo, tendo destruído a esperança do ano, nos trazem esterilidade, que nos reduzem à penúria; a esposa, os pais, os filhos, os parentes são-nos arrebatados pela morte; num incêndio consome-nos a casa. Essas coisas, quando acontecem, fazem os homens maldizerem a vida, detestarem o dia em que nasceram, execrarem o céu e a luz, injuriarem a Deus e, como têm talento para a blasfêmia, acusarem-no de iniquidade e crueldade. Mas convém o fiel enxergar, também nessas coisas, a clemência de Deus e uma indulgência verdadeiramente paternal. Por conseguinte, embora veja sua casa reduzida à solidão pela morte de seus parentes, nem mesmo assim deixará de bendizer ao Senhor; mas antes se voltará para este pensamento: "A graça do Senhor, que habita em minha casa, não a deixará desolada". Embora veja a iminência da fome, quando suas colheitas foram destruídas pela neve ou consumidas pela geada ou esmagadas pelo granizo, ainda assim não desanimará nem se revoltará contra Deus, mas permanecerá em sua confiança, dizendo: "Apesar de tudo, estamos sob a tutela do Senhor e somos ovelhas apascentadas em seus pastos" (Sl 79, 13); Ele nos dará o alimento, por extrema que seja a necessidade. Embora afligido pela doença, nem mesmo então será quebrado pela amargura da dor, a ponto de entregar-se à impaciência e, assim, pedir contas a Deus; mas, considerando a justiça e a brandura da chibata de Deus, esforçar-se-á por ter tolerância. Enfim, o que quer que lhe aconteça, ele, por saber que isso foi ordenado pela mão do Senhor, recebê-lo-á com o coração sereno e grato, sem resistir obstinadamente à ordem daquele em cujo poder uma vez se colocou, a si e a todas as suas coisas. Que se afaste do peito do cristão sobretudo aquela louca e infelicíssima consolação dos gentios que, para fortalecerem-se contra as adversidades, imputavam-nas à fortuna, contra a qual julgavam tolo indignar-se, porque, ἄσκοπος e temerária, com seus olhos cegos feria ao mesmo tempo aos que o mereciam e aos que não o mereciam. Ao contrário, a regra da piedade é esta: só a mão de Deus é árbitra e moderadora da boa ou da má fortuna; e ela não atua por um ímpeto inconsiderado, mas reparte nossos bens e nossos males ao mesmo tempo, segundo a mais ordenada justiça.

Capítulo VIII

Sobre a aceitação da cruz, que é parte da negação de nós mesmos.

É necessário, ademais, que a mente piedosa se eleve ainda mais alto, até onde Cristo conclama seus discípulos a que cada um carregue sua cruz (Mt 16, 24). Pois todos aqueles que o Senhor elegeu e julgou dignos do conviver entre os seus devem-se preparar para uma vida dura, trabalhosa, inquieta, repleta de muitos e variados tipos de mal. Assim é a vontade do Pai celestial: colocar os seus à prova, para exercitá-los dessa maneira. Procede assim com todos os seus filhos, a começar por Cristo, seu primogênito. Pois, embora fosse seu Filho dileto entre os demais, em quem o espírito do Pai se comprazia (Mt 3, 17; 17, 5), vemos, no entanto, que não o tratou com indulgência ou brandura; de modo que, em verdade, pode-se dizer que não somente foi exercitado numa cruz perpétua enquanto esteve na terra, mas também que toda a sua vida não foi senão uma espécie de cruz perpétua. O apóstolo nos dá a causa disso: que convinha a ele aprender a obediência, por meio daquilo que padeceu.[224] Por que, então, eximiremos a nós mesmos da condição a que Cristo, nossa cabeça, teve de submeter-se, especialmente quando se submeteu por nossa causa, para mostrar-nos nele mesmo um exemplo de paciência? Por isso o apóstolo diz que Deus ensina ser a meta predestinada de todos os seus filhos tornarem-se semelhantes a Cristo (Rm 8, 29). Daí vem também o singular consolo de que, em meio a coisas duras e difíceis, consideradas adversas e más, nós nos comuniquemos com a paixão de Cristo, para que, assim como ele ingressou na glória celestial por um labirinto de todos os males, nós, da mesma maneira, cheguemos a ela por várias tribulações

---

224 Hb 5, 8.

(At 14, 22). Pois o próprio Paulo fala, em outro lugar, desta maneira: quando aprendemos a comunicação com as aflições de Cristo, apreendemos simultaneamente o poder de sua ressurreição; e quando somos feitos semelhantes a ele em sua morte, assim nos preparamos para lhe fazer companhia em sua ressurreição gloriosa (Fp 3, 10). Quão grande eficácia isto tem para mitigar toda a amargura da cruz: saber que, quanto mais somos afligidos pelas adversidades, tanto mais certa é a confirmação de nossa união com Cristo! Com essa comunhão, os sofrimentos não apenas se tornam bênçãos para nós como ainda nos trazem grande auxílio para avançarmos em nossa salvação!

2. O apóstolo acrescenta que Nosso Senhor não tinha necessidade alguma de aceitar a cruz que levou, a não ser para testemunhar e provar sua obediência ao Pai; mas para nós, sim, é necessário, por muitas razões, passar a vida sob uma cruz contínua. Primeiro porque (como somos demasiadamente propensos, em virtude de nossa natureza, a tudo conceder à nossa carne), a menos que nossa debilidade nos seja demonstrada de forma irrefutável, facilmente estimamos nossa virtude acima do que deveríamos, e não duvidamos, aconteça o que acontecer, de que ela há de permanecer inabalável e invencível em face de toda dificuldade. E daí somos levados à insensata e vã confiança da carne, apoiados na qual nos ensoberbecemos de modo insolente diante do próprio Deus, como se nossas faculdades nos bastassem sem a graça dele. Para melhor abater essa nossa arrogância, Ele nos põe à prova e nos faz reconhecer não apenas quão grande é nossa debilidade mas também de qual fragilidade padecemos. Por conseguinte, aflige-nos com a ignomínia, com a pobreza, com a perda de parentes, com a doença e com outras calamidades que somos, no que depende de nós, incapazes de suportar e sob cujos golpes sucumbimos de imediato. Humilhados dessa maneira, aprendemos a invocar a virtude do Senhor, única que nos faz resistir sob o peso das aflições. Mesmo os mais santos, embora saibam que se mantêm em pé pela graça de Deus e não pelas próprias forças, estariam mais seguros de sua fortaleza e constância do que deveriam se o Senhor, com a provação da cruz, não os induzisse a um conhecimento mais profundo de si mesmos. Essa presunção assaltou até o próprio Davi: "Em minha prosperidade, disse eu: 'Não me abalarei jamais'. Senhor, em tua benevolência me firmaste como um monte forte. Escondeste teu rosto, senti-me perturbado" (Sl 30, 7). Confessa, pois, que seus sentidos foram entorpecidos pela prosperidade a ponto de ele menosprezar a graça de Deus, da qual deveria depender, para apoiar-se em si e prometer-se uma tranquilidade permanente. Se isso aconteceu a tão grande profeta, quem de nós não temerá e acautelar-se-á? Logo, os santos, nas situações tranquilas, lisonjeavam a si mesmos com a opinião de maior constância e paciência; humilhados pelas situações difíceis, aprendiam que eram hipócritas. Digo que os fiéis, advertidos de suas enfermidades por tais experiências, aproveitam para conquistar humildade, a fim de, despidos da confiança perversa na carne, recorrerem à graça de Deus. Ademais, quando já recorreram a ela, experimentam e sentem a presença da virtude divina, na qual há amparo mais do que o suficiente.

3. Isso é o que Paulo ensina ao dizer que "pelas tribulações se gera a paciência, e pela paciência, a prova" (Rm 5, 3). Pois o que Deus prometeu aos fiéis, que estaria presente nas tribulações, sentem ser verdadeiro quando, apoiados em sua mão, resistem pacientemente, o que de forma alguma poderiam fazer com suas próprias forças. Logo, a paciência é para os santos uma prova de que Deus lhes dá de fato o socorro que lhes prometeu, quando é necessário. Com isso se confirma também a esperança dos fiéis, uma vez que seria excessiva ingratidão não esperar no futuro a verdade de Deus, de cuja constância e firmeza já têm experiência. Vemos, pois, quantos bens surgem da cruz de uma só vez. Pois, ao destruir a opinião que falsamente presumimos de nossa própria virtude e ao revelar nossa hipocrisia, que nos dá tanto prazer, arranca de nós a perniciosa confiança na carne; e, uma vez humilhados dessa maneira, ela nos ensina a repousar somente em Deus, para que não ocorra de sermos oprimidos nem sucumbamos. Da vitória segue a esperança, enquanto o Senhor, ao cumprir o que prometeu, estabelece sua verdade para o futuro. Mesmo que só houvesse essas razões, vê-se claramente quão necessário nos é o exercício da cruz. Pois não é coisa de pouca importância arrancar de ti o cego amor por ti mesmo, para que te tornes mais cônscio de tua debilidade; que sejas ferido pela percepção de tua debilidade, para aprenderes a desconfiar de ti mesmo; que desconfies de ti mesmo, para transferires a Deus tua confiança; que repouses a confiança de teu coração em Deus, para que, apoiado em seu favor, perseveres vitorioso até o fim; e que perseveres em sua graça, para compreenderes que é veraz em suas promessas; que consideres como certa essa segurança de suas promessas, para que se consolide tua esperança a partir daí.

4. O Senhor tem ainda outra finalidade ao afligir os seus: pôr à prova sua paciência e instruir-lhes à obediência. Não que possam prestar-lhe outra obediência senão a que Ele mesmo lhes deu; mas agrada a Ele tornar, com admiráveis manifestações, incontestáveis e ilustres as graças que outorgou aos santos, para que não fiquem ocultas e ociosas dentro deles. Logo, ao tornar pública a virtude e constância da tolerância de que dotou seus servos, diz-se que põe à prova sua paciência. Daí expressões como "Deus tentou Abraão", e considerou provada sua piedade, porque não se recusou a imolar o próprio e único filho (Gn 22, 1-12). Por isso, Pedro ensina que nossa fé não é menos posta à prova pelas tribulações do que o ouro é testado pelo fogo no forno (1Pd 1, 7). Mas quem dirá que não convém um dom tão excelente como o da paciência, que o fiel recebe de seu Deus, ser demonstrado na prática, para tornar-se certo e evidente? Pois, de outra forma, os homens nunca o estimariam como merece. E se o próprio Deus tem uma razão justa quando oferece aos fiéis ocasião de exercitar as virtudes que lhes conferiu, a fim de que estas não permaneçam inúteis e não se percam, melhor razão têm as aflições dos santos, sem as quais a paciência deles seria de nenhum valor. Afirmo também que, com a cruz, são instruídos a obedecer. Porque assim são ensinados a viver não conforme o próprio desejo, mas segundo a vontade de Deus. Claro que, se todas as coisas lhes corressem a gosto, não saberiam o que é seguir a Deus. E Sêneca menciona que havia este antigo provérbio, quando se exortava alguém a que suportasse as adversidades: "Segue a Deus". Isso indicava que o homem se submete verdadeiramente ao jugo de Deus quando oferece a mão e as costas à sua palmatória. E se é algo justíssimo darmos prova de que seguimos ao Pai celestial em tudo, por certo não devemos nos recusar a que nos acostume, por todos os meios possíveis, a prestar-lhe obediência.

5. No entanto, não percebemos ainda quão necessária nos é essa obediência, a menos que pensemos, ao mesmo tempo, quão grande é a intemperança de nossa carne para arrancar de nós o jugo do Senhor, tão logo seja tratada com um pouquinho mais de delicadeza e indulgência. Pois acontece a ela o mesmo que aos cavalos indóceis, que, se ficam ociosos e bem alimentados por alguns dias, depois já não podem ser domados, tal sua ferocidade, nem reconhecem o cavaleiro a cujo comando antes sempre obedeciam. E Deus se queixa de que está perpetuado em nós aquilo que existia no povo de Israel: que, engordados e encobertos pela gordura, damos coices contra aquele que nos alimentou e sustentou (Dt 32, 15). A beneficência de Deus deveria realmente convencer-nos a considerar e amar sua bondade, mas nossa maldade é tanta que somos antes corrompidos por sua indulgência; por isso é necessário sermos contidos por alguma disciplina, para não nos entregarmos a tal petulância. Assim, para que não sejamos arrebatados pela excessiva abundância de

riquezas, para que, arrogantes, não nos envaideçamos com as honras, para que, altivos, não nos tornemos insolentes por causa dos demais bens da alma, do corpo e da fortuna, então o próprio Senhor tem o cuidado de se apresentar, vem em nosso encontro e subjuga e refreia com o remédio da cruz a insolência de nossa carne. E isso de várias maneiras, conforme é mais salutar para cada um de nós. Pois nem todos padecemos de forma igualmente grave da mesma doença ou necessitamos igualmente de uma cura trabalhosa. Por isso, é evidente que uns são exercitados por outro gênero de cruz. Embora, porém, trate a uns com maior suavidade e purgue a outros com remédios mais amargos, nosso médico celestial quer cuidar da saúde de todos e não deixa que ninguém saia imune e intacto, porque sabe que todos, sem exceção, estão enfermos.

6. Acrescenta-se que nosso clementíssimo Pai não somente tem necessidade de prevenir nossa enfermidade, mas, muitas vezes, também de corrigir nossos delitos passados, para manter-nos na verdadeira obediência para com Ele. Por isso, sempre que somos afligidos, a recordação de nossa vida pregressa deve-nos vir à mente. Assim descobriremos, sem dúvida, que fizemos algo digno de castigo. E, no entanto, a exortação à paciência não deve ser extraída, em primeiro lugar, do reconhecimento do pecado. Pois a Escritura fornece outra consideração muito melhor ao dizer que somos punidos pelo Senhor para não sermos "condenados com o mundo" (1Co 11, 32). Logo, convém reconhecer a clemência e a benignidade de nosso Pai para conosco, mesmo na própria amargura das tribulações, uma vez que mesmo então Ele não deixa de preocupar-se por nossa salvação. Aflige-nos, pois, não para perder-nos ou destruir-nos, mas antes para livrar-nos da condenação deste mundo. Esse pensamento nos conduz ao que a Escritura ensina em outro lugar: "Não menosprezes, meu filho, o corretivo do Senhor, nem te enfades quando fores arguido por Ele. Deus corrige aquele a quem ama, e abraça-o como o pai a um filho" (Pr 3, 11). Quando conhecemos o chicote do Pai, não é melhor mostrar-nos filhos obedientes e dóceis, em vez de imitar, com contumácia, os desesperados, que se endureceram com suas obras más? O Senhor nos põe a perder, a menos que nos atraia a si com suas correções, quando erramos. Por isso, diz-se com razão que somos filhos bastardos e não legítimos se vivemos sem disciplina (Hb 12, 8). Logo, somos muito perversos se não o podemos suportar quando nos mostra sua benevolência e declara o quanto se preocupa com nossa salvação. A Escritura ensina que a diferença entre os incrédulos e os fiéis está em que aqueles, como os escravos de maldade inveterada e astuta, apenas se tornam piores e mais obstinados com os açoites; estes, em contrapartida, como filhos nascidos livres, aproveitam para emendar-se. Escolhe agora a que categoria preferes pertencer. Mas, uma vez que isso já foi dito em outro lugar,[225] concluo aqui, contente de o ter exposto resumidamente.

7. Além disso, é um grande consolo sofrer perseguição pela justiça. Então devemos nos lembrar do quanto Deus nos honra quando nos confere a insígnia própria de sua milícia. Digo que sofrem perseguição pela justiça não somente aqueles que se engajam na defesa do Evangelho mas também aqueles que patrocinam qualquer causa justa. Assim, quer por afirmar a verdade de Deus contra as mentiras de Satanás, quer por tomar a defesa dos bons e dos inocentes contra as injustiças dos ímprobos, incorre-se necessariamente na ofensa e no ódio do mundo, e por isso nossa vida ou nossa honra estarão sob perigo iminente. Que não nos seja pesado ou incômodo dedicar-nos a Deus a esse ponto, nem nos julguemos infelizes por esses sofrimentos, por causa dos quais Ele mesmo disse que somos bem-aventurados (Mt 5, 10). Realmente, a pobreza é, considerada em si, uma miséria, assim como o exílio, o desprezo, o cárcere, a ignomínia, e por fim a morte, que é a última de todas as desgraças. Mas quando a benevolência de Deus nos favorece, não há nenhuma dessas coisas que não aconteça para nossa felicidade. Contentemo-nos, pois, mais com o testemunho de Cristo que com uma falsa opinião da carne. Assim, a exemplo dos apóstolos, regozijar-nos-emos sempre que Ele reputar dignos aqueles que soframos afronta por causa de seu nome (At 5, 41). Quê, então? Se, inocentes e de consciência limpa, somos despojados de nossos bens por maldade dos ímpios, diante dos homens somos reduzidos à indigência, mas, diante de Deus, nossas verdadeiras riquezas aumentam no céu. Se somos separados de nossos parentes, tanto mais somos recebidos na família de Deus; se somos humilhados e desprezados, tanto mais firmes nossas raízes em Cristo; se somos marcados por opróbrios e ignomínia, tanto maior nosso lugar no reino de Deus; se somos trucidados, desse modo se nos abre a porta para a vida bem-aventurada. Envergonhemo-nos, pois, de dar menos valor àquilo a que o Senhor atribuiu tão alto preço do que às ociosas e vãs seduções da vida presente.

8. E, já que a Escritura está repleta dessas admoestações e de outras semelhantes, com as quais suportamos, na defesa da justiça, ou ignomínias ou calamidades, seríamos muito ingratos se não as aceitássemos voluntariamente e de bom grado da mão do Senhor. Sobretudo porque

---

225 Institutio, I, XVII, 8.

essa espécie de cruz é em particular própria dos fiéis, e por ela Cristo quer ser glorificado em nós, como também Pedro o ensina (1Pd 4, 11). Mas, porque para os homens nobres a ofensa é mais amarga do que sofrer cem mortes, Paulo nos avisa expressamente de que nos esperam perseguições e afrontas, por termos nossa esperança no Deus vivo (1Tm 4, 10). Do mesmo modo, em outro lugar, ordena que, a exemplo seu, caminhemos "na má fama e na boa fama" (2Co 6, 8). Mas não exige de nós uma alegria que suprima todo sentimento de amargura e de dor; de outra forma, a paciência dos santos na cruz seria nula se não fossem torturados pela dor e atormentados pela angústia. Se não houvesse aspereza na necessidade, se não houvesse suplício nas doenças, se não houvesse golpe na ignomínia, se não houvesse horror na morte, que fortaleza ou moderação haveria em fazer pouco caso dessas coisas? Mas, como cada uma contém em si certa amargura, com a que naturalmente morde o coração de todos nós, nisto se mostra a fortaleza do homem fiel: se, tentado pela sensação de amargura, ainda que sofra intensamente, vence, resistindo com bravura. Nisto se mostra a paciência: se, mesmo estimulado duramente, ainda assim refreia-se pelo temor a Deus, para não se precipitar numa intempérie qualquer. Nisto se vê sua alegria: se, mesmo ferido pela tristeza e pelo luto, repousa no consolo espiritual de Deus.

9. O combate que os fiéis sustentam contra a sensação natural de dor, enquanto se dedicam à paciência e à moderação, Paulo descreve-o elegantemente com estas palavras: "Estamos oprimidos em tudo, mas não vencidos pela angústia; estamos em apuros, mas não desesperados; perseguidos, mas não desamparados; derrubados, mas não aniquilados" (2Co 4, 8). Vês como carregar pacientemente a cruz não é tornar-se insensível ou privado de qualquer sensação de dor. Os estóicos antigos descreveram de modo tolo um homem magnânimo como aquele que, despojado de sua humanidade, não fosse atingido nem pelas coisas adversas nem pelas prósperas, nem pelas coisas tristes nem pelas alegres; e mais, aquele que não fosse atingido por coisa alguma, como se fora uma pedra. E de que lhes serviu essa sublime sabedoria? Em verdade, pintaram um simulacro da paciência, que de fato jamais pode ser encontrada entre os homens. E, enquanto queriam ter uma paciência tão exata e precisa, sujeitaram sua força à vida humana. Também hoje existem entre os cristãos novos estóicos, para os quais é repreensível não apenas gemer e chorar, mas até se entristecer e estar inquieto. E esses paradoxos procedem quase sempre de homens ociosos, que se exercitam mais em especular que em agir, e não são capazes de produzir senão tais paradoxos. Mas nada temos que ver com essa filosofia férrea, que nosso Senhor e Mestre condenou tanto pela palavra quanto pelo exemplo. Pois ele gemeu e chorou por suas dores e pelas dos outros. E não ensinou coisa diferente a seus discípulos. "Chorareis e lamentareis, mas o mundo se alegrará" (Jo 16, 20). E, para que ninguém atribuísse isso a um vício, ele mesmo proclamou em discurso público: "Bem-aventurados os que choram" (Mt 5, 4). Não há porque estranhar isso, pois, se todas as lágrimas forem reprovadas, que pensaremos do próprio Senhor, de cujo corpo brotaram lágrimas de sangue (Lc 22, 24)? Se classificarmos como infidelidade todo tipo de temor, em que lugar havemos de colocar aquele horror que, segundo lemos, o abalou profundamente? Se toda tristeza desagradar, como agradará a confissão dele de que sua alma estava "triste até a morte"?[226]

10. Eu quis dizer essas coisas para afastar os espíritos piedosos do desespero, para que não renunciem à prática da paciência, porque não se podem desnudar do afeto natural da dor, o que necessariamente acontece àqueles que transformam a paciência em insensibilidade e fazem do homem forte e constante um tronco. Pois a Escritura faz o elogio da tolerância dos santos quando, mesmo tão aflitos com a dureza de seus males, não são quebrados nem abatidos; quando, de tal maneira são atormentados pela amargura, e ao mesmo tempo desfrutam de um gozo espiritual; quando, mesmo oprimidos pela angústia, respiram, deleitados com o consolo de Deus. Entretanto, a repugnância se apodera de seu coração, porque o sentimento da natureza foge e sente horror de tudo aquilo que sente lhe ser contrário. Mas, por outro lado, o sentimento de piedade os obriga à obediência à vontade divina, inclusive em meio às dificuldades. O Senhor expressou essa repugnância quando falou assim a Pedro: "Quando eras mais jovem, tu amarravas teu cinto e andavas aonde querias; mas, quando fores mais velho, outro te porá o cinto e te levará aonde não queiras ir" (Jo 21, 18). Não é verossímil, claro, que Pedro, que haveria de glorificar a Deus com sua morte, tenha sido arrastado a isso à revelia e à força. Se fosse assim, pouco louvor mereceria seu martírio. Mas, por mais que se submetesse à ordem divina com grande alegria de coração, como, no entanto, ainda não se havia despido de sua humanidade, via-se dividido em duas vontades. Pois, quando pensava naquela morte cruel que havia de padecer, ele, tomado de horror, teria de bom grado escapado dela. Por outro lado, como atendia ao comando de Deus, que o chamava, essa morte, ele, tendo superado e calcado sob

---

226 Mt 26, 38.

seus pés o temor, suportou-a voluntariamente e até com alegria. Logo, se queremos ser discípulos de Cristo, devemo-nos empenhar em que nosso espírito esteja tão imbuído de tal reverência e obediência a Deus que possa dominar e subjugar todos os afetos contrários àquilo que Ele ordena. Assim, seja qual for o tipo de cruz em que sejamos torturados, ainda que nas maiores angústias, perseveremos na paciência. Pois as próprias adversidades terão sua aspereza, com a qual nos morderão. Sim, afligidos pela doença, gemeremos e nos inquietaremos e ansiaremos pela cura; sim, oprimidos pela necessidade, seremos tocados pelos aguilhões da inquietação e da tristeza; sim, seremos feridos pela dor da ignomínia, do desprezo e da injúria; sim, derramaremos as lágrimas exigidas pela natureza nos funerais dos nossos; mas sempre chegaremos a esta conclusão: o Senhor quis assim; sigamos, pois, sua vontade. Mais ainda, é necessário que esse pensamento penetre nos próprios golpes da dor, nos gemidos e nas lágrimas, e incline nosso espírito a suportar com alegria as mesmas coisas que o entristecem.

11. Entretanto, uma vez que extraímos a principal razão para levar a cruz da consideração da vontade divina, é preciso definir em poucas palavras o que há de diferente entre a paciência filosófica e a cristã. É evidente que foram pouquíssimos os filósofos que se aprofundaram a ponto de compreender que somos postos à prova pela mão de Deus com aflições e que julgaram que estavam obrigados a obedecer-lhe com respeito a isso. Mas mesmo estes não aportam outra razão senão que assim era necessário. O que contudo significa dizer isso, a não ser que deves ceder a Deus, porque em vão tentarias resistir-lhe? Se nos sujeitássemos a Deus somente porque é necessário, deixaríamos de nos sujeitar se fosse possível evitá-lo. A Escritura, porém, ordena que consideremos outra coisa muito diferente na vontade de Deus; a saber, primeiro sua justiça e equidade, e depois a preocupação por nossa salvação. Logo, as exortações cristãs à paciência são desta forma: atormente-nos quer a pobreza, quer o exílio, quer o cárcere, quer a afronta, quer a doença, quer a perda dos parentes ou qualquer outra coisa semelhante, devemos pensar que nenhuma dessas coisas nos acontece se não é por vontade e providência de Deus. Além disso, Ele não faz nada a não ser atuar segundo a ordem mais justa. Quê, então? Acaso nossos inúmeros delitos cotidianos não merecem ser castigados com grande severidade e chibatadas muito mais pesadas do que aquelas que nos são infligidas por sua clemência? Acaso não é por demais razoável que nossa carne seja domada e como que submetida ao jugo, para que não se lance à libidinagem, como é de sua índole? Acaso a justiça e a verdade de Deus não são dignas de que soframos por elas? Porque, se a equidade de Deus mostra-se indubitável em meio às aflições, não podemos murmurar ou lutar contra ela sem iniquidade. Então, já não ouvimos aquela fria cantiga, "Deve-se ceder porque assim é, necessariamente", mas uma pregação vívida e plena: "Deve-se obedecer porque resistir é ímpio; deve-se sofrer com paciência, uma vez que a impaciência é uma contumaz rebeldia contra a justiça de Deus". Mas, como é amável para nós somente aquilo que reconhecemos ser para nosso bem e segurança, também nessa parte nosso Pai excelente nos consola quando assevera que, ao afligir-nos com a cruz, por isso mesmo olha por nossa salvação. Se compreendemos que as tribulações são salutares para nós, por que não aceitá-las com uma disposição de ânimo grata e serena? Porque, sofrendo-as pacientemente, não sucumbimos à necessidade, mas consentimos com o que é bom para nós. Digo que essas considerações induzem nosso espírito a, quanto mais diminuído sentir-se na cruz pelo sentimento natural da amargura, tanto maior se faça pela alegria espiritual. Daí segue também a ação de graças, que não pode existir sem o contentamento. Portanto, se o louvor ao Senhor e a ação de graças não podem emanar senão de um coração leve e feliz, não há nada que deva interromper isso em nós. Por isso é evidente quão necessário é temperar a amargura da cruz com o contentamento espiritual.

A meditação da vida futura.

eja qual for o gênero de tribulação que nos aflija, devemos ter sempre em mente este fim: acostumarmo-nos ao desprezo pela vida presente, e, por isso, despertarmos para a meditação da vida futura. Pois, uma vez que o Senhor sabe muito bem até que ponto estamos inclinados pela natureza a um bestial amor a este mundo, aplica a medida mais eficaz para afastar-nos dele e despertar-nos de nosso torpor, a fim de que não nos apeguemos tão tenazmente a tal amor. É certo que não há ninguém entre nós que não deseje ser considerado como alguém que, no decorrer de toda a vida, aspira à imortalidade celestial e se esforça em obtê-la. Pois nos envergonhamos de não superar em coisa alguma os animais brutos, cuja condição não haveria de ser inferior à nossa em nada se não nos restasse a esperança da eternidade depois da morte. Mas, se examinares as intenções, as empresas, os atos de cada um de nós, não verás ali nada mais que terra. E daí provém nossa estupidez, porque nossa mente é embotada pelo vão esplendor das riquezas, do poder e das honras, para que não veja além. Também o coração é acabrunhado pelo peso da avareza, da ambição e do desejo, para que não se erga mais alto. Finalmente, nossa alma toda, enredada nos deleites da carne, procura sua felicidade na terra. O Senhor, para avançar contra esse mal, instrui os seus sobre a vaidade da vida presente por meio de constantes exemplos de todas as misérias. Assim, para que não se prometam a si mesmos uma longa e segura paz nesta vida, Ele permite que muitas vezes os homens se vejam atormentados e acossados ou por guerras, ou por tumultos, ou por latrocínios, ou ainda por outros agravos. Para que não almejem com excessiva avidez riquezas inconstantes e decrépitas, ou encontrem repouso

naquelas que possuem, Ele os reduz à indigência, seja pelo exílio, seja pela esterilidade da terra, seja pelo incêndio, seja por outros meios; ou os mantém na mediocridade. Para que não se deleitem com excessiva tranquilidade nos prazeres conjugais, Ele os faz ser atormentados pelo atrevimento das esposas, ou os humilha dando-lhes filhos maus, ou os aflige pela perda da família. E quando é mais indulgente em todas essas coisas, Ele, para que os homens não se encham de uma glória insensata ou exultem de confiança, põe-lhes diante dos olhos, com doenças e perigos, quão instáveis e vãos são todos os bens sujeitos à mortalidade. Assim, somente aproveitamos como se deve a disciplina da cruz quando aprendemos que esta vida, avaliada em si, é inquieta, turbulenta, miserável de várias formas e em nenhum de seus aspectos completamente feliz; que todas as coisas que são avaliadas como seus bens são incertas, mutáveis, vãs, e vícios misturados a muitos males. E disso concluímos que aqui não se deve buscar nem esperar mais do que luta; e que devemos levantar os olhos para o céu quando pensamos na coroa. Pois é certo que nosso espírito não levará a sério o desejo e a meditação da vida futura a menos que, antes, tenha sido imbuído do desprezo pela vida presente.

2. Porque entre essas duas coisas não há meio-termo possível: ou a terra perde todo o valor para nós ou nos reterá ligados a ela por um amor destemperado. Por isso, se a eternidade significar algo para nós, devemos nos incumbir diligentemente de nos livrar desses maus grilhões. Além disso, uma vez que a vida presente dispõe de muitas seduções com que nos aliciar e muita aparência de amenidade, de graça e de suavidade com que atrair, é extremamente necessário que nos afastemos dela amiúde, para não sermos fascinados por tais encantos. Pois que aconteceria, pergunto, se usufruíssemos aqui de uma conjunção perene dos bens com a felicidade quando, mesmo com constantes estímulos dos infortúnios, mal conseguimos despertar para a miséria desta vida? Que a vida humana é como fumaça ou sombra é algo notório não somente para os eruditos, mas mesmo entre o vulgo não há provérbio mais conhecido. E, porque viam que era algo útil de saber antes de mais nada, confiaram-no a muitas sentenças famosas. E, no entanto, não há praticamente nada que consideremos com tanta negligência ou de que nos lembremos menos. Pois tocamos todas as nossas coisas como se fôssemos imortais. Se passa um funeral qualquer, ou caminhamos entre as sepulturas no cemitério, então, porque a imagem da morte se nos oferece aos olhos com clareza, confessamos que filosofamos sobre a vaidade desta vida. Ainda que nem isso o façamos sempre, pois essas coisas muitas vezes em nada nos afetam. Contudo, quando nos tocam, nossa filosofia é momentânea e, tão logo voltamos as costas, desvanece-se, sem deixar atrás de si nem o menor vestígio de recordação; e por fim desaparece como, no teatro, o aplauso a um espetáculo cômico qualquer. Pois esquecidos não só da morte mas até de nossa mortalidade, como se nunca nos tivesse chegado um rumor sobre tal coisa, recobramos uma firme confiança em nossa imortalidade terrena. Se alguém, entretanto, entoa aquele provérbio que diz que o homem é um animal ἐφήμερον, admitimos que é assim, mas de forma tão desatenta que o pensamento da perpetuidade ainda assim permanece em nosso espírito. Quem, pois, negará que é algo de grande valor para todos sermos, não digo admoestados com palavras, mas convencidos com todas as provas possíveis da condição miserável da vida terrena, uma vez que apenas convencidos disso deixamos de nos entorpecer pela admiração depravada e tola perante ela, como se ela contivesse em si o ápice do bem? E se é necessário que Deus nos instrua, é dever nosso, em contrapartida, escutá-lo quando nos chama e sacode nosso torpor, para que, tendo desprezado o mundo, dediquemo-nos de todo coração à meditação da vida futura.

3. Os fiéis acostumar-se-ão a tal desprezo pela vida presente, sem, no entanto, nutrir ódio a ela nem ingratidão para com Deus. Porque esta vida, por mais que repleta de infinitas misérias, consta com razão entre as irrecusáveis bênçãos de Deus. Por isso, se não reconhecemos nela nenhum benefício de Deus, já somos culpados de grande ingratidão para com Ele. Principalmente, ela deve servir de testemunho para os fiéis da benevolência divina, uma vez que está toda destinada a promover sua salvação. Pois Ele, antes de mostrar-nos abertamente a herança da glória eterna, quer declarar que é nosso Pai com demonstrações menores, que são os bens que nos confere a cada dia. Logo, se esta vida nos serve para compreender a bondade de Deus, como lhe teremos repugnância, como se não resguardasse uma migalha de bem? Devemos, pois, revestir-nos desse sentimento e afeto, para a colocarmos entre os dons da divina benignidade, que não devem ser jogados fora. Ainda que faltassem testemunhos da Escritura (e são muitos e claríssimos), a natureza mesma nos exortaria a render ação de graças ao Senhor, porque nos criou para sua glória, porque nos concedeu seu usufruto, porque nos prodigalizou todas as coisas necessárias para protegê-la e conservá-la. E esta razão é ainda maior se consideramos que, de certa maneira, somos preparados para a glória celestial nesta vida. Pois o Senhor dispôs as coisas de tal forma que aqueles que hão de ser coroados no céu enfrentam antes disputas na terra, para que não triunfem a menos que tenham antes superado as dificuldades da guerra e alcançado a vitória. Há ainda outra razão: com estes benefícios, nós começamos a sentir nesta vida a suavidade da benignidade divina, a fim de que nossa esperança e nossos desejos se agucem, para pedir que ela se revele plenamente. Quando estiver bem claro que vivemos a vida presente como um dom da clemência divina, e que tanto estamos obrigados a Deus por essa graça quanto devemos recordá-la com gratidão, então será o momento oportuno de passar a considerar sua misérrima condição, a fim de desprender-nos do excessivo desejo por ela, ao qual, como já foi dito, estamos naturalmente propensos.

4. Além disso, tudo o que for extraído do amor perverso a esta vida deve ser destinado ao desejo de uma vida melhor. Admito que pensaram da forma mais verdadeira aqueles a quem pareceu que o melhor seria não nascer, ou então morrer o quanto antes. Pois, tendo em conta que eram gentios privados da luz de Deus e da verdadeira religião, que poderiam ver nesta vida que não fosse infausto e tétrico? E, não sem razão, aqueles[227] que acompanhavam o nascimento de seus filhos com pesar e lágrimas, celebravam seus funerais com festas solenes. Mas isso de nada lhes servia, porque, privados da correta doutrina da fé, não viam de que maneira se converte em bem para os piedosos aquilo que em si não é feliz nem desejável. E, assim, o fim de suas reflexões era o desespero. Logo, seja este o objetivo dos fiéis ao considerar a vida mortal: entenderem que não há nela nada além de miséria, para dedicarem-se, mais alegres e mais empenhados, à meditação da vida futura e eterna. Feita a comparação, então aquela não apenas pode ser seguramente negligenciada como ainda deverá ser desprezada e até causar repugnância. Pois, se o céu é sua pátria, que é a terra senão seu exílio? Se partir deste mundo é entrar na vida, que é este mundo senão um sepulcro? E que é permanecer nele senão estar imerso na morte? Se ser libertado do corpo é ser posto em perfeita liberdade, que é o corpo senão um cárcere? Se usufruir da presença de Deus é a suma e suprema felicidade, não será infeliz carecer dela? Certamente, enquanto não deixamos o mundo, "somos peregrinos, longe do Senhor" (2Co 5, 6). Por conseguinte, se comparada com a celestial, a vida terrena, sem dúvida, será facilmente desprezada e calcada aos pés. É claro que nunca lhe devemos ter ódio, a não ser enquanto nos tem sujeitos ao pecado; embora, falando propriamente, nem sequer tal ódio deva ser voltado contra ela. Seja como for, convém sentir com relação a

---

227 O povo dos citas.

ela ou tédio ou ódio, de tal maneira que, mesmo desejando seu fim, estejamos também preparados para permanecer nela segundo a vontade do Senhor, para que nosso tédio passe longe de toda murmuração e impaciência. Pois ela é como uma moradia em que o Senhor nos colocou e que deve ser conservada por nós até que Ele nos chame de volta. Também Paulo deplora sua sorte, por ser mantido aprisionado pelos grilhões do corpo por mais tempo do que desejava, e suspira com ardente desejo pelo momento da redenção (Rm 7, 24). No entanto, para obedecer à ordem de Deus, afirma estar preparado para um e para outro (Fp 1, 23), porque reconhece que deve isso a Deus, cujo nome deve glorificar, quer com a morte, quer com a vida, pois é próprio do Senhor determinar o que mais convém à sua glória. Portanto, se devemos viver e morrer para o Senhor, deixemos a seu arbítrio o limite da morte e da vida, de tal forma, no entanto, que sejamos tomados pelo desejo de morrer e que sejamos assíduos nesta meditação: desprezemos esta vida em nome da imortalidade futura, e desejemos renunciar a ela quando aprouver ao Senhor, por causa de nossa servidão ao pecado.

5. É algo monstruoso que muitos que se jactam de ser cristãos, em vez de desejar a morte, são tomados de tal pavor diante dela que se põem a tremer à menor menção a ela, como se fosse coisa de mau agouro e profundamente infeliz. De fato, não se deve estranhar se nosso sentimento natural se terrorizar ao ouvir sobre a separação da alma e do corpo. Mas, de modo algum, pode-se aceitar que não exista num peito cristão a luz da piedade, a qual supera e suprime, com um consolo maior, todo e qualquer temor. Pois, se pensarmos que este instável, vicioso, corruptível, decrépito, seco, podre tabernáculo de nosso corpo é destruído para ser restaurado em seguida em uma glória permanente, perfeita, incorruptível e celestial, como a fé não nos levará a desejar com ardor aquilo que nossa natureza receia? Se pensarmos que somos levados de volta pela morte do exílio para a pátria, e que habitamos a glória celestial, acaso não conseguiremos aí nenhum consolo? Mas não há nada que não deseje permanecer. Admito-o totalmente. E por isso mantenho que devemos olhar para a imortalidade futura, onde se dá a condição imutável que nunca se mostra na terra. Paulo ensina muito bem que os fiéis devem caminhar alegremente em direção à morte; não porque queiram ser desnudados, mas porque almejem ser sobrevestidos (2Co 5, 4). E até os animais brutos, e mesmo as criaturas inanimadas, e até as madeiras e as pedras têm consciência de sua vaidade presente e estão esperando o dia da ressurreição para ser libertos de sua vaidade, com os filhos de Deus

(Rm 8, 19). E nós, dotados da luz da natureza, e, além da natureza, iluminados com o Espírito de Deus, quando se trata de nosso ser, não ergueremos nosso espírito acima da podridão da terra? Mas aqui não há a intenção nem é o lugar de tratar de uma perversidade tão grande. Já no início declarei que não gostaria de me encarregar mais detidamente do manejo dos lugares-comuns. A espíritos assim timidozinhos, eu lhes aconselharia que lessem um livrinho de Cipriano, *Sobre a imortalidade*, a menos que sejam dignos de ser remetidos aos filósofos, para que, tendo visto o desprezo à morte que estes demonstram, comecem a envergonhar-se de si mesmos. Tenhamos, pois, como certo que ninguém terá bom proveito na escola de Cristo a menos que espere com alegria o dia da morte e da última ressurreição. Pois Paulo descreve todos os fiéis com essa marca (2Tt 2,13), e é recorrente na Escritura, sempre que ela nos quer propor um motivo concreto de alegria, no-la recordar. "Alegrai-vos", diz o Senhor, "levantai vossas cabeças, porque se aproxima vossa redenção" (Lc 21, 28). É razoável, pergunto, que aquilo que o Senhor quis que nos fizesse saltar de felicidade e de alegria não gere em nós senão tristeza e consternação? Se é assim, por que nos vangloriamos dele, como se ainda fosse nosso Mestre? Recobremos então o juízo; e, por mais que isso repugne à cega e estúpida cobiça de nossa carne, não duvidemos de que esperar o advento do Senhor com nosso desejo, e também com gemidos e suspiros, é, entre todas as coisas, a mais feliz. Pois virá a nós o Redentor, que, tendo-nos tirado deste imenso abismo de todos os males e misérias, guiar-nos-á àquela bem-aventurada herança de vida e de sua glória.

6. Isto é certo: que toda a nação dos fiéis, enquanto habitam este mundo, devem ser como ovelhas destinadas ao matadouro, a fim de serem semelhantes a Cristo, sua cabeça (Rm 8, 36). Logo, seriam por demais deploráveis se não superassem, com a mente elevada ao céu, tudo o que há neste mundo e não transcendessem o aspecto atual das coisas. Em contrapartida, quando tiverem por uma vez levantado a cabeça acima de todas as coisas terrenas, ainda que vejam as riquezas e as honras florescentes dos ímpios, que usufruem de grande paz, que se ensoberbecem do esplendor e do luxo de todas as coisas, que apreciam mergulhar em todas as delícias. Mais ainda: se os fiéis são golpeados pela improbidade dos ímpios, se suportam as ofensas de sua altivez, se são saqueados por sua avareza, se são atormentados por algum outro desejo deles, ainda então não lhes será difícil consolar-se mesmo em meio de tais males. Pois terão diante de seus olhos aquele dia em que o Senhor receberá a seus fiéis no descanso de seu reino, enxugará todas as lágrimas de seus olhos, vesti-los-á com a túnica da glória e da alegria, apazigua-los-á com a inenarrável suavidade de seus deleites, eleva-los-á a sua altura e honra-los-á, finalmente, com a participação em sua bem-aventurança (Is 25, 8; Ap 7, 17). Mas os ímpios que tiverem brilhado no mundo, expô-los-á a extrema ignomínia; transformará seus deleites em suplícios; seu riso e alegria em pranto e ranger de dentes; inquietará sua paz com um sinistro tormento de consciência; corrigirá sua indolência com o fogo inextinguível, e sujeitará suas cabeças sob os pés dos fiéis, de cuja paciência abusaram. Pois é justo diante de Deus, segundo o testemunho de Paulo, "pagar com tribulação aos que vos atribularam, e que vós, os atribulados, recebeis como recompensa o descanso conosco, quando o Senhor Jesus se revelar do céu" (2Ts 1, 6). Esse é, sem dúvida, nosso único consolo. Se nos for tirado, necessariamente desfaleceremos ou rumaremos, com vãos consolos, em direção à nossa perdição. Porque até o profeta confessa que seus pés resvalaram quando insistiu demais em considerar a presente prosperidade dos ímpios, e que não pôde permanecer em pé até que, tendo entrado no Santuário de Deus, voltou o olhar para o fim dos homens pios e dos malvados (Sl 73, 2.3.17-20). Para concluir com uma palavra: a cruz de Cristo triunfa de verdade — contra o Diabo, contra a carne, contra o pecado e contra os ímpios — no coração dos fiéis se estes voltarem seus olhos para o poder de sua ressurreição.

Como se deve usar a vida presente e seus meios.

om tais elementos, a Escritura instrui correta e simultaneamente sobre qual é o uso adequado dos bens terrenos, coisa que não devemos negligenciar ao compor nossa maneira de viver. Pois, se é preciso viver, é preciso também que nos sirvamos dos meios necessários para isso. E não podemos evitar aquelas coisas que parecem sujeitas mais ao prazer que à necessidade. Logo, é preciso que tenhamos uma medida, a fim de usar tais coisas com consciência limpa, seja por necessidade, seja por prazer. A medida, no-la prescreve o Senhor com sua Palavra, quando ensina que a vida presente é uma espécie de peregrinação para os seus, por meio da qual se encaminham ao reino celestial. Se é preciso ao menos passarmos pela terra, não há dúvida de que, enquanto isso, devemos usar seus bens, a fim de que mais ajudem do que retardem nosso percurso. Por isso, Paulo aconselha a nos servimos deste mundo como se dele não nos servíssemos, e a comprarmos as posses com a mesma disposição com que as vendemos (1Co 7, 31). Mas, sendo este um tema escorregadio, em que se pode pender tanto para um lado como para o outro, esforcemo-nos para fincar bem o pé onde se possa estar em segurança. Pois houve alguns, de resto homens bons e santos, que, como vissem que a intemperança e a luxúria correm com desenfreada licenciosidade, a menos que sejam mais severamente contidas, e como desejassem corrigir tão pernicioso mal, ocorreu-lhes, como única saída, permitir ao homem o uso dos bens corpóreos contanto que a necessidade o exija. É, evidentemente, uma decisão piedosa; mas foram austeros demais. Pois (o que é muito perigoso) ataram as consciências com nós mais apertados do que aqueles com os quais são ligadas pela Palavra de Deus. Além disso, para eles, neces-

sidade é te absteres de todas as coisas sem as quais podes passar. Assim, segundo eles, apenas nos seria lícito acrescentar algo ao pão comum e à água. É ainda maior a austeridade de outros, como se conta de Crates de Tebas, que jogou suas riquezas no mar, porque pensava que, se elas não se perdessem, ele haveria de se perder por causa delas. Hoje, porém, muitos, enquanto buscam um pretexto com que justificar sua intemperança da carne no uso das coisas externas, e no intuito de deixar o caminho aberto para o lascivo, afirmam como certo, o que de modo algum lhes concedo, que a liberdade não deve ser restrita por nenhuma regra, mas que se deve permitir à consciência de cada um o servir-se de tudo o que lhes pareça lícito. Admito que, nesse ponto, não devemos nem podemos obrigar as consciências com fórmulas fixas e rígidas. Mas, como a Escritura nos fornece regras gerais sobre seu uso legítimo, certamente devemos ser limitados em conformidade com elas.

2. O primeiro ponto é este: que o uso dos dons de Deus não é desencaminhado quando se atém à finalidade para a qual seu autor os criou e destinou, já que Ele os criou para nosso bem, não para nossa destruição. Por essa razão, ninguém se manterá no caminho mais retamente do que aquele que olhar com diligência para esse fim. Ora, se pensarmos na finalidade para a qual Ele criou os alimentos, descobriremos que quis atender não somente a nossa necessidade mas a nosso deleite e satisfação. Da mesma forma as roupas, além da necessidade, atendem ao decoro e à honestidade. Nas ervas, árvores e frutas, além das várias utilidades, há a graciosidade da aparência e o prazer do perfume. Pois, se isso não fosse verdade, o profeta não incluiria, entre os benefícios de Deus, que "o vinho alegra o coração do homem" e que "o azeite faz brilhar o rosto" (Sl 104, 15). E as Escrituras não mencionariam a cada passo, para engrandecer a benignidade do Senhor, que Ele deu todas essas coisas aos homens. E as propriedades naturais das coisas demonstram suficientemente de que forma e em que medida é lícito usufruir delas. Ou acaso o Senhor concedeu às flores tanta beleza, que salta aos olhos imediatamente, e tanta suavidade em seu perfume, que se insinua em nosso olfato, e nos seria interdito sermos tocados por sua beleza ou pela graciosidade de seu perfume? Quê? Acaso não diferenciou as cores, de modo que umas ficassem mais graciosas que outras? Quê? Acaso não deu ao ouro, à prata, ao marfim e ao mármore uma graça por causa da qual os fez mais preciosos que outros metais ou pedras? E, por fim, não nos deu muitas coisas de grande valor para nós, sem que sejam necessárias?

3. Longe de nós, pois, aquela filosofia inumana que não nos concede nenhum outro uso das criaturas de Deus que o necessário, e não apenas nos priva malignamente do lícito fruto da beneficência divina como também não se pode observar senão quando o homem, privado de seus sentidos, está reduzido a um tronco. Mas, por outro lado, com não menos diligência, devemos resistir ao desejo da carne, o qual, a menos que forçado à ordem, transborda sem medida e que tem, como eu disse, seus defensores, os quais, sob o pretexto da liberdade concedida, permitem-lhe tudo. Em primeiro lugar, coloca-se-lhe um freio quando se estabelece que Ele criou todas as coisas para nós a fim de que o reconhecêssemos como autor, e que recompensemos sua indulgência para conosco por meio da ação de graças. Mas onde está essa ação de graças se te banqueteias ou te afogas no vinho de tal forma que ou te entorpeces e ou te tornas inútil para os deveres da tua piedade e vocação? Onde está o reconhecimento a Deus se a carne, excitada pela excessiva abundância a uma hedionda concupiscência, infecta a mente com sua impureza, para que não enxergues nada de correto e de honesto? Onde a gratidão para com Deus por nossas roupas se as ornamos com tal suntuosidade que somos tomados de admiração por nós mesmos e de desdém pelos outros? Se por sua elegância e esmero nos juntamos à impudicícia? Onde o reconhecimento a Deus se nossas mentes estão absortas no esplendor de nossas roupas? Pois muitos empregam todos os seus sentidos nos deleites de tal maneira que sua mente jaz soterrada neles. Muitos se deleitam tanto com o mármore, o ouro e as pinturas, que se transformam em mármore, como que se convertem em metais e ficam semelhantes a figuras pintadas. O cheiro da cozinha ou a suavidade de seus odores entorpece a outros, para que não sintam nenhum aroma espiritual. E o mesmo se vê em tudo o mais. Por essa razão, é evidente que a licença para o abuso dos dons de Deus é um tanto coibida e que está confirmada a regra de Paulo: "Não façamos caso das paixões da carne" (Rm 13, 14), as quais, se cedermos a elas, excitam-se sem medida ou moderação.

4. Mas não há caminho mais seguro e mais curto do que aquele que se faz pelo desprezo da vida presente e pela meditação da imortalidade celestial. Pois daí seguem duas regras: que aqueles que desfrutam deste mundo, que o façam como se não desfrutassem; os que se casam, como se não se casassem; os que compram, como se não comprassem, como prescreve Paulo (1Co 7, 31). Em seguida, que saibam suportar a penúria com não menor paz e paciência do que se fosse uma abundância moderada. Aquele que prescreve que desfrutes deste mundo como se não o desfrutasses, não somente corta toda intemperança da gula, na comida e na bebida, à mesa, nas residências, nas roupas, a vida efeminada, a ambição, a soberba, a altivez, a morosidade, mas também todo cuidado e afeto que ou te impeçam ou te afastem da contemplação da vida celestial e do empenho em cultivar a alma. Com efeito, verdadeiro é este antigo dito de Catão: "Grande cuidado no vestir, grande descuido na virtude",[228] bem como era provérbio comum que "Aqueles que muito se ocupam do cuidado de seu corpo devem ser negligentes com sua alma". Logo, embora a liberdade dos fiéis com respeito às coisas externas não deva ser obrigada por uma fórmula fixa, é certo, no entanto, que está sujeita a esta lei: que os fiéis sejam indulgentes consigo o menos possível; ao contrário, que tenham a intenção constante de inclinar-se a prescindir de toda ostentação de abundância supérflua, pois não só o luxo deve ser reprimido, e acautelem-se diligentemente para que não transformem auxílios em empecilhos.

5. A outra regra será que aqueles para quem as coisas são apertadas e parcas saibam suportar com paciência sua pobreza, para não se verem atormentados por uma cobiça imoderada. Aqueles que o conseguem, aproveitaram não pouco na escola do Senhor. Assim como dificilmente pode ter com o que provar que é discípulo de Cristo aquele que, nessa parte, não tenha ao menos aproveitado nada. Pois, a despeito de o apetite das coisas terrenas vir acompanhado de muitos outros vícios, aquele que sofre a penúria com impaciência mostra, entretanto, o vício contrário na abundância. Entendo por isso que quem se envergonha de sua roupa pobre vangloriar-se-á de uma cara; quem não se contenta com uma refeição frugal inquietar-se-á com o desejo de outra, mais lauta, e abusará com intemperança também das iguarias, se as provar; quem com grande dificuldade e espírito inquieto suporta uma condição humilde, se chegar a obter honras, de modo algum poderá abster-se de um comportamento arrogante. Logo, aproximem-se todos aqueles para quem a prática da piedade não é fingida, para que aprendam, a exemplo do apóstolo, tanto a estar saciados como a ter fome, a viver na penúria e na abundância (Fp 4, 12). Ademais, a Escritura tem ainda uma terceira regra, com a qual modera o uso das coisas terrenas, sobre a qual já dissemos algo quando tratamos dos preceitos da caridade.[229] Ensina-nos que todas as coisas nos são dadas pela benignidade de Deus e destinadas a nosso bem-estar, de

---

228 Ammianus Marcellinus, De Reb. Gest. XVI, 5, 2.
229 Institutio, III, VII, 5.

forma que sejam como um depósito do qual um dia havemos de prestar contas. Por conseguinte, é preciso administrá-las como se soasse sempre em nossos ouvidos aquela sentença: "Presta conta de tua administração".[230] E, ao mesmo tempo, recordemos quem nos exige tal prestação de contas, a saber, aquele que tanto nos recomendou a abstinência, a sobriedade, a frugalidade e a modéstia, e que execra o luxo, a soberba, a ostentação e finalmente a vaidade; que não aprova outra dispensação de bens do que aquela que está unida à caridade; que por sua própria boca já condenou todos os deleites que afastam o espírito do homem da castidade e da pureza, ou que envolvem a mente em trevas.

6. Por último, é digno de nota que Deus manda cada um de nós ter presente, em todas as ações da vida, sua vocação. Pois Ele sabe com quanta inquietude arde o espírito humano, com quão inconstante leviandade é levado de um lado para o outro, quão cobiçosa é sua ambição de abraçar coisas diferentes ao mesmo tempo. Sendo assim, para que nós, com nossa loucura e temeridade, não virássemos tudo do avesso, Ele determinou a cada um seus deveres, segundo os diferentes modos de vida. E, para que ninguém ultrapassasse temerariamente seus limites, chamou a tais maneiras de viver "vocações". Logo, o Senhor atribuiu a cada um sua maneira de viver, como se fosse o seu posto, para que não fique dando voltas temerariamente de um lado para outro por toda a vida. Essa distinção é tão necessária que por ela todas as nossas obras são avaliadas perante Ele; e, com frequência, de uma forma muito diferente do que se o fosse pelo julgamento da razão humana ou filosófica. Considera-se, mesmo entre os filósofos, que não há feito mais nobre que libertar a pátria da tirania; contudo, segundo a palavra do veredicto celestial, está claramente condenado aquele que, em particular, levantar a mão contra o tirano. Mas não quero me demorar em citar exemplos. Basta saber que o chamado do Senhor é o princípio e o fundamento do agir bem em todas as situações, e que aquele que não se submeter a ele jamais manterá o reto caminho em seus deveres. Poderá talvez fazer algo elogiável em aparência; mas isso, seja lá o que for perante o olhar dos homens, diante do trono de Deus será lançado fora. Assim, não haverá simetria entre as diversas partes de nossa vida. Por conseguinte, tua vida será ordenada da melhor forma enquanto estiver direcionada para esse objetivo, porque ninguém, mesmo movido pela própria temeridade, tentará mais do que sua vocação aguenta, porque saberá que não é lícito ultrapassar seus li-

---

230 Lc 16, 2.

mites. Aquele que for de condição humilde não levará sua vida com pesar, e não abandonará a posição em que foi colocado por vontade divina. Em contrapartida, será para ele um alívio, e não pequeno, em suas preocupações, trabalhos e pesares, saber que Deus é seu guia em todas as coisas. O magistrado dedicar-se-á a seus afazeres com mais boa vontade; o pai de família se esforçará para cumprir seus deveres; cada um, dentro de seu modo de viver, suportará e tragará os incômodos, as inquietações, os aborrecimentos, os tédios e as ansiedades, quando estiver persuadido de que esse peso foi imposto por Deus. Daí nascerá um exímio consolo: que, contanto que obedeças deste modo a tua vocação, não há nenhuma obra tão humilde e tão baixa que não resplandeça diante de Deus e que não seja por Ele considerada preciosíssima.

Capítulo XI

A justificação pela fé.
Antes, sua definição nominal e real.

arece-me que já expus com suficiente diligência de que forma resta aos homens, malditos segundo a Lei, um único recurso para recuperar a salvação, a fé, e também o que é a fé e os benefícios que ela confere ao homem e os frutos que produz.[231] Em suma, que Cristo nos foi dado pela benignidade de Deus, que nós o aceitamos e possuímos pela fé e sobretudo que, participando dele, recebemos uma graça dupla, a saber: para que, reconciliados com Deus pela inocência de Cristo, em lugar de ter um juiz nos céus, tenhamos um Pai propício; e, em seguida, para que, santificados por seu Espírito, meditemos na inocência e na pureza da vida. Quanto à regeneração, que é a segunda graça, já disse o que me parecia suficiente. Por isso, o tema da justificação foi tratado por alto, uma vez que convinha compreender primeiro que a fé não está ociosa no tocante às boas obras e que só por ela obtemos a justiça gratuita, por misericórdia de Deus; e também quais são as boas obras dos santos, nas quais se apoia uma parte dessa matéria. Logo, a questão da justificação deve ser examinada agora mais atentamente, e examinada de tal forma que recordemos que ela é o ponto principal de nossa religião, para que tenhamos aqui maior atenção e cuidado. Pois se, antes de mais nada, não sabes que lugar ocupas diante de Deus e que juízo Ele faz de ti, assim como não tens fundamento algum em que apoiar tua salvação, tampouco tens um fundamento sobre o qual erigir teu culto a Deus. Mas a necessidade de compreender essa matéria será elucidada com o conhecimento dela.

---

231 Institutio II, XII, 1; III, II.

192

2. Além disso, para não tropeçarmos desde o primeiro passo (o que aconteceria se iniciássemos a disputa partindo de algo desconhecido), expliquemos primeiro o que querem dizer estas expressões: "O homem é justificado diante de Deus" e "O homem é justificado pela fé, não pelas obras". Diz-se que é justificado diante de Deus aquele que é considerado justo segundo o julgamento do Senhor e que foi aceito por Ele segundo a justiça divina. Tendo em vista como a iniquidade é abominável para Deus, o pecador tampouco pode encontrar a graça diante dos olhos dele enquanto for pecador e como tal for considerado. Por isso, onde quer que haja pecado, ali se mostram também a ira e o castigo de Deus. Por outro lado, está justificado aquele que não é tomado como pecador, mas considerado justo, e com tal título comparece perante o tribunal de Deus, diante do qual todos os pecadores arruínam-se. Da mesma forma que se diz que um réu inocente, acusado perante um juiz justo, depois de ter sido julgado conforme sua inocência, está justificado perante o juiz; assim também está justificado diante de Deus aquele que, separado do número dos pecadores, tem a Deus como testemunho de sua justiça e seu defensor. Logo, dir-se-á de um homem que é justificado em razão de suas obras quando, em sua vida, encontrarem-se a pureza e a santidade que mereçam o testemunho de justiça diante do tribunal de Deus; ou antes, quando o homem, pela integridade de suas obras, possa responder e satisfazer ao julgamento do Senhor. Ao contrário, será justificado pela fé aquele que, excluído da justiça das obras, compreende a justiça de Cristo por meio da fé, e, vestido com ela, apresenta-se ante o olhar do Pai não como pecador, mas como justo. Assim, nossa interpretação é que a justificação é simplesmente a aceitação pela qual Deus nos recebe na graça e nos considera justos. E dizemos que ela consiste na remissão dos pecados e na imputação da justiça de Cristo.

3. Para confirmá-lo, existem numerosos e claros testemunhos na Escritura. De início, não se pode negar que esse é o significado próprio e mais corrente da palavra "justificar". Contudo, como seria longo demais citar todos os lugares e compará-los entre si, será suficiente fazer uma menção aos leitores, que facilmente os observarão por si. Citarei somente uns poucos, nos quais se trata de modo expresso da justificação de que falamos. Primeiro, quando Lucas narra que o povo, tendo ouvido a Cristo, "justificou a Deus", e quando Cristo afirma que "a sabedoria é justificada por todos os seus filhos" (Lc 7, 29.35), não significa aí o ato de conferir justiça, uma vez que ela sempre permanece inteira em Deus, ainda que o mundo todo tente arrebatá-la dele; tampouco significa que a doutrina da salvação torne-se justa, pois ela o é de per si. Ambas as expressões significam tanto atribuir o louvor a Deus e à sua doutrina quanto merecê-lo. Pelo contrário, quando Cristo reprova os fariseus por se justificarem a si mesmos (Lc 16, 15), não quer dizer que eles adquiriam justiça agindo retamente, mas que, com ambição, procuravam ser reconhecidos por uma justiça de que estavam vazios. Os conhecedores da língua hebraica entendem melhor esse significado, pois lá "malfeitor" designa não só os que estão cientes de seu crime como os que recebem o veredicto de condenação. Pois Betsabé, quando diz serem ela e Salomão malfeitores (1Rs 1, 21), não reconhece um crime, mas se queixa de ela e o filho serem expostos ao opróbrio e contados entre os réprobos e os condenados. Pelo contexto, no entanto, fica claro que o verbo "justificar", assim como no latim, não pode ser entendido de outra forma, isto é, relativamente, e não denota qualidade alguma. No que diz respeito a essa matéria, quando Paulo afirma que a Escritura previu que Deus justificaria as nações pela fé (Gl 3, 8), que entenderás com isso senão que Deus lhes imputa a justiça pela fé? De igual modo, quando diz que Deus justifica o ímpio que tem fé em Cristo (Rm 3, 26), que sentido isso pode ter senão que, pelo benefício da fé, Ele libera da condenação aqueles que a mereciam por sua impiedade? Isso fica ainda mais claro na conclusão, quando assim exclama: "Quem acusará os escolhidos de Deus? Deus é quem os justifica. Quem os condenará? Cristo, que morreu, mais ainda, que ressuscitou e esta à direita de Deus, intercedendo por nós?" (Rm 8, 33.34). Pois é como se dissesse: "Quem acusará aqueles a quem Deus absolve? Quem condenará aqueles a quem Cristo defende com sua proteção?". Logo, justificar não quer dizer outra coisa senão absolver do castigo o que fora feito réu, como se sua inocência tivesse sido provada. Assim, uma vez que Deus nos justifica pela intercessão de Cristo, absolve-nos não propriamente porque nossa inocência foi provada, mas pela imputação da justiça; de forma que somos reputados justos em Cristo, mas em nós mesmos não o somos. Assim diz Paulo no sermão dos *Atos* 13: "Por meio dele vos é anunciado o perdão dos pecados e de tudo em que vós não pudestes ser justificados pela lei de Moisés, todo aquele que crê é justificado" (At 13, 38.39). Não vês que, depois da remissão dos pecados, põe-se a justificação como uma interpretação? Não vês que se entende claramente por absolvição? Não vês que não é fruto das obras da Lei? Não vês que é mero benefício de Cristo? Não vês que é recebida pela fé? Não vês, enfim, que a satisfação se interpõe quando Paulo nos diz que somos justificados de nossos pecados por intermédio de Cristo? Assim, quando se diz que o publicano "desceu do templo justificado" (Lc 18, 14), não podemos entender que alcançara a justiça por algum mérito de suas obras. Logo, o que se afirma é que ele, depois de alcançar o perdão dos pecados, foi considerado justo diante de Deus. Justo, portanto, não pela aprovação de suas obras, mas pela absolvição gratuita de Deus. Por essa razão, Ambrósio age acertadamente quando chama à confissão dos pecados nossa legítima justificação.[232]

4. Entretanto, se omitirmos a disputa sobre o termo para olharmos a realidade tal qual se nos descreve, não restará nenhuma dúvida. Pois Paulo com certeza designa "justificação" pelo termo "aceitação" quando diz, em *Efésios* (1, 5), "Fomos predestinados à adoção como filhos, por meio de Cristo, segundo o beneplácito de Deus, para louvor de sua graça gloriosa, com a qual nos fez aceitos e agraciados".[233] Pois quer dizer aqui o mesmo que costuma dizer em outros lugares: que Deus nos justifica gratuitamente (Rm 3, 24). No capítulo quarto da *Epístola aos romanos*, primeiro chama à justificação "imputação de justiça", e não duvida em colocá-la na remissão dos pecados. Diz: "Davi declara feliz o homem a quem Deus atribui justiça sem obras, dizendo: 'Bem-aventurados aqueles cujas iniquidades foram perdoadas e cujos pecados foram cobertos'" (Rm 4, 6). Decerto, o apóstolo não discute ali sobre uma parte da justificação, mas sobre toda ela. Além disso, testemunha que essa definição foi dada por Davi, quando declarou bem-aventurados àqueles a quem é dada gratuitamente a remissão dos pecados. De onde se esclarece que a justiça de que falamos simplesmente se opõe à culpa. Mas o melhor texto de todos para a comprovação é aquele em que Paulo ensina que o ponto principal do legado evangélico é que sejamos reconciliados com Deus, porque Ele nos quer receber na graça por Cristo, não nos imputando nossas faltas (2Co 5, 18). Considerem os leitores todo o contexto com atenção, pois Paulo acrescenta, depois da exegese: "Aquele que não cometeu pecado, Deus o fez pecado por nós" (2Co 5, 21), para indicar a maneira da reconciliação. E, sem dúvida, com o verbo "reconciliar", não entende senão "justificar". E não se poderia manter o que diz em outro lugar: que, pela obediência de Cristo, somos tornados justos (Rm 5, 19), se não fôssemos reputados por justos diante de Deus em Cristo e fora de nós.

5. No entanto — porque Osiander introduziu não sei que monstruosa "justiça essencial",[234] com a qual, ainda que não tenha desejado abolir a

---

232 Ambrosius, Expositio psalmi 118. c. 10, 47 CSEL 62, 231, 21.
233 Ef 1, 5.6.
234 Andreae Osiandri: De unico mediatore Iesu Christo et iustificatione fidei Confessionem 1551, fol. 4 a.

justiça gratuita, envolveu-a em tanta névoa que priva as confusas almas piedosas do sentimento verdadeiro da graça de Cristo —, vale a pena refutar esse delírio, antes de passar a outra coisa. Em primeiro lugar, essa especulação provém de mera curiosidade estéril. É certo que acumula testemunhos da Escritura, com os quais pretende provar que Cristo é um conosco e nós somos um com ele, o que não necessita de prova. Mas, porque Osiander não observa o vínculo dessa união, enreda-se a si mesmo. Para nós, entretanto, que mantemos estarmos unidos com Cristo pelo secreto poder de seu Espírito, ser-nos-á fácil livrar-nos de todos os nós que ele atou. Esse homem concebeu algo que tem parentesco com os maniqueus, uma vez que desejava transfundir a essência de Deus aos homens. Daí surgiu outro absurdo: que Adão foi formado à imagem de Deus porque, já antes da queda Cristo, estava designado como exemplar da natureza humana. Como pretendo ser breve, insistirei somente no presente tema. Osiander diz que nós somos uma mesma coisa com Cristo. Nós o admitimos; contudo, negamos que a essência de Cristo se misture com a nossa. Afirmamos ainda que Osiander, para confirmar suas ilusões, cita falsamente o princípio de que Cristo é justiça para nós porque Deus é eterno, fonte de justiça e a própria justiça divina. Que me desculpem os leitores se agora apenas toco de passagem nesse tema, que a ordem da exposição exige ser guardado para outro lugar. Ainda que ele se desculpe de que, com o nome de "justiça essencial", não ter outra intenção senão ir ao encontro da afirmação de sermos reputados justos por causa de Cristo, dá a entender claramente que não está contente com a justiça adquirida para nós pela obediência e pelo sacrifício da morte de Cristo, e imagina que somos substancialmente justos em Deus, tanto por essência quanto por uma qualidade infusa. E esta é a razão por que defende tão veementemente que não somente Cristo, mas também o Pai e o Espírito, habitam em nós. Ainda que eu admita ser isso verdadeiro, digo, no entanto, que ele o distorce de forma perversa. Pois é importante distinguir o modo de habitar, a saber, que o Pai e o Espírito estão em Cristo; e, como a plenitude toda da divindade habita nele, também nós possuímos nele ao Deus todo. Logo, tudo o que diz do Pai e do Espírito em separado não pretende outra coisa senão separar a gente simples de Cristo. Além disso, introduziu uma mistura substancial, pela qual Deus, transfundindo-se em nós, faz-nos como que uma parte de si mesmo. Porque ser de tal forma que estejamos misturados com Cristo pela virtude do Espírito Santo, e que ele seja nossa cabeça e nós, seus membros, Osiander o considera quase nada, a não ser que sua essência se misture com a nossa. Mas do Pai e do Espírito, como eu disse, revela mais claramente seu pensamento: que não somos justificados só pela graça do Mediador, e que a justiça não nos é oferecida simples e plenamente em sua Pessoa, mas que somos feitos partícipes da justiça divina quando Deus se une essencialmente a nós.

6. Se ele dissesse apenas que Cristo, ao nos justificar, faz-se nosso por uma união essencial, e que não somente enquanto homem é nossa cabeça mas também que a essência de sua natureza divina se derrama sobre nós, com menor dano nutrir-se-ia de suas delícias, e talvez nem houvesse tanta celeuma por causa desse delírio. No entanto, sendo o princípio de que ele parte similar à siba, que oculta seus muitos tentáculos ao turvar a água com o jorro do próprio sangue negro, é necessário resistir bravamente se não quisermos suportar que, com nosso conhecimento e consentimento, nos seja arrebatada aquela única justiça que nos traz confiança para a vanglória de nossa salvação. Em toda essa controvérsia, Osiander desdobra em duas partes o substantivo "justiça" e o verbo "justificar", para que "ser justificado" seja tanto ser reconciliado com Deus por meio do perdão gratuito quanto ser realmente feito justo, de tal maneira que a justiça seja não imputação gratuita, mas santidade e integridade inspiradas pela essência de Deus que reside em nós. Nega também com obstinação que Cristo seja nossa justiça, enquanto sacerdote que expia os pecados e aplacou o Pai para nós, mas somente enquanto Deus eterno e vida. Para provar o primeiro ponto, ou seja, que Deus nos justifica, perdoando-nos e também nos regenerando, pergunta se Deus deixa aqueles a quem justifica tais quais são por sua natureza, sem os mudar quanto aos vícios. A resposta é por demais fácil. Assim como Cristo não pode ser dividido em partes, da mesma maneira são inseparáveis as duas coisas que vemos nele simultânea e conjuntamente: a justiça e a santificação. Logo, todos aqueles a quem Deus recebe em sua graça são revestidos ao mesmo tempo do Espírito de adoção, com cuja virtude são reformados à imagem dele. Mas, se a claridade do sol não pode ser separada de seu calor, diremos por isso que a terra é esquentada pela luz e iluminada pelo calor? Não se poderia aplicar à presente matéria uma comparação mais apropriada do que esta. O sol torna a terra fértil e fecunda com seu calor e a clareia e ilumina com seus raios. Entre ambas as coisas, há uma conexão inseparável e, no entanto, a razão proíbe que o que é próprio de cada uma dessas coisas se transfira à outra. Semelhante é o absurdo que há nessa confusão da graça dupla, que Osiander nos quer impingir. Porque Deus renova aqueles que gratuitamente aceita como justos, para que cultivem a justiça, Osiander mistura o dom da regeneração com essa aceitação gratuita, e afirma que um e outro são o mesmo. Mas a Escritura, mesmo os unindo, conta um e outro separadamente, para que a múltipla graça de Deus nos seja mais visível. Pois, não em vão, Paulo diz que Cristo nos foi dado como justiça e santificação (1Co 1, 30). E todas as vezes que calcula que somos chamados à santidade e à pureza de vida pela salvação que foi adquirida para nós, pelo amor paterno de Deus e pela graça de Cristo, mostra-nos claramente que uma coisa é sermos justificados e outra sermos feitos novas criaturas. Mas, quando chega à Escritura, corrompe todos os textos que cita. Quando Paulo diz "Aquele que não obra, mas crê naquele que justifica o ímpio, sua fé é levada em conta como justiça" (Rm 4, 5), afirma que Deus produz o justo. Com a mesma temeridade perverte todo esse capítulo quarto da *Epístola aos romanos*. E não duvida em adulterar com o mesmo artifício o texto que citei acima: "Quem acusará os eleitos de Deus? Deus é quem os justifica".[235] Aqui é claro que se trata simplesmente da culpa e da absolvição, e que o sentido depende da antítese. Por conseguinte, tanto nessa razão quanto nos exemplos da Escritura que cita, depreende-se o quanto Osiander é fútil. Tampouco é mais correto o que diz acerca do substantivo "justiça": que a fé foi imputada a Abraão conforme a justiça depois que ele, tendo aceitado a Cristo (que é a justiça de Deus e o próprio Deus), havia-se tornado notável por suas exímias virtudes. De onde se vê que Osiander, de duas coisas íntegras, compõe incorretamente uma corrompida. Pois a justiça de que ali se faz menção não diz respeito a todo o percurso da vida de Abraão, mas o Espírito quer antes atestar que, embora a superioridade das virtudes de Abraão fosse admirável e tenha aumentado cada dia mais quando ele perseverou nelas, não obstante ele não agradou a Deus por outro motivo senão porque recebeu pela fé a graça oferecida na promessa. De onde se conclui que não há lugar para as obras na justificação, como Paulo o prova muito bem.

7. Quanto à objeção de que a fé não tem por si mesma força para justificar senão quando aceita a Cristo, admito-o de bom grado. Porque se a fé justificasse por si ou por alguma virtude intrínseca, como dizem, uma vez que é débil e imperfeita, não poderia fazê-lo senão em parte; e, assim, a justiça seria incompleta e só nos daria um bocadinho da salvação. Nós não imaginamos nada semelhante, mas dizemos que, propriamente falando, só Deus justifica; em seguida, transferimos o mesmo a

---

235 Rm 8, 33.

Cristo, porque Ele nos foi dado como justiça; e comparamos a fé a uma taça porque, se nós não nos aproximamos esvaziados, com a boca da alma aberta, para encher-nos da graça de Cristo, não somos capazes de Cristo. Daí se conclui que nós não tiramos de Cristo a virtude de justificar quando ensinamos que Ele é recebido pela fé antes de recebermos sua justiça. E não admito tampouco as tortuosas figuras do sofista Osiander, como quando diz que a fé é Cristo. Como se a panela de barro fosse o tesouro, porque o ouro está escondido nela! Mas isso não é razão para que a fé não nos justifique, pois, ainda que por si não tenha dignidade nem valor algum, enriquece-nos ao fazer Cristo vir a nós, assim como a panela cheia de moedas enriquece o homem. Por isso afirmo que Osiander mistura insensatamente a fé, que é somente o instrumento para alcançar a justiça, com Cristo, que é a causa material e, ao mesmo tempo, o autor e o ministro de tão grande benefício. Já está pois desatado o nó de como se deve entender o termo "fé" quando se trata da justificação.

8. Todavia, Osiander vai ainda mais longe com relação à maneira de receber Cristo, ao dizer que a Palavra interna é recebida por intermédio da Palavra externa. Com isso, afasta-nos do sacerdócio de Cristo e da pessoa do Mediador, para levar-nos à sua divindade externa. Mas nós não dividimos Cristo; dizemos que é o mesmo aquele que, reconciliando-nos em sua carne com o Pai, justificou-nos, e o que é Verbo eterno de Deus. Admitimos que não podia executar as tarefas de Mediador e obter a justiça para nós se não fosse Deus eterno. Mas é ponto pacífico para Osiander que, como Cristo é Deus e homem, foi feito nossa justiça com respeito à natureza divina, não à humana. De fato, se isso compete propriamente à divindade, não será algo particular de Cristo, mas algo comum com o Pai e com o Espírito, uma vez que a justiça de um não é diferente da do outro. Ademais, não seria coerente dizer que foi feito o que existiu naturalmente desde a eternidade. Mas ainda que cedamos nisso, que Deus se tornou justiça para nós, como fazê-lo concordar com isto: aquele que se interpõe foi feito por Deus? Isto é, sem dúvida, próprio da pessoa do Mediador, que, mesmo contendo em si a natureza divina, está contudo designada com o título próprio, pelo qual se diferencia do Pai e do Espírito. É ridículo, ainda que anuncie seu triunfo com um texto de Jeremias: "O Senhor será nossa justiça" (Jr 51, 10). Não se pode concluir nada daí senão que Cristo, que é nossa justiça, é Deus manifestado em carne. Em outra parte, citamos um sermão de Paulo: "Deus adquiriu a Igreja com seu sangue" (At 20, 28). Se alguém inferir daí que o sangue com que os pecados foram expiados era divino e de natureza divina, quem poderá tolerar um erro tão horrível? No entanto, Osiander, com esse gracejo tão pueril, pensa que ganhou tudo; incha o peito, exulta e enche muitas páginas com seus desvarios, quando a solução desse passo é simples e rápida: o Senhor, quando se tiver tornado fruto de Davi, será a justiça dos homens pios; no mesmo sentido, Isaías ensina: "Com seu conhecimento, meu servo justo justificará a muitos" (Is 53, 11). Notemos que o diz o Pai, o qual atribui ao Filho a tarefa de justificar e acrescenta como causa que Ele é justo; o modo ou o meio (como dizem) de dispô-lo na doutrina pela qual Cristo é conhecido. Pois é mais correto interpretar a palavra רצה passivamente. Concluo daí que Cristo fez-se justiça quando se investiu da aparência de servo; em segundo lugar, que nos justificou enquanto se apresentou obediente ao Pai; e, portanto, que não nos oferece esse benefício segundo a natureza divina, mas em razão da dispensação que lhe foi encomendada. Ainda que só Deus seja a fonte da justiça e que não exista outra forma de sermos justos senão pela participação dele, contudo, porque, por uma infeliz divisão, fomos separados de sua justiça, é necessário recorrer a um remédio menor: que Cristo nos justifique com a virtude de sua morte e ressurreição.

9. Se Osiander objetar que essa obra, por sua excelência, supera a natureza do homem e não pode ser atribuída senão à natureza divina, concedo-o quanto ao primeiro ponto. Mas digo que se equivoca tolamente quanto ao segundo. Porque, ainda que Cristo não tivesse podido limpar nossas almas com seu sangue, nem aplacar o Pai com seu sacrifício, nem nos absolver da culpa, nem, finalmente, exercer o ofício de sacerdote a menos que fosse o verdadeiro Deus, porque a capacidade da carne era desigual com relação a carga tão pesada; é evidente, no entanto, que Ele realizou todas essas coisas segundo a natureza humana. Se se pergunta como fomos justificados, Paulo responde: "pela obediência de Cristo" (Rm 5, 19). Mas acaso obedeceu de outra maneira que não assumindo a forma de servo? De onde concluímos que a justiça nos foi outorgada em sua carne. Algo semelhante, em outras palavras (muito me admiro de como Osiander não se envergonha de citá-las com tanta frequência), o que prova que a fonte da justiça não está senão na carne de Cristo: "Aquele que não cometeu pecado, Deus o fez pecado por nós, para que nele nos tornemos justiça de Deus".[236] Osiander louva a justiça de Deus de boca cheia e canta vitória de seu triunfo, como se houvesse provado solenemente que existe esse espectro de justiça essencial, quando as palavras querem

---

236 2Co 5, 21.

dizer algo muito diferente, que somos justos em virtude da expiação realizada por Cristo. E deveria ser sabido até pelas crianças que "justiça de Deus" se entende como a justiça que é aprovada por Deus, assim como quando João opõe a glória de Deus à glória dos homens (Jo 12, 43). Sei que algumas vezes a justiça é chamada "de Deus", uma vez que Ele é seu autor e quem no-la outorga. Mas os leitores em seu juízo perfeito reconhecem, mesmo que eu me calasse, que nada mais se pode entender nesse passo senão que nós, apoiados no sacrifício expiatório de Cristo, compareceremos perante o tribunal de Deus. E não haverá motivo para disputar tanto por uma palavra se Osiander concordar conosco sobre isto: que nós somos justificados em Cristo enquanto Ele se fez vítima expiatória por nós, o qual é totalmente alheio à natureza divina. E, pela mesma razão, quando Cristo quer selar a justiça e a salvação que adquiriu para nós, dá-nos um penhor irrefutável disso em sua carne. É verdade que chama a si mesmo "pão da vida"; mas, explicando de que modo o é, acrescenta que sua carne é verdadeiramente alimento, e seu sangue, verdadeiramente bebida. Vê-se com clareza esta forma de ensinar nos sacramentos, os quais, mesmo que dirijam nossa fé para o Cristo todo, e não para metade, no entanto ensinam que a matéria da justiça e a salvação reside na carne de Cristo. Não porque Cristo por si, como mero homem, justifique e vivifique; mas porque aprouve a Deus mostrar abertamente no Mediador aquilo que em si estava escondido e incompreensível. Por essa razão, costumo dizer que Cristo é como uma fonte posta diante de nossos olhos, na qual saciamos a sede, pois, de outra maneira, aquilo que emerge para nós na Pessoa do Mediador permaneceria enterrado, sem proveito, naquela nascente oculta e profunda. Dessa forma e nesse sentido, não nego que Cristo nos justifique como Deus e homem; nem que essa obra seja comum ao Pai e ao Espírito Santo; nem que a justiça, da qual Cristo nos faz partícipes, seja a justiça eterna do Deus eterno; contanto que Osiander ceda às firmes e claras razões que citei.

10. Além disso, para que Osiander não engane os leigos com suas astúcias, sustento que ficamos privados desse incomparável dom enquanto Cristo não se torna nosso. Portanto, ergue-se no plano mais alto a conjunção da cabeça e dos membros, a habitação de Cristo em nosso coração, e finalmente a união mística que se realiza, para que Cristo, feito nosso, faça-nos partícipes dos bens de que está dotado. Não o olhamos de fora e de longe, para que sua justiça nos seja imputada; mas, porque somos revestidos dele e estamos inseridos em seu corpo enfim, houve por bem fazer-nos uma só coisa consigo. Por isso nos gloriamos de ter parte com Ele em sua justiça. Assim se refuta a calúnia de Osiander, de que confundimos a fé com a justiça; como se nós espoliássemos Cristo do que é seu por direito quando dizemos que pela fé chegamos a Ele vazios, para dar lugar à graça, a fim de que só Ele nos preencha. Mas Osiander, tendo rejeitado essa união espiritual, insiste em uma mistura crassa de Cristo com seus fiéis; e por isso, de forma odiosa, denomina zwinglianos a todos aqueles que não subscrevem seu erro fanático acerca da justiça essencial, porque não admitem que Cristo é comido substancialmente na Ceia. No que me diz respeito, é para mim a suprema glória ouvir impropérios de um homem arrogante e entregue a seus embustes. Ainda que não perturbe somente a mim, mas também a escritores conhecidos no mundo todo, e aos quais ele deveria respeitar com modéstia. Mas pouco me importa, uma vez que não trato de um assunto particular; quanto mais sinceramente trato essa causa tanto mais livre sou de todo afeto insensato. Logo, que ele defenda de maneira tão importuna a justiça essencial e a habitação essencial de Cristo em nós tende a isto: primeiro, a defender que Deus se transfunde a nós numa mistura crassa, assim como imagina a mastigação carnal na Ceia. E, em seguida, que Deus nos inspira sua justiça, pela qual realmente somos justos com Ele; porque, segundo sua opinião, essa justiça é tanto o próprio Deus quanto a probidade ou santidade ou integridade de Deus. Não me darei muito ao trabalho de refutar os testemunhos que ele cita e que distorce de má-fé, aplicando o que é da vida celestial à vida presente. Por intermédio de Cristo, diz Pedro, foram-nos dadas preciosas e enormes promessas, para que nos fizéssemos partícipes da natureza divina (2Pd 1, 4). Como se agora já fôssemos quais o Evangelho promete que havemos de ser no último advento de Cristo! E mais, João nos adverte que então veremos a Deus como Ele é, porque seremos semelhantes a Ele (1Jo 3, 2). Somente quis dar aos leitores uma pequena mostra das zombarias de Osiander, tendo em vista que me abstenho de refutá-las, não porque seja difícil, mas porque não quero ser enfadonho com coisas supérfluas.

11. No mais, esconde-se ainda maior veneno no segundo artigo, em que Osiander ensina que somos justos junto com Deus. Julgo que já provei suficientemente que, ainda que tal dogma não fosse tão pestilencial, como é, no entanto, frígido e árido, desfazer-se-ia em sua vaidade, e com razão deveria ser insípido para os leitores sensatos e fiéis. Mas é uma impiedade intolerável arruinar a confiança na salvação sob o pretexto da dupla justiça e arrastar-nos para além das nuvens, para que não abracemos a graça da expiação pela fé e não invoquemos a Deus com a cons-

ciência tranquila. Osiander se ri dos que ensinam que "justificar" é uma palavra forense; porque, segundo ele, devemos ser realmente justos; e não há nada que ele rejeite mais do que sermos justificados por uma imputação gratuita. Seja, mas se Deus não nos justifica absolvendo-nos e perdoando-nos, que Paulo quis dizer ao afirmar que "Deus, que estava em Cristo, reconciliou o mundo consigo, não imputando aos homens as suas faltas", porque "aquele que não cometeu pecado, Deus o fez pecado por nós, para que nele nos tornemos justiça de Deus" (2Co 5, 19-21)? Antes de tudo, mantenho que são considerados justos aqueles que são reconciliados com Deus. O modo de dizer é que Deus justifica perdoando, assim como, em outro lugar, "justificação" se opõe a "acusação"; antítese que demonstra claramente como o termo "justificar" foi extraído da forma de falar em uso nos tribunais. Qualquer pessoa medianamente versada em língua hebraica (e com a cabeça no lugar) não ignora que tal expressão é originária dali, qual é seu alcance e o que significa. Que Osiander me responda que quando Paulo diz que Davi descreve a justiça sem obras com estas palavras: "Bem-aventurados aqueles cujas iniquidades são perdoadas" (Rm 4, 7; Sl 32, 1), esta é uma definição completa ou parcial? Com certeza não cita o profeta como testemunha, como se ensinasse que uma parte da justiça é a remissão dos pecados, ou que concorre para a justificação do homem; mas inclui toda a justiça na remissão gratuita, declarando que é bem-aventurado o homem cujos pecados são cobertos, ao qual Deus perdoa as iniquidades e ao qual não imputa suas transgressões; por conseguinte, estima e avalia que a felicidade desse homem não está em que seja realmente justo, mas em que seja imputado como tal. Osiander replica que, se Deus justificasse aqueles que em realidade permanecem ímpios, isso seria ultrajante para Deus e contrário à sua natureza. Mas devemos recordar, como já disse, que a graça de justificar é inseparável da regeneração, ainda que sejam duas coisas distintas. Todavia, como a experiência faz notar, mais do que o suficiente, que sempre ficam resquícios do pecado nos justos, é necessário que sejam justificados de forma muito diferente daquela por que são reformados para a novidade da vida. Pois Deus começa assim este segundo momento em seus eleitos e avança, pouco a pouco e lentamente, por todo o percurso da vida, de tal maneira que sempre, perante o tribunal de Deus, são responsáveis por sua sentença de morte. E não os justifica em parte, mas de tal forma que possam comparecer no céu como que revestidos da pureza de Cristo. Porque uma porção da justiça não aplacaria as consciências enquanto não tivéssemos certeza de que agradamos a Deus, porque somos, sem exceção, justos diante dele. Daí segue que se perverte e se destrói totalmente a doutrina da justificação quando a dúvida se introduz nos espíritos, quando a confiança da salvação é abalada, quando a livre e corajosa invocação a Deus encontra empecilhos; e, sobretudo, quando o repouso e a tranquilidade não se fortalecem com a alegria espiritual. Por isso Paulo argumenta pelas oposições, para provar que a herança não advém da Lei (Gl 3, 18); porque, se assim fosse, seria estéril a fé que titubeia, se depende das obras, uma vez que ninguém entre os mais santos encontraria em que confiar. Essa diferença entre justificar e regenerar (que Osiander, confundindo-as, chama "justiça dupla"), Paulo descreve-a admiravelmente. Pois, falando de sua justiça real ou da integridade que receberá (à qual Osiander impõe o título de "justiça essencial"), exclama dolorosamente: "Ai de mim! Quem me livrará deste corpo de morte?" (Rm 7, 24). Mas, recolhendo-se à justiça que está fundamentada só na misericórdia de Deus, enfrenta com altivez a altivez a vida, a morte, as afrontas e a fome e a espada e todas as adversidades. "Quem acusará os eleitos de Deus? Deus é quem os justifica" (Rm 8, 33). "Por isso estou seguro de que nada nos separará do amor de Deus em Cristo".[237] De forma explícita apregoa possuir uma justiça que, sozinha, basta perfeitamente para a salvação diante de Deus; de tal maneira que aquela mísera servidão, cônscio da qual pouco antes deplorara sua sorte, em nada diminui a confiança de gloriar-se nem representa empecilho algum. Essa diversidade é bem conhecida e mesmo familiar a todos os santos que gemem sob o peso de suas iniquidades e entretanto elevam-se acima de todo medo com uma confiança triunfal. E o que Osiander objeta, que isso é contrário à natureza divina, volta-se contra ele. Porque, ainda que ele vista os santos com uma justiça dupla, como uma veste de pele, está obrigado no entanto a confessar que ninguém agrada a Deus sem a remissão dos pecados. Se isso é verdade, terá de conceder pelo menos que somos reputados justos na proporção da imputação (como dizem), embora não o sejamos em realidade. Até que ponto o pecador estende essa aceitação gratuita, que se põe no lugar da justiça? Mede-o por libras ou por onças? Evidentemente, penderá, indeciso e vacilante, para este ou para aquele lado, já que não poderá tomar para si o quanto de justiça seria necessário para ter confiança. Ainda bem que o árbitro dessa causa não é ele, que queria ditar leis a Deus! No mais, permanece em pé este dito: "para que sejas justificado em tua sentença e irrepreensível em teu julga-

---

237 Rm 8, 38.

mento" (Sl 51, 6). Que grande arrogância é condenar ao juiz supremo, quando Ele gratuitamente nos absolve! Como se não tivesse validade esta resposta: "Terei misericórdia daquele de quem terei misericórdia" (Ex 33, 19)! E, no entanto, a intercessão de Moisés, que Deus conteve com essas palavras, não pretendia que se poupasse ou absolvesse um, mas, abolida a pena, a todos por igual, já que eram todos culpados. Mas nós dizemos que, porque seus pecados foram enterrados, os perdidos estão justifica- dos diante de Deus; porque (como tem ódio ao pecado) Ele não pode amar senão aqueles a quem justifica. Mas é uma razão admirável para justifi- car, para que, cobertos com a justiça de Cristo, não sintam horror do jul- gamento de que são merecedores, e, enquanto se condenam com razão a si mesmos, sejam reputados justos fora deles mesmos.

12. Os leitores, entretanto, devem ficar de sobreaviso quanto ao mis- tério que Osiander se jacta de não querer ocultar. Depois de ter escrito longa e prolixamente acerca de como não conseguimos o favor diante de Deus só pela imputação da justiça de Cristo, porque seria impossível Deus considerar justos aqueles que não o são (emprego suas próprias palavras), conclui por fim que Cristo nos foi dado como justiça não com respeito à sua natureza humana, mas divina; e que, se bem que essa justiça não possa ser encontrada a não ser na Pessoa do Mediador, não é, no entanto, a justiça do homem, mas a de Deus. Agora já não tece seu fio com duas justiças, mas simplesmente priva a natureza humana de Cristo do ofício de justificar. Vale a pena deter-se na razão por que Osiander combate. No mesmo lugar já citado, diz-se que Cristo "se tor- nou para nós sabedoria".[238] Segundo Osiander, isso não compete senão ao Verbo eterno. Logo, o Cristo homem não é nossa justiça. A isso res- pondo que o Filho Unigênito de Deus foi sempre sua sabedoria, mas que Paulo lhe atribui esse nome em outro sentido, porque todos os tesouros da sabedoria e da ciência estão escondidos nele (Cl 2, 3). Logo, Ele manifestou para nós o que tinha junto a seu Pai; e assim o que diz Paulo refere-se não à essência do Filho de Deus, mas a nosso uso, e se aplica perfeitamente à natureza de Cristo. Porque, ainda que a luz resplande- cesse nas trevas antes que Ele se revestisse de nossa carne, era uma luz escondida, até que Cristo mesmo, sol de justiça, mostrou-se na nature- za do homem; e por isso chama a si mesmo "luz do mundo" (Jo 8, 12). Osiander objeta ainda, de forma tola, que a virtude de justificar supera em muito a faculdade dos anjos ou dos homens, uma vez que isso de-

---

238 1Co 1, 30.

pende não da dignidade de qualquer criatura mas da ordenação de Deus. Se fosse permitido aos anjos satisfazer por nós a Deus, não conseguiriam nada; porque não foram a isso destinados. Essa tarefa é própria do homem Cristo, que se submeteu à Lei para nos redimir da maldição da Lei (Gl 3, 13). Calunia ainda, da forma mais injusta, aqueles que negam ser Cristo nossa justiça segundo sua natureza divina; acusa-os de deixarem somente uma parte de Cristo e (o que é pior) de fazerem dois deuses, porque, ainda que confessem que Deus habita em nós, no entanto negam que sejamos justos pela justiça de Deus. Pois se chamamos a Cristo autor da vida, uma vez que se ofereceu à morte para destruir aquele que tinha o império da morte (Hb 2, 14), não privamos dessa honra a ele todo, como Deus manifestado; mas apenas distinguimos como a justiça de Deus chega a nós, para que a desfrutemos. Nisso Osiander tropeçou da forma mais vergonhosa. Não negamos que o que nos é mostrado expressamente em Cristo emane da graça e virtude arcana de Deus; e não polemizamos acerca da justiça que Cristo nos confere, se é justiça de Deus, dele procede. O que mantemos com convicção é que, para nós, a justiça e a vida estão na morte e na ressurreição de Cristo. Omito o vergonhoso acúmulo de passos com que sobrecarrega os leitores, sem nenhum critério ou senso comum. Para ele, onde quer que se faça menção à justiça, deve-se entender a justiça essencial; assim, quando Davi implora pela justiça de Deus para obter socorro, quando o repete mais de cem vezes, Osiander não duvida em corromper todas as sentenças. Tampouco é mais firme o que objeta: que, própria e corretamente, chama-se justiça àquela pela qual somos movidos a agir de maneira reta, mas somente Deus produz em nós tanto o querer quanto o obrar (Fp 2, 13). Mas nós não negamos que Deus nos reforme, por meio de seu Espírito, em santidade de vida e em justiça; mas, primeiro, deve-se examinar se faz isso por si e imediatamente ou por intermédio de seu Filho, no qual depositou toda a plenitude de seu Espírito Santo, para socorrer com sua abundância a indigência de seus membros. Então, ainda que a justiça caia sobre nós da fonte oculta da divindade, ainda assim não se concluirá que Cristo, que por nossa causa se santificou em carne (Jo 17, 19), seja nossa justiça segundo sua natureza divina. Não menos frívola é a afirmação de que o próprio Cristo foi justo pela justiça divina, porque se a vontade do Pai não o impulsionasse, não teria podido cumprir o dever que assumira. Mesmo que em outro lugar diga que todos os méritos de Cristo originam-se do mero beneplácito de Deus, isso não contribui em nada para a fantasia com que enfeitiça seus olhos e os da gente simples. Porque quem se permitirá concluir que, sendo Deus a fonte e o princípio de nossa justiça, sejamos essencialmente justos, e que a essência da justiça de Deus habita em nós? Quando redimiu sua Igreja, diz Isaías, Deus se vestiu com sua justiça, como quem veste uma couraça (Is 59, 17). Acaso o fez para privar Cristo de suas armas, as quais Ele lhe dera para que fosse um redentor perfeito? Mas o profeta não quis senão afirmar que Deus não tomou nada emprestado nem recebeu a ajuda de recurso algum de fora de si para nos resgatar. Paulo o assinalou com outras palavras, dizendo que Ele nos deu a salvação para mostrar sua justiça (Rm 3, 25). No entanto, isso não se opõe ao que ensina em outro lugar: que somos justos pela obediência de um homem (Rm 5, 19). E, finalmente: aquele que embaraça a justiça dupla, a fim de que as pobres almas não descansem na pura e única misericórdia de Deus, este põe em Cristo uma coroa de espinhos por zombaria.

13. Mas, dado que uma boa parte dos homens imagina uma justiça composta de fé e de obras, mostremos também isto: que a justiça da fé e a justiça das obras diferem entre si. Para que uma se mantenha, é necessário destruir a outra. O apóstolo diz que considerou esterco todas as coisas, a fim de ganhar Cristo e de ser encontrado unido a Ele, não tendo sua própria justiça, que vem da Lei, mas a justiça que vem de Deus, pela fé (Fp 3, 7-9). Vês como há aqui uma comparação entre duas coisas contrárias, e como está indicado que aquele que deseja obter a justiça de Cristo deve considerar lixo sua própria justiça. Por isso afirma, em outro lugar, que a causa da ruína dos judeus foi que "ignorando a justiça que vem de Deus e procurando estabelecer sua própria justiça, não se submeteram à justiça de Deus" (Rm 10, 3). Se, estabelecendo nossa própria justiça, afastamos de nós a justiça de Deus, para alcançar esta é necessário destruir por completo aquela. Ele mesmo o mostra quando diz que nosso orgulho fica excluído não pela Lei, mas pela fé (Rm 3, 27). De onde segue que, enquanto permanecer em nós um pouquinho da justiça das obras, permanece algum motivo de orgulho. Mas, se a fé exclui todo orgulho, a justiça das obras não se pode associar, de modo algum, com a justiça da fé. Nesse sentido, Paulo fala tão claramente, no quarto capítulo aos romanos, que não há lugar a dúvidas ou a tergiversações. "Se Abraão foi justificado pelas obras, ele tem de que se gloriar". E acrescenta: "mas não diante de Deus" (Rm 4, 2). Por conseguinte, Abraão não foi justificado pelas obras. Apresenta depois outro argumento pelo seu contrário: quando se paga o salário pelas obras, mas ocorre por dívida, não se faz por graça. A justiça da fé, contudo, é distribuída segundo a graça.

Logo, não é pelo mérito das obras. É, pois, um sonho daqueles que imaginam a justiça feita de fé e de obras.

14. Os sofistas, que da distorção da Escritura e de tolos gracejos fazem seus jogos e deleites, pensam haver encontrado uma saída muito sutil; pois pretendem que essas obras sejam literalmente apenas aquelas que realizam, com a presunção do livre-arbítrio e fora da graça de Cristo, os homens ainda não regenerados; mas negam que isso tenha a ver com as obras espirituais. Assim, segundo eles, o homem é justificado tanto pela fé como pelas obras, contanto que não sejam obras próprias, mas dons de Cristo e frutos da regeneração. Pois Paulo fala assim apenas para convencer os judeus, que, confiantes nas próprias virtudes, arrogavam-se tolamente a justiça, quando só o Espírito de Cristo no-la confere, e não o empenho do movimento próprio da natureza. Mas não observam que, na antítese "justiça legal" e "justiça evangélica", que Paulo aduz em outro lugar, excluem-se todas as obras, seja qual for o título com que se queira orná-las (Gl. 3, 11.12). Ele ensina que a justiça da Lei é esta: aquele que fizer o que a Lei manda obterá a salvação; a justiça da fé, em contrapartida, é crer que Cristo morreu e ressuscitou. Além disso, vemos depois que a santificação e a justiça são benefícios diferentes de Cristo. De onde se conclui que, quando se atribui à fé o poder de justificar, nem sequer as obras espirituais são levadas em conta. E Paulo, quando nega (como citei acima) que Abraão tenha de que se gloriar diante de Deus, porque não é justo pelas obras, não se deve restringir a uma aparência externa das virtudes, ou à presunção do livre-arbítrio; mas que, apesar de a vida desse santo patriarca ter sido espiritual e quase angélica, os méritos de suas obras não bastaram para adquirir com eles a justiça diante de Deus.

15. Os escolásticos, que misturam seus preparados, são ainda mais crassos. No entanto, também estes enganam os simples e os incautos com um dogma não menos corrompido, ocultando, sob o pretexto do Espírito e da graça, a misericórdia de Deus, que é a única com poder de acalmar as almas atemorizadas. Nós, porém, afirmamos com Paulo que os cumpridores da Lei são justificados diante de Deus; mas, porque todos estamos muito longe da observância da Lei, concluímos que as obras, que deveriam valer para a obtenção da justiça, em nada nos auxiliam, já que estamos privados delas. No que diz respeito aos vulgares papistas ou aos escolásticos, enganam-se aqui duplamente: tanto porque chamam fé a uma certeza de consciência em que esperam de Deus a remuneração por seus méritos; e também porque interpretam a graça de Deus não como a gratuita imputação de justiça, mas como o Espírito que ajuda no empenho pela santidade. Leem no apóstolo que "é necessário que aquele que se aproxima de Deus creia que Ele exista e que recompensa os que o procuram"(Hb 11, 6). Mas não consideram qual é o modo de procurá-lo. No entanto, fica claro, por seus próprios escritos, que eles têm alucinações acerca do termo "graça". Pois Lombardo interpreta a justificação dada para nós por intermédio de Cristo de duas maneiras. "Primeiro, a morte de Cristo nos justifica enquanto a caridade é despertada por ela em nosso coração, pela qual somos feitos justos. Segundo, porque por ela se extingue o pecado, pelo qual o Diabo nos mantinha cativos, de tal maneira que não tem de onde nos condenar".[239] Vês que ele considera na justificação principalmente a graça de Deus, enquanto somos encaminhados às boas obras pelo Espírito Santo. Ele quis, sem dúvida, seguir a opinião de Agostinho; mas segue-a de longe, e até se afasta muito de uma imitação correta. Porque tanto obscurece o que foi dito com clareza por Agostinho quanto corrompe o que nele não estava de todo mal. As escolas[240] foram sempre de mal a pior, até que por fim se lançaram ao precipício de um tipo de pelagianismo. Tampouco deve-se aceitar sem mais a opinião de Agostinho, ou pelo menos sua maneira de falar. Pois, ainda que prive o homem, com toda razão, de qualquer título de justiça e o transfira totalmente à graça de Deus, relaciona a graça, pela qual somos regenerados pelo Espírito para a novidade da vida, à santificação.

16. Não obstante, a Escritura, quando fala da justiça da fé, nos conduz por um caminho muito diferente: que, tendo desviado o olhar de nossas obras, olhemos somente a misericórdia de Deus e a perfeição de Cristo. Com efeito, ensina ser esta a ordem da justificação: que, a princípio, Deus tem por bem, por mera e gratuita bondade, abraçar o pecador, não levando em conta nele coisa alguma pela qual se sinta movido à misericórdia para com ele, mas apenas sua miséria, já que o vê totalmente desnudo e vazio de boas obras, e de si mesmo tira a causa por que beneficiar o pecador. Porque toca o pecador com o sentimento de sua bondade, e este, descrente das próprias obras, transfere toda a sua salvação para a misericórdia de Deus. Esse é o sentimento da fé, pela qual o pecador entra na posse de sua salvação, quando se reconhece reconciliado com Deus pela doutrina do Evangelho, porque, pela intercessão da justiça de Cristo, alcançada a remissão dos pecados, está justificado; e, ainda

---

239 Petr. Lomb. , Sent. III 19, 1 MSL 192, 795s.
240 As escolas sorbônicas.

que seja regenerado pelo Espírito de Deus, não pensa contudo que a justiça perpétua repouse nas boas obras, de que se incumbe, mas somente na justiça de Cristo. Quanto essas coisas tiverem sido explicadas uma por uma, permitirão uma clara explicação de nossa posição, ainda que seja melhor expô-las numa ordem diferente da que as apresentamos. Mas isso pouco importa, contanto que os temas tenham coerência entre si, para termos toda a matéria bem explicada e perfeitamente compreendida.

17. Convém aqui trazer à memória a relação, que já estabelecemos antes, entre a fé e o Evangelho; porque daí se diz que a fé justifica porque ela recebe e abraça a justiça oferecida no Evangelho. Como se afirma que a justiça nos é oferecida por meio do Evangelho, exclui-se com isso toda a consideração das obras. Coisa que Paulo demonstra de forma cristalina em diversos lugares, mas sobretudo em dois textos; na *Epístola aos romanos*, comparando a Lei com o Evangelho, diz: "Da justiça que vem da Lei, Moisés escreve: 'O homem que fizer essas coisas, viverá por elas'" (Rm 10, 5). Quanto à justiça que vem da fé, anuncia a salvação: "Se com tua boca confessares que Jesus é o Senhor e creres em teu coração que Deus o ressuscitou dos mortos, serás salvo".[241] Vês como ele faz diferença entre a Lei e o Evangelho? Porque aquela atribui a justiça às obras; este a prodigaliza gratuitamente, sem o auxílio das obras. Texto admirável, e que pode desembaraçar-nos de muitas dificuldades, se entendermos que a justiça que nos é dada no Evangelho está livre das condições da Lei. Por isso opõe mais de uma vez, como coisas contrárias, a promessa à Lei: "Se é pela Lei que se obtém a herança, já não é em virtude da promessa" (Gl 3, 18); e outras passagens que, no mesmo capítulo, remetem a essa sentença. É certo que também a Lei tem suas promessas. Razão pela qual é preciso que, nas promessas do Evangelho, exista algo distinto, a não ser que queiramos confessar que a comparação não é pertinente. E que outra coisa será senão que são gratuitas e sustentam somente na misericórdia de Deus, ao passo que as promessas da Lei dependem, como condição, das obras? Nem vai alguém repisar aqui que ele repudia a justiça que os homens querem impor a Deus, advinda de seus próprios recursos e de seu livre-arbítrio, uma vez que Paulo ensina, sem fazer exceção, que a Lei de nada adianta mandando, porque não há ninguém que a cumpra (Rm 8, 3), e não somente entre a gente comum, mas também entre os mais seletos. Sem dúvida, o amor é o ponto principal da Lei, dado que o Espírito de Deus nos forma para ele. Por que

---

241 Rm 10, 9.

não temos a causa da justiça, a não ser porque mesmo nos santos é imperfeita e por isso não merece nenhuma estima por si mesma?

18. O segundo passo é: "que a Lei não justifica ninguém diante de Deus é evidente, já que diz: 'o justo viverá pela fé'. A Lei, porém, não vem da fé, mas 'o que praticar seus preceitos viverá por eles'" (Gl 3, 11.12). De outra maneira, como valeria o argumento, sem concordar que as obras não entram no cálculo da fé, mas devem ser deixadas de lado? A Lei, diz, é diferente da fé. Por quê? Porque para aquela justiça se requerem obras. Logo, não se requerem obras para essa justiça. Desta relação fica claro que quem é justificado pela fé é justificado sem o mérito das obras, à parte o mérito das obras; porque a fé aceita a justiça que o Evangelho concede. Mas o Evangelho difere da Lei em que não ata a justiça às obras, mas a coloca somente na misericórdia de Deus. Semelhante é o que afirma aos romanos: que Abraão não tem de que se orgulhar, porque a fé lhe foi imputada por justiça (Rm 4, 2). E acrescenta a confirmação de que o lugar da justiça da fé é quando não há obras às quais se deva remuneração. "Para aquele que faz determinada obra", diz, "o salário não é contado como presente, mas como dívida"; o que é dado à fé é gratuito. Este é, com efeito, o sentido das palavras que ele emprega, bem como o que vem pouco depois: que é em virtude da fé que se dá a herança, segundo a graça;[242] de onde conclui que a herança é gratuita, porque é recebida pela fé. De onde tiraria isso senão porque a fé, sem obras, repousa toda só na misericórdia de Deus? No mesmo sentido, sem dúvida, ensina em outro lugar: "Sem depender da Lei, a justiça de Deus se manifestou, atestada pela Lei e pelos profetas" (Rm 3, 21). Porque, excluída a Lei, nega que sejamos ajudados por nossas obras e que alcancemos a justiça por realizá-las, mas diz que nos apresentamos vazios para recebê-la.

19. Já percebe o leitor com quanta equidade os sofistas discutem hoje nossa doutrina, quando dizemos que o homem é justificado só pela fé. Não se atrevem a negar que o homem é justificado pela fé, porque isso é recorrente na Escritura; mas como a palavra "só" nunca aparece expressa, não toleram que se faça esse acréscimo. E quê? Mas que responderão a estas palavras de Paulo, quando prova que a justiça não vem da fé, mas que é gratuita (Rm 4, 2)? Como unir o gratuito com as obras? Com que calúnias esquivar-se-ão daquilo que o apóstolo afirma em outro lugar: "No Evangelho, a justiça de Deus se revela" (Rm 1, 17)? Se a justiça se revela no Evangelho, certamente não o faz aos pedaços, nem pela

---

242 Rm 4, 16.

metade, mas está contida ali completa e perfeita. Logo, a Lei não tem lugar nela. E agarram-se a uma tergiversação não só falsa, mas também ridícula, por causa da partícula "só". Pois acaso não atribui tudo somente à fé aquele que extrai a virtude das obras? Que querem dizer, por favor, expressões como estas: "a justiça se manifesta sem a Lei"; "o homem é justificado gratuitamente e sem as obras da Lei" (Rm 3, 21-24)? Têm ainda um engenhoso subterfúgio, que não foram eles que inventaram, pois o tomaram de Orígenes e de outros escritores antigos, ainda que seja dos mais absurdos. Dizem que estão excluídas as obras cerimoniais da Lei, mas não as morais. Aprendem tanto em suas disputas constantes que não têm nem sequer os primeiros rudimentos da dialética! Ou acaso pensam que o apóstolo delira quando cita como comprovação de sua posição estes textos da Escritura: "O homem que fizer estas coisas, viverá por elas" e "Maldito quem não praticar permanentemente todas as prescrições do livro da Lei" (Gl 3, 12.10)? A menos que tenham enlouquecido, não poderão dizer que a vida está prometida para aqueles que observam as cerimônias e que a maldição está anunciada somente para aqueles que as transgridem. Se esses passos devem ser entendidos sobre a Lei moral, não há dúvida de que as obras morais também são excluídas do poder de justificar. A isso mesmo apontam esses raciocínios que emprega quando diz: "A Lei dá o conhecimento do pecado" (Rm 3, 20); logo, a justiça não o dá. "A Lei produz ira" (Rm 4, 15); logo, não produz a justiça. Porque a Lei não pode tornar segura a consciência; por isso, tampouco é capaz de conferir justiça. Porque a fé é imputada à justiça; logo, a justiça não é o salário das obras, mas antes se dá gratuitamente.[243] Porque somos justificados pela fé, está abolido o orgulho.[244] Se a Lei pudesse vivificar, a justiça procederia verdadeiramente da Lei; "mas a Escritura encerrou todas as coisas sob o pecado, a fim de que a promessa fosse dada aos que creem" (Gl 3, 22). Retruquem agora, se se atrevem, que todas essas coisas competem às cerimônias, e não às obras morais! Até as crianças reprovariam tanta impudência! Que isto seja pois certo para nós: quando se priva a Lei da faculdade de justificar, isso se refere à Lei em sua totalidade.

20. Mas se alguém estranhar porque o apóstolo empregou esse acréscimo, não contente em mencionar as obras, a resposta é fácil. Porque, para que se valorizem tanto as obras, estas têm seu valor mais pela apro-

---

243 Rm 4, 4.5.
244 Rm 3, 27.

vação de Deus que por sua própria dignidade. Pois quem se atreveria a apregoar a justiça de suas obras a Deus, a menos que Ele as aprovasse? Quem lhe pediria o salário devido por elas se Ele não o tivesse prometido? Logo, depende da beneficência de Deus as obras serem consideradas dignas de ter o título e a recompensa da justiça. E, por isso, valem por esta única razão, a de mostrarem, por si, que seu propósito é a obediência a Deus. Por isso o apóstolo, para provar em outro lugar que Abraão não pôde ser justificado pelas obras, alega que a Lei foi promulgada 430 anos depois do pacto feito com ele (Gl 3, 17). Os ignorantes zombarão desse argumento, porque antes da promulgação da Lei podia haver boas obras. Mas porque ele sabia que nada há nas obras senão apenas a dignidade advinda do testemunho de Deus, supõe como algo evidente que, antes da Lei, as obras não tinham o poder de justificar. Temos, pois, o porquê de Paulo dizer expressamente "as obras da Lei", quando quer tirar delas a justificação, a saber, porque só acerca delas pode haver controvérsia. Ainda que às vezes exclua as obras sem nenhuma exceção, como quando diz, do testemunho de Davi, que a bem-aventurança foi dada ao homem a quem Deus imputa a justiça sem obras (Rm 4, 6). Logo, não podem conseguir, com todas as suas sutilezas, que não compreendamos a palavra "exclusiva" como "geral". Também em vão perseguem uma frívola sutileza, a de que somos justificados só pela fé que obra pelo amor, para que a justiça se apoie na caridade. De fato, admitimos com Paulo que não há outra fé que justifique senão "a que age pelo amor" (Gl 5, 6); mas não tira o poder de justificar dessa eficácia da caridade. E mais: justifica não por outra razão senão porque nos induz à comunicação com a justiça de Cristo. De outra maneira, destruir-se-ia isso em que Paulo insiste com tanto empenho, dizendo "Para aquele que faz determinada obra, o salário não lhe é contado como presente, mas como dívida; mas para aquele que, sem fazer obras, crê naquele que justifica o ímpio, sua fé é levada em conta como justiça" (Rm 4, 4-5). Acaso poderia falar mais claramente do que o faz? Não há justiça alguma de fé, a não ser quando não há obras às quais se deva pagamento; a fé é imputada por justiça, exatamente quando não se deve nada, e a justiça é dada por graça.

21. Examinemos agora quão verdadeiro é o que foi dito na definição: que a justiça da fé é uma reconciliação com Deus, que consiste só na remissão dos pecados. Devemos recorrer sempre ao axioma de que a ira de Deus está preparada para recair sobre todos que perseveram em ser pecadores. Isaías disse isso admiravelmente com estas palavras: "Eis que a mão do Senhor não é abreviada para não poder salvar, nem seu ouvido ensurdeceu para não ouvir; mas vossas iniquidades fizeram uma separação entre vós e vosso Deus, e vossos pecados lhe fizeram ocultar de vós sua face, para não ouvir" (Is 59, 1.2). Ouvimos que o pecado é uma divisão entre o homem e Deus, e que é o que afasta o rosto de Deus do pecador. E não pode ser de outra maneira, porque é algo alheio à sua justiça ter trato com o pecado. De onde o apóstolo ensina que o homem é o inimigo de Deus até ser restituído à graça por Cristo (Rm 5, 8). Por conseguinte, diz-se que está justificado aquele que o Senhor recebe em sua presença, porque não pode recebê-lo em sua graça, nem uni-lo a si, sem que o pecador se faça justo. Acrescentamos que isso se faz pela remissão dos pecados. Pois se aqueles que o Senhor reconciliou consigo fossem avaliados pelas obras, ainda seriam considerados pecadores; e, no entanto, é preciso estarem livres e limpos do pecado. Assim, vê-se claramente que aqueles a quem Deus abraça não se tornam justos senão porque são purificados, pois suas manchas são apagadas pela remissão dos pecados, de sorte que a essa justiça se pode chamar, numa expressão, "remissão dos pecados".

22. Tanto um como outro ficam lindamente evidentes nas palavras de Paulo, que já citei: "Foi o próprio Deus que, em Cristo, reconciliou o mundo consigo, não imputando aos homens os seus pecados, e foi Ele que pôs em nós a palavra da reconciliação" (2Co 5, 19). Em seguida, acrescenta o resumo: "Aquele que não cometeu pecado, Deus o fez pecado por nós, para que nos tornemos justiça de Deus" (2Co 5, 21). Aqui, dá indiferentemente o nome de "justiça" e de "reconciliação", para entendermos que um contém em si o outro, e vice-versa. O modo de alcançar essa justiça no-lo ensina quando diz que nossos delitos não nos são imputados. Por isso, não duvides, daqui em diante, do modo como Deus nos justifica, uma vez que ouves que Ele nos reconcilia consigo, não nos imputando nossos delitos. Assim, na *Epístola aos romanos*, prova com o testemunho de Davi que é imputada ao homem a justiça sem obras, porque anuncia como bem-aventurado o homem cujas iniquidades são perdoadas, cujos pecados são cobertos, e ao qual Deus não imputa seus delitos (Rm 4, 6). Sem dúvida, Davi põe aí o termo "bem-aventurança" como equivalente a "justiça". E, como ele afirma que consiste na remissão dos pecados, não há por que nós a definirmos de outra forma. Por isso, Zacarias, pai de João Batista, põe o conhecimento da salvação na remissão dos pecados (Lc 1, 77). Paulo seguiu essa regra na pregação que fez em Antioquia em que resume a salvação e concluiu o que foi narrado por Lucas deste modo: "Por meio dele vos é anunciado o perdão dos pecados; e de tudo o que não pudestes ser justificados pela Lei de Moisés, todo aquele que crê é justificado em Cristo" (At 13, 38.39). O apóstolo une a remissão com a justiça de forma que demonstra serem uma mesma coisa, de onde argumenta, com toda razão, que é gratuita para nós a justiça que obtemos da indulgência de Deus. Não deve parecer inusitada a expressão "Os fiéis são justos diante de Deus não por suas obras, mas por gratuita aceitação", já que ela ocorre na Escritura em toda a parte e que até os doutores antigos falam assim às vezes. Assim, pois, Agostinho diz em algum lugar: "A justiça dos santos neste mundo consiste mais na remissão dos pecados que na perfeição das virtudes".[245] A isso correspondem estas admiráveis sentenças de Bernardo: "Não pecar é justiça de Deus; mas a justiça do homem é a indulgência de Deus".[246] Antes, porém, havia afirmado que "Cristo é justiça para nós na absolvição, e, por isso, só são justos aqueles que conseguiram o perdão por misericórdia".[247]

23. Conclui-se, aqui e lá, que só pela intercessão da justiça de Cristo obtemos ser justificados diante de Deus. Isso vale como se disséssemos que o homem não é justo em si, mas porque a justiça de Cristo lhe é comunicada por imputação, o que é digno de ser considerado atentamente. Porque se desvanece aquele gracejo segundo o qual o homem é justificado pela fé porque recebe por ela o Espírito de Deus, com o qual se torna justo, o que é tão contrário à doutrina acima que nunca poderá estar de acordo com ela. Pois não há dúvida alguma de que é desprovido de sua própria justiça aquele que é ensinado a buscar a justiça fora de si. O apóstolo o afirma indubitavelmente quando escreve que "Aquele que não cometeu pecado, Deus o fez pecado por nós, para que nele nos tornássemos justiça de Deus" (2Co 5, 21). Vês que nossa justiça não está em nós, mas em Cristo, e que ela nos compete por direito somente enquanto participamos de Cristo, porque nele possuímos todas as suas riquezas? Isso não impede o que ensina em outro lugar: "Condenou o pecado na carne, para que a justiça exigida pela Lei se cumprisse em nós" (Rm 8, 3.4), onde não designa outro complemento senão o que conseguimos pela imputação. Pois o Cristo, Nosso Senhor, nos comunica sua justiça, a fim de transferir-nos, de modo admirável, sua força e tudo o que diz respeito ao julgamento de Deus. E fica bastante claro que não outro era o sentido por esta sentença: "Como pela desobediência de um só homem todos nos

---

245 Aug., De civ. Dei XIX 27 MSL 41, 657; CSEL 40 II, 421, 26s.
246 Bernardus Claravall., In cantica, sermo 23, 15 MSL 183, 892 D.
247 Ibidem sermo 22, 6. 11 MSL 183, 880 D; 884 a.

tornamos pecadores, assim também, pela obediência de um só, todos se tornarão justos" (Rm 5, 19). Que significa colocar nossa justiça na obediência de Cristo senão afirmar que só por Ele somos considerados justos, porque pela obediência à justiça de Cristo é aceita por nós, como se fosse nossa? Por isso me parece que Ambrósio estabeleceu admiravelmente um paradigma dessa justiça na bênção de Jacó. Como ele não mereceu a primogenitura por si, mas ocultando-se sob o aspecto de seu irmão e vestido com as roupas dele, que exalavam um odor excelente, aproximou-se de seu pai para, sob o disfarce de outra pessoa, receber a bênção em proveito próprio; da mesma forma, é necessário nos escondermos sob a pureza preciosa de Cristo, nosso irmão primogênito, para conseguirmos testemunho de justiça perante os olhos de Deus. As palavras de Ambrósio são: "Que Isaac tenha sentido o odor das roupas talvez queira dizer que não somos justificados pelas obras, mas pela fé; uma vez que a fraqueza carnal é impedimento para as obras, mas a claridade da fé, que merece o perdão dos pecados, eclipsa o erro das obras".[248] E é exatamente assim. Pois, para comparecermos diante da face de Deus para nossa salvação, é preciso sentirmos o bom perfume que Ele exala, e nossos vícios serem cobertos e sepultados por sua perfeição.

---

248 Ambrosius, De Iacob et vita beata II 2, 9 CSEL 32 II, 37, 5ss.

Que nos convençamos verdadeiramente da justificação gratuita, para elevarmos nossa mente ao tribunal de Deus.

mbora vários testemunhos evidenciem que todas as coisas ditas até aqui são verdadeiras, não se perceberá claramente, no entanto, quão necessárias elas são enquanto não tivermos posto diante dos olhos as premissas que devem fundamentar toda essa disputa. A princípio, deve ocorrer-nos isto: que não instituímos aqui um discurso sobre a justiça do fórum humano, mas sim sobre a do tribunal celeste, a fim de não avaliarmos de acordo com nossa medida a integridade das obras com que se satisfaz o julgamento divino. Decerto causa admiração ver com quanta temeridade e audácia se explica esse ponto em geral. Mais ainda: é sabido que ninguém alardeia a justiça das obras com maior descaramento e com a boca mais cheia, como se diz, do que aqueles que ou sofrem extraordinariamente com males visíveis ou repletos de vícios ocultos. Isso acontece porque não pensam na justiça de Deus, da qual não zombariam tanto se tivessem um mínimo de senso. E é tida em conta de nada, sobretudo se não é reconhecida como perfeita, uma justiça que não aceita nada a menos que seja totalmente íntegro e perfeito, não maculado por qualquer imundície; o que não se encontrou nem se encontrará jamais em homem nenhum. É muito fácil e acessível a qualquer um dizer disparates sobre a dignidade das obras para justificar o homem à sombra das escolas; mas, quando se está perante o olhar de Deus, é preciso abandonar tais deleites, porque ali a questão é tratada a sério, não é disputada com uma divertida λογομαχία. Para cá, para cá devemos voltar o pensamento, se quisermos investigar com fruto sobre a verdadeira justiça, pois haveremos de responder ao juiz celeste quando nos chamar para pedir-nos contas. Convençamo-nos de que Ele é nosso juiz, não como nosso intelecto o

imagina segundo sua conveniência, mas como no-lo descreve a Escritura: com tal fulgor que as estrelas se obscurecem; com tal poder que os montes se derretem; com tal ira que a terra é sacudida; com tal sabedoria que os prudentes são apanhados em sua astúcia; com tal pureza que faz tudo parecer imundo; com tal justiça que nem mesmo os anjos a podem sofrer; que não torna o culpado inocente; e cuja vingança, uma vez despertada, penetra até no mais profundo do inferno. Sentar-se-á, digo, para examinar os feitos dos homens; quem comparecerá diante de seu trono com segurança? "Quem morará com o fogo consumidor?", como diz o profeta. Quem de nós habitará com as chamas eternas? "Aquele que caminha na justiça e fala a verdade" (Is 33, 14) etc. Este, seja quem for, apresentar-se-á. Mas essa resposta faz que ninguém se apresente. Porque, por outro lado, soa uma vez: "Se observares, Senhor, os pecados, quem poderá, ó Senhor, subsistir?" (Sl 130, 3). Certamente, pereceríamos todos de imediato, como está escrito em outro lugar: "Seria, porventura, o mortal justo diante de Deus? Seria, acaso, o homem puro diante de seu Criador? Eis que Deus não confia nos seus servos e aos seus anjos atribui imperfeições; quanto mais àqueles que habitam em casas de barro, cujo fundamento está no pó, e são esmagados como a traça! Nascem de manhã e à tarde são destruídos; perecem para sempre, sem que disso se faça caso" (Jó 4, 17-20). E: "Eis que Deus não confia nem em seus santos, nem mesmo os céus são puros diante de seus olhos, quanto menos o homem, que é abominável e vil, que bebe a iniquidade como a água!" (Jó 15, 15.16). Confesso que no *Livro de Jó* se faz menção a uma justiça superior à observância da Lei. E vale a pena deter-se nessa distinção, porque, caso alguém satisfizesse a Lei, nem assim suportaria o exame dessa justiça que excede todo o nosso entendimento. E Jó, ainda que estivesse cônscio de ter agido bem, emudeceria, atônito, ao ver que não se pode aplacar a Deus nem com a santidade angélica, se se examinarem suas obras com sumo rigor. Mas omito por ora essa justiça que mencionei, porque incompreensível; digo somente que, se nossa vida fosse examinada conforme a norma da Lei escrita, seríamos bem loucos caso não nos atormentassem as tantas maldições com as quais o Senhor quis nos despertar. E, entre outras, esta regra geral: "Maldito todo aquele que não permanecer firme nas palavras desta Lei e que não as cumpra" (Dt 27, 26). Enfim, toda essa disputa seria insípida e inútil se cada qual não se sente réu diante do juiz celestial e, preocupado por sua absolvição, não se prostra e se humilha.

2. Para cá, para cá é que deveríamos voltar os olhos, para aprendermos a tremer mais que a exultar sem motivo. É verdade que é fácil, enquanto subsiste uma comparação entre os homens, cada de um de nós pensar que possui algo que os demais não devem desprezar; mas, tão logo nos vemos diante de Deus, essa confiança rapidamente cai por terra e se dissipa. E acontece à nossa alma com relação a Deus o que acontece ao nosso corpo com relação ao céu visível. Pois a agudeza do olho, enquanto insiste em examinar as coisas a seu redor, capta objetos que distingue perfeitamente; mas, se se dirige ao sol, impressionada e estupefata por seu excessivo fulgor, sente que a debilidade de sua vista não é menor do que seu vigor ao olhar para as coisas daqui debaixo. Não nos enganemos, pois, com uma vã confiança, mesmo que nos consideremos iguais ou superiores aos demais homens. Isso é nada diante de Deus, a quem pertence conhecer e julgar esse tema. Mas, se nossa altivez não pode ser domada com tais admoestações, responder-nos-á o mesmo que disse aos fariseus: "Vós sois os que vos justificais diante dos homens; mas o que os homens consideram sublime, diante de Deus é abominação" (Lc 16, 15). Ora, vanglorias-te enfaticamente de tua justiça entre os homens, enquanto que nos céus Deus a abomina! Mas que fazem os servos de Deus, verdadeiramente instruídos por seu Espírito? "Não entres em juízo com teu servo", dizem com Davi, "porque a teus olhos nenhum vivente é justo" (Sl 143, 2). E, ainda que num sentido um pouco diferente: "Não poderá o homem, comparado com Deus, ser justo. Se quiser disputar com Ele, não lhe poderá responder uma coisa entre mil" (Jó 9, 2.3). Aqui já ouvimos claramente qual é a justiça de Deus, a quem nenhuma obra humana pode satisfazer, e que nos acusará de mil pecados, sem que possamos oferecer purgação por um só. Certamente Paulo, aquele instrumento eleito de Deus, havia concebido tal justiça em seu espírito quando assegurava não ter má consciência de nada, mas nem por isso ser justificado (1Co 4, 4).

3. Não só nas sagradas letras há exemplos semelhantes, mas todos os escritores piedosos demonstram que tinham o mesmo sentimento. Assim, Agostinho diz: "Uma é a esperança de todos os fiéis que gemem sob o peso desta carne corruptível e da instabilidade desta vida: que tenhamos um Mediador justo, Jesus Cristo; e que só ele é a satisfação por nossos pecados".[249] Que ouvimos? Se esta é única esperança para eles, onde está a confiança nas obras? Pois quando diz "só Ele", não deixa lugar a nenhuma outra. E Bernardo: "Onde há, deveras, repouso e segurança certos e firmes para os enfermos, senão nas chagas do Salvador? Eu habito ali, tanto mais seguro quanto mais poderoso ele é para salvar-me. O mundo

---

249 Aug., Contra duas epist. Pelag. ad Bonif. III 5, 15 MSL 44, 599; CSEL 60, 504, 12ss.

grita, o corpo me oprime, o Diabo se insinua. Eu não caio, porque estou apoiado sobre uma pedra firme. Cometi um grave pecado. Minha consciência se conturba, mas não será perturbada, porque me lembrarei das chagas do Senhor".[250] E depois disso conclui: "Portanto, meu mérito é a comiseração do Senhor. Não sou completamente desprovido de mérito, ao passo que ele não há de ser desprovido de comiseração. E, se as misericórdias do Senhor são muitas, eu também tenho muitos méritos. Cantarei eu, porventura, minhas justiças? Lembrar-me-ei, Senhor, apenas de tua justiça! Pois ela também é minha, porque tu te tornaste para mim justiça de Deus".[251] E em outro lugar: "Este é todo o mérito do homem: pôr toda a sua esperança naquele que salva a todo homem".[252] E, em outro lugar, retendo para si a paz, deixa a glória para Deus: "Para Ti seja toda a glória; para mim estará bem se tiver a paz. Renuncio totalmente à glória; para que não ocorra de, usurpando o que não é meu, perder também o que se me oferece".[253] E, de forma ainda mais clara, em outro lugar: "Por que a Igreja há de preocupar-se com os méritos, se há uma razão mais firme e mais segura de gloriar-se da benevolência de Deus? Assim, não tens por que perguntar em virtude de que méritos esperamos o bem; sobretudo quando ouvimos do profeta: 'Eu não o farei por vós, mas por mim, diz o Senhor' (Ez 36, 22.32). É suficiente, pois, para merecer, saber que os méritos não bastam; mas, assim como para merecer basta não presumir dos méritos, assim também carecer de méritos basta para a condenação".[254] Quanto ao fato de que emprega livremente "méritos" por "boas obras", deve ser perdoado, por ser esse o costume de então. Sua intenção era aterrorizar os hipócritas que agem impudentemente contra a graça de Deus, como ele mesmo o explica em seguida: "Feliz a Igreja à qual não faltam méritos sem presunção nem presunção sem méritos. Ela tem de que presumir, mas não tem méritos. Tem méritos; mas para merecer, não para presumir. Acaso não presumir não é merecer? Logo, ela presume tanto mais seguramente quanto não presume, porque as muitas misericórdias do Senhor são para ela motivo de gloriar-se".[255]

4. E isso é assim. As consciências exercitadas no temor de Deus sentem que esse é o único refúgio de salvação em que podem respirar com

---

250 Bernardus, In cant. Serm. 61, 3 MSL 183, 1072 AB.
251 Ibidem, 5 col. 1073 A.
252 Bernard., In psalmum "Qui habitat" sermo 15, 5 MSL 183, 246 B.
253 Bernard., In cant. Sermo 13, 4 MSL 183, 836 B.
254 Bernardus, In cant. Serm. 68, 6 MSL 183, 1111 AB.
255 Ibidem, col. 1111 C.

segurança, quando têm de haver-se com o juízo de Deus. Pois se as estrelas, que de noite parecem iluminadíssimas, perdem seu esplendor ao sair o sol, que pensamos haverá de ser da inocência mais rara do homem quando comparada com a pureza de Deus? Pois aquele exame será mais que rigoroso e penetrará até os mais secretos pensamentos do coração; e, como diz Paulo, "revelará o que estiver oculto nas trevas e manifestará as intenções dos corações" (1Co 4, 5); o que obrigará a consciência que se esconde e resiste a manifestar todas as coisas que agora nos escapam da memória. Mas o Diabo, como acusador, haverá de nos perseguir, cônscio de todas as abominações que nos incitou a cometer. Então, de nada nos servirá a pompa das boas obras externas, as únicas que valorizamos agora. Ali só se perguntará pela sinceridade de intenções. Por isso, toda hipocrisia, não somente a do homem que, cônscio de ser mau perante Deus, afeta mostrar-se perante os homens, mas também aquela com a qual cada um se ilude a si mesmo diante de Deus (pois somos inclinados a acariciar-nos e a adular-nos) cairá, confundida, por mais que agora se ensoberbeça com uma audácia ébria. Aqueles que não dirigem seus sentidos a esse espetáculo podem acumular justiça para si, suave e placidamente, à vontade; mas, no julgamento de Deus, sua justiça lhes será imediatamente arrancada; nem mais nem menos como enormes riquezas, acumuladas num sonho, desvanecem-se ao despertar. Aqueles porém que, como quem se encontra sob o olhar de Deus, buscam seriamente a verdadeira regra de justiça, verão como coisa certa que todas as obras dos homens, se consideradas em sua dignidade, não são senão lixo e imundícies; e o que é comumente considerado justiça não é senão mera iniquidade diante de Deus; o que é considerado integridade não é senão impureza; e o que se tem como glória é ignomínia.

5. Da contemplação da perfeição divina, devemos descer a nós mesmos e olharmo-nos, sem lisonjas nem afeto cego de amor. Pois não é de admirar sermos tão cegos nessa parte, uma vez que nenhum de nós se acautela dessa pestilenta indulgência para consigo, que a Escritura grita estar naturalmente arraigada em todos nós. "Todo caminho do homem lhe parece reto", diz Salomão; e "Todos os caminhos do homem são limpos aos seus olhos" (Pr 21, 2; 16, 2). Que, então? Acaso será absolvido em virtude de tal alucinação? Antes, porém (como se acrescenta em seguida): "mas o Senhor pesa os corações", isto é, enquanto o homem adula a si mesmo com a máscara da justiça, o Senhor, entretanto, examina em sua balança a impureza latente de seu coração. Logo, como tais lisonjas não nos servem de nada, não nos iludamos ainda mais a nós mesmos, para ruína nossa. Assim, pois, para nos examinarmos devidamente, é necessário que nossa consciência seja convocada ao tribunal de Deus. É preciso sua luz para revelar os segredos que, de outra forma, ocultam-se demasiado profundamente, encobertos por nossa perversidade. Então veremos com clareza o que querem dizer estas palavras: "Muito longe está o homem de ser justificado diante de Deus, pois não é mais que podridão e um verme, abominável e vão";[256] e "bebe a iniquidade como a água" (Jó 15, 16). Porque "Quem fará limpo o que foi concebido de imunda semente? Ninguém" (Jó 14, 4). Experimentaremos então o que Jó diz de si mesmo: "Se eu quiser me mostrar inocente, minha boca me condenará; se me mostrar justo, Ele me convencerá de culpado" (Jó 9, 20). Pois não diz respeito a um século, mas a todos, aquilo de que o profeta se lamentava sobre Israel: "Todos nós errávamos como ovelhas; cada qual se afastou por um caminho" (Is 53, 6). Com efeito, compreende com essas palavras todos aqueles a quem haveria de chegar a graça da redenção. O rigor do exame deve prosseguir até que nos tenha submetido à completa consternação, e desse modo nos prepare para receber a graça de Cristo. Engana-se, pois, quem pensa ser capaz de usufruir dessa graça se antes não houver lançado fora de si toda a altivez do espírito. Porque é bem sabido que "Deus confunde os soberbos e dá graça aos humildes" (1Pd 5, 5).

6. Qual o meio, porém, de nos humilhar senão que, totalmente pobres e vazios, deixemos lugar à misericórdia de Deus? Pois eu não chamo humildade se pensarmos que ainda resta algo em nós. Por certo ensinaram até agora uma perniciosa hipocrisia aqueles que uniram simultaneamente estas duas coisas: que devemos nos sentir humildes acerca de nós mesmos diante de Deus e que, no entanto, devemos ter nossa justiça em alguma estima. Pois, se confessamos diante de Deus algo contrário ao que sentimos, mentimos a Ele desavergonhadamente. E não podemos sentir de nós mesmos como convém sem pisarmos em tudo o que parece glorioso em nós. Logo, quando ouvires do profeta que a salvação está preparada para o povo humilde, e a destruição, para os soberbos (Sl 18, 28), pensa antes que não há acesso para a salvação a não ser quando toda soberba é abandonada e a humildade fortalecida. Em segundo lugar, pensa que essa humildade não é uma certa modéstia, pela qual cedes por direito ao Senhor apenas um fio de cabelo (como são chamados humildes entre os homens aqueles que não fazem ostentação de

---

256 Jó 25, 6.

suntuosidade nem menosprezam os demais, mesmo quando não deixam de estar cientes de sua superioridade), mas que a humildade é uma submissão não fingida, que procede de uma alma consternada pelo real sentimento de sua miséria e pobreza. Pois assim é descrita sempre na palavra de Deus. Em Sofonias, quando o Senhor fala assim: "Exterminarei de meio de ti aqueles que se entretêm em sua soberba e deixarei em teu meio um povo aflito e pobre, e eles esperarão no Senhor" (Sf 3, 11.12), acaso não mostra claramente quem são os humildes? São os que jazem afligidos pelo conhecimento de sua pobreza. Em contrapartida, diz que os soberbos saltam de alegria, porque os homens alegres, quando suas coisas prosperam, costumam saltar de prazer. Mas aos humildes, a quem Ele decidiu salvar, não lhes deixa nada, a menos que esperem no Senhor. Assim também em Isaías: "Para quem olharei senão para o pobrezinho e contrito de espírito e que treme da minha palavra?" (Is 66, 2). E: "assim disse o Excelso e Sublime que habita na eternidade: e o seu santo nome habita nas alturas, e com o contrito e humilde de espírito, para que dê vida ao espírito dos humildes e vivifique o coração dos contritos" (Is 57, 15). Todas as vezes que ouvires a palavra "contrição", entende uma chaga do coração que não permite ao homem prostrado na terra levantar-se. É preciso que teu coração seja ferido com essa contrição se quiseres ser exaltado com os humildes, conforme a sentença de Deus. Se não for assim, serás humilhado pela mão poderosa de Deus, para tua vergonha e desonra.

7. E, não contente com palavras, nosso excelente Mestre nos pintou numa parábola, como num quadro, a verdadeira imagem da humildade. Pois nos mostra o publicano, que ora de longe, não ousando sequer levantar os olhos para o céu e com muito pranto: "Senhor, sê propício a mim, pecador" (Lc 18, 13). Não pensemos que sejam sinais de uma modéstia fingida não ousar olhar para o céu, não chegar mais perto e, batendo no peito, confessar-se pecador; saibamos que são, antes, testemunhos de seu afeto mais profundo. Por outro lado, o Senhor opõe-lhe um fariseu, que dá graças a Deus porque não é como a gente comum, porque não é ladrão, nem injusto, nem adúltero, uma vez que jejua duas vezes por semana e paga o dízimo de tudo o que possui. Ele reconhece numa clara confissão que sua justiça é dom de Deus; mas, porque confia ser justo, ele, ingrato e odioso, afasta de si a face de Deus. O publicano, no entanto, é justificado pelo reconhecimento de sua iniquidade. Por aqui se vê quão grata nossa humilhação é diante do Senhor; tanto que o peito não pode receber a misericórdia de Deus enquanto não estiver completamente vazio de toda opinião da própria dignidade; quando ocupado por esta, fecha a porta para aquela. E, para que ninguém o duvide, Cristo foi enviado ao mundo por seu Pai com a missão de evangelizar os pobres, de curar os quebrantados de coração, de pregar aos cativos a liberdade e a abertura do cárcere, de consolar a todos os que choram, de dar-lhes glória em vez de cinza, óleo em lugar de luto, manto de alegria em lugar de espírito angustiado (Is 61, 1-3). Segundo essa missão, Cristo não convida a participar de sua beneficência senão àqueles que sofrem e estão sobrecarregados. E, em outro lugar: "Não vim para chamar os justos, mas os pecadores" (Mt 11, 28; 9, 13).

8. Por conseguinte, se quisermos dar lugar ao chamado de Cristo, será preciso afastar de nós tanto a arrogância quanto a presunção. Aquela nasce de uma tola persuasão da própria justiça, quando o homem pensa ter algo por cujo mérito obteria reconhecimento junto de Deus; esta pode dar-se mesmo sem o convencimento das obras. Pois muitos pecadores que, inebriados com a doçura dos vícios, não pensam no julgamento de Deus, jazem adormecidos, como num torpor, e não aspiram à misericórdia que lhes foi oferecida. Mas tal torpor deve ser afastado, não menos do que deve ser abandonada a confiança em nós mesmos, qualquer que seja, para, desimpedidos, apressarmo-nos em direção a Cristo, para, vazios e estéreis, sermos preenchidos por seus bens. Porque nunca confiaremos nele tanto quanto devemos, a menos que desconfiemos inteiramente de nós mesmos. Nunca alçaremos o espírito até ele suficientemente, a menos que antes nos rebaixemos; nunca nos consolaremos nele suficientemente, a menos que nos desconsolemos em nós mesmos. Logo, somente estaremos dispostos a aceitar e alcançar a graça quando, tendo lançado fora a confiança em nós mesmos, mas apoiados somente na certeza de sua bondade e, como diz Agostinho, esquecidos de nossos méritos, abraçarmos os dons de Cristo. Porque se ele procurasse méritos em nós, não chegaríamos a seus dons. A isso Bernardo responde prontamente quando compara os soberbos, que atribuem tudo a seus méritos, a servos desleais, porque retêm para si, de modo indevido, o louvor da graça, que apenas passa por eles, como se uma parede dissesse ser a causa do raio de sol que recebe através da janela. Para não nos demorarmos mais nisso, basta reter esta regra, breve mas geral e certa: aquele que se esvaziou por completo, não digo de sua justiça, que é nula, mas da vã e inconstante imagem, este está preparado para participar dos frutos da misericórdia de Deus. Porque tanto maior impedimento coloca o homem à beneficência de Deus quanto mais se compraz em si mesmo.

Duas coisas que devem ser observadas na justificação gratuita.

 qui devemos considerar sobretudo duas coisas: que a glória permaneça intacta e como que bem conservada para o Senhor; e que nossa consciência tenha um plácido repouso e uma serena tranquilidade perante o tribunal de Deus. Vemos quantas vezes e quão solicitamente a Escritura nos exorta a fazermos a confissão de louvor somente a Deus, quando se trata da justiça. E o próprio apóstolo atesta que o Senhor teve esse objetivo ao nos outorgar a justiça em Cristo, para demonstrar a sua própria (Rm 3, 25). Mas acrescenta em seguida que tipo de demonstração é essa, a saber, que só Ele seja reconhecido como justo e como aquele que torna justo quem é da fé de Jesus.[257] Vês que a justiça de Deus não nos é o bastante ilustrada senão quando só Ele é considerado como justo e como aquele que comunica a graça da justiça àqueles que não o merecem? Por causa disso, quer que toda boca se feche e que todo o mundo esteja sujeito a Ele;[258] porque, enquanto o homem tem algo que dizer em sua defesa, a glória de Deus de certa forma diminui. Assim, Ezequiel ensina o quanto glorificamos o nome do Senhor pelo reconhecimento de nossa iniquidade: "E vós ali vos lembrareis de vossos caminhos, e de todas as vossas maldades, com as quais vos manchastes; e vós vos desagradareis de vós mesmos, por causa de todas as malícias que cometestes. E sabereis que sou o Senhor quando Eu vos tiver enchido de bens por amor de meu nome, em vez de vos tratar conforme os vossos maus caminhos e conforme os vossos detestáveis pecados" (Ez 20, 43.44). Se essas coisas estão

---

257 Rm 3, 26.
258 Rm 3, 19.

contidas no verdadeiro conhecimento de Deus, para que, abatidos pela consciência da própria iniquidade, entendamos que Ele nos faz o bem de que somos indignos. Para que tentamos, para nosso grande mal, roubar ao Senhor uma pequena porção do louvor dessa gratuita liberalidade? Da mesma forma Jeremias, quando clama "Não se orgulhe o sábio em sua sabedoria, nem o rico em suas riquezas, nem o valente em sua valentia; mas quem se orgulha, orgulhe-se no Senhor" (Jr 9, 23.24), acaso não demonstra que de certa forma a glória de Deus decai se o homem se orgulhar em si mesmo? E decerto Paulo acomoda a esse uso as palavras[259] quando diz que tudo o que compõe nossa salvação foi depositado em Cristo, a fim de não nos gloriarmos senão no Senhor (1Co 1, 30). Pois deseja dizer que aquele que pensa que tem algo de seu, este se insurge contra Deus para obscurecer de trevas sua glória.

2. Sem dúvida é assim. Nunca nos gloriamos verdadeiramente nele senão quando abdicamos por completo de nossa glória. Devemos, ao contrário, ter por teorema geral que quem quer que se glorie de si gloria-se contra Deus. Porque Paulo julga que o mundo se sujeita a Deus quando qualquer matéria de glória é tirada aos homens (Rm 3, 19). Por isso Isaías, ao anunciar que Israel há de ter justificação em Deus, acrescenta também o louvor (Is 45, 25), como se dissesse: para este fim os eleitos são justificados pelo Senhor, para que se gloriem nele e em nada mais. Quanto ao modo de sermos louvados no Senhor, ele o havia ensinado no versículo anterior, a saber, que juremos que nossas justiças e nossa força estão no Senhor. Observa que não exige uma simples confissão, mas uma que seja confirmada com juramento, para não pensares que tal confissão possa ser cumprida com não sei qual fingida humildade. E que ninguém replique que não se gloria quando reconhece sem arrogância a própria justiça; pois tal valorização não pode existir sem gerar confiança, nem a confiança sem produzir a glória. Recordemos, pois, que em toda a disputa acerca da justiça devemos sempre ter como finalidade que a honra, íntegra e perfeita, fique para Deus. Uma vez que, em demonstração de sua justiça, segundo o testemunho do apóstolo, derramou sua graça sobre nós, a fim de ser Ele o justo e aquele que justifica o que é da fé de Cristo (Rm 3, 26). Daí que, em outro lugar, depois de haver ensinado que o Senhor adquiriu para nós a salvação a fim de ilustrar a glória de seu nome (Ef 1, 6), como que em repetição, diz: "Por graça fostes salvos, mediante a fé; e isto não de vós, pois é dom de Deus; não vem das obras, de modo que ninguém se

---

259 1Co 1, 29-31.

glorie" (Ef 2, 8.9). E Pedro, quando nos adverte de que somos chamados à esperança da salvação para anunciar as virtudes daquele que nos chamou das trevas à sua luz admirável (1Pd 2, 9), quer, sem dúvida, fazer soar no ouvido dos fiéis somente os louvores de Deus, para que passem em silêncio toda a arrogância da carne. O resumo de tudo isso é que o homem não pode reivindicar a si nem um pingo de justiça sem sacrilégio, porque tira e rebaixa a glória da justiça divina na mesma medida.

3. Se agora procurarmos por qual razão a consciência pode estar serena diante de Deus, não encontraremos outro caminho senão que Ele nos confere a justiça gratuita, por seu divino dom. Recorde-se sempre o que diz Salomão: "Quem poderá dizer: eu limpei meu coração, estou purificado de meu pecado?" (Pr 20, 9). Por certo não há ninguém que não esteja imerso numa fossa sem fim. Assim pois que cada um, até o mais perfeito, desça à sua consciência e faça o cálculo de suas ações. Quem encontrará uma saída? Quem poderá descansar, como se suas coisas com Deus estivessem acertadas? Ou não será antes dilacerado com horríveis tormentos, ao sentir que reside em si a matéria da danação, se fosse avaliado por suas obras? A consciência, caso olhe para Deus, necessariamente tem uma paz segura com o julgamento do Senhor, ou é obsedada pelos terrores do inferno. Nada, pois, aproveitamos em debater sobre o tema se não estabelecemos uma justiça em cuja estabilidade nossa alma possa comparecer ao julgamento de Deus. Quando nossa alma tiver motivo para mostrar-se sem medo diante do rosto de Deus e, inabalável, ouvir seu julgamento, então saberemos com segurança que encontramos uma justiça não fictícia. Não sem causa o apóstolo insiste nessa parte, tanto que prefiro expor com as palavras dele: "Se forem herdeiros os que se contentam com a Lei, a fé é esvaziada e a promessa, abolida" (Rm 4, 14). Primeiro deduz que a fé fica esvaziada e suprimida quando a promessa de justiça leva em conta os méritos de nossas obras, ou quando depende da observância da Lei. Porque ninguém nunca poderá repousar nela com segurança, sendo certo que nunca acontecerá de alguém satisfazer a Lei, como é certo que nunca houve alguém que satisfizesse inteiramente com as obras. E, para não buscar testemunhos distantes, cada um pode ser sua própria testemunha se quiser olhar para si com olhar sensato. Por aqui se vê em que profundos e tenebrosos recessos se mete a hipocrisia na mente dos homens, pois a tal ponto são complacentes consigo que não duvidam em opor suas lisonjas ao julgamento de Deus, como se já tivessem chegado a um acordo com Ele. Mas bem outra preocupação oprime e atormenta os fiéis que sinceramente se examinam.

A estes, primeiro uma hesitação se aproxima do espírito, em seguida também o desespero, quando consideram em seu íntimo quão grande é o peso da dívida e quão longe estão de poder cumprir a condição que lhes foi imposta. Eis aqui a fé já oprimida e extinta. Pois estar à deriva, variar, ser levado de um lado para outro, hesitar, ser mantido em suspensão, vacilar e finalmente desesperar, isso não é ter fé. Ter fé é fortalecer o espírito com certeza constante e sólida segurança e ter onde descansar e pôr o pé com confiança.

4. O apóstolo ainda acrescenta que a promessa seria sem valor e sem força, pois, se seu cumprimento depende de nosso mérito, quando chegaremos a, por fim, merecer a beneficência de Deus? Mas esse segundo membro surge do primeiro; porque a promessa não se cumprirá a não ser para aqueles que tiverem fé. Por conseguinte, se a fé cair por terra, não restará nenhuma força da promessa. Por isso, a herança vem da fé, a fim de ser segundo a graça de Deus, para a promessa ser então firme. Pois ela é completamente confirmada quando se apoia só na misericórdia de Deus, porque sua misericórdia e sua verdade estão unidas entre si com um contrato eterno, isto é, o que Deus promete misericordiosamente, cumpre-o também com fidelidade. Assim Davi, antes de pedir para si a salvação conforme a palavra de Deus, põe primeiro a causa na misericórdia do Senhor: "Venham a mim tuas misericórdias, e tua salvação segundo tua promessa" (Sl 119, 76). E com razão, porque Deus não é induzido a fazer essa promessa por nenhum outro motivo senão por sua mera misericórdia. Por isso, convém depositar aqui toda nossa esperança e cravá-la bem fundo, por assim dizer; não olhar para nossas obras, nem pedir socorro algum por causa delas. Assim já Agostinho prescreve que o façamos, para que não penses dizermos aqui algo de novo. Diz: "Cristo reinará em seus servos para sempre. Deus prometeu isso; Deus disse isso; e se isso é pouco, Deus o jurou. Logo, porque a promessa dele é firme, não segundo nossos méritos, mas segundo sua misericórdia, ninguém deve anunciar com temor aquilo de que não pode duvidar".[260] Bernardo diz também: "Quem se poderá salvar?, perguntam os discípulos de Cristo. E ele: aos homens isso é impossível, mas não a Deus.[261] Essa é toda nossa confiança; esse é nosso único consolo; essa é a razão de toda esperança. Mas, se estamos seguros da possibilidade, que diremos da vontade? Quem sabe se é digno de amor ou de ódio? (Ecl 9, 1). Quem conheceu a mente

---

260 Aug., In Psalm. 88. enarrat. I, 5 MSL 37, 1123.
261 Mt 19, 25ss.

do Senhor? Quem foi seu conselheiro? (1Co 2, 16). Aqui, certamente, é necessário que a fé nos assista. Aqui convém que a verdade nos socorra, para que aquilo que está oculto no coração do Pai revele-se pelo Espírito, e seu Espírito, com seu testemunho, persuada nosso coração de que somos filhos de Deus. E que nos persuada chamando-nos e justificando-nos gratuitamente pela fé, na qual, como se fosse um meio, há certa passagem da predestinação eterna à glória da vida eterna".[262] Resumindo: a Escritura demonstra que as promessas de Deus não são firmes se não são admitidas com plena confiança da consciência; onde quer que exista dúvida ou incerteza, anuncia que são vãs. Da mesma forma, anuncia que nada podemos senão vacilar e andar à deriva se as promessas se apoiam em nossas obras. Logo, é preciso que ou nossa justiça pereça ou que as obras não sejam levadas em consideração, mas que só tenha lugar a fé, cuja natureza é abrir os ouvidos e fechar os olhos, isto é, estar atenta somente à promessa de Deus e deixar de lado a cogitação de toda dignidade ou mérito do homem. Assim se cumpre aquele famoso vaticínio de Zacarias: quando a iniquidade da terra for exterminada, o homem chamará a seu amigo para debaixo de sua videira e para debaixo de sua figueira (Zc 3, 9.10), onde o profeta afirma que os fiéis não terão paz a não ser depois de alcançada a remissão dos pecados. Pois essa analogia deve ser extraída dos profetas, quando tratam do reino de Cristo e propõem as bênçãos externas de Deus como figuras dos bens espirituais. Daqui vem também Cristo ser chamado ou "Rei da Paz" (Is 9, 6) ou "Nossa Paz" (Ef 2, 14); porque ele acalma todas as agitações de nossa consciência. Se se pergunta como, é necessário recorrer ao sacrifício com o qual Deus foi aplacado. Porque ninguém poderá deixar nunca de tremer se não souber que Deus só se torna propício pela expiação com a qual Cristo suportou sua ira. Em nenhum outro lugar, enfim, devemos procurar nossa paz, senão nos terrores de Cristo, nosso Redentor.

5. Contudo, para que usar um testemunho mais obscuro? Paulo nega a cada passo que a paz e a alegria tranquila sejam deixadas às consciências, a menos que entendam que somos justificados pela fé (Rm 5, 1)? De onde procede essa certeza, declaro-o ele mesmo, com "o amor de Deus foi derramado em nosso coração pelo Espírito Santo" (Rm 5, 5); como se dissesse que nossas almas não podem ter sossego de outra forma senão quando estamos inteiramente persuadidos de agradarmos a Deus. E por isso também exclama, em outro lugar, na pessoa de todos os homens pios:

---

262 Bernardus, Sermo in dedicatione ecclesiae 5, 6s, MSL 183, 533.

"Quem nos separará do amor de Deus, que está em Cristo?".[263] Porque, enquanto não tivermos chegado a esse porto, tremeremos ao menor sopro de vento; mas estaremos seguros mesmo "no vale de sombras da morte", enquanto Deus se mostrar para nós como pastor (S. 23, 4). Portanto, todos os que matraqueiam que somos justificados pela fé, porque, regenerados, vivendo espiritualmente, somos justos, estes nunca provaram a doçura da graça, para considerar que Deus lhes será propício. De onde se conclui também que não conhecem a maneira correta de orar, não mais do que os turcos ou outros pagãos quaisquer. Pois, segundo o testemunho de Paulo, a fé não é verdadeira se não ditar e sugerir aquele suavíssimo nome de Pai, se não nos abrir a boca para que clamemos: "Abba, Pai!" (Gl 4, 6). Demonstra-o com maior nitidez ainda em outro lugar: "Em Cristo, pela fé nele, temos plena segurança de nos aproximar confiantemente de Deus" (Ef 3, 12). Com certeza, isso não acontece pelo dom da regeneração, o qual, como imperfeito que é sempre nesta carne, contém em si numerosos motivos de dúvida. Por isso é necessário recorrer àquele remédio, para que os fiéis entendam que não podem esperar ter direito a outra herança no reino dos céus senão que, inseridos no corpo de Cristo, sejam gratuitamente reputados como justos. Pois a fé, pelo que se refere à justificação, é uma coisa meramente passiva, que não aporta nada para reconciliar-nos com a graça de Deus, mas que recebe de Cristo o que nos falta.

---

263 Rm 8, 35.

Capítulo XIV

Qual é o início da justificação e quais são seus contínuos progressos.

ara que a questão fique mais clara, examinemos qual pode ser a justiça do homem por todo o curso de sua vida. Mas façamos uma gradação em quatro categorias. Pois os homens ou estão imersos na idolatria, privados do conhecimento de Deus; ou, iniciados nos sacramentos, estão, pela impureza de sua vida, negando com suas ações ao Deus que confessam com sua boca, e de cristãos só têm o nome; ou são hipócritas, que encobrem a maldade do coração com artifícios vãos; ou, regenerados pelo Espírito de Deus, meditam na verdadeira santidade. Nos primeiros, que temos de julgar conforme seus dotes naturais, não se encontrará, dos pés à cabeça, nem uma centelha de bem; a não ser que queiramos talvez acusar de falsa a Escritura quando elogia todos os filhos de Adão com estas descrições: que têm um coração perverso e endurecido (Jr 17, 9); que toda invenção de seus corações é má desde sua primeira infância (Gn 8, 21); que todos os seus pensamentos são vãos (Sl 94, 11); que não têm o temor de Deus diante dos olhos (Sl 36, 1); que nenhum deles entende nem busca a Deus (Sl 14, 2); em resumo, que são carne (Gn 6, 3), nome sob o qual se compreendem todas as obras que Paulo enumera: "fornicação, imundícia, impudicícia, luxúria, culto aos ídolos, feitiçarias, inimizades, contendas, rivalidades, iras, rixas, dissensões, seitas, invejas, homicídios e o que quer que se possa imaginar de fealdade e abominação" (Gl 5, 19-21). Eis a famosa dignidade de que cuja confiança se orgulham! E se alguns entre eles possuem honestidade e certa aparência de santidade entre os homens, porque sabemos que Deus não presta atenção na beleza exterior, devemos penetrar até a fonte mesma das obras, se quisermos que nos valham para obter justiça. Devemos, digo, olhar de per-

to de que afeto do coração procedem tais obras. Embora eu tenha aqui um campo vastíssimo de que falar, como, no entanto, pode-se tratar desse tema em pouquíssimas palavras, seguirei a cartilha da brevidade tanto quanto possível.

2. Em primeiro lugar, não nego que sejam dons de Deus todas as qualidades que se veem nos infiéis. Mas não estou tão privado de sentido comum que afirme não existir diferença alguma entre a justiça, a moderação e a equidade de Tito e Trajano, e a raiva, a intemperança e a crueldade de Calígula, de Nero e de Domiciano; entre os desejos obscenos de Tibério e a continência de Vespasiano; nem (para não nos demorarmos mais em cada uma das virtudes e dos vícios em particular) entre a observância do direito e das leis e o desprezo por elas. Pois há tanta diferença entre o justo e o injusto que ela aparece até em seu simulacro morto. Pois que ordem restaria no mundo se confundíssemos essas coisas entre si? E assim o Senhor não somente imprimiu na mente de cada um essa distinção entre as coisas honestas e as ações torpes como, além disso, a confirmou muitas vezes com a dispensação de sua providência. Vemos, pois, como Ele cumula com muitas bênçãos nesta vida os homens que se entregam à virtude. Não que a aparência exterior de virtude mereça o menor dos benefícios que Ele lhes outorga; mas compraz ao Senhor mostrar dessa maneira o quanto ama a verdadeira justiça, não deixando sem remuneração temporal aquela que não é senão exterior e fingida. De onde segue o que declaramos há pouco: que são dons de Deus essas virtudes ou, melhor dizendo, essas sombras de virtudes; pois não existe coisa alguma digna de ser louvada que não proceda de Deus.

3. Apesar de tudo, é verdade o que diz Agostinho: que todos os que estão afastados da religião de um só Deus, por mais que sejam estimados em virtude da opinião que se tem deles por sua virtude, não apenas não são dignos de ser remunerados, mas antes o são de ser castigados, porque contaminam os dons puríssimos de Deus com a sujeira de seu coração. Porque, ainda que sejam instrumentos de Deus para conservar e manter a sociedade na justiça, na continência, na amizade, na temperança, na fortaleza e na prudência, fazem contudo muito mau uso dessas boas obras de Deus, porque não se refreiam de obrar mal por um sincero afeto ao bom e ao honesto, mas só por ambição, ou por amor próprio, ou qualquer outro afeto. Seja como for, estando suas obras corrompidas pela sujidade mesma do coração, que é sua fonte e origem, não devem ser consideradas virtudes mais do que o hão de ser os vícios, que, pela afinidade e semelhança que têm com eles, costumam enganar-nos. E, para explicá-lo em breves palavras: uma vez que nós sabemos que o único e perpétuo fim da justiça é servirmos a Deus, qualquer coisa que pretenda outro fim deixa, com toda razão, de ser justa. Assim que, como essa gente não tem em vista o fim que a sabedoria de Deus estabeleceu, ainda que o que fazem pareça bom, não obstante é pecado, pelo mal a que vai encaminhado.[264] Conclui pois Agostinho que todos os Fabrícios, Cipiões e Catões, e todos quantos entre os gentis que gozaram de alta estima, pecaram nesses seus feitos admiráveis e heróicos; porque, estando privados da luz da fé, não dirigiram suas obras ao fim que deviam. Pelo qual diz que eles não tiveram verdadeira justiça, pois o dever de cada um se considera não pelo que faz, mas pelo fim por que se faz.[265]

4. Além disso, se é verdade o que João diz, que fora do Filho de Deus não há vida (1Jo 5, 12), todos os que não têm parte com Cristo, seja quem forem, façam ou tentem fazer o que for durante o curso de sua vida, vão a dar consigo na ruína, na perdição e no julgamento da morte eterna. Em virtude disso, Agostinho diz, em certo lugar: "Nossa religião não estabelece diferença entre os justos e os ímpios pela lei das obras, senão pela lei da fé, sem a qual as que parecem boas obras convertem-se em pecado".[266] Por isso, o próprio Agostinho faz muito bem em comparar, em outro lugar, a vida de tais gentes a alguém que vai correndo fora do caminho, porque, quanto mais depressa corre, tanto mais se afasta do lugar aonde havia decidido ir e, por causa disso, é mais desaventurado. Por isso, conclui que é melhor ir coxeando pelo caminho devido do que ir correndo fora dele. Por fim, é totalmente certo que esses tais são árvores más, pois não há santificação possível senão na comunicação com Cristo. Pode ser que produzam belos frutos e de muito suave sabor; não obstante, tais frutos jamais serão bons. Por aqui vemos como tudo o que o homem pensa, pretende fazer ou de fato faz antes de ser reconciliado com Deus pela fé é maldito; e não somente não vale nada para conseguir a justiça mas ainda merece condenação certa. Mas para que discutir acerca disso como se fosse coisa duvidosa, quando já se demonstrou, com o testemunho do apóstolo, que "sem fé é impossível agradar a Deus" (Hb 11, 6)?

5. A comprovação disso se dará de forma muito mais clara se opusermos a graça de Deus à condição natural do homem. A Escritura clama, a cada passo, que Deus não encontra no humano nada que o incite a fazer

---

264 Aug., Contra Iulianum IV 3, 16ss. 21. MSL 44, 744ss.
265 Ibid., IV 3, 25. 26 MSL 44, 750s.
266 Aug., Contra duas epist. Pelag. ad Bonif. III 5, 14 MSL 44, 597s. CSEL 60, 502, 5 SQ. 503, 9 SQ.

bem ao homem, a não ser que Ele, por gratuita benignidade, vá a seu encontro. Pois que pode fazer um morto para voltar à vida? Ora, é verdade que, quando Deus nos ilumina com seu conhecimento, ressuscita-nos dentre os mortos e faz de nós novas criaturas (Jo 5, 25). Com efeito, vemos que muitas vezes, sobretudo pelo apóstolo, a benevolência que Deus nos professa se nos anuncia com essa metáfora. Ele diz: "mas Deus, rico em misericórdia, pelo imenso amor com que nos amou, mesmo estando mortos por causa dos nossos pecados, nos deu vida com Cristo" (Ef 2, 4.5). E em outro lugar, quando trata da vocação geral dos fiéis sob a figura de Abraão, diz: "Deus vivifica os mortos e chama à existência o que antes não existia" (Rm 4, 17). Se nada somos, pergunto eu, o que podemos? Por isso, na história de Jó, o Senhor refreia muito bem nossa arrogância com estas palavras: "Quem primeiro me deu a mim, para que eu haja de retribuir-lhe? Pois o que está debaixo de todos os céus é meu" (Jó 41, 11). Paulo se refere a essa sentença (Rm 11, 35), explicando-a no sentido de não pensarmos que apresentamos alguma coisa diante de Deus que não seja a mera ignomínia da pobreza e da vacuidade. Por isso, em lugar antes citado, para provar que chegamos à esperança da salvação só por sua graça, e não por nossas obras (Rm 11, 35), diz que "Deus nos fez, criando-nos em Jesus Cristo para boas obras, as quais preparou de antemão para que as praticássemos" (Ef 2, 10). Como se dissesse: quem de nós jactar-se-á de ter ido primeiro a Deus com sua justiça, quando nossa primeira faculdade de obrar bem advém da regeneração? Pois, da forma como fomos formados pela natureza, é mais fácil espremer azeite de uma pedra do que uma boa obra de nós. É realmente de espantar que o homem, condenado por tanta ignomínia, ainda ouse fazer algo. Confessemos, pois, junto com este excelente instrumento de Deus, Paulo, que o Senhor "nos chamou com um chamamento santo, não em atenção a nossas obras, mas segundo o seu propósito e a sua graça" (2Tm 1, 9); e, assim, que "Quando se manifestou a bondade de Deus, nosso Salvador, e seu amor para com os homens, Ele nos salvou, não por causa de obras de justiça que tivéssemos praticado, mas por sua misericórdia, para que, justificados por sua graça, tornássemo-nos herdeiros da vida eterna" (Tt 3, 4.5.7). Com essa confissão, privamos totalmente o homem de toda justiça, até em sua menor parte, enquanto não for regenerado pela misericórdia de Deus na esperança da vida eterna; uma vez que, se a justiça das obras tem alguma validade para nossa justificação, seria falso dizer que somos justificados pela graça. Com certeza, o apóstolo não era tão esquecido que, depois de afirmar num lugar que a justificação é gratuita, não se lembrasse perfeitamente de que, em outro, argumentara que a graça já não seria graça se as obras fossem de algum valor (Rm 11, 6). E que mais o Senhor quer dizer ao afirmar que não veio para chamar os justos, mas os pecadores? (Mt 9, 13). Se só os pecadores são admitidos, por que procuramos adentrar por justiças fictícias?

6. Um mesmo pensamento me ocorre frequentemente: se não há o perigo de fazer uma injúria à misericórdia de Deus ao esforçar-me com tanta ansiedade em defendê-la, como se ela fosse duvidosa ou obscura. Mas, como nossa maldade é tal que jamais concede a Deus o que pertence a Ele, a menos que seja forçada, vejo-me obrigado a insistir nisso um pouco mais. Entretanto, como a Escritura é suficientemente clara a esse respeito, combaterei com suas palavras mais que com as minhas próprias. Isaías, depois de haver descrito a ruína universal do gênero humano, expôs muito bem a ordem de sua restituição: "E o Senhor o viu, e o mal apareceu ante seus olhos. E viu que não há homem destemido, e ficou perplexo por não haver quem se oponha; mas Ele pôs a salvação em seu braço e sua própria justiça o manteve" (Is 59, 15-17). Onde está nossa justiça, se é verdade o que o profeta diz, que não há ninguém que ajude o Senhor a recuperar sua salvação? Outro profeta, quando apresenta o Senhor como aquele que há de reconciliar consigo os pecadores, diz o mesmo: "Desposar-te-ei comigo para sempre; desposar-te-ei comigo em justiça, juízo, graça e misericórdia. Direi ao que se chamava Não-Meu-Povo: tu és meu povo!" (Os 2, 19.23). E, dessa forma, se o pacto, que é a primeira união de Deus conosco, apoia-se na misericórdia de Deus, não resta nenhum outro fundamento para nossa justiça. Gostaria que aqueles que imaginam que o homem se apresenta diante de Deus com alguma justiça das obras dissessem se pensam que existe alguma justiça que não seja agradável a Deus. Ora, se pensar isso é insano, que poderá advir dos inimigos de Deus que lhe seja grato, quando os detesta a todos juntamente com suas obras? Todos, digo, somos inimigos declarados e mortais de Deus, atesta-o a verdade, até que, pela justificação, sejamos recebidos em sua graça e amizade (Rm 5, 6; Cl 1, 21). Se o princípio do amor que Deus nos tem é a justificação, que justiça de obras a precederá? Por isso João, para afastar-nos dessa arrogância pestilencial, adverte-nos de que não fomos os primeiros a amar o Senhor (1Jo 4, 10). O próprio Senhor havia ensinado o mesmo por seu profeta: "Ama-los-ei por puro efeito do meu beneplácito, porque minha ira se afastou deles" (Os 14, 5). Decerto seu amor não é despertado pelas obras se se inclina para nós espontaneamente. O rude vulgo dos homens não entende com isso senão que ninguém teria merecido a Cristo como nosso Redentor; mas que, para entrarmos na posse dessa redenção, nossas obras nos ajudam. No entanto, por mais que sejamos redimidos por Cristo, continuamos herdeiros das trevas e da morte e adversários de Deus até que, pelo chamado do Pai, sejamos incorporados à comunhão com Cristo. Porque Paulo diz que somos purificados e lavados de nossa sujeira pelo sangue de Cristo, quando o Espírito realiza essa purificação em nós (1Co 6, 11). E Pedro, querendo dizer o mesmo, declara que a santificação do Espírito nos vale para a obediência e para a aspersão do sangue de Cristo (1Pd 1, 2). Se somos aspergidos pelo Espírito com o sangue de Cristo para a purificação, não pensemos que antes dessa aspersão somos senão o que é um pecador sem Cristo. Que isto, pois, permaneça: o princípio de nossa salvação é como uma espécie de ressurreição, da morte à vida; porque quando, por causa de Cristo, nos é dado que creiamos nele, então começamos a passar da morte à vida.

7. Nesse cômputo, estão compreendidas a segunda e a terceira categorias de homem que indicamos na divisão proposta. Porque a impureza de consciência que existe tanto em uns quanto nos outros demonstra que todos eles ainda não foram regenerados pelo Espírito de Deus. E, por outro lado, não haver neles a regeneração prova que não têm fé. De onde se evidencia que ainda não foram reconciliados com Deus nem justificados perante seu julgamento, uma vez que ninguém pode chegar a esses benefícios senão pela fé. Que poderão produzir por si mesmos os pecadores senão algo execrável perante o julgamento do Senhor? É verdade que todos os ímpios, e sobretudo os hipócritas, estão cheios desta vã confiança: que, embora saibam que seu coração todo está repleto de obscenidade, se, no entanto, fizerem algumas obras chamativas, estimam-nas como dignas de que o Senhor não as rejeite. Daí nasce aquele erro pernicioso, em virtude do qual, convencidos de que sua mente é celerada e perversa, não podem entretanto admitir que estão vazios de toda justiça, mas, reconhecendo-se injustos, porque não o podem negar, atribuem-se a si mesmos alguma justiça. O Senhor refuta admiravelmente essa vaidade por meio do profeta: "Pergunta agora aos sacerdotes: 'Se alguém trouxer carne santificada na saia de sua roupa e tocar com sua aba no pão, ou na carne, ou no vinho, ou no azeite, ou em qualquer outra coisa de comer, ficará isto santificado?'. E os sacerdotes responderam: 'Não'. E disse Ageu: 'Se um homem poluto por ter tocado um corpo morto tocar alguma dessas coisas, ficará ela contaminada?'. E responderam os sacerdotes: 'Ficará contaminada'. E prosseguiu Ageu: 'Assim é este povo e esta gente diante

da minha face, diz o Senhor; e também toda obra das mãos deles, e todas as coisas que ali oferecem estão contaminadas'" (Ag 2, 11-14). Quem dera essa sentença tivesse valor entre nós e se gravasse bem em nossa memória! Porque não há ninguém, por mais desregrada que seja sua vida, que consiga convencer-se daquilo que o Senhor anuncia aqui claramente. Tão logo o homem mais perverso cumpre com seu dever em uma ou outra coisa, não duvida nem um pouco de que isso será levado em conta como justiça. Mas o Senhor diz, ao contrário, que nenhuma santificação se adquire com isso se primeiro o coração não estiver bem limpo. E, não contente com isso, afirma que toda obra que procede dos pecadores está contaminada com a impureza de seu coração. Logo, longe de nós dar o nome de justiça às obras que são condenadas como injustas pela própria boca do Senhor. Com que admirável comparação Ele o demonstra! Pois se poderia objetar que é inviolavelmente santo o que o Senhor ordena. Mas Ele, ao contrário, prova que não há motivo para admirar-se de que as obras que Deus santificou em sua Lei sejam contaminadas com a imundície dos ímprobos, uma vez que a mão suja as profana.

8. Ao mesmo tema dá continuidade em Isaías, admiravelmente: "Não ofereçais mais sacrifícios em vão; o incenso é para mim abominação; minha alma aborrece-se com vossas calendas e festividades, elas me são molestas, estou cansado de suportá-las. E, quando estenderdes as vossas mãos, apartarei de vós os meus olhos; e quando multiplicardes as vossas orações, não as ouvirei; porque vossas mãos estão cheias de sangue. Lavai-vos e limpai-vos; tirai a iniquidade de vossas obras de diante dos meus olhos" (Is 1, 13-16). Que significa o Senhor sentir tal náusea com a observância de sua Lei? Mas, em verdade, Ele não desfaz aqui em absoluto da pura observância da Lei, cujo princípio é, como o ensina a cada passo, o sincero temor de seu nome. Mas se prescindirmos desse temor, quaisquer coisas que lhe ofereçamos serão bobagens, sujeiras fétidas e abomináveis. Que venham agora os hipócritas e, mantendo oculta no coração sua perversidade, esforcem-se para merecer a Deus com suas boas obras. Somente o irritarão mais e mais, porque "Os sacrifícios dos ímpios são execráveis para Ele; só a oração dos retos lhe é aceita" (Pr 15, 8). Concluímos, pois, como algo fora de dúvida, o que deve ser conhecidíssimo por todos aqueles medianamente versados na Escritura: que todas as obras que procedem dos homens que ainda não foram santificados pelo Espírito de Deus, por mais excelentes que sejam em aparência, estão longe de ser consideradas como justiça perante Deus, e são julgadas como pecados. Portanto, falaram a verdade aqueles que ensinaram que as obras não outorgam graça à pessoa, mas que, pelo contrário, as obras agradam a Deus quando a pessoa tiver antes encontrado a graça aos olhos dele. É preciso observarmos religiosamente essa ordem, à qual a Escritura nos conduz pela mão. Moisés escreve que "O Senhor olhou com agrado a Abel e a sua oferenda" (Gn 4, 4). Vês como demonstra que o Senhor foi propício aos homens antes de olhar as obras deles? Por essa razão, é preciso que a purificação do coração venha antes, para Deus receber com amor as obras que procedem de nós, porque estará sempre em vigor o que Jeremias disse: "Os olhos do Senhor olham a verdade" (Jr 5, 3). Além disso, o Espírito Santo afirmou pela boca de Pedro que é somente pela fé que os corações dos homens são purificados (At 15, 9). Daqui se conclui que o primeiro fundamento consiste na fé verdadeira e viva.

9. Investiguemos agora qual é a justiça daqueles que colocamos em quarto lugar. Admitimos que Deus, quando nos reconcilia consigo pela intercessão da justiça de Cristo, considera justos aqueles a quem deu a remissão gratuita dos pecados; com essa misericórdia, está simultaneamente este outro benefício dele, que pelo Espírito Santo habita em nós, em virtude da qual a concupiscência de nossa carne é a cada dia mais mortificada, e nós somos santificados; quer dizer, somos consagrados ao Senhor para verdadeira pureza de nossa vida, tendo nosso coração reformado para servir à Lei de Deus. Que nossa vontade principal seja esta: servir à vontade dele e louvar unicamente a glória dele, de todas as formas possíveis. No entanto, mesmo quando, guiados pelo Espírito Santo e esquecidos de nós mesmos, caminhamos pelas veredas do Senhor, permanecem em nós certos resquícios de imperfeição, que nos dão ocasião para nos humilharmos. Não há justo, diz a Escritura, que faça o bem e não peque (1Rs 8, 46). Que justiça, pois, terão os fiéis por suas obras? Em primeiro lugar, afirmo que a obra mais excelente que possam propor está manchada e corrompida com alguma sujidade da carne, como se estivesse misturada com fezes. Que qualquer um que seja verdadeiro servo de Deus escolha a obra melhor e mais excelente que lhe pareça haver executado em toda a sua vida. Quando a tiver revolvido por todos os lados, sem dúvida achará nela algo que saiba à podridão da carne; uma vez que nunca existe em nós aquela alegria que deveria haver para obrar bem, mas uma grande debilidade, que nos atrasa o percurso. Mas, mesmo se virmos que as manchas com que as obras dos santos estão cobertas não são ocultas, mas apenas a mácula mais trivial. Acaso não ofenderão em nada os olhos do Senhor, diante dos quais nem mesmo as próprias estrelas são puras? Concluímos que nem uma única obra sai de um santo que, considerada em si, não mereça o justo salário do opróbrio.

10. E depois, embora fosse possível algumas de nossas obras serem puras e perfeitas, um só pecado, no entanto, basta para destruir e esquecer todas as nossas justiças precedentes; como o afirma o profeta (Ez 18, 24), com que Tiago está de acordo: "Qualquer que ofender um ponto da Lei, faz-se réu de todos" (Tg 2, 10). E como esta vida mortal jamais é pura nem está limpa de pecado, toda justiça que tivéssemos adquirido ficaria corrompida, oprimida e perdida com os pecados que a cada passo cometeríamos de novo; e, dessa maneira, não seria levada em conta perante o olhar de Deus, nem nos seria imputada a justiça. Finalmente, quando se trata da justiça das obras, não devemos considerar só a obra da Lei, mas o mandamento. Portanto, se buscarmos justiça pela Lei, em vão apresentaremos uma ou duas obras: é necessário haver em nós uma obediência perpétua à Lei. Por isso, não apenas uma vez (como muitos opinam tolamente) o Senhor nos imputa aquela remissão dos pecados por justiça, da qual já falamos, de tal maneira que, tendo alcançado o perdão dos pecados de nossa vida passada, busquemos daí adiante a justiça na Lei, uma vez que, se fosse assim, não faria outra coisa senão zombar de nós e ludibriar-nos com uma falsa esperança. Pois dado que nós, enquanto vivemos nesta carne corruptível, não podemos alcançar nenhuma perfeição, e, por outro lado, a Lei anuncia a morte e a condenação a todos aqueles que não tiverem feito suas obras com inteira e perfeita justiça, sempre teria de que acusar-nos e poderia convencer-nos de culpabilidade se, por outro lado, a misericórdia do Senhor não nos viesse ao encontro, para absolver-nos com a remissão perpétua de nossos pecados. Portanto, permanece de pé o que dissemos a princípio: que, se formos julgados segundo nossa dignidade natural, seremos em tudo isso dignos de morte e de perdição, junto com todas as nossas intenções e desejos.

11. Devemos insistir firmemente em dois pontos. O primeiro: que jamais foi encontrada obra alguma, por mais santo que fosse aquele que a realizou, que, examinada com o rigor do julgamento divino, não resultasse digna de condenação. O segundo ponto: que se por acaso se encontrasse tal obra (o que é impossível de achar em um homem), no entanto, ao estar manchada e suja com todos os pecados de seu autor, perderia sua graça. Eis aqui o ponto principal de nossa controvérsia. Pois, com respeito ao princípio da justificação, não existe disputa entre nós e os escolásticos mais sãos neste ponto: que o pecador, liberado da condenação gratuitamente, obtém a justiça pela remissão dos pecados. Mas não quanto a outro ponto: eles, sob o nome de "justificação", compreendem a renovação ou regeneração com a qual somos reformados pelo Espírito de Deus para obedecermos à sua Lei. Em segundo lugar, eles pensam que um homem, quando foi uma vez regenerado e reconciliado com Deus pela fé de Cristo, este tal é agradável a Deus e considerado justo por causa do mérito de suas boas obras. Mas o Senhor diz o contrário: que Ele imputou a Abraão a fé e a justiça, não no tempo em que Abraão ainda servia aos ídolos, mas muito depois de que começasse a viver santamente (Rm 4, 3). Logo, fazia já muito tempo que Abraão vinha servindo a Deus com coração puro e cumpria os mandamentos de Deus tanto quanto podem ser cumpridos por um homem; e, no entanto, obteve sua justiça pela fé. Daqui concluímos, com Paulo, que não o fez pelas obras. Da mesma forma, quando o profeta diz "O justo viverá por sua fé" (Hc 2, 4), não trata então dos ímpios nem dos profanos, aos que o Senhor justifica convertendo-os à fé, mas dirige seu raciocínio aos fiéis, e a eles lhes promete a vida pela fé. Também Paulo dissolve todo motivo de dúvida quando, para confirmar a justiça gratuita, cita o passo de Davi: "Bem-aventurado aquele cuja transgressão foi perdoada" (Rm 4, 7; Sl 32, 1). É certo que Davi não fala aqui dos ímpios, mas dos fiéis: de si mesmo e de outros semelhantes; pois ele fala conforme ao que sente em sua consciência. Portanto, essa bem-aventurança não é para se ter uma só vez, mas durante toda a vida. Por fim, a embaixada da reconciliação gratuita de que fala Paulo (2Co 5, 18), a qual nos assegura que temos nossa justiça na misericórdia de Deus, não nos é concedida por um ou dois dias, mas é perpétua na Igreja de Cristo. Assim, os fiéis não têm outra justiça possível até o fim da vida senão aquela que ali se descreve. Porque Cristo permanece para sempre como Mediador, para reconciliar-nos com o Pai, e a eficácia e a virtude de sua morte é perpétua, a saber, a ablução, a satisfação, a expiação e a obediência perfeita que ele teve, em virtude da qual todas as nossas iniquidades ficaram ocultas. E Paulo, escrevendo aos efésios, não diz que temos o princípio de nossa salvação por graça, mas que por graça somos salvos; não por obras, para que ninguém se glorie (Ef 2, 8.9).

12. Os subterfúgios que os escolásticos procuram aqui para evadir-se de nada lhes servem. Dizem que as boas obras não têm dignidade intrínseca, a ponto de poderem ser comparadas à justiça, mas que valem pela graça de Deus, que as aceita. Em segundo lugar, como se veem obrigados a admitir que a justiça das obras é sempre imperfeita enquanto vivemos neste mundo, concedem que temos, durante toda a vida, necessidade de que Deus nos perdoe nossos pecados, para suprir, assim, as deficiências que há em nossas obras; mas afirmam que esse perdão se obtém quando as faltas que cometemos são recompensadas pelas obras super-rogatórias. Respondo a isso: a graça que eles chamam "aceitante" não é senão a graciosa bondade do Pai celestial com a qual nos abraça e recebe em Cristo, quando nos reveste da inocência de Cristo e a põe em nossa conta, para, com o benefício dela, sermos considerados santos, limpos e inocentes. Porque é necessário que a justiça de Cristo (a única justiça perfeita e, portanto, a única que pode comparecer livremente perante a presença divina) apresente-se em nosso lugar e compareça em juízo à maneira de fiador nosso. Ao sermos revestidos de tal justiça, conseguimos um perdão contínuo dos pecados, pela fé. Ao sermos cobertos com sua limpeza, nossas faltas e a sujeira de nossas imperfeições não nos são já imputadas, mas ficam como que sepultadas, para que não apareçam perante o juízo de Deus até que chegue a hora em que, totalmente destruído e morto em nós o homem velho, a bondade divina nos leve com Cristo, o novo Adão, a uma paz bem-aventurada, onde esperar o Dia do Senhor, no qual, depois de receber nosso corpo incorruptível, sejamos transportados à glória celestial.

13. Se essas coisas são verdadeiras, decerto não existe em nós obra alguma que, por si, nos possa fazer aceitos e agradáveis a Deus. Mais ainda: essas mesmas obras não lhe podem ser agradáveis, a não ser na medida em que o homem, coberto com a justiça de Cristo, é grato a Deus e alcança a remissão dos pecados. Pois o Senhor não prometeu a recompensa da vida a certas obras particulares, mas simplesmente declarou que viverá qualquer um que faça o prescrito na Lei (Lv 18, 5); lançando, pelo contrário, aquela horrível maldição contra os que faltarem em algo de tudo o que a Lei ordenou (Dt 27, 26). Com isso fica suficientemente refutado o erro da justiça parcial, já que Deus não admite outra justiça senão a perfeita observância da Lei. Nem é mais sólido o que costumam matraquear alguns sobre a compensação a Deus com obras de super-rogação. Quê, então? Acaso não voltam sempre ao mesmo de que já foram repelidos: que qualquer um que observar a Lei é parcialmente justo por isso, por causa de suas obras? E assim assumem como garantido algo que ninguém de bom-senso lhes concederá. O Senhor afirma muitas vezes que não reconhece outra justiça de obras senão a que consiste na perfeita observância de sua Lei. Que ousadia é essa que, quando ela nos falta, a fim de não parecer que estamos privados de toda glória, isto é, que a tenhamos cedido plenamente a Deus, nos jactemos de não sei que pedaços de algumas obras, e procuremos redimir e recompensar o que falta com outras satisfações? As satisfações foram já totalmente destruídas na argumentação acima, para que nem mesmo em sonhos nos recordemos delas. Somente afirmo agora que quem fala de modo tão tolo não considera quão execrável é o pecado diante de Deus. Porque, se o considerasse, veria sem dúvida que toda justiça dos homens, colocada num monte, não é suficiente para a compensação de um único pecado. Pois vemos como o homem, por um só pecado que cometeu, foi de tal maneira rejeitado por Deus que perdeu todo meio de recobrar a salvação (Gn 3, 17). E se isso é assim, foi-nos extirpada toda possibilidade de satisfazer; e, por isso, todos aqueles que se acariciam com ela certamente jamais satisfarão a Deus, a quem nenhuma coisa que proceda de seus inimigos lhe é agradável nem aceita. Ora, todos aqueles aos quais determinou imputar-lhes os pecados são seus inimigos. Portanto, é necessário nossos pecados serem cobertos e perdoados antes que o Senhor leve alguma obra nossa em consideração. Disso segue que a remissão dos pecados é gratuita, e que impiamente blasfemam contra ela todos os que intrometem qualquer satisfação. Por isso nós, a exemplo do apóstolo, esquecendo-nos do que fica para trás e encaminhando-nos para o que está adiante, prossigamos em direção à meta, para alcançar o prêmio da vocação superior (Fp 3, 13).

14. Contudo, jactar-se das obras de super-rogação, como isso pode estar de acordo com o que nos foi prescrito: que quando tivermos feito tudo o que foi mandado, consideremo-nos servos inúteis que não fizeram senão o que deviam (Lc 17, 10)? E confessá-lo diante de Deus não é fingir ou mentir, mas declarar o que a pessoa tem como certo em sua consciência. O Senhor nos manda, pois, que julguemos sinceramente e que consideremos que não lhe prestamos nenhum serviço que não lhe devemos, mas pagamos a conta que devemos. E com toda razão; pois somos seus servos, endividados por tantos favores que não podemos cumprir com nosso dever, ainda que todos os nossos pensamentos e todos os nossos membros sejam empregados nos deveres da Lei. Portanto, com as palavras "quando tiverdes feito tudo o que vos ordenei",[267] é como se quisesse dizer que todas as justiças dos homens, e mais ainda, estejam em um só. Por conseguinte, nós, entre os quais não há um só que não esteja muito longe de tal perfeição, como nos atreveremos a gloriar-nos de ter acrescentado um remate à justa medida? E não se pode alegar que não há inconveniente algum em aquele que não cumpre seu dever em algo

---

267 Lc 17, 10.

fazer mais do que está obrigado a fazer por necessidade. Porque devemos considerar certo que não podemos conceber coisa alguma, seja com respeito à honra e ao culto a Deus, seja quanto à caridade ao próximo, que não esteja compreendida sob a Lei de Deus. E se é parte da Lei, não nos jactemos de liberalidade voluntária, quando estamos obrigados a isso por necessidade.

15. A esse propósito, alegam intempestivamente a fala de Paulo, quando se vangloria de que, entre os coríntios, por sua própria vontade, havia aberto mão de seu direito, ainda que lhe fosse lícito usá-lo, se quisesse; e que não somente havia cumprido com seu dever para com eles mas que havia ido além, pregando gratuitamente o Evangelho (1Co 9, 1ss). Certamente, deveriam ter considerado a razão que ele alega nesse passo, a saber, que fizera isso a fim de não servir de escândalo para os fracos. Porque os maus apóstolos que então turbavam a Igreja ufanavam-se de não aceitar coisa alguma em troca de seu trabalho e de suas fadigas; e isso para que sua doutrina perversa fosse mais estimada e, assim, suscitasse o ódio contra o Evangelho; de tal maneira que Paulo viu-se obrigado ou a pôr em perigo a doutrina de Cristo ou a buscar um remédio a tais estratagemas. Portanto, se é indiferente para o cristão dar ocasião de escândalo quando o pode evitar, confesso que o apóstolo deu algo mais do que devia; mas, se um prudente ministro do Evangelho está obrigado a isso, afirmo que ele faz o que deve. Por fim, ainda que tal causa não seja evidente, é sempre uma grande verdade o que diz Crisóstomo, que todas as nossas coisas têm a mesma condição que o pecúlio de um servo, que, por direito, são devidas a seu senhor.[268] E Cristo não dissimulou isso na parábola, pois pergunta que gratidão mostraremos a nosso servo quando, depois de ter trabalhado todo o dia com todo afinco, volta de noite à casa (Lc 17, 7-10). E pode ser que tenha trabalhado muito mais do que teríamos nos atrevido a pedir-lhe. No entanto, não fez mais do que devia, por ser servo; porque tudo o que ele é, e pode, é nosso. Não exponho aqui quais são as obras super-rogatórias de que estes querem gloriar-se perante Deus. Não são senão trivialidades, que Ele jamais aprovou e que, quando chegar a hora da prestação de contas, não admitirá. Nesse sentido, concedemos com toda boa vontade que são obras super-rogatórias, como aquelas de que Deus fala pelo profeta: "Quem demanda isso de vossas mãos?" (Is 1, 12). Mas lembrem-se do que se disse delas em outro lugar: "Por que gastais o dinheiro no que não é pão e vosso

---

268 Chrysostomus, In epist. ad Philemon homil. 2 opp. XI 856 A.

trabalho no que não sacia?" (Is 55, 2). Não é realmente muito trabalho-so para nossos rabinos disputar sobre essas matérias em suas confortáveis cátedras, à sombra; quando aquele supremo juiz se sentar em seu tribunal, será preciso que esses decretos, feitos de vento, desvaneçam-se. Isto, isto é o que deve ser procurado: a confiança que poderemos levar para nossa defesa no tribunal de Deus, não o que podemos confabular nas escolas e pelos cantos.

16. Duas são as pestes que mais devem ser arrancadas de nosso espírito: uma, que ponham a confiança da justiça em nossas obras; outra, que lhes atribuam glória. A cada passo, a Escritura nos priva de toda confiança em nossas justiças, ao dizer que todas elas fedem perante Deus, a menos que tirem seu bom odor da inocência de Cristo; de nada são capazes, senão de provocar o castigo de Deus, a menos que se apoiem em sua misericórdia. Assim, a Escritura não nos deixa senão implorar a clemência de nosso juiz para alcançar misericórdia, confessando com Davi que não se justificará diante de Deus nenhum ser humano, se entrar em juízo com seus servos (Sl 143, 2). E quando Jó diz: "Se for mal, ai de mim! E se for justo, não levantarei minha cabeça" (Jó 10, 15), embora fale aqui daquela suprema justiça de Deus, à qual nem os próprios anjos podem satisfazer, no entanto, com isso prova, ao mesmo tempo, que, quando os homens comparecerem diante do trono de Deus, não lhes restará outra alternativa a não ser fechar a boca e não replicar. Porque não quer dizer que prefere ceder a Deus por sua própria vontade, em vez de expor-se ao risco de combater contra o rigor dele, mas que não reconhece em si mesmo uma justiça capaz de não se derrubar assim que comparecer diante do julgamento de Deus. Ao desaparecer a confiança, é necessário também que todo motivo de glória pereça. Quem haverá que atribua o louvor da justiça às obras quando, ao considerá-las, tremeria perante o tribunal de Deus? Sendo pois assim, devemos chegar à conclusão de Isaías: que toda a descendência de Israel se gabe e glorie no Senhor (Is 45, 25); porque é muito verdade o que o próprio profeta diz noutro lugar: que somos "plantio do Senhor, para glória sua" (Is 61, 3). Logo, nosso espírito estará bem purificado quando não repousar de forma alguma na confiança das obras, nem exultar na glória delas. Esse é o erro que anima os homens tolos à falsa e mentirosa confiança de sempre colocar a causa de sua salvação nas obras.

17. Mas, se observarmos os quatro gêneros de causas que os filósofos consideram primeiro no efeito das coisas, não encontraremos nenhum que convenha à constituição de nossa salvação. Porque a Escritura ensina que a causa eficiente de nossa salvação está na misericórdia do Pai celestial e no amor gratuito que nos professa. Como causa material dela, propõe-nos Cristo com sua obediência, pela qual nos adquiriu a justiça. E qual diremos que é a causa formal ou instrumental, senão a fé? João expressou numa única sentença estas três causas, ao dizer: "De tal maneira Deus amou o mundo que lhe deu seu filho unigênito, para que todo aquele que nele creia não se perca, mas tenha vida eterna" (Jo 3, 16). Quanto à causa final, o apóstolo afirma que é mostrar a justiça divina e glorificar a bondade do Senhor (Rm 3, 23); e, ao mesmo tempo, expõe nesse lugar as outras três. Pois eis aqui suas palavras: "Todos pecaram e estão destituídos da glória de Deus, sendo justificados gratuitamente por sua graça". Aqui temos o princípio e a fonte primeira: que Deus teve misericórdia de nós, por sua gratuita bondade. E continua: "mediante a redenção que é em Cristo Jesus". Aqui temos a substância ou matéria em que consiste nossa justiça. Acrescenta em seguida: "por meio da fé em seu sangue". Com estas palavras, assinala a causa instrumental, mediante a qual a justiça de Cristo nos é aplicada. E, por fim, põe a causa final, ao dizer: "para manifestar sua justiça, a fim de que ele seja o justo, e o que justifica aquele que é da fé de Jesus". E até (para denotar que essa justiça consiste na reconciliação), diz expressamente que Cristo nos foi dado como propiciação. Da mesma forma ensina, no primeiro capítulo da *Epístola aos efésios*, que Deus nos recebe em sua graça por pura misericórdia; que isso se dá pela intercessão de Cristo; que nós recebemos essa graça pela fé; que tudo isso tem como fim que a glória de sua bondade seja plenamente conhecida.[269] Ao ver, pois, que todos os elementos de nossa salvação estão fora de nós, como confiaremos em nossas obras e delas nos orgulharemos? Quanto à causa eficiente e à final, nem mesmo os maiores inimigos da graça de Deus poderão suscitar controvérsia alguma contra nós, a não ser que queiram renegar toda a Escritura. Com respeito às causas material e formal, discutem como se nossas obras estivessem entre a fé e a justiça. Mas também nisso a Escritura lhes é contrária, pois afirma simplesmente que Cristo é nossa justiça e nossa vida, e que possuímos o bem da justiça só pela fé.

18. Aquilo com que os santos muitas vezes se fortalecem e com que se consolam, a memória de sua inocência e integridade, e até não se abstêm às vezes de apregoá-la, isso ocorre de uma destas duas maneiras: ou porque, ao comparar sua boa causa com a má dos ímpios, sentem a

---

269 Ef 1, 5.6.

segurança da vitória, não tanto pelo valor e estima de sua justiça, quanto porque assim o merece a iniquidade de seus inimigos; ou então quando, reconhecendo-se a si mesmos diante de Deus sem se comparar aos demais, recebem certo consolo e confiança, que provém da boa consciência que têm. Do primeiro modo trataremos mais adiante. Resolvamos agora sucintamente o segundo, expondo como pode concordar e convir com o que antes dissemos, a saber, que perante o julgamento de Deus não havemos de apoiar-nos na confiança de nenhum tipo de obra, e que de nenhum modo devemos nos gloriar delas. Além disso, a harmonia entre ambas as coisas está em que os santos, quando se trata de estabelecer e fundamentar sua salvação sem consideração alguma de suas obras, fixam os olhos exclusivamente na bondade de Deus. E não somente se voltam para ela, acima de todas as coisas, como princípio de sua bem-aventurança, mas repousam em seu cumprimento. Quando a consciência fica assim fundamentada, ereta e estabelecida, pode também se fortalecer com a consideração das obras, como testemunhos de que Deus habita e reina em nós. Portanto, como essa confiança nas obras não tem lugar até termos posto toda a confiança de nosso coração somente na misericórdia de Deus, isso de nada vale para poder afirmar que as obras justificam e que, por si, podem dar segurança ao homem. Por isso, quando excluímos a confiança nas obras, não queremos dizer senão que a alma cristã não deve pôr seus olhos no mérito de suas obras, como num refúgio de salvação, mas que deve repousar totalmente na promessa gratuita da justiça. Não proibimos, entretanto, que estabeleça e confirme essa fé com todos os sinais e testemunhos que sente da benevolência de Deus para com ela. Porque se todos os benefícios que Deus nos fez, quando os repassamos em nossa memória, são como vislumbres que procedem do rosto de Deus, com os quais somos iluminados para contemplar a imensa luz de sua bondade, com maior razão as boas obras de que nos dotou devem servir-nos para isso, já que elas demonstram que o Espírito de adoção nos foi concedido.

19. Portanto, quando os santos confirmam sua fé com sua inocência e tiram dela motivo para exultar, não fazem senão compreender, tendo em vista os frutos de sua vocação, que foram cooptados no lugar de filhos pelo Senhor. O que diz Salomão, que "No temor do Senhor, está a forte confiança" (Pr 14, 26), e o que os santos usam para Deus os ouvir, a afirmação de que caminharam diante da presença de Deus com integridade (Gn 24, 40; 2Rs 20, 3), tudo isso não vale para empregar-se como fundamento sobre o qual edificar a consciência; só então, e não antes, valem, quando são entendidos como indícios e efeitos da vocação de Deus. Porque o temor de Deus não é nunca tal que possa dar segurança firme; e os santos compreendem muito bem que não têm uma perfeição plena, mas que está ainda mesclada com numerosas imperfeições e relíquias da carne. Mas, como os frutos da regeneração que em si mesmos contemplam servem-lhes de argumento e de prova de que o Espírito neles reside, com isso se confirmam e animam para esperar o favor de Deus em todas as suas necessidades, vendo que em uma coisa de tanta importância experimentam-no como Pai. Bem, pois nem sequer isso podem fazer sem ter primeiro conhecido a bondade de Deus, assegurando-se dela exclusivamente pela certeza da promessa. Porque se começam a estimá-la em virtude das próprias boas obras, nada haverá nem mais incerto nem mais débil, uma vez que, se estimadas por si, as obras não menos ameaçarão ao homem com a ira de Deus por sua imperfeição, que lhe testemunharão a boa vontade de Deus por sua pureza, ainda que seja inicial. Finalmente, louvam de tal maneira os benefícios que receberam da mão de Deus que de nenhuma maneira se afastam de seu favor gratuito, no qual Paulo atesta termos toda a perfeição, em largura, longitude, profundidade e altura (Ef 3, 18.19); como se dissesse que, onde quer que ponhamos nossos sentidos e nosso entendimento, por mais alto que com eles subamos e por mais que se estendam em longitude e largura, não devemos passar do limite que consiste em reconhecer o amor que Cristo nos tem, e que devemos pôr todo nosso entendimento em sua meditação e contemplação, já que compreende em si todo tipo de medida. Por isso diz que "o amor de Cristo excede a todo conhecimento" e, quando entendemos com que amor Cristo nos amou, somos cheios de toda a plenitude de Deus (Ef 3, 19). Como, em outro lugar, gloriando-se o apóstolo de que os fiéis saem vitoriosos em todos os seus combates, apresenta em seguida a razão disso, dizendo: "por meio daquele que nos amou" (Rm 8, 37).

20. Vemos, pois, que não há nos santos uma confiança de suas obras que atribua alguma coisa ao mérito delas (pois não as consideram senão como dons de Deus, pelos quais reconhecem sua bondade, e como sinais de sua vocação, que lhes servem para recordar sua eleição); tampouco que tire o crédito da gratuita justiça de Deus que conseguimos em Cristo, uma vez que dela depende e sem ela não pode subsistir. Agostinho diz o mesmo, em poucas mas admiráveis palavras, quando afirma: "Eu não digo ao Senhor: não desprezes as obras de minhas mãos. Eu busquei ao Senhor com minhas mãos e não fui enganado. O que digo é: eu não louvo as obras de minhas mãos, porque temo que quando Tu, Senhor, as tiver olhado, aches muitos mais pecados que méritos. O que digo é somente isto: isto é o que rogo; isto é o que desejo: que não desprezes as obras de tuas mãos. Olha em mim, Senhor, a tua obra, não a minha. Porque se olhares minha obra, Tu a condenarás; mas se olhares a tua, Tu a coroarás. Porque todas as boas obras que tenho são tuas, de ti procedem".[270] Ele coloca duas razões por que não se atreve a valorizar suas obras diante de Deus: porque, se tem algumas obras boas, não vê nelas nada que seja seu; e porque mesmo o que há de bom está como que enterrado pelo grande número de seus pecados. Daí que sua consciência sinta muito maior temor e consternação do que segurança. Por conseguinte, não quer que Deus olhe as obras que fez corretamente, mas que, reconhecendo nelas a graça de sua vocação, aperfeiçoe a obra que começou.

21. Quanto ao que mostra a Escritura, que as boas obras dos fiéis são a causa de o Senhor lhes fazer benefícios, isso deve ser entendido de tal forma que aquilo que dissemos antes permaneça inalterável: que a origem e o efeito de nossa salvação consistem no amor do Pai celestial; que a matéria, na obediência do Filho; que o instrumento, na iluminação do Espírito, ou seja, na fé; e, ao fim, que seja glorificada a grande bondade de Deus. Isso não impede que o Senhor receba e aceite as obras como causas inferiores. Mas de onde vem isso? O Senhor induz à posse de si, pelas boas obras, aqueles que Ele, por sua misericórdia, predestinou para a herança da vida eterna, em conformidade com sua ordinária dispensação. Portanto, ao que precede na ordem de sua dispensação, chama-lhe causa do que vem depois. Por essa mesma razão, a Escritura diz algumas vezes que a vida eterna procede das boas obras; não porque tenha de atribuir-lhes isso, mas porque Deus justifica aqueles que elegeu para glorificá-los no final (Rm 8, 30). A primeira graça, que é como um degrau para a segunda, é chamada de causa daquela, de certa maneira. No entanto, quando é necessário mostrar a verdadeira causa, a Escritura não nos manda recolhermo-nos às boas obras, mas, antes, detém-nos na meditação apenas da misericórdia de Deus. Pois que mais o apóstolo quer dizer com estas palavras: "A paga do pecado é a morte, mas a dádiva de Deus é a vida eterna" (Rm 6, 23)? Por que ele não opõe a justiça ao pecado, como opõe a vida à morte? Por que não constitui a justiça causa da vida, como constitui o pecado causa da morte? Pois dessa maneira a antítese, que está um tanto desconjuntada por essa variação, estaria perfeitamente construída. É que, com tal comparação, o apóstolo quis exprimir

---

270 Aug., In Ps. 137, 18 MSL 37, 1783s.

que os méritos dos homens não merecem senão a morte; e que a vida repousa só na misericórdia de Deus. Finalmente, com essas expressões, nota-se mais a ordem do que a causa, ou seja, acrescentando graças sobre graças, das primeiras tira ocasião para dispensar as segundas, e isso para não perder nenhuma ocasião de enriquecer seus servos; e de tal maneira prossegue em sua liberalidade que deseja que sempre tenhamos em vista sua eleição gratuita, a qual é a fonte e o início de todos os bens que nos confere. Porque, embora ame os benefícios que nos faz a cada dia, uma vez que procedem dessa fonte, nós devemos, no entanto, ater-nos a essa gratuita aceitação, a única que pode fazer nossa alma manter-se firme. Mas que os dons de seu Espírito, que nos prodigaliza, estejam submetidos à causa primeira, de tal forma que em nada a prejudiquem.

Capítulo XV

A jactância pelo mérito das obras destrói tanto o louvor que se deve conferir à justiça de Deus quanto a certeza de nossa salvação.

 principal desta matéria, já o resolvemos: porque, se a justiça se baseasse nas obras, toda ela, uma vez diante do olhar de Deus, necessariamente desmoronaria; portanto, a justiça tem de fundamentar-se somente na misericórdia de Deus, na comunhão com Cristo e, por conseguinte, na fé. Mas, consistindo o ponto central da matéria, isso deve ser considerado com muita cautela, a fim de não nos enredarmos na mesma alucinação em que se extraviaram o vulgo e até os doutos. Porque, tão logo se perguntam se é a fé ou as obras o que justifica, imediatamente alegam os textos da Escritura, os quais, a seu ver, atribuem certo mérito às obras diante de Deus. Como se já ficasse demonstrada a justificação das obras pelo fato de provarem que Deus as tem em algum apreço. Mas já demonstramos antes com clareza que a justiça das obras consiste somente numa perfeita observância da Lei, do que se segue que ninguém é justificado pelas obras, a não ser aquele que tiver chegado a uma perfeição tal que ninguém possa acusá-lo nem sequer da menor falta. É, pois, outra a questão, e muito diferente desta: podem ou não as obras, embora sejam suficientes para justificar o homem, merecer-lhe a graça diante de Deus?

2. Antes de tudo, é-me necessário afirmar, acerca da palavra "mérito", que aquele que primeiro a atribuiu às obras humanas, comparadas ao julgamento de Deus, agiu pessimamente para com a sinceridade da fé. Por mim, abstenho-me de muito boa vontade dessas logomaquias, e desejaria que sempre se tivesse conservado tal sobriedade entre os escritores cristãos, que não usurpassem, quando não fosse necessário, termos estranhos à Escritura, que podem resultar em muito escândalo e pouco fruto. Que necessidade havia, pergunto eu, de introduzir o termo mérito, quando o preço das boas obras se pode expressar sem dano a ninguém? E quanto de ofensa contém em si, vê-se claramente, com grande detrimento do mundo todo. Evidentemente, como é o mais altivo dos termos, não se pode senão obscurecer a graça de Deus e imbuir os homens de uma soberba depravada. Confesso que os antigos escritores da Igreja usaram esse vocábulo com frequência, e quem dera que, com o mau uso dele, não tivessem induzido ao erro os que depois lhes seguiram, embora afirmem em certos lugares que, com essa palavra, não quiseram prejudicar a verdade. Agostinho diz, em certa passagem: "Calem aqui os méritos humanos, que por Adão pereceram, e reine a graça de Deus por Jesus Cristo".[271] E também: "Os santos não atribuem nada a seus méritos, mas atribuem tudo, ó Deus, à tua misericórdia!".[272] E também: "Quando o homem vê que todo o bem que tem não o tem de si mesmo, mas de seu Deus, vê que tudo o que é louvado não vem de seus méritos, mas da misericórdia de Deus".[273] Vemos que, depois de tirar do homem a faculdade de executar boas obras, rebaixa também a dignidade de seus méritos. Do mesmo modo Crisóstomo: "Todas as nossas obras, que seguem a gratuita vocação de Deus, são recompensa e dívida que lhe pagamos; mas os dons de Deus são graça, beneficência e grande liberalidade".[274] Mas deixemos de lado o nome e consideremos a realidade mesma. Bernardo, segundo citei em outro lugar, diz muito acertadamente que, como basta não presumir dos méritos para ter méritos, da mesma maneira basta não ter mérito nenhum para ser condenado.[275] Mas suaviza a dureza da expressão na explicação que dá a seguir: "... portanto, procura ter méritos; tendo-os, entende que te foram dados; espera a misericórdia de Deus como fruto; tendo-o feito, escapaste de todo perigo da pobreza, da ingratidão e da presunção. Bem-aventurada a Igreja, a qual tem méritos sem presunção e tem presunção sem méritos".[276] E pouco antes demonstrara suficientemente em que piedoso sentido havia usado esse termo, dizendo: "... por que a Igreja há de estar preocupada pelos méritos quando tem um motivo muito mais certo e firme para vangloriar-se na benevolência de Deus? Deus não pode negar-se a si mesmo; Ele fará o que prometeu. Assim, não há por que se perguntar em virtude de que méri-

---

271 Aug., De praedest. Sanct. 15, 31 MSL 44, 983.
272 Aug., In Ps. 139, 18 MSL 37, 1814.
273 Aug., In Ps. 84, 9 MSL37, 1073.
274 Chrysostomus, In. Gen. Hom. 34, 6 opp IV 404 A.
275 Bernardus, In cant. Sermo 68, 6 MSL 183, 1111 B.
276 Ibidem, col. 1111 BC.

tos esperamos a salvação; principalmente quando Deus nos diz: 'Isto não será por amor de vós, mas por amor de mim' (Ez 36, 22.32). Para merecer, basta, pois, entender que os méritos não bastam".[277]

3. O que todas as nossas obras merecem, demonstra-o a Escritura quando nega que elas possam comparecer perante o olhar de Deus, porque estão cheias de impureza. Da mesma forma, declara o que a perfeita observância da Lei (se fosse possível encontrá-la) mereceria, quando nos ordena que nos reputemos como servos inúteis, quando tivermos feito tudo o que nos foi mandado (Lc 17, 10); já que, depois de ter feito tudo isso, não teremos realizado nada por que Deus deva agradecer-nos, mas teremos apenas cumprido nosso dever para com Ele; por isso não tem por que agradecer-nos. O Senhor, contudo, chama as boas obras que nos leva a fazer de "nossas"; e não somente declara que lhe são gratas, mas, além disso, que as remunerará. Portanto, o que temos de fazer é animar-nos com uma promessa tão grande e esforçar-nos incansavelmente em obrar bem, para sermos verdadeiramente gratos por tanta liberalidade. Não há dúvida de que tudo quanto há em nossas obras que possa merecer algum louvor vem da graça de Deus, e que não podemos atribuir-nos a nós mesmos nem o mínimo. Se reconhecermos isso de fato, não somente se desvanecerá toda confiança nos méritos, mas nem sequer poderemos concebê-la. Afirmo, pois, que não repartimos com Deus o louvor das boas obras, como o fazem os sofistas, mas atribuímos todo o louvor por elas a Deus. A única coisa que atribuímos ao homem é que ele, com sua impureza, polui e contamina até as obras que em si são boas. Pois, por mais perfeito que seja um homem, não há nada nele que não esteja manchado por alguma mácula. Se o Senhor, portanto, convocar em juízo até as melhores obras que os homens tiverem realizado, certamente reconhecerá nelas sua própria justiça, mas, além disso, a desonra e o opróbrio do homem. Assim, as boas obras agradam a Deus, que se alegra delas, e não são inúteis a seus autores, que recebem grandes benefícios do Senhor como salário e recompensa; não porque elas mereçam isso, mas porque o Senhor, movido por sua liberalidade, atribui e assinala esse preço. Qual, pois, não é nossa ingratidão, que, não satisfeitos com a liberalidade de Deus, que remunera as obras com recompensas tais que elas jamais mereceram, ainda procuramos ultrapassá-lo com sacrílega ambição, querendo que se pague aos méritos das obras o que é próprio da munificência divina? Apelo aqui ao senso comum de cada um. Se um

---

277 Ibidem, col. 1111 AB.

homem ao qual outro, movido de pura liberalidade, lhe concedesse colher os frutos de sua herdade, quisesse juntamente com isso usurpar-lhe o título dela, dizendo que era sua, não mereceria por tamanha ingratidão perder até a posse que tinha? Da mesma forma, um escravo ao qual o amo tivesse concedido a liberdade quisesse passar-se por nobre, como se nunca tivesse sido servo, não mereceria voltar de novo à primitiva escravidão? Pois certamente o uso legítimo dos benefícios que nos são feitos é não atribuir-nos a nós mesmos, com arrogância, mais do que nos é dado e não privar de seu louvor a quem nos fez o benefício; antes conduzir-nos de tal maneira que pareça que ainda reside nele o que nos transferiu. Logo, se devemos usar tal moderação para com os homens, que cada um veja e avalie qual se deve a Deus.

4. Sei que os sofistas abusam de certas citações para provar que o nome "mérito" para com Deus encontra-se na Escritura. Citam aquele passo do *Eclesiástico*: "A misericórdia fará colocar cada um no seu lugar, conforme o mérito de suas obras" (Eclo 16, 14). Também da *Epístola aos hebreus*: "Não vos esqueceis de fazer o bem e da ajuda mútua; porque de tais sacrifícios se agrada o Senhor" (Hb 13, 16). Abdico por ora do meu direito de repudiar a autoridade do *Esclesiástico*. Nego, porém, que se possa citar com fidelidade o que diz o *Eclesiástico*, quem quer tenha sido o seu autor. Em grego, a língua em que o livro foi escrito, se lê assim: πάδη ἐλεημοδύνη ποιήδει τόπον : ἔκαδτοζ κατὰ τὰ ἔργα αὐτυ εὑρήδει "Dará lugar a toda misericórdia; pois cada qual a encontrará segundo suas obras". E essa seja a leitura primitiva, que foi corrompida na tradução latina, vê-se claramente tanto pelo sentido mesmo da sentença como pelo contexto que a antecede. Quanto à passagem da *Epístola aos hebreus*, não há por que colocar armadilhas por uma mera palavra, uma vez que a palavra grega que o apóstolo emprega não significa senão que tais sacrifícios são gratos e aceitos a Deus. Só isso já deveria bastar para reprimir e desfazer toda a arrogância e soberba que há em nós, para que não atribuíssemos a nossas obras mais dignidade que a prescrita e ordenada pela Escritura. Ora, a doutrina da Escritura é que nossas boas obras estão perpetuamente maculadas com toda sorte de imperfeições, pelas quais Deus se ofende e se irrita conosco justamente, tão longe estão de poder reconciliar-nos com Ele, ou incitá-lo a fazer-nos o bem; embora Ele, por ser misericordioso, não as examine com sumo rigor e as admita como se fossem puras; e, por essa razão, remunera-as com infinitos benefícios, tanto na vida presente quanto na futura; e faz isso embora elas não o mereçam. Porque eu não admito a distinção estabelecida por alguns, até piedosos e doutos, segundo a qual as boas obras são meritórias com respeito às graças e benefícios que Deus nos faz na vida presente; em troca, a salvação eterna é o salário exclusivo da fé, porque o Senhor quase sempre nos confere no céu a coroa de nossos trabalhos. Atribuir ao mérito das obras as novas graças que recebemos a cada dia das mãos do Senhor, de tal forma que se exclua a graça, vai, pelo contrário, contra a doutrina da Escritura. Pois, embora Cristo diga que "àquele que tem, lhe será dado" e que o servo bom, que tiver se conduzido fielmente nas coisas pequenas, a este hão de ser confiadas as grandes (Mt 25, 21.29), no entanto, ele mesmo, em outro lugar, demonstra que o crescimento dos fiéis é dom de sua mera e gratuita liberalidade: "A todos os sedentos: vinde às águas; e todos os que não têm dinheiro, vinde, comprai e comei. Vinde, comprai, sem dinheiro e sem preço, vinho e leite" (Is 55, 1). Portanto, tudo quanto se dá aos fiéis para aumentar sua salvação, ainda que seja a própria bem-aventurança, é pura liberalidade de Deus. Contudo, tanto nos benefícios que recebemos agora de sua mão quanto na glória futura de que nos fará partícipes, dá testemunho de ter em conta as obras; e isso porque houve por bem, para demonstrar o incomensurável amor que nos professa, não somente nos honrar dessa maneira, mas também aos benefícios que de sua mão recebemos.

5. Se essas coisas tivessem sido tratadas e expostas no passado com a ordem que se devia, nunca teriam originado tantas revoltas e dissensões. Paulo diz que, para edificar bem a Igreja, devemos reter o fundamento que ele estabeleceu entre os coríntios, fora do qual nenhum outro fundamento pode ser posto, e que este é Jesus Cristo (1Co 3, 11). Qual é o fundamento que temos em Cristo? Porventura que ele foi o princípio de nossa salvação, para que levemos a cabo o que falta, e que ele não fez senão abrir o caminho pelo qual devemos caminhar por nossos próprios meios? Certamente não é assim, mas, como Paulo disse antes, quando reconhecemos que Cristo nos foi dado por justiça (1Co 1, 30). Portanto, só está bem fundamentado em Cristo quem sólida e firmemente tem nele sua justiça, uma vez que o apóstolo não diz que Cristo foi enviado para nos ajudar a alcançar justiça, mas para ser nossa justiça, a saber, segundo nos escolheu antes da fundação do mundo, não segundo nossos méritos, mas segundo o mero afeto de sua vontade (Ef 1, 4.5); enquanto com sua morte nos liberou do poder das trevas e da perdição (Cl 1, 14.19.20); porque nele o Pai eterno nos adotou como filhos e herdeiros (Jo 1, 12; Gl 4, 7), e por seu sangue fomos reconciliados com Deus (Rm 5, 9.10); porque, por estarmos colocados sob sua proteção, ficamos livres de todo perigo de perecer para sempre (Jo 10, 28); e, inseridos nele, de certa maneira participamos da vida eterna, enquanto que pela esperança entramos no reino de Deus. Mas isso não é tudo, pois, ao sermos admitidos a tal participação, ainda que em nós mesmos ainda sejamos insanos, ele é para nós sabedoria diante de Deus; ainda que sejamos pecadores, ele é justiça para nós; ainda que sejamos impuros, ele é pureza para nós; ainda que sejamos débeis e estejamos sem forças e inermes e não possamos resistir a Satanás, a potência que foi dada a Cristo no céu e na terra é nossa e, com ela, ele submete Satanás e faz saltar em pedaços as portas do inferno (Mt 28, 18; Rm 16, 20); ainda que levemos conosco um corpo sujeito à morte, ele nos é vida. Enfim, tudo que ele tem é nosso, e nele temos todas as coisas e em nós, nenhuma. Devemos, pois, ser edificados sobre esse fundamento se quisermos ser templos consagrados a Deus e crescer dia a dia (Ef 2, 21.22).

6. Contudo, faz já muito tempo que o mundo tem sido instruído de outra maneira. Encontraram-se não sei que obras morais mediante as quais os homens tornam-se agradáveis a Deus antes de ser incorporados em Cristo. Como se a Escritura mentisse quando diz que aqueles que não têm ao Filho estão na morte (1Jo 5, 12)! Se estão na morte, como poderão gerar matéria de vida? Como se não tivesse valor algum o que o apóstolo diz, que "Tudo o que não provém de fé é pecado" (Rm 14, 23)! E como se a árvore má pudesse produzir bons frutos! E o que esses perniciosos sofistas deixaram para Cristo, para poder mostrar seu poder? Dizem que Cristo mereceu para nós a graça primeira, ou seja, a ocasião de merecer; mas que está em nossas mãos não desperdiçar a ocasião que se nos oferece. Que desavergonhada impiedade! Quem poderia esperar que gente que faz profissão de cristã se atrevesse a despojar Jesus Cristo de sua virtude dessa maneira, para pisoteá-lo com os pés! A Escritura afirma a cada passo que todos os que creem nele são justificados; estes, em contrapartida, ensinam que o único benefício que nos vem de Cristo é que por ele se nos abriram a porta e o caminho para que cada um justifique a si mesmo. Quem dera soubessem experimentar o que querem dizer estas sentenças: "O que tem ao Filho, tem a vida" (1Jo 5, 12); "Aquele que crê passou da morte à vida" (Jo 5, 24) e é justificado por sua graça para ser constituído herdeiro da vida eterna (Rm 3, 24); que os fiéis têm a Cristo morando neles, e por ele estão unidos com Deus (1Jo 3, 24); que aqueles que participam da vida de Cristo estão sentados com ele no céu, foram já transportados ao reino de Deus e alcançaram a salvação (Ef 2, 6; C. 1, 13); e outras sentenças semelhantes a estas! Porque elas não somente significam que a faculdade de conseguir justiça e de adquirir a salvação nos vem pela fé em Cristo, mas que nos são dadas nele. Assim, tão logo somos incorporados pela fé a Cristo, por ele somos feitos filhos de Deus, herdeiros do reino dos céus, partícipes da justiça, possuidores da vida; e, para melhor refutar suas mentiras, não somente alcançamos a oportunidade de merecer, mas todos os méritos de Cristo, pois todos eles nos são comunicados.

7. Eis como as escolas sorbônicas, mães de todos os erros, tiraram de nós a justificação pela fé, que é a suma de toda a nossa religião cristã. É verdade que confessam de palavra que o homem é justificado pela fé formada; mas em seguida o explicam, dizendo que isso se deve a que as obras tomam da fé o valor e a virtude de justificar; de maneira que parece não nomearem a fé por outro motivo senão pela zombaria, porque não podem omiti-la sem escândalo, já que tantas vezes se repete na Escritura. E, não satisfeitos com isso, ainda roubam a Deus no louvor das boas obras uma grande parte, para transferi-la ao homem. Porque, vendo que as boas obras valem muito pouco para louvar o homem, e que não podem propriamente ser chamadas méritos se são consideradas fruto da graça de Deus, deduzem-nas da faculdade do livre-arbítrio, como quem tira azeite de pedra. É verdade que não negam que a causa principal seja a graça; mas não querem que seja excluído o livre-arbítrio, do qual, dizem, procede todo mérito. E isso não é só doutrina dos novos sofistas, pois seu grande Pitágoras, Lombardo, diz o mesmo, ainda que, se o compararmos com eles, é muito mais sóbrio e moderado. Claro que foi uma inconcebível obsessão que este homem tenha lido tantas vezes a Agostinho e não tenha percebido com que cuidado e solicitude se guarda de não atribuir ao homem nem mesmo a mínima parte da glória das boas obras. Ao tratar do livre-arbítrio, citamos já alguns passos seus referentes a isso; e semelhantes a eles encontram-se outros muitos a cada passo em seus escritos. Assim, quando nos proíbe de nos jactarmos de nossos méritos, porque eles mesmos são dons de Deus; e quando diz que todo nosso mérito não provém senão da graça, e o ganhamos não por nossa suficiência, mas que nos é dado inteiramente por graça etc. Não se deve estranhar que o mencionado Pedro Lombardo não tenha sido iluminado pela luz da Escritura, uma vez que não se exercitou muito nela. No entanto, não se poderia desejar coisa mais clara contra ele e contra seus discípulos do que o que diz o apóstolo quando, depois de proibir aos cristãos toda vanglória, dá a razão de por que não é lícito gloriar-se: "porque Deus nos fez, criando-nos no Cristo Jesus em vista das boas obras que preparou de antemão, para que as praticássemos" (Ef 2, 10). Se, pois, nenhum bem procede de nós, a não ser quando somos regenerados, e nossa regeneração é toda ela, sem exceção, obra de Deus, não há motivo para nos arrogarmos um só grão de louvor das boas obras. Por fim, embora esses sofistas falem incessantemente das boas obras, instruem as consciências de tal maneira que jamais se atrevem a confiar que Deus seja propício a elas. Nós, em contrapartida, sem fazer menção alguma do mérito, levantamos com nossa doutrina o ânimo dos fiéis com uma admirável consolação, ensinando-lhes que agradam a Deus com suas obras e que sem dúvida alguma lhe são gratos e aceitos. E além disso exigimos que ninguém tente ou empreenda obra alguma sem fé; quer dizer, sem haver primeiro se assegurado em seu coração de que compreende que a obra agradará a Deus.

8. Não consintamos, pois, de forma alguma, em sermos minimamente afastados desse único fundamento sobre o qual os sábios mestres constroem depois, com muito boa ordem e conserto, todo o edifício da Igreja. E assim, embora haja necessidade de doutrina ou de exortação, eles advertem que o Filho de Deus manifestou-se ao mundo para desfazer as obras do Diabo, para que os que são de Deus não pequem mais (1Jo 3, 8.9); que já basta o tempo que empregamos no passado em fazer o que agrada aos gentios (1Pd 4, 3); e que os eleitos de Deus são vasos e instrumentos de sua misericórdia, separados para honra, que devem estar limpos de toda mácula (2Tm 2, 20.21). Mas tudo fica encerrado naquelas palavras que dizem que Cristo deseja discípulos que, negando-se a si mesmos e tomando sua cruz, sigam-no (Lc 9, 23). Aquele que negou a si cortou todos os males pela raiz, para não buscar daí para a frente sua comodidade e seu interesse. Aquele que tomou nas costas sua cruz está já disposto e preparado a toda paciência e mansidão. Mas o exemplo de Cristo compreende em si todas essas coisas, e, além disso, todas as obrigações da piedade e santidade. Porque ele se mostrou obediente a seu Pai até a morte; dedicou-se integralmente a cumprir as obras de Deus com todo o seu coração; procurou louvar a glória do Pai; deu sua vida por seus irmãos; fez o bem aos próprios inimigos, e por eles orou. Se necessitarmos de consolo, esses mesmos mestres da obra do templo de Deus nos dão um admirável: "Somos afligidos por todos os lados, mas não vencidos pela angústia; postos em apuros, mas não desesperançados; perseguidos, mas não desamparados; derrubados, mas não aniquilados; levando no corpo sempre, por todas as partes, a morte de Jesus, para que também a vida de Jesus se manifeste em nosso corpo" (2Co 4, 8-10). "Se formos mortos nele, também viveremos nele; se sofrermos, também reinaremos com ele " (2Tm. 2, 11.12). Somos semelhantes a ele em sua morte, para chegar a sê-lo na ressurreição (Fp 3, 10.11), porque o Pai determinou que todos aqueles aos quais escolheu sejam feitos conforme a imagem de seu Filho, para que ele seja o primogênito entre muitos irmãos (Rm 8, 29). Por isso, nem a morte, nem a vida, nem o presente, nem o futuro poder-nos-á separar do amor de Deus que está em Cristo (Rm 8, 38.39), mas, antes, todas as coisas virão para nosso bem e salvação. Eis como não justificamos o homem diante de Deus por suas obras, mas afirmamos que todos os que são de Deus são regenerados e feitos novas criaturas, para que, do reino do pecado, passem ao reino da justiça, e com tais testemunhos façam firme sua vocação (2Pd 1, 10) e, como as árvores, sejam julgados por seus frutos.

Capítulo XVI

Refutação das calúnias com que os papistas tentam tornar esta doutrina odiosa.

om isso, é possível refutar a impudência de certos ímpios, que caluniosamente nos acusam de condenarmos as boas obras e não as levarmos em consideração, e de afastarmos delas os homens ao dizermos que não são justificados por elas, e que não merecem a salvação por causa delas. Em segundo lugar, lançam-nos ao rosto que tornamos muito fácil e amplo o caminho da justiça ao ensinar que a ela consiste em que nossos pecados sejam gratuitamente perdoados; insistem em que, com essas lisonjas, atraímos para o pecado os homens, que por si estão já mais inclinados do que o necessário a pecar. Afirmo que essas calúnias já foram refutadas com o que dissemos; no entanto, responderei a elas de modo breve. Acusam-nos de que, pela justificação da fé, as boas obras ficam abolidas. Não me deterei a explicar quem são essas pessoas tão zelosas das boas obras que nos denigrem de tal maneira. Deixemos que nos injuriem impunemente com a mesma licenciosidade com que infestam o mundo com sua maneira de viver. Fingem que lhes dói sobremaneira que as obras percam o valor por louvarmos tanto a fé. Mas e se ocorre com isso que ficam muito mais confirmadas e firmes? Porque nós não sonhamos uma fé vazia, desprovida de toda boa obra, tampouco concebemos uma justificação que possa existir sem elas. A única diferença está em que, admitindo que a fé e as boas obras estão necessariamente unidas entre si e vão lado a lado, no entanto colocamos a justificação na fé, e não nas obras. A razão de fazer assim é muito fácil de ver, contanto que olhemos para Cristo, ao qual a fé se dirige e de quem toma toda sua força. Qual é, pois, a razão de estarmos justificados pela fé? Simplesmente porque por ela obtemos a justiça de Cristo, por meio da qual somos reconciliados com

Deus. Mas não podemos alcançar essa justiça sem com ela alcançarmos também a santificação. Porque "ele se tornou para nós, da parte de Deus, sabedoria, justiça, santificação e libertação" (1Co 1, 30). Portanto, Cristo não justifica a ninguém sem que ao mesmo tempo o santifique. Pois essas graças vão sempre unidas, e não se podem separar nem dividir, de tal maneira que redime aqueles a quem ele ilumina com sua sabedoria; justifica aqueles que redime; e santifica aqueles que justifica. Mas como nossa discussão diz respeito somente à justificação e à santificação, detenhamo-nos nelas. E, embora façamos distinção entre as duas, Cristo, entretanto, contém em si a ambas, indivisivelmente. Queremos, pois, alcançar a justiça de Cristo? Devemos antes de tudo possuir Cristo. Mas não o podemos possuir sem sermos feitos partícipes de sua santificação; porque ele não pode ser dividido em partes. Assim, pois, como o Senhor jamais nos concede usufruir desses benefícios e favores senão dando-se a si mesmo, concede-nos ambas as coisas ao mesmo tempo, e jamais dá uma separada da outra. Dessa maneira vê-se claramente quão grande verdade é que não somos justificados sem obras, e, não obstante, não somos justificados pelas obras; porque na participação de Cristo, na qual consiste toda nossa justiça, não menos se contém a santificação que a justiça.

2. É também falsa por completo sua afirmação de que afastamos o coração dos homens da oração ao tirar-lhes a opinião de que, com suas obras, têm merecimento. Aqui devemos, de passagem, fazer uma advertência aos leitores, de que essa gente argumenta muito tolamente quando da recompensa concluem o mérito, como depois o farei ver com muito maior clareza. A causa dessa ignorância é que desconhecem o princípio elementar de que Deus não é menos liberal quando designa salário às obras do que quando nos confere a virtude para obrar bem. Mas deixarei isso para ser tratado no devido lugar. No momento, é suficiente fazer ver quão débil é sua objeção. Fa-lo-emos de duas maneiras. Primeiro, com respeito ao que eles afirmam, que ninguém se preocuparia em conduzir-se bem e ordenar sua vida se não lhe fosse prometida uma recompensa, evidentemente enganam-se por completo. Porque se apenas se busca que os homens esperem a recompensa quando servem a Deus, e que sejam como mercenários e jornaleiros, que lhe vendem serviços, certamente bem pouco proveito se conseguiu. O Senhor quer ser servido e amado gratuitamente e sem interesse. Aprova aquele servidor que, ao ser privado de toda esperança de salário, no entanto não o deixa de servir. Além disso, se é necessário incitar os homens a agirem bem, por certo não há nenhum

estímulo melhor que lhes mostrar a finalidade de sua redenção e vocação. Assim o faz a palavra de Deus quando ensina que é uma ingratidão
ímpia o homem não amar àquele que o amou primeiro (1Jo 4, 10.19);
quando ensina que nossas consciências estão limpas de obras mortas,
para que sirvamos ao Deus vivo (Hb 9, 14); que é um horrendo sacrilégio
que, uma vez purificados, contaminemo-nos com novas faltas, profanan-
do aquele sangue sagrado (Hb 10, 29); que fomos livrados das mãos de
nossos inimigos, para que o sirvamos em santidade e em justiça todos os
dias de nossa vida, sem temor algum (Lc 1, 74.75); que fomos libertados
do pecado, para que sirvamos à justiça com coração livre (Rm 6, 18); que
nosso velho homem foi crucificado, para que ressuscitemos na novidade
da vida (Rm 6, 6); que, se morrermos com Cristo, devemos, como convém a seus membros, buscar as coisas de cima (Cl 3, 1); que devemos
ser peregrinos no mundo, para ter todos nossos desejos postos no céu,
onde está nosso tesouro (Hb 11, 13.14); que "a graça salvadora de Deus
se manifestou a toda a humanidade, ensinando-nos a renunciar à impiedade e às paixões mundanas e a viver neste mundo com ponderação,
justiça e piedade, aguardando a ditosa esperança e a manifestação gloriosa de nosso grande Deus e Salvador Jesus Cristo" (Tt 2, 11-13); que
"Deus não nos destinou para a ira, mas para alcançarmos a salvação por
meio de nosso Senhor Jesus Cristo" (1Ts 5, 9); que somos "templos do
Espírito Santo" (1Co 3, 16; 2Co 6, 16; Ef 2, 21), os quais não é lícito
profanar; que não somos trevas, mas luz no Senhor, e por isso devemos
caminhar como filhos da luz (Ef 5, 8; 1Ts 5, 4); que "Deus não nos chamou para a imundícia, mas para a santificação" (1Ts 4, 7); que a vontade
de Deus é nossa santificação, para nos abstermos de todo desejo perverso (1Ts 4, 3.4); que, sendo nossa vocação santa (2Tm 1, 9), não podemos
viver conforme ela senão com pureza de vida (1Pd 1, 15); que fomos liberados do pecado para sermos servos da justiça (Rm 6, 18). Pode haver um argumento mais vivo e mais eficaz para incitar-nos à caridade que
o empregado por João ao dizer que nos amemos uns aos outros como
Deus nos amou (1Jo 4, 11); que nisto se diferenciam os filhos de Deus
dos filhos do Diabo, os filhos da luz dos filhos das trevas (1Jo 3, 10)? E
também a razão que Paulo cita: que, se estamos unidos a Cristo, somos
membros de um mesmo corpo (1Co 6, 15-17; 12, 21) e, portanto, que
devemos ajudar-nos e mutuamente, pondo cada um o que possa, por sua
vez. Como poderíamos ser exortados à santidade de forma mais eficaz
que aquela de João: "Todo aquele que tem esta esperança nele, purifica-
-se a si mesmo, assim como ele é puro" (1Jo 3, 3)? E o que diz Paulo: "Uma

vez que temos tais promessas, limpemo-nos de toda contaminação de carne e de espírito" (2Co 7, 1). E igualmente quando ouvimos que Cristo se propõe a si como exemplo, para que sigamos seus passos.

3. Quis citar esses testemunhos da Escritura à maneira de amostra; pois, se quisesse reunir todos os outros, semelhantes a esses, seria preciso fazer um volume enorme. Os apóstolos estão cheios de exortações e repreensões para instruir o homem de Deus em todas as boas obras; e fazem isso sem mencionar o mérito. Antes o contrário, deduzem suas principais exortações de que nossa salvação não consiste em mérito algum nosso, mas só na misericórdia de Deus. Como quando Paulo, depois de haver ensinado em toda sua carta que não temos esperança alguma de vida a não ser na justiça de Cristo, fundamenta toda sua doutrina, ao chegar às exortações, sobre aquela mesma misericórdia que havia pregado (Rm 12, 1). Em verdade, só isso deveria ser suficiente para que Deus fosse glorificado por nós. Mas se há alguns que não se sentem tão movidos pelo zelo da glória de Deus, a recordação de seus benefícios é mais que suficiente para incitá-los a agir bem. Mas esses fariseus, porque, louvando os méritos, arrancam ao povo, como que à força, algumas obras servis, acusam-nos falsamente de não termos meio algum para exortar o povo a orar bem, porque não seguimos seu caminho. Como se Deus se alegrasse muito com tais serviços forçados, quando declara precisamente que ama aquele que dá com alegria e proíbe que algo lhe seja dado com tristeza ou por necessidade (2Co 9, 7). E não digo isso como se eu desprezasse esse modo de exortar, do qual a Escritura se serve muitas vezes, a fim de não omitir meio algum com que poder animar-nos; de fato, ela nos recorda a recompensa que Deus dará a cada um segundo suas obras (Rm 2, 6). O que nego é que não exista outro meio, ou que esse seja o principal. Além disso, não concordo que se deva começar por ele. Afirmo também que isso não serve para louvar os méritos como nossos adversários o fazem, como veremos em seguida. Enfim, assevero que isso não serve de nada se não se estabelece primeiro a doutrina de que somos justificados exclusivamente pelo mérito de Cristo; mérito que alcançamos pela fé, e não por causa dos méritos de nossas obras. E a razão disso é que ninguém pode estar predisposto a viver de modo santo se não tiver antes se impregnado dessa doutrina. De forma admirável, o profeta dá a entender isso mesmo quando fala assim com Deus: "Em ti há perdão, para que sejas reverenciado" (Sl 130, 4). Com isso demonstra que os homens não têm reverência alguma a Deus a não ser depois de conhecer sua misericórdia, sobre a qual aquela se estabelece. E isso deve ser observado com cuidado, para que vejamos que não somente a confiança na misericórdia de Deus é o princípio do serviço devido a Ele, mas que até o temor de Deus, que os papistas querem seja meritório com respeito à salvação, não pode ser obtido por mérito, já que se fundamenta sobre a remissão dos pecados.

4. É também, de longe, a mais fútil das calúnias a de que convidamos a pecar ao ensinar a remissão gratuita dos pecados, na qual dizemos que se fundamenta toda nossa justiça. Pois, quando falamos assim, estamos estimando-a tanto que não pode ser compensada por nenhuma boa obra, e por causa disso jamais a conseguiríamos se não nos fosse dada gratuitamente. Dizemos que nos é dada gratuitamente, mas não que seja dada dessa maneira a Cristo, a quem custou bem caro, a saber, seu sangue preciosíssimo, fora do qual não houve preço algum com que poder satisfazer ao julgamento de Deus. Quando ensinamos os homens dessa maneira, eles são admoestados de que, no que lhes diz respeito, são a causa de que esse santíssimo sangue seja derramado tantas vezes quantas eles pecam. Além disso, mostramo-lhes que a imundície do pecado é tal que não pode ser lavada senão na fonte desse sangue puríssimo. Acaso é possível que aqueles que ouvem isso não concebam um horror do pecado muito maior do que se lhes dissesse que podem lavar seus pecados mediante boas obras? Se lhes resta algum temor de Deus, não sentirão horror de voltar a revirar o lodo do pecado depois de haver sido uma vez purificados; com o que, no que depende deles, revolvem e conturbam essa fonte cristalina? "Lavei meus pés", diz a alma fiel em Salomão, "como vou sujá-los?" (Ct 5, 3). Fica claro agora se somos nós ou eles quem avilta a remissão dos pecados e despreza a dignidade da justiça. Eles insistem em que Deus se aplaca com suas frívolas satisfações; quer dizer, com seu esterco. Nós afirmamos que a culpa do pecado é tão grande que não pode ser expiada com tão levianas bagatelas; dizemos que a ofensa com que Deus foi insultado pelo pecado é tão grave que de modo algum pode ser perdoada com essas satisfações sem valor; e, por conseguinte, que essa é prerrogativa somente do sangue de Cristo. Eles dizem que a justiça, se não é tão perfeita como deveria, é restaurada e renovada com obras satisfatórias; nós afirmamos que a justiça é de tal valor que com nenhuma obra pode ser adquirida. Por isso, para que nos seja restituída e possamos recobrá-la, é preciso recorrer apenas à misericórdia de Deus. O restante que se refere à remissão dos pecados tratar-se-á no capítulo seguinte.

Capítulo XVII

Concordância entre as promessas da Lei e as promessas do Evangelho.

rossigamos agora com os outros argumentos com os quais Satanás, com a ajuda de seus satélites, esforça-se em destruir ou diminuir a justificação pela fé. Parece-me que tiramos a nossos caluniadores a possibilidade de acusar-nos de sermos inimigos das boas obras. Pois nós negamos que as obras justifiquem, não para que não se façam boas obras, tampouco para negar que as boas obras sejam boas e que não sejam consideradas de nenhum valor, mas para que não confiemos nelas, nem nos gloriemos delas, nem lhes atribuamos a salvação. Porque nossa confiança, nossa glória e única âncora de nossa salvação é que Jesus Cristo Filho de Deus é nosso, e que também nós somos nele filhos de Deus e herdeiros do reino dos céus, chamados à esperança da bem-aventurança eterna; e isso não por nossa dignidade, mas pela benignidade de nosso Deus. Mas como eles ainda nos atacam com outras armas, como já dissemos, preparemo-nos para rechaçar seus golpes. Em primeiro lugar, armam-se com as promessas legais que Deus fez a todos aqueles que guardam sua Lei; perguntam-nos se são vãs e sem fruto algum ou se têm eficácia e valor. Como seria coisa fora de propósito dizer que são vãs, eles mesmos respondem, dizendo que são de algum valor e eficácia. Concluem daí que não somos justificados só pela fé; porque o Senhor fala desta maneira: "E se ouvires estes decretos e os guardares e executares, o Senhor teu Deus guardará contigo o pacto e a misericórdia que jurou a teus pais; e te amará, te bendirá e te fará multiplicar" (Dt 7, 12.13). E também: "Se melhorardes devidamente vossos caminhos e vossas obras; se em verdade fizerdes justiça entre o homem e seu próximo, e não oprimirdes o estrangeiro, o órfão e a viúva, nem neste lugar derramardes sangue inocente, nem

andardes atrás de deuses alheios, far-vos-ei morar neste lugar" (Jr 7, 5-7). Não quero citar muitas outras passagens semelhantes a essas, pois o sentido é o mesmo e a todas se pode aplicar idêntica solução. Em resumo, Moisés atesta que na Lei se nos propõe a bênção e a maldição; a morte e a vida (Dt 11, 26; 30, 15). Eles argumentam desta maneira: ou essa bênção está a mais e não produz fruto algum, ou a justificação não vem só da fé. Já demonstramos antes como, se nos agarrar-nos à Lei, ver-nos-emos desprovidos de toda bênção, e não nos restará senão a maldição anunciada a todos os transgressores da Lei (Dt 27, 26). Pois o Senhor não promete nada senão àqueles que inteira e perfeitamente observam sua Lei, o que nenhum homem pode fazer. Por isso, é sempre verdade que todos os homens que existem são convencidos de sua culpa pela Lei, e estão sujeitos à maldição e à ira de Deus, e, para serem libertos dela, é necessário que saiam da sujeição à Lei, e que, de escravos, sejamos declarados livres; não com uma liberdade carnal que nos afaste da observância da Lei, que nos convide a permitirmo-nos tudo o que quisermos e deixe que nossos desejos caminhem desenfreados e por onde lhes apeteça, como um cavalo desgovernado; mas uma liberdade espiritual, que console e fortaleça a consciência perturbada e enfraquecida, mostrando-lhe que está livre da maldição e da condenação com que a Lei a atormentava, mantendo-a encerrada e aprisionada. Conseguimos essa liberdade quando, mediante a fé, obtivemos a misericórdia de Deus em Cristo, pela qual estamos seguros de que nossos pecados nos são perdoados, sentimento com que a Lei nos picava e mordia.

2. Por essa razão, as mesmas promessas que se nos ofereciam na Lei seriam ineficazes e sem poder algum se não nos socorresse a bondade de Deus pelo Evangelho. Pois a condição da qual elas dependem, que cumpramos a Lei de Deus, e pela qual nos há de vir seu cumprimento, jamais se realizará. O Senhor nos ajuda de tal forma que não põe uma parte de justiça nas obras que fazemos e outra no que Ele suprir por sua benignidade; mas a faz consistir toda em apontar-nos Cristo como cumprimento da justiça. Porque o apóstolo, depois de dizer que ele e todos os demais judeus, sabendo que o homem não pode ser justificado pelas obras da Lei, haviam acreditado em Jesus Cristo, dá em seguida a razão: não porque tenham sido ajudados pela fé de Cristo a conseguir a perfeição da justiça, mas para ser justificados por essa fé, e não pelas obras da Lei (Gl 2, 16). Se os fiéis se afastam da Lei e recorrem à fé, para nela alcançar a justiça que percebem não ser possível encontrar na Lei, certamente renunciam à justiça da Lei. Aumentem, pois, quanto quiserem as retribuições que a Lei promete a todos aqueles que a observam e cumprem, contanto que considerem junto com isso que nossa perversidade é a causa de não recebermos fruto nem proveito algum até que, mediante a fé, tenhamos alcançado outra justiça. Assim Davi, depois de mencionar a retribuição que o Senhor preparou para seus servos, desce ao reconhecimento dos pecados com os quais é destruída. Mostra também os admiráveis benefícios que deviam advir a nós pela Lei; mas em seguida irrompe nesta exclamação: "Quem poderá entender os próprios erros? Livra-me dos que me são ocultos" (Sl 19, 12). Essa passagem está totalmente de acordo com outra, na qual o profeta, depois de dizer que todos os caminhos do Senhor são verdade e bondade para os que o temem, acrescenta: "Por amor de teu nome, ó Senhor, perdoarás também o meu pecado, que é grande" (Sl 25, 11). Também nós devemos reconhecer que a benevolência de Deus se nos propõe em sua Lei, contanto que possamos merecê-la por nossas obras; mas que, com o mérito delas, jamais a conseguiremos.

3. Quê, então? Acaso as promessas da Lei foram dadas em vão para que, sem fruto algum, se esvanecessem? Há pouco já atestei que não sou dessa opinião. O que digo é que não estendem sua eficácia até nós enquanto são referidas ao mérito de nossas obras; e, portanto, se são consideradas em si, de certa maneira ficam abolidas. Assim o apóstolo diz que a admirável promessa do Senhor — "Dei-vos bons mandamentos; o homem que fizer essas coisas viverá por eles" (Rm 10, 5; Lv 18, 5; Ez 20, 11) — carece de todo valor se nos detivermos nela, e não nos aproveitará em absoluto, como se nunca nos tivesse sido dada. Porque nem mesmo os mais santos e perfeitos servos de Deus podem fazer o que ela exige, já que todos estão muito longe de poder cumpri-la e se encontram rodeados por todos os lados de numerosas transgressões. Mas quando, no lugar delas, são-nos propostas as promessas evangélicas que anunciam a gratuita remissão dos pecados, não somente fazem que sejamos gratos e aceitos a Deus mas também que nossas obras lhe agradem; não somente para que as aceite mas também para que as remunere com as bênçãos que, pelo pacto que estabelecera, eram devidas àqueles que cumprissem inteiramente a Lei. Admito, pois, que as obras dos fiéis são remuneradas com o mesmo pagamento que o Senhor havia prometido em sua Lei a todos aqueles que vivessem em justiça e santidade; mas, nessa retribuição, temos de considerar sempre a causa em virtude da qual as obras são agradáveis a Deus. Ora, são elas três. A primeira é que o Senhor, não olhando as obras de seus servos, as quais merecem antes

confusão que louvor, admite-os e abraça-os em Cristo; e, somente mediante a fé, sem ajuda nenhuma das obras, reconcilia-os consigo; a segunda,
que, por sua mera bondade e com o amor de um pai, de tal maneira honra
as obras, sem olhar se elas o merecem ou não, que as considera em certa estima e lhes presta certa atenção; a terceira, que as recebe com sua
misericórdia, não lhes imputando nem tendo em conta suas imperfeições,
que as enfeiam de tal maneira que deveriam ser tomadas por pecados,
antes que por virtudes. Por aqui se vê até que ponto os sofistas se enganaram ao pensar que evitavam todos os absurdos dizendo que as obras
têm virtude para merecer a salvação, não por sua intrínseca virtude, mas
pelo pacto pelo qual o Senhor tanto as estimou por sua própria liberalidade. Mas não percebem, no entanto, quão longe as obras, que eles
queriam fossem meritórias, estariam de poder cumprir a condição das
promessas legais, se não as precedesse a justificação gratuita que se apoia
só na fé e na remissão dos pecados, com a qual até as próprias boas obras
têm necessidade de ser purificadas de suas máculas. Assim, as três causas da divina liberalidade que assinalamos, pelas quais as obras dos fiéis
são aceitas por Deus, não levaram em consideração senão uma, calando-
-se sobre as outras duas, que eram as principais.

4. Citam o texto de Pedro, que Lucas menciona nos *Atos*: "Em verdade, compreendo que Deus não faz acepção de pessoas, mas que em toda
nação se agrada o que lhe teme e faz justiça" (At 10, 34.35). Dessas
palavras, acreditam poder deduzir um mui firme argumento: que, se o
homem alcançar favor e graça diante de Deus por suas boas obras, conseguir a salvação não depende só da graça de Deus, mas antes do socorro que, com sua misericórdia, oferece ao pecador, e de uma tal maneira
que se inclina a mostrar-se misericordioso pelas boas obras daquele. Mas
será impossível conciliar os numerosos passos da Escritura se não considerarmos as duas maneiras que Deus tem de aceitar o homem. Pois este,
considerado segundo a própria natureza, não tem nada que possa mover a Deus por misericórdia; nada, senão sua miséria. Pois se é evidente
que o homem, ao qual Deus inicialmente recebe em sua graça, está desnudo e privado de todo bem e, pelo contrário, encontra-se carregado de
todos os males, em virtude de que, pergunto eu, merece que Deus o chame a si? Portanto, abandonemos toda ideia de méritos, já que o Senhor
tão claramente nos mostra sua clemência gratuita. Os sofistas distorcem
injustamente o que o anjo diz a Cornélio, no mesmo capítulo dos *Atos* antes
citado, que suas orações e esmolas foram lembradas diante de Deus, para
fazê-lo servir a seu propósito, e dizem que o homem é preparado pelas

boas obras para receber a graça de Deus. Pois foi necessário que já antes Cornélio fosse iluminado pelo Espírito de sabedoria, uma vez que estava instruído na verdadeira sabedoria, quer dizer, no temor de Deus. E também foi necessário que estivesse santificado com o mesmo Espírito, uma vez que amava a justiça, a qual, segundo o testemunho do apóstolo, é fruto do Senhor (Gl 5, 5). Portanto, todas essas coisas com as quais se diz que agradou a Deus, tinha-nas desde a graça divina; logo, dificilmente poderia preparar-se pelos próprios meios para recebê-la. Sem dúvida, não se poderá citar uma só palavra da Escritura que não esteja em conformidade com essa doutrina; pois não há outra razão para Deus receber o homem em seu favor senão porque o vê totalmente perdido quando o deixa em mãos de seu arbítrio para obrar espontaneamente; mas como Ele não quer que o homem se perca, exerce sua misericórdia para libertá-lo. Vemos, pois, como o fato de Deus receber o homem não provém da justiça deste, mas é um mero testemunho da benignidade divina para com os miseráveis pecadores, os quais, por sua parte, são muitíssimo indignos de usufruir de um tal benefício.

5. Depois de o Senhor ter afastado o homem de tal abismo de perdição e de santificá-lo para si pela graça da adoção, uma vez que o regenerou e reformou numa nova vida, então o recebe e abraça como a uma nova criatura com os dons de seu Espírito. Essa é aquela adoção de que fala Paulo, mediante a qual os fiéis, depois de chamados, são gratos a Deus ainda no que diz respeito a suas obras (1Pd 2, 5); porque o Senhor não pode deixar de amar o bem que obrou neles por seu Espírito. No entanto, devemos ter sempre em mente que de nenhum modo são gratos a Deus em virtude de suas obras, mas unicamente enquanto Deus, por causa do amor gratuito que lhes professa, ao aumentar a cada dia sua liberalidade, decide aceitar suas obras. Pois de onde lhes vêm as boas obras senão do Senhor, que os escolheu como "vasos para honra" e quer também adorná-los com uma verdadeira pureza (Rm 9, 21)? E de onde provém que elas sejam consideradas boas, como se nada lhes faltasse e não tivessem imperfeição alguma, senão porque nosso bom Pai perdoa as faltas e máculas que as enfeiam? Em resumo, Paulo não quer dizer nesse passo senão que Deus ama seus filhos, nos quais vê impressa a imagem de seu rosto. Pois já mostramos antes que nossa regeneração é como uma reparação da imagem de Deus em nós. E como Deus, onde quer que contemple seu rosto, ama-o, honra-o e estima-o com toda razão, não sem motivo se diz que lhe agrada a vida dos fiéis, por estar ordenada de acordo com a santidade e a justiça. Mas, uma vez que os fiéis, encerrados na carne mortal, ainda são pecadores e que suas boas obras são somente imperfeitas, de maneira que ainda conservam certo sabor a carne, Deus não lhes pode ser propício, a não ser que os receba em Cristo, mais que neles mesmos. Nesse sentido, devem ser entendidos os diversos passos em que se afirma que Deus é piedoso e misericordioso para com todos os que vivem justamente. Moisés dizia aos israelitas: "O Senhor teu Deus é Deus, Deus fiel, que guarda o pacto e a misericórdia aos que o amam e guardam seus mandamentos, até mil gerações" (Dt 7, 9); sentença que depois se transformou em provérbio entre o povo. E assim diz Salomão em sua oração solene: "Ó Senhor, Deus de Israel, que guardas o pacto e a misericórdia a teus servos, que andam diante de ti com todo o seu coração" (1Rs 8, 23). As mesmas palavras repete Neemias (Ne 1, 5). A razão disso é que, como o Senhor exige de seus servos, em todos os pactos de misericórdia que estabelece, que vivam com integridade e santidade de vida, a fim de que a bondade que tem para com eles não seja objeto de chacota e menosprezo, e para que ninguém se intumesça de uma vã confiança em sua misericórdia e se sinta seguro enquanto vive conforme seus desejos e apetites, por isso, depois de recebê-los na sociedade de seu pacto, quer mantê-los no cumprimento de seu dever. No entanto, o pacto não deixa de ser gratuito ao princípio, e como tal permanece para sempre. De acordo com isso, Davi, embora diga que o Senhor lhe recompensou conforme a limpeza de suas mãos (Sl 18, 20), não se esquece, entretanto, deste princípio que assinalei: que Deus o tirou do seio de sua mãe porque o amou. Ao falar assim, sustentam que sua causa é justa e boa; mas de tal maneira que em nada rebaixa a misericórdia de Deus, a qual precede a todos os dons e benefícios, dos quais é a fonte e a origem.

6. Será muito conveniente notar aqui, de passagem, a diferença que existe entre essas expressões e as promessas legais. Chamo promessas legais não àquelas que a cada passo ocorrem nos livros mosaicos — pois nelas se contêm também muitas promessas evangélicas —, mas às que propriamente pertencem à doutrina da Lei. Tais promessas, como quer que convenha chamá-las, prometem remuneração e salário, sob a condição de fazer o que foi ordenado. Em contrapartida, quando se diz que o Senhor guarda a promessa de sua misericórdia para aqueles que o amam, é mais para demonstrar quais são os servos que receberam seu pacto de coração e sem fingimento do que para expor a causa de por que lhes é propício. E a razão que o demonstra é que, como o Senhor decide chamar-nos à esperança da vida eterna a fim de ser amado, temido e honrado, de modo igual todas as promessas de sua misericórdia que se encontram na Escritura dirigem-se evidentemente a este fim: que reverenciemos e honremos a quem tanto nos beneficia. Portanto, sempre que ouvirmos que Ele faz o bem aos que guardam sua Lei, recordemos que a Escritura nos mostra com isso quais são os filhos de Deus pela marca que sempre deve ser encontrada neles; a saber, que nos adotou como seus filhos, para que o reverenciemos como Pai. Assim, pois, para não renunciar ao direito da adoção, devemos esforçar-nos em chegar aonde nossa vocação nos chama. Mas, por outro lado, consideremos certo que o cumprimento da misericórdia de Deus não depende das obras dos fiéis, mas que Ele cumpre a promessa de salvação com os que respondem à sua vocação mediante uma vida reta, porque reconhece neles o verdadeiro sinal de filhos: ser regidos e governados por seu Espírito. A isso provavelmente se refere o que Davi diz dos cidadãos de Jerusalém: "Senhor, quem habitará em teu tabernáculo? Quem morará em teu monte santo? Aquele que caminha na integridade e faz justiça" etc. (S 15, 1.2). E o próprio Isaías: "Quem de nós morará com o fogo consumidor? O que caminha em justiça e fala a verdade" etc. (Is 33, 14.15). Pois assim não se descreve o fundamento sobre o qual os fiéis hão de apoiar-se, mas a maneira como o Pai clementíssimo os chama e atrai à sua companhia e os mantém, defende e ampara nela. Porque como Ele detesta o pecado e ama a justiça, purifica com seu Espírito aqueles a quem quer unir a si, para fazê-los semelhantes a Ele e aos que pertencem a seu reino. Portanto, se quisermos saber a causa primeira da entrada dos santos no reino de Deus, e de onde lhes vem que perseverem e permaneçam nele, a resposta é bem fácil: que o Senhor os adotou uma vez por sua misericórdia e eternamente os conserva. E se se perguntar de que maneira isso ocorre, então devemos descer à regeneração e aos frutos da misericórdia, dos quais fala o salmo citado.

7. Parece, entretanto, que as passagens que honram as boas obras com o título de justiça e declaram que o homem é justo por elas oferecem muito maior dificuldade. Quanto ao primeiro grupo, são muito numerosos os textos em que guardar os mandamentos chama-se justificação e justiça. Com respeito ao segundo, temos um exemplo em Moisés, quando diz: "e teremos justiça quando cuidarmos de realizar por obra todos esses mandamentos" (Dt 6, 25). Se se objetar que essa é uma promessa legal, à qual se acrescenta uma condição impossível e que, portanto, não vem a propósito, existem outros passos que não se solucionam dessa maneira, como quando diz: "Será para ti justiça diante do

Senhor, teu Deus, restituir ao pobre" (Dt 24, 13). E igualmente o que o profeta diz: que o zelo que moveu Fineias a vingar a afronta do povo de Israel se lhe imputou à justiça (Sl 106, 30.31). Por isso os fariseus de nosso tempo creem ter ocasião de rir-se de nós com respeito a esse ponto. Pois, ao dizermos que, estabelecida a justiça da fé, é necessário ser abolida a justiça das obras, eles argumentam do mesmo modo, mas ao contrário: que, se a justiça é pelas obras, é falso que sejamos justificados somente pela fé. Embora lhes conceda que os mandamentos da Lei são chamados justiça, não há nisso nada de surpreendente, porque certamente o são. Mas os leitores hão de perceber que os tradutores gregos não traduziram muito bem o termo hebraico HUCIM por δικαιώματα, por "editos". Mas não quero discutir sobre uma palavra. No entanto, embora sejamos servos inúteis, mesmo depois de haver feito tudo quanto nela nos é ordenado, como o Senhor quer honrar sua observância com o título de justiça, não devemos tirar-lhe o que Ele lhe atribui. De bom grado confessamos, pois, que fazer perfeitamente o que a Lei manda é justiça e guardar cada um de seus mandamentos em particular é parte da justiça, desde que não falte nenhuma das outras partes. Mas o que negamos é que possa existir tal justiça no mundo. E essa é a causa de não atribuirmos justiça à Lei; não porque ela em si seja débil e insuficiente, mas porque, por causa da fraqueza de nossa carne, não pode ser encontrada em parte alguma no mundo. É certo que a Escritura não só chama simplesmente justiça aos mandamentos do Senhor mas até aplica esse mesmo nome às obras dos santos. É assim quando diz que Zacarias e sua mulher andavam nas justiças do Senhor (Lc 1, 6). Mas, ao falar dessa maneira, a Escritura considera as obras mais pela natureza da Lei do que por sua essência. Ainda que se deva notar também aqui o que adverti há pouco: que não nos deve servir de norma a impropriedade com que se fez a tradução grega do hebraico. Mas como Lucas não quis alterar a tradução usada em seu tempo, não insistirei nisso tampouco. É verdade que o Senhor mostrou pelo conteúdo da Lei qual é a justiça, mas nós não cumprimos essa justiça senão observando toda a Lei, porque a menor transgressão a corrompe. Ora, como a Lei não ordena nada que não seja justiça, se a considerarmos em si, cada um de seus mandamentos é justiça; mas se considerarmos os homens que a guardam, evidentemente não merecem ser louvados como justos por guardar um mandamento e falhar nos demais, e ainda mais vendo que não fazem nada que não seja vicioso de algum modo, por causa de sua imperfeição. Nossa resposta é, pois, que, quando as obras dos santos são chamadas justiça, isso não provém de seus méritos, mas de que vão dirigidas à justiça que Deus nos encarregou, a qual de nada vale se não é perfeita. Ora, perfeita é impossível achá-la em algum homem; logo, uma boa obra, por si, não merece o nome de justiça.

8. Mas passo agora ao segundo grupo, no qual está a principal dificuldade. Paulo não encontra argumento mais firme para provar a justificação pela fé do que o que está escrito sobre Abraão: a fé lhe foi levada em contada como justiça (Rm 4, 3; Gl 3, 6). Bem, uma vez que o zelo de Fineias, segundo o profeta, lhe foi "levado em conta como justiça" (Sl 106, 31), aquilo que Paulo pretende provar da fé, nós podemos também atribuí-lo às obras. Em conclusão, nossos adversários, como se já pudessem cantar vitória, decidem que, mesmo admitindo que não sejamos justificados sem fé, tampouco o somos só pela fé, mas que é preciso unir a ela as obras para obter a justiça. Eu conjuro aqui todos os que temem ao Senhor, para que, já que sabem que é necessário tomar como regra verdadeira de justiça só a Escritura, diligentemente e com coração humilde considerem comigo o modo como se pode conciliar a Escritura consigo mesma, sem andar com sutilezas. Como Paulo sabia que a justiça da fé é um refúgio para os que estão privados de justiça própria, conclui categoricamente que ficam excluídos da justiça das obras todos aqueles que são justificados pela fé. Sabendo também, por outro lado, que a justiça da fé é comum a todos os fiéis, conclui daqui, com a mesma segurança de antes, que ninguém é justificado pelas obras, mas, ao contrário, que somos justificados sem ajuda de obra nenhuma. Mas é coisa muito diferente discutir acerca do valor que as obras têm em si, ou da estima em que hão de ser tidas diante de Deus, depois que a justiça da fé fica estabelecida. Se se trata de estimar as obras segundo sua própria dignidade, dizemos que não são dignas de comparecer perante o julgamento divino; e por isso afirmamos que não existe homem algum no universo que tenha algo em suas obras que se possa vangloriar perante Deus; pelo que só resta, estando todos privados de qualquer ajuda das obras, a justificação somente pela fé. Ensinamos que essa justiça está em o pecador, sendo recebido na comunhão e companhia de Cristo, pela graça e intercessão deste ser reconciliado com Deus, ao passo que, purificado com o sangue de Cristo, alcança a remissão dos pecados; e, revestido da justiça de Cristo como se fosse a sua própria, poder com toda segurança comparecer perante o tribunal divino. Uma vez estabelecida a remissão dos pecados, as boas obras que então surgem são estimadas de outra maneira, muito distinta do que em si mereceriam; porque toda a imperfeição que há nelas

272

fica coberta com a perfeição de Cristo; todas as suas máculas e imundícias são eliminadas com a pureza de Cristo, para que tudo isso não seja levado em conta no julgamento de Deus. E assim, destruída a culpa das transgressões que impediam os homens de fazer alguma coisa grata a Deus e sepultado o vício da imperfeição que costuma macular mesmo as boas obras, então as obras boas que os fiéis realizam são consideradas justas ou são imputadas por justiça.

9. Se alguém agora me objetar isso para impugnar a justiça da fé, antes lhe perguntarei se um homem deve ser considerado justo por ter feito algumas obras boas, sendo transgressor de todas as demais. É certo que qualquer um que afirmasse isso não teria nenhuma razão. Em seguida, eu lhe perguntaria se, embora fizesse muitas boas obras, seria considerado justo, supondo que se lhe pudesse culpar de algo. Ninguém poderá sustentar semelhante coisa, uma vez que a Palavra mesma de Deus o contradiz, declarando que são malditos os que não cumprirem tudo quanto manda a Lei (Dt 27, 26). Mas, passando adiante, pergunto também se existe alguma boa obra, uma só sequer, em que não se possa notar alguma imperfeição ou mancha. Ora, como poderia ser assim perante os olhos de Deus, em cuja presença nem as próprias estrelas são puras e claras o suficiente, e nem os próprios anjos suficientemente justos (Jó 4, 18)? Por conseguinte, nosso adversário ver-se-á forçado a confessar que não é possível encontrar obra alguma que não esteja manchada e corrompida, tanto pelas transgressões que seu autor terá cometido em outros aspectos quanto por sua própria imperfeição; de tal maneira que não pode ser digna de levar o nome de justiça. Mas se é evidente que da justificação da fé provém que as obras — de outra forma impuras, imundas, imperfeitas e indignas de comparecer ante o julgamento de Deus, quanto mais de lhe serem gratas e aceitas! — sejam imputadas por justiça, por que, orgulhando-se da justiça das obras, procuram abolir a justiça da fé, quando, se ela não existisse, em vão se gloriariam de sua justiça das obras? Será que desejam fazer o que se costuma dizer das víboras, cujos filhos, ao nascer, matam as mães? Porque o que nossos adversários dizem caminha para isso. Não podem negar que a justificação é o princípio, fundamento, matéria e substância da justiça das obras; no entanto, concluem que o homem não é justificado pela fé, porque também as obras boas são imputadas por justiça. Deixemos de lado todos esses despropósitos e confessemos a verdade, simples como é. Se toda a justiça das obras depende da justiça da fé, eu afirmo que a justiça das obras não fica rebaixada nem diminuída em nada pela justiça da fé, mas é antes confirmada por ela, para que, assim, resplandeça mais clara e evidentemente sua virtude. Não pensemos tampouco que, depois da justificação gratuita, de tal maneira as obras sejam estimadas que a justificação do homem se verifique por elas, ou que entrem meio a meio com a fé para consegui-lo. Porque, se a justificação pela fé não permanece íntegra e perfeita, evidenciar-se-á a impureza das obras, de modo que não merecerão senão condenação. Nem há absurdo algum em que o homem seja justificado pela fé, de tal forma que não somente seja justo, mas também que suas obras sejam reputadas justas sem que o mereçam.

10. Desse modo, concederemos que há uma certa parte de justiça nas obras (que é o que nossos adversários pretendem), assim como que a justiça das obras é aprovada por Deus como se fora uma justiça perfeita e absoluta, desde que tenhamos presente sobre o que se fundamenta e assenta a justiça das obras; e isso será suficiente para resolver todas as dificuldades que porventura se apresentassem acerca dessa matéria. Por certo, a obra começa a ser agradável a Deus quando Ele, por misericórdia, aceita-a, perdoando a imperfeição que nela há. E de onde vem esse perdão senão de que Ele nos olha, a nós e a nossas coisas, em Cristo? E assim, desde que somos incorporados a Cristo, parecemos justos diante de Deus, porque todas as nossas maldades estão cobertas com a inocência dele; e por isso nossas obras são justas e consideradas tais, porque não nos é imputado o vício que há nelas, por estar encoberto com a pureza de Cristo. Portanto, podemos dizer com toda justiça que não somente somos justificados pela fé como também nossas obras o são. Por conseguinte, se a justiça das obras, tal qual é, depende e provém da fé e da justificação gratuita, evidentemente deve ser incluída nela, e há de reconhecê-la e submeter-se a ela, como o efeito à sua causa, e como o fruto à sua árvore, e de modo algum há de levantar-se para destruí-la. Por isso Paulo, para provar que nossa bem-aventurança descansa na misericórdia de Deus e não nas obras, insiste sobretudo no que diz Davi: "Bem-aventurados aqueles cujas iniquidades são perdoadas e cujos pecados são cobertos. Bem-aventurado o homem a quem o Senhor não inculpa de pecado" (Rm 4, 7.8; Sl 32, 1.2). Se alguém quiser alegar em contrário os numerosos testemunhos da Escritura que parecem fazer a bem-aventurança do homem consistir nas obras, como por exemplo: "Bem-aventurado o homem que teme o Senhor" (Sl 112, 1); "que tem misericórdia dos pobres" (Pr 14, 21); "que não andou em conselho de maus" (Sl 1, 1); "que suporta a tentação" (Tg 1, 12); "ditosos os que guardam o juízo, os que fazem justiça todo o tempo" (Sl 106, 3; 119, 1); "bem-aventurados os pobres de espírito" etc. (Mt 5, 3-12); tudo quanto possam alegar não conseguiria desmentir o que Paulo diz, porque, como as virtudes citadas em todos esses textos jamais poderão dar-se no homem de forma que sejam por si aceitas a Deus, segue-se daqui que o homem é sempre miserável e infeliz até que é liberado de sua miséria, ao lhe serem perdoados os pecados. Então, se todas as classes de bem-aventurança que a Escritura cita ficam anuladas de forma que de nenhuma delas o homem possa perceber fruto algum até ter alcançado a bem-aventurança mediante o perdão dos pecados, que dá lugar a todas as restantes bênçãos de Deus, segue-se que essa bem-aventurança não somente é a suprema e principal, mas a única; a não ser que nos empenhemos em manter que as bênçãos de Deus que se apoiam apenas nela e dela recebem sua consistência a destroem e anulam. Muito menos deve inquietar-nos e causar-nos preocupação que os fiéis sejam muitas vezes chamados justos na Escritura. Confesso que têm esse título, sem dúvida, por sua santidade e honestidade de vida; mas como seu afã por ser justos é mais eficaz que sua positiva realização da justiça, é muito razoável que essa justiça das obras ceda e se submeta à justiça da fé, sobre a qual se fundamenta e donde tem tudo o que é.

11. Dizem, contudo, que ainda nos resta acertar contas com Tiago, que nos refuta abertamente, pois ensina que Abraão foi justificado pelas obras e que também todos nós seremos justificados por elas (Tg 2, 21), e não somente pela fé.[278] Por acaso pretendem que Paulo contradiga Tiago? Se considerarem Tiago ministro de Cristo, é preciso interpretarem suas palavras de forma que não estejam em desacordo com o que o próprio Cristo disse. O Espírito, que falou pela boca de Paulo, afirma que Abraão conseguiu a justiça pela fé, e não pelas obras.[279] Nós também ensinamos que todos os homens são justificados pela fé, sem as obras da Lei. O próprio Espírito ensina, por Tiago, que a justiça de Abraão e a nossa consiste nas obras, e não somente na fé. É evidente que o Espírito Santo não se contradiz. Como, pois, fazer concordar os dois apóstolos? A nossos adversários, basta-lhes desarraigar a justiça da fé, a qual nós queremos ver implantada no coração dos fiéis; quanto a procurar a tranquilidade das consciências, isso não os preocupa. Por aí vês como se esforçam em destruir a justiça da fé, sem se preocuparem em oferecer justiça alguma a que as consciências se atenham. Triunfem, pois, contanto que não preten-

---

278 Tg 2, 24.
279 Rm 4, 3; Gl 3, 6.

dam vangloriar-se senão de haver destruído toda certeza de justiça. Certamente obterão essa mísera vitória quando, extinta a luz da verdade, o
Senhor lhes permitir espalhar as trevas de suas mentiras. Mas, onde quer
que a verdade de Deus subsista, não poderão conseguir nada. Nego, pois,
que o que afirma Tiago, e que eles têm sempre na boca, servindo-se disso
como de um escudo de Aquiles, sirva minimamente a seu propósito. Para
esclarecer isso, é preciso, antes de mais nada, considerar a intenção do
apóstolo, e em seguida mostrar em que todos eles estão alucinando. Como
naquele tempo havia muitos (mal que costuma ser perpétuo na Igreja) que
claramente deixavam ver sua infidelidade menosprezando e não fazendo
caso algum das obras que todos os fiéis devem realizar, vangloriando-se,
apesar disso, falsamente, do título de fé, Tiago zomba nesse texto de sua
louca confiança. Portanto, sua intenção não é enfraquecer de nenhum
modo a força da verdadeira fé, mas mostrar quão neciamente aqueles
tratantes presumiam de uma mera aparência de fé, e, contentes com ela,
entregavam-se sem medo à licença de todos os vícios. Compreendido o
contexto, é coisa fácil de compreender em que pecam nossos adversários,
pois incidem num paralogismo duplo: um, no próprio termo "fé"; outro,
no verbo "justificar". Que o apóstolo chame fé a uma vã opinião, que nada
tem que ver com fé verdadeira, fá-lo à maneira de concessão, o que em
nada desautoriza sua causa. Assim o mostra desde o início da discussão
com estas palavras: "Irmãos meus, de que adianta alguém dizer que tem
fé quando não tem obras?".[280] Não diz: se alguém tem fé sem obras, mas
se alguém se jactar de tê-la. E ainda mais claramente o diz depois, quando, zombando dessa classe de fé, afirma que é muito pior que o conhecimento que têm os demônios;[281] e, enfim, quando a chama "morta".[282]
Mas, pela definição que oferece, pode-se entender muito facilmente o que
quer dizer: "Tu crês", diz, "que há um só Deus".[283] Com certeza, se todo o
conteúdo dessa fé é simplesmente que há Deus, não há motivo para sur-
preender-se de que não possa justificar. E não é preciso pensar que isso
tire nada da fé cristã, cuja natureza é muito distinta. Por que, como justifica a fé verdadeira senão unindo-nos com Cristo, para que, feitos uma
mesma coisa com ele, usufruamos da participação de sua justiça? Não nos
justifica, pois, por possuir certo conhecimento da essência divina, senão
porque descansa na certeza da misericórdia de Deus.

---

280 Tg 2, 14.
281 Tg 2, 19.
282 Tg 2, 20.
283 Tg 2, 19.

12. Ainda não atingimos nosso objetivo, a menos que discutamos outro paralogismo. Porque parece que Tiago põe uma parte de nossa justificação nas obras. Mas, se quisermos que Tiago esteja de acordo com toda a Escritura e consigo mesmo, é necessário tomar a palavra "justificar" em outro sentido do que a toma Paulo. Porque Paulo chama "justificar" quando, apagada a recordação de nossa injustiça, somos reputados justos. Se Tiago quisesse dizer isso, teria citado muito fora de propósito o que diz Moisés: que "Abraão creu em Deus" etc.[284] Pois raciocinou da seguinte forma: Abraão alcançou justiça por suas obras, desde que não duvidou em sacrificar seu filho quando Deus lho ordenou; e, assim, cumpriu-se a Escritura, que diz: "Abraão teve fé em Deus, e isso lhe foi levado em conta de justiça".[285] Se é absurdo que o efeito seja primeiro que a causa, ou Moisés afirma falsamente nesse lugar que a fé foi imputada a Abraão por justiça, ou que Abraão não mereceu a justiça por sua obediência a Deus ao aceitar sacrificar Isaac. Antes de Ismael ser gerado (que já era grande quando Isaac nasceu), Abraão fora justificado pela fé. Como, pois, diremos que alcançou justiça pela obediência que mostrou ao aceitar sacrificar seu filho Isaac se isso aconteceu muito depois? Portanto, ou Tiago mudou toda a ordem (o que não se pode supor) ou por "justificado" não quis dizer que Abraão mereceu ser considerado justo. Que quis dizer então? De modo claro se vê que fala da declaração e manifestação da justiça, e não da imputação; como se dissesse: os que são justos pela verdadeira fé dão prova de sua justiça com a obediência e as boas obras, e não com uma aparência falsa e sonhada de fé. Em resumo: ele não discute a razão pela qual somos justificados, mas pede aos fiéis uma justiça não ociosa, que se manifeste nas obras. E, assim como Paulo pretende provar que os homens são justificados sem nenhuma ajuda das obras, nesse lugar Tiago também nega que aqueles que são considerados justos não façam boas obras. A consideração de seu objetivo nos liberará de todo escrúpulo. Pois nossos adversários se enganam sobretudo porque pensam que Tiago define o modo da justificação, quando ele não pretende senão abater a pérfida segurança daqueles que dão a fé como pretexto para desculpar seu desprezo pelas boas obras. E assim, por mais que torçam as palavras de Tiago, não poderão espremer senão estas duas sentenças: que um vão espectro de fé não justifica, e que o fiel declara sua justiça com boas obras.

---

284 Gn 15, 6; Tg 2, 23.
285 Tg 2, 23.

13. Quanto ao que citam de Paulo nesse sentido, não os ajuda absolutamente: "Não são justos perante o Senhor os que se contentam em ouvir o ensino da Lei, mas somente aqueles que observam a Lei serão justificados por Deus" (Rm 2, 13). Não quero evitar a dificuldade com a solução que apresenta Ambrósio,[286] segundo o qual isso se disse porque o cumprimento da Lei é a fé em Cristo, pois me parece que isso não passa de uma evasiva, da qual não há necessidade quando o caminho está aberto. O apóstolo rebate nesse lugar a vã confiança dos judeus, os quais se vangloriavam de ser os únicos a conhecer a Lei, enquanto, por outro lado, dela escarneciam gravemente. Por isso, para que não se ufanassem tanto com o mero conhecimento da Lei, o apóstolo advertiu que, se buscarmos nossa justiça pela Lei, havemos de guardá-la, e não simplesmente de sabê-la. Decerto não duvidamos que a justiça da Lei consista nas obras; tampouco negamos que sua justiça consista na dignidade e nos méritos das obras; mas, embora concedendo tudo isso, ainda não provam que sejamos justificados pelas obras se não mostram sequer o exemplo de um que tenha cumprido a Lei. Ora, que Paulo tenha pretendido dizer isso, o mesmo contexto o dá a entender bem claramente. Depois de haver condenado de injustos judeus e gentios indistintamente, desce a particularizar e afirma que os que pecaram sem Lei, sem Lei perecerão, o que se refere aos gentios; por outro lado, diz que todos os que pecaram na Lei serão condenados pela Lei, referindo-se aos judeus. Mas como eles fechavam os olhos às transgressões, acrescenta, muito a propósito, que a Lei não lhes foi dada para que, só com ouvir sua voz, fossem justos, mas que o serão quando obedecerem a seus mandamentos. Como se dissesse: buscas justiça na Lei? Não alegues o mero fato de tê-la ouvido, o que importa muito pouco, mas mostra as obras mediante as quais declares que a Lei não te foi dada em vão. Mas, como se encontravam vazios disso, todos estavam privados da glória que pretendiam. Portanto, da intenção do apóstolo, deve-se deduzir antes um argumento em contrário: a justiça da Lei consiste na perfeição das obras; ninguém se pode jactar de ter satisfeito a Lei com suas obras; por conseguinte, a justiça da Lei é nula.

14. Também combatem contra nós servindo-se dos lugares em que os fiéis audaciosamente apresentam sua justiça, para que Deus a examine em seu julgamento, e desejam que Ele dite sua sentença em conformidade com ela. Assim, por exemplo: "Fazei-me justiça segundo o meu direito

---

286 Ambrosiaster (inter opp. Ambr.), Comment. In ep. ad Rom. 2, 13 MSL 17, 67.

e segundo a inocência que há em mim" (Sl 7, 9). E: "Ouvi, Senhor, minha causa justa; se sondardes meu coração, se de noite o visitardes, nenhum crime encontrareis em mim" (Sl 17, 1-3). E: "O Senhor me recompensou segundo a minha justiça, retribuiu-me segundo a pureza de minhas mãos, porque eu guardei os caminhos do Senhor e não me afastei impiamente de meu Deus" (Sl 18, 21).[287] E também: "Fazei-me justiça, Senhor, porque andei na minha inocência" (Sl 26, 1). "Não me sentei com os mentirosos, nem me associo aos hipócritas" (Sl 26, 4). "Não leveis a minha alma com a dos pecadores, nem a minha vida com a dos sanguinários" (Sl 26, 9), "em cujas mãos está o crime, e sua destra está cheia de subornos; mas eu ando na minha inocência" (Sl 26, 9-11). Falei antes da confiança que os santos parecem sentir apenas com suas obras.[288] Os testemunhos que aduzimos a esse propósito, entrementes, não nos causarão maior dificuldade se os tomarmos segundo sua περίδταδιζ apresentam ao Senhor alguma causa particular para que a julgue. E, em segundo lugar, eles se atribuem justiça, não com respeito a Deus, mas em comparação com os iníquos e malvados. Primeiro, quando se trata do modo como o homem é justificado, não somente se requer que a causa seja boa em algum assunto particular, mas que, além disso, subsista em toda a sua vida uma simetria de justiça. De fato, os santos quando, para provar sua inocência, imploram o julgamento de Deus, não tentam apresentar-se diante dele como se estivessem livres de toda falta e pecado, e sem culpa nenhuma; mas, depois de pôr a confiança de sua salvação só na bondade de Deus, e seguros de que Ele é o defensor dos pobres em nome do direito e da justiça dos aflitos, eles encomendam a Ele sua causa, pela qual, mesmo inocentes, são oprimidos. Por outro lado, como se apresentam junto com seus adversários perante o tribunal de Deus, não alegam com jactância uma inocência capaz de resistir à pureza divina, se tivesse de ser examinada com todo rigor, mas, sabendo que Deus vê sua sinceridade, justiça, simplicidade e pureza, e que lhes é grata, em comparação com a malícia, improbidade, astúcia e maldade de seus inimigos, não temem invocar a Deus para ajuizar entre eles e os ímpios. Assim Davi, quando dizia a Saul "Senhor, pague a cada um sua justiça e sua lealdade" (1Sm 26, 23), não queria dizer que o Senhor examinasse a cada um em si mesmo e lhe remunerasse segundo seus méritos, mas que confessava diante do Senhor quanta era sua inocência em comparação com a de Saul. Tampouco Paulo,

---

287 Sl 18, 21.22.24.
288 Institutio III, XIV, 18-20.

quando se orgulha de sua consciência ser testemunha de haver cumprido com simplicidade e integridade seu dever para com a Igreja (1Co 1, 12), quer com isso apoiar-se nessa glória diante de Deus, senão que, forçado pelas calúnias dos ímpios, mantêm, diante de toda possível maledicência dos homens, sua fé e probidade, que ele sabia ser muito cara à indulgência divina. Porque vemos que, em outro lugar, afirma: "É verdade que minha consciência não me acusa de nada, mas não por isso devo ser considerado justo" (1Co 4, 4). E a razão disso é que se dava conta muito bem de que o julgamento de Deus é muito diferente do julgamento dos homens. Assim, por mais que os fiéis conclamem a Deus por testemunha e juiz de sua inocência perante a hipocrisia dos ímpios, quando têm de entender-se a sós com Deus exclamam todos a uma só voz: "Se olhares a maldade, Senhor, quem poderá subsistir?" (Sl 130, 3). E também: "Não chameis a juízo o vosso servo, porque aos vossos olhos nenhum vivente é justo" (Sl 143, 2); e, desconfiando de suas obras, cantam de boa vontade que "A bondade do Senhor é melhor que a vida" (Sl 63, 4).

15. Há também outras passagens, não muito diferentes dessas, nas quais alguém poderia ficar retido. Salomão diz que aquilo que anda em sua integridade é justo (Pr 20, 7). E: "No caminho da justiça está a vida; e em seus caminhos não há morte" (Pr 12, 28; 28, 18). Também Ezequiel declara que aquele que fizer juízo e justiça viverá (Ez 18, 9.21; 33, 15). Não negamos nem obscurecemos nenhuma dessas coisas, mas me apresentai um só entre todos os filhos de Adão com tal integridade. Se não há ninguém, é preciso que ou todos os homens sejam condenados no julgamento de Deus, ou que apelem à sua misericórdia. Não negamos, entretanto, que a integridade que os fiéis possuam lhes sirva como um degrau para a imortalidade. Mas de onde provém isso senão de que, quando o Senhor recebe alguma pessoa no pacto de sua graça, não examina suas obras por seus méritos, mas as abraça com benignidade paterna? E com essas palavras não entendemos apenas o que os escolásticos ensinam: que as obras têm seu valor da graça de Deus, que as aceita, com o que entendem que as obras, em si insuficientes para conseguir a salvação, recebem sua suficiência do fato de Deus as estimar e aceitar, em virtude do pacto de sua Lei. Eu, pelo contrário, afirmo que todas as obras, enquanto maculadas, seja por transgressões alheias ou pelas próprias, não podem ter valor algum senão enquanto o Senhor não lhes imputa suas manchas e perdoa ao homem todas as suas faltas, o que é dar-lhe a justiça gratuita. Aqui nos impõem, contundentes, também as orações do apóstolo nas quais deseja grande perfeição aos fiéis, para que sejam inculpáveis e irrepreensíveis no Dia do Senhor (Ef 1, 4; Fp 2, 15; 1Ts 3, 13 etc.). Os celestinos, hereges antigos, insistiam muito nessas palavras e as tinham sempre na boca, para provar que o homem pode, enquanto vive neste mundo, conseguir perfeita justiça. Mas nós respondemos com Agostinho (e parece-nos ser suficiente) que todos os fiéis devem ter como objetivo comparecer, uma vez diante de Deus, limpos e sem mancha alguma; mas, como o estado melhor e mais perfeito que podemos alcançar nesta vida consiste em aproveitarmos cada vez mais e dia a dia, só chegaremos a essa meta quando, despojados desta carne pecadora, estivermos totalmente unidos a Deus.[289] Tampouco discutirei com pertinácia com aquele que quiser atribuir aos santos o título de perfeição, contanto que a defina como o faz Agostinho: "... quando chamamos perfeita a virtude dos santos, para sua perfeição se requer o conhecimento de sua imperfeição, ou seja, que deveras e com humildade reconheçam quão imperfeitos são".[290]

---

289 Aug., De perf. Iust. Hom. 1. c. MSL 44, 302; CSEL 42, 20, 11ss.
290 Aug., Contra duas epist. Pelag. III 7, 19; MSL 44, 602; CSEL 60, 508, 12ss.

Capítulo XVIII

É um erro justificar as obras por sua recompensa.

assemos agora a expor as passagens que afirmam que Deus dará a cada um conforme suas obras (Mt 16, 27), como os seguintes: "Cada um receberá a devida recompensa do que tiver feito, de bem ou de mal, ao longo de sua vida neste corpo" (2Co 5, 10); "Aqueles que, perseverando na prática do bem, buscam a glória, a honra e a imortalidade, Deus lhes dará a vida eterna; tribulação e angústia para toda pessoa que fizer o mal" (Rm 2, 7.9); "Aqueles que fizeram o bem ressuscitarão para a vida" (Jo 5, 29); "Vinde, benditos de meu Pai, porque tive fome e me destes de comer; tive sede e me destes de beber" etc. (Mt 25, 34.35). Acrescentamos a estes os passos em que a vida eterna é chamada "salário das obras", assim quando se diz "A cada um lhe será dada a retribuição conforme a obra de suas mãos"; "Aquele que teme o mandamento será recompensado" (Pr 12, 14; 13, 13); "Regozijai-vos e alegrai-vos, porque vossa recompensa é grande nos céus" (Mt 5, 10; Lc 6, 23); "Cada qual receberá o salário correspondente a seu trabalho" (1Co 3, 8). Com respeito a que o Senhor dará a cada um conforme suas obras, é coisa de fácil solução. Ao falar dessa maneira, antes se designa uma ordem de consequência que não a causa pela qual Deus remunera aos homens. É evidente que nosso Senhor usa esses graus de misericórdia ao consumar e aperfeiçoar nossa salvação; que, depois de nos eleger, chama-nos; depois de nos chamar, justifica-nos; e depois de nos justificar, glorifica-nos (Rm 8, 30). E assim — embora Ele apenas por misericórdia receba os seus na vida, e como os introduz em sua posse por terem-se exercitado nas boas obras, a fim de cumprir neles sua benevolência de acordo com a ordem que assinalou —, não há por que se maravilhar de Ele afirmar que são coroados segundo

suas obras, já que com elas, sem dúvida alguma, são preparados para receber a coroa da imortalidade. Mais ainda: pela mesma razão se diz, com toda verdade, que se ocupam de sua salvação (Fp 2, 12) quando, aplicando-se a fazer o bem, meditam na vida eterna. E, em outro lugar, ordena-se que trabalhem pelo alimento que não perece (Jo 6, 27), quando, por crer em Cristo, alcançam a vida eterna; no entanto, em seguida se acrescenta que o Filho do Homem lhes dará esse alimento. Por aí se vê claramente que a palavra "trabalhar" não se opõe à "graça", mas se refere ao zelo e ao desejo. Portanto, não se pode concluir que os fiéis mesmos sejam autores de sua salvação, nem que esta proceda das boas obras que eles realizam. Quê, então? Tão logo são incorporados a Cristo pelo conhecimento do Evangelho e pela iluminação do Espírito Santo, começa neles a vida eterna; e em seguida é necessário que a obra iniciada neles por Deus se vá aperfeiçoando até o Dia de Jesus Cristo (Fp 1, 6). Além disso, essa obra se aperfeiçoa neles quando, refletindo com a justiça e a santidade a imagem de seu Pai celestial, provam que são seus filhos legítimos, e não bastardos.

2. Quanto ao termo "recompensa", não há motivo para concluir dele que nossas obras são a causa de nossa salvação. Primeiro, tenhamos como certo que o reino dos céus não é um estipêndio de servos, mas uma herança de filhos, na posse da qual entrarão somente aqueles a quem o Senhor tiver eleito como tais (Ef 1, 5.18); e isso não por outro motivo senão pela adoção. Pois "o filho da escrava não será herdeiro junto com o filho da mulher livre" (Gl 4, 30). De fato, nos mesmos lugares em que promete a vida eterna como salário das obras, ao chamá-la expressamente "herança", o Espírito Santo demonstra que sua origem vem de outra parte. Assim, quando Cristo chama aos eleitos do Pai para que possuam o reino dos céus, cita as obras que Ele recompensa com isso; mas acrescenta, ao mesmo tempo, que o possuirão pelo título que têm de herança (Mt 25, 34). Por isso Paulo exorta os servos a cumprirem fielmente com seu dever e a esperarem a retribuição do Senhor, mas acrescenta em seguida que essa recompensa é de herança (Cl 3, 24). Vemos, pois, como Cristo e seus apóstolos evitam com muito zelo que atribuamos a bem-aventurança eterna às obras, e não à adoção de Deus. Mas por que fazem menção também às obras? Com um único exemplo da Escritura, essa questão será esclarecida. Antes do nascimento de Isaac, fora prometida a Abraão uma descendência, na qual todas as nações da terra haviam de ser benditas; e também lhe fora prometido tal propagação dessa descendência que haveria de igualar em número às estrelas do céu e às areias do mar (Gn15, 5; 17, 1; 18, 10). Muitos anos depois, ele se prepara para imolar seu filho Isaac, conforme o oráculo lhe ordenara. Tendo provado sua obediência, recebe a promessa: "Jurei por mim mesmo, diz o Senhor, que, porque fizeste isso e não me recusaste teu único filho, Eu te bendirei e multiplicarei tua descendência como as estrelas do céu e como a areia que está nas praias do mar; e tua descendência possuirá as portas de teus inimigos, e todas as gentes da terra serão benditas na tua posteridade, porque obedeceste minha voz" (Gn 22, 16-18). Que ouvimos? Acaso Abraão mereceu essa bênção, cuja promessa lhe fora feita muito antes de Deus lhe ordenar sacrificar seu filho Isaac, por sua obediência? Decerto vemos aqui, sem rodeios, que o Senhor remunera as obras de seus fiéis com os mesmos bens que lhes dera muito antes de sequer pensarem em obras, quando o Senhor não tinha outro motivo para lhes fazer o bem que não sua misericórdia.

3. E, no entanto, o Senhor nem nos frustra nem se ri de nós quando diz que Ele paga pelas obras o mesmo que dera gratuitamente antes delas. Porque, como Ele deseja exercitar-nos nas boas obras, para que meditemos no cumprimento e na fruição das coisas que nos prometeu — como falarei ao discorrer sobre elas — e para que cheguemos àquela bem-aventurada esperança que nos está reservada nos céus, Ele, com toda razão, mostra-lhes o fruto das promessas, ao qual, maduro, nos conduz. O apóstolo expressou com elegância ambas as coisas ao dizer que os colossenses se empregavam em exercitar a caridade por causa da esperança que lhes estava reservada nos céus, sobre a qual eles já haviam ouvido antes, pela palavra verdadeira do Evangelho (Cl 1, 4.5). Pois, ao dizer que os colossenses haviam compreendido pelo Evangelho a herança que lhes estava reservada nos céus, o apóstolo declara que tal esperança se fundava unicamente em Cristo, e não em obras de nenhum tipo. Coisa com que concorda Pedro, dizendo que os fiéis são guardados pela virtude de Deus mediante a fé, para alcançar a salvação que está preparada para ser manifestada a seu tempo (1Pd 1, 5). Ao dizer que por causa disso eles se esforçam em obrar bem, demonstra que os fiéis devem correr toda a vida para alcançar a salvação. E, para que não crêssemos que o salário prometido pelo Senhor deva ser estimado conforme os méritos, o próprio Senhor nos propôs uma parábola na qual se compara a um pai de família que envia todos os seus operários para trabalhar numa vinha; uns, na primeira hora do dia; outros, na segunda; outros, na terceira; e outros, enfim, na décima primeira; e, quando chega a tarde, paga a todos os jornaleiros o mesmo salário (Mt 20, 1-16). A interpretação dessa parábola foi feita com brevidade e perfeição por um escritor antigo, seja quem for, cujo livro, *Sobre a vocação dos gentios*, é atribuído a Ambrósio. Prefiro usar suas palavras às minhas: "Com essa semelhança, o Senhor quis demonstrar que a vocação de todos os fiéis, ainda que exista alguma diferença na aplicação externa, pertence só à graça, na qual, indubitavelmente, aqueles que trabalharam na vinha durante uma hora são igualados no jornal aos que trabalharam o dia todo, representam a condição e sorte daqueles a quem Deus, para louvar a excelência de sua graça, chama, ao declinar o dia, até o fim de sua vida, para remunerá-los de acordo com sua clemência, não lhes pagando o salário que por seu trabalho mereciam, mas derramando a riqueza de sua bondade sobre aqueles a quem elegera sem suas obras; para que os que haviam trabalhado muito e não receberam mais salário que os últimos compreendessem também que haviam recebido dom de graça, e não salário de obras".[291] Por último, é também digno de nota que, nessas passagens em que a vida eterna é chamada "salário das obras", não se entende simplesmente por aquela comunicação que temos com Deus para a bem-aventurada imortalidade, quando Ele, com sua paternal benevolência, abraça-nos em Cristo, mas se entende pela posse ou fruição, como a chamam, da bem-aventurança, o que as próprias palavras de Cristo dão a entender: "No futuro, tereis a vida eterna" (Mc 10, 30). E, em outra parte: "Vinde, herdai o reino" etc. (Mt 25, 34). Por isso, Paulo chama de "adoção" a revelação que terá lugar no dia da ressurreição; e em seguida explica a palavra dizendo que é "a redenção de nosso corpo" (Rm 8, 23). Porque, assim como o estar afastado de Deus é morte eterna, quando o homem é recebido por Deus em sua graça, para comunicar e ser unido e feito uma mesma coisa com Ele, é transportado da morte à vida, o que se faz somente pela graça da adoção. E se eles insistirem com pertinácia, como é seu costume, na expressão "salário de obras", ser-nos-á lícito rebater com o que diz Pedro: que a vida eterna é o salário da fé (1Pd 1, 9).

4. E, assim, não pensemos que o Espírito Santo honra, pela promessa, a dignidade de nossas obras, como se elas merecessem tal recompensa, pois a Escritura não nos deixa nada com que possamos nos exaltar aos olhos de Deus. Pelo contrário, todo seu empenho é reprimir nossa arrogância, humilhar-nos, abater-nos e aniquilar-nos por completo. Mas o Espírito Santo socorre nossa debilidade, que de outra forma imediatamente cairia por terra e seria abatida, se não fosse sustentada com essa

---

291 Pseudo-Ambros., De vocat. Gent. I 5 MSL 17, 1091 AB.

expectativa e não mitigasse sua insatisfação com esse consolo. Em primeiro lugar, que cada um considere em seu interior quão duro e difícil é abandonar e renunciar não apenas a todas as nossas coisas, mas sobretudo a si mesmo. E, no entanto, é com essa primeira lição que Cristo inicia seus discípulos, quer dizer, todos os fiéis. Depois os mantém durante o curso de toda a vida sob a disciplina da cruz, a fim de que não se afeiçoem nem ponham seu coração na cobiça e na confiança dos bens presentes. Numa palavra, trata-os de tal forma que, para onde olharem, em toda a amplitude do mundo, não vejam senão desesperação. De tal maneira que Paulo diz: "Se é só para esta vida que pusemos a esperança em Cristo, somos os mais dignos de compaixão de todos os homens" (1Co 15, 19). E, a fim de que não esmoreçam com tais angústias, o Senhor os assiste e os adverte a levantarem a cabeça e olharem para cima, para que encontrem nele a bem-aventurança, que não veem neste mundo. Chama a essa bem-aventurança "prêmio", "salário" e "retribuição", não estimando o mérito das obras, mas dando a entender ser uma compensação por suas opressões, sofrimentos e afrontas etc. Portanto, não há perigo algum em nós, a exemplo da Escritura, chamarmos à vida eterna "remuneração", uma vez que o Senhor nela recebe os seus, que passam dos trabalhos ao repouso, da aflição à prosperidade, da tristeza à alegria, da pobreza à abundância, da ignomínia à glória. Finalmente, que Ele transmuta todos os males que padeceram em bens muito maiores. Dessa maneira, não há inconveniente algum em pensar que a santidade de vida é o caminho; não que ela seja o que nos abre a porta para entrar na glória do reino dos céus, mas que por ela Deus encaminha e guia seus eleitos à manifestação dessa glória, pois seu beneplácito é glorificar aqueles a quem santificou (Rm 8, 30). Não queiramos, pois, imaginar correspondência alguma entre mérito e salário, na qual os sofistas insistem importunamente por não considerar o fim que expusemos. Bem, que desordem não é, quando Deus nos chama a um fim, olharmos para outra parte e não querer ir aonde Ele nos chama? Não há coisa mais certa e clara que promete salário às boas obras; e isso não para encher nosso coração de vanglória, mas para ajudar a debilidade de nossa carne. Qualquer um, pois, que deduza que as obras tenham seu próprio mérito, ou que pese numa balança a obra e o mérito, afasta-se muito do verdadeiro objetivo de Deus.

5. Por conseguinte, quando a Escritura diz que Deus, como juiz justo que é, há de dar aos seus a coroa de justiça (2Tm 4, 8), respondo como Agostinho: "A quem o Juiz justo daria coroa se o Pai misericordioso não lhe houvesse dado primeiro a graça? E como faria justiça se a graça que justifica o limpo não lhe houvesse precedido? E como essas coisas que nos são devidas nos seriam concedidas se as coisas que não nos são devidas não nos fossem dadas primeiro?".[292] E ainda acrescento: como imputaria nossas obras como justiça se Ele, com sua indulgência, não escondesse o que há nelas de injustiça? Como as julgaria dignas de recompensa se Ele, com sua imensa benignidade, não abolisse o que nelas é digno de castigo? Pois esse homem[293] tem por costume chamar "graça" à vida eterna, porque nos é concedida pelos dons gratuitos de Deus, quando nos é dada como recompensa das obras. Porém, a Escritura nos humilha ainda mais, e com isso ao mesmo tempo nos levanta. Porque, além de proibir que nos vangloriemos nas obras, por serem dons gratuitos de Deus, ensina-nos que elas estão sempre repletas de imundícias, de tal maneira que não podem ser gratas a Deus quando examinadas com o rigor do juízo divino. Mas, a fim de que nosso zelo e bom desejo não esmoreçam, a própria Escritura diz também que são agradáveis a Deus, porque Ele as apoia. Ainda que Agostinho se expresse até certo ponto de modo diferente de nós, no entanto, quanto ao sentido e à substância, por suas próprias palavras se vê que não estamos em desacordo em nada importante. Porque no livro terceiro que escreveu a Bonifácio, depois de comparar dois homens entre si, supondo que um fosse de vida muito santa e perfeita e que o outro, também de vida boa e honesta mas não tão perfeita, conclui que aquele que aparenta imperfeição na verdade — pela retidão de sua fé, pela qual vive e segundo a qual se acusa de todos os seus pecados — louva a Deus em todas as suas obras boas, atribuindo-se a si a ignomínia e a Deus a honra; e, recebendo do Senhor a remissão dos pecados e o gosto por agir retamente, irá para a companhia de Cristo quando for libertado desta vida. Por que, a não ser pela fé? A fé que, embora não salve ninguém sem obras (pois não é uma fé réproba e obra pela caridade), é a causa de os pecados serem perdoados, porque "O justo vive por sua fé" (Hc 2, 4); e, sem a fé, até as obras consideradas boas transformar-se-iam em pecado.[294] Nesse ponto ele confessa, com toda clareza, aquilo pelo que tanto lutamos: que a justiça das obras depende e procede de Deus as aprovar ao usar de sua misericórdia e perdoar as faltas que há nelas.

---

292 Aug., De gratia et lib. Arb. 6, 14 MSL 44, 890.
293 Referência a Agostinho.
294 Aug., Contra duas ep. Pelag. III 5, 14 MSL 44 598, CSEL 60, 502s.

6. Há ainda outros textos com sentido semelhante aos que expusemos acima. Assim quando se diz: "Usai o dinheiro, embora iníquo, para fazer amigos. Quando ele faltar, eles vos receberão nas moradas eternas" (Lc 16, 9). E: "Aos ricos deste mundo, ordena que rejeitem o orgulho e que não ponham sua esperança na riqueza incerta, mas no Deus vivo, que nos dá todas as coisas em abundância. Ordena-lhes ainda que façam o bem e que se enriqueçam de boas obras, que sejam liberais e generosos, que ajuntem para si um sólido e verdadeiro tesouro, com o qual poderão adquirir a vida eterna" (1Tm 6, 17-19). Vemos que as boas obras são comparadas às riquezas das quais gozaremos na vida eterna. A isso respondo que jamais conseguiremos compreender o verdadeiro sentido desses passos se não olharmos para o objetivo a que o Espírito dirige suas palavras. Se é verdade o que diz Cristo, "Onde está vosso tesouro, ali estará também vosso coração" (Mt 6, 21), de igual modo que os filhos deste século têm por costume empregar todo o seu entendimento em adquirir e amontoar as coisas que podem trazer-lhes os deleites da vida presente, assim também é preciso que os fiéis, vendo que esta vida há de passar como um sonho, transfiram as coisas das que deveras querem usufruir ao lugar onde hão de viver para sempre. Devemos, pois, imitar aqueles que desejam mudar-se para outro lugar, no qual determinaram estabelecer sua morada permanente. Estes enviam por diante toda sua fazenda e tudo o que possuem, e não lhes causa pena carecer disso durante algum tempo, pois se consideram tanto mais ditosos quanto maiores bens têm no lugar onde hão de passar toda a vida. Se acreditarmos que o céu é nossa terra, para lá devemos enviar todas as nossas riquezas, e não as reter aqui, onde teremos de deixá-las de uma hora para outra, quando partirmos. E como as transportaremos? Ajudando os pobres em suas necessidades, já que o Senhor tem em conta tudo quanto lhes for dado, como se fora dado a Ele mesmo (Mt 25, 40). Daí aquela bela promessa: "ao Senhor empresta quem dá ao pobre" (Pr 19, 17). E: "Aquele que semeia com generosidade também com generosidade colherá" (2Co 9, 6). Porque tudo aquilo que usamos por caridade com nossos irmãos fica depositado nas mãos do Senhor. Ele que, com toda fidelidade, guarda o que se deposita em suas mãos, restituirá no futuro, com grande lucro, o que lhe tivermos confiado. Então, dirá alguém, as obras de caridade que fazemos merecem tanta estima diante de Deus que são como riquezas depositadas em suas mãos? Quem, digo eu, pode ter inconveniente em falar dessa maneira, quando a Escritura tantas vezes e com tanta clareza assim o afirma? Mas se alguém, obscurecendo a pura benignidade de Deus, prefere louvar a dignidade das obras, a este de nada lhe servem tais testemunhos para confirmação de seu erro, pois nada mais podemos concluir deles senão a pura propensão à indulgência divina para conosco, uma vez que, para animar-nos a fazer o bem, o Senhor promete que nenhuma obra nossa será perdida, embora elas sejam, em essência, indignas de comparecer diante de sua presença.

7. Entretanto eles insistem ainda nas palavras do apóstolo, que, consolando os tessalonicenses em suas tribulações, afirma que estas lhes são enviadas para serem considerados dignos do reino de Deus, pelo qual padecem (2Ts 1, 5). Porque, acrescenta, é justo diante de Deus pagar com tribulação aos que vos atribulam, e a vós, que sois atribulados, dar-vos repouso, quando o Senhor se manifestar desde o céu com os anjos de seu poder. Também diz o autor da *Epístola aos hebreus*: "Deus não é injusto, para esquecer o vosso trabalho e o amor que demonstrastes por seu nome, servindo aos santos e servindo-os ainda" (Hb 6, 10). Ao primeiro texto, respondo que nele não se indica dignidade alguma dos méritos, mas unicamente que, como o Pai celestial deseja que nós, a quem elegeu filhos, sejamos conformes à imagem de seu Filho primogênito (Rm 8, 29), que, assim como foi necessário que primeiro padecesse antes de entrar na glória que lhe estava preparada (Lc 24, 26), da mesma maneira é necessário que "passemos muitas tribulações para entrar no Reino de Deus" (At 14, 22). Portanto, quando padecemos tribulações pelo nome de Cristo, é impressa em nós a marca com que o Senhor costuma assinalar as ovelhas de seu rebanho. Por isso somos considerados dignos do reino dos céus, pois levamos em nosso corpo as marcas do Senhor Jesus (Gl 6, 17), que são as marcas dos filhos de Deus. A isso se referem também as seguintes sentenças: que levamos em nosso corpo a mortificação de Cristo, para que também sua vida se manifeste em nós (2Co 4, 10); que somos semelhantes a ele em sua morte, a fim de participar do poder de sua ressurreição (Fp 3, 10.11). A razão que Paulo acrescenta — que é coisa justa diante de Deus conceder repouso aos que trabalharam — não tem por fim provar a dignidade das obras, mas apenas confirmar a esperança da salvação. Como se dissesse: assim como convém que o justo juízo de Deus reivindique vingança de vossos inimigos pelas agitações que vos causaram, da mesma maneira o é que vos dê descanso e repouso de vossas agitações. A outra passagem, segundo a qual convém que a justiça de Deus não deixe no esquecimento os serviços dos seus, de tal maneira que quase dá a entender que seria injusto se os esquecesse, tem este sentido: que Deus nos deu, para despertar-nos de nossa preguiça, a confiança de que todo esforço que fizermos pela glória de seu nome não há de ser em vão. Lembremo-nos sempre de que essa promessa, como todas as demais, de nada nos serviria se não fosse fruto da gratuita aliança da misericórdia, sobre a qual repousa toda a nossa certeza. Apoiados nisso, devemos sentir uma confiança absoluta de que a liberalidade de Deus não negará sua retribuição e seu prêmio aos serviços que lhe tivermos feito, embora eles, de per si, não mereçam tal prêmio. O apóstolo, para nos confirmar nessa esperança, afirma que Deus não é injusto, de sorte que não tenha de manter sua palavra e cumprir a promessa que tiver feito. Logo, essa justiça de Deus refere-se mais à verdade de sua promessa que à equidade de pagar-nos o que nos é devido. Nesse sentido, há um trecho notável de Agostinho. Como esse homem santo não duvidou em repeti-lo muitas vezes como algo memorável, eu, da mesma forma, não o julgo indigno de o repitirmos de memória muitas vezes. Diz: "Fiel é o Senhor, que se fez nosso devedor, não tirando coisa alguma de nós, mas nos prometendo tudo".[295]

8. E mencionam também os seguintes textos de Paulo: "Se eu tivesse toda a fé, a ponto de remover montanhas, mas não tivesse amor, eu nada seria. E agora permanecem estas três: a fé, a esperança, o amor; mas o maior de todos é o amor" (1Co 13, 2.13); "sobretudo, revesti-vos do amor, que une a todos na perfeição" (Cl 3, 14). Dos dois textos, nossos adversários se esforçam em provar que somos justificados pela caridade mais que pela fé, porque a caridade, em seu entender, tem virtude muito maior que a fé. Mas essa sutileza pode ser refutada facilmente. Já antes explicamos que o primeiro texto não tem nada que ver com a verdadeira fé. Quanto ao segundo, também nós o interpretamos da verdadeira fé e que o apóstolo prefere a caridade como superior a ela, não porque seja mais meritória, mas porque é mais frutífera e proveitosa, porque vai além, pois serve a muitos mais, já que sempre conserva sua força e vigor, enquanto que o uso da fé só tem vigência durante determinado tempo. Se atendermos à excelência, ocupará o primeiro lugar, e o amor de Deus será o principal, de que Paulo nos fala nesse lugar; porque isto é no que insiste, antes de mais nada: que nos edifiquemos uns aos outros com uma caridade recíproca. Mas suponhamos que a caridade seja mais excelente que a fé desde todos os pontos de vista. Quem será o homem de senso comum e de mente sensata que deduza disso que a caridade justifica mais? A força de justificar que tem a fé não consiste na dignidade das obras, mas só na

---

295 Aug., In ps. 32 enarr. II serm. 1, 9 MSL 36, 284; In Ps. 109, 1 MSL 37, 1445; In Ps. 83, 16, ibid. col. 1068; Serm. 111, 5; 158, 2; 245, 5. 6 MSL 38, 641.863.1184.

misericórdia de Deus e nos méritos de Cristo. Quando a fé alcança isso, então se diz que justifica. Se agora perguntares a nossos adversários em que sentido atribuem a justificação à caridade, responderão: porque é um dever agradável a Deus, por cujo mérito e mediante a aceitação da divina bondade a justiça nos é imputada. Por aqui vês que bela maneira têm de argumentar! Nós dizemos que a fé justifica, não porque ela, com sua dignidade, faça-nos merecer a justiça, mas por ser o instrumento mediante o qual gratuitamente alcançamos a justiça de Cristo. Eles, sem sequer fazer menção da misericórdia de Deus, nem levar em conta Cristo, no qual consiste toda a nossa justiça, sustentam que somos justificados pela caridade, devido a que ela é muito mais excelente que a fé. Como se alguém argumentasse que um rei é muito mais apto que um sapateiro para fazer um calçado por ser infinitamente mais excelente que este. Esse silogismo já é prova suficiente para fazer ver claramente que todas as escolas sorbônicas jamais tiveram nem ideia do que é a justificação pela fé. Mas se alguém dado a contendas interpelar aqui por que entendemos a palavra "fé" em sentido diferente que Paulo, respondo que tenho muito boa razão para assim o fazer. Porque como todos os dons que Paulo enumera reduzem-se de certa maneira à fé e à esperança, porque têm em vista o conhecimento de Deus, e todas as καϵἄνακϵραλαίωδιν, compreende-as sob as palavras "fé" e "esperança". Como se dissesse: a profecia, as línguas, o dom de interpretar, a ciência, todos esses dons vão encaminhados ao fim de guiar-nos ao conhecimento de Deus. Bem, nós não conhecemos a Deus nesta vida mortal a não ser pela fé e pela esperança; portanto, ao nomear a fé e a esperança, compreendo todos esses dons em conjunto. Assim, permanecem estas três coisas: a fé, a esperança e a caridade; quer dizer que, por maior que seja a diversidade dos dons, todos se referem a esses três, entre os quais a caridade é o principal. Do terceiro texto deduzem que, se a caridade é o vínculo da perfeição, também será vínculo de garantir justiça, a qual não é outra coisa senão a perfeição. Ignorando que, nesse ponto, Paulo chama perfeição a que os membros de uma igreja bem ordenada estejam concordes entre si, e admitindo que somos aperfeiçoados perante Deus pela caridade, que podem concluir de novo daqui? Eu sempre replicarei, pelo contrário, que nunca chegaremos a essa perfeição se não cumprirmos tudo o que a lei da caridade nos manda; do que concluirei que, como os homens estão muito longe de poder cumpri-lo, perdem toda esperança de perfeição.

9. Não quero percorrer todos os passos que hoje em dia os tolos sorbonistas arrancam temerariamente da Escritura, tais como se apresentam, para atirá-los contra nós. Pois são às vezes coisas tão ridículas que eu nem seria capaz de mencioná-las, a menos que quisesse ser, com razão, considerado louco. Assim, concluirei esta matéria expondo uma frase de Cristo, que eles consideram como um triunfo próprio. Trata-se da resposta que dá ao doutor da lei que lhe perguntava o que era necessário para conseguir a salvação: "Se quiseres entrar na vida, observa os mandamentos" (Mt 19, 17). Que mais queremos, concluem eles, pois o próprio autor da graça nos ordena adquirir o reino de Deus pela observância dos mandamentos? Como se não fosse sabido por todos que Cristo sempre se adaptava, em suas respostas, àqueles com quem tratava! Nessa passagem, um doutor da lei lhe pergunta qual é o modo de alcançar a bem-aventurança; e não o faz de qualquer maneira, mas com estas palavras: "Que devo fazer de bom para entrar na vida eterna?". Tanto o inquiridor quanto a pergunta levam o Senhor a responder como o fez. Com efeito, o doutor, cheio de orgulho com a falsa persuasão da justiça legal, estava obcecado com a confiança nas obras. Ademais, como não perguntava outra coisa senão quais eram as obras de justiça com as quais alcançar a salvação, com toda razão é remetido à Lei, na qual há um espelho perfeito da justiça. Também nós pregamos em voz alta que é preciso conservar os mandamentos, se a vida é procurada nas obras. É necessário que os cristãos entendam bem esta doutrina. Como poderiam recorrer a Cristo se não reconhecessem que caíram, do caminho da vida ao precipício da morte? Como compreenderiam quanto se afastaram do caminho da vida se primeiro não compreendessem qual é esse caminho? Assim, pois, só conseguem entender que o asilo da salvação está em Cristo quando veem quanta discrepância há entre sua vida e a justiça de Deus, que está contida na observância da Lei. Em suma: se buscarmos a salvação pelas obras, devemos necessariamente guardar os mandamentos, com os quais somos instruídos na perfeita justiça. Mas não nos devemos deter aqui se não quisermos ficar no meio do caminho. Porque nenhum de nós é capaz de guardar os mandamentos. E como, por isso, ficamos excluídos da justiça da Lei, é mister nos acolhermos em outro refúgio, a saber, na fé em Cristo. Por conseguinte, assim como o Senhor remete ao doutor da Lei à mesma Lei, porque sabia que estava cheio de vã confiança nas obras, a fim de que por ela aprendesse a reconhecer-se como pecador e sujeito à eterna condenação, igualmente o Senhor, em outro lugar, consola com a promessa de sua graça sem fazer menção alguma da Lei aos que já estavam humilhados com semelhante conhecimento de si mesmos: "Vinde a mim todos os que estais cansados e sobrecarregados, e Eu vos farei descansar; e encontrareis descanso para vossas almas" (Mt 11, 28.29).

10. Finalmente, depois de terem cansado de revirar a Escritura, entregam-se a argúcias e sofismas. Divertem-se com o argumento de que a fé é em certos textos chamada "obra" (Jo 6, 29), e daí deduzem que nós opomos sem razão a fé às obras. Como se a fé, enquanto obediência à vontade divina, alcançasse-nos a justiça por seus méritos; e não enquanto que, ao aceitar a misericórdia de Deus, imprime em nosso coração a justiça de Cristo, que pela bondade gratuita do Pai celestial nos é oferecida na pregação do Evangelho. Os leitores me perdoarão se não me demoro em refutar tais tolices, mas digo que, sem ser atacadas, quebrar-se-ão pela própria debilidade. Parece-me correto, no entanto, responder a uma objeção que formulam, a qual, por ter certa aparência de verdade, poderia suscitar algum escrúpulo nas pessoas simples. Como as coisas contrárias e opostas seguem a mesma regra, se cada pecado nos é imputado por justiça, dizem que é coerente que cada obra boa nos seja também imputada como justiça. Os que respondem que a condenação dos homens provém propriamente só da infidelidade, e não dos pecados particulares, não me satisfazem. Estou de acordo com eles em que a fonte e raiz de todos os males é a incredulidade; ela é o princípio de que se renuncie a Deus e nos afastemos dele; e daí se seguem as transgressões particulares da Lei. Mas, enquanto parecem contrapesar as boas e as más obras para julgar da justiça e da injustiça, vejo-me obrigado a dissentir deles. Porque a justiça das obras é a perfeita obediência à Lei. E, assim, não podes ser justo por tuas obras a menos que sigas uma linha reta de vida com uma ordem constante. Porque aqui se vê que a justiça não consiste numa só ou em algumas tantas obras, mas na inteira, contínua e imutável observância da vontade de Deus. Quanto ao modo de julgar a injustiça, é totalmente diferente. Pois o fornicador ou o ladrão é réu de morte por um único delito: por ter ofendido a majestade de Deus. Por isso, esses nossos embusteiros muito se enganam, por não prestarem atenção no que diz Tiago: "Quem pretende observar a Lei inteira, mas comete transgressão num só ponto, torna-se culpado contra toda a Lei. Porque aquele que disse 'não cometerás adultério' também disse 'não matarás'" (Tg 2, 10.11). Por isso, não se deve considerar absurda nossa afirmação de que a morte é o salário justo de qualquer pecado, já que cada pecado merece justamente a cólera e o castigo de Deus. Contudo, argumentaria muito tolamente aquele que, pelo contrário, concluísse que o homem pode conseguir a graça de Deus com uma só obra, ainda que por muitos pecados seja digno de sua ira.

Capítulo XIX

A liberdade cristã.

rataremos agora da liberdade cristã, cuja explicação não deve de modo algum ser desprezada por aquele que se propõe a abranger num compêndio o resumo da doutrina evangélica. O tema é por demais necessário, pois, sem seu conhecimento, as consciências quase não se atrevem a avançar sem alguma dúvida; hesitam e retrocedem em muitas coisas, sofrem variações e tremores. Além disso, esta doutrina da liberdade apresenta-se a modo de apêndice ou acessório da justificação, e serve-nos em muito para compreender sua virtude. E ainda digo mais: todos os que deveras temem a Deus sentirão com isso que é inestimável o fruto daquela doutrina da que os ímpios, os céticos, os ateus e gente sem Deus e sem religião alguma se riem com suas zombarias; porque, na embriaguez espiritual em que perdem o senso, qualquer desvergonha e descaramento lhes parece lícito. Este, pois, é o lugar oportuno para tratar dessa matéria. Embora já tenha tocado no tema de passagem, foi muito oportuno reservá-lo de propósito para este lugar. De fato, tão pronto se menciona a liberdade cristã, imediatamente uns dão rédea solta a seus apetites, e outros promovem grandes alvoroços, se oportunamente não se põe freio a esses espíritos superficiais, que corrompem e põem a perder por completo quanto se lhes põe na frente, por excelente que seja. Pois uns, sob pretexto de liberdade, ignoram toda obediência a Deus e se entregam a uma licença desenfreada; outros indignam-se e não querem ouvir falar dessa liberdade, crendo que com ela se confunde e suprime toda moderação, ordem e discrição. Que fazer em tal situação, vendo-nos cercados por todas as partes e colocados em tal apuro? Será por acaso o melhor não fazer menção da liberdade cristã nem a ter em conta, para evitar assim

esses perigos? Mas já dissemos que, sem o conhecimento dela, nem Cristo nem a verdade de seu Espírito, nem o repouso ou a paz de espírito podem ser conhecidos deveras. Sendo assim, devemos pois, pelo contrário, pôr toda nossa diligência para que uma doutrina tão necessária como essa não seja sepultada e para que, ao mesmo tempo, fiquem refutadas todas as objeções absurdas que costumam suscitar com respeito à matéria.

2. A liberdade cristã, em meu entender, consta de três partes. A primeira é que a consciência dos fiéis, quando tratam de buscar confiança de sua justificação diante de Deus, levante-se por cima da Lei e esqueça-se de toda justiça legal. Porque como a Lei, conforme já provado, não deixa ninguém justo, ou devemos ser excluídos de toda esperança de ser justificados, ou é necessário nos vermos livres dela de tal maneira que não tenhamos nada que ver com nossas obras. Porque todo aquele que pensa que deve, para conseguir a justiça, pôr de seu lado sequer um mínimo de obras, não poderá determinar seu fim nem sua medida, mas constitui devedor de toda a Lei. Assim que, quando se trata de nossa justificação, é preciso, sem fazer menção alguma da Lei e abandonando toda ideia sobre as obras, abraçarmos somente a misericórdia de Deus, e, afastando os olhos de nós mesmos, olharmos somente a Jesus Cristo. Porque aqui não se pergunta de que maneira somos justos. O que se pergunta é de que maneira nós, sendo injustos e indignos, somos considerados justos. Bem, se nossa consciência quer ter alguma certeza acerca disso, não deve dar entrada nenhuma à Lei. Tampouco deve alguém deduzir daqui que a Lei seja supérflua e de nada sirva aos fiéis, pois ela não deixa de ensiná-los, exortá-los e incitá-los ao bem, ainda que, no que se refere ao tribunal de Deus, não tenha lugar em sua consciência. Porque, sendo essas duas coisas muito diversas entre si, também nós as devemos distinguir muito bem e com a maior diligência. Toda a vida do cristão deve ser uma meditação e um exercício de piedade, porque estamos chamados à santificação (Ef 1, 4; 1Ts 4, 3.7). O ofício da Lei consiste em advertir-nos de nosso dever e incitar-nos a viver em santidade e inocência. Mas, quando as consciências se inquietam sem saber como podem tornar Deus propício, como poderão levantar os olhos ao comparecer diante de seu tribunal? Então, não se devem preocupar com o que a Lei requer; mas devem ter diante dos olhos, como única justiça sua, somente a Cristo, que ultrapassa e excede toda a perfeição da Lei.

3. Quase todo o argumento da *Epístola aos gálatas* versa sobre esse tema. Pois se pode provar que são intérpretes imprudentes aqueles que ensinam que Paulo luta nessa carta pela liberdade das cerimônias; como quando diz: "Cristo nos resgatou da maldição da Lei, tornando-se ele próprio um maldito em nosso favor" (Gl 3, 13). E: "Ficai, pois, firmes na liberdade para a qual Cristo nos libertou, e não vos deixeis amarrar de novo ao jugo da escravidão. Eu, Paulo, vos digo que Cristo não será de nenhum proveito para vós se vos deixardes circuncidar. E outra vez declaro que todo homem circuncidado está obrigado a observar toda a Lei. Vós, que procurais a vossa justificação na Lei, rompestes com Cristo; decaístes da graça" (Gl 5, 1-4). Nesses raciocínios do apóstolo, sem dúvida se contém outra coisa de muito maior importância que a liberdade das cerimônias. Concordo de bom grado que Paulo trata nessa epístola das cerimônias; com efeito, nela combate os pseudo-apóstolos que tentavam manter a Igreja nas velhas sombras da Lei, as quais, com a vinda de Cristo, foram anuladas e destruídas. Mas, para a questão ser bem explicada, seria preciso subir muito mais alto, em direção às suas origens. Primeiro, o Evangelho, cuja claridade era obscurecida com essas sombras judaicas, demonstra que temos em Cristo uma firme manifestação de todas aquelas coisas esboçadas nas cerimônias mosaicas. Segundo, como aqueles impostores imbuíam a plebe da péssima opinião de que a obediência no cumprimento das cerimônias da Lei valia para merecer a graça de Deus, o Evangelho insiste principalmente neste ponto: que os fiéis não julguem poder alcançar justiça diante de Deus por nenhuma obra da Lei, e muito menos por suas minúcias. E ao mesmo tempo ensina que, pela cruz de Cristo, estamos livres da condenação da Lei (Gl 4, 5), a qual, de outra forma, pesa sobre toda a linhagem humana, a fim de que tenham completa tranquilidade de consciência. Coisa que aqui cabe com perfeição. Concluindo: o Evangelho defende a liberdade para as consciências dos fiéis, de modo que não sejam obrigadas a observar coisas desnecessárias.

4. A outra parte da liberdade cristã, que depende da primeira, é que as consciências obedeçam à Lei não porque estão coagidas pela necessidade da Lei, mas porque, livres do jugo da Lei, obedeçam a Deus de boa vontade. Porque, como se veem perpetuamente atormentados pelo medo e pela opressão enquanto estão sob o império da Lei, jamais se decidirão a obedecer ao Senhor com alegria e prontidão se antes de tudo não lograram essa liberdade. Com um único exemplo, poderemos entender muito mais clara e rapidamente o fim que pretendo com isso. É um mandamento da Lei que amemos a nosso Deus com todo o nosso coração, com toda a nossa alma e com todas as nossas forças (Dt 6, 5). Para que isso se realize, é preciso nossa alma primeiro se esvaziar de todo outro sentimento e pensamento; o coração estar limpo de todo desejo diferente; e todas as nossas energias aplicarem-se e entregarem-se somente a isso. Bem, os que em comparação aos demais vão muito adiantados no caminho do Senhor, estão muito longe dessa meta, porque, embora amem a Deus com afeto honesto e coração sincero, não deixam de ter boa parte de sua alma e de seu coração enredada em afetos carnais, que lhes detêm e impedem acolher-se livre e plenamente em Deus. É verdade que se esforçam quanto podem em ir adiante, mas a carne em parte debilita suas forças e em parte as aplica a si mesma. Que farão, pois, vendo que nada fazem menos que cumprir a Lei? Eles querem, procuram, tentam; mas nada com a perfeição requerida. Se olham para a Lei, veem que tudo o que tentam e pretendem fazer está maldito. E ninguém pode se enganar pensando que sua obra, apesar de imperfeita, não é de todo má, e que, portanto, tudo o que há nela de bom é aceito por Deus, porque a Lei, ao exigir um amor perfeito, condena toda imperfeição, a menos que seu rigor seja de antemão mitigado. Que cada um, pois, considere suas obras, e verá que o que lhe parecia bom é transgressão da Lei, enquanto não é perfeito.

5. Eis aqui como todas as nossas obras estão sob a maldição da Lei quando examinadas ao modo da Lei. Como as pobres almas sentir-se-iam alegremente dispostas às obras se acreditavam que não obteriam senão maldição? Pelo contrário, se, livres da severa disposição da Lei, ou antes liberadas de todo o rigor da Lei, ouvem que Deus as chama com suavidade e ternura paterna, respondem àquele que as chama com grande alegria e felicidade e o seguem aonde quer que Ele as leve. Em resumo: todos os que estão sob o jugo da Lei são semelhantes aos servos, aos quais seus amos cada dia lhes impõem tarefas que cumprir: eles não pensam haver feito nada nem se atrevem a comparecer diante de seus amos sem ter primeiro realizado plenamente a tarefa que lhes decretaram. Em contraposição, os filhos que são tratados mais benigna e liberalmente pelos pais não temem apresentar diante deles suas obras imperfeitas e incompletas, e até com algumas falhas, confiados que sua obediência e boa vontade serão agradáveis aos pais, ainda que não as tenham realizado com tanta perfeição quanto queriam. Assim, convém que sejamos nós e que nos convençamos de que nossos serviços sejam gratos a Deus nosso Pai misericordioso, embora sejam imperfeitos. Assim no-lo confirma Ele mesmo, pelo profeta: "Eu os tratarei benignamente, como um pai trata seu filho que o serve" (Ml 3, 17). Fica claro que "perdoar" se entende por "tratar benignamente" ou "passar por alto as faltas", ao mesmo tempo em que se lembra do serviço. Não pouca é a necessidade que temos dessa confiança, sem a qual em vão empreenderíamos coisa alguma. Porque Deus com nenhuma obra nossa se sente honrado, senão com aquelas com que de verdade tentamos honrá-lo. E como se poderia obter isso sem terrores quando se duvida se nossa obra ofenderá ou honrará a Deus?

6. Essa é a causa por que o autor da *Epístola aos hebreus* relaciona à fé todas as boas obras que os santos patriarcas realizaram, segundo se lê; e as valoriza somente segundo a fé (Hb 11, 2.17 etc.). Com respeito a essa liberdade, há uma excelente sentença na *Epístola aos romanos*, na qual Paulo conclui que o pecado não se deve apoderar de nós, porque não estamos sob a Lei, mas sob a graça (Rm 6, 12-14). Depois de exortar os fiéis a não permitirem que reine o pecado em seu corpo mortal e a não oferecerem seus membros ao pecado como instrumentos de iniquidade, mas a se oferecerem a Deus como ressuscitados dentre os mortos e seus membros como instrumentos de justiça, como eles pudessem objetar que ainda levavam sobre si uma carne cheia de apetites e que o pecado habitava neles, propõe em seguida, como motivo de consolo, que estavam livres da Lei; como se dissesse que, embora o pecado não estivesse morto neles e sentissem que a justiça não vivia plenamente em sua vida, não obstante não tinham por que temer nem desconfiar, como se tivessem a Deus sempre ofendido pelas relíquias dos pecados que neles restava, uma vez que estavam pela graça libertados da Lei, a fim de que suas obras não fossem examinadas segundo a regra da Lei. Quanto aos que inferem que se pode pecar, já que não estamos sob a Lei, entendam que essa liberdade nada tem a ver com eles, pois sua finalidade é animar-nos para o bem.

7. A terceira parte da liberdade cristã é que, diante de Deus, não nos preocupemos com as coisas externas, que em si mesmas são ἀδιάφοροι e, diante de Deus, é-nos permitido realizá-las ou omiti-las indiferentemente. Decerto nos é muito necessário o conhecimento de tal liberdade, pois, de modo contrário, não conseguiremos tranquilidade de consciência nem terão fim nossas superstições. Nos dias de hoje, muitos nos consideram tolos por fazermos a defesa do livre uso das carnes, do livre uso dos dias da semana e das roupas, e de outras coisas semelhantes, que a eles parecem brincadeiras frívolas. Entretanto, há nisso maior importância do que vulgarmente se crê, pois, uma vez que as consciências caem em tais laços, entram num longo e inextrincável labirinto, do qual não é fácil sair depois. Se alguém começar a duvidar se é lícito usar linho em seus lenços, camisas, toalhas e guardanapos, depois não estará seguro nem sequer de poder usar cânhamo, e, no fim, começará até a duvidar de ser lícito usar estopa. E dará voltas ao redor de si, perguntando-se se pode cear sem guardanapos ou não, se pode abrir mão das toalhas. Se alguém acha que parecerá ilícita uma ceia um pouco mais delicada, em breve não comerá tranquilo nem sequer pão preto ou alimentos vulgares, porque lhe virá à mente a ideia de que poderia sustentar seu corpo com alimentos ainda mais inferiores. Se hesitar quanto a um vinho mais fino, logo não beberá com a consciência tranquila nem aguapé, e finalmente não se atreverá a tocar nem a água que for mais doce e clara que outra. Em resumo: irá tão longe em sua loucura que terá por gravíssimo pecado passar por cima de uma palhinha atravessada, como se diz. Porque aqui não se trata de um ligeiro conflito de consciência, mas a dúvida está em se Deus deseja que usemos de uma coisa ou não, pois sua vontade deve preceder quanto pensarmos ou fizermos. Por isso, necessariamente desesperados lançam-se ao abismo; e outros, esquecendo-se de Deus e de seu temor, não se detêm diante de nada, mas arremetem contra tudo, sem saber qual é o caminho que hão de tomar. Porque todos os que se encontram enredados em tais dúvidas não verão coisa alguma, em parte alguma para onde se voltem, do que escrúpulos de consciência.

8. Diz Paulo: "Eu sei que nada é impuro (e, por impuro, entenda-se profano) em si mesmo; uma coisa torna-se impura somente para quem a considera impura" (Rm 14, 14). Com essas palavras, coloca sob nossa liberdade todas as coisas exteriores, contanto que nossa consciência esteja segura dessa liberdade perante Deus. Mas, se alguma opinião supersticiosa nos suscita escrúpulos, as coisas que por si e por sua natureza eram puras, ficam manchadas para nós. Por isso acrescenta: "Bem-aventurado é quem, ao aprovar alguma coisa, não se condena a si! Mas aquele que come estando com dúvidas, é condenado, porque a ação não procede da convicção. E tudo o que não procede da convicção é pecado" (Rm 14, 22.23). Aqueles que, encerrados em tais labirintos, atrevem-se, no entanto, a fazer qualquer coisa contra sua consciência, não se afastam por isso mesmo de Deus? Por outro lado, os que sentem algum temor de Deus, ainda que forçados a fazer muitas coisas contra sua consciência, veem-se oprimidos pelo temor, e ao fim caem por terra. Todos esses não recebem nenhum dos dons de Deus com ação de graças — único modo, segundo atesta Paulo, de todas as coisas ficarem santificadas para nosso uso e serviço (1Tm 4, 4.5). Refiro-me a uma ação de graças que saia do coração, que reconheça a bondade e a liberalidade de Deus em seus dons. Porque muitos deles, compreendendo que são benefícios de Deus aquilo de que gozam, louvam a Deus em suas obras; mas, quando não estão convencidos de tê-los recebido dele, como podem agradecê-los a Ele como se os houvessem recebido? Vemos, pois, em resumo, qual é o fim dessa liberdade: que usemos de todos os dons de Deus sem escrúpulo algum de consciência e sem turbação de nossa alma, para a finalidade com que Deus no-los concedeu; e, com essa confiança, nossa alma tenha paz e reconheça a liberalidade divina para conosco. E aqui se compreendem todas as cerimônias cuja observância é livre, para que as consciências não se vejam forçadas a guardá-las por necessidade de nenhum tipo, mas antes entendam que seu uso, por benefício gratuito de Deus, fica submetido a sua discrição, segundo parecer conveniente para edificação dos demais.

9. A liberdade cristã, que deve ser considerada em todas as suas partes, é uma realidade espiritual cuja firmeza consiste totalmente em aquietar, perante Deus, as consciências atemorizadas, quer estejam inquietas e preocupadas pela remissão de seus pecados, quer estejam ansiosas para saber se as obras imperfeitas e repletas dos vícios da carne agradam a Deus, quer estejam atormentadas com respeito ao uso das coisas indiferentes. Portanto, interpretam essa liberdade perversamente aqueles que querem usá-la como pretexto para seus apetites, para assim abusar dos dons de Deus em favor de seus deleites carnais, ou aqueles que pensam não haver em absoluto liberdade se não a usurparem diante dos homens, e, por isso, não têm em conta, em seu uso, a fraqueza de seus irmãos. Peca-se muito hoje em dia daquele primeiro modo, porque quase não há quem, tendo possibilidades, não viva entregue aos prazeres da comida, ao luxo no vestir, à suntuosidade das construções; quem não deseje exceder aos demais e superá-los em delicadezas, e não se sinta muito satisfeito da própria magnificência. E todas essas coisas são defendidas sob o pretexto da liberdade cristã. Dizem que são coisas indiferentes. Também eu com isso concordo se o homem faz uso delas com indiferença. No entanto, como se apetecem em demasia, quando os homens se jactam delas com arrogância, quando desordenadamente as desperdiçam, é claro que as coisas que eram essencialmente indiferentes ficam maculadas por todos esses vícios. Paulo distingue muito bem entre as coisas indiferentes: "Para os puros, tudo é puro, mas, para os impuros e incrédulos, nada é puro, até sua mente e sua consciência estão manchadas" (Tt 1, 15). Por que os ricos são amaldiçoados, por que já têm seu consolo e estão de tal forma saciados que agora riem, que dormem em camas de marfim, que somam propriedade a propriedade, e em seus banquetes deleitam-se com cítaras, liras, tambores e vinhos (Lc 6, 24.25; Am 6, 1-6; Is 5, 8)? Certamente o marfim, o ouro e as riquezas são boas criaturas de Deus, engen-

dradas para que o homem delas se sirva e até ordenadas pela providência divina para tal fim; e rir-se, saciar o apetite, acrescentar novas posses
às antigas, recebidas de nossos antepassados, deleitar-se com a harmonia da música e beber vinho, nada disso está proibido em nenhum lugar.
Mas, quando alguém tem riquezas em abundância, revolver-se entre deleites, inebriar a mente e o espírito com as volúpias presentes e andar
sempre em busca de outras novas, isso está muito longe do uso legítimo
dos dons de Deus. Extirpem, então, o desejo imoderado, a profusão desmedida, a vaidade e a arrogância, para que, com pura consciência, usem
dos dons de Deus com pureza. Quando estiver preparado para essa sobriedade, o espírito deles então estará em posse da regra para o uso legítimo dos dons divinos. Mas, se falta essa moderação e temperança, o
modo, mesmo corrente, de viver passará da medida. Pois é muito verdadeira a sentença: "Debaixo de capa ruça e rude, costuma haver um espírito purpúreo; e, ao contrário, debaixo do linho alvo e da púrpura esconde-se às vezes um coração humilde". Cada um viva, pois, segundo seu
estado e condição, pobremente, modicamente ou esplendidamente, contanto que compreenda que Deus mantém e sustenta a todos para que
possam viver, não para afundarem-se em deleites. E pensem que nisto
consiste a liberdade cristã: se aprenderam com Paulo a contentar-se com
qualquer situação; se sabem viver humildemente e ter abundância; se em
tudo e por tudo estão ensinados, tanto para ter abundância como para
padecer necessidade (Fp 4, 11.12).

10. São muitos também os que erram quanto a isso porque, como se
sua liberdade não pudesse estar incólume e salva se os homens não fossem testemunhas dela, fazem uso dessa liberdade de modo indistinto e
imprudente. E, com seu procedimento importuno, ofendem seus irmãos
mais fracos. Atualmente, veem-se muitos homens a quem parece não gozar
bem de sua liberdade se não a usam para comer carne às sextas-feiras.
E não os condeno porque a comam; mas é necessário tirar de sua mente
essa falsa opinião, pois deveriam considerar que, com nossa liberdade,
não adquirimos nada perante os homens, mas perante Deus; e que existe o mesmo tanto em comer carne como em abster-se dela. Se eles creem
que perante Deus é indiferente comer carne ou comer ovos, vestir-se de
cor ou de negro, é suficiente; a consciência já está livre, que é a quem
pertence o fruto dessa liberdade. Portanto, embora depois se abstenham
durante toda a vida de comer carne e usem sempre a mesma cor em suas
vestes, não por isso terão menos liberdade; porque são livres, por isso se
abstêm com liberdade de consciência. Mas esse tipo de pessoas corre

muito perigo de não levar em conta a fraqueza dos homens, que deve ser ajudada de tal maneira que não façamos temerariamente nada de que se possam escandalizar. Mas, dirá alguém, às vezes convém mostrarmos nossa liberdade. Também eu o confesso. No entanto, é preciso ter grande diligência para não passar dos limites, menosprezando o cuidado que se há de ter com os mais fracos, que o Senhor tão encarecidamente nos recomendou.

11. Tratarei aqui, pois, de algo acerca dos escândalos: para que saibamos diferenciar quais devemos evitar e com quais não devemos nos preocupar. Com isso, todos poderão compreender qual é a liberdade que os homens podem permitir-se. Agrada-me a distinção corrente de dois tipos de escândalo, um "dado" e outro "aceito", já que tal distinção se confirma com o testemunho evidente da Escritura, que expõe com toda propriedade o que se quer dizer. Se tu, por importunidade, leviandade, intemperança ou temeridade, e sem ordem ou no tempo e lugar oportunos, fazes algo com que os ignorantes ou fracos possam ficar escandalizados, a isso se lhe chamará escândalo "dado", já que por culpa tua o dito escândalo teve lugar. E, em geral, diz-se que se deu escândalo em alguma coisa quando a falta procede de seu autor. O escândalo se chama "aceito" quando a coisa, que nem é má em si nem foi feita de forma indiscreta, é recebida com má vontade e certa malícia, como ocasião de escândalo. Porque, neste caso, o escândalo não foi dado, mas, sem motivo nenhum, indevidamente interpretado como tal. Com o primeiro tipo de escândalo, não se ofende senão aos fracos; com o segundo, ofende-se a gente descontente e os espíritos farisaicos. Portanto, chamaremos ao primeiro "escândalo dos fracos" e ao segundo "escândalo dos fariseus"; e moderaremos o uso de nossa liberdade de modo que ceda diante da ignorância dos homens que são fracos, mas não ao rigor dos fariseus. Paulo demonstra amplamente, em muitas passagens, o quanto devemos nos preocupar com os irmãos que são mais fracos. Assim: "Recebei o fraco na fé"; "Não mais nos julguemos uns aos outros, mas antes julgai que não se deve pôr diante do irmão nada que o faça tropeçar ou cair" (Rm 14, 1.13); e muitas outras coisas a esse propósito, que é melhor lê-las no texto que citá-las aqui. O resumo de tudo isso é que "Nós, que somos fortes, devemos suportar a fraqueza dos fracos, e não buscar só o que nos agrada; cada um de nós procure agradar a seu próximo no que é bom, visando à edificação" (Rm 15, 1.2). E, em outro lugar: "mas tomai cuidado para que essa vossa liberdade não venha a ser pedra de tropeço para os fracos" (1Co 8, 9). E ainda: "De tudo o que se vende no mercado, podeis comer, sem levantar nenhum problema de consciência. A consciência do outro, não a tua. Não sejais motivo de tropeço para ninguém — judeus, gentios ou a igreja de Deus" (1Co 10, 25.29.32). Também em outro passo: "À liberdade fostes chamados; porém, não useis a liberdade de pretexto para servirdes à carne, mas servi-vos uns aos outros, por amor" (Gl 5, 13). E assim é, em verdade. Nossa liberdade não nos foi dada contra nossos próximos fracos, dos quais a caridade nos faz ser servidores; mas para que, tendo tranquilidade de consciência perante Deus, vivamos também em paz entre os homens. Sobre o que devemos pensar do escândalo dos fariseus, sabemo-lo pelas palavras do Senhor nas quais ordena que os deixemos sem preocupar-nos com eles, porque "são cegos guias de cegos" (Mt 15, 14). Os discípulos o haviam advertido de que os fariseus se escandalizaram com suas palavras; o Senhor lhes responde que não façam caso deles, nem se preocupem por seu escândalo.

12. No entanto, o tema continua incerto, a menos que compreendamos quem são aqueles que devemos considerar fracos e quem são os fariseus. Sem essa diferença, não vejo como usar de nossa liberdade quando se trata de escândalo, já que o uso seria muito perigoso. Parece-me que Paulo determinou com toda clareza, tanto em sua doutrina como em seus exemplos, quando devemos moderar nossa liberdade e quando devemos fazer uso dela. Quando tomou Timóteo por companheiro e o circuncidou; mas jamais puderam convencê-lo a circuncidar Tito (At 16, 3; Gl 2, 3). Seu proceder foi diferente; não houve, porém, mudança alguma em sua mente ou em sua vontade. Porque, pela circuncisão, Timóteo, sendo livre de todos, fez-se servo de todos para ganhar a maior número. Fez-se judeu para os judeus, para ganhar os judeus; aos que estão sujeitos à Lei — embora ele não estivesse sujeito a ela —, como sujeito à Lei, para ganhar os que estão sujeitos; a todos se fez de tudo, para de todos os modos salvar a alguns, como ele mesmo o diz (1Co 9, 19-22). Eis aqui a justa moderação da vontade, quando indeferentemente podemos abster-nos com algum fruto. Qual foi sua intenção ao recusar com tamanha obstinação circuncidar Tito, ele mesmo o declara com estas palavras: "mas nem Tito, meu companheiro, que é grego, foi obrigado a circuncidar-se. E isso apesar da presença dos falsos irmãos, que se introduziram entre nós às escondidas, para espionar a liberdade que temos em Jesus Cristo, com o fim de reduzir-nos à escravidão. A eles nem por um momento concordamos em submeter-nos, para que a verdade do Evangelho permanecesse íntegra convosco" (Gl 2, 3-5). Temos aqui, assim, um caso em que é necessário guardar nossa liberdade, se, pela iníqua coação dos falsos apóstolos, fosse preciso sofrer detrimento da consciência dos fracos. Devemos servir à caridade sempre; sempre temos de procurar edificar a nosso próximo. Em outra parte, diz: "Tudo me é permitido, mas nem tudo me convém; tudo me é permitido, mas nem tudo edifica. Que ninguém busque seu próprio bem, mas o do outro" (1Co 10, 23.24). Não pode haver coisa mais clara que esta regra: que usemos de nossa liberdade se disso resultar proveito para o próximo; mas que nos abstenhamos dela se for prejudicial ao próximo. Há alguns que simulam a prudência de Paulo ao abster-se de sua liberdade, quando não há nada que procurem menos do que servir à caridade; porque, preocupados por sua tranquilidade e repouso, desejariam que até a recordação da liberdade fosse sepultada, sendo que não convém menos usar dela para o bem e edificação de nossos próximos que abster-nos a seu devido tempo pelos motivos expostos. Portanto, é próprio de um homem pio pensar que lhe foi concedido o livre poder das coisas exteriores para que, assim, esteja mais preparado para realizar os deveres da caridade.

13. Tudo quanto ensinei com respeito a evitar os escândalos, quero referi-lo às coisas indiferentes, medianas, nem boas nem más. Porque as que são necessárias não podem deixar de ser feitas, por mais temor de escândalo que exista. Porque, assim como devemos submeter nossa liberdade à caridade, do mesmo modo a caridade deve submeter-se à pureza da fé. É verdade que se deve considerar a razão da caridade, mas até este limite: que, por amor ao próximo, não ofendamos a Deus. Não se deve aprovar a intemperança dos que nada fazem sem tumulto e preferem rasgar a descosturar. Tampouco se pode admitir aos que, induzindo os outros pelo exemplo a infinitas blasfêmias, fingem que lhes é necessário agir assim para não escandalizar seus irmãos. Como se não estivessem já dando mau exemplo à consciência de seus próximos! Especialmente quando permanecem enredados, sem esperança alguma de sair disso. Se se trata de instruir o próximo com doutrina ou com exemplo de vida, dizem que é necessário alimentá-lo com leite; e para essa finalidade o mantêm em ímpias e perniciosas opiniões. Paulo conta que alimentou os coríntios com leite (1Co 3, 2); mas, se naquele tempo existisse entre eles a missa papista, tê-la-ia celebrado para eles, a fim de dar-lhes leite? Não. Porque leite não é veneno. Mentem, pois, fingindo alimentar, matam cruelmente sob a aparência de doçura. E, embora concedendo que semelhante dissimulação se possa admitir por algum tempo, no entanto, até quando darão desse leite a seus filhos? Porque se nunca crescem o suficiente para suportar algum alimento leve, claramente se vê que jamais

foram mantidos com leite. Há duas razões que me impedem de combater no presente a tais gentes de maneira mais a propósito. A primeira,
que seus desatinos não merecem resposta nem refutação, pois nenhum
homem de entendimento são faz caso deles. A segunda, para não repetir
a mesma coisa, pois já tratei de propósito desse tema em outros livros.
Simplesmente que os leitores tenham por indubitável que, com qualquer
tipo de escândalo que Satanás e o mundo procurem afastar-nos do que
Deus ordena, ou procurem deter-nos para não seguirmos a norma de sua
Palavra, apesar de tudo temos de empregar toda nossa diligência em
continuar em frente com coragem. Assim, qualquer que seja o momento
de crise, não é lícito afastarmo-nos nem um milímetro das ordens de Deus,
nem sob nenhum pretexto temos de tentar algo que Ele não permita.

14. Uma vez que as consciências dos fiéis, pela já descrita prerrogativa da liberdade que vem de Cristo, estão livres dos laços das observâncias nas coisas em que o Senhor determinou indiferentes, concluímos que
estão livres do poder de todos os homens. Porque não está bem que o
louvor que Cristo deve receber por semelhante benefício seja obscurecido, nem que as consciências percam seu fruto e proveito. E não devemos
estimar como de pouca importância o que sabemos que custou tanto a
Cristo, pois ele o adquiriu não com coisas corruptíveis, como ouro ou prata,
mas com seu sangue precioso (1Pd 1, 18.19), de modo que Paulo não
duvida em dizer que a morte do Senhor não teria efeito algum se nos
puséssemos sob a sujeição dos homens. Porque não se trata de outra coisa
nos últimos capítulos da *Epístola aos gálatas* a não ser de que Cristo fica
obscurecido para nós, e até desaparece de tudo, se nossa consciência não
permanece em liberdade, da qual sem dúvida alguma decai se pode ser
enredada nos laços das leis e constituições conforme o arbítrio dos homens (Gl 5, 1.4). Mas, como isso é coisa muito digna de ser compreendida, será preciso expô-lo mais por extenso e com maior clareza. Porque,
assim que se diz uma só palavra sobre abolir as constituições humanas,
suscita-se uma infinidade de revoltas, em parte por sediciosos, em parte
por caluniadores, como se toda a obediência dos homens fosse abolida
ou subvertida ao mesmo tempo.

15. Para que ninguém tropece nessa pedra, observemos em primeiro
lugar que há um duplo regime do homem: um espiritual, mediante o qual
se instrui a consciência na piedade e no culto de Deus; e outro político,
pelo qual o homem é instruído em suas obrigações e deveres de humanidade e de educação que devem presidir as relações humanas. Em geral,
costumam chamar-se "jurisdição espiritual" e "jurisdição temporal", no-

mes muito apropriados, com os que se dá a entender que a primeira classe de regime se refere à vida da alma, e que a outra se aplica às coisas deste mundo, não somente para manter e vestir os homens, mas também para prescrever leis mediante as quais possam eles viver com seus semelhantes santa, honesta e modestamente. Porque a primeira tem sua sede na alma; a outra, em contrapartida, preocupa-se somente com os costumes exteriores. Ao primeiro, podemos chamar-lhe "reino espiritual"; ao outro, "reino político ou civil". Temos de considerar cada uma dessas coisas em si, segundo as distinguimos: com independência uma da outra. Porque no nome há, por assim dizer, dois mundos, nos quais pode haver reis diversos e leis distintas. A distinção servirá para advertir-nos de que não devemos aplicar sem mais à ordem política o que o Evangelho nos ensina sobre a liberdade espiritual; como se os cristãos não devessem estar sujeitos às leis humanas segundo o regime político, pelo fato de que sua consciência é livre diante de Deus; como se estivessem isentos de todo serviço segundo a carne por serem livres segundo o espírito. Além disso, como se pode enganar o homem até nas mesmas constituições que parecem pertencer ao reino espiritual, convém também que, mesmo nestas, distinga-se quais devem ser consideradas legítimas por estarem conformes à Palavra de Deus, e quais, pelo contrário, não devem de modo algum ser admitidas pelos fiéis. Com respeito ao regime político, falaremos em outro lugar. Tampouco falarei aqui das leis eclesiásticas, porque sua discussão cai melhor no livro quarto, onde trataremos da autoridade da Igreja. Damos, pois, essa matéria por concluída. Essa questão, como já disse, não é obscura ou complexa em si, mas embaraça àqueles que não distinguem suficientemente bem entre o foro externo (como o chamam) e o da consciência. Ademais, a dificuldade aumenta com o que Paulo diz: que nos submetamos às autoridades superiores, não somente por razão do castigo, mas também por causa da consciência (Rm 13, 1.5). De onde se segue que as consciências estão sujeitas até às leis políticas. O que, sendo assim, deitaria por terra tudo quanto dissemos pouco antes e o que agora vamos dizer sobre o regime espiritual. Para resolver tal dificuldade, primeiro temos de compreender que é a consciência, cuja definição deve ser estabelecida pela etimologia e pela derivação do termo. Assim como dizemos que os homens sabem aquilo que seu espírito e seu intelecto compreendem, de onde procede o nome "ciência", da mesma maneira, quando têm o sentimento do julgamento de Deus, que lhes serve de testemunha, para não lhes permitir ocultar os pecados quando no tribunal do Juiz, a este sentimento se chama "consciência". Pois a consciência é um meio entre Deus e o homem; porque o homem não é capaz de suprimir em si mesmo aquilo que sabe, mas isso o persegue até levá--lo ao arrependimento. É isso o que Paulo quer dizer quando afirma que a consciência dá testemunho aos homens, acusando ou defendendo seus raciocínios (Rm 2, 15). Um simples conhecimento podia estar no homem como que sufocado. Por isso, o sentimento que coloca o homem perante o julgamento de Deus é como uma salvaguarda, concedida para surpreender e espiar todos os seus segredos, a fim de que nada fique oculto, mas que tudo venha à luz. Daí nasceu aquele antigo provérbio: a consciência é como mil testemunhas.[296] Pela mesma razão, Pedro põe o testemunho da boa consciência para repouso e tranquilidade do espírito, quando, apoiados na graça de Cristo, atrevemo-nos à apresentação diante do tribunal divino (1Pd 3, 21). E o autor da *Epístola aos hebreus*, ao afirmar que os fiéis não têm já mais consciência do pecado (Hb 10, 2), quer dizer que os fiéis estão livres e absolvidos, para que o pecado não tenha já de que os acusar.

16. Assim como as obras dizem respeito aos homens, a consciência refere-se a Deus; de sorte que a consciência não é outra coisa senão a integridade interior do coração. É nesse sentido que Paulo escreve que o cumprimento da Lei "é o amor nascido de coração puro, de uma boa consciência e de uma fé sincera" (1Tm 1, 5). E depois, no mesmo capítulo, prova a diferença que existe entre a consciência e um simples conhecimento, dizendo que alguns, por desprezar a boa consciência, naufragaram na fé (1Tm 1, 19), declarando, com essas palavras, que a boa consciência é um afeto vivo de honrar a Deus e um zelo sincero de viver piedosamente. Algumas vezes a consciência refere-se também aos homens: como quando o próprio Paulo, segundo conta Lucas, afirma que procurou "ter sempre uma consciência irrepreensível diante de Deus e diante dos homens" (At 24, 16). Contudo, disse isso porque os frutos da boa consciência chegam até os homens ou, falando mais propriamente, somente têm por objeto e se dirigem a Deus. Daí dizer-se que uma lei que simplesmente ata um homem, sem ter em conta os demais, ou sem que a razão deles seja considerada, obriga a consciência. Por exemplo: Deus nos manda conservar o coração casto e limpo de toda mancha, assim como também proíbe toda palavra obscena e dissoluta que pareça incontinência. Ainda que ninguém mais vivesse no mundo, eu, em minha consciência, estou obrigado a guardar essa lei. Portanto, qualquer um que se

---

296 Quintilianus, De institut. Orat., V 11, 41.

conduza desordenadamente, não só peca por dar mau exemplo a seus irmãos, mas também se faz culpado diante de Deus por ter transgredido o que Ele proibira. Outra coisa é o que é indiferente em si. Devemos abster--nos, se disso provém algum escândalo, mas com liberdade de consciência. Assim o demonstra Paulo quando fala da carne sacrificada aos ídolos: "Se alguém vos disser 'Isto foi sacrificado aos ídolos', não o comais, por motivos de consciência. A consciência dele, não a tua" (1 Co 10, 28.29). Pecaria o fiel que, avisado disso, comesse tal carne. Mas, embora Deus lhe ordene abster-se de tal alimento, por causa de seu próximo, e estando obrigado a submeter-se a isso, nem por isso sua consciência deixa de ser livre. Vemos, pois, como essa lei, obrigando a obra exterior, deixa, no entanto, livre a consciência.

CAPÍTULO XX

Da oração, que é o principal exercício da fé, por meio da qual recebemos a cada dia os benefícios de Deus.

elas coisas discutidas até agora, percebemos claramente quão necessitado está o homem e quão desprovido de todos os bens, e como lhe faltam todos os meios para sua salvação. Portanto, se procurar defesas com as quais socorrer sua necessidade, deve sair de si e buscá-las em outra parte. Em seguida, demonstraremos que o Senhor, voluntária e liberalmente, mostra-se a nós em Cristo, no qual nos oferece a felicidade, em vez da miséria, e todo tipo de riqueza, em vez da pobreza, no qual nos abre os tesouros do céu, a fim de que nossa fé olhe seu amado Filho, para estarmos sempre pendentes dele e toda nossa esperança apoiar-se e descansar nele. Esta, em verdade, é uma secreta e oculta filosofia, que não se pode entender por silogismos; entendem-na e aprendem-na somente aqueles a quem Deus abriu os olhos, para que vejam claro com sua luz. Mas, depois de ensinados pela fé a reconhecer que todo o bem de que carecemos encontra-se em Deus e em Nosso Senhor Jesus Cristo — em quem o Pai quis que habitasse a plenitude de sua liberalidade, para que dele, como de uma fonte copiosíssima, tirássemos todos —, só nos resta buscar nele e, mediante a oração, pedir-lhe o que sabemos estar nele. Porque, de outra maneira, de nada nos serviria conhecer a Deus como autor, senhor e dispensador de todos os bens, que nos convida a pedir-lhos, e, por outro lado, não nos dirigirmos a Ele nem lhe pedir coisa alguma. Como se alguém negligenciasse um tesouro que lhe tivessem mostrado, deixando-o enterrado e escondido na terra. E assim o apóstolo, para provar que não pode existir verdadeira fé sem que dela brote a invocação, pronunciou esta ordem: como a fé nasce do Evangelho, igualmente por ela somos instruídos para invocar a Deus (Rm 10, 14). Que é

a mesma coisa que pouco antes havia dito: "O espírito de adoção, o qual sela em nosso coração o testemunho do Evangelho, faz que nos atrevamos a elevar nossas almas a Deus, a fim de expor a Ele seus desejos, suscitando em nós gemidos indizíveis e que clamam com confiança: Abba, Pai!" (Rm 8, 15.16). Convêm, pois, tratar agora mais detidamente do último ponto, de que somente de passagem falamos até agora.

2. Assim, pelo benefício da oração, conseguimos penetrar até aquelas riquezas que Deus celestial tem depositadas em si. Pois a oração é uma espécie de comunicação entre Deus e os homens, mediante a qual estes entram no santuário celestial, recordam ao Senhor suas promessas e instam-lhe a mostrar na realidade, quando a necessidade o requer, que aquilo em que acreditaram, simplesmente em virtude de sua Palavra, não era vão. Vemos, pois, que Deus não nos propõe coisa alguma a esperar dele sem que, ao mesmo tempo, mande que a peçamos pela oração; tão certo é o que dissemos, que com a oração encontramos e desenterramos os tesouros, que se mostram e descobrem a nossa fé pelo Evangelho. Não há palavras suficientes para explicar quão necessário, útil e proveitoso é o exercício de orar ao Senhor. Decerto não sem motivo, nosso Pai celestial assevera que toda a segurança de nossa salvação consiste em invocar seu nome (Jl 2, 32); pois assim adquirimos a presença de sua providência, com a qual vela, cuidando e provendo tudo o que nos é necessário; e a presença de sua virtude e potência, com a qual nos sustenta, a nós, fracos e sem forças; e ainda a presença de sua bondade, pela qual nos recebem sua graça e favor, a nós, miseravelmente agoniados pelos pecados; e finalmente o chamamos para nos mostrar que nos é favorável e que está sempre conosco. Daqui nasce para nós uma grande paz e tranquilidade de consciência, porque, tendo exposto ao Senhor a necessidade que nos oprimia, descansamos nele plenamente, porque estamos persuadidos de que nenhum de nossos males está oculto àquele que nos quer tão bem e que pode olhar por nós da melhor forma possível.

3. Entretanto, alguém nos dirá: acaso Deus não sabe, sem que alguém lho diga, as necessidades que nos impelem e o que nos é necessário? Por isso, poderia parecer de certa maneira supérfluo solicitá-lo com nossas orações, como se Ele fizesse que nos ouve ou que permanecesse adormecido até que lho recordamos com nosso clamor. Os que raciocinam assim não consideram o fim para o qual o Senhor ordenou a oração, tanto por razão dele quanto por nós. Aquele que quer, como é razoável, conservar seu direito, deseja que lhe seja dado o que é seu; quer dizer, que os homens compreendam, confessem e manifestem em suas orações que tudo o quanto desejam e entendem como proveitoso lhes vem do Senhor. No entanto, todo o proveito do sacrifício com o qual é honrado reverte sobre nós. Por isso os santos patriarcas, quanto mais atrevidamente se vangloriavam dos benefícios que Deus concedera a eles e aos demais, tanto mais vivamente se animavam a orar. Para confirmá-lo, basta alegar um só exemplo, o de Elias, o qual, seguro do conselho de Deus, depois de haver prometido sem temeridade ao rei Acab que choveria, não por isso deixou de orar com grande insistência; e enviou seu criado, por sete vezes, para olhar se vinha chuva (1Rs 18, 41-43); não que não tivesse fé no oráculo, mas porque sabia que seu dever era propor sua petição a Deus, a fim de que sua fé não adormecesse e decaísse. Portanto, embora Deus vele e esteja atento para conservar-nos, mesmo quando estamos distraídos e não sentimos nossas misérias, e se bem que às vezes nos socorre sem que lhe roguemos, não obstante nos importa muito invocá-lo de contínuo. Em primeiro lugar, a fim de nosso coração inflamar-se num constante desejo de buscá-lo, amá-lo e honrá-lo sempre, acostumando-nos a acolher-nos somente nele, em todas as nossas necessidades, como em um porto seguríssimo. Assim, para que nosso coração não se veja tocado por nenhum desejo do qual não nos atrevamos imediatamente a colocá-lo como testemunha, conforme o fazemos quando colocamos diante de seus olhos tudo o que sentimos dentro de nós e abrimos todo nosso coração em presença sua, sem lhe ocultar nada. Além disso, a fim de nos preparar para receber seus benefícios e favores com verdadeira gratidão de coração e com ação de graças, já que, pela oração, damo-nos conta de que todas essas coisas vêm de sua mão. Da mesma forma, para, uma vez que alcançamos o que lhe pedimos, convencermo-nos de que ouviu nossos desejos, e por eles sermos muito mais fervorosos em meditar sua liberalidade, e ao mesmo tempo desfrutarmos com muito maior alegria dos favores que nos fez, compreendendo que os alcançamos mediante a oração. Finalmente, a fim de que o próprio uso e a contínua experiência confirmem em nós, conforme nossa capacidade, sua providência, compreendendo que não somente promete que jamais nos faltará, que por sua própria vontade nos abre a porta para que, no momento mesmo da necessidade, possamos apresentar-lhe nossa petição, e que não nos enleva com vãs palavras, mas nos socorre e ajuda realmente. Por todas essas razões, nosso Pai clementíssimo, embora jamais durma nem esteja ocioso, contudo muitas vezes dá mostras de que é assim e de que não se preocupa com nada, para exercitar-nos desse modo em rogar-lhe, pedir-lhe e importuná-lo, porque vê que isso é muito conveniente para pôr remédio à nossa negligência e ao nosso descuido. Desviados do caminho, pois, vão aqueles que, a fim de alijar os homens da oração, objetam que a divina providência está alerta para conservar tudo quanto criou, e que, portanto, é supérfluo insistir com nossas interpelações, já que o Senhor, pelo contrário, afirma: "O Senhor está perto de todos os que o invocam" (Sl 145, 18). Não é mais consistente a outra objeção, de que é coisa supérflua pedir ao Senhor o que Ele está pronto a dar-nos por sua própria vontade, já que Ele quer que atribuamos à oração tudo quanto alcançamos de sua liberal magnificência. O qual confirma admiravelmente aquela sentença do salmista: "Os olhos do Senhor estão sobre os justos, e atentos seus ouvidos ao clamor deles" (Sl 34, 15). Isso demonstra que Deus procura a salvação dos fiéis por sua própria vontade, de tal maneira que, contudo, deseja que exercitem sua fé em pedir-lhe, a fim de purificar seus corações de todo esquecimento ou negligência. Os olhos do Senhor velam, então, para socorrer a necessidade dos cegos; mas quer no entanto que nós, por nossa parte, gemamos, para melhor mostrar-nos o amor que nos tem. Dessa maneira, ambas as coisas são verdade: "Não dormirá o que guarda a Israel" (Sl 121, 3), e que, entretanto, retira-se como se nos tivesse esquecido quando nos vê entorpecidos e mudos.

4. Além disso, que seja esta a primeira lei para orar conveniente e devidamente: estarmos preparados com a mente e com o espírito, como devem ser aqueles que se aproximam para falar com Deus. No que diz respeito à nossa alma, teria efeito, se livre dos pensamentos e dos cuidados da carne, com os quais pode afastar-se ou estorvar-se para ver bem a Deus, não somente toda ela se entregar a orar, mas, além disso, tanto quanto possível, levantar-se e elevar-se sobre si mesma. Quanto ao mais, eu tampouco exijo um ânimo tão desprendido que não tenha coisa alguma que o oprima nem o atormente, já que, pelo contrário, é preciso que nosso fervor para orar se inflame e acenda em nós com as angústias e os pesares, como os vemos nos santos servos de Deus, os quais asseguram que se encontravam entre grandíssimos tormentos — quanto mais entre inquietudes! —, quando dizem que, desde o profundo do abismo, clamam ao Senhor (Sl 130, 1). Mas sim, creio ser necessário arrancar de nós todas as preocupações alheias, que podem desviar nossa atenção para outro lado e fazer descê-la do céu para arrastar-se pela terra. Assim, entendo que é preciso que a alma se eleve acima de si mesma; que não deve levar à presença de Deus nenhuma das coisas que nossa cega e louca razão costuma forjar; e que não deve mantê-la restrita nos limites de sua vaidade, mas que há de elevar-se a uma pureza digna de Deus.

5. Duas coisas são dignas de nota: que todo aquele que se prepara para orar deve aplicar a tal propósito todos os seus sentidos e o seu entendimento, e que não se distraia (como costuma acontecer) com pensamentos erráticos. Porque não há coisa mais contrária à reverência que devemos a Deus que a leviandade que procede da liberdade que tomamos para andar divagando, "como mouro sem senhor", como se diz, como se Deus não nos importasse grande coisa. E tanto mais devemos aplicar todas as nossas forças a isso quanto mais difícil vemos que é por experiência. Porque não há ninguém tão concentrado na oração que não sinta como penetram em seu espírito numerosas fantasias, que interrompem o fio da oração ou a detêm com uma espécie de rodeio. Assim, pois, quando Deus nos chama a falarmos familiarmente com Ele, temos de recordar quão vil e indigno é abusar de tanta bondade e gentileza mesclando o céu com a terra, o sagrado com o profano, de maneira que não se possa reter nossa atenção nele, e, como se estivéssemos tratando com um ser qualquer, interrompamos a conversa quando oramos, distraindo-nos com tudo o que nos ocorre. Compreendamos, então, que somente se prepara e dispõe a orar como é preciso aquele a quem a majestade de Deus toca, para que, desentendendo-se de todo cuidado e afeto terreno, chegue-se a Ele. É o que significa o gesto de alçar as mãos, que usamos ao orar, a fim de recordarmos que estamos muito longe de Deus se não alçamos nossos sentimentos ao céu. Como se diz no salmo: "A ti, ó Senhor, levantarei minha alma" (Sl 25, 1). E com muita frequência a Escritura usa expressões como "elevar oração" (Is 37, 4), para que os que desejam ser ouvidos por Deus não se entretenham na própria miséria. Em suma: quanto mais Deus se conduz liberalmente conosco, convidando-nos com graça a descarregarmos todos os nossos cuidados em seu seio, tanta menor desculpa temos se não fizermos mais caso de um benefício tão excelente e incomparável para atrair-nos a si do que de qualquer outra coisa, e não pusermos todo nosso afã e sentidos em orar; o que de nenhum modo poderá chegar a efeito se nosso entendimento não resistir, forte e firmemente, a todos os impedimentos e estorvos que lhe vêm de encontro, até submetê-los e calcá-los aos pés. Em segundo lugar, não peçamos a Deus mais do que Ele no-lo permite. Porque, ainda que sua majestade nos permita que lhe abramos nosso coração (Sl 62, 9; 145, 8), nem por isso permite que demos rédea solta, indiferentemente, a nossos afetos inconsiderados e até perversos. E, quando promete realizar os desejos dos fiéis, Deus não estende sua indulgência e benignidade até submeter-se a meros caprichos. Coisa em que, por certo, falha-se com frequência, porque muitos não apenas se atrevem a importunar a Deus com desvarios, sem reverência nem pudor algum, e a expor sem reparo diante de seu tribunal os sonhos que passam por sua cabeça, mas ainda essa tolice e estupidez os têm tão preocupados que não sentem escrúpulo algum em pedir a Deus que cumpra seus desejos, embora sejam tão torpes que se sentiriam grandemente envergonhados se chegassem ao conhecimento dos homens. Entre os pagãos, houve alguns que zombaram desse atrevimento e até o abominaram; porém, esse vício sempre reinou. Daí que os ambiciosos tomaram a Júpiter por patrono; os avarentos, a Mercúrio; os ansiosos de ciência e sabedoria, a Apolo e Minerva; os belicosos, a Marte; os luxuriosos, a Vênus. Também atualmente, como indiquei há pouco, os homens se arrogam maior liberdade em seus apetites ilícitos quando oram do que se estivessem entre iguais e companheiros, falando de passatempos e de vaidades. Mas Deus não consente que ninguém zombe de sua bondade e clemência; antes, mantendo seu direito de preeminência, submete nossos desejos à sua vontade e os reprime como com um freio. Por isso devemos observar esta regra de João: "Esta é a confiança que temos nele, que, se pedirmos alguma coisa conforme sua vontade, nos ouve" (1Jo 5, 14). Mas, como nossas faculdades são muito débeis para permitirem chegarmos a tal perfeição, devemos buscar o remédio necessário. Da mesma maneira que é preciso o entendimento fixar-se em Deus, é necessário o afeto do coração a Ele seguir. Ambos, porém, andam arrastando-se pela terra ou, melhor dizendo, estão muito fatigados e desfalecidos e vão totalmente desencaminhados. Por isso Deus, para socorrer nossa fraqueza, oferece, quando oramos, seu Espírito como mestre, que nos dite o que é reto e justo e modere nossos afetos. Pois, como não sabemos nem que havemos de pedir como convém, o Espírito mesmo intercede por nós com gemidos indizíveis (Rm 8, 26). Não que Ele literalmente ore e gema, mas que suscita em nós uma confiança, uns desejos e tais suspiros que as forças naturais não poderiam de modo algum conceber. E, não sem motivo, Paulo chama "gemidos indizíveis" aos que os fiéis dão quando guiados pelo Espírito de Deus. Porque não ignoram os que deveras têm prática de oração, que muitas vezes se acham tão enredados em tais perplexidades e angústias que, com grande dificuldade, acham como começar. E mesmo quando se esforçam em balbuciar algo, sentem-se de tal forma embaraçados que não sabem seguir adiante; de onde se conclui que o dom de orar bem é muito singular. Não comentei tudo isso para que resignemos no Espírito Santo a obrigação de orar e durmamos em nosso descuido e negligência, ao que estamos por natureza tão inclinados; como alguns, que impiamente afirmam que devemos esperar até que Deus atraia a si nossos entendimentos, que estão ocupados em outras coisas; mas antes para que, desgostosos de nosso descuido e negligência, esperemos a ajuda e o socorro do Espírito. Certamente, quando manda que oremos no Espírito, Paulo não deixa por isso de nos exortar à vigilância (1Co 14, 15; Ef 6, 18), querendo dizer que o Espírito de tal forma exercita sua potência quando nos incita a orar que não impede nem detém de forma alguma nosso empenho, uma vez que Deus quer experimentar quão eficazmente a fé impulsiona nosso coração.

6. A outra lei deve ser que, ao orar, sempre sintamos verdadeiramente nossa pobreza e, pensando com seriedade que temos necessidade de tudo o que pedimos, acompanhemos nossas petições de um ardente afeto. Porque são muitos os que recitam suas orações de maneira negligente, repetindo uma fórmula, como se assim cumprissem seu dever com Deus. E, embora confessem que a oração deve proceder do íntimo do coração, porque seria um grande mal carecer da assistência e ajuda de Deus que lhe pedem, no entanto, se vê claro que fazem isso como por rotina, já que seu coração está frio, sem calor algum, e que não prestam atenção ao que pedem. É verdade que um sentimento confuso e geral de sua necessidade os leva a orar, mas não lhes urge como se sentissem sua necessidade no momento e pedissem em consequência ser aliviados de sua miséria. Bem, o que há de mais odioso e detestável à majestade divina que esse fingimento, quando aquele que pede perdão de seus pecados, ao mesmo tempo pensa não ser pecador, ou não pensa que o é? Claro que zombam abertamente de Deus com tal ficção. De fato, todo mundo, segundo disse há pouco, está cheio dessa perversidade; cada qual pede a Deus, somente como por cumprir com Ele, aquilo de que já estão seguros de conseguir de outros, ou de tê-lo já na mão, como coisa própria. O delito dos que vou expor agora parece mais leve, mas tampouco é tolerável: consiste em aqueles que não receberam senão a instrução de que se deve oferecer a Deus seus sacrifícios, recitem suas orações sem reflexão alguma. É, pois, necessário os fiéis terem muito cuidado de não se apresentar jamais diante da divina majestade para pedir qualquer coisa a não ser que a desejem de coração e queiram obtê-la dele. E mais ainda: até aquelas coisas que pedimos somente para glória de Deus e que não nos parecem, à primeira vista, dizer relação com nossas necessidades, não obstante é necessário que as peçamos com não menor fervor e veemência. Como quando pedimos que seu nome seja santificado, devemos, por assim dizer, ter fome e sede dessa santificação.

7. Se alguém replicar que nem sempre somos levados a orar por idêntica necessidade, admito-o, realmente. Tiago notou muito bem essa distinção quando disse: "Alguém dentre vós está aflito? Recorra à oração. Alguém se sente bem? Entoe hinos" (Tg 5, 13). Assim, o próprio senso comum nos ensina que, por sermos tão preguiçosos, Deus nos incita a rogar-lhe, conforme a necessidade. Esse é o tempo oportuno de que fala Davi (Sl 32, 6), porque, como ele o ensina em muitos lugares, quanto mais nos oprimem as moléstias, as incomodidades, os temores e todos os demais gêneros de tentações, tanto mais temos livre ingresso a Deus, como se Ele nos chamasse pessoalmente a isso. Porém, não deixa de ser muito certo o que diz Paulo, que em todo tempo devemos orar (Ef 6, 18; 1Ts 5, 17), porque, embora tudo nos aconteça com um pedido de boca e conforme nossos desejos, e nada nos dê mais contentamento, apesar disso não há um só momento em que nossa miséria não nos incite a orar. Se alguém tem grande abundância de vinho e trigo, não poderá desfrutar de um só pedaço de pão se a bênção de Deus não continua sobre ele; nem seus grãos o dispensarão de pedir o pão de cada dia. Além disso, se considerarmos quantos são os perigos que nos ameaçam a cada momento, o próprio medo nos ensinará que não há instante em que não tenhamos grande necessidade de orar. Podemos conhecer isso muito melhor nas necessidades espirituais. Quando tantos pecados, de que nossa própria consciência nos acusa, permitirão estarmos ociosos, sem pedir perdão humildemente? Quando as tentações farão as pazes conosco, de sorte que não tenhamos necessidade de acolher-nos em Deus, buscando socorro? Ademais, o desejo de ver o reino de Deus prosperado e seu nome glorificado deve apoderar-se de nós de maneira tão intensa e contínua, não a intervalos, que tenhamos sempre presente a oportunidade e ocasião de orar. Por isso, não sem motivo, recomenda-nos a assiduidade na oração. Não falo ainda da perseverança, da qual farei menção em seguida. Mas a Escritura, ao nos exortar a orar seguidamente, condena nossa negligência, porque não sentimos até que ponto nos é necessária essa diligência e cuidado. Com essa regra, fecha-se por completo a porta à hipocrisia e a todas as astúcias e sofismas que os homens inventam para mentir a Deus. O Senhor promete que estará próximo de todos os que o invocarem de verdade, e diz que o encontrarão aqueles que de coração o buscarem (Sl 145, 18; Jo 9, 31). Não atentam para isso os que se sentem contentes com sua sujeira. Assim, a legítima oração requer penitência. Daí aquilo tão recorrente na Escritura: que Deus não ouve os malvados; que suas orações lhe são abomináveis, como também seus sacrifícios.

Porque é justo que encontrem fechados os ouvidos de Deus aqueles que lhe fecham seu coração; e que aqueles que, com sua dureza e obstinação, provam o rigor de Deus, sintam-no inexorável. Deus ameaça-os desta maneira, por meio do profeta Isaías: "Quando multiplicardes a oração, não ouvirei; cheias de sangue estão vossas mãos" (Is 1, 15). E por Jeremias: "Eu os conjurei e disse: ouvi minha voz. E não ouviram, nem inclinaram seu ouvido. E clamarão a mim, e eu não os ouvirei" (Jr 11, 7.8.11); porque Deus considera uma injúria muito grave que os ímpios, que durante toda a vida mancham seu nome sacrossanto, vangloriem-se de fazer parte dos seus. Por causa disso, queixa-se por meio de Isaías, dizendo que os judeus se aproximam dele com sua boca e o honram com seus lábios, mas seu coração está longe dele (Is 29, 13). O Senhor não limita isso às orações, mas afirma que aborrece todo fingimento em qualquer parte de seu culto e serviço. A isso se refere o que diz Tiago: "Pedis, sim, mas não recebeis, porque pedis mal, para esbanjar em vossos deleites" (Tg 4, 3). É verdade — como tratarei pouco adiante — que as orações dos fiéis não se apoiam em sua dignidade pessoal; no entanto, não é supérfluo o aviso de João: "Qualquer coisa que pedirmos receberemos dele, porque guardamos seus mandamentos" (1Jo 3, 22), já que a má consciência nos fecha a porta. De onde se segue que nem oram bem nem são ouvidos senão os que cultuam a Deus com sinceridade. Por conseguinte, todo aquele que se dispuser a orar, que sinta desgosto por seus pecados e se revista da aparência e do sentimento de um mendicante; o que não pode acontecer sem penitência.

8. Acrescente-se ainda uma terceira regra: todo aquele que se apresenta diante de Deus para orar abdique de todo pensamento acerca de sua própria glória, abandone toda opinião da própria dignidade e, em consequência, arranque de si a autoconfiança, dando, em sua abjeção, toda a glória a Deus; para que não nos arroguemos alguma coisa, por pequena que seja, nem nos apresentemos diante da majestade divina com nossa soberba. Temos inumeráveis exemplos dessa submissão, que abate toda elevação nos servos de Deus; dos quais, quanto mais santo é algum, tanto mais, ao apresentar-se diante de Deus, humilha-se e abate-se. Assim, Daniel, tão louvado pela boca do próprio Deus, diz: "porque nós, prostrando-nos na terra diante da tua face, não fazemos essas preces confiados no merecimento de nossas justiças, mas em tuas muitas misericórdias. Escuta, Senhor; aplaca-te, Senhor! Dá ouvidos, Senhor, e não tardes mais, por amor de ti mesmo, Deus meu; porque teu nome é invocado sobre tua cidade e sobre teu povo" (Dn 9, 18.19). Tampouco deve-se dizer que, segundo o costume comum, ele se põe entre os demais contando-se como um deles, mas antes que, em sua própria pessoa, declara-se pecador e se recolhe à misericórdia de Deus, como ele mesmo o atesta ao dizer: "depois de ter confessado meus próprios pecados e os de meu povo". De uma tal humildade também Davi nos serve de exemplo: "Não chameis a juízo o vosso servo, porque aos vossos olhos nenhum vivente é justo" (Sl 143, 2). Isaías orava da mesma forma: "Eis, tu te iraste porque pecamos; em pecados perseveramos por longo tempo e seremos salvos. Pois todos nós somos como sujeira, e todas as nossas justiças são como um trapo imundo; e caímos todos como a folha, e as nossas maldades como um vento nos arrebataram. Não há quem invoque o teu nome, que se levante e te detenha; escondeste teu rosto de nós, e nos esmigalhaste entre as mãos de nossa maldade. E agora, Senhor, tu és nosso pai; nós não somos senão barro, e tu, o artesão que nos formaste; assim, todos nós somos obra de tuas mãos. Não te irrites muito, Senhor, e nem te lembres mais da nossa iniquidade. Eis-nos aqui, somos teu povo" (Is 64, 5-9). Eis como eles não se apoiam em nenhuma outra confiança mais do que nesta: que, considerando-se do número dos servos de Deus, não desesperam que Deus tenha de mantê-los sob seu amparo e proteção. Jeremias fala da mesma maneira: "Ainda que nossas iniquidades testemunhem contra nós, ó Senhor, age por amor de teu nome" (Jr 14, 7). Pois o que está escrito na profecia de Baruque, embora escrito por autor incerto, é uma verdade muito grande e santa: "mas a alma triste e desolada pela grandeza do mal, a alma agoniada e abatida, a alma faminta e os olhos enfraquecidos te dão a ti, Senhor, a glória. Não segundo as justiças de nossos pais apresentamos diante de ti nossas orações, nem pedimos misericórdia diante de tua presença, Deus Nosso Senhor; mas, porque tu és misericordioso, tem piedade de nós, porque pecamos diante de ti" (Br 2, 18-20).

9. Enfim, o princípio e a preparação para orar bem é o pedido de perdão a Deus, com uma confissão humilde e sincera de culpa. Porque não devemos esperar que ninguém, por mais santo que seja, alcance coisa alguma de Deus até que gratuitamente tenha sido reconciliado com Ele. Ora, é impossível Deus ser propício senão àqueles a quem perdoa os pecados. Por isso, não é de estranhar que os fiéis abram com essa chave a porta para orar, segundo se vê claramente em muitas passagens dos salmos; pois Davi, ao pedir coisa diferente, diz contudo: "dos pecados de minha juventude e de minhas rebeliões, não te recordes; conforme tua misericórdia, lembra-te de mim por tua bondade, ó Senhor". E: "vê minha aflição e meu trabalho, e perdoa todos os meus pecados" (Sl 25, 7.18). Nisso vemos também que não basta fazer um balanço a cada dia dos pecados cometidos durante ele, mas é necessário rememorar aqueles que, pelo muito tempo passado, poderíamos ter esquecido. Porque o próprio profeta, tendo em outro lugar confessado um delito grave, por esse motivo move-se de volta ao seio da mãe, no qual já muito antes recebera a corrupção geral (Sl 51, 5); e isso não para diminuir a culpa pela corrupção da natureza, mas para amontoar todos os pecados que durante toda a vida havia cometido, a fim de que, quanto mais severo se mostre contra si, tanto mais fácil encontre o perdão de Deus. E, embora nem sempre os santos peçam com palavras expressas perdão de seus pecados, no entanto, se considerarmos diligentemente as orações que deles narra a Escritura, veremos que é verdade o que digo: que sempre cobraram ânimos para orar só pela misericórdia de Deus, e que começaram procurando apaziguar sua ira e aplacá-lo. Porque, se cada um põe a mão no peito e pergunta à sua consciência, tão longe está de atrever-se familiarmente a descarregar diante de Deus suas preocupações, que sentirá horror de dar um passo adiante para aproximar-se dele, a não ser que confie que Deus o recebeu em seu favor, por sua pura misericórdia. É verdade que há outra confissão especial, quando, pedindo a Deus que afaste sua mão e não os castigue, reconhecem o castigo que mereceram. Porque seria um grande absurdo e confusão de toda ordem querer tirar o efeito mantendo a causa. Pois devemos guardar-nos muito bem de imitar os enfermos ignorantes, os quais procuram quanto podem eliminar o acidental e não têm cuidado algum da causa e raiz da enfermidade. Portanto, o que devemos procurar, antes de tudo, é que Deus nos seja propício, e não que nos mostre seu favor com sinais externos; porque Ele quer guardar essa ordem, e de pouco proveito seria sentir sua liberalidade se nossa consciência não o sentisse aplacado e fizesse que nos fosse amável. O qual se nos declara pelo que diz Cristo quando, tendo determinado curar o paralítico, declara: "Teus pecados te são perdoados" (Mt 9, 2). Ao falar dessa maneira, eleva o coração ao que principalmente devemos desejar: que Deus nos receba em sua graça e depois nos mostre o fruto de nossa reconciliação, ajudando-nos. Além dessa confissão especial, que os fiéis fazem de suas culpas e pecados, a introdução geral pela que se confessam pecadores e que faz a oração ser aceita, de modo algum há de omitir-se; porque jamais nossas orações serão ouvidas se não vão fundadas na gratuita misericórdia de Deus. A esse propósito, pode referir o que diz João: "Se confessarmos nossos pecados, Ele é fiel e justo para perdoar nossos pecados e limpar-nos de toda maldade" (1 Jo 1, 9). Daqui nasceu que na Lei, as orações, para ser aceitas, eram consagradas com efusão de sangue, a fim de que o povo fosse advertido de não ser merecedor de tão excelente privilégio quanto é invocar a Deus, até tanto que, purificado de todas as máculas, pusesse toda a sua confiança para orar só na misericórdia divina.

10. Às vezes parece que os santos alegam sua própria justiça como ajuda, a fim de convencer a Deus com seus orações, como quando Davi diz: "Guarda minha alma, porque sou piedoso" (Sl 86, 2). E Ezequias: "Rogo-te, ó Senhor, rogo-te que faças memória de que andei diante de ti em verdade e com íntegro coração, e que fiz as coisas que te agradam" (2Rs 20, 3). Tais expressões, contudo, não queriam senão testemunhar que eles oram por sua regeneração como servos e filhos de Deus, aos quais Ele prometeu ser propício. Ele ensina por seu profeta, segundo vimos, que tem seus olhos sobre os justos e seus ouvidos atentos a seu clamor (Sl 34, 17). E, pelo apóstolo, que alcançaremos tudo o que pedirmos se guardarmos seus mandamentos (1 Jo 3, 22); expressões que não querem dizer que as orações serão estimadas conforme os méritos das obras, mas que querem estabelecer e confirmar a confiança daqueles que sentem sua consciência pura e limpa e sem hipocrisia alguma, o que se deve realizar em todos os fiéis em geral. Porque o que João diz ao cego, ao qual a vista fora devolvida, está tomado da verdade mesma: que "Deus não ouve os pecadores" (Jo 9, 31); se pelos pecadores entendermos, conforme a maneira comum de falar da Escritura, os que se adormecem e repousam totalmente em seus pecados, sem desejo algum de obrar bem uma vez que jamais brotará do coração uma invocação se, ao mesmo tempo, não anseia à piedade e a servir a Deus. Assim, os protestos que os santos fazem, com o que trazem à memória sua santidade e inocência, respondem a tais promessas, a fim de que sintam que se lhes concede aquilo que todos os servos de Deus devem esperar. Além disso, vê-se claramente que eles usaram essa maneira de orar quando, perante o Senhor, comparavam-se com seus inimigos, pedindo a Deus que os livrasse de sua maldade. Ora, não há de estranhar que nessa comparação tenham alegado a justiça e sinceridade de seu coração, a fim de, à vista da equidade e justiça de sua causa, mover Deus a os socorrer. Não tiramos, pois, à alma fiel que goze diante do Senhor da pureza e limpeza de coração para consolar-se nas promessas com que o Senhor sustenta e consola àqueles que o servem com reto coração; mas queremos que a confiança que temos de alcançar alguma coisa apoia-se somente na clemência divina, sem a consideração de nossos próprios méritos.

11. A quarta regra é que, assim prostrados e abatidos com verdadeira humildade, tenhamos contudo bom ânimo para orar, com a firme esperança de que seremos escutados. À primeira vista, parecem coisas bem contrárias unir com o sentimento da justa cólera de Deus, a confiança em seu favor; no entanto, ambas as coisas estão muito de acordo entre si se, oprimidos por nossos próprios vícios, somos levantados apenas pela bondade de Deus. Porque, como já ensinamos, a penitência e a fé vão sempre de mãos dadas e estão atadas como um laço indissolúvel; embora, delas, uma nos espante e a outra nos regozije; e assim, da mesma maneira, é preciso irem acompanhadas e de mãos dadas em nossas orações. Essa harmonia e conveniência entre o temor e a confiança, expõe-na Davi em poucas palavras: "Eu, pela abundância de tua bondade, entrarei em tua casa, adorarei em teu santo templo, em teu temor" (Sl 5, 7). Sob a expressão "bondade de Deus", Davi entende a fé, sem excluir, no entanto, o temor. Porque não somente a majestade do Senhor nos induz e nos força a nos submetermos a Ele, mas também nossa própria indignidade, fazendo-nos esquecer toda presunção e segurança, mantendo-nos no temor. E há que saber que, por confiança, eu entendo uma certa segurança que livra a alma de todo sentimento de opressão e a mantém num perfeito e pleno repouso; porque semelhante quietude é própria daqueles a quem tudo lhes sucede com um pedido de boca; pelo que não sentem cuidado nenhum nem desejo algum os angustia, nem o temor os atormenta. Ora, o melhor estímulo para mover os fiéis a invocarem o Pai é a grande inquietude que os atormenta quando se veem oprimidos pela necessidade, ao ponto de se sentirem desfalecer enquanto não recebem a oportuna ajuda da fé. Porque, entre tais angústias, de tal forma resplandece a bondade de Deus que, agoniados pelo peso dos males que no momento padecem, ainda temem outros maiores e sentem-se atormentados; e, no entanto, confiados na bondade de Deus, superam a dificuldade e se consolam esperando chegar a bom termo. É necessário, pois, que a oração do fiel proceda desses dois afetos e que os contenha a ambos a saber, que gema pelos males que sofre no presente e que tema outros novos; mas, ao mesmo tempo, que se acolha em Deus sem duvidar de modo algum que Ele está preparado e disposto a ajudá-lo. Porque certamente Deus se irrita sobremaneira com nossa desconfiança se lhe pedimos algum favor pensando que não o podemos alcançar dele. Portanto, não há nada mais conforme à natureza da oração que impor-lhe a lei de não traspassar temerariamente seus limites, mas de tomar a fé como guia. A esse princípio nos conduz nosso Redentor quando diz: "Tudo o que pedirdes em oração, crendo, recebê-lo-eis" (Mt 21, 22). E o mesmo o confirma em outro lugar: "Tudo o que pedirdes orando, crede que o recebestes, e vos será concedido" (Mc 11, 24). Com o qual Tiago está de acordo quando diz: "Se a algum de vós falta sabedoria, peça-a a Deus, que a concede generosamente a todos, sem condições, e ela lhe será dada. Mas peça com fé, sem duvidar" (Tg 1, 5.6); aqui, o apóstolo, opondo a fé à dúvida, com toda propriedade declara a força e natureza da fé. E não menos se deve notar o que acrescenta em seguida: que não em vão se esforçam e empreendem alguma coisa os que invocam a Deus entre dúvidas e perplexidades, e não decidem em seu coração se serão ouvidos ou não; aos quais compara com as ondas do mar, que são levadas pelo vento de cá para lá; e essa é a causa de em outro lugar chamar "oração de fé" àquela que é legítima e bem regulada para ser ouvida por Deus (Tg 5, 15). Ademais, como tantas vezes afirma que dará a cada um conforme sua fé (Mt 8, 13; 9, 29), Deus dá a entender que nada poderemos alcançar sem a fé. Em suma: a fé é que alcança tudo o que se concede a nossas orações. Isso é o que quer dizer aquela admirável sentença do apóstolo Paulo, que os homens insensatos não consideram devidamente: "Como, pois, invocarão àquele no qual não creram? E como crerão naquele de quem não ouviram? Assim, a fé é pelo ouvir, e o ouvir, pela Palavra de Deus" (Rm 10, 14.17). Pois deduzindo pouco a pouco o princípio da oração da fé, demonstra claramente que Deus não pode ser invocado sinceramente senão por aqueles aos quais, pela pregação do Evangelho, sua clemência e bondade for conhecida e, inclusive, explicada com familiaridade.

12. Nossos adversários nem cogitam tal necessidade. Por isso, quando ensinamos os fiéis a orarem ao Senhor com uma confiança cheia de segurança, convencidos de que lhes é propício e os ama, parece-lhes que dizemos uma coisa totalmente absurda. Mas, se tivessem alguma experiência da verdadeira oração, decerto compreenderiam que é impossível invocar a Deus como convém sem a convicção de que Ele nos ama. Mas, como somente pode compreender a virtude e a força da fé aquele que por experiência a sentiu no coração, de que serve disputar com um tipo de homens que revela claramente jamais ter experimentado senão uma vã imaginação? Quão importante e necessária é essa certeza de que tratamos pode-se compreender sobretudo pela invocação de Deus. Quem não vê isso mostra que tem uma consciência muito estúpida. Nós, pois, deixando de lado esse tipo de cegos, confirmemo-nos naquela sentença de Paulo: que é impossível Deus ser invocado exceto por aqueles que, mediante o Evangelho, experimentaram sua misericórdia e asseguraram-se de que a encontrarão sempre que a buscarem. Porque que tipo de oração seria esta: ó Senhor, eu certamente duvido se me quererás ouvir ou não; mas, como estou muito aflito, recorro a ti, para que, se for digno, me socorras? Nenhum dos santos, cujas orações lemos na Escritura, tinha esse hábito. Nem o Espírito Santo nos instruiu assim por intermédio do apóstolo, que ordena que nos aproximemos do trono celestial com confiança, para alcançarmos a graça (Hb 4, 16). Em outro lugar, diz que "temos liberdade de nos aproximar confiantemente de Deus, pela fé que temos nele" (Ef 3, 12). Portanto, se quisermos orar com algum fruto, é preciso retermos firmemente, com ambas as mãos, a segurança de que alcançaremos o que pedimos, a qual Deus manda com a própria boca que tenhamos, e a que todos os santos nos exortam com seu exemplo. Assim, não há outra oração grata e aceita a Deus senão aquela que procede de tal presunção — se presunção pode chamar-se — da fé, e que se fundamenta na plena certeza da esperança. Bem poderia o apóstolo contentar-se só com o nome de fé; mas não somente acrescenta confiança, como ainda a adorna e reveste da liberdade e do atrevimento, para diferenciar-nos, com essa nota, dos incrédulos que oram ao mesmo tempo que nós, mas como que por acaso. Por isso, toda a Igreja ora no salmo: "Venha sobre nós tua misericórdia, Senhor, como em ti pomos a nossa esperança" (Sl 33, 22). A mesma condição impõe o profeta em outro lugar: "Todas as vezes que eu vos invocar, bem sei que Deus está por mim" (Sl 56, 10). E: "De manhã me apresentarei diante de ti, e esperarei" (Sl 5, 3). Por essas palavras, vê-se claramente que nossas orações são vãs e sem efeito algum se não vão unidas à esperança, desde a qual, como de sobreaviso, tranquilamente esperamos no Senhor. Com o que está de acordo a ordem que Paulo segue em sua exortação. Porque, antes de instar os fiéis a orar em espírito todo o tempo, com toda vigilância e assiduidade, manda-lhes tomar sobretudo o escudo da fé e o elmo da salvação e a espada do Espírito, que é a Palavra de Deus (Ef 6, 16.18). Recordem os leitores aqui, entretanto, o que o apóstolo dissera antes, que a fé não sofre detrimento quando vai acompanhada do sentimento da própria miséria do homem, de sua necessidade e baixeza. Porque, por muito grande que seja a carga sob a qual os fiéis se sentem agoniados, de tal modo que não somente se sintam vazios de todos aqueles bens que podiam reconciliá-los com Deus, mas, ao contrário, carregados de tantos pecados que são causa de o Senhor irritar-se com eles com toda justiça, apesar disso não devem deixar de apresentar-se diante dele, nem há de perturbá-los tanto esse sentimento que os impeça de recorrer a Ele; e esta, e nenhuma outra, é a entrada para chegar ao Senhor. Porque a oração não nos é ordenada para que com ela nos glorifiquemos arrogantemente diante de Deus, ou para que não nos preocupemos conosco em nada; mas para que, confessando nossos pecados, choremos nossas misérias diante de Deus, como os filhos costumam expor suas queixas em família, para que os pais as remedeiem. E mais: o grande acúmulo de nossos pecados deve estar cheio de estímulos que nos incitem e nos obriguem a orar, como com seu próprio exemplo no-lo ensina o profeta, dizendo: "Cura minha alma, porque pequei contra ti" (Sl 41, 4). Confesso que certamente as pontadas de tais aguilhões seriam mortais se Deus não nos socorresse. Mas nosso bom Pai, por sua incomparável indulgência, aplica a tempo o remédio com que, aquietando nossa perturbação, suavizando nossas opressões e tirando de nós o temor, com toda afabilidade nos atrai até Ele; eliminando ainda todos os escrúpulos e os obstáculos, para tornar--nos o caminho mais fácil.

13. Ao mandar-nos orar, primeiro nos acusa de ímpia contumácia se não o obedecermos. Não se poderia estabelecer mandamento mais preciso e explícito que aquele do salmo: "Invoca-me no dia da angústia" (Sl 50, 15). Mas, como em tudo o que se refere à religião e ao culto divino não há coisa alguma que mais insistentemente nos seja mandada na Escritura, não há motivo para me deter muito em prová-lo. Diz o Senhor: "Pedi, e vos será dado; chamai, e se vos abrirá" (Mt 7, 7). Aqui se acrescenta, além do preceito, a promessa, como é necessário. Porque, ainda que todos confessem que temos de obedecer ao mandamento de Deus, a maior parte voltaria as costas quando Deus os chamasse se Ele não prometesse ser acessível a eles e até que sairia para recebê-los. Isso posto, é absolutamente certo que os que andam tergiversando ou volteando para não ir diretamente a Deus são rebeldes e selvagens, e, ademais, réus de incredulidade, pois não se fiam nas promessas de Deus. E isso se deve notar mais, porque os hipócritas, sob pretexto de humildade e modéstia, desavergonhadamente menosprezam o mandamento de Deus e não dão crédito à sua Palavra, quando Ele com tanta afabilidade os chama a si; e, o que é pior, privam-no da parte principal de seu culto. Porque, depois de haver repudiado os sacrifícios, nos quais então parecia constituir toda a santidade, Deus declara que o sumo e o mais precioso ante seus olhos é ser invocado no dia da necessidade. Portanto, quando Ele pede o que é seu e nos insta a obedecermos alegremente, não há pretextos, por belos e formosos que pareçam, que nos desculpem. Assim, todos os testemunhos que a Escritura apresenta a cada passo nos quais somos ordenados a invocar a Deus, são outras tantas bandeiras postas perante nossos olhos, para inspirar-nos confiança. Certamente seria uma grande temeridade apresentarmo-nos diante da majestade divina sem que Ele mesmo nos tivesse convidado com sua chamada. Por isso Ele nos abre e nos mostra o caminho, assegurando-nos por meio do profeta: "Direi: povo meu; e ele dirá: o Senhor é meu Deus" (Zc 13, 9). Vemos como previne seus fiéis e como quer que o sigam; e por isso não devemos temer que a medida que Ele mesmo dita não lhe resulte gratíssima. Recordemos sobretudo aquele insigne título que com toda facilidade nos fará superar os impedimentos: "e diante de vós, que escutais as orações, cumpram-se os votos; a vós acorrem todos os homens" (Sl 65, 2). Que pode haver de mais suave e amável que Deus revestir-se desse título para assegurar-nos que nada é mais próprio e conforme sua natureza que despachar as petições daqueles que lhe suplicam? Daí o profeta deduz que a porta se abre não a uns poucos, mas a todos os homens, uma vez que chama a todos com sua voz: "Invoca-me no dia da angústia; livrar-te-ei, e tu me honrarás" (Sl 50, 15). Conforme essa regra, Davi, para alcançar o que pede, recorda Deus da promessa que lhe fizera: "porque tu, Deus de Israel, descobriste à orelha de teu servo; por isso o teu servo achou o seu coração para te fazer esta súplica" (2Sm 7, 27); de onde deduzimos que ele estava perplexo, e não pela promessa que lhe dava segurança. E, em outro lugar, ocorre a confirmação com esta doutrina geral: "Cumprirá o desejo dos que o temem" (Sl 145, 19). Também podemos notar nos salmos que se corta o fio da oração mediante uma digressão acerca da potência de Deus, de sua bondade ou da certeza de suas promessas. Poderia parecer que Davi, ao entrelaçar essas sentenças, interrompe as orações; mas os fiéis, pelo uso e a experiência que têm, compreendem que o fervor se esfria bem rápido se não atiçam o fogo procurando confirmar-se. Portanto, não é de forma alguma supérfluo que, enquanto oramos, meditemos tanto acerca da natureza de Deus quanto de sua Palavra. E assim, a exemplo de Davi, não nos envergonhe introduzir tudo aquilo que restaurar nosso espírito com novo vigor.

14. É admirável que a doçura de tantas promessas não nos comova senão muito friamente ou nada em absoluto, de maneira que a maior parte prefere, dando voltas de um lugar para outro, cavar cisternas secas e deixar a fonte de águas vivas, a abraçar a liberalidade que Deus nos oferece (Jr 2, 13). "Torre Forte", diz Salomão, "é o nome do Senhor; a Ele correrá o justo e será levantado" (Pr 18, 10). E Joel, depois de profetizar a horrível desolação que haveria de acontecer em seguida, acrescenta aquela sentença memorável: "Todo aquele que invocar o nome do Senhor será salvo" (Jl 2, 32), a qual sabemos pertencer propriamente ao curso do Evangelho (At 2, 21). Apenas um, de cem, move-se ao encontro de Deus. Ele mesmo clama por Isaías, dizendo: "Invocar-me-eis, e vos ouvirei; mesmo antes de que me chameis a mim, eu vos ouvirei" (Is 58, 9; 65, 24). Em outro lugar, honra com o mesmo título a toda a Igreja em geral, porque o que Ele diz se aplica a todos os membros de Cristo: "Invocar-me-á, e Eu lhe responderei; com ele estarei na angústia" (Sl 91, 15). Tampouco é minha intenção — segundo já disse — citar todos os textos concernentes a esse propósito, mas somente colher alguns dos mais notáveis, para que, por eles, experimentemos quão gentilmente o Senhor nos convida a si e quão estreitamente encerrada se encontra nossa ingratidão sem poder escapar, já que nossa preguiça é tanta que, estimulada por tais convites, ainda fica imóvel. Portanto, ressoem sempre em nossos ouvidos estas palavras: "Perto está o Senhor de todos os que o invocam, de todos os que o invocam de verdade" (Sl 145, 18). E, assim, citamos as passagens de Isaías e de Joel nas quais Deus afirma estar atento a escutar as orações e que se deleita, como com um sacrifício de suavíssimo olor, quando nele descarregamos nossos cuidados e opressões. Recebemos este fruto singular das promessas de Deus: que não fazemos nossas orações com dúvidas e de forma apática, mas confiados na Palavra daquele cuja majestade de outra maneira nos aterraria; ousamos chamá-lo Pai, uma vez que Ele tem por bem nos ordenar que o invoquemos com esse suavíssimo nome. Só resta que nós, convidados por tais exortações, persuadamo-nos de que temos motivos de sobra para ser ouvidos, quando nossas orações não se fundamentam nem se apoiam em nenhum mérito nosso, mas toda sua dignidade e a esperança de alcançar o que pedimos descansam nas promessas de Deus e delas depende; de modo que não é necessário outro apoio nem pilar algum, nem é preciso andar olhando de um lado para outro. Convençamo-nos, pois, de que, ainda que não sobressaiamos em santidade — tal qual a que se louva nos santos patriarcas, profetas e apóstolos —, como nos é comum com eles a ordem de orar e também a fé, se nos apoiarmos na Palavra de Deus, seremos companheiros seus em desfrutar desse privilégio. Porque, como já dissemos, ao declarar que será propício e benigno para com todos, Deus confere certa esperança, mesmo aos mais miseráveis do mundo, de que alcançaremos o que pedirmos. Por isso hão de se notar essas sentenças gerais pelas que ninguém, do mais baixo ao mais alto, fica excluído; somente tenhamos sinceridade de coração, desgosto de nós mesmos, humildade e fé, a fim de que nossa hipocrisia não profane com uma falsa invocação o nome de Deus. Nosso bom Pai não deserdará aqueles a quem não apenas Ele mesmo exorta e convida a irem a Ele, mas que, de todas as formas possíveis, induz a isso. Daí aquela forma de orar de Davi, que pouco antes citei: "porque tu, Deus de Israel, descobriste à orelha de teu servo; por isso o teu servo achou o seu coração para te fazer esta súplica. Agora, pois, Senhor Deus, tu és Deus, e tuas palavras são verdade, e tu prometeste este bem a teu servo; abençoa agora a casa de teu servo, porque tu, Senhor, o disseste" (2Sm 7, 27-29). E todo o povo de Israel, sempre que se escuda na memória do pacto que Deus fizera com eles, deixa ver com clareza que não se deve orar timidamente quando Deus nos manda que lhe peçamos. Nisso os israelitas imitaram o exemplo dos santos patriarcas, principalmente o de Jacó, que, depois de confessar que estava muito por debaixo de todas as graças que recebera da mão de Deus, não obstante diz atrever-se a pedir coisas ainda maiores, porque Deus lhe prometera escutá-lo. Por excelentes, pois, que pareçam os pretextos que os incrédulos aduzem, ao não recorrer a Deus sempre que a necessidade os força, não de outra maneira privam a Deus da honra que se lhe deve, que se fabricassem novos deuses e ídolos; porque assim negam que Deus foi o autor de todos os bens. Pelo contrário, não há coisa mais eficaz para livrar os fiéis de todo escrúpulo do que se animar do sentimento de que, ao orar, obedecem ao preceito de Deus, o qual afirma não haver coisa que satisfaça mais que a obediência; pelo qual não deve existir coisa alguma que nos detenha. Por aqui se vê de modo ainda mais patente aquilo já exposto acima, de que o atrevimento para orar, que a fé causa em nós, está muito de acordo com o temor, a reverência e a solicitude que a majestade de Deus engendra em nós, e que não deve resultar-nos estranho que Deus levante aos que caíram. Assim, as diversas expressões que a Escritura usa, e que à primeira vista parecem contradizer-se, concordam perfeitamente. Jeremias e Daniel dizem que apresentam seus rogos em presença de Deus (Jr 42, 9; Dn 9, 18); e Jeremias diz o mesmo em outro lugar: "Seja aceita a nossa súplica na tua presença, e tem misericórdia do resto do teu povo" (Jr 42, 2-4). Pelo contrário, muitas vezes se diz que os fiéis elevam sua oração. Ezequias, rogando ao profeta Isaías que interceda por Jerusalém, fala da mesma maneira (2Rs 19, 4). Davi deseja que sua oração suba ao alto como perfume de incenso (Sl 141, 2). Pois os fiéis, embora persuadidos do amor paternal de Deus, põem-se alegremente em suas mãos e não duvidam em pedir o socorro que Ele mesmo promete e, contudo, uma excessiva segurança não os leva a andar de cabeça erguida, mas que de tal maneira vão subindo de degrau em degrau pelas promessas, que sempre permanecem abatidos em sua humildade.

15. Desse ponto nascem numerosas questões. Porque a Escritura refere que Deus, por vezes, cumpriu os desejos de alguns que não haviam procedido de um espírito pacífico. É certo que Jotam maldisse muito justamente aos habitantes de Siquém e lhes desejou fossem destruídos, como assim sucedeu (Jz 9, 20); mas, como se deixou levar pela cólera e pelo desejo de vingança, parece que Deus, ao lhe outorgar o que pedia, aprova as paixões desordenadas e impetuosas. Semelhante foi também o ardor que arrebatou Sansão ao dizer: "Senhor, Senhor, fortalece-me, rogo-te, para que de uma vez tome vingança dos filisteus" (Jz 16, 28). Pois, embora uma parte de bom zelo tenha-se mesclado, no entanto, foi excessivo e, portanto, um apetite culpado de vingança reinou nele; contudo, Deus lhe outorgou o que pedia. De onde podemos deduzir que, ainda que as orações não sejam feitas conforme a norma da Palavra de Deus, conseguem no entanto seu afeto. Respondo que a lei geral estabelecida por Deus não pode ficar prejudicada por alguns exemplos particulares. E também que Deus por vezes inspirou movimentos de espírito especiais a alguns em particular, excetuando-os da ordem comum, e, por isso, a ocorrência de diversidade. Porque devemos prestar atenção na resposta que Cristo deu a seus discípulos quando, inconsideradamente, desejaram imitar o exemplo de Elias: que não sabiam de que espírito eram (Lc 9, 55). Mas é necessário ir adiante e afirmar que nem todos os desejos que Deus cumpre lhe agradam; mas, como o faz para exemplo e instrução, com testemunhos muito evidentes, bem se vê ser verdade o que a Escritura ensina: Deus socorre os aflitos e ouve os gemidos daqueles que, injustamente oprimidos, pedem-lhe seu favor, e, por isso, Ele executa seus juízos quando os pobres aflitos lhe dirigem seus rogos, embora não sejam dignos de alcançar coisa nenhuma. Quantas vezes, castigando a crueldade dos ímpios, suas rapinagens, violências, excessos e outras abominações semelhantes, ou refreando o atrevimento e o furor, e lançando por terra a potência tirânica, testemunhou que defendeu os indignamente oprimidos, embora eles não fossem mais que pobres cegos, que, ao orar, não faziam senão golpear o ar! Por um só salmo, mesmo que não houvesse outra coisa, poder-se-ia ver claramente que até as orações que não penetram pela fé nos céus, não deixam de cumprir seu ofício. Porque esse salmo reúne as orações que, por um sentimento natural, a necessidade força tanto os incrédulos quanto os fiéis a fazer, os quais, apesar dos feitos, demonstram que Deus lhes é propício (Sl 107, 6.13.19). Acaso Deus dá a entender, com essa facilidade, que tais orações lhe são gratas? Pelo contrário; a circunstância de também as orações dos incrédulos não serem desprezadas tanto ilustra sua misericórdia quanto serve de estímulo mais eficaz aos seus para a oração, ao verem que mesmo os gemidos dos ímpios não deixam às vezes de conseguir efeito. Contudo, nem por isso os fiéis devem afastar-se da lei que Deus lhes deu, nem hão de invejar os ímpios, como se estes tivessem conseguido grande coisa ao obter o que desejavam. Assim, dissemos que Deus se moveu pela falsa penitência de Acab (1Rs 21, 29), a fim de declarar, com esse testemunho, quão disposto está a escutar os seus, quando, para aplacá-lo, voltam-se a Ele com um arrependimento verdadeiro. Por isso o profeta Davi se irrita com os judeus, porque, sabendo eles por experiência quão propício e inclinado era o Senhor a escutar suas petições, pouco depois voltaram contra Ele sua malícia e rebeldia (Sl 106, 43). E isso também se vê de modo muito claro na história dos *Juízes*; pois sempre que os israelitas choraram, embora em suas lágrimas não houvesse senão hipocrisia e engano, Deus os livrou das mãos dos inimigos (Jz 2, 18; 3, 9). Assim, pois, como Deus "faz sair o sol sobre os bons e os maus" (Mt 5, 45), também não menospreza os gemidos daqueles cuja causa é justa e cujas misérias merecem ser socorridas, ainda que seus corações não sejam retos. Ele, contudo, não os ouve para salvá-los, mas antes para salvar àqueles que, quando os mantêm, menosprezam sua bondade. Muito mais difícil parece a questão de Abraão e de Samuel, dos quais um, sem ter mandamento de Deus, orou pelos de Sodoma (Gn 18, 23-32), e o outro por Saul, tendo-o proibido Deus expressamente (1Sm 15, 11.35; 16.1). E o mesmo se vê em Jeremias, que, com sua oração, pretendia salvar Jerusalém da destruição (Jr 32, 16ss). Porque, embora não fossem ouvidos, parece bem equivocado dizer que essas orações foram feitas sem fé. Espero que esta solução satisfaça os leitores modestos: que eles se apoiaram no princípio geral de Deus nos mandar ter piedade mesmo daqueles que não a merecem, e por isso não careceram de todo ponto de fé, embora tenham-se enganado quanto ao caso em particular. Agostinho fala com muita prudência a propósito disso: "Como oram os santos com fé quando pedem algo a Deus contra o que decretou? Porque certamente eles oram conforme a vontade de Deus; não conforme aquela sua oculta e imutável vontade, mas de acordo com aquela que Ele inspira para ouvi-los de outra maneira, como Ele sabe muito bem distinguir em sua sabedoria".[297] Certamente é uma admirável sentença; porque Deus, conforme seu incompreensível desígnio, de tal maneira modera tudo quanto acontece no mundo que as orações dos santos, ainda que exista nelas alguma advertência ou erro mesclado com a fé, não são vãs nem sem fruto. Mesmo assim, não se deve tomar isso como exemplo a imitar; tampouco como desculpa aos santos, pois com isso passaram da medida. Portanto, quando não temos uma promessa certa que nos assegure, devemos orar a Deus incondicionalmente. Assim no-lo adverte Davi quando diz: "Desperta em favor meu o juízo que mandaste" (Sl 7, 6). Porque ele prova que fora instruído por um oráculo especial a pedir o benefício temporal.

16. Também vale a pena notar que aquilo que expus quanto às quatro regras para orar bem não se deve entender tão rigorosamente, como se Deus rechaçasse as orações nas que não encontra fé ou penitência perfeita junto com um ardente desejo e uma devida moderação, tal que não se lhes possa reprovar alguma falta. Dissemos que, ainda que a oração seja um colóquio familiar para Deus, os fiéis devem-se manter respeitosos e reverentes; não devem afrouxar as rédeas a qualquer desejo e pedir quanto se lhes ocorra, e não hão de desejar além do que Ele permite; assim, para não desprezar a majestade divina, devemos elevar ao alto nosso espírito, e, abandonando as preocupações terrenas, honrá-lo pura e castamente. Com a integridade e a perfeição que se requer, isso não foi feito por ninguém de todos que já viveram neste mundo. Pois, deixando de lado a gente comum, quantas queixas não vemos em Davi que nos deixam ver uma certa demasia? Não que ele deliberadamente tenha desejado queixar-se de Deus e murmurar sobre seus juízos; mas que, vendo-se desfalecer por sua fraqueza, não achou melhor remédio e alívio que descarregar dessa maneira suas dores. E até Deus suporta nosso balbuciar e perdoa nossa ignorância e tolice quando algo se nos escapa involuntariamente; pois de fato não teríamos nenhuma liberdade para orar se Deus não condescendesse conosco. No mais, embora estivesse bem decidido a submeter-se à vontade de Deus e orasse com não menor paciência que desejo, Davi tinha de alcançar o que pedia; mesmo assim, às vezes manifestava, até mesmo em excesso, certos desejos turbulentos, que se afastavam não pouco da primeira regra que expusemos. Pode-se ver, especialmente no final do salmo 39, a veemência da dor pela qual esse santo profeta se sentiu arrastado, até o ponto de não se poder con-

---

297 Aug., De civ. Dei 22 c. 2, 2 MSL 41, 753; CSEL 40 II, 584, 27ss.

ter e não guardar a medida: "Retira-te até que eu me vá e pereça", diz Davi a Deus (Sl 39, 13). Dir-se-ia que era um homem desesperado, que não desejava senão apodrecer em seus males, contanto que não sentisse a mão de Deus. Não porque, com espírito maldito, ele se lançasse a tal intemperança, nem que quisesse, como os réprobos costumam fazer, que Deus se afastasse dele; mas somente se queixava de que a ira de Deus era para ele insuportável. Nessas tentações, é frequente que saiam do controle aqueles desejos não suficientemente bem formados segundo a regra da Palavra de Deus, e nos quais os santos não consideram suficientemente o que é bom e o que lhes convém. Por certo, todas as orações maculadas com tais vícios merecem ser repudiadas. Mas Deus perdoa semelhantes faltas se os fiéis se condoem da própria miséria, corrigem-se e voltam-se para si mesmos. Pecam também contra a segunda regra, porque muitas vezes têm de lutar contra sua tibieza, e sua necessidade e miséria não lhes incitam de fato a orar como deveriam. Ocorre-lhes o mesmo nas vezes em que seu espírito anda vagando de um lado a outro, e como que extraviado; é, pois, necessário que Deus também lhes perdoe isso, a fim de que suas orações — lânguidas, débeis e entrecortadas — não deixem de ser admitidas. Deus imprimiu naturalmente na mente dos homens o que as orações não são legítimas se nossa mente não está voltada para o alto. Daqui surgiu, como já dissemos, o gestual de alçar as mãos, que, usado em todos os tempos e por todos os povos, perdura até o presente. Mas quem é que, enquanto eleva suas mãos, não se sente culpado de indolência e torpeza, vendo que seu coração está ainda preso na terra? Quanto a pedir o perdão dos pecados, embora nenhum fiel se esqueça desse ponto quando ora, aqueles que deveras têm prática de oração sabem que apenas oferecem a décima parte do sacrifício de que fala Davi: "Meu sacrifício, ó Deus, é uma alma arrependida; o coração contrito e humilhado não desprezarás, Senhor" (Sl 51, 17). Assim, os fiéis devem pedir continuamente um duplo perdão: o primeiro porque, ao sentir que sua consciência os acusa de muitos pecados, os quais, no entanto, não sentem tão vivamente a ponto de detestá-los, suplicam a Deus que não leve em conta em seu julgamento tal atraso e negligência; o segundo porque, penetrados por dor justíssima pelos pecados que cometeram, segundo o que adiantaram na penitência e no temor de Deus, pedem-lhe ser admitidos em seu favor. Mas é sobretudo a fraqueza da fé e a imperfeição dos fiéis que poriam a perder as orações se a bondade de Deus não lhes assistisse. E não se deve estranhar que Deus lhes perdoe essa falta, já que às vezes os põe à prova com tanta aspereza e lhes causa tais sobressaltos que não parece senão desejar deliberadamente extinguir sua fé. Duríssima tentação é aquela em que os fiéis se veem obrigados a exclamar: "Até quando mostrarás tua indignação contra a oração de teu povo?" (Sl 80, 4); como se as próprias orações o irritassem mais. Assim, quando Jeremias diz "Quando chamei e roguei, Ele fechou os ouvidos à minha oração" (Lm 3, 8), não há dúvida de que o profeta estava profundamente perturbado. Na Escritura, encontramos inúmeros exemplos semelhantes a esses, e por eles se vê claramente que a fé se viu muitas vezes misturada a dúvidas e agitada de tal maneira que, mesmo crendo e esperando, os fiéis descobriram existir em si ainda certos indícios de incredulidade. Mas, quando não chegam àquela perfeição que deveriam, os fiéis têm de esforçar-se tanto mais em corrigir suas faltas, a fim de poder aproximar-se mais da regra da perfeita oração; e, entretanto, têm de compreender em que misérias estão enredados, pois, mesmo buscando o remédio, não fazem senão cair em novas enfermidades, e que não há oração que Deus não deveria rechaçar justamente se não fechasse os olhos e dissimulasse as manchas que a enodoam. Não digo isso para que os fiéis se empenhem em ter a segurança de não deixar passar por alto nem a mínima falta; digo-o para que, acusando-se a si com severidade, animem-se a superar todos os obstáculos e impedimentos. E, ainda que Satanás se esforce em obstruir-lhes todas as vias para impedi-los de orar, eles sigam adiante, convencidos verdadeiramente de que, embora não tenham superado todos os obstáculos, ainda assim seu empenho agrada a Deus, e suas orações são aprovadas, contanto que se esforcem e se animem a ganhar o posto a que não podem chegar tão rapidamente.

17. Como não há homem algum digno de apresentar-se diante de Deus, o próprio Pai celestial, para fazer-nos perder o receio e ao mesmo tempo o temor que poderia abater nosso ânimo, deu-nos seu Filho, Jesus Cristo Nosso Senhor, como Advogado e Mediador (1Tm 2, 5; 1Jo 2, 1), por cuja majestade e orientação podemos chegar ao Pai com segurança, apoiados na certeza de que coisa alguma pedida em nome do Filho nos seja negada, uma vez que o Pai nada lhe pode negar. E a isso se deve referir tudo quanto ensinamos sobre a fé até aqui. Porque, como a promessa nos mostra Jesus Cristo como nosso Mediador, se a esperança de alcançar o que pedimos não se fundamenta sobre Ele, priva-se do direito de orar. Pois, tão logo se nos representa a terrível majestade de Deus, não podemos senão nos aterrar, e o conhecimento de nossa própria indignidade nos rechaça muito longe, até que Jesus Cristo nos vem ao encontro para transformar o trono de glória aterradora em trono de graça; como o apóstolo nos exorta a aproximarmo-nos "seguros e confiantes, do trono da graça, para alcançarmos misericórdia e encontrarmos a graça do socorro no momento oportuno" (Hb 4, 16). E, assim como nos foi ordenado invocar a Deus e prometido a todos os que o invocam que serão ouvidos, igualmente nos mandam invocar o nome de Cristo em especial, pois temos a promessa de que alcançaremos tudo o que pedirmos em seu nome. "Até agora", diz Cristo, "nada pedistes em meu nome; pedi e recebereis". "Tudo o que pedirdes ao Pai em meu nome, fa-lo-ei, para que o Pai seja glorificado no Filho" (Jo 16, 24; 14, 13). Conclui-se, sem dúvida alguma, que todos aqueles que invocam a Deus em outro nome que não o de Cristo quebram o mandamento de Deus, não fazem caso de sua vontade e não têm promessa alguma de alcançar o que pedem. Porque, como diz Paulo, "todas as promessas de Deus têm nele o 'sim', têm nele o 'amém'" (2Co 1, 20), ou seja, são confirmadas e cumpridas.

18. Deve-se notar também a circunstância de tempo, pois Cristo mandou que seus discípulos recorressem a Ele como intercessor somente depois de sua subida ao céu. "Naquele dia", diz, "pedireis em meu nome" (Jo 16, 26). É certo que, desde o princípio, ninguém foi escutado a não ser pela graça do Mediador. Por essa razão, Deus determinou na Lei que só o sacerdote, quando entrasse no santuário, levasse sobre os ombros os nomes das doze tribos de Israel e outras tantas pedras preciosas diante de seu peito (Ex 28, 9-12.21), e que o povo permanecesse alijado no pátio e de lá orasse junto com o sacerdote. Mais ainda: os próprios sacrifícios serviam para confirmar e ratificar as orações. Assim, aquela cerimônia e figura nos ensinam que todos estavam alijados de Deus, e que, portanto, tínhamos necessidade de mediador que se apresentasse em nosso nome e nos levasse sobre os ombros e nos tivesse ligados a seu peito, a fim de sermos ouvidos em sua pessoa; e também que nossas orações, às quais, segundo dissemos, não lhes faltam imperfeições, fossem purificadas com aspersão de sangue. E vemos que os santos, quando desejavam alcançar algo, punham sua esperança nos sacrifícios, porque sabiam que são uma confirmação de todas as súplicas. Que se lembre, diz Davi, de todas as tuas oferendas e aceite teu holocausto. Daqui se conclui que Deus foi, desde o princípio, aplacado pela intercessão de Jesus Cristo para escutar as orações dos seus. Por que, pois, Cristo assinala uma nova hora para os fiéis começarem a orar em seu nome, senão porque essa graça, tanto mais evidente no presente, tanto mais é digna de ser louvada? Isso é o que pouco antes dissera no mesmo sentido: "Até agora nada pedistes em meu nome; pedi" (Jo 16, 24). Não que não tivessem ouvido falar jamais do ofício do Mediador, uma vez que todos os judeus aceitavam esse princípio; mas porque ainda não tinham entendido deveras que Cristo, quando tivesse subido ao céu, advogaria de uma maneira muito mais particular por sua Igreja. E assim, a fim de mitigar a dor de sua ausência, atribui-se a si mesmo o ofício de advogado, e lhes adverte que, até então, estavam privados desse singular benefício, do qual gozariam quando, confiando em sua intercessão, invocassem a Deus com mais liberdade, como diz o apóstolo, que, por seu sangue, Cristo nos abriu um caminho novo (Hb 10, 19.20). E assim nossa maldade é ainda menos desculpável se não nos agarrarmos pelo braço, como se diz, esse inestimável benefício, que foi diretamente destinado a nós.

19. Uma vez que é ele, pois, o único caminho e a única entrada que nos é dada para chegar a Deus, todos os que se afastam desse caminho e não entram por essa porta não têm maneira de chegar a Deus, porque não há nenhuma outra; e não poderão deparar diante de seu trono com outra coisa senão ira, julgamento e terror. Por fim, tendo o Pai se assinalado e constituído como nossa cabeça, todos os que se afastam dele, por pouco que seja, pretendem, tanto quanto esteja em suas mãos, destruir e falsear o sinal de Deus. Assim, Jesus Cristo é constituído como único Mediador, por cuja proteção o Pai nos é propício e favorável. Entretanto, nem por isso se suprimem as intercessões dos santos, mediante as quais recomendam a Deus a salvação uns dos outros, como o menciona Paulo (1Tm 2, 1); mas sempre de modo que dependam apenas da intercessão de Cristo, tanto menos que a rebaixem ou suprimam minimamente. Porque procede de um sentimento de caridade segundo o qual nos unimos uns aos outros como membros de seu corpo, também eles se reduzem à união com nossa cabeça. Logo, como isso é feito também em nome de Cristo, de que mais dá testemunho senão de que ninguém pode ser ajudado por nossa oração a não ser conforme Cristo seja o Intercessor? E assim como a intercessão de Cristo não impede que um ajude o outro com suas orações, deve-se também considerar certo que todas as intercessões da Igreja serão dirigidas a essa única intercessão. Mais ainda: temos de guardar-nos muito bem de não cair na ingratidão, pois Deus, ao suportar nossa indignidade, permite não somente que cada qual ore por si, mas que uns o façam pelos outros. Pois que soberba não seria se, fazendo--nos Ele tão notável favor como é constituir-nos procuradores de sua Igreja — quando nós muito bem merecemos ser rejeitados ao orar por nós mesmos — abusássemos de tal favor obscurecendo a honra de Jesus Cristo?

20. Além disso, é pura mentira o que balbuciam os sofistas: que Cristo é Mediador de redenção, e os fiéis o são de intercessão. Como se Cristo, tendo exercido o ofício de Mediador, por algum tempo tenha deixado de sê-lo e tenha confiado tal cargo aos seus no futuro! Grande honra a que lhe fazem ao designar-lhe uma pequena parte de tudo o que se lhe deve! Mas a Escritura, a cuja simplicidade os fiéis devem ater-se, sem fazer caso desses falsários, procede de maneira muito diferente. Porque, quando anuncia "Se alguém tiver pecado, temos Cristo como advogado para com o Pai" (1Jo 2, 1), João não quer dizer que Cristo nos foi dado no passado como Advogado, mas afirma que Ele é um perpétuo Intercessor. E que diremos a Paulo quando diz que Cristo intercede por nós, mesmo que sentado à direita de Deus (Rm 8, 34)? E quando, em outro lugar, chama-o de único Mediador entre Deus e os homens (1Tm 2, 5), porventura não o faz tendo em conta as orações que pouco antes mencionara? Porque, depois de dizer que se deve orar a Deus por todos os homens, em seguida, para confirmar a sentença, acrescenta que há só um Deus e um só Mediador para dar o acesso a Ele para todos os homens. Não de outra forma o interpreta Agostinho quando diz: "Os cristãos se encomendam a Deus em suas orações, rogando uns pelos outros; mas aquele por quem ninguém intercede, mas sim Ele por todos, esse é o único e verdadeiro Mediador. E o apóstolo Paulo, mesmo sendo um de seus principais membros — como era membro do corpo de Cristo e sabia que o Senhor Jesus, sumo e verdadeiro pontífice, entrara por toda a Igreja no íntimo do santuário de Deus, não em figura mas em realidade —, encomenda-se também às orações dos fiéis, e não se constitui a si mesmo mediador entre Deus e os homens, mas suplica que todos os membros do corpo de Cristo orem por ele, assim como o apóstolo ora por eles, uma vez que os membros devem preocupar-se uns com os outros e que, se um membro padece, os outros hão de padecer também com ele (Rm 15, 30; Ef 6, 19; Cl 4, 3; 1Co 12, 25). Assim, as orações de todos os membros que ainda militam na terra, e que fazem uns por outros, devem subir até a Cabeça, que lhes precedeu no céu, na qual temos a remissão dos pecados. Porque se Pedro fosse mediador, sem dúvida o seriam também os demais apóstolos; e se houvesse muitos mediadores, não estaria de acordo com o que o apóstolo diz, que há "um só Mediador entre Deus e os homens" (1Tm 2, 5), no qual nós também somos uma mesma coisa se procurarmos "guardar a unidade do Espírito no vínculo da paz" (Ef 4, 3).[298] De acordo com

298 Aug., Contra epist. Parmeniani, II 8, 16. MSL 43, 60.

essa doutrina, ele mesmo diz sobre o salmo 94: "Se tu buscas a teu sacerdote, está nos céus; ali ora por ti, Ele que na terra morreu por ti".[299] É verdade que não sonhamos que esteja de joelhos diante do Pai orando por nós em atitude súplice, mas entendemos, com o apóstolo, que ele se apresenta diante de Deus de tal maneira que a virtude de sua morte vale para interceder perpetuamente por nós; e que, tendo entrado no santuário do céu, ele só apresenta a Deus as orações do povo que permanece à porta até a consumação dos séculos.

21. No que diz respeito aos santos, que estão mortos segundo a carne e vivem em Cristo, se lhes atribuímos alguma oração, não deliremos que eles têm outro caminho de rezar a Deus que não seja Cristo, que é o único caminho; nem que suas preces sejam aceitas por Deus em nome de ninguém mais senão Cristo. Assim, pois, a Escritura nos afasta de todos os demais, para recorrermos somente a Cristo, porque o Pai celestial quer reunir nele todas as coisas. Seria uma grande tolice, para não dizer loucura, pretender ter acesso a Deus por intermédio dos santos, afastando-nos daquele sem o qual nem eles mesmos teriam acesso. E quem pode negar que isso se vem fazendo desde já muitos anos e que atualmente se pratica onde quer que vigore o papismo? Para ter Deus propício, põem-se diante os méritos dos santos e se invoca a Deus em nome deles, sem fazer menção a Cristo. Não é isso, pergunto eu, transferir a eles o ofício de intercessão, que, já o provamos, convém somente a Cristo? Além disso, quem, seja anjo ou demônio, anunciou jamais a algum deles uma sílaba sequer dessa intercessão dos santos que eles forjam? Porque na Escritura não se faz menção alguma. Que razão tiveram, então, para inventá-la? Certamente, quando o engenho do homem busca socorros que não estão conformes com a Palavra de Deus, revela bem claramente sua desconfiança. E se é chamada como testemunha a consciência daqueles que se apoiam na intercessão dos santos, veremos que isso vem unicamente de que estão perplexos, como se Cristo lhes fosse faltar ou fosse muito severo. Com semelhante perplexidade, desonram a Cristo e o despojam do título de único Mediador; honra que, por ter-lhe sido dada como prerrogativa, não se deve atribuir a ninguém mais além dele. Obscurecem assim a glória de seu nascimento, anulam sua cruz e o privam enfim da honra de tudo o que fez e padeceu; porque todas essas coisas tendem a que seja o único Mediador, e reconhecido como tal. Além disso, tampouco levam em conta a vontade de Deus, que lhes demonstra ser um

---

299 Aug., In Ps., 94, 6 MSL 37, 1220s.

Pai para eles. Porque Deus não é seu Pai se não reconhecem Cristo como irmão; o que claramente negam se não estimam que Cristo os ama com um amor fraterno e tão terno como não pode haver outro no mundo. Por isso a Escritura no-lo apresenta singularmente, a Ele nos envia e nele se detém, sem passar adiante. Diz Ambrósio: "Ele é nossa boca, com a que falamos ao Pai; nossos olhos, com os que vemos o Pai; nossa mão direita, com a que oferecemos ao Pai; se Ele não intercedesse, nem nós, nem nenhum de quantos santos existem, teríamos acesso a Deus".[300] Se eles se defenderem alegando que todas as orações que fazem em suas igrejas terminam pedindo que sejam aceitas por Deus por meio de Jesus Cristo Nosso Senhor, este é um frívolo subterfúgio. Porque não se profana menos a intercessão de Cristo se ela é misturada com as orações e os méritos dos mortos do que se ela fosse abandonada completamente e só tivessem aos mortos nos lábios. Além disso, em todas as suas litanias, hinos e prosas, entregam todas as honras aos santos mortos; de Cristo, nenhuma menção.

22. O desvario chegou tão longe que temos aqui a natureza mesma da superstição, a qual, uma vez perdido o freio, já não se pode pôr um fim a seus excessos. Pois, desde que passaram a olhar para a intercessão dos santos, foram dando a cada um deles uma procuração particular, de forma que, segundo a diversidade dos assuntos, ora põem a um como intercessor, ora a outro. Além disso, cada um escolhe seu próprio santo, pondo-se sob seu patrocínio, como se os santos fossem deuses tutelares. E não somente erigiram deuses segundo o número das cidades, o que o profeta reprovava aos israelitas (Jr 2, 28; 11, 13), mas segundo a multidão de pessoas! Ora, quando todos os seus desejos referem-se unicamente à vontade de Deus, olham para ela, descansam nela; aquele que faz outra oração, que não seja a de desejar que venha o reino de Deus, pensa a respeito deles de maneira inconveniente, carnal e até afrontosa. Vai longe demais isso de atribuir aos santos que cada um deles está mais inclinado por afeição a seus devotos. Finalmente, muitos não se contentam em cometer o horrendo sacrilégio de invocá-los como intercessores, mas também os consideram como protetor de sua saúde. Eis aonde chegam estes homens infames, enquanto se afastam do porto legítimo, isto é, da Palavra de Deus! Omito aqui monstruosidades de impiedade ainda mais crassas, pelas quais os papistas são detestáveis a Deus, aos anjos e aos homens; no entanto, eles não se envergonham nem se preocupam. Pros-

300 Ambrosius, De Isaac vel anima 8, 75 CSEL 32 I, 694, 6.

trados diante da estátua ou da pintura de Bárbara ou de Catarina e outros semelhantes, murmuram um pai-nosso entre dentes. E seus pastores estão tão longe de sanar esse furor ou de se preocupar em coibi-lo que, atraídos pelo odor do lucro, aprovam tudo isso com um aplauso. Mas, ainda que procurem afastar de si a acusação de um crime tão horrendo, com que pretexto, no entanto, se defendem de rezar a Elígio ou a Medardo, para que do céu olhem e ajudem a seus servos? E à Virgem santa, para que mande seu Filho fazer o que eles pedem? Antigamente, havia-se proibido, no concílio cartaginense, que se dirigisse qualquer oração feita no altar aos santos. É provável que os santos homens daquele tempo, não podendo reprimir por completo o ímpeto do mau costume, procuraram ao menos impor esse limite, de que as orações públicas não fossem corrompidas com esta forma de orar: "São Pedro, orai por nós". A quanto chegou a diabólica crueldade dos demais, que não duvidam em transferir aos mortos o que era próprio de Cristo?

23. Quanto aos que se esforçam para demonstrar que a intercessão dos santos se apoia na autoridade da Escritura, nisso fatigam-se em vão. Eles dizem que se faz menção muitas vezes às orações dos anjos. E não somente isso, mas também se lê que as orações dos fiéis são representadas pelas mãos dos anjos diante de Deus. Seja como eles querem. Mas, se desejam comparar os santos que deixaram esta vida com os anjos, é necessário primeiro provarem que são espíritos encarregados de buscar nossa salvação (Hb 1, 14) e que lhes foi dada a tarefa de guardar-nos em todos os nossos caminhos (Sl 91, 11), que estejam ao redor de nós, que nos aconselhem e consolem e que velem por nós (Sl 34, 8); porque todas essas coisas se atribuem aos anjos, não aos homens. Quão desastradamente envolvem os santos falecidos com os anjos! Isso se vê muito bem pelos diversos ofícios com que a Escritura os designa. Ninguém se atreverá a atuar de advogado diante de um juiz terreno se primeiro não tiver licença. De onde, pois, esses vermes infelizes tomam a liberdade para constituir e nomear como advogados diante de Deus aqueles a quem Deus não confiou tal cargo? Deus quis dar aos anjos o ofício de cuidar de nossa salvação; daqui que estejam presentes nas assembleias quando fiéis se juntam para invocar a Deus e que a Igreja lhes seja como um teatro em que admiram a imensa e surpreendente sabedoria de Deus. Mas os que atribuem a outros o que é peculiar e próprio dos anjos confundem e transtornam a ordem estabelecida por Deus, que deve ser inviolável. Com a mesma destreza seguem citando testemunhos. Citam o que Deus disse a Jeremias: "Ainda que Moisés e Samuel se pusessem diante de mim para suplicar-me, minha vontade não estaria com este povo" (Jr 15, 1). Daí formam o seguinte argumento: como ia falar desta maneira dos já falecidos se não soubesse que intercediam pelos vivos? Eu, pelo contrário, concluo que, como se vê claro por este texto que nem Moisés nem Samuel intercederam então pelo povo de Israel, é indício de que os mortos não oram pelos vivos. Porque quem, entre os santos, podemos pensar que está solícito e preocupado pela salvação de seu povo se Moisés não se preocupa, sendo que, enquanto viveu, ultrapassou aos demais em muito nesse aspecto? Portanto, se eles buscam essas frívolas sutilezas para concluir que os mortos oram pelos vivos, porque Deus disse, se intercedessem; eu argumentarei, ao contrário, e com muita razão: na extrema necessidade do povo, Moisés não intercedia, pois se diz "se intercedesse"; logo, é verossímil que ninguém mais o fizesse, dado que todos os demais eram muito inferiores a Moisés no que tange à humanidade, bondade e paterna solicitude. Eis o que ganham com suas cavilações: ser feridos pelas mesmas armas com que pensavam defender-se. É ridículo, decerto, querer distorcer uma sentença clara; porque o Senhor não diz outra coisa senão que não perdoaria as iniquidades do povo, ainda que tivessem por advogados a outro Moisés e a outro Samuel, por cujas orações Ele havia feito tanto no passado. Que esse seja o sentido pode-se concluir claramente de outra passagem semelhante de Ezequiel: "e se no meio deste povo estivessem estes três varões, Noé, Daniel e Jó, eles não livrariam nem a seus filhos nem a suas filhas; mas só eles seriam livrados" (Ez 14, 14.16). Neste texto, não resta dúvida de que Deus quis dizer que, se acontecesse de os dois ressuscitarem e viverem na cidade; porque o terceiro ainda vivia, e é sabido que estava na flor da idade e dera uma demonstração admirável de sua piedade. Esqueçamos, pois, aqueles de quem a Escritura diz claramente que terminaram o curso de seus dias. Por isso Paulo, falando de Davi, não diz que ajuda a seus sucessores com suas orações, mas somente que serviu à sua própria geração (At 13, 36).

24. A isso replicam que os despojamos de todo voto de piedade, a eles que não aspiraram, durante todo o curso de sua vida, senão à piedade e à misericórdia. Como não quero usar de curiosidade para investigar sobre o que fazem ou sobre o que pensam, digo que não é provável que sejam levados de lá para cá por um grande número de votos variados e particulares; mas que aspiram ao reino de Deus com uma vontade firme e constante, o que consiste na destruição dos ímpios não menos do que na salvação dos fiéis. E se isso é verdade, não há dúvida de que sua caridade se contém na comunhão do corpo de Cristo; e que não se estende mais do que essa comunhão permite. Mas, embora eu lhes concedesse que oram dessa maneira por nós, ainda isso não implicaria que perdessem sua tranquilidade e andassem distraídos com preocupações de aqui abaixo; e muito menos que por isso tenham de ser invocados por nós. Tampouco se segue que se tenha de fazer assim porque os homens que vivem no mundo podem encomendar-se uns aos outros em suas orações, pois esse exercício serve para manter entre eles a caridade e o amor, ao repartir--se entre si suas necessidades, e cada um toma parte nelas. E com certeza fazem isso pelo mandamento que têm de Deus, e não está desprovido de promessa, que são os dois pontos principais da oração. Todas essas razões não se dão nos mortos com os quais o Senhor, ao separá-los de nós, deixou-nos sem comunicação alguma; tampouco, pelo que se pode conjecturar, deixou-a a eles conosco (Ecl 9, 5.6). E se alguém replicar que é impossível eles não nos amarem com a mesma caridade com que nos amaram enquanto vivos, porque estão unidos a nós numa mesma fé, perguntarei: quem disse que eles têm orelhas tão compridas que se estendam até nossas palavras? E olhos tão perspicazes que vejam nossas necessidades? É verdade que nossos adversários imaginam em seus sonhos não sei o que sobre o fulgor do rosto divino que se irradia, no qual os santos, como num espelho, veem do alto a vida dos homens. Mas afirmar isso, e principalmente com a confiança com que se atrevem, que é senão querer penetrar e irromper com nossos ébrios desvarios e sonhos nos secretos juízos de Deus sem sua Palavra e calcar aos pés a Escritura, a qual anuncia tantas vezes que "as aspirações da carne são rebeldia contra Deus" (Rm 8, 7) e que condena a vaidade de nossos sentidos e, tendo lançado por terra nossa razão, quer que olhemos somente para a vida de Deus?

25. Os outros testemunhos da Escritura que citam para confirmar sua mentira, eles os distorcem da pior forma. Jacó, dizem, pediu na hora da morte que seu nome e o de seus pais fosse invocado sobre sua posteridade (Gn 48, 16). Vejamos primeiro que tipo de invocação é esta entre os israelitas. Eles não chamam a seus pais para que os ajudem, mas somente pedem a Deus que se recorde de seus servos Abraão, Isaac e Jacó. Portanto, seu exemplo não serve de nada para os que dirigem suas palavras aos santos. Mas como estes são tão tolos que não entendem o que é invocar o nome de Jacó, nem por que há de ser invocado, não é de estranhar que assim divaguem tanto. Para melhor compreender isso, deve--se notar que esse modo de falar se encontra às vezes na Escritura. Assim, Isaías diz que o nome dos homens é invocado pelas mulheres quando elas os consideram e reconhecem seus maridos e vivem sob a proteção e o amparo deles (Is 4, 1). A invocação do nome de Abraão sobre os israelitas consiste, pois, em que, tendo-se por autor de sua linhagem, retêm a memória solene de seu nome como pai e autor. Tampouco Jacó faz isso porque estivesse preocupado de que sua recordação fosse celebrada e conservada, mas que, compreendendo que toda a felicidade de sua posteridade consistia em eles, como por herança, gozarem do pacto estabelecido com Deus, deseja-lhes o que ele sabia que haveria de lhes dar a felicidade: que fossem contados e considerados como filhos seus. O que não é outra coisa senão entregar-lhes na mão a sucessão do pacto. Também os sucessores, por sua vez, quando suas orações têm essa recordação, não recorrem à intercessão dos defuntos, mas apresentam ao Senhor a memória do pacto que Ele fizera, no qual prometeu que lhes seria Pai propício e liberal por causa de Abraão, Isaac e Jacó. Pois, no mais, vê-se claramente pelo profeta quão pouca confiança depositaram os fiéis nos méritos de seus pais, quando, em nome de toda a Igreja, diz: "Tu és nosso pai, embora Abraão nos ignore e Israel não nos conheça; tu, ó Senhor, és nosso pai; nosso redentor perpétuo é teu nome". E, entretanto, embora a Igreja fale dessa maneira, acrescenta em seguida: "Volta-te, por amor de teus servos" (Is 63, 16.17); com o que não pretende dizer que tenha em conta intercessão de nenhum tipo, mas que traga à memória o benefício do pacto. E como agora temos ao Senhor Jesus, por cuja mão o eterno pacto de misericórdia foi não somente verificado mas também confirmado, que outro nome podemos pretender em nossas orações? Mas como esses veneráveis doutores querem, com essas palavras, constituir os patriarcas como intercessores, gostaria de saber qual é a causa de, entre tal multidão de santos, Abraão, pai da Igreja, não ter encontrado um defensor. Não ignoramos de que escória elegem seus advogados. Que me digam se é lícito que Abraão, a quem Deus preferiu a todos os demais e a quem louvou com a honra suprema e dignidade, seja de tal forma desprezado que não se faça caso algum dele. A causa é certamente que todos sabiam muito bem que tal costume jamais se usou na Igreja antiga; por isso, para encobrir sua novidade, preferiram não fazer menção alguma dos patriarcas do Antigo Testamento, como se a diversidade dos nomes desculpasse um costume recente e adulterino. Quanto ao que alguns alegam do salmo em que os fiéis rogam a Deus, que por amor de Davi tenha misericórdia deles (Sl 132, 1.10), está tão longe de confirmar a intercessão dos santos que o próprio salmo é precisamente muito eficaz e apto para refutar tal erro. Porque, se considerarmos o lugar que a pessoa de Deus ocupou, veremos que, nesse lugar, é separado da companhia de todos os santos, para que Deus confirmasse e ratificasse o pacto que com ele estabelecera. Assim, o Espírito Santo teve o pacto mais em conta que o homem, e sob essa figura deixou entrever a intercessão única de Jesus Cristo. Porque é certo que o que foi singular de Davi enquanto figura de Cristo não pôde convir a outros.

26. Mas o que move a alguns é o fato de muitas vezes se ler que as orações dos santos foram escutadas. Por quê? Certamente porque oraram. "Em ti", diz o profeta, "nossos pais esperaram; esperaram, e tu os libertaste. Clamaram a ti, e foram salvos; confiaram em ti, e não foram confundidos" (Sl 22, 4.5). Oremos, pois, como eles oraram, para sermos também ouvidos, como eles. Mas como nossos adversários argumentam sem sentido quando dizem que ninguém será ouvido, mas somente aquele que já o foi! Como Tiago argumenta muito melhor! Diz: "Elias, que era homem sujeito a paixões, semelhante a nós, orou fervorosamente para que não chovesse, e não choveu sobre a terra por três anos e seis meses. E outra vez tornou a orar, e o céu deu a chuva, e a terra produziu seu fruto" (Tg 5, 17.18). Vamos dizer que Tiago deduz certa prerrogativa de Elias, à qual devemos recorrer? Claro que não é assim; mas nos mostra a contínua e grande virtude que tem a oração piedosa e pura, exortando-nos com isso a orar como ele. Porque entenderíamos muito mal a prontidão e a liberalidade com que Deus ouve os seus se, com tais experiências dos santos, não nos confirmamos numa maior confiança em suas promessas, nas quais afirma que seu ouvido estará atento para ouvir não um ou dois, ou a uns poucos, mas a quantos invocarem seu nome. E por isso tanto menos admite desculpa sua ignorância, pois parece como se desprezassem deliberadamente os avisos da Escritura. Davi foi muitas vezes livrado pela virtude e poder de Deus; acaso foi para atraí-lo a si e para que por sua intercessão fôssemos livrados nós também? Ele fala de modo muito diferente: "Para mim olharam os justos, para ver quanto me ouvirás" (Sl 142, 7). E: "Muitos verão isto e temerão, e confiarão no Senhor; bem-aventurado o homem que pôs no Senhor sua confiança" (Sl 40, 3.4). "Este pobre clamou, e o Senhor o ouviu" (Sl 34, 6). Há muitas orações semelhantes a essas nos salmos, em que suplica a Deus que o ouça, a fim de os fiéis não serem confundidos, mas antes que, com seu exemplo, animem-se a esperar. Baste-nos por enquanto uma: "Por isso a ti recorrerá todo homem piedoso no tempo da necessidade" (Sl 32, 6). Citei esse passo com muito gosto, porque esses rábulas que alugam sua língua meritória para defender o papado não tiveram vergonha de alegá-lo para sustentar sua intercessão dos mortos. Como se Deus quisesse fazer outra coisa que não fosse mostrar o fruto que se origina da clemência e facilidade de Deus ao conceder o que se lhe pede. Em geral, temos de notar que a experiência da graça de Deus, tanto para os fiéis como para os demais, é uma ajuda não pequena para confirmar a fidelidade de suas promessas. Não citarei os numerosos textos nos quais Davi expõe os benefícios que recebeu da mão de Deus, para que tivesse motivo de confiança, porque todo aquele que ler os salmos os encontrará a cada passo. Isso Davi aprendera do patriarca Jacó, que dizia: "Eu sou indigno de todas as tuas misericórdias e da verdade que puseste nas promessas que fizeste a teu servo. Eu passei este Jordão, não tendo senão meu cajado, e agora volto com estas duas tropas" (Gn 32, 10). É verdade que alega a promessa; mas não somente ela, pois acrescenta o efeito, a fim de confiar com ânimo maior que Deus havia de ser para ele no futuro o mesmo que fora antes. Porque Deus não é como os mortais, que lhes pesa ter sido liberais e que se lhes acabem suas riquezas, mas que temos de considerá-los de acordo com sua natureza, como Davi o faz prudentemente: "Tu me redimiste, Senhor, Deus de verdade" (Sl 31, 5). Depois de ter atribuído a Deus a glória de sua salvação, Davi acrescenta que é veraz, porque, se não fosse para todo o sempre semelhante a si mesmo, o argumento que se tiraria de seus benefícios não seria suficientemente firme para confiar nele e invocá-lo. Mas, sabendo que sempre que nos auxilia dá uma demonstração e uma prova de sua bondade e fidelidade, não há motivo para temer que nossa esperança nos cause vergonha ou frustração.

27. Que a conclusão de tudo isso seja que, ensinando-nos a Escritura que invocar a Deus é a parte principal e mais importante do culto com que devemos honrá-lo (pois exige esse dever mais que todos os outros sacrifícios), é com um manifesto sacrilégio que dirigimos nossas orações a outros. Por isso, diz-se no salmo: "Se tivéssemos estendido a mão a um deus estranho, Deus não o teria percebido?" (Sl 44, 20.21). Assim, como Deus não deseja ser invocado senão com fé e ordena expressamente que nossas orações se fundamentem na regra de sua Palavra, e, finalmente, uma vez que a fé fundamentada em sua Palavra é a mãe da verdadeira oração, tão logo nos afastemos de sua Palavra, forçosamente nossa oração há de ser bastarda e não poderá agradar ao Senhor. E já demonstramos que a Escritura reserva essa honra exclusivamente a Deus em tudo. No que se refere à intercessão, vimos também que é ofício peculiar de Cristo e que nenhuma outra oração agrada a Deus senão aquela que esse Mediador santifica. Demonstramos também que, embora os fiéis façam

orações reciprocamente uns pelos outros, isso em nada estimula a intercessão exclusiva de Cristo; porque todos, do primeiro ao último, apoiam-
-se nela para encomendar-se a Deus, a si mesmos e a seus irmãos. Assim,
provamos que isso se aplicaria de modo muito tolo e sem propósito aos
defuntos, aos quais jamais vemos que se lhes tenha encarregado de orar
por nós. A Escritura nos exorta muitas vezes a orar uns pelos outros; mas,
quanto aos defuntos, não faz a mais leve menção; pelo contrário, Tiago,
ao unir essas duas coisas — que confessemos nossos pecados e oremos
uns pelos outros (Tg 5, 16) —, exclui tacitamente os defuntos. Basta, pois,
para condenar esse tipo de erro, só a razão de que o princípio de orar
bem e como é devido nasce da fé, e que a fé procede de ouvir a Palavra
de Deus, em nenhuma parte da qual se faz menção de os santos já defuntos intercederem por nós. Pois não passa de mera superstição atribuir
aos defuntos o ofício e o cargo que Deus de modo algum lhes confiou.
Porque na Escritura, embora haja muitas formas de oração, não se encontrará nem um só exemplo que confirme a intercessão dos santos defuntos, sem a qual não se tem nenhuma oração por válida e eficaz no
papado. Além disso, vê-se claramente que essa superstição nasceu de uma
certa incredulidade, porque ou não se deram por satisfeitos com que Cristo
fosse o Mediador ou o despojaram por completo dessa honra. E o último
motivo por certo se deduz de sua falta de vergonha; porque não têm outro
argumento mais forte para provar e sustentar essa fantasia da intercessão dos santos senão que são indignos de tratar familiarmente com Deus.
O que nós não negamos, mas antes o consideramos grande verdade. Mas
daí concluímos que eles não fazem caso algum de Cristo, pois consideram sua intercessão de valor nenhum se não a acompanham com o a de
Jorge, a de Hipólito e outros espantalhos semelhantes.

28. Ainda que, propriamente falando, a oração se restrinja a pedidos
e preces, há no entanto tanta afinidade entre a petição e a ação de graças que se pode compreender muito bem ambas as coisas sob o mesmo
nome. Porque as espécies de oração de que Paulo faz menção (1Tm 2, 1)
reduzem-se ao primeiro tipo, ou seja, suplicar e pedir a Deus. Quando
fazemos assim, manifestamos a Ele nossos desejos, pedindo-lhe não somente o que se refere ao aumento de sua glória e a louvar seu nome, mas
também o que visa a nosso serviço e proveito. Ao dar-lhe graças, celebramos com louvores seus benefícios e favores, testemunhando que recebemos todo o bem que temos de sua liberalidade. Davi compreendeu
essas duas partes quando disse: "Invoca-me no dia da angústia, livrar-te-
-ei e honrar-me-ás" (Sl 50, 15). Com razão, pois a Escritura nos adverte a

nos exercitarmos incessantemente em ambas. Porque, como já dissemos e a realidade o demonstra com clareza, nossa necessidade é tão grande e somos rodeados e pressionados por todos os lados por tantas e tais angústias que todos temos motivo para gemer e suspirar sem descanso, e suplicar e implorar a Deus. Porque, embora alguns sejam imunes às adversidades, mesmo nos mais santos deve haver culpa por seus pecados, e daí os inúmeros sobressaltos das tentações, para que esperem por um remédio. Quanto ao sacrifício de louvor e ação de graças, não se pode fazer interrupção alguma nele sem ofendermos gravemente a divina majestade, já que Deus nunca cessa de acumular sobre nós benefícios sobre benefícios, para obrigar-nos dessa maneira a permanecer submetidos a Ele por gratidão, por mais torpes e preguiçosos que sejamos. Por fim, é tão grande e admirável sua magnificência para conosco que não temos nada que não esteja coberto com ela; tantos e tão grandes são seus milagres que, para onde quer que olhemos, jamais falta motivo suficiente para glorificá-lo e dar-lhe graças. A fim de entender isso melhor, como, segundo já o provamos, toda nossa esperança e todo nosso bem de tal maneira se apoiam em Deus que não podemos prosperar, nem nós nem coisa alguma de quantas há em nós, se Ele não o bendisser, é necessário que continuamente nos encomendemos a Ele, nós mesmos e tudo o que há em nós. Assim, tudo o que propomos, falamos e fazemos, tudo no-lo proponhamos, falemos e façamos sob sua mão e vontade e com a esperança de que Ele nos há de ajudar e assistir. Porque o Senhor maldiz a todos aqueles que, confiando em si mesmos ou em outro qualquer, propõem e executam seus conselhos; e aos que, além de sua vontade e sem o invocar, tentam empreender algo (Tg 4, 12-15; Is 30, 1; 31, 1). E, já se tendo dito que não damos a Deus a honra devida se não o reconhecemos como autor de todo bem, conclui-se que temos de receber todos os favores de sua mão, de tal maneira que, ao fazê-lo, demos continuamente graças a Ele por tais favores; e que não há outro modo possível de gozar dos favores que nos faz se, por nossa vez, não o glorificarmos e lhe dermos graças por isso. Porque quando diz que todos os benefícios de Deus nos são santificados pela Palavra e pela oração (1Tm 4, 5), Paulo dá a entender que, sem a Palavra e a oração, não somos santos e puros. Em virtude da figura chamada metonímia, por Palavra entende a fé, a qual tem correspondência com a Palavra, na qual temos de crer. Por causa disso, Davi nos dá um bom ensinamento quando, tendo recebido um novo favor da mão do Senhor, diz que pôs em sua boca um cântico novo (Sl 40, 3); com o qual dá a entender, sem dúvida, que nosso silêncio é muito censurável se, ao recebermos algum benefício, o deixarmos passar por alto e não o glorificarmos, sendo que todas as vezes em que Deus nos faz algum favor, dá-nos ocasião de bendizê-lo. E assim também Isaías, ao promulgar um novo benefício de Deus, exorta os fiéis a cantar um cântico novo e não comum (Is 42, 10). E, no mesmo sentido, Davi diz, em outro lugar: "Senhor, abre meus lábios e minha boca publicará teu louvor" (Sl 51, 15). Também Ezequias e Jonas declaram que a finalidade de sua liberdade havia de ser celebrar a bondade de Deus com cânticos em seu templo (Is 38, 20; Jn 2, 9). Davi prescreve a mesma regra a todos os fiéis em geral: "Que pagarei ao Senhor por todos os seus benefícios para comigo? Tomarei o cálice da salvação e invocarei o nome do Senhor" (Sl 116, 12.13). A Igreja segue a mesma regra em outro salmo: "Salva-nos, Senhor, Deus nosso, para que louvemos teu santo nome, para que nos gloriemos em teus louvores" (Sl 106, 47). E: "Voltou-se para a oração dos desvalidos, e não desdenhou de suas preces. Escrevam-se estas coisas para a geração futura, e um povo, a ser criado, celebre o Senhor"; "para que em Sião se anuncie o seu nome, e em Jerusalém o seu louvor" (Sl 102, 17.18.21). Mais ainda: sempre que os fiéis suplicam a Deus que faça o que pedem em seu nome, assim como eles confessam ser indignos de alcançar qualquer coisa que peçam em seu próprio nome, pelo mesmo motivo obrigam-se a dar graças e prometem usar de forma limpa e conveniente dos benefícios de Deus, sendo pregadores deles. Assim Oseias, falando da redenção de que a Igreja haveria de usufruir no futuro, diz: "Tira toda iniquidade e aceita o bem, e oferecer-te-emos a oferenda de nossos lábios" (Os 14, 2). É certo que os benefícios e favores que Deus nos fez não requerem somente que o honremos com os lábios, mas forçam-nos naturalmente a amá-lo: "Amo ao Senhor", diz Davi, "pois ouviu minha voz e minhas súplicas" (Sl 116, 1). E, em outro lugar, enumerando os auxílios e socorros que experimentara: "Amo-te, Senhor, minha fortaleza" (Sl 18, 1). Porque decerto jamais agradarão a Deus os louvores que não procederem dessa fonte de amor. Além disso, temos de considerar aquela regra fornecida por Paulo de que todas as petições desacompanhadas de ações de graças são perversas e más; pois ele fala assim: "Apresentai a Deus os vossos pedidos, em orações e súplicas, acompanhadas de ações de graças" (Fp 4, 6). Pois, como muitos são impelidos por enfado, tédio, impaciência, dor excessiva e medo de murmurar quando oram, o apóstolo adverte expressamente aos fiéis que moderem seus afetos de tal maneira que, ainda antes de terem alcançado o que pedem, bendigam e louvem o Senhor com alegria. E se as petições e ações de graça, que parecem ser coisas contrárias, devem ir sempre em par, com quanta maior razão Deus nos obriga a que o bendigamos quando nos concede o que lhe pedimos. Segundo já demonstramos, as petições (que de qualquer outra maneira estariam maculadas) são consagradas pela intercessão de Cristo. Por isso o apóstolo, ao nos mandar oferecer por Cristo o sacrifício de louvor (Hb 13, 15), adverte-nos que nossos lábios não serão puros para celebrar e santificar o nome do Senhor se não houver o intermédio do sacerdócio de Cristo. Daqui percebemos quão estranhamente se encontram enfeitiçados os homens do papado, no qual a maioria se espanta de Cristo ser chamado advogado e intercessor. Essa é a razão pela qual Paulo manda que oremos sem cessar e que demos graças em tudo (1Ts 5, 17.18), sem dúvida com o intento de que — com toda a diligência possível, todo o tempo, em todo lugar, em tudo o que fizermos —, todos os nossos desejos levantem-se a Deus, para esperar dele todo bem e para render-lhe graças por tudo o que dele recebemos, uma vez que Ele nos dá continuamente motivo para pedir-lhe e louvá-lo.

29. Embora a assiduidade na oração deva ser entendida como própria e particular de cada um, de certa maneira refere-se também, entretanto, às orações públicas da Igreja, ainda que não possam ser contínuas e que devam ser feitas de acordo com a ordem disposta pelo consentimento comum da Igreja. Daqui vem que haja certas horas ordenadas, as quais são indiferentes para Deus, mas que ao homem é necessário servir-se delas, a fim de ter em conta a comodidade geral, e que, como diz o apóstolo, tudo se faça com decência e ordem (1Co 14, 40). Mas isso não impede que cada Igreja estimule a maior frequência no exercício da oração, especialmente quando se vir oprimida por alguma necessidade particular. Quanto à perseverança, que tem grande afinidade com a assiduidade, teremos ocasião de falar dela no final.[301] Isso contudo não se refere a βαττολογία, que Cristo nos proibiu (Mt 6, 7). Ele, de fato, não nos proíbe que insistamos na oração por muito tempo, uma e outra vez e com grande afeto; o que ele nos ensina é não confiarmos em que obrigamos Deus a conceder-nos o que lhe pedimos importunando-o com uma excessiva loquacidade, como se Ele pudesse mudar e deixar-se convencer por nossas razões, como se fosse um homem. Bem sabemos que os hipócritas, que não se dão conta de que tratam com Deus, agem com grande pompa e se conduzem de forma ostentosa quando oram, como se celebrassem um triunfo. Como aquele fariseu que dava graças a Deus por-

---

301 Institutio, III, XX, 51s.

que não era como os outros; este, sem dúvida alguma, elogiava-se diante dos homens, como se quisesse, por meio da oração, ganhar fama de santidade (Lc 18, 11.12). Vem daí βαττολογία que hoje em dia, por razão semelhante, assola no papado; uns passam o tempo repetindo em vão as mesmas preces, outros fazem comércio entre o povo de seus longos amontoados de palavras. Como essa palração visa puerilmente a enganar a Deus, não é de estranhar que seja proibida em sua Igreja, onde não se deve ouvir nada que não seja sério e originário do fundo do coração. Há ainda uma corruptela muito semelhante a essa que Cristo também condena: que os hipócritas, para maior ostentação, procuram ser vistos por muitos e preferem orar na praça pública a consentir que suas orações não sejam louvadas por toda gente. Mas, como o fim da oração, segundo expusemos antes, é elevar nosso espírito até Deus para bendizê-lo e pedir-lhe socorro, pode-se por isso compreender que o principal da oração radica no coração e no espírito; ou, melhor dizendo, que a oração propriamente não é senão esse afeto interno do coração que se manifesta diante de Deus, perscrutador de corações. É por isso que, como já dissemos, nosso Mestre celestial, querendo estabelecer uma lei perfeita de oração, mandou que entremos em nosso aposento e ali, fechada a porta, oremos ao Pai em segredo, para que Ele, que vê o que está em segredo, recompense-nos (Mt 6, 6). Porque, depois de nos proibir de imitar os hipócritas, que com ambiciosa pretensão de orar pretendem obter crédito entre os homens, acrescenta o que devemos fazer: entrar em nosso aposento e ali, com a porta fechada, orar. Palavras com as quais, a meu ver, ensinou que temos de buscar um lugar afastado, que nos ajude a entrar em nosso coração, prometendo-nos que esses afetos de nosso coração serão benditos por Deus, de quem nosso corpo deve ser templo. Pois Ele não quer negar que não seja lícito orar em nenhum outro lugar que em nossos aposentos, mas somente nos ensinar que a oração é algo secreto, que radica principalmente no coração e no espírito, e que requer sossego e o abandono de todos os nossos afetos e cuidados. Não sem razão, o próprio Senhor, querendo entregar-se à oração, retirava-se do tumulto dos homens a um lugar afastado (Mt 14, 23; Lc 5, 16); porém, fazia isso para, antes de mais nada, advertir-nos com seu exemplo a não menosprezarmos as ajudas com as quais nosso espírito, por si tão frágil, eleva-se mais facilmente, para melhor orar. Entretanto, assim como Ele não se abstinha de orar em meio a grandes multidões, se a ocasião se lhe oferecia, também nós não sintamos dificuldade em elevar nossas mãos ao céu em qualquer lugar que seja, sempre que preciso. Temos de estar convencidos ainda de que todo aquele que recusa orar na congregação dos fiéis não sabe o que é orar a sós, ou num lugar afastado, ou em sua casa. Pelo contrário, aquele que não se esforça para orar a sós, por mais que frequente as congregações públicas, saiba que suas orações são vãs e frívolas. E a causa é: porque dá mais valor à opinião dos homens que ao julgamento secreto de Deus. Para que, no entanto, as orações públicas da Igreja não fossem menosprezadas, Deus as adornou com títulos excelsos, sobretudo ao chamar a seu tempo "casa de oração" (Is 56, 7). Pois com isso ensina que a oração é o elemento principal do culto e serviço com que deseja ser honrado; e que, para os fiéis se exercitarem nesse culto de comum acordo, Ele lhes edificara o templo, que havia de servir-lhes como uma bandeira sob a qual se recolhessem. E também acrescentou uma bela promessa: "Teu é o louvor em Sião, ó Deus, e diante de ti, que escutas as orações, cumpram-se os votos" (Sl 65, 1); palavras com que o profeta nos adverte de que nunca são vãs as orações da Igreja, porque Deus sempre dá a seu povo motivo para louvá-lo com alegria. Ora, ainda que as sombras da Lei tenham cessado e tido fim, no entanto, como Deus quis com essa cerimônia manter-nos na unidade da fé, não há dúvida de que também se refere a nós essa promessa, a qual, aliás, Cristo mesmo sancionou por sua boca e Paulo afirma que terá valor eterno.

30. E como, em sua Palavra, Deus ordenou que os fiéis orem unidos, é necessário haver períodos designados para fazê-lo, de modo que todos os que se recusam a orar neles, em companhia dos fiéis, não se possam desculpar com o pretexto de que oram em seus aposentos, conforme o mandamento do Senhor, a quem pretendem que obedecem. Porque Cristo, que promete que fará tudo quanto dois ou três congregados em seu nome lhe suplicarem (Mt 18, 19.20), dá a entender, de forma inequívoca, que não rechaçará as orações feitas por toda a Igreja, contanto que se excluam delas toda ambição e vanglória e que, pelo contrário, exista um verdadeiro e sincero afeto, que resida no fundo do coração. Se tal é o uso legítimo dos templos, como evidentemente assim é, devemos também acautelar-nos de tê-los (como durante muito tempo se fez) por morada própria de Deus, em que pode ouvir-nos de muito mais perto. Guardemo-nos de atribuir-lhes certa espécie de santidade oculta, que faça nossa oração muito mais pura diante de Deus. Porque, sendo nós os verdadeiros templos de Deus, é preciso orarmos dentro de nós mesmos se quisermos invocar a Deus em seu santo templo. Deixemos essa opinião vulgar e carnal aos judeus e aos gentios, pois nós temos o mandamento de invocar a Deus "em espírito e em verdade", sem distinção alguma de lugar

(Jo 4, 23). É certo que o templo de antigamente se dedicava por ordem de Deus, para nele invocá-lo e oferecer-lhe sacrifícios; mas isso era quando a verdade estava escondida sob as sombras que a figuravam; mas agora que se nos manifestou claramente e ao vivo, não consente que nos detenhamos em nenhum templo material. Ademais, o templo não foi recomendado aos judeus com a condição de que encerrassem a presença de Deus entre suas paredes, mas a fim de exercitá-los em contemplar a forma e a figura do verdadeiro templo. Por isso foram duramente repreendidos por Isaías e Estêvão todos aqueles que acreditavam que Deus, de algum modo, habitava nos templos edificados por mão de homens (Is 66, 1; At 7, 48).

31. Também fica mais do que claro a partir daí que nem a voz nem o canto (se usados na oração) têm algum valor ou algum proveito para Deus se não nascerem de um afeto íntimo do coração. Ao contrário, irritam a Deus e provocam sua cólera se só saem dos lábios; porque isso não é outra coisa que abusar de seu sacrossanto nome e zombar de sua majestade, como Ele o afirma por meio do profeta Isaías. Porque, embora fale em geral, no entanto, o que diz vem a propósito para corrigir esse abuso. "Este povo", diz, "aproxima-se de mim com sua boca, e com seus lábios me glorifica, mas seu coração está longe de mim, e seu temor de mim não é senão uma doutrina de homens que lhes foi ensinada; portanto, eis que Eu excitarei de novo a admiração deste povo com um prodígio grande e espantoso; porque perecerá a sabedoria de seus sábios e ficará escurecido o entendimento de seus prudentes" (Is 29, 13.14; Mt 15, 8.9). Apesar disso, não condenamos aqui nem a voz nem o canto; antes os apreciamos muito, contanto que acompanhados do afeto do coração. Porque dessa maneira ajudam o espírito a pensar em Deus e o mantêm nele; pois, sendo frágil, facilmente se distrairia com diversos pensamentos se não recebesse auxílios vários. Além disso, como a glória de Deus deve resplandecer em todos os membros de nosso corpo, convém que a língua, criada especialmente por Deus para anunciar e glorificar seu santo nome, seja empregada em fazer isso, falando ou cantando. Mas que seja empregada sobretudo nas orações que publicamente se fazem nas assembleias dos fiéis; nas quais o que de fato se faz é glorificar, todos em comum e em coro, ao Deus que honramos com um mesmo espírito e uma mesma fé (Rm 15, 5.6). E isso abertamente, para que todos aceitem, por sua vez, a confissão de fé de seu irmão, a cujo exemplo estão convidados e estimulados.

32. Quanto ao hábito de cantar nas igrejas (sobre o qual falarei de passagem), não somente consta que é muito antigo, como também que se usava no tempo dos apóstolos, como se pode entender do que diz Paulo:

"Cantarei com meu espírito e cantarei também com minha mente" (1Co 14, 15). E aos colossenses: "Ensinai-vos e exortai-vos uns aos outros, cantando ao Senhor em vossos corações com salmos, hinos e cânticos inspirados pelo Espírito" (Cl 3, 16). No primeiro passo, manda que cantemos com a voz e com o coração; no segundo, louva as canções espirituais com que os fiéis se edificam uns aos outros. Pelo que diz Agostinho, porém, vemos que isso não era geral em todas as igrejas. Pois ele conta que a igreja de Milão, no tempo de Ambrósio, começou a usar o canto quando Justina, mãe do imperador Valentiniano, perseguia os cristãos, e que o costume passou dali às demais igrejas ocidentais.[302] Mas pouco antes dissera que esse costume procedia dos orientais. Também no livro segundo de suas *Retractationes*, afirma que esse costume foi recebido na África em seu tempo. Diz: "Certo Hilário, varão tribunício, falava tão mal quanto podia do costume, que então havia começado a se usar em Cartago, de dizer hinos tirados do livro dos salmos diante do altar, ou antes da oferenda ou quando se distribuía ao povo o que havia sido oferecido; respondi a ele a pedido dos irmãos".[303] Claro que se o canto se acomoda à gravidade que se deve ter diante do trono de Deus e dos anjos, não somente é um ornamento que confere maior graça e dignidade aos mistérios que celebramos mas serve, além disso, para incitar os corações e inflamá-los em maior afeto e fervor para orar. No entanto, guardemo-nos muito de que nossos ouvidos estejam mais atentos à melodia do que nosso coração ao sentido espiritual das palavras. O que o próprio Agostinho confessa haver temido, dizendo que algumas vezes havia desejado que se guardasse o costume de cantar que Atanásio usava, o qual mandava que o leitor pronunciasse as palavras tão baixo que mais parecesse uma leitura que um cântico; mas acrescenta também que, quando se lembrava do fruto e edificação que havia recebido ouvindo a assembleia cantar, inclinava-se mais à parte contrária, ou seja, a aprovar o canto.[304] Por conseguinte, não há dúvida de que o canto, empregado com moderação, é uma instituição muito útil e santa. E, ao contrário, todos os cantos e melodias compostos unicamente para deleite do ouvido de nenhum modo convêm à majestade da Igreja e podem desgostar a Deus sobremaneira.

33. Por aqui se vê também claramente que as orações públicas não se devem fazer em grego entre os latinos, nem em latim entre os france-

---

302 Aug., Confess. IX 7, 15 MSL 32, 770; CSEL33, 208, 12ss.
303 Aug., Retract. II 11 MSL 32, 634; CSEL 36 144.
304 Aug., Confess. X 33, 50 MSL 32, 800; CSEL 33, 263/4.

ses ou ingleses (como é costume desde já há muito); mas se devem fazer na língua do país da assembleia, de modo que todos possam entender, uma vez que se fazem para a edificação de toda a Igreja, a qual não recebe nenhum fruto quando ouve o som das palavras e não as entende. Mas aqueles que não levam em conta a caridade e a humanidade deveriam pelo menos se comover um pouco com a autoridade de Paulo, cujas palavras são bem claras: "Se louvas a Deus somente com o espírito, como o ouvinte poderá dizer 'amém' se não sabe o que tu disseste? Porque tu, em verdade, dás graças; mas o outro não é com ela edificado" (1Co 14, 16). Quem, pois, poderá estranhar a licença desenfreada que têm os papistas, os quais, contra a manifesta proibição do apóstolo, não temem cantar em língua estranha o que muitas vezes nem sequer eles mesmos entendem? Muito diferente, porém, é a ordem que o apóstolo nos manda seguir quando diz: "Quê, pois? Orarei com a voz, mas também com o entendimento" (1Co 14, 15). Nesse texto, o apóstolo usa o termo "espírito" — que traduzimos por voz —, pelo qual entende o singular dom de línguas de que muitos, querendo gabar-se, abusavam, separando-o do entendimento. Concluamos, pois, que é impossível, quer se trate de oração pública ou privada, que a língua sem o coração não desagrade a Deus sobremaneira. E, além disso, que o coração deve ser estimulado com o fervor do que pensa e ir muito além do que a língua pode pronunciar. Finalmente, que na oração particular a língua não é necessária, senão enquanto o entendimento é suficiente para elevar-se por si, ou com a veemência da elevação force a língua a falar. Porque, ainda que algumas vezes as melhores orações se façam sem falar, acontece muito, no entanto, que, quando o afeto do coração está por demais aceso, a língua se solta, como os demais membros; e isso sem pretensão alguma, mas de forma espontânea. Sem dúvida, vem daí aquele movimento de lábios (1Sm 1, 13) de Ana, a mãe de Samuel, quando orava; e os fiéis com frequência experimentam o mesmo, que quando oram se lhes escapam espontaneamente algumas palavras e suspiros. Quanto aos gestos e atitudes exteriores do corpo que se costumam fazer ao orar (como ajoelhar-se e descobrir a cabeça) são exercícios com os quais tentamos elevar-nos a uma maior veneração de Deus.

34. Aprendamos agora não somente a maneira mais correta de orar, mas também a fórmula, a qual o Pai celestial nos ensinou pela boca de seu Filho dileto (Mt 6, 9; Lc 11, 2), pela qual nos é dado conhecer sua imensa bondade e doçura. Porque, além de admoestar-nos e exortar-nos a recorrer a Ele em todas as nossas necessidades, como os filhos costumam recorrer aos pais sempre que se encontram em alguma aflição, vendo que não podíamos nem sequer entender quanta é nossa necessidade e miséria, tampouco o que realmente poderíamos pedir-lhe de útil e proveitoso, quis remediar nossa ignorância e suprir tudo o que nos faltava. Mostrou-nos, pois, uma fórmula de oração, na qual, como numa tábua, propôs tudo o que nos é lícito desejar dele, tudo o que nos pode ser útil e de proveito, e tudo o que nos é necessário pedir-lhe. Dessa sua bondade podemos receber um grande consolo, pois ficamos seguros de não lhe pedir algo ilícito, importuno ou estranho, ou algo que lhe resulte desagradável; pois, seguindo a fórmula que Ele nos prescreveu, rogamos-lhe como que por sua própria boca. Platão, vendo a ignorância dos homens nas petições e súplicas que dirigiam a Deus, as quais muitas vezes não poderiam senão lhes causar grande dano, afirma que a mais perfeita maneira de orar é, segundo o formulou um poeta antigo, rogar a Deus que nos faça o bem, quer o peçamos ou não; e que afaste de nós o mal, mesmo quando nós o pedimos.[305] É certo que esse homem pagão é muito sábio nesse ponto, pois entende quão perigoso é pedir ao Senhor o que a nosso apetite ocorrer; e, ao mesmo tempo, revela com isso nossa desgraça, pois não podemos nem sequer abrir a boca diante de Deus sem grande perigo para nós, a não ser que o Espírito Santo nos guie à forma devida de orar (Rm 8, 26.27). E por isso devemos apreciar ainda mais esse privilégio, de que o Filho Unigênito de Deus nos ponha na boca as palavras que livram nosso espírito de toda hesitação.

35. A fórmula ou regra de oração constitui-se de seis petições. A razão que me move a não a dividir em sete é que o evangelista, ao dizer "Não nos deixes cair em tentação, mas livra-nos do mal", faz que, com a expressão adversativa interposta, pareça ter querido ligar dois membros, como se dissesse "Não permitas que sejamos vencidos pela tentação, antes ajuda nossa debilidade e livra-nos, para que não caiamos". Os antigos doutores da Igreja são da mesma opinião e o expõem como dissemos. Por onde se vê que o que Mateus acrescenta, e que alguns entenderam como uma sétima petição, não é mais que uma explicação da sexta, e a ela se há de referir. Ora, ainda que essa oração seja tal que em qualquer parte dela se tenha em conta sobretudo a glória de Deus, as três primeiras petições estão particularmente dedicadas à glória de Deus, a qual somente temos de considerar nelas, sem atentar de forma alguma para nosso proveito. As outras três petições visam a nós e contêm pro-

---

305 Platão, Alcebíades II, 142 E 143 A.

priamente o que temos necessidade de pedir. Assim, quando oramos que o nome do Senhor seja santificado, porque Deus quer provar se o amamos gratuitamente ou pela esperança de recompensa e salário, em nada então devemos pensar tocante a nosso proveito, mas somente considerar a glória de Deus, apenas na qual devemos fixar nossos olhos. E a mesma disposição devemos ter nas outras duas seguintes. Claro que se extrai disso um grande proveito para nós, porque quando o nome de Deus é, como pedimos, santificado, juntamente com isso se opera nossa santificação. Mas é preciso, segundo acabamos de assinalar, que não tenhamos em mente esse proveito, como se não existisse; de tal maneira que, ainda que não tivéssemos esperança de alcançar bem algum, não cessaríamos de desejar e pedir em nossas orações a glorificação do nome do Senhor, e tudo o que se refere à sua glória. E assim o vemos no exemplo de Moisés e de Paulo, aos quais não foi molesto nem duro não olhar para si, mas, com veemente e ardoroso zelo, desejar a própria morte e destruição, a fim de que, mesmo que à custa da vida deles, a glória de Deus fosse louvada e seu reino, multiplicado. Por outro lado, quando pedimos que nos seja dado nosso pão de cada dia, ainda que façamos isso principalmente para nosso proveito, devemos contudo buscar primeiro a glória de Deus.

Agora passemos a explicar a oração.

Pai nosso, que estás no céu.

36. Já no início da oração ocorre o que dissemos: que é necessário oferecer a Deus todas as nossas orações somente em nome de Cristo e por nenhum outro meio, porque nenhuma delas pode ser aceita por Deus senão a que se faz em seu nome. Porque, ao chamar Pai a Deus, dirigimo-nos a Ele em nome de Jesus Cristo; pois quem poderia ter confiança para chamar Pai a Deus? Quem seria tão atrevido que usurpasse a honra do Filho de Deus, se não tivéssemos sido adotados como filhos da graça em Cristo, o qual, sendo seu Filho verdadeiro e por natureza, foi dado a nós como irmão, para que o que é seu por natureza se faça nosso pelo benefício da adoção, se aceitarmos com verdadeira fé tão grande magnificência? Como afirma João, aos que creem no nome do Unigênito Filho de Deus, foi dado o poder de se tornarem filhos de Deus (Jo 1, 12). Por isso chama-se a si mesmo "nosso Pai", e assim deseja que o chamemos, livrando-nos, com a doçura que encerra seu nome, de toda confiança; porque não se pode achar em nenhuma coisa um amor maior que o de um pai. Por isso não pôde nos dar prova mais certa de sua imensa caridade e amor para conosco do que desejar sermos chamados "seus filhos" (1Jo 3, 1). E seu amor para conosco é tanto mais excelente que o amor com que nossos pais nos amam, quanto excede a todos os homens em bondade e misericórdia; de tal maneira que, mesmo que aconteça que todos os pais do mundo percam seu amor e afeto paternais e desamparem seus filhos, Ele jamais nos desamparará, porque não se pode negar a si mesmo (Sl 27, 10; Is 63, 16; 2Tm 2, 13). Porque temos sua promessa: "Se vós, sendo maus, sabeis dar boas dádivas a vossos filhos, quanto mais vosso Pai, que está nos céus, dará boas coisas aos que lhe pedirem?" (Mt 7, 11). E o mesmo pelo profeta: "Esquecer-se-á a mulher daquele que deu à luz? Ainda que ela se esqueça, Eu nunca me esquecerei de ti" (Is 49, 15). E, se somos seus filhos, como o filho não pode recorrer à proteção e defesa de um estranho sem com isso demonstrar a crueldade ou a pobreza e miséria de seu pai, da mesma maneira, não podemos buscar socorro fora de nosso Pai celestial a menos que o difamemos como miserável e pobre de recursos, ou como excessivamente austero e cruel.

37. Nem aleguemos que nos tornamos tímidos com razão, pela consciência de nossos pecados, os quais causam diariamente novas ofensas ao Pai, embora seja Ele clemente e afável. Porque se, entre os homens, sua causa não pode ter melhor advogado diante do Pai do que o Filho, tampouco pode haver melhor intérprete para reconciliar o homem com Deus e devolver-lhe a graça perdida do que Ele mesmo, se, súplice e humilde, reconhecer sua culpa e pedir perdão (pois as entranhas do Pai não podem dissimular que se comovem diante de tais preces). Que não fará então aquele "Pai de misericórdia e Deus de toda consolação" (2Co 1, 3)? Como não vai ouvir os gemidos e as lágrimas dos filhos que lhe rogam por si mesmo, sendo que Ele próprio nos convida e exorta a fazê-lo assim muito melhor que todos os rogos que outros poderiam fazer por eles, a cuja intercessão recorreram, não sem uma espécie de desespero, por desconfiar da mansidão e clemência de seu Pai? Deus nos faz entender e nos descreve vivamente essa sua inesgotável misericórdia paternal na parábola em que se nos apresenta como um pai que, com os braços abertos, recebe o filho que se havia afastado dele, e que havia dissipado seus bens na dissolução, e que de inumeráveis maneiras o ofendera. E não espera que o filho lhe peça perdão, mas ele mesmo se adianta, reconhece-o de longe quando volta, sai ele mesmo a recebê-lo, consola-o e recebe-o em sua graça (Lc 15, 20). Porque, ao propor-nos num homem um exemplo de tanta clemência e doçura, quis ensinar-nos quanta maior graça, gentileza e benignidade devemos esperar dele, que não somente é Pai, mas um tal pai que excede a todos os demais em clemência e bondade, mesmo que tenhamos sido ingratos, rebeldes, desobedientes e maus filhos; mas isso, contanto que recorramos à sua misericórdia. E, para dar-nos maior segurança de que, se somos cristãos, Ele é nosso Pai, não somente quis que o chamemos com esse nome mas também que o chamemos expressamente nosso, como se lhe disséssemos "Pai, que és tão doce para com teus filhos e tão fácil em perdoar-lhes as faltas, nós, teus filhos, te chamamos e a ti dirigimos nossas súplicas, seguros e totalmente convencidos de que não há em ti mais afeto e vontade que os de um Pai, por mais indignos que sejamos de ti". Mas como a pequenez de nosso coração não pode receber nem compreender tão infinito favor, Cristo nos serve de fiança e garantia de nossa adoção, e, além disso, dá seu Espírito como testemunho dessa adoção, pela qual nos é conferida a liberdade de invocá-lo: "Abba, Pai!" (Gl 4, 6). Assim, sempre que nossa preguiça e negligência nos opuserem dificuldades, lembremo-nos de suplicar-lhe que corrija a fraqueza que nos faz tímidos e nos dê como guia seu Espírito de magnanimidade, para que oremos a Ele ousadamente.

38. Que aqui não seja ensinado que cada um em particular lhe chame Pai, mas antes que o chamemos todos juntos, é uma exortação de quão fraterno afeto devemos ter uns para com os outros, pois todos somos filhos de um mesmo Pai, e com o mesmo título e direito de gratuita liberalidade. Porque se todos temos por Pai aquele de quem procede tudo de bom que podemos receber (Mt 23, 9), não é lícito haver nada em nós dividido e separado, não estarmos dispostos e preparados de coração e com toda alegria a comunicá-la aos demais, enquanto a necessidade o requeira. E se estamos preparados como se deve a assistir-nos e ajudar-nos uns aos outros, não há nada com que mais possamos aproveitar a nossos irmãos que encomendá-los ao cuidado e providência de nosso bom Pai, pois, se Ele nos é propício e favorável, nada nos pode faltar. E certamente isso o devemos também a Ele. Porque, assim como todo aquele que, deveras e de coração, ama o pai de uma família ama também a todos os que a integram, da mesma maneira nós, se amamos a nosso Pai celestial e desejamos servir-lhe, precisamos mostrar nosso afeto e amor a seu povo, a sua família e a suas posses, que Ele honrou e a que chama plenitude de seu Filho Unigênito (Ef 1, 23). Assim, o cristão regulará e adaptará sua oração a essa regra, de modo que seja comum e compreenda a todos que são irmãos seus em Cristo, e não somente aos que ele sabe e vê que são tais, mas a todos os que vivem sobre a terra, acerca dos quais não sabemos o que Deus lhes preparou, mas somente que devemos desejar-lhes todo bem e esperar para eles o melhor a cada dia. Mas, de modo particular, estamos obrigados a amar e servir aos que são da família da fé, aos quais Paulo nos manda levar em consideração (Gl 6, 10). Em suma, todas as nossas orações devem ser de tal maneira comuns que estejam sempre voltadas para aquela comunidade que nosso Senhor estabeleceu em seu reino e em sua casa.

39. Isso não impede que seja lícito orar por nós e por certas pessoas em especial, contanto que nosso espírito não se afaste nem se desvie de sua comunidade, mas que refira tudo a ela. Porque, embora sejam orações feitas em particular, como tendem a tal objetivo, não deixam de ser comuns. Podemos facilmente entender isso com um só exemplo. O mandamento de Deus de socorrer aos pobres em suas necessidades é geral; no entanto, a esse mandamento obedecem os que, com esse fim, exercitam a caridade para com aqueles que veem e sabem estar necessitados; e isso porque não podem conhecer a todos os que o estão, ou porque seus recursos não são suficientes para socorrê-los a todos. Assim, da mesma maneira, não agem contra a vontade de Deus os que, considerando a comunidade da Igreja, usam tais orações particulares, com as quais — com palavras particulares mas com afeto comum e público — encomendam a Deus a si mesmos e a outros, cuja necessidade Deus quis que conhecessem mais de perto. Nem tudo, porém, é semelhança entre a oração e a esmola; porque não podemos exercer a liberalidade senão com aqueles cuja necessidade conhecemos; em contrapartida, podemos ajudar com nossa oração mesmo aos mais estranhos e afastados de nós, por grande que seja a distância. Isso se dá pela generalidade da oração, em que estão contidos todos os filhos de Deus, no número dos quais ficam também compreendidos aqueles. A isso se pode reduzir o que Paulo recomenda aos fiéis de seu tempo, que levantem ao céu suas mãos santas, sem ira nem contenda (1Tm 2, 8), pois, ao adverti-los de que, quando existem dissidências, fecha-se a porta à oração, quer que suas orações sejam unânimes e em comum.

40. Vem em seguida "que está nos céus", do que não devemos concluir estar Deus encerrado e circunscrito na circunferência do céu, como dentro de certos limites, pois o próprio Salomão confessa que os céus dos céus não podem a Deus (1Rs 8, 27). E o próprio Deus diz, por meio de seu profeta, "O céu é meu trono, e a terra, estrado de meus pés" (Is 66, 1), com o que, sem dúvida, deseja dizer que não está limitado nem contido num lugar determinado, mas que se encontra em todas as partes e tudo preenche. Mas como nosso intelecto, por sua debilidade, não pode compreender de outra maneira sua glória inefável, Ele no-la dá a entender por meio do céu, que é a coisa mais alta e mais cheia de glória e de majestade que podemos conceber. E como os nossos sentidos, quando apreendem alguma coisa, costumam ligá-la àquele lugar, Deus nos é colocado acima de todo lugar, a fim de que, quando quisermos buscá-lo, elevemo-nos por cima de todos os sentidos da alma e do corpo. Além disso, com tal maneira de expressar-se, fica livre de toda corrupção e mudança. Finalmente, nos é dado a entender que Ele contém todo o mundo e que, com sua potência, o rege e governa. Por isso "que está nos céus" é o mesmo que se dissesse que é de um tamanho e altura infinitos, de uma essência incompreensível, de uma potência imensa e de uma indubitável imortalidade. Portanto, quando ouvirmos essa expressão, nosso intelecto e espírito devem elevar--se, uma vez que falamos de Deus; e não devemos imaginar nele alguma coisa carnal e terrena, nem temos de querer acomodá-lo à razão humana, nem suponhamos que sua vontade possa ser regida por nossos desejos. Junto com isso devemos confirmar nossa confiança nele, por cuja providência e potência vemos que o céu e a terra são governados. A conclusão, pois, é que sob o nome de "Pai" se nos propõe aquele Deus que se nos manifestou na imagem de seu Filho, para que, com a certeza da fé, o invoquemos; e que há de servir-nos esse nome "Pai", segundo o familiar que é, não somente para confirmar nossa confiança mas também para reter nosso espírito, a fim de que não se distraia com deuses desconhecidos ou imaginários, mas antes, guiado pelo Filho Unigênito, suba diretamente àquele que é o único Pai dos anjos e dos homens. Em segundo lugar, a colocação de seu trono no céu adverte-nos de que, como Ele governa o mundo, de nenhuma maneira nos aproximaremos dele em vão, já que espontaneamente se apresenta e se oferece a nós. Diz o apóstolo: "Quem se aproxima de Deus deve crer que Ele existe e que recompensa os que o procuram" (Hb 11, 6). Ambas as coisas Cristo atribui nesse lugar a seu Pai, para que nossa fé se fundamente e se apoie nele, e para que nos convençamos deveras de que Ele se preocupa com nossa salvação, uma vez que tem por bem estender sua providência até nós. Tais são os princípios com os quais Paulo nos dispõe a orar bem. Porque, antes de nos exortar a manifestar nossas petições a Deus, põe esta introdução: "Não vos preocupeis por coisa alguma" (Fp 4, 6). Por aí fica claro que aqueles que não estão seguros de que os olhos do Senhor estão sobre os que o temem (Sl 33, 18) revolvem na mente suas orações com dúvidas e perplexidades.

41. A primeira petição é que o Nome do Senhor seja santificado — necessidade que vem acompanhada de grande vergonha para nós, pois que se pode pensar de mais indigno do que ver a glória de Deus obscurecida, em parte por nossa ingratidão, em parte por nossa maldade, e, no que depende de nós, destruída por nossa audácia e orgulho furioso? É certo que a santidade do Nome de Deus resplandece a despeito de todos os ímpios, embora eles, com sua sacrílega dissolução, desonrem-no. E não sem motivo exclama o profeta: "Como o teu nome, ó Deus, assim o teu louvor chega até os fins da terra" (Sl 48, 10). Porque, onde quer que Deus se dê a conhecer, é impossível que não se manifestem suas virtudes: potência, bondade, sabedoria, justiça, misericórdia e verdade, as quais nos forçam a maravilhar-nos e nos incitam a louvá-lo. Mas, já que tão indignamente tiramos a Deus sua santidade na terra, que não a podemos manter como deveríamos, manda-nos que ao menos tenhamos cuidado de pedir ao próprio Deus que a mantenha. Em suma, que peçamos ser dada a Deus a honra que lhe é devida, de modo que os homens nunca falem nem pensem dele senão com grande reverência. A isso se opõe a profanação que sempre reinou no mundo, tal qual vemos hoje em dia. Daí a necessidade que temos de fazer essa petição, que seria supérflua se em nós houvesse alguma piedade e religião. E se o Nome do Senhor é santificado, louvado e glorificado como convém, quando é separado de todos, não somente se nos manda aqui rogar a Deus que conserve seu nome em sua integridade e perfeição, livre de todo menosprezo e ignomínia, mas também que obrigue a todos a honrá-lo e reconhecê-lo por Senhor. E como Deus se nos manifestou, em parte em sua Palavra e em parte em suas obras, não é santificado por nós como convém se em algum de ambos aspectos não lhe dermos o que é seu e, assim, compreendermos tudo o que recebemos dele, e que sua severidade não seja menos estimada por nós que sua clemência, uma vez que, na variedade de suas obras, imprimiu por toda parte claríssimas marcas de sua glória, capazes de forçar justificadamente todas as línguas a louvarem-no. Assim, a Escritura terá entre nós todo seu valor e autoridade; e, aconteça o que acontecer, nada impedirá que Deus seja glorificado como se deve em todo o curso do governo do mundo. Também a essa petição tende que toda a impiedade que profana o sacrossanto Nome tenha fim, que todas as detrações e murmurações e todos os escárnios que obscureçam essa santificação e atentam contra ela sejam exterminados, e que Deus, reprimindo e pondo sob seus pés todo gênero de sacrilégio, faça sua majestade crescer mais e mais.

42. A segunda petição é que "venha o teu reino". Ainda que não contenha nada de novo, com justa razão diferencia-se e distingue-se da primeira, porque, se considerarmos atentamente nossa negligência num assunto de tanta importância, é preciso ser-nos repetido muitas vezes o que já deveríamos ter compreendido. Por isso, depois de ordenado que peçamos a Deus que abata e destrua por completo tudo o que mancha seu nome sacrossanto, acrescenta-se uma segunda petição, semelhante e quase idêntica à primeira: que venha o reino de Deus. Embora já tenhamos explicado o que é esse reino, repeti-lo-ei agora em poucas palavras. Deus reina quando os homens, renunciando a si mesmos e menosprezando o mundo e esta vida terrestre, submetem-se à justiça de Deus para aspirar à vida celestial. E, por isso, esse reino consta de duas partes: uma é que Deus, com a virtude e potência de seu Espírito, corrija e domine todos os apetites da carne, que em tropel fazem a guerra; a outra, que forme todos os nossos sentidos para obedecerem seus mandamentos. Portanto, somente se atém à ordem legítima dessa petição aquele que começa por si mesmo, quer dizer, aquele que deseja ser limpo de toda corrupção que perturbe o sereno estado do reino de Deus e infecte sua pureza e perfeição. E como a Palavra de Deus é tal qual um cetro real, somos ordenados aqui a pedirmos que domine o coração e o espírito de todos, para que voluntariamente lhe obedeçam; o que se verifica quando Ele os toca e move com uma secreta inspiração, dando-lhes a entender quão grande é o poder de sua Palavra, a fim de ela ter a preeminência e ser considerada no grau de honra que lhe corresponde. Depois disso, é preciso aniquilar os ímpios, que, com obstinação e furor desesperados, resistem a seu império. Assim, Deus eleva seu reino abatendo o mundo todo, mas de maneiras diversas, porque a uns doma suas lascívias, a outros quebra sua indômita soberba. Logo, devemos desejar que, assim como no céu, Deus reúna todas as Igrejas, de todas as partes do mundo, multiplicando-as e aumentando-as em número, enriquecendo-as com seus dons e estabelecendo nelas boa ordem; e que, pelo contrário, derrube todos os inimigos da pura doutrina e religião, dissipe seus propósitos e abata suas empresas. Por isso se vê que, não sem causa, manda-nos desejar o contínuo progresso e aumento de seu reino, pois jamais as coisas dos homens vão tão bem que, limpas e despojadas de toda impureza dos vícios, floresçam e permaneçam em sua integridade e perfeição. Essa plenitude se estende até o último dia da vinda de Cristo, quando, como diz Paulo, "Deus seja tudo em todos" (1Co 15, 28). E assim essa oração deve-nos afastar de todas as corrupções do mundo que nos separam de Deus, para que seu reino floresça entre nós, e deve, ao mesmo tempo, acender-nos em seu vivo desejo de mortificar nossa carne, e deve, por fim, ensinar-nos a levar com paciência nossa cruz, já que Deus quer propagar seu reino desse modo. E não nos deve pesar que o homem exterior se corrompa, contanto que o interior se renove; porque toda a condição do reino de Deus é tal que, quando nos submetemos à sua justiça, Ele nos faz partícipes de sua glória. E isso se realiza quando, dia após dia, faz resplandecer mais sua luz e verdade, de modo que as trevas e mentiras de Satanás e de seu reino se dissipem, desvaneçam e destruam; quando o Senhor ampara os seus, guia-os com a assistência do Espírito pelo caminho reto, e os confirma na perseverança; e, ao contrário, quando destrói as ímpias conspirações dos inimigos, revela seus enganos, sai ao encontro de sua malícia e abate sua rebeldia, até que finalmente mate com o Espírito de sua boca o Anticristo, e destrua com o resplendor de sua vinda toda impiedade (2Ts 2, 8).

43. A terceira petição é "faça-se a tua vontade, assim na terra como no céu", o que, embora dependa de seu reino e dele não se possa separar, é posto à parte, em razão de nossa ignorância, que não compromete rápida nem facilmente o que significa "Deus reinar no mundo". Por isso, não está mal tomar isso como uma exposição de que Deus será rei do mundo quando todos se tiverem submetido à sua vontade. E não se trata aqui da secreta vontade com que modera as coisas e as conduz ao fim que lhe agrada; porque, ainda que Satanás e os ímpios se lhe oponham com grande animosidade, Ele sabe muito bem, com seu incompreensível conselho, não somente rechaçar seus golpes, mas também os dominar e, por meio deles, fazer o que determinou. Pelo que aqui devemos entender outra vontade de Deus: aquela à que se deve uma perfeita obediência voluntária. Por isso expressamente se compara o céu com a terra, porque, como diz o salmo, os anjos voluntariamente obedecem a Deus e estão atentos a fazer o que Ele ordena (Sl 103, 21). Somos ordenados, pois, a desejarmos que, assim como o céu não faz coisa nenhuma senão como Deus quer, e os anjos estão sempre preparados para conduzir-se com toda retidão, da mesma maneira a terra, afastando de si toda contumácia e maldade, submeta-se ao império de Deus. Por certo, ao pedir isso, renunciamos aos apetites e desejos de nossa carne; porque todo aquele que não submete completamente seus afetos a Deus, opõe-se e resiste, no que é de sua parte, à vontade dele, uma vez que tudo o que procede de nós é vicioso e mau. Com essa oração, somos igualmente induzidos a negar a nós mesmos, de modo que Deus nos reja e governe conforme seu beneplácito. E não somente isso, mas também para que crie em nós um espírito e um coração novos, depois de ter destruído os nossos, a fim de que não sintamos em nós movimento algum de desejo que lhe seja contrário, mas que encontre em nós uma perfeita ordenação à sua vontade. Em suma, que não desejemos coisa alguma por nós mesmos, mas que em seu espírito governe nosso coração, e que, ensinando-nos Ele interiormente, aprendamos a amar o que lhe agrada e a aborrecer o que lhe desgosta; do qual também se segue que desfaça, anule e ab-rogue todos os apetites que em nós resistem à sua vontade. Eis aí as três primeiras partes da oração, nas quais convém termos diante de nossos olhos exclusivamente a glória de Deus, sem ter em conta em absoluto a nós mesmos, nem proveito particular algum, que, embora daqui se deriva até nós abundantemente, no entanto, não devemos nesse lugar pretendê-lo. E, ainda que todas essas coisas sem dúvida chegarão a seu tempo, sem que pensemos nelas, que as desejemos ou as peçamos, devemos, entretanto, desejá-las e pedir por elas. E temos tão grande necessidade de assim o fazer, para testemunhar que somos servos e filhos de Deus, e que, tanto quanto está em nós, procuramos a honra que lhe é devida como Senhor e Pai. Por isso, todos aqueles que não se sentem movidos por esse afeto e desejo de orar — para que a glória de Deus seja louvada, que seu Nome seja santificado, que venha seu reino e se faça a sua vontade — não se devem contar entre os filhos de Deus, nem sequer entre seus servos. E, assim como essas coisas sucederão contra sua vontade, virão sem dúvida para sua confusão e ruína.

44. Vem então a segunda parte da oração, na qual descemos à nossa utilidade e proveito; não que, deixando de lado a glória de Deus e prescindindo dela, a qual, segundo Paulo, temos de buscar mesmo quando comemos e bebemos (1Co 10, 31), dediquemo-nos exclusivamente ao que nos convém; mas que, segundo foi apontado, a diferença consiste em que Deus, atribuindo-se especialmente a si mesmo as três primeiras petições, atrai-nos a si por completo, a fim de provar melhor a honra que lhe damos. Depois permite que nos preocupemos também com o que convém a nós; mas com a condição de não desejarmos possuir nenhuma coisa para outro fim senão o que, em todos os benefícios e favores que recebemos dele, resplandeça sua glória, porque não há coisa mais justa que viver e morrer por Ele. No mais, nessa petição, solicitamos ao Senhor as coisas de que necessitamos e que remedeiam nossas necessidades, suplicando-lhe tudo aquilo que nosso corpo em geral requer enquanto vivemos neste mundo; não somente ser mantidos e vestidos, mas também tudo aquilo que Ele sabe nos ser proveitoso para fazer uso dos favores que nos faz, com toda paz e tranquilidade. Em resumo, essa petição nos põe em suas mãos e nos deixa dirigir por sua providência, para que nos alimente, mantenha e conserve. Porque nosso bom Pai não se desdenha de tomar sob sua proteção e amparo inclusive nosso corpo, para exercitar nossa fé nas coisas humildes e pequenas, quando esperamos tudo dele, até uma migalha de pão ou uma gota de água. Pois, como nossa perversidade é tal que sempre temos muito mais em conta e tomamos maior cuidado de nosso corpo que de nossa alma, muitos que se atrevem a confiar sua alma a Deus, não deixam no entanto de estar preocupados com o corpo, e sempre estão duvidando se terão o que comer e com que se vestir; e, se não têm sempre à mão grande abundância de vinho, trigo e azeite, estão tremendo, crendo que lhes há de faltar. Isto é o que dizemos: que fazemos muito maior caso da sombra desta vida corruptível que da imortalidade perpétua. Em contrapartida, os que, confiados em Deus, afastaram de si a opressão de estar preocupado com o corpo, junto com isso esperam dele coisas de muito maior importância, incluindo a salvação e a vida eterna. Assim, pois, não é pequeno exercício de fé esperar de Deus essas coisas, que por outra parte nos oprimiriam e afligiriam sobremaneira; e não é pouco o que avançamos quando conseguimos despojar-nos dessa infidelidade, que está arraigada até a medula dos ossos em quase todos os homens. Com respeito ao que alguns sutilizam, entendendo como o pão supersubstancial, parece-me não estar muito de acordo com a intenção de Cristo; mais ainda, que, se nesta vida frágil e decadente, não atribuirmos a Deus o ofício de Pai, que nos sustenta e mantém, a oração seria mutilada e imperfeita. A razão que dão é muito profana: dizem que não convém que os filhos de Deus, que devem ser espirituais, empreguem seu entendimento em cuidados terrenos e, ao mesmo tempo, metam Deus neles. Como se sua bênção e favor paternais não brilhassem até na comida e na bebida que nos provê, ou que estivesse escrito em vão: "A piedade aproveita para tudo, pois tem promessa desta vida presente e da vindoura" (1Tm 4, 8)! E, ainda que a remissão dos pecados seja muito mais preciosa que a manutenção do corpo, Cristo, para dar suporte à nossa preguiça, pôs em primeiro lugar o que era de menor importância, elevando-nos pouco a pouco às duas petições que seguem, que são particulares da vida celestial. Manda-nos, pois, pedir o pão nosso de cada dia, para nos satisfazermos com a razão que o Pai celestial tem por bem dar a cada um, e também para não nos preocuparmos em obter ganho nenhum por meios e artes ilícitos. Além disso, temos de entender que o pão se faz nosso por título de doação, porque nem nosso trabalho, nem nossa indústria, nem nossas mãos, como diz Moisés, podem adquirir coisa alguma se não no-lo dá a bênção de Deus (Lv 26, 19.20); eu sustento que nem sequer a abundância de pão nos serviria de nada se, pela vontade do Senhor, não se convertesse em alimento. Portanto, essa liberalidade do Senhor não é menos necessária aos ricos e poderosos que aos pobres e necessitados, já que, com seus pratos e copos cheios, aqueles também perderiam suas forças se não lhes fizesse desfrutar do pão com a graça divina. As expressões "hoje" e "cada dia", ou o epíteto "cotidiano", como diz outro evangelista (Lc 11, 3), põem certo freio ao desejo e à cobiça desordenada das coisas transitórias, com o que costumamos inflamar-nos sobremaneira, e que trazem consigo muitos outros males, porque, se dispomos de grande abundância, somos deliberadamente pródigos em prazeres, deleites, ostentação e outros gêneros de prodigalidade. Por essa causa, somos mandados a pedir tão só o que se requer para satisfazer nossa necessidade durante a jornada, e com a confiança de que, tendo nosso Pai celestial nos mantido nesse dia, tampouco se esquecerá de nós no dia seguinte. Portanto, por muita abundância que tenhamos, e ainda que nossas bodegas e despensas estejam cheias de mantimentos, sempre devemos pedir nosso pão cotidiano; porque devemos estar seguros de que todos os bens que há no mundo de nada valem, nem nada são, mas, enquanto o Senhor os multiplica e aumenta, derramando sobre eles sua bênção, e que a mesma abundância de que desfrutamos não é nossa, mas enquanto agrade ao Senhor reparti-la entre nós de hora em hora e permitir-nos seu uso. Porém, como a soberba dos homens dificilmente se convence disso, o Senhor declara que deu um exemplo muito notável, que servirá para sempre, é quando manteve seu povo no deserto com maná, para advertir-nos de que não só de pão vive o homem, mas de toda palavra que sai da boca de Deus (Dt 8, 3; Mt 4, 4). Com isso Ele nos dá a entender que somente sua virtude é que mantém e fortalece nossas vidas, embora Ele no-la dispense e dê por elementos corporais. Como, pelo contrário, no-lo mostra quando tira a força do pão, de tal maneira que até os que o comem perecem de fome (Lv 26, 26); e da bebida sua substância, de modo que os mesmos que a bebem morrem de sede. Quanto aos que, não contentes com seu pão de cada dia, apetecem por sua desenfreada cobiça uma infinidade dele; ou os que, fartos com sua abundância e seguros e confiados em suas grandes riquezas, no entanto dirigem essa petição a Deus, o único que fazem é zombar dele. Porque os primeiros pedem o que não queriam que lhes fosse concedido e aborrecem-se com o pão cotidiano; e, no que podem, dissimulam e ocultam a Deus sua insaciável avareza, quando na verdadeira oração se deve manifestar a Deus nosso coração e quanto nele se esconde. Os outros pedem o que não esperam dele, pois creem que já têm o que pedem. Ao chamar-lhe "pão nosso", mostra-se e dá a entender muito mais amplamente sua graça e sua liberalidade, fazendo nosso o que nenhum direito se nos deve. Ainda que não me oponha totalmente àqueles que pensam que, com a palavra "nosso", deva-se entender "ganho com nosso justo trabalho e suor, sem enganar nem fazer dano algum ao próximo; porque tudo o que se ganha injustamente jamais é nosso; sempre é alheio", entendo que, quando dizemos "dá-nos", queremos significar que é puro e gratuito dom de Deus, venha de onde vier, por mais que pareça ser ganho com nosso engenho, nossa indústria e nossas mãos; porque só sua bênção é capaz de trazer êxito a nossos trabalhos.

45. A seguir vem "e perdoa-nos nossas dívidas". Nessa petição e na seguinte, Cristo abarcou tudo o que se pode dizer da salvação de nossa alma, uma vez que nos dois membros consiste o pacto espiritual que Deus fez com sua Igreja: "Darei minha lei em sua mente, e a escreverei em seu coração, e os limparei de toda maldade com que pecaram contra mim" (Jr 31, 33; 33, 8). Aqui Cristo começa pela remissão dos pecados para em seguida, acrescentar a segunda graça: que Deus nos defenda com a virtude de seu Espírito e nos ampare com sua ajuda, para permanecermos invencíveis contra todas as tentações. E chama dívidas aos pecados porque, por causa deles, devemos a pena e o castigo, que nos era impossível pagar e satisfazer se não tivéssemos sido liberados por essa remissão, que é o perdão de sua gratuita misericórdia, ao mesmo tempo em que lhe agradou apagar literalmente essas dívidas sem receber coisa alguma de nós, mas dando-se por satisfeito por sua misericórdia em Cristo, o qual se entregou a si mesmo em compensação e satisfação (Rm 3, 24). Portanto, todos aqueles que, com seus merecimentos ou os de outros, confiam em satisfazer a Deus e creem que tais satisfações possam comprar a remissão dos pecados, de nenhum modo podem chegar a conseguir a gratuita remissão, e, ao orar a Deus dessa forma, não fazem outra coisa senão afirmar a própria acusação e ratificar com o próprio testemunho sua condenação. Confessam-se devedores, a não ser que, por um perdão gratuito, a dívida lhes seja perdoada. Mas eles não aceitam esse perdão; antes o recusam, ao apresentar perante Deus seus méritos e satisfações; porque, dessa maneira, não imploram sua misericórdia, mas apelam a seu juízo. Quanto aos que sonham uma perfeição que os exima da necessidade de pedir perdão, que estes tenham os discípulos que quiserem, mas saibam que todos eles são arrebatados a Cristo; uma vez que ele, ao induzi-los a todos a confessar seu pecado, não admite senão aos pecadores; não porque ele redime seus pecados, mas porque sabe que jamais os fiéis se verão totalmente despojados dos vícios da carne, mas que sempre serão devedores perante o julgamento de Deus. Em verdade, deveríamos desejar e procurar com todo afinco cumprir plenamente nosso dever, para podermos deveras felicitar-nos diante de Deus, por estarmos puros e limpos de toda mancha; mas, como a vontade de Deus é reformar sua imagem em nós aos poucos, de modo que sempre fique em nossa carne algum contágio do pecado, não devemos menosprezar o remédio. E se Cristo, conforme a autoridade que o Pai lhe deu, manda-nos que, durante todo o curso de nossa vida, recorramos a Ele, pedindo-lhe perdão de nossas faltas e pecados, quem poderá suportar estes novos mestres, que, com o pretexto de uma perfeita inocência, procuram cegar os olhos da gente simples, fazendo-lhes crer que não há neles falta alguma, mas que estão limpos de todo pecado? O que, segundo o testemunho de João, não é senão fazer Deus passar por mentiroso (1 Jo 1, 10). Pelo mesmo procedimento, esses malditos embusteiros dividem em duas partes o pacto de Deus, no qual está nossa salvação; porque suprimem um dos dois pontos, com o que desfazem tudo, obrando não somente de modo sacrílego, ao separar duas coisas tão enlaçadas e unidas entre si, como também são ímpios e cruéis, porque arrastam as pobres almas ao desespero; e até, desleais e traidores a si mesmos e aos que são semelhantes a eles, procurando adormecer-se numa negligência diretamente oposta à misericórdia do Senhor. Quanto à sua objeção de que, ao desejar que venha o reino de Deus, pedimos também a abolição do pecado, é uma tolice. Porque, na primeira tábua da oração, manda-nos buscar a suma perfeição, e aqui se nos põe diante dos olhos nossa fraqueza e debilidade. Assim, ambas as coisas concordam perfeitamente entre si, pois, ao aspirar ao fim e à meta que pretendemos, não menosprezamos o remédio que nossa necessidade requer. Finalmente, pedimos que essa remissão nos seja outorgada como nós perdoamos a nossos devedores, ou seja, como nós perdoamos todos aqueles que nos fizeram algum agravo ou injúria, seja de palavra ou de fato. Não que possamos perdoar a culpa do delito e da ofensa — pois isso compete só a Deus —, mas a remissão e perdão que temos de fazer consiste em arrancar voluntariamente de nosso coração toda ira, ódio e desejo de vingança, e esquecer em definitivo toda injúria e ofensa que nos tenham feito, sem guardar rancor contra ninguém. Portanto, não devemos, de forma alguma, pedir a Deus perdão de nossos pecados se não perdoarmos a todas as ofensas que nos fizeram. Se, pelo contrário, guardamos em nosso coração algum ódio, ou pensamos em vingar-nos e procuramos a ocasião de fazer o mal a nossos inimigos; ou ainda, se não nos esforçamos em voltar a sua amizade, reconciliar-nos com eles, prestar-lhes todos os serviços e gostos possíveis, viver em boa harmonia, amizade e caridade com eles, pedimos, nessa oração a Deus, que não nos perdoe nossos pecados, pois lhe suplicamos que faça conosco o que nós fazemos com os demais. E isso não é senão pedir-lhe que não nos perdoe se nós não perdoamos. Que alcançam, pois, estes com sua oração, senão uma condenação mais grave? Finalmente, temos de notar que a condição de Deus nos perdoar nossos pecados como nós perdoamos a nossos devedores não foi posta porque mereçamos, pela remissão que concedemos aos demais, que nosso Senhor nos perdoe, como se isso fosse a causa; mas que o Senhor quis, com essas palavras, somente ajudar a fraqueza de nossa fé; pois a acrescenta como um sinal de confirmação de que fomos perdoados por Nosso Senhor tão certamente como sabemos que perdoamos aos demais quando nosso coração está vazio de todo ódio, rancor e vingança. E, além disso, quis com essa nota dar a entender que Ele apaga do número de seus filhos aqueles que, fáceis para vingar-se e difíceis em perdoar, obstinam-se em suas inimizades; e que, guardando seu mau coração contra o próximo, pedem a Deus que se lhes perdoe, enquanto eles mantêm sua ira contra os demais; para que não se atrevam a invocá-lo como Pai, conforme Cristo mesmo o declarou por meio de Lucas.

46. A sexta petição corresponde, como já dissemos, à promessa que Deus nos fez, de imprimir sua Lei em nosso coração. Mas, porque não obedecemos a Deus sem contínua batalha e sem duros e cruéis embates, pedimos aqui que nos proveja de fortes armas, e que nos ampare com sua assistência, para que possamos alcançar a vitória. Com isso nos adverte de que não somente temos necessidade de a graça do Espírito Santo abrandar nosso coração e encaminhá-lo ao serviço de Deus, mas também de que necessitamos de seu socorro, que nos faça invencíveis contra as armas de Satanás e de seus violentos ataques. As tentações são muitas e de diferentes tipos. Porque todos os maus pensamentos de nossa mente que nossa concupiscência suscita ou que o Demônio atiça, que nos induzem a transgredir a Lei, são tentações; e as próprias coisas que em si não são más, no entanto, por arte e indústria de Satanás, convertem-se em tentações quando se nos põem diante dos olhos a fim de nos afastarem de Deus (Tg 1, 2.14; Mt 4, 1.3; 1Ts 3, 5). Destas últimas, umas estão à direita, outras à esquerda. À direita, as riquezas, o poder, a honra e outras semelhantes, que muitas vezes, sob a aparência de bem e majestade, cegam os olhos e enganam com seus ardis, para que, apanhados em tais astúcias e embriagados em sua doçura, esqueçam-se de Deus. À esquerda, coisas como a pobreza, a ignomīnia, o desprezo, as aflições e outras desse tipo, com cuja aspereza e dificuldade se desalente, perca o ânimo e toda confiança e esperança, afastando-se finalmente por completo de Deus. Assim, pedimos nessa sexta petição a Deus, Nosso Pai, que não permita sermos vencidos pelas tentações que lutam contra nós, quer aquelas que nossa concupiscência produz em nós mesmos, quer aquelas a que somos induzidos pela astúcia de Satanás; mas antes que, com sua mão, mantenha-nos e levante, para que, animados por seu esforço e virtude, possamos manter-nos firmes contra todos os assaltos de nosso maligno inimigo, sejam quais forem os pensamentos a que nos queira induzir. E também que transformemos em bem tudo aquilo que nos apresenta de uma parte ou de outra; quer dizer, que não nos ensoberbeçamos com a prosperidade, nem percamos o ânimo na adversidade. No entanto, não pedimos aqui que não sintamos tentação alguma, pois nos ē muito necessário sermos estimulados por elas, para não dormirmos no ócio. Porque, não sem razão, Davi desejava ser tentado (Sl 26, 2), e não sem motivo o Senhor prova aos seus, castigando-os a cada dia com afrontas, pobreza, tribulação e outros gêneros de cruzes (Gn 22, 1; Dt 8, 2; 13, 3; 2Pd 2, 9). Mas Deus tenta diferentemente de Satanás. Este tenta para perder, destruir, confundir e aniquilar; Deus tenta para provar e experimentar a sinceridade dos seus, para corroborar sua força com o exercício, mortificar sua carne, purificá-la e abrasá-la; pois, se não fosse tratada dessa maneira, revoltar-se-ia. Ademais, Satanás ataca à traição os que estão distraídos e desarmados, para destruī-los. Mas Deus não permite que sejamos tentados mais do que podemos resistir, e faz que a tentação termine felizmente, para que os seus possam sofrer com paciência tudo o que lhes envia (1Co 10, 13). Pouco importa que pelo nome de Maligno entendamos o Diabo ou o pecado; porque o Diabo é o inimigo que maquina nossa ruīna e perdição; e o pecado, as armas que emprega para destruir-nos (2Pd 2, 9). Nossa petição é, pois, que não sejamos vencidos por nenhuma tentação, mas que, com a virtude e potência de Deus, permaneçamos fortes contra todo o poder inimigo que nos combate, ou seja, não cair nas tentações, para que, recebidos sob seu amparo e defesa, e seguros com isso, sejamos vencedores contra o pecado, a morte, as portas do inferno e contra todo o reino de Satanás. Isto é ser livrado do maligno. No que temos também de notar que nossas forças não são tão grandes que possamos lutar contra o Demônio, tão grande guerreiro, nem possamos resistir à sua força. Pois, de outra maneira, só em vão ou de brincadeira pediríamos a Deus o que por nós mesmos possuiríamos. Por certo, aqueles que, confiados em si mesmos, dispõem-se a lutar contra o Diabo não sabem com que inimigo hão de entender-se, o forte e bem emparelhado que está. Aqui pedimos ver-nos livres de seu poder, como da boca de um leão cruel e furioso (1 Pd 5, 8), por cujas unhas e dentes seríamos despedaçados num instante, se o Senhor não nos livrasse da morte. Entendendo ao mesmo tempo que, se o Senhor está presente e combate por nós, faremos proezas sem nossas forças (Sl 60, 12). Confiem os outros, se lhes agrada, nas dificuldades e forças de seu livre-arbítrio, as quais, em sua opinião, procedem deles mesmos; a nós baste-nos permanecer na só virtude do Senhor, e nele poder tudo o que podemos. Essa petição, na verdade, contém muito mais do que parece à primeira vista. Porque, se o Espírito de Deus é nossa força para combater contra Satanás, evidentemente não poderemos obter a vitória sem que, despojados da fraqueza de nossa carne, estejamos plenos dele. Por isso, quando pedimos ser liberados de Satanás e do pecado, pedimos que novas graças de Deus aumentem em nós continuamente, até que, chegando à sua plenitude, triunfemos de todo o mal. A alguns lhes parece algo duro pedir a Deus que não nos deixe cair em tentação, uma vez que é contrário à natureza dele nos tentar, como o declara Tiago (Tg 1, 13.14). De certo modo, já contestamos essa questão. A solução é que, propriamente falando, nossa concupiscência é a causa de todas as tentações por que somos vencidos, e, portanto, que a ela se deve atribuir a culpa. De fato, Tiago quer dizer isto, que em vão e injustamente se põe a culpa em Deus pelos vícios e pecados, que devemos culpar a nós mesmos, uma vez que nossa própria consciência nos acusa deles. Seja como for, isso não impede que Deus, quando lhe aprouver, submeta-nos a Satanás e precipite-nos num sentimento réprobo e em enormes concupiscências, pondo-nos assim em tentação; e decerto por motivo justo, muitas vezes oculto, porque com frequência os homens ignoram a causa de Deus agir desse modo, embora Ele a conheça muito bem. Daqui se conclui que não é uma maneira imprópria de falar, se nos convencemos de que não são ameaças de crianças, quando Deus anuncia tantas vezes que executará sua ira e sua vingança sobre os réprobos, ferindo-os com cegueira e dureza de coração.

47. As três últimas petições da oração, nas quais em especial nos encomendamos a Deus, a nós mesmos e a nossas coisas, claramente demonstram o que antes dissemos: que as orações dos cristãos devem ser comuns, para a edificação pública da Igreja e para o bem e o proveito geral da comunhão dos fiéis. Porque, nessas petições, não se pede o proveito e bem particulares, mas todos, em comum, pedimos nosso pão, a remissão dos pecados, que não sejamos postos em tentação e que sejamos livres do maligno. Depois das petições, coloca-se a causa de onde provêm a ousadia para pedir e a confiança de alcançar aquilo que pedimos. Essa causa, ainda que não se indique em alguns exemplares latinos, é no entanto tão própria e a propósito que não se deve omitir, a saber, que de Deus é o reino, a potência e a glória pelos séculos dos séculos. Esse é um firme e seguro apoio de nossa fé. Porque, se nossas orações se recomendam diante de Deus por nossa dignidade, quem se atreveria a sequer abrir a boca diante de Deus? Mas agora, quanto mais miseráveis somos e mais indignos, e por mais que não tenhamos de que nos elogiar diante de Deus, sempre teremos entretanto motivo para rogar a Ele, e nunca perderemos a confiança, uma vez que a nosso Pai jamais lhe será tirado o reino, nem a potência, nem a glória. Ao final, acrescenta-se "amém". Com esta palavra se denota o ardor do desejo que temos de alcançar tudo o que pedimos a Deus, e se confirma nossa esperança de tê-las alcançado todas e de que certamente se realizará, uma vez que Deus, que não pode mentir, no-lo prometeu. Isso está de acordo com a fórmula que expusemos: faz, Senhor, o que te pedimos em teu nome, não por nós, nem por nossa justiça. Pois, ao falar dessa maneira, os santos não somente mostram o fim para o qual oram, mas também confessam que não merecem alcançar coisa alguma, se Deus não busca a causa em si mesmo, e que por isso toda a confiança que têm de ser ouvidos consiste só na bondade de Deus, a qual Ele tem por sua natureza mesma.

48. Temos nessa oração tudo quanto devemos e podemos pedir; ela é a fórmula e regra que nos deu o nosso bom Mestre Jesus Cristo, o qual o Pai nos deu como Doutor, para que só a Ele ouçamos (Mt 17, 5). Porque Cristo sempre foi a sabedoria eterna do Pai, e, ao fazê-lo homem, foi dado aos homens como mensageiro do grande conselho. E é tão perfeita e completa essa oração que tudo o que se lhe acrescente que a ela não se possa referir nem nela se possa incluir é contrário a Deus, é ímpio e não merece que Deus o aprove. Porque Ele nos demonstrou nessa oração tudo o que lhe é agradável, tudo o que nos quer outorgar. Portanto, aqueles que se atrevem a ir além e presumem pedir a Deus o que não se contém nessa oração, pretendem primeiro acrescentar algo à sabedoria de Deus, o qual é uma grave blasfêmia; e, em segundo lugar, não se submetem à vontade de Deus, mas, ao contrário, afastam-se muito dela e não a levam em consideração. Finalmente, não alcançarão jamais o que pedem, uma vez que oram sem fé. Não há dúvida de que tais orações são feitas sem fé, porque falta nelas a Palavra de Deus, sem a qual a fé de nenhum modo pode se manter. Ora, os que, sem ter em conta a norma que seu Mestre lhes deu, seguem os próprios apetites e pedem o que lhes ocorra, não somente não têm a Palavra de Deus, mas se opõem a ela naquilo que lhes é possível. Por isso Tertuliano se expressou admiravelmente ao chamá-la oração legítima,[306] dando a entender, tacitamente, que todas as demais orações são ilegítimas e ilícitas.

49. Com tudo isso, não é nossa intenção, no entanto, sugerir que nos devamos atar a esta forma de oração, de tal maneira que não seja lícito mudar uma só palavra. Porque a cada passo da Escritura lemos orações bem diferentes desta, cujo uso nos é saudável, e que foram ditadas pelo próprio Espírito. O próprio Espírito sugere aos fiéis numerosas orações, que, com respeito às palavras, parecem-se muito pouco. Somente queremos ensinar que ninguém pretenda, espere nem peça nada fora daquilo que em resumo se contém nesta; e que, ainda que suas orações sejam diferentes quanto às palavras, não varie o sentido; e, assim, é certo que todas as orações que se acham na Escritura e todas quantas fazem os fiéis reduzem-se a esta; e também que não há oração alguma que se possa comparar nem igualar a esta, e muito menos sobrepujá-la. Porque não lhe falta nada de quanto se possa pensar para louvar a Deus e de quanto o homem deva desejar para seu bem e proveito. E isso está tão perfeitamente compreendido nela que, com toda razão, se lhe tirou ao homem toda esperança de inventar outra melhor. Em suma, concluamos que esta é a doutrina da sabedoria de Deus, que ensinou o que quis e quis o que foi necessário.

50. Embora já tenhamos dito acima que se deve ter sempre o coração elevado a Deus e que devemos orar sem cessar, no entanto, como nossa debilidade é tal que muitas vezes necessita ser ajudada, e nossa fraqueza tão grande que deve ser estimulada, convém que cada um de nós determine certas horas para exercitar-se, nas quais não deixemos de orar e de concentrar todo o afeto de nosso coração, a saber, pela manhã, ao levantar-nos, antes de começar qualquer atividade; quando nos sentamos para tomar o alimento que Deus nos oferece por sua prodigalidade, e depois de tê-lo comido; e quando nos deitamos. Contanto, porém,

---

306 Tert., De fuga in persecut. C. 2 ed. Oehler I 465.

que tudo isso não se transforme numa observância de horas supersticiosa; e como se, com isso, tivéssemos já cumprido nosso dever para com Deus, pensemos que já é suficiente para o resto do dia; mas que seja antes uma espécie de disciplina e de aprendizagem de nossa fraqueza, com que se exercite e estimule o mais possível. Temos de ter cuidado sobretudo quando nos virmos oprimidos por alguma aflição particular, de recorrermos a Ele imediatamente com o coração, e pedir-lhe seu favor. Assim, não temos de deixar passar nenhuma prosperidade que nos sobrevier, ou que saibamos que aconteceu a outros, sem que de imediato reconheçamos com louvores e ação de graças que procede de sua mão liberal. Por fim, devemos guardar-nos com toda diligência em nossas orações de não sujeitar nem atar a Deus a circunstâncias determinadas, nem limitar-lhe o tempo, o lugar nem o modo de realizar o que lhe pedimos; como, nessa oração, somos ensinados a não lhe fornecer leis, nem lhe impor condição alguma, mas a deixar totalmente a seu beneplácito fazer o que deve, da forma, no tempo e no lugar que lhe parecer bem. Por isso, antes de fazer alguma oração por nós mesmos, pedimos ao Senhor que se faça sua vontade, com o que já submetemos nossa vontade à sua, como um freio, para que não se presuma de submeter Deus a si, mas que o constitua árbitro e moderador de todos os desejos.

51. Se, tendo exercitado nossas almas para tal obediência, deixamo-nos reger pelas leis da providência divina, facilmente aprenderemos a perseverar na oração e, dominando nossos afetos com paciência, esperaremos o Senhor, seguros de que, embora não se deixe ver, está no entanto sempre conosco e que, a seu tempo, mostrará que jamais esteve surdo a nossas orações, que aos homens pareciam ser rechaçadas. Isso nos servirá de admirável consolo, para não desmaiarmos nem desfalecermos de desespero se às vezes não satisfaz nossos desejos tão logo lhos pedimos, como costumam fazê-lo aqueles que, movidos somente pelo próprio ardor, invocam a Deus de tal maneira que Ele não lhes responde e assiste de imediato, imaginam que está irado e irritado com eles, e, perdendo toda a esperança de que lhes ouça, cessam de invocá-lo; mas antes, prolongando com a devida moderação de coração nossa esperança, insistamos naquela perseverança que tão encarecidamente se nos encarrega na Escritura. Porque muitas vezes podemos ver nos salmos como Davi e os demais fiéis, quando já quase cansados de orar, como que houvessem falado ao vento e que Deus, a quem suplicavam, estivesse surdo, nem por isso deixaram de orar (Sl 22, 2). E realmente não se dá à Palavra de Deus a autoridade que ela merece se não se lhe dá fé e crédito quando tudo o que se vê parece contrário. Assim, isso nos servirá de excelente remédio para guardar-nos de tentar a Deus e de provocá-lo e irritá-lo contra nós com nossa impaciência e importunidade, como fazem aqueles que não querem lembrar-se de Deus, senão com certas condições; e como se Deus fosse seu criado, que estivesse sujeito a suas vontades, querem submetê--lo às leis de sua petição; e, se não obedece imediatamente, indignam-se, rugem, murmuram e alvoroçam-se. A estes, Deus lhes concede, muitas vezes em seu furor, o que em sua misericórdia e favor nega a outros. Temos um exemplo disso nos filhos de Israel, a quem teria sido muito melhor que o Senhor não concedesse o que pediam, que não comer a carne que em sua ira lhes enviou (Nm 11, 18-20.33).

52. E se nem mesmo depois de longa espera nosso sentimento alcança o que lhe seria útil pela oração, nem extrai daí nenhum proveito, ainda assim nossa fé tornará certo para nós aquilo que não pôde ser percebido pelo nosso sentimento, que teremos alcançado de Deus o que nos convinha, já que tantas vezes e tão deveras o Senhor promete ter em conta nossas desgraças, contanto que nós, uma vez ao menos, tenhamo-nas exposto; e assim fará que tenhamos abundância na pobreza e consolo na aflição. Porque, supondo que todo o mundo nos falte, Deus nunca nos faltará nem desamparará, pois jamais pode defraudar a esperança e a paciência dos seus. Ele só nos servirá mais do que todos, pois Ele contém em si todo o bem que existe; bem que ao fim no-lo revelará no Dia do Juízo, no qual manifestará seu reino com toda claridade. Além disso, deve--se notar que, ainda que Deus nos conceda imediatamente o que lhe pedimos, nem sempre nos responde conforme à forma expressa de nossa petição, mas, mantendo-nos aparentemente suspensos, ouve-nos de uma forma admirável e demonstra que não oramos em vão. Isso é o que entendeu João ao dizer: "Se sabemos que Ele nos ouve em qualquer coisa que peçamos, sabemos que temos as petições que lhe tivermos feito" (1Jo 5, 15). Embora pareçam supérfluas, essas palavras são, em realidade, uma declaração muito útil para advertir-nos de que Deus, mesmo quando não condescende conosco, dando-nos o que lhe pedimos, nem por isso nos deixa de ser propício e favorável, de maneira que nossa esperança, ao apoiar-se em sua Palavra, não será jamais confundida nem nos enganará. É tão necessário aos fiéis manter-se com essa paciência que, se não se apoiassem nela, não permaneceriam em pé. Porque o Senhor põe os seus à prova com experiências árduas; e não somente não os trata com delicadeza, mas muitas vezes até os põe em gravíssimos apertos e necessidades, e, assim abatidos, deixa-os afundar na lama por longo tempo, antes de dar-lhes certo o gosto de sua doçura. E como diz Ana: "O Senhor mortifica e vivifica; conduz-nos à sepultura e traz-nos de volta" (1Sm 2, 6). Que lhes restaria, ao se verem aflitos dessa maneira, senão perder o ânimo, desfalecer e cair em desespero, se não fosse porque, quando se encontram assim aflitos, desconsolados e meio-mortos, consola-os e põe-nos em pé a consideração de que Deus olha por eles e que afinal triunfarão de todos os males que padecem e sofrem no presente? No entanto, embora eles se apoiem na segurança da esperança que têm, apesar disso não deixam de orar; porque, se em nossa oração não há constância de perseverança, nossa oração nada vale.

A eleição eterna, com a qual Deus predestinou a uns para a salvação e a outros para a perdição.

as porque o pacto da vida não é pregado igualmente a todos os homens, e porque, entre aqueles aos quais é pregado, não é sempre recebido da mesma forma, mostra-se nessa diversidade um admirável segredo do julgamento divino. Pois não há dúvida de que essa variedade serve também ao decreto da eterna eleição de Deus. E se é evidente que da vontade de Deus depende que a uns seja oferecida gratuitamente a salvação e que a outros se lhes negue, daí nascem grandes e muito árduos problemas, que não é possível explicar nem solucionar se os fiéis não compreenderem o que devem com respeito ao mistério da eleição e da predestinação. A muitos essa questão parece intrincada, pois creem ser coisa muito absurda e contra toda razão e justiça que Deus predestine uns à salvação e outros à perdição. Ver-se-á claramente, pela argumentação que empregaremos nesse tema, que são eles que se enredam, por falta de discernimento. E mais, veremos que, na obscuridade mesma do tema, que tanto os assombra e espanta, há não só um enorme proveito mas também um fruto suavíssimo. Jamais nos convenceremos como é devido de que nossa salvação procede e emana da fonte da gratuita misericórdia de Deus enquanto não tivermos compreendido sua eleição eterna, pois ela, por comparação, ilustra-nos a graça do Senhor na medida em que não adota indiferentemente a todos os homens pela esperança da salvação, mas dá a uns o que nega a outros. Vê-se claro até que ponto a ignorância desse princípio (o de pôr toda a causa de nossa salvação somente em Deus) rebaixa sua glória e atenta contra a verdadeira humildade. Pois bem, isso, que tanto necessitamos entender, Paulo nega podermos fazê-lo, a não ser que Deus, sem considerar as obras para nada, eleja aquele

que decretou em si mesmo. "Também agora", diz, "subsiste um "resto", por livre escolha da graça. E, se é pela graça, já não é em razão das obras; do contrário, a graça já não é graça; e se é pelas obras, já não é graça; do contrário, a obra já não é obra" (Rm 11, 5.6). Se nos devemos remontar à origem e fonte da eleição de Deus para entender que não podemos alcançar a salvação senão por mera liberalidade de Deus, os que pretendem sepultar essa doutrina, tanto quanto possível, obscurecem indevidamente o que de boca cheia deveriam engrandecer e louvar, e arrancam a humildade pela raiz. Paulo afirma expressamente que, quando a salvação do povo é atribuída à eleição gratuita de Deus, então se vê que Ele, por pura benevolência, salva aqueles que deseja e não lhes paga salário algum, pois não lhes pode dever. Os que fecham a porta para que ninguém ouse chegar a tomar gosto por essa doutrina não fazem menor agravo aos homens que a Deus; porque nada fora disso será suficiente para nos humilharmos como devemos, tampouco sentiremos deveras quão obrigados estamos a Deus. De fato, como o próprio Senhor o afirma, em nenhuma outra coisa teremos inteira firmeza e confiança, porque, para assegurar-nos e livrar-nos de todo temor em meio a tantos perigos e ataques mortais, e para fazer-nos sair vitoriosos, promete que nenhum de todos quantos seu Pai lhe confiou há de perecer (Jo 10, 27-30). Concluímos daqui que todos aqueles que não se reconhecem parte do povo de Deus são desgraçados, pois se encontram num temor contínuo; e por isso todos aqueles que fecham os olhos e não querem ver nem ouvir os três frutos que apontamos e quereriam derrubar esse fundamento, pensam muito equivocadamente e fazem grande dano a si mesmos e a todos os fiéis. E mais ainda: afirmo que daqui nasce a Igreja, a qual, como diz Bernardo, não seria possível encontrar nem reconhecer entre as criaturas, pois está escondida de um modo admirável no regaço da bem-aventurada predestinação e entre a massa da miserável condenação dos homens.[307] Mas, antes de ir adiante, é preciso estabelecer duas distinções, para dois tipos diversos de pessoa. Como o tema da predestinação é de certa forma obscuro em si, a curiosidade dos homens o torna muito perigoso, porque o intelecto humano não se pode refrear, nem, por mais limites e termos que se lhe assinalem, deter-se para não se extraviar por caminhos proibidos e elevar-se com o afã, se lhe fosse possível, de não deixar segredo de Deus sem revolver e esquadrinhar. Mas como vemos que, a cada passo, são muitos os que caem nesse atrevimento e desati-

---

307 Bernardus, In cant. Sermo 78, 4 MSL 183, 1161 A.

no, e que entre eles alguns não são realmente maus por outros concei-
tos, é necessário que lhes avisemos oportunamente com respeito a como
conduzir-se nesse tema. A primeira coisa é que se lembrem de que, quando
querem saber os segredos da predestinação, penetram no santuário da
sabedoria divina, no qual todo aquele que entra com ousadia não encontra como satisfazer sua curiosidade e mete-se num labirinto do qual não
pode sair. Porque não é justo que o que o Senhor desejou fosse oculto
em si e acessível somente ao entendimento divino, o homem se meta, sem
temor algum, a falar disso, nem que revolva e esquadrinhe desde a eternidade mesma à majestade e grandeza da sabedoria divina, que Ele quis
que adorássemos, e não que a compreendêssemos, a fim de ser para nós
dessa maneira admirável. Os segredos de sua vontade que determinou
nos fossem comunicados, no-los manifestou em sua Palavra. E determinou o quanto nossos interesses distam de tudo aquilo que Ele via ser
necessário para nós.

2. "Chegamos ao caminho da fé", diz Agostinho, "nele permaneçamos
constantemente. Ele nos leva até a habitação do Rei, na qual todos os
tesouros da ciência e da sabedoria estão escondidos. Porque o Senhor
Jesus não tinha inveja dos discípulos que havia exaltado a tão grande
dignidade, quando lhes dizia 'Ainda tenho muitas coisas que dizer-vos, mas
agora não as podeis ouvir' (Jo 16, 12). É preciso que caminhemos, que
aproveitemos, que cresçamos, para que nossos corações sejam capazes
daquelas coisas que no presente não podemos entender. E se o último
dia nos encontrar aproveitando, lá fora deste mundo aprenderemos o que
não pudemos entender aqui".[308] Se reina em nós o pensamento de que a
Palavra de Deus é o único caminho que nos leva a investigar tudo o que
nos é lícito saber sobre Ele, e a única luz que nos ilumina para ver tudo
quanto é preciso que vejamos, facilmente nos poderá refrear e deter, de
tal maneira que não caiamos em nenhuma temeridade. Porque saberemos que, no momento em que ultrapassarmos os limites assinalados pela
Escritura, ficaremos perdidos, fora do caminho e entre grandes trevas; e,
portanto, que não poderemos fazer outra coisa senão errar, resvalar e
tropeçar a cada passo. Antes de mais nada, pois, tenhamos diante dos
olhos que não é menos loucura apetecer outra maneira de predestinação
que a que nos está exposta na Palavra de Deus, que, se um homem quisesse andar fora do caminho, por rochas e penhascos, ou quisesse ver
em meio às trevas. E não nos envergonhemos de ignorar algo, se nisso

---

308 Aug., In Ioh. Tract. 53, 7 MSL 35, 1777.

há uma ignorância douta. Antes nos abstenhamos de apetecer voluntariamente aquela ciência cuja busca é louca e perigosa e, inclusive, a ruína total. E se a curiosidade de nosso intelecto nos incita, tenhamos sempre em mente, para retê-la, aquela admirável sentença: "Comer muito mel não é bom, nem buscar a própria glória é glória" (Pr 25, 27). Pois temos motivo para detestar esse atrevimento, já que não pode fazer outra coisa senão nos precipitar na ruína.

3. Há outros que, tentando dar remédio a esse mal, esforçam-se em sepultar toda recordação da predestinação; pelo menos ensinam que os homens devem evitar qualquer questão sobre a predestinação, como de algo muito perigoso. E, ainda que a modéstia de querer que os homens não se metam em investigações sobre os mistérios secretos de Deus, a não ser com grande sobriedade, seja muito mais digna de elogio, no entanto, como descem demasiado baixo, de pouco aproveita ao espírito humano, que não tolera ser coagido pelo medo. Portanto, para guardar também aqui a mesura e a ordem devidas, é preciso voltarmo-nos à Palavra do Senhor, na qual temos uma regra certíssima para uma devida inteligência. Porque a Escritura é a escola do Espírito Santo, na qual nem se deixou de pôr coisa alguma necessária e útil de conhecer, tampouco se ensina mais do que o é preciso saber. Devemos, pois, guardar-nos muito de impedir que os fiéis queiram saber tudo o que está consignado na Palavra de Deus com relação à predestinação, a fim de que não pareça que queremos defraudá-los ou privar-lhes do bem e do benefício que Deus quis comunicar-lhes, ou acusar o Espírito Santo de ter manifestado coisas que teria sido preferível manter secretas. Permitamos ao cristão, portanto, que abra seus ouvidos e seu intelecto a todo raciocínio e às palavras que Deus quis lhe dizer, contanto que o cristão use tal temperança e sobriedade, que, tão logo veja que o Senhor fechou sua boca sagrada, pare ele também e não leve adiante sua curiosidade, fazendo novas perguntas. Tal é o limite da sobriedade que temos de guardar: que, ao aprender, sigamos a Deus, deixando-o falar primeiro; e, se o Senhor deixa de falar, tampouco nós queiramos saber mais ou passar adiante. O perigo que estes temem não é de tanta importância que por isso devamos deixar de ouvir tudo o que o Senhor queira nos dizer. Célebre é o dito de Salomão: "A glória de Deus é encobrir as coisas" (Pr 25, 2). Mas, como a piedade e o senso comum nos ensinam que isso não se deve entender em geral de todas as coisas, devemos fazer alguma distinção para não nos enganarmos sob o pretexto da modéstia e sobriedade, contentando-nos com uma ignorância brutal. Em poucas e muito breves palavras, Moisés estabelece essa distinção: "As coisas secretas pertencem ao Senhor, nosso Deus; mas as reveladas são para nós e para nossos filhos para sempre" (Dt 29, 22). Vemos, pois, como ele exorta seu povo ao estudo da doutrina da Lei, porque Deus teve por bem promulgá-la. Mas, no entanto, mantém esse mesmo povo dentro dos limites da instrução que lhe havia dado, em virtude desta única razão: porque não é dado aos mortais penetrar os segredos de Deus.

4. Admito que homens profanos encontram seguidamente na matéria da predestinação motivo para acusar, discutir, difamar e zombar. Mas, se tememos sua turbulência, já não podemos calar-nos e sepultar os artigos principais de nossa fé, dos quais não deixam nem um sem o contágio de suas blasfêmias. Um espírito rebelde rir-se-á não menos insolentemente ao ouvir dizer que na essência única de Deus há três Pessoas, do que ao ouvir que Deus criou o homem prevendo o que havia de ser dele. Tampouco deixará de zombar se lhe for dito que o mundo foi criado há pouco mais de cinco mil anos; porque perguntarão qual é a causa de a virtude e potência de Deus terem estado durante tanto tempo ociosas, sem fazer nada. Em suma, não será possível afirmar nada de que não se riam nem zombem. Para evitar tais sacrilégios, devemos porventura deixar de falar da divindade do Filho e do Espírito Santo? Temos de calar a criação do mundo? Muito pelo contrário! A verdade de Deus é tão poderosa, não somente nesse ponto como em todas as coisas, que não teme as más línguas dos ímpios, como Agostinho o demonstra admiravelmente no livro chamado *Do dom da perseverança*.[309] Porque vemos que os falsos profetas, blasfemando e infamando a doutrina de Paulo, não conseguiram que ele se envergonhasse dela. Quanto ao que alguns aduzem, que essa doutrina é muito perigosa, inclusive para os próprios fiéis, porque é contrária às exortações, porque lança por terra a fé e porque revolta e faz desfalecer o coração dos homens, tudo isso que alegam é vão. O próprio Agostinho não dissimula que foi repreendido por todas essas razões, porque explicava a predestinação com toda liberdade; mas ele os refutou suficientemente, como era capaz de fazê-lo. Quanto a nós, como se nos objetam absurdos muito diversos sobre essa doutrina, será muito conveniente respondermos a cada um deles no tempo certo. De momento, desejo apenas conseguir de todos os homens em geral que não esquadrinhemos nem queiramos saber o que o Senhor escondeu e não deseja que se saiba; e que não menosprezemos o que Ele nos manifestou e declarou com

---

309 Aug., De dono perseverantiae c. 15-20 MSL 45, 1016ss.

sua Palavra; e isso, para que, por um lado, não sejamos condenados por nossa excessiva curiosidade, e, por outro, por nossa ingratidão. Porque Agostinho diz muito bem que podemos seguir a Escritura com toda segurança, pois ela, como uma mãe com seu filho, vai conhecendo pouco a pouco nossa fraqueza, para não nos deixar para trás. Quanto aos que são tão cautos e tímidos que desejariam que a Palavra de Deus fosse totalmente sepultada e jamais se falasse dela, para não perturbar os corações tímidos, sob que pretexto, pergunto eu, podem ocultar sua arrogância quando indiretamente tacham a Deus de louca inconsideração, como se não tivesse visto antes o perigo que eles creem que vão evitar com sua prudência? Portanto, todo aquele que torna a doutrina da predestinação odiosa, fala mal de Deus abertamente, como se inadvertidamente se lhe tivesse escapado algo que é danoso para a Igreja.

5. Ninguém que queira ser considerado homem temente a Deus ousará simplesmente negar a predestinação, pela qual Deus adota a uns para a esperança da vida e destina a outros à morte eterna; mas muitos a cercam de sutilezas, sobretudo os que intentam que a presciência seja causa da predestinação. Nós admitimos ambas as coisas em Deus, mas o que agora afirmamos é que é de todo infundado fazer uma depender da outra, como se a presciência fosse causa e a predestinação, o efeito. Quando atribuímos a Deus a presciência, queremos dizer que todas as coisas estiveram e estarão sempre diante de seus olhos, de maneira que, em seu conhecimento, não há passado nem futuro, mas todas as coisas estão presentes. E de tal forma presentes que não as imagina como uma espécie de ideias ou formas, à maneira que nós imaginamos as coisas cuja recordação nosso intelecto retém, mas que as vê e contempla como se verdadeiramente estivesse diante dele. E essa presciência se estende por todo o orbe da terra e sobre todas as criaturas. Chamamos predestinação ao decreto eterno de Deus pelo qual determinou o que quer fazer de cada um dos homens. Porque Ele não os cria com a mesma condição, mas antes ordena a uns para a vida eterna, e a outros, para a condenação perpétua. Portanto, segundo o fim para o qual o homem é criado, dizemos que está predestinado à vida ou à morte. Ora, Deus deu testemunho dessa predestinação com respeito não somente a cada pessoa em particular mas também a toda a raça de Abraão, à qual propôs como exemplo, para que todo o mundo compreenda, que é Ele quem ordena qual há de ser a condição e estado de cada povo ou nação. "Quando o Altíssimo", diz Moisés, "fez herdar as nações, quando fez dividir o número dos homens, estabeleceu os limites dos povos segundo o número dos filhos de Israel. Porque a porção do Senhor é seu povo; Jacó, a herdade que lhe tocou" (Dt 32, 8.9). Aqui se vê claramente a eleição; e é que, na pessoa de Abraão, como num tronco seco e morto, um povo é escolhido e separado dos demais, que são rechaçados. Embora a causa não apareça, Moisés, a fim de suprimir toda ocasião de vangloriar-se, ensina a seus sucessores que toda sua dignidade consiste unicamente no amor gratuito de Deus. Porque põe como razão de sua liberdade que Deus amou a seus pais e escolheu seus descendentes depois deles (Dt 4, 37). E, em outro lugar, fala de forma ainda mais transparente: "Não porque vós sois em número mais que todos os povos é que vos escolheu, mas porque o Senhor vos amou" (Dt 7, 7.8). Essa advertência se repete muitas vezes: "Vide, do Senhor, teu Deus, são os céus e os céus dos céus, a terra e todas as coisas que há nela. Somente de teus pais o Senhor se agradou para amá-los, e escolheu sua descendência depois deles, a nós, dentre todos os povos" (Dt 10, 14.15). E em outro lugar lhes manda serem puros e santos, porque são eleitos como povo peculiar de Deus (Dt 26, 18.19). E também repete, em outro passo, que o amor que Deus lhes professava era a causa de ser seu protetor (Dt 23, 5). O que os fiéis também confessam a uma só voz: "Ele nos escolheu nossa herdade, a formosura de Jacó, a quem amou" (Sl 47, 4). Pois eles atribuem a esse amor gratuito todos os ornamentos com que Deus lhes adornara. E isso não somente porque sabiam que não os haviam adquirido por nenhum mérito seu, mas também porque conheciam que nem mesmo o santo patriarca Jacó teve virtude suficiente para adquirir para si e para sua posteridade tão singular prerrogativa e dignidade. E, para melhor suprimir toda ocasião de orgulho e soberba, atira à cara dos judeus que não havia nada que merecessem menos do que ser amados por Deus, uma vez que eram um "povo de dura cerviz" (Dt 9, 6). Também os profetas fazem muitas vezes menção dessa eleição para mais afrontar os judeus, por dela se terem afastado de forma tão vil. Seja como for, respondam agora os que querem ligar a eleição de Deus à dignidade dos homens ou ao mérito das obras. Ao ver que uma nação é preferida às demais e compreender que Deus não se moveu por consideração de nenhum tipo a inclinar-se a uma nação tão pequena e menosprezada, e, o que é pior, de gente má e perversa, vão a empreendê-la com Deus porque teve por bem dar tal exemplo de misericórdia? Mas, com todas as suas murmurações e lamentos, não poderão impedir a obra de Deus; nem atirando seu despeito contra o céu, como se fosse pedras, ferirão ou prejudicarão sua justiça; antes lhes cairão na cara. Recorda-se também aos israelitas esse princípio da eleição gratuita quando se trata de dar graças a Deus, ou de confirmar-se numa esperança com respeito ao futuro: "Ele nos fez, e não nós a nós mesmos; somos seu povo, e ovelhas de seu prado" (Sl 100, 3). A negação empregada não é supérflua, mas acrescentada para excluir-nos a nós mesmos, a fim de entendermos que Deus não somente é autor de todos os bens de que gozamos, mas, além disso, Ele mesmo se moveu a fazer-nos esses favores, pois não havia nada em nós que as merecesse. Exorta-nos também a nos contentarmos só com o beneplácito de Deus: "Somos descendência de Abraão, seu servo, filhos de Jacó, seus escolhidos" (Sl 105, 6). E, depois de ter enumerado os contínuos benefícios que haviam recebido como fruto de sua eleição, conclui que Deus se portou tão liberalmente para com eles por ter-se lembrado de seu pacto. A essa doutrina corresponde o cântico de toda a Igreja: "Tua destra e teu braço e a luz de teu rosto deram esta terra a seus pais, porque te agradaste deles" (Sl 44, 3). No entanto, temos de notar que a menção à terra é como sinal e marca visível da secreta eleição de Deus, pela que foram adotados. À mesma gratidão Davi exorta o povo: "Bem-aventurada a nação cujo Deus é o Senhor, e o povo que Ele escolheu como herdade para si" (Sl 33, 12). E Samuel os anima a ter esperança: "O Senhor não desamparará a seu povo, por seu grande nome; porque o Senhor quis fazer-nos seu povo" (1Sm 12, 22). Da mesma maneira, Davi se anima, pois, vendo sua fé assaltada, arma-se para poder resistir, dizendo: "Bem-aventurado o que tu escolheres e atraíres a ti, para que habite em teus átrios" (Sl 65, 4). Mas, como a eleição, que do contrário permaneceria escondida em Deus, foi ratificada, tanto com a primeira liberdade do cativeiro dos judeus como com a segunda e com outros diversos benefícios que sucederam, a palavra "escolher" se aplica algumas vezes a esses testemunhos manifestos, os quais, no entanto, carregam implícita a eleição. Como em Isaías: "O Senhor terá piedade de Jacó, e ainda escolherá a Israel" (Is 14, 1). Porque, falando do futuro, diz que a reunião que verificará do resto do povo, ao que parecia ter deserdado, será um sinal de que sua eleição permanecerá firme e estável, mesmo quando parecia ter perdido sua força e valor. E quando diz, em outro lugar, "Escolhi-te e não te deserdarei" (Is 41, 9), engrandece o curso ininterrupto de seu amor paternal, que com tantos benefícios e favores havia mostrado. E ainda mais claramente o que diz o anjo, em Zacarias: "O Senhor possuirá Judá, sua herdade na terra santa, e escolherá também Jerusalém" (Zc 2, 12), como se, ao castigá-la mais duramente, a tivesse reprovado, ou que o exílio tivesse interrompido a eleição, que, no entanto, permanece inviolável, embora nem sempre se vejam os sinais.

6. Acrescentemos agora um segundo grau de eleição, que não se estende tanto, a fim de que a graça de Deus se conheça mais em particular, no fato de Deus haver repudiado a alguns da mesma raça de Abraão e haver mantido a outros no seio de sua Igreja para mostrar que os conservava como seus. No começo, Ismael foi igual a seu irmão Isaac, uma vez que o pacto espiritual fora selado em seu corpo com o sacramento da circuncisão. Ismael é separado, e depois Esaú, e finalmente uma infinidade de gente, e quase todo Israel. A posteridade se suscitou em Isaac (Gn 21, 12); a mesma vocação continuou em Jacó. Deus demonstrou exemplo semelhante ao reprovar Saul (1Sm 15, 23; 16, 1), o qual no salmo se elogia sobremaneira: "Desfez a tenda de José e não escolheu a tribo de Efraim, mas escolheu a tribo de Judá" (Sl 78, 67). A história sagrada o repete muitas vezes para que, com essa mudança, se veja bem claro o admirável segredo da graça de Deus. Concordo que Ismael, Esaú e outros semelhantes foram, por própria culpa, excluídos da eleição; porque se pôs como condição que guardassem o pacto de Deus, o qual eles deslealmente transgrediram. No entanto, foi um singular privilégio de Deus que tivesse por bem preferi-los a todas as gentes, como se diz no salmo: "Não fez assim como nenhuma outra das nações; e, quanto a seus julgamentos, não os conheceram" (Sl 147, 20). Não sem motivo, eu disse que se deve perceber aqui dois graus; porque já na eleição de todo o povo de Israel mostrou que quando Ele usa de sua mera liberalidade não tem nada que ver com lei alguma, mas que é livre e obra como lhe apraz; de modo que não se lhe pode exigir, por nenhum conceito, que reparta sua graça por igual a todos; já que a própria desigualdade mostra que sua liberalidade é gratuita. Por causa disso, o profeta Malaquias, querendo agravar a ingratidão do povo de Israel, lhes reprova que não somente foram escolhidos entre todo o gênero humano, mas que, pertencendo à casa sagrada de Abraão e sendo postos à parte, não obstante menosprezaram de maneira vil a Deus, que era para eles um pai liberal e munífico. "Não era Esaú irmão de Jacó?, disse o Senhor. E amei a Jacó, e a Esaú aborreci" (Ml 1, 2.3). Aqui Deus dá como algo evidente que, tendo sido ambos irmãos gerados de Isaac e sendo, por conseguinte, herdeiros do pacto celestial e ramos de uma raiz santa, no entanto, os filhos de Jacó estavam tanto mais obrigados, pois haviam sido elevados a tão alta dignidade; mas, desde que, tendo seu pai rejeitado a Esaú, que era o primogênito, Jacó, que era inferior ao irmão segundo a ordem natural, foi no entanto feito o único herdeiro; acusa-lhes de dupla ingratidão, e queixa-se de que nem sequer com esse duplo vínculo puderam ser retidos.

7. Embora já se veja claramente que Deus escolhe, em seu conselho secreto, aqueles que lhe agrada, rejeitando os demais, no entanto não estará de todo exposta a eleição gratuita até que cheguemos a cada pessoa em particular, às quais Deus não apenas oferece a salvação mas também a sela de tal maneira que a certeza de conseguir seu efeito não fica em suspenso nem duvidosa. Estes são contados naquela posteridade única que Paulo menciona (Rm 9, 8; Gl 3, 16.19.20). Porque, embora a adoção tenha sido posta em mãos de Abraão como num depósito, como muitos de seus descendentes foram cortados feito membros podres, a fim de que a eleição consiga sua eficácia e seja verdadeiramente firme, é necessário que subamos até a cabeça, na qual o Pai celestial uniu a si os fiéis e os ligou a si com um nó indissolúvel. Assim, na adoção da linhagem de Abraão, mostrou-se o favor gratuito de Deus, o qual Ele negou a outros; mas a graça que se concedeu aos membros de Cristo tem outra preeminência de dignidade, porque, tendo sido introduzidos em sua Cabeça, jamais serão cortados nem perecerão. Por isso Paulo argumenta muito bem com o texto de Malaquias, citado pouco antes, e no qual Deus, convidando a si certo povo e prometendo-lhe vida eterna, tem no entanto uma maneira especial de escolher uma parte desse povo, de sorte que nem todos são eleitos realmente com a mesma graça. O que diz, "amei a Jacó", refere-se a toda a descendência do patriarca, a qual Malaquias opõe aos descendentes de Esaú. Mas isso não impede que, na pessoa de um homem, tenha sido proposto a nós um exemplo de eleição que de modo algum pode frustrar-se, mas que sempre chega a seu pleno efeito. Não sem razão Paulo adverte que os que pertencem ao corpo de Cristo são chamados "um remanescente" (Rm 11, 5), uma vez que a experiência demonstra que, da grande multidão que forma a Igreja, a maioria se extravia, e uns vão por um lugar, outros por outro, de forma que não restam senão muito poucos. Se alguém perguntar qual é a causa de a eleição geral do povo não ser firme e não conseguir seu efeito, a resposta é fácil; a causa é porque àqueles com quem Deus compactua, não lhes dá em seguida seu Espírito de regeneração, em virtude do qual perseverem até o fim no pacto e na aliança; mas a vocação externa sem a eficácia interna do Espírito Santo, que é o que dá forças para seguir adiante, serve-lhes como de graça intermediária entre a exclusão do gênero humano e a eleição de um pequeno número de fiéis. Todo o povo de Israel foi chamado "herdade de Deus", à qual, no entanto, muitos foram estranhos e alheios; mas como, não em vão, Deus prometera que seria seu Pai e Redentor, quis, ao dar-lhe esse título, ter em conta mais seu favor gratuito que a deslealdade dos muitos que haviam apostatado e se separado dele, os quais, no entanto, não puderam abolir sua verdade, porque, ao conservar um remanescente, viu--se que sua vocação foi irrevogável, pois o fato de Deus ter formado sua Igreja dos descendentes de Abraão, em vez das nações pagãs, prova que teve em conta seu pacto, o qual, violado pela maioria, limitou a poucos, a fim de que não fosse totalmente anulado e sem valor. Por fim, aquela comum e geral adoção da raça de Abraão foi como uma imagem visível de um benefício muito maior, de que fez partícipes a alguns em particular, sem ter em conta a generalidade. Essa é a razão pela qual Paulo distingue tão diligentemente entre os filhos de Abraão, segundo a carne, e seus filhos, segundo o espírito, que foram chamados conforme o exemplo de Isaac (Rm 9, 7.8). Não que terem sido filhos de Abraão fora algo vão e inútil — o que não se poderia dizer sem ofender gravemente o pacto divino —, mas porque o imutável conselho de Deus, com o qual predestinou para si aqueles que teve por bem, demonstrou sua eficácia e virtude para a salvação daqueles que dizemos serem filhos de Abraão segundo o espírito. Rogo e exorto os leitores a não se anteciparem a aderir a nenhuma opinião até que, ouvindo os testemunhos da Escritura que citarei, saibam a que se hão de ater. Dizemos, pois, como a Escritura o demonstra com toda evidência, que Deus designou de uma vez por todas, em seu eterno e imutável conselho, aqueles que deseja que se salvem, e também aqueles que deseja que se condenem. Dizemos que esse conselho, pelo que tange aos eleitos, fundamenta-se na gratuita misericórdia divina, sem respeito algum à dignidade do homem; ao contrário, que a entrada da vida está fechada para todos aqueles que Ele quis entregar à condenação; e que isso se faz por seu secreto e incompreensível juízo, o qual é, no entanto, justo e irrepreensível. Assim, ensinamos que a vocação dos eleitos é um testemunho de sua eleição; e que a justificação é outra marca e nota disso, até que comecem a desfrutar da glória, na qual consiste seu cumprimento. E o Senhor, assim como assinala aqueles que elegeu, chamando-os e justificando-os, da mesma forma, ao contrário, ao excluir os réprobos do conhecimento de seu nome ou da santificação de seu Espírito, mostra com esses sinais qual será seu fim e que julgamento lhes está preparado. Não farei aqui menção de muitos desatinos que homens vãos imaginaram para lançar por terra a predestinação, já que eles mesmos mostram sua falsidade e mentira com o simples enunciado de suas opiniões. Deter-me-ei somente em considerar as razões que são debatidas entre a gente douta, ou as que poderiam causar alguma dificuldade às pessoas simples, ou as que a impiedade alega para denegrir a justiça de Deus.

Capítulo XXII

Confirmação desta doutrina pelos testemunhos da Escritura.

á muitos que se opõem a todas essas ideias que expusemos, especialmente à eleição gratuita dos fiéis. De modo geral, pensa-se que Deus escolhe a um ou outro dentre os homens conforme previu que haviam de ser os méritos de cada um; e assim adota como filhos aos que previu não serem indignos de sua graça; mas, aos que sabe que hão de inclinar-se à malícia e à impiedade, deixa-os em sua condenação. Essa gente faz da presciência de Deus uma espécie de véu, com o qual sua eleição não somente é obscurecida mas até parece ter origem em outra parte. E essa opinião é comum não só entre o vulgo, como houve todo o tempo gente douta que a sustentou, o que confesso voluntariamente, para que ninguém pense já ter conseguido grande coisa contra a verdade apenas por ter seu nome citado; porque a verdade de Deus é tão certa, pelo que se refere a esse tema, que não pode ser derrubada; e tão clara que não pode ficar obscurecida por nenhuma autoridade de homens. Há outros que, a despeito de não serem exercitados na Escritura — pelo que não são dignos de crédito ou reputação alguma —, são muito atrevidos e temerários para infamar a doutrina que não entendem, e por isso é muito razoável que não se suporte sua arrogância. Eles acusam a Deus de, conforme sua vontade, eleger uns e abandonar outros. Mas, sendo evidente que é assim, de que lhes aproveitará murmurar contra Deus? Não dizemos nada que a experiência não o prove ao afirmar que Deus sempre foi livre para repartir sua graça e fazer misericórdia a quem bem lhe aprouver. Não lhes quero perguntar qual foi a causa de a raça de Abraão ter sido preferida às demais; embora seja evidente que se deva a um particular privilégio, cuja razão não se pode encontrar senão em Deus. Mas que me respon-

dam, então, qual é a causa de eles serem homens, e não bois ou asnos; pois, embora Deus pudesse tê-los feito cães, criou-os no entanto à sua semelhança. Permitirão eles que os animais brutos se queixem de Deus como injusto e tirano, porque, podendo tê-los feito homens, preferiu fazê-los bestas? Por certo não é mais justo que essas pessoas gozem da prerrogativa que têm de ser homens — não conquistada por mérito algum seu — do que Deus distribuir seus benefícios e favores conforme seu juízo. Se descendem às pessoas, nas quais a desigualdade lhes resulta mais odiosa, pelo menos deviam tremer ao considerar o exemplo de Cristo, e não falar de modo tão leviano de um mistério de tamanha profundidade. Eis aqui um homem mortal, concebido da semente de Davi. Com que virtudes se poderá dizer que mereceu, já no seio mesmo da Virgem, ser feito cabeça dos anjos, Filho unigênito de Deus, imagem e glória do Pai, luz, justiça e salvação do mundo? Com grande sabedoria, Agostinho considera que temos na Cabeça da Igreja um espelho claríssimo da eleição gratuita, para que não nos espantemos quando virmos que o mesmo se dá com seus membros;[310] e o Senhor não foi feito Filho de Deus por viver de maneira reta, mas gratuitamente lhe foi dada essa honra e dignidade, a fim de que Ele fizesse partícipes os demais.[311] Se alguém perguntar por que os outros não são o que Cristo é, ou por que há tanta diferença entre Ele e nós, por que todos nós estamos corrompidos e Ele é a própria pureza, esse alguém revelaria não só seu erro mas também sua falta de vergonha. E se, todavia, esse alguém teimar em querer tolher de Deus a liberdade de escolher e reprovar aqueles que Ele houve por bem, que primeiro despoje Cristo do que lhe foi dado. É preciso considerar agora o que a Escritura declara quanto a um e a outro. Paulo, quando ensina que fomos escolhidos em Cristo antes da fundação do mundo (Ef 1, 4), certamente prescinde de toda consideração de nossa dignidade. Porque equivale a ter dito que, como o Pai celestial não achou em toda a descendência de Adão quem merecesse sua eleição, pôs seus olhos em Cristo, a fim de eleger como membros do corpo de Cristo aqueles a quem havia de dar vida. Estejam, pois, os fiéis convencidos de que Deus nos adotou em Cristo para sermos seus herdeiros, porque não éramos, por nós mesmos, capazes de tão grande dignidade e excelência. O qual o apóstolo mesmo nota também em outro lugar, quando exorta os colossenses a dar graças ao Pai que nos fez aptos para participar da herança dos santos (Cl 1, 12).

---

310 Aug., De correptione et gratia 11, 30 MSL 44, 934s.
311 Aug., Serm. 174, 2 MSL 38, 941.

Se a eleição de Deus precede a graça pela que nos fez idôneos para alcançar a glória da vida futura, que poderá encontrar em nós que o mova a nos eleger? O que eu pretendo se verá de modo mais claro ainda por outro passo do mesmo apóstolo: "Escolheu-nos antes da fundação do mundo, para que fôssemos santos e sem mancha diante dele" (Ef 1, 4); no que opõe o beneplácito de Deus a todos os nossos méritos.

2. Para que a prova seja mais sólida, vale a pena mostrar em detalhes todas as partes dessa passagem, pois, unidas, excluem qualquer ocasião de dúvida. Quando ele fala dos "eleitos", não há dúvida de que entende os fiéis, como o explica em seguida. Portanto, indevidamente distorcem esse nome aqueles que o aplicam ao tempo em que foi divulgado o Evangelho. Quando diz que os fiéis foram eleitos antes da fundação do mundo, Paulo suprime toda consideração de dignidade. Pois que diferença poderia existir entre aqueles que ainda não nasceram e que depois haveriam de ser iguais a Adão? Quanto ao que acrescenta, que foram eleitos em Cristo, deduz-se não somente que cada um foi eleito fora de si, mas também que uns foram distintos de outros, pois vemos que nem todos os homens são membros de Cristo. No que vem em seguida, que foram eleitos para ser santos, inequivocamente refuta o erro daqueles que dizem que a eleição procede da pureza, uma vez que Paulo os contradiz ao dizer que todo o bem e virtude que há nos homens é efeito e fruto da eleição. E, se se busca uma causa mais profunda, Paulo responde que Deus o predestinou assim; e isso segundo o puro afeto de sua vontade — palavras com que lança por terra todos os meios que os homens inventaram para ser eleitos. Porque ele afirma que todos os benefícios que Deus nos faz para viver espiritualmente procedem e nascem desta fonte: porque Deus elegeu aqueles que assim o desejou e que, antes de terem nascido, preparou-lhes e reservou-lhes a graça que lhes queria comunicar.

3. Onde quer que reine essa decisão de Deus, não se faz caso algum das obras. É verdade que aqui o apóstolo não leva adiante a antítese existente entre essas duas coisas; mas a devemos entender tal qual ele mesmo a supõe em outro lugar: "Salvou-nos e chamou-nos com chamamento santo, não conforme nossas obras, mas segundo seu propósito e a graça que nos foi dada em Cristo antes dos tempos dos séculos" (2Tm 1, 9). Já demonstramos que o que vem em seguida, "para que fôssemos santos e sem mancha diante dele", nos livra de todo escrúpulo; pois dizer que, porque Deus previu que seríamos santos, por isso nos elegeu, é transtornar a ordem que Paulo observa. Podemos, pois, concluir com toda segurança: se Deus nos escolheu para que fôssemos santos, então não

nos escolheu por ter previsto que o seríamos; pois são duas coisas contrárias, que os fiéis tenham sua santidade pela eleição e que pela santidade de suas obras tenham sido eleitos. E de nada valem os sofismas aos quais comumente se recolhem, sustentando que é verdade que Deus comunica a graça de sua eleição não pelos méritos que tenham podido preceder, mas pelos que haviam de vir. Porque o apóstolo, quando diz que os fiéis foram eleitos para serem santos, dá a entender que a santidade que haveriam de ter traz sua origem e princípio na eleição. Mas como concordar que o que é efeito da eleição tenha sido a causa da eleição? Ademais, o apóstolo confirma o que foi dito acrescentando que Deus nos escolheu segundo o puro afeto de sua vontade, que em si mesmo havia decretado. Porque isso vale tanto quanto dizer que não considerou nada fora de si ao fazer tal deliberação. Por isso, conclui que toda a suma de nossa eleição deva-se referir ao fim de ser "para louvor da glória de sua graça" (Ef 1, 6). Decerto a graça de Deus não mereceria ser ela só glorificada em nossa eleição se esta não fosse gratuita; e não seria gratuita se Deus, ao eleger os seus, tivesse em conta quais haviam de ser as obras de cada um. Assim, vemos que o que Cristo dizia a seus discípulos é muito verdadeiro nos fiéis: "Não me escolhestes a mim, mas eu vos escolhi" (Jo 15, 16). Com o que Cristo não somente exclui os méritos passados mas dá a entender a seus discípulos que não tinham nada por que merecessem ser eleitos, se sua misericórdia não se lhes tivesse adiantado. Dessa maneira se há de entender o que diz Paulo: "Quem lhe deu a Ele primeiro para que seja recompensado?" (Rm 11, 35). Porque o apóstolo quer provar que a bondade de Deus vem antes dos homens, de tal forma que não acha coisa alguma, no passado ou no futuro, pela qual possa reconciliar-se com eles.

4. Assim, na *Epístola aos romanos*, na qual repete este tema mais a propósito e lhe dá continuidade mais por extenso, o apóstolo nega que sejam israelitas todos os que descendem de Israel (Rm 9, 6-8); porque, embora eles, por causa do direito da herança, fossem todos benditos, nem todos, no entanto, chegaram igualmente à sucessão. A origem dessa disputa do apóstolo procedia do orgulho, da soberba e da vanglória do povo judeu, porque, atribuindo-se a si mesmos o nome de Igreja, pretendiam que somente eles fossem os senhores e que não se desse mais crédito ao Evangelho do que eles determinassem — do mesmo modo como atualmente os papistas, de muito boa vontade, colocar-se-iam em lugar de Deus sob o nome de Igreja que se atribuem. Paulo, ainda que conceda que a posteridade de Abraão seja santa por causa do pacto, mostra que muitos deles eram estranhos e nada tinham que ver com essa posteridade, e isso não somente por terem degenerado de maneira que de legítimos se transformaram em bastardos, mas porque a especial eleição de Deus está acima de tudo, e só ela ratifica a adoção divina. Se uns fossem confirmados por sua piedade na esperança da salvação e outros fossem excluídos só por sua defecção e afastamento, com certeza Paulo falaria muito tola e absurdamente, transportando os leitores à eleição secreta. Mas se é a vontade de Deus — cuja causa nem se mostra nem se deve buscar — a que diferencia uns dos outros, de tal maneira que nem todos os filhos de Israel são israelitas, é em vão querer imaginar que a condição e estado de cada um tem seu princípio no que têm em si. Paulo vai adiante quando aduz o exemplo de Jacó e Esaú (Rm 9, 10-13). Pois, uma vez que ambos eram filhos de Abraão, e estando ambos encerrados simultaneamente no seio da mãe, o fato de a honra da primogenitura ter sido transferida a Jacó foi como uma mutação prodigiosa, pela qual, no entanto, Paulo mantém que a eleição de um foi testemunhada, assim como a reprovação do outro. Quando se pergunta pela origem e causa disso, os doutores da presciência a põem nas virtudes de um e nos vícios do outro. Parece-lhes que com duas palavras resolvem a questão, e afirmam que Deus mostrou, na pessoa de Jacó, que escolhe aqueles que previu que seriam dignos de sua graça; e, na de Esaú, que reprova aqueles que previu que seriam indignos dela. Isso é o que essa gente ousadamente se atreve a sustentar. Mas que diz Paulo? E ainda não eram os gêmeos nascidos, nem haviam praticado o bem ou o mal, para que o propósito de Deus, quanto à eleição, prevalecesse, não por obras, mas por aquele que chama; já fora dito a ela: o mais velho servirá ao mais moço; como está escrito: a Jacó amei, mas detestei a Esaú (Rm 9, 11-13). Se a presciência valesse de alguma coisa para estabelecer a diferença entre esses dois irmãos, a menção do tempo certamente seria inoportuna. Suponhamos que Jacó tivesse merecido a dignidade da eleição pelas virtudes que haveria de ter no futuro; por que Paulo diria que Jacó ainda não havia nascido? Ademais, por que teria acrescentado, inconsideradamente, que Jacó ainda não fizera bem algum — porque seria fácil replicar que, não estando nada oculto a Deus, a piedade de Jacó estivera sempre presente na ciência do Senhor. Se as obras merecessem a graça, é de todo certo que seria igual para Deus valorizá-las antes de Jacó nascer ou quando já estivesse velho. Mas o apóstolo, prosseguindo com o tema, resolve a dúvida e ensina que a adoção de Jacó não se deveu às obras, mas à vocação de Deus. Para as obras, o apóstolo não estabelece tempo, passado ou vindouro, e, ao opor expressamente as obras à vocação de Deus, destrói a propósito um com o outro, como se dissesse: devemos considerar qual foi a boa vontade de Deus, e não os que os homens aportaram por si. Por fim, é evidente que, pelas palavras "eleição" e "propósito", o apóstolo quis remover desta causa todas as causas que os homens costumam imaginar à margem do secreto desígnio de Deus.

5. Com o que poderão obscurecer essas palavras aqueles que atribuem um lugar às obras, precedentes ou futuras, na eleição? Isso seria destruir por completo o que o apóstolo pretende provar, que a diferenciação entre os dois irmãos não dependeu de nenhuma consideração das obras, mas da pura vocação de Deus, uma vez que Ele estabeleceu a distinção ainda antes de eles nascerem. E, sem dúvida, Paulo não teria ignorado essa sutileza que os sofistas empregam, se ela tivesse algum fundamento; mas, como sabia perfeitamente que Deus não pode prever nada de bom no homem, mas o que tiver determinado dar-lhe pela graça da eleição, não tem em conta essa ordem perversa de preferir as boas obras à sua própria causa e origem. Vemos, pois, pelas palavras do apóstolo, que a salvação dos fiéis fundamenta-se apenas na benevolência de Deus, e que tal favor e graça não se alcança com nenhuma obra, mas provém da vocação gratuita do Senhor. E isso mesmo se representa nesse exemplo, como uma ὑποτύπωδιζ. Jacó e Esaú eram irmãos, gerados de mesmo pai e mesma mãe, e até encerrados no mesmo útero materno antes de nascer. Em todas essas coisas eram iguais; e, no entanto, Deus fez grande diferença entre eles, porque escolheu um e rechaçou o outro. Não existia nenhuma razão para que um fosse preferido ao outro, exceto a primogenitura; mas nem isso se teve em conta, e deu-se ao mais novo o que se negou ao mais velho. Parece que Deus menosprezou a primogenitura em outros casos, a fim de tirar da carne toda ocasião de vangloriar-se; tendo rejeitado a Ismael, Deus pôs seu coração em Isaac; tendo rebaixado Manassés, preferiu Efraim.

6. E se alguém replicar que, em virtude dessas coisas menores e desses pequenos benefícios, não se pode afirmar nada quanto à vida eterna ou concluir que aquele que foi exaltado à honra da primogenitura foi também adotado para ser herdeiro do reino de Deus — pois há muitos que não perdoam nem o próprio Paulo, acusando-o de haver distorcido o sentido da Escritura para aplicá-lo a esse tema —, respondo, como já o disse, que o apóstolo não falou levianamente nem distorceu o sentido da Escritura, mas que via — o que essa gente não pode considerar — que Deus quis declarar, com um sinal corporal, a eleição espiritual de Jacó, a qual do contrário permaneceria secreta em seu conselho oculto. Porque, se não referíssemos a primogenitura dada a Jacó na vida futura, a bênção que recebeu seria vã e ridícula, uma vez que dela não obteve nada além de muitas misérias e desventuras, um triste exílio e muitas tristezas e amargas preocupações. Sem dúvida, Paulo, ao ver que, com essa bênção externa, Deus testemunha uma bênção espiritual, e não transitória, a qual fora preparada no reino celeste para o servo Jacó, não duvidou em tomá-la como argumento, para comprová-lo. Devemos também recordar que a terra de Canaã foi um presente da herança do reino dos céus; de maneira que não devemos duvidar de que Jacó foi incorporado a Cristo para ser companheiro dos anjos na vida celestial. Jacó é, pois, eleito; e Esaú, rejeitado; e são diferenciados pela predestinação de Deus aqueles entre os quais não existia diferença alguma quanto aos méritos. Se se desejar saber a causa, é a que aponta o apóstolo: que "foi dito a Moisés: 'Terei misericórdia daquele de que eu tenha misericórdia e compadecer-me-ei daquele de quem eu me compadeça'" (Rm 9, 15). Pergunto eu: que isso significa? Sem dúvida, o Senhor assegura que não existe entre os homens nenhum outro motivo para que lhes outorgue benefícios senão sua pura misericórdia. Portanto, se só Deus estabelece e ordena em si mesmo tua salvação, para que desces a ti mesmo? Por que to aplicarás a ti mesmo? Uma vez que Ele te assinala como causa total só sua misericórdia, por que te apoiarás em teus próprios méritos? Se Ele quiser que ponhas todos os teus pensamentos somente em sua misericórdia, por que aplicarás uma parte na consideração das obras? É, pois, necessário voltar àquele povo reduzido do qual Paulo diz, em outro lugar, que fora escolhido por Deus (Rm 11, 2); não como esses imaginam, que Ele prevê numa espera ociosa aquilo que não faz, mas no sentido em que se lê essa palavra muitas vezes na Escritura. Porque Pedro, quando diz nos *Atos* que Cristo "foi entregue pelo conselho determinado e conhecimento antecipado de Deus" (At 2, 23), não apresenta Deus como um simples espectador, mas como autor de nossa salvação. O próprio Pedro, ao dizer que os fiéis, aos quais escrevia, "eram eleitos segundo a presciência de Deus" (1Pd 1, 2), declara de forma apropriada aquela arcana e secreta predestinação, com a que Deus assinalou como filhos seus aqueles que quis. Ao acrescentar a palavra "propósito", uma vez que significa uma firme determinação, ensina-nos que Deus não sai de si para buscar a causa de nossa salvação. E nesse sentido diz no mesmo capítulo que Cristo foi o cordeiro já destinado desde antes da fundação do mundo (1Pd 1, 19.20); porque, o que haveria de mais frio que dizer que Deus olhara de cima, de onde via a salvação dos homens? Assim, pois, vale tanto em Pedro, "povo pré-conhecido", como em Paulo, um "remanescente", tirado de uma multidão que falsamente se jacta em nome de Deus. E Paulo, em outro lugar, para abater o orgulho e a jactância daqueles que, cobrindo-se com mero título externo, como com uma máscara, designam-se em primeiro lugar na Igreja, como fossem suas colunas, diz: "O Senhor conhece os que são seus" (2Tm 2, 19). Ao final, Paulo mostra dois povos com estas palavras: um é toda a descendência de Abraão; o outro, a parte que foi tirada dele e a qual Deus reserva para si como um tesouro, de tal forma que os homens não saibam onde está. E não há dúvida de que ele tirou isso de Moisés, que afirma que Deus será misericordioso com quem quiser, ainda que fale do povo eleito, cuja condição em aparência era igual; como se dissesse que, na adoção comum, estava incluída para alguns uma graça à parte, como um tesouro mais valioso; e que o pacto comum não impedia que Ele escolhesse e separasse um número reduzido dentre aquela multidão. E, querendo mostrar-se como livre dispensador e árbitro de tudo isso, nega expressamente que deva ser misericordioso com um mais do que com outro, a não ser porque assim lhe apraz, porque, quando a misericórdia socorre àquele que a busca, esse, embora não seja rejeitado, no entanto, ou antecipa ou em parte toma para si o favor cujos louvores Deus reivindica para si.

7. Pronuncie-se agora sobre este tema o supremo Conhecedor e Mestre. Vendo tanta dureza em seus ouvintes, que a turba quase não tirava proveito de nenhuma de suas palavras, exclama, para remediar este escândalo: "Todo aquele que o Pai me der, virá a mim; porque esta é a vontade do Pai que me enviou, que de tudo o que der, eu não perca nada" (Jo 6, 37.39). Nota bem que o princípio para sermos admitidos sob a proteção e o amparo do Cristo provém da doação do Pai. Pode ser que alguém tente tergiversar replicando que Deus reconhece no número dos seus somente aqueles que de bom grado se entregam a Ele pela fé. Mas Cristo insiste em que, supondo que todo o mundo se transtorne e sobrevenham nele infinitas mudanças, mesmo assim o conselho de Deus permanecerá mais firme que o próprio céu, de forma que sua eleição subsista firme e íntegra. Diz-se que os eleitos pertenciam ao Pai celestial antes de este os doar a seu Filho Jesus Cristo. A questão é se isso se faz assim por natureza ou se, pelo contrário, Ele submete a si aos que lhe eram estranhos e estavam afastados dele, atraindo-os. As palavras de Cristo são tão claras que, por mais voltas que os homens lhes deem, jamais poderão obscurecê-las. Diz: "Ninguém pode vir a mim se o Pai que me enviou não o trouxer" (Jo 6, 44.65); mas "Todo aquele que ouviu o Pai, e aprendeu dele, vem a mim" (Jo 6, 45). Se todos se prostrassem indistintamente diante de Cristo, a eleição seria comum; mas, pelo contrário, no pequeno número de crentes aparece essa grandíssima distinção. Por isso, o próprio Cristo, pouco depois de dizer que os discípulos que lhe haviam sido dados eram a posse de seu Pai, acrescenta: "Não rogo pelo mundo, mas por estes que me deste; porque são teus" (Jo 17, 9). De onde se conclui que nem todo o mundo pertence a seu Criador, mas, na medida em que a graça de Deus retira uns poucos — os quais de outra maneira perder-se-iam — da maldição e da ira divinas e da morte eterna, o mundo é deixado na ruína e perdição às quais foi destinado. No mais, ainda que Cristo seja intermediário entre o Pai e os homens, não deixa de atribuir-se o direito de escolher que lhe compete, juntamente com o Pai: "Não falo de vós; eu sei a quem escolhi" (Jo 13, 18). Se alguém perguntar de onde os escolheu, ele mesmo responde em outro lugar: "do mundo" (Jo 15, 19), o qual exclui de suas orações quando encomenda seus discípulos ao Pai. Notemos que, no entanto, ao dizer que sabe quem escolheu, Ele indica e entende uma certa parte dos homens, a qual não diferencia dos demais por razão das virtudes de que estejam adornados, mas porque estão separados por decreto divino. Daí, todos aqueles que pertencem à eleição da qual Cristo é autor não excedem os outros por sua própria indústria e diligência. Com respeito a que, em outro lugar, conta Judas no número dos eleitos (Jo 6, 70), embora fosse um diabo, isso deve ser entendido quanto ao cargo de apóstolo, o qual, a despeito de ser um espelho excelente do favor divino — como Paulo o reconhece muitas vezes na própria pessoa —, nem por isso leva consigo a esperança de vida eterna. Judas, usando impiamente de seu ofício de apóstolo, pode pois ser pior do que um demônio; mas aqueles a quem incorporou uma vez a si, Cristo não permitirá que nenhum deles pereça (Jo 10, 28), já que, para conservá-los em vida, fará tudo o que prometeu, quer dizer, a potência de Deus, que supera tudo o que existe. Com respeito a isso, Cristo diz, em outro lugar: "Dos que me deste, nenhum deles se perdeu, a não ser o filho de perdição" (Jo 17, 12). Embora καταχρηδτικὴ seja uma expressão, não contém nenhuma ambiguidade. Em suma: que Deus, por adoção gratuita, cria aqueles que deseja ter por filhos e que a causa da eleição, que chamam intrínseca, está nele mesmo, porque Deus se contenta com seu misterioso beneplácito.

8. Mas há o que Ambrósio, Jerônimo e Orígenes pensaram, que Deus distribui sua graça entre os homens segundo Ele sabe que cada um há de empregá-la bem. Também Agostinho teve um dia a mesma opinião, mas, depois de haver aproveitado melhor o conhecimento da Escritura, não apenas se retratou dessa opinião evidentemente falsa como a refutou com energia. E ainda, depois de se ter retratado, vendo que os pelagianos persistiam no erro, empregou estas palavras: "Quem não se maravilhará de que o apóstolo não tenha caído na conta dessa grande sutileza? Porque, depois de expor um caso bem estranho acerca de Esaú e Jacó, considerando-os antes de que tivessem nascido, e tendo formulado a si mesmo a pergunta: 'Que diremos, pois? Que há injustiça em Deus?' (Rm 9, 14), o próprio seria responder que Deus previra os méritos de um e de outro; mas não diz isso, antes recorre aos juízos de Deus e à sua misericórdia".[312] E, em outro lugar, depois de ter demonstrado que o homem não tem mérito algum antes de sua eleição, diz: "Certamente, não tem lugar aqui o vão argumento daqueles que defendem a presciência de Deus contra sua graça, assegurando que fomos eleitos antes da criação do mundo porque Deus soube que seríamos bons, e não porque Ele nos fazia tais. Não fala dessa maneira aquele que diz: 'Não me escolhestes a mim, mas eu vos escolhi a vós' (Jo 15, 16). Porque, se Ele nos houvesse escolhido porque sabia que seríamos bons, teria sabido também que nós havíamos de escolhê-lo".[313] Que esse testemunho de Agostinho valha entre aqueles que dão muito crédito ao que dizem os pais da Igreja. Por mais que Agostinho não consinta em ser separado dos outros doutores antigos, prova com claros testemunhos que os pelagianos o caluniavam ao acusá-lo de que somente ele mantinha aquela opinião. Cita, em seu livro *Da predestinação dos santos*, capítulo 19, o dito de Ambrósio de que Cristo chama àqueles a quem quer fazer misericórdia. E: "Se Deus tivesse querido, teria feito devotos aqueles que não o eram; mas Deus chama aqueles a quem tem por bem chamar, e converte aqueles que lhe apraz".[314] Se eu tivesse a intenção de encher um livro com os ditos notáveis de Agostinho tocantes a essa matéria, ser-me-ia fácil fazer ver aos leitores que não tenho necessidade de usar outras palavras senão as do próprio Agostinho; mas não quero sobrecarregá-los com minha prolixidade. Mas seja, suponhamos que nem Agostinho nem Ambrósio tivessem falado do assunto, e consideremo-lo em si. Paulo suscitou uma questão bem difícil: se Deus obra com justiça ao não conceder a graça senão a quem lhe apraz.

---

312 Aug., Ep. 194, 8, 35 (ad Sixtum Romanum) MSL 33, 886s.; CSEL 57, 204, 4 ss.
313 Aug., In Ioh. Tract. 86, 2 MSL 35, 1851.
314 Aug., De dono perseverantiae c. 19, 49 MSL 45, 1024.

Tê-la-ia podido solucionar com uma única sentença, dizendo que Deus considera as obras. Mas qual é a razão de Paulo não fazer assim, mas de, antes, continuar com seu argumento, que permanece envolto na mesma dificuldade? Por que, senão porque não o deveria fazer assim? Pois o Espírito Santo, que falou pela boca de seu apóstolo, não estava exposto a esquecer-se do que haveria de responder. Responde, pois, com clareza e sem lugar a tergiversações, que Deus admite em sua graça os eleitos, porque assim lhe agrada; que lhes faz misericórdia, porque assim lhe apraz. Assim é que o testemunho de Moisés que Paulo alega, "Terei misericórdia daquele de quem terei misericórdia, e serei clemente para com aquele com quem serei clemente" (Ex 33, 19), vale tanto como se dissesse que Deus se move a misericórdia, e não por outra razão, mas simplesmente porque deseja fazer misericórdia. Por isso mantém-se verdadeiro o que Agostinho diz em outro lugar, que "a graça de Deus não encontra aqueles que devem ser eleitos, mas os faz".[315]

9. Nem nos demoraremos na argúcia de Tomás de Aquino quando diz que a presciência dos méritos, ainda que não possa ser chamada causa da predestinação no que se refere a Deus — que é quem predestina —, pode assim ser tomada no que diz respeito a nós; como quando afirma que Deus predestinou seus eleitos para que alcancem a glória com seus méritos, porque determinou dar-lhes sua graça para que, com ela, mereçam a glória.[316] Mas, como não é desejo do Senhor que consideremos outra coisa em sua eleição senão sua pura bondade, se alguém quer ver algo diverso, evidentemente se excede. Se quiséssemos nos opor a outra sutileza, não nos faltaria o modo de abater isso de Tomás. Ele pretende provar que a glória é de certa forma predestinada aos eleitos por seus méritos, porque Deus lhes predestina a graça com que mereçam a glória. Mas eu replico que, pelo contrário, a graça que o Senhor dá aos seus serve para sua eleição, e antes a segue do que a precede, uma vez que se dá àqueles a quem a herança da vida já fora assinada. Porque a ordem adotada por Deus consiste em justificar depois de ter eleito. De onde se conclui que a predestinação de Deus, com a qual delibera chamar os seus à sua glória, é precisamente a causa da deliberação que tem de justificá-los, e não o contrário. Mas ignoremos essas disputas, que são supérfluas para os que creem ter suficiente sabedoria na Palavra do Senhor. Pois era verdade o que dizia outrora um antigo doutor da Igreja: aqueles

---

315 Aug., Ep. 186, 5, 15 (ad Paulinum) MSL 33, 821; CSEL 57, 57, 17.
316 Thomas Aq., In sent. I. dist. 41. q. 1 art. 3. opp. Paris. 1871ss. vol.7, 501ss.

que atribuem a eleição de Deus aos méritos querem saber mais do que lhes convêm.

10. Alguns objetam que Deus contradiria a si mesmo se chamasse a todos em geral e não admitisse senão uns poucos, que Ele tivesse escolhido; e que, assim, a generalidade das promessas anularia e destruiria a graça especial. Admito que alguns homens moderados falam dessa maneira não tanto para oprimir a causa da verdade quanto para resolver certas questões espinhosas e frear a curiosidade de muitos. Sua intenção é louvável, mas não se pode aprovar a decisão, porque a tergiversação nunca é desculpável. Quanto àqueles que proferem ataques sem o menor comedimento, é certo que seu escárnio é muito impertinente ou seu erro, vergonhoso demais. Como concordam estas duas coisas: que todos sejam chamados pela pregação exterior à penitência e à fé, e, no entanto, que o espírito de penitência e de fé não se dê a todos, já o expus; será necessário repetir aqui algo do que já dissemos. Eu lhes nego o que eles pretendem, porque assim se deve fazer; e isso por duas razões: porque Deus, que ameaça fazer chover sobre uma cidade e envia a seca sobre outra, que anuncia que haverá fome de sua doutrina e Palavra (Am 4, 7.8.11), não se obriga a uma lei determinada de chamar a todos do mesmo modo. Ao proibir Paulo de pregar na Ásia e ao retirá-lo da Bitínia e levá-lo à Macedônia, Deus mostra ser livre para distribuir o tesouro de vida a quem lhe agrada (At 16, 6-10). Entretanto, demonstra mais explicitamente de que modo particular ordena suas promessas para seus eleitos, porque só deles, e não de todo o gênero humano indistintamente, afirma que serão seus discípulos (Is 8, 16). Por onde se vê que os aqueles que pretendem que a doutrina de vida seja proposta a todos, para que todos se aproveitem eficazmente, enganam-se sobremaneira, uma vez que ela somente se propõe aos filhos da Igreja. Baste, pois, por enquanto que, embora a voz do Evangelho chame a todos em geral, o dom da fé, no entanto, é muito raro. Isaías fornece a causa: que não a todos é manifestado o braço de Deus (Is 53, 1). Se dissesse que o Evangelho é maliciosamente menosprezado, porque muitos se recusam a ouvi-lo com grande contumácia, talvez isso oferecesse alguma aparência para provar a vocação geral. E não é intenção do profeta diminuir a culpa dos homens ao dizer que a fonte da cegueira deles é Deus não ter por bem manifestar-lhes seu braço, sua virtude e potência. Apenas adverte que, como a fé é um dom singular de Deus, em vão ferem os ouvidos só com a pregação externa da Palavra. Eu entretanto desejaria que esses doutores me dissessem se a mera pregação nos faz filhos de Deus, ou antes a fé. Sem dúvida, quando, no capítulo primeiro de João, diz "Aos que creem em seu nome, deu-lhes poder de ser feitos filhos de Deus" (Jo 1, 12), não propõe uma mescla e confusão de todos os ouvintes, mas mantém uma ordem especial com os fiéis, os quais não são gerados de sangue, nem de vontade de carne, nem de vontade de homem, mas de Deus. Se replicarem que há um consentimento recíproco entre a fé e a Palavra, respondo que é verdade, quando há fé. Mas não é coisa inédita que a semente caia entre espinhos e em lugares pedregosos, tanto porque a maior parte dos homens se mostra rebelde e contumaz contra Deus, quanto porque nem todos têm olhos para ver ou ouvidos para escutar. Se perguntarem com que finalidade Deus chama a si aqueles que Ele sabe que não irão, Agostinho responde por mim: "Queres disputar comigo? Antes maravilha-te comigo e exclama: 'Ó Alteza! Concordemos ambos no temor, para que não pereçamos no erro'".[317] Além disso, se a eleição, como o afirma Paulo, é mãe da fé, volto o argumento contra eles, e digo: a fé não é geral porque a eleição da que ela procede é especial. Pois, quando Paulo diz que os fiéis estão repletos de todas as bênçãos espirituais e que foram escolhidos antes da fundação do mundo (Ef 1, 3.4), é muito fácil concluir, segundo a ordem causa-efeito, que essas riquezas não são comuns a todos, visto que Deus não escolheu senão aqueles que quis. Essa é a razão pela qual, em outro lugar, louva expressamente a fé dos eleitos (Tt 1, 1), para não parecer que cada um adquire a fé por si, mas que essa glória reside em Deus, que Ele ilumina gratuitamente aqueles a quem antes elegera. Porque Bernardo diz muito bem que Deus ouve separadamente aqueles a quem considera amigos e que diz a eles: "Não temais, manada pequena, porque agradou a vosso Pai dar-vos o reino" (Lc 12, 32). E pergunta em seguida: "Quem são esses? Certamente os que Ele antes havia conhecido e predestinado para que fossem feitos conformes à imagem de seu Filho. Eis um grande e secreto conselho, que nos foi revelado: o Senhor sabe quem são os seus; mas Ele não permite que ninguém entenda esse mistério, exceto aqueles que Ele soube de antemão e predestinou como seus (Rm 8, 29).[318] E pouco depois conclui: "A misericórdia de Deus para com aqueles que o temem é de eternidade em eternidade: de eternidade pela predestinação, em eternidade pela bem-aventurança; uma não tem princípio, e a outra jamais terá fim".[319] Mas que

---

317 Aug., Serm. 26, 12, 13 MSL 38, 177.
318 Bernardus Clarav., Ep. 107, 4 MSL 182, 244.
319 Bernardus Cl., Ep. 107, 5 MSL 182, 245.

necessidade há de citar Bernardo como testemunho se da boca mesma de nosso Mestre ouvimos não haver ninguém que tenha visto o Pai senão os que são de Deus (Jo 6, 46)? Essas palavras significam que todos aqueles que não são gerados de Deus ficariam estupefatos com o esplendor de seu rosto. Certamente unem muito bem a fé com a eleição, contanto que a fé mantenha o segundo lugar. As palavras de Cristo mostram essa ordem claramente: "Esta é a vontade do Pai: que de tudo o que me der, eu não perca nada. Pois esta é a vontade Dele: que todo aquele que crê no Filho não pença. (Jo 6, 39sq). Se Deus quisesse que todos se salvassem, dar-lhes-ia a seu Filho, para que os guardasse e os incorporasse todos a Ele com o santo nó da fé. Mas a fé é um dom singular de seu amor paterno, que reserva em segredo para os que adotou como filhos. Por isso, Cristo diz em outro lugar: "As ovelhas seguem o pastor, porque conhecem sua voz; mas não seguem o estranho, porque não conhecem a voz dos estranhos (Jo 10, 4.5). De onde lhes vem tal discernimento senão de que Cristo chega a seus ouvidos? Porque ninguém se faz a si mesmo ovelha, mas Deus é quem lhe dá forma e a faz. E essa é a razão de Nosso Senhor dizer que nossa salvação está bem segura e fora de todo perigo para sempre, porque é guardada pela potência invisível de Deus (Jo 10, 29). De onde se conclui que os incrédulos não são do número de suas ovelhas, porque não são do número daqueles a quem Deus prometeu, por meio do profeta Isaías, que seriam seus discípulos (Jo 10, 26; Is 8, 18; 54, 13). No mais, como, nos testemunhos que citei, menciona-se expressamente a perseverança, o que mostra que a eleição é firme e constante, sem estar submetida a variação alguma.

11. Tratemos agora dos réprobos, dos quais o apóstolo também fala ali, na mesma ocasião. Pois assim como Jacó, sem ter ainda merecido coisa alguma com suas boas obras, é recebido na graça, do mesmo modo Esaú, sem ter cometido ofensa alguma, é rejeitado por Deus (Rm 9, 13). Se voltássemos nossos olhos apenas para as obras, faríamos grave injúria ao apóstolo, como se não tivesse visto o que é evidente para nós. Ora, prova-se que ele não o tenha visto, porque insiste particularmente nisto: em que, antes de fazer bem ou mal algum, um foi escolhido, e o outro, rejeitado; de onde se conclui facilmente que o fundamento da predestinação não consiste nas obras. Além disso, depois de ter suscitado a questão de se Deus é injusto, não alega que Deus pagou a Esaú segundo sua malícia — o que seria a mais clara e certa defesa da justiça de Deus —, mas resolve a questão com uma solução bem diversa: que Deus suscita os réprobos para exaltar neles sua glória. E finalmente põe como conclusão que Deus tem misericórdia de quem deseja, e que endurece a quem lhe apraz (Rm 9, 18). Não vemos, então, como o apóstolo entrega um e outro somente à vontade de Deus? Se nós, pois, não podemos assinalar outra razão de Deus fazer misericórdia aos seus senão porque lhe agrada, tampouco disporemos de outra razão para rejeitar e afastar os outros senão pelo mesmo beneplácito. Pois quando se diz que Deus endurece ou que faz misericórdia a quem lhe agrada, é para advertir os homens de não buscarem causa nenhuma fora de sua vontade.

CAPÍTULO XXIII

Refutação das calúnias com que esta doutrina foi sempre impugnada.

uando a mente humana ouve essas coisas, não pode reprimir sua veemência e imediatamente se alvoroça, como se fosse ao ataque. Muitos, fingindo que querem manter a honra de Deus e evitar que se lhe faça alguma acusação falsamente, admitem a eleição, mas de tal maneira que negam que alguém seja reprovado.

Mas nisto se enganam grandemente, porque não existiria eleição, se, por outro lado, não houvesse reprovação. Diz-se que Deus separa aqueles que adota para que se salvem. Seria, pois, um notável desvario afirmar que os outros alcançam por casualidade ou adquirem por sua indústria o que a eleição dá a poucos. Assim, aqueles por que Deus passa ao eleger, reprova-os; e isto só pela razão de que Ele os quer excluir da herança que predestinou para seus filhos. Não se pode tolerar a obstinação dos que não permitem que se lhes ponha freio com a Palavra de Deus, tratando-se de um juízo compreensível seu, que até os próprios anjos adoram.

Há pouco ouvimos que o endurecimento está nas mãos de Deus e depende de sua vontade não menos que a misericórdia. Nem tampouco Paulo se esforça maiormente em escusar a Deus — como o fazem muitos destes de quem fiz menção — de falsidade e mentira; somente limita-se a advertir que não é lícito que o vaso de barro alterque com o que o formou (Rm 9, 20-21).

Além disso, os que não admite que Deus reprove a alguns, como poderão liberar-se daquele notável dito de Cristo: "toda planta que meu Pai celestial não formou será arrancada?" (Mt 15, 13). Ouvem que todos aqueles que o Pai não teve por bem plantar em seu campo como árvores sacrossantas estão claramente destinados à perdição. Se negam que isto é sinal de reprovação, não haverá coisa, por mais clara que seja, que não lhes pareça obscura.

Mas se não cessam de murmurar que nossa fé se dê por satisfeita ao ouvir o aviso que Paulo nos dá: que não há motivo para querelas com Deus, porque, querendo mostrar sua ira e tornar seu poder notório, suportou com muita paciência os vasos de ira preparados para destruição e, por outro lado, fez notórias as riquezas de sua glória nos vasos de misericórdia que Ele preparou de antemão para glória (Rm 9, 22-23). Notem os leitores como Paulo, para tirar toda ocasião de murmurar, atribui à ira e à potência de Deus o sumo poder e autoridade; porque está muito mal querer pedir contas aos profundos e ocultos segredos de Deus, que sobrepujam todo o nosso entendimento.

A resposta que nossos adversários dão, que Deus não joga fora por completo aos que suporta com sua mansidão, mas que suspende sua vontade para com eles para ver se se arrependem em seguida, é muito frívola. Como se Paulo atribuísse a Deus a paciência para esperar a conversão dos que diz que estão preparados para a morte. Agostinho diz muito bem, explicando este passo, que, quando a potência se une à paciência, Deus não permite, mas governa com sua virtude.[320]

Replicam também que quando Paulo diz que os vasos de ira estão preparados para destruição, acrescenta em seguida que Deus preparou os vasos de misericórdia para salvação, como se por estas palavras entendesse que Deus é o autor da salvação dos fiéis e que a Ele se deve atribuir a glória disso; mas que aqueles que se perdem, eles por si mesmos e com seu livre-arbítrio se fazem tais, sem que Deus os reprove. Mas, ainda que eu lhes conceda que Paulo, com tal maneira de falar, quis suavizar o que à primeira vista pudesse parecer áspero e duro; no entanto, é um despropósito atribuir a preparação, segundo a qual se diz que os réprobos estão destinados à perdição, a outra coisa que não seja o secreto desígnio de Deus; como o próprio Apóstolo pouco antes havia declarado, afirmando que Deus suscitou a Faraón; e a seguir acrescenta que Ele "ao que quer endurecer, endurece" (Rm 9, 18); de onde se segue que o julgamento secreto de Deus é a causa do endurecimento. Pelo menos eu deduzi isto — o que também é doutrina de Agostinho: que quando Deus de lobos faz ovelhas, reforma-os com sua graça todo-poderosa, dominando sua dureza; e que não converte os obstinados porque não

---

320 Aug., Contra Jul. V 3, 13 MSL 44, 790s.

lhes outorga uma graça mais poderosa, da que Ele não precisa, se quisesse exercitá-la.

2. Isso bastaria para pessoas modestas e temerosas de Deus que têm presente que são meros seres humanos. Mas, como estes cães raivosos proferem contra Deus não só uma espécie de blasfêmia, é necessário que respondamos em particular a cada uma delas; pois, em sua loucura, os homens carnais disputam com Deus de diversas maneiras, como se Ele estivesse submetido a suas repreensões.

Perguntam primeiro por que Deus se irrita com as criaturas que não o insultaram com nenhum tipo de ofensa. Porque condenar e destruir a quem bem lhe parecer é mais próprio da crueldade de um verdugo do que da sentença legítima de um juiz. E assim lhes parece que os homens têm motivo justo para queixar-se de Deus, se, só por vontade dele e sem que eles o tenham merecido, predestina-os à morte eterna.

Se tais pensamentos entrarem alguma vez na mente dos fiéis, estarão devidamente armados para rechaçar seus golpes, só por considerar quão grave mal é investigar os móveis da vontade de Deus, uma vez que de tudo quanto sucede, ela é a causa com toda justiça. Porque, se houvesse algo que fosse causa da vontade de Deus, seria preciso que fosse anterior e que estivesse como que ligada por isso; só concebê-lo é grave impiedade. Porque de tal maneira é a vontade de Deus, a suprema e infalível regra da justiça, que tudo o que ela quer, só pelo fato de querê-lo, deve ser considerado justo. Por isso, quando se pergunta pela causa de que Deus o fez assim, devemos responder: porque quis.[321] Pois se se insiste perguntando por que quis, com isso se busca algo superior e mais excelente que a vontade de Deus; o que é impossível de achar. Refreie-se, pois, a temeridade humana, e não busque o que não existe, antes que não ache o que existe. Este, pois, é um freio excelente para reter a todos aqueles que queiram meditar com reverência os segredos de Deus.

Contra os ímpios, a quem nada lhes importa e que não cessam de maldizer publicamente a Deus, o próprio Senhor se defenderá adequadamente com sua justiça, sem que nós lhe sirvamos de advogados, quando, tirando de suas consciências toda ocasião de andar com tergiversações e rodeios, faça-lhes sentir sua culpa.

Mas, ao expressarmo-nos assim, não aprovamos o desvario dos teólogos papistas quanto à potência absoluta de Deus; erro que, por ser profano, temos de abominar. Não imaginamos um Deus sem lei, uma vez

---

321 Aug., De Genesi contra Manichaeos I 2,4 MSL 34, 175.

que Ele é sua própria lei; pois, como diz Platão, os homens, por estar sujeitos aos maus desejos, têm necessidade da lei; mas a vontade de Deus, que não somente é pura e está limpa de todo vício, mas que além disso é a regra suprema da perfeição, é a lei de todas as leis. Nós negamos que Ele esteja obrigado a prestar-nos conta do que faz; negamos também que sejamos juízes idôneos e competentes para decidir nesta causa de acordo com nosso sentir e parecer. Por isso, se tentarmos mais do que nos é lícito, temamos aquela ameaça do salmo: que Deus será reconhecido justo e considerado puro quantas vezes for julgado pelos homens mortais (Sl 51, 4).

3. Eis como Deus pode, com seu silêncio, reprimir seus inimigos. Mas, para que não permitamos que seu santo Nome seja escarnecido, sem que haja quem lute por sua honra, Ele nos dá armas em sua Palavra, para que -lhes resistamos. Portanto, se alguém nos atacar, perguntando-nos por que Deus desde o princípio predestinou à morte alguns que não podiam tê-la merecido, porque ainda não haviam nascido, a resposta será perguntar- -lhes em virtude de quê pensam que Deus é devedor do homem, se o consideram segundo sua natureza. Estando, como todos estamos, corrompidos e contaminados por todos os vícios, Deus não pode senão detestar-nos; e isto não por uma tirania cruel, mas por uma perfeita justiça. Ora, se, por sua condição natural, todos os homens merecem a morte eterna, de que iniquidade e injustiça, pergunto eu, poderão queixar-se aqueles a quem Deus predestinou a morrer? Venham todos os filhos de Adão, discutam com Deus sobre o por quê de, antes de ser gerados, terem sido predestinados por sua providência eterna à perpétua miséria. Que poderão argumentar contra Deus quando lhes traga à memória quem são eles? Se todos estão feitos de uma massa corrompida, não podemos estranhar que estejam sujeitos à condenação. Não acusem a Deus de injustiça, se por seu juízo eterno são destinados à morte; à qual, mal (que lhes pese), sua própria natureza os leva, como eles o entendem perfeitamente.

Por aqui vê-se claramente quão perversa é a inclinação dessa gente que murmura contra Deus, pois é sabido que encobrem a causa de sua condenação, a qual se veem forçados a reconhecer em si mesmos; e, assim, por mais que o dourem, não poderão se justificar. Ainda que eu confessasse cem vezes que Deus é o autor de sua condenação — o que é bem verdade —, nem por isso se purificarão do pecado que está esculpido em suas consciências e que a cada passo se apresenta diante de seus olhos.

4. Perguntam também se por disposição de Deus foram predestinados a esta corrupção, que afirmamos que é a causa de sua ruína. Porque se é assim, quando perecem em sua corrupção, não fazem senão levar a si a calamidade em que, por terem sido predestinados para isso, caiu Adão e precipitou consigo toda a sua posteridade. Não será, pois, injusto o Deus que tão cruelmente zomba de suas criaturas?

Confesso que se deve à vontade de Deus que todos os filhos de Adão tenham caído neste miserável estado e condição em que se encontram no presente. E que, como dizia no começo, é definitivamente necessário voltar sempre ao decreto da vontade divina, cuja causa está escondida nele. Mas daqui não se segue que os homens devam discutir com Deus; pois com Paulo lhes saímos ao encalço, dizendo: "ó homem, quem és tu, para que alterques com Deus? Acaso o vaso de barro dirá ao que o formou: por que me fizeste assim? Acaso o artífice não tem poder sobre o barro, para da mesma massa fazer um vaso para honra e outro para desonra?" (Rm 9, 20-21).

Eles negarão que desta maneira se defenda, verdadeiramente, a justiça de Deus e que não é senão um mero subterfúgio de que costumam lançar mão os que não encontram desculpa suficiente; porque parece que aqui não se diz outra coisa senão que à potência de Deus não se lhe pode impedir de fazer o que bem lhe parecer; mas eu sustento que se trata de outra coisa muito diferente. Por que que razão mais firme e mais sólida se pode aduzir que mandar-nos considerar quem é Deus? Pois como poderia cometer alguma iniquidade aquele que é juiz do mundo? se é próprio de sua natureza fazer justiça, naturalmente ama a justiça e aborrece a iniquidade. Por isso, o Apóstolo não andou com subterfúgios nem buscou falsas desculpas, como se não encontrasse outra saída; simplesmente demonstrou que a justiça de Deus é demasiado profunda e sublime para poder ser determinada com medidas humanas, e ser corrompida por algo tão limitado como é o intelecto do homem. É verdade: o Apóstolo ensina que os juízos de Deus são tão secretos que neles se fundiriam todas as inteligências dos homem, se pretendessem penetrar neles; mas ensina também que é um despropósito absurdo querer submeter as obras de Deus a tal condição que nos atrevamos a condená-las tão logo não entendamos a razão e causa das mesmas. Existe a esse propósito uma sentença muito notável de Salomão, que muito poucos entendem bem: "o criador de todos", diz, "é grande: dará aos loucos e aos transgressores seu salário" (Pr 26, 10). Admira-se sobremaneira da grandeza de Deus, em cuja mão e vontade está o castigar os transgressores, ainda que Ele não lhes tenha dado seu Espírito. O furor dos homens é realmente surpreendente, ao pretender compreender o que é infinito e incompreensível, com uma medida tão pequena como é seu intelecto. Paulo chama "eleitos" (1 Tm 5, 21) aos anjos que permaneceram em sua integridade; se sua constância se fundamentou na benevolência de Deus, a rebelião dos demônios prova que não foram detidos, mas que se lhes consentiu; do qual não se pode aduzir outra causa que a reprovação, que permanece escondida no secreto conselho de Deus.

5. Venha, pois, agora, algum maniqueu ou celestino e calunie a providência de Deus. Eu afirmo, com Paulo, que não devemos dar razão dela, pois, com sua grandeza, sobrepuja nossa capacidade. Por que maravilhar-se? Que há de estranho nisso? Pretenderão que a potência de Deus seja limitada de tal maneira que não possa fazer mais do que nosso intelecto possa compreender? Com Agostinho, afirmo que Deus criou alguns sabendo, com toda certeza, que iriam à perdição; e que isto é assim porque Ele assim o quis. Mas não devemos perguntar por que o quis assim, uma vez que não o podemos compreender. Nem tampouco devemos discutir se a vontade de Deus é justa ou não, uma vez que, sempre que se faz menção dela, sob seu nome se designa uma regra infalível de justiça. Para que, pois, duvidar se haverá iniquidade onde claramente se vê que há justiça? Nem duvidemos tampouco, conforme o exemplo de Paulo, em tapar a boca aos ímpios, não uma vez, mas quantas a abrirem para ladrar como cães. Porque quem sois vós, pobres e míseros homens, para formular artigos contra Deus e acusá-lo pelo único motivo de que não se presta a rebaixar a grandeza de suas obras de acordo com vossa rudeza e pouca capacidade? Como se as obras de Deus fossem más, porque a carne não as compreende! Vós deveríeis conhecer muito bem, pelas experiências que vos deu, a imensa grandeza dos juízos de Deus. Bem sabeis que se lhes chama "abismo grande" (Sl 36, 6). Considerai, pois, agora vossa pouca capacidade e vede se pode compreender o que Deus decretou em si mesmo. De que vos serve, então, ter-vos afundado por causa de vossa curiosidade nesse abismo, o qual, como vossa própria razão vos dita, será vossa ruína? É possível que não vos refreie e aterrorize o que escrito sobre a incompreensível sabedoria de Deus, de sua terrível potência, tanto na história de Jó quanto nos Profetas? Se teu entendimento se vê agitado por diversos problemas, não te pese seguir o conselho de Agostinho. Diz: "tu, homem, esperas minha resposta, mas eu também sou homem como tu. Portanto, ouçamos ambos ao que nos diz: ó homem, quem és?[322] É melhor uma ignorância fiel que uma ciên-

---

322 Aug., Serm. 28 c. 3, 4 MSL 37, 179.

cia temerária.[323] Busca méritos; não acharás senão castigos. Ó profundidade! Pedro nega a Cristo; o ladrão crê nele. Ó profundidade![324] Desejas saber a razão? Eu me sentirei sobrepujado por tanta alteza. Raciocina tu quanto quiseres; eu me maravilharei; disputa tu; eu crerei. Vejo a alteza; à profundidade não chego. Paulo deu-se por satisfeito em admirar. Ele afirma que os desígnios de Deus são inescrutáveis. E tu vais esquadrinhá-los? Ele diz que os caminhos de Deus não se podem investigar, e tu os queres conhecer?".[325]

Não conseguiremos nada em avançar adiante. Porque nem satisfaremos a falta de vergonha deles, nem o Senhor tem necessidade de mais defesa do que a que usou por meio de seu Espírito, falando pela boca de Paulo. E o que é mais considerável: nos esquecemos de falar bem sempre que deixamos de falar segundo Deus.

6. Outra objeção formula ademais a impiedade, embora não tende tanto a acusar a Deus como a desculpar o pecado deles; ainda que, a dizer a verdade, o pecador que é condenado por Deus não pode justificar-se sem infamar ao Juiz que o condena.

Queixa-se, pois, essa gente contra Deus, dizendo que como poderia Ele imputar aos homens como pecado as coisas que Ele, com sua predestinação, obrigou-os necessariamente a fazer. Pois que poderiam fazer eles? resistir a seus decretos? Isso seria inútil, já que não poderiam prevalecer contra eles. logo, Deus não os castiga justamente por coisas cuja causa principal é sua predestinação.

Não me servirei aqui da defesa comumente empregada pelos escritores eclesiásticos, segundo os quais a presciência de Deus não impede que seja considerado pecador o homem cujos pecados Deus previu, pois os pecados não são de Deus. Porque os caluniadores não se contentariam com isso, mas passariam adiante, arguindo que, não obstante, se Deus o quisesse, poderia impedir os pecados que havia previsto; mas como não o fez assim, mas criou o homem para que viva desta maneira no mundo, e a divina providência o colocou em tal condição que necessariamente há de fazer tudo o que faz, não se lhe deve imputar aquilo que não pode evitar e que se sentiu movido a fazer pela vontade de Deus.

Vejamos, pois, como se pode solucionar esta dificuldade. Em primeiro lugar, é necessário que estejamos todos bem convencidos do que diz

---

323 Ibid. c. 6, 6 MSL 37, 181.
324 Rm. 11, 33.
325 Aug., Serm. 28 c. 7, 7 MSL 37, 182.

Salomão: "todas as coisas fez Senhor para si mesmo, mesmo o ímpio para o dia mau" (Prv 16, 4). Como, pois, a ordenação de todas as coisas está nas mãos de Deus e Ele, segundo lhe agradar, pode dar vida ou morte, também ordena com seu conselho que alguns, desde o seio materno, sejam destinados a uma morte eterna certíssima, e que com sua perdição glorifiquem seu nome.

Se alguém, para escusar a Deus, disser que Ele não lhes impõe, com sua providência, necessidade alguma, mas antes, prevendo quão perversos haviam de ser, cria-os com esta condição, esta tal diria algo, mas não tudo. É verdade que os doutores antigos usaram às vezes esta solução; mas com dúvidas. Em contrapartida, os escolásticos se dão por satisfeitos com ela, como se nada se lhe pudesse reprovar.

Por mim, concedo com gosto que só a presciência não causa necessidade alguma nas criaturas. Ainda que nem todos estejam de acordo com isto; pois há alguns que a fazem causa de todas as coisas. Mas parece-me que Lorenzo Valla, homem por outro lado muito versado na Escritura, considerou isto com muita sutileza e prudência, ao dizer que esta disputa é inútil; e a razão que dá é que a vida e a morte são mais ações e obras da vontade de Deus que de sua presciência. Se Deus somente tivesse previsto o que havia de acontecer aos homens, e não o ordenasse segundo seu gosto, então, com toda razão, se (plantearia) a questão de saber que necessidade poria nos homens a divina presciência; mas, como Ele não vê as coisas futuras sem nenhuma outra razão, mas porque Ele determinou que assim sejam, é uma loucura quebrarmos a cabeça disputando acerca do que sua presciência causa e obra, quando é evidente que tudo se faz por ordenação e disposição divinas.

7. Nossos adversários negam que jamais se possam achar na Escritura estas palavras: que Deus determinou que Adão perecesse por sua queda. Como se aquele Deus, do qual diz a Escritura que faz tudo o que quer, fosse criar a mais excelente de suas criaturas sem um fim.

Dizem que Adão foi criado com livre-arbítrio para que escolhesse o modo de viver que preferisse, e que Deus não havia determinado coisa alguma sobre ele, a não ser tratá-lo conforme ao que merecia por suas obras. Se se admite esta vã invenção, de onde fica aquela onipotência de Deus, que de nenhuma outra coisa depende e com a qual, conforme seu secreto conselho, modera e governa todas as coisas? No entanto, a predestinação, mal que lhes pese, se vê em todos os descendentes de Adão; pois naturalmente não pôde acontecer que todos por culpa de um caíssem do estado em que estavam. Que lhes impede de confessar do primeiro homem o que contra sua vontade concedem de todo gênero humano? Porque para que perder tempo andando pelos (galhos)? A Escritura afirma bem claramente que todos os homens, na pessoa de um só, foram condenados à morte eterna. E como isso não se pode imputar à natureza, claramente se vê que procede do admirável conselho de Deus. É um grande absurdo que a estes advogados, que se metem a mantenedores da justiça divina, sirva-lhes de obstáculo um impedimento qualquer, ainda que seja uma palha, e não tropecem em (vigas) bem grandes para seguir adiante.

Pergunto, assim: de onde vem que tantas nações e tantas criaturas se tenham visto enredadas na morte eterna pela queda de Adão — e sem remédio — senão de que assim lhe agradou a Deus? Aqui é preciso que esses charlatães emudeçam.

Confesso que este decreto de Deus deve encher-nos de espanto; no entanto, nada poderá negar que Deus soube antes de criar o homem o fim que haveria de ter, e que o soube porque em seu conselho assim o havia ordenado. Se alguém se pronunciar contra a presciência de Deus, procederia temerária e inconsideradamente. Porque para que acusar o juiz celestial de não ter ignorado o que havia de suceder? Se há alguma queixa, justa ou com aparência de tal, formule-se contra a predestinação.

E não há de parecer absurda minha afirmação de que Deus não somente previu a queda do primeiro homem e com ela a ruína de toda a sua posteridade, mas que assim o ordenou. Porque assim como pertence a sua sabedoria saber tudo o que há de acontecer antes que ocorra, assim também pertence à sua potência reger e governar com sua mão todas as coisas.

Agostinho trata desta questão muito bem e, como todas as demais, a resolve muito atinadamente, dizendo: "saudavelmente confessamos o que retissimamente cremos, que Deus, que é Senhor de todas as coisas, e que a todas criou boas, e previu que o mal surgiria do bom, e soube que a sua onipotente bondade lhe convinha mais converter o mal em bem do que não permitir que o mal existisse, ordenou de tal maneira a vida dos anjos e dos homens que primeiro quis mostrar as forças do livre-arbítrio, e depois o que podia o benefício de sua graça e justo juízo".

8. Alguns recorrem aqui à distinção entre vontade e permissão, dizendo que os ímpios se perdem porque Deus o permite assim, mas não porque Ele o queira. Mas como diremos que Ele o permite, se não for porque assim o quer? Pois não é verossímil que o homem tenha buscado sua perdição só pela permissão de Deus, e não por sua ordem. Como se Deus não tivesse ordenado em que condição e estado queria que estivesse a mais excelente de todas as suas criaturas! Não duvido, porém, um instante em confessar simplesmente com Agostinho que a vontade de Deus é a necessidade de todas as coisas, e que necessariamente há de suceder o que Ele queira, como também indefectivelmente acontecerá tudo o que Ele previu.[326]

Assim, pois, os pelagianos, maniqueus, anabatistas ou epicuristas — pois com estas quatro seitas nos enfrentamos ao tratar deste tema — alegam como desculpa a necessidade com que se veem constrangidos pela predestinação de Deus, não dizem nada que dê validez à sua causa. Porque se a predestinação não é senão uma dispensação da justiça de Deus, o qual não deixa de ser irrepreensível ainda que seja oculta, assim como é de todo certo que eles não eram indignos de sua predestinação a tal fim, também o é que a ruína em que caem pela predestinação de Deus é justa. Ademais, sua perdição de tal maneira depende da predestinação de Deus que ao mesmo tempo há de haver neles causa e matéria dela. O primeiro homem caiu porque assim Deus o havia ordenado; mas por que foi ordenado, não o sabemos. Mas sabemos com certeza que Ele o ordenou assim porque via que com isso seu Nome seria glorificado. Ao ouvir falar de glória, pensemos ao mesmo tempo em sua justiça; pois é necessário que seja justo o que é digno de ser louvado. Cai, pois, o homem, quando assim o ordena a providência de Deus; mas cai por sua culpa. Pouco antes havia declarado o Senhor que tudo quanto havia feito era "bom em grande maneira" (Gn 1, 31). De onde, pois, lhe veio ao homem aquela maldade pela qual se afastou de seu Deus? Para que não pensasse que lhe vinha de sua criação, o Senhor, com seu próprio testemunho, havia aprovado tudo quanto havia posto nele. O homem, pois, é quem por sua própria malícia corrompeu a boa natureza que havia recebido de Deus; e, com sua queda, trouxe a ruína a toda a sua posteridade.

Por isso, contemplemos antes na natureza corrompida dos homens a causa de sua condenação, que é de todo evidente, em vez de buscá-la na predestinação de Deus, na que está oculta e que é de todo incompreensível. E não levemos a mal submeter nosso intelecto à imensa sabedoria de Deus, e que se lhe submeta em muitos segredos. Porque nas coisas não lícitas e que não é possível saber, a ignorância é sabedoria e o desejo de sabê-las, uma espécie de loucura.

9. Pode ser que alguém diga que ainda não aduzi uma razão capaz de refrear aquela blasfêmia escusa. Confesso que isto é impossível, porque

---

326 Aug., De Genesi ad litteram IV 15, 26 MSL 34, 350.

a impiedade sempre murmurará. No entanto, parece-me que disse o suficiente para tirar do homem não apenas toda razão, mas até o pretexto para murmurar.

Os réprobos desejam uma escusa para seu pecado, dizendo que não podem evitar pecar por necessidade; principalmente quando esta necessidade lhes vem imposta por ordenação divina. Eu, pelo contrário, lhes nego que isto seja suficiente para desculpá-los, uma vez que esta ordenação de Deus da que se queixam é justa. E ainda que sua justiça e equidade nos seja desconhecida, no entanto, é bem certa. Do qual concluímos que não sofrem castigo algum que não lhes seja imposto pelo juízo de Deus.

Ensinamos também que obram muito mal ao querer olhar para seus segredos inescrutáveis do conselho divino, para inquirir e saber a origem de sua condenação, dissimulando e não fazendo caso da corrupção de sua natureza, da qual realmente procede. E que esta corrupção não se deve imputar a Deus se vê claramente, porque Ele mesmo deu bom testemunho de sua criação. Porque, embora pela providência eterna de Deus o homem tenha sido criado para cair na miséria em que está, no entanto este tomou a matéria de si mesmo, e não de Deus, porque a razão de que se tenha perdido não é outra senão ter degenerado da pura natureza na que Deus o criou, à perversidade e maldade.

10. Os inimigos de Deus dispõem ainda de outro absurdo, o terceiro, com o qual difamam sua predestinação. Porque como nós, ao referir-nos àqueles que o Senhor separou da condição geral dos homens para fazê--los herdeiros de seu reino, não assinalamos outra causa senão sua benevolência, daqui deduzem que há acepção de pessoas em Deus, o qual a Escritura nega a cada passo; e assim dizem que das duas uma: ou a Escritura se contradiz, ou que Deus tem em conta os méritos em sua eleição.

Quanto ao primeiro, que a Escritura afirma que Deus não é aceitador de pessoas, deve-se entender em outro sentido do que eles o fazem; porque com esta palavra, "pessoas", não entende o homem, mas as coisas que se mostram aos olhos do homem, e que costumam ganhar favor, graça ou dignidade, ou então ódio, menosprezo e afrontas; como o são as riquezas, a abundância, o poder, a nobreza, a pátria, a beleza e outras semelhantes; ou, pelo contrário, pobreza, necessidade, linhagem humilde, não ter crédito, nem honra etc. Neste sentido, Pedro e Paulo negam que Deus seja aceitador de pessoas (At 10, 34; Rm 2, 10; Gl 3, 28), porque não faz diferença entre o judeu e o grego, para aceitar um e rejeitar o outro somente por causa da nacionalidade. Tiago usa também as mesmas palavras, quando diz que Deus, em seu julgamento, não tem em conta as riquezas (Tg 2, 5). Paulo afirma em outro lugar que, quando julga, não faz diferença entre amo e criado. Portanto, não haverá contradição alguma, se dissermos que Deus, segundo o decreto de sua benevolência, elege como filhos aqueles que lhe apraz; e isto sem mérito algum deles, reprovando e rejeitando os demais.

No entanto, para satisfazer-lhes mais perfeitamente, pode se expor isto como se segue: perguntam como se explica que de dois, entre os quais não há diferença alguma quanto aos méritos, Deus, em sua eleição, ignore um e escolha outro. De minha parte, pergunto-lhes também se creem que há algo naquele que é eleito por Deus a que Ele se afeiçoe e por isso o escolhe. Se confessam, como devem fazê-lo, que não há nada, seguir-se-á que Deus não leva em conta o homem, mas que toma de sua própria bondade a matéria para fazer-lhe benefício. Assim, quer eleja um, quer rejeite o outro, isso não se faz por consideração ao homem, mas só por sua misericórdia, a qual deve ser livre de manifestar-se e exercer-se sempre e onde quer que lhe agradar. Porque já vimos que, no começo, Deus não elegeu muitos nobres, sábios e poderosos; e fez isto para abater a soberba da carne; tão longe está que seu favor se tenha apoiado em alguma aparência.

11. Portanto, erroneamente alguns acusam a Deus de não agir com justiça porque, em sua predestinação, não usa a mesma medida com todos. Se vê todos como culpados, dizem, que castigue a todos por igual; e se acha que estão sem culpa, que não castigue ninguém. Conduzem-se, pois, com Deus como se lhe estivesse proibido usar de misericórdia, ou como se, ao querer usá-la, se visse obrigado a não fazer justiça em absoluto. Que é o que exigem? Que se todos são culpados, todos sejam igualmente castigados. Nós admitimos que a culpa é geral; no entanto, sustentamos que a misericórdia de Deus socorre a alguns. Que socorra, dizem eles, a todos. Mas lhes replicamos que também é razoável que se mostre como juiz justo, castigando. Quando eles não podem sofrer isto, que pretendem, senão despojar a Deus do poder e faculdade que tem de exercer a misericórdia, ou permiti-lo, mas com a condição de que se desembarace por completo de fazer justiça?

Por isso, as seguintes sentenças de Agostinho vêm muito a propósito: "uma vez que toda a massa da linhagem humana caiu na condenação do primeiro homem, os homens tomados para ser vasos de honra não são vasos por sua própria justiça, mas pela misericórdia de Deus. E que outros sejam vasos de afronta, não se deve imputar à iniquidade, pois ela não existe em Deus, mas a seu julgamento".[327] E: "que Deus dê àqueles que reprovou o castigo que merecem, e aos que escolheu, a graça que não merecem, se pode mostrar que é justo e irrepreensível pelo exemplo de um credor, ao qual lhe é lícito perdoar a dívida de um e exigi-la de outro".[328] Assim, o Senhor pode muito bem dar sua graça aos que queira, porque é misericordioso; e não a dar a todos, porque é juiz justo. "Em dar a uns a graça que não merecem, mostra sua graça gratuita; e, ao não a dar a todos, mostra o que todos merecem".[329] Porque quando o Apóstolo diz que Deus "sujeitou a todos à desobediência para ter misericórdia de todos", deve-se acrescentar, ao mesmo tempo, que não é devedor de ninguém; porque ninguém lhe deu primeiro, para depois exigir-lhe o emprestado".[330]

12. Os inimigos da verdade servem-se também de outra calúnia para lançar por terra a predestinação. Afirmam que, se esta doutrina prevalecer, toda solicitude e preocupação por viver bem seria supérflua. Porque quem é que, ao ouvir que sua vida e sua morte estão já determinadas pelo eterno e imutável conselho de Deus, não lhe venha em seguida ao pensamento que pouco importa que viva bem ou mal, uma vez que a predestinação de Deus não se pode evitar nem antecipar com o que se faz? E assim, ninguém se preocupará por si mesmo e cada qual fará o que bem lhe parecer, dando rédea solta a seus vícios.

É verdade que o que dizem não é de todo falso; porque são muitos os porcos que, com estas horríveis blasfêmias, abordam a predestinação de Deus e com este pretexto zombam de todas as admoestações e repreensões. Deus, dizem, sabe muito bem o que uma vez determinou fazer de nós; se determinou salvar-nos, quando chegar a hora, nos salvará; e, se decidiu condenar-nos, é inútil atormentar-se em vão para salvar-se.

Mas a Escritura, ao mandar-nos com quanta reverência e temor devemos meditar neste grande mistério, instrui os filhos de Deus num sentido muito diferente e condena o maldito descomedimento de tais gentes. Porque a Escritura não nos fala da predestinação para que nos permitamos demasiado atrevimento, nem para que presumamos com nossa nefanda temeridade de esquadrinhar os inacessíveis decretos de Deus, mas antes para que, com toda humildade e modéstia, aprendamos a temer seu julgamento e louvar sua misericórdia. Portanto, todos os fiéis hão de apontar para este objetivo.

---

327 Aug., Ep. 186, 6, 18 (ad Paulinum) MSL 33, 823; CSEL 57, 60, 8ss.
328 Pseudo-Aug., De praedestinatione et gratia c. 3 MSL 15, 1667.
329 Aug., De dono perseverantiae 12, 28 MSL 45, 1009s.
330 Rm. 11, 35.

Paulo trata convenientemente dos surdos grunhidos daqueles porcos. Dizem que não lhes importa viver dissolutamente, porque, se são do número dos eleitos, seus pecados não serão obstáculo para que se salvem no final. No entanto, Paulo nos ensina o contrário, quando diz que Deus nos escolheu para que levemos uma vida santa e irrepreensível diante dele (Ef 1, 4). Se o fim e a meta da eleição é a santidade de vida, ela deve antes despertar-nos e estimular-nos a aplicar-nos alegremente à santidade, não a buscar pretextos com que ocultar nossa preguiça e descuido. Porque é muito grande a diferença entre estas duas coisas: deixar de agir bem e não preocupar-se por isso, porque a eleição basta para salvar-nos e que o homem é eleito para que se exercite em agir bem. Não tenhamos, pois, nada que ver com tais blasfêmias, que transtornam de cima a baixo a ordem da eleição.

Quanto à outra afirmação, que o homem reprovado por Deus perderia o tempo e não conseguiria nada se procurasse agradá-lo com a inocência e promessa de vida, nisto se lhes convence de que falam desavergonhadamente. Pois de onde lhes poderia vir este desejo, senão da eleição? Porque todos aqueles que são do número dos réprobos, sendo, como são, vasos feitos para afronta, não deixam de provocar contra si mesmos a ira de Deus com suas eternas abominações, nem cessam de confirmar com sinais manifestos que o julgamento de Deus está já pronunciado contra eles. Tão longe estão de resistir a Ele em vão!

13. Outros, maliciosa e impudentemente, caluniam esta doutrina, como se ela lançasse por terra todas as exortações a viver bem. Já Agostinho foi acusado disso em seu tempo; acusação da que ele se justifica muito bem no livro entitulado *Da Correção e da Graça*, que escreveu a Valentino.[331] Sua leitura tranquilizará e aquietará facilmente a todos os espíritos dóceis e piedosos. Dele aduzirei algumas coisas apropriadas a este lugar.

Já ouvimos quão preclaro e excelso apregoador da graça de Deus foi Paulo. É que, então, se esfriou por isso em suas admoestações e exortações? Coteje essa boa gente o zelo e a veemência de Paulo como o seu próprio; certamente, o deles, em comparação com o incrível ardor de Paulo, não parecerá senão puro gelo. Em verdade, este princípio suprime todo escrúpulo: "não somos chamados à imundícia, mas para que cada um possua seu vaso em honra" (1 Ts 4, 7); e "feito seu criados em Cristo para boas obras, as quais Deus preparou de antemão para que andásse-

---

331 Aug., De correptione et gratia ad Valentinum lib. Un. MSL 44, 915-946.

mos nelas" (Ef 2, 10). Em suma, todos os que estão medianamente versados na Escritura entenderão sem maior demonstração quão bem e propriamente o Apóstolo concorda com o que estes fingem que se contradiz entre si. Cristo manda que creiamos nele. No entanto, quando ele mesmo diz que ninguém pode ir a ele, mas somente aqueles a quem seu Pai o houver concedido (Jo 6, 44.65), nem se contradiz a si mesmo, nem diz nada que não seja grande verdade.

Siga, pois, seu curso a pregação; atraia os homens à fé e faça-os manter-se perseverantes e aproveitar; mas, ao mesmo tempo, não se impeça a reta inteligência da predestinação, para que os que obedecem não se ensoberbeçam como se tivessem isto por si mesmos; antes gloriem-se no Senhor. Não sem motivo Cristo manda que "aquele que tem ouvidos para ouvir, ouça" (Mt 13, 9). Por isso, quando nós exortamos e pregamos, os que têm ouvidos obedecem de muito boa vontade; mas, nos que não os têm, cumpre-se o que está escrito: "para que, ouvindo, não ouçam" (Is 6, 9). Diz Agostinho: "mas uns os têm e outros não? Quem é que conheceu o conselho do Senhor? Deve-se porventura negar o que é claro e manifesto, porque não se pode compreender o que está oculto?".[332]

Tirei tudo isso de Agostinho, fielmente. Mas como pode ser que suas palavras tenham mais autoridade do que as minhas, continuarei citando dele o que seja oportuno.

Diz ele: "se alguns, depois de ouvir isto, entregam-se à negligência e, abandonando todo esforço, vão atrás de seus apetites e desejos, devemos, por causa disso, pensar que é falso o que se disse acerca da presciência de Deus? É que não há de suceder que sejam bons aqueles que Deus previu que o sejam, por muito grande que seja a maldade em que no presente se acham mergulhados; e que, se Ele previu que sejam maus os que realmente o sejam, por mais santos que pareçam agora? Será preciso por isso negar ou calar o que com toda verdade se diz da presciência de Deus, principalmente quando, calando, se cai em outros erros?".[333] E: "uma coisa é calar a verdade, e outra, ter necessidade de dizer a verdade. Seria muito longo buscar todas as causas que há para calar a verdade; mas, entre outras, há uma, e é não fazer piores aos que não entendem, por querer fazer mais doutos aos que entendem, os quais, porque dizemos semelhantes coisas, não seriam mais doutos nem tampouco piores. Supondo, pois, que dizer a verdade produza o efeito de que,

---

332 Aug., De dono perseverantiae 14, 37 MSL 45, 1016.
333 Ibid. 15, 38 col. 1016s.

quando a dizemos, aquele que não a entende se torne pior, e que, se a calamos, aquele que a possa entender corra algum perigo, que nos parece que deveríamos fazer em tal caso? É que não deveríamos dizer a verdade, para que a entendam aqueles que a possam entender e não calar, de maneira que ambos fiquem ignorantes, e que mesmo o mais entendido se torne pior, quando, por ouvi-la e entendê-la, muitos outros a aprenderiam por meio dele? Nós não recusamos dizer o que a Escritura afirma que é lícito ouvir. Tememos que, ao falarmos, escandalize-se e ofenda-se aquele que não a pode entender; e não tememos que, por calar, engane-se aquele que a pode entender".[334]

Depois, confirma isso mesmo ainda mais claramente, terminando com esta breve conclusão: "portanto, se os apóstolos e os Doutores da Igreja que lhes seguiram fizeram uma coisa e outra: tratar piedosamente da eterna eleição dos fiéis e mantê-los numa ordem santa de viver bem, qual é o motivo de que estes novos Doutores, forçados e convencidos pela invencível potência da verdade, dizem que não se deve pregar ao povo a predestinação, mesmo se o que dela se diga for verdade? Antes, aconteça o que acontecer, deve-se pregar, para que aquele que tem ouvidos para ouvir, ouça. E quem os tem, se não os recebeu daquele que promete dá-los? Assim, pois, aquele que não recebeu tal dom, que rejeite a boa doutrina, contanto que aquele que o recebeu tome e beba, beba e viva. Porque, sendo necessário pregar as boas obras para que Deus seja servido como convém, também se deve pregar a predestinação, para que aquele que tem ouvidos se glorie da graça de Deus em Deus, e não em si mesmo".[335]

14. Como este santo homem tinha um singular zelo e desejo de edificar as almas, tem o cuidado, entretanto, de moderar a maneira de ensinar a verdade, de tal forma que se guarda com grande prudência na medida do possível, para não escandalizar ninguém; pois nota que a verdade se pode dizer também com grande proveito.

Se alguém falasse ao povo desta maneira: se não crerdes, é porque Deus vos predestinou já para condenar-vos; este não só alimentaria a negligência, mas também a malícia. E se alguém fosse além e dissesse a seus ouvintes que nem no futuro haveriam de crer por estar já reprovados, isto seria imprecação, em vez de doutrina. Agostinho não quer, e com toda razão, que esses doutores tolos ou que esses profetas sinistros e agourentos tenham nada que ver com a Igreja. Mas, em outro lugar,

---

334 Ibidem, 16, 40 col. 1017.
335 Ibidem, 20, 51 col. 1025.

diz que "o homem aproveita a correção quando Aquele que faz aproveitar mesmo sem correção se compadece e ajuda; mas por que Ele ajuda um e não a outro? Não digamos que o julgamento é do barro, e não do artesão".[336]

E pouco depois: "quando os homens, por meio da correção, voltam ao caminho da justiça, quem é que obra a salvação em seus corações, senão Aquele que dá o crescimento, seja um ou outro o que plante e o que regue? Quando a Deus lhe apraz salvar um homem, não há livre-arbítrio de homem que lho impeça e resista".[337] "Portanto, não há lugar a dúvidas, mas deve considerar-se absolutamente certo que as vontades dos homens não podem resistir à vontade de Deus, o qual faz no céu e na terra tudo o que quer, e até fez o que há de suceder, uma vez que com as mesmas vontades dos homens faz tudo quanto quer".[338] E também: "quando Ele quer atrair os homens, acaso os ata com ligaduras corporais? Age interiormente; interiormente retém os corações; interiormente move os corações e atrai os homens com a vontade que formou neles".[339]

Sobretudo, não se pode omitir de maneira nenhuma o que acrescenta em seguida: que como nós não sabemos quem são os que pertencem ou deixam de pertencer ao número e companhia dos predestinados, devemos ter tal afeto que desejemos que todos se salvem; e, assim, procuraremos fazer todos aqueles que encontrarmos partícipes de nossa paz. No mais, nossa paz não repousará senão nos que são filhos da paz.[340]

Em conclusão: nosso dever é usar, tanto quanto nos for possível, de uma correção saudável e severa, à maneira de medicina; e isto para com todos, a fim de que não se percam e não percam os outros; mas a Deus lhe corresponde fazer que nossa correção aproveite àqueles que Ele predestinou.

---

336 Aug., De correptione et gratia 5, 8 MSL 44, 920.
337 Ibidem, 14, 43 col. 942.
338 Ibidem, 14, 45 col. 943.
339 Ibidem, col. 944.
340 Ibidem, 15, 46 col. 944s.

Capítulo XXIV

A eleição se confirma com o chamamento de Deus; pelo contrário, os réprobos atraem sobre eles a justa perdição à qual estão destinados.

 as, para que se entenda isso melhor, será conveniente tratar aqui tanto do chamamento dos eleitos como da obcecação e endurecimento dos ímpios.

Quanto à primeira parte, já disse algo quando refutei o erro daqueles que ao tratar da generalidade das promessas, queriam igualar todo o gênero humano. Mas Deus se atém a sua ordem, declarando finalmente por seu chamamento a graça que de outra maneira permaneceria escondida nele, à qual, por esta razão, se pode chamar testificação. "Porque aos que antes conheceu, também os predestinou para que fossem feitos conformes à imagem de seu Filho". "E aos que predestinou, a estes também chamou; e aos que chamou, a estes também justificou; e aos que justificou, a estes também glorificou" (Rm 8, 29-30).

O Senhor, ao eleger os seus, adotou-os como filhos; no entanto, vemos que não entram de posse de tão grande bem senão quando os chama; por outro lado, vemos também que, uma vez chamados, começam a usufruir do benefício de sua eleição. Por isso, o apóstolo Paulo chama ao Espírito que os eleitos de Deus recebem "espírito de adoção" (Rm 8, 15-16), e selo e (fiança) de nossa herança (Ef 1, 13-14; 2 Cor 1, 22; e outros); porque Ele confirma e sela no coração deles, com seu testemunho, a certeza dessa adoção. Pois, ainda que a predestinação do Evangelho emane e proceda da fonte da eleição, como aquela é comum inclusive aos réprobos, não lhes serviria por si mesma de prova suficiente da mesma. Mas Deus ensina eficazmente aos eleitos, para atraí-los à fé, segundo o diz Cristo nas palavras que já citamos: "ninguém viu o Pai, senão aquele que veio de Deus" (Jo 6, 46); e, em outro lugar: "ninguém pode vir a mim, se o Pai que me enviou não o trouxer" (Jo 6, 44). Palavras que Agostinho considera muito prudentemente: "se, como diz a Verdade, todo aquele que aprendeu, veio; qualquer um que não veio certamente não aprendeu. Não se segue, pois, que o que pode vir venha de fato, se ele não o quiser e o fizer; em contrapartida, qualquer um que tiver sido ensinado pelo Pai, não somente pode vir, mas vem de fato. Porque este já está adiantado para poder, está aficionado para querer e tem o desejo de fazer".[341] E, em outro lugar, diz isso ainda mais claramente: "que quer dizer: 'todo aquele que tiver ouvido a meu Pai e tiver aprendido dele vem a mim', senão que não há ninguém que ouça a meu Pai e aprenda dele que não venha a mim? Porque se qualquer um que ouviu meu Pai e aprendeu dele vem, sem dúvida todo aquele que não vem, nem ouviu ao Pai, nem aprendeu dele; porque, se tivesse ouvido e aprendido, viria. Muito longe está dos sentidos da carne esta escola na qual o Pai ensina e é ouvido, para que os crentes venham ao Filho".[342] E diz, pouco depois: "esta graça que secretamente se dá ao coração dos homens não é recebida por nenhum coração duro; pois a causa pela qual se dá é para que, antes de mais nada, se tire do coração esta dureza. Assim, quando o Pai é ouvido interiormente, tira o coração de pedra e dá um de carne. Eis como Ele faz com os filhos da promessa e os vasos de misericórdia, que preparou para sua glória. Qual é, pois, a causa de que não ensine a todos para que vão a Cristo, mas que a todos os que ensina, ensina-os por misericórdia, e todos os que não ensina, não os ensina por julgamento? Pois tem misericórdia de quem quer e endurece quem quer".[343]

Assim, Deus mostra aqueles que ele elegeu como filhos seus e estabelece ser Pai para eles. Mas, ao chamá-los, os introduz em sua família e se une a eles para que sejam uma mesma coisa. E assim, quando a Escritura une o chamamento com a eleição, mostra bem claramente deste modo que nele não se deve buscar nada senão a gratuita misericórdia de Deus. Porque, se perguntarmos quem são aqueles que Ele chama e a razão por que os chama, Ele responde que aquele são aqueles a quem Ele escolheu. Mas, quando se chega à eleição, então só a misericórdia resplandece por todos os lados. E certamente aqui se verifica o que diz Paulo: "não depende do que quer nem do que corre, mas de Deus, que tem misericórdia" (Rm 9, 16). E não se deve entender isso, como comumente se enten-

---

341 Aug., De gratia Christi et de peccato originali I 14, 15 MSL 44, 368; ibidem, c. 31 col. 376s.
342 Aug., De praed. Sanct. 8, 13 MSL 44, 970.
343 Ibid. 8, 13s. MSL 44, 971.

de, estabelecendo uma divisão entre a graça de Deus e a vontade do homem; porque eles explicam que o desejo e o esforço do homem não servem de nada por si mesmos se a graça de Deus não os bendiz e faz prosperar; mas, além disso, acrescentam que, quando Deus os bendiz e ajuda, ambos fazem também sua parte na obra de adquirir e alcançar a salvação.

Prefiro refutar esta sutileza com palavras do próprio Agostinho, em lugar das minhas próprias. "Se o Apóstolo", ele diz, "não quis dizer outra coisa senão que não estava somente na faculdade do que quer e do que corre, mas que é o Senhor que ajuda com sua misericórdia, nós poderíamos distorcer o argumento e dizer que pertence só à misericórdia, se não é ajudada pela vontade e o concurso do homem. E se isto é evidentemente ímpio, não duvidemos de que o Apóstolo atribui tudo à misericórdia do Senhor, sem atribuir coisa alguma a nossa vontade e desejo".[344] Tais são as palavras do santo homem.

Não me preocupa em absoluto a sutileza de que se servem ao dizer que Paulo não falaria desta maneira se não houvesse algum esforço e vontade em nós. Porque ele não teve em conta o que há no homem, mas, vendo que alguns atribuíam uma parte de sua salvação à sua indústria, simplesmente condena no primeiro membro o erro dos mesmos, e em seguida aplica e imputa totalmente a salvação à misericórdia de Deus. E que outra coisa fazem os profetas, senão pregar continuamente o gratuito chamamento de Deus?

2. Além disso, a própria natureza e economia do chamamento mostra isso mesmo bem claramente; pois este não consiste somente na pregação da Palavra, mas também na iluminação do Espírito Santo. Pelo Profeta se nos dá a entender quem são aqueles a quem Deus oferece sua Palavra: "fui achado pelos que não me buscavam. Disse à gente que não invocava meu nome: eis-me aqui" (Is 65, 1). E, para que os judeus não pensassem que tal graça se referia somente aos gentios, o Senhor lhes traz também à memória de onde Ele tirou seu pai Abraão, quando quis recebê-lo em sua graça e favor, a saber, do meio da idolatria em que estava abismado com toda sua família (Js 24, 2-3).

Quando Deus se mostra com a luz de sua Palavra àqueles que não o mereciam, com isso dá um sinal evidente de sua gratuita bondade. Nisto, pois, brilha já sua imensa bondade; mas não como salvação para todos; pois aos réprobos lhes está preparado um julgamento muito mais grave

---

344 Aug., Enchirid. 32 MSL 40, 248; ed. Scheel c. IX, 32. p.21s.

por ter rechaçado o testemunho do amor de Deus. E certamente Deus lhes tira a eficácia e virtude de seu Espírito, para fazer resplandecer sua glória. Daqui, pois, segue-se que este chamamento interno é uma palavra de salvação que não pode falhar. A isso se refere João: "nisto sabemos que ele permanece em nós, pelo Espírito que nos deu" (1 Jo 3, 24). E, para que a carne não se vanglorie de ter respondido ao chamamento de Deus, que espontaneamente se lhe oferecia e convidava, afirma que nós não temos mais ouvidos para ouvir nem olhos para ver, senão os que Ele nos der; e que não os dá conforme o que cada um merece, mas conforme sua eleição. Disto temos um exemplo admirável em Lucas, quando diz que os judeus e os gentios ouviram juntamente o sermão que Paulo e Bernabé pregaram; e, apesar de que todos ouviram o sermão ao mesmo tempo e foram instruídos na mesma doutrina, no entanto Lucas conta que "creram todos os que estavam ordenados para a vida eterna" (At 13, 48). Como, pois, nos atreveremos a negar que o chamamento é gratuito, quando nele resplandece por todos os lados unicamente a eleição?

3. Neste tema, é preciso que nos acautelemos de incorrer em dois erros.

Há alguns que põem o homem como companheiro de Deus na obra da salvação, para ratificar com sua ajuda a eleição divina. Com isso, constituem a vontade do homem superior o conselho de Deus. Como se a Escritura nos ensinasse que somente se nos concede poder crer, e não que a fé mesma é um dom de Deus.

Há outros que, ainda que não rebaixem tanto como os anteriores a graça do Espírito Santo, no entanto, movidos por não sei que razão, fazem a eleição depender da fé, como se fosse duvidosa e inclusive totalmente ineficaz enquanto não é confirmada pela fé.

Claro de que não há dúvida de que ao crer se confirma quanto a nós, e já vimos que o conselho de Deus, que antes permanecia oculto para nós, se nos manifesta; ainda que não entendamos por isso senão que a adoção de Deus, a qual antes não entendíamos nem conhecíamos, se confirma em nós e é como que impressa com um selo. Mas é falsa sua opinião de que a eleição só começa a ser eficaz quando abraçamos o Evangelho, e que daqui toma toda sua força e vigor. É verdade que, no que nos diz respeito, recebemos do Evangelho a certeza da mesma; porque, se tentássemos penetrar no decreto eterno e na ordenação de Deus, aquele profundo abismo nos tragaria. Mas, depois de que Deus nos manifestou e deu a entender que somos seus eleitos, é necessário que subamos mais alto, para que o efeito não sufoque sua causa. Porque que há de mais absurdo e (irrazoável) que, quando a Escritura nos ensina e afirma que Deus nos iluminou à medida que nos elegeu, esta claridade cegue de tal maneira nossos olhos que nos recusemos a olhar para nossa eleição?

Não nego, entretanto, que, para estarmos certos de nossa salvação, seja necessário começar pela Palavra, e que nossa confiança deve descansar sobre ela para que invoquemos a Deus como a um Pai. Porque vão muito fora do caminho os que querem voar sobre as nuvens para dar-nos certeza do conselho de Deus, que Ele pôs perto de nós, a saber, em nossa boca e em nosso coração (Dt 30, 14). Devemos, pois, refrear esta temeridade com a sobriedade da fé, para que Deus nos seja testemunha suficiente de sua graça oculta, que nos revela em sua Palavra; contanto que este canal, pelo que corre a água em grande abundância para que bebamos dela, não impeça que a verdadeira fonte tenha a honra que lhe é devida.

4. Portanto, como procedem muito mal aqueles que ensinam que a virtude e eficácia da eleição depende da fé no Evangelho pela qual sentimos que ela nos pertence, nós guardaremos a ordem devida se, ao procurar a certeza de nossa salvação, nos ativermos aos sinais de que daí se seguem como a testemunhos certos da mesma.

Com nenhum tipo de tentações Satanás acomete os fiéis mais grave e perigosamente do que quando, inquietando-os com a dúvida de sua eleição, os induz, ao mesmo tempo, com um desejo desatinado, a buscá-la fora do caminho. E a buscam fora do caminho quando se esforçam por penetrar nos incompreensíveis segredos da sabedoria divina e quando, a fim de compreender o que está estabelecido sobre eles no julgamento de Deus, esforçam-se em penetrar até a eternidade mesma. Porque então se atiram de cabeça a um pélago insondável onde se afogarão; então, se enredam numa infinidade de laços dos que não poderão desatar-se; então, se afundarão num abismo de obscuridade. Pois é justo que o desvario do engenho do homem seja castigado com uma ruína terrível e uma total destruição, quando espontaneamente e por sua própria vontade procura alçar-se tão alto que possa até chegar à sabedoria divina. E esta tentação é tanto mais nociva quanto que a ela mais que a nenhuma outra estamos quase todos muito inclinados. Porque há muito poucos, por que não dizer nenhum, que não experimente alguma vez esta tentação: de onde te vem a salvação, senão da eleição? E quem te revelou que és eleito? Se esta tentação ataca o homem alguma vez, atormenta-o grandemente, deixa-o completamente aterrado e abatido. Certamente, não poderia desejar melhor argumento que esta experiência para provar e demonstrar quão perversamente imagina a predestinação esse tipo de gente. Porque o entendimento humano não pode ver-se infectado com um erro mais pestilento que perder a tranquilidade, a paz e o repouso que deveria ter em Deus, quando a consciência se vê alterada e perturbada desta maneira.

Portanto, se tememos naufragar, acautelemo-nos com grande cuidado e solicitude de dar contra esta rocha, contra a que não pode chocar sem que se siga a total ruína e destruição. E, ainda que esta disputa da predestinação seja temida como um mar perigosíssimo, no entanto, navegar por ele e tratar dela é bem seguro e, atrevo-me a dizê-lo, deleitável; a não ser que alguém queira se meter no perigo de propósito. Porque assim como aqueles que, para estar seguros de sua eleição, penetram no secreto conselho de Deus sem sua Palavra, dão consigo num abismo do qual não poderão sair; do mesmo modo, pelo contrário, os que a buscam como se deve e conforme à ordem que a Palavra de Deus nos mostra, tiram dele grande consolo.

Sigamos, pois, este caminho para buscá-la. Comecemos pela vontade de Deus e terminemos pela mesma. Mas isto não impede que os fiéis sintam que os benefícios que cada dia recebem da mão de Deus procedem e descem daquela oculta adoção, como eles mesmos o dizem pelo profeta Isaías: "fizeste maravilhas; teus conselhos antigos são verdade e firmeza" (Is 25, 1); já que o Senhor quer que ela nos sirva de testemunho para fazer-nos entender tudo aquilo que nos é lícito saber sobre seu conselho.

E, a fim de que este testemunho não pareça débil e de pouca importância, consideremos quão grande claridade e certeza traz consigo. A este respeito, Bernardo se expressa muito a propósito. Depois de ter falado dos réprobos, diz estas palavras: "o propósito de Deus permanece firme, a sentença de paz está assegurada sobre os que o temem, dissimulando seus males e remunerando seus bens, para que, de uma estranha maneira, não somente seus bens, mas mesmo seus males, convertam-se em bem. Quem acusará os eleitos de Deus? A mim me basta somente, para possuir a justiça, ter propício e favorável Aquele contra quem pequei. Tudo quanto Ele determinou não me imputar é como se nunca tivesse existido".[345] E pouco depois: "ó lugar de verdadeiro repouso, ao qual não sem razão poderia chamar câmara na qual Deus é visto, não como perturbado pela ira ou angustiado pela preocupação, mas na que se conhece que sua benevolência é boa, agradável e perfeita. Esta visão não espanta nem

---

345 Bernardus, In cant. Serm. 23, 15 MSL 183, 892 C.

assombra, mas antes aquieta; não suscita curiosidade alguma cheia de inquietude, mas a apazigua; não turba os sentidos, mas os aquieta. Eis onde deveras se consegue repouso: que Deus, estando apaziguado, nos tranquiliza, porque nosso repouso é vê-lo e tê-lo aplacado".[346]

5. Em primeiro lugar, se desejamos ter de nossa parte a clemência paternal de Deus e sua benevolência, devemos olhar para Cristo, em quem o Pai tem sua complacência (Mt 3, 17). Assim, se buscamos a salvação, a vida e a imortalidade, não devemos ir a ninguém senão a ele, uma vez que só ele é a fonte da vida, a âncora da salvação e o herdeiro do reino dos céus. De que nos serve a eleição, senão para que, sendo adotados pelo Pai celestial como filhos, alcancemos com seu favor e graça a salvação e a imortalidade? Revolvei e esquadrinhai quanto quiserdes; não conseguireis provar que o objetivo e finalidade de nossa eleição vá além disso.

Portanto, não se diz que aqueles que Deus tomou como filhos seus, Ele os elegeu em si mesmos, mas em Cristo (Ef 1, 4); pois não podia amá-los, nem honrá-los com a herança de seu reino, senão fazendo-os partícipes dele. Ora, se somos eleitos nele, não acharemos a certeza de nossa eleição em nós mesmos; nem sequer em Deus Pai, se o imaginarmos sem seu Filho. Por isso Cristo é para nós como um espelho em quem devemos contemplar nossa eleição, e no qual a contemplaremos sem chamar-nos a engano. Porque sendo ele aquele a cujo corpo o Pai decidiu incorporar aqueles que desde a eternidade quis que fossem seus, de forma que tenha como filhos a todos quantos reconhece como membros do mesmo, temos um testemunho firme o bastante e evidente de que estamos inscritos no livro da vida, se comunicamos com Cristo.

Ora, ele se nos comunicou o suficiente, quando, pela pregação do Evangelho, nos testemunhou que é ele a quem o Pai nos deu, a fim de que ele seja nosso, com tudo quanto tem. Diz-se que nos revestimos dele ao unir-nos com ele para viver, porque é ele que vive. Esta sentença se repete muitas vezes: que o Pai "não poupou nem seu próprio Filho" (Rm 8, 32), "para que todo aquele que nele crê, não se perca" (Jo 3, 16). E também se diz que o que nele crê passou da morte à vida (Jo 5, 24). Nesse sentido, chama-se a si mesmo pão da vida, do qual o que o comer não morrerá jamais (Jo 6, 35. 38). E afirmo também que ele é quem testemunhou que a todos os que o tiverem recebido pela fé, o Pai os considerará filhos. Se desejamos algo mais do que ser considerados filhos e her-

---

346 Ibidem, 16 col. 893 A B.

deiros de Deus, seja necessário que subamos mais alto que Cristo. Se tal é nossa meta e não podemos passar mais adiante, quão desencaminhados andamos, ao buscar fora dele o que já conseguimos nele, e só nele podemos achar! Além disso, sendo ele a sabedoria imutável do Pai, seu firme conselho, não há por que temer que o que ele nos diz em sua Palavra difira minimamente daquela vontade de seu Pai que buscamos; antes ele no-la manifesta fielmente, qual foi desde o princípio e como sempre há de ser.

A prática desta doutrina deve ter também força e vigor em nossas orações. Porque, ainda que a fé de nossa eleição nos anime a invocar a Deus, no entanto, quando fazemos nossas súplicas e petições, estaria muito fora de propósito pô-la diante de Deus e fazer como um pacto com Ele, dizendo: Senhor, se sou eleito, ouve-me; uma vez que Ele quer que nos damos por satisfeitos com suas promessas, sem buscar em nada mais se nos será propício ou não. Esta prudência nos livrará de muitos laços, se soubermos aplicar devidamente o que está convenientemente escrito, não distorcendo-o inconsideradamente quer para um lado quer para outro, de acordo com nosso capricho.

6. Para confirmar nossa confiança, tem também muita importância que a firmeza de nossa eleição esteja unida com nossa vocação. Porque aqueles que Cristo iluminou com seu conhecimento e reuniu na sociedade de sua Igreja, se diz que os recebe sob sua proteção e amparo; e todos os que ele recebe, o Pai os confiou e entregou a ele para que os guarde para a vida eterna (Jo 6, 37-39). Que mais podemos desejar? Cristo diz bem alto que o Pai pôs sob sua proteção a todos os que quer que se salvem (Jo 17, 6.12). Portanto, se queremos saber se Deus se preocupa com nossa salvação, procuremos saber se nos encomendou a Cristo, a quem constituiu como único salvador dos seus. E se duvidarmos de que Cristo nos tenha recebido sob seu amparo e proteção, ele mesmo nos tira toda dúvida, quando espontaneamente se nos apresenta como pastor, e por sua própria boca diz que seremos do número de suas ovelhas se ouvirmos sua voz (Jo 10, 3. 16). Abracemos, pois, a Cristo, pois espontaneamente se nos oferece e nos contará no número de suas ovelhas, e nos guardará dentro de seu rebanho.

Pode ser, porém, que alguém diga que devemos estar preocupados pelo que nos possa acontecer no futuro. Porque assim como Paulo diz que Deus chama aqueles que elegeu (Rm 8, 30), também o Senhor prova que "muitos são chamados, poucos os escolhidos" (Mt 22, 14); e o mesmo Paulo nos exorta em outro lugar a estar seguros: "aquele que pensa estar firme, olhe para que não caia" (1 Cor 10, 12). E: "tu estás de pé pela fé. Não te ensoberbeças" (Rm 11, 20). Finalmente, a experiência mesma mostra, suficientemente, que o chamamento e a fé servem de muito pouco, se juntamente não há perseverança, a qual se nos dá a todos.

Mas Cristo nos livrou desta solicitude. Porque sem dúvida estas promessas se referem ao futuro: "todo aquele que o Pai me dá, virá a mim; e, o que vem a mim, não o lanço fora". E: "esta é a vontade daquele que me enviou: que todo aquele que vê o Filho e crê nele tenha vida eterna; e eu o ressuscitarei no dia seguinte" (Jo 6, 37.40). Da mesma forma: "minhas ovelhas ouvem minha voz, e eu as conheço, e me seguem, e eu lhes dou a vida eterna; e não perecerão jamais, nem ninguém as arrebatará de minha mão. Meu Pai que mas deu é maior que todos, e ninguém as pode arrebatar da mão de meu Pai" (Jo 10, 27-29). E quando diz que toda planta que seu Pai não plantou será arrancada (Mt 15, 13), prova, pelo contrário, que é impossível que os que fincaram raízes em Deus possam ser arrancados Dele. Está de acordo com isso o que diz João: "se tivessem sido de nós, teriam permanecido conosco" (1 Jo 2, 19). E esta é a razão pela qual Paulo se atreve a gloriar-se frente à morte e à vida, frente ao presente e ao porvir (Rm 8, 38); glória que deve estar fundamentada sobre o dom da perseverança. E não há dúvida de que se refere a todos os eleitos quando diz: "aquele que começou a obra em vós, a aperfeiçoará até o dia de Jesus Cristo" (Fp 1, 6). E Davi, quando titubeava na fé, apoiava-se neste fundamento: "Senhor, não desampares a obra de tuas mãos" (Sl 138, 8). E o próprio Cristo, quando ora pelos eleitos, não há dúvida de que, em sua oração, pede o mesmo que pediu por Pedro: que sua fé não falte (Lc 22, 32). Do qual concluímos que estão fora de todo perigo de separar-se completamente de Deus, uma vez que ao Filho de Deus não lhe foi negada sua petição de que seus fiéis perseverassem constantes. Que nos quis ensinar com isso, senão que confiemos em que seremos salvos para sempre, uma vez que ele nos recebeu como seus?

7. Pode ser que alguém replique que é coisa ordinária que os que pareciam ser de Cristo se afastem dele e pereçam. Mais ainda: que no primeiro lugar em que Cristo afirma que nenhum dos que o Pai lhe deu se perdeu, excetua, no entanto, o filho de perdição (Jo 17, 12). Isso é certo; mas também é verdade que esses tais nunca chegaram a Cristo com uma confiança como aquela na qual eu afirmo que nossa eleição nos é certificada. "Saíram de nós", diz João, "mas não eram de nós; porque, se tivessem sido de nós, teriam permanecido conosco" (1 Jo 2, 19). Não nego que tenham sinais de seu chamamento semelhantes aos que os eleitos

possuem; mas que tenham aquela firme certeza que os fiéis devem obter —
segundo disse — do Evangelho, isso não lhes concedo.

Portanto, que semelhantes exemplos não nos alterem nem nos impeçam de descansar confiados na promessa do Senhor, quando diz que o
Pai lhe deu a todos aqueles que com verdadeira fé o recebem, dos quais
nem um só perecerá por ser ele seu guardião e pastor (Jo 3, 16; 6, 39).
No que diz respeito a Judas, falaremos dele em seguida.

Quanto a Paulo, ele não nos proíbe de ter uma segurança simples, mas
sim a segurança negligente e desenvolta da carne, que leva consigo o
orgulho, o fausto, a arrogância e o menosprezo dos demais, que extingue a humildade e reverência para com Deus e gera o esquecimento da
graça que recebemos. Porque ele fala com os gentios, ensinando-lhes que
não devem zombar soberba e desumanamente dos judeus, por terem sido
aqueles colocados no lugar de que aqueles foram expulsos. Nem tampouco
o Apóstolo exige um temor que nos faça ir vacilando às cegas; mas antes
um tal que, ensinando-nos a receber com humildade a graça de Deus, não
diminua em nada a confiança que nele temos, conforme já dissemos.

Assim, devemos notar que não fala com cada um em particular, mas
com as seitas que havia então; pois, como a Igreja estava dividida em
bandos e a inveja ocasionava divisões, Paulo adverte os gentios que ter
sido postos no lugar do povo santo e peculiar do Senhor devia induzi-los
ao temor e à modéstia; pois certamente entre eles havia alguns muito
enfatuados, e era preciso abater seu orgulho.

No mais, já vimos que nossa esperança se projeta sobre o futuro, inclusive depois de nossa morte, e que não há nada mais contrário a sua natureza e condição que estarmos inquietos, sem saber o que vai ser de nós.

8. Quanto à sentença de Cristo, "muitos são chamados, poucos os
escolhidos" (Mt 22, 14), aplicam-na e entendem-na muito mal. Mas esclarecer-se-á, se distinguirmos dois tipos de chamamento; divisão que,
segundo já expusemos, é evidente. Porque há um chamamento universal
com o que Deus, mediante pregação externa de sua Palavra, chama e
convida a si indistintamente a todos, inclusive aqueles a quem ela está
proposta como odor de morte e matéria de maior condenação. Há outro,
particular — do qual não faz partícipe a maioria, mas somente a seus fiéis —
quando, pela iluminação interior de seu Espírito, faz que a Palavra pregada enraíze em seu coração. Também às vezes faz partícipes dela aqueles a quem ilumina somente durante certo tempo, e depois, por assim
merecê-lo sua ingratidão, os desampara e os castiga com maior cegueira.

Vendo, pois, o Senhor que seu Evangelho havia de ser anunciado a muitos povos e que muitíssimos não o levariam em consideração, e poucos o teriam na estima que merece, nos descreve a Deus sob a forma de um rei que celebra um solene banquete, e envia seus servidores por todas as partes para que convidem ao mesmo um grande número de pessoas, conseguindo somente que assistam a ele muito poucas delas, pois cada uma apresenta uma desculpa; de maneira que se vê obrigado a enviar de novo seus servidores às encruzilhadas dos caminhos para que chamem a quantos encontrarem.

Não há quem não veja que esta parábola se deve entender até aqui da vocação externa. Acrescenta em seguida que Deus age como um bom anfitrião, que vai de mesa em mesa para alegrar seus convidados; o qual, se acha algum sem traje de festa, não consente de modo algum que seu banquete seja desonrado e difamado, mas que o obriga a abandoná-lo. Esta parte deve ser entendida dos que fazem profissão de fé, e assim são admitidos na Igreja, mas, apesar disso, não vão vestidos da santificação de Cristo. Essa gente, que é desonra da Igreja e escândalo do Evangelho, Deus não a suportará por muito tempo; mas, como sua impureza o merece, a lançará fora (Mt 22, 2-13).

Assim, poucos são os escolhidos entre tantos chamados, mas não com o chamamento necessário para que os fiéis estimem sua eleição. Porque aquele é comum também aos ímpios; em contrapartida, este de que aqui falamos leva consigo o Espírito de regeneração, que é como (fiança) e selo da herança que possuiremos e com o qual nosso coração é selado até o dia do Senhor (Ef 1, 13-14).

Em resumo: enquanto os hipócritas falam de piedade como verdadeiros servos de Deus, Cristo afirma que, no final, serão (arrancados) do lugar que ocupam injustamente; como se diz no salmo: "Senhor, quem habitará em teu tabernáculo? O que anda em integridade e faz justiça, e fala a verdade em seu coração" (Sl 15, 1-2). E, em outro lugar: "tal é a geração dos que o procuram, dos que procuram teu rosto, ó Deus de Jacó" (Sl 24, 6). E desta maneira o Espírito Santo exorta os fiéis a que tenham paciência e não levem a mal que os ismaelitas se mesclem com eles na Igreja, uma vez que no final será tirada a máscara e serão (arrancados) da Igreja com grande afronta sua.

9. Esta é a razão de que Cristo faça a exceção mencionada quando diz que nenhuma de suas ovelhas perecerá, exceto Judas (Jo 17, 12). Porque ele não era contado entre as ovelhas de Cristo por sê-lo verdadeiramente, mas porque estava entre elas. O que o Senhor diz em outro lugar, que ele o havia escolhido juntamente com os outros apóstolos, deve ser entendido somente do ofício: "não vos escolhi os doze, e um de vós é o diabo?" (Jo 6, 70); ou seja, que o havia escolhido para ser apóstolo. Mas quando fala da eleição para salvar-se, o exclui do número dos eleitos; como quando diz: "não falo de todos vós; eu sei quem escolhi" (Jo 13, 18). Se alguém confundisse o termo eleição nestes dois trechos, enredar-se-ia miseravelmente; o melhor e mais fácil é fazer distinção.

Por isso Gregório se expressa péssima e perniciosamente quando diz que nós conhecemos somente nossa vocação, mas que estamos incertos da eleição; pelo qual exorta a todos a temer e tremer; e, em confirmação disso, dá como razão que, ainda que saibamos como somos no presente, não podemos, no entanto, saber como seremos no futuro.[347] Mas, com sua maneira de proceder, dá a entender bem claramente o quanto se enganou neste tema. Porque, como fundamentava a eleição nos méritos das obras, tinha motivo suficiente para abater os corações dos homens e fazê-los desconfiar; confirmá-los não podia, pois não os induz a que, sem confiar em si mesmos, recorram à bondade de Deus.

Com isso, os fiéis começam a sentir certo gosto daquilo que dissemos no começo: que a predestinação, se bem considerada, não faz a fé titubear, mas antes a confirma. Nem por isso nego que o Espírito Santo se adapte a falar conforme à baixeza e poucas luzes de nosso intelecto, como quando diz: "não estarão na congregação de meu povo, nem serão inscritos no livro da casa de Israel" (Ez 13, 9). Como se Deus começasse a escrever no livro da vida aqueles que conta no número dos seus; quando sabemos, pelos lábios do próprio Cristo, que os nomes dos filhos de Deus estão escritos no livro da vida desde o princípio (Lc 10, 20; Fp 4, 3). Estas palavras indicam antes a exclusão dos judeus, os quais durante algum tempo foram tidos como pilares da Igreja, e como os primeiros entre os eleitos, conforme o que se diz no salmo: "sejam arrancados do livro dos vivos, e não sejam escritos entre os justos" (Sl 69, 28).

10. É certo que os eleitos não são congregados pelo chamamento no seio de Cristo desde o seio de sua mãe, nem todos de uma só vez, mas segundo o Senhor tem por bem dispensar-lhes sua graça. Antes de ser conduzidos a este sumo Pastor, andam errantes como os demais, dispersos uns para um lado, outros para outro, no deserto do mundo; e em nada diferem dos demais, senão em que o Senhor os ampara com uma singular misericórdia, para que não se precipitem no despenhadeiro da morte

---

347 Gregor. I, Homil. In evang. Lib. II hom. 38, 14 MSL 76, 1290 C.

eterna. Se não prestarmos atenção neles, não veremos senão filhos de Adão, que não podem se parecer senão ao pai perverso e desobediente de que procedem; e que não caiam numa impiedade suprema e sem remédio não se deve à bondade natural que possa haver neles, mas a que os olhos de Deus velem por eles e sua mão esteja estendida para protegê--los. Porque os que sonham que têm não sei que semente de eleição arraigada em seu coração desde o nascimento e que em virtude dela se inclinam à piedade e ao temor de Deus, não têm testemunho algum com que se defender, e a própria experiência os convence disso. Citam alguns exemplos para provar que os eleitos, mesmo antes de sua iluminação, não estavam fora da religião; dizem que Paulo viveu de maneira irrepreensível em seu fariseísmo (Fp 3, 5-6), e Cornélio foi aceito por Deus por suas esmolas e suas orações (At 10, 2).

Com respeito a Paulo, admito que estão certos. Mas se enganam no caso de Cornélio, pois vê-se bem claro que estava iluminado e regenerado, de forma que nada lhe faltava, senão que o Evangelho lhe fosse revelado manifesta e claramente. Mas, mesmo quando isso acontecesse, que poderiam concluir daí? Que todos os eleitos tiveram sempre o Espírito de Deus? Isto seria como se alguém, depois de demonstrar a integridade de Aristides, Sócrates, Cipião, Curião, Camilo e outros semelhantes, concluísse daí que todos os que viveram cegamente em sua idolatria levaram uma vida santa e pura. Mas, além de seu argumento não valer nada, a Escritura os contradiz abertamente em muitos lugares. Porque o estado e condição em que os efésios, segundo Paulo, viveram antes de ser regenerados não mostra um só grão dessa semente. Diz: "estáveis mortos em vossos delitos e pecados, nos quais andáveis em outro tempo, seguindo a corrente deste mundo, conforme o príncipe da potestade do ar, o espírito que agora opera nos filhos de desobediência, entre os quais também todos nós vivemos em outro tempo nas obras de nossa carne, fazendo a vontade da carne e dos pensamentos, e éramos por natureza filhos de ira, assim como os demais" (Ef 2, 1-3). E também: "em outro tempo éreis trevas, mas agora sois luz no Senhor: andai como filhos de luz" (Ef 5, 8).

Talvez alguém diga que isto deve se referir à ignorância do verdadeiro Deus na qual também eles confessam que os eleitos viveram antes de seu chamamento. Mas isso seria uma insolente calúnia, uma vez que Paulo conclui do dito que os efésios não devem daí por diante mentir nem roubar (Ef 4, 25-28). Mas, ainda que fosse como eles dizem, que responderão a outros passos da Escritura? Assim, quando o próprio Apóstolo, depois de advertir aos coríntios de que "nem os fornicadores, nem os adúlteros, nem os afeminados, nem os ladrões, nem os avaros, nem os bêbedos herdarão o reino de Deus", imediatamente acrescenta que eles se viram envoltos nos mesmos crimes antes de conhecer a Cristo; mas que, no presente, estavam lavados no sangue de Cristo e haviam sido liberados por seu Espírito (1 Cor 6, 9-11). E aos romanos: "assim como para iniquidade apresentastes vossos membros para servir à imundície e à iniquidade, assim agora, para santificação, apresentai vossos membros para servir à justiça. Porque que fruto tínheis daquelas coisas das quais agora vos envergonhais?" (Rm 6, 19, 21).

11. Que semente de eleição, pergunto eu, frutificava naqueles que haviam vivido toda a vida mal e desonestamente e que se afundavam já no vício mais execrável? Se o Apóstolo tivesse querido expressar-se conforme o parecer destes novos doutores, teria devido mostrar quão obrigados estavam à liberalidade que Deus havia usado com eles, ao não deixá-los cair em tão grande abominação. E, da mesma forma, também Pedro deveria exortar aos destinatários de sua carta a ser agradecidos a Deus pela perpétua semente de eleição que havia plantado neles. Mas, pelo contrário, admoesta-os porque já é suficiente que no passado deram rédea solta a todo tipo de vícios e abominações (1 Pd 4, 3). E que dizer se passamos a dar exemplo? Que semente de justiça havia em Rahab, a rameira, antes de crer (Js 2, 1)? Que semente em Manassés, quando fazia derramar o sangue dos profetas até o ponto em que a cidade de Jerusalém estava, por assim dizer, imersa em sangue (2 Re 21, 16)? E que dizer do ladrão, que, no último suspiro, se arrependeu de sua má vida (Lc 23, 41-42)?

Não façamos, pois, caso destas novas invenções que homens inquietos e temerários forjam sem fundamento algum na Escritura. Atenhamo-nos firmemente ao que diz a Escritura, que "todos nós nos desviamos como ovelhas, cada qual se afastou por um caminho" (Is 53, 6), quer dizer, pela perdição. Aqueles a quem decidiu livrar deste abismo de perdição, o Senhor os deixa até a ocasião e o momento oportunos, cuidando somente de que não caiam numa blasfêmia irremissível.

12. Assim como o Senhor, com a virtude e a eficiência de seu chamamento, guia os eleitos à salvação a que por seu eterno decreto os predestinou, assim também dispõe e ordena contra os réprobos seus juízos, com os quais executa o que havia determinado fazer deles. Por isso, aqueles que criou para a condenação e morte eternas, para que sejam instrumentos de sua ira e exemplo de sua severidade, e alcancem o fim e meta que lhes foi assinalado, priva-os da liberdade de ouvir sua Palavra, ou, com a pregação mesma, cega-os e endurece mais.

Embora haja muitos exemplos do primeiro caso, contentar-me-ei com citar um, muito mais notável que os demais. Quase quatro mil anos se passaram antes da vinda de Cristo, durante os quais o Senhor ocultou e escondeu de todas as gentes a salvífica luz de sua doutrina. Se alguém objetar que Deus não lhes comunicou tão grande bem devido a que os julgou indignos dele, diremos que certamente os que vieram depois não o mereceram mais do que seus antecessores. Do qual, além da evidência que a experiência mesma nos dá, o profeta Malaquias, no capítulo quarto de sua profecia, nos apresenta um testemunho inequívoco. Depois de ter se levantado contra a incredulidade, as enormes blasfêmias e outros crimes e pecados, assegura que, apesar de tudo, o Redentor não deixará de vir (Ml 4, 1). Qual é, então, a causa de que fizesse esta graça a estes, e não a outros? Em vão atormentar-se-ia aquele que quisesse procurar outro motivo além do secreto e inescrutável desígnio de Deus.

Não se deve temer que, se algum discípulo de Porfírio ou qualquer outro blasfemo tomar a liberdade de recriminar a justiça de Deus, não teremos como responder-lhe. Porque, quando dizemos que ninguém é condenado sem que o mereça, e que é gratuita a misericórdia de Deus que alguns se livrem da condenação e se salvem, isso é suficiente para manter a glória de Deus, e não é preciso, como se diz, andar (pelos galhos) para defendê-la das calúnias dos ímpios. Portanto, o Juiz soberano dispõe sua predestinação quando, privando da comunicação de sua luz aqueles a quem reprovou, deixa-os nas trevas.

No que se refere ao segundo, a experiência comum de cada dia e numerosos exemplos da Escritura nos demonstram que é verdade. De cem pessoas que ouvem o mesmo sermão, vinte o aceitarão com pronta fé, e as demais não o levarão em consideração, rir-se-ão dele, rejeitá-lo-ão e condená-lo-ão. Se alguém objetar que esta diversidade procede da malícia e perversidade dos homens, isto não será suficiente; porque a mesma malícia imperaria no coração dos demais, se o Senhor, por sua graça e bondade, não os corrigisse. Assim, sempre ficaremos enredados, enquanto não recorrermos ao que diz o Apóstolo: "quem te distingue?" (1 Cor 4, 7). Com o qual o Apóstolo dá a entender que, se um supera o outro, isso não se deve à sua própria virtude e poder, mas só à graça de Deus.

13. Lucas dá a causa pela qual Deus outorga a uns sua misericórdia, enquanto deixa outros de lado, dizendo que "estavam ordenados para vida eterna" (At 13, 48). Qual pensamos que possa ser a causa de que os outros tenham sido deixados, senão que são instrumentos de ira para afronta? Sendo, pois, assim, não nos dê vergonha falar como o faz Agostinho: "Deus bem poderia converter a vontade dos maus em bem, uma vez que é oni-potente. Sem dúvida, poderia. Por que, então, não o faz? Porque não o quis! Mas, por que não o quis, só Ele o sabe".[348] Nós não devemos saber mais do que nos convém. Isso é muito melhor do que tergiversar, com Crisóstomo: "Deus atrai a si aquele que o quer e que lhe estende a mão".[349] Diz isso para que não pareça que a diferença está no julgamento de Deus, mas só na vontade do homem.

Em suma, tão longe está aproximar-se de Deus de apoiar-se no pró-prio movimento do homem, que mesmo os filhos de Deus têm necessida-de de que seu Espírito os inste e estimule a isso. Lídia, vendedora de púrpura, temia a Deus; e, no entanto, foi necessário que o Senhor abris-se seu coração para que prestasse atenção à doutrina de Paulo e tirasse proveito dela (At 16, 14). E isso não se diz de uma mulher em particular, mas para que saibamos que progredir e aproveitar na piedade é uma obra admirável do Espírito Santo.

É certo que não se pode pôr em dúvida que o Senhor envia sua Pala-vra a muitos cuja cegueira quer aumentar. Pois com que fim dispôs que se avisasse tantas vezes ao faraó? Foi talvez porque pensava que seu coração se havia de abrandar ao enviar-lhe uma embaixada após outra? Muito pelo contrário: antes de começar já sabia o final que o assunto teria, e assim o manifestou antes de que chegasse a efeito. "Vai", disse a Moi-sés, "e declara a ele minha vontade; mas Eu endurecerei seu coração de modo que não deixará o povo de Israel partir" (Ex 4, 21). Da mesma for-ma, quando suscita a Ezequiel, adverte-o de que o envia a um povo re-belde e obstinado, a fim de que não se assombre ao ver como era pregar no deserto, e que, tendo ouvidos para ouvir, não ouviam (Ez 2, 3; 12, 2). Prediz igualmente a Jeremias que sua doutrina seria como fogo para destruir e dissipar o povo como palha (Jr 1, 10). Mas a profecia de Isaías é ainda mais terminante, pois tal é a embaixada que Deus lhe dá: "anda e dize a este povo: ouví bem, e não entendais; vide, mas não compreendais. Engrossa o coração deste povo e (agrava) seus ouvidos, e cega seus olhos, para que não veja com seus olhos, nem ouça com seus ouvidos, nem seu coração entenda, nem se converta nem haja para ele sanidade "(Is 6, 9-10).

---

348 Aug., De Genesi ad literam XI 10, 13 MSL 34, 434.
349 Chrysostomus, De ferendis reprehensionibus et de mutatione nominum, hom. 3, 6. opp. Paris, 1834ss. III 153 D.

Aqui vemos como lhes dirige a palavra, mas para que se tornem surdos; mostra-lhes sua luz, mas para que se ceguem mais; propõe-lhes sua doutrina, mas para que se aturdam mais com ela; oferece-lhes o remédio, mas para que não sarem. João, citando este passo de Isaías, afirma que os judeus não podiam crer na doutrina de Jesus Cristo porque pesava sobre eles a maldição de Deus (Jo 12, 39).

Tampouco se pode duvidar que aqueles a quem Deus não quer iluminar, propõe-lhes sua doutrina cheia de enigmas, a fim de que não lhes aproveite e caiam em maior embotamento e extravio. Porque Cristo afirma que só a seus apóstolos explicava as parábolas que havia usado falando com o povo, porque a eles se lhes concedia a graça de entender os mistérios do reino de Deus, e não aos demais (Mt 13, 11). Então, me direis, pretende o Senhor ensinar aqueles que não quer que o compreendam? Considerai onde está o defeito e não perguntareis mais. Porque qualquer que seja a obscuridade de sua doutrina, sempre tem luz suficiente para convencer a consciência dos ímpios.

14. Resta agora vermos por que o Senhor faz isso, pois está claro que o faz.

Se se responde que é assim porque os homens, por sua impiedade, maldade e ingratidão o merecem, isso está realmente muito bem dito; mas, porque ainda não é clara a razão desta variedade, pela qual uns estão inclinados à obediência enquanto outros persistem em sua obstinação, é necessário, para explicá-lo, recorrer à passagem que Paulo citou de Moisés: que Deus, desde o princípio, os deixou em pé para tornar seu nome conhecido por toda a terra (Rm 9, 17). Portanto, que os réprobos não obedeçam a doutrina que se lhes pregou há de imputar-se com toda razão à malícia e perversidade que reina em seu coração; contanto, porém, que se acrescente que foram entregues a esta perversidade tanto quanto, pelo justo mas incompreensível julgamento de Deus, foram deixados em pé para ilustrar sua glória com sua própria condenação.

Assim, quando se diz que os filhos de Eli, que não ouviram os saudáveis conselhos que seu pai lhes dava porque o Senhor queria fazê-los morrer (1 Sm 2, 25), não se nega que a contumácia e obstinação procedesse de sua própria maldade; mas, ao mesmo tempo, adverte-se a causa pela qual tenham sido deixados em sua contumácia, já que Deus podia haver abrandado seu coração, a saber, porque o imutável desígnio de Deus os havia predestinado à perdição. A este propósito refere-se o que João diz: "apesar de que o Senhor havia feito tantos sinais diante deles, não criam nele; para que se cumprisse a palavra do profeta Isaías, que disse: Senhor, quem creu em nosso anúncio?" (Jo 12, 37-38). Porque ainda que não se escuse de culpa aos contumazes, contenta-se em dizer que os homens não encontram gosto nem sabor algum na Palavra de Deus, enquanto o Espírito Santo não lhes faça ter. E Jesus, ao citar a profecia de Isaías: "serão todos ensinados por Deus" (Jo 6, 45; Is. 54, 13), não tenta senão provar que os judeus estão reprovados e não são do número de sua Igreja, por serem incapazes de ser ensinados; e não dá outra razão senão que a promessa de Deus não lhes pertencia. O que o apóstolo Paulo confirma, dizendo que Cristo crucificado, para os judeus certamente pedra de tropeço, e para os gentios loucura, é para os chamados poder e sabedoria de Deus (1 Cor 1, 23-24). Porque depois de haver dito o que comumente costuma acontecer sempre que se prega o Evangelho: que exaspera a uns e outros zombam dele, afirma que só entre os chamados é estimado e tido em apreço. É verdade que pouco antes havia feito menção dos fiéis; mas não para abolir a graça de Deus, que precede a fé, antes acrescenta, a modo de declaração, este segundo membro, a fim de que os que haviam abraçado o Evangelho atribuíssem a glória de sua fé à vocação de Deus, que os chamou, como o diz depois.

Ao ouvir isso, os ímpios se queixam de que Deus abusa de suas pobres criaturas, exercendo sobre elas um cruel e desordenado poder, como se estivesse zombando. Mas nós, que sabemos que os homens são culpados de tantas maneiras perante o tribunal de Deus que, se fossem interrogados sobre mil pontos não poderiam responder satisfatoriamente a um sequer, confessamos que os ímpios não padecem de nada que não seja por julgamento justo de Deus. Que não possamos compreender a razão, devemos suportá-lo pacientemente; e não temos de nos envergonhar de confessar nossa ignorância, quando a sabedoria de Deus se eleva até o alto.

15. Mas como costumam formular-nos objeções tiradas de algumas passagens da Escritura, nas quais parece que Deus nega que os ímpios se condenem porque Ele assim o ordenou, e que antes precipitam-se voluntariamente, e contra a vontade dele, à morte, será necessário que brevemente as expliquemos para demonstrar que não contradizem aos que ensinamos.

Citam as palavras de Ezequiel: "não quero a morte do ímpio, mas que se volte o ímpio de seu caminho, e que viva" (Ez 33, 11). Se quiserem entender isto em geral de todo o gênero humano, eu pergunto qual a causa pela qual não inste à penitência muita gente, cujo coração é muito mais flexível à obediência do que aqueles que quanto mais lhes convidam e pedem, tanto mais se demoram e obstinam. Cristo afirma que sua prega-ção e milagres teriam obtido muito mais proveito em Nínive e em Sodoma, que na Judeia (Mt 11, 23). Como, pois, acontece que, querendo Deus que todos os homens se salvem, não abre a porta da penitência a estes po-bres miseráveis, que estavam muito mais preparados para receber a gra-ça, de ter-lhes sido proposta e oferecida? Com isso vemos que este texto fica violentado e como que arrastado pelos cabelos, se, atendo-nos ao que soam as palavras do profeta, queremos invalidar e anular o eterno desíg-nio de Deus, com o qual separou os eleitos dos réprobos.

Se me perguntarem, pois, qual é o sentido próprio e natural desta passagem, sustento que a intenção do profeta é dar aos que se arrepen-dem boa esperança de que seus pecados lhes serão perdoados. Em suma, se pode dizer que os pecadores não devem duvidar de que Deus está preparado e disposto a perdoar-lhes seus pecados tão rápido quanto se convertam a Ele. Não quer, pois, sua morte, como quer sua conversão. Mas a experiência nos ensina que o Senhor quer que aqueles a quem Ele convida se arrependam, de tal maneira, no entanto, que não toca o cora-ção de todos. No entanto, não se pode dizer de maneira alguma que os trate com engano; porque, ainda que a voz exterior faça somente indes-culpáveis aqueles que a ouvem e não a obedecem, apesar disso deve ser considerada um testemunho da graça de Deus com que reconcilia os homens consigo. Entendamos, pois, que a intenção do profeta é dizer que Deus não se alegra da morte do pecador, para que os fiéis confiem em que, tão logo como se arrependam de seus pecados, Deus está prepara-do para perdoá-los; e, pelo contrário, que os ímpios sintam que se dupli-ca seu pecado por não ter correspondido a tão grande clemência e libe-ralidade de Deus. Assim, a misericórdia de Deus sempre sai a receber a penitência; mas que não se outorga a todos o dom de arrepender-se e converter-se a Deus, não somente o ensinam os demais profetas e após-tolos, como também o próprio Ezequiel.

Citam em segundo lugar o que diz Paulo: "Deus quer que todos os homens sejam salvos" (1 Tm 2, 4); texto que, embora seja diferente do dito pelo profeta, não obstante está em parte de acordo com ele.

Respondo que é evidente pelo contexto de que maneira Deus quer que todos sejam salvos; porque Paulo une duas coisas: deseja que se salvem e que cheguem ao conhecimento da verdade. Se, como eles dizem, foi decidido pelo eterno conselho de Deus que todos sejam feitos partícipes da doutrina de vida, que querem dizer as palavras de Moisés: "que nação grande há que tenha deuses tão próximos a eles como o está o Senhor, nosso Deus?" (Dt 4, 7). Qual é a causa por que Deus tenha privado da luz de seu Evangelho a tantas nações e povos, enquanto outros usufruem dela? Por que o conhecimento puro e perfeito da doutrina da verdade não chegou a certas gentes, e outras apenas sentiram o gosto dos rudimentos e primeiros princípios da religião cristã? Daqui se pode concluir claramente qual é a intenção de Paulo. Havia ordenado a Timóteo que se fizessem orações solenes e rogativas pelos reis e príncipes. Mas como parecia um grande desatino rogar a Deus por um tipo de gente tão sem esperança — pois não somente estavam fora da congregação dos fiéis, mas também empregavam todas as suas forças em oprimir o reino de Deus — acrescenta que é uma coisa aceitável a Deus, o qual quer que todos os homens se salvem. Com o qual não se quer dizer outra coisa senão que o Senhor não fechou as portas da salvação a nenhum estado nem condição humana; mas que, pelo contrário, de tal maneira derramou sua misericórdia, que quer que todos participem dela.

Os outros passos da Escritura que citam não declaram que é que o Senhor determinou em seu julgamento secreto sobre todos, mas somente anunciam que o perdão está preparado para todos os pecadores que o peçam com verdadeiro arrependimento. Porque, se insistem pertinazmente em que Deus quer ter misericórdia de todos, eu, por mim, lhes oporei o que a própria Escritura diz em outro lugar: "nosso Deus está nos céus; tudo o que quis, fez" (Sl 115, 3). De tal modo, pois, há de interpretar-se este texto que convenha com o outro que diz: "terei misericórdia daquele de quem tiver misericórdia e serei clemente para com aquele com o qual serei clemente" (Ex 33, 19). Quem escolhe a quem fazer misericórdia não a faz com todos. Mas, como se vê manifestamente que Paulo não trata de cada homem em particular, mas de todos os estados e condições dos homens, não será necessário tratar disto mais por extenso. Embora também tenhamos de notar que Paulo não diz que Deus o faça sempre e em todos; mas que nos adverte de que temos de deixar-lhe sua liberdade de atrair os reis, príncipes e magistrados a Ele afinal, e fazer-lhes partícipes da doutrina celestial, ainda que durante algum tempo, por estar cegos e andar em trevas, o persigam.

O texto de Pedro que diz que o Senhor não quer que ninguém pereça, mas que todos procedam ao arrependimento (2 Pd 3, 9), parece urgir-nos muito mais; só que a solução deste nó que parece tão forte se apresenta na segunda parte da sentença. Porque não se deve entender outro tipo de vontade de receber a penitência senão a que se propõe em toda a Escritura. A conversão certamente está nas mãos de Deus. Que lhe perguntem a Ele se quer converter a todos, dado que promete dar a um pequeno número um coração de carne, deixando a todos os demais com seu coração de pedra (Ez 36, 26). É evidente que se Deus não estivesse disposto em sua misericórdia a receber a todos aqueles que lhe pedem, seria falsíssimo o texto de Zacarias: "voltai-vos a mim e eu me voltarei para vós" (Zc 1, 3). Mas eu afirmo que não há homem algum que se aproxime de Deus senão aquele a quem Ele atrai para si. Se dependesse da vontade do homem arrepender-se, Paulo não diria: "se por acaso Deus lhes concede que se arrependam" (2 Tm 2, 25). E ainda afirmo mais: se Deus mesmo, que com sua Palavra exorta a todos à penitência, não incitasse a ela seus eleitos com uma secreta inspiração de seu Espírito, não diria Jeremias: "converte-me e serei convertido porque, depois que me converteste, fiz penitência" (Jr 31, 18-19).

16. Alguém me dirá: se é assim, as promessas do Evangelho, as quais, falando da vontade de Deus, dizem que quer o que repugna ao que determinou em seu inviolável decreto, oferecem muito pouca certeza.

Respondo que não é assim, porque ainda que as promessas de vida sejam universais, no entanto não são de forma alguma contrárias à predestinação dos réprobos, contanto que olhemos seu cumprimento. Sabemos que as promessas de Deus conseguem seu efeito quando as recebemos com fé; pelo contrário, quando a fé se extingue, as promessas são abolidas.

Se esta é a natureza e condição das promessas, vejamos agora se repugnam à predestinação divina. Lemos que Deus elegeu, desde a eternidade, aqueles que quer receber em sua graça e aqueles em quem quer executar sua ira; e que, no entanto, propõe a todos, sem distinção alguma, a salvação. Eu respondo que tudo isto está de acordo entre si. Porque o Senhor, ao prometer isto, não quer dizer outra coisa senão que sua misericórdia se oferece a todos quantos a buscam e pedem seu favor; o que, entretanto, não fazem senão aqueles a quem Ele iluminou. Ora, Ele ilumina aqueles que predestinou para ser salvos. Estes são os que experimentam a verdade das promessas certa e firmemente, de maneira que de modo algum se pode dizer que há contradição entre a eterna eleição de Deus e o fato de que ofereça o testemunho de sua graça e favor aos fiéis.

No entanto, por que nomeia a todos os homens? É evidente que nomeia a todos a fim de que a consciência dos fiéis goze de maior segurança, vendo que não há diferença alguma entre os pecadores, contanto que creiam; e, a fim de que os ímpios não pretextem que não têm refúgio algum ao qual recolher-se para escapar à servidão do pecado, quando eles o rechaçam com sua ingratidão. Assim, pois, como a uns e a outros se oferece a misericórdia de Deus por meio do Evangelho, não resta outra coisa senão a fé, quer dizer, a iluminação de Deus, que distingue entre os fiéis e os incrédulos, de sorte que os primeiros sintam a eficácia e virtude de sua iluminação, e os outros não consigam fruto algum. Ora, esta iluminação se regula segundo a eterna eleição de Deus.

A queixa de Cristo que citam: "Jerusalém, Jerusalém; quantas vezes quis juntar teus filhos, e não o quiseste!" (Mt 23, 37), de nada serve para confirmar sua opinião. Admito que Cristo não fala aqui como homem, mas reprova os judeus que sempre e todo o tempo tenham recusado sua graça; entretanto, devemos considerar qual é esta vontade de Deus da que faz menção aqui, pois é outra coisa bem conhecida a diligência que Deus pôs em conservar esse povo; e também se sabe com quanta obstinação, já desde os primeiros até o fim, resistiram a ser eleitos, entregando-se a seus desordenados desejos. No entanto, daqui não se segue que o imutável desígnio de Deus fosse nulo e vão, devido à maldade dos homens.

Replicam que não há o que menos convenha à natureza de Deus que afirmar que tem duas vontades. Concedo-o de boa vontade, contanto que o entendam bem. Mas por que não consideram tantos textos da Escritura onde, atribuindo-se sentimentos humanos, fala como homem, descendo, por assim dizer, de sua majestade? Diz que estendeu suas mãos todo o dia a um povo rebelde (Is 65, 2); que procurou dia e noite atraí-lo a si. Se quiserem entender isto ao pé da letra, sem admitir figura de nenhum tipo, abrirão a porta a inumeráveis questões vãs e supérfluas, as quais se podem solucionar todas dizendo que Deus se atribui por semelhança o que é próprio dos homens. Mas é suficiente a solução que já demos antes, a saber, que mesmo que a vontade de Deus seja diversa a nosso parecer, Ele entretanto não quer isto ou aquilo em si, senão deixar nossos sentidos atônitos com sua multiforme sabedoria, como diz Paulo (Ef 3, 10), até que, no último dia, nos faça compreender que Ele quer, de um modo admirável e oculto, o mesmo que no presente nos parece contrário à sua vontade.

Lançam mão também de outras sutilezas que não merecem resposta. Dizem que Deus é Pai de todos, e que, como Pai, não é razoável que deserde senão aquele que, por sua própria culpa, se fizer merecedor disso. Como se a liberalidade de Deus não se estendesse inclusive aos porcos e aos cães! E se nos limitarmos ao gênero humano, que me respondam por que motivo Deus quis ligar-se a um povo para ser seu Pai, prescindindo de todos os demais; e por que colheu deste mesmo povo um pequeno número como flor. Mas o raivoso desejo que esta gente desenfreada tem de maldizer lhe impede considerar que, como Deus faz brilhar o sol sobre os bons e os maus (Mt 5, 45), assim também reserva a herança eterna para o pequeno número de seus eleitos, aos que dirá: "vinde, benditos de meu Pai, herdai o reino!" (Mt 25, 34).

Objetam também que Deus não detesta coisa alguma de todas que criou. Embora eu o conceda de boa vontade, isto não está em nada contra ao que ensinamos: que os réprobos são odiados por Deus com toda razão; porque, desprovidos de seu Espírito, não podem produzir nada senão causa de maldição.

Dizem ainda que não há diferença alguma entre o judeu e o gentio, e que por isso Deus propõe sua graça indiferentemente a todos. Também eu o admito, contanto que se entenda, como Paulo o expõe, que Deus, tanto dos judeus como dos gentios, chama aqueles que bem lhe parece, sem ser obrigado por ninguém (Rm 9, 24). Esta mesma resposta vale também para os que alegam que Deus encerrou todas as coisas debaixo do pecado, a fim de ter misericórdia de todos (Rm 11, 32). Isto é muito certo, pois Ele quer que a salvação dos bem-aventurados se impute a sua misericórdia, embora este benefício seja comum a todos.

Conclusão: depois de muito discutir e de acumular razões de um lado e de outro, é preciso concluir como Paulo, cheios de estupefação ante tal profundidade; e, se certas línguas desenfreadas vomitam seu veneno contra isto, não nos envergonhemos de exclamar: "ó homem! Quem és tu, para que alterques com Deus?" (Rm 9, 20). Porque Agostinho diz muito bem que aqueles que medem a justiça de Deus pela dos homens agem muito mal.

A ressurreição final.

esmo que Cristo, sol de justiça, "depois de vencer a morte, fez brilhar a vida e a imortalidade por meio do Evangelho", segundo o testemunho de Paulo (2 Tm 1, 10), de onde se diz que aquele que crê passou da morte à vida (Jo 5, 24); já que não somos peregrinos nem estrangeiros, mas cidadãos dos santos e membros da família de Deus, que nos fez sentar nos lugares celestiais com o unigênito (Ef 2, 6. 19), de forma que nada nos falte para a plena felicidade; no entanto, para que não nos seja incômodo exercitar--nos até agora numa guerra dura, como se não conseguíssemos nenhum fruto da vitória que Cristo obteve para nós, devemos ter em vista o que nos é ensinado em outro lugar sobre a natureza da esperança. Pois, uma vez que "esperamos o que não vemos" (Rm 8, 25), e que, como se diz em outro lugar, a fé é a demonstração das coisas invisíveis (Hb 11, 1), enquanto estivermos trancados na prisão de nossa carne "seremos peregrinos, longe do Senhor" (2 Cor 5, 6). Razão pela qual o próprio Paulo diz em outro lugar que estamos mortos e que nossa vida está escondida com Cristo em Deus; e que quando Cristo, que é nossa vida, se manifestar, então nós também apareceremos com ele, em glória (Cl 3, 3-4). Eis, pois, nossa condição: que "vivamos neste mundo sóbria, justa e piedosamente, aguardando a esperança bem-aventurada e o advento de glória de nosso grande Deus e Salvador, Jesus Cristo" (Tt 2, 12-13).

Aqui, é preciso uma paciência fora do comum para que, fatigados, não voltemos atrás nem abandonemos nosso posto. Assim, tudo o que foi exposto até agora sobre a nossa salvação requer que tenhamos nossas mentes elevadas ao céu, para que amemos a Cristo, a quem não vemos, e, crendo nele, exultemos com uma alegria inenarrável e gloriosa, até que obtenhamos a finalidade de nossa fé, como diz Pedro (1 Pd 1, 8-9). Razão pela qual Paulo diz que a fé e a caridade dos homens pios têm seus olhos voltados para a esperança que está depositada nos céus (Cl 1, 5). Quando, olhos assim fixados em Cristo, estamos pendentes do céu e não há nada que nos detenha na terra e nos afaste da beatitude prometida, cumpre-se verdadeiramente o que ele disse, que nosso coração está onde está nosso tesouro (Mt 6, 21). Eis porque a fé é algo tão raro no mundo: porque nada é mais difícil para a nossa preguiça do que transpor esses inúmeros obstáculos e seguir adiante, até a palma da vocação celeste. Ao grande cúmulo de misérias por que somos cobertos, juntam-se os escárnios dos homens profanos, que acometem contra nossa simplicidade, quando nós, ao renunciar de espontânea vontade às facilidades da vida presente, parecemos procurar uma bem-aventurança que nos é desconhecida, como se perseguíssemos uma sombra fugidia. Finalmente, somos obsideados, por cima e por baixo, pela frente e por trás, por tão violentas tentações que nossos espíritos não seriam capazes de suportá-las a menos que, desprendidos das coisas terrenas, nos entregássemos à vida celestial, que é tão distante de nós em aparência. Razão pela qual aproveitou de fato o Evangelho aquele que está acostumado à contínua meditação da ressurreição bem-aventurada.

2. Os filósofos antigos disputaram acirradamente sobre o último fim dos bons, e até brigaram entre si; mas nenhum, exceto Platão, reconheceu que o sumo bem do homem é a união com Deus. Não pôde, entretanto, nem sequer obscuramente, sentir o gosto dessa união; e não devemos estranhá-lo, pois não havia aprendido nada sobre esse sacrossanto vínculo. Mas nós, mesmo durante esta peregrinação terrena, sabemos qual é a única e perfeita felicidade; mas de tal maneira que a cada dia acenda mais e mais nossos corações com seu desejo, até saciar-nos com plena fruição. Eis por que disse que não saboreamos o fruto dos benefícios que vêm de Cristo, se não elevamos nossa mente à ressurreição. O próprio Paulo propõe este objetivo aos fiéis (Fp 3, 8), dizendo que se esforça para chegar a ele, esquecendo-se de tudo, até atingi-lo. E com tanta maior alegria devemos fazer por chegar a ele, temendo que, se o mundo nos entreter aqui em baixo, tenhamos o castigo de nosso descuido. Por isso, em outro lugar, dá este sinal aos fiéis, que sua conversão esteja nos céus, de onde esperam seu Salvador (Fp 3, 20).

E, para que não desanimem neste percurso, lhes dá por companheiras todas as criaturas. Pois, como por todos os lados não se veem senão ruínas destruídas, diz que tudo o que há no céu e na terra anseia pela renovação (Rm 8, 19). Pois quando Adão, com sua queda, dissipou toda a ordem da natureza, a servidão a que todas as coisas estão submetidas por causa dos pecados do homem é difícil e penosa; não porque elas sejam dotadas de algum sentimento, mas porque naturalmente apetecem aquele estado íntegro de que caíram. Por isso Paulo lhes atribui o gemido e a dor das parturientes; e isso a fim de que nós, que recebemos as primícias do Espírito, nos envergonhemos de permanecer em nossa corrupção e de não imitar nem os elementos inanimados, que suportam a pena do pecado alheio. E, a fim de nos espicaçar mais, chama à última vinda de Cristo nossa redenção. É verdade que todos os requisitos de nossa redenção foram satisfeitos; mas, porque Cristo, depois de ter-se oferecido já uma vez por nossos pecados (Hb 10, 12), aparecerá de novo sem pecado para salvação, esta última redenção deve sustentar-nos até o fim, quaisquer que sejam as misérias que nos agoniem.

3. A gravidade mesma da questão aguçará nosso zelo; pois não sem motivo Paulo afirma que, se os mortos não ressuscitarem, todo o Evangelho será sem valor e falaz (1 Co 15, 14); porque nossa condição seria muito mais miserável que a de todos os outros mortais, pois, expostos ao ódio e às reprovações, estamos a todo momento correndo perigo, e somos como ovelhas destinadas ao matadouro.[350] E desta maneira não apenas neste ponto será rebaixada a autoridade do Evangelho, mas em sua totalidade, que compreende tanto nossa adoção como o cumprimento de nossa salvação.

E, assim, fiquemos atentos a este tema de máxima seriedade, para que o passar do tempo não nos traga o cansaço. Por essa razão, retardei o que devia tratar sobre a ressurreição até este lugar, para que os leitores aprendam a se elevar mais alto, depois de terem recebido a Cristo como autor de sua total salvação, e para que saibam que está vestido de imortalidade e glória celestial, a fim de que todo seu corpo seja conforme sua cabeça; como o mesmo Espírito Santo muitas vezes nos propõe o exemplo da ressurreição na pessoa de Cristo.

É coisa difícil de crer que os corpos consumidos pela putrefação hão de ressuscitar no final dos tempos. E, assim, ainda que muitos filósofos tenham afirmado que as almas sejam imortais, a ressurreição da carne foi aprovada por poucos. E, ainda que não tenham nenhuma desculpa, com isso somos avisados, no entanto, de que esse tema é uma coisa mais árdua do que o senso humano pode compreender.

---

350 Rm. 8, 36.

Para que a fé supere um obstáculo tão grande, a Escritura vem a nosso auxílio de duas maneiras: uma, na semelhança de Cristo; outra, na onipotência de Deus. Assim, pois, sempre que se trate da ressurreição, ocorra-nos a imagem de Cristo, que concluiu o curso de sua vida mortal na natureza que tomou de nós, de tal maneira que, tendo agora alcançado a imortalidade, seja para nós penhor da ressurreição futura. Pois, em meio às misérias de que estamos rodeados, levamos em nosso corpo sua mortificação, a fim de que sua vida se manifeste em nós (2 Co 4, 10). E não é lícito separá-lo de nós, nem nos é sequer possível fazê-lo sem dilacerá-lo. De onde este raciocínio de Paulo: "se não há ressurreição de mortos, tampouco Cristo ressuscitou" (1 Co 15, 13); porque ele admite como incontestável o princípio de que Cristo não se submeteu à morte para seu proveito particular, nem para alcançar com ressurreição a vitória só para ele, mas que começou na cabeça o que é necessário que se cumpra em todos os membros segundo a ordem e grau de cada um; pois não era possível que em tudo fossem iguais a ele. No salmo se diz: "não permitirás que teu santo veja a corrupção" (Sl 16, 10). Ainda que uma porção desta confiança nos pertença conforme a medida da doação, no entanto o efeito perfeito não se viu senão em Cristo, o qual, imune a toda putrefação, recobrou seu corpo íntegro. A fim, pois, de que não tenhamos dúvida alguma de que seremos companheiros na ressurreição de Cristo, para que nos contentemos com este penhor, Paulo afirma expressamente que a razão por que Cristo está sentado no céu e há de vir como Juiz no último dia é transformar nosso corpo humilde e abjeto em seu corpo glorioso (Fp 3, 21). E em outro lugar ensina que Deus não ressuscitou seu Filho da morte para dar somente uma amostra de sua virtude, mas para fazer seus fiéis partícipes desta mesma virtude de seu Espírito (Cl 3, 4). E por isso chama a este Espírito vida, quando habita em nós; pois por esta razão nos é dado, para que vivifique o que há em nós de mortal.

Abordo brevemente coisas que poderiam ser tratadas muito mais extensamente e que merecem ser ornadas num estilo mais brilhante. Confio, porém, que os leitores piedosos hão de encontrar nestas poucas palavras matéria suficiente para edificar sua fé.

Cristo ressuscitou, pois, para ter-nos por companheiros da vida futura. Foi ressuscitado pelo Pai enquanto Cabeça da Igreja, da qual de forma alguma pode ser separado. Foi ressuscitado pela virtude do Espírito, que nos é comum com ele quanto ao dom de vivificar. Foi ressuscitado, enfim, para ser nossa ressurreição e vida. E assim como dissemos que temos uma clara imagem de nossa ressurreição neste espelho, da mesma maneira é para nós uma firme hipóstase, em que nossos espíritos podem apoiar-se, para que uma espera mais longa não nos aborreça nem nos cause pesar; porque não nos toca contar conforme nossa vontade os minutos de tempo, mas esperar pacientemente, até que Deus, segundo sua oportunidade, instaure seu reino. A este propósito se refere aquela expressão de Paulo, que Cristo é as primícias; e, em seguida, os que são de Cristo, cada um segundo sua ordem (1 Co 15, 23).

No mais, a fim de que nenhuma questão nos agite com respeito à ressurreição de Cristo, sobre a qual se fundamenta toda a nossa, vemos de quantos e quão variados modos ela nos é atestada. Homens zombeteiros se rirão da história que os evangelistas contam, como se fosse um jogo pueril. Porque que autoridade, dizem, terá o anúncio que fizeram umas pobres mulheres cheias de medo, confirmado depois pelos discípulos quase mortos de espanto? Por que Cristo não mostrou os ilustres sinais de sua vitória no meio do templo e em praça pública? Por que não se apresenta em sua terrível majestade aos olhos de Pilatos? Por que não aparece ressuscitado aos sacerdotes e a toda Jerusalém? Enfim, esses homens profanos dirão que os testemunhos da ressurreição que Cristo escolheu dificilmente são idôneos.

Respondo que, ainda que o começo tenha sido desprezível por sua fraqueza, tudo isso foi disposto pela admirável providência de Deus, de tal maneira que os que pouco antes estavam meio-mortos de medo fossem como que arrastados ao sepulcro, em parte pelo amor a Cristo e pelo zelo da piedade, e em parte por sua incredulidade; e não somente para que fossem testemunhas oculares do fato, mas também para que ouvissem dos anjos o mesmo que viam com seus olhos. Como considerar suspeitosa a fé daqueles que pensavam que era uma fábula o que tinham ouvido das mulheres até que o viram com seus próprios olhos?

Quanto ao resto do povo e ao próprio governador, não é de estranhar que, depois de terem sido convencidos mais do que o suficiente, tenham sido privados tanto da visão de Cristo quanto de seus sinais. O sepulcro é selado; os guardas montam sentinela; o corpo não é encontrado no terceiro dia (Mt 27, 66; 28, 11). Os soldados, subornados com dinheiro, espalham o rumor de que o corpo foi roubado pelos discípulos. Como se eles tivessem o poder de reunir muita gente, ou estivessem armados ou até exercitados para ousar tal façanha! E se os soldados não tinham valor para resistir aos discípulos, por que não os seguiram para, ajudados pelo povo, prender alguns deles? Logo, Pilatos, ao selar o sepulcro, confirmou a ressurreição de Cristo; e a aqueles que foram postos como guardiões junto ao sepulcro, tornaram-se, calando ou mentindo, pregoeiros da ressurreição. Além disso, ouviu-se a voz dos anjos: "não está aqui, mas ressuscitou" (Lc 24, 6). O resplendor celeste mostrou claramente que não eram anjos, mas homens. Depois, Cristo em pessoa dirimiu toda dúvida, se ainda havia alguma (Lc 24, 38). Porque seus discípulos o viram, e não apenas uma vez, e tocaram seus pés e suas mãos,[351] e sua incredulidade serviu não pouco para confirmar nossa fé. Falou entre eles dos mistérios do reino de Deus; e, ao fim, subiu ao céu, como eles viram com seus próprios olhos (At 1, 3.9); e isso foi visto não somente pelos onze apóstolos, mas por mais de quinhentos irmãos ao mesmo tempo (1 Co 15, 6). Deu-nos ainda uma comprovação certa ao enviar o Espírito Santo, não só de sua vida, mas também de seu supremo império, como o havia predito: "é bom para vós que eu me vá; porque, se não for, o Consolador não virá a vós; mas, se eu for, vo-lo enviarei" (Jo 16, 7).

Tampouco Paulo foi derrubado na estrada pela força de um morto, mas sentiu perfeitamente o grande poder daquele a quem perseguia (At 9, 4). Apareceu a Estevão por outro motivo muito diferente, para fazê-lo vencer o temor da morte com a certeza da vida (At 7, 55). Não querer dar fé a tantos e tão autênticos testemunhos, não só seria incredulidade, mas uma perversa e furiosa obstinação.

4. Quanto ao que dissemos, que, para termos a prova da ressurreição, temos de dirigir nossos sentidos à imensa potência de Deus, Paulo o ensina brevemente, dizendo: "ele transformará o nosso pobre corpo, tornando-o semelhante ao seu corpo glorioso, graças ao poder que o torna capaz também de sujeitar a si todas as coisas" (Fp 3, 21). Portanto, não há nada menos coerente do que considerar aqui o que é possível ocorrer naturalmente, já que se nos apresenta um milagre inestimável, que faz desaparecer todos os nossos sentidos em sua magnitude. Paulo, entretanto, servindo-se de um exemplo da natureza, convence de ignorância aos que negam a ressurreição: "tolo, o que tu semeias não vivifica, se não morre antes" (1 Co 15, 36). Diz que a imagem da ressurreição pode ser vista na semente, porque a semente nasce da putrefação. E tampouco seria tão difícil de crer, se estivéssemos atentos como se deve aos milagres que se oferecem a nossos olhos em todas as partes do mundo.

No mais, lembremo-nos de que ninguém se convencerá verdadeiramente da ressurreição futura, a não ser que, arrebatado de admiração, dê à virtude de Deus a glória que merece. Isaías, animado por esta confiança,

---

351 Lc. 24, 39.

exclama: "os teus mortos viverão, meus cadáver ressurgirá. Despertai e cantai louvores, vós que habitais no pó!" (Is 26, 19). Quando tudo era desesperança, ele se dirige ao autor da vida, que tem em suas mãos o poder de livrar da morte, como se diz no salmo (Sl 68, 21). Também Jó, que mais parecia um cadáver do que um homem, apoiado na potência de Deus, não duvida, como se estivesse saudável, em esperar aquele dia: "eu sei que meu redentor vive, e que no último dia se levantará sobre o pó (a saber, para mostrar assim sua potência); e que eu, novamente revestido da minha pele, em minha carne hei de ver a Deus; a quem eu mesmo hei de ver, e meus olhos hão de contemplar, e não outro" (Jó 19, 25). Pois ainda que alguns sutilmente distorçam estas passagens, como se não devessem ser expostas como relativas à ressurreição, com isso confirmam, no entanto, o que tanto desejam destruir: porque os homens santos não buscam consolo para seus males senão na semelhança da ressurreição. Isto se entenderá melhor a partir de um texto de Ezequiel. Pois, como os judeus desprezassem a promessa do retorno e objetassem que não era mais provável do que o caminho se abrisse para eles do que os mortos ressuscitarem do sepulcro, a visão se oferece ao Profeta como campos cheios de ossos secos, e Deus ordena que tomem sua carne e seus nervos (Ez 37, 8). Ainda que Deus incite com este símbolo seu povo a ter esperança, no entanto, tira matéria de dar-lhes esperança da ressurreição, como também ela é o principal exemplo de todas as liberações que os fiéis experimentam neste mundo. Assim, Cristo, depois de haver ensinado que a palavra do Evangelho é vivificadora, como os judeus não o aceitavam, acrescenta em seguida: "não vos maravilheis disso; pois virá a hora em que todos os que estão nos túmulos ouvirão a voz do Filho de Deus e sairão" (Jó 5, 28-29). Portanto, a exemplo de Paulo, triunfemos alegremente em meio aos combates, uma vez que quem nos prometeu a vida futura é poderoso para guardar nosso depósito;[352] e, assim, gloriemo-nos de que a coroa da justiça, que o justo Juiz nos dará, está guardada para nós (2 Tm 4, 8). Desta maneira dar-se-á que todas as aflições que padecemos nos servirão como prova da vida futura, porque convêm à natureza de Deus pagar com a mesma moeda aos ímpios que nos afligem; e a nós, que injustamente somos afligidos, dar-nos repouso "quando se manifestar o Senhor Jesus vindo do céu com os anjos de seu poder, em chama de fogo".[353] Mas devemos reter o que acrescenta pouco de-

---

352 2 Tm. 1, 12.
353 2 Ts. 1, 7-8.

pois, que virá para ser glorificado em seus santos e ser admirado em todos os que creram por ter dado fé ao Evangelho.[354]

5. E, ainda que fosse conveniente que as mentes dos homens se ocupassem desse tema continuamente, eles, como se, no entanto, quisessem abolir toda memória da ressurreição, chamaram à morte o fim de todas as coisas e a destruição do homem. Pois certamente Salomão fala de acordo com a opinião comum e aceita entre o vulgo, quando diz: "um cachorro vivo é melhor que um leão morto" (Ecl 9, 4). E em outro lugar: "quem sabe que o espírito dos homens subirá para cima, e se o espírito dos brutos descerá para baixo?" (Ecl 3, 21). Certamente, esse estupor bestial grassou por todos esses séculos, e até penetrou na própria Igreja; porque os saduceus se atreveram a pregar publicamente que não existe ressurreição (Mc 12, 18; Lc 20, 27; At 23, 8), e até que as almas são mortais.

Mas, a fim de que essa crassa ignorância não lhes sirva de desculpa, eles sempre tiveram diante dos olhos, pelo próprio instinto da natureza, alguma imagem de ressurreição. Pois para que aquele santo e inviolável costume de sepultar os mortos, senão como penhor de uma nova vida? E não se pode dizer que isto nasceu de um erro, uma vez que a prática da sepultura vigeu entre os santos patriarcas desde sempre. E Deus quis que este mesmo costume se mantivesse entre os gentios, para que, oferecida a imagem da ressurreição, despertassem de seu torpor. E, embora esta cerimônia lhes tenha carecido de proveito, para nós, no entanto, é útil, se considerarmos prudentemente sua finalidade: porque não é uma refutação leviana de sua incredulidade que todos tenham professado ao mesmo tempo algo em que nenhum deles acreditava.

Satanás, por sua vez, não somente entorpeceu o intelecto dos homens, para que juntamente com os corpos enterrassem a memória da ressurreição, mas também tentou, com várias ficções, corromper esta doutrina, para que ao fim se extinguisse. Omito aqui que já no tempo de Paulo Satanás começou a enfraquecê-la. Mas pouco depois surgiram os quiliastas, que limitaram o reino de Cristo ao término de mil anos. Mas este desvario é tão pueril que não merece e nem precisa de refutação. Nem sequer o trecho do Apocalipse, o qual sem dúvida os induziu a seu erro, os favorece, uma vez que ali o número mil (Ap 20, 4) não trata da eterna beatitude da Igreja, mas somente das várias revoltas que até então afligiam a Igreja militante na terra. No mais, toda a Escritura clama a uma só voz que nem a felicidade dos eleitos, nem o suplício dos réprobos

---

354 2 Ts. 1, 10.

terão fim. Além disso, de todas as coisas que escapam a nosso olhar e que ultrapassam a capacidade de nosso intelecto, ou a fé deve ser buscada a partir dos oráculos seguros de Deus ou rechaçada.

Os que assinam aos filhos de Deus mil anos para que usufruam da herança da vida futura, não se dão conta de quão grande afronta fazem a Cristo e a seu reino. Pois se não serão revestidos de imortalidade, segue-se que tampouco o próprio Cristo, em cuja glória hão de ser transformados, foi recebido na glória imortal. Se a bem-aventurança deles há de ter um fim qualquer, segue-se que o reino de Cristo, em cuja solidez aquela se apoia, é temporário. Finalmente, ou são ignorantíssimos de todas as coisas divinas, ou, com oblíqua malignidade, pretendem desfazer totalmente a graça de Deus e a virtude de Cristo, cujo cumprimento não pode chegar a efeito sem que, destruído o pecado e aniquilada a morte, a vida eterna se instaure plenamente.

Quão loucamente deliram aqueles que temem atribuir a Deus uma excessiva crueldade se afirmarem que os réprobos foram condenados a uma pena eterna, é algo evidente até para os cegos. Pois dizem que Deus cometeria grave injúria se privasse de seu reino os que, por ingratidão, se tornaram indignos dele! E que seus pecados são temporais. Admito-o; mas a majestade de Deus e mesmo sua justiça, que eles violaram ao pecar, é eterna. É muito justo, pois, que a memória de sua iniquidade não pereça. Sendo assim, acrescentam que a pena seria maior que o delito. Esta é uma blasfêmia intolerável, pois estima em muito pouco a majestade divina, ao não avaliá-la em mais que a perdição de uma alma. Mas deixemos estes tratantes, para que não pareça que seus delírios são dignos de resposta, contrariamente ao que dissemos ao princípio.

6. Há ademais outros dois delírios, inventados por homens demasiadamente curiosos. Uns pensaram que as almas haviam de ressuscitar juntamente com o corpo, como se o homem todo perecesse ao morrer. Outros, concedendo que as almas são imortais, creram que haviam de ser revestidos de corpos novos, com o qual negam a ressurreição da carne.

Quanto ao primeiro grupo, como já toquei neste tema ao falar da criação do homem, me bastará advertir de novo aos leitores sobre quão bestial é o erro de reduzir nosso espírito, feito à imagem de Deus, a um sopro que se desvanece e que anima o corpo somente nesta vida caduca; e de reduzir a nada o templo do Espírito Santo, e finalmente privar aquela parte de nós em que a divindade mais resplandece e em que os sinais da imortalidade são mais visíveis, de tal maneira que seja a condição do corpo melhor e mais excelente que a da alma.

Longe disso está a Escritura, que compara nosso corpo a um casebre, do qual diz que partimos ao morrer; porque nos avalia por esta parte, a qual nos diferencia dos animais. Por isso Pedro, vendo-se próximo da morte, diz que chegou o momento de deixar seu tabernáculo (2 Pd 1, 14). E Paulo, falando sobre os fiéis, depois de dizer que, "se a tenda em que moramos neste mundo for destruída, Deus nos dá outra moradia nos céus" (2 Co 5, 1), acrescenta que "enquanto moramos no corpo, somos peregrinos, longe do Senhor; mas confiamos, e preferimos deixar a moradia do nosso corpo, para ir morar junto do Senhor".[355] Se as almas não sobrevivessem aos corpos, que é o que estaria junto a Deus, depois de ter-se separado do corpo? O Apóstolo suprime esta dúvida quando ensina que somos próximos do espírito dos justos (Hb 12, 23), entendendo com estas palavras que estamos associados aos santos patriarcas, que, mesmo mortos, cultuam a mesma piedade, juntamente conosco; porque certamente não podemos ser membros de Cristo, se não estamos unidos a eles. Ademais, se as almas separadas do corpo não conservassem sua essência e não fossem capazes da glória bem-aventurada, Cristo não teria dito ao ladrão: "hoje estarás comigo no paraíso" (Lc 23, 43).

Apoiados, pois, em testemunhos tão claros, não duvidemos em encomendar nossas almas a Deus ao morrer, a exemplo de Cristo (Lc 23, 46), e entregá-la, a exemplo de Estêvão, à custódia de nosso Cristo (At 7, 58), o qual é com razão chamado "pastor e bispo de nossas almas" (1 Pd 2, 25). Além disso, não é lícito nem proveitoso investigar com curiosidade o estado intermediário das almas, desde que se separam do corpo até a ressurreição final. Muitos se atormentam muito disputando acerca do lugar que ocupam, e se já usufruem ou não da glória celestial. Certamente é algo tolo e temerário investigar sobre coisas desconhecidas além do que Deus nos permite saber.

A Escritura, depois de dizer que Cristo está presente e que as recebe no paraíso (Jo 12, 32), para dar-lhes consolo, ao passo que as almas dos réprobos padecem os tormentos que mereceram, não vai mais além. Que doutor ou mestre nos esclarecerá o que Deus nos oculta?

Não menos frívola e vã é a questão do lugar, pois sabemos que as almas não têm a mesma dimensão que os corpos. É-nos suficiente que o bem-aventurado repouso das almas dos santos seja chamado seio de Abraão; pois com isso nos diz que, ao partirem as almas desta peregrinação, são

---

355 2 Cor. 5, 6.8.

recebidas pelo Pai de todos os fiéis, para que nos comunique o fruto de sua fé.

Entretanto, uma vez que a Escritura nos ordena em toda parte que estejamos pendentes da expectativa da vinda de Cristo, e que nos diz que a coroa difere da glória até esse momento, contentemo-nos com estes limites que nos foram prescritos pela divindade: que as almas dos homens pios, ao concluir seu trabalho de luta, vão para um descanso bem-aventurado, onde com grande alegria esperam a fruição da glória prometida; e que assim tudo fica em suspenso até que Cristo apareça como Redentor.

Quanto aos réprobos, não há dúvida de que sua sorte é a mesma dos diabos, segundo Judas: presos em cadeias eternas, até que sejam arrastados para o suplício a que foram condenados (Jd 6).

7. Igualmente monstruoso é o erro dos que imaginam que as almas não hão de receber os mesmos corpos de que estavam vestidas antes, mas outros, novos. E sumamente fútil foi a razão apresentada pelos maniqueus: que não é coerente que a carne, que é imunda, ressuscite.[356] Como se não houvesse nenhuma imundície nas almas! E, no entanto, não são afastadas da vida eterna. Isto é como que se dissessem que a Divindade não pode limpar o que está infectado pela mancha do pecado.

Passo por alto do delírio segundo o qual a carne é naturalmente suja, porque foi criada pelo Diabo. Mostro apenas que, tudo o que é em nós indigno do céu não impedirá a ressurreição. Quando Paulo manda que os fiéis que se limpem primeiro de toda contaminação de carne e de espírito (2 Co 7, 1), daqui se segue o que em outro lugar ele mesmo declara, a saber, que cada um receberá segundo o tenha feito enquanto estava no corpo, seja bom ou seja mal (2 Co 5, 10). Com o que está de acordo o que escreve aos coríntios: "para que vida de Jesus Cristo se manifeste em nossos corpos" (2 Co 4, 11). Razão pela qual roga em outro lugar que Deus conserve os corpos inteiros até o dia do Juízo, bem como as almas e os espíritos (1 Ts 5, 23). E não há por que espantar-se; pois seria a coisa mais absurda que os corpos que Deus consagrou como um templo seu perecessem na putefração sem esperança alguma de ressurreição. E mais ainda, porque são membros de Cristo (1 Co 6, 15); e mais ainda, porque Deus prescreve que todas as partes sejam santificadas para Ele; porque quer que seu nome seja celebrado por nossas línguas, e que os homens ergam a Ele suas mãos limpas (1 Tm 2, 8), e que lhe ofereçam sacrifícios. Ora, se o Juiz celestial de tal maneira dignifica com preclara honra essa

---

356 Aug., Contra Adimantum Manichaei discipulum c. 12, 5 MSL 42, 146.

nossa parte, que loucura leva o homem mortal a transformá-la em pó, sem qualquer esperança de restauração? Da mesma forma, Paulo, exortando-nos a levar o Senhor tanto em nosso corpo como em nossa alma, porque um e outro são de Deus (1 Co 6, 20), não suporta que seja para sempre condenado à podridão eterna aquilo que Deus reivindica como sagrado.

Realmente, não há na Escritura uma declaração mais clara do que esta: que ressuscitaremos com a mesma carne que temos. "É preciso", diz Paulo, "que este ser corruptível se vista de incorruptibilidade e este ser mortal se vista de imortalidade" (1 Co 15, 53). Se Deus formasse novos corpos, onde estaria esta mudança de qualidade? Se tivesse dito que é preciso que sejamos renovados, a expressão ambígua talvez desse ocasião a alguma cavilação; ora, quando aponta com o dedo os corpos de que somos revestidos e promete-lhes a incorrupção, nega abertamente que Deus tenha de fabricar outros, novos. Não poderia expressar-se mais claramente (diz Tertuliano), a não ser que tivesse em mãos sua própria pele.[357]

Nem poderão escapar com uma cavilação qualquer do que Paulo afirma em outro lugar, quando, dizendo que Cristo será Juiz do mundo, cita o testemunho de Isaías (Rm 14, 11): "Eu vivo, diz o Senhor (Is 49, 18), todo joelho se dobrará diante de mim";[358] uma vez que anuncia abertamente que aqueles mesmos a quem fala hão de ser chamados a prestar contas. O que não conviria, se novos corpos tivessem de comparecer ao tribunal.

Além disso, não há nada de obscuro nas palavras de Daniel: "muitos dos que dormem no pó da terra serão despertados, uns para a vida eterna, outros para a vergonha e o desprezo eterno" (Dn 12, 2). Porque não diz que Deus formará nova matéria a partir dos quatro elementos para soprar novos homens, mas que chamará os mortos dos sepulcros. A própria razão o dita assim. Pois se a morte, que tem origem com a queda do homem, é acidental, a restauração verificada por Cristo pertence àquele mesmo corpo que começou a ser mortal. Do fato de que os atenienses se riram quando Paulo lhes falou de ressurreição, pode-se certamente deduzir qual foi sua pregação; sem dúvida, aquele riso tem muito valor para confirmar nossa fé.

Também é digna de consideração esta sentença de Cristo: "não temais aos que matam o corpo, mas não podem matar a alma; temei antes aquele

---

357 Tert., De carnis resurrectione c. 51 CSEL 47, 106, 19.
358 Is. 45, 23.

que pode destruir a alma e o corpo no inferno" (Mt 10, 28). Pois não haveria motivo para temer, se o corpo que levamos conosco agora não estivesse submetido ao suplício. Nem é mais obscura esta outra sentença de Cristo: "vem a hora em que todos os que estão nos sepulcros ouvirão sua voz e sairão. Aqueles que fizeram o bem ressuscitarão para a vida; mas os que praticaram o mal, para a condenação" (Jo 5, 28-29). Diremos porventura que as almas descansam no sepulcro, para dali ouvir a voz de Cristo? Não será mais exato dizer que, a seu comando, os corpos voltarão ao vigor que haviam perdido? Ademais, se Deus tivesse de dar-nos corpos novos, onde estaria a conformidade entre a Cabeça e os membros? Cristo ressuscitou. Mas acaso ressuscitou fazendo-se um corpo novo? Ao contrário; segundo ele mesmo havia dito: "destruí este templo e em três dias o levantarei" (Jo 2, 19). O mesmo corpo mortal que havia tido, recebeu-o de novo. Pois não nos serviria de muito se, substituído por um novo corpo, aquele que havia sido oferecido em sacrifício de expiação por nós tivesse sido destruído. Porque temos de manter a sociedade de que fala o Apóstolo, a saber, que "nós ressuscitaremos porque Cristo ressuscitou" (1 Co 15, 12). Pois não há nada menos plausível do que privar nossa carne da ressurreição de Cristo, quando nela levamos a mortificação do próprio Cristo. Coisa que se mostrou com um exemplo notável, quando, na ressurreição de Cristo, muitos corpos de santos saíram de seus sepulcros (Mt 27, 52). Pois não se pode negar que isto foi um prelúdio, ou antes um penhor, da última ressurreição que esperamos, como já antes se havia manifestado em Enoc e Elias, aos quais Tertuliano chama candidatos à ressurreição, porque, livres de toda corrupção, tanto no corpo como na alma, foram recebidos sob a custódia de Deus.[359]

8. Tenho vergonha de empregar, em coisa tão clara, tantas palavras; mas peço aos leitores que suportem comigo este incômodo pacientemente, a fim de que as mentes perversas e desavergonhadas não encontrem brecha alguma por onde penetrar para enganar a gente simples.

Esses espíritos volúveis contra os quais agora disputo tiraram de seu cérebro a invenção de que haverá criação de novos corpos na ressurreição. Que razão os move a pensar assim, a não ser que lhes parece incrível que um cadáver, há tanto tempo consumido pela podridão, possa retomar seu estado primitivo? Logo, só a incredulidade é mãe dessa opinião. Mas, pelo contrário, o Espírito de Deus nos exorta a todo momento na Escritura a esperar a ressurreição de nossa carne. Por causa disso, como

---

359 Tert., De carnis resurrectione c. 58 CSEL 47, 119, 10.

o atesta Paulo, o batismo nos é dado como um selo da ressurreição futura (Cl 2, 12); e não menos a Santa Ceia nos convida a esta confiança quando recebemos em nossa boca os símbolos da graça espiritual. Realmente, toda a exortação de Paulo, para que apresentemos nossos membros a serviço da obediência à justiça[360] seria frívola se não se aplicasse o que vem em seguida: "aquele que ressuscitou Cristo dentre os mortos vivificará também vossos corpos mortais" (Rm 8, 11). Pois de que ajuda seria aplicar nossos pés, mãos, olhos e língua ao serviço de Deus, se não fossem partícipes do fruto e da paga? Coisa que Paulo confirma abertamente, dizendo: "o corpo não é para a fornicação, mas para o Senhor, e o Senhor, para o corpo; e quem ressuscitou a Cristo nos ressuscitará também a nós, pelo seu poder" (1 Co 6, 13). E mais claro é ainda o que segue: que nossos corpos são templos do Espírito Santo e membros de Cristo (1 Co 6, 15.19). Vemos, pois, como junta a ressurreição com a castidade e a santidade, porque pouco depois estende o preço da redenção até os corpos.[361] E não seria coerente que o corpo de Paulo, que carregou os estigmas de Cristo (Gl 6, 17), e no qual glorificou a Cristo magnificamente, se visse privado do prêmio da coroa. E por isso ele se gloria, dizendo: "do céu aguardamos nosso Redentor, que transformará nosso pobre corpo, tornando-o semelhante ao seu corpo glorioso" (Fp 3, 21).

E se é verdade que "é necessário que passemos por muitas tribulações para entrar no reino de Deus" (At 14, 22), não há razão alguma para proibir que os corpos entrem, os quais Deus exercita sob o estandarte da cruz e os honra com o louvor da vitória. E assim não surgiu nenhuma dúvida entre os santos sobre esperar se haviam de acompanhar a Cristo, o qual transfere para sua própria pessoa todas as aflições com que somos provados, para ensinar que elas são vivificantes. E mais: Deus confirmou nesta fé os santos patriarcas sob a Lei, com uma cerimônia visível. Para que serviria, como foi visto antes, o rito do sepultamento, senão para que soubessem que haveria outra nova vida para os corpos enterrados? Isto mesmo davam a entender os unguentos aromáticos e outros símbolos da imortalidade, que supriam, não menos que os sacrifícios, a obscuridade da doutrina sob a Lei. Porque a superstição não produziu este costume, já que vemos o Espírito insistir em que se desse sepultura, com tanta diligência como nos demais principais mistérios da fé. E Cristo recomenda este dever como algo não trivial (Mt 26,12); e isso não por

---

360 Rm. 6, 13. 19.
361 1 Cor. 6, 20.

outra razão senão porque assim nossos olhos erguem-se do sepulcro, que corrompe e aniquila todas as coisas, à contemplação do espetáculo da renovação. Além disso, a diligente observância desta cerimônia, que é louvada nos patriarcas, comprova suficientemente que lhes serviu de rara e preciosa ajuda para sua fé. Pois Abraão não teria cuidado com tanta solicitude da sepultura de sua mulher (Gn 23, 4.19), a não ser que essa prática lhe tenha sido posta diante dos olhos, e se não tivesse visto nisso alguma utilidade superior, a saber, adornando o corpo morto de sua esposa com os sinais da ressurreição, confirmaria sua fé e a de sua família.

Mas vê-se uma comprovação mais clara disso no exemplo de Jacó, que, para testemunhar a seus descendentes que, mesmo à morte, não havia perdido a esperança de ir à terra prometida, ordena que seus ossos sejam transportados para lá (Gn 47, 30). Se ele, pergunto, havia de ser revestido de um corpo novo, não seria ridícula a ordem que deu, a respeito de cinzas que se haviam de se reduzir a nada? Por essa razão, se a autoridade da Escritura vigora entre nós, não se pode desejar comprovação mais clara e certa.

Isso mesmo significam as palavras "ressurreição" e "ressuscitar", até para as crianças. Pois não dizemos que ressuscita o que é criado agora pela primeira vez; nem seria verdade o que Cristo diz: "que eu não perca nenhum daqueles que o Pai me deu, mas os ressuscite no último dia" (Jo 6, 39). E ao mesmo tende o verbo "dormir", que não compete senão aos corpos. Daí procede também nome de cemitério.[362]

Resta tocar de leve no modo de ressuscitar. Emprego esta palavra, porque Paulo, ao chamá-la mistério (1 Co 15, 51), nos exorta à sobriedade, e nos freia a licença de filosofar com maior liberdade e argúcia. Em primeiro lugar, deve-se reter o que já dissemos: que ressuscitaremos com a mesma carne que temos agora, quanto à substância; mas a qualidade será outra. Da mesma forma que a própria carne de Cristo que havia sido oferecida em sacrifício ressuscitou, mas tornara-se mais excelente, como se fosse totalmente outra. O que Paulo explica com exemplos familiares (1 Co 15, 39). Pois como a carne do homem e a dos animais é da mesma substância, mas não da mesma qualidade; e como a matéria das estrelas é a mesma, mas sua claridade é diversa, da mesma maneira ensina que, ainda que conservemos a substância do corpo, no entanto haverá mudança, para que sua condição seja muito mais excelente. Logo, nosso corpo corruptível não perecerá nem se desfará para que nós ressuscitemos; mas,

---

362 Na edição francesa: "qui vaut autant comme dormitoire".

despojando-se da corrupção, vestir-se-á de incorrupção. E, como Deus tem à sua disposição todos os elementos, nenhuma dificuldade impedirá que ordene à terra, às águas e ao fogo que devolvam o que parecia ter sido consumido por eles. Assim o atesta Isaías, ainda que figurativamente: "eis que o Senhor sairá do seu lugar para castigar o morador da terra por sua iniquidade contra ele; e a terra descobrirá o sangue de que está alagada, e não cobrirá mais os seus mortos" (Is 26, 21).

Mas deve-se fazer uma diferença entre os que terão morrido desde muito tempo e os que estarão com vida naquele dia. Pois (segundo o testemunho de Paulo): "nem todos dormiremos; mas todos seremos transformados" (1 Co 15, 51); isto é, não será necessário que haja um intervalo de tempo entre a morte e o início da segunda vida; porque "num instante, num piscar de olhos, ao soar a trombeta final, os mortos ressuscitarão incorruptíveis, mas nós também seremos transformados".[363] Em outro lugar, consola os fiéis que haviam de morrer; porque os que naquele dia estiverem vivos não passarão na frente dos mortos, mas que aqueles que tiverem morrido em Cristo ressuscitarão em primeiro lugar (1 Ts 4, 15-16).

Se alguém objetar o que o Apóstolo diz: "está determinado que os homens morram uma só vez" (Hb 9, 27), a solução é clara: quando o estado da natureza é transformado, há uma espécie de morte, e pode muito bem ser chamada assim. Portanto, estas duas coisas podem ser conciliadas: que todos serão renovados pela morte quando se despojarem do corpo mortal e, no entanto, que não será necessário que a alma se separe do corpo, pois essa mudança será súbita.

9. Mas aqui se coloca uma questão mais difícil. Com que direito os ímpios e os que são amaldiçoados por Deus ressuscitarão, se a ressurreição é um benefício singular de Cristo? Sabemos que todos foram condenados à morte em Adão, e que Cristo veio para ser a ressurreição e a vida (Jo 11, 25). Mas é isso acaso para vivificar indiferentemente a todo gênero humano? Mas o que é menos coerente do que eles alcançarem em sua obstinada cegueira aquilo que os piedosos servos de Deus recuperam só pela fé? O que permanece fora de questão é que uns ressuscitarão para o Juízo e outros para a ressurreição, e que Cristo virá para separar as ovelhas dos cabritos (Mt 25, 32).

Respondo que isso não deve nos parecer tão insólito, pois a cada dia vemos fatos semelhantes. Sabemos que em Adão fomos privados da he-

---

363 1 Cor. 15, 52.

rança de todo o mundo e que, com não menor razão, alimentos comuns nos são proibidos, como o fruto da árvore da vida. De onde, pois, ocorre que Deus faça seu sol brilhar não apenas sobre os bons mas também sobre os maus (Mt 5, 45), mas que além disso exerça sua inestimável liberalidade, dando-nos com larga abundância tudo o que necessitamos nesta vida presente? Por isso vemos que as coisas que são próprias de Cristo e de seus membros se estendem também aos ímpios; não porque as possuam legitimamente, mas para que se tornem mais imperdoáveis. Assim os ímpios sentem que Deus lhes é tantas vezes e com tantas provas benéfico que todas as bênçãos que os fiéis recebem dele ficam às vezes obscurecidas; entretanto, tudo isso será para maior condenação sua.

Se alguém replicar que a ressurreição não pode ser comparada aos benefícios caducos e terrenos, a isto respondo que quando por primeira vez se afastaram de Deus, que é a fonte da vida, mereceram ser arruinados com o Diabo e totalmente destruídos como ele; mas que, por uma admirável decisão de Deus, encontrou-se um meio para que vivam na morte, fora da vida. Por isso não deve parecer absurdo se a ressurreição, acidental para os ímpios, arrasta-os contra sua vontade ao tribunal de Cristo, a quem agora se recusam a ouvir como mestre e instrutor. Pois seria uma pena muito leve perecer com a morte, se não tivessem de comparecer ante o Juiz para ser castigados por sua contumácia, quando tantas vezes provocaram a ira dele contra si mesmos.

No mais, ainda que tenhamos de manter o que dissemos, e que se contém naquela célebre confissão de Paulo ante Félix, que ele esperava que tinha de haver a ressurreição dos justos e dos ímpios (At 24, 15), no entanto a Escritura muitas vezes propõe a ressurreição e, juntamente com ela, a glória celestial, somente aos filhos de Deus; porque, propriamente falando, Cristo não veio para a condenação, mas para a salvação do mundo. E é por esse motivo que no Símbolo só se faz menção da vida eterna.

10. E uma vez que então se cumprirá a profecia que diz: "a morte foi tragada pela vitória" (Os 13, 14; 1 Co 15, 54), tenhamos sempre em mente a eterna felicidade, fim de nossa ressurreição; se todas as palavras em todas as línguas dos homens fossem suficientes, apenas uma parte insignificante de sua excelência seria escolhida. Pois embora ouçamos que o reino de Deus há de estar cheio de claridade, de alegria, felicidade e glória, todas estas coisas estão entretanto muito afastadas de nossos sentidos e como que envoltas em enigmas, até que venha aquele dia em que o Senhor nos manifestará sua glória, para que o contemplemos face a face. "Agora", diz João, "somos filhos de Deus, mas nem sequer se manifestou o que havemos de ser! Sabemos que, quando Jesus se manifestar, seremos semelhantes a ele, porque o veremos tal como ele é" (1 Jo 3, 2). Por isso os profetas, não podendo exprimir com palavras aquela beatitude espiritual, descreveram-na sob figuras corporais.

Mas, porque é necessário que o fervor do desejo por ela se acenda em nós por certo gosto de sua suavidade, demoremo-nos principalmente neste pensamento: se Deus, como fonte viva que nunca se esgota, contém em si a plenitude de todos os bens, nada fora dele pode ser esperado por aqueles que se esforçam em alcançar o sumo bem em toda sua plenitude e a perfeição da felicidade, como somos ensinados em vários passos. "Abraão, eu sou tua recompensa sobremaneira grande" (Gn 15, 1). De acordo com essa sentença está o que acrescenta Davi: "Jeová é meu quinhão; a sorte caiu para mim" (Sl 16, 6). E, em outro lugar: "saciar-me-ei de tua presença" (Sl 17, 15). E Pedro declara que os fiéis são chamados "a ser participantes da natureza divina" (2 Pd 1, 4). Como é isso? Porque será glorificado em todos os seus santos e para ser admirado em todos os que tiverem crido.[364] Se o Senhor há de fazer partícipes a seus eleitos de sua glória, virtude e justiça, e até se dará a si próprio para que usufruam dele, e, o que é mais excelente ainda, far-se-á de certa maneira uma mesma coisa com eles, lembremo-nos de que neste benefício está contido todo tipo de felicidade.

Por mais que tenhamos proveito na meditação destas coisas, reconheçamos que ainda estamos muito atrasados e como que nas raízes mais profundas, se compararmos a concepção de nossa mente com a sublimidade deste mistério. Por isso, tanto mais devemos manter a sobriedade, para que não ocorra que, esquecidos de nossa medida para voar alto com maior audácia, o brilho da glória celestial não nos ofusque. Sentimos também como move o desmesurado desejo de saber mais do que nos é permitido, de onde brotam incessantemente questões frívolas e nocivas. Chamo frívolas àquelas das que não podemos tirar nenhuma utilidade. Mas é ainda pior o segundo tipo, porque os que se deleitam nelas se enredam em especulações perniciosas; e é por isso que eu as chamo nocivas.

O que as Escrituras nos ensinam deve ser para nós isento de toda controvérsia, a saber: que como Deus distribui seus dons neste mundo diversamente entre seus santos e os ilumina de modo muito diferente, da

---

364 2 Ts. 1, 10.

mesma maneira no céu, onde Deus coroará seus dons, a medida da glória não será igual. Pois o que diz Paulo de si mesmo: "vós sois minha glória e minha coroa no dia de Cristo" (1 Ts 2, 19) não compete indiferentemente a todos em geral. Assim, o que Cristo diz a seus apóstolos: "havereis de sentar-vos em doze tronos, para julgar as doze tribos de Israel" (Mt 19, 28). Mas Paulo (que sabia que Deus, assim como enriquece seus santos com dons espirituais na terra, assim condecora-os com a glória no céu) não duvida que há de receber uma coroa especial pelo seu empenho. E Cristo, para louvar a dignidade do ofício que havia confiado a seus apóstolos, lhes fala do fruto que está guardado para eles no céu. Assim também em Daniel: "aqueles que tiverem sido doutos, esses resplandecerão como os fogos do firmamento; e os que tiverem ensinado a muitos o caminho da justiça, esses brilharão como as estrelas por toda a eternidade" (Dn 12, 3). Realmente, se se considera a Escritura com atenção, ela não somente promete vida eterna aos fiéis, mas também uma recompensa especial a cada um. Por isso Paulo disse: "que o Senhor lhe conceda alcançar misericórdia naquele dia" (2 Tm 1,18). O que confirma a promessa de Cristo, que os discípulos receberão cem vezes mais na vida eterna (Mt 19, 29).

Em suma: como o Senhor Jesus começa a glória de seu Corpo neste mundo com a múltipla variedade dos dons e a aumenta gradualmente, da mesma maneira a aperfeiçoará no céu.

11. Como todos os homens pios o admitirão em consenso, uma vez que tão claramente se ensina na Escritura, deixarão de lado todo tipo de questões espinhosas, que só lhes podem servir de obstáculo, e não ultrapassarão os limites que lhes foram assinalados. No que me diz respeito, não somente me contenho para não me meter numa investigação supérflua de coisas inúteis, mas, além disso, me acautelo, julgo, para que não alimente a leviandade de outrem, respondendo-lhes.

Certos homens famintos de uma vã ciência perguntam-se que diferença haverá entre os profetas e os apóstolos, e entre os apóstolos e os mártires, e em que proporção as virgens diferirão das casadas; não deixam, enfim, nenhum canto do céu sem esquadrinhar. Depois lhes vem à mente perguntar de que servirá a reparação do mundo, uma vez que os filhos de Deus não terão necessidade de nada de toda a abundância que existe no mundo, mas serão como anjos, cujo jejum é símbolo da eterna bem-aventurança.

Mas eu respondo que será tão grande o prazer só da visão dos bens de Deus que, ainda que os santos não os usem, só o conhecimento de sua suavidade os regozijará de tal forma que esta felicidade ultrapassará de longe todos os paliativos por que somos ajudados no presente. Suponhamos que vivemos na região mais abundante do mundo, na qual não falta nada que possa dar-nos satisfação. Quem é que não se vê muitas vezes impedido ou proibido por suas próprias enfermidades de usar dos benefícios de Deus? Quem não se vê forçado a abster-se de seus bens e jejuar, por causa de sua intemperança? De onde se segue que o cúmulo da felicidade é a fruição simples dos bens de Deus, limpa de todo vício, ainda que não nos sirvamos deles para o uso desta vida corruptível.

Outros vão além e perguntam se a escória dos metais ou sua corruptela estarão ausentes da restituição ou não. Embora de certa forma eu lhes conceda isso, no entanto, com Paulo, espero a reparação dos defeitos que adquiriram no início no pecado; reparação pela qual toda a criação geme, como com dores de parto (Rm 8, 22).

E vão ainda mais adiante, e perguntam em que a condição do gênero humano ficará melhor, uma vez que a benção da procriação cessará. Facilmente se pode desatar esse nó: aquilo que a Escritura recomenda com tanto empenho, a procriação, diz respeito aos meios pelos quais Deus leva adiante a ordem da natureza até sua meta; mas, quando chegar à perfeição, ela já não será necessária.

Mas, como tais artifícios logo apanham os incautos, e em seguida os fazem penetrar ainda mais no labirinto, e, finalmente, quando cada um se obstina em sua opinião, já não há como fazer acordos; o caminho mais curto para nós é que nos contentemos em ver "como num espelho e por enigma", até que possamos ver "face a face".[365] Pois são muito poucos dentre a grande multidão dos homens que se preocupam saber como se vai ao céu; mas todos desejam saber antes do tempo o que é o que se faz lá. Quase todos são preguiçosos e lentos para se apresentar para o combate; e, entretanto, já fantasiam para si triunfos imaginários.

12. Além disso, como nenhuma descrição pode igualar-se à gravidade da vingança contra os réprobos, seus tormentos e suplícios nos são apresentados sob a figura de coisas corpóreas, como trevas, pranto e ranger de dentes (Mt 8, 12; 22, 13), fogo inextinguível (Mt 3, 12; Mc 9, 43), verme que rói o coração incessantemente (Is 66, 2). Pois é certo que o Espírito Santo quis, com tal maneira de falar, perturbar nossos sentidos por meio do horror; como quando diz que uma geena profunda lhes está preparada desde toda a eternidade, e que, para mantê-la, sempre

---

365 1 Cor. 13, 12.

há fogo e muita lenha, e que o sopro de Senhor a acende, como uma torrente de enxofre (Is 30, 33).

Assim como somos ajudados, por tais expressões, a entender a miserável sorte dos ímpios, assim também devemos firmar nossa atenção ao máximo no quanto seria calamitoso estar alijado da companhia de Deus; e não somente isso, mas sentir a majestade de Deus contrária a ti, para que não possas escapar sem que sejas perseguido por ela. Pois, em primeiro lugar, sua indignação é como um fogo violentíssimo, com cujo contato tudo será devorado e absorvido. E, ademais, todas as criaturas de tal maneira servem para executar seu julgamento que hão de sentir o céu, a terra, o mar, os animais e o que quer que seja como se inflamadas com terrível indignação e armadas contra eles para sua perdição; assim o Senhor manifestará sua ira para com eles. Razão pela qual o Apóstolo não pronunciou uma coisa sem importância quando disse que "os infiéis serão punidos com a morte eterna, longe da face do Senhor e da glória de seu poder" (2 Ts 1, 9). E sempre que os profetas incutem o medo com figuras corporais, embora eles, dada nossa lerdeza, não sejam hiperbólicos, no entanto introduzem indícios do futuro em sua obra, ao falar do sol, da lua e de todo o mundo.

Por isso as consciências infelizes não encontram nenhum repouso, vendo-se atormentadas e dispersadas como por um terrível turbilhão, sentindo-se como diláceradas por um Deus hostil e despedaçadas e trespassadas por espinhos mortíferos, assustando-se com os raios de Deus e esmagadas pelo peso da mão do Senhor; de tal maneira que descer aos piores abismos e pântanos é mais fácil do que estar um só momento em meio àqueles terrores. Que terrível e quão grande castigo é ser torturado dessa forma, numa prisão eterna e sem fim! Sobre esse tema, o salmo 90 contém uma sentença memorável: que, mesmo que Deus extermine, só com seu olhar, todos os mortais e os reduza a nada, estimula, no entanto, os seus servos, por mais temerosos que vivam neste mundo, para incitá-los a que, mesmo sobrecarregados sob o peso da cruz, persistam,[366] até que Ele seja tudo em todos.[367]

---

366 Sl. 90, 7ss.
367 1 Cor. 15, 28.

QUARTO LIVRO

Dos meios exteriores ou auxílios dos quais Deus se serve para chamar--nos à companhia de Cristo, seu Filho, a fim de nos manter unidos a Ele

Da verdadeira Igreja, à qual devemos nos manter unidos, por ser ela a mãe de todos os fiéis.

 o livro anterior, expusemos como, mediante a fé no Evangelho, Cristo se fez nosso e como nos tornamos partícipes da salvação e da eterna beatitude que ele nos trouxe. Mas, porque nossa rudeza e preguiça, acrescento ainda nossa índole vaidosa, necessitam de auxílios externos pelos quais a fé seja em nós gerada, cresça e progrida até sua meta, Deus providenciou também os meios de sustentar nossa fraqueza. E, para que a pregação do Evangelho florescesse, entregou esse tesouro à Igreja, instituindo "pastores e mestres", por cujos lábios ensina aos seus, e lhes confiou sua autoridade (Ef 4, 11). Não descuidou de nada, enfim, do que pudesse servir ao santo consentimento da fé e à boa ordem entre nós. Instituiu, em primeiro lugar, os sacramentos, os quais, por experiência, sentimos ser auxílios mais do que úteis para fomentar e confirmar a fé. Visto porém que, encerrados no cárcere de nossa carne, não chegamos ainda ao patamar dos anjos, Deus, acomodando-se à nossa condição, por sua admirável providência instituiu um itinerário pelo qual nos aproximássemos dele, por distantes que ainda estejamos. A disposição da matéria que vamos ensinar requer que falemos da Igreja e de seu governo, de seus ofícios, autoridade e sacramentos, e, por fim, também da ordem política. Ao mesmo tempo, é preciso afastar os leitores das corruptelas com que Satanás adulterou, no papismo, tudo quanto Deus destinara à nossa salvação. Iniciarei, pois, pela Igreja, em cujo seio Deus quer reunir seus filhos, de modo que sejam nutridos por seu ofício e ministério não só enquanto crianças, mas também na idade adulta, prolongando seu cuidado maternal até alcançarem o que a fé lhes promete. Não é lícito, de fato, separar essas duas realidades que o Senhor uniu (Mc 10, 9), a saber: que a Igreja é mãe daqueles de quem Deus é o

Pai,[1] verdade esta que se iniciou sob a Lei e se prolonga sob Cristo: disso Paulo nos dá testemunho ao dizer que somos filhos da nova Jerusalém celeste (Gl 4, 26).

2. No Símbolo,[2] onde professamos "crer na Igreja", é preciso entender que esse artigo se refere não somente à Igreja visível, de que agora tratamos, mas também de todos os eleitos de Deus, cujo número compreende os que morreram. Por isso, no Símbolo adota-se o verbo "crer", visto que, muitas vezes, não se pode notar nenhuma distinção entre os filhos de Deus e os profanos, entre a grei do Senhor e os animais selvagens. Sem razão suficiente, muitos intercalam aqui a preposição "em". Admito contudo que essa forma, hoje muito usual, não está desprovida do amparo da antiguidade, pois o Símbolo Niceno, tal como é citado na *História eclesiástica*, diz "crer na Igreja". Não obstante, lê-se nos escritos dos antigos Pais que, sem controvérsia, aceitava-se dizer "crer a Igreja". Agostinho[3] e um antigo autor, seja ele quem for, cujo opúsculo *Exposição ao Símbolo* foi atribuído a Cipriano,[4] não apenas se exprimem deste modo, mas sustentam que a expressão tornar-se-ia imprópria caso a preposição fosse acrescentada. Para confirmar sua sentença, valem-se de um argumento nada desprezível. De fato, professamos crer "em Deus", porque, sabendo-o veraz, nosso espírito reclina-se nele, e nele descansa nossa confiança, o que não convém dizer acerca da Igreja, nem da remissão dos pecados ou da ressurreição da carne. Portanto, ainda que não queira polemizar acerca de palavras, prefiro fazer uso de termos apropriados, que permitam tratar do assunto de modo mais adequado, não recorrendo a fórmulas que, sem motivo, podem obscurecê-lo. Ora, nosso objetivo é confirmar que a graça de Cristo não pode ser destruída nem extinta, apesar das pedras atiradas pelo Diabo e da fúria impetuosa das hostes que se voltam contra Deus, pois o sangue de Cristo não se pode tornar estéril e infrutífero. Será necessário, portanto, considerar a misteriosa eleição divina e sua vocação interior,

---

1 Cipriano. *Da unidade da Igreja católica*, 6 (CSEL 3, I, 214, 23 ss.); *Epístola 74, 7, a Pompeio* (CSEL 3, II, 804, 23 ss.).

2 Alusão ao Símbolo Niceno-constantinopolitano — também dito Credo Niceno-constantinopolitano ou Ícone/Símbolo da Fé —, que constitui uma declaração de fé cristã aceita pelas igrejas Católica, Ortodoxa, Anglicana e pelas principais protestantes ("*Creio em um só Deus, Pai todo-poderoso/ Criador do céu e da terra/ De todas as coisas visíveis e invisíveis ...*"). O nome está relacionado com o Primeiro Concílio de Niceia (325), no qual foi adotado, e com o Primeiro Concílio de Constantinopla (381), onde foi aceita uma versão revista.

3 Agostinho, *Da fé e do Símbolo*, 10, 21 (MSL 40, 193). Pseudo-Agostinho (Quodvultdeus), *Do Símbolo, sermões aos catecúmenos*, Serm. 2, c.13 (MSL 40, 668).

4 Pseudo-Cipriano (Rufino). *Exposição do Símbolo dos apóstolos*, 36 (MSL 21, 373).

visto que somente Deus conhece os que lhe pertencem, mantendo-os ocultos sob seu selo, como Paulo o afirma (2Tm 2, 19), até o dia em que os fizer sair portando as insígnias que os distinguem dos réprobos. Mas, por serem número exíguo e desprezível, que permanece oculto na multidão, à semelhança de um punhado de trigo sob a palha, somente a Deus compete conhecer Sua Igreja, cujo fundamento último é sua misteriosa eleição. Na realidade, não é suficiente ter em mente que Deus preserva seus eleitos, caso não levemos em conta também a unidade da Igreja, de modo que estejamos verdadeiramente persuadidos de que pertencemos a ela. Pois, se não estivermos unidos aos outros membros sob o Cristo Cabeça, nenhuma esperança de herança futura nos resta. Eis por que a Igreja diz-se católica ou universal, visto não ser possível encontrar duas ou três sem que Cristo esteja dividido, o que, aliás, não pode suceder. De tal modo os eleitos de Deus estão unidos em Cristo que, assim como dependem todos de uma única Cabeça, do mesmo modo constituem um só corpo, unidos por ligaduras semelhantes àquelas que há nos membros do corpo humano. Feitos verdadeiramente um, vivendo pelo Espírito de Deus, da mesma fé, esperança e caridade são também chamados à mesma herança da vida eterna e à participação da glória de Deus e de Cristo. Em vista disso, por mais que a triste devastação, que grassa por toda parte, esteja a clamar que nada resta da Igreja, tenhamos por certo que a morte de Cristo é frutuosa e que Deus protege admiravelmente sua Igreja como num esconderijo, pois, como foi dito a Elias, "reservei sete mil homens que não dobraram o joelho diante de Baal" (1Rs 19, 18).

3. Este artigo do Símbolo diz respeito também à Igreja sob seu aspecto exterior, a fim de que cada um de nós mantenha-se em fraterno consenso com os demais filhos de Deus, atribuindo à Igreja a autoridade que merece, e nos comportemos como ovelha do aprisco. Eis por que foi acrescentado o artigo sobre "a comunhão dos santos", que, embora ignorado pelos antigos, não deve ser negligenciado. Este artigo, com efeito, exprime bem a natureza da Igreja, pois faz alusão ao fato de os santos estarem de tal modo agregados à sociedade de Cristo que mutuamente comunicam os dons que Deus lhes conferiu. É certo, porém, que essa realidade não anula a diversidade das manifestações da graça: vemos, de fato, que os dons do Espírito são distribuídos de muitos modos; além disso, não é subvertida a ordem política, a qual sustenta ser lícito a cada possuir bens particulares, uma vez que isso é necessário para a conservação da paz entre os homens. A comunhão de que falamos deve ser entendida como Lucas a descreve: "Havia apenas um só coração e uma só alma na multidão dos crentes" (At

4, 32). Aos efésios, Paulo exorta que formem um só corpo e um só espírito, já que haviam sido chamados a uma única esperança (Ef 4, 4). Pois, se os fiéis estiverem verdadeiramente persuadidos de que Deus é o Pai comum de todos, e de que Cristo é a Cabeça, então estarão unidos entre si pelo amor fraterno, comunicando mutuamente o que têm. É-nos exigido, e nos é útil, entender os frutos que derivam dessa realidade, pois devemos crer na Igreja de modo que nos convençamos ser membros seus. Nossa salvação fundar-se-á então sobre alicerces estáveis e sólidos, de sorte que, ainda que o mundo inteiro seja abalado, nossa certeza jamais cairá arruinada por terra, porquanto entendemos que, antes de tudo, ela está firmada na eleição de Deus, cuja eterna Providência é imutável e indefectível. Além disso, unidos estaremos à estabilidade de Cristo, que não permitirá que seus fiéis lhe sejam arrebatados, nem que seus membros sejam decepados e estraçalhados. Tenhamos, pois, a certeza de que a verdade permanecerá sempre conosco enquanto permanecermos no seio da Igreja. Sintamos, enfim, que essas promessas nos pertencem, pois "no monte de Sião e em Jerusalém haverá salvação" (Jr 2, 32), e "Deus habitará para sempre em Jerusalém" (Jl 2, 32; Ob 17; Sl 16, 6). Eis, portanto, a força de nossa pertença à Igreja, pois mediante ela mantemo-nos na companhia de Deus. De modo semelhante, muita consolação há no termo "comunhão", posto que tudo aquilo que o Senhor confere a seus membros pertence também a nós, de modo que nossa esperança é confirmada por esses bens. De resto, para abraçar a unidade da Igreja, não é necessário, como dissemos, vê-la com nossos olhos, ou tocá-la com as mãos: antes, sendo objeto de fé, somos admoestados de que é preciso reconhecê-la sobretudo quando nossa inteligência falha, isto é, quando não nos é visível e não estamos em condições de reconhecê-la claramente. Pois nossa fé não é diminuída pelo fato de reconhecermos sua existência ainda que incógnita, pois, de fato, não estamos obrigados a distinguir os eleitos dos réprobos — juízo que pertence somente a Deus, e não a nós —, mas estamos obrigados a ter a íntima certeza de que todos aqueles que, por clemência de Deus Pai e poder eficaz do Espírito Santo, se fizeram partícipes de Cristo foram postos à parte para constituir a herança e propriedade de Deus, e que, pertencendo a esse número, somos coerdeiros de tão grande graça.

4. Sendo agora meu propósito discorrer sobre a Igreja visível, comecemos pelo título de "mãe" considerando quão útil e necessário nos é conhecê-lo se considerarmos que não há outro meio de entrar na vida eterna se a Igreja não nos tiver concebido em seu seio, dado à luz, amamentado, e, depois, nos tiver mantido sob sua guarda e autoridade até que, despojados de nossa carne mortal, formos semelhantes aos anjos (Mt 22, 30). Se por toda vida devemos ser discípulos, nossa fraqueza não permitirá que deixemos essa escola. Reconheçamos, pois, que não se pode esperar a remissão dos pecados, nem salvação alguma, fora do grêmio da Igreja. Disso dão testemunho Isaías (37, 32) e Joel (2, 32), e com eles concorda Ezequiel ao declarar que não pertencem ao povo de Deus aqueles a quem o Senhor quer afastar da vida eterna. Por outro lado, os que se voltam para o cultivo da verdadeira piedade terão seu nome inscrito entre os cidadãos de Jerusalém. Lê-se num salmo: "Lembra-te de mim, Senhor, segundo tua benevolência para com o teu povo; visita-me com tua salvação, a fim de que eu veja o bem de teus eleitos e me alegre com a alegria do teu povo e me regozije com tua herança" (Sl 106, 4.5). Vê-se, por essas palavras, que o amparo paternal de Deus e o testemunho peculiar da vida espiritual estão limitados ao seu rebanho, de modo que o afastar-se da Igreja será sempre danoso.

5. Prossigamos no exame desse argumento. Cristo, diz Paulo, que "Ele mesmo deu uns para apóstolos, outros para profetas, outros para evangelistas, outros para pastores e mestres, para a renovação dos santos, para a obra do ministério, para a edificação do corpo de Cristo, até que todos cheguemos à unidade da fé e do conhecimento do Filho de Deus, à condição de homem perfeito, à medida da idade plenamente adulta" (Ef 4, 11-13). Sabemos que Deus poderia levar os seus à perfeição num só momento; no entanto, Ele quer fazê-los crescer pouco a pouco, sob os cuidados da Igreja. Sabemos que isso se dá pela pregação da doutrina celeste, confiada aos pastores. Sabemos que todos estão obrigados à mesma lei: deixar-se governar, com espírito manso e humilde, pelos doutores e pastores que os presidem. Eis por que Isaías, muito tempo antes, descrevera o Reino de Cristo com os seguintes sinais: "O meu Espírito repousa sobre ti, e as palavras que pus em tua boca jamais se afastarão dela, nem da boca da tua descendência" (Is 59, 21). Donde se segue que merecem morrer de fome e miséria os que recusam o alimento espiritual da alma ministrado pelas mãos da Igreja. Deus nos inspira a fé, mas o Evangelho é seu instrumento, como adverte Paulo ao dizer que "a fé vem pelo ouvido" (Rm 10, 17). É verdade que o poder da salvação reside somente em Deus, mas Ele no-lo dá a conhecer e o expressa pela pregação do Evangelho, como Paulo o atesta em outra passagem. Por isso, outrora, Deus quis que o povo se congregasse no Templo, a fim de que a doutrina ensinada pelos sacerdotes mantivesse entre eles o consenso da fé. De fato, os títulos magníficos que designam o Templo como "lugar do repouso de Deus, seu santuário e morada" (Sl 132, 14), lugar onde Ele "se assenta entre os querubins" (Sl 80, 2), não tinham outro propósito que o de fazer amar, valorizar e reverenciar a pregação da doutrina celeste, que seria derrogada caso alguém se detivesse no aspecto mortal e desprezível dos homens que a ensinavam. A fim de que saibamos que um tesouro inestimável nos é apresentado em "vasos de argila" (2Co 4, 7), Deus mesmo intervém, e, dado ser Ele o autor dessa dispensação, quer também que Sua presença seja reconhecida naquilo que instituiu. Por isso, depois de proibir que o povo se entregasse às adivinhações, às artes mágicas, à necromancia e a outras superstições (Lv 19, 31; Dt 18, 10-14), acrescentou que lhes daria um modo de instrução adequado a todos. E assim como não enviou anjos ao antigo povo, mas suscitou doutores que exercessem entre eles o ofício de anjos, também hoje o Senhor nos quer ensinar mediante os homens. Do mesmo modo, como outrora não se limitou a entregar a Lei, mas estabeleceu sacerdotes como intérpretes, por cujos lábios o povo conhecesse o seu verdadeiro sentido, assim também hoje o Senhor deseja que nos apliquemos não somente à leitura pessoal, mas também à audição dos mestres por Ele estabelecidos para nos auxiliar nesse mister. E há nisso dupla utilidade. Por um lado, é prova de obediência ouvirmos os seus ministros como se Ele mesmo estivesse a falar; por outro, assim o fazendo, Deus leva em consideração nossa fraqueza, pois, mediante seus intérpretes, Ele nos fala de modo humano, preferindo nos atrair pelos homens que nos aterrar manifestando sua majestade. Na realidade, as almas piedosas entendem o quanto esse modo familiar de ensinamento nos é conveniente, já que seria impossível não nos atemorizarmos se Deus nos falasse em sua majestade divina. Portanto, mostram-se ingratos os que acham que a autoridade doutrinal é diminuída pela condição daqueles que foram chamados a ensinar. Na verdade, entre tantos e excelentes dotes com que Deus ornou o gênero humano, digno de admiração é Ele consagrar para Si a boca e a língua dos homens, e nelas fazer ressoar Sua voz. Que não nos seja pesado acolher com plena obediência a doutrina da salvação, a qual, por seu expresso mandamento, nos é oferecida dessa maneira. Se, como sabemos, seu poder não está vinculado a nenhum instrumento externo, mas nos submeteu a essa forma ordinária de aprendizagem, rejeitá-la, como o têm feito muitos fanáticos, significa atar-se a laços mortais. Impelidos pela soberba, pela presunção e pela inveja, muitos se persuadem de que farão maiores progressos lendo ou meditando em particular que participando das assembleias públicas, por considerá-las desprezíveis e inúteis. Mas, uma vez que rompem o sagrado vínculo da unidade, não escaparão do justo castigo desse ímpio divórcio, que por fascinação conduz a erros pestíferos e terríveis delírios. Portanto, para que a pura simplicidade da fé seja a lei entre nós, que não nos seja pesado e cansativo recorrer ao exercício de piedade que Deus, por sua instituição, mostrou-nos ser necessário, e, como tal, recomenda-nos instantemente. Nunca se encontrou alguém, nem mesmo entre esses cães petulantes, que tenha ousado dizer que se deva tapar os ouvidos quando Deus nos fala. Certo é que, ao longo dos séculos, profetas e santos doutores sustentaram longos e pesados combates contra os ímpios, cuja pertinácia nunca pôde tolerar o jugo de serem ensinados pela boca e ministério dos homens. Negar esse ministério seria como que apagar a face de Deus, que aos nossos olhos brilha pela pregação da doutrina. Outrora foi ordenado aos fiéis que procurassem a Deus no Templo (Sl 105, 4), mandamento reiterado muitas vezes na Lei, porque sua doutrina e as exortações dos profetas eram a viva imagem de Deus para o povo. Em sua pregação, Paulo gloria-se de que o esplendor de Deus brilha na face de Cristo mediante seu ministério (2Co 4, 6). Tanto mais detestáveis devem nos parecer os apóstatas que se esforçam em dispersar as igrejas, como se quisessem expulsar as ovelhas de seus apriscos a fim de lançá-las nas fauces dos lobos. Quanto a nós, devemos sustentar a sentença de Paulo que citamos, segundo a qual a Igreja só pode ser edificada mediante a pregação externa, pois não existe outro vínculo que mantenha os santos unidos entre si senão o de guardar comum acordo na ordem eclesiástica por Deus estabelecida para aprendizado e progresso espiritual. Para esse fim, como já disse, foi ordenado aos fiéis que estavam sob a Lei que se congregassem no santuário, razão pela qual Moisés o chama de "morada de Deus", porquanto Ele quis que sua memória fosse ali celebrada (Ex 20, 24). Com isso, é-nos ensinado claramente que o templo de nada serve se ali não se encontra a doutrina da piedade. Não há dúvida de que Davi, pela mesma razão, queixava-se, cheio de amargura, de que o acesso ao tabernáculo lhe fora proibido pela tirania e sevícia de seus inimigos (Sl 84, 2). Muitos consideram pueril tal lamentação, pois a Davi não parecia ser grande privação não poder aproximar-se dos pátios do templo, desde que pudesse gozar de outros prazeres. Contudo, Davi, abrasado e cruciado por esse impedimento, consumia-se inteiramente de ansiedade e de tristeza, pois nenhuma coisa é mais cara aos fiéis que o recurso mediante o qual Deus os eleva gradualmente às realidades celestes. É preciso notar também que Deus se manifestou aos patriarcas no espelho da sua doutrina, de tal modo que fosse conhecido espiritualmente. Para que se evitasse toda superstição, o templo foi chamado de "face de Deus" e também "escabelo de seus pés" (Sl 132, 7; 99, 5). Eis o ditoso encontro na unidade da fé de que Paulo nos fala, encontro que nos alcança a perfeição quando, do maior ao menor, aspiramos à comunhão. Todos os templos que, com outro intuito, os gentios consagraram a Deus, eram mera profanação do culto que lhe era devido. Nesse erro caíram também os judeus, sem a mesma grosseria, embora não faltasse culpa por parte deles, como disse Estêvão ao reprová-los pela boca de Isaías: "Deus não habita em templos feitos pelas mãos do homem" (At 7, 48), porquanto somente Ele os santifica para o uso legítimo mediante sua palavra. Se, por temeridade, tentamos fazer algo que não nos tenha sido ordenado, a esse mau princípio logo se somam muitos desvarios, por força dos quais a corrupção se multiplica sem medida. Xerxes agiu sem ponderação quando, por instigação dos magos, mandou queimar e destruir todos os templos da Grécia, alegando que os deuses, sendo absolutamente livres, não podiam estar fechados entre paredes e sob os tetos.[5] Como se Deus não tivesse o poder de descer até nós para fazer-se mais próximo, embora não precise se mover nem mudar de lugar para tanto; ou como se não tivesse o poder de nos fazer subir diretamente à sua glória celestial, que supera a altura dos céus.

6. Em tempos recentes, houve grandes contendas acerca da eficácia do ministério. Alguns tentavam exaltar sem medida sua dignidade, enquanto outros pretendiam transferir ao homem mortal aquilo que é próprio do Espírito Santo, dizendo que ministros e doutores penetram até mesmo no entendimento e nos corações para corrigir a cegueira e a dureza que neles há. Será preciso, portanto, darmos uma definição acertada sobre a questão. Ora, o que é alegado pelas duas partes, facilmente será esclarecido ao examinarmos com atenção as passagens que se seguem. Primeiro, aquelas em que Deus, na qualidade de autor da pregação, envia o seu Espírito e promete que a pregação não ficará sem fruto. Depois, aquelas em que, afastada toda a intervenção externa, atribui-se ao Senhor não somente o início da fé mas também a própria fé. Lê-se, de fato, em Malaquias que a missão do segundo Elias foi a de iluminar as mentes, "converter os corações dos pais aos filhos, os incrédulos à prudência dos justos" (Ml 6, 4). Lê-se que Cristo enviou seus apóstolos para que produzissem fruto de seu trabalho (Jo 15, 16), e que Pedro definiu sucintamente qual é esse fruto ao dizer que somos regenerados pela palavra que nos é pregada,

---

5 Cícero. *Das leis*, II, c.10, 26.

sendo justamente por isso chamada de "semente incorruptível" (1Pd 1, 23). Lê-se que Paulo se gloriava de ter gerado aos coríntios mediante o Evangelho (1Co 4, 15), e de serem eles o selo de seu apostolado (1Co 9, 2); gloriava-se também de não ter sido ministro da letra, isto é, de lhes ter alcançado somente pela voz, mas sim com a eficácia do Espírito que lhe foi dado a fim de que sua doutrina não parecesse inútil (2Co 3, 6). No mesmo sentido, ele afirma, noutra passagem, que seu Evangelho consiste não somente em palavras, mas no poder do Espírito (1Co 2, 4), e que os gálatas receberam o Espírito Santo pela pregação da fé (Gl 3, 2). Paulo, enfim, não só se considera cooperador de Deus, mas, em muitos textos, atribui a si mesmo o ofício de comunicar a salvação (1Co 3, 9). É certo que ele não atribui a si coisa alguma, mas declara que tudo se deve a Deus, e diz isso com poucas palavras: "Nosso trabalho no Senhor não veio a ser inútil" (1Ts 3, 5), "segundo seu poder que opera em mim poderosamente" (Cl 1, 29). Igualmente, em outro lugar: "Aquele que operou eficazmente em Pedro para a circuncisão operou também eficazmente em mim junto aos gentios" (Gl 2, 8). De resto, como é evidente em outras passagens, Paulo nada atribui aos ministros considerados em si mesmos: "Aquele que planta não é nada, e aquele que rega nada é; ao contrário, é Deus quem dá o crescimento" (1Co 3, 7). De igual modo: "Trabalhei mais do que todos; não eu, mas a graça de Deus que me assistia" (1Co 15, 10). É necessário considerar atentamente as sentenças em que Deus, atribuindo a si mesmo a iluminação das mentes e a renovação dos corações, declara sacrílego quem arroga para si alguma parte nessa obra. Não obstante, quem se comportar docilmente para com aquele que preside, saberá, pelo fruto, que esse modo de ensinar é agradável a Deus, e que não foi em vão que se impôs esse jugo de modéstia aos fiéis.

7. Pelo que disse acima, acho que ficou bem claro o que convém saber sobre a Igreja visível, única que estamos em condição de reconhecer. Por vezes, quando se diz "Igreja", entendemo-la tal como é diante de Deus, na qual são recebidos somente os que, pela graça da adoção, são filhos de Deus, e, pela santificação do Espírito, são verdadeiramente membros de Cristo. Note-se que não se designa aqui somente aos santos que habitam na terra, mas a todos os eleitos que houve desde o início do mundo. Por Igreja entende-se frequentemente toda a multidão dos homens que, dispersos no mundo, honram a Deus e a Cristo; que foram iniciados na fé pelo batismo; que atestam sua união na verdadeira doutrina e na caridade pela participação na ceia. Consentem, ademais, na Palavra do Senhor e conservam o ministério da pregação instituído por Cristo. Nessa Igreja, aos bons estão misturados os hipócritas, os quais nada têm de Cristo, exceto o nome: muitos, ambiciosos, avarentos, invejosos e maledicentes; muitos têm hábitos ainda piores, mas são tolerados por algum tempo, seja porque não podem ser condenados por juízo legítimo, seja porque nem sempre vigora o necessário rigor da disciplina. Assim, pois, do mesmo modo como é necessário crer na Igreja que nos é invisível mas é conhecida por Deus,[6] assim nos manda que a honremos a Igreja visível e nos mantenhamos em comunhão com ela.

8. Sendo oportuno conhecê-la, o Senhor no-la manifesta mediante notas seguras e sinais evidentes. É certo ser prerrogativa de Deus saber quem são os seus, como já o dissemos pela citação de Paulo (2Tm 2, 19). De fato, a fim de a temeridade dos homens não ir tão longe, Deus providenciou que ficasse bem claro o quanto seus juízos ocultos superam nossos sentidos. Porque, por um lado, os que pareciam perdidos numa situação deplorável foram reconduzidos ao bom caminho pela bondade divina; por outro, os que pareciam firmes caíram muitas vezes. Diz Agostinho[7] que, segundo a oculta predestinação do Senhor, há muitas ovelhas fora da Igreja e muitos lobos dentro dela. Deus, porém, conhece e assinalou aqueles que não O conhecem, nem a si mesmos. Quanto aos que trazem exteriormente seu sinal, somente os olhos de Deus veem os que, sem hipocrisia, são santos e hão de perseverar até o fim. Nisso reside o principal da salvação. Mais do que isso: o Senhor acomodou-se à nossa capacidade para que nos fosse possível reconhecer quem são seus filhos. Dado, entretanto, que isso não é necessário à fé, estabeleceu um juízo de caridade que nos leva a reconhecer como membros da Igreja àqueles que, por confissão de fé, exemplo de vida e participação nos sacramentos, professam conosco o mesmo Deus e o mesmo Cristo. Porém, sendo mais necessário à nossa salvação reconhecer o corpo da Igreja para nos unirmos a Ele, o Senhor no-la manifesta por sinais que nos sejam ainda mais evidentes.

9. Eis então de que modo a face da Igreja se manifesta ante nossos olhos: onde a Palavra de Deus é sinceramente pregada e ouvida, e vemos que os sacramentos são administrados segundo a instituição de Cristo, não podemos de modo algum duvidar de que ali está uma igreja de Deus. Pois, não pode falhar a promessa que Cristo nos fez: "Onde dois ou três se congregarem em meu nome, aí estou entre eles" (Mt 18, 20). No entanto, para entender com clareza o conteúdo desse assunto, é preciso proceder gradualmente, considerando os seguintes pontos: a Igreja universal é cons-

---

6 Agostinho. *Do batismo contra os donatistas*, III, 19, 26 (MSL 43, 152; CSEL 51, 218, 9).
7 Idem. *Tratados sobre o evangelho de João*, 45, 12 (MSL 35, 1725).

tituída pela multidão daqueles que, dispersos por várias regiões do mundo, são concordes na verdade e na doutrina da Palavra de Deus, e permanecem unidos pelo vínculo da fé. Sob essa Igreja, estão compreendidas as igrejas dispersas pelas cidades e vilarejos, conforme a necessidade humana, de modo que cada uma delas retém legitimamente o título e a autoridade de Igreja. Todos os que, por profissão de fé, são membros de tais igrejas, embora não pertençam verdadeiramente à Igreja, pertencem todavia, de certo modo, à Igreja enquanto não forem dela excluídos por juízo público.[8] Note-se, no entanto, que um é o critério para se avaliar uma igreja e outro o critério para se avaliar um membro da igreja. Pode-se dar que, em virtude do comum consentimento da Igreja, tratemos como irmãos e fiéis àqueles mesmos que são suportados e tolerados no corpo de Cristo, embora não os consideremos dignos de nosso piedoso convívio. Não aprovamos que mereçam ser membros da Igreja, mas concedemos que tenham algum lugar no povo de Deus até que sejam excluídos mediante legítimo juízo. Quanto à multidão, é preciso proceder de outra maneira. Pois, se uma igreja exerce o ministério da Palavra, e o honra, e, além disso, mantém a correta administração dos sacramentos, é preciso reconhecê-la como igreja, porquanto certo é que a Palavra e os sacramentos não podem permanecer sem dar frutos. Conservaremos, assim, a unidade da Igreja, à qual os espíritos diabólicos sempre se esforçaram em destruir, e não defraudaremos a autoridade das legítimas assembleias estabelecidas para o bem dos homens.

10. Sustentamos que a pregação da Palavra de Deus e a administração dos sacramentos são os sinais distintivos para se reconhecer a Igreja, porquanto esses dois elementos não podem subsistir sem frutificarem com a bênção de Deus. Não pretendo dizer que o fruto se manifeste imediatamente, onde quer que a Palavra seja pregada, mas que a Palavra mostra a sua eficácia onde for recebida e estabelecida de modo estável. Seja como for, onde a pregação do Evangelho é reverentemente ouvida e os sacramentos não são negligenciados, ali aparece com o tempo, sem falácia e ambiguidade, a face da Igreja, e a ninguém é lícito lhe contestar a autoridade, repudiar as admonições, discutir as decisões e zombar das censuras: muito menos será lícito dela se separar e romper sua unidade. Porque o Senhor tem em tal conta a comunhão de sua Igreja, que considera desertor da religião todo aquele que, de modo contumaz, afasta-se de uma congregação cristã na qual estão presentes o verdadeiro ministério da

---

8 Não é possível estabelecer com exatidão a referência do autor, dada a obscuridade da passagem.

Palavra e dos sacramentos. De tal modo Ele recomenda a autoridade da Igreja que considera desprezada sua própria autoridade quando a da Igreja o é. Porque não é pouca coisa o fato de a Igreja ser chamada de "coluna e fundamento da verdade" e "casa de Deus" (1Tm 3, 15). Com essas palavras, Paulo quer dizer que a Igreja foi estabelecida como guardiã da verdade de Deus, a fim de que esta não desapareça do mundo. Isso significa que, por seu ministério e ação, a pura pregação da Palavra é conservada, e Deus se manifesta a nós como pai de família, apascentando-nos com o alimento espiritual, providenciando ademais tudo quanto nos for necessário à salvação. Não é pequeno louvor o que se diz da Igreja, a saber, que Cristo a escolheu e a separou como esposa, a fim de torná-la sem ruga e sem mácula, e que a Igreja é o corpo de Cristo e sua plenitude. Donde, separar-se da Igreja é o mesmo que renegar a Deus e a Cristo. Devemos, por isso, evitar tão grave ruptura, causando por nossa conta a ruína da verdade de Deus, pois assim nos tornamos dignos de que Deus, movido pelo ímpeto de sua ira, nos fulmine e nos despedace com seus raios. Não é possível imaginar um crime mais atroz que o de violar, com essa sacrílega traição, o matrimônio que o unigênito Filho de Deus se dignou contrair conosco.

11. Devemos ter essas notas diligentemente gravadas em nossa alma, e considerá-las segundo o juízo de Deus. Porque não há coisa que Satanás procure com mais afinco que conduzir-nos a uma destas duas posições: ou nos tornar incapazes de reconhecer a Igreja, abolindo ou destruindo os verdadeiros e autênticos sinais pelos quais a reconhecemos; ou, então, levar-nos a desprezá-los quando dela nos afastamos por manifesta defecção. É obra da astúcia diabólica ter conseguido que a pura pregação do Evangelho tivesse se desvanecido por longos séculos. Com o mesmo embuste, esforça-se agora para destruir o ministério instituído por Cristo em sua Igreja, o qual, uma vez arruinado, fará a ruína do edifício inteiro. Quão perigosa e perniciosa é a tentação que se insinua no espírito quando se sugere a separação de uma congregação em que se veem os sinais e marcas com que o Senhor quis distinguir sua Igreja. Bem se vê, então, quanta precaução devemos ter nos dois casos. De fato, para não cairmos numa impostura que leve o nome de Igreja, devemos exigir que toda congregação que reivindica para si o nome de Igreja submeta-se àqueles critérios que Deus nos deu como pedra de toque:[9] se, na pregação e nos sacramentos, manifestar a ordem estabelecida pelo Senhor, não nos enganaremos em tributar-lhe a honra que cabe à Igreja. Se, porém, pretende

---

9 Pedra de toque: fragmento de jaspe usado para testar a pureza de ouro e prata.

ser reconhecida sem a presença da Palavra de Deus e dos sacramentos, então devemos nos precaver cuidadosamente de seu embuste, tomando ainda o cuidado de fugir da soberba encerrada na outra posição.

12. Sustentamos, pois, que o puro ministério da Palavra e a idônea celebração dos sacramentos são penhores de que a Igreja está presente onde se verificam tais coisas. Isso é de fundamental importância, pelo fato de não podermos jamais desprezar uma assembleia que mantenha a Palavra e os sacramentos, ainda que nela existam muitos vícios. Digo ainda mais: que poderá haver até mesmo algum vício na doutrina ou na administração dos sacramentos, e nem por isso será permitido nos afastarmos da sua comunhão. Porque os artigos da doutrina verdadeira não têm todos o mesmo peso. Há alguns cujo conhecimento nos é tão necessário que é preciso mantê-los fixos e indubitáveis, pois constituem os princípios da religião. Por exemplo: que existe um só Deus; que Cristo é Deus e Filho de Deus; que nossa salvação fundamenta-se na misericórdia divina, e coisas semelhantes. Há outros artigos que são objeto de controvérsia entre as igrejas, mas que não rompem a unidade da fé. Demos um exemplo: uma igreja sustenta que as almas são levadas para o céu no momento da morte; outra, nada ousando definir acerca do lugar, diz simplesmente que essas almas vivem no Senhor. Ora, são palavras do apóstolo: "Se quisermos ser perfeitos, devemos ter um mesmo sentir; de resto, se há entre nós diversidade de opinião, Deus nos revelará" (Fp 3, 15). Com isso, Paulo indica que, se surgir alguma diferença em assuntos não necessários, a unidade deve ser mantida entre os cristãos. É verdade que o melhor mesmo seria estar de acordo sobre todas as coisas, mas, por ninguém estar livre da sombra da ignorância, então, de duas uma: ou será preciso negar a Igreja ou será preciso perdoar a ignorância daqueles que se enganam nas coisas que podem ser ignoradas sem perigo algum para a salvação e sem violação da fé. Não quero, de fato, patrocinar os erros, ainda que mínimos, nem os quero favorecer ou ser com eles conivente. Digo, porém, que não devemos abandonar, por conta de uma leve dissensão, uma igreja na qual é mantida, salva e incontaminada a doutrina fundamental de nossa salvação e a administração dos sacramentos tais como o Senhor os instituiu. Se, contudo, esforçamo-nos para emendar o que ali nos desagrada, nada mais fazemos que a própria obrigação. Disso nos fala esta passagem de Paulo: "Mas, se a outro, que estiver assentado, for revelada alguma coisa, cale-se o primeiro" (1Co 14, 30). Portanto, é evidente que a cada membro da Igreja foi confiada a obrigação de edificar os demais segundo a medida da graça que recebeu, desde que isso se faça com ordem e decoro, quer dizer: ou renunciamos à comunhão da Igreja ou nela permanecemos sem perturbar a paz e a disciplina.

13. Nossa indulgência deve ser maior nos casos de imperfeição de vida, pois nisso é muito fácil cair, uma vez que não são poucas as insídias do Diabo. Porque sempre houve aqueles que, falsamente convencidos de gozar de uma santidade perfeita, como se fossem anjos, desprezassem o convívio dos homens em quem viam alguma fraqueza. Tais foram, outrora, os cátaros, e também os donatistas, que os seguiram em sua loucura. Hoje em dia, entre os anabatistas, não poucos se consideram acima de todo o mundo. Pecam mais por imoderado zelo de justiça que por soberba, desde que, ao constatarem não haver correspondência entre a doutrina e o fruto de vida daqueles a quem se anuncia o Evangelho, concluem que entre eles não subsiste igreja alguma. Justíssima decerto é a sua ofensa, e o que é mais: não sendo possível escusar nossa maldita preguiça, que certamente Deus não deixará impune, damos ocasião de que Ele a puna, e já começou a castigá-la com terríveis flagelos. Ai de nós que, por tão dissoluta licença em pecar, ferimos as consciências mais fracas. Não obstante, pecam também os soberbos de quem estamos a falar, e eles não sabem avaliar o tamanho de sua culpa, pois, onde o Senhor exige clemência, entregam-se inteiramente à severidade sem medida. Ao acreditarem que não há igreja onde não se encontra uma sólida pureza e integridade de vida, afastam-se cheios de ódio da Igreja, imaginando afastar-se assim da facção dos ímprobos. Vejamos quais são suas objeções. Primeira: alegam que a Igreja de Cristo é santa (Ef 5, 26). E isso é verdade, desde que entendam que nela se misturam bons e maus. Ouçam, pois, aquela parábola de Cristo na qual se compara a Igreja à rede que recolhe toda sorte de peixes, que não são escolhidos até que se chegue à praia (Mt 13, 47). Ouçam também o que lhes é ensinado noutra parábola: que a Igreja é semelhante ao campo que, após ter sido semeado com trigo, é corrompido com o joio lançado pelo inimigo, e desse joio não será expurgado até que a colheita seja levada à eira (Mt 13, 24). Ouçam ainda que na eira, onde o trigo foi recolhido, este permanece escondido sob a palha até que seja joeirado e recolhido no celeiro (Mt 3, 12). Se o Senhor declara que a Igreja padecerá desses males, onerada pela presença dos dissolutos, é em vão que se procura encontrá-la livre de toda nódoa.

14. Segunda objeção: protestam dizendo ser intolerável que a peste dos vícios grasse de tal modo na Igreja. Dar-lhes-ei uma resposta inspirada numa sentença do apóstolo. Não poucos eram os que, entre os coríntios, haviam errado, estando corrompido quase todo o corpo, não apenas por um tipo de mal mas por muitos. Não eram pequenos os erros, mas horrendas as torpezas: havia corrupção dos costumes e também da doutrina. Como se comportou o santo apóstolo, instrumento escolhido do Espírito celeste, sobre cujo testemunho está fundada a Igreja? Procurou separar--se deles? Afastou-os do reino de Cristo? Fulminou-os com um anátema? Nada disso: reconheceu-os e os proclamou Igreja de Cristo e sociedade dos santos. Se entre os coríntios permanece a Igreja, apesar de ali ferverem contenções, seitas e ciúme; apesar de ali sobejarem litígios, processos e cobiça; apesar de ali se aprovar abertamente uma imundice execrável que os próprios gentios abominavam; apesar de ali o nome de Paulo ter sido petulantemente difamado, em vez de ser reverenciado como pai; apesar de ali alguns zombarem da ressurreição dos mortos, cuja negação aniquila todo o Evangelho (1Co 1, 2; 3, 3; 5, 1; 6, 7; 9, 1; 15, 12); apesar de as graças de Deus serem motivo de ambição, e não de caridade; ali onde incontáveis coisas eram administradas desonesta e desordenadamente: se, portanto, a Igreja subsistia entre eles apesar de tudo isso, e subsistia porque o ministério da Palavra e dos sacramentos não foram adulterados, quem ousará negar o título de Igreja àqueles a quem não se pode impingir nem mesmo a décima parte desses crimes? Paulo reconhecia a Igreja entre os gálatas. Que teriam feito a estes, que por pouco não desertaram do Evangelho, os que hoje em dia julgam tão duramente as igrejas?

15. Objetam que Paulo repreendeu com rigor aos coríntios pelo fato de tolerarem em sua companhia um homem de conduta imoral (1Co 5, 2). Além disso, dizem que ele estabeleceu uma regra geral segundo a qual não é lícito beber e comer com um homem de maus costumes. Daí deduzem o seguinte: se não é lícito comer o pão comum ao lado de um pecador, quanto menos o será comer o pão do Senhor. Reconheço ser desonroso que cães e porcos tenham lugar entre os filhos de Deus e, coisa pior, que lhes seja oferecido o sacrossanto corpo de Cristo. De fato, quando as igrejas são guiadas por normas adequadas não devem tolerar que os maus sejam nutridos em seu seio, nem devem admitir, sem distinção alguma, que bons e maus participem da ceia. Mas, porque os pastores não exercem sempre a vigilância devida e, por vezes, são mais condescendentes do que conviria ser, ou, ainda, porque se encontram impedidos de exercer a severidade necessária, sucede que nem sempre os maus sejam excluídos da companhia dos bons. Admito que isso seja um vício, uma vez que Paulo repreende amargamente aos coríntios. Porém, ainda que a Igreja não cumpra seu dever, nem por isso alguém deve se separar dela por conta própria. Não nego que um homem piedoso deva se abster de todo convívio e associação com os ímprobos. Uma coisa, porém, é fugir da companhia dos maus, outra é renunciar à comunhão da

Igreja por ódio aos maus. Se, no entanto, consideram sacrílego participar da ceia do Senhor ao lado dos maus, mostram-se muito mais rigorosos que Paulo, uma vez que ele exorta a que participemos pura e santamente da ceia, não exigindo que um examine o outro, ou que toda a Igreja seja examinada, mas que cada um prove a si mesmo (1Co 11, 28). Se não fosse permitido comungar em companhia de um homem indigno, Paulo por certo nos teria mandado olhar ao redor procurando por alguém cuja imundice nos contaminaria. Porém, se ele diz que cada um examine a si mesmo, demonstra com esse conselho que a presença dos maus não pode nos prejudicar. Declara, ademais, que quem come indignamente, come e bebe a própria condenação, e não a condenação dos outros. Em com razão, porque, de fato, não cabe ao alvitre de cada um resolver quem deve ser aceito ou rejeitado. Esse juízo compete à Igreja inteira, na medida em que uma decisão desse tipo não pode ser tomada sem legitimidade, como adiante será visto. Seria absurdo, portanto, que alguém ficasse contaminado pela indignidade do pecador, se não pode nem tem o direito de o afastar.

16. Ora, por mais que o zelo imoderado de justiça seja uma tentação para os melhores, constatamos, contudo, que esse rigor nasce mais da soberba, da arrogância e de uma falsa opinião de santidade, que da santidade autêntica. Portanto, os que se mostram mais audazes que os outros e, separando-se da Igreja, fazem-se cabeças da sedição, na maioria dos casos não têm outro motivo que se mostrarem melhores que os outros, e que a todos desprezam. Agostinho fala acertada e prudentemente ao dizer que "a norma da disciplina eclesiástica diz respeito principalmente à unidade do espírito no vínculo da paz, coisa que o apóstolo nos manda observar, exortando que nos suportemos uns aos outros; quando essa unidade não é mantida, o remédio não somente é inútil mas também danoso, e, portanto, não é mais remédio. Os filhos do Maligno, que são movidos pelo desejo de fazer polêmica, e não pelo ódio da iniquidade, esforçam-se para atrair, ou ao menos dividir, os fracos. Estando como estão inchados de orgulho, obstinados e astutos para espalhar calúnias, e ardentes por sedições, não podem manifestar a luz da verdade. Valendo-se da artimanha de uma rígida severidade, a tudo deturpam a fim de promover cismas e divisões na Igreja, desprezando os recursos que, na Sagrada Escritura, devem servir de meios moderados e prudentes de correção fraterna".[10] A seguir, Agostinho dá este conselho aos homens pacíficos: "Quando for possível, que corrijam o pecador com misericórdia, e, quando não o for, suportem-

---

10 Agostinho. *Contra a epístola de Parmeniano*, III, 1, 1 (MSL 43, 81ss.; CESL 51, 98, 14ss.).

-no com paciência, gemam e chorem com caridade, até que Deus o emende ou corrija, ou arranque a cizânia no tempo da messe, separando o trigo da palha".[11] Que todos os homens piedosos preparem-se com essas armas a fim de que, vendo-se a si mesmos como animosos vingadores da justiça, não se afastem do Reino dos céus, o qual, a bem da verdade, é o único reino da justiça. Pois, se Deus quer manter a comunhão de sua Igreja mediante essa sociedade externa, aquele que a rompe por ódio aos ímprobos, ingressa no caminho que o levará à separação da comunhão dos santos. Pensem que, em meio de tão grande multidão, há muitos verdadeiros santos e inocentes aos olhos do Senhor, ainda que desconhecidos aos nossos olhos. Pensem, também, que entre os que parecem maus, muitos há que não se comprazem, nem se deleitam em seus vícios, mas que, tomados por sério temor do Senhor, desejam maior integridade de vida. Pensem que não se deve avaliar um homem por um só ato, quando até mesmo os mais santos caem gravemente. Pensem que o ministério da Palavra e a administração dos sagrados mistérios têm mais peso na manutenção da unidade da Igreja que a culpa dos ímpios que vivem mal para a dissipar. Considerem enfim que, quando se trata de saber onde está a verdadeira Igreja, o juízo de Deus deve ser preferido ao dos homens.

17. Dizem, porém, que não é sem motivo que a Igreja se diz santa. Devemos, então, avaliar de que tipo de santidade estamos a tratar, porque, se queremos admitir como Igreja somente a que é perfeita sob todos os aspectos, certamente não encontraremos nenhuma. É bem verdade o que diz Paulo: "Cristo entregou a si mesmo pela Igreja, para santificá-la, e depois de tê-la purificada no banho de água mediante a Palavra da vida, a fim de fazê-la comparecer diante de si gloriosa, sem mancha nem ruga ou coisa alguma semelhante, mas santa e irrepreensível" (Ef 5, 25). Mas não é menos verdade que diariamente o Senhor apaga as rugas e purifica a Igreja de toda mancha. Donde se segue que a santidade da Igreja ainda não é perfeita. Portanto, aquilo que os profetas disseram de Jerusalém: que será santa, que os estrangeiros não pisarão nela (Jl 4, 17), que o templo será sacrossanto e que os impuros não entrarão nele (Is 35, 8), não deve ser entendido no sentido de que não há mancha alguma nos membros da Igreja, mas no sentido de que aos fiéis que aspiram decididamente a uma sólida e integral santidade, é atribuída, por bondade divina, a pureza que ainda não alcançaram. E, visto que raras vezes se encontrem os indícios dessa santificação, devemos ter em mente que nunca houve época, desde o início do mundo, na

---

11 Ibidem, 2, 15 (MSL 43, 94; CSEL 51, 118, 7ss.).

qual o Senhor não tenha tido a sua Igreja, e jamais deixará de haver até a consumação dos séculos. Pois, embora desde o princípio do mundo o gênero humano inteiro esteja corrompido e viciado pelo pecado de Adão, nem por isso Deus deixou de consagrar, em meio à massa corrompida, alguns vasos para sua honra, de modo que não houve época que não tenha experimentado sua misericórdia. Isso foi o que Ele atestou com promessas seguras, como esta: "Fiz uma aliança com meu eleito; jurei a Davi, meu servo, dizendo: estabelecerei a tua descendência para sempre e edificarei o teu trono por todas as gerações" (Sl 89, 3.4). Igualmente: "Porque o Senhor escolheu Sião, desejou-a para sua morada: este é meu lugar de repouso para sempre, aqui habitarei, pois o desejei" (Sl 132, 13.14); e ainda: "Assim fala o Senhor, que dá o sol para que seja a luz do dia, a lua e as estrelas para que sejam a luz da noite: se faltarem essas leis diante de mim, então também a descendência de Israel deixará de ser uma nação diante de mim" (Jr 31, 35.36).

18. Disso nos deram exemplo não somente Cristo e os apóstolos mas quase todos os profetas. Horrível é a impressão suscitada pelas descrições de Isaías, Jeremias, Joel, Habacuque e outros acerca da desordem que reinava na Igreja de Jerusalém. A corrupção do povo, dos magistrados e dos sacerdotes era tamanha que Isaías não hesitou igualar Jerusalém a Sodoma e Gomorra (Is 1, 10). A própria religião estava em parte corrompida e em parte contaminada. Quanto aos costumes, não havia mais que furtos, rapinas, traições, mortes e crimes semelhantes. Contudo, os profetas não erigiram novas igrejas, nem estabeleceram novos altares para oferecer os sacrifícios à parte, pois, ainda que os homens agissem desse modo, os profetas entendiam que Deus lhes confiara sua Palavra, e instituíra cerimônias que a oficiavam. Em meio aos ímpios, havia mãos puras que se erguiam ao céu, e Deus era adorado. Se parecesse aos profetas que seriam contaminados por algum contágio, teriam preferido morrer cem vezes a misturar-se com aquela gente. Nenhum outro motivo, portanto, impedia-os de abandonar a Igreja, senão seu empenho de manter a unidade. Se os santos profetas não se atreveram a se afastar da Igreja por conta daqueles muitos e graves pecados, não só de uns poucos, mas de quase todo o povo, seria muita presunção nossa ousarmos nos separar da comunhão da Igreja só porque a vida de alguém não corresponde ao nosso juízo ou à profissão de fé cristã.

19. Que devemos dizer dos tempos de Cristo e dos apóstolos? Pois nem a impiedade desesperada dos fariseus, nem a vida dissoluta do povo, impediram-nos de participar dos mesmos sacrifícios e de se reunirem com os demais para adorar a Deus e fazer outros atos públicos da religião. Essas ações jamais teriam sido realizadas, caso não tivessem a certeza de que aquele que participa dos sacramentos com consciência pura não é contaminado pela companhia dos maus. Quem se declara insatisfeito com o exemplo dos profetas e dos apóstolos, reconheça ao menos a autoridade de Cristo. Muito bem se exprime Cipriano, ao dizer que "ainda que se veja na Igreja a cizânia, ou os vasos impuros, isso porém não é motivo para que nos afastemos dela, mas que devemos nos empenhar para sermos bom trigo, e, o quanto for possível, vasos de ouro ou de prata. Quebrar os vasos de argila cabe a Cristo, a quem foi dado o cetro de ferro. Ninguém atribua a si o que pertence somente ao Filho de Deus: arrancar a cizânia, queimar a palha e separar o bom grão mediante juízo humano é obstina-ção soberba e sacrílega presunção". Fiquem claros, por conseguinte, estes dois pontos: não há justificativa alguma para quem abandona a comunhão externa da Igreja na qual se prega a Palavra de Deus e são administrados os sacramentos. Em segundo lugar, que os vícios dos outros, poucos ou muitos, não nos impedem de professar nossa fé fazendo uso também das cerimônias instituídas por Deus, porquanto uma boa consciência não é ferida pela indignidade dos fiéis ou do pastor, nem os sacramentos ficam menos puros e salutares para o homem santo e íntegro ao serem recebidos na companhia de gente impura.

20. Mas vão além em sua arrogância e presunção, porque não reconhe-cem nenhuma Igreja senão a que estiver pura da mínima falta; lançam-se assim com violência contra os pastores que se esforçam para cumprir seu dever de exortar os fiéis ao progresso, recordando-lhes que, enquanto viverem neste mundo, gemerão sob o peso dos vícios, incitando-os por isso a que busquem o perdão. Tais censores, de fato, dizem que quando se age assim, afasta-se o povo da perfeição. Reconheço que, ao incitar os homens à perfeição, não se deve agir lenta ou friamente, mas com empe-nho e energia. Fazer crer, porém, que a perfeição seja alcançável enquanto ainda se estiver a caminho significa alimentar sonhos diabólicos. Por isso, no Símbolo, depois do artigo sobre a Igreja, põe-se aquele sobre a remis-são dos pecados; porque a remissão dos pecados não pode ser obtida senão pelos cidadãos e membros da Igreja, conforme se lê no profeta (Is 33, 14). Portanto, é preciso antes edificarmos a Jerusalém celeste a fim de, depois, obter o perdão de Deus, de sorte que todo aquele que a ela acorre tenha apagada sua iniquidade. Digo que é preciso edificá-la antes, não no sentido de poder existir Igreja sem remissão dos pecados, uma vez que o Senhor prometeu sua misericórdia apenas para quem se mantiver na comunhão dos santos. Desse modo, então, nosso ingresso na Igreja e no Reino de Deus é representado pela remissão dos pecados, sem a qual não há nenhuma aliança ou comunhão com Deus. Diz o profeta Oseias: "Naquele dia farei um pacto com os animais do campo, com os pássaros do céu e os répteis da terra. Da terra afastarei o arco, a espada e a guerra, e te farei dormir sem temor. Desposar-te-ei para sempre; sim, eu desposar-te-ei em justiça, em juízo, em misericórdia e em compaixão" (Os 2, 18.19). Vemos de que maneira o Senhor nos reconciliou consigo exercendo sua misericórdia, e, noutra passagem, foi-nos dito que o Senhor reunirá o povo que havia dispersado em sua ira: "Eu os purificarei de toda a iniquidade com que pecaram contra mim" (Jr 33, 8).

21. A remissão dos pecados, de fato, representa não só a forma mediante a qual Deus nos acolhe em sua Igreja, mas também o instrumento com que nos mantém e conserva nela. Com que finalidade ser-nos-ia ofertado um perdão que não tivesse uso algum? Ora, seria vã e ineficaz a misericórdia do Senhor se o perdão nos fosse concedido uma só vez. Disso toda alma piedosa tem consciência, visto não haver quem não se sinta culpado de muitas fraquezas e necessitado da misericórdia de Deus ao longo de sua vida. Não é sem razão que Deus promete essa graça singular àqueles que lhe são íntimos, nem é em vão que ordena que essa mensagem lhes seja anunciada dia a dia. É claro portanto que, estando sempre onerados pelas consequências do pecado, não poderíamos permanecer um só instante na Igreja se não nos socorresse assiduamente a graça de Deus, perdoando nossos pecados. Ora, o Senhor chamou os seus à salvação eterna; portanto, devem saber que a graça divina está sempre ao alcance para lhes perdoar os pecados. É preciso que este ponto esteja firmemente estabelecido: que, em virtude da misericórdia divina, dos méritos de Cristo, da santificação do Espírito Santo, nos é concedido o perdão dos pecados, e isso nos é oferecido todos os dias enquanto mantivermos unidos e inseridos no corpo da Igreja.

22. Eis o motivo de as chaves terem sido entregues à Igreja. Quando Cristo deu esse mandato aos apóstolos e lhes transmitiu a autoridade de remitir os pecados (Mt 16, 19; 18, 18; Jo 20, 23), não quis apenas que se absolvessem os pecados daqueles que se convertiam da impiedade à fé cristã, mas, antes, quis que esse ministério fosse exercido de modo permanente em favor dos fiéis. Isso ensina Paulo ao escrever que Deus confiou aos ministros de sua Igreja o ministério da reconciliação, a fim de que exortem continuamente o povo à reconciliação com Deus em nome de Cristo (2Co 5, 18-20). Portanto, é na comunhão dos santos que os pecados nos são remitidos por meio do ministério da Igreja, quando os presbíteros e os bispos, aos quais foi confiado esse múnus, confirmam as consciências piedosas anunciando-lhes as promessas do Evangelho, atestando-lhes que Deus quer perdoar e fazer-lhes misericórdia, seja pública ou privadamente, conforme a necessidade. Há incontáveis fiéis que, por conta de sua fraqueza, precisam de consolação particular, e Paulo diz ter ensinado não só pela pregação pública mas também de casa em casa, exortando cada um sobre a doutrina da salvação (At 20, 20). É preciso notar aqui três elementos. Primeiro: por grande que seja o grau de santificação alcançado pelos fiéis, estes não se podem manter diante de Deus senão em virtude da remissão de seus pecados. Segundo: esse benefício foi confiado à guarda da Igreja, de modo que não podemos obter o perdão de nossas culpas a menos que perseveremos em comunhão com ela. Terceiro: a dispensação desse benefício se dá por meio dos ministros e dos pastores da Igreja, seja pela pregação do Evangelho, seja pelos sacramentos, e nisto consiste essencialmente o poder das chaves que o Senhor conferiu à sociedade dos fiéis. Espera-se de cada um, portanto, que não procure a remissão dos pecados onde Deus não a pôs. Quanto ao problema da reconciliação pública, que faz parte da disciplina, será examinado oportunamente.

23. É preciso prevenir sobre as consciências desse erro tão pestilencial, uma vez que os espíritos irrequietos, dos quais já falei, esforçam-se para subtrair à Igreja essa única garantia de salvação. Na Igreja antiga, os novacianos perturbaram as igrejas com essa falsa doutrina; hoje, alguns anabatistas encarregam-se de fomentar o mesmo delírio. Pois imaginam que, pelo batismo, o povo de Deus é regenerado para levar uma vida pura e angelical que não se pode contaminar por nenhuma mancha carnal. Se acontecer, porém, de alguém pecar depois do batismo, nada lhe resta senão o inexorável juízo de Deus. Não deixam, em suma, nenhuma esperança de perdão aos pecadores que tenham incorrido em algum pecado depois de haver recebido a graça de Deus, porque não admitem outra remissão dos pecados senão aquela pela qual somos regenerados no início da vida cristã. Ora, não há mentira mais claramente refutada na Escritura; todavia, visto que essa gente sempre encontra a quem enganar, como aliás o fazia Novaciano, que teve não poucos sequazes, mostremos de modo sucinto o quanto trabalham para a perdição, própria e alheia, os que professam esse erro. Primeiro: quando todos os santos, seguindo a determinação do Senhor, repetem diariamente o seguinte pedido "perdoa as nossas dívidas" (Mt 6, 12), eles estão a confessar expressamente que são pecadores. E não é em vão que pedem perdão, porque o Senhor não nos ordenou pedir senão aquilo que Ele se dispôs a dar. Mais ainda: tendo prometido que a oração por ele ensinada seria inteiramente ouvida pelo Pai, confirmou esse perdão com uma promessa especial. Que podemos esperar além disso? O Senhor deseja que os santos se reconheçam pecadores por toda a vida, mas lhes promete seu perdão. Que audácia seria querer eximi-los de pecado ou, então, excluí-los completamente da graça quando tiverem errado! Pergunto ainda: a quem devemos perdoar setenta vezes sete? (Mt 18, 22). Por acaso não são a nossos irmãos? Por que isso nos seria mandado senão a fim de imitarmos a clemência de Deus? Pois o Senhor perdoa não uma ou duas vezes, mas todas as vezes que o pecador se volta para Ele, suspirando consternado pela consciência de seus delitos.

24. Para começarmos pelos primórdios da Igreja, notemos que os patriarcas foram circuncidados e acolhidos na aliança com Deus, estando já plenamente educados por seus pais a seguir a justiça e a integridade; no entanto, decidiram matar José, seu irmão (Gn 37, 18). Que delito abominável, digno de ser detestado até mesmo pelos piores ladrões! Contidos, porém, pelas recomendações de Judá, venderam a José (Gn 37, 18), o que sem dúvida foi uma intolerável desumanidade. Para vingar cruelmente a irmã, Simão e Levi massacraram a população de Siquém, atitude esta deplorada pelo pai (Gn 34, 25). Rubem cometeu um execrável incesto com a mulher de seu pai (Gn 35, 22). Pecando contra a lei da natureza, Judá deitou-se com a própria nora (Gn 38, 16-18): todos eles, contudo, longe de serem expulsos do povo eleito, foram estabelecidos como cabeças deste. Que diremos de Davi? De que tipo de depravação tornou-se responsável para satisfazer sua concupiscência, até mesmo derramando sangue inocente, Davi que era o encarregado supremo da justiça? (2Sm 11, 4.15). Ora, ele já fora regenerado e contava com os elogios do Senhor, elogios que superavam os de outros regenerados. Contudo, fez o que é repudiado até pelos gentios, e isso não o impediu de alcançar o perdão (2Sm 12, 13). Para não demorarmos em casos particulares, pergunto quantas provas não há, na Lei e nos profetas, da misericórdia divina para com os judeus? Quantas vezes nos mostram que o Senhor foi aplacado pelas oferendas de seu povo! E que tipo de promessa Moisés fez caso o povo se voltasse para o Senhor, depois de ter caído na apostasia? Eu digo: "Deus te reconduzirá do cativeiro, e se compadecerá de ti, e te congregará dentre os povos em meio aos quais fores disperso. Se fores disperso até os confins do céu, daí eu te congregarei" (Dt 30, 3.4).

25. Não pretendo iniciar um inventário, que não teria fim. Os profetas, de fato, falam à saciedade dessas promessas que anunciam misericórdia ao povo, embora este fosse culpável de incontáveis crimes. Que há de mais grave que a rebelião, esse divórcio entre Deus e sua Igreja? Mas mesmo isso foi perdoado pela bondade de Deus: "Qual é o homem", diz o Senhor pela boca de Jeremias, "cuja mulher, prostituindo-se, ele a acolherá de novo? Todo o país, porém, está contaminado por tua prostituição, povo de Judá; a terra está cheia de teus amores sórdidos. Mesmo assim, volta para mim, e eu te receberei. Volta, ó Israel rebelde: não farei cair minha ira sobre ti, porque sou misericordioso, e não guardo para sempre minha ira" (Jr 3, 1-12). Não poderia ser outra a vontade daquele que não quer "a morte do pecador, mas que se converta e viva" (Ez 18, 23.32; 33, 11). Por isso Salomão, ao consagrar o Templo, dedicou-o para que ali fossem ouvidas as orações feitas pelo perdão dos pecados: "Se teus filhos pecarem contra ti, pois não há homem que não peque, e irado os entregares a seus inimigos, e em seu coração se arrependerem, e arrependidos te suplicarem em seu cativeiro, dizendo: 'Pecamos, agimos iniquamente', e orarem na direção da terra que deste a seus pais e na direção deste templo santo, que ouças no céu suas preces, e sejas propício a teu povo que pecou contra ti, e a todas as suas iniquidades com as quais prevaricaram contra ti" (1Rs 8, 46-50). Não é em vão que, na Lei, o Senhor ordenou que se fizessem sacrifícios diários pelos pecados do povo (Nm 28, 3), e esse remédio foi providenciado porque o povo sempre se contaminaria com o pecado.

26. Ora, pergunto eu: será que a vinda de Cristo, na qual se manifestou a plenitude da graça, privou os fiéis do benefício do perdão de seus delitos quando tivessem ofendido o Senhor? Se a bondade de Deus para perdoar os pecados, que era sempre oferecida aos santos do Antigo Testamento, fosse depois totalmente anulada, isso significaria que Cristo veio para a ruína, e não para a salvação dos seus. Se dermos crédito à Escritura, que proclama de modo eloquente que a graça do Senhor e seu amor pelos homens manifestaram-se plenamente em Cristo (Tt 2, 13), e que pela riqueza de sua misericórdia (2Tm 1, 9; Tt 3, 4) foi levada a efeito a reconciliação com os homens (2Co 5, 18), não resta dúvida de que a sua clemência se manifesta agora mais abundantemente do que antes, posto que não foi diminuída nem empobrecida. De fato, também acerca dessas verdades temos claros exemplos. Pedro renegou a Cristo três vezes, e o fez com pesadas imprecações (Mt 27, 69-74; Mc 14, 66-72; Lc 22, 54-62; Jo 18, 15-17, 25-27), embora tivesse ouvido de sua boca que quem não confessasse seu nome diante dos homens seria por ele negado diante dos anjos do céu (Mt 10, 33; Mc 8, 39; Lc 9, 26). No entanto, Pedro não foi excluído do perdão. Entre os tessalonicenses, aqueles que viviam desordenadamente foram punidos por Paulo, mas de modo que fossem conduzidos ao arrependimento (2Ts 3, 6.11-15). Pedro, por sua vez, não deixou Simão Mago sem saída, mas lhe ofereceu uma boa saída ao convidá-lo a orar para ser perdoado de seu pecado (At 8, 22).

27. Não houve, no passado, faltas gravíssimas que dominaram inteiramente uma igreja? Que fez Paulo, nesses casos, senão reconduzi-la piedosamente ao bom caminho, em lugar de lançá-la de uma só vez na abominação? Não foi pequena culpa a defecção dos gálatas (Gl 1, 6; 3, 1; 4, 9). Menos desculpáveis ainda foram os coríntios, porque afundaram em pecados mais graves e numerosos que aqueles. Não obstante, nem uns nem outros foram excluídos da misericórdia do Senhor. Ao contrário, os que mais haviam pecado por imoralidade, fornicação e impureza eram expressamente convidados ao arrependimento (2Co 12, 21), justamente porque a aliança que o Senhor selou com Cristo, o verdadeiro Salomão, e com todos os seus membros permanece e permanecerá inviolável. Ora, isso foi sancionado quando se disse: "Se seus filhos abandonarem a minha Lei e não caminharem mais segundo meus preceitos, se violarem meus estatutos e não observarem meus mandamentos, eu punirei sua transgressão com a vara, e com açoites sua iniquidade; mas não retirarei deles a minha benignidade, e não desmentirei a minha aliança" (Sl 89, 31-34). Enfim, a própria ordem dos artigos do Símbolo nos adverte de que a graça da remissão dos pecados permanecerá para sempre na Igreja; de fato, depois de se professar a fé na Igreja, acrescenta-se logo a seguir que cremos na remissão dos pecados.

28. Outros, mais astutos, dando-se conta de que a doutrina de Novaciano é claramente reprovada pela Escritura, consideram sem remissão não todos os pecados, mas somente a transgressão consciente e voluntária da Lei. Pensam que somente o pecado cometido por ignorância é perdoável. Afirmação temerária, que não deixa esperança alguma de perdão para os pecados voluntários, embora, na Lei, o Senhor tenha estabelecido que alguns sacrifícios eram para expiar os pecados voluntários dos fiéis (Lv 6, 1-7) e outros para a remissão dos cometidos por ignorância (Lv 4, 1-35). Quão grande é a má fé de não reconhecerem nenhuma expiação para o pecado voluntário. Sustento, de minha parte, não haver nada mais evidente que o sacrifício único de Cristo ter a virtude de remir os pecados voluntários dos santos, uma vez que o Senhor assim o declarou quando eram oferecidos os sacrifícios de animais, os quais nada mais eram que meras prefigurações do sacrifício da cruz. Quem poderia, alegando motivo de ignorância, desculpar a Davi, que estava perfeitamente instruído no conhecimento da Lei? Será que Davi ignorava a gravidade dos pecados de adultério e de homicídio, se todos os dias ele os punia em seus súditos? Será que aos patriarcas parecia uma boa coisa perpetrar um fratricídio? Será que os coríntios imaginavam que Deus apreciava sua lascívia, impureza, fornicação, ódios e contendas? Será que Pedro, depois de ter sido cuidadosamente advertido pelo Senhor, ignorava que tipo de monstruosidade seria renegar o Mestre? Não fechemos, pois, por nossa maldade, o caminho da misericórdia divina, que nos é tão liberalmente oferecido.

29. Não ignoro que alguns autores antigos consideravam erros mais leves os pecados remitidos todos os dias aos fiéis, e que esse gênero de falta se dá por fraqueza da carne.[12] Parecia-lhes também que a penitência solene, que então se exigia para os pecados graves, não podia, a exemplo do batismo, ser reiterada.[13] Mas essa opinião não deve ser entendida como se quisessem lançar no desespero aqueles que recaíram depois da primeira penitência, ou como se pretendessem diminuir o valor das culpas diárias, como realidades insignificantes diante de Deus. Bem sabiam que, com frequência, os santos vacilam por incredulidade, fazem juramentos inúteis, deixam-se incendiar pela ira, irrompem em injúrias e, mais do que isso, caem em pecados que o Senhor não considera desprezíveis. Aqueles autores exprimiam-se daquela maneira a fim de evidenciar a diferença que há entre as culpas privadas e as públicas, pois estas comportam maior escândalo na Igreja. Que os antigos puniam com severidade aos que haviam cometido algo digno de censura eclesiástica, isso não provém do fato de considerarem difícil o perdão do Senhor, mas porque, com tal severidade, pretendiam fomentar o temor dos pecados que merecem a excomunhão eclesiástica. A Palavra de Deus, porém, que deve ser a única regra nessa matéria, ordena maior moderação. De fato, como demonstramos mais acima, ali se ensina que na disciplina eclesiástica o rigor não deve ser tal que oprima de tristeza àquele cujo progresso se pretende obter (2Co 2, 7).

---

12 Agostinho. *Contra duas epístolas dos pelagianos*, I, 13, 27 (MSL 44, 563; CSEL 60, 445, 17ss.).
13 Clemente de Alexandria, *Stromata*, II, 13, 57 (GCS 15, 143); Tertuliano, *Da penitência*, 7, 9 (Oehler I, 656ss.).

Capítulo 11

Comparação entre
a verdadeira Igreja e a falsa.

oi exposto que importância deve ter entre nós o ministério da Palavra e dos sacramentos, e até onde deve-se estender nossa reverência, uma vez que nos servem de perpétuo sinal de reconhecimento da Igreja. Quero dizer que, onde esses sinais permanecem íntegros e ilibados, nenhum vício ou fraqueza moral podem impedir que ali subsista a Igreja. Vimos, além disso, que a legitimidade do ministério não pode ser contaminada por pequenos erros. Foi explicado que tais erros são perdoáveis, pois não ferem a doutrina fundamental da religião, nem contradizem os artigos que devem ser objeto de consenso para todos os fiéis. Dá-se o mesmo no que concerne aos sacramentos, visto que tais faltas não anulam nem lançam por terra a legítima instituição do Senhor. Mas, se a mentira invade a cidadela da religião, seguem-se logo a alteração de seu fundamento doutrinal e a ruína na administração dos sacramentos, e, por conseguinte, a morte da Igreja, assim como sucede àquele que foi degolado ou golpeado mortalmente no coração. É isso que demonstram com clareza as palavras de Paulo ao ensinar que a Igreja está fundada sobre a doutrina dos apóstolos e dos profetas, sendo Cristo a pedra angular (Ef 2, 20). Se o fundamento da Igreja é a doutrina dos profetas e dos apóstolos, e a Igreja ordena os fiéis esperarem sua salvação somente de Cristo, pergunto o que ainda restará da Igreja se essa doutrina for arruinada. É inevitável, portanto, que a Igreja desabe onde for subvertido o único fundamento doutrinal que a sustenta, e, se a verdadeira Igreja é "coluna e fundamento da verdade" (1 Tm 3, 15), é certo que a Igreja não pode subsistir onde reinam a falsidade e a mentira.

2. Se tal situação se verifica sob o papismo, é fácil concluir que tipo de Igreja resta ali. Pois, em lugar do ministério da Palavra, puseram um governo perverso e repleto de mentira, que em parte extingue, em parte sufoca a pura luz da verdade. Em lugar da ceia do Senhor, instituiu-se um execrável sacrilégio; o culto divino foi inteiramente deformado por muitos gêneros espúrios de superstição; a doutrina, sem a qual o cristianismo não pode vigorar, foi sepultada ou destruída; a assembleia pública, transformada em escolas de idolatria e de impiedade. Eis por que não devemos temer nos afastarmos da Igreja de Deus pelo fato de nos abstermos completamente da participação desses sacrilégios. Pois a comunhão da Igreja não foi instituída para servir de vínculo que nos amarre à idolatria, à impiedade, à ignorância de Deus e a outros males semelhantes, mas sim para nos manter no temor de Deus e na obediência à verdade. É certo que os papistas engrandecem sua Igreja a fim de parecer não haver outra no mundo, e, a seguir, como tivessem resolvido a questão, chamam de cismáticos os que se subtraem à obediência da Igreja que inventaram e de hereges os que se insurgem contra sua doutrina. Mas com que argumentos confirmam eles que são a verdadeira Igreja? Alegam, à luz de antigos anais, fatos sucedidos outrora na Itália, na Gália, na Espanha. Dizem que sua origem remonta àqueles santos varões que, nessas terras, fundaram e estabeleceram igrejas, selando com seu próprio sangue a doutrina e a semeadura da Igreja. Sustentam que a Igreja, assim consagrada não só pelos dons espirituais mas também pelo sangue dos mártires, foi conservada por sucessão episcopal ininterrupta, de modo que jamais deixou de existir. Celebram ainda o grande apreço que por essa sucessão tiveram Ireneu, Tertuliano, Orígenes, Agostinho e outros autores. Contudo, provarei àqueles que quiserem pensar um pouco comigo quão frívolas e privadas de fundamento são tais alegações. Decerto também os exortaria que prestassem séria atenção a meus argumentos, caso tivesse esperança que aproveitariam meu ensinamento. Mas, porque não têm nenhuma estima pela verdade, cuidando apenas de seus próprios interesses, dirijo algumas palavras aos homens bons e interessados pela verdade, a fim de que se possam livrar de suas falácias. Primeiro, pergunto por que não citam a África, o Egito e toda a Ásia. Porque, de fato, em todas essas regiões não foi interrompida a sagrada sucessão episcopal por cujo motivo se gloriam que a Igreja foi conservada entre eles. Refuta-se então a tese de eles possuírem a verdadeira Igreja pelo simples fato de suas igrejas jamais serem destituídas de bispos, que se sucederam uns aos outros. Mas que dirão se lhes opuser o exemplo da Grécia? Pois eles dizem que a Igreja sucumbiu entre os gregos, embora ali nunca se tenha interrompido a sucessão episcopal, que, segundo a opinião de nossos adversários, seria a única garantia de manutenção da Igreja. Consideram aos gregos cismáticos. Por que motivo? Porque perderam seu privilégio ao se separarem da Sé Apostólica. Será que, com muito mais motivo, não merecem perdê-lo os que se afastaram do próprio Cristo? Podemos concluir quão fútil é invocar a sucessão episcopal se a verdade de Cristo não é mantida incólume e incorrupta tal como seus antepassados, os antigos doutores, mantiveram-na.

3. Os romanistas não pretendem outra coisa senão o que outrora queriam os judeus, quando eram interpelados, pelos profetas do Senhor, por sua cegueira, impiedade e idolatria. Pois, assim como os judeus se jactavam do templo, das cerimônias, do sacerdócio — realidades que reputavam como argumento decisivo a favor de sua Igreja —, assim também procedem os romanistas que, em lugar da Igreja, apresentam uma série de exterioridades que, não raro, são estranhas e inúteis à Igreja. Para refutá-los, não é necessário recorrer a outro argumento além daquele usado por Jeremias para lançar por terra a estulta confiança dos judeus: "Não vos fieis em palavras mentirosas, dizendo 'Templo do Senhor, templo do Senhor, templo do Senhor'" (Jr 7, 4). Deus não pode reconhecer como seu um lugar em que sua Palavra não é ouvida e religiosamente observada, pois, embora a glória de Deus repousasse no santuário entre os querubins (Ez 10, 4) e ali prometera estabelecer seu trono para sempre, no entanto, quando os sacerdotes corromperam o culto com superstições depravadas, Ele partiu para outro lugar, deixando o templo privado de santidade. Se aquele templo, que parecia destinado à perpétua habitação de Deus, foi por Ele abandonado, e pôde ser profanado, então os papistas não devem pretender que Deus esteja vinculado aos homens e aos lugares e que se submeta às observâncias externas, de modo que permaneça em meio àqueles que ostentam o título e a aparência de Igreja. Esta foi a posição sustentada por Paulo na *Epístola aos romanos*, do capítulo nono ao décimo segundo. As consciências débeis, de fato, sentiam-se bastante aflitas pelo fato de os judeus desprezarem e acossarem o Evangelho, embora parecessem ser o povo de Deus. Por isso o apóstolo, depois de expor a verdadeira doutrina, resolveu a questão ao negar que pertenciam à Igreja os judeus que se fizeram inimigos da verdade, embora nada lhes faltasse da forma exterior de Igreja. E a única razão que deu foi a seguinte: aqueles judeus não haviam aceitado Cristo. Na *Epístola aos gálatas*, Paulo exprime-se ainda mais claramente ao comparar Isaac e Ismael. Diz ele que muitos ocupam uma posição na Igreja, mas que serão privados de sua herança, visto não terem sido gerados de mãe livre (Gl 4, 22). A seguir, compara as duas Jerusaléns dizendo que, tal como a Lei foi promulgada no monte Sinai e o Evangelho em Jerusalém, assim também há muitos que nasceram e foram criados na servidão, mas se jactam de ser filhos de Deus e da Igreja. Mais ainda: desprezam os filhos legítimos, embora eles mesmos sejam bastardos. Quanto a nós, pelo contrário, já que uma vez ouvimos o que do céu foi proclamado, a saber "Lança fora a escrava e seu filho" (Gn 21, 10), apoiemo-nos nesse imutável decreto para calcar aos pés as deslavadas jactâncias de nossos adversários. Porque, se estão entumecidos de soberba por causa de sua condição, devem considerar que Ismael era circuncidado; se proclamam sua antiguidade, devem considerar que Ismael era o primogênito, mas, como sabemos, foi deserdado. Se procurarmos a razão disso, Paulo a revela: "Não são contados entre os filhos senão os que foram gerados da pura e legítima semente da doutrina" (Rm 9, 8). Eis por que Deus declarou não estar vinculado aos maus sacerdotes, pelo simples fato de haver estabelecido uma aliança com o patriarca Levi para que este lhes servisse de anjo ou intérprete (Ml 2, 4). No entanto, Ele se indignou com a absurda presunção daqueles que se insurgiram contra os profetas dizendo que a dignidade de seu sacerdócio devia ser tida em grande apreço. De boa vontade o Senhor lhes reconhecia isso, mas apenas para tornar ainda mais difícil sua situação, pois estava disposto a manter sua promessa. Seus adversários, entretanto, não a levavam em conta, e mereceram ser repudiados por essa deslealdade. Eis o que vale a sucessão de pais a filhos, caso a conformidade de vida não demonstre que os sucessores seguem àqueles que os precederam. Na falta de uma tal continuidade, os que foram convencidos de se afastar dos antepassados devem ser privados de toda honra, a não ser que se pretenda dar o título e a autoridade de Igreja a tão perversa e pecadora sinagoga. Foi isso que aconteceu no tempo de Cristo, se considerarmos que Caifás era o sucessor de muitos bons sacerdotes, pois, de fato, desde Aarão até Caifás a sucessão foi contínua. Isso, porém, que não seria tolerável nem mesmo no governo civil, de modo que se pudesse dizer que a tirania de Calígula, Nero e Heliogábalo representou a condição autêntica da república somente por serem eles sucessores de Bruto, Cipião e Camilo. Em vista disso, nada é mais frívolo que querer identificar o governo da Igreja com as pessoas, prescindido da realidade doutrinal. Tampouco os santos doutores, falsamente citados contra nós, tiveram intenção de provar que, por uma espécie de direito hereditário, a existência da Igreja está garantida porque os bispos se sucedem uns aos outros. De fato, os antigos consideravam indiscutível que, desde o princípio até seus dias, não ocorrera nenhuma alteração doutrinal, fato que lhes bastava para reprimir os novos erros, justamente porque contrariavam à verdade mantida de modo constante e de comum acordo desde os tempos apostólicos. Portanto, não há motivo de os nossos adversários insistirem em nos enganar usando o nome "Igreja", nome este que, como convém, honramos com reverência onde ela de fato existe. Trata-se, na verdade, de saber que Igreja é essa. E aí nossos adversários ficam impedidos, e mesmo submersos na lama, posto que substituíram a santa esposa de Cristo por uma fétida meretriz. Para não nos enganarmos quanto a isso, secunde-nos a seguinte advertência de Agostinho: "Por vezes a Igreja é obscurecida e como que encoberta por nuvens de escândalos; por vezes aparece sossegada e livre no tempo ameno; por vezes encoberta por ondas de tribulação e tentação".[14] E, mais adiante, Agostinho adverte que, não raro, as mais firmes colunas da Igreja foram desterradas ou então se retiraram para regiões isoladas por causa da fé.[15]

4. Embora sejam os principais adversários de Cristo, os romanistas continuam a vexar e aterrorizar os rudes e os ignorantes com o nome "Igreja". Mas não devemos nos impressionar com o brilho enganoso do templo, do sacerdócio e de outras exterioridades semelhantes, que fascinam os simples, ao ponto de reconhecermos a Igreja onde a Palavra de Deus não está. Eis, de fato, o sinal perpétuo com a qual o Senhor marcou os seus: "Quem é da verdade ouve minha voz" (Jo 18, 37). Igualmente: "Eu sou o bom pastor e conheço minhas ovelhas, e minhas ovelhas me conhecem" (Jo 10, 14); "minhas ovelhas ouvem minha voz, e eu as conheço, e elas me seguem" (Jo 10, 27). E pouco antes: "As ovelhas seguem a seu pastor, porque conhecem sua voz, mas não seguem a um estranho, antes fogem dele, porque não conhecem a voz dos estranhos" (Jo 10, 4.5). Por que correr o risco de errar quando se procura a Igreja, se Cristo nos deu um sinal indubitável, cuja presença não pode nos enganar, e cuja ausência nos indica a ruína da Igreja? Paulo, de fato, assevera que a Igreja não está fundada sobre o estado sacerdotal, nem sobre opiniões humanas, mas sobre a doutrina dos apóstolos e dos profetas (Ef 2, 20). Portanto, é preciso usar o critério dado por Cristo a fim de discernir claramente Jerusalém de Babilônia, a Igreja de Deus da conjuração de Satanás: "Quem é de Deus ouve as palavras de Deus; por isso não a ouvis, porque não sois de Deus" (Jo 8, 47). Em suma: já que a Igreja é o reino de Cristo, e que

---

14 Agostinho. *Epístola* 93, c.9, 30 (MSL 33, 336).
15 Ibidem, c.9, 31 (MSL 33, 337).

Cristo reina mediante Sua Palavra, quem poderá se enganar com a falácia de que o reino de Cristo está presente onde não está o seu cetro, isto é, a sua sacrossanta Palavra?

5. É uma acusação gravíssima, mas que prescinde de longa ou laboriosa refutação, o fato de nos tratarem como réus de cisma e heresia porque pregamos uma doutrina diferente da deles, não obedecemos às suas leis, fazemos nossa oração à parte, e à parte administramos o batismo, a ceia e realizamos ações sagradas. Ora, chamam-se hereges e cismáticos aqueles que, por dissensão, rompem a comunhão da Igreja. Esta é constituída por dois vínculos: o consenso na sã doutrina e a caridade fraterna. Por isso Agostinho distingue entre hereges e cismáticos, dizendo que os hereges corrompem a pureza da fé com suas falsas doutrinas; os cismáticos rompem os vínculos da comunhão eclesiástica, embora mantenham a semelhança nos artigos de fé.[16] É preciso notar, porém, que a comunhão da caridade depende de tal modo da unidade de fé que esta deve ser seu início, seu fim e sua única regra. Recordemos pois que, quando nos é recomendada a unidade da Igreja, isso significa que, se nossa mente está unida em Cristo, também nossa vontade o deve estar, em mútua benevolência. Eis por que, ao nos exortar à unidade, Paulo fundamenta-a no fato de que há um só Deus, uma só fé e um só batismo (Ef 4, 5). Mais ainda: quando nos exorta a ter o mesmo sentir e o mesmo querer, acrescenta a seguir, "em Cristo", ou "segundo Cristo" (Fp 2, 2-5), ensinando assim que tudo que se fizer à revelia da Palavra do Senhor representa uma conjuração de ímpios, e não um consentimento de fiéis.

6. Cipriano, seguindo a Paulo, declara que a fonte da concórdia eclesiástica deriva do episcopado único de Cristo. A seguir acrescenta que não há mais que uma Igreja que se estende por todas as partes em virtude de sua fecundidade, à semelhança dos raios de sol que, embora sendo muitos, formam uma só luz; de uma árvore que, embora tenha muitos ramos, firma-se num único tronco sobre raízes vigorosas; ou de uma fonte que, embora dê origem a muitos ribeiros, conserva sua unidade na origem. Se tiras um raio do sol, sua unidade não é diminuída, mas logo secará o ramo da árvore que foi arrancado; se separas o rio da fonte, secará. Assim também a Igreja, iluminada pela luz do Senhor, está dispersa pelo mundo inteiro, mas uma só luz se difunde por toda parte.[17] Nada mais excelente se pôde dizer para descrever a comunhão indissolúvel que une os membros de Cristo

---

16 Agostinho. *Dezessete questões sobre o evangelho segundo Mateus*, q. XI, 2 (MSL 34, 1367).
17 Cipriano. *Da unidade da Igreja Católica*, 5, 2 (CSEL 3, 1, 213, 14ss.).

entre si. Vê, então, como sempre somos reconduzidos à Cabeça. Depois de dizer isso, Cipriano conclui que as heresias e os cismas nascem do fato de que não se retorna à fonte da verdade, não se busca a Cabeça, nem se mantém a doutrina do Mestre celestial.[18] Que os romanistas continuem a clamar que somos hereges porque nos separamos de sua Igreja. Pois a única causa da separação foi esta: eles não podem suportar a confissão da pura verdade. Não obstante, calo sobre o fato de terem sido eles que, com seus anátemas e imprecações, nos expulsaram,[19] o que, aliás, é mais do que suficiente para nossa absolvição, a menos que queiram condenar como cismáticos também os apóstolos, cuja causa é a mesma que a nossa, e Cristo profetizou que seriam expulsos das sinagogas por conta de seu nome (Jo 16, 2). Ora, essas sinagogas de que Cristo falava eram consideradas legítimas igrejas. Fique bem claro, portanto, que fomos expulsos das igrejas papistas, mas estamos prontos para demonstrar que isso se deu por causa do nome de Cristo, pois é preciso conhecer as causas antes de se afirmar algo a favor ou contra. Se quiserem, concedo-lhes isso de boa vontade, porque me é suficiente saber que foi necessário afastarmo-nos deles para nos aproximarmos de Cristo.

7. Ficará ainda mais clara qual é a situação das igrejas sob a tirania do ídolo romano se as compararmos com a antiga igreja de Israel, tal como foi descrita pelos profetas. Pois, quando os judeus e a congregação dos israelitas observavam fielmente a aliança que Deus fizera com eles, permaneciam na verdadeira Igreja, visto que, por benevolência de Deus, possuíam as realidades constitutivas da Igreja, a saber: a doutrina verdadeira pregada pelos sacerdotes e profetas; a circuncisão, que os iniciava na religião; os demais sacramentos que os confirmavam na fé. Não há dúvida de que à sua congregação cabiam os elogios com que o Senhor honrou sua Igreja. Foram, porém, privados parcialmente dessa prerrogativa quando, abandonando a Lei do Senhor, caíram em idolatria e superstição. Em vista disso, quem ousará negar o título de Igreja àqueles a quem Deus confiou a pregação de sua Palavra e a administração dos sacramentos? Por outro lado, quem ousará dar esse título a uma assembleia que pisoteia aberta e impunemente a Palavra do Senhor e que arruína a pregação na qual reside a força principal e até mesmo a alma da Igreja?

8. Talvez alguém pergunte: será que nada restou da Igreja entre os judeus depois que caíram na idolatria? A resposta é fácil. Primeiro, digo que

---

18 Ibidem (CSEL 3, 212, 3ss.).
19 X. Bula *Exsuge Domine*, 15 de junho de 1520 (Mansi XXXII, 1051Css.); *Decet Romanum Pontificem*, 3 de janeiro de 1521 (BR [T] V, 761ss.).

a própria defecção foi de certo modo gradativa, e não podemos sustentar que foram idênticas as faltas de Israel e de Judá desde que começaram a se desviar do genuíno culto divino. Quando Jereboão, contrariando a expressa proibição de Deus, fabricou bezerros e lhes consagrou um lugar de adoração, a religião foi totalmente corrompida. Foi por conduta ímpia e superstição que os judeus se contaminaram antes que tivessem mudado exteriormente a religião. De fato, ainda que, em tempos de Roboão, o povo tivesse inventado muitas cerimônias perversas, todavia a doutrina da Lei, o sacerdócio e os ritos que Deus instituíra permaneciam de pé em Jerusalém, de modo que restava às almas piedosas uma situação eclesiástica tolerável. Até o reinado de Acab, a situação não foi restabelecida, e mesmo passou de mal a pior em Israel. Entre os que o sucederam até a destruição do reino, uns foram semelhantes a ele; outros quiseram ser melhores, mas conseguiram apenas seguir o exemplo de Jereboão: em ambos os casos, foram ímpios e idólatras. Os reis introduziram muitas novidades em Judá, pois uns perverteram o culto divino com falsas e detestáveis superstições; e outros instauraram uma religião desleixada. Por fim, até mesmo os sacerdotes contaminaram o templo de Deus com ritos profanos e abomináveis.

9. Que os papistas neguem agora, se o conseguirem, no esforço de escusar ao máximo suas culpas, que a situação da religião está menos corrompida e viciada do que estava no reino de Israel sob o governo de Jereboão. Pois a idolatria que cometem é muito mais grosseira, e, na doutrina, não se mostram mais puros nem uma gota sequer; talvez sejam até mesmo piores. Deus e aqueles que têm um entendimento mediano da situação são minhas testemunhas — aliás a própria realidade o manifesta —, de que não estou exagerando em nada. Duas coisas de nós esperam os papistas para nos obrigar à comunhão de sua Igreja: primeiro, que participemos de todas as suas orações, sacramentos e cerimônias; depois, que atribuamos à sua Igreja toda a honra, poder e jurisdição que Cristo concedeu à sua Igreja. No que diz respeito ao primeiro ponto, reconheço que todos os profetas que houve em Jerusalém não ofereciam sacrifício nem se reuniam separadamente para oração, mesmo quando a situação se encontrava bastante ruim. Tinham eles, de fato, o mandamento de Deus que os ordenava congregar no templo de Salomão. Sabiam que os sacerdotes levíticos, embora indignos de tal honra, deviam ser reconhecidos como ministros legítimos na ordem sacerdotal, e, pelo fato de terem sido estabelecidos por Deus (Ex 29, 9), mantinham o direito àquele lugar. Além disso, e é este o ponto capital da discussão, não estavam obrigados a participar de nenhum culto supersticioso, nem de observar coisa alguma que não tivesse sido instituída por Deus. Que semelhança há entre eles e os papistas? Porque dificilmente poderíamos nos reunir com eles sem nos contaminarmos com sua notória idolatria. Além disso, o vínculo principal de comunhão está indubitavelmente na missa, a qual nós abominamos como o maior dos sacrilégios. Se há motivo para agirmos assim, isso será visto em outro lugar. Nessa altura da discussão, é suficiente demonstrar que nossa situação é muito diferente daquela em que se encontravam os profetas, os quais não estavam obrigados a assistir ou observar quaisquer cerimônias senão as que haviam sido instituídas por Deus. Se queremos encontrar um caso absolutamente semelhante ao nosso, tomemo-lo da história do reino de Israel. De fato, segundo a ordenação de Jereboão, praticava-se a circuncisão, ofereciam-se sacrifícios, tinha-se a Lei como santa, invocava-se o Deus que eles haviam recebido dos pais (1Rs 13, 31). Mas, por força dos cultos proibidos que haviam inventado, Deus reprovava e condenava o que ali se fazia. Citem-me o caso de um só profeta ou homem piedoso que tenha adorado ou sacrificado uma única vez em Betel. Evitavam fazê-lo, pois sabiam que isso não poderia ser feito sem se contaminarem com algum sacrilégio. Sustentamos, pois, que os homens piedosos não devem levar tão longe a questão da comunhão da Igreja, se isso implicar na adesão degenerada a ritos profanos e contaminados.

10. Quanto ao segundo ponto, nossas objeções são ainda mais fortes. Pois, se considerarmos a Igreja como é preciso, reconhecendo sua autoridade, acatando suas admonições, submetendo-nos às suas sentenças, conformando-nos a ela em tudo, não podemos reconhecer que os papistas formam uma Igreja sem nos obrigarmos a tributar-lhes sujeição e obediência. Não obstante, de boa vontade lhes concedemos o que os profetas concederam aos judeus e israelitas de seu tempo, quando a situação era semelhante ou melhor que a de hoje. Vemos, porém, que os profetas não deixavam de denunciar a profanação daquelas assembleias (Is 1, 14), que não poderiam ser aprovadas sem que se renegasse a Deus. E, de fato, se aquelas assembleias fossem igrejas, então Elias, Miqueias e os outros profetas de Israel não teriam sido membros da Igreja; o mesmo se diga, na Judeia, acerca de Isaías, Jeremias, Oseias e outros a quem os sacerdotes e o povo de seu tempo odiavam e execravam mais que aos incircuncisos. Se essas congregações fossem verdadeiras igrejas, então a Igreja não seria a "coluna e fundamento da verdade" (1Tm 3, 15), mas repositório da mentira; não seria o tabernáculo do Deus vivo, mas alcova de ídolos. Eis por que foi necessário aos profetas se recusarem a participar dessas assembleias, que nada mais eram que uma ímpia conspiração contra

Deus. Pela mesma razão, errará gravemente quem reconhecer como igreja as atuais assembleias contaminadas de idolatria, superstição e ímpia doutrina, achando que o cristão deve persistir em comunhão com elas ao ponto de dar-lhes consentimento doutrinal. Pois, se são igrejas, detêm o poder das chaves. Dá-se, porém, que as chaves possuem um estreito nexo com a Palavra que, no entanto, é ali profligada. Portanto, se são igrejas, vale para elas a promessa de Cristo segundo a qual "tudo o que ligares na terra será ligado nos céus" (Mt 16, 19; 18, 18; Jo 20, 23). Ora, pelo contrário, todos aqueles que, sem fingimento, professam ser servos de Cristo, afastam-se de sua comunhão. Portanto, ou a promessa de Cristo não vale mais ou, ao menos sob esse aspecto, eles não formam uma igreja. Pois, em lugar do ministério da Palavra, instituíram escolas de impiedade e de todos os erros. Por conseguinte, ou as assembleias papistas não são igrejas ou nenhum critério há para discernir as legítimas assembleias dos fiéis dos conventículos dos turcos.

11. Todavia, assim como outrora subsistiam entre os judeus certas prerrogativas da Igreja, assim hoje não negamos aos papistas semelhantes vestígios de Igreja deixados pelo Senhor em meio à dissipação. De fato, a aliança que Deus fez com os judeus foi preservada não por causa da sua observância, mas porque se apoiava sobre a estabilidade da promessa divina, à qual cabia vencer até mesmo a impiedade dos judeus. Portanto, ainda que por sua deslealdade os judeus tivessem merecido que Deus rejeitasse a aliança, o Senhor, movido por sua constância e determinação, foi fiel à promessa. Além disso, a impureza do povo não conseguiu profanar a circuncisão, de sorte que esta deixasse de ser o verdadeiro sinal e sacramento da aliança. Por isso, em virtude de certa bênção particular, o Senhor considerava Seus os filhos que lhes nasciam (Ez 16, 20). Do mesmo modo, havendo Deus firmado sua aliança na França, Itália, Alemanha, Espanha e Inglaterra, regiões estas oprimidas pela tirania do Anticristo, quis Ele conservar, apesar da impiedade dos homens, a força do batismo, testemunho da aliança consagrado por seus lábios; dispôs ainda, providencialmente, que restassem outros vestígios da Igreja para que esta não perecesse por completo. De fato, assim como é frequente restarem os fundamentos e as ruínas dos edifícios demolidos, do mesmo modo o Senhor não permitiu que a Igreja fosse completamente devastada e arrasada pelo Anticristo. Eis por que, embora Deus tenha permitido que se desse tão horrível desabamento e dispersão para punir a ingratidão dos homens que desprezaram sua Palavra, todavia, decidiu que ficassem as ruínas do edifício.

12. Quando, pois, não queremos conceder aos papistas o título de Igreja em sentido estrito, não pretendemos negar que existam igrejas entre eles, mas apenas questionamos sobre a verdadeira e legítima constituição da Igreja, pois isso é necessário para haver comunhão na doutrina e nas coisas sagradas que são sinais da profissão de fé. Ora, Daniel e Paulo profetizaram que o Anticristo se assentaria no templo de Deus (Dn 9, 27; 2Ts 2, 4), e nós reputamos que o Romano Pontífice é o capitão desse reino criminoso e abominável, pelo menos na igreja ocidental. E, posto que o trono do Anticristo será instalado no templo de Deus, com isso se indica que seu reino será estabelecido, mas de tal modo que não conseguirá abolir o nome de Cristo e da Igreja. Disso se evidencia que não negamos absolutamente que, sob a tirania do papa, continuem a existir igrejas, mas dizemos que ele as profanou com sua sacrílega impiedade, que ele as afligiu com o seu domínio cruel, que ele as envenenou com suas perniciosas doutrinas e quase as matou, visto que ali Cristo se encontra sepultado, o Evangelho abrogado, a piedade pervertida e o culto divino quase abolido: todas as coisas estão de tal modo reviradas que mais parecem a visão da Babilônia que a da santa cidade de Deus. Em suma: digo que as assembleias papistas são igrejas na medida em que o Senhor preserva maravilhosamente os restos de seu povo, ainda que miseravelmente disperso e abandonado; são igrejas porque permanecem alguns elementos da Igreja, sobretudo aqueles cuja eficácia não pode ser destruída nem pela astúcia do Diabo nem pela depravação dos homens. Por outro lado, visto que foram apagadas as notas que devem ser consideradas nessa discussão, digo que cada uma de suas assembleias e todo o corpo carecem de legítima forma de Igreja.

Capítulo III

Da eleição e ofício dos doutores e ministros da Igreja.

É preciso tratar agora da ordem que o Senhor instituiu para o governo da Igreja, pois, embora somente Ele deva regê-la e sobre ela reinar com toda a preeminência, exercendo seu governo mediante sua Palavra, todavia, visto que Ele não habita visivelmente entre nós (Mt 26, 2), de modo que possa declarar qual é a sua vontade, o Senhor se serve do ministério dos homens, tornando-os como que substitutos seus, não, decerto, para lhes outorgar seu direito e sua honra, mas para realizar por lábios humanos a Sua obra, à semelhança do artesão que se serve de um instrumento para trabalhar. Sou obrigado a repetir o que expus acima: não há dúvida de que Deus poderia fazer essa obra diretamente por si mesmo, sem o auxílio de ninguém; poderia fazê-la até mesmo pelos anjos, se o quisesse. Há, porém, muitos motivos por que não quis proceder assim, senão valendo-se dos homens. Em primeiro lugar, Deus manifesta sua consideração para conosco, escolhendo dentre os homens os que constitui seus embaixadores no mundo (2Co 5, 20), intérpretes de sua arcana vontade e representantes de sua pessoa. Comprova-se assim não ser em vão sermos chamados de "templos"(1Co 3, 16.17; 6, 19; 2Co 6, 16), posto que, pela boca dos homens, Deus dirige-se a nós como se estivesse no céu. Em segundo lugar, foi-nos dado um excelente e utilíssimo exercício de humildade, na medida em que somos habituados a obedecer à Palavra de Deus, ainda que esta seja pregada por homens semelhantes a nós, e, por vezes, até mesmo inferiores em dignidade. Se Deus mesmo falasse do céu, não surpreenderia que todos acolhessem, com reverência e sem demora, os seus sagrados oráculos. Quem, de fato, não ficaria aterrado ante seu poder? Quem não se prostraria ante sua majestade? Quem não ficaria confuso ante seu imenso fulgor? Porém, quando

um homenzinho, saído do pó, fala em nome de Deus, então daremos um ótimo testemunho de nossa piedade e submissão para com o próprio Deus se nos mostrarmos dóceis para com seu ministério, sobretudo quando o pregador não nos supera em nada. Eis por que o Senhor esconde o tesouro de sua celeste sabedoria em frágeis vasos de argila (2Co 4, 7), a fim de melhor saber que tipo de afeto temos por Ele. Em terceiro lugar, nenhum meio poderia estar mais apto a manter entre nós a caridade do que nos unirmos pelo vínculo mediante o qual um é constituído pastor para ensinar aos demais: de fato, àqueles a quem foi ordenado ser discípulos, convém que recebam de uma só boca a doutrina comum. Porque, se cada um bastasse a si mesmo e não necessitasse de ninguém, todos se desprezariam mutuamente, tal é a soberba de nossa natureza. Por isso, aquele a quem Deus estabeleceu como nó fortíssimo para a manutenção da unidade, a este também vinculou sua Igreja a fim de que, por suas mãos, fosse comunicada aos demais a doutrina da salvação e da vida eterna. Esse assunto é abordado por Paulo quando, escrevendo aos efésios, diz: "Um só corpo, um só espírito, assim como também fostes chamados a uma só esperança de vossa vocação. Um só Senhor, uma só fé, um só batismo. Um só Deus e Pai de todos, que é sobre todos, e por meio de todos, e em todos. A cada um, porém, foi dada graça segundo a medida do dom de Cristo. Pelo que diz: 'Quando subiu ao alto levou cativo o cativeiro e deu dons aos homens'. O que desceu é aquele mesmo que subiu, para que levasse plenitude a todas as coisas. E Ele mesmo deu uns para apóstolos, outros para profetas, outros para evangelistas, outros para pastores e mestres, para a renovação dos santos, para a obra do ministério, para a edificação do corpo de Cristo, até que todos cheguemos à unidade da fé e do conhecimento do Filho de Deus, à condição de homem perfeito, à medida da idade plenamente adulta, para que não mais sejamos crianças que são levadas por todo vento de doutrina; pelo contrário, buscando a verdade em amor, cresçamos em tudo naquele que é a Cabeça, isto é, Cristo, em quem todo o corpo, encaixado e compactado por meio de toda juntura de sua dispensação, conforme a ação na medida de cada parte, promove o crescimento do corpo para a edificação de si próprio por meio do amor" (Ef 4, 4-8, 10-16).

2. Com essas palavras, o apóstolo nos mostra que o ministério dos homens, do qual Deus se serve para governar a Igreja, é a força principal que une os fiéis num só corpo. Mostra também que a Igreja não pode se manter incólume sem lançar mão dos meios que o Senhor instituiu para depositar a salvação. Cristo, diz Paulo, "subiu, para que levasse plenitude a todas as coisas" (Ef 4, 10). Ora, o meio de fazê-lo é dispensando e distribuindo seus dons à Igreja mediante os ministros aos quais confiou tal ofício e conferiu a faculdade de realizá-lo. Mais do que isso: Cristo mesmo mostra-se de certo modo presente na Igreja, dando eficácia ao seu ministério pela força do seu Espírito, a fim de que sua obra não se torne inútil e inoperante. Eis como se faz a restauração dos santos; eis como se edifica o corpo de Cristo (Ef 4, 12), como crescemos inteiramente naquele que é a Cabeça, como permanecemos unidos uns aos outros e somos conduzidos à unidade de Cristo: quando a profecia atua entre nós, quando recebemos os apóstolos, quando não desprezamos a doutrina que nos é ministrada. Todo aquele que se esforça para abolir essa ordem e essa modalidade de governo que apresentamos, considerando-os menos necessários, visa à dispersão e mesmo à ruína da Igreja. Pois mais importante que a luz e o calor do sol, a comida e a bebida para a conservação e o sustento da vida, é o múnus pastoral apostólico e pastoral para a conservação da Igreja na terra.

3. Fiz notar acima que a dignidade desse ministério foi muitas vezes recomendada por Deus, para que fosse tido em suma honra e apreço como a mais excelente realidade entre nós. Quando o Senhor ordena ao Profeta clamar "quão formosos são os pés daqueles que anunciam a paz" (Is 52, 7); e quando chama os apóstolos "luz do mundo" e "sal da terra" (Mt 5, 13.14), manifesta ser um singular benefício que se enviem mestres aos homens. Nem poderia Deus conferir maior esplendor a esse ofício senão quando disse: "quem vos ouve a mim ouve; quem vos despreza a mim despreza" (Lc 10, 16). E nenhuma passagem de Paulo é mais ilustrativa do que aquela, em *Coríntios*, onde tratou expressamente dessa questão. Sustenta ali que não há nada de mais excelente e glorioso na Igreja que o ministério do Evangelho, posto que é a dispensação do Espírito, da justiça e da vida eterna (2Co 4, 6; 3, 9). Essas declarações, e outras semelhantes, têm a finalidade de nos advertir que não devemos desprezar, por negligência nossa, o fato de a Igreja ser governada e mantida pelo ministério dos homens, ministério que o Senhor mesmo instituiu para sempre declarando, não só por palavras mas também por exemplos, o quanto nos é necessário. De fato, quando quis iluminar mais plenamente Cornélio com a luz da verdade, enviou-lhe do céu um anjo para que o conduzisse até Pedro (At 10, 3). Quando quis chamar Paulo ao conhecimento do Evangelho e recebê-lo em sua Igreja, não lhe falou com a própria voz, mas o enviou a um homem de quem receberia tanto a doutrina da salvação como a santificação do batismo (At 9, 6). Se até mesmo um anjo, mensageiro de Deus, absteve-se de anunciar o Evangelho a Paulo, mas ordenou que procurasse um homem que o fizesse; e Cristo, único Mestre dos fiéis, em lugar de ensinar a Paulo, enviou-o à escola de um homem — Paulo, a quem arrebataria ao terceiro céu para que conhecesse segredos inefáveis (2Co 12, 2-4) —, quem ousará desprezar ou preterir como supérfluo o ministério, cujo uso Deus quis aprovar com tais testemunhos?

4. Ao relatar os que devem presidir a Igreja segundo a instituição de Cristo, Paulo nomeia, primeiro, os apóstolos; depois, os profetas; depois, os evangelistas; depois, os pastores; e, por fim, os doutores (Ef 4, 2). Entre esses encargos, somente os dois últimos possuem múnus permanente na Igreja; os outros três foram suscitados pelo Senhor no início de seu reino, isto é, quando o Evangelho começou a ser pregado, e, por vezes, ainda os suscita na medida em que a necessidade dos tempos o exige. Ora, pelo que o Senhor ordenou, vê-se claramente qual é o ministério dos apóstolos: "Ide, pregai o evangelho a toda criatura" (Mc 16, 15). Note-se que não lhes foi atribuído um território determinado, mas o mundo inteiro foi entregue para ser conduzido à obediência de Cristo, de modo que seu reino se estabeleça por toda parte em que o Evangelho for semeado. Por isso, quando quis autorizar seu apostolado, Paulo não disse que adquiriu para Cristo uma cidade, mas que divulgou amplamente o Evangelho, e que não edificou sobre fundamento alheio, mas plantou igrejas onde o nome do Senhor não fora ouvido (Rm 15, 20). Os apóstolos, portanto, foram enviados para reconduzir o mundo da dissipação à verdadeira obediência, e para constituírem o Reino de Deus por toda parte mediante a pregação do Evangelho, ou, por outras palavras, para que lançassem os primeiros fundamentos da Igreja por todo o mundo, como seus primeiros arquitetos. Paulo chama profetas não a quaisquer intérpretes da vontade divina, mas aos que recebiam alguma revelação particular (Ef 2, 20; 4, 11). Hoje, tais profetas não mais existem ou não têm notoriedade. Por evangelistas entendo os que exerciam um ofício semelhante ao dos apóstolos, embora lhes fossem inferiores em dignidade, assim como o foram Lucas, Timóteo, Tito e outros parecidos, e, talvez, os setenta discípulos que Cristo escolheu para que ocupassem um lugar secundário, logo abaixo dos apóstolos (Lc 10, 1). De acordo com essa interpretação, que parece ser a mais adequada às palavras e às intenções de Paulo, aquelas três funções não foram instituídas para que durassem para sempre na Igreja, mas só durante o tempo em que as igrejas eram erigidas, ou transferidas de Moisés para Cristo. Não nego que depois Deus tenha suscitado apóstolos, ou ao menos evangelistas em lugar destes, como sucede em nossos dias, porque era preciso que tais homens conduzissem a Igreja para longe da defecção do

Anticristo. Todavia, reputo que esse ministério foi extraordinário, visto não ser ele necessário onde a igreja está regularmente constituída. A seguir, vêm os doutores e os pastores, dos quais a Igreja não pode prescindir jamais. Considero que a diferença dessas funções consiste no fato de que os doutores não têm encargo disciplinar, nem de administrar sacramentos ou de fazer exortações e admonições, mas apenas interpretar a Escritura, a fim de que a doutrina seja sempre conservada pura e sã entre os fiéis. Por sua vez, o ministério pastoral compreende todas essas funções.

5. Definimos então quais foram os ministérios temporários no governo da Igreja, e quais foram os instituídos para durarem sempre. Ora, se identificarmos o ministério dos evangelistas com o dos apóstolos, restarão ainda dois pares de funções que, de certo modo, correspondem entre si. Porque a semelhança existente entre nossos doutores e os antigos profetas, encontra-se por sua vez entre apóstolos e pastores. O múnus profético foi mais excelente por causa do dom singular de revelação que lhes foi conferido, mas o ofício dos doutores tem o mesmo fim e se exerce quase do mesmo modo. Destarte, os doze apóstolos, escolhidos por Cristo para promulgar a nova pregação do Evangelho, superaram em dignidade e ordem aos demais. Porque, ainda que, segundo o sentido e a etimologia da palavra, todos os ministros do Evangelho possam se dizer apóstolos, pois são enviados e mensageiros de Deus, todavia, visto que era de grande importância ter informações seguras acerca de sua missão, pois anunciavam fatos novos e inauditos, convinha que os doze, a cujo número depois se agregou Paulo, possuíssem um nome particular e mais excelente. É certo que, numa passagem, Paulo tributou esse título a Andônico e Júnia, dizendo-os excelentes entre os apóstolos (Lc 6, 13). Porém, quando pretende falar em sentido próprio, não o atribui senão àqueles que possuíam tal preeminência. E este é o uso comum na Escritura. Não obstante, os pastores governavam a mesma região com os apóstolos, exceto quando uma igreja particular lhes era atribuída. Examinaremos mais detidamente de que modo isso se deu.

6. Ao enviar seus apóstolos, o Senhor deu-lhes o mandamento de que pregassem o Evangelho e batizassem os fiéis para a remissão dos pecados (Mt 28, 19). Antes, porém, ordenou-lhes que distribuíssem, seguindo seu exemplo, os sagrados símbolos do seu corpo e sangue (Lc 22, 19). Eis uma lei santa, inviolável e perpétua, imposta àqueles que sucederam os apóstolos, lei pela qual recebem o mandato de pregar o Evangelho e administrar os sacramentos. Concluímos daí que os que negligenciam essas duas atividades falsamente se dizem sucessores dos apóstolos. Que diremos dos pastores? Paulo fala não apenas de si próprio, mas de todos os pastores quando diz: "Assim nos considere o homem como ministros de Cristo e despenseiros dos mistérios de Deus" (1Co 4, 1). Igualmente, em outro lugar: "Importa que o bispo seja pertinaz nessa palavra fiel que é segundo a doutrina, para que seja poderoso para exortar mediante a sã doutrina e para refutar os contradizentes" (Tt 1, 7.9). Dessas duas citações e de outras semelhantes, é lícito concluir que a função dos pastores compreende dois elementos principais: anunciar o Evangelho e administrar os sacramentos. Por outro lado, a essência do ensinamento reside não somente na pregação pública, mas compreende também as admonições privadas. Paulo, de fato, apela ao testemunho dos efésios, afirmando que não deixou de lhes anunciar e ensinar publicamente e de casa em casa, exortando judeus e gentios à penitência e à fé em Cristo (At 20, 20). Do mesmo modo, pouco depois, declara que não deixou de admoestar, com lágrimas, a cada um deles (At 20, 31). Não é minha intenção expor aqui todas as qualidades de um bom pastor, mas apenas indicar que tipo de encargo assumem os que se chamam pastores, a saber: devem presidir à Igreja de modo que não gozem de um posto ocioso, e devem conduzir o povo à verdadeira piedade mediante a doutrina de Cristo, a administração dos sacramentos e a conservação da boa disciplina. O Senhor, de fato, anuncia a todos os sentinelas colocados na Igreja, que, se alguém perece por ignorância, e isso se deve à negligência deles, este sangue lhes será cobrado (Ez 3, 17). E a todos os ministros aplica-se aquilo que Paulo fala de si mesmo: "Ai de mim se não anunciar o Evangelho, pois sua dispensação me foi encomendada"(1Co 9, 16). Enfim, o que os apóstolos fizeram pelo mundo inteiro, todo pastor deve fazê-lo na igreja à qual foi destinado.

7. Mas, ainda que ao pastor seja designada uma igreja particular, não negamos que, apesar disso, ele deva ajudar as outras igrejas quando surgir algum distúrbio que exija sua presença, ou quando solicitarem seu conselho para a solução de alguma questão mais obscura. De fato, para se manter a paz da Igreja é necessário seguir este procedimento: que seja proposto a cada um o que deve fazer e onde deve apresentar-se, a fim de que ninguém ande sem destino ou de que acorram muitos ao mesmo lugar, provocando tumulto e deixando suas igrejas desamparadas por serem mais solícitos pelo interesse próprio que pela edificação da Igreja. Essa organização deve ser mantida o quanto for possível, de modo que ninguém se imiscua em território alheio e cada um se baste dentro dos próprios limites. E isso não é invenção humana, mas instituição de Deus. Lemos que Paulo e Barnabé estabeleceram presbíteros nas igrejas de

Listra, de Antioquia e de Icônio (At 14, 22); e o próprio Paulo determina que Tito constitua presbíteros nas cidades (Tt 1, 5). Do mesmo modo, numa passagem menciona os bispos de Filipo, e noutra menciona Arquipo, bispo dos colossenses (Cl 4, 17); Lucas, por sua vez, fala de um excelente sermão que o apóstolo dirigiu aos presbíteros da Igreja de Éfeso (At 20, 18). Portanto, quem assumir o governo e o cuidado de uma igreja, saiba que está moralmente obrigado a servi-la conforme o chamamento divino. Não que esteja "adicto à gleba", como dizem os jurisconsultos, isto é, sujeito e como que arraigado àquele território, não podendo tirar dali seus pés caso a utilidade pública o pedir, desde que isso se fiça lícita e ordenadamente. Mas, quem foi chamado a um lugar não deve pensar em deixá-lo por conta própria, nem pedir desligamento por mera comodidade. Em todo caso, se for útil transferir-se, não deve resolvê-lo sozinho, mas deve esperar a aprovação da autoridade pública.

8. Ao ter chamado indistintamente bispos, presbíteros, pastores e ministros aos que governam a Igreja, eu o fiz conforme o uso na Escritura, na qual esses termos se confundem. De fato, todos os que têm o ministério da Palavra recebem ali o título de bispos. Assim Paulo, depois de ter mandado Tito constituir presbíteros em todas as cidades, acrescenta a seguir: "é preciso que o bispo seja irrepreensível" (Tt 1, 7); do mesmo modo, saúda a muitos bispos presentes em uma só igreja (Fp 1, 1), como se houvesse muitos. Lucas, em *Atos* (20, 17.28), depois de ter dito que Paulo convocara os presbíteros de Éfeso, chamou-os de bispos na oração que fez. Devemos observar que, até agora, não mencionei senão os ofícios que consistem em ministrar a Palavra, pois Paulo não se refere a outros no quarto capítulo de *Efésios* que citamos. Porém, em *Romanos* e na primeira *Epístola aos coríntios*, ele enumera outros como as potestades, dom de cura, interpretação, governo e cuidado dos pobres (Rm 12, 7.8). Deixo de lado os que foram instituídos temporariamente, pois não há motivo de neles nos determos. Dois tipos de ministério, porém, sempre persistem: o governo e o cuidado dos pobres. Opino que "governadores" fossem os anciãos do povo, escolhidos para prestarem assistência aos bispos na censura dos costumes e manutenção da disciplina. Não podemos, de fato, interpretar de outro modo o que ele diz: "Quem preside, faça-o com diligência" (Rm 12, 8). Por isso, desde o início, cada igreja contava com seu conselho, constituído por homens piedosos, austeros e santos, os quais, como logo veremos, estavam revestidos de jurisdição para corrigir os vícios. Que semelhante ordem não tenha sido temporária, mostra-o a própria experiência. Portanto, devemos concluir que o múnus de governo será sempre necessário.

9. O cuidado devido aos pobres foi entregue aos diáconos. Em *Romanos* são mencionados dois tipos de função: "Aquele que distribui, faça-o com simplicidade; aquele que exerce misericórdia, com alegria" (Rm 12, 8). Uma vez que Paulo está falando de ofícios públicos da Igreja, é necessário ter havido duas formas de diaconato. Se não me engano, no primeiro caso, ele chama "diáconos" àqueles que distribuíam as esmolas; no segundo, aos que cuidavam dos pobres e doentes, por exemplo as viúvas mencionadas na *Epístola a Timóteo* (1Tm 5, 10). Porque as mulheres não podiam ter nenhum ofício público a não ser o da assistência aos pobres. Se aceitamos essa explicação, como estamos absolutamente obrigados a aceitar, há duas espécies de diáconos: dos quais uma serve à Igreja ministrando aos pobres; outra, aos doentes e demais indigentes. Ora, ainda que o termo diácono tenha um sentido muito mais amplo, a Escritura chama diáconos especialmente àqueles que foram encarregados de dispensar as esmolas e cuidar dos pobres, e serem seus procuradores. A origem, instituição e função dos diáconos são descritas por Lucas (At 6, 3). Entre os gregos, de fato, levantou-se a murmuração de que suas viúvas eram negligenciadas no ministério devido aos pobres. Os apóstolos, escusando-se de que não podiam prover os dois ofícios, a saber, o ministério da Palavra e o serviço das mesas, pediram à multidão que escolhesse sete homens virtuosos aos quais se entregasse o serviço das mesas. Ora, tais foram os diáconos da Igreja apostólica, e tais nos convém tê-los agora.

10. Se todas as coisas devem ser feitas com ordem e decoro nas assembleias cristãs (1Co 14, 40), então nenhum assunto deve ser com maior diligência cuidado que a constituição do governo eclesiástico, pois nada é mais perigoso que algo gerido na desordem. Por isso, para que homens inquietos e turbulentos não assumissem temerariamente o ofício de ensinar ou reger a Igreja, o que, aliás, aconteceria depois, tomou-se a precaução de que ninguém exercesse um ministério público na Igreja sem que fosse um vocacionado. Para alguém ser considerado verdadeiro ministro da Igreja, exige-se antes de tudo que tenha sido devidamente chamado (Hb 5, 4), e que depois tenha respondido à vocação, isto é, que exerça o ministério que lhe compete. Paulo fala frequentemente disso quando quer justificar seu apostolado, alegando sempre a vocação divina e a fidelidade com que cumpriu seu ministério. Se tão exímio ministro de Cristo não ousa arrogar para si autoridade alguma para ser ouvido na Igreja, senão os fatos de ter sido constituído por mandato do Senhor e o de desempenhar fielmente aquilo que lhe foi confiado, quão impudente será qualquer mortal que, desprovido desses requisitos, pretenda reivindicar tal honra. Porém, visto que já tratamos desse múnus eclesiástico, falemos agora somente da vocação.

11. Quatro elementos devem ser considerados nesse assunto: como devem ser os ministros; como devem ser escolhidos; quem deve escolhê-los; que rito ou cerimônia há de iniciá-los. Refiro-me somente à vocação externa, que faz parte da disciplina pública da Igreja. Abstenho-me de falar da arcana vocação da qual todo ministro está cônscio diante de Deus, e da qual a Igreja não pode ser testemunha. Essa vocação interior é o bom testemunho de nosso coração de que não nos aproximamos do ministério por ambição, avareza ou qualquer outra cobiça, mas por sincero temor de Deus e para a edificação da Igreja. Isso nos é necessário, como disse, se queremos que nosso ministério seja aprovado por Deus. Mas, se alguém mal-intencionado se apresenta, nem por isso deixa de ser considerado verdadeiro vocacionado, caso sua maldade não se manifeste. É costume dizer que certos homens são chamados ao ministério quando parecem aptos e idôneos para exercê-lo, porquanto a erudição unida à piedade e às demais qualidades próprias de um bom pastor são como que uma preparação para o ministério. Porque, aqueles que o Senhor destinou para tão grande tarefa são por Ele aparelhados com as armas necessárias, a fim de que não se aproximem desacautelados e despreparados do ministério. Por isso, na primeira *Epístola aos coríntios*, onde quis falar sobre tais ofícios, Paulo enumerou, antes de tudo, os dons que devem brilhar nos que são chamados (1Co 12, 7). Este é o primeiro dos quatro argumentos que propus; iniciemos pois com ele.

12. Em duas passagens, Paulo trata copiosamente de como convém ser os bispos (1Tm 3, 1; Tt 1, 7). Seu pensamento resume-se a isto: não devem ser escolhidos senão homens de boa doutrina e vida santa, que não estejam manchados por algum vício notório que os desautorize e torne ignominioso seu ministério. O mesmo vale para os diáconos e anciãos: que se verifique sempre se não são ineptos ou incapazes de levar o fardo que lhes é imposto, isto é, é preciso saber se estão providos das qualidades necessárias ao ministério. De fato, ao enviar seus apóstolos, Cristo os adornou de armas e instrumentos que não lhes podiam faltar (Lc 21, 15; 24, 49; At 1, 8); ao descrever um bom e verdadeiro bispo, Paulo advertiu Timóteo de que não se contaminasse com quem estivesse desprovido desses requisitos (1Tm 5, 22). Quanto ao modo da escolha, o problema não consiste no rito, mas no temor religioso que se deve ter. Daí os jejuns e as orações que, como narra Lucas, os fiéis faziam por ocasião da instituição dos presbíteros (At 14, 23), pois entendiam que se tratava do mais sério dos assuntos, não ousando tomar iniciativa alguma sem a máxima reverência e solicitude, suplicando a Deus, pela oração, o espírito de conselho e discernimento.

13. O terceiro ponto que propusemos considera aqueles a quem compete eleger os ministros. Sobre esse assunto, não é possível estabelecer uma regra inspirada na instituição dos apóstolos, cuja vocação é distinta da dos outros ministros. Visto, de fato, que se tratava de um ministério extraordinário, com certa preeminência sobre os demais, foi preciso serem chamados e constituídos pelo próprio Senhor. Os apóstolos, de fato, não se aproximaram do ministério por eleição humana, mas por mandato de Deus e de Cristo. Por isso, quando foi preciso encontrar alguém para ocupar o lugar de Judas, os apóstolos não ousaram nomear alguém de forma direta, mas apresentaram dois nomes, a fim de que, mediante sorteio, o Senhor declarasse quem seria o escolhido (At 1, 23). Nesse mesmo sentido, convém entender que Paulo "foi feito apóstolo não por homens ou por meio de um homem, mas por Cristo e por Deus Pai" (Gl 1, 1). No que diz respeito ao primeiro ponto — não ter sido escolhido pelos homens —, Paulo o tem em comum com todos os piedosos ministros da Palavra, pois ninguém pode exercer licitamente esse ministério a não ser que seja chamado por Deus. Quanto ao fato de não ter sido designado por homens, isto foi privativo e singular. Eis por que, quando Paulo se gloria de sua eleição, ele se remete não somente àquilo que convém aos verdadeiros e legítimos pastores mas também às credenciais de seu apostolado, pois, entre os gálatas, havia os que se esforçavam para diminuir sua autoridade, dizendo que ele era apenas um discípulo enviado pelos primeiros apóstolos. Ora, a fim de reivindicar a incontestável dignidade de sua pregação, que desse modo era insidiosamente combatida, foi preciso demonstrar que não era inferior aos outros apóstolos. Por isso afirma não ter sido escolhido por discernimento dos homens, como um bispo qualquer, mas pela boca e manifesto decreto do próprio Senhor.

14. Que a vocação legítima de um bispo exija ser eleito pelos homens, ninguém de bom-senso contestará, posto que há numerosos testemunhos da Escritura a respeito. Nem se opõe a isso, como foi dito, o que Paulo afirma de si mesmo: "Eu fui enviado não por homens, nem por meio de homens" (Gl 1, 1), dado que nessa passagem não está tratando da escolha dos ministros, mas reivindicando para si o que era próprio dos apóstolos. Embora tenha sido designado por singular prerrogativa pelo Senhor, todavia sua vocação continha os elementos da disciplina eclesiástica. Lucas, de fato, narra que "enquanto os apóstolos oravam e jejuavam, o Espírito

Santo lhes disse: separai para mim Paulo e Barnabé, para a obra para a qual eu os escolhi" (Lc 13, 2). Que significado pode ter essa separação e a imposição de mãos, depois que o Espírito Santo tinha manifestado sua escolha, senão o de garantir a disciplina eclesiástica, segundo a qual os ministros são escolhidos pelos homens? Deus, portanto, não poderia recomendar essa disposição de modo mais relevante senão ao querer que a designação de Paulo se fizesse por parte da Igreja, mesmo depois de tê-lo constituído apóstolo dos gentios. Fato semelhante se aponta na eleição de Matias (At 1, 23), pois, sendo tão elevado o múnus apostólico, não se ousou apresentar um só nome, mas dois, para que a sorte recaísse sobre um deles, e assim a eleição fosse reconhecida por testemunho celeste ao mesmo tempo em que a disciplina da Igreja era inteiramente observada.

15. Pergunta-se agora se o ministro deve ser eleito por toda a Igreja, ou apenas por seus colegas e anciãos que presidem as censuras, ou pela autoridade de um só homem. Aqueles que conferem esse direito a um só homem, citam o que Paulo disse a Tito: "Por isso te deixei em Creta, para que constituas presbíteros de cidade em cidade" (Tt 1, 5). E igualmente a Timóteo: "A ninguém imponhas as mãos precipitadamente" (1Tm 5, 22). Enganam-se, porém, os que acham que Timóteo, em Éfeso, e Tito, em Creta, tenham exercido uma autoridade monárquica, dispondo de todas as coisas a seu bel-prazer. Porque ambos presidiram às eleições, conduzindo o povo mediante bons e salutares conselhos, mas não com o intuito de decidir o que lhes agradava, excluindo os demais. Demonstrarei isso com um exemplo, para que não pareça fruto de minha imaginação. Lucas, de fato, narra que Paulo e Barnabé constituíram presbíteros nas igrejas, mas explica que isso foi feito por sufrágio ou, como diz o termo grego, mediante a voz do povo (At 14, 23). Portanto, os dois escolheram, mas, conforme o costume dos gregos testemunhado pelos historiadores, a multidão toda, erguendo as mãos, indicou a quem queria. De modo semelhante, quando os historiadores romanos dizem que o cônsul instituía novos magistrados, isso não quer dizer outra coisa senão que eles contavam os votos e serviam de moderadores no processo eletivo. Certamente não se deve pensar que Paulo concedeu a Tito e a Timóteo mais do que ele mesmo recebera. Ora, sabemos que ele costumava instituir os bispos mediante o sufrágio do povo. Portanto, devemos interpretar os textos acima no sentido de que o direito e a liberdade da Igreja não possam ser de modo algum diminuídos. Por isso Cipriano, ao sustentar que o sacerdote deve ser eleito na presença de todos, a fim de ser aprovado como digno e idôneo mediante testemunho e público juízo, diz que esse costume vem de Deus.[20] Vemos, de fato, que por ordem do Senhor esse costume foi observado no tempo dos sacerdotes levíticos, que eram apresentados ao povo antes de sua consagração (Lv 8, 6; Nm 20, 26). Foi desse modo, ante os olhos e a aprovação do povo (At 1, 15; 6, 2), que Matias foi agregado ao colégio dos apóstolos e os sete diáconos foram instituídos. "Esses exemplos", diz Cipriano, "demostram que a ordenação do sacerdote deve-se fazer somente com a assistência do povo, a fim de que a ordenação, provada pelo testemunho de todos, seja justa e legítima." Concluímos, pois, pela Palavra de Deus, ser legítima a vocação dos ministros sempre que homens idôneos são constituídos mediante consentimento e aprovação do povo. De resto, os outros pastores devem presidir às eleições, para que a multidão não proceda por leviandade, conluio ou tumulto.

16. Resta-nos analisar o rito de ordenação ao qual assinalamos o último lugar. Ora, consta que os apóstolos, quando escolhiam alguém para o ministério, não usavam outra cerimônia além da imposição de mãos. Considero que esse rito foi tomado aos hebreus, os quais, mediante a imposição das mãos, apresentavam a Deus aquilo que queriam abençoar e consagrar. Assim, quando Jacó abençoou Efraim e Manassés, impôs as mãos sobre suas cabeças (Gn 48, 14). E o mesmo fazia o Senhor quando orava pelas crianças (Mt 19, 15). Por igual motivo, penso eu, a Lei prescrevia aos judeus que impusessem as mãos sobre os sacrifícios que ofereciam. Os apóstolos, portanto, com a imposição de mãos, pretendiam expressar que ofereciam a Deus aquele que era iniciado no ministério, ainda que fizessem a mesma coisa aos que pretendiam conferir as graças visíveis do Espírito (At 19, 6). Seja como for, sempre que chamavam alguém para o ministério eclesiástico, valiam-se desse rito solene; do modo semelhante consagravam os pastores e doutores, e também os diáconos. Contudo, ainda que não exista nenhum mandamento positivo no que concerne à imposição de mãos, constatamos que os apóstolos a usaram com constância, e, portanto, essa diligente observância deve-nos servir de norma. Sem dúvida, é útil recomendar ao povo a dignidade do ministério com semelhante símbolo, que serve também para advertir ao ordenando de que não pertence mais a si mesmo, mas que foi consagrado ao serviço de Deus e da Igreja. Além disso, tal rito não será um sinal destituído de valor se for restituído à sua autenticidade original. Pois, se o Espírito de Deus não instituiu na Igreja coisas vãs, devemos concluir que essa cerimônia, que dele procede, não

---

20 Cipriano. *Epístola* 67, 4 (CSEL 3, II, 738, 3ss.).

é inútil, desde que não se tranforme em abuso supersticioso. Devemos notar, enfim, que todo o povo não impunha as mãos sobre os ministros, mas somente os pastores, ainda que não se saiba ao certo se eram muitos ou não os que impunham as mãos. Procedeu-se assim no caso dos sete diáconos, no de Paulo e Barnabé e de alguns outros (At 6, 6). Mas, em outro lugar, Paulo recorda que somente ele, e não muitos, impusera as mãos sobre Timóteo: "Relembro-te que reanimes a graça que em ti há pela imposição de minhas mãos" (2Tm 1, 6). Contudo, a respeito do que ele fala acerca da imposição de mãos por parte do presbitério (1Tm 4, 14), não interpreto a passagem como se estivesse falando do colégio dos anciãos, mas sim da própria ordenação, como se dissesse: "Faze que a graça que recebeste por imposição de mãos, ao constituir-te presbítero, não seja infrutífera".

Capítulo IV

Do estado da Igreja antiga e da forma de governo em uso antes do papado.

té aqui falamos do modo de se governar a Igreja como nos foi consignado pela pura Palavra de Deus. Falamos dos ministérios tais como foram instituídos por Cristo. Agora, a fim de que todos esses elementos sejam mais clara e intimamente entendidos e destarte sejam mais bem impressos em nossa alma, será útil considerar a praxe da Igreja antiga nessa matéria, visto que isso pode nos representar uma imagem fiel da instituição divina. Pois, embora os bispos daqueles tempos tenham promulgado muitos cânones que parecem exceder o que foi dito na Sagrada Escritura, todavia tais leis foram compostas com cautela, conformando-as à norma única da Palavra de Deus, de modo que podemos facilmente verificar que, nesse caso, nada fizeram que a contrariasse. E, ainda que algo deixe a desejar em suas resoluções, vemos que tiveram sincero empenho em conservar a instituição de Deus, e dela não se afastaram muito. Por isso, será muito útil expor sucintamente a ordem que observaram ao agir. A Escritura, como dissemos, fala-nos de três tipos de ministério, de sorte que todos os ministérios da Igreja primitiva estivessem divididos em três ordens. Da ordem dos presbíteros, saíam os pastores e os doutores; os demais se ocupavam da censura e das correções disciplinares. Aos diáconos foi entregue o cuidado dos pobres e a distribuição das esmolas. Leitores e acólitos, porém, não designavam ofícios precisos, mas os que se chamavam clérigos eram acostumados, desde a adolescência, a servir à Igreja pelo excercício dessas e de outras funções, para que melhor entendessem que tipo de ofício iam exercer, e assim estivessem mais bem preparados para assumi-los futuramente, como a seguir mostrarei em detalhes. Jerônimo,

depois de mencionar cinco ordens eclesiásticas,[21] assim as enumera: bispos, presbíteros, diáconos, fiéis e catecúmemos, não atribuindo ao restante do clero e aos monges nenhum lugar determinado.

2. Chamavam de presbíteros a todos aqueles que tinham o ofício de ensinar. E, para que da igualdade não surgissem divisões, como aliás costuma acontecer, os presbíteros de cada cidade escolhiam um dentre seus pares, a quem davam o título de bispo. Contudo, o bispo não excedia em honra e dignidade a seus colegas, de maneira que pudesse dominá-los, mas seu ofício era comparável ao de um cônsul no Senado, cabendo-lhe fazer propostas, pedir pareceres, presidir mediante conselhos, admonições, exortações; administrar as decisões tomadas, executando o que fora decidido em comum: tal era o múnus do bispo no colégio dos presbíteros.[22] Os antigos Pais admitem que isso foi introduzido por consentimento dos homens e necessidade dos tempos. Em vista disso, ao comentar a *Epístola a Tito*, Jerônimo nos diz que "o presbítero é a mesma coisa que o bispo".[23] Assim, antes que por instigação do Diabo surgissem discórdias na religião e, em meio ao povo, se dissesse "Eu sou de Paulo; eu sou de Cefas", as Igrejas eram governadas pelo consenso dos presbíteros; a seguir, para arrancar a raiz das dissenções, confiou-se a uma só pessoa toda a solicitude pastoral. Por isso, assim como os presbíteros sabem que estão sob a autoridade do bispo por força do costume introduzido na Igreja, também os bispos devem considerar que é mais por costume que por autêntica disposição do Senhor que foram constituídos acima dos presbíteros, com os quais deve reger a Igreja.[24] Noutra passagem, todavia, Jerônimo ensina quão antigua era essa prática;[25] de fato, ele diz que, desde os tempos de Marcos Evangelista até Héraclas e Dionísio, os presbíteros sempre estabeleciam um entre eles num grau mais elevado, e o chamavam "bispo". Cada cidade, portanto, tinha um colégio de presbíteros constituído por pastores e doutores. Todos tinham por ofício ensinar, exortar e corrigir ao povo, como ordena Paulo aos bispos (Tt 1, 9); e, para que deixassem sucessores dignos, instruíam cuidadosamente os jovens que se haviam alistado na sagrada milícia. Além disso, a cada cidade atribuía-se certo território, ao qual se provia de presbíteros, de maneira que a região inteira formasse um só corpo eclesiástico. Cada colégio presbiteral estava, como disse, sob

---

21 Jerônimo. *Comentário a Isaías*, 4, ad c.19, v.18 (MSL 24,185ss.).
22 Cipriano. *Epístola* 14, 4 (CSEL 3, II, 512); *Epístola* 19 (p.526, 5ss.); *Epístola* 34, 4 (p.570).
23 Jerônimo. *Comentário a Tito*, c.I (MSL 26, 562C).
24 Ibidem (col.563C).
25 Idem. *Epístola* 144, 1, *a Evangelus* (CSEL 56, 310, 8ss.).

a autoridade de um só bispo e desse modo se conservava a ordem e a paz; embora precedesse aos outros em dignidade, o bispo estava sujeito à assembleia dos irmãos. Se a região rural sob sua jurisdição fosse mais extensa, de modo a impedi-lo de cumprir perfeitamente suas obrigações episcopais, eram designados alguns presbíteros para representá-lo nos assuntos de menor importância; a estes representantes do bispo na zona rural chamavam de "bispos forâneos".[26]

3. Não obstante, no que concerne propriamente ao ofício de que agora tratamos, tanto ao bispo como aos presbíteros cabia o ministério da Palavra de Deus e dos sacramentos. Somente em Alexandria foi estabelecido que os presbíteros não deveriam pregar ao povo, porque ali a Igreja fora perturbada por Ário, como diz Sócrates no livro IX da sua *História tripartida*.[27] Jerônimo, entretanto, não esconde que essa decisão o contrariava,[28] pois é coisa monstruosa que alguém se gabe de ser bispo sem o ser na realidade. Com efeito, tal era a severidade daqueles tempos que todos os ministros sentiam-se obrigados a cumprir seu ofício tal como o Senhor ordenara. Não estou referindo o costume de uma só época, porque, decerto, nem mesmo nos tempos de Gregório, quando a Igreja já se afastara bastante de sua antiga pureza, não se tolerava que um bispo se abstivesse de pregação. Em certa passagem, o mesmo Gregório afirma que "o sacerdote está morto caso não se ouça sua voz, porque, se caminhar sem elevar sua voz na pregação, provocará a ira do Juiz invisível contra si".[29] Enfim, noutro lugar, diz que "quando Paulo atesta estar limpo do sangue de todos (At 39, 20.26), somos citados, acusados e declarados réus, pois nos chamamos sacerdotes, mas, além dos males que fazemos, somos culpados pela morte dos outros, porquanto nossa tibieza e silêncio matam àqueles que diariamente vemos caminhar para a morte".[30] Gregório chama mudo a si mesmo e aos outros que não se dedicam às suas obrigações, e, se ele não perdoa a quem faz só metade do que lhe compete, que diria daquele que descuida do todo. Vemos assim que, por longo tempo, valeu o princípio de que a primeira obrigação do bispo é a de apascentar o povo com a Palavra de Deus e edificar a Igreja, pública e privadamente, mediante a sã doutrina.

---

26 Eusébio. *Hist. Eccl.* VII, 30, 10 (GCS 9, II, 710, 14); Conc.de Ancira, reunido em 314, c.13 (Mansi II, p.518); Conc. de Neocesareia, reunido em 314, c.14 (Mansi II, p.541); Conc. de Antioquia, reunido em 341, c.10 (Mansi II, p.1311).
27 Cassiodoro. *História tripartida*, IX, c.39 (MSL 69, 1156).
28 Jerônimo. *Epístola* 52, 7 (CSEL 54, 428 6ss.).
29 *Epístola* 24 (*Registr. Epistolarum*, lb. I, Ep. 24; MGH Ep. 1, 32).
30 *Homilias sobre Ezequiel*, I, Hom. 11 (MSL 76, 910).

4. Quanto ao fato de que cada província contasse com um arcebispo entre os bispos, e que o Concílio de Niceia tivesse constituído patriarcas que precedessem em dignidade aos arcebispos,[31] tais providências foram tomadas em vista da conservação da disciplina. Se bem que, na presente disputa, seja possível omitir essas coisas, por terem sido de raríssimo uso; convém saber que esses graus foram instituídos para que, caso surgisse algo numa igreja que não pudesse ser bem resolvido por poucos, a questão fosse reportada ao sínodo provincial.[32] Se a importância ou a dificuldade do assunto exigisse maior discussão, comunicava-se o assunto aos patriarcas e a seus sínodos; além desses recursos, restava apenas apelar para um concílio geral.[33] Ao governo assim constituído, alguns chamaram "hierarquia",[34] nome que me parece impróprio e que é inusitado na Escritura. O Espírito Santo, de fato, quis evitar que alguém sonhasse com principado ou dominação no governo da Igreja. Considerando somente a realidade, sem nos determos nas palavras, concluiremos que os bispos antigos não quiseram criar uma forma de governo eclesiástico distinto daquele que Deus estabelecera em sua Palavra.

5. A condição dos diáconos não era diferente daquela que existira no tempo dos apóstolos, uma vez que recebiam as ofertas diárias dos fiéis e os proventos anuais da Igreja, destinando-as a seu verdadeiro fim, isto é, uma parte para o sustento dos ministros e outra para os pobres, conforme o decidido pelo bispo, a quem deviam prestar contas anuais do que fora entregue à sua administração.[35] Os cânones ordenarem que o bispo fosse o dispensador de todos os bens da Igreja não deve ser entendido como se coubesse ao bispo administrá-los pessoalmente, mas que cabia a ele indicar as pessoas que receberiam a pensão pública da Igreja, bem como indicar quem devia receber o restante; ademais, os bispos eram responsáveis por averiguar se o diácono cumpria fielmente o que era sua obrigação. Nos cânones atribuídos aos apóstolos, lê-se que "o bispo tenha sob sua guarda os bens da Igreja, porque, se lhes foram confiadas as almas, que são mais

---

31 Conc. de Niceia, reunido em 325, c.6 (Mansi II, p.671); Conc. de Constantinopla, reunido em 381, c.2 (Mansi III, p.589); Conc. de Calcedônia, reunido em 451, c.28 (Mansi VII, p.369).

32 Tertuliano, *Sobre o jejum*, 13 (CSEL 20, 292, 13ss.); Cipriano, *Epístola* 75, 4 (CSEL 3, II, 812); Conc. de Niceia, c.5 (Mansi II, p.670); Conc. de Constantinopla, c.2 (Mansi III, p.559); Conc. de Calcedônia, c.19 (Mansi VII, p.366); *Canones apostolorum*, c.36 (Bruns I, 6).

33 Eusébio. *Vida de Constantino*, III, 6 (GCS 7, 79); Conc. de Constantinopla, c.6 (Mansi III, p.562ss.).

34 Ibidem, II, 4 (GCS 7, 42); Dionísio, *Sobre a hierarquia eclesiástica* (PG 3, 339).

35 Gregório I. Registr. Epistolarum, lb. I, Ep. 37; MGH Ep. 1, 50, 6ss.).

preciosas, com maior razão lhes cabe a vigilância sobre o dinheiro, a fim de que tudo seja distribuído com temor e com a máxima solicitude pelos presbíteros e diáconos". No Concílio de Antioquia, decretou-se a reprimenda dos bispos que dispusessem dos bens eclesiásticos sem anuência dos presbíteros e diáconos. E não é preciso discutir mais sobre esse assunto. Embora a disciplina eclesiástica já estivesse bastante viciada nos tempos de Gregório, em muitas epístolas consta que permanecia em vigor o costume de os diáconos, sob a autoridade do bispo, serem os servidores dos pobres. É verossímil que, de início, os subdiáconos tenham sido designados para auxiliar os diáconos, mas a diferenciação foi desaparecendo ao longo do tempo. Quanto aos arquidiáconos, foram criados quando os bens da Igreja aumentaram e se exigia uma administração mais acurada, ainda que Jerônimo[36] mencione a existência do cargo já em seu tempo. Sob sua responsabilidade, estavam as rendas, as propriedades, os utensílios e as esmolas diárias. Donde Gregório[37] asseverar, em carta ao arquidiácono de Salona, que este seria responsável se algum dos bens da Igreja se perdesse por negligência ou fraude sua. O fato de se lhes confiar a leitura do Evangelho e a exortação do povo por ocasião das orações, bem como a passagem do cálice durante a ceia, contribuía com o enobrecimento de seu ofício, de modo que o exercessem com maior devoção; serviam para lembrá-los de que sua condição não era profana, mas espiritual e consagrada a Deus.

6. Agora já é possível julgar sobre o uso e o modo de administrar os bens eclesiásticos. Lemos em muitas passagens, tanto nos decretos sinodais como nos antigos escritores, que todos os bens da Igreja, propriedades ou dinheiro, constituem patrimônio dos pobres. Por esse motivo, repete-se frequentemente aos bispos e diáconos a seguinte cantilena: as riquezas por eles administradas não lhes pertencem, mas devem-se destinar a socorrer as necessidade dos pobres, e que serão considerados réus de sangue caso as dissipem ou as usem de má-fé. Donde serem advertidos que devem distribuí-las a quem de direito, sem fazer acepção de pessoa, com grande temor e reverência, como se estivessem na presença de Deus. Daí se entendem as graves declarações de Crisóstomo, Ambrósio, Agostinho e outros bispos ao atestarem, diante do povo, sua integridade. Por outro lado, é justo e consagrado na Lei do Senhor que os fiéis providenciem o sustento daqueles que se devotam inteiramente ao serviço da Igreja. Convém notar

---

36 *Epístola* 146, 1 (CSEL 56, 310, 12).
37 Gregório I (Registr. Epistolarum, lb. I, Ep. 10; MGH Ep. 1, 12, 11ss.).

que naqueles tempos não poucos presbíteros consagravam a Deus seu patrimônio pessoal, e faziam-se voluntariamente pobres, de sorte que a distribuição dos bens se dava de tal modo que nem aos ministros faltava alimento nem aos pobres o necessário. Não obstante, tinha-se o cuidado de os próprios ministros, que deviam dar exemplo de austeridade, não receberem em demasia, prevenindo que não se entregassem a luxos e prazeres; antes, recebiam apenas o que bastava às suas necessidades. Segundo Jerônimo, "cometem sacrilégio os clérigos que, podendo-se manter com os bens familares, recebem daquilo que é devido aos pobres; por semelhante abuso, comem e bebem a própria condenação".[38]

7. De início, a administração dos bens foi livre e voluntária, porque os bispos e os diáconos eram honestos, uma vez que a integridade de vida era lei. Depois, por conta da cobiça ou de interesses corruptos de alguns que deram maus exemplos, promulgaram-se, para a correção dos vícios, cânones que dividiam a renda da Igreja em quatro partes: uma destinada ao clero; outra, aos pobres; outra, à manutenção das igrejas; e a última, aos estrangeiros e necessitados. Não contrasta com essa divisão o fato de outros cânones atribuírem essa última parcela ao bispo, pois não se pretendia dizer que essa parcela era propriedade do bispo, como se pudesse gastá-la ou dissipá-la a seu talante; na verdade, era-lhe confiada para que pudesse mostra-se liberal e hospitaleiro, como Paulo o recomenda (1Ti 3, 2). Essa é a interpretação de Gregório[39] e de Gelásio, justificando este a entrega da quarta parcela ao bispo com a necessidade de socorrer os cativos e peregrinos. Gregório fala ainda mais claramente: "É costume da Sé Apostólica exortar o bispo ordenado que divida em quatro partes todo o estipêndio recolhido pela Igreja, a saber: uma para si e sua família, para que possam assistir aos estrangeiros e hóspedes; outra para o clero; outra para pobres; outra para a manutenção das igrejas".[40] Portanto, não era lícito que o bispo destinasse coisa alguma para uso privado; devia apenas separar o suficiente para viver e vestir moderada e sobriamente. Se alguém começasse a se exceder, por luxo, ostentação e pompa, era imediatamente advertido pelos colegas; caso não se corrigisse, era privado da dignidade episcopal.

8. No princípio, os recursos destinados ao ornamento dos templos eram bem poucos. Mesmo depois, quando a Igreja tornou-se mais rica,

---

38 Graciano, *Decretos*, II, C.1, q.2, c.6 (Friedbg. I, 409).
39 Ibidem, II, C.16, q.3, c.2 (Friedbg. I, 789), onde se cita a *Epístola* 10 de Gelásio aos bispos da Sicília (MSL 59, 57).
40 Ibidem, II, C.12, q.2, c.30 (Friedbg. I, 697), onde se cita a *Epístola* 56 de Gregório I a Agostinho da Cantuária (Registr. Epistolarum, lb. XI, Ep. 56; MGH Ep. 2, 333, 7ss.).

guardou-se sobriedade nessa matéria, de sorte que todo o dinheiro que se destinava a tal fim permanecia reservado aos pobres caso houvesse necessidade. Assim, quando a fome assolou a província de Jerusalém, Cirilo, o bispo dessa cidade, não tendo com que socorrer os indigentes, vendeu os vasos e as vestes sagradas para angariar recursos para os pobres.[41] Do mesmo modo Acácio, bispo de Amida, vendo uma grande multidão de persas perecendo de fome, convocou o clero e lhes fez uma bela alocução mostrando que Deus não tem necessidade de pratos e cálices, porque não come nem bebe, e depois mandou fundir os vasos sagrados para comprar alimento e pagar o resgate dos miseráveis.[42] Jerônimo, que reprovava o excesso de esplendor dos templos, elogiou Exupério, bispo de Tolosa, seu contemporâneo, que levava o corpo do Senhor em um cestinho de vime, e o sangue em um vidro, mas não deixava que nenhum pobre passasse fome.[43] Aquilo que há pouco recordei sobre Acácio, Ambrósio[44] o conta de si mesmo, pois, quando os arianos o criticaram por haver vendido os vasos sagrados para resgatar os prisioneiros, Ambrósio saiu-se com esta belíssima justificativa: "Aquele que sem ouro enviou seus apóstolos, sem ouro congregou as igrejas: ouro tem a Igreja, não para entesourá-lo, mas para distribuí-lo e socorrer aos necessitados. De que serve guardar aquilo que não serve para nada? Acaso não sabemos quanto ouro e prata os assírios levaram do templo do Senhor? Não é melhor que, na falta de outro recurso, o sacerdote converta o ouro em esmola para os pobres, em vez de deixar que seja levado pelo inimigo? Pois o Senhor te dirá: Por que deixaste morrer de fome tantos pobres se tinhas o ouro necessário para socorrê-los? Por que deixaste os cativos serem levados e mortos pelo inimigo, sem os resgatar? Melhor seria que conservasses os vasos vivos que os de metal. Que resposta darás então? Se responderes: Temia que faltassem ao templo os ornamentos. Deus te dirá: Não necessitam de ouro os sacramentos, nem se tornam preciosas com o ouro as coisas que não se compram com ouro: a beleza dos sacramentos é a redenção dos cativos". Vemos, em suma, quão verdadeiro é aquilo que Ambrósio diz em outro lugar: "Tudo o que a Igreja possui foi recolhido para os pobres". E mais: "Tudo o que um bispo possui pertence aos pobres".[45]

---

41 Cassiodoro, *História tripartida*, V, c.37 (MSL 69, 1017 B).
42 Ibidem, XI, c.16 (MSL 69, 1198).
43 *Epístola* 125, 20, a Rústico (CSEL 56, 141, 14ss.).
44 *Sobre os ofícios dos ministros*, II, c.28, 137 (MSL 16, 140).
45 *Epístola* 18, 16 (MSL 16, 977); *Epístola* 20 (MSL 16, 977A).

9. Até agora tratamos dos ministérios da Igreja antiga. Outros ministérios mencionados pelos autores eclesiásticos eram mais exercícios e preparações do que ofícios propriamente ditos. De fato, a fim de legarem sucessores, aqueles santos varões admitiam no clero os jovens que, sob sua tutela e com consentimento dos pais, inscreviam-se na milícia espiritual. Formados assim desde cedo, não chegavam ao ministério ignorantes e despreparados. Quantos fossem assim instruídos, recebiam o nome genérico de "clérigo". Sem dúvida, teria eu preferido que lhes tivessem dado outro nome mais adequado, pois essa designação se originou de um erro, ou pelo menos de uma escolha infeliz, visto que Pedro chama a Igreja inteira de clero, isto é, "herança do Senhor" (1Pd 5, 3). Por esse motivo, o termo não é conveniente para designar um ofício determinado. Não obstante, era um santo costume aqueles que pretendiam consagrar sua vida à Igreja serem educados sob a vigilância do bispo, de sorte que ninguém assumisse o ministério sem uma boa formação, isto é, sem ter sido embebido desde cedo na sã doutrina e ter-se revestido da seriedade e da santidade de vida adquiridos pela disciplina nas coisas santas e alheias a toda ocupação profana. À semelhança dos torneios, que foram instituídos para que os recrutas fossem adestrados para o verdadeiro combate, assim certas funções mais simples preparavam os jovens no clericato antes de serem promovidos a seus ofícios propriamente ditos. Inicialmente, com efeito, abriam e fechavam os templos, e a estes chamavam ostiários; depois, passavam a assistir ao bispo nos afazeres domésticos, acompanhando-o também nas viagens por questão de decoro e de segurança, e a estes chamavam acólitos; depois, para que aos poucos se tornassem conhecidos do povo e adquirissem autoridade para si, enquanto aprendiam a se comportar em público e falar diante de todos, era-lhes confiada a leitura, feita no púlpito. Acostumados assim com esses pequenos ofícios, não ficariam acanhados quando, feitos presbíteros, tivessem que ir à frente ensinar. Dessa maneira, eram gradualmente habituados em todos os ofícios antes de serem feitos subdiáconos. Até aqui, minha única intenção foi a de mostrar que essas coisas serviam como preparação e aprendizado, e não eram verdadeiros ministérios da Igreja.

10. Dissemos que, na vocação do ministro, a primeira coisa a ser considerada diz respeito à pessoa a ser escolhida; a segunda, à reverência que se deve ter no ato da escolha. Ora, também nisso a Igreja antiga seguia as determinações de Paulo e os exemplos dos apóstolos. De fato, quando os pastores eram escolhidos, costumava-se fazer uma assembleia que, com grande reverência e temente invocação do nome de Deus, examinava a vida e a doutrina dos candidatos ao ministério, conforme um formulário de exame que seguia uma regra estabelecida por Paulo (1 Ti 3, 2). Nessa matéria, um só pecado cometeu-se por excessiva severidade: passaram a exigir do bispo mais do que Paulo recomendou, sobretudo quando, mais tarde, instituíram o celibato. No restante, porém, observavam as indicações do apóstolo. Por outro lado, a respeito do terceiro ponto que propusemos, isto é, a quem compete a instituição dos ministros, nem sempre se adotava uma única regra. Naqueles tempos, aliás, ninguém era recebido no clero sem o consentimento de todo o povo, de modo que, certa feita Cipriano procurou desculpar-se diligentemente por haver constituído leitor a certo Aurélio sem antes consultar a Igreja, o que foi feito contra o costume. Cipriano formula assim sua justificativa: "Caríssimos irmãos, ao ordenar os clérigos costumamos vos consultar e convosco ponderar acerca dos costumes e méritos de cada um dos candidatos".[46] Tais foram suas palavras. Dado, porém, que nesses ofícios menores não havia grande perigo, pois constituíam funções de pouca importância, que eram provadas por muito tempo, deixou-se de pedir o consentimento do povo. Depois, o povo aceitou que, exceto o episcopado, os candidatos fossem escolhidos pelo bispo e pelos presbíteros cuja proximidade ao candidato lhes permitia saber se eram idôneos e dignos. Quando, porém, se tratava de destinar novos presbíteros às paróquias, pedia-se o expresso consentimento do povo. Não se deve estranhar que, renunciando ao seu direito, o povo tenha-se mostrado menos solícito nessa matéria. Seja como for, ninguém era feito subdiácono sem ter sido provado por longo tempo no clericato, sob a severa disciplina que então vigia. Somente depois desse ofício, era constituído diácono; por fim, caso o candidato se comportasse fielmente, chegava à honra do presbiterato. Desse modo, ninguém era promovido sem ser examinado por longos anos às vistas do povo. Havia muitos cânones para correção dos vícios, de modo que a Igreja dificilmente podia ser onerada por maus presbíteros e maus diáconos, a não ser que os remédios prescritos fossem negligenciados. Para a escolha dos presbíteros, também se exigia o consentimento dos habitantes do lugar, como atesta o *Cânon I*, distinção 67, atribuído a Anacleto. Eis por que as ordenações eram feitas em determinadas épocas do ano, a fim de que ninguém fosse introduzido fácil e sub-repticiamente, isto é, sem o consentimento dos fiéis e sem a anuência das testemunhas.

---

46 *Epístola* 38, c.1, 2 (CSEL 3, III, 82, 9).

11. Quanto à escolha dos bispos, a liberdade do povo foi conservada por muito tempo, de maneira que ninguém era admitido sem ter sido aprovado por todos. Por isso, no Concílio de Antioquia, proibiu-se que se escolhesse um bispo contra a vontade do povo, disposição diligentemente confirmada por Leão I. Eis as suas palavras: "Seja eleito aquele que o clero, o povo ou a maioria tiver pedido";[47] e, de modo semelhante: "Que seja eleito por todos aquele que deve presidir a todos, pois quem é ordenado sem ser conhecido e examinado, foi admitido à força";[48] e ainda: "Que seja designado aquele que foi escolhido pelo clero e pedido pelo povo, e que seja consagrado pelos bispos da província com a autorização do metropolita".[49] Os Santos Pais zelaram assiduamente para que a liberdade do povo não fosse violada; de fato, um sínodo geral, reunido em Constantinopla, não quis ordenar Nectário sem a aprovação do clero e do povo, como o atesta uma epístola enviada ao Sínodo de Roma.[50] Por isso, quando o bispo designava seu sucessor, o ato não era considerado válido caso não fosse ratificado por todo o povo. Desse costume temos não só muitos exemplos mas também um formulário adotado por Agostinho[51] por ocasião da nomeação de Erádio. Quando o historiador Teodoreto[52] disse que Atanásio nomeou a Pedro seu sucessor, acrescentou a seguir que o colégio dos sacerdotes ratificou o ato com a aprovação dos magistrados e dos principais do povo.

12. Há também uma ótima resolução — assim a considero — do Concílio de Laodiceia de não reservar exclusivamente ao povo a escolha do bispo. É difícil, de fato, que muitas cabeças cheguem a bom termo sobre um assunto qualquer, sendo quase sempre verdade que "o povo volúvel divide-se em interesses contrários".[53] Havia porém um recurso para remediar esse perigo. Primeiro, somente os clérigos escolhiam; depois, o eleito era apresentado aos magistrados, ao senado e aos principais do povo; estes, após terem deliberado entre si, ratificavam a escolha se lhes parecesse justa; do contrário, escolhiam outro que achassem melhor; por fim, a escolha era comunicada ao povo, que, embora não estivesse obrigado a deferi-la, teria pouca ocasião de provocar tumulto. Se o processo começasse por uma decisão popular, isso se fazia apenas para saber quem

---

47 Leão I, *Epístola* 14, c.5 (Friedbg I, 318).
48 Idem, *Epístola* 10, c.6 (MSL 54, 634).
49 Idem, *Epístola* 167, a Rústico (MSL 54, 1203).
50 Teodoreto, *História eclesiástica*, V, c.9 (ed. Gaisford p.144).
51 *Epístola* 213 (MSL 33, 966ss.).
52 *História eclesiástica*, IV, c.20 (ed. Gaisford p.346).
53 Virgílio, *Eneida*, II, 39.

era o mais apreciado; ouvidas as preferências do povo, o clero escolhia. Desse modo, não se permitia tanto que os clérigos impusessem sua vontade quanto que a escolha ficasse sujeita aos desejos estultos do povo. Esse procedimento é mencionado por Leão I em outra passagem, ao dizer que é "preciso contar com os votos dos habitantes, o testemunho do povo, o discernimento dos governantes e a eleição dos clérigos";[54] do mesmo modo: "Leve-se em conta o testemunho dos governantes, a aprovação do clero, o consentimento do senado e do povo",[55] porque "nenhuma razão permite que se proceda de maneira diferente".[56] De fato, o decreto do Sínodo de Laodiceia estabelece que os clérigos e os governantes não devem ser levados pela vontade imprudente da multidão, mas que reprimam com prudência e probidade sua estulta ambição.

13. Essa forma de eleição ainda era válida nos tempos de Gregório, e é verossímil que tenha durado por muito tempo. De Gregório, restam muitas epístolas que tratam do assunto. De fato, sempre que se tratava de escolher o bispo, ele costumava escrever ao clero, ao conselho, ao povo, e por vezes também ao príncipe, conforme o tipo de governo constituído na cidade. Quando havia desordem na igreja, enviava-se um bispo vizinho para inspecionar a eleição, e se exigia que fosse lavrado um ato público confirmado pela subscrição de todos. Mais ainda: quando certo Constâncio foi eleito bispo de Milão, mas por conta das incursões bárbaras muitos milaneses haviam-se refugiado em Gênova, ele não considerou legítima a eleição até que os ausentes dessem seu consentimento. De fato, não passaram ainda quinhentos anos desde que um papa, chamado Nicolau, estabeleceu que a eleição do Romano Pontífice se fizesse do seguinte modo: que os cardeais fossem os primeiros a escolher; depois os bispos e o restante do clero se unissem a eles, e, por fim, a eleição fosse ratificada pelo consentimento do povo. No final, cita-se o decreto de Leão que acabei de mencionar, exigindo sua vigência no futuro. Ora, se a malícia dos malfeitores fosse tal que obrigasse o clero a sair da cidade para que se fizesse uma boa eleição, determinava-se que alguns representantes do povo deviam estar presentes. Pelo que se pode entender, o consentimento do imperador era requerido somente para duas igrejas, Roma e Constantinopla, porque eram as duas capitais do Império. Quando o imperador Valentiniano enviou Ambrósio a Milão, para que, na qualidade de delegado imperial, presidisse à eleição do novo bispo, isso se deu por

---

54 *Epístola* 10, 4 (MSL 54, 632 B).
55 *Epístola* 10, 6 (ibidem, col.634 A).
56 *Epístola* 167 (MSL 54, 1203 A).

conta das graves disensões que agitavam os cidadãos. Outrora, a autoridade imperial romana gozava de tamanha influência na eleição do bispo que Gregório escreveu ao imperador Maurício reconhecendo que fora conduzido ao leme da Igreja por mandato seu, embora isso tivesse sido pedido solenemente pelo povo. Na verdade, a praxe ditava que, tão logo alguém fosse designado pelo clero, pelo senado e pelo povo, o imperador devia ser notificado do eleito, a fim de confirmar ou anular a eleição. Nem contrastam com esse uso os decretos compilados por Graciano, pois ali se diz tão somente que não se deve tolerar de modo algum que, supressa a eleição canônica, o rei constitua bispos a seu talante; além disso, foi determinado aos metropolitas que não consagrassem o candidato que fora promovido à força. Notemos que uma coisa é expoliar a Igreja de seu direito, de modo que tudo seja entregue ao alvitre de um só homem; outra é conferir ao rei ou ao imperador a honra de confirmar, por sua autoridade, uma eleição legítima.

14. Resta-nos tratar sobre o rito usado pela Igreja primitiva na ordenação dos ministros após tê-los eleito. Os latinos chamavam essa cerimônia de "ordenação" ou "consagração"; os gregos usavam dois termos que significam "imposição de mãos". Há um decreto do Concílio de Niceia no qual se estabelece que o metropolita deve reunir-se com todos os bispos da província para ordenar o eleito. Se houvesse impedimento por causa da distância do percurso, por motivo de saúde ou por outra necessidade, era preciso que pelo menos três bispos estivessem presentes e que os ausentes dessem por escrito seu consentimento. Este cânon, pouco aplicado, acabou caindo em desuso, e por isso muitos sínodos o renovaram mais tarde. Era obrigatório, portanto, que todos, ou ao menos aqueles que não tinham justificativa de ausência, se reunissem para examinar com seriedade a doutrina e os costumes do ordenando, uma vez que não se fazia nada sem a apreciação desses quesitos. Nos escritos de Cipriano, está evidente que os bispos não eram convocados após a eleição, mas que deviam estar presentes para serem moderadores, de sorte que a multidão nada conseguisse provocando tumulto. Diz, além disso, que o povo tem o direito de escolher sacerdotes dignos e de recusar os indignos: "Nas ordenações solenemente celebradas, que os bispos vizinhos da mesma província se reúnam onde deve ser escolhido o novo bispo, e que este seja eleito na presença do povo".[57] Mas como tais assembleias se reuniam com dificuldade, e havia perigo de a demora servir de ocasião aos ambiciosos,

---

57 *Epístola* 67, 5 (CSEL 3, II, 739, 7ss.).

considerou-se suficiente que, feita a escolha, os bispos se reunissem e consagrassem o eleito, após tê-lo examinado regularmente.

15. Embora o procedimento fosse observado sem exceção, pouco a pouco introduziu-se outro costume: o de o eleito dirigir-se à sé metropolitana para aí receber a ordenação, fato que se deu mais por ambição e degradação das antigas normas que por algum motivo louvável. Não muito depois, ampliada a autoridade da Sé Romana, criou-se outro hábito ainda pior: o de os bispos de quase toda a Itália acorrerem a Roma para aí receberem a consagração, fato comprovado nas epístolas de Gregório. Somente algumas cidades não cederam tão facilmente e conservaram o antigo direito, por exemplo Milão, como se pode ler em outra carta de Gregório.[58] Provavelmente, apenas as cidades metropolitanas mantiveram esse privilégio, uma vez que os bispos da província costumavam reunir-se na cidade principal para consagrar o arcebispo. De resto, o rito consistia na imposição das mãos. Em parte alguma li que se fizesse uso de outras cerimônias, a não ser que, na solenidade, os bispos usavam um ornamento que os distinguia dos demais presbíteros. Além disso, os bispos ordenavam os presbíteros e os diáconos apenas mediante a imposição de mãos. Cada bispo, porém, com o colégio de presbíteros, ordenava seus candidatos. Embora todos agissem do mesmo modo, o bispo presidia a cerimônia e como que centralizava todas as coisas, dizendo-se, por isso, que ele ordenava. Donde os antigos, sempre sustentarem que o bispo diferia do presbítero apenas por não ter o poder de ordenar.

---

58 Gregório I, Registr. Epistolarum, lb. III, Ep. 30 (MGH Ep. I, 188, 8ss.); 31 (MGH Ep. I, 189, 8ss.).

De que modo a antiga forma do governo eclesiástico foi destruída pela tirania do papado.

 onvém agora examinar a forma de governo eclesiástico mantida hoje pela Sé Romana e por seus sequazes, bem como sua hierarquia, comparando-as com o que tínhamos descrito acerca da primitiva e antiga Igreja. Com a comparação, ficará claro que tipo de Igreja têm os que se jactam ferozmente de possuir exclusividade sobre esse título, com o intuito de nos oprimir e até mesmo aniquilar. É oportuno começar pelo problema da vocação, para que examinemos o perfil dos candidatos chamados ao ministério; depois, vamos considerar com que fidelidade exercem seu ofício. Em nosso exame, daremos o primeiro lugar aos bispos, sem que isso lhes represente honra alguma. Seria decerto meu desejo que, abrindo a discussão por eles, isso se desse em sua honra, mas é impossível expor nosso argumento sem que lhes sobrevenha a máxima vergonha. Quero, entretanto, ater-me ao gênero de assunto que estou a tratar, e não posso permitir que minha exposição, que deve ser simples, afaste-se de sua meta. Gostaria que alguém dentre eles — que não tivesse perdido a vergonha inteiramente me respondesse que tipo de gente é escolhida hoje em dia para o episcopado. De início, notemos que examinar-lhes a doutrina é algo mais que antiquado e que quando isso é levado em conta, é apenas para se escolher um canonista, mais preparado para litigar no fórum que para pregar nas igrejas. É notório que, de cem anos para cá, dificilmente se acha um único candidato em cem que tenha alguma noção da sagrada doutrina. Não me refiro aos séculos anteriores não porque a situação fosse muito melhor, mas porque devemos indagar sobre o estado atual da Igreja. Se censurarmos os costumes, então encontraremos bem poucos, ou quase nenhum, que não seriam reprovados pelos antigos cânones. Quem não é

bêbado, é depravado; quem está limpo desses vícios, é jogador invetera-
do, amante da caça ou se entrega a alguma espécie de dissolução. Ora,
pelos cânones antigos, há faltas bem menores que excluem um candidato
ao episcopado. Porém, mais absurdo ainda é o fato de que meninos de
apenas dez anos sejam ordenados bispos com a permissão do papa. Por
impudência e estupidez, chegaram a esse estado em que, sem horror,
aceita-se tão extrema e inaudita torpeza, totalmente contrária ao bom-
-senso. Por aí se pode ver quão religiosas tenham sido suas eleições, cujo
resultado se presta a tão rematada negligência.

2. Foi assim que, inteiramente abolido o direito do povo na eleição
do bispo, desapareceram as votações ou sufrágios, o consentimento, as
aprovações, e atos semelhantes. A autoridade foi toda transferida aos
cônegos, e estes entregam o episcopado a quem bem entendem. A seguir,
conduzem o eleito à presença do povo, não para ser examinado, mas
adorado. Ora, Leão reclama dessa prática, classificando-a de imposição
violenta e injustificável.[59] Ao atestar que a eleição é de direito divino e
que não pode ser feita sem o consentimento do povo, Cipriano demonstra
que qualquer escolha feita de outro modo é contrária à Palavra de Deus.[60]
Muitos decretos sinodais proíbem-na severamente e declaram inválidas
as eleições feitas assim. Se tudo isso é verdade, segue-se que no papismo
não se encontra uma só eleição canônica que possa ser ratificada por direito divino e eclesiástico. E, ainda que se encontrasse apenas esse mal,
como poderiam escusar a espoliação do direito da Igreja? Alegam que a
corrupção dos tempos assim o exigiu, uma vez que, em meio ao povo e
à magistratura, valiam mais os ódios e os favoritismos que o bom e reto
juízo, e por isso o direito de eleição foi transferido a uns poucos. Embora
se possa admitir que tal procedimento tenha sido o último remédio de tão
graves males, pergunto por que não se procurou sanar também a esse
novo mal, visto que o remédio mostrou-se pior que a doença? Respondem
que foi determinado aos cônegos exatamente o que devia ser feito numa
eleição. Duvidamos que o povo não entendesse que estava seguindo leis
santíssimas quando via as regras propostas pela Palavra de Deus para a
eleição dos bispos. Porque uma única palavra proferida por Deus devia, por
direito, ter um valor incomparavelmente superior às miríades de cânones
eclesiásticos. Corrompido, porém, por péssimos sentimentos, o povo não
tinha em conta alguma a lei e a equidade. Assim também hoje: embora

---

59 Leão I, *Epístola* 167 (MSL 54, 1203A).
60 *Epístola* 67, 4 (CSEL 3, II, 738, 3ss.); *Ep.* 55, 8 (p.629, 23ss.); *Ep.* 59, 6 (p.673, 8ss.);
    Ep. 38 (p.579ss.).

haja excelentes leis escritas, elas permanecem sepultadas no papel. No entanto, por mera rotina, a maioria aceita que ébrios, lascivos, taberneiros e gente dessa laia seja promovida, de sorte que quando o episcopado é conferido a caçadores e passarinheiros, estamos diante de um ótimo negócio. Ora, tanta indignidade é inescusável. Insisto que, outrora, o povo tinha um ótimo cânone quando a Palavra de Deus ordena que o bispo seja irrepreensível, de sã doutrina, não litigioso, nem avarento. Por que, então, a escolha dos ministros foi transferida do povo aos prelados? Não têm resposta alguma senão sustentar que o povo, com suas facções e intrigas, não dava atenção à Palavra de Deus. Por que, enfim, não se retira essa autoridade dos cônegos, que não somente violam todas as leis, mas que, sem pudor algum, misturam as coisas divinas às humanas com sua depravação, avareza e ambição?

3. Mas é falso dizer que isso se introduziu como remédio. Lemos, de fato, que as cidades eram frequentemente tumultuadas por causa da eleição episcopal, porém ninguém jamais ousou subtrair ao povo o direito de escolha, pois tinham meios de evitar tais males e de remediá-los quando surgissem. Direi então qual é o verdadeiro motivo: quando o povo começou a se desinteressar da eleição, considerando menos conveniente a sua participação nela, relegou aos presbíteros esse encargo. Estes, aproveitando a ocasião, usurparam o direito do povo e implantaram a tirania, ratificando-a mediante a promulgação de novos cânones. Hoje, a eleição episcopal é um mero ludíbrio. O arremedo de exame que ostentam nessa ocasião é tão fútil e ridículo que não consegue enganar mais ninguém. Destarte, nenhum novo prejuízo sobreveio à Igreja pelas prerrogativas que, em certos lugares, os príncipes obtiveram dos Pontífices Romanos para a nomeação dos bispos, uma vez que apenas se subtraiu a eleição aos cônegos, os quais a detinham sem direito, pois certamente a tinham roubado. Sem dúvida é um péssimo exemplo que caiba aos cortesãos a escolha dos bispos. Compete aos príncipes piedosos absterem-se de semelhante abuso, pois constitui uma ímpia espoliação da Igreja que um bispo seja posto à frente de um povo que o não escolheu, ou ao menos aprovou livremente. Esse costume desordenado se manteve por longo tempo na Igreja e deu ocasião aos príncipes de reivindicarem para si a apresentação dos bispos, preferindo que a eleição episcopal fosse decidida por eles, e não pelo clero, que, de resto, abusava não pouco da sua autoridade.

4. Eis aí sublime vocação dos bispos, que se orgulham de ser os sucessores dos apóstolos. Quanto à eleição dos presbíteros, dizem que esta cabe aos bispos por direito. No entanto, é justamente na ordenação presbiteral que a antiga disciplina é corrompida ao máximo, uma vez que não constituem presbíteros para governar e apascentar o povo, mas sacerdotes para sacrificar. De modo semelhante, ao ordenarem diáconos, fazem-no não para que exerçam seu verdadeiro e genuíno ministério, mas para que oficiem certas cerimônias como, por exemplo, apresentar o cálice ou a pátena durante a missa. Ora, no Concílio de Calcedônia, sancionou-se que não se fizessem ordenações absolutas, isto é, que ninguém fosse ordenado sem se designar o lugar onde devia servir. Por dois motivos esse decreto é muito útil. Primeiro, para que as igrejas não sejam oneradas por despesas supérfluas, de sorte que não se gastem com homens ociosos os recursos destinados aos pobres. Segundo, a fim de que os ordenados se deem conta de que não foram promovidos a uma função honorífica, mas a um ministério eclesiástico ao qual se obrigam por um compromisso solene. Os mestres romanistas, porém, que não levam nada em conta exceto o próprio ventre, sustentam que é preciso ter um "título" — um benefício ou um patrimônio —, para a admissão do candidato. Por isso, ordenam diáconos ou presbíteros sem se preocuparem onde estes deverão servir, conferindo as ordens desde que o candidato seja rico o bastante para manter-se. Mas quem pode aceitar essa interpretação, segundo a qual o título exigido pelo decreto conciliar se resuma ao provento anual de sustento? De todo modo, visto que os cânones posteriores obrigavam os bispos a prover o sustento daqueles que fossem ordenados sem meios suficientes, encontrou-se um novo subterfúgio para se evitar esse perigo e se pôr freio à facilidade em acolher todos os candidatos. Pois quem quisesse ser ordenado, e tivesse algum tipo de benefício, prometia bastar--se com este. Com essa declaração, o candidato renunciava ao direito de reclamar do bispo o seu sustento. Prefiro calar sobre as mil fraudes que se cometem mediante apresentação de falsos títulos de benefícios, dos quais jamais se conseguirá obter nenhuma renda significativa. Há mesmo quem arrume dinheiro emprestado mediante acordos secretos, com a promessa de restituí-lo imediatamente, e outros mistérios semelhantes.

5. Mas, ainda que fossem tolerados esses abusos mais grosseiros, não será sempre absurdo ordenar um presbítero sem lhe designar um lugar para servir? A verdade, porém, é que eles ordenam tão somente para o sacrifício. No entanto, a legítima ordenação de um presbítero se faz para o governo da Igreja; a de um diácono, para o cuidado dos pobres. Eles, no entanto, encobrem de pompa aquilo que fazem para induzir os simples à veneração. Mas de que vale às pessoas de bom-senso essa encenação onde nada há de consistente ou verdadeiro? As cerimônias que usam, em parte herdaram-nas dos judeus, em parte foram inventadas por eles próprios, quando teria sido melhor terem se abstido completamente delas. Quanto ao exame doutrinal, ao consentimento popular e outros elementos necessários, não resta traço algum. Prefiro não comentar as afetações que fazem. Chamo "afetações" àquelas ridículas gesticulações, ineptas e frias, inventadas para dar a entender que estão a seguir costumes antigos. É verdade que os bispos têm representantes que examinam a doutrina dos candidatos antes da ordenação. Mas examinam o quê? Se sabem dizer a missa, se sabem declinar algum termo comum que apareça na leitura, se sabem conjugar um verbo ou dar o significado de uma palavra, mas não é necessário dar o sentido de algum versículo bíblico. E, no entanto, não são recusados ao sacerdócio nem mesmo os que tropeçam nesses rudimentos pueris, contanto que apresentem dinheiro ou uma carta de recomendação. Verifica-se o mesmo quando os candidatos se apresentam diante do altar, e se pergunta três vezes, de modo ininteligível, se são dignos dessa honra. Então, alguém que nunca os viu, como se estivesse representando um papel numa farsa, responde que são dignos. O que podemos pensar desses bispos senão que, brincando tão descaradamente, riem-se com despudor de Deus e dos homens? Dado, porém, que dominam a situação há muito tempo, acham que qualquer coisa lhes é permitida. Além disso, se alguém ousar abrir a boca contra essas infâmias atrozes, corre risco de vida, como aquele que desandou a revelar os ritos sagrados de Ceres. Mas será que eles agiriam assim se cressem realmente em Deus?

6. Que pensar da colação de benefícios que antigamente acompanhava a promoção e que hoje é tratada completamente à parte: agem melhor? Ora, sobre esse assunto há procedimentos diversos. Pois não somente os bispos conferem os benefícios, mas ainda, quando os conferem, nem sempre o fazem com exclusividade, pois cabe a terceiros o direito de apresentação. Na realidade, cada um carrega consigo aquilo que pode. Há também as nomeações dos graduados, as resignações simples ou por permuta, os rescritos comendatícios, as prevenções, e coisas semelhantes. Tudo, porém, é feito de tal modo que nenhum deles possa reprovar o outro. Insisto: há um só benefício entre cem que seja concedido sem simonia, tal como esta foi definida pelos antigos? Não digo que todos comprem benefícios com dinheiro vivo, mas aceito que me mostrem apenas um dentre vinte que obtenha algum benefício sem uso de artimanhas. Uns os conseguem por parentesco, outros por afinidade, outros por influência dos pais, outros por favores prestados, de sorte que os benefícios não servem ao sustento das igrejas, mas ao daqueles que os recebem. Por isso chamam-se "benefícios", e esse termo diz abertamente que são doados por alguma autoridade, por liberalidade ou por recompensa de algum serviço. Deixo de comentar que esse dinheiro serve para remunerar barbeiros, cozinheiros, tropeiros e gente desse tipo. Atualmente, nenhum assunto dá tanta ocasião para litígio quanto os benefícios, de modo que podemos dizer que não são outra coisa que lebre lançada aos cães. É tolerável que se chamem pastores àqueles que se apossaram de uma igreja como se fosse um território conquistado ao inimigo, que a tenham obtido num pleito judicial, que a tenham comprado por alto preço, ou recebido por conta de favores sórdidos? Que dizer, enfim, das crianças que recebem benefícios de tios e parentes como se fossem herança, não excluídos, por vezes, também os bastardos?

7. É possível que o povo, por mais corrompido e depravado, tenha decaído ao ponto de aceitar semelhante licença? Assombroso mesmo é que um homem, não digo quem, que não está em condição de governar nem a si mesmo esteja à frente de cinco ou seis igrejas. Hoje é possível ver, nos palácios dos príncipes, jovens que são titulares de um arcebispado, dois bispados e três abadias. É muito comum encontrar cônegos que são titulares de cinco, seis ou sete benefícios, sobre os quais não têm interesse algum senão o de receber os proventos. Não lhes lançarei na cara que a Palavra de Deus se opõe a tudo isso, pois há muito tempo que ela lhes interessa bem pouco. Nem lhes recordarei que os antigos concílios promulgaram sanções severas contra essas improbidades, pois eles se servem dos cânones e dos decretos como bem lhes convêm. Digo, porém, que é uma enorme torpeza, que repugna a Deus, à natureza e ao governo da Igreja que um salteador seja titular de muitas Igrejas, e que se chame pastor alguém que não pode estar com seu rebanho, ainda que o queira. Não obstante, pretendem encobrir tão abomináveis torpezas sob o nome de Igreja, para assim se eximirem de toda repreensão. E o que é pior: incluem nessas perversões aquela sacrossanta sucessão, de cujo valor se jactam para sustentar que desde os apóstolos até hoje a Igreja se manteve intacta entre eles.

8. Examinemos agora, à luz da segunda característica que nos faz reconhecer um autêntico pastor, com que fidelidade os romanistas exercem seu ofício. Dos sacerdotes que ordenam, uns se dizem religiosos e outros seculares. Os primeiros não existiam na Igreja antiga. De fato, a condição do presbítero de tal modo se opõe aos votos monásticos, que, no passado, quando admitido no clero, um monge renunciava à vida claustral. O próprio Gregório, cujos tempos eram viciosos, não permitia que se fizesse tal confusão. De fato, ele exigia que abandonasse o estado clerical quem fosse eleito abade, porque, canonicamente, ninguém pode ser monge e clérigo ao mesmo tempo, uma vez que os dois estados são incompatíveis.[61] Que dirão eles se lhes perguntarmos de que modo cumprirá suas obrigações aquele que, segundo os cânones, não está apto para ela? Decerto hão de citar os decretos abortivos de Inocêncio e Bonifácio, que admitem os monges à dignidade e autoridade do sacerdócio desde que permaneçam em seus mosteiros. Mas que tipo de argumento é esse, segundo o qual um asno qualquer, só pelo fato de ocupar a Sé Romana, lança por terra todos os cânones antigos pela promulgação de um único decreto? Disso, porém, falaremos mais tarde. Seja suficiente dizer agora que, nos tempos em que a Igreja estava em ordem, considerava-se grande absurdo que um monge fosse sacerdote. Jerônimo, por exemplo, nega ter exercido o ofício sacerdotal enquanto viveu como monge; diz que se portou como um dos fiéis, submetendo-se à autoridade dos sacerdotes.[62] Porém, mesmo que concordássemos com isso, de que modo exercem seu ofício? Sabemos que alguns mendicantes ainda pregam; no entando, os outros monges andam a cantarolar ou murmurar missas em suas cavernas, como se Cristo quisesse que os presbíteros fossem ordenados para este fim, ou que isso fosse exigido pela natureza do ofício presbiteral. A Escritura, entretanto, atesta claramente que o dever dos presbíteros é governar a Igreja (At 20, 28). Não será profanação fazer um presbítero dedicar-se a outro escopo, subvertendo de todo a santa instituição de Deus? Porque, ao ordená-los, proíbem que façam aquilo que o Senhor dispôs como ofício próprio dos presbíteros. Que isso é assim, vê-se pela seguinte lição: que o monge se baste com seu mosteiro, que não presuma ensinar e administrar os sacramentos, nem exercer qualquer outra função pública.[63] Neguem, se puderem, que não é escarnecer de Deus ordenar um presbítero que jamais exercerá seu ofício e que alguém detenha um título que não possa usar.

9. Passemos ao clero secular: uma parte são, como eles dizem, beneficiados, isto é, gozam das rendas eclesiásticas com as quais se sustentam; outra parte, desprovida desses meios, ganham o pão de cada dia a cantar, celebrando missas, ouvindo confissões, enterrando os mortos e coisas semelhantes. Dos que recebem benefícios, uns se dedicam à cura das almas, como os bispos e os párocos; outros são gente delicada, que ganha

---

61 Gregório I (Registr. Epistolarum, lb. IV, Ep. 11; MGH Ep. I, 244, 12ss.).
62 *Epístola* de Epifânio de Chipre ao bispo João de Jerusalém, consta em Jerônimo, *Epístola* 51, 1 (CSEL 54, 396, 18ss.).
63 Pseudo-Basílio de Cesareia, *Constituições monásticas*, 9 (PG31, 1370).

o pão a cantar, servindo nas prebendas, cabidos, dignidades, capelas e lugares semelhantes. De fato, as coisas estão de tal modo subvertidas que as abadias e priorados são entregues não apenas aos presbíteros seculares, mas também, e com frequência, aos meninos mediante concessão de privilégios. Quanto aos mercenários, que todos os dias saem em busca de alimento, que poderiam fazer senão o que fazem, entregando-se indigna e vergonhosamente à solicitação dos outros? Formam eles tão grande multidão que o mundo transborda deles. E, como não ousam mendigar abertamente, porque dessa maneira não conseguirão auferir muita coisa, andam a cercar as pessoas como cães famélicos, importunando-as com latidos a fim de obter, à força, algo que lhes possa encher a barriga vazia. Se quisesse continuar mostrando que opróbrio representa para a Igreja essa degradação do estado presbiteral, minha exposição jamais terminaria. Não há motivo, portanto, que os leitores esperem de mim a descrição de tão clamorosa baixeza. Direi tão somente que, se o ofício do presbítero consiste em apascentar a Igreja e administrar o reino espiritual de Cristo, como o ordena a Palavra de Deus e prescrevem os cânones antigos, todos esses, que não têm outra ocupação senão vender suas missas, não só se subtraem à sua obrigação, mas também deixam de exercer qualquer ofício legítimo, justamente porque não lhes foi dado um lugar onde ensinar, nem povo para governar. No fim das contas, nada lhes resta além do altar, sobre o qual sacrificam a Cristo, o que significa, como veremos adiante, sacrificar ao Diabo, e não a Deus.

10. Não me refiro, pois, aos vícios alheios, mas ao mal intrínseco que está radicado na instituição. Direi certas coisas, que soarão mal a certos ouvidos, mas, porque são verdadeiras, convém dizê-las: as recriminações acima valem para os cônegos, bem como para os decanos, capelães, prebostes e todos os que vivem ociosamente por conta de benefícios. Que serviço, de fato, prestam à Igreja? Pois se afastaram da pregação da Palavra, da disciplina, da administração dos sacramentos como fossem fardos pesados. O que lhes resta para que se possam vangloriar de serem verdadeiros presbíteros? O canto e a pompa das cerimônias. Mas de que serve tudo isso? Se alegam o costume, o uso, a prescrição de tempo imemorial, eu apelarei à palavra de Cristo que nos declara quem são os verdadeiros presbíteros e como devem ser aqueles que querem ser tidos como tais. Se não estão em condições de suportar condiçoes tão duras, submetendo-se à regra de Cristo, que ao menos aceitem a autoridade da Igreja primitiva. Dá-se, porém, que se a situação for julgada pelos cânones antigos, em nada há de melhorar a avaliação que deles fazemos. Os presbíteros, que degeneraram em cônegos, deveriam governar a Igreja ao lado do bispo e ser seus colegas no ofício pastoral. Quanto àquelas dignidades que chamam de dignidades capitulares, digo que nada têm a ver com o governo da Igreja, como tampouco o têm as capelanias e outras excrecências desse gênero. Que consideração devemos ter por todos eles? Pois, indubitavelmente, a palavra de Cristo e os costumes da Igreja antiga os excluem da honra do presbiterato. Não obstante, insistem que são presbíteros. Será preciso então lhes arrancar a máscara para que se veja que sua única ocupação é absolutamente alheia ao múnus presbiteral, conforme os apóstolos nos descrevem e foi praticado pela primitiva Igreja. Do mesmo modo, as demais ordens, sob quaisquer títulos que lhes sirva de adorno, são coisas recentes, que por certo não foram instituídas por Deus, nem se fundamentam nos costumes da Igreja antiga, e por isso não devem ser levadas em conta na descrição do governo espiritual, que, estabelecido pela boca do próprio Deus, foi recebido pela Igreja. Ou, se preferem que lhes fale mais dura e grosseiramente, digo que todos os capelães, cônegos, decanos, prebostes, cantores e outros tipos ociosos não encostam um dedo sequer naquilo que lhes é exigido pelo ofício presbiteral, e, portanto, não podemos tolerar que usurpem para si essa honra violando a santa instituição de Cristo.

11. Resta-nos agora considerar o papel dos bispos e dos administradores paroquiais. Reconheceríamos de boa vontade que seu ofício é excelente e piedoso se de fato o exercessem. Visto, porém, que desertam das igrejas que lhes foram confiadas, deixando-as ao cuidado de outros, e querem ser considerados pastores, agem como se o ofício pastoral consistisse em nada se fazer. Se um agiota que nunca tirou os pés da sua cidade se dissesse agricultor ou vinhateiro, ou se um soldado que passou a maior parte do tempo na guerra ou nas fortalezas, sem jamais ter aberto um livro de Direito ou pisado no fórum, se jactasse de ser jurisconsulto, pergunto: quem suportaria tamanho absurdo? Pois nossos adversários agem de modo ainda mais descarado quando pretendem ser chamados legítimos pastores da Igreja, embora não o queiram ser. Quantos, entre eles, de fato, são os que ao menos desejam parecer que governam sua igreja? A maioria passa a vida inteira devorando as rendas das igrejas das quais não se aproximam nem mesmo para saber onde estão. Outros vêm pessoalmente uma vez por ano, ou então mandam um ecônomo para que nada se perca das rendas. Quando teve início essa corrupção, os que desejavam gozar desse gênero de férias, eximiam-se por conta de privilégios: agora é raro que se encontre alguém que resida em sua igreja. Consideram-nas nada mais que casas de campo, nelas estabelecendo seus vigários como se fossem feitores ou colonos. Mas repugna ao bom-senso que um pastor tenha um rebanho sem jamais ter visto alguma de suas ovelhas.

12. Parece que já nos tempos de Gregório essa erva daninha medrava no clero, de sorte a torná-lo sempre mais negligente no ensinamento ao povo. Disso queixa-se o mesmo Gregório, ao dizer: "O mundo está repleto de sacerdotes, mas são raros os que trabalham na seara. De fato, assumimos o ofício sacerdotal, mas não cumprimos o nosso dever". E ainda: "Visto que não estão imbuídos de caridade, querem parecer senhores sem jamais se reconhecerem como pais; em lugar da humildade, há orgulho e dominação". De igual modo: "Que faremos nós, pastores, que recebemos o salário sem trabalhar?". E ainda: "Entregamo-nos cada vez mais às atividades exteriores; recebemos um ofício e fazemos outro; abandonamos o ministério da pregação e, pelo que vejo, somos chamados bispos para desgraça nossa, porque temos título, mas não virtude".[64] Se Gregório usava palavras tão severas contra quem era menos assíduo ou aplicado ao ministério, que diria hoje, pergunto eu, ao ver que nenhum bispo, ou certamente pouquíssimos, dedica-se à pregação, sendo raro que apenas um entre cem tenha subido efetivamente ao púlpito uma única vez na vida? De fato, chegou-se a tal ponto de insensatez que lhes parece coisa desprezível à dignidade episcopal pregar ao povo. No tempo de Bernardo, quando a situação decaíra ainda mais, vemos quão amargas reprimendas ele dirige ao clero inteiro, embora possamos supor que a situação fosse melhor que a de hoje.

13. Se alguém considera e avalia atentamente a forma de governo eclesiástico vigente hoje no papismo, constatará que não há lugar onde a ladroagem grasse de modo mais licencioso e desenfreado. Todas as suas práticas são tão manifestamente alheias à instituição de Cristo, tão contrastantes com a organização e os costumes da Igreja primitiva, tão contrárias à razão e à natureza, que não se pode fazer maior injúria a Cristo que usar seu nome para justificar um regime tão desordenado: "A autoridade apostólica nos foi legada por sucessão, e, por isso, somos as colunas da Igreja, os representantes da cristandade, vigários de Cristo, a cabeça dos fiéis". Enchem-se de orgulho por conta dessas idiotices, como se estivesssem a falar com as árvores. Porém, todas as vezes que se jactam dessas coisas, eu pergunto: o que têm de comum com os após-

---

64 Gregório I, *Homílias sobre os Evangelhos*, Hom. 17, 3 (MSL 76, 1139); Ibidem, Hom. 17, 4 (col. 1140); 17, 8 (col. 1142); Hom. 17, 14 (col.1146).

tolos? Porque não estamos tratando de um direito hereditário, que cabe a alguém mesmo quando está dormindo, mas do ministério da pregação do qual eles fogem obstinadamente. Por isso, quando denunciamos que seu reino é a tirania do Anticristo, eles replicam imediatamente que são representantes daquela "venerável hierarquia tantas vezes louvada pelos grandes e santos varões da antiguidade". Como se os Santos Pais, ao elogiarem a hierarquia eclesiástica ou o governo espiritual que recebe-ram das mãos dos apóstolos, tivessem em mente esse caos medonho e desolador, no qual os bispos são, na maioria dos casos, tipos grosseiros e asnáticos, que ignoram os rudimentos fundamentais da fé, ou, então, são rapazinhos saídos há pouco da casca do ovo. Quando são doutos, o que porém é raro, consideram que o episcopado nada mais é que um título de esplendor e magnificência, de sorte que os pastores das igrejas pensam em apascentar o rebanho tanto quanto um sapateiro em arar o campo, e onde as coisas estão de tal modo confusas que superaram a dissipação que reinava em Babilônia. Em suma: nenhum vestígio se acha do governo que os Pais imprimiram à Igreja.

14. Que pensar de seus costumes? Onde está a "luz do mundo" exigida por Cristo? (Mt 5, 14). Onde está o "sal da terra" (Mt 5, 13)? Onde se acha a santidade que sirva de norma perene de vida? Não se encontra hoje condição humana mais afogada em luxo, vaidade, delícias e dissolução de todo tipo. Em parte alguma há mestres mais refinados e hábeis na arte da impostura, da fraude, da traição e da perfídia; em parte alguma há tanta sutileza e ousadia para se fazer o mal. Deixo de mencionar a soberba, a arrogância, a avareza, a rapina e a crueldade. De tal modo o mundo se cansou disso, que não tenho medo de estar exagerando em nada. Direi uma só coisa, que eles não poderão negar: entre seus bispos há pelo me-nos um, e, entre seus párocos, pelo menos um em cem que não mereça a excomunhão, ou pelo menos a suspensão de ordem, caso seus costumes sejam julgados segundo os cânones antigos? E isso pode parecer incrível porque a disciplina vigente outrora caiu em desuso há muito tempo e se encontra como que sepultada. Que se vangloriem de sua ordem sacerdotal os que militam sob os estandartes e os auspícios da Sé Romana, pois é manifesto que a forma de governo que possuem não foi recebida de Cristo, nem dos apóstolos, nem dos antigos Pais, nem da Igreja antiga.

15. Que se apresentem agora os diáconos investidos da santíssima função de serem os distribuidores dos bens eclesiásticos, ainda que seus diáconos não sejam ordenados com tal fim. De fato, nada lhes é exigido senão servir ao altar, ler ou cantar o Evangelho, e não sei mais quantas outras ninharias. Das esmolas, do cuidado dos pobres, das obrigações que tinham outrora, nada sobrou. Note-se que me refiro unicamente à instituição, porque se nos detivermos no que fazem, será preciso concluir que o diaconato já não representa nenhum ofício entre eles, mas tão somente um grau para o presbiterato. Resta apenas um momento na missa em que os diáconos repetem um gesto que se fazia na antiguidade ao receberem as oblações antes da consagração. Segundo o costume antigo, os fiéis se osculavam antes de tomarem parte da ceia, ofertando depois suas esmolas diante do altar. Desse modo, davam testemunho de sua caridade, primeiro pelo ósculo e depois pela esmola. O diácono, que era o representante dos pobres, recebia o que era ofertado para depois o distribuir. Atualmente, como se fossem lançadas ao mar, essas esmolas nunca chegam aos pobres. Zombam, pois, da Igreja com esse arremedo de diaconato, uma vez que nada há nesse ofício que se pareça à instituição apostólica ou ao antigo uso. A própria administração dos bens foi transformada por completo, para que sirva a outros usos, e está de tal modo disposta que não se poderia inventar nada mais desordenado. À semelhança de salteadores que, depois de terem degolado as vítimas, dividem entre si os despojos, assim também eles, depois de terem extinto a luz da Palavra de Deus, como se tivessem conseguido degolar a própria Igreja, passaram a achar que as coisas sagradas lhes foram entregues como despojo para sua rapina: feita a divisão, cada um arrebata para si o que consegue.

16. Foram assim não somente alterados, mas inteiramente desnaturados e abolidos os antigos costumes de que falamos. Grande parte das rendas caiu na mão dos bispos e dos presbíteros das cidades, os quais, transformados em cônegos, enriqueceram com esse despojo e o dividiram entre si. Contudo, ao que parece, essa divisão foi tumultuosa porque, desde então até hoje, há litígio entre eles. Seja como for, uma coisa é clara: de todos os bens eclesiásticos destinados aos pobres, nem um centavo chega até eles, embora lhes seja devida pelo menos a metade: os cânones atribuem expressamente a quarta parte; a outra quarta parte é confiada ao bispo para que dela disponha na hospedagem de estrangeiros e noutras obras de benemerência. Não direi aos clérigos o que deveriam fazer da quarta parte que lhes cabe, e de que modo deveriam empregá-la. Quanto à quarta parte restante, destinada à reparação dos templos ou a outras despesas extraordinárias, já foi dito que, em caso de necessidade, podia ser inteiramente destinada aos pobres. Pergunto: se eles tivessem no coração uma única centelha de temor de Deus, suas consciências suportariam o fato de que tudo quanto comem, bebem e vestem provém não só de furto mas também de sacrilégio? Mas, porque o juízo de Deus pouco lhes interessa, espero ao menos que se convençam de que são pessoas dotadas de bom-senso e razão as que eles querem persuadir de que as suas ordens, das quais costumam se vangloriar, estão maravilhosamente dispostas. Digam-me com poucas palavras: será a ordem do diaconato uma licença para roubar e assaltar? Se o negarem, estarão também obrigados a admitir que nada resta do diaconato entre eles, visto que a administração dos bens eclesiásticos foi transformada numa descarada e sacrílega pilhagem.

17. A essa altura, recorrem eles ao belíssimo argumento que se segue: dizem, de fato, que a magnificência é conveniente para salvaguardar a dignidade da Igreja. E alguns de sua seita mostram-se tão desavergonhados a ponto de dizer que, no esplendor régio do estado sacerdotal, cumprem-se as antigas profecias que prometiam esse brilho ao reino de Cristo. Não foi em vão, dizem, que Deus teria falado: "Virão reis, adorarão diante de ti, trazer-te-ão oferendas" (Sl 72, 10-11); "Levanta-te, levanta-te, veste-te de tua força, ó Sião, veste-te das vestimentas de tua glória, ó Jerusalém" (Is 52, 1); "Todos virão de Sabá, trazendo ouro e incenso e louvor anunciando ao Senhor; todo o gado de Cedar será arrebanhado para ti" (Is 60, 6-7). De minha parte, temo que me tenham por idiota, caso insista em refutar essa improbidade, e por isso não perderei meu tempo com as palavras inúteis. Pergunto-lhes ainda: que haveriam de dizer a um judeu se fizesse uso desses argumentos? É claro que criticariam sua estupidez por transferir às coisas carnais e mundanas aquilo que se diz do reino espiritual de Cristo. Sabemos, de fato, que os profetas representaram, sob a figura de realidades terrenas, a glória celeste de Deus, que sem dúvida deve brilhar na Igreja. Que isso é assim, comprova-se pelo fato de que esses oráculos cumpriram-se abundantemente nos tempos apostólicos. E todos reconhecemos que o reino de Cristo teve ali sua máxima floração. Que significam, então, aquelas profecias? O significado é este: tudo o que é precioso, sublime e excelente deve estar submetido ao Senhor. Quanto àquilo que expressamente se diz dos reis, a saber, que submeterão seus cetros a Cristo, que deporão suas coroas a seus pés, que consagrarão suas riquezas à Igreja, eu pergunto: quando se cumpriram essas coisas de modo mais verdadeiro e completo senão quando o imperador Teodósio, depondo seu manto púrpura e as insígnias imperiais, apresentou-se como um homem do povo diante de Deus e da Igreja para se submeter à penitência solene? E também quando o próprio Teodósio e outros príncipes piedosos se empenharam para conservar a pureza doutrinal da

Igreja, sustentando e defendendo os bons doutores? Que os sacerdotes daquele tempo não se refestelavam em riquezas supérfluas, demonstra-se claramente por uma sentença do Concílio de Aquileia, presidido por Ambrósio: "A pobreza é gloriosa nos sacerdotes do Senhor". Pois é certo que os bispos dispunham então de recursos dos quais podiam lançar mão para viver no luxo, caso lhes parecesse que o verdadeiro ornamento da Igreja consistisse nisso; mas, como sabiam que nada contrasta tanto com o ofício pastoral que as delícias da mesa, as vestes luxuosas e os palácios magníficos, eles seguiam e louvavam a humildade e a modéstia que Cristo consagrara em seus ministros.

18. Para não nos estendermos ainda mais nesse ponto, consideremos de forma sucinta o quanto essa dispensação ou dissipação dos bens eclesiásticos que hoje se faz está longe do verdadeiro diaconato tal como nos é apresentado na Palavra de Deus e foi exercido pela Igreja antiga. Reafirmo que aquilo que se gasta na ornamentação dos templos é mal empregado, caso não se obedeça àquela sobriedade exigida pela própria natureza das coisas sacras, tal como no-la prescreveram e deram exemplo os apóstolos e os Santos Pais. Mas o que se encontra nos templos de hoje? Em todas as coisas se vê o afastamento da simplicidade dos primeiros tempos e até mesmo de toda honesta sobriedade. Nada, em absoluto, lhes apraz senão o que ostenta luxo e corrupção. E, no entanto, acham-se tão distantes do verdadeiro cuidado dos templos vivos que facilmente toleram que muitos milhares de pobres morrem de fome antes de fundir um só cálice ou galheta para dar alívio às suas necessidades. E, para não dizer por mim mesmo algo mais pesado, convido aos piedosos leitores a pensar no seguinte: que diriam aqueles bispos, que acima mencionei, a saber, Exupério, Acácio e Ambrósio, se ressuscitassem dos mortos? Decerto não aprovariam que, diante de tão grande necessidade dos pobres, as riquezas da Igreja sejam destinadas para uso supérfluo. Pelo contrário, ofender-se-iam muito ao ver a variedade de usos perniciosos quando há tantos pobres a socorrer. Deixemos à parte, porém, o juízo humano. Pois se tais bens estão dedicados a Cristo, devem ser dispensados conforme sua vontade, donde não haver justificativa alguma em se atribuir a Cristo as despesas feitas sem sua ordem. Mas, para dizer a verdade, o gasto rotineiro da Igreja com vasos, capas, imagens e outras coisas não é tão elevado. De resto, nenhuma diocese é tão rica, nenhuma abadia é tão opulenta, nenhum benefício é tão farto de modo que satisfaça a cobiça dos que os ocupam. Por isso, induzem o povo à superstição para aumentarem suas rendas, convertendo o dinheiro destinado aos pobres em edificação de templos, confecção de imagens, aquisição de cálices e vestes preciosas. Eis o báratro que devora todas as esmolas que diariamente são ofertadas.

19. Quanto às rendas que recebem dos campos e propriedades, que outra coisa poderia ser dita além do que já disse e que todos temos diante dos olhos? Vemos com que fidelidade administram a maior parte dos bens da Igreja os que se dizem bispos e abades. Seria loucura querer achar entre eles o governo eclesiástico. Por acaso é conveniente que bispos e abades queiram rivalizar com os príncipes em número de empregados, esplendor das vestes, suntuosidade da mesa e da moradia, quando sua vida deveria ser um exemplo de sobriedade, temperança, modéstia e humildade? É pertinente ao seu ofício apoderar-se não somente de cidades, vilarejos e castelos, mas também de principados, condados, ducados e reinos, quando o inviolável mandamento de Deus proíbe todo negócio torpe e ordena que se bastem com uma vida simples? Se desprezam até mesmo a Palavra de Deus, que dirão dos antigos decretos conciliares que ordenam ao bispo ter moradia modesta junto à igreja, mesa austera e mobília modesta? Que resposta darão àquele elogio feito pelo Concílio de Aquileia: "A pobreza é gloriosa para os sacerdotes do Senhor"? É mais do que provável que recusem, por parecer-lhes coisa muito austera, aquilo que Jerônimo[65] ordena a Nepociano, isto é, que os pobres e peregrinos tenham acesso à sua mesa, pois assim Cristo virá com eles. Mas terão vergonha de negar o que foi dito logo abaixo: "A glória de um bispo consiste em prover aos pobres e é ignominioso que os sacerdotes procurem sua própria comodidade". Não podem, contudo, aceitar isso sem se cobrirem de ignomínia. Não é o caso, porém, persegui-los com maior severidade, pois minha intenção foi a de demonstrar que a ordem dos diáconos está aniquilada há muito tempo entre eles e que não há motivo para se gabarem desse título para exaltar sua Igreja. Considero este ponto suficientemente tratado.

---

65 *Epístola* 52, 5 (CSEL 54, 422, 11ss.).

CAPÍTULO VI

Do primado da Sé Romana.

té agora tratamos das ordens existentes no governo da Igreja antiga, sua progressiva degeneração com o passar do tempo, tornando-se sempre mais viciosas, até serem hoje, na Igreja papal, nada mais que títulos e ficções. Fiz essa análise a fim de que o piedoso leitor possa julgar, mediante a comparação, que tipo de Igreja existe hoje entre os romanistas, que nos fazem réus de cisma porque nos separamos deles. Porém, não mencionamos ainda o que constitui o vértice, a cabeça e o fastígio dessa ordem, isto é, o primado da Sé Romana, em virtude do qual se esforçam para demonstrar que a Igreja católica existe tão somente entre eles. Não mencionamos esse primado até o momento, visto que não tem sua origem na instituição de Cristo, nem na praxe da antiga Igreja, como era o caso dos ofícios de que falamos acima, os quais, como vimos, surgiram na antiguidade, mas se degradaram a ponto de assumir formas completamente novas. Nossos adversários contudo se esforçam, como disse, para convencer o mundo de que o vínculo próprio e principal da unidade eclesiástica consiste em aderir à Sé Romana e a esta obedecer. Eis o argumento sobre o qual se apoiam quando querem nos arrebatar a Igreja e reivindicá-la para si: eles têm a cabeça da qual depende a unidade da Igreja; na ausência desta cabeça, a Igreja se despedaça e se dispersa. Pois consideram que a Igreja torna-se um corpo sem cabeça quando não se submete à Sé Romana. Desse modo, quando discorrem sobre sua hierarquia, iniciam sempre com esta afirmação: o Romano Pontífice preside a Igreja universal como vigário de Cristo, cabeça da Igreja, de sorte que a Igreja não pode estar devidamente constituída se a Sé Romana não mantiver o primado sobre as outras. Eis por que é necessário examinar também este ponto, para que nada que se relaciona com o reto governo da Igreja fique para trás.

2. O estado da questão é o seguinte: para a genuína constituição da ordem eclesiástica ou da hierarquia, como dizem eles, é necessário a preeminência em dignidade e autoridade de uma Sé que seja cabeça das demais e de todo o corpo. Ora, seria submeter a Igreja a condições excessivamente iníquas e duras impor essa condição sem o respaldo da Palavra de Deus. Se, pois, nossos adversários querem que as suas reivindicações sejam aceitas, devem demonstrar que esse ordenamento foi instituído por Cristo. Com esse fito, citam o sumo sacerdócio da antiga Lei, bem como o poder de jurisdição do sumo sacerdote estabelecido por Deus em Jerusalém. Fácil porém é responder-lhes, e esta resposta tem vários aspectos, caso um só não lhes baste. Primeiro, nenhuma razão faz estender-se ao mundo inteiro aquilo que foi útil para uma só nação. Há, de fato, uma grande diferença entre o mundo e uma região particular. Outrora, os judeus, inteiramente cercados por nações idólatras, eram atraídos por uma grande variedade de religiões, razão por que Deus estabeleceu a sede de seu culto na região central do país, constituindo ali um pontífice ao qual todos deviam se submeter para que se mantivesse a unidade do povo. Hoje, porém, quando a verdadeira religião se difundiu por todo o mundo, pergunto: quem não vê o absurdo de conferir a um só homem o governo do Oriente e do Ocidente? Isso seria sustentar que o mundo deve ser regido por um único governante só porque cada província tem o seu. Há, ainda, outra razão para não adotar essa solução. Ninguém ignora, de fato, que o sumo pontífice dos judeus era uma prefiguração de Cristo. Ora, tendo-se transferido o sacerdócio, convinha que também o direito fosse transferido (Hb 7, 12). No entanto, a quem foi transferido? Não decerto ao papa, como ele despudoradamente ousa advogar, reivindicando para si este múnus: o direito foi transferido para Cristo, que o exerce por si mesmo, sem vigário ou sucessor, e que não abdica de sua honra em favor de ninguém. Pois o sacerdócio consiste não somente na doutrina, mas também na reconciliação com Deus, obtida por Cristo mediante sua morte; consiste ainda no ministério de intercessão segundo o qual Ele se apresenta em nosso favor diante de Deus para nos dar acesso ao Pai.

3. Os papistas não podem nos intimidar com essa comparação, erigindo-a como lei perpétua, uma vez que está limitada no tempo. Ademais, do Novo Testamento não podem tirar nada que confirme sua tese, exceto as palavras ditas apenas a um homem: "Tu és Pedro, e sobre esta pedra edificarei minha Igreja" (Mt 16, 18); e ainda: "Pedro, tu me amas? Apascenta minhas ovelhas" (Jo 21, 15). No entanto, se eles querem que seus argumentos sejam decisivos, devem primeiro mostrar que Pedro, a quem se mandou apascentar a grei de Cristo, tenha recebido autoridade sobre todas as igrejas; depois, devem provar que "ligar e desligar" significa governar o mundo inteiro. Ora, embora Pedro tenha recebido esse encargo por parte do Senhor, ele exorta aos demais presbíteros a apascentarem por sua vez a Igreja (1Pd 5, 2). Duas coisas podemos concluir: que, por essa ordem, Cristo nada deu a Pedro além do que os outros apóstolos receberam; ou que Pedro tenha estendido indistintamente a todos o direito que recebera. Mas, para não discutirmos em vão, ouçamos de Cristo a clara explicação que nos é dada de "ligar e desligar", isto é, reter ou perdoar os pecados (Jo 20, 23). Na verdade, as modalidades desse ligar e desligar podem ser lidas em toda a Escritura, mas são claramente expressas por Paulo quando diz que os ministros do Evangelho têm a missão de reconciliar os homens com Deus, e o poder de punir a todos os que tiverem recusado tal benefício (2Co 5, 18; 10, 6).

4. Já mencionei de que modo são distorcidos os textos que falam de ligar e desligar, e por isso é preciso retomar mais acuradamente esse problema. Basta, no momento, examinar as consequências que eles tiram das célebres palavras de Cristo ditas a Pedro, a quem prometeu as chaves do reino dos céus, e que tudo o que ligasse na terra seria ligado nos céus (Mt 16, 19). Se podemos encontrar um acordo sobre o significado do termo "chaves" e sobre a modalidade desse "ligar", então toda discussão estará resolvida. Além disso, também o papa abandonará de muita boa vontade esse encargo entregue aos apóstolos, dado que o privaria de seus prazeres, pois é exercido sem vantagem alguma e está repleto de trabalhos e cansaços. Notemos que a metáfora das chaves quadra muito bem com o Evangelho, pois é mediante a pregação deste que os céus nos são abertos. Com efeito, de nenhum outro modo os homens são ligados ou desligados diante de Deus senão pelo fato de que uns são reconciliados pela fé, enquanto outros são oprimidos por sua incredulidade. Se o papa se contentasse em manter apenas esse direito, não suscitaria inveja ou contradição. Como, porém, um ofício desse gênero, laborioso e privado de vantagens, não agrada ao papa, aí está a origem do litígio acerca do que Cristo teria prometido a Pedro. De minha parte, concluo que o Senhor quis engrandecer o múnus apostólico, cuja dignidade não pode ser separada do ônus que lhe é inerente. Pois, se for aceita a interpretação que propus, e ela não pode ser recusada sem desfaçatez, Pedro não recebeu nada além daquilo que foi dado aos demais apóstolos, pois, caso contrário, não só se cometeria injúria às suas pessoas mas também seria diminuída a dignidade de seu ensinamento. Os papistas contudo protestam, e eu pergunto: de que lhes serve dar cabeçadas nessa rocha? Não poderão negar que, assim como aos outros apóstolos foi ordenada a pregação, assim também foram investidos juntos do poder de ligar e desligar. Cristo, dizem, prometendo as chaves a Pedro constituiu-o príncipe da Igreja inteira. Respondo que o prometido a um só homem naquela passagem, noutra foi confiado e como que entregue diretamente aos demais (Mt 18, 18; Jo 20, 23). Se a todos foi estendido o direito prometido a um só, de que modo este pode considerar-se superior aos outros? Dizem que a preeminência consiste no fato de Pedro ter recebido à parte aquilo que aos demais foi confiado em comum. Respondo, com Cipriano e Agostinho, que Cristo não fez isso para antepor Pedro aos demais, mas para mostrar a unidade da Igreja. A sentença de Cipriano é a seguinte: "Na pessoa de um só homem, as chaves foram entregues a todos, de modo que manifestasse a união de todos. Os outros apóstolos eram a mesma coisa que Pedro, dotados da mesma honra e autoridade. Cristo, porém, começou por um homem a fim de mostrar que a Igreja é una".[66] Eis também o que diz Agostinho: "Se o mistério da Igreja não estivesse em Pedro, o Senhor não lhe teria dito: eu te darei as chaves. Ora, se isso foi dito somente a Pedro, então a Igreja não possui as chaves; porém, se a Igreja as possui, então quando Pedro as recebeu, ele representava a Igreja inteira".[67] E ainda: "A pergunta foi dirigida a todos, mas apenas Pedro respondeu: 'Tu és o Cristo', e a Pedro foi dito: 'Eu te darei as chaves', como se o poder de ligar e desligar tivesse sido conferido somente a ele; porém, como respondeu por todos, com todos recebeu as chaves, sendo, por assim dizer, o representante da unidade. Um recebeu por todos, visto que entre todos reside a unidade".[68]

5. Mas retrucam os papistas: o que foi dito naquela passagem tem significado mais amplo, pois jamais foi dito a qualquer outro: "sobre essa pedra edificarei a minha Igreja" (Mt 16, 18). Como se, nesse caso, Cristo tivesse dito a respeito a Pedro algo diferente do que Pedro e Paulo falam de todos os cristãos. Paulo, com efeito, diz que Cristo é a pedra principal e angular que dá sustentação a todo edifício, pedra sobre a qual são edificados todos aqueles que crescem para formar o templo santo do Senhor (Ef 2, 20-21). Pedro manda que sejamos pedras vivas, tendo a Cristo por pedra escolhida e preciosa (1Pd 2, 5-6), de modo que permaneçamos unidos a Deus e entre nós. Os papistas dizem que Pedro precede aos demais, porquanto recebeu um nome particular. De boa vontade reconheço

---

66 *Da unidade da Igreja católica*, 4 (CSEL 3, I, 212, 14ss.).
67 *Tratados sobre o Evangelho de João*, 50, 12 (MSL 35, 1762ss.).
68 Ibidem 118, 4 (col.1949).

que a Pedro cabe a honra de ser contado entre os primeiros no edifício da Igreja; ou, se quiserem, que seja o primeiro de todos os fiéis. Não aceito, porém, que disto deduzam o primado. Que raciocínio é este: Pedro precede os outros em zelo, doutrina, perseverança, logo tem autoridade sobre os outros? Poder-se-ia concluir, com melhor pretexto, que André precede a Pedro em dignidade, porque o antecedeu no tempo, tendo-o levado até Cristo (Jo 1, 40-42). Não levarei isso em conta, pois é incontestável que Pedro tinha precedência sobre os outros. Há, entretanto, uma grande diferença entre precedência de honra e autoridade. Vemos que os apóstolos quase sempre concederam a Pedro oportunidade de falar em primeiro lugar nas assembleias, e, de certo modo, presidi-las, referendando, exortando, admoestando, mas da sua autoridade, não lemos absolutamente nada.

6. Não é ainda o momento de abordar esse problema, e por isso quero mostrar a futilidade do argumento que pretende estabelecer o domínio de um homem sobre toda a Igreja, usando apenas o nome "Pedro". Não são dignas de menção as ridículas razões com que, desde o princípio, quiseram enganar dizendo que a Igreja foi fundada sobre Pedro pelo fato de que lhe foi dito: "sobre essa pedra edificarei a minha Igreja". A justificativa que apresentam é que alguns Pais deram essa interpretação; mas de que serve reivindicar a autoridade dos homens quando toda a Escritura diz o contrário? Por que contrariam a autoridade de Deus? Por que discutir sobre o significado dessas palavras, como se fosse algo obscuro ou dúbio, quando nada poderia ser mais claro e definido? Pedro confessou, em seu nome e em nome dos irmãos, que Cristo é o Filho de Deus (Mt 16, 16). Sobre essa pedra Cristo edifica sua Igreja, por ser Ele o único fundamento, como o atesta Paulo (1Co 3, 11), sendo estabelecido outro. Não repudio a autoridade dos Pais sobre esse ponto, como se faltassem testemunhos para provar o que digo, se quisesse citá-los. Não quero, porém, importunar os leitores, demorando-me muito nesse assunto; além disso, considero que outros o trataram mais ampla e diligentemente.

7. Nenhuma fonte está em condições de solucionar esse problema melhor que a Escritura, se examinarmos os textos nos quais são ilustrados a missão e a autoridade de Pedro, de que modo ele se comportava, e como foi recebido pelos apóstolos. Pois, se essas passagens forem examinadas atentamente, concluir-se-á que Pedro foi um dos doze, semelhante aos outros, companheiro e não seu senhor. É verdade que, no Concílio de Jerusalém, ele propõe o que deve ser feito e admoesta aos demais, mas também os ouve, lhes dá a palavra, permite que julguem, que estabeleçam e decretem o que lhes parece oportuno; que decidam o que ele mesmo seguirá (At 15, 1). Quando escreve aos pastores, não fala como superior, valendo-se de autoridade, mas os considera seus colegas e os exorta amigavelmente, como se costuma fazer entre pessoas da mesma condição (1Pd 5, 1). Quando foi acusado de ter-se misturado aos gentios, ainda que equivocadamente, Pedro responde e se justifica (At 11, 2). Quando os colegas o mandaram seguir para a Samaria com João, não se recusou a fazê-lo (At 8, 14). Enviado em missão pelos outros apóstolos, demonstra-se que não é considerado superior a eles, e, quando Pedro obedece, acolhendo a missão ordenada, manifesta comunhão, e não domínio. Mesmo que essas passagens não existissem, toda dificuldade seria facilmente dirimida pela *Epístola aos gálatas*, onde Paulo trata, em dois capítulos inteiros, que é igual a Pedro na dignidade do apostolado. Para demonstrá-lo, recorda que não o procurou para lhe manifestar submissão, mas somente para mostrar a unidade doutrinal existente entre eles; Pedro mesmo não exigiu nada disso, e lhe estendeu a mão em sinal de comunhão a fim de que trabalhassem juntos na vinha do Senhor. Paulo recorda que Deus manifestara, em seu ministério entre os gentios, tanta graça quanto manifestara no de Pedro entre os judeus. Enfim, visto que Pedro não se comportou corretamente, foi advertido por Paulo, e aceitou sua repreensão (Gl 1, 18; 2, 8). Tudo isso evidencia que havia igualdade entre Pedro e Paulo, ou certamente que Pedro não tinha sobre os outros apóstolos autoridade superior àquela que tinham sobre ele. Na realidade, como já disse, a intenção de Paulo é mostrar de forma expressa que, em seu apostolado, não queria ser considerado inferior a Pedro e a João, porque eram iguais a ele e a seus companheiros, e não superiores.

8. Ainda que concordasse com o que pensam sobre Pedro, isto é, que ele tenha sido príncipe dos apóstolos e superior aos outros em dignidade, todavia não há motivo para que, de um caso particular, seja estabelecida uma regra geral, e para que aquilo que valeu no passado valha para sempre, sobretudo quando as condições são distintas. Se entre os apóstolos houve uma figura suprema, isso deve ser atribuído ao fato de que eram poucos. Se um presidiu a doze, será preciso que outro presida a cem mil? Que entre os doze houvesse um que guiasse a todos, não há nada admirável nisso. Pois a natureza e o engenho humano exigem que em todo grupo — mesmo quando todos têm a mesma autoridade —, exista alguém que sirva como moderador e a quem os outros possam se reportar. Não há cúria sem cônsul, fórum sem pretor ou questor, escola sem mestre, sociedade alguma sem um presidente. Não vejo nenhum inconveniente em admitir que os apóstolos tenham conferido a Pedro tal primado. Aquilo, porém, que se verificou no âmbito de poucos, não deve ser transferido ao mundo inteiro, para cujo governo uma só pessoa obviamente não basta. A ordem da natureza, dizem eles, ensina que em todo corpo há uma cabeça. Para confirmá-lo citam o exemplo do grou e das abelhas que sempre escolhem um só guia, e não muitos. De boa vontade aceito esses exemplos, mas pergunto se todas as abelhas do mundo se reúnem para eleger uma só rainha. Quanto aos grous, sabe-se que cada bando tem seu rei. Que conclusão podem deduzir disso senão que cada igreja deve ter seu bispo? Eles dão como exemplo o governo civil e citam um verso de Homero segundo o qual não é bom o governo de muitos. Nesse mesmo sentido, citam outros escritores profanos que enaltecem e recomendam a monarquia. É fácil responder-lhes, pois a monarquia é louvada por Ulisses e outros autores não no sentido de que um só homem deva governar o mundo inteiro; antes: esses autores pretendem indicar que um reino não pode ter dois reis, isto é, que um rei não pode aceitar que alguém tenha a mesma autoridade que ele.

9. Mesmo se aceitássemos, como eles querem, que seria bom e útil que o mundo inteiro fosse reduzido a uma monarquia, pretensão completamente absurda, todavia não lhes concedo que isso deva valer para o governo da Igreja. De fato, a única cabeça da Igreja é Cristo, sob cuja autoridade todos estamos unidos segundo a ordem e a forma de governo por ele mesmo instituídas. Portanto, os que reconhecem a preeminência de um só homem sobre a Igreja inteira, com o pretexto de que esta não pode subsistir sem uma cabeça, fazem uma grande injúria a Cristo, "que é a cabeça, de quem todo o corpo, encaixado e compactado por meio de toda juntura de sua dispensação, conforme a ação na medida de cada membro, promove o crescimento do corpo para a edificação de si próprio por meio do amor", como o declara Paulo (Ef 4, 15). Não vês que o apóstolo considera que todos os mortais, sem exceção, pertencem ao corpo de Cristo, mas que reserva somente a Cristo a honra e o título de "cabeça"? Não vês que Cristo confia a cada membro medida certa e funções limitadas a fim de que tanto a perfeição da graça quanto o soberano poder de governo residam apenas nele? Não desconheço o ardil que costumam usar contra minha tese: Cristo é chamado de cabeça em sentido próprio, porque só Ele reina governa em nome próprio e por sua autoridade, mas isso não impede que haja outra cabeça ministerial, como dizem, a Ele subordinada, que lhe faça as vezes na terra. Mas nenhum proveito tiram desse ardil, a não ser que, antes, demonstrem que esse ministério foi instituído por Cristo. Porque o apóstolo ensina que o ministério se difunde em todos os membros por força da autoridade que procede da Cabeça celeste e única (Ef 1, 22; 4, 15; 5, 23; Cl 1, 18; 2, 10). Ou, se querem que lhes fale mais taxativamente: quando a Escritura declara que Cristo é cabeça, e que ele reivindica essa honra somente para si, então a ninguém deve ser transferida tal dignidade, a não ser àquele a quem o próprio Cristo tenha instituído seu vigário. Contudo não se lê em parte alguma — e pode ser refutado por muitas passagens da Escritura — que Cristo tenha instituído tal coisa (Ef 1, 22; 4, 15; 5, 23; Cl 1, 18; 2, 10).

10. Por vezes, Paulo nos apresenta uma viva imagem da Igreja, mas nunca menciona uma cabeça na terra. Pelo contrário: da sua descrição é possível concluir que esta é alheia à instituição de Cristo, "que subiu, para que levasse à plenitude a todas as coisas" (Ef 4, 10), privando-nos de sua presença visível (At 1, 9). A Igreja, no entanto, tem a Cristo presente e sempre o terá. Paulo evoca os ministérios dos quais Cristo se serve quando quer ilustrar o meio pelo qual gozamos da sua presença, pois "conforme a ação na medida de cada parte, promove o crescimento do corpo para a edificação de si próprio por meio do amor" (Ef 4, 7). Por isso, "Ele mesmo deu uns para apóstolos, outros para profetas, outros para evangelistas, outros para pastores e mestres, para a renovação dos santos, para a obra do ministério, para a edificação do corpo de Cristo, até que todos cheguemos à unidade da fé e do conhecimento do Filho de Deus, à condição de homem perfeito, à medida da idade plenamente adulta" (Ef 4, 7-11). Por que não dizer que Cristo instituiu alguém acima dos outros todos para que fosse seu vigário? Pois o problema que Paulo estava tratando exigia esse esclarecimento, que não poderia ser omitido se correspondesse à realidade. "Cristo", diz Paulo, "nos assiste". De que modo? Mediante o ministério dos homens aos quais confiou o governo de sua Igreja. Por que não disse: mediante a cabeça estabelecida em seu lugar? Ele menciona a unidade, mas a faz residir em Deus e na fé em Cristo. Aos homens nada atribui, exceto o ministério que cada um exerce de modo particular. Ao recomendar-nos a unidade, depois de dizer que somos um só corpo e um só espírito que tem a mesma esperança de vocação, um só Deus, uma só fé e um só batismo (Ef 4, 4-5), por que não acrescentou, logo a seguir, que temos um sumo pontífice para manter a Igreja na unidade? Se isso fosse verdade, nada de mais oportuno poderia ser dito. Que se medite atentamente neste texto. Não há dúvida de que o apóstolo teve intenção de nos apresentar completamente o governo sagrado e espiritual da Igreja, que a posteridade chamou de hierarquia. Note-se que ele não menciona nenhuma monarquia no ministério, indicando, além disso, que esse princípio não existe. É incontestável também que, nessa passagem, quis exprimir a forma de unidade mediante a qual os fiéis devem estar unidos a Cristo, sua cabeça. E não só não alude a qualquer cabeça ministerial, mas atribui a cada membro uma atividade particular (Ef 4, 16), segundo a medida da graça dada a todos (Ef 4, 7). Nem há por que filosofar sutilmente a fim de estabelecer um paralelismo entre a hierarquia celeste e terrestre. A respeito da primeira, de fato, não é preciso saber mais do que nos diz a Escritura; para estabelecer a ordem que devemos ter na terra, não há outra norma a seguir senão aquela que nos foi dada pelo próprio Senhor em sua Palavra.

11. Mas, ainda que lhes concedesse esse ponto, que nenhuma pessoa de bom-senso admitiria, a saber, que o primado da Igreja foi dado a Pedro a fim de que durasse para sempre mediante sucessão perpétua, eu pergunto: de onde se deduz que a Sé Romana foi estabelecida de modo que seu bispo deva governar o mundo inteiro? Com que direito e a que título vinculam a um lugar determinado algo que fora dado a Pedro sem menção alguma de lugar? Pedro, dizem, viveu e morreu em Roma. E Cristo? Não exerceu porventura o episcopado em Jerusalém enquanto viveu? Não consumou ali, pela morte, o múnus sacerdotal? Ele, príncipe dos pastores e sumo bispo, cabeça da Igreja não pôde adquirir a honra do primado para Jerusalém: como poderia adquiri-lo Pedro, que lhe é muito inferior? Não é uma tolice infantil falar assim? Cristo deu a Pedro a honra do primado; Pedro estabeleceu-se em Roma; logo ali estabeleceu a sede primacial. Com raciocínio semelhante, o povo de Israel deveria ter colocado a sé primacial no deserto, onde Moisés, sumo doutor e príncipe dos profetas, exerceu seu ministério e depois morreu (Dt 34, 5).

12. Vejamos, contudo, quão graciosamente argumentam eles: Pedro, dizem, exerceu o principado entre os apóstolos. Portanto, a Igreja na qual ele se estabeleceu deve gozar desse privilégio. Cabe, entretanto, a seguinte pergunta: de que igreja Pedro foi bispo em primeiro lugar? Antioquia, respondem. Então, é justo que a igreja de Antioquia reivindique para si o primado. Admitem que essa cidade tenha sido a primeira, mas afirmam que Pedro, partindo de lá, transferiu para Roma a honra do primado que levava consigo. Existe, de fato, uma carta atribuída ao papa Marcelo, dirigida aos presbíteros de Antioquia, onde é dito: "De início a Sé de Pedro esteve entre vós, mas, por ordem do Senhor, foi transferida para a igreja romana".[69] Pergunto-me, contudo, por força de que oráculo esse bom ho-

---

69 Graciano, *Decretos*, II, C.24, q.1, c.15 (Friedbg. I, 970).

mem sabia que Deus assim o decidira? Pois, se a questão deve ser definida com base no direito, é necessário que respondam se o privilégio dado a Pedro é de natureza pessoal, real ou mista, sendo preciso escolher uma das três soluções. Se disserem que se trata de privilégio pessoal, então o lugar não é relevante. Se for de natureza real, então, dado que foi conferido a um lugar não pode ser supresso por morte ou por afastamento da pessoa. Resta, então, a hipótese de que se trata de um privilégio misto. Nesse caso, não se pode levar em consideração apenas o lugar, sem se considerar a pessoa. Escolham a solução que quiserem, e demonstrarei facilmente que Roma não pode reivindicar de modo algum o primado.

13. Concedamos, no entanto, que tenha sido assim e aceitemos a hipótese de que o primado tenha passado de Antioquia a Roma. Por que, então, Antioquia não manteve ao menos o segundo lugar? Pois se Roma é a Sé primacial, pelo fato de Pedro ter sido bispo ali até o fim da vida, que Sé deveria ser a segunda senão a que ele ocupou de início? O que aconteceu para que Alexandria ganhasse a precedência sobre Antioquia? Como pode ser que a Igreja de um simples discípulo seja superior à Sé de Pedro? Se cada Igreja deve ser honrada conforme a dignidade de seu fundador, que diremos das outras igrejas? Paulo menciona três apóstolos que pareciam ser as colunas: Tiago, Pedro e João (Gl 2, 9). Se se atribui a preeminência à Sé Romana em honra de Pedro, será que não caberia a Éfeso e a Jerusalém, onde João e Tiago foram bispos, o segundo e o terceiro lugares? Ora, Jerusalém é a última das sedes patriarcais. Éfeso não teve sequer o último lugar. As outras igrejas, tanto as fundadas por Paulo quanto aquelas presididas por outros apóstolos, não foram tidas em conta alguma. A Sé de Marcos, que foi apenas um dos discípulos, recebeu mais honra que todas. É preciso reconhecer que essa ordem de precedência é um equívoco; ou melhor, é preciso reconhecer que não há uma norma precisa que estabeleça correspondência entre a honra que se concede a uma igreja e a dignidade de seu fundador.

14. Não vejo por que se deva dar crédito às suas histórias sobre a permanência de Pedro na igreja de Roma. É certo que se pode desmentir sem dificuldade o testemunho de Eusébio,[70] segundo o qual Pedro teria permanecido ali vinte e cinco anos. Consta, de fato, no primeiro e segundo capítulos da *Epístola aos gálatas*, que, depois da morte de Cristo (Gl 1, 18; 2, 1), Pedro permaneceu cerca de vinte anos em Jerusalém, e que então se transferiu para Antioquia, ali ficando por tempo incerto. Gregório fala de

---

70 *Crônicas*, II (CGS 24, 179, 7ss.).

sete anos;[71] Eusébio, de vinte e cinco. Ora, da morte de Cristo até o fim do império de Nero, sob quem, dizem, Pedro morreu, transcorreram apenas trinta e sete anos. O Senhor, de fato, padeceu sob Tibério, no ano décimo oitavo de seu império. Se forem subtraídos os vinte que Pedro passou em Jerusalém, segundo o testemunho de Paulo, permanecem no máximo dezessete anos a serem repartidos entre os dois episcopados. Se Pedro ficou muito tempo em Antioquia, não pôde ter vivido em Roma senão bem pouco tempo. Esse fato pode ser deduzido de modo ainda mais simples: Paulo escreve aos romanos enquanto estava em viagem para Jerusalém (Rm 15, 25), onde foi preso e conduzido a Roma. É verossímil, portanto, que essa epístola tenha sido escrita quatro anos antes da sua ida a Roma. Ora, ele não faz nenhuma menção de Pedro, cuja presença não poderia ser omitida se tivesse sido bispo da cidade. No final da epístola (Rm 16, 3.16), na longa lista de pessoas piedosas que Paulo mandou saudar, menciona-se um grande número de conhecidos, mas não há referência alguma a Pedro. Por isso, não é necessária longa e sutil discussão para convencer pessoas de bom-senso; a realidade demonstra e atesta o teor do escrito: o nome de Pedro não podia ser omitido caso estivesse em Roma.

15. A seguir, Paulo é levado prisioneiro a Roma (At 28, 16); Lucas narra que ele é aceito pelos irmãos; de Pedro, nada se diz. Morando ali, Paulo escreve a muitas igrejas. Em todas as epístolas, envia saudações; mas não há uma única palavra que indique a presença de Pedro em Roma. Quem pode crer, pergunto eu, que Paulo pudesse silenciar sobre Pedro se de fato estivesse em Roma? Mais ainda: na *Epístola aos filipenses*, depois de dizer que ninguém se empenhou na obra do Senhor como Timóteo, lamenta que cada um cuide apenas de seu interesse particular (Fp 2, 20-21). Ao próprio Timóteo, Paulo lamenta de modo ainda mais pesaroso pelo fato de que, no curso do primeiro processo, ninguém o tivesse assistido; muito pelo contrário: todos o desampararam (2Tm 4, 16). Onde estava Pedro então? Dizem que se encontrava em Roma. Então Paulo o acusou de uma grave ignomínia, a saber, a de ter abandonado o Evangelho! É inegável que o apóstolo estava a falar dos fiéis, pois acrescentou a seguir: "que isso não lhes seja imputado". Quando e por quanto tempo Pedro ocupou a Sé Romana? É opinião dos autores, dirá alguém, que governou aquela igreja até sua morte. Responderei que não existe acordo entre os autores a respeito de seu sucessor, visto que uns falam de Lino, e outros, de Clemente. Narram muitas fábulas absurdas sobre a disputa de Pedro

---

71 Gregório I (Registr. Epistolarum, lb. 7, *Ep*. 37; MGH *Ep*. I, 485, 34ss.).

com Simão Mago. Ora, ao tratar das superstições, Agostinho não esconde que o costume que se insinuara em Roma de não jejuar no dia em que Pedro venceu Simão Mago foi estabelecido sem fundamento e reflexão.[72] As coisas daquele período estão, enfim, tão emaranhadas em opiniões diversas que não se pode dar crédito a tudo o que se escreveu. Contudo, dado o consenso das fontes a respeito da morte de Pedro em Roma, não pretendo me opor a isso. Mas ninguém me convencerá de que ele tenha sido bispo ali por muito tempo. De resto, isso não me preocupa muito, dado que Paulo atesta que o apostolado de Pedro concernia particularmente aos judeus, enquanto que o seu estava voltado para os gentios, isto é, para nós. Se queremos considerar válido o acordo ajustado entre os dois (Gl 2, 9), de modo que a dispensação do Espírito Santo se firmasse entre nós, convém antes considerar o apostolado de Paulo que o de Pedro. Porque o Espírito Santo dividiu suas missões de tal maneira que destinou Pedro aos judeus e Paulo a nós. Procurem então os romanistas as fontes do seu primado em outro lugar que não na Palavra de Deus, pois nela não encontrarão o mínimo fundamento.

16. Passemos agora à Igreja antiga, a fim de esclarecer que nossos adversários se vangloriam falsa e infundadamente de se apoiarem nela, assim como o fazem em relação à Palavra de Deus. Quando, pois, citam o axioma segundo o qual a unidade da Igreja não pode ser mantida sem haver uma única cabeça suprema na terra, à qual todos os membros devem-se submeter, pretendem que isso tenha sido observado desde o princípio. Dizem que o Senhor entregou o primado a Pedro e, por direito de sucessão, à Sé Romana, a fim de que dure para sempre. Embora distorçam muitos testemunhos, declaro que não pretendo negar que os antigos doutores tenham tributado grande honra à Igreja Romana, e dela falem com reverência. Acho que isso se deve a três motivos principais: primeiro, a opinião de que a Igreja Romana fora fundada e constituída pelo ministério de Pedro de muito servia para creditar-lhe favor e autoridade, e, por isso, no Ocidente, era designada honorificamente de Sé Apostólica. Em segundo lugar, porque Roma era a capital do Império e, por essa razão, era natural que ali estivessem os homens mais doutos, prudentes e experientes. Por conta desses fatores, evitava-se menosprezar a nobreza da cidade e os outros dons que Deus ali dispusera. A essas duas razões acrescento também esta: enquanto as igrejas do Oriente e da Grécia, e também as

---

72 Leia-se *Epístola* 36, 9, 21, ao presbítero Casulano (MSL 33, 145 ss.; CESL 34, II, 50, 18ss.).

da África, foram tumultuadas por muitas dissenções de opinião, a Igreja Romana se manteve em situação mais tranquila. Sucedeu, por isso, que bispos piedosos e santos, expulsos de suas Igrejas, fossem ali acolhidos como num refúgio ou porto. De fato, os ocidentais, de engenho menos agudo e rápido que os asiáticos e africanos, mostravam-se também menos cobiçosos de novidades. Eis, em suma, o que fortaleceu grandemente a autoridade da Igreja Romana: não ter sido perturbada naqueles tempos como as demais Igrejas, e ter-se mantido mais estável na doutrina recebida, como explicaremos melhor a seguir. Esses são os três motivos pelos quais, penso eu, a Sé Romana foi mais respeitada e honrada por muitos e preclaros testemunhos antigos.

17. Quando, porém, nossos adversários querem tirar vantagem desses fatores, conferindo a Roma o primado e o supremo poder sobre as outras Igrejas, cometem, como disse, um erro grosseiro. E para que isso melhor se evidencie, mostrarei sucintamente como os antigos entendiam essa unidade sobre a qual tanto insistem. Escrevendo a Nepociano, Jerônimo, depois de enumerar alguns elementos que constituem a unidade, examina enfim a hierarquia eclesiástica. Diz ele: "Nas igrejas há um bispo, um arcipreste e um arquidiácono, e toda a ordem eclesiástica tem seu fundamento nesses governadores".[73] Notemos que é um presbítero romano a falar, e que ele recomenda a unidade da ordem eclesiástica. Porque, então, não menciona o fato de que todas as igrejas estão em comunhão por meio de uma cabeça que lhes confere unidade? Porque nenhuma outra ocasião seria mais oportuna, nem se poderia sustentar que ele a tenha preterido por esquecimento, pois nada teria sido mais grato se a realidade assim o sustentasse. É claro, portanto, que Jerônimo percebia que a verdadeira razão da unidade não é outra que aquela descrita por Cipriano com estas belas palavras: "Há um só episcopado do qual cada bispo participa plenamente; há uma só Igreja que, por força de sua fecundidade, multiplica-se pelo mundo inteiro, assim como os raios de sol são muitos, mas formam uma só luz; e uma árvore tenha muitos ramos, mas um único tronco se firma nas raízes; e de uma fonte saiam muitos riachos, mas a unidade é mantida na origem. Se separas os raios do sol, a unidade da luz não será destruída, mas se cortas um galho da árvore, este secará. Assim também a Igreja, iluminada pela luz do Senhor, difunde seus raios por todas as partes, embora uma só luz se difunda sem alterar a unidade do corpo". A seguir, conclui que "a esposa de Cristo não pode cometer adultério; uma

---

73 *Epístola* 125, 15, a Rústico (CESL 56, 15ss.).

só casa ela conhece, um só leito conjugal é guardado com casto pudor: todas as heresias e todos os cismas derivam do fato de que não se retorna à fonte da verdade, não se busca a Cabeça, nem se leva em conta a doutrina do Mestre celestial".[74] Vês que Cipriano atribui somente a Cristo o episcopado universal, e que Cristo congrega sob si a Igreja inteira, cujas partes são mantidas íntegras por aqueles que são bispos sob essa Cabeça. Onde está o primado da Sé Romana se o episcopado reside inteiramente em Cristo e se cada um conserva sua parte? Citei esse texto para mostrar ao leitor que aquele axioma assumido como certo e estabelecido pelos romanistas, segundo o qual o governo hierárquico da Igreja exige uma cabeça na terra, era desconhecido aos antigos.

---

74 Cipriano, *Da unidade da Igreja católica*, 5, 3 (CSEL 3, I, 214, 1ss.).

Capítulo VII

Da origem e do crescimento do papado romano até alcançar o excesso em que o vemos, fonte de opressão da liberdade da Igreja e de subversão de toda equidade.

uanto à antiguidade do primado da Sé Romana, não há testemunho mais antigo que um decreto do Concílio de Niceia, no qual se confere ao bispo de Roma o primeiro lugar entre os patriarcas, bem como a suprema administração de todas as igrejas de sua província. Este decreto dividiu as províncias entre os patriarcas, assinalando a cada um os próprios limites. Certamente não fez o papa cabeça de todos, mas o principal entre eles.[75] Júlio, que então era bispo de Roma, enviou ao Concílio dois representantes, Vítor e Vicente, para dele participarem em seu nome;[76] a eles deram o quarto lugar na assembleia.[77] Ora, se Júlio fosse reconhecido como cabeça da Igreja, teria sido possível que dessem o quarto lugar aos seus representantes? Se a precedência hierárquica era rigorosamente guardada, teria sido possível que Atanásio presidisse àquele Concílio geral?[78] No Concílio de Éfeso, Celestino, então Pontífice Romano, parece ter se valido de um refinado ardil para assegurar a precedência da sua Sé. De fato, ele enviou legados a fim de que assistissem em seu nome, mas pediu a Cirilo, patriarca de Alexandria, que fizesse suas vezes, embora coubesse a este presidir o Concílio.[79] Por que teria agido assim senão para garantir o primeiro lugar à sua Sé? Seus legados, porém, ocuparam um lugar inferior, deram seu parecer como os demais, votaram conforme a posição que lhes cabia. Que direi do

---

75 Concílio de Niceia (325), cânon 6.
76 Em lugar de Júlio, leia-se Silvestre.
77 Cassiodoro, *História Tripartida*, livro II, cap.1.
78 Atanásio, que ainda não era diácono, não poderia ter presidido o Concílio. O presidente foi, provavelmente, Ósio de Córdoba.
79 Concílio de Éfeso (341) Cf. Mansi, tomo IV, col.1279ss.

segundo Concílio de Éfeso,[80] onde, embora os legados de Leão, bispo de Roma, estivessem presentes, Dióscoro, patriarca de Alexandria o presidiu com pleno direito?[81] Replicarão dizendo que não foi um Concílio ortodoxo, uma vez que nele o venerável Flaviano, bispo de Constantinopla, foi condenado enquanto que Êutiques foi absolvido e teve sua heresia aprovada. Seja como for, quando o Concílio se reuniu e cada um dos bispos ocupou seu lugar, os legados do papa de Roma sentaram-se junto aos outros, como num Concílio santo e legítimo, e não disputaram a primeira posição, mas cederam-na aos outros.[82] Ora, isso jamais teria acontecido se a considerassem sua por direito. De fato, os bispos de Roma jamais acharam inconveniente promover grandes contendas a fim de promover seu poder, nem se importaram de afligir e conturbar a Igreja com muitos conflitos perniciosos por esse motivo. Mas Leão, dando-se conta de que seria demais reivindicar o primeiro lugar para os seus legados, preferiu não insistir.

2. Veio a seguir o Concílio de Calcedônia que foi presidido, por concessão do imperador, pelos legados da Igreja Romana.[83] No entanto, Leão mesmo confessa que isso foi um pedido extraordinário, visto que, tendo-o solicitado ao imperador Marciano e à imperatriz Pulquéria, não sustentou que lhe fosse devido, mas justificou-se dizendo que os bispos orientais, que presidiram o Concílio de Éfeso, fizeram mal uso da sua autoridade. Em vista disso, vendo que era preciso um moderador grave que presidisse o Concílio, e porque não era provável que os sediciosos orientais estivessem aptos para conduzir a assembleia, Leão pediu que esse encargo lhe fosse confiado.[84] Ora, o que se pede como privilégio, à margem da rotina, certamente não procede do direito comum. Quando alegou o pretexto de que era necessário um novo presidente, porque os anteriores não tinham se portado bem, manifesta que esse modo de proceder não fora usado antes, e por isso não devia ser proposto como regra geral, uma vez que respondia apenas à necessidade do momento. Eis por que o Pontífice Romano assumiu o primeiro lugar no Concílio de Calcedônia, isto é, não por direito de sua igreja, mas porque o Concílio precisava de um moderador digno, uma vez que os que deviam presidi-lo haviam antes abusado da situação. Que isto tenha sido assim, comprova-o o fato de que, muito tempo depois, no quinto Concílio de Constantinopla, um sucessor de Leão não reivindicou

---

80 Ibidem, tomo IV, col.1299ss.
81 Concílio de Éfeso (449) Cf.Mansi, tomo VI, col.587ss.; Leão I, Epístola XLIV, cap.1.
82 Leão I, Epístola XLIV, 1
83 Ibidem, XCVIII, 1; CIII, CVI, 3.
84 Ibidem, LXXXIX.

a precedência de lugar para os seus legados, mas admitiu, sem oposição alguma, que Menas, patriarca da cidade, o presidisse.[85] Assim, o Concílio de Cartago, ao qual esteve presente Agostinho, foi presidido por Aurélio, arcebispo daquela cidade, e não pelos legados da Sé Romana, embora estes tivessem ido ao Concílio para sustentar a autoridade do Pontífice Romano.[86] Mais ainda: na Itália celebrou-se um Concílio geral que não foi assistido pelo bispo de Roma. Trata-se, de fato, do Concílio de Aquileia, presidido por Ambrósio, por conta do grande apreço que por ele tinha o Imperador.[87] Neste Concílio não se faz menção alguma do bispo de Roma. Vemos, pois, que o prestígio de Ambrósio foi a razão de Milão ter sido preferida à Sé Romana.

3. Quanto ao primado e outros títulos pretensiosos dos quais tanto se orgulha o bispo de Roma, é fácil compreender quando e de que modo foram ardilosamente conquistados. Cipriano, bispo de Cartago, escreve muitas vezes a Cornélio, bispo de Roma, ao qual trata simplesmente de irmão, companheiro e coepíscopo.[88] Escrevendo a Estêvão, sucessor de Cornélio, não somente o trata como um igual a si e aos outros bispos, mas chega a tratá-lo severamente, chamando-o de arrogante e ignorante.[89] É fato conhecido o que a igreja africana determinou, depois da morte de Cipriano, que chamassem ao bispo de Roma de Príncipe dos Sacerdotes ou primeiro bispo, mas somente bispo da primeira Sé.[90] Se alguém examinar os documentos antigos, verá que o bispo de Roma se contentava com o título comum de *irmão*.[91] É inegável que, enquanto a Igreja permaneceu em seu genuíno estado, estes nomes presunçosos que a Igreja Romana usurpou a fim de aumentar seu prestígio eram completamente desconhecidos. Não se tinha noção do que era um "Sumo Pontífice", nem de uma "cabeça única sobre a terra". Se o bispo de Roma atrevesse se exaltar a tal ponto, defrontaria homens de bom-senso para deplorar imediatamente sua estultícia. Jerônimo, que era presbítero romano, não mostrou avareza ao enaltecer a autoridade de sua igreja na medida que a verdade e a condição do tempo permitiam. Constatamos, porém, que ele a iguala às outras. "Quando se trata de autoridade, o mundo é muito maior que uma

---

85 Concílio de Constantinopla (553), Cf.Mansi, tomo IX, col.655.
86 Concílio de Cartago (418).Cf.Mansi tomo III, col.827.
87 Cf. Atas do Concílio de Aquileia, no epistolário de Ambrósio (PL 16, col.955-979).
88 Cipriano, Epístola XLIV, 1; XLV, 1, etc.
89 Informação errada.Trata-se da epístola de Firminiano a Cipriano a respeito de Estêvão: Cripriano, Epístola LXXV, 3, 9, 17, 25; Cipriano a Pompeu Epistola LXXIV, 1.
90 Concílio de Cartago (397), cânon 26; Graciano, Decretos, parte I, dist.99, 3.
91 Cipriano, Epístola XLIV, 1, 3; 45, 1, 4; 47, 1, etc.

cidade. Por que alegas o costume de uma só cidade? Por que submetes a ordem da Igreja a um pequeno número, a um costume que procede da presunção? Onde quer que haja um bispo, seja o de Roma, o de Gúbio, o de Constantinopla, ou o de Régio, encontra-se sempre a mesma dignidade e o mesmo sacerdócio. O poder das riquezas e a debilidade da pobreza não fazem de um bispo maior ou menor."[92]

4. Quanto ao título de bispo universal, combatido asperamente por Gregório, quando, João, ambicioso bispo de Constantinopla, tentou fazer-se bispo universal, coisa nunca antes pretendida. Ao tratar da questão, Gregório não alega que João tentava lhe subtrair um título seu, ao contrário, protesta veementemente dizendo que se trata de um título profano, mais ainda, sacrílego e precursor do Anticristo, pois "se aquele que se diz bispo universal cair, cairá a Igreja inteira";[93] e em outro lugar: "é deplorável suportar que nosso irmão e colega no episcopado queira chamar-se de bispo único, desprezando aos demais. Diante dessa manifestação de soberba, que nos resta senão achar que se aproximam os tempos do Anticristo? Pois ele há de imitar aquele que, desprezando a companhia dos anjos, ambicionou o ápice da soberania."[94] Escrevendo a Eulógio, bispo de Alexandria, e a Anastácio, bispo de Antioquia, disse o seguinte: "nenhum de meus predecessores quis usar este título profano, pois se alguém for chamado de patriarca universal, o título de patriarca perderá o sentido para os demais. Que esteja longe das mentes cristãs qualquer atitude que possa diminuir a honra de seus irmãos, por pouco que seja.[95] De fato, aceitar este título execrável seria o mesmo que arruinar a fé. Conservar a união da fé não quer dizer ser conivente com a arrogância dos orgulhosos. Eu, porém, afirmo corajosamente que se alguém chama a si mesmo de bispo universal, ou deseja assim ser chamado, revela-se precursor do Anticristo, porque, por sua altivez, prefere a si mesmo aos demais."[96] Disse ainda a Anastácio: "Digo que o bispo de Constantinopla não pode estar em paz conosco, caso não abandone a arrogância deste título supersticioso e orgulhoso inventado pelo primeiro apóstata. E, ainda que eu silencie sobre essa injúria, se alguém se chama bispo universal e cai, a Igreja inteira se precipita com ele".[97] Quanto à notícia de que no Concílio de Calcedônia se ofereceu este título a Leão, digo que essa

---

92 Jerônimo, Epístola 146, 1, 2.
93 Gregório I, Epistolário, livro V, Ep.20 (PL 77, 746).
94 Ibidem, Epistolário, livro V, Ep.21 (PL 77, 749).
95 Ibidem, Epistolário, livro V, Ep.43 (PL 77, 771).
96 Ibidem, Epistolário, livro V, Ep.7, 33 (PL 77, 891).
97 Ibidem, Epistolário, livro V, Ep.II, 27 (PL 77, 883).

notícia não tem qualquer fundamento, porque nenhuma ata conciliar a menciona.[98] O próprio Leão, reprovando em muitas epístolas o decreto conciliar feito a favor da Sé de Constantinopla,[99] não teria deixado passar por alto esse fato, certamente o mais forte de todos, se tal distinção se lhe tivesse sido oferecida e ele a tivesse rejeitado, pois sendo homem muito ambicioso, não teria abandonado tão facilmente o que pudesse lhe redundar em glória. Engana-se Gregório ao pensar que o Concílio tenha querido exaltar desse modo a Igreja Romana. É estupidez pensar que um Concílio tenha querido ser o autor de um título tão mau, profano, execrável, soberbo e sacrílego, que procede do diabo e é insuflado pelo precursor do Anticristo.[100] No entanto, ele afirma que seu predecessor o recusou, por temer que os demais bispos fossem privados da honra que lhes cabe.[101] Por isso, disse: "ninguém quis ser honrado com este título absurdo, por temor que fosse acusado de espoliar seus irmãos da sua honra, ao se colocar no supremo lugar".[102]

5. Falemos agora da jurisdição que o Pontífice Romano assevera ter sobre todas as igrejas. Conheço bem as grandes contendas que, no passado, surgiram sobre esse assunto. Porque não houve um só momento em que a Sé Romana não tenha reivindicado a sua superioridade sobre as outras igrejas. Não será inoportuno demonstrar com que meios, desde a antiguidade, conseguiu auferir certa preeminência. Não me refiro a esta desenfreada tirania que, não faz muito tempo, o Papa usurpou para si, pois acerca disso falaremos em outro lugar. É necessário expor agora, em poucas palavras, com que meios essa exacerbada pretensão conseguiu certa jurisdição sobre as demais igrejas. De fato, quando sob o império de Constâncio e Constante, filhos de Constantino o Grande, as igrejas do Oriente foram agitadas e divididas pelos arianos, Atanásio, o principal defensor da fé ortodoxa, foi expulso da sua igreja. Esta desgraça lhe forçou refugiar-se em Roma, a fim de que pudesse resistir, com a ajuda da autoridade da Igreja Romana, à fúria de seus inimigos, e também confirmar os fiéis que se achavam em péssima situação. Em Roma foi recebido por Júlio, então bispo daquela Sé, e conseguiu que os bispos do Ocidente assumissem sua defesa.[103] Por este motivo, os fiéis do Oriente, necessitando de socorro externo, viram na Igreja Romana a principal fonte de ajuda e

---

98 Ibidem, Epistolário, livro V, Ep.20 (PL 77, 747).
99 Leão I, Epístola 104, cap.2; 105, cap.2; 106.
100 Gregório I, Epistolário, livro IX, Ep.68 (PL 77, 1004).
101 Ibidem, Epistolário, livro V, Ep.20 (PL77, 747).
102 Ibidem, Epistolário, livro V, Ep.18 (PL 77, 740).
103 Sócrates, História Eclesiástica, livro II, cap.15.

passaram a lhe atribuir toda distinção possível. Não obstante, tudo isso se reduzia a ter em alta conta a comunhão com Roma, e considerar grave ignomínia ser excomungado por ela. Depois disso, a autoridade romana foi grandemente aumentada por gente perversa e de má conduta, porquanto a cidade passou a ser refúgio dos que eram censurados em suas igrejas. E assim, se acontecia de um presbítero ser condenado por seu bispo, ou um bispo pelo sínodo da província, rapidamente se apelava a Roma. Os bispos de Roma, por sua vez, mostraram-se interessados em acolher essas apelações mais do que seria aceitável, pois decerto consideraram uma vantagem o fato de se imiscuírem nos negócios de igrejas distantes.[104] Assim, por exemplo, Êutiques, péssimo herege, ao ser condenado por Flaviano, arcebispo de Constantinopla, protestou junto a Leão de que havia sido tratado injustamente. Este, por sua vez, não hesitou em se empenhar nessa causa ímpia, movendo severas invectivas contra Flaviano, como se ele tivesse inculpado Êutiques antes de ouvi-lo.[105] Arrastado por sua ambição, Leão conseguiu que a impiedade de Êutiques se reforçasse ainda mais, enquanto que teria sido sufocada sem a sua ingerência. Casos semelhantes se sucederam muitas vezes na África. Pois tão logo um malfeitor fosse condenado, seguia para Roma e acusava o seu bispo de o haver prejudicado. O fato é que a Sé Romana sempre se dispôs a intervir; e foi essa ingerência dos bispos de Roma que levaram os bispos africanos a vetar, sob pena de excomunhão, que se apelasse ao ultramar.[106]

6. Seja como for, já podemos entrever que tipo de autoridade e jurisdição estava investida a Sé Romana. E, para melhor compreender esse ponto, é preciso notar que a autoridade eclesiástica consiste em quatro elementos principais: consagrar bispos, convocar Concílios, exercer jurisdição e aplicar as censuras. Quanto ao primeiro elemento, todos os Concílios antigos estabelecem que cada bispo deve ser ordenado por seu metropolita, e nada prescrevem acerca da intervenção do bispo de Roma, exceto quando se trate de sua província.[107] Mas paulatinamente foi introduzido o costume de que todos os bispos da Itália deviam ir a Roma para serem consagrados,[108] exceto os metropolitanos, que rejeitaram esse tipo de servidão. Quando, porém, era preciso ordenar um metropolita, o bispo de Roma enviava um de seus presbíteros para assistir ao rito,

---

104 Cf. Leão I, Epístola 6, 5; 10, 2.
105 Leão I, Epístola 23.
106 Concílio de Milevo (402 0u 406), cânon 22; cf.Concílio de Cartago (418), cânon 17; cf.Graciano, Decretos, parte II, causa 2, qu.6, cap.35.
107 Concílio de Niceia (325), cânon 6; Concílio de Antioquia (341), cânon 19.
108 Cf.Eusébio, História Eclesiástica, livro VI, 43, 10.

mas não para presidi-lo. Um exemplo desse fato pode se ver numa carta de Gregório, concernente à consagração de Constâncio, arcebispo de Milão, depois da morte de Lourenço;[109] mas creio que fosse ainda uma prática recente. É verossímil que tal costume tenha começado como sinal de comunhão recíproca, ao serem enviados legados que servissem como testemunhas da consagração. Posteriormente, tornou-se norma o que de início era voluntário. De todo modo, é evidente que o bispo de Roma não tinha então a faculdade de consagrar bispos, exceto aos bispos de sua província, isto é, os daquelas igrejas dependentes de Roma, como se lê num cânon do Concílio de Niceia.[110] À consagração do bispo seguia-se, por costume, o envio de uma epístola sinodal, na qual não se atribui qualquer superioridade do bispo de Roma sobre os demais. Para compreender a origem disso, convém saber que, logo após a consagração, os patriarcas costumavam enviar, uns aos outros, uma epístola na qual declaravam sua fé e sua adesão à doutrina dos santos Concílios. Ao fazer essa confissão de fé, estavam também informando aos demais a respectiva eleição. Se o bispo de Roma tivesse recebido dos demais a confissão de fé, mas não enviasse a sua, decerto poderia ser considerado superior. Mas, como estava obrigado a fazer o mesmo que os demais, justamente por estar sujeito à norma comum, sua carta demonstrava comunhão, e não dominação. Muitos exemplos desse procedimento se acham nas epístolas de Gregório, como, por exemplo, aquela endereçada a Ciríaco,[111] a Anastácio,[112] e a outros patriarcas.[113]

7. O segundo elemento consiste nas admoestações e censuras das quais os bispos de Roma fizeram uso, aceitando, porém, que tais expedientes fossem usados contra eles próprios. Ireneu, bispo de Lião, repreende asperamente a Vítor, bispo de Roma, por haver suscitado, por motivo fútil, uma grave e danosa polêmica. Vítor aceitou a correção sem replicar.[114] Sabe-se que por muito tempo existiu entre os santos bispos esta liberdade de admoestar fraternalmente os bispos de Roma e repreendê-los quando havia motivo para tanto. E o mesmo faziam os bispos de Roma, quando a necessidade o exigia. Assim, ao exortar Estêvão, bispo de Roma, que advertisse aos bispos das Gálias, Cipriano não invoca a autoridade romana

---

109 Gregório I, Epistolário, livro III, Ep.29(PL 77, 626); Ep.31 (77, 628).
110 Concílio de Niceia (325), cânon 6.
111 Gregório I, Epistolário, livro VII, Ep.4(PL 77, 853).
112 Ibidem, Epistolário, livro I, Ep.26 (PL 77, 479).
113 Ibidem, Epistolário, livro I, Ep.25 (PL77, 468).
114 Eusébio, História Eclesiástica, livro V, cap.24,11.

sobre os outros, mas o direito ordinário que possuem os bispos em suas relações recíprocas. Se Estêvão tivesse jurisdição sobre as Gálias, talvez Cipriano dissesse: Castigai-os, porque estão sob tua autoridade? Mas ele fala de outro modo: "A comunhão fraterna que nos une requer que nos admoestemos reciprocamente".[115] Vemos, porém, quão veementes são as palavras que usa, em outro lugar, ao repreender o mesmo Estêvão por ter abusado de sua autoridade.[116] Em suma: não está claro ainda que o bispo de Roma tenha exercido jurisdição sobre aqueles que estavam fora de sua província.

8. Quanto à convocação dos Concílios, deve se dizer que todo metropolita devia convocar, uma ou duas vezes por ano, os sínodos de suas províncias, conforme a oportunidade.[117] Nessas reuniões, o bispo de Roma não tinha participação alguma. Ademais, o Concílio universal era convocado somente pelo Imperador, isto é, os bispos se reuniam somente em virtude da autoridade imperial.[118] Se algum bispo tomasse iniciativa da convocação, não somente não seria obedecido por aqueles que não pertenciam à sua província, mas provocaria grande escândalo com sua presunção. Era, pois, o Imperador quem convocava a todos os bispos. É certo que Sócrates, historiador, conta que Júlio, bispo de Roma, se lamentava de que os bispos do Oriente não o tivessem chamado para o Concílio de Antioquia, alegando que os cânones proibiam tomar decisão sem primeiro comunicá-la ao bispo de Roma. Mas quem não entende que isso diz respeito às decisões que envolvem a Igreja inteira? Não surpreende, de fato, que por força da antiguidade e da nobreza de Roma e da dignidade da sua igreja, não se promulgasse qualquer decreto universal concernente à doutrina cristã na ausência do bispo de Roma, desde que ele não tivesse recusado participar do que se decidira. Mas, de que serve isto para fundamentar sua autoridade sobre a Igreja inteira? Não negamos que o bispo de Roma tenha sido um dos principais; o que não podemos admitir é a afirmação dos romanistas segundo a qual ele gozava de jurisdição universal.

9. Resta o quarto elemento da autoridade eclesiástica, que consiste no direito de examinar as apelações. É notório que a autoridade à qual se apela pertence a uma jurisdição superior. Muitos, outrora, apelaram ao bispo de Roma, e este se esforçava em reivindicar para si o exame

---

115 Cipriano, Epístola 68, 3.
116 Ibidem, Epístola 74, 1, 4, 7, 8 (a Pompeu).
117 Concílio de Antioquia (341), cânon 20.
118 Cf. Eusébio, Vida de Constantino, livro III, cap.6; Sócrates, História eclesiástica, livro I, cap.8; Leão I, Epístola 44, 3.1

das causas, mas sempre se riram dele todas as vezes que excedia seus limites. Não me refiro ao Oriente, nem à Grécia,[119] pois mesmo os bispos da Gália lhe opuseram resistência muito firme quando se dava a entender que queria usurpar a autoridade que possuíam.[120] Em África esse problema foi debatido por muito tempo. No Concílio Milevo, ao qual assistiu Agostinho, dispôs que fosse excomungado todos os que apelassem para o ultramar.[121] Sabe-se que o bispo de Roma fez todo esforço para modificar este decreto, enviando legados para reivindicarem o privilégio que lhe fora concedido pelo Concílio de Niceia. Os legados levaram alguns documentos que haviam trazido dos arquivos de sua igreja, atribuindo sua origem ao Concílio niceno. Mas os africanos se opuseram, afirmando que não se devia dar crédito ao bispo de Roma numa causa em que ele mesmo estava implicado. Tomou-se assim a decisão de enviar delegações a Constantinopla e outras cidades da Grécia, a fim de que consultassem cópias menos suspeitas desses decretos.[122] Sucedeu que nada se achou daquilo que os legados romanos haviam alegado. Por isso, foi mantido em pleno vigor o decreto que ab-rogava a suprema jurisdição do bispo de Roma.[123] Foi assim desmascarada a impudência e a manifesta desonestidade do Romano Pontífice que fraudulentamente mandara substituir os decretos do Concílio de Niceia pelos do Concílio de Sárdica.[124] Impudência ainda maior, e mais descarada, foi a dos falsários que juntaram às atas do Concílio uma falsa epístola, na qual certo bispo de Cartago, sucessor de Aurélio, deplorava a arrogância deste que se subtraíra à obediência a Sé Apostólica. Chegou até mesmo a implorar perdão, dizendo que se submetia humildemente com toda a sua igreja. Em todo caso, tenho em mãos os egrégios documentos da antiguidade sobre os quais se apoiaria a autoridade da Sé Romana. Sob o pretexto de antiguidade, os romanistas contrariam a verdade de modo tão infantil, que até mesmo os cegos estarão em condições de desmascará-los. Lê-se naquela pretensa epístola que "inchado por audácia diabólica Aurélio rebelou-se contra Cristo e Pedro, e por isso merece ser anatematizado. Mas, afinal, que diz Agostinho? Que dizem tantos Padres que assistiram ao Concílio de Milevo? Mas que necessidade temos de refutar um escrito tão ridículo, que envergonharia

---

119 Cf. Concílio de Calcedônia (451), cânon 9 e 17.
120 Cf. Leão I, Epístola 10 aos bispos da província de Viena.
121 Concílio de Milevo (402 ou 416), cânon 22.
122 Epístola do Concílio de África a Bonifácio I (419); Cf.Mansi, tomo III, col.830ss.
123 Epístola do Concílio de África a Celestino I (424); Cf.Mansi, tomo IV, col.515ss.
124 Concílio de Sárdica (347), cânon 3, 5.

até mesmo os romanistas caso não fossem completamente despudorados? Ao redigir os decretos, Graciano, não sei se por malícia ou por ignorância, depois de citar este cânon, segundo o qual ninguém deve apelar ao ultramar, sob pena de excomunhão, acrescenta esta exceção: "a não ser que tenham apelado à Sé Romana".[125] Que dizer a esses idiotas, tão desprovidos de bom-senso, que transformam em exceção aquilo mesmo que deu originem à lei? Porque, ao proibir que se apelasse ao ultramar, o Concílio quis tão somente que não se apelasse a Roma. Mas aquele bom intérprete excetua precisamente Roma!

10. Para encerrar de uma vez por todas essa questão, bastará lembrar um fato narrado por Agostinho, para ilustrar qual era, outrora, a jurisdição do bispo de Roma. Um cismático chamado Donato, de Casas Negras, voltou-se contra Ceciliano, arcebispo de Cartago, e tanto fez que este foi condenado sem ser ouvido, porque, ao saber que os bispos haviam conspirado contra ele, negou-se a comparecer. A causa foi levada ao Imperador Constantino, o qual, querendo que se a causa fosse julgada por um tribunal eclesiástico, confiou o assunto a Melcíade, então bispo de Roma, e a outros bispos da Itália, da Gália e da Espanha por ele nomeados.[126] Ora, se uma causa desse gênero estava sob jurisdição ordinária da Sé Romana, como se explica o fato de que Melcíade tenha aceite a nomeação de outros assistentes por parte do Imperador? Se isso era da jurisdição da Sé Romana, por que o caso lhe foi confiado por decisão imperial, ou seja, por que não invocou a sua própria autoridade? Vejamos, porém, o que veio a seguir: Ceciliano foi absolvido e a calúnia de Donato foi desmascarada. Este, porém, apela a Constantino, que o enviaria ao arcebispo de Arles. Eis então o bispo de Arles em condições de cassar a sentença do de Roma, caso julgasse oportuno, julgando em segunda instância, acima deste.[127] Ora, se a Sé Romana tivesse jurisdição absoluta, sem possibilidade de apelo, como Melcíades poderia tolerar a injúria de ser preferido ao bispo de Arles? E que Imperador decidiu assim? Constantino, de quem os romanistas se gloriam não somente de ter empregado a máxima diligência, mas também todos os seus recursos para exaltar a dignidade da Sé Romana. Vemos, pois, quão longe estava o bispo de Roma da suprema autoridade que, segundo dizem, foi recebida de Cristo, autoridade reconhecida desde o início por todas as igrejas.

---

125 Graciano, Decretos, parte II, causa 2, qu.6, cap.35.
126 Agostinho, Epístola 43, 2, 4; cf.Eusébio, História eclesiástica, livro X, 5, 18.
127 Ibidem 43, 2, 4; 53, 2, 5; 88, 3; 105, 2, 8; cf.Eusébio, História eclesiástica, livro X, 5, 18.

11. Bem sei quão numerosos são os rescritos e as epístolas decretais dos Pontífices nos quais engrandecem sua autoridade. Mas qualquer pessoa de bom-senso e minimamente inteligente logo se dá conta de que ambiente procedem esses documentos escusos. Quem de bom-senso acha que Anacleto é mesmo o autor daquela ridícula interpretação, que lhe foi atribuída por Graciano, segundo a qual Cefas quer dizer cabeça?[128] Incontáveis banalidades desse tipo foram compiladas por Graciano, sem juízo crítico algum, e delas se servem os romanistas contra nós a fim de defender a sua Sé. Eles não se envergonham de atrair, para uma questão tão evidente, as sombras com que mantinham o povo nas trevas. Mas não quero me cansar muito desmentindo essas frivolidades que por si mesmas se desmentem. Admito que há epístolas autênticas dos Pontífices antigos, nas quais se esforçam para exaltar a grandeza da sua Sé ao atribuir-lhe títulos magníficos. Este é o caso de Leão, que embora tenha sido homem sábio e eloquente, era cobiçoso de glória e de poder ilimitado. Em todo caso, gostaria de saber se as igrejas lhe devam crédito, quando ele se exprimia nesses termos. Pois é certo que muitas igrejas, cansadas de sua ambição, resistiram à sua fome de poder. Lê-se numa epístola que designou ao bispo de Tessalônica, vigário da Grécia e países limítrofes;[129] ao de Arles, ou não sei que outra cidade, das Gálias;[130] ao de Sevilha, das Espanhas.[131] Mas em todos esses casos ele acrescenta essa exceção: que aqueles encargos lhes eram confiados sob a condição de que os antigos privilégios dos metropolitanos permanecessem intactos.[132] Com efeito, Leão mesmo declara que um desses privilégios era o exame, em primeira instância, das controvérsias que apareciam.[133] Portanto, esses vicariatos foram estabelecidos de modo que nenhum bispo ficasse impedido de exercer sua jurisdição ordinária, e nenhum arcebispo fora do governo de sua província, e nenhum sínodo desautorizado. Bem se vê que o bispo de Roma não exercia qualquer jurisdição efetiva, mas simplesmente oferecia sua mediação aos conflitos, exatamente como exige a comunhão eclesiástica, a qual supõe que seus membros se preocupem uns com os outros?

12. Mas já em tempos de Gregório essa situação mudara bastante. Pois, estando o Império extremamente desgastado por muitos flagelos –

---

128 Graciano, Decretos, parte 1, dist.22, cap.2.
129 Leão I, Epístola 14, 1.
130 Ibidem, Ep.10,9.
131 Ibidem, Ep.15,17.
132 Ibidem, Ep.14,2.
133 Ibidem, Ep.13,1.

guerras, devastação e destruição nas Gálias, nas Espanhas, na Ilíria, na Itália, em África – os bispos cristãos, zelando pela unidade da fé em meio à dissolução política, reuniram-se com o bispo de Roma. Disso resultou o aumento da dignidade e da autoridade da Sé Romana. Não me importa saber por que meios se chegou a essa situação, mas só que essa autoridade se fez muito maior do que era antes. Em todo caso, estamos bem longe da supremacia dominadora e caprichosa de hoje em dia. De fato, a Sé Romana era digna de reverência por ter autoridade de reprimir e corrigir os rebeldes, que não aceitavam as admoestações de seus colegas. E, de fato, Gregório diz sempre e expressamente que desejava conservar os direitos alheios,[134] do mesmo modo como queria que observassem os seus: "não quero privar a ninguém de seus direitos, mas sempre honrar meus irmãos".[135] Em seus escritos não se acha nenhuma afirmação de seu primado mais forte que esta: "desconheço qualquer bispo, réu de culpa, que não esteja sujeito à Sé Apostólica", mas acrescenta a seguir: "Quando não há culpa, todos são iguais por obrigação de humildade".[136] Vê-se aqui embora atribua a si a autoridade de corrigir os que erram, contudo, faz-se igual aos demais. Notemos que esta autoridade é atribuída por ele, mas reconhecida por quem quisesse. Se alguém a recusasse, estava em seu pleno direito, e, de fato, muitos se opuseram. Notemos ainda que, nesse texto, Gregório está a falar do primaz de Bizâncio, o qual, condenado por seu sínodo provincial, recusara a sentença dos bispos, que denunciaram ao Imperador a sua contumácia. Este confiou o exame da causa a Gregório. Vê-se assim que ele não tomou uma iniciativa que violasse a jurisdição ordinária, mas fazia tudo por mandato do Imperador.

13. Eis, então, em que consistia a autoridade do bispo de Roma naqueles tempos: resistir aos rebeldes e obstinados sempre que se exigia uma intervenção extraordinária, a fim de auxiliar e não para estorvar aos bispos. Em relação aos demais bispos, Gregório não toma iniciativa alguma que não reconheça também como direito de seus colegas. De fato, ele aceitava ser admoestado por todos, e por todos ser corrigido.[137] Em outra passagem, ordenou ao bispo de Aquileia que se apresente em Roma para justificar sua opinião sobre um assunto debatido na província. Essa decisão, contudo, foi tomada por mandato imperial, como ele mesmo informou, e não por sua própria iniciativa; a seguir, declara que não seria

---

134 Gregório I, Epistolário, livro III, Ep.29 (PL 77, 627).
135 Ibidem, livro II, Ep.47 (PL 77, 588).
136 Ibidem, livro IX, Ep.59 (PL 77, 996).
137 Ibidem, livro II, Ep.50.

o único juiz, mas promete convocar um sínodo para julgar a causa.[138] Se bem que se encontrasse então uma situação moderada na qual a autoridade da Sé Romana era mantida em seus limites, que não podiam ser ultrapassados, e que o bispo de Roma tinha tanta autoridade quanto os demais, todavia é notável o quanto tal situação desagradava a Gregório. De fato, em diversos lugares ele se queixa de que, na sua condição de bispo, fora obrigado a retornar ao mundo, e que estava mais empenhado nos negócios terrenos do que quando era leigo, a ponto de se dizer como que afogado em assuntos mundanos.[139] Em outro lugar diz que: "Estou tão sobrecarregado de ocupações que minha alma não pode elevar-se ao alto. Disputas e petições assaltam-me como ondas. Depois de ter vivido pacificamente vejo-me acossado pelas tempestades de uma vida agitada, de modo que bem posso dizer: desci até o fundo do mar e a tempestade me encobriu".[140] Qual seria sua reação se estivesse vivo! Não estava ainda investido do ofício pastoral, mas o exercia. Não se imiscuía nos problemas do governo civil, mas declara-se súdito do imperador ao lado dos outros. Não se ingeria nos negócios de outras igrejas, exceto quando a necessidade o exigia. Seja como for, pensava que estava em meio a um labirinto por quanto não podia dedicar-se totalmente a sua missão episcopal.

14. Como dissemos, o arcebispo de Constantinopla disputava o primado com o de Roma; depois que a Sé imperial foi transferida para Constantinopla, parecia lógico que também aquela igreja ocupasse o segundo lugar de honra, depois da romana. Pois ser a capital do Império foi a razão principal pela qual, desde o início, se conferiu a Roma o primado. Graciano menciona um rescrito do papa Lúcio onde se lê que os arcebispados e as sés dos primazes seguiam a ordem do governo temporal, isto é, as sés foram definidas de modo tal que o grau de preeminência assinalado a uma cidade era conferido em razão da sua superioridade ou inferioridade política.[141] Também em outro rescrito, sob o papa Clemente, se diz que os patriarcas foram instituídos naquelas cidades que antes haviam sido as principais dos sacerdotes pagãos.[142] E se bem que isso seja notoriamente errado, aproxima-se à verdade. De fato, é conhecido que para não provocar mudanças bruscas, as províncias eclesiásticas foram divididas de acordo com a situação política já estabelecida. E assim, os primazes e metropolitas foram

138 Ibidem, livro I, Ep.16 (a Severo).
139 Ibidem, livro I, Ep.5 (PL 77, 448).
140 Ibidem, livro I, Ep.7 (PL 77, 453); livro I, Ep.26 (PL 77, 479).
141 Graciano, Decretos, parte I, dist.80, cap.1.
142 Ibidem, parte I, dist.80, cap.2.

colocados nas cidades mais nobres e poderosas. No primeiro Concílio de Turim decretou-se que as cidades principais na ordem temporal fossem também as principais sés episcopais. Porém, quando a autoridade política era transferida de uma cidade para outra, o mesmo se dava com a autoridade do metropolita da mesma. Mas Inocêncio, Pontífice de Roma, constatando que a importância da sua cidade estava declinando desde que a capital imperial havia sido transferida para Constantinopla, e temendo que desse modo a sua Sé perdesse prestígio, promulgou uma lei oposta, na qual se nega a necessidade de que se altere a hierarquia das igrejas conforme as mudanças políticas.[143] De qualquer modo, é mais razoável que antepor a autoridade de um Concílio àquela de um só homem. E, além disso, Inocêncio é suspeito de defender a própria causa. Seja como for, o decreto de Gregório demonstra claramente que valia a seguinte prática: os primazes foram estabelecidos conforme a importância política da sua cidade dentro do Império.

15. Segundo essa antiga tradição, foi decretado, no primeiro Concílio de Constantinopla, que o bispo desta cidade gozasse do privilégio de honra, logo após o bispo de Roma, visto que Constantinopla era a nova Roma.[144] Muito tempo depois, o Concílio de Calcedônia decretou algo semelhante,[145] contra o qual Leão reagiu de modo firme e resoluto, conforme se lê em algumas epístolas. Sua ousadia foi tão longe que não somente foram anuladas as decisões e conclusões de seiscentos bispos, mas ele os acusou abertamente de terem subtraído às demais sés a honra que fora tributada a Constantinopla.[146] Que outro motivo teria este homem, pergunto eu, para perturbar o mundo inteiro com a sua frivolidade? Pois ele sustentou que o decreto do Concílio de Niceia devia ser mantido inviolável,[147] como se a fé cristã estivesse para desaparecer caso sua igreja fosse preterida em favor de outra! Como se os patriarcas tivessem se reunido em Niceia com outra intenção que a manutenção do regime eclesiástico! Ora, sabemos que a manutenção desta ordem admite, ou melhor exige, mudanças conforme a exigência dos tempos. Portanto, é vão o pretexto de Leão ao afirmar que não se deve transferir à de sé de Constantinopla a honra que o Concílio de Niceia atribuíra antes a Alexandria.[148] Porque é mais do que evidente que se tratava de um decreto suscetível de ser modificado conforme o exigisse

---

143 Inocêncio I, Epístola 24, 1.
144 Sócrates, História eclesiástica, livro V, cap.8; Cassiodoro, História Tripartida, livro IX, cap.13.
145 Concílio de Calcedônia (451), cânon 28.
146 Leão I, Epístola 104, 2; 105, 2; 106.
147 Ibidem, 104, 3; 105, 3.
148 Ibidem, 119.

as circunstâncias. Além disso, nenhum bispo oriental, a quem interessava mais diretamente este assunto, se opôs. De fato, Protério, eleito bispo de Alexandria no lugar de Dióscoro, esteve presente; também o estiveram os outros patriarcas cuja honra era diminuída. A eles competia levantar objeção, e não a Leão, cuja posição sequer era tocada. Portanto, quando todos se calaram, ou melhor dizendo, aprovaram a decisão, e só o bispo de Roma resistiu, é fácil deduzir o motivo: Ele previa aquilo que pouco depois aconteceria, a saber, que declinando a glória da antiga Roma, Constantinopla, não satisfeita com o segundo lugar, pretendesse assumir a primazia. Apesar de toda a oposição de Leão, ele não pode evitar que o Concílio promulgasse este decreto. Por isso seus sucessores, vendo que seu esforço era em vão, abandonaram aos poucos essa reivindicação e permitiram que o bispo de Constantinopla fosse ser considerado o segundo patriarca.

16. Mas pouco depois, João, bispo de Constantinopla à época de Gregório, ousou chamar-se patriarca universal.[149] Gregório, não querendo renunciar à honra da sua Sé, opôs-se com razão a tal pretensão.[150] Eram de fato intoleráveis a soberba e a loucura do bispo de Constantinopla, que pretendia estender seu episcopado ao Império inteiro. Gregório, porém, não queria para si a honra que negava a terceiros, mas condena o próprio título chamando-o de perverso, ímpio e nefando, independentemente de quem o quisesse usurpar. Chega mesmo a indignar-se contra Eulógio, bispo de Alexandria, por tê-lo chamado de patriarca universal: "no proêmio da epístola que me enviaste, usaste aquele título orgulhoso chamando-me de papa universal. Peço-te que não o repitas, porque tudo o que excede aquilo que a razão exige foi tirado de um para dar a outro. De minha parte, não considero honroso o que diminui a honra de meus irmãos. Nisso consiste minha honra: que a Igreja universal e a condição de meus irmãos seja mantida em sua integridade. Se me chamas de papa universal, rebaixas a dignidade de teu ofício com a distinção que pretendes me dar".[151] Assim, a causa defendida por Gregório era boa e justa, mas porque João se apoiava no Imperador Maurício, não pode ser demovido de sua obstinação.[152] De modo semelhante, Ciríaco, seu sucessor, manteve-se firme nesta ambição de sorte que foi impossível fazê-lo desistir deste título.[153]

---

149 Gregório I, Epistolário, livro V, Ep.20.(PL77, 746).
150 Ibidem, livro V, Ep.29; Ep.20; Ep.21.Ep.43, etc.
151 Ibidem, livro VIII, Ep.30.(PL 77, 933).
152 Ibidem, livro V, Ep.21.
153 Ibidem, livro VII, Ep.31.

17. Por fim, Focas, eleito Imperador depois da morte de Maurício, não sei por que razão favorável aos romanos, talvez porque fora coroado em Roma sem oposição, concedeu a Bonifácio o que Gregório nunca pedira: que Roma fosse a cabeça de todas as Igrejas. Findou-se assim a controvérsia. Mas este benefício do Imperador de nada serviria à Sé Romana, caso depois não lhe acrescentassem outras vantagens. Pouco tempo se passou, a Grécia e toda a Ásia se subtraíram à sua comunhão. Embora reverente, a Gália obedecia somente naquilo que lhe convinha. Esta liberdade durou até que Pepino a submeteu completamente. Ora, Zacarias, Pontífice Romano, tendo se associado a Pepino na traição e latrocínio que perpetrou para arrebatar o reino, destronando o rei legítimo, obteve em recompensa que todas as igrejas da Gália se submetessem à Sé Romana. À semelhança dos salteadores que dividem os despojos, assim estes bons varões destronaram o verdadeiro rei e repartiram o botim: a Zacarias coube o domínio sobre as igrejas, e a Pepino, o reino. Essa autoridade, que de início não era muito forte, pois as novidades não se firmam rapidamente, foi depois consolidada por ação de Carlos Magno. Este, por motivos análogos, devia muito ao Romano Pontífice, pois, graças às manobras deste, fora elevado ao poder imperial. E ainda que seja lícito supor que as igrejas já estivessem debilitadas àquela altura, sabe-se, não obstante, que a partir daquele momento perderam definitivamente, na França e na Alemanha, a antiga forma da igreja. Existem ainda hoje nos arquivos do Parlamento de Paris os registros, redigidos em forma de crônica, que mencionam os acordos eclesiásticos que Pepino e Carlos Magno fizeram com os Pontífices Romanos. Essas ações destruíram a antiga forma da Igreja.

18. E como naquele tempo as coisas iam de mal a pior, a tirania da Igreja Romana aumentou indefinidamente. Isso se deu em parte pela ignorância dos bispos, e em parte por sua negligência. Porque enquanto o bispo de Roma se exaltava sempre mais, usurpando todos os direitos, os bispos não demonstraram o necessário zelo para reprimir a sua ambição, e mesmo quando tiveram ânimo para fazê-lo, lhes faltava verdadeira ciência e sabedoria para enfrentar tamanha empresa. Vemos então porque, em tempos de Bernardo, a desordem reinava em Roma, e a dissipação arruinava todo o regime eclesiástico. Ele lamenta que de toda parte acorriam a Roma os ambiciosos, os avarentos, os simoníacos, os sacrílegos, os fornicadores, os incestuosos e outros monstros, a fim de obter ou conservar, com o apoio da autoridade apostólica, as dignidades eclesiásticas,[154] e

---

154 Bernardo, Sobre a consideração, livro I, cap.4, 5.

que a fraude, o furto e a violência reinavam por toda parte. Diz ele que "as sentenças dos tribunais eclesiásticos são execráveis e indignas não somente da Igreja, mas dos piores tribunais civis".[155] Bernardo mostra--se indignado pelo fato de que a Igreja estava cheia de ambiciosos, e que ninguém mais temia cometer toda sorte de delitos; chega a dizer que a situação era comparável a de uma espelunca em que os ladrões repartem os despojos dos viajantes assaltados.[156] "Poucos atentam ao que sai da boca do legislador, mas todos olham para as suas mãos. E não sem motivo: pois suas mãos administram os negócios do Papa."[157] A seguir, falando do Papa, disse: "Quem são os aduladores que te dizem: Tudo bem, tudo vai bem? Tu os compras com os despojos das igrejas. A vida dos pobres está nas mãos dos ricos. A prata reluz na lama, e de toda parte ela corre para ti, contudo o mais pobre não se beneficia, mas sim o mais forte e o mais rápido. Esse costume, ou melhor dizendo, esta corrupção mortal, não começou contigo, mas queira Deus que contigo se finde. Contudo, vives recoberto de vestes preciosas. Se eu ousasse dizê-lo, diria mesmo que teus pastos são pastagens de demônios e não de ovelhas. Por acaso Pedro agia desse modo? Desse modo Paulo burlava de Deus?[158] Tua cúria está mais acostumada a recolher bens, que dispensá-los: aí os maus fazem carreira, e os bons fazem-se maus."[159] Bernardo conta a seguir os abusos que há nas apelações. Nenhum fiel consegue ler essas páginas sem se horrorizar.[160] Por fim, referindo-se à cobiça da Sé Romana ao usurpar uma jurisdição que não lhe compete, conclui dizendo: "Eis o lamento e os murmúrios das igrejas: elas clamam que estão sendo despedaçadas e desmembradas. Poucas, ou nenhuma, são as que não sofrem com esse flagelo ou não o tema. Que flagelo? Os abades se subtraem à jurisdição dos bispos; os bispos a dos arcebispos. Como é possível aceitar isso? Pois ao permiti-lo confirmas que tens a plenitude do poder, mas não a da justiça. Fazes isto porque podes fazê-lo: cabe perguntar se o deves fazer. Foste revestido de dignidade a fim de conservar a dignidade de cada um, e não para destrui-la".[161] Pareceu-me oportuno citar essas palavras de Bernardo, para que os leitores se deem conta do estado deplorável da

---

155 Ibidem, livro I, cap.10, 13.
156 Ibidem.
157 Bernardo, ibidem, livro IV, cap.2,4.
158 Ibidem, livro IV, cap.2,5.
159 Ibidem, livro IV, cap.4,11.
160 Ibidem, livro III, cap.2, 6, 12.
161 Ibidem, livroIII, cap.4, 14.

Igreja naqueles tempos, e também para que conheçam quão difícil era às almas piedosas tolerar essa calamidade.

19. Mesmo que concedêssemos ao Romano Pontífice a eminência e a plenitude de jurisdição que a Sé Romana teve em tempos de Leão e de Gregório, eu pergunto o que isso tem a ver com a situação atual do papado? Não me refiro ao problema do poder secular e da autoridade política, de que trataremos oportunamente, mas falo unicamente do governo espiritual de que tanto se gloriam: que semelhança há com o daqueles tempos? Porque a definição que dão do papa é a seguinte: ele é a cabeça suprema da Igreja na terra e o bispo universal do mundo inteiro.[162] E os próprios Pontífices Romanos, quando falam de sua autoridade, com desmedida vaidade pretendem possuir o poder de mandar, e aos demais resta obedecer;[163] que suas decisões devem ser observadas como se Pedro as tivesse pronunciado do céu;[164] que os sínodos provinciais não têm valor porque não contam com a presença do Papa;[165] que ele pode ordenar ministros para qualquer igreja;[166] que à sua pode convocar os que foram ordenados.[167] Inumeráveis coisas desse gênero se acham na compilação de Graciano. Não as citarei para não importunar o leitor. Em suma, diz isso: o Romano Pontífice tem o poder supremo sobre as causas eclesiásticas seja em matéria de fé, julgando e definindo doutrina,[168] seja em matéria jurídica, promulgando as leis,[169] seja no exercício da disciplina,[170] seja no da autoridade.[171] Seria longo e desnecessário contar todos os privilégios que arrogam para si em matéria processual, isto é, nos casos reservados, como dizem.[172] Porém, o mais intolerável é que não existe instância terrena que possa coibir e conter essa cobiça insaciável quando abusam de tão desmedida autoridade. Em razão do primado da Igreja Romana, a ninguém é lícito, dizem, questionar o juízo desta Sé.[173] E também: aquele que é juiz soberano não pode ser julgado nem pelo Imperador, nem pelos

---

162 Graciano, Decretos, parte I, dist.12, cap.12; dist.22, cap.2; parte II, causa 24, qu.1, cap.15.
163 Ibidem, Decretos, parte II, causa 25, qu.2, cap.18.
164 Ibidem, Decretos, parte I, dist.19, cap.2.
165 Ibidem, Decretos, parte I, dist.17, cap.6.
166 Ibidem, Decretos, parte II, causa 9, qu.3, cap.20.
167 Ibidem, Decretos, parte II, causa 9, qu.3, cap.16.
168 Ibidem, Decretos, parte I, dist.11, cap.2, 3 e 11; parte II, causa 24, qu.1, cap.15,
169 Ibidem, Decretos, parte I, dist.19, cap.4 e 5.
170 Ibidem, Decretos, parte I, dist.12, cap.1.
171 Ibidem, Decretos, parte II, causa 9, qu.3, cap.10.
172 Ibidem, Decretos, parte II, causa 16, qu.1, cap.52; causa 17, qu.4, cap.29, etc.
173 Ibidem, Decretos, parte II, dist.4, cap.30.

reis, nem pelo clero, nem pelo povo.[174] Ora, certamente ultrapassa toda medida humana pretender ser juiz de todos e não se submeter ao juízo de ninguém. Mas, que podemos fazer caso resolva tiranizar o povo de Deus? Se em lugar de pastor for ladrão? Se destruir o reino de Cristo? Se subverter a Igreja inteira? Pois, ainda que seja o pior dos homens, ninguém pode obrigá-lo a prestar contas. Ora, tais são as sentenças dos Pontífices: "Deus quis que todas as causas humanas fossem decididas pelos homens; mas somente pode julgar o prelado desta Sé".[175] E ainda: "as ações de nossos súditos são julgadas por nós, mas as nossas ações são julgadas somente por Deus".[176]

20. Para que seus decretos gozassem de maior autoridade, foram falsamente atribuídos aos antigos Pontífices, para que levassem a crer que a situação foi sempre a mesma desde o início, quando é certíssimo que todas as prerrogativas do Romano Pontífice, que ultrapassam o que lhes foi conferido pelos antigos Concílios, são fruto de invenções recentes e por isso posteriores àqueles tempos. Assim, em sua impudência, chegaram a ponto de publicar um rescrito sob o nome de Anastácio, patriarca de Constantinopla, no qual este reconhece que os cânones antigos estabelecem que não se deve tomar decisão alguma, nem mesmo nas regiões mais remotas, sem que antes fosse notificada a Sé Romana.[177] Trata-se notoriamente de algo falso. Como poderiam nos levar a crer que um opositor e rival, em honra e dignidade, da Sé Romana tenha se expressado assim? Estes anticristos não conseguem se livrar da insânia e cegueira em que caíram, porque qualquer pessoa normal que queira ver pode constatar sua perversão. As Epístolas Decretais que Gregório IX compilou, as Clementinas e as Extravagantes de Martinho demonstram ainda mais expressamente, chegam quase a gritar, essa desumana crueldade e tirania própria dos bárbaros. Tais são os oráculos pelos quais os romanistas querem que seu papado seja amado. Daqui nasceram aqueles notáveis axiomas que têm força de oráculos no papismo: que o papa não pode errar;[178] que o Papa está acima dos Concílios;[179] que o Papa é bispo universal de todas as igrejas;[180] que ele é a suprema cabeça da Igreja na terra.[181] Não mencionarei

---

174 Ibidem, Decretos, parte II, causa 9, qu.3, cap.13.
175 Ibidem, cap.14.
176 Ibidem, cap.15.
177 Graciano, Decretos, parte II, causa 9, qu.3, cap.12.
178 Cf. Gregório VII, Registro das epistolas, Ep.55 b (PL 148, 408).
179 Cf. Pio II, Bula Exsecrabilis (1460).
180 Gregório VII, Registro das epístolas, Ep.55 b (PL 148, 407).
181 Bonifácio VIII, Bula Unam Sanctam (1312).

outros desvarios que os canonistas estultamente proclamam aos teólogos, os quais não somente os acolhem, mas os têm em grande apreço a fim de adularem ao seu ídolo.

21. No serei rigoroso em minha análise. Mas quem quiser opor-se à sua descarada insolência, pode citar a sentença de Cipriano num Concílio por ele presidido: "Nenhum de nós se chama bispo dos bispos, e ninguém obriga seus colegas a obedecer por força do terror, que é fruto da tirania".[182] Poder-se-ia, ainda, citar o decreto do Concílio de Cartago, segundo o qual ninguém deve ser chamado príncipe dos bispos ou primeiro dos bispos. De modo semelhante, poder-se-iam citar muitos decretos conciliares e sentenças dos Padres antigos, que empurram o Romano Pontífice para dentro de seus verdadeiros limites. Deixo de lado esse assunto, para não parecer que sou muito insistente: peço aos defensores do papado que me respondam por que ousam defender o título de bispo universal, se Gregório o anatematizou. Se o testemunho de Gregório tem algum valor, então estão a declarar abertamente que seu Pontífice é o Anticristo, visto que o fazem bispo universal. Nem o termo "cabeça" foi muito usado à época de Gregório. Vejamos o que ele diz em outra passagem: "Pedro era membro principal do corpo de Cristo; João, André e Tiago, cabeças de povos particulares: contudo, todos são membros da Igreja sob uma só Cabeça, uma vez que os santos que vieram antes da Lei, os santos sob a Lei e os santos sob a graça são membros de um só corpo, e nenhum pode ser chamado *universal*."[183] Quanto à autoridade de mandar que o Pontífice reivindica para si, digo que isso não está de acordo com outras declarações de Gregório. Porque embora Eulógio, bispo de Alexandria, tivesse escrito que agia "conforme me mandaste", Gregório respondeu-lhe assim: "peço-te que não me permitas ouvir esse termo *mandar*, porque sei quem sou eu e quem és tu; na hierarquia te considero irmão; na santidade, pai. Portanto, não te mando nada, mas procurei informar-te sobre aquilo que me parecia conveniente."[184] A pretensão de o Romano Pontífice estender sua jurisdição por toda parte, não somente infere grave injúria e ofensa aos demais bispos, mas à Igreja inteira, visto que a destorce a fim de edificar seu reino sobre as suas ruínas. Além disso, pretender estar isento de toda jurisdição e querer dominar de modo tirânico, isto é, que seu capricho se torne lei, é absolutamente contrário ao regime da Igreja

---

182 Concílio de Cartago III (397), cânon 26.
183 Gregório I, Epistolário, livro V, Ep.18 (PL77, 740).
184 Ibidem, livro VIII, Ep.29.

e não pode ser tolerado. Porque isso repugna não somente a fé, mas também todo senso de civilidade.

22. Mas, para não examinar detalhadamente todos esses pontos, pergunto mais uma vez aos que hoje querem ser os melhores e mais fiéis advogados da Sé Romana se não se envergonham de defender as condições atuais do papado, cem vezes muito mais corrupto que no tempo de Gregório ou de Bernardo. Pois estes santos se indignavam grandemente ao ver toda aquela desordem. Muitas vezes queixa-se Gregório pelo fato de que se distraía de seu ofício pastoral por conta de ocupações indignas deste, e que, sob as vestes de bispo, retornara ao mundo, empenhando-se em questões terrenas mais do que quando era leigo: que estava sufocado por negócios seculares e não conseguia mais se elevar às coisas do alto; que se via agitado por tempestades e ondas de problemas ao ponto de sentir-se lançado ao fundo do mar.[185] Certo é que todas essas ocupações terrenas não o impediram de pregar ao povo na igreja, admoestando e corrigindo privadamente aos que necessitavam; de manter a ordem na sua igreja, de aconselhar aos bispos vizinhos e exortá-los a que cumprissem o seu dever. Além disso, restava-lhe tempo bastante para escrever. Contudo, lamenta sua desgraça e sente-se submerso num mar de problemas. Se naquele tempo o mar era proceloso, que diremos do papado hodierno? Ora, quem não vê a diferença que há entre ambos? Nenhuma pregação, nenhum cuidado com a disciplina, nenhuma diligência para com as igrejas, nenhuma função verdadeiramente espiritual. Este labirinto, no entanto, é louvado pelos romanistas como se não pudesse imaginar nada mais tão organizado. Bernardo, porém, se desfaz em lamentos, deplorando os vícios de seu tempo. Que diria ele, então, se fosse testemunha desta nossa idade de ferro, muito pior que a sua? Será possível maior perversidade que querer obstinadamente justificar como santa e divina uma condição unanimemente condenada pelos antigos pastores, e não só isso, valer-se do testemunho deles para defender uma situação que lhes foi completamente desconhecida? É verdade que na época de Bernardo a situação já estava tão degradada, que não há grande diferença entre a atual e a de seus dias. Aos romanistas, porém, falta todo pudor, pois pretendem justificar a situação do papado valendo-se de Leão e de Gregório. Agem à semelhança dos que elogiavam o antigo governo da República romana para confirmar o despotismo dos Césares, isto é, elogiar a liberdade para exaltar a tirania.

---

185 Gregório I, Epistolário, livro I, Ep.5; Ep.7; Ep.26.

23. Ainda que lhes concedêssemos tudo o que pretendem, isso de nada lhes serviria. De novo apresentamos nossa tese: negamos que em Roma exista uma igreja que possa reivindicar algum privilégio, pois negamos que ali exista um bispo capaz de governar a igreja. Portanto, ainda que fossem verdadeiras as doutrinas que acima refutamos, a saber, que Cristo constituiu Pedro como cabeça da Igreja universal, que Pedro transmitiu à Igreja Romana essa honra e dignidade, e que tudo isso foi confirmado pela autoridade da Igreja antiga e por longa tradição, que a jurisdição suprema sempre foi reconhecida por todos; que o Romano Pontífice é o juiz de todas as causas e de todos os homens, sem que ninguém possa julgá-lo: mesmo que lhes concedêssemos tudo isso e muito mais, respondo que de nada servem esses privilégios, se em Roma não há uma igreja nem um bispo. Eles têm que admitir, queiram ou não, que Roma não pode ser mãe das igrejas, uma vez que ela não é igreja e que não pode ser príncipe dos bispos quem não é bispo. Querem a Sé Apostólica em Roma? Provem que ali existe um verdadeiro e legítimo apostolado. Querem que ali resida o sumo Pontífice? Provem que ali há um bispo. Mas conseguiriam ao menos mostrar um simulacro de Igreja? É verdade que a chamam assim, e continuamente a têm nos lábios, mas a Igreja se reconhece por certos sinais, e o episcopado designa um ofício. Não estou me referindo ao povo, mas ao regime que sempre deve existir na Igreja. Onde se está a forma de ministério tal como foi instituído por Cristo? Recordemo-nos do que disse sobre o ofício dos presbíteros e do bispo. Se julgarmos os cardeais por essa regra, veremos que nada mais são que presbíteros. O Papa? Gostaria de saber o que ele faz para ser reconhecido como bispo. Pois o primeiro e principal ofício de um bispo é a pregação da Palavra de Deus; o segundo é administrar os sacramentos; o terceiro, admoestar, exortar, corrigir os que pecam, bem como manter o povo na santa disciplina. Qual destas funções o papa exerce? Que papa se ocupa ou finge se ocupar disso? Digam-me, pois, os seus aduladores, por que devemos considerá-lo bispo, visto que não dá a mínima prova de interesse por seu ofício, nem dá de que irá tê-lo.

24. O bispo não é rei. De fato, o rei, mesmo quando não cumpre suas obrigações, conserva porém a honra e o título. Mas, para se avaliar um bispo, devemos considerar o que Cristo instituiu para os bispos, e isso deve sempre vigorar na Igreja. Que os romanistas me resolvam o seguinte dilema: nego que seu Pontífice seja o primeiro dos bispos, uma vez que ele mesmo não é bispo. Portanto, se querem provar que o papa é o primeiro dos bispos, devem antes provar que é bispo. Mas como irão fazê-lo? Pois ao papa faltam não somente as características de um bispo, mas exibe todas aquelas que as contrariam? Por onde começarei, então? Pela doutrina ou pelos costumes? Que hei de dizer? Que hei de calar? Até onde irei? Pois se o mundo está atualmente repleto de doutrinas perversas e ímpias, de todas as espécies de superstição, de todos os erros e toda idolatria, sustento que esses males defluíram da Sé Romana, ou pelo menos foram ali confirmados. E a razão por que os Pontífices se mostram tão furiosamente contrários à doutrina do Evangelho que agora se revigora, e se empenham com todas as forças para oprimi-la, incitando reis e príncipes a persegui-la, está somente nisso: a constatação de que seu reino desmorona quando o Evangelho é anunciado. Cruel foi o papa Leão;[186] sanguinário, Clemente;[187] inumano, Paulo.[188] Mas não somente o temperamento os levou a oprimir a verdade, mas sobretudo a sanha de manter sua tirania. Por conseguinte, assim como não podem sobreviver senão exilando a Cristo, esforçam-se para arruinar o Evangelho como se estivessem a defender a própria vida. Que pensar então? Que a Sé Apostólica se acha onde não vemos outra coisa que horrenda apostasia? Será vigário de Cristo quem, perseguindo raivosamente o Evangelho, se revela claramente como Anticristo? Será sucessor de Pedro quem faz tudo para destruir o que Pedro construiu? Será cabeça da Igreja quem a esmaga e despedaça, separando-a da única e verdadeira Cabeça, que é Cristo? Concedamos que Roma tenha sido outrora a mãe de todas as igrejas, mas desde que começou a ser a Sé do Anticristo deixou de ser o que era.

25. A muitos parece que gostamos de amaldiçoar e somos atrevidos porque chamamos o Romano Pontífice de Anticristo. Mas os que dizem isso, não se dão conta de que acusam a Paulo de impudência, pois nós repetimos o que ele disse. E para que ninguém venha nos censurar que deturpamos as palavras de Paulo, como se ele as tivesse dito com outra finalidade, mostrarei com poucas palavras as palavras do aplicam-se perfeitamente ao papado. Paulo, de fato, diz que o Anticristo se assentaria no templo de Deus (2Ts2.4). Em outro lugar, descrevendo a imagem do Anticristo na pessoa de Antíoco, o Espírito Santo mostra que seu reino consistirá em falar grandes coisas e dizer blasfêmias contra o Altíssimo (Dn 7.25; Ap. 13,8). Disso concluímos que a tirania do Anticristo é maior sobre as almas que sobre o corpo, e que está voltada contra o reino espiritual de Cristo. Concluímos, além disso, que essa tirania não consiste em abolir o nome de Cristo e de sua Igreja, mas sobretudo em usar a Cristo como pretexto,

---

186 Leão X (1513-1521).
187 Clemente VII (1523-1534).
188 Paulo III (1534-1549).

mascarando-o sob uma farsa de Igreja. Ora, todas as heresias e seitas que apareceram desde o princípio pertencem ao reino do Anticristo, no entanto, quando Paulo predisse que virá a apostasia [2Ts2.3], ele pretende dizer que essa abominação será erigida mediante a defecção universal na Igreja, ainda que muitos membros perseverem na verdadeira unidade da fé. Quando Paulo diz que já em seu tempo o Anticristo dera início ao mistério da iniquidade que se consumará claramente no futuro [2Ts 2.7], devemos concluir que semelhante calamidade não pode ser causada apenas por um homem, nem terminará com a morte de um só homem. Além disso, Paulo nos dá um sinal para reconhecer o Anticristo ao dizer que atribuirá a si a honra que é devida somente a Deus [2Ts. 2.4]. Eis aí o principal sinal para desmascará-lo, sobretudo quando se vê que a sua soberba devasta inteiramente a Igreja. Ora, é notório que o Pontífice Romano se apropriou despudoradamente daquilo que é próprio de Deus e de Cristo, e, por isso, não podemos ter dúvida de que ele é a cabeça deste reino ímpio e abominável.

26. Que os romanistas venham agora falar da antiguidade da sua Sé, como em meio a tanta subversão pudesse subsistir a honra primacial onde sequer existe uma Sé. Narra Eusébio que por justo motivo Deus transferiu a Igreja de Jerusalém para a cidade síria de Pela.[189] Ora, isso que aconteceu uma vez pode muito bem acontecer de novo. Portanto, seria coisa ridícula e absurda vincular a dignidade do primado a uma Sé, de sorte que se deva considerar vigário de Cristo, sucessor de Pedro e sumo Pontífice da Igreja aquele que é inimigo mortal de Cristo, adversário supremo do Evangelho, destruidor e devastador da Igreja e cruel assassino de todos os santos somente pelo fato de que ocupa a cátedra que foi a principal de todas. Não quero expor a diferença que existe entre a chancelaria do Papa e o legítimo regime da Igreja, ainda que apenas este ponto bastasse para resolver todos os problemas. Nenhuma pessoa de bom-senso é capaz de reconhecer o genuíno ofício episcopal nas bulas e no magistério de astúcias e delicadezas que constituem o reino espiritual do Papa. Bem disse alguém que a antiga Igreja Romana dos Padres tornou-se há muito a corte de Roma. Não me refiro aos vícios dos indivíduos, mas à instituição do papado que é completamente contrária ao regime eclesiástico.

27. Passemos a avaliar os indivíduos. Que tipo de vigário de Cristo encontramos em Júlio,[190] Leão, Clemente e Paulo, tidos pelos papistas como colunas da fé cristã e principais intérpretes da religião, mas que de Cristo

---

189 Eusébio, História Eclesiástica, livro III, cap.V, 3.
190 Júlio II (1503-1515).

conhecem apenas o que aprenderam na escola de Luciano?[191] Mas, por que nomeio somente três ou quatro Pontífices, como desconhecêssemos que tipo de religião professaram os Pontífices e seu colégio de cardeais? Pois certo é que o primeiro artigo da sua arcana teologia consiste em dizer que Deus não existe; o segundo, que é mentira e engano tudo que se diz e prega sobre Cristo; o terceiro, que são meras fábulas a doutrina da vida eterna e da ressurreição. Admito que nem todos pensam assim, e poucos são os que admitiriam falar abertamente. Todavia, faz já muito tempo que o cristianismo confessado pelos Papas se reduz a isso, e disto têm notícia todos os que conhecem a Sé de Roma. Os teólogos romanistas, porém, não cessam de ensinar que, por privilégio de Cristo, o Papa não pode errar, porque foi dito a Pedro: "Orei por ti, para que tua fé não desfaleça" [1c 22.32]. Do que lhes serve zombaria tão impudente senão para mostrar que eles chegaram ao cúmulo da impiedade, uma vez que não temem a Deus, nem lhes importa o que pensam os homens?

28. Suponhamos que a impiedade destes Pontífices que citei seja desconhecida, uma vez que não a tornaram públicas em seus sermões, ou em seus escritos, mas somente à mesa ou em dentro de casa entre quatro paredes. Então, se os papistas querem sustentar a validade de seus privilégios, é preciso excluir João XXII do número dos Pontífices, pois ele afirmou abertamente que as almas são mortais e perecem com o corpo até o último dia. E, para que se veja que a cátedra romana com suas quatro pernas caiu, basta dizer que nenhum dos cardeais se opôs a tamanha aberração. Somente a universidade de Paris pressionou o rei a fim que este obrigasse o papa a desmentir suas afirmações; o rei, por sua vez, mandou que seus arautos proclamassem, por todo o reino, que seus súditos estavam desligados da comunhão com o Papa enquanto este não se arrependesse. Compelido pela necessidade, o Papa retratou-se de seu erro, como mestre Gerson o narra.[192] Este exemplo me dispensa de mais adiante discutir com meus adversários sobre a possibilidade de a Sé Romana e os Papas errarem em matéria de fé, uma vez o Senhor disse a Pedro: "Orei por ti, para que tua fé não desfaleça" [Lc 22.32]. Ora, João XXII afastou-se tão clamorosamente da verdadeira fé que seu caso serve de exemplo para que a posteridade saiba que não são Pedros todos os que sucedem a Pedro no episcopado. Se bem que isto seja tão pueril, que nem merece resposta. Se querem, de fato, aplicar aos sucessores de Pedro tudo aquilo que se disse

---

191 Luciano de Samósata (II a.C.).
192 João Gerson, Sermão da Festa da Páscoa (Ed.du Pin, v.III, 1205).

a Pedro, então se seguirá que todos são sucessores de satanás, uma vez que o Senhor também disse a Pedro: "Arreda, Satanás, porque és para mim uma pedra de tropeço" [Mt 16.23]. Porque, assim como os papistas invocam aquela passagem, nós podemos responder-lhes com esta.

29. Não me agrada discutir por discutir, como eles fazem, nem me entregar a cavilações ridículas. Retorno então ao meu tema inicial: afirmo que vincular Cristo, o Espírito Santo e a Igreja a um lugar determinado, de tal modo que todo aquele que ali governe, mesmo sendo o diabo em pessoa, deva ser tido por vigário de Cristo e cabeça da Igreja, somente porque em tempos passados ali esteve a cátedra de Pedro, digo que isto não somente é ímpio e afrontoso a Cristo, mas também absurdo e oposto ao bom-senso. Há muito tempo que os Pontífices de Roma não têm religião alguma ou são inimigos mortais dela. Não são, pois, os vigários de Cristo em virtude da cátedra que ocupam, assim como um ídolo não pode ser tido por Deus somente pelo fato de que está em seu templo [2Ts 2.4]. Se, por outro lado, nos detivermos a falar nos problemas morais, os Papas respondem que isso em nada interfere na sua condição de bispos. Antes de mais nada é preciso dizer que fazem pouco caso ou aprovam tacitamente o gênero de vida absolutamente dissoluto que se em Roma, e por isso agem de modo indigno de verdadeiros bispos, cujo ofício e obrigação é conter a licenciosidade do povo mediante o rigor da disciplina. Não quero ser severo ao ponto de fazê-los responsáveis pelas culpas alheias, mas é conhecido que eles e suas famílias, juntamente com quase todo o colégio de cardeais e a canalha de seu clero, se entregam a toda sorte de crimes e abominações, que mais parecem monstros que seres humanos, e nisso demonstram claramente que são qualquer coisa menos bispos. Não devem temer, porém, que lhes jogue na cara toda a sua infâmia, pois me repugna tratar de coisas tão repulsivas e hediondas. Além disso, temo ofender os ouvidos honestos e piedosos. Acho que já demonstrei de modo mais que suficiente o que desejava, a saber: ainda que Roma tenha sido a cabeça das Igrejas, contudo não merece hoje ser mencionada nem mesmo como dedo mínimo do pé.

30. Quanto àqueles que chamam de cardeais, digo que desconheço como conseguiram se elevar tão rapidamente a tamanha distinção. No tempo de Gregório, este título competia somente aos bispos. Sempre que ele meniona os cardeais, está se referindo não somente aos presbíteros de Roma, mas aos bispos de quaisquer dioceses. Desse modo, concluímos que presbítero-cardeal não quer dizer outra coisa senão bispo.[193] Não me

---

193 Gregório I, Epistolário, livro I, Ep.15; Ep.78; livro II, Ep.37; livro III, Ep.14, etc.

parece que esse título tenha sido usado antes com este ou outro significado. Pelo que é possível saber, os cardeais eram inferiores aos bispos,
aos quais atualmente superam em muito. Bem conhecida é a sentença
de Agostinho: "conforme os títulos honoríficos em uso na Igreja, o grau
do episcopado é maior que o do presbiterato, mas Agostinho é inferior
a Jerônimo em muitas coisas".[194] Nessa passagem, Agostinho dirige-se a
um presbítero da Igreja Romana sem fazer qualquer distinção deste e dos
demais, pois os considera a todos inferiores aos bispos. Essa norma foi
sempre observada. De fato, quando certa vez o bispo de Roma enviou dois
legados ao sínodo de Cartago, um que era bispo e outro que era presbítero,
este último sentou-se num lugar inferior.[195] Para não irmos tão longe, basta
dizer que, em tempo de Gregório, celebrou-se em Roma um Concílio no
qual os presbíteros da cidade sentaram-se nos últimos lugares e votaram
à parte; os diáconos sequer tinham o direito de assinar.[196] É claro que
os presbíteros romanos não tinham à época outro ofício que coadjuvar o
bispo na pregação e administração dos sacramentos. Hoje de tal modo
sua sorte melhorou que os vemos assemelhados a reis e Imperadores. Não
há dúvida de que essa ascensão foi gradual, acompanhando sua cabeça,
até chegar ao cume do poder em que se encontram.

31. Pareceu-me oportuno abordar este ponto para que os leitores
compreendessem melhor que a Sé Romana, tal como hoje se encontra,
difere muitíssimo da que outrora existiu, e da qual se pretende falsamente
herdeira. Mas seja lá o que ela tenha sido, nada resta, em meio às suas exterioridades, da verdadeira e legítima constituição da Igreja. Mais ainda: tudo
quanto tem opõe-se totalmente ao autêntico presbiterato, sendo forçoso
reconhecer que lhes sucedeu o que tantas vezes disse Gregório: "Gemendo
e chorando eu digo que a ordem presbiteral decaiu interiormente e não
poderá manter-se por longo tempo".[197] Antes, é preciso que se cumpra o
que disse Malaquias: "Vós vos desviastes do caminho, e fizestes a muitos
tropeçarem na lei. Assim sendo, fizestes nulo a aliança de Levi, diz o Senhor.
Em razão disso, eis que eu vos fiz desprezíveis e vis diante de todo o povo"
[Ml 2.8,9]. Deixo agora que cada um faça suas próprias considerações
sobre a hierarquia romana, à qual os despudorados papistas não hesitam
submeter a própria Palavra de Deus, que deve ser tida como sacrossanta
e digna de reverência no céu e na terra, por homens e por anjos.

---

194 Agostinho, Epístola 82, 4, 33.
195 Concílio de Cartago (418).
196 Gregório I, Epistolário, livro V, Ep.53.
197 Ibidem, Epistolário, livro V, Ep.53; 55; 57.

Capítulo VIII

Do poder da Igreja no que diz respeito à definição dos dogmas de fé, e da desenfreada licença que o papado usou para viciar toda a pureza da doutrina.

egue-se agora o terceiro ponto concernente à autoridade da Igreja, autoridade esta que reside em parte nos bispos, em parte nos concílios gerais e regionais. Refiro-me apenas à autoridade espiritual, que é própria da Igreja, e diz respeito à doutrina, à jurisdição e à faculdade de estabelecer leis. No atinente à doutrina, dois elementos devem ser considerados: a autoridade de estabelecer dogmas e a autoridade de explicá-los. Antes de iniciarmos a exposição de cada um desses pontos, queremos advertir aos piedosos leitores que tudo quanto é ensinado a respeito da autoridade da Igreja deve estar pautado por aquele fim em função do qual, segundo Paulo, essa autoridade foi concedida, isto é, a edificação, e não a destruição da Igreja (2Co 10, 8; 13, 8). Todos os que querem fazer uso legítimo dessa autoridade não devem se considerar mais que ministros de Cristo e do povo cristão (1Co 4, 1). Ora, a única forma de edificação da Igreja se realiza na medida em que os ministros se dedicam a conservar a autoridade de Cristo, a qual não pode ser garantida de outro modo que lhe reservando o que Ele recebeu do Pai, a saber, que seja o único mestre da Igreja, pois de nenhum outro foi escrito: "Ouvi-o" (Mt 17, 5; Mc 9, 7; Lc 9, 35). Portanto, a autoridade eclesiástica não deve ser usada para fins malignos, mas deve ser mantida dentro de limites determinados, a fim de que a Igreja não seja jogada de um lado para outro conforme a vontade dos homens. Para bem entender esse assunto, de muito serve observar de que modo os profetas e apóstolos descreveram o uso de tal autoridade. É preciso concluir que, se cedermos aos homens a autoridade que lhes apetece, logo cairemos na tirania, flagelo que deve estar bem longe da Igreja de Deus.

2. Por conseguinte, é preciso considerar que toda dignidade e autoridade que, na Escritura, o Espírito Santo confere aos sacerdotes ou profetas, aos apóstolos e a seus sucessores não são atribuídas propriamente à pessoa, mas a seu ministério, ou, melhor dizendo, à Palavra de Deus, cuja pregação lhes foi confiada. Porque se examinarmos a função de tais ministros, acharemos que lhes foi dada autoridade de ensinar ou responder somente em nome e pela Palavra do Senhor. Pois, chamados à pregação, foi-lhes ordenado que nada propusessem por conta própria, mas que falassem pela boca do Senhor. O Senhor, de fato, não os apresentou ao povo para que fossem ouvidos, antes de ter estabelecido aquilo que deviam falar para que nada dissessem além da sua Palavra. O próprio Moisés, príncipe de todos os profetas, que devia ser ouvido mais que todos, foi instruído pelos mandamentos para que não anunciasse absolutamente nada que não viesse da parte do Senhor. Quando o povo abraçou seu ensinamento, diz-se que havia crido "em Deus e em Moisés, seu servo" (Ex 14, 31). De modo semelhante, a autoridade dos sacerdotes foi estabelecida com severas advertências, a fim de que ninguém a desprezasse (Dt 17, 9.13). Por outro lado, o Senhor mostra de que maneira os sacerdotes deviam ser ouvidos, ao dizer que estabeleceu sua aliança com Levi, para que a verdade estivesse em sua boca (Ml 2, 4-6). Pouco depois, diz que "Os lábios do sacerdote guardarão o conhecimento, e a lei buscarão de sua boca, pois ele é o mensageiro do Senhor dos Exércitos" (Ml 2, 7). Se deseja ser ouvido, o sacerdote deve comportar-se como fiel mensageiro de Deus, isto é, deve transmitir com fidelidade o que recebeu do Senhor. De fato, quando se tratava de dar ouvidos ao sacerdote, acrescentava-se expressamente que respondam conforme a Lei do Senhor (Dt 17, 10-11).

3. Quanto à autoridade dos profetas, lê-se em Ezequiel uma bela definição: "Filho do Homem", diz o Senhor, "eu te estabeleci como sentinela sobre a casa de Israel: portanto ouvirás de minha boca a palavra e lhes anunciarás de minha parte" (Ez 3, 17). Será que, ao ordenar que se ouvisse o que saía da boca do Senhor, não proibia também que se inventasse algo por conta própria? Que significa "falar da parte do Senhor" senão falar com a alegre confiança de que a palavra anunciada não é sua, mas do Senhor? Esse mesmo pensamento encontra-se em Jeremias: "O profeta", diz ele, "que tiver um sonho, que narre o sonho; e quem tem minha palavra, que fale minha palavra, verdadeiramente" (Jr 23, 28). Não resta dúvida de que essas palavras comunicam uma norma, a saber, que não se deve tolerar que alguém diga mais do que foi ordenado; a seguir, chama de "palha" tudo o que não procede dele. Por isso, nenhum profeta abriu a boca para dizer algo que não fosse a Palavra do Senhor. Compreende-se então que em seus escritos ocorram expressões como "palavra do Senhor", "missão do Senhor", "assim diz o Senhor", "a boca do Senhor o disse". Com razão, Isaías declarou que seus lábios eram impuros (Is 6, 5), e Jeremias que não sabia falar, pois se sentia como um menino (Jr 1, 6). Que sairia da boca impura de Isaías e dos lábios pueris de Jeremias senão impureza e infantilidade caso anunciassem palavras suas? Porém, seus lábios torna-ram-se puros e santos quando começaram a ser órgãos do Espírito Santo. Assim, depois de lhes haver limitado a atividade, o Senhor revestiu seus profetas de insigne autoridade e títulos excepcionais, insistindo que nada dissessem além do que tinham recebido. Pois, quando o Senhor assevera "havê-los estabelecido sobre as nações e reinos, para que os arrancassem e extirpassem, arruinassem e destruíssem, edificassem e plantassem" (Jr 1, 10), esclarece a seguir o fundamento dessa autoridade: "Ele pôs sua Palavra em suas bocas" (Jr 1, 9).

4. Considerando agora os apóstolos, é fato que foram honrados com muitos e insignes títulos, por exemplo, "luz do mundo" e "sal da terra" (Mt 5, 13-14); Cristo disse que deviam ser ouvidos em seu lugar (Lc 10, 16); que tudo o que ligassem ou desligassem na terra seria ligado ou desligado no céu (Mt 16, 19; 18, 18; Jo 20, 23). Entretanto, o próprio nome "apóstolo", isto é, "enviado", indica o que lhes foi permitido para o cumprimento da sua missão, pois, se são apóstolos, não devem falar o que lhes parece oportuno, mas anunciar fielmente a mensagem de quem os enviou. São bastante claras as palavras de Cristo, que limitam a missão dos apóstolos, quando os enviou a ensinar a todos os povos aquilo que lhes havia mandado (Mt 28, 19-20). Pois Cristo mesmo recebeu essa lei e a ela se submeteu, para que a ninguém fosse permitido desprezá-la: "Minha doutrina", diz Ele, "não é minha, mas do Pai que me enviou" (Jo 7, 16). Cristo, que sempre foi o eterno e único conselheiro do Pai, e pelo Pai foi constituído Senhor e Mestre de todos, exerce o ministério de ensinar, demonstrando, por seu exemplo, a regra que todo ministro deve seguir para dispensar o ensinamento. Portanto, a autoridade da Igreja não é infinita, mas está sujeita à Palavra do Senhor, como se nela estivesse inserida.

5. Essa norma, que valeu no início da Igreja, deve valer também hoje: os servos de Deus não devem ensinar nada além daquilo que dele aprenderam. Sucede, porém, que os modos de ensinar variam conforme as épocas. No entanto, a forma atual difere, em muitos pontos, daquela que acima expusemos. Em primeiro lugar, se é verdade o que Cristo diz, a saber, que "ninguém viu o Pai senão o Filho, e aquele a quem o Filho quiser revelar" (Mt 11, 27), foi necessário que os que queriam chegar ao conhecimento de Deus fossem encaminhados por essa sabedoria. Como teriam podido compreender os mistérios de Deus, e anunciá-los, se não tivessem sido ensinados por aquele que é o Único a quem tais mistérios foram revelados? Por isso, os santos varões de outrora conheceram a Deus contemplando-o em seu Filho, como num espelho (2Co 3, 18). Dizendo isso, entendo que Deus manifestou-se aos homens unicamente pelo Filho, que é sua sabedoria, sua luz e sua verdade. Dessa fonte beberam Adão, Noé, Abraão, Isaac, Jacó tudo aquilo que sabiam da celeste doutrina. Dessa mesma fonte, os profetas receberam os oráculos celestes. Essa sabedoria de Deus não foi comunicada aos homens sempre de um único modo. Assim, Deus se valeu de revelações secretas ao falar com os patriarcas, confirmando-as mediante sinais, a fim de que não houvesse dúvida de que Deus mesmo lhes falara. Os patriarcas transmitiram às gerações seguintes o que tinham recebido, pois Deus lhes confiara sua Palavra para que fosse transmitida aos pósteros; a estes Deus certificava interiormente que eram do céu, e não da terra, as coisas que ouviam.

6. Quando aprouve a Deus dar forma mais excelente à Igreja, quis que sua Palavra fosse consignada por escrito, a fim de que os sacerdotes nela encontrassem o ensinamento a ser ministrado ao povo, de sorte que toda doutrina pregada se conformasse a essa regra. Por isso, depois da promulgação da Lei, foi ordenado aos sacerdotes que ensinassem "pela boca do Senhor" (Ml 2, 7), isso significa que não deviam ensinar nada que fosse estranho ou destoante do gênero de doutrina que Deus revelara em sua Lei. Não lhes era permitido, de fato, acrescentar ou diminuir qualquer coisa à Lei. Vieram então os profetas, pelos quais Deus proclamou novos oráculos a ser acrescentados às leis; todavia tais acréscimos procediam da Lei e a tinham como meta. Pois, quanto à doutrina da Lei, os profetas foram simples expositores que nada acrescentaram, exceto alguns vaticínios. Excetuados esses vaticínios, os profetas apenas expunham a Lei. Visto, no entanto, que aprouve ao Senhor que o ensinamento tivesse maior evidência e extensão, a fim de assim melhor socorrer a debilidade das consciências, Ele ordenou que as profecias fossem postas por escrito e agregadas à sua Palavra. Ao mesmo tempo, foram acrescentados alguns fatos históricos, que nada mais são que meditações redigidas sob inspiração do Espírito Santo. Entre as profecias, incluo os *Salmos*, porque seus temas são semelhantes. Todos esses escritos, formados pela Lei, *Profetas*, *Salmos* e relatos históricos, constituíram, para o povo antigo, a Palavra de Deus, à qual os sacerdotes e doutores deveriam conformar seu ensinamento até o advento de Cristo, não lhes sendo lícito declinar à direita ou à esquerda. Eis o limite da sua autoridade: falar ao povo pela boca do Senhor. Isso se pode concluir daquela significativa passagem de Malaquias, onde se ordenou aos judeus que recordassem da Lei e a ela se ativessem até que chegasse a pregação do Evangelho (Ml 4, 4). Com essa exortação, os judeus foram afastados de toda novidade doutrinal, desautorizando-os que se desviasse o mínimo que fosse do caminho fielmente indicado por Moisés. Entende-se por que Davi exalta de modo tão magnífico a excelência da Lei e tantos elogios lhe faz (Sl 119, 7.11; 119, 89.112), pois os judeus não deviam desejar nada além, uma vez que toda a perfeição estava ali encerrada.

7. Quando, afinal, a Sabedoria de Deus manifestou-se na carne, tudo o que a mente humana pode compreender e deve pensar sobre o Pai celeste foi abertamente declarado por sua boca. E hoje, pelo fato de o sol da justiça, Cristo, brilhar sobre nós, Cristo mesmo nos revela o perfeito conhecimento de seu Pai, de modo que podemos contemplar o completo fulgor da verdade divina, do mesmo modo como a luz do meio-dia brilha mais intensamente que a do amanhecer. De fato, o apóstolo não pregou algo supérfluo ao declarar que "de muitas maneiras Deus falara aos pais, pelos profetas, mas nestes últimos tempos começou a falar-nos pelo Filho amado" (Hb 1, 1-2). Paulo quer dizer, ou melhor, declara abertamente, que doravante Deus não falará como no passado, valendo-se de mensageiros, nem acumulará profecias sobre profecias, e revelações sobre revelações, pois, havendo levado à plenitude o seu magistério no Filho, consumou-se a última e definitiva aliança. Por essa razão, por todo o tempo do Novo Testamento, desde que Cristo iniciou a pregação de seu Evangelho até o dia do Juízo, foi-nos anunciado que chegara a última hora, os últimos tempos, os últimos dias, a fim de que, contentando-nos com a perfeição do magistério de Cristo, aprendamos a não inventar nenhum novo ensinamento, nem admitir que outros o façam. Não é sem razão que, por singular prerrogativa, o Pai nos enviou o Filho por Mestre, e nos ordenou que o ouvíssemos, e não aos homens. E, com poucas palavras, recomendou-nos seu ministério, ao dizer: "Ouvi-o!" (Mt 17, 5), palavras que contêm mais peso e força do que normalmente se pensa, porque têm a função de nos afastar de toda doutrina humana, a fim de fixarmos nossa atenção somente no Filho de Deus, ordenando-nos que dele esperemos a doutrina da salvação, que somente dele dependamos, que somente dele nos aproximemos, que somente dele, enfim, ouçamos a voz. Quando a própria Palavra da Vida revelou-se familiar e diretamente, que mais podemos desejar ou esperar dos homens, senão que todos se calem diante daquele em quem o Pai do céu escondeu todos os tesouros da ciência e da sabedoria (Cl 2, 3)? Cristo, decerto, falou como convinha à indivisa sabedoria de Deus e verdadeiro Messias de quem se esperava a plenitude da revelação (Jo 4, 25), a saber: falou de modo que, depois dele, nada restasse a ser dito pelos outros.

8. Seja esta, pois, a conclusão definitiva: na Igreja não deve haver outra Palavra de Deus que aquela contida inicialmente na Lei e nos profetas, e, depois, nos escritos apostólicos; nem deve haver na Igreja outra norma e modo legítimo de ensinar senão aquele prescrito pela Palavra. Devemos, pois, concluir que não foi concedido aos apóstolos nada mais do que se concedeu aos profetas, isto é: expor a Escritura e mostrar que, em Cristo, cumpriram-se todas as profecias reveladas, o que só foi possível em virtude do próprio Senhor, isto é, pela assistência do Espírito de Cristo que lhes ditava o que dizer. Cristo impôs à missão dos apóstolos um limite preciso, ordenando que ensinassem não o que conseguissem inventar, mas aquilo que lhes fora ordenado (Mt 28, 20). Nem isso poderia se dizer mais claramente do que nesta outra passagem: "Vós, porém, não queirais ser chamados rabi, porque um só é vosso Mestre, Cristo" (Mt 23, 8). Querendo imprimir mais fortemente essas palavras em suas almas, repete-as duas vezes na mesma ocasião. Mas por que sua rudeza não permitia entender o que tinham ouvido dos lábios do Mestre, foi-lhes prometido o Espírito de verdade, a fim de conduzi-los ao verdadeiro entendimento de todas as coisas (Jo 14, 26; 16, 13). É preciso notar atentamente esse limite onde se assinala que apenas ao Espírito Santo cabe sugerir o que antes foi ensinado de viva voz.

9. Eis por que Pedro, tendo sido bem doutrinado pelo Mestre, não atribui a si nem aos demais outra missão que a de dispensar a doutrina confiada por Deus: "Quem fala", diz ele, "fale como sendo palavras de Deus" (1Pd 4, 11), isto é, sem duvidar e titubear, como fazem os que têm má consciência, mas com a confiança que convém ao servo de Deus instruído por seus justos mandamentos. Ora, o que isso quer dizer senão que devemos rejeitar todas as invenções humanas, vindas seja de quem for, a fim de que, na Igreja dos fiéis, seja ensinada e aprendida a pura Palavra de Deus? O que isso quer dizer senão que se devem destruir todas as decisões, ou, antes, as fantasias dos homens, a fim de que apenas as leis de Deus tenham força? Eis as "armas espirituais poderosas de Deus, para a demolição de fortalezas", com as quais os fiéis soldados de Deus possam "demolir os intentos e toda alteza que se levanta contra o conhecimento de Deus, e conduzam cativo todo pensamento para a obediência a Cristo" (2Co 10, 4-5). Eis a suprema autoridade eclesiástica confiada aos pastores da Igreja, sob quaisquer títulos que possam ser chamados. Eis o que lhes permite conduzir todas as coisas com ousadia e coragem em nome da Palavra de Deus, a cuja majestade devem sujeitar-se todo poder, glória, sabedoria e autoridade deste mundo. Em virtude dessa autoridade, é preciso que dominem a todos, de alto a baixo, edificando a morada de Cristo e arrasando a de Satanás; que apascentem as ovelhas e destroçem os lobos; que aos mansos conduzam com ensinamentos e exortações, aos rebeldes e pertinazes repreendam, censurem, submetam; que liguem e desliguem, e que, por fim, se for necessário, fulminem, mas que tudo se faça conforme a Palavra de Deus. Há, porém, essa diferença entre os apóstolos e seus sucessores: os apóstolos foram fiéis e autênticos notários do Espírito Santo, e por isso seus escritos devem ser considerados oráculos de Deus; seus sucessores não têm outra obrigação que ensinar aquilo que se encontra na Sagrada Escritura. Concluímos, assim, que não é lícito aos ministros fiéis inventarem um novo dogma, mas devem simplesmente ater-se ao ensinamento ao qual, sem exceção, Deus os sujeitou. Com isso pretendo mostrar não apenas o que é lícito a cada um, mas também à Igreja universal. A respeito dos indivíduos, sabemos que Paulo foi ordenado apóstolo para a igreja de Corinto; todavia, nega ter autoridade sobre a fé deles (2Co 1, 24). Quem ousaria usurpar para si uma autoridade que Paulo declara não lhe pertencer? Se o apóstolo tivesse aprovado semelhante liberdade, deixando que os pastores exigissem aceitação para tudo o que quisessem ensinar, nunca teria estabelecido, entre os coríntios, a norma de que os profetas deviam ser dois ou três a falar, e que os demais deviam julgar; e, se alguém que estava sentado tivesse uma revelação, que o primeiro se calasse (1Co 14, 29-30). Com essas palavras, sem exceção alguma, submete todos à censura da Palavra de Deus. Mas alguém poderá dizer que, no caso da Igreja universal, a situação é diferente. Respondo que Paulo previu essa objeção quando, noutro lugar, declarou que "A fé vem do ouvir, mas o ouvir vem da Palavra de Deus" (Rm 10, 17). Se a fé depende da Palavra de Deus, e somente a esta considera e nela se fundamenta, que lugar resta à palavra dos homens? A respeito disso, ninguém que tenha uma ideia clara do que é fé poderá hesitar. Porque a fé deve estar fundada sobre um alicerce que se possa manter estável e invencível contra Satanás, contra as maquinações do inferno e as tentações do mundo, e essa estabilidade encontra-se somente na Palavra de Deus. Há, ainda, um motivo geral que convém considerar: Deus subtraiu aos homens a liberdade de criar novos dogmas, para que Ele seja o único Mestre do ensinamento espiritual, porquanto Ele é veraz, não pode mentir nem se enganar (Rm 3, 41). E essas verdades dizem respeito não somente a cada um dos fiéis, mas à Igreja inteira.

10. Se compararmos a autoridade da Igreja com aquela que há séculos é ostentada ao povo pelos tiranos espirituais, que falsamente se chamam bispos e príncipes da religião, veremos que uma combina com a outra tanto quanto Cristo e Belial (2Co 6, 15). Não tenho intenção de examinar de que modo e com que desordem têm exercido sua tirania. Limitar-me-ei a expor a doutrina que sustentam, primeiro por escritos e pregações, e depois pelo fogo e pela espada. Partindo da premissa indiscutível de que um concílio universal é a verdadeira imagem da Igreja, estabelecem sem hesitação que tais concílios são regidos diretamente pelo Espírito Santo, e portanto não podem errar. Como porém eles mesmos dirigem, mais ainda, atribuem aos concílios toda autoridade, não resta dúvida de que essa autoridade é reivindicada para si próprios. Querem, pois, que nossa fé se firme ou se arruíne conforme seu alvitre, de tal modo que tudo que tiverem determinado a favor ou contra um assunto, assuma para nós valor absoluto e normativo. Decidiram algo? Devemos acolhê-lo sem reservas. Condenaram algo? Devemos considerá-lo reprovado. Entretanto, a seu bel-prazer e sem respeito algum pela Palavra de Deus, inventam dogmas, aos quais devemos seguir e crer, só porque foram promulgados por eles. Por fim, não consideram cristão senão àquele que crê firmemente em todos os seus dogmas, afirmativos e negativos, pelo menos com fé implícita, visto que compete à autoridade da Igreja criar novos artigos de fé.

11. De início, ouçamos os argumentos que usam para confirmar que essa autoridade foi conferida à Igreja; a seguir, vejamos de que lhes aproveita o que alegam a respeito da Igreja. Dizem que a Igreja está investida da sublime promessa de que Cristo, seu esposo, jamais a abandonaria e de que ela seria conduzida pelo Espírito à plenitude da verdade. Convém notar que muitas das promessas que costumam apresentar foram dadas não somente à Igreja em geral, mas a cada um dos fiéis em particular. Pois, embora o Senhor se dirigisse aos doze apóstolos ao dizer "Eis que estou convosco até o fim do mundo" (Mt 28, 20), e ainda "Eu rogarei ao Pai e Ele vos dará outro Consolador, a saber, o Espírito da Verdade" (Jo 14, 16-17), todavia a promessa valia não apenas para o grupo dos doze, mas para cada um em particular, sendo extensiva aos demais discípulos, bem como àqueles que já associara a si e aos que viriam posteriormente. Se tais promessas, cheias de sublime consolação, são interpretadas de modo restritivo, como se não fossem dirigidas a nenhum cristão em particular, mas tão-só à Igreja em geral, eu pergunto se assim não é destruída a esperança que deveria brilhar para todos. Não contesto que a comunidade dos fiéis, provida por tão exuberante e fecunda diversidade de dons, não tenha, em seu conjunto, maior riqueza de sabedoria divina que cada fiel tomado singularmente. Tampouco estou a dizer que esses dons foram ofertados de um mesmo modo aos fiéis, como se todos tivessem o mesmo entendimento e capacidade de ensino. Quero apenas dizer que não se deve conceder aos adversários de Cristo o direito de distorcer a sua palavra, dando-lhe um sentido estranho a fim de sustentarem sua péssima causa. Deixando esse assunto de lado, reconheço absolutamente a realidade de que o Senhor assiste perpetuamente os seus e os conduz mediante seu Espírito. Este Espírito não é espírito de erro, ignorância, mentira ou trevas, mas de revelação, sabedoria, verdade e luz, e por isso não podem se enganar aqueles que recebem os dons que lhes foram outorgados (1Co 2, 12), a saber, "a esperança de sua vocação e a riqueza da glória da herança de Deus nos santos" (Ef 1, 18). Considerando, porém, que na vida presente os fiéis percebem somente um pouco das primícias do Espírito — mesmo entre aqueles que são cumulados dos mais excelentes dons —, então nada mais lhes resta senão reconhecer a própria debilidade, observando fielmente os limites da Palavra de Deus, e evitando seguir o próprio alvitre, que certamente os afastaria do caminho certo, por estarem privados daquele Espírito que ensina a discernir a verdade do erro. E porque todos reconhecem, juntamente com Paulo, que ainda não chegaram à meta (Fp 3, 12), esforçam-se todos os dias para progredir, em vez de se gloriarem de sua perfeição.

12. Irão eles objetar que tudo aquilo que é atribuído aos santos de forma singular compete à Igreja em geral. Esse argumento, de fato, parece ter certa aparência de verdade; nego, contudo, que seja verdadeiro. Reconheço que Deus distribui a cada membro os dons do Espírito, de modo que nada falte à totalidade do corpo na medida em que os dons são conferidos em comum. Tais são as riquezas da Igreja, ainda que bem inferiores àquela perfeição soberana da qual nossos adversários se jactam. No entanto, nem por isso a Igreja carece do necessário, pois o Senhor sabe do que ela precisa. Não obstante, para que se mantenha humilde e piedosamente modesta não lhe é dado mais do que convém. Bem sei o que costumam objetar ao dizer que "Cristo amou a Igreja, e a si mesmo entregou por ela, para a santificar, purificando-a com a lavagem da água, pela palavra, para a apresentar a si mesmo igreja gloriosa, sem mácula, nem ruga, nem coisa semelhante, mas santa e irrepreensível" (Ef 5, 25-27), e, por isso, noutra passagem, a Igreja é chamada de "coluna e fundamento da verdade" (1Tm 3, 15). No primeiro texto, é mostrada mais a obra atual de Cristo que a obra já realizada. Pois, se o Senhor santifica todos os dias os fiéis, purificando e lavando suas manchas, é evidente que há deformação e mancha, e que sua santificação é imperfeita. Não seria loucura considerar santa e totalmente imaculada a Igreja cujos membros ainda estão contaminados e impuros? Portanto, embora seja verdade que Cristo purificou a Igreja, só é possível ver o início dessa santificação, enquanto que seu termo e perfeição terão lugar apenas quando Cristo, que é o Santo dos santos, levá-la à plenitude verdadeira e completa da santidade. É verdade, além disso, que as manchas da Igreja foram lavadas, mas isso deve ser entendido no sentido de que continua a ser lavada diariamente, até que Cristo, por ocasião de sua vinda, remova por completo todo resíduo. Se não aceitarmos essa interpretação, será preciso sustentar com os pelagianos que a justiça dos fiéis é perfeita nesta vida, e com os cátaros e donatistas que não há nenhuma enfermidade na Igreja. Como já vimos, a outra passagem tem um sentido absolutamente diferente daquele que pretendem. Pois quando instituiu Timóteo no verdadeiro ofício episcopal, Paulo diz que o fez para que soubesse de que modo devia comportar-se na Igreja de Deus. E, para sublinhar a piedade e o zelo que deve haver nesse ofício, acrescenta que a própria Igreja é "coluna e fundamento da verdade" (1Tm 3, 15). Que significam essas palavras senão que a verdade de Deus é preservada na Igreja mediante o ministério da pregação? De modo semelhante, noutra passagem, diz que Cristo "deu uns para apóstolos, outros para profetas, outros para evangelistas, outros para pastores e mestres, para a renovação dos santos, para a obra do ministério, para a edificação do corpo de Cristo, até que todos cheguemos à unidade da fé e do conhecimento do Filho de Deus" (Ef 4, 11.13.14). Se, pois, a verdade não se extingue no mundo, mas conserva sua força, isso se dá porque é guardada pela Igreja, cuja ação e ministério a sustenta. Se essa garantia reside no ministério dos profetas e apóstolos, segue-se que tudo depende de que a Palavra do Senhor seja fielmente conservada e conserve a sua pureza.

13. Para que os leitores entendam melhor o cerne da questão, exporei brevemente o que nossos adversários pretendem sustentar, e de que maneira nós lhes resistimos. Quando afirmam que a Igreja não pode errar, entendem o seguinte: sendo ela governada pelo Espírito de Deus, pode caminhar segura mesmo sem a Palavra, e para qualquer direção que siga, não pode sentir nem falar senão a verdade; por isso, mesmo que algo seja estabelecido sem o amparo da Palavra de Deus, é preciso ver nessa decisão um oráculo infalível de Deus. De nossa parte, aceitamos que a Igreja não possa errar nas coisas necessárias à salvação, desde que a Igreja, renunciando à sua própria sabedoria, aceite ser ensinada pelo Espírito Santo e pela Palavra de Deus. Este é o ponto da discórdia: os romanistas colocam a autoridade da Igreja acima da Palavra de Deus; nós, ao contrário, as queremos juntas, nem permitimos que sejam separadas. Nada há de estranho que a Igreja, esposa e discípula de Cristo, submeta-se a seu Mestre e Esposo, em contínua dependência daquilo que ele diz e ordena. Porque a ordem de uma casa bem administrada exige que a mulher obedeça à autoridade do marido; a norma de toda escola bem disciplinada consiste em que somente a doutrina do mestre seja ali ouvida. Por isso, a Igreja nada deve saber e nada deve cogitar por conta própria; antes, deve restringir sua sabedoria aos limites que Cristo impôs por sua Palavra. Desse modo, a Igreja desconfiará de todas as invenções de sua sabedoria; naquilo, porém, em que se apoia na Palavra de Deus, nenhuma hesitação ou desconfiança a debilitará, mas repousará com grande certeza e firme constância. Confiante assim nas promessas que lhe foram feitas, terá onde apoiar sua fé de maneira admirável, de sorte que jamais duvide de que o Espírito Santo a assiste constantemente, Ele que é o melhor guia do caminho certo. Por outro lado, terá sempre presente a disposição que Deus exige para que recebamos seu Espírito: "O Espírito", diz ele, "que da parte do Pai enviarei, vos conduzirá a toda a verdade" (Jo 14, 26; 16, 13). Como? "Recordando tudo que vos disse" (Jo 14, 26). Atesta-se assim que nada se deve esperar de seu Espírito senão que ele ilumine nossa mente para acolher a verdade de seu ensinamento. Digna de nota é a sentença de Crisóstomo: "Muitos se vangloriam do Espírito Santo, mas os que falam por si mesmos em vão pretendem tê-lo". Cristo mesmo declarou que não falava por conta própria (Jo 12, 49; 14, 10), justamente porque sua doutrina provinha da Lei e dos profetas. Por isso, não devemos crer naquilo que é proposto fora do Evangelho, pois, "assim como Cristo é o cumprimento da Lei e dos profetas, assim o Espírito é o cumprimento do Evangelho". Tais são as palavras de João Crisóstomo.[198] É fácil ver quão desviados estão os nossos adversários, que se jactam de ter o Espírito Santo, embora recomendem doutrinas estranhas e contrárias à Palavra de Deus, enquanto que o Espírito Santo se quer indissoluvelmente vinculado à Palavra, verdade esta atestada por Cristo quando o prometeu

---

198 Pseudo-Crisóstomo, *Sermão sobre o Espírito Santo*, 10 (ed. Montfaucon 1834ss., t. III, 979ss.).

à sua Igreja. E, de fato, as coisas são exatamente assim. Porque aquela sobriedade que o Senhor exigiu de sua Igreja deve ser conservada até o fim, sendo-lhe vetado acrescentar ou retirar qualquer coisa à sua Palavra (Dt 4, 2; Ap 22, 19-20). Este é o decreto inviolável de Deus e do Espírito Santo que nossos adversários querem ab-rogar quando fingem governar a Igreja mediante o Espírito Santo, mas prescindindo da Palavra.

14. A essa altura, nossos adversários irão murmurar que foi necessário à Igreja acrescentar alguns elementos aos escritos dos apóstolos, e que eles mesmos ensinaram de viva voz aquilo que foi transmitido de forma mais obscura. Pois o próprio Cristo lhes disse: "Tenho muitas coisas a vos dizer que não podeis suportar agora" (Jo 16, 12). Dizem que tais leis foram recebidas por uso e costume, sem o testemunho da Escritura. Mas que descaramento é esse? Reconheço que os apóstolos se mostravam grosseiros e ignorantes quando ouviam do Senhor tais coisas, mas será que essa ignorância persistiu mesmo quando puseram por escrito sua doutrina a ponto de terem necessidade de suprir, de viva voz, aquilo que tinham omitido por ignorância? Sabemos, no entanto, que os apóstolos eram conduzidos pelo Espírito da Verdade ao redigirem seus escritos. Por que não deram perfeita apresentação da doutrina evangélica? Suponhamos que seja assim como pedem. Digam, pois, quais foram as verdades reveladas pelos apóstolos que não estavam escritas, pois se o ousarem fazer, responderei com as palavras de Agostinho: "Se o Senhor se calou, quem dentre nós poderá dizer: 'é isso, é aquilo'? Ou se alguém ousar fazê--lo, como poderá demonstrá-lo?".[199] Mas por que estou discutindo sobre uma questão totalmente supérflua? Pois é notório até para uma criança que a promessa do Senhor de revelar aos apóstolos as verdades que não podiam entender foi cumprida quando enviou o Espírito Santo, e que essa revelação frutificou em seus escritos.

15. Mas o que dizem eles? Replicam que Cristo estabeleceu que o ensinamento da Igreja não pode ser discutido, e manda que seja tido como gentio e publicano quem ousar contradizê-la (Mt 18, 17). Respondo: em primeiro lugar, essa passagem não está falando de doutrina, mas da autoridade de censurar e punir os vícios, de modo que aqueles que forem advertidos e repreendidos não devem se opor ao que for decidido. De fato, é surpreendente o descaramento desses perversos que, prescindindo disso, ousam se valer dessa passagem! Pois o que poderão concluir dessa passagem senão que o consenso da Igreja não pode ser desprezado, e

---

199 *Tratados sobre o Evangelho de João*, 96, 2 (MSL 35, 1874).

que a Igreja sempre consente à verdade da Palavra de Deus? É preciso ouvir a Igreja, dizem eles. Quem pode negá-lo, se ela anunciar apenas a Palavra do Senhor? Mas se pretendem conseguir algo a mais, saibam que as palavras de Cristo não dizem absolutamente nada a seu favor. Não quero parecer por demais polêmico nesse ponto, pois basta ver que não é lícito à Igreja criar uma nova doutrina, isto é, ensinar além daquilo que o Senhor revelou em sua Palavra. Todo homem razoável, de fato, vê com clareza quão perigoso é conceder muita autoridade aos homens. Vejam que abertura se dá às censuras e astúcias dos ímpios, dizer que os cristãos devem acolher decisões humanas como se fossem oráculos divinos. É preciso notar um outro fato: Cristo, segundo o uso do seu tempo, recorreu a um termo que designava o sinédrio dos judeus a fim de que, com esse paralelismo, seus discípulos fossem levados a reverenciar os responsáveis da Igreja. Se déssemos crédito aos nossos adversários, todas as cidades e povoados deveriam ter autoridade para estabelecer dogmas.

16. Em nada ajudam os exemplos a que recorrem. Dizem que o batismo das crianças está fundamentado mais sobre a decisão da Igreja que sobre o expresso mandamento da Escritura. Bem mísera e infeliz seria essa escapatória se, para defender o batismo das crianças, fôssemos obrigados a recorrer somente à autoridade da Igreja. Mais adiante ficará claro que as coisas não são bem assim. De modo semelhante, objetam que não se encontra na Escritura o que foi decidido no Concílio de Niceia, a saber, que o Filho é consubstancial ao Pai. Ora, com essa afirmação fazem grave ofensa aos Pais do concílio, como se tivessem condenado Ário temerariamente, só porque não aceitava a terminologia do concílio, embora tivesse dito que acolhia toda a doutrina contida nos escritos dos profetas e dos apóstolos. Admito que o termo "consubstancial" não se encontra na Escritura; considerando, porém, que nela se afirma muitas vezes que há um só Deus e que, além disso, Cristo é muitas vezes chamado de verdadeiro e eterno Deus e Um com o Pai, pergunto: que fizeram os Pais nicenos ao declarar que Pai e Filho são da mesma essência, senão expor simplesmente o sentido natural da Escritura? Narra Teodoreto que Constantino discursou no concílio dizendo: "Nas disputas sobre as coisas divinas, devemos nos ater ao ensinamento prescrito pelo Espírito: os livros evangélicos e apostólicos, junto com os oráculos dos profetas, mostram-nos plenamente a vontade divina. Deixando a discórdia à parte, recebamos do Espírito Santo a solução da questão que nos ocupa".[200] Nessa

---

200 *História eclesiástica*, I, c.7 (ed. Gaisford, p.40).

ocasião, ninguém se opôs a essas santas advertências; ninguém replicou que a Igreja podia acrescentar algo por sua conta; ninguém objetou que o Espírito Santo não havia revelado tudo aos apóstolos, ou que estes transmitiram a seus sucessores algo que não estava escrito. Se fosse verdade o que nossos adversários pretendem, então Constantino teria agido mal por haver privado a Igreja de seu direito; além disso, visto que nenhum bispo se levantou para defendê-la, esse silêncio teria sido uma traição. Ao contrário, Teodoreto diz que todos acolheram de bom grado a exortação do imperador, e a aprovaram. Disso se conclui que a pretensão de nossos adversários é uma novidade de todo desconhecida naqueles tempos.

Capítulo IX

Dos concílios e de sua autoridade.

inda que aceitássemos o que pensam sobre a Igreja, isso pouco serviria às suas reivindicações. Pois tudo o que se diz da Igreja, imediatamente o transferem aos concílios, os quais representam, segundo sua opinião, a própria Igreja. Mais ainda: o que tão pertinazmente sustentam sobre a autoridade da Igreja, não tem outro escopo senão atribuir ao Romano Pontífice, e a seus sequazes, tudo o que conseguiram extorquir com os argumentos anteriores. Mas, antes de iniciar a abordagem dessa questão, pretendo esclarecer rapidamente dois pontos. O primeiro é este: serei rígido em relação aos antigos concílios, não porque os tenha em menor apreço do que convém, pois os venero de coração, e desejo que sejam honrados por todos. Nesse ponto, porém, é preciso ter moderação para que em nada seja derrogada a honra de Cristo. Porque o direito de Cristo é o seguinte: assumir a presidência de todos os concílios e não dividir essa dignidade com nenhum mortal. Digo, no entanto, que Ele os preside quando a decisão é guiada integralmente por sua Palavra e seu Espírito. O segundo ponto é este: se atribuo aos concílios uma importância menor do que a pedida por nossos adversários, não é por temor de que os concílios sustentem a posição deles e sejam contrários à nossa. Pois fomos sobejamente instruídos pela Palavra do Senhor tanto sobre a aprovação de nossa doutrina como sobre a destruição completa do papismo, de sorte que não é necessário procurar ajuda em outra fonte. De todo modo, se for preciso, poderemos nos valer dos antigos concílios nesses dois propósitos.

2. Tal promessa diz respeito, é verdade, seja a uma pequena assembleia, seja a um concílio universal; todavia, não é este o nó da questão, mas sim o fato de existir uma condição a mais: a de que Cristo estará no concílio

597

se este for congregado em seu nome. Que nossos adversários contem mil concílios episcopais, isso pouco lhes adiantará, nem conseguirão nos convencer daquilo que sustentam, isto é, que os concílios são dirigidos pelo Espírito Santo, até que tenham provado que essas assembleias foram reunidas em nome de Cristo. Pois tanto pode acontecer que bispos ímpios e desonestos conspirem contra Cristo, como bispos bons e honestos se reúnam em seu nome. Que isso seja possível, demonstram-no muitos decretos emanados pelos concílios. Mas isso será visto depois. Apresento agora um só argumento: Cristo nada prometeu senão àqueles que se reúnem em seu nome. Definamos o que isso quer dizer. Nego, de início, que se reúnam em nome de Cristo aqueles que, rejeitando o mandamento de Deus que proíbe acrescentar ou subtrair qualquer coisa à sua Palavra, decretam o que bem entendem (Dt 4, 2; 12, 32; Pr 30, 6; Ap 22, 18-19). Fazem isto os que não se bastam com a revelação da Sagrada Escritura, a qual é a única norma da perfeita sabedoria, e tiram novidades da própria cabeça. Cristo decerto não prometeu sua assistência a todos os concílios, indistintamente: antes, apresentou uma nota precisa mediante a qual se pudesse distinguir os concílios legítimos dos demais, e ensina que essa distinção não pode ser negligenciada de modo algum. Ora, tal nota é a mesma que Deus estabeleceu para o sacerdócio levítico: que tudo seja conforme sua Palavra (Ml 2, 7). Foi isso exigido também aos profetas, e vemos que a mesma lei se impôs aos apóstolos. Portanto, Deus não reconhece a honra do sacerdócio nem qualquer autoridade àqueles que violam esse pacto. Que nossos adversários me resolvam esse impasse, se querem sujeitar minha fé a decretos humanos feitos à margem da Palavra de Deus.

3. Pois, a respeito da opinião segundo a qual a Igreja não pode permanecer na verdade caso esta não subsista entre os pastores, e que a Igreja mesma não pode subsistir a não ser que ela se manifeste nos concílios gerais, isso está muito longe de ser verdade se considerarmos verdadeiro o testemunho que os profetas nos deixaram. Em Jerusalém, de fato, nos tempos de Isaías, subsistia uma igreja que não fora abandonada por Deus. Dos pastores, todavia, o profeta fala assim: "Todos os guardiães estão cegos, e nada sabem; são cães mudos, que não podem ladrar; andam adormecidos e gostam de dormir... todos os pastores nada compreendem: todos seguiram seus próprios caminhos" (Is 56, 10-11); de modo semelhante, diz Oseias: "O profeta é sentinela contra Efraim, ao lado de meu Deus, laço de caçador de aves em todos os seus caminhos, e ódio na casa de seu Deus" (Os 9, 8). Constatamos que aí não se faz caso algum dos títulos de honra dos quais se gabavam os sacerdotes. Ora, a

Igreja se manteve até os tempos de Jeremias. Ouçamos o que ele diz sobre os pastores: "Desde o profeta até o sacerdote, cada um corre atrás da mentira" (Jr 6, 13). Igualmente: "Os profetas em meu nome profetizam a mentira, quando eu não os enviei, nem lhes dei preceito" (Jr 14, 14). Para não sermos prolixos multiplicando as citações, que se leiam os capítulos vinte e três e quarenta do mesmo livro, pois, de sua parte, Ezequiel os tratava com a mesma severidade: "Em meio a Jerusalém, a conspiração dos profetas é semelhante a um leão que ruge e que arrebata a presa: os sacerdotes violam minha Lei e profanam minhas coisas santas; não fazem distinção entre o que é santo e o que é profano" (Ez 22, 25-26). Protestos semelhantes são muito comuns nos profetas, e são tantos que seria impossível encontrar assunto mais frequente.

4. Mas alguém poderia dizer: tais fatos se verificaram entre os judeus e não dizem respeito ao nosso tempo. Antes fosse assim, mas o Espírito Santo predisse que as coisas não seriam diferentes. São claras as palavras de Pedro: "Como houve falsos profetas no povo antigo, assim também haverá entre vós falsos mestres, os quais introduzirão sorrateiramente seitas de perdição" (2Pd 2, 1). É de notar que o perigo não viria do povo simples, mas daqueles que se jactam do título de doutor e pastor. Ademais, quantas vezes foi predito por Cristo e por seus apóstolos que os perigos mais sérios viriam dos pastores? (Mt 24, 11.24). Paulo diz abertamente que o Anticristo se assentaria no templo de Deus (2Ts 2, 4); com tal declaração, ele pretende dizer que essa terrível calamidade será provocada pelos pastores da Igreja. Noutra passagem, demonstra que o início de tão grandes males era iminente já em seu tempo. Falando aos bispos de Éfeso, diz: "Sei que após minha partida infiltrar-se-ão entre vós lobos rapaces, que não pouparão ao rebanho, e dentre vós haverá os que falarão coisas perversas, de modo que arrastem os discípulos após si" (At 20, 29-30). Se os pastores se corromperiam em tão pouco tempo, quanta corrupção não trouxe o correr dos anos? Para não me estender por muitas páginas, digo que os exemplos de quase todos os séculos nos advertem que a verdade nem sempre é mantida entre os pastores, nem a incolumidade da Igreja depende da situação deles. Seria conveniente que fossem os guardiães da paz e da salvação da Igreja, porque para este fim foram instituídos, mas uma coisa é fazer aquilo que devemos, outra é dever aquilo que não fazemos.

5. Que ninguém interprete minhas palavras como se quisessem atentar contra a autoridade dos pastores. Minha intenção é avisar que há diferença entre eles, e que não devem ser considerados pastores, sem mais, todos os que assim são chamados. Mas o papa, com todo seu rebanho de bispos, valendo-se unicamente do título de pastor, sem respeito algum pela Palavra de Deus, inverteu todas as coisas a seu bel-prazer. Pela mesma razão, pretendem nos persuadir de que não podem estar privados da luz da verdade, e que o Espírito Santo reside para sempre entre eles, e que a Igreja neles vive e com eles perece. Falam assim como se os juízos de Deus já nada valessem, e como se o mundo não possa ser punido com o mesmo tipo de castigo que foi usado para vingar a ingratidão do povo antigo, ferindo os pastores com a cegueira e o torpor (Zc 11, 17). Não percebem que estão repetindo a mesma cantilena daqueles que faziam guerra à Palavra de Deus? Porque era dessa maneira que os inimigos de Jeremias afrontavam a verdade, dizendo: "Vinde e maquinemos coisas contra Jeremias, porque não perecerá a lei do sacerdote, nem o conselho do sábio, nem a palavra do profeta" (Jr 18, 18).

6. Com esse argumento, é fácil responder ao segundo ponto concernente aos concílios gerais. Pois não se pode negar que, entre os judeus, tenha existido, no tempo dos profetas, uma verdadeira Igreja. Mas se fosse convocado um concílio geral, que tipo de Igreja teria ali se manifestado? Recordemos o que Deus declarou, não a um ou dois, mas a todos juntos: "Os sacerdotes ficarão pasmados, e os profetas, maravilhados" (Jr 4, 9). Igualmente: "A lei perecerá do sacerdote, e dos anciãos, o conselho" (Ez 7, 26). Ainda: "A noite vos servirá por visão e as trevas por adivinhação, e o sol se porá sobre os profetas e sobre eles o dia se revestirá de trevas", etc. (Mq 3, 6). Se todos se tivessem reunido em assembleia, pergunto eu, que espírito teria presidido esse concílio? Disso temos um exemplo conspícuo no concílio convocado por Acab. Quatrocentos profetas se reuniram, e por o terem feito somente para adular aquele ímpio, Satanás foi enviado pelo Senhor a fim de que mentisse pela boca de todos (1Rs 22, 6-22). Por decisão de todos, foi assim repudiada a verdade e Micaías foi condenado como herege, perseguido e encarcerado; o mesmo sucedeu com Jeremias; o mesmo sucedeu com outros profetas.

7. Memorável entre todos, o seguinte exemplo nos bastará. De fato, na tua opinião, o que falta, sob o aspecto formal, à assembleia que os sacerdotes e os fariseus convocaram em Jerusalém contra Cristo (Jo 11, 47)? Pois, se em Jerusalém não existisse uma Igreja, Cristo jamais teria assistido aos sacrifícios e às outras cerimônias. Quando da condenação de Cristo e da proscrição de sua doutrina, a assembleia foi solenemente convocada, foi presidida pelo sumo sacerdote e assistida por toda a ordem sacerdotal. Isso demonstra que, naquele concílio, a Igreja não estava realmente presente. Os romanistas dizem que semelhante perigo não pode sobrevir. Mas quem nos pode garantir isso? Pois, numa questão de tal importância, não é lícito sermos superficiais, pois isso seria grave imprudência. Há mais: o Espírito Santo claramente anunciou, pela boca de Paulo, a futura defecção (2Ts 2, 3), que não seria possível sem que antes os pastores tivessem abandonado a Deus. Por que deveríamos fechar os olhos à nossa completa ruína? Por isso, de modo algum se deve admitir o princípio segundo o qual a Igreja consiste numa assembleia de pastores. Pois Deus jamais prometeu que os pastores seriam indefectivelmente bons, pelo contrário: profetizou que poderiam ser maus. Ora, se Deus nos adverte sobre um perigo, Ele o faz para que sejamos mais atentos.

8. Que pensar então? Será que os concílios não têm autoridade doutrinal para definir? Sem dúvida que a têm, respondo. Não estou dizendo que todos os concílios devam ser repudiados, e que suas decisões sejam proscritas. De minha parte, não os tenho em tão pouca conta, a ponto de deixar a cada um o direito de acolher ou rejeitar o que foi decidido num concílio. Não é essa minha intenção. Digo, porém, que sempre que se apresente um decreto conciliar, é preciso verificar cuidadosamente quando o concílio foi convocado, por que razão, e quem tomou parte dele; além disso, é preciso que o assunto tratado seja examinado à luz da Escritura, a fim de que a definição conciliar possa assumir seu valor normativo, tomando-se o cuidado de que a própria definição não influencie o exame da matéria. Prouvera que fosse observado o conselho de Agostinho, no terceiro livro contra Maximino, onde, para calar este herege, que polemizava contra os decretos dos sínodos, disse o seguinte: "Não é o caso que eu cite o Concílio de Niceia, e que tu me respondas com o de Rimini, como se não tivéssemos a liberdade de julgar. De fato, tu não estás sujeito ao primeiro, nem eu ao segundo. Que problema seja debatido com bom conhecimento de causa e com racionalidade, e que tudo seja fundamentado na Escritura, que é comum às duas partes".[201] Se isso fosse feito, a autoridade dos concílios estaria garantida; a Escritura ocuparia o lugar supremo que lhe cabe, e todas as coisas se ordenariam sob essa regra. De nossa parte, de boa vontade abraçamos e reverenciamos os sacrossantos concílios antigos, como o de Niceia, o de Constantinopla, o primeiro de Éfeso, o de Calcedônia e os outros tantos que foram reunidos para condenação dos erros contra a fé. Esses concílios apresentam tão somente a pura e genuína interpretação da Escritura, que os Santos Pais compuseram com sabedoria espiritual,

---

201 Agostinho, *Contra Maximino*, II, 14, 3 (MSL 42, 772).

para destruir os inimigos públicos da cristandade. Em alguns concílios posteriores, vemos brilhar o verdadeiro fervor da piedade, bem como sinais evidentes de habilidade, de conhecimento e de prudência. Mas, como em geral as coisas costumam ir de mal a pior, é fácil constatar como nos concílios mais recentes a Igreja afastou-se da pureza daqueles tempos áureos. Não duvido que, também em tempos mais corrompidos, houvesse bispos notáveis reunidos nos concílios. Contudo, nessas assembleias sucedia aquilo que os senadores romanos lamentavam em seu Senado, a saber, que as coisas não eram conduzidas corretamente, pois, se os votos são contados sem levar em conta as motivações, as decisões são tomadas com base na maioria, de modo que a parte mais numerosa frequentemente vence a melhor. Certo é que muitas decisões ímpias foram tomadas. Mas não será preciso recolher exemplos desse assunto, seja porque isso seria extenso demais, seja porque outros já o fizeram tão diligentemente que não é possível acrescentar mais nada.

9. Mas por que enumerar as contradições entre os concílios? Não venham me dizer que se dois concílios se contradizem, um dos dois não é legítimo! Como o saberemos? Ora, a não ser que eu esteja enganado, devemos decidir por meio da Escritura, pois não há outra norma segura de avaliação. Há cerca de novecentos anos, o Concílio de Constantinopla, reunido sob o imperador Leão, ordenou a remoção e a destruição das imagens colocadas nos templos. Pouco depois, a mãe do imperador, Irene, convocou por inveja um concílio em Niceia, no qual se decretou que as imagens deviam ser restabelecidas. Qual dos dois devemos reconhecer como legítimo? Sabe-se que o segundo venceu a disputa, e as imagens foram mantidas nos templos. Agostinho, porém, declara que a presença de imagens não pode se dar sem grave perigo de idolatria. Epifânio, mais antigo que Agostinho, exprime-se em termos ainda mais severos quando diz que é nefasto e abominável a presença de imagens nos templos cristãos. Ora, os que assim se posicionam, aprovariam aquele concílio se estivessem vivos hoje? Pois, se os historiadores dizem a verdade, aquele concílio não somente aceitou as imagens mas também determinou que fossem cultuadas. Ora, é evidente que essa decisão foi inspirada por Satanás. Os que assim decidiram depravaram e dilaceraram a Escritura, e mostram que a deprezavam, como ilustrei abundantemente mais acima. Seja como for, não estaremos em condições de decidir se os concílios se contradizem, caso não os avaliemos segundo a Palavra do Senhor, norma à qual estão sujeitos tanto os homens quanto os anjos. Eis também por que repudiamos os decretos do segundo concílio de Éfeso e aprovamos os de Calcedônia, uma vez que o primeiro aprovou a impiedade de Êutiques, mas o segundo a condenou. De fato, os Pais do Concílio de Calcedônia julgaram o assunto unicamente à luz da Escritura, e por isso nós os seguimos, uma vez que foram iluminados pela Palavra de Deus, assim como também agora o Senhor nos precede com sua luz. Que venham se gabar os romanistas, como estão acostumados a fazer, dizendo que o Espírito Santo está encastoado e vinculado a seus concílios!

10. Contudo, mesmo os antigos concílios, decerto mais puros, não deixam de levantar reservas, porque os homens de então, embora fossem sábios e eruditos, acabavam se distraindo com os problemas de que tratavam e não levavam em conta questões gerais, seja porque estavam empenhados em resolver questões mais graves e mais sérias, e, por isso, outras menores lhes escapavam; seja porque podiam falhar por ignorância; seja porque se mostravam muito passionais em suas reações. A última razão poderia parecer a mais insólita, caso não tivéssemos um exemplo notável disso no primeiro concílio de Niceia, cuja venerável dignidade é merecidamente reconhecida pelo consenso de todos. Pois, estando os bispos reunidos para defender o ponto capital da nossa fé, era necessário que manifestassem a máxima concórdia para vencer Ário, que estava presente e preparado para a luta corpo a corpo. No entanto, descuidados de tão grande perigo, pior ainda, esquecidos da gravidade, da moderação, e de toda civilidade, deixaram de lado o certame que tinham diante de si e dividiram-se em dissensões intestinas, como tivessem se reunido para favorecer Ário. Dirigindo contra si mesmos os escritos que deviam ser usados contra o herege, incriminavam-se vergonhosamente, fazendo voar libelos acusatórios. Essa confusão só teria terminado quando tivessem se atracado, caso o imperador Constantino não pussesse fim ao debate. Embora tenha declarado que não queria se fazer de juiz de suas atitudes, reprovou aqueles excessos mais com louvores que com censuras. Não é verossímil que os concílios posteriores tenham-se prestado a situações semelhantes? Não há necessidade, porém, de demonstração mais ampla, pois qualquer um que leia atentamente as atas dos concílios antigos, ali encontrará muitos defeitos, para não dizer coisa pior.

11. Leão, Romano Pontífice, não duvidou arguir a ambição e a desmedida temeraridade do Concílio de Calcedônia, embora tenha reconhecido sua ortodoxia doutrinal. Não contestou sua legitimidade, mas disse claramente que poderia ter errado.[202] É possível que me tenham por inepto, ao

---

202 Leão I, *Epístolas*, 104, 2-4; 105, 106 (MSL 54, 993ss.).

perder tempo tratando desses erros, já que nossos adversários admitem que os concílios podem errar nas coisas não necessárias à salvação. Meu trabalho, porém, não é de todo inútil, pois, ainda que contrariados, os papistas também o admitem. Não obstante, querem nos obrigar a crer que o Espírito Santo tenha revelado tudo o que se decretou nos concílios, sem exceção alguma. Fazendo assim, exigem mais do que inicialmente foi suposto, ficando claro que sua intenção é dizer que os concílios não podem errar, ou, caso possam errar, que não é lícito procurar discernir a verdade do erro. De minha parte, não pretendo apenas mostrar que o Espírito Santo dirigiu concílios santos e piedosos, mesmo permitindo que ali ocorresse algo humano, a fim de nos recordar que não devemos colocar demasiada confiança nos homens. Essa afirmação é muito mais branda que aquela de Gregório de Nazianzeno ao dizer que nunca viu alguma boa intenção num concílio. Ora, ao declarar que todos, sem exceção, foram maus, ele não lhes reconhece nenhuma autoridade. Não é o caso de mencionar os concílios provinciais, uma vez que é fácil deduzir, do que foi dito a respeito dos concílios gerais, que tipo de autoridade têm para estabelecer artigos de fé e propor a doutrina que lhes parecer melhor.

12. Privados de todo recurso razoável para defender sua causa, os romanistas entrincheiram-se neste último e miserável refúgio: a Palavra de Deus, que nos manda obedecer aos superiores, continua válida, mesmo quando são ignorantes e maus, péssimos de ânimo e de vontade. Que valor pode ter este argumento, visto que negamos serem eles nossos superiores? De fato, não é lícito usurpar uma dignidade maior do que aquela de Josué, profeta de Deus e excelente pastor. Ouçamos com que palavras o Senhor o instituiu em seu ofício: "Não se aparte de tua boca o volume da Lei; ao contrário, nele meditarás dia e noite; não te volverás para a direita, nem para a esquerda; então, dirigirás teu caminho e o entenderás" (Js 1, 7-8). Assim, pois, nossos superiores espirituais são somente os que não se afastaram da Lei do Senhor nem para um lado, nem para o outro. Devemos aceitar indiferentemente o ensinamento de um pastor qualquer, quando o Senhor nos advertiu tão severamente que não déssemos ouvidos às palavras dos falsos profetas? "Não ouças", diz ele por Jeremias, "as palavras dos profetas que vos profetizam, pois vos ensinam futilidade, e não da boca do Senhor" (Jr 23, 16). E ainda: "Acautelai-vos dos falsos profetas, que vos vêm em vestidura de ovelhas, mas interiormente são lobos vorazes" (Mt 7, 15). Além disso, em vão João nos teria exortado a que "provássemos os espíritos para conhecer se vêm da parte de Deus" (1Jo 4, 1). Ora, se até mesmo os anjos não devem ser eximidos dessa prova, que dizer das mentiras de Satanás? Não diz o Senhor: "Se um cego guia a outro cego, ambos cairão no fosso" (Mt 15, 14)? Por acaso isso não demonstra que devemos avaliar os pastores, e que não é bom dar ouvido a todos indiscriminadamente? Em vista disso, não devemos nos impressionar com os títulos que os romanistas ostentam tentando nos arrastar à participação da sua cegueira. Vejamos, porém, quão cuidadosamente o próprio Senhor nos adverte de que não devemos seguir o alheio, sob qualquer forma que se oculte. Pois, se é verdade a palavra de Cristo, todos os guias de cego, sejam bispos, sejam prelados, sejam pontífices, não podem arrastar ao precipício senão aqueles que os seguem. Portanto, que os títulos de concílio, pastor, bispo, usados legitimamente ou usurpados, não nos impeçam de examinar todo espírito segundo a regra da Palavra, a fim de sabermos se vêm da parte de Deus.

13. Provamos que à Igreja não foi dada a autoridade de criar novas doutrinas. Falemos agora da autoridade que os papistas a ela atribuem na interpretação da Escritura. De bom grado, reconhecemos que não há remédio melhor nem mais eficaz para dirimir uma controvérsia dogmática que a convocação de um sínodo de bispos autênticos para examinar a questão. Pois muito mais peso terá uma decisão tomada em comum acordo pelos pastores da Igreja, mediante a invocação do Espírito Santo, do que outra concebida em casa ou formulada por poucos homens. Além disso, reunidos em um só lugar, os bispos podem deliberar em comum, e mais comodamente, sobre a matéria a ser ensinada e de que forma deve sê-lo, a fim de que a diversidade não dê origem a aranzel. Paulo nos mostra que esse é o procedimento de se julgar as doutrinas, pois, ao atribuir a toda igreja essa modalidade de julgamento (1Co 14, 29), mostra-nos qual é o procedimento a ser seguido nas questões mais graves, a saber: as igrejas devem fazer um exame comum. E é dessa maneira que o senso da piedade nos leva a agir, pois, quando alguém perturba uma igreja com doutrinas estranhas de modo que surja perigo grave de divisão, as outras igrejas devem se reunir a fim de examinar a questão. Depois de tê-la discutido, que seja dada uma decisão tomada a partir da Escritura, com o duplo intuito de dirimir a dúvida perante o povo e de calar a boca dos réprobos e cobiçosos, para que não mais insistam. Eis por que, quando Ário apareceu, foi convocado o Concílio de Niceia, que esmagou os perversos propósitos desse ímpio e devolveu a paz às igrejas por ele vexadas, reafirmando a eterna divindade de Cristo contra sua doutrina sacrílega. Pouco depois, quando Eunômio e Macedônio provocaram novas inquietações, usou-se remédio semelhante para debelar suas loucuras, e convocou-se o Concílio de

Constantinopla. No primeiro concílio de Éfeso, condenou-se a impiedade de Nestório. Tal foi, em suma, o procedimento ordinário, desde o princípio, para se conservar a unidade na Igreja, sempre que o diabo começava a maquinar novidades. Lembremos, porém, que nem sempre se encontram homens da estatura de Atanásio, Basílio, Cirilo e outros defensores da verdadeira doutrina, tais como o Senhor então suscitou. Recordemos o que sucedeu no segundo concílio de Éfeso, onde foi aceita a heresia de Êutiques: Flaviano, varão de santa memória, foi mandado ao exílio com outros homens piedosos, e muitas outras aberrações se sucederam. Isso se deu porque Dióscoro, homem sedicioso e mal intencionado, presidia o concílio, e não o Espírito do Senhor. Mas alguém me dirá que ali não havia Igreja alguma. Eu o admito, pois estou persuadido de que a verdade não morre e não pode ser sufocada na Igreja, ainda que tiranizada por um concílio, e isso mostra quão maravilhosamente a verdade é defendida pelo Senhor até que venha à tona no tempo oportuno. Nego, porém, que a verdadeira e genuína interpretação da Escritura se dê pelo fato de ter sido votada e aprovada num concílio.

14. Outra, entretanto, é a finalidade dos romanistas quando reivindicam para os concílios autoridade inapelável na interpretação da Escritura. Abusam dessa garantia a ponto de chamarem de interpretação da Escritura tudo o que foi estabelecido nos concílios. No entanto, sobre o Purgatório, a intercessão dos santos, a confissão auricular e coisas semelhantes não se encontra uma só sílaba na Escritura. Contudo, visto que todas essas doutrinas foram definidas pela autoridade da Igreja, ou seja, para falar mais claramente, foram introduzidas por uso e tradição, cada uma delas deve ser considerada interpretação escriturística. E não só: pois, se algo for estabelecido num concílio, mesmo que esteja em aberto contraste com a Escritura, também terá valor de interpretação. Vejamos: Cristo ordena que todos bebam do cálice na ceia (Mt 26, 26). O Concílio de Constança proibiu que se desse o cálice ao povo e estabeleceu que somente o sacerdote bebesse dele. Ora, nossos adversários pretendem que seja considerada interpretação da Escritura uma prática que se opõe diametralmente à instituição de Cristo. Mais ainda: Paulo chama "hipocrisia de demônios" (2Tm 4, 1-3) à proibição do casamento; noutra passagem, o Espírito Santo declara que o matrimônio é santo e digno de ser honrado (Hb 13, 4). No entanto, proibiu-se o casamento dos sacerdotes, e sustentam que esta é a interpretação verdadeira e natural da Escritura, mesmo quando não se pode imaginar nada que lhe seja mais alheio. Se alguém ousar abrir a boca para contradizê-los, será logo taxado de herege, visto que as decisões da Igreja são inapeláveis, e não se pode ter a mínima dúvida sobre sua interpretação. Que posso dizer dessa impudicícia? Basta-me, de fato, tê-la desmascarado. Deixo de comentar sobre o que ensinam acerca da autoridade da Igreja para aprovar a Escritura. Pois sujeitar os oráculos de Deus à aprovação humana, como se não tivessem autoridade senão enquanto lhes agrada, é blasfêmia indigna de ser mencionada. Ademais, já tratei disso mais acima. Uma só pergunta lhes farei: se a autoridade da Escritura se fundamenta sobre a aprovação da Igreja, que decreto conciliar citarão sobre essa matéria? Acho que nenhum. De que modo Ário permitiu ser refutado em Niceia por uma passagem do Evangelho de João? Pois, segundo o raciocínio de nossos adversários, Ário teria pleno direito de rejeitar a citação, visto que esse Evangelho não recebera a sanção de nenhum concílio universal. Alegam eles um antigo catálogo, chamado Cânon da Escritura, oriundo, segundo eles, de uma definição eclesiástica. A essa altura, recoloco a pergunta: em que concílio esse cânon foi promulgado? Então eles se calam. Quero saber, além disso, de que natureza julgam ser esse cânon, pois vejo que os antigos não o definiram. Ora, se o parecer de Jerônimo é válido, devemos considerar apócrifos[203] os livros dos macabeus, de Tobias, o *Eclesiástico* e outros semelhantes. Mas isso eles não querem admitir de modo algum.

---

203 *Prefácio aos livros de Samuel e Malaquias* (MSL 28, 556ss.).

Capítulo X

Do poder da Igreja em promulgar leis. De que modo o papa e os seus têm exercido crudelíssima tirania e carnificina sobre as almas.

egue-se o segundo aspecto da autoridade eclesiástica, que os papistas dizem ser a promulgação de leis. Desta fonte nasceram inumeráveis tradições humanas, que tornaram laços estrangulatórios das míseras almas. Pois a religião dos papistas em nada supera a dos escribas e fariseus, uma vez que sobrecarregam os outros com fardos que sequer tocaram com um dedo [Mt 23.4; Lc 11.46]. Em outro lugar falei sobre a cruel obrigação da confissão auricular,[204] e, se é verdade que não há tanta violência nas outras leis papistas, no entanto mesmo as que parecem mais toleráveis não deixam de oprimir tiranicamente as consciências. Não mencionarei de que modo essas leis adulteram o culto divino, espoliando a Deus do direito de ser o único legislador. É sobre a natureza dessa autoridade que devemos tratar agora, a saber, se é permitido à Igreja obrigar as consciências com suas leis. Nessa discussão não levaremos em conta a ordem política, mas somente o culto devido a Deus segundo a norma por Ele mesmo estabelecida, a fim de conservar incólume liberdade espiritual do fiel. Na linguagem comum chama-se tradição humana a toda norma relativa ao culto divino estabelecida pelos homens à margem de sua Palavra. Devemos combater tais leis, e não as santas e úteis constituições da Igreja que servem para conservar a disciplina, a honestidade e a paz. Nosso escopo é, pois, combater o desmedido e bárbaro domínio exercido pelos crudelíssimos algozes que pretendem ser tidos por pastores da Igreja. Dizem, de fato, que as leis por eles emanadas são espirituais, isto é, que concernem à alma e são necessárias à salvação. É desse modo

---

204 Cf. supra, Livro III, iv, 4 e 17.

que assaltam e invadem o reino de Cristo, de modo a ser completamente oprimida e destruída a liberdade por Ele dada às consciências. Nada direi agora do ímpio fundamento sobre o qual estabelecem a observância de suas leis, ensinando que delas vêm o perdão dos pecados, a justiça e a salvação, e nelas se encontra o compêndio da religião e de toda a piedade. Limitar-me-ei a falar somente sobre esse ponto: não se deve obrigar as consciências naquilo que o próprio Cristo as libertou, violando assim a liberdade sem a qual, como antes ensinamos, não é possível estar em paz com Deus. Todos os que almejam conservar a graça que alcançaram de Cristo devem reconhecê-lo como libertador e único rei, e devem se deixar governar pela lei da liberdade contida na sagrada palavra do Evangelho. Que não se submetam, portanto, a nenhum tipo de escravidão nem se deixem prender por grilhão algum.

2. Esses imitadores de Sólon dizem que as suas constituições são leis de liberdade, jugo suave, fardo leve [Mt 11.30].[205] Quem não vê que isso é a mais pura mentira? De fato, eles mesmos desconhecem o peso de suas leis, visto que, pondo de lado todo o temor de Deus, desprezam sem pejo algum as leis divinas e humanas. Mas aqueles que se preocupam com a salvação devem se achar bem longe da liberdade enquanto se virem enredados nesses laços. Vemos, com efeito, com que cuidado Paulo conduziu-se neste assunto, pois não ousou impor nada a ninguém [1Co 7.35]. E com razão, pois sabia que impor obrigações nas coisas que o Senhor deixou à liberdade de cada um, seria o mesmo que ferir mortalmente as consciências. Mal podemos enumerar as leis que os romanistas[206] impuseram, cuja observância é exigida como estritamente necessária à salvação. Muitas dessas leis dificilmente podem ser observadas: se resolvêssemos somá--las, não chegaríamos ao fim. Como, então, não seriam atormentados pela ansiedade e perplexidade os que se vêm sobrecarregados por tão duros e pesados fardos? Contra tais leis, portanto, é preciso falar, pois foram fabricadas com o propósito de vincular as almas diante de Deus e saturá--las de escrúpulos, como se fossem necessárias à salvação.

3. Muitos sentem-se embaraçados ao defrontar esta questão, porque não sabem distinguir de modo claro entre o juízo espiritual de Deus e a justiça terrena dos homens. A dificuldade lhes parece maior pelo fato de que Paulo manda obedecer aos magistrados, "não somente por temor à pena, mas também por causa da consciência" [Rm 13.5]. Donde se segue

---

205 Cf. Clichtove, Antilutherus I, 15, fol. 29 a.
206 Cf. João Eck, Enchiridion, cap.13, E, 7a.

que, também por motivo de consciência, as leis civis devem ser observadas. Mas se isso fosse assim, de nada valeria o que dissemos no capítulo
anterior,[207] e também aquilo que agora vamos dizer sobre o governo espiritual. Para solucionar essa dificuldade é preciso saber o que se entende
por consciência. Ora, tal compreensão deve ser buscada na etimologia
mesma da palavra. Pois, assim como se diz que conhecemos algo quando
apreendemos a essência da coisa, e daí vem o nome ciência, do mesmo
modo se diz que quando temos o senso do juízo divino, vivido como testemunho interior, senso que não nos permite ocultar nossos pecados,[208]
mas nô-los fazem patentes, essa percepção chama-se consciência. Trata-
-se, de fato, de um conhecimento posto entre Deus e os homens, que não
lhes permite apagar suas faltas, mas persegue-os a fim de que se sintam
culpados. Eis o que Paulo entende ao dizer que a consciência, como uma
testemunha, nos acusa ou defende ante o tribunal divino [Rom 2.15]. O
mero conhecimento poderia ser como que sufocado no homem, por isso
este senso, que cita o homem a comparecer diante do tribunal de Deus,
é como que um guardião que lhe foi dado para mantê-lo atento, a fim
de que nada fique oculto, ainda que isso fosse possível. Eis de onde saiu
aquele provérbio: "a consciência é como mil testemunhas".[209] Por essa
mesma razão, Pedro ensinou que "o testemunho de uma boa consciência
para com Deus" [1Pe 3.21] é repouso e tranquilidade de espírito, quando firmados na graça de Cristo, apresentamo-nos livremente diante de
Deus. E o autor da epístola aos Hebreus diz que, por estarmos libertos ou
absolvidos, não mais temos a consciência do pecado [Hb 10.2], de sorte
que este não nos incomoda mais.

4. Do mesmo modo como a ação diz respeito aos homens, assim a
consciência diz respeito a Deus. Portanto, a boa consciência nada mais
é que a integridade interior do coração. Em vista disso, Paulo diz que
o cumprimento da Lei é a "caridade nascida da boa consciência e da fé
não fingida" [1Tm 1.5]. No mesmo capítulo, o Apóstolo demonstra que a
consciência difere do simples conhecimento, ao dizer que alguns naufragaram na fé porque se afastaram da boa consciência [1Tm 1.19]. Com tais
palavras demonstra que a consciência é o filial sentimento de honra para
com Deus e um empenho sincero de viver piedosa e santamente. Por vezes
o termo consciência diz respeito também às realidades humanas, como

---

207 Cf. supra livro III, xix, 15.
208 Cf. supra livro III, xix, 15.
209 Cf. Quintiliano, Inst.Oratória, livro V, 11, 41.

quando Paulo diz que Lucas se empenhara em andar com boa consciência para com Deus e os homens [At 24.16]. Mas isto deve ser entendido
no sentido de que os frutos da boa consciência prolongam-se no plano
humano. Em sentido próprio, porém, diz respeito somente a Deus, como
dissemos. Por isso, diz-se que uma lei obriga a consciência quando liga o
homem de modo absoluto, independentemente de outros homens, isto é,
sem levá-los em conta. Por exemplo: Deus não somente nos ordena que
tenhamos o coração limpo de toda impureza, mas também proíbe toda palavra impura que conduza à lascívia exterior. Em suma: minha consciência
está obrigada a guardar esta lei, ainda que não houvesse nenhum homem
no mundo. Por isso, quem vive de modo desordenado, peca não somente
dando mal exemplo aos irmãos, mas é culpável diante de Deus. Quanto
às coisas indiferentes, devemos nos abster delas na medida em que forem
motivo de escândalo aos nossos irmãos. Disso Paulo dá testemunho ao
falar das carnes sacrificadas aos ídolos: "Se alguém vos disser: isto foi
sacrificado aos ídolos, não comais, por causa daquele que vos advertiu e
também por motivo de consciência; não a tua, mas a do outro. Pois, por
que a minha liberdade seria julgada pela consciência de outrem?" [1Co
10.28,29]. Pecaria, pois, o fiel que, advertidamente, comesse dessas carnes e escandalizasse o próximo. Note-se que, embora esteja obrigado a
privar-se da carne, em atenção ao próximo, como Deus o ordenou, todavia
exerce sua liberdade de consciência. Vemos, pois, que há uma obrigação
quanto ao ato exterior, mas a consciência permanece livre.

5. Voltemos agora a tratar das leis humanas. Se tais leis forem dadas
com o intuito de obrigar a consciência, como se o fato de guardá-las fosse
em si mesmo necessário, sustentamos, nesse caso, que as consciências
são oneradas sem motivo. Porque nossa consciência deve ser dirigida por
Deus, e somente a ele deve prestar contas, e não aos homens. Eis aí o
sentido daquela distinção popular entre foro externo e foro de consciência. Embora o mundo inteiro esteja envolto nas densas trevas da ignorância, todavia uma tênue centelha de luz se mantém, a saber: a luz da
consciência que se move no âmbito de uma jurisdição particular, acima
de todos os juízos humanos. É verdade que nossos adversários confessam
essa verdade por palavras, mas a destroem na prática. Mesmo assim,
quis Deus que subsistisse algum testemunho da liberdade cristã, a fim
de que as consciências estivessem imunes à tirania dos homens. Resta
falar da dificuldade suscitada pelas palavras de Paulo. Ora, se é preciso
obedecer aos príncipes não somente por causa do castigo, mas também
por motivo de consciência, disso parece decorrer que as leis dos príncipes

obrigam as consciências. E se isso é verdade, o mesmo deve ser dito das leis eclesiásticas. Respondo que, em primeiro lugar, convém fazer uma distinção de gênero e espécie. Pois, ainda que todas as leis não obriguem a consciência, contudo devemos guardá-las por força de uma disposição geral de Deus, que nos recomenda a autoridade dos magistrados. Eis um assunto sobre o qual Paulo insiste: é preciso honrar aos magistrados, porque foram estabelecidos por Deus [Rm 13.1]. Mas Paulo não ensina que as leis emanadas pelos magistrados dizem respeito ao governo da vida interior das almas, uma vez que mantém firme o princípio de que somente o culto de Deus constitui a regra espiritual do bem viver. Pois a realidade espiritual deve ser posta acima de todos os decretos e estatutos humanos. Outro ponto digno de ser notado, mas que depende do que antes foi dito, é que as leis humanas, falo apenas das que são justas, pro-mulgadas pelos magistrados ou pela Igreja, por si mesmas não obrigam a consciência, porque a natureza da obrigação reside num fim geral, que é a manutenção da ordem, e não em coisas determinadas. Estão muito longe deste caminho os que prescrevem novas formas de servir a Deus, e impõem como obrigatórias as matérias que são livres ou indiferentes.

6. Dessa natureza são as chamadas constituições eclesiásticas, as quais, segundo dizem, são introduzidas a fim de se honrar e servir a Deus. Estas leis são inumeráveis. Inumeráveis são, portanto, os grilhões que servem para amarrar e confundir as consciências. Ainda que tenhamos tratado desse assunto na exposição geral sobre a lei,[210] todavia, visto que é mais adequado falar do tema agora, procurarei expô-lo no conjunto, brevemente, e do modo mais ordenado possível. Como há pouco falamos da tirania que os falsos bispos exercem quando ensinam o que bem lhes parece, deixarei de lado este ponto. Deter-me-ei somente na exposição sobre a autoridade legislativa que os papistas pretendem ter. De fato, os maus bispos sobrecarregam a consciência dos fiéis com novas leis sob o pretexto de que são legisladores espirituais, constituídos por Deus no governo da Igreja. Querem que todo o povo cristão guarde e observe como necessário à salvação tudo quanto anunciam e dispõem. Dizem que quem violar tais leis é duas vezes insubordinado, pois rebela-se contra Deus e contra sua Igreja.[211] Fossem eles autênticos bispos, não haveria inconveniente em reconhecer-lhes alguma autoridade neste ponto – não, decerto, o excesso que desejam –, mas aquela que requer a boa ordem da

---

210 Cf. supra livro II, vii, 5.
211 Cf. João Eck, Enchiridion, cap. 13 E 7a.

administração eclesiástica. Mas como eles nada são, embora pretendam ser tidos por pastores, não conseguem assumir a mínima atribuição sem passarem da medida. Como já tratamos desse assunto,[212] vamos supor por um momento que toda a autoridade episcopal lhes caiba por direito. Mesmo assim, negaria que, em virtude desse direito, possam se apresentar ao povo como legisladores e lhe prescrever regras de vida e decretos obrigatórios. Ao dizer isto, entendo que não lhes é lícito mandar que a Igreja guarde como coisa necessária o que, à margem da Palavra de Deus, forjaram para si. E como os Apóstolos nunca conheceram semelhante direito, mas o Senhor o proibiu expressamente aos ministros da Igreja, surpreende-me que alguém ouse usurpá-lo sem exemplo dos Apóstolos e contra a manifesta proibição de Deus.

7. Em sua lei, o Senhor resumiu tudo aquilo que concerne à regra perfeita do bem viver, e o fez de tal modo que aos homens nada restasse para acrescentar. E isto por dois motivos: primeiro, para que o tenhamos como único Mestre, uma vez que toda a perfeição e justiça consistem no fato de que nossa vida se conforme à sua vontade, de modo que só ele tenha autoridade e governe sobre nós. Em segundo lugar, Deus quis mostrar-nos que não há coisa mais preciosa que a obediência. Por isto disse Tiago: "Aquele que julga a um irmão, julga a lei; aquele que julga a lei, não é observador da lei, mas juiz. No entanto, um só é o Legislador, que pode salvar e destruir" [Tg 4.11,12]. Nessa passagem, vemos que Deus reivindica o privilégio de nos governar mediante suas leis. Isso mesmo, ainda que obscuramente, ele já o dissera por Isaías: "O Senhor é o nosso Rei; o Senhor é o nosso Legislador; o Senhor é o nosso Juiz; ele nos salvará" [Is 33.22]. Em ambas as passagens mostra-se claramente que somente Deus tem nossa vida e nossa morte em suas mãos, uma vez que tem direito sobre nossa alma. É isso que Tiago afirma expressamente, de sorte que ninguém pode pretender semelhante autoridade. Devemos reconhecer, portanto, que Deus é o único rei das almas, e que somente ele tem poder de salvar ou condenar, conforme lê-se em Isaías: rei, juiz, legislador e salvador [Is 33.22]. Eis por que Pedro, recordando aos pastores o seu ofício, exorta-os que sem opressão apascentem o rebanho e a herança do Senhor [1Pe 5.2,3]. Se considerássemos bem que tamanha maldade é atribuir ao homem o que o Senhor disse pertencer somente a Ele, veremos que não é lícito transferir a ninguém aquilo que é de Deus, a fim de se mandar na Igreja sem qualquer amparo na Palavra de Deus.

212 Cf. acima, cap.5.

8. Mas como toda a questão se reduz ao fato de que não é lícito aos homens usurparem o direito de Deus de ser nosso único legislador, devemos recordar dois argumentos em virtude dos quais o Senhor reivindica exclusividade nesse âmbito. O primeiro é que sua vontade deve ser considerada a única norma perfeita da justiça e da santidade. Por isso mesmo, a única ciência perfeita do bem viver consiste em reconhecer aquilo que o agrada. O segundo argumento é que devemos reconhecê-lo como única autoridade sobre nossas almas, a quem devemos obedecer e de cujo arbítrio devamos depender. Quando essas duas motivações estiverem bem impressas em nossa mente, ser-nos-á fácil discernir quais são as constituições humanas contrárias à Palavra de Deus. Tais são todas as leis pertinentes ao culto divino, e observância dizem ser necessárias. Recordemos, pois, deste critério sempre que precisarmos julgar as leis humanas e quisermos estar seguros acerca de nosso julgamento. Na epístola aos Colossenses, Paulo vale-se da primeira razão que apresentei contra os falsos Apóstolos que tentavam impor novos fardos às igrejas [Cl 2.8]. Na epístola aos Gálatas, serve-se da segunda razão para o mesmo fim. Na epístola aos Colossenses, sustenta que não se deve receber dos homens qualquer doutrina relativa ao culto divino, porque o Senhor nos ensinou fiel e plenamente o modo de cultuá-lo. Para provar essa tese, examina, no capítulo primeiro, que o Evangelho contém toda a sabedoria que conduz o homem à perfeição em Cristo (Cl 1, 28). No princípio do capítulo segundo, afirma que todos os tesouros da sabedoria e do conhecimento estão escondidos em Cristo [Cl 2.3]; diz, a seguir, que os fiéis devem estar atentos para que não se afastem do aprisco de Cristo pela vã filosofia baseada em constituições humanas [Cl 2.8]. Ao fim do capítulo, condena com maior energia todos os ritos e todos os preceitos inventados ou recebidos de outros homens em vista do culto divino [Cl 2.16-23]. Sustentamos, pois, que são ímpias todas as constituições humanas que pretendam ocupar o legítimo culto divino. Quanto aos argumentos que Paulo usa na epístola aos Gálatas, para mostrar que não é lícito submeter as consciências, que devem ser governadas somente por Deus (Gl 5,1), todos podem entendê-los; recomendo aos leitores sobretudo o quinto capítulo.

9. Essa dificuldade será mais facilmente resolvida com exemplos, e, por isso, antes de continuarmos, convém falar sobre o que acontece em nossos dias. Sustentamos que as constituições eclesiásticas, com as quais o Papa e os seus oprimem a Igreja são perniciosas e ímpias, embora nossos adversários as considerem santas e salutares. Tais constituições são de dois tipos: umas são cerimoniais; outras disciplinares. Há razão para impugná-las? Provaremos que sim, e as causas são mais numerosas do que se imagina. Primeiro, não são os próprios autores[213] que definem claramente que o culto divino está contido nelas? Para que servem suas cerimônias senão para o Deus seja cultuado? Pois não resta dúvida de que não somente a multidão ignorante a pratica, mas também os que devem ensinar. Não estou falando das graves abominações que arruinam toda a piedade autêntica. De todo modo é certo que não considerariam falta grave a mínima violação de suas tradições, se não cressem que o culto divino consiste nessas invenções. Portanto, onde está o nosso erro? Devemos suportar aquilo que Paulo diz ser insuportável, a saber, sujeitar o legítimo culto divino ao capricho dos homens? Devemos servir a Deus conforme "os rudimentos do mundo" (Cl 2,20), que Paulo declara contrários a Cristo? Além disso, é notório o rigor com que obrigam as consciências a observar tais ordenações. Ao contradizer essa prática, fazemos nossa a causa de Paulo, o qual não consentia de modo algum que a consciência dos fiéis se submetesse ao capricho dos homens.

10. Mas há algo pior. De fato, depois que a religião passou a ser adornada por essas vãs tradições, seguiu-se a esta iniquidade outro tipo de depravação, aliás censurada por Cristo nos fariseus: desprezar o mandamento de Deus por causa das tradições humanas [Mt 15.3]. Não desejo polemizar com os legisladores atuais, recorrendo aos meus argumentos. Dar-lhes-ei a vitória, se puderem se livrar desta acusação de Cristo. Mas, como o poderão fazer? Parece-lhes maior abominação o fato de não se confessar anualmente, que viver uma vida inteira de perversidade; maior pecado é comer carne na sexta-feira, que profanar o corpo diariamente na fornicação; maior pecado é fazer algum trabalho honesto em dia santo, que usar todos os membros nas piores ações; maior pecado é o padre casar-se legitimamente com uma mulher, que cometer mil adultérios; maior pecado é não ter cumprido uma peregrinação votiva, que faltar com a palavra em todos os compromissos; maior pecado é não ofertar dinheiro para as pompas dos templos, que negar socorro às necessidades dos pobres; maior pecado é passar diante de algum ídolo sem lhe fazer reverência, que tratar insolentemente a todos os homens do mundo; maior pecado é não dizer a certas horas uma infinidade de palavras sem sentimento, que não conceber uma única oração autêntica! Que se deve entender por anular o mandamento de Deus por causa das tradições, senão isto: recomendam friamente a observância dos mandamentos de Deus, mas incitam a guardar

---

213 Cf. Clichtove, Antilutherus I, 29, fol.53b; João Eck, Enchiridion, cap.13 F 1a.

suas tradições como se elas contivessem toda a perfeição, castigando a mínima transgressão de seus decretos com o cárcere, o fogo ou a espada? Ora, essa facilidade de perdoar os que não fazem caso de Deus está unida à perseguição implacável e mortal daqueles que os desprezam. E de tal modo educam aos ignorantes que preferem a ruína de toda a Lei de Deus que a transgressão de um só dos chamados mandamentos da Igreja. É mais do que evidente que pecam gravemente os que condenam, criticam e desprezam alguém por coisas que são ninharias segundo o juízo de Deus. Ora, têm em maior conta os frívolos rudimentos deste mundo [Gl 4.9], que os oráculos divinos. E, assim, quem foi absolvido de adultério é condenado pelo que come; a quem se permitiu uma amante, proíbe-se a esposa. Eis o fruto dessa obediência prevaricadora que tanto mais se afasta de Deus quanto mais quer se aproximar dos homens.

11. Essas constituições apresentam outros dois vícios não pequenos que devemos indicá-los. O primeiro é que mandam guardar coisas que em grande parte são inúteis e por vezes inadequadas. O segundo é que seu número é tão grande que as consciências se veem obrigadas a viver um tipo de judaísmo, que as impede de chegar a Cristo. Quando as chamo de inadequadas e inúteis, sei muito bem que a mentalidade carnal não as considera assim, pois o senso natural do homem acha sumo prazer nesse tipo de coisa. Por isso acham que a Igreja inteira cairia desfigurada se fossem supressas. Mas isto é exatamente o que diz Paulo: que tais elementos ganham certa aparência de sabedoria na medida em que parecem servir a Deus e exercitar humildade e a disciplina [Cl 2.23]. Essa salutar advertência nunca deve ser esquecida. De fato, as tradições humanas enganam pois têm aparência de sabedoria. Donde lhes vem esse aspecto? Evidentemente por serem invenções dos homens, que as reconhecem como suas, e ao fazê-lo, as acolhe com maior prazer que outra realidade ainda melhor, mas que não está de acordo com sua vaidade. Além disso, essas instruções parecem aptas para manutenção da humildade. Finalmente, porque parecem por freio aos deleites da carne, domando-a pelo rigor da ascese. Por todas estas razões parecem dispostas com muita prudência. Mas, que Paulo fala sobre tudo isso? Desmascara esses artifícios a fim de que os simples não se enganem com eles? Não exatamente: como considerava tê-los refutado ao dizer que eram invenções humanas, seguiu adiante sem insistir no assunto [Cl 2.20-23]. Mais ainda: sabia que são condenáveis todas as invenções humanas que pretendem servir a Deus, e por isso adverte que a Igreja deve considerá-las tanto mais suspeitosas quanto mais agradáveis forem à nossa sensibilidade. Sabia também a diferença entre a verdadeira humildade e a caricatura desta. Sabia, enfim, que a disciplina por ele recomendada devia ser apreciada como mero exercício corporal. Paulo enumerou essas coisas para negar o valor das tradições humanas dadas aos fiéis, mesmo quando são maximamente apreciadas pelos demais homens.

12. Do mesmo modo hoje em dia, não somente a gente ignorante tem um enorme prazer com a pompa das cerimônias, mas também os que estão inchados de sabedoria humana. Os hipócritas e as mulheres néscias acham que não existe nada de mais esplendoroso e melhor. Mas os que olham as coisas mais de perto e avaliam tais cerimônias corretamente, conforme a regra da piedade, primeiro concluem que são coisas fúteis, pois a nada conduzem; concluem, além disso, que são meros truques que foram feitos para iludir aos espectadores com sua pompa vazia. Falo precisamente das cerimônias em que os romanistas vislumbram altos mistérios, mas nós nada achamos exceto meros engodos. Não é de admirar que os fautores dessas cerimônias tenham caído em semelhantes desatinos, ao ponto de iludirem a si e aos demais com frívolas vaidades. De fato, por um lado, copiaram os desvarios dos gentios; por outro, imitaram simiescamente os ritos da lei mosaica, que nos dizem respeito tanto quanto sacrifícios de animais e coisas desse gênero. Certamente, ainda que não houvesse nada mais a se dizer, isso bastaria para que nenhum homem de são juízo esperasse algum bem desse emaranhado de remendos mal alinhavados. A realidade mesma evidencia claramente que há muitas cerimônias que têm como único escopo o entorpecimento do povo, e não a sua instrução. Os hipócritas têm em grande conta os novos cânones, considerando-os de suma importância, embora sejam mais aptos para arruinar a disciplina que para mantê-la. Quem considera as coisas de perto, constata que não são outra coisa que exterioridades vazias e arremedos de disciplina.

13. Examinando o outro ponto que mencionei, pergunto: quem não consegue ver essas tradições amontoadas, que não podem ser toleradas na Igreja de Cristo? Nas cerimônias há um verdadeiro judaísmo; nas demais observâncias uma cruel tortura das pobres consciências. Lamentava Agostinho que em seu tempo o desprezo pelos mandamentos de Deus era tamanho que se alguém caminhasse descalço na oitava de seu batismo era reprovado mais severamente do que tivesse se embriagado. Lamentava-se também de que a Igreja, feita livre por Deus, estivesse de tal modo oprimida que a condição dos judeus era mais tolerável. Que diria este santo varão se vivesse hoje, que diria da servidão em que vivemos?[214] Pois o número

---

214 Agostinho, Epístola 55, 19, 35 (a Januário).

das cerimônias é dez vezes maior, e o rigor das minúcias cem vezes mais severo. De fato, as coisas se repetem: quando os homens se assenhoram do domínio das almas, não desistem de criar novos preceitos e novas proibições cheias de severidade. Paulo expôs essa situação com as seguintes palavras: "Se morrestes para o mundo, por que vos sujeitais a ordenanças como se nele ainda estivésseis: Não comas, não proves, não toques?" [Cl 2.20,21]. Ora, Paulo descreve muito bem o procedimento dos falsos apóstolos que, começando pela superstição, não somente proíbem que se coma desse ou daquele alimento, mas até mesmo de prová-lo, e, quando isso lhes é concedido, dizem que não é lícito sequer tocá-lo com o dedo.

14. Com toda razão condenamos, portanto, a tirania das instituições humanas que atormentam as infelizes consciências com incontáveis preceitos cuja observância é rigorosamente exigida. Já falamos dos cânones disciplinares em outro lugar. Que direi das cerimônias? Pois de nada servem exceto para nos fazer voltar às prefigurações do judaísmo, ficando Cristo como que sepultado por elas. Diz Agostinho: "Nosso Senhor Jesus Cristo congregou seu novo povo mediante os sacramentos, que são poucos em número, excelentíssimos em significado, facílimos de serem guardados".[215] Que contraste há entre esta simplicidade e a multidão das práticas e cerimônias em que vemos a Igreja emaranhada. Conheço os artifícios com que tentam desculpar esta perversidade. Dizem que há muitíssimos ignorantes, como havia no povo de Israel, e por isso esses elementos pueris foram introduzidos; deles os mais fortes podem prescindir, mas não devem desprezá-los, uma vez que são proveitosos aos mais fracos. Respondo que não ignoramos as dificuldades suscitadas pela fraqueza do próximo, mas não deve procurar socorrê-los mediante a imposição de uma quantidade opressiva de cerimônias. Não sem motivo Deus estabeleceu a seguinte diferença entre nós e o povo antigo: a este quis ensinar como a crianças, com sinais e figuras; a nós, de modo muito mais simples, abolindo todo aparato exterior. "Assim como um menino é dirigido por um pedagogo, segundo o alcance de sua idade, e é mantido sob sua custódia, assim eram os judeus custodiados sob a lei" [Gl 4.1-3]. Bem sabia o Senhor qual seria a maturidade do povo cristão, e de que modo seria necessário julgá-lo. De qualquer modo, Deus estabeleceu entre os judeus e nós a diferença que indicamos. Portanto, é absurdo querer restaurar o judaísmo, que Cristo aboliu, para atrair os menos esclarecidos. O próprio Cristo referiu-se à diferença entre o povo antigo e o novo, quando disse

---

215 Ibidem, Epístola 54, 1, 1 (a Januário).

à samaritana: "dias virão em que os verdadeiros adoradores adorarão a Deus em espírito e em verdade" [Jo 4.23]. Isto foi sempre feito, mas os novos adoradores diferem dos antigos pelo fato de que, sob a Lei de Moisés, a adoração espiritual de Deus estava figurada e de certo modo emaranhada em muitas cerimônias; nós, porém, adoramos a Deus com simplicidade. Portanto, os que anulam esta diferença, destroem a ordem estabelecida por Cristo. Mas alguém dirá: não devemos ter cerimônia alguma para ajudar aos ignorantes? É evidente que não estou dizendo para acabar com tudo, pois creio que esse gênero de ajuda lhes é muito útil. Mas é preciso ter cuidado para que as cerimônias iluminem o mistério de Cristo em vez de ocultá-lo. Por isso o Senhor deu aos cristãos poucas e simples cerimônias a fim de que manifestassem a Cristo. Aos judeus deu muitas, a fim de que prefigurassem a Cristo ausente. Digo "ausente", não em poder, mas somente quanto à sua representação. Se queremos, pois, ter um bom critério, digo que é preciso que as cerimônias sejam poucas, de claro significado, e fáceis de guardar. Ora, será difícil provar que isso não foi levado em conta? É fato notório que não foi.

15. Nada direi das perniciosas opiniões de que os papistas estão imbuídos quando sustentam que as cerimônias por eles inventadas são sacrifícios agradáveis a Deus, com os quais os pecados são expiados, alcançando-lhes a justiça e a salvação. Dirão que, se são coisas boas em si mesmas, não podem ser corrompidas por erros dessa natureza, visto que o mesmo poderia ocorrer com as obras que Deus nos ordenou. Mas atribuir tanta honra às obras inventadas pelos homens a seu talante é pior que reputá-las meritórias para a vida eterna. No caso das obras ordenadas por Deus, o fundamento da retribuição procede do fato de que Deus as aceita em virtude de nossa obediência. Ou seja, não são avaliadas por sua própria dignidade, ou mérito intrínseco, mas porque a Deus agrada a nossa obediência. Nesse caso, entendo que seja possível cumprir de modo perfeito aquilo que Deus ordena. Porque nem mesmo as obras da lei, que cumprimos, são aceitas senão por gratuita generosidade divina, uma vez que nossa obediência é imperfeita e deficiente. Deixemos essa questão de lado, pois aqui não estamos discutindo a origem da nossa justiça. O que interessa agora, repito, é que todo o mérito e valor presentes nas obras derivam da obediência que rendemos a Deus, único elemento, como diz o profeta, que ele leva em conta: "Não dei preceitos acerca de sacrifícios e vítimas, mas apenas que, ouvindo, ouçais minha voz" [Jr 7.22,23]. Mas, a respeito das obras criadas pelos homens, lê-se em outro lugar: "Não gasteis vosso dinheiro naquilo que não é pão" [Is 55.2]. Igualmente: "Em vão me adoram com preceitos de homens" [Mt 15.9]. Portanto, nunca poderão justificar a permissão de deixarem o povo buscar, nessas ninharias exteriores, uma modalidade de justiça que se opõe a Deus e de nada serve ante o tribunal divino. Além disso, não será um vício digno de ser deplorado o fato de se recorrer a tantas cerimônias ininteligíveis, que se assemelham a cenas de teatro ou passes de mágica? Porque é coisa certíssima que todas as cerimônias são perversas e nocivas se não conduzem os homens a Cristo. Ora, todas as cerimônias em uso no papismo não têm nenhum conteúdo doutrinal, mas servem apenas para entreter com coisas que nada significam. Visto, porém, que o ventre é um artífice engenhoso, bem se vê que muitas delas foram inventadas pelos padrecos por mero oportunismo, com o intuito de fazer dinheiro com elas. Sejam quais forem as origens, é necessário suprimir a muitas, se queremos que não haja na Igreja um profano e sacrílego comércio.

16. Ainda que pareça que não estou a ensinar uma doutrina duradoura acerca das tradições humanas, senão algo que vale somente para o nosso tempo a fim de refutar as superstições papistas, todavia nada se disse que não possa ser aplicado no futuro. Pois, toda vez que se difunde a superstição de se servir a Deus com invenções humanas, todas as leis que se seguem logo degeneram em graves abusos. Não se trata, de fato, de uma ameaça passageira a maldição que Deus lança, a saber: que há de cegar com a estultícia todos os que o honrarem com doutrinas humanas [Is 29.13,14]. Esta cegueira enreda em absurdos e laços mortíferos aqueles que desprezam as advertências divinas. Se forem eliminadas as circunstâncias particulares e quisermos saber quais são as tradições humanas que convém desterrar da Igreja, teremos uma definição certa e clara naquilo que acima expusemos: tradições humanas são as leis feitas pelos homens à margem da Palavra de Deus, com o fito de prescrever o culto divino, obrigando às consciências como se fossem necessárias à salvação. Dessas abusos surgem outros, a saber: que o seu grande número obscurece a limpidez do Evangelho; que de nada servem para edificar, mas se tornam práticas absurdas e inúteis que não podem edificar a verdadeira piedade; que foram propostas para se auferir lucro com elas; que são muito difíceis de observar; que estão contaminadas de superstições. Todos esses fatores ajudam a compreender quanto mal nelas se encerra.

17. Sei muito bem o que respondem os papistas: as suas tradições não são suas, mas procedem de Deus, porque a Igreja é regida pelo Espírito Santo, a fim de que não erre e que a autoridade da Igreja reside apenas neles.[216] Concedido essa premissa, segue-se que suas tradições são revelações do Espírito Santo e não podem ser desprezadas sem se desprezar a Deus. E, para que não pareça que inventaram isso sem o apoio de grandes autores, dizem que a maioria de suas leis tem origem apostólica. Do seguinte modo pretendem ilustrar o procedimento dos Apóstolos: reunidos em Concílio, determinaram que todos os gentios se abstivessem do sangue, das carnes sufocadas e das carnes sacrificadas aos ídolos [At 15.20,29]. De início, diga-se que já demonstramos[217] quão falsamente se servem do título de Igreja para defender a sua autoridade. No que concerne ao presente assunto, deixando de lado toda falsidade e hipocrisia, se quisermos saber que tipo de Igreja Cristo quer para si, facilmente veremos que não é Igreja que, ultrapassando os limites da Palavra de Deus, toma a iniciativa de forjar novas leis e inventar novas formas de culto. Teria perdido a validade a lei que se estabeleceu na Igreja: "Tudo o que eu te ordeno observarás para fazer; nada lhe acrescentarás nem diminuirás" [Dt 12.32]. E em outro lugar: "Nada acrescentarás às suas palavras, para que não te repreenda e sejas achado mentiroso" [Pv 30.6]. Pois não se pode negar que essas coisas foram ditas à Igreja. Portanto, quem na Igreja ousa acrescentar algo à palavra de Deus, nada mais faz que induzi-la à rebelião contra Deus. Não permita Deus que aprovemos, pois, suas mentiras, mediante as quais impõem tamanha afronta à Igreja. Ao contrário, reconheçamos que o nome da Igreja é reivindicado falsamente quando se pretende justificar a temeridade de homens, que não conseguindo se manter dentro dos limites que Deus assinalou, seguem insolentemente as suas próprias invenções. Nada de obscuro ou ambíguo há nas palavras que proíbem a Igreja de acrescentar ou subtrair à Palavra de Deus quando se trata do culto divino e de preceitos referentes à salvação. Mas eles insistem: isto foi dito só a respeito da Lei, à qual seguiram as profecias e toda a economia do Evangelho. Concedo que é assim, mas ao mesmo tempo acrescento que tais disposições são complementos da Lei e não a inovam de modo algum. Ora, se o Senhor não permitiu que se acrescente ou retire nada ao ministério de Moisés, embora estivesse este cheio de lacunas, até que Ele ministrasse ensinamento mais claro mediante os profetas, e finalmente por seu Filho amado, como não concluir que nos é proibido, de modo ainda mais severo, acrescentar algo à Lei, aos Profetas, aos Salmos e ao Evangelho? O Senhor decerto não se

---

216 João Eck, Enchiridion, cap.13 E 7 a.
217 Cf. supra cap.II e cap.VIII, 10 a 13.

arrepende daquilo que disse: que nada o ofende tanto como a pretensão humana de servi-lo com as próprias invenções. Disto há notáveis sentenças nos profetas, como estas: "Porque nunca falei a vossos pais, no dia em que os tirei da terra do Egito, nem lhes ordenei coisa alguma acerca de holocaustos ou sacrifícios. Mas isto lhes ordenei, dizendo: dai ouvidos à minha voz, e eu serei vosso Deus e vós sereis meu povo; e andai em todo o caminho que eu vos mandar, para que vos vá bem" [Jr 7.22,23]. Igualmente: "Porque deveras adverti a vossos pais... Ouvi minha voz" [Jr 11.7]. Há outras semelhantes, mas esta é particularmente eloquente: "Tem porventura o Senhor tanto prazer em holocaustos e sacrifícios, como em que se obedeça à palavra do Senhor? Eis que o obedecer é melhor do que a gordura de carneiros. Porque a rebelião é como o pecado de feitiçaria, e o porfiar é como iniquidade e idolatria" [I Sm 15.22,23].

18. Quanto às invenções humanas, justificadas pela autoridade da Igreja, digo que estas não podem ser desculpadas da acusação de crueldade, e por isso mesmo não podem ser imputadas à Igreja. Eis por que combatemos corajosamente a tirania das tradições humanas que nos são apresentadas sob a autoridade da Igreja. Porque não desprezamos a Igreja, como falsamente dizem nossos adversários, a fim de nos fazerem odiosos,[218] mas que lhe tributamos a obediência, que é o maior dos louvores. Antes, são eles os que injuriam gravemente a Igreja, fazendo-a rebelde a seu Senhor, ao obrigá-la ultrapassar os limites que lhe foram impostos pela Palavra de Deus. Não quero dizer quão gritante vergonha e malícia é apregoar continuamente o poder da Igreja, enquanto dissimulam e deixam passar por alto a obediência ao que Deus ordenou. Mas se nossa intenção é, como deve ser, estar de acordo com a Igreja, ocorre sobretudo considerar o que o Senhor nos ordena, bem como a toda Igreja, para que possamos obedecer de comum acordo. Porque não há dúvida de que estaremos perfeitamente de acordo com a Igreja, se em tudo formos obedientes ao Senhor. Quanto à origem apostólica dessas tradições,[219] isso é puro engano, visto que todo ensinamento dos Apóstolos jamais pretendeu oprimir as consciências com novas observâncias, mas evitar toda contaminação do culto divino por novas invenções. Além disso, se resta alguma credibilidade às histórias e documentos antigos, os Apóstolos não somente desconheceram, mas nem mesmo ouviram falar das coisas que lhes atribuem. Nem se gloriem de que a maior parte das constituições

---

218 Cf. João Eck, Enchiridion, cap.13 E 7 a.
219 Cf. Clichtove, Antilutherus I, 4, fol.9ss.

apostólicas foram aceitas por uso e costume, sem terem sido escritas, isto é, as coisas que eles não eram capazes de compreender antes da morte de Cristo, mas que receberam depois da ascensão por revelação do Espírito Santo[220] [Jo 16.12,13]. Este assunto já foi exposto no capítulo oitavo.[221] Parece-me absolutamente ridículo querer enumerar esses mistérios que por longo tempo ficaram ocultos aos Apóstolos, mas que na verdade são cerimônias gentílicas ou judaicas conhecidas muito antes pelos judeus, e que não passam de gesticulações enfadonhas e absurdas que até os padrecos ignorantes sabem de cor, e os loucos e meninos as imitam com tanta perfeição que parece não haver gente mais apropriada para este fim. E ainda que não possuíssemos documento algum sobre isto, não há ninguém de bom-senso que não veja que tantos ritos e cerimônias não entraram na Igreja de uma só vez, mas sim pouco a pouco. Embora aqueles santos bispos, que pregavam nos tempos apostólicos, tenham promulgado ordenanças concernentes à ordem e governo da Igreja, os seus sucessores, não sendo tão ponderados, mas curiosos e cobiçosos de novidades, procuraram superar seus predecessores inventando coisas novas. E como temiam que essas invenções, das quais pretendiam auferir fama e celebridade, caíssem rapidamente em desuso, ordenaram com suma severidade que fossem observadas fielmente. Eis a perniciosa emulação que produziu a grande parte das cerimônias que os papistas dizem ser apostólicas. De fato, como já disse, a história nos dá testemunhos suficientes da verdade.

19. Para não nos estendermos muito nessa exposição, contentemo-nos com um só exemplo. No tempo dos Apóstolos, havia grande simplicidade na administração da Ceia do Senhor; os sucessores imediatos, a fim de realçar a dignidade do mistério, acrescentaram alguns elementos não condenáveis. Mas logo apareceram falsificadores que, unindo peças de procedências diversas, inventaram os paramentos sacerdotais, os ornamentos do altar, e todas essas inutilidades teatrais que hoje vemos na missa. Mas os papistas levantam uma objeção: desde sempre se considerou que procede dos Apóstolos tudo o que, de comum acordo, é aceite na Igreja universal, como atesta Agostinho. Porém, não lhes darei outra resposta que esta de Agostinho: "As coisas que se aceitam universalmente devem ser consideradas como estabelecidas pelos Apóstolos, ou pelos Concílios gerais, cuja autoridade é assaz útil à Igreja; assim, por exemplo, é haja

---

220 Ibidem, Antilutherus I, 10, fol.21 b.
221 Cf. supra cap.VIII, 8 e 13.

um dia assinalado para celebrar a Paixão do Senhor, a Ressurreição, a Ascensão e a vinda do Espírito Santo e coisas semelhantes que se observam na Igreja inteira onde quer que ela esteja."[222] O fato de que ele dê tão poucos exemplos não indica claramente que, entre as observâncias então em uso, ele considere legítimas apenas as que conservam a ordem na Igreja? Vemos que essa postura é muito diversa da pretensão dos doutores do papado, segundo os quais a mais insignificante das suas cerimônias está investida de autoridade apostólica.

20. Para ser breve, darei apenas um exemplo. Se alguém lhes pergunta de onde veio a água benta, respondem logo: "dos Apóstolos", como se não soubéssemos que atribuem essa invenção a não sei que Pontífice Romano, o qual, se tivesse perguntado aos Apóstolos sobre essa iniciativa, certamente nunca teria contaminado o Batismo com essa imundice, sob o pretexto de inventar um memorial daquele sacramento, o qual, não sem motivo, deve ser recebido uma só vez. Nem me parece provável que a origem seja tão antiga como dizem. Ora, Agostinho diz que certas igrejas de seu tempo rejeitavam a cerimônia do lava-pés no dia da Ceia a fim de que esse rito não parecesse fazer uma referência ao Batismo.[223] Atesta-se assim que não existia então qualquer forma de ablução semelhante a esse sacramento. Nunca aceitarei que a água benta tem origem apostólica, pois o uso equivale, de certa maneira, a repetir o batismo. De modo semelhante não dou importância ao fato de que, em outro lugar, Agostinho atribua certos usos aos Apóstolos. De fato, ele não vai além da simples conjectura e, por isso, em assuntos tão relevantes não é lícito recorrer a esse tipo de asserção. Finalmente, ainda que concedêssemos que todas essas práticas remontem à era apostólica, restaria dizer, no entanto, que há grande diferença entre um exercício de piedade livremente seguido e a imposição de leis que reduzam as consciências à servidão. Portanto, venham de quem vierem, não há inconveniente algum que tais usos sejam abolidos, uma vez que foram motivo de graves abusos e são desnecessários à vida da Igreja.

21. De nada lhes aproveita a atitude dos Apóstolos a fim de explicar a sua tirania. Dizem que os Apóstolos e os anciãos da Igreja primitiva estabeleceram um decreto, à margem do mandamento de Cristo, no qual ordenavam a todos os gentios que se abstivessem de sangue, das carnes sacrificadas aos ídolos e dos animais sufocados [At 15.20]. Se isto lhes

---

222 Agostinho, Epístola 54, cap.1, 1 (a Januário).
223 Ibidem, Epístola 55, cap.18, 33 (a Januário).

era lícito, por que seus sucessores não poderiam imitá-los sempre que a necessidade o exigisse? Antes os imitassem em todas as coisas, e particularmente neste assunto! Ora, não nego que os Apóstolos tenham constituído e ordenado algo novo, como é bem fácil de se provar. Porque Pedro disse neste Concílio que a imposição de algum jugo aos discípulos seria o mesmo que tentar Deus; logo ele estaria contrariando essa sentença se, depois, consentisse que algo fosse imposto aos gentios [At 15.10]. Ora, se os Apóstolos tivessem proibido aos gentios de comerem as carnes sacrificadas aos ídolos, carnes sufocadas ou com sangue, decerto que lhes estaria impondo um fardo. Não obstante, resta ainda uma dúvida, pois parece que, de fato, proibiram. Mas a solução é fácil, se considerarmos melhor o sentido da decisão, cujo ponto principal era salvaguardar a liberdade dos gentios, sem lhes perturbar nem fazer violência com a observância da Lei [At 15.19,24,28]. Até aqui essa passagem nos favorece diretamente. Mas a exceção que se segue, acerca dos sacrifícios, não é uma nova lei dada pelos Apóstolos, mas o eterno e celestial mandamento de Deus que nos ordena não violar a caridade. A liberdade dos gentios não se vê diminuída em nada, mas foi-lhes indicado o modo de se acomodarem à situação, de modo a não abusarem da liberdade e darem escândalo. Portanto, o segundo ponto consiste nisso: a liberdade dos gentios não deve ser nociva nem escandalosa a seus irmãos. Se alguém persiste ainda em dizer que os Apóstolos estabeleceram algo acertado, direi que eles quiseram tão somente indicar, conforme exigiam as circunstâncias, aquilo que poderia ser motivo de escândalo, para que estivessem de sobreaviso e evitassem esse perigo. Todavia não acrescentaram nada de novo à lei eterna de Deus, que proíbe o escândalo.

22. Estaríamos nós em situação análoga se, hoje em dia, os pastores fiéis que presidem igrejas que não estão ainda bem constituídas, ordenassem àqueles fiéis mais esclarecidos que não comessem carne às sextas-feiras, que não trabalhassem nos dias de festa, e coisas semelhantes, até que os mais fracos na fé os alcançassem mediante os bons ensinamentos. Porque, embora tais coisas sejam em si mesmas indiferentes, contudo onde há ocasião de escândalo, não podem ser aceitas sem pecado. Hoje os tempos são tais que os fiéis não podem dar um exemplo desse em presença dos irmãos mais fracos sem lhes ferir grandemente a consciência. Quem poderá dizer, sem perigo de calúnia, que procedendo assim esses bons pastores estabelecem novas leis, sendo contudo bem claro que eles pretendem apenas impedir o escândalo condenado tão expressamente pelo Senhor? Não se pode dizer outra coisa dos Apóstolos, cuja única finalidade era a manutenção da lei de Deus que nos manda evitar os escândalos. Tudo se passou como se dissessem: "É preceito do Senhor que não causeis dano a um irmão fraco; não podeis comer as coisas que foram oferecidas aos ídolos, o sufocado e o sangue, sem que os irmãos fracos sejam escandalizados. Portanto, vos determinamos na Palavra do Senhor que não comais com escândalo. E que esta tenha sido a intenção dos Apóstolos, Paulo o atesta, ao seguir o decreto deste concílio: "Quanto aos alimentos que são imolados aos ídolos, sabemos que uma imagem nada é. Mas alguns, em seu costume para com o ídolo, comem como se fosse imolado aos ídolos; e como sua consciência é fraca, assim fica contaminada. Vede que essa vossa liberdade não se faça causa de tropeço aos fracos" [1Co 8.4,7,9]. Quem avaliar esse procedimento não será mais enganado pelos que encobrem sua tirania sob o nome dos Apóstolos, como se pudessem, com seus decretos, impor limites à liberdade da Igreja. Mas, para que não fujam sem reconhecer o seu erro, peço que me respondam com que direito anularam este decreto apostólico. Eles podem alegar que já não há risco de escândalo e divisões às quais os Apóstolos queriam pôr fim, e, por isso, sabiam que a lei deve ser avaliada segundo intenção do legislador. Logo, ao desaparecer a causa, a lei não perdurar. Se, pois, esta lei foi promulgada tendo-se em vista a caridade, nada se determina nela senão a caridade. Quando admitem que a transgressão desta lei outra coisa não é senão faltar à caridade, porventura não reconhecem que isso não é uma invenção acrescida à lei de Deus, mas uma simples adaptação da Palavra de Deus aos tempos e costumes?

23. Mas eles replicam que, por injustas e iníquas que sejam as leis, devemos guardá-las sem excetuar nenhuma, porque, nesse caso, não se trata de consentir aos erros, mas somente de obedecer, enquanto súditos, àquilo que nossos superiores determinam, mesmo quando ordenam coisas difíceis, contra as quais não devemos murmurar. O Senhor, porém, nos põe de sobreaviso em sua Palavra, e nos livra dessa falsa objeção e da servidão, a fim de nos manter na liberdade que Ele alcançou com seu sangue, e cuja virtude ele nos anuncia muitas vezes em sua Palavra [1Co 7.23]. Porque não se trata somente, conforme eles perfidamente dizem, de padecer algo corporal, mas sim de destruir nossa liberdade, isto é, do fruto que recebem do sangue de Cristo, lançando-as assim num tormento servil. Deixemos de lado esse ponto, como se não fosse muito importante. Mas, será pouca coisa subtrair ao Senhor o domínio que reivindica somente para si? Essa autoridade lhe é negada sempre que se pretende servi-lo com leis inventadas pelos homens, uma vez que Ele quer ser o único legislador nas matérias concernentes ao seu culto e nome. E, para que não se pense ser este um assunto de pouca importância, ouçamos como o Senhor o considera: "Pois este povo se aproxima de mim, e com sua boca e com seus lábios me honra, mas seu coração está longe de mim, e seu temor para comigo consiste só em mandamentos de homens. Portanto, eis que farei uma obra maravilhosa no meio deste povo, uma obra maravilhosa e um assombro; porque a sabedoria de seus sábios perecerá, e o entendimento de seus prudentes se esconderá" [Is 29.13,14]. Em outro lugar: "Em vão me adoram, ensinando doutrinas e preceitos de homens" [Mt 15.9]. De fato, visto que os filhos de Israel se macularam com muitos tipos de idolatria, é preciso atribuir essa confusão à transgressão dos mandamentos divinos, significada pela invenção de cultos estranhos. Por isso, a Sagrada Escritura diz que os novos habitantes enviados pelo rei de Babilônia para a Samaria foram despedaçados pelos animais ferozes, porque desconheciam os juízos e estatutos do deus daquela terra. Embora tivessem violado as cerimônias de culto, Deus não aprovou seus ritos vãos, mas quis punir essa profanação de seu culto. Os incrédulos e gentios, de fato, queriam servi-lo a seu modo. Deus, porém, não desistira de punir a transgressão de seu culto. E, por conta disso, eles passaram a observar os ritos exteriores estabelecidos na Lei. Mas, como ainda não adoravam devidamente o verdadeiro Deus, duas vezes se diz que eles o temiam, e, ao mesmo tempo, não o temiam [2Rs 17.24,25,32,33,41]. Disso deduzimos que parte da reverência que lhe devemos se exprime em não misturar o verdadeiro culto às nossas invenções. Eis por que os reis piedosos são louvados com mais frequência, uma vez que agiam conforme o que a Lei lhes ordenara, sem se desviarem para a direita nem para a esquerda [2Rs 22.1,2]. Vou mais longe: ainda que numa forma particular de culto inventado não se manifeste claramente a impiedade, contudo o Espírito Santo a condena severamente pelo fato de se subtrair do mandamento de Deus. O altar de Acaz, cujo modelo foi trazido da Samaria, parecia um ornamento adequado à dignidade do templo, pois sua finalidade era oferecer os sacrifícios devidos a Deus, o que passaria a ser feito com maior magnificência que sobre o antigo altar [2Rs 16.10-18]. Contudo, o Espírito Santo desaprovou essa liberdade pela única razão de que se tratava de invenção humana, mera corruptela do culto divino como tantas outras. E quanto mais claramente se manifestava a vontade de Deus, tanto menos desculpável é a temeridade de desobedecê-la. Por isso o delito de Manassés foi agravado porque edificara um novo altar em Jerusalém, lugar onde o Senhor declarou que poria seu nome. Por não se bastar com o que Deus aprovara, deliberadamente rejeitou sua autoridade [2Rs 21.2-9].

24. Muitos acham estranho que o Senhor ameaçasse tão severamente àqueles que procurassem honrá-lo com prescrições humanas [Is 29.13,14], cujo valor ele declara nulo [Mt 15.9]. Mas se considerassem o que significa depender exclusivamente da boca de Deus em matéria de religião, isto é, em matéria de sabedoria celeste, compreenderiam a razão pela qual Deus abomina esses cultos desregrados que lhe são oferecidos pelos excessos do engenho humano. De fato, embora manifestem certa afetação de humildade em sua obediência, porquanto se submetem às leis dos homens, contudo não são humildes diante de Deus, uma vez que pretendem lhe impor as leis de culto. Eis a razão por que Paulo pede tão insistentemente que não nos deixemos enganar pelas tradições dos homens (Cl 2,8); nessa passagem, ele se vale de um termo grego que significa "culto voluntário", inventado pelos homens à margem da Palavra de Deus [Cl 2.22,23]. E isso é exatamente assim. Donde ser necessário que a sabedoria de todos os homens, que a nossa sabedoria, se reduza à sua estultice, para que somente seja o sábio. Bem longe deste caminho estão os que pensam que a Deus agradam os ritos inventados a bel-prazer dos homens, como se quisessem impô-los a Deus, pela força, malgrado sua desaprovação, e para tanto invocam uma perversa obediência, cujo verdadeiro objeto é servir o capricho dos homens. Assim se fez por muito tempo, e, até onde sabemos, se faz em toda parte onde a criatura tem mais autoridade que o Criador, onde a religião, se é lícito falar assim, está mais maculada de superstições que o antigo paganismo. De fato, que poderia produzir o engenho humano senão realidades carnais e desatinadas que manifestam quem são os seus autores?

25. Os defensores dessas superstições alegam o caso do sacrifício que Samuel ofereceu em Ramá [1Sm 7.17], que foi agradável a Deus, embora tenha sido realizado à margem da Lei. Mas isso não é difícil de interpretar. Samuel, de fato, edificou um altar no povoado em que habitava, não para se contrapor ao único e verdadeiro altar, mas sim por motivo de conveniência, uma vez que ainda não se fora indicado o lugar para a arca da aliança. É certo que a intenção do santo profeta não era a de mudar o culto estabelecido por Deus, cuja forma devia ser rigorosamente observada sem o acréscimo ou subtração de nada [Dt 4.2]. Quanto ao exemplo de Manoá [Jz 13.19], digo que se trata de um caso extraordinário e singular, porque o sacrifício a Deus foi oferecido em nome próprio, e com aprovação divina, visto que essa iniciativa não foi tomada por conta própria, mas por inspiração divina. Isso diz respeito somente àquela ocasião, o que não quer dizer que outros sacrifícios seriam aprovados. Ao contrário, na pessoa de Gedeão, Deus nos dá um exemplo notável e imorredouro de quanto lhe repugna os cultos inventados pelos homens. Porque o efod que Gedeão venerou supersticiosamente, foi causa de devastação, não somente sua, mas também de sua família e do povo inteiro [Jz 8.27]. Em suma: qualquer invenção humana destinada ao culto divino nada mais é que corrupção da verdadeira santidade.

26. Por que então, dizem eles, Cristo ter-nos-ia convidado a levar os fardos insuportáveis que os escribas e fariseus impõem [Mt 23.3]?[224] Mas eu pergunto: por que, em outra passagem, Cristo mandou que nos guardássemos do fermento dos fariseus (Mt16,6-12)? Pois, segundo o evangelista Mateus, o fermento representa tudo o que é misturado à pureza da genuína doutrina da Palavra de Deus. Que aviso pode ser mais claro que este: que devemos fugir e evitar toda a má doutrina? Donde com a máxima certeza devemos concluir que o Senhor não quis, naquela passagem, que a consciência dos seus fosse vexada pelas tradições dos fariseus, de sorte que suas palavras significam exatamente isso, se o seu sentido não for torcido.[225] Ao reprovar acerbamente os costumes dos fariseus, o Senhor instruiu os seus ouvintes que, embora nada encontrassem de exemplar na vida dos fariseus, não deviam contudo abandonar seu ensinamento quando eles se sentavam na cátedra de Moisés, isto é, quando ensinavam o que a Lei ordenava. A intenção de Cristo, portanto, não foi outra que preveni-los de que o povo, vendo os maus exemplos de seus mestres, fosse levado a desprezar a doutrina. Mas, porque alguns não se deixam convencer por nenhum argumento, mas estão sempre em busca da autoridade, citarei as palavras de Agostinho nas quais ele dá um exemplo do que expus: "no aprisco do Senhor há pastores fiéis e mercenários; os pastores fiéis são verdadeiros pastores; mas também os mercenários são úteis. Porque muitos ministros da Igreja pregam Cristo procurando seu próprio proveito, e por eles se ouve a voz de Cristo, e as ovelhas seguem, não ao mercenário, mas ao Pastor no mercenário. Ouvi como o Senhor identifica a figura dos mercenários: os escribas e os fariseus, diz ele, assentam-se na cátedra de Moisés; fazei o que dizem, mas não o que fazem [Mt 23.2,3]. Que outra coisa ele disse senão isso: ouvi, pelos mercenários, a voz do Pastor? Pois, de sua cátedra, ensinam a Lei de

---

224 Cf. Clichtove, *Antilutherus* I, 11, fol.22 b.
225 Agostinho, *Tratados sobre o evangelho de João*, tr.46, 5 et 6.

Deus. Portanto, Deus ensina por meio deles. Mas se eles quiserem ensinar sua própria doutrina, não lhes deis ouvidos, nem as façais.

27. Mas como a maioria dos ignorantes, quando ouve que a consciência dos fiéis não deve ser vinculada a tradições humanas que de nada aproveitam ao culto divino, pensa que o mesmo deve se concluir acerca de todas as normas estabelecidas pela Igreja. Por isso é necessário desfazer esse equívoco. De início, assinalemos que é fácil enganar-se nesse assunto, pois não é evidente a diferença entre essas duas categorias de leis. Mas tratarei dessa questão sucintamente e com clareza de modo que essa semelhança não engane a ninguém. Antes de tudo, consideremos que em toda comunidade deve existir um governo que mantenha a paz, a concórdia e a ordem para garantir o decoro e humanidade, valores estes que devem ser guardados sobretudo nas igrejas que são mantidas onde há ordem, e dispersas onde há discórdia. Por isso, se queremos tomar providências adequadas para a manutenção da Igreja, devemos nos empenhar para "que tudo seja feito com decência e ordem" [1Co 14.40]. Ora, havendo tanta variedade de temperamentos e diversidade de ideias e opiniões, nenhum governo poderá subsistir se não for garantido por leis precisas, e nenhuma ordem pode ser mantida sem normas seguras. Por isso, longe de condenarmos as leis que promovem este propósito, sustentamos que sem elas as igrejas perderiam seu vigor e forma, e logo estariam completamente arruinadas. Porque é impossível seguir o conselho de Paulo, a saber, que tudo se faça decentemente e com ordem, caso as igrejas não se alicercem sobre a ordem e a honestidade mediante certas observâncias que lhes sirvam de vínculos. Mas é preciso vigiar para que tais regras não sejam consideradas necessárias à salvação, de modo a forçar as consciências a guardá-las, fazendo que a religião e culto divino se reduzam a elas, como se nelas consistisse a verdadeira piedade.

28. Teremos, pois, uma indicação válida e segura de como distinguir entre as ímpias constituições, das quais falamos,[226] que obscurecem a religião e oprimem as consciências, e as legítimas observâncias da Igreja, se lembrarmos que a finalidade destas normas é a de manter o decoro e a dignidade que convêm à assembleia dos fiéis, garantindo a paz e a concórdia, de sorte que a própria sociedade se mantenha em ordem mediante os laços de civilidade e moderação. Quando se reconhece que toda a lei é promulgada em vista do bem-estar público, é eliminada a superstição daqueles que reduzem o culto divino às invenções humanas.

---

226 Cf. supra § 1.

Além disso, quando se reconhece que a lei tem o escopo de garantir o bem comum, cai por terra aquela falsa opinião da obrigatoriedade e necessidade intrínseca, que tanto aterram as consciências quando as tradições são consideradas necessárias à salvação. Pois nosso objetivo é que, mediante o esforço comum, a caridade seja mantida entre nós. Mas convém definir ainda mais claramente o que se entende por esse decoro e ordem que Paulo recomenda. A finalidade do decoro consiste em que as cerimônias conduzam à veneração das coisas sagradas, fomentando em nós a piedade; consiste também em que brilhem a modéstia e a gravidade que devem se manifestar em todas as ações honestas, e especialmente naquelas dedicadas a Deus. Quanto à ordem, o principal elemento consiste no fato de que os que presidem aos pastores reconheçam a regra do bom governo, e o povo se acostume a obedecer a Deus e a observar a disciplina. Visa, além disso, à manutenção do bom estado da Igreja, cujo efeito é a paz e a tranquilidade.

29. Não chamaremos de decoro aos espetáculos frívolos que se destinam ao prazer dos sentidos. Um exemplo disto está no aparato teatral que os papistas usam em suas funções sacras, onde tudo se resume a exterioridades inúteis e infrutíferas. Mas chamaremos de decoro àquilo que, estabelecido para reverenciar os sagrados mistérios, conduza o povo à piedade, ou ao menos que sirva de ornato conveniente à ação sagrada, e que não seja estéril, mas recorde aos fiéis com quanta modéstia, piedade e reverência devem tratar os mistérios divinos. Ora, para que as cerimônias nos sirvam de exercício de piedade, é preciso que nos conduzam diretamente a Cristo. De modo semelhante, não fundamentaremos a ordem em pompas inúteis que nada mais são que esplendor ostensivo, mas num sábio governo que elimine toda confusão, barbárie, contumácia, agitação e dissenção. Do primeiro tipo, temos exemplos em Paulo quando proíbe confundir os banquetes profanos com a Ceia do Senhor [1Co 11.20-22], e proíbe as mulheres de se apresentarem em público com a cabeça descoberta [1 Co 11.5]. Outras coisas mais corriqueiras são: que rezemos de joelhos e descobertos; que não administremos os sacramentos do Senhor de modo irreverente, mas dignamente; que usemos de certa gravidade ao enterrar os mortos e outras ações do gênero. Exemplos da segunda categoria são: que se tenham horas fixas para pregações públicas, sermões e ações sagradas; que se tenham lugares próprios para essas reuniões; preparar os cantos e salmos; que se guarde silêncio nas pregações; que se tenham dias fixos para celebrar a Ceia do Senhor; que as mulheres não presumam ensinar na Igreja [1Co 14.34], e outras normas semelhantes.

Devemos incluir nessa categoria principalmente o que serve para manter a disciplina, como, por exemplo, a catequese, as censuras eclesiásticas, a excomunhão, os jejuns, e outras práticas que poderíamos enumerar. Deste modo, todas as constituições eclesiásticas que recebemos como santas e salutares, resumem-se a dois pontos principais: umas servem para estabelecer os ritos e as cerimônias; outras, para manter a disciplina e a paz.

30. Mas aqui há dois perigos: primeiro, que falsos bispos vejam nisso um pretexto para escusar suas leis ímpias e tirânicas; segundo, que os meticulosos, temendo os males que acima aludimos, não deem lugar algum às leis, por santas que sejam. Será bom declarar que eu aprovo as constituições humanas que se fundamentam sobre a autoridade divina, e se deduzem da Escritura, e, portanto, são inteiramente divinas. Sirva de exemplo as genuflexões que se fazem nas orações solenes. Se alguém pergunta se isto é tradição humana que se deve rejeitar ou desprezar, respondo que é humana e também divina. É divina enquanto faz parte daquele decoro, cujo zelo e observância nos recomendou o Apóstolo [1Co 14.40]; é humana enquanto manifesta especificamente algo que foi indicado de modo genérico pelo Apóstolo. Desse único exemplo é possível deduzir critério acerca daquilo que devemos pensar desse tipo de coisas: o Senhor compendiou na Escritura a autêntica forma da justiça, o modo de cultuar seu nome, e tudo o que é necessário à salvação, declarando expressamente que somente ele é o único Mestre a quem devemos ouvir. Como, em matéria da disciplina exterior e de cerimônias, Deus não quis prescrever detalhadamente uma só forma para todas as épocas, uma vez que isso dependeria de circunstâncias particulares e não seria conveniente uma única forma para todos os séculos. Eis por que é necessário recorrer à norma geral que dele recebemos, a saber, que na Igreja tudo deve ser feito com ordem e decoro. Finalmente, como não deixou expressa nenhuma indicação, justamente por não se tratar de algo necessário à salvação, mas que deve adaptar-se segundo os costumes dos povos, devemos concluir que podemos mudar e abrogar, bem como instituir novas formas, conforme a utilidade da Igreja. Reconheço que não devemos inová-las sempre, por motivos fúteis. Mas a caridade julgará perfeitamente o que prejudica e o que edifica: se a tomarmos por moderadora tudo estará a salvo.

31. É dever do povo cristão guardar as observâncias instituídas para este fim, não por superstição, mas com liberdade de consciência, obedecendo de boa vontade a essas normas, sem preteri-las por arrogância ou negligência, nem permitindo que sejam violadas por espírito de contestação e rebelião. Que liberdade de consciência pode haver, dirá alguém, quando se está obrigado a observá-las desse modo? Penso que a consciência não perderá sua liberdade enquanto se tiver presente que tais leis não têm caráter absoluto, mas são auxílios externos à debilidade humana. Embora sejam não obrigatórias, as leis nos auxiliam a manter a caridade recíproca, como podemos concluir dos exemplos que antes demos.[227] Será que a piedade consiste no véu das mulheres, a tal ponto que cometeriam um grave mal se saíssem descobertas? Será que o silêncio que lhes é recomendado não pode ser quebrado sem se cometer um grande pecado? Há algum mistério nas genuflexões e no sepultamento dos mortos que não pode ser preterido sem grave delito? Pois é certo que, se uma mulher precisa socorrer ao vizinho, mas não tem tempo de cobrir a cabeça, não cometerá pecado algum se sair descoberta. De modo semelhante, há circunstâncias que é melhor falar, e outras em que é melhor calar. Nem há impedimento algum se um doente, que não pode se ajoelhar, fizer sua oração de pé. Finalmente, é muito melhor enterrar o morto a não fazê-lo por falta de mortalha, e assim deixá-lo decompor sem sepultura. E, para termos algum critério nessa matéria, podemos seguir o costume e as leis da região em que vivemos, seguindo sempre a modéstia que nos servirá de guia em face daquilo que devemos seguir ou evitar. Se alguém erra nessas coisas, por inadvertência ou esquecimento, não cometerá pecado algum, mas se for levado por desprezo, sua obstinação é condenável. De modo semelhante, os dias, as horas, ou o edifício do culto, a escolha dos salmos não têm importância. Porém, se queremos manter a paz, é oportuno marcar dias e horas determinados, bem como um lugar suficientemente amplo para todos. Pois haveria grande confusão se fosse lícito a cada um decidir, a seu bel-prazer, o que diz respeito ao bem comum, pois nunca haveria adesão de todos àquilo que se resolve assim. Mas, se alguém insiste ser mais sábio do que convém, pese bem os argumentos que há de apresentar a Deus. Quanto a nós, devemos nos bastar com as palavras de Paulo: "não temos o costume de ser contenciosos, nem as igrejas de Deus" [1Co 11.16].

32. Devemos, pois, vigiar com a toda a diligência para que nenhum erro se infiltre e venha a corromper ou obscurecer este bom uso. Isso se obterá se todas essas normas forem manifestamente úteis, e pouquíssimo numerosas, e se nelas resplandecerem o ensino de um pastor fiel que feche a porta às más opiniões. Este conhecimento fará que, para cada um de nós, persevere a liberdade nessa matéria, e não imporá um limite

---

227 Cf.§ 29.

à liberdade onde a caridade e o decoro, do qual falamos,[228] o exigirem. Além disso, na observância desta mesma matéria, devemos nos afastar de toda superstição e da excessiva rigidez a fim de que não façamos do culto divino uma infinidade de cerimônias, de modo que uma igreja não menospreze a outra pela diversidade da disciplina exterior. Finalmente, evitando dar às nossas normas um caráter definitivo, destinemos à edificação da Igreja o uso e a finalidade das cerimônias; e, em razão das exigências dessa edificação, estaremos dispostos a tolerar não somente uma, mas todas as cerimônias que estiveram em uso entre nós. Porque a experiência nos ensina que é permitido, segundo a exigência dos tempos, abolir alguns ritos que por si mesmos não são inconvenientes nem maus. Pois a cegueira e ignorância dos tempos passados foi tão grande que as igrejas se empenharam na observância das cerimônias segundo um critério tão corrompido e pertinaz que, com dificuldade, se conseguirá livrá-las dessas prodigiosas superstições sem que sejam supressas muitas cerimônias que foram instituídas por bom motivo, e que, em si mesmas, não manifestam qualquer impiedade.

---

228 Cf.§ 28.

Da jurisdição da Igreja e do abuso que desta se comete sob o papado

esta considerar o terceiro elemento[229] do poder eclesiástico que consiste na jurisdição, que é o mais importante numa igreja bem ordenada. Toda a jurisdição da Igreja, porém, diz respeito à disciplina dos costumes, da qual trataremos no capítulo seguinte.[230] Porque assim como nenhuma cidade ou povoado pode subsistir sem magistrado e sem governo, assim também a Igreja de Deus, conforme já disse em outro lugar, tem necessidade de certo governo espiritual,[231] completamente distinto da ordem civil. Longe, porém, de ser um impedimento ou ameaça para o governo civil, o governo espiritual muito o ajuda e promove. Este poder de jurisdição não é outra coisa que a ordem estabelecida para a conservação do governo espiritual. Para este fim, desde o início se instituíram nas igrejas certos organismos que zelavam pela censura dos costumes, castigassem os vícios e usassem o poder das chaves quando fosse preciso. A essa praxe Paulo faz alusão na epístola aos Coríntios, ao falar do dom de governo [1Co 12.28]; e também na epístola aos Romanos, ao dizer: "Quem preside, faça-o com solicitude" [Rm 12.28]. Não se refere aos magistrados, visto que nenhum deles era cristão, mas aos que serviam de coadjutores aos pastores, ajudando-os no governo espiritual da Igreja. Igualmente na epístola a Timóteo, distingue dois tipos de presbíteros: uns empenhados no ministério da Palavra, e outros em bem presidir [1Tm 5.17]. Não há dúvida de que, nessa segunda categoria, estavam os responsáveis pela boa ordem dos costumes e aplicação do poder das chaves. De fato, o poder do qual estamos a falar

---

229 Cf. supra cap.VIII.
230 Cf. supra cap.XII.
231 Cf. supra cap.III, 1.

depende inteiramente das chaves que Cristo entregou à sua Igreja, conforme se lê no capítulo dezoito de Mateus [Mt 18.15-18]. Manda-se ali que sejam gravemente admoestados, em nome de todos, os que não fazem caso das admoestações privadas. Mais do isso: ensina-se que devem ser excluídos da sociedade dos fiéis, caso se obstinem em sua rebeldia. Como estas admonições e correções não podem ser feitas sem conhecimento de causa, exigem-se certo julgamento e ordem processual. Portanto, se não queremos anular a promessa das chaves e abolir o uso da excomunhão, das admonições públicas e de procedimentos análogos, devemos necessariamente reconhecer alguma jurisdição na Igreja. Notem os leitores que, nesse passo, não se trata da autoridade doutrinal – como em Mateus no capítulo dezesseis, ou no capítulo vinte de João –, mas de que Cristo iria transferir ao seu rebanho a jurisdição do sinédrio. Até então os judeus tiveram alguma forma de governo, e Cristo quis que se fizesse uso dela em sua Igreja, desde que fossem mantidas a pureza da instituição e a severidade das sanções. Recorre Ele à severidade contra os contraditores, sabendo que homens temerários e presunçosos desprezariam o juízo da Igreja, se esta fosse ignóbil e desprezível. Ora, para que não se crie dificuldade aos leitores pelo fato de que Cristo usa as mesmas palavras para designar coisas diferentes, será preciso esclarecer este problema. Duas passagens falam de "ligar" e "desligar". Uma está em Mateus, capítulo dezesseis, onde Cristo, depois de prometer a Pedro que lhe daria as chaves do reino dos céus, acrescenta a seguir: "tudo o que for ligado ou desligado na terra, será também nos céus" [Mt 16.19]. Com estas palavras, o Senhor não quis dizer nada de diferente daquilo que disse em João ao enviar seus discípulos a pregar. De fato, depois de soprar sobre eles, disse-lhes: "Àquele a quem perdoardes os pecados lhes são perdoados; e àquele a quem os retiverdes lhes são retidos" [Jo 20.23]. A interpretação que darei dessa passagem não é cavilosa e forçada, mas genuína, corrente e óbvia. Este mandamento de perdoar e reter os pecados e a promessa feita a Pedro de ligar e desligar não devem se referir senão ao ministério da Palavra, o qual foi entregue pelo Senhor aos Apóstolos, juntamente com o ofício de ligar e desligar. Em que coisa, de fato, resume-se o Evangelho senão em que todos nós, servos do pecado e da morte, sejamos desacorrentados e postos em liberdade pela redenção que está em Cristo Jesus? E que, pelo contrário, aqueles que não recebem nem reconhecem a Cristo por libertador e redentor serão condenados e entregues aos grilhões eternos? Quando o Senhor recomendou aos discípulos que esta delegação fosse levada a todas as nações, Ele a honrou com este nobre testemunho a fim de confirmar que era sua e que a enviava. E isto serviria de especial consolação tanto dos Apóstolos, como de todos os ouvintes que a receberiam. Decerto era conveniente que os Apóstolos tivessem uma constante e firme garantia da sua pregação, que seria conduzida em meio a infinitas fadigas, cuidados, inquietações e perigos, e selada com o próprio sangue. Por isso, a fim de que soubessem que sua pregação não era vã nem inútil, mas cheia de poder e de virtude, foi preciso que, em meio a tantas angústias e dificuldades, tivessem a convicção de que, não obstante a oposição e a perseguição do mundo, cumpriam a vontade de Deus, e que Deus lhes era favorável. Era preciso também que estivessem certos de que Cristo era o autor de sua doutrina, ainda que não o tivessem presente corporalmente na terra, mas apenas no céu, confirmando a verdade da doutrina que lhes confiara. Por outro lado, era necessário que também os ouvintes tivessem um testemunho certíssimo de que a doutrina do Evangelho não era palavra dos Apóstolos, mas do próprio Deus; que não se tratava de voz terrena, mas de voz vinda do céu. Porque o perdão dos pecados, a promessa da vida eterna, e a boa-nova da salvação não podem se fundamentar no poder humano. Por isso, Cristo atestava que, na pregação do Evangelho, a obra dos Apóstolos se limitava ao ministério; que Ele mesmo falava e expunha suas promessas pela boca dos Apóstolos, como estes fossem simples instrumentos; que a remissão dos pecados que anunciavam era autêntica promessa divina; que a ameaça de danação, certíssimo juízo de Deus. Este atestado foi dado para todos os tempos e permanece firme, para nos assegurar e certificar de que a palavra do Evangelho, pregada por quem quer que seja, é sentença do próprio Deus, pronunciada em seu supremo tribunal, escrita no livro da vida, aprovada, ratificada e feita irrevogável no céu. Sustentamos, pois, que o poder das chaves não é outra coisa que a pregação do Evangelho, e que, naquilo que diz respeito aos homens, consiste mais no ministério que no poder. Porque propriamente falando, Cristo não deu esse poder aos homens, mas à sua Palavra, em virtude da qual os fez ministros.

2. A outra passagem que mencionamos encontra-se em Mateus, onde se lê: "E, se não ouvir, dize-o à Igreja; e se também não ouvir a Igreja, considera-o como um gentio e publicano. Em verdade vos digo que tudo o que ligardes na terra será ligado no céu, e tudo o que desligardes na terra será desligado no céu" [Mt 18.17-18]. Este texto não é totalmente semelhante ao anterior [Mt 16.19], mas apresenta alguma diferença. Todavia, não o considero tão diverso ao ponto de não reconhecer a grande afinidade de ambos. A semelhança está no fato de que ambos os textos

representam uma sentença geral; o poder de ligar e desligar é o mesmo em ambos os casos, isto é, mediante a Palavra de Deus; a ordem de ligar e desligar é a mesma; idêntica é a promessa. Diferem, porém, nisto: a primeira passagem refere-se especialmente à pregação dos ministros da Palavra; a segunda inclui a disciplina da excomunhão que está confiada à Igreja. Ora, a Igreja liga àquele que excomunga, não porque o lance na ruína e desesperação eterna, mas enquanto condena sua vida e seus costumes, e prenuncia sua condenação caso não se ponha no bom caminho. Quanto àquele que é recebido em sua comunhão, ela o faz partícipe da comunhão que tem com Cristo. Portanto, ninguém menospreze obstinadamente o juízo da Igreja e considere com leviandade o fato de ser condenado pela sentença dos fiéis. O Senhor declara que esse juízo não é outra coisa que a publicação de sua sentença, e que o decidido na terra será ratificado no céu. Porque a Igreja está em posse da Palavra de Deus, mediante a qual condena aos rebeldes e recebe aos penitentes. A Igreja não pode errar nem contrariar o juízo divino, porque julga unicamente segundo Lei divina, a qual não é opinião incerta e humana, mas manifesta a santa vontade de Deus e seu celeste oráculo. Destas duas passagens, a gente desenfreada e sem discernimento pretende basear a doutrina da confissão,[232] da excomunhão, da jurisdição, da faculdade de fazer leis e das indulgências. Alegam o primeiro texto para estabelecer o primado da Sé Romana.[233] Demonstram assim quão hábeis são para fazer que suas chaves sirvam em todas as portas e fechaduras, de sorte a parecer que foram serralheiros a vida inteira.

3. Enganam-se os que consideram isso uma disposição transitória, limitada à época em os magistrados não eram cristãos, e nada sabiam da autoridade eclesiástica. Pois a Igreja não tem a espada para punir os malfeitores, nem legislação para reprimi-los, nem cárceres e demais penalidades com que a autoridade civil costuma castigar. O poder eclesiástico não se empenha em castigar o pecador contra a sua vontade, mas em levá-lo à penitência voluntária. Há, pois, uma grande diferença, pois nem a Igreja se apropria do que pertence à autoridade civil, nem a autoridade civil pode fazer o que a Igreja faz. Tudo isto será melhor compreendido se recorrermos a um exemplo. De fato, se alguém se embriaga numa cidade bem ordenada, o castigo será a prisão. Se alguém comete pecado de fornicação, ser-lhe-á aplicado o mesmo castigo, senão maior. Desta

---

232 Cf. supra III, iv, 20.
233 Cf. supra vi, 3.

maneira se satisfazem às leis, à autoridade e ao foro terreno. Mas pode suceder que o culpado não dê nenhuma mostra de arrependimento, mas, ao contrário, proteste e deixe se levar pelo despeito. Deve a Igreja calar-se até este ponto? Pois é evidente que não se pode admitir tais pessoas na Ceia sem se fazer injúria a Cristo e à sua sagrada instituição. Além disso, a razão exige que quem ofende a Igreja com um mau exemplo, repare o escândalo fazendo solene penitência. Bem frívola é a razão dada por nossos adversários: asseguram que Cristo recomendou este ofício à Igreja no tempo em que não havia magistrado que o fizesse. Sucede, por vezes, que o magistrado se mostre muito negligente, ou até mesmo mereça ser punido, como se deu no caso do Imperador Teodósio.[234] Aliás, o mesmo pode se dizer acerca do ministério da Palavra: deixem os pastores de repreender, dizem eles, as transgressões evidentes; deixem de inquirir, acusar e castigar, pois há magistrados cristãos que, com lei e espada, devem punir tais atos. De minha parte, sustento que o magistrado, ao punir e coibir pela força, deve purgar a Igreja de escândalos, assim como o da Palavra deve auxiliar o magistrado, para que não haja tantos que pequem. E assim eles devem combinar seus esforços, cada um não sendo impedimento ao outro, mas para colaboração mútua.

4. Na verdade, quem se detiver mais de perto nas palavras de Cristo, facilmente verá que ali se prescreve uma ordem perpétua, e não temporária. Porque não seria conveniente acusar diante do magistrado civil àquele que não quer obedecer às nossas exortações, o que se faria necessário se o magistrado ocupasse o lugar da Igreja. Mas o que diremos da seguinte promessa: "Em verdade, em verdade vos digo, tudo quanto ligardes na terra..." [Mt 18.18]? Diremos que foi dada apenas para um ano, para um breve período? Cristo, além disso, não instituiu nada de novo com essas palavras, mas seguiu o costume imemorial em uso na igreja de sua nação. Com isso Ele deu a entender que a Igreja não poderia ser privada da jurisdição espiritual, que se usou desde o início, e que foi confirmada em todo tempo. Porque esta jurisdição espiritual não cessou nem foi abolida quando os Imperadores e magistrados se tornaram cristãos, mas foi ordenada de tal modo que em nada derrogasse o poder civil, nem se confundisse com este. E com muita razão. Porque o magistrado, se é piedoso, não irá querer eximir-se da obediência que é comum a todos os filhos de Deus, e à qual diz respeito a submissão à Igreja que julga conforme a Palavra de Deus.

---

234 Teodoreto, História eclesiástica, livro V, cap.17, 18; Cassiodoro, História tripartida, livro IX, cap.30.

Nem deve pensar na eventualidade de prescindir deste juízo. "Que coisa é mais digna de honra que ser filho da Igreja? Porque o bom Imperador está dentro da Igreja, e não acima dela".[235] Portanto, os que despojam a Igreja da sua autoridade a fim de exaltar a do magistrado, não somente corrompem a sentença de Cristo com essa falsa interpretação, mas também acusam de grave culpa aos santos bispos que se sucederam desde o tempo dos Apóstolos, condenando-os de haverem usurpado a dignidade e o ofício do magistrado sob falsas pretensões.

5. Convém considerar atentamente qual foi outrora o verdadeiro uso da jurisdição eclesiástica, bem como o grave abuso que se seguiu depois, para sabermos o que deve ser abolido e o que deve ser restituído, se queremos destruir o reino do anticristo e edificar outra vez o reino de Cristo. Nossa finalidade é, antes de tudo, evitar escândalos e suprimi-los caso ocorram. Duas coisas devemos considerar no uso do poder espiritual: a primeira, que a jurisdição espiritual deve ser absolutamente distinta da civil; a segunda, que não deve ser exercida por uma só pessoa, a seu bel-prazer, mas por uma legítima assembleia designada para este fim. Ambas as coisas foram observadas na Igreja antiga. O poder espiritual está claramente separado do poder temporal. Porque os santos bispos não exerceram sua autoridade mediante a cominação de penas pecuniárias, prisões, ou demais penalidades civis, mas serviram-se unicamente da Palavra de Deus (1 Co 5,3-4). O mais severo castigo que a Igreja impõe é a excomunhão, à qual recorre em casos extremos. Ora, a excomunhão não requer a coerção física, mas limita-se à eficácia da Palavra de Deus. Finalmente, a jurisdição da Igreja primitiva não foi outra coisa que a prática daquilo que Paulo ensina a respeito da autoridade espiritual dos pastores, a saber, "Porque as armas de nossa milícia não são carnais, mas poderosas em Deus para destruição das fortalezas; destruindo os conselhos e toda altivez que se levanta contra o conhecimendo de Deus, e levando cativo todo o entendimento à obediência de Cristo" [2Co 10.4-6]. Se isso se cumpre mediante a pregação do Evangelho, aqueles que se professam fiéis cristãos devem ser julgados de acordo com a doutrina. Ora, isto não pode ser feito se ao ministério não se reconhece o direito de julgar àqueles que merecem advertências privadas ou repreensões mais rigorosas; além disso, é preciso que a autoridade impeça que participem da Ceia aqueles cujo mau comportamento profanaria tão grande mistério. Por isso, quando, em outro lugar, Paulo diz que não nos cabe julgar aos

---

235 Ambrósio, Sermão contra Auxêncio, cap.36.

estranhos, mas aos filhos de Deus [1Co 5.12]. Estes deviam se submeter às censuras e admonições da Igreja, que então exercia uma disciplina da qual ninguém estava isento.

6. Esta autoridade, como dissemos, não estava nas mãos de uma só pessoa, a fim de que não agisse ao sabor de seu capricho, mas residia no conselho dos anciãos, que, na Igreja, fazia às vezes de um senado. Mencionando os usos de seu tempo, Cipriano afirma que o bispo era assistido pelo clero, de sorte que as decisões eram tomadas em comum.[236] Por vezes o clero dirimia a questão de modo tal que o povo não ficava excluído do conhecimento da causa. Eis as suas palavras: "Desde que fui feito bispo, decidi não fazer coisa alguma sem o conselho dos presbíteros e sem o consentimento do povo".[237] Era prática corrente que a jurisdição da Igreja fosse exercida pelo conselho dos anciãos, que se dividia em duas categorias, conforme disse acima:[238] os que estavam encarregados de ensinar, e os que censuravam os costumes. Esta instituição degenerou pouco a pouco de modo que já em tempo de Ambrósio somente os clérigos ouviam as causas eclesiásticas, situação que o afligia, conforme próprias suas palavras: "A antiga sinagoga, e depois a Igreja, teve seus anciãos, sem cujo conselho não se fazia nada. A seguir, não sei por força de que negligência, essa prática caiu em desuso, se por descuido dos sábios, ou, antes, por espírito de soberba e dominação".[239] Vemos o quanto se amargura este santo varão pela decadência da pureza inicial, embora as coisas fossem toleráveis naquele tempo. Que diria ele ao ver a impressionante ruína atual, na qual mal se pode reconhecer algo do velho edifício? Em primeiro lugar, os bispos, agindo contra todo direito e justiça, usurparam para si o que havia sido dado à Igreja inteira; o caso é semelhante ao de um presidente, cônsul ou prefeito que passasse a governar sozinho sem dar satisfação alguma ao Senado. E ainda que o bispo seja certamente superior em dignidade, assim também uma assembleia ou congregação tem mais autoridade que um só homem. Foi, pois, enorme absurdo que um só tenha advogado para si a autoridade de todos, abrindo, em primeiro lugar, a porta à tirania sem controle; depois, que tenha subtraído à Igreja o que lhe pertence; por fim, que tenha abolido a ordem que o Espírito de Cristo estabelecera.

---

236 Cipriano, Epístola 16, cap.4, 2; 17, cap.3, 2.
237 Ibidem, Epístola 14, cap.4.
238 Cf. supra, cap.iv, 1; xi, 1.
239 Ambrosiaster, Comentário sobre 1 Tim.5, 1, 2 (PL 17, 502).

7. Com efeito, como de um mal sempre nasce outro, com o passar do tempo os bispos passaram este encargo a terceiros, desdenhando-o como coisa indigna de seus cuidados e preocupação. Surgiram então os oficiais instituídos para cuidar da jurisdição eclesiástica, fazendo as vezes do bispo. Não me interessa que tipo de gente são como indivíduos, mas afirmo: em nada diferem dos juizes seculares. Dizemos que sua jurisdição é espiritual, embora não litiguem senão por coisas terrenas. Além disso, ainda que não houvesse outro inconveniente, pergunto como se atrevem a chamar de tribunal eclesiástico a um foro de litigantes? Replicam que aí se valem das admonições e excomunhões. Será possível que debochem assim de Deus? Tomemos o caso de um pobre endividado. Ele será citado diante do juiz eclesiástico. Se comparece, será condenado. Se não pagar depois de sentenciado, será admoestado. Depois da segunda admonição, será excomungado. Se não comparece, é advertido que se apresente em juízo; se demora, é admoestado; por fim, é excomungado. Pergunto eu, que isto tem a ver com a instituição de Cristo, com o uso antigo, com o modo de agir da Igreja? Dirão: censuram os vícios. Bela resposta! No entanto, não apenas toleram as fornicações, embriaguez e outras abominações semelhantes, mas de certa maneira as aprovam e confirmam com uma tácita aprovação. E isto não somente em relação ao povo, mas ao próprio clero. Para que não pareçam muito desinteressados por esses casos, convocam alguns para ver se daí conseguem arrancar algum dinheiro. Prefiro não falar dos saques, rapinas, furtos e sacrilégios que daí procedem. Nem mencionarei que tipo de gente é geralmente escolhida para este ofício. Este ponto está bem esclarecido: quando os romanistas se vangloriam de que sua jurisdição é espiritual, é sumamente fácil demonstrar que nada poderia ser mais contrário à ordem instituída por Cristo que ela, que se assemelha à prática da antiga Igreja tanto quanto as trevas à luz.

8. Embora não tenhamos recordado tudo que se poderia ser mencionado, e que o exposto o foi sucintamente, penso, contudo, ter refutado nossos adversários, de modo que ninguém possa duvidar de que se trata de uma tirania, contrária à Palavra de Deus e ao direito da Igreja, a autoridade espiritual da qual o Papa e todo seu reino se vangloriam. Sob o termo "autoridade espiritual", incluo as iníquas tradições com que têm desviado o povo da pureza e simplicidade da Palavra de Deus, as tradições iníquas nas quais enredaram as pobres almas, bem como toda a falsa jurisdição eclesiástica que exercem mediante seus sufragâneos, vigários, penitenciários e oficiais. Porque, se de fato aceitarmos que Cristo reine entre nós, todo este império e domínio é imediatamente arruinado e destruído. Não é preciso tratar aqui do chamado "poder da espada", que também atribuem a si, o qual consiste em posses terrenas e patrimônio, pois não é exercido sobre as consciências.[240] De todo modo, também neste caso, poder-se-ia constatar que permanecem sempre os mesmos, querendo ser tidos por pastores da Igreja. Não pretendo falar dos vícios dos homens, mas apenas da abominação pestilencial entranhada em seu modo de agir, e que tudo lhes parece pouco ordenado senão quando se distingue pela exibição de grande opulência e títulos soberbos. Se interrogamos a autoridade de Cristo sobre este ponto, não resta dúvida de que ele vetou aos ministros de sua Palavra toda forma de autoridade civil e mando terreno: "Os reis dos povos dominam sobre eles; mas vós não sereis assim" [Mt 20.25; Mc 10.42-43; Lc 22.25-26]. Com essas palavras, o Senhor indica que o ofício do pastor não somente é distinto do ofício do príncipe, mas que ambos os ofícios não podem se coadunar na mesma pessoa. Que Moisés tenha exercido ambos os ofícios (Ex 18.16), foi sobretudo um milagre. Além disso, exerceu-os provisoriamente até que a situação fosse estabelecida de forma definitiva. A partir do momento que o Senhor dispôs uma norma conforme a sua vontade, não restou a Moisés senão o governo civil, pois foi-lhe dito que cedesse o sacerdócio a Aarão. E isso com toda razão. Porque está além das possibilidades humanas que a mesma pessoa consiga desempenhar os dois ofícios. Na Igreja, essa regra observou-se com toda diligência. Não houve bispo algum, enquanto a Igreja se manteve genuinamente tal, que quisesse usurpar a autoridade civil. De fato, nos tempos de Ambrósio, circulava o provérbio segundo o qual mais haviam aspirado ao sacerdócio os imperadores que os presbíteros ao império.[241] Porque era bem claro que para todos a convicção de que "ao imperador pertence os palácios, e as igrejas aos bispos", como ele mesmo diz pouco depois.[242]

9. Mas, desde que se inventou que os bispos gozassem de títulos, honras e riquezas, sem que precisassem exercer o ministério, foi-lhes confiado o poder da espada para que não permanecessem completamente ociosos; ou melhor dizendo, arrebataram-no para si. Com que pretexto podem defender semelhante vergonha? Em primeiro lugar, pergunto se era obrigação dos bispos se entregarem à administração e governo de cidades e províncias, a ofícios que não lhes competem? Pois, caso se ocupassem apenas do ofício pastoral, sem qualquer distração, teriam tanto o que fazer que mal conseguiriam desempenhá-lo como deveriam. Seja como for, tal

---

240 Cf. supra § 5, e cap. XX, 10ss.
241 Ambrósio, Epístola 20, 23.
242 Ibidem, 20, 19.

é a obstinação e atrevimento que não hesitam em proclamar que desse modo se empenham na glória e exaltação do reino de Cristo, jamais se afastando de sua vocação. Quanto ao primeiro ponto, se é um decoroso ornato de seu ofício serem postos tão alto, ao ponto de rivalizarem com os príncipes, há motivo de protestarem contra Cristo, que duramente feriu sua honra, se tudo é de fato como dizem. Pois, segundo sua opinião, que ultraje poderia ser maior senão dizer-lhes: "Os reis dos povos e os príncipes dominam sobre eles, mas vós não sereis assim" [Mt 20.25,26; Mc 10.42,43; Lc 22.25,26]? No entanto, não impôs a seus servos uma lei mais dura que aquela que primeiro impusera a si mesmo. "Quem me constituiu juiz ou partidor entre vós?" [Lc 12.14]. Vemos de que modo Cristo não arroga para si a autoridade de juiz terreno, o que não teria feito se tratasse de algo compatível com seu ofício. Será que não devemos nos submeter àquilo que o próprio Senhor se submeteu voluntariamente? Quanto ao segundo ponto, gostaria que nossos adversários provassem pelos fatos aquilo que afirmam com tanta leviandade. Se aos Apóstolos não pareceu acertado se ocuparem com a distribuição das esmolas, descurando assim da Palavra de Deus [At 6.2], isto deveria convencer aos papistas de que é impossível ser bom bispo e bom príncipe ao mesmo tempo. Porque se eles, que haviam sido adornados de dons excelentes, e, portanto, estavam aptos a desempenhar ofícios muito mais numerosos e importantes, confessaram que não podiam se ocupar simultaneamente da pregação da Palavra e das esmolas, como esta gente, que não é nada em comparação aos Apóstolos, conseguirá lhes superar usando apenas a própria habilidade? Se em virtude da graça recebida de Deus, os Apóstolos estavam em melhores condições que seus sucessores, reconheceram a impossibilidade de se dedicarem ao mesmo tempo ao ministério da Palavra e ao da caridade, como seria possível aos seus sucessores centuplicar os esforços dos Apóstolos comparados aos quais eles nada são?

10. Não resta dúvida de que foi gradualmente que chegaram ao cume da grandeza em que agora se acham. Jamais teriam podido chegar tão alto com um só pulo. Com astúcia e manobras obscuras souberam engrandecer-se, de modo que ninguém se desse conta do golpe até que este tivesse sido dado. Por vezes serviram-se do terror, arrebatando à força parte do poder dos príncipes; por vezes, aproveitaram-se da imoderada docilidade dos príncipes. Além disso, as almas piedosas de outrora, certas da integridade moral de seus bispos, confiavam-lhes o arbítrio das controvérsias, a fim de evitar o litígio. Dessas arbitragens ocuparam-se os bispos, embora, de início, isso lhes desgostasse muito, como o declara

Agostinho em certo lugar.[243] Pois os bispos aceitavam moderar as questões a fim de que fosse evitado o litígio entre as partes. Seus sucessores, porém, transformaram em jurisdição ordinária a arbitragem voluntária, cuja finalidade era apenas se evitar o procedimento penal. Mais tarde, vendo as cidades e as províncias perturbadas por dificuldades de diversos tipos, as populações entregaram aos bispos sua tutela e a salvaguarda. Com hábeis artifícios, porém, estes fizeram-se donos e senhores da situação. Ninguém, aliás, poderá negar que uma boa parte do que possuem foi conquistado à força e intrigas deploráveis. Quanto aos príncipes que, de bom grado concederam jurisdição aos bispos, viram-se levados a isso por diversas razões. Seja como for, tal liberalidade, aparentemente devota, não redundou em bem algum para a Igreja, mas corrompeu e destruiu completamente a sua primitiva e autêntica integridade. Os bispos, por sua vez, abusaram dessa liberalidade dos príncipes em proveito próprio, demonstrando claramente, simplesmente por esse ato, que não eram verdadeiros bispos. Porque, se tivessem uma centelha de espírito apostólico, teriam sem dúvida respondido com as palavras de Paulo: "As armas de nossa militância não são carnais, mas espirituais" [2Co 10.4]. Mas, arrebatados por cega avidez, foram a causa da própria perdição, da de seus sucessores e de toda a Igreja.

11. Finalmente, o Romano Pontífice, não se bastando com condados e ducados, quis lançar suas mãos sobre os reinos, e, depois, sobre o próprio Império do Ocidente. E, a fim de dar alguma aparência de legalidade à sua pilhagem, passou a vangloriar-se de tê-la obtido por direito divino, alegando a doação de Constantino e outros títulos fantasiosos. Respondolhes, antes de tudo, com Bernardo: "que qualquer título que possa reivindicar para si, evidentemente não o faz por direito apostólico. Porque Pedro não podia dar o que não tinha, mas deixou aos seus sucessores o que recebera: o cuidado pelas Igrejas".[244] A seguir, acrescenta: "considerando que o Senhor e Mestre disse não ser juiz entre dois [Lc 12.14], deve soar estranho ao servo o ser juiz de todos".[245] Nesse texto Bernardo fala aos juízes civis. Falando ao Papa, acrescenta: "O vosso poder deve exercitar-se sobre os pecados, e não sobre as posses, pois recebestes as chaves do reino dos céus não para ser potentado mais para corrigir aos vícios. Que dignidade vos parece maior: perdoar os pecados ou repartir

---

243 Agostinho, Do trabalho dos monges, cap.29, 37; Exposição sobre os salmos, Sl.118, sermão 24,3.
244 Bernardo, Sobre a consideração, livro II, cap.6, 10.
245 Ibidem, livro I, cap.6, 7.

reinos? É claro que não há comparação possível. A autoridade civil tem seus juízes na pessoa dos príncipes e reis da terra. Por que quereis invadir a seara alheia?".[246] Escrevendo ao Papa Eugênio, diz: "Fostes constituído superior. Não, porém, para dominar, creio eu. Portanto, qualquer que seja o conceito que tenhais de vós mesmo, recordai que vosso estado supõe ministério, não dominação. Aprendei que, para cultivar a vinha do Senhor, é preciso de uma pá, e não de um cetro".[247] E ainda: "É claro os que Apóstolos foram afastados de toda dominação. Como, pois, ousais usurpar o título de Apóstolo, assenhorando? Ou o domínio, estando assentado na Sé Apostólica?".[248] E mais abaixo, continua: "o apostolado é de tal natureza que toda dominação é proibida e se manda servir e ministrar a todos".[249] Tudo o que disse Bernardo é certa e pura verdade divina, mas mesmo que não o tivesse dito, todos estariam em condições de ver que é realmente assim. O Papa, porém, não se envergonhou de decretar no Concílio de Arles que, por direito divino, lhe competiam as duas espadas, a espiritual e a temporal.

12. Quanto à doação de Constantino, da qual os papistas se vangloriam, quem for medianamente versado na história daquele tempo sabe que se trata não somente de algo inventado e falso, mas sobretudo burlesco. Mas, deixando à parte os dados históricos, Gregório, que viveu cerca de quatrocentos anos depois, nos dá um testemunho mais que suficiente sobre a verdade desse assunto. Pois sempre que fala ao Imperador, chama-o de "Sereníssimo Senhor", e declara-se "indigno servo".[250] Em outro lugar diz: "Vós que sois nosso Príncipe e Senhor não vos podem contra os bispos, visto que sobre eles tendes autoridade terrena; mas tende presente esta excelente consideração: que por amor de Deus, de quem são ministros, tende a justa medida de exercer sobre eles a vossa autoridade de modo que se a manifeste também a reverência que lhes deveis".[251] Vemos que Gregório põe-se no mesmo plano de todos, diz-se súdito como todos. Em outra passagem, diz: "tenho confiança em que Deus onipotente vos dará longa vida e que nos governará, mediante a sua graça, sob a vossa mão." Com essas citações não pretendo examinar a fundo a questão da doação de Constantino, mas unicamente ilustrar aos leitores quão pueril é fazer

---

246 Ibidem, livro I, cap.6, 7.
247 Ibidem, livro II, cap.6,9.
248 Ibidem, livro II, cap.6, 10,11.
249 Ibidem, livro II, cap.6,11.
250 Gregório I, Epistolário, livro I, Ep.5; livro III, Ep.65; livro IV, Ep.20.
251 Gregório I, Epistolário, livro V, Ep.20.

do papa um Imperador. Grande foi a estupidez de Eustéquio,[252] biblio-tecário do Papa, que se atreveu, em causa tão desesperada, advogar a favor de seu patrão. Lorenço Valla refutou definitivamente esta fábula,[253] coisa fácil para um homem douto e de agudo engenho como ele era. De todo modo, enquanto homem pouco versado em Sagrada Escritura, em temas religiosos ou em história eclesiástica, não disse tudo o que devia. Eustéquio, por sua vez, lançou-se à lide com suas frivolidades a fim de lançar sombra em questão tão clara. De resto, ele defende a causa de seu patrão com tanta frieza que facilmente se permitiria defender a tese oposta. Não obstante, a causa é mesmo importante. Mas, em sua avidez por lucro, são dignos de serem enganados pelo Papa, esses rábulas alu-gados por dinheiro, exatamente como sucedeu a Eugobino.

13. De resto, se alguém quer saber donde procede essa reivindicação de domínio, deverá notar que não faz ainda quinhentos anos os Pontífices estavam sujeitos aos príncipes, e que não eram escolhidos sem a aprovação do Imperador. A mudança veio em tempos de Gregório VII, que aprovei-tou a loucura do Imperador Henrique IV, homem desprezível e atrevido, completamente imprudente, ousado e de vida dissoluta. Tendo em suas mãos todos os bispados da Alemanha, a uns pôs à venda, a outros dis-tribuiu aos seus cortesãos. Por isso Hildebrando, isto é, Gregório VII, por ele maltratado, soube aproveitar dessa situação para vingar-se. Muitos puseram-se a seu lado, apoiando-o, pois Hildebrando defendia uma causa justa e piedosa para suster os sacrilégios do Imperador. Por outro lado, Henrique era odiado pela maioria dos príncipes por conta de seu insolente modo de governar. Finalmente, Hildebrando, que se chamava Gregório, revelou enfim a malícia de suas intenções, homem malvado e vil que era, de sorte que muitos que haviam conspirado com ele, o abandonaram. Todavia, tanto fez que seus sucessores não conseguiram se livrar de sua influência no que diz respeito ao imperador. Depois disto, sucedeu que muitos Imperadores mostraram-se mais semelhantes a Henrique que a Júlio César, de modo que não foi difícil domá-los e reduzi-los à impotência, porque se mantinham tranquilamente em casa, sem aborrecimento, en-quanto teria sido necessário reprimir corajosamente a insaciável cupidez dos Pontífices que crescia dia a dia. Vemos, pois, de que modo foi inventada

---

252 Agostinho Eustéquio, de Eugubio escreveu um livro: De donatione Constantini, Lyon, 1545.
253 Lourenço Valla, cônego de São João de Latrão, autor do livro De falso credita et ementita Constantini donatione declamatio; Basileia, 1540.

aquela famosa doação de Constantino, em razão da qual o Papa finge que o Império do Ocidente é sua propriedade.

14. Desde então os Pontífices não desistiram, ora pela fraude, ora pela perfídia, ora pela força das armas, de se apossarem dos bens alheios. Assim apossaram-se de Roma, que sempre manteve sua liberdade, e isso não faz nem cento e trinta anos. Em suma, aumentaram sempre mais o seu domínio até se alçarem à altura em que hoje estão; para mantê-lo ou aumentá-lo já faz duzentos anos que de tal modo conturbam o orbe cristão que estão ao ponto de destruí-lo inteiramente. Tais práticas condenam-se por si mesmas. Ora, sucedeu que em tempos de Gregório, os tesoureiros dos bens eclesiásticos impusessem brasões, em sinal de posse, segundo o costume dos fiscais, sobre os títulos dos bens da Igreja. Gregório, porém, convocou um Concílio provincial e criticou asperamente esse costume profano. Perguntou aos participantes se não consideravam digno de excomunhão o clérigo que presumisse proceder assim, ou o bispo que autorizasse essa prática ou não punisse a quem lançasse mão dela sem seu mandato. Todos, sem exceção, responderam que se tratava de um ato que merecia a excomunhão.[254] Ora, se essa atitude merecia a excomunhão, que espécie de censura não merecem os Pontífices que não se ocupam senão de guerras, derramamento de sangue, destruição de exércitos, pilhagens ou saques de cidades, massacre de povos, devastação de reinos, somente para se apropriarem dos bens alheios? Bem se vê que a glória de Cristo é o último assunto do qual se ocupam. Porque se renunciassem voluntariamente a todo o poder secular do qual dispõem, nenhum prejuízo haveria para a glória de Deus, nem para a sã doutrina, nem para o bem da Igreja. Mas, inflados de orgulho e assenhorados por apetite de dominação, pensam que tudo estará perdido se não estiverem em condições de dominar com crueldade e violência [Ez 34.4].

15. À jurisdição se associa a imunidade da qual se gaba o clero romano. Porque acham injurioso serem citados a comparecer diante do magistrado civil para que respondam por uma causa pessoal, e acreditam que a liberdade e a honra da Igreja consistem em estarem eles isentos da justiça comum. Ora, os bispos antigos que, sob muitos aspectos, se mostravam severíssimos na tutela dos direitos da Igreja, não achavam que o seu direito fosse diminuído pelo fato de estarem sujeitos aos juízes seculares em causas de natureza civil. De fato, os Imperadores cristãos sempre fizeram uso da autoridade sobre o clero sem que se levantasse oposição alguma a isso.

---

254 Gregório I, Epistolário, livro V, Ep.53.

Constantino, na carta que escreveu aos bispos de Nicomédia, fala desta maneira: "Se algum dos bispos imprudentemente promovesse desordem, seria punido pela mão do ministro de Deus, isto é, por mim".[255] E Valentiniano: "Os bons bispos não murmuram contra o poder do Imperador, mas guardam sinceramente os mandamentos de Deus, Rei soberano, e obedecem nossas leis".[256] Isto era aceito por todos sem discussão alguma. As causas eclesiásticas, de fato, se reservavam ao juízo do bispo; assim, se um clérigo era acusado de transgressão canônica, mas não tinha faltado contra as leis civis, sua causa era julgada conforme os cânones, não sendo citado no tribunal civil, mas apenas diante do bispo. Do mesmo modo, quando surgia alguma controvérsia ou questão de ordem doutrinal, ou pertinente ao regime eclesiástico, competia à Igreja decidir sobre a causa. Desta maneira se deve compreender o que Ambrósio escreve a Valentiniano: "Vosso pai, de feliz memória, respondeu não somente por palavra, mas também publicou éditos dispondo que as questões de fé deviam ser julgadas por aqueles que exercem o ofício eclesiástico e estão investidos do mesmo direito".[257] E ainda: "Se olhamos as Escrituras ou os exemplos antigos, quem poderá negar que em assuntos de fé os bispos devem julgar os Imperadores cristãos, e não os Imperadores aos bispos?".[258] E ainda: "Eu teria ido ao vosso conselho, Imperador, se os bispos e o povo não tivessem me impedido de fazê-lo ao dizer que uma causa eclesiástica deve ser tratada na Igreja, diante do povo".[259] De fato, ele sustenta que uma causa espiritual, quer dizer, de religião, não se deve ser apresentada à justiça civil, onde se debatem as controvérsias civis. Todos, com razão, louvam sua constância nisto. Todavia, apesar de ter razão, declarou que se o Imperador recorresse à força, ele cederia embora estivesse em seu direito. "Nunca abandonaria voluntariamente o lugar que me foi confiado; mas se me forçarem, não oporei resistência, porque nossas armas são as orações e as lágrimas".[260] Consideremos a singular prudência e moderação deste santo varão, unida à sua magnanimidade de ânimo e confiança. Justina, mãe do Imperador, não conseguindo atraí-lo para o arianismo, procurava depô-lo; e isto teria acontecido se, chamado ao palácio, tivesse ido para discutir sobre a causa. Nega, pois, que o Imperador seja juiz competente

---

255 Cf. Teodoreto, História eclesiástica, livro I, cap.20.
256 Teodoreto, ibidem, livro IV, cap.8.
257 Ambrósio, Epístola, 21, 2.
258 Ambrósio, Epístola, 21, 4.
259 Ibidem, Epistola 21, 17.
260 Ibidem, Sermão contra Auxêncio, 2 (PL 16, 1050).

em assunto tão elevado,[261] seja naquele caso, como em todos os outros da mesma natureza. Ele estava disposto a morrer a deixar mal exemplo a seus sucessores por seu consentimento; e, contudo, se o Imperador recorresse à força, não pensava em não lhe resistir. Nega, de fato, que o dever do bispo seja manter a fé e o direito da Igreja com as armas. Por outro lado, em outros assuntos disse que está disposto a fazer aquilo que o Imperador mandasse. "Se exigir tributos, não os negaremos: os bens da Igreja pagam tributos; se exigir os bens, poderá levá-los, nenhum de nós lhe fará oposição".[262] Da mesma maneira fala Gregório: "Não ignoro a disposição de ânimo de nosso ótimo senhor, o Imperador, pois não costuma intrometer-se nas causas reservadas aos sacerdotes, por temor de acabar sobrecarregado com nossos pecados".[263] Desse modo, não exclui que o Imperador julgue aos sacerdotes, mas demonstra que certas causas estão reservadas aos juízes eclesiásticos.

16. Com essas reservas estes santos varões certamente pretendiam prevenir a eventualidade de que os príncipes desfavoráveis à Igreja se opusessem à sua missão mediante a violência e desmandos. Não condenavam, porém, que os príncipes interpusessem sua autoridade em assuntos eclesiásticos, desde que isso se fizesse para manutenção da ordem da Igreja, e não para perturbá-la, a fim de conservar a disciplina, e não para destrui-la. Porque a Igreja não tem o poder de coerção, nem deve procurá-lo (refiro-me à coerção civil), pois é dever dos reis e príncipes piedosos manter a religião com leis, éditos e juízos. Por esse motivo, quando o Imperador Maurício mandou que certos bispos acolhessem seus colegas vizinhos que haviam sido expulsos de suas sés pelos bárbaros,[264] Gregório confirma este mandato e os exorta a obedecer. E quando o próprio Imperador o convida a reconciliar-se com João, bispo de Constantinopla, justificou-se que poderia fazê-lo por não se julgar culpado, mas não aduz qualquer imunidade de foro civil, ao contrário, promete que obedecerá até onde sua consciência o permitir, e assegura que Maurício fez o que competia a um príncipe cristão, ordenando aos bispos que permanecessem unidos.[265]

---

261 Ibidem, 3 (PL 16, 1050).
262 Ibidem, 33 (PL 16, 1060).
263 Gregório I, Epistolário, livro IV, Ep.20 (PL 77, 689).
264 Ibidem, livro I, Ep.45.
265 Ibidem, livro V, Ep.19, 20, 21.

Capítulo XII

Da disciplina da Igreja, cujo principal uso consiste nas censuras e na excomunhão.

 disciplina eclesiástica, cujo estudo foi adiado até agora, será exposta com poucas palavras, a fim de que passemos logo ao que resta falar. Tal disciplina consiste, em sua maior parte, no poder das chaves e na jurisdição espiritual. Para melhor compreender o assunto, dividamos a Igreja em duas ordens principais: clero e povo. Usarei o termo "clero" conforme sua acepção mais corrente, embora seja imprópria, para designar aos que servem a Igreja em algum ministério público. De início, falaremos da disciplina comum, à qual todos devem se submeter. Depois, trataremos do clero, o qual, além de estar submetido à disciplina comum, possui outra que lhe é peculiar. Visto, porém, que não poucos, por ódio à disciplina, detestam até mesmo esse termo, será preciso primeiro refutar esse erro. Pois não há sociedade alguma, nem mesmo a doméstica, por pequena que seja, que possa manter-se em bom estado sem alguma disciplina; por isso, com mais razão ainda, a disciplina é necessária à Igreja, cuja condição convém ser a mais ordenada possível. Portanto, se a doutrina salvífica de Cristo é a alma da Igreja, a disciplina lhe serve de nervos, ligando os membros entre si, e mantendo-os no devido lugar. Por isso, todos os que desejam a supressão da disciplina, ou impedem sua restauração, quer estejam agindo por conhecimento de causa ou por inadvertência, com certeza conduzirão a Igreja à mais completa devastação. Que irá acontecer, de fato, se cada um fizer o que lhe parece melhor? Por isso, a proclamação da Palavra deve ser secundada pelas admonições privadas, correções e outras providências semelhantes que sustentam a doutrina e a tornam eficaz. Assim, a disciplina serve de freio para deter e domar aos que vociferam contra a doutrina de Cristo; serve também de aguilhão para

fustigar aos negligentes e preguiçosos; serve ainda de vara paterna para castigar, com clemência e com a mansidão do Espírito de Cristo, aos que caíram gravemente. Vemos, pois, que negligenciar o cuidado da disciplina do povo é o princípio certo da mais horrenda devastação da Igreja; a própria realidade está a demonstrar a necessidade desse remédio deixado por Cristo, e que sempre foi usado pelos fiéis.

2. O primeiro fundamento da disciplina consiste em que as admoestações privadas sejam efetivamente aplicadas, isto é, quem não cumpre o seu dever voluntariamente, ou se comporta insolente ou desonestamente, ou faz algo digno de repreensão, deve ser admoestado, cabendo a cada fiel, se a ocasião o permitir, admoestar a seu irmão. Essa tarefa, contudo, compete prioritariamente aos pastores e presbíteros que por ela devem zelar, uma vez que seu ofício não se reduz à pregação, mas inclui também as admoestações e exortações particulares, feitas nas casas dos fiéis, sempre que a doutrina exposta em público não for bastante aproveitada. Tal é o ensinamento de Paulo, ao dizer que ensinara de casa em casa (At 20.20), declarando-se inocente do sangue alheio, porque não deixou de admoestar dia e noite, e com lágrimas, aos fiéis (At20.26-27,31). Destarte, a doutrina e a responsabilidade que todos têm para com a Cristo ganhará força e autoridade quando o ministro as expuser não somente em público, mas também em particular, aos desobedientes ou negligentes. Se alguém rejeita obstinadamente essas advertências, ou perseverando no mal, dá mostras de que as despreza; então, conforme o ensinamento de Cristo, deve ser conduzido, depois da segunda admoestação, ao tribunal da Igreja para ser advertido mais severamente pela autoridade pública a fim de que se submeta à Igreja e a obedeça. Mas, se mesmo assim não se conseguir nenhum resultado, de sorte que o pecador persevera na sua maldade, então, pelo fato de desprezar a Igreja, deve ser afastado da comunhão dos fiéis (Mt 18.15).

3. Visto, porém, que nessa passagem Cristo fala somente dos vícios ocultos, será preciso distinguir os pecados ocultos dos pecados públicos e notórios. Dos primeiros, disse Cristo sobre o pecador: "repreende-o em segredo" (Mt 18.15). Dos pecados notórios, disse Paulo a Timóteo: "Repreende-os diante de todos, para que os demais temam" (1 Tim 5.20). Pois a passagem em que Cristo fala: "Se teu irmão pecar contra ti...", não pode ser entendida senão nesse sentido: "se somente tu o souberes". Sobre a ordem do Apóstolo a Timóteo de repreender em público aos que publicamente pecam, devemos notar que ele mesmo agiu assim no caso de Pedro. De fato, como Pedro dera escândalo público, Paulo não o admoestou em particular, mas publicamente "diante de todos" (Gl 2.14). Portanto, o modo legítimo de agir em face dos pecados privados, consistirá em seguir os passos que Cristo estabeleceu naquela passagem; quando, porém, estivermos diante de pecados ou escândalo públicos, devemos lançar mão da censura solene da Igreja.

4. Há ainda outra distinção a ser feita entre os pecados: alguns são pequenos delitos, enquanto que outros são verdadeiros crimes ou vícios horrendos. Para corrigir estes últimos não basta a admoestação ou reprovação da má ação, mas é preciso usar um remédio mais severo, como Paulo o fez ao castigar o incestuoso de Corinto não somente por palavras, mas pela excomunhão logo que havia se certificado do crime (1 Co 5.4-5). Começamos a ver mais claramente agora de que modo a jurisdição espiritual da Igreja, que, segundo Paulo, deve castigar os pecadores, representa um bom remédio para se extirpar o mal da Igreja, uma vez que funciona como fundamento da ordem e vínculo de união. De fato, a Igreja nada faz contra a razão ou a justiça, mas simplesmente se serve da jurisdição que o Senhor lhe deu e excomunga aos que são publicamente adúlteros, fornicários, ladrões, salteadores, sediciosos, perjuros, falsas testemunhas, e gente semelhante; da mesma jurisdição procede a exclusão dos contumazes que, ao serem admoestados, zombam de Deus e de seu juízo. Para que ninguém menospreze a sentença da Igreja, ou tenha por desprezível o fato de ser condenado pelo juízo dos fiéis, o Senhor declarou que isso nada mais é que a cominação de sua própria sentença, e que será ratificado no céu o que for decidido na terra (Mt 16.19; 18.18; Jo 20.23). Porque a Igreja tem à sua disposição a Palavra do Senhor que condena aos perversos; e a tem disponível também quando é preciso restituir a graça àqueles que se arrependerem. Portanto, enganam-se muitíssimo os que imaginam ser possível às igrejas subsistirem por muito tempo sem o vínculo da disciplina, pois de modo algum podemos deprezar esse remédio imprescindível que o Senhor nos deixou. Quão necessário é tal auxílio, sabemo-lo pelos muitos usos que dele temos feito.

5. Três são as finalidades que a Igreja pretende com as correções e a excomunhão. A primeira é evitar que gente de vida torpe e escandalosa seja contada, com grande afronta para Deus, no número dos cristãos, como se sua santa Igreja fosse uma conjuração de malfeitores e criminosos. Pois, se a Igreja é "o corpo de Cristo" (Cl 1.24), ela não pode ser inquinada por esses membros fétidos e pútridos, sem que isso redunde em ignomínia também para a Cabeça. E assim, a fim de que na Igreja nada haja que possa depreciar o santo nome de Deus, será preciso excluir de seu grêmio a todos cuja torpeza seja causa de infâmia. É preciso zelar, também, para que a ceia do Senhor não seja profanada pelo fato de ser ministrada indiferentemente a todos. Porque será réu de sacrilégio, como se tivesse lançado o corpo do Senhor aos cães, aquele que dispensar, ciente e voluntariamente, a ceia aos indignos, quando, por direito, deveria dela privá-los. Eis por que João Crisóstomo repreende severamente aos sacerdotes que, por temor dos grandes, não ousavam negar a comunhão a ninguém. "O sangue será cobrado de vossas mãos: se temeis aos homens, eles se rirão de vós, mas se temeis a Deus, os próprios homens vos honrarão. Não nos deixemos impressionar com os cetros, nem com a púrpura, nem com as coroas, pois estamos em presença de um poder bem maior. De minha parte, preferiria entregar meu corpo à morte, e deixar meu sangue se esvair, que fazer-me partícipe de tal mancha. É preciso, portanto, agir com cautela ao dispensar esse sacratíssimo mistério, para que não seja profanado, e o discernimento para tanto é alcançado somente quando se segue a jurisdição da Igreja. A segunda motivação para aplicação das penas é evitar que os bons se corrompam por conta do contínuo trato com os maus, como costuma acontecer. Porque nossa inclinação para nos afastar do bem é tamanha, que nada é mais fácil que desviar do bom caminho da vida para seguirmos maus exemplos. Ora, a utilidade da disciplina é posta em relevo pelo Apóstolo ao mandar que os coríntios afastassem o incestuoso de seu meio. "Não sabeis", disse, "que um pouco de fermento leveda toda a massa?" Paulo, de fato, via tanto perigo nessa situação que proibiu aos fiéis qualquer contato com o incestuoso. "Não vos associeis a ninguém que, chamando-se irmão, for adúltero, ou avaro, ou idólatra, ou maldizente, ou ébrio, ou ladrão: não permito sequer comais em companhia de tal pessoa" (1 Co 5.11). O terceiro motivo é levar ao arrependimento pela vergonha aos que foram punidos com a excomunhão. Para a salvação destes, é conveniente que a sua maldade seja castigada, a fim de que, advertidos pela vara da Igreja, emendem-se de suas culpas, das quais se deleitariam caso fossem tratados com indulgência. É isso o que o Apóstolo ensina ao dizer: "Se alguém não obedece às instruções que damos nessa carta, notai-o a fim de que se envergonhe" (2 Ts 3.14). Em outra passagem, ao afirmar que entregou a satanás ao incestuoso de Corinto para que ele se salvasse no dia do Senhor (1 Co 5.5), isso quer dizer, conforme minha interpretação, que o incestuoso foi entregue à condenação temporal para que seu espírito fosse salvo eternamente. Por isso, o Apóstolo disse que o entregou a satanás, porque assim como o diabo está fora da Igreja, assim Cristo está na Igreja. É muito discutível, de fato, a interpretação de alguns, segundo a qual, nessa passagem, Paulo estaria falando de um tormento físico infligido pelo diabo.

6. Explicadas essas três finalidades da disciplina, resta ver de que modo a Igreja exerce sua jurisdição. De início, é preciso ter em mente a distinção, feita mais acima, entre pecados públicos e pecados privados ou ocultos. De fato, os pecados públicos são cometidos diante não apenas de uma ou duas testemunhas, mas abertamente e com escândalo da Igreja inteira. Chamo de pecados ocultos aos que não são completamente ignorados, como, por exemplo, os dos hipócritas, cujas faltas não são apresentadas ao juízo da Igreja, mas àqueles que são conhecidos somente por algumas pessoas. No primeiro caso, não se aplicam os passos enumerados por Cristo; no entanto, ao acontecer algo assim, a Igreja deve exercer seu ofício, intimando e corrigindo o pecador conforme o delito cometido. No caso dos pecados ocultos, não cabe recorrer à Igreja, conforme a regra de Cristo, a menos que, além do pecado, verifique-se a contumácia. Ora, quando se chega a esse ponto, devemos observar a distinção entre crimes e delitos. De fato, não se deve usar muita severidade nas faltas leves; basta uma repreensão verbal, feita de modo afável e paternal, a fim de não exasperar o pecador, nem confundi-lo, mas o faça cair em si de modo a que se alegre por ter sido corrigido e não se entristeça com a correção. Aos pecados graves, porém, convém castigar com maior severidade. Pois não basta corrigir verbalmente àquele que escandalizou gravemente à Igreja com seu mau exemplo, mas deve ser privado da comunhão da ceia, até que dê mostras de seu arrependimento. No caso do pecador de Corinto, de fato, Paulo não o puniu apenas verbalmente, mas o excluiu da Igreja, repreendendo aos coríntios pelo fato de o terem tolerado por tanto tempo (1 Co 5.5). Esse procedimento foi sempre observado pela Igreja antiga, no tempo em que ainda vigia a legítima forma de governo. Se alguém cometesse um pecado grave que fosse ocasião de escândalo, era-lhe ordenado, antes de mais nada, que se abstivesse da ceia; depois era preciso que se humilhasse diante de Deus e manifestasse seu arrependimento na Igreja. Havia, com efeito, alguns ritos solenes que se impunham aos que haviam caído a fim de testemunhar o seu arrependimento. Quando o pecador tivesse dado satisfação à Igreja, era recebido na comunhão mediante a imposição das mãos. A esta recepção Cipriano alude muitas vezes, descrevendo-a brevemente nesses termos: "a Penitência é feita pelo tempo em que tiver sido imposta; depois os penitentes fazem a confissão de suas faltas, são reconciliados e recebidos na comunhão mediante a imposição de mãos do bispo e do clero". Embora o bispo e o clero presidissem a reconciliação, exigia-se também o consentimento do povo, como se lê em outra passagem.

7. Ninguém estava dispensado da disciplina da Igreja, de sorte que os príncipes se submetiam a ela tanto como os plebeus. E com razão: pois os príncipes estavam cônscios de que a disciplina da Igreja procedia de Cristo, a quem por direito todos os cetros e coroas devem se submeter. Assim, o imperador Teodósio, privado da comunhão por Ambrósio por conta do sangue derramado em Tessalônica, despojou-se de suas vestes imperiais, deplorou publicamente o seu pecado, cometido aliás por sugestão alheia, e suplicou perdão com lágrimas e gemidos. Na verdade, os reis não devem considerar indecoroso o fato de se prostrarem humildemente diante de Cristo, Rei dos reis, assim como não lhes deve parecer desonra serem julgados pela Igreja. Bem sabem eles que em sua côrte nada mais ouvem que adulações, sendo por isso mais do que necessário que o Senhor os corrija pela boca dos sacerdotes. Devem até mesmo desejar que os sacerdotes não os perdoem, mas que os perdoe Deus. Nada direi aqui sobre a autoridade que deve exercer essa jurisdição, pois já tratei disso em outro lugar. Acrescentarei apenas que o legítimo procedimento para a imposição da excomunhão consiste, como ensina Paulo, em que os presbíteros não a apliquem por conta própria, mas com o conhecimento e aprovação da igreja, de modo que a multidão não se assenhore da situação, mas a acompanhe na qualidade de testemunha, vigiando para que nada seja feito pelo capricho de poucos. A probidade desse procedimento exige, além da invocação do nome de Deus, uma postura séria que ateste a presença de Cristo, de modo a não se ter dúvida de que Ele mesmo preside o julgamento.

8. Não convém esquecer que a severidade da Igreja deve ser exercida de tal modo que esteja sempre acompanhada pela mansidão. Porque é preciso evitar, conforme o preceito do Apóstolo, que o pecador seja "oprimido por demasiada tristeza" (2 Co 2.7), caso contrário o remédio se converterá em veneno. A regra da moderação poderá ser deduzida melhor a partir da finalidade que se procura. Porque o que se pretende com a excomunhão é que o pecador seja conduzido à penitência, que os maus exemplos sejam eliminados a fim de que o nome de Cristo não seja blasfemado, que os outros não se sintam incentivados a imitar a má ação. Se consideramos estas coisas, será facil julgar até que ponto convém estender a nossa severidade, e onde esta deve terminar. Portanto, quando o pecador dá provas de arrependimento à Igreja e, com isso, pretende apagar, na medida do possível, o escândalo que deu, ele não deve ser mais importunado. A esse respeito não cabe escusar a excessiva austeridade dos antigos, rigor que se afastava totalmente daquilo que o Senhor havia ordenado, e mostrou-se assaz perigosa. Porque ao impor ao pecador a penitência solene bem como a privação da sagrada comunhão por três, quatro, sete anos, e às vezes por toda a vida, pergunto o que se conseguia com isso, senão maior hipocrisia ou o completo desespero? De modo semelhante, era inútil e irracional não se admitir à segunda penitência a quem tivesse recaído, excluindo-o da Igreja até o fim da vida. Quem quer que tenha bom-senso verá que foram imprudentes nessa matéria. Deploro mais o costume que aqueles que o aplicavam, entre os quais certamente havia quem não o apreciasse, mas não conseguindo corrigi-lo, suportavam-no com paciência. Cipriano, por exemplo, declara não ter agido de modo intransigente: "Nossa paciência, afabilidade e docilidade está pronta para os que chegam. Desejo que todos retornem à Igreja; desejo que todos os nossos companheiros d'armas estejam alistados no exército de Cristo e de Deus Pai. A tudo perdoo, faço que não vejo a muitas coisas, pois desejo reunir os irmãos: até mesmo os pecados cometidos diretamente contra Deus não são examinados por inteiro; pouco falta para que eu mesmo peque perdoando esses delitos com mais facilidade do que convém. Abraço com amor espontâneo e franco aos que retornam com espírito de penitência, e confessam seu pecado com humildade e simplicidade." Crisóstomo mostra-se mais rígido, embora tenha dito o seguinte: "se Deus é tão benigno, por que o seu sacerdote quer ser rigoroso?" Sabemos, ademais, com que paciência Agostinho tratou os donatistas, ao ponto de não duvidar aceitar no episcopado quem tivesse renunciado aos seus erros, ainda que pouco tempo depois de seu arrependimento. Mas, como a postura contrária havia prevalecido, muitos viram-se obrigados a renunciar à sua opinião e seguir aos demais.

9. Se em todo o corpo da Igreja se requer mansidão, não se deve punir aos que caíram com demasiado rigor, mas com clemência, conforme ao preceito de Paulo, para que seja confirmada a caridade ao pecador (2 Co 2.8); por isso, todos em particular devem mostrar clemência e humanidade. Eis por que não devemos apagar do número dos eleitos os que foram expulsos da Igreja, nem devemos desesperar de sua salvação, como se já estivessem condenados. Por certo podemos considerá-los estranhos à Igreja, e, portanto, a Cristo, mas somente enquanto durar sua excomunhão. E mesmo quando demonstram mais orgulho e obstinação que humildade, entreguemo-los aos cuidados do Senhor, esperando que tornem-se melhores no futuro, jamais deixando de suplicar a Deus por essa intenção. Em suma, não é preciso condenar à morte eterna àqueles que estão nas mãos de Deus e sob o império de sua vontade, mas, guiados pela Palavra de Deus, avaliemos quais são as obras de cada um. Se seguirmos esta regra poderemos ter certeza de que nos atemos ao juízo de Deus mais que ao nosso. Se não quisermos limitar o poder de Deus, limitando sua misericórdia, não devemos presumir mais autoridade que temos. Pois a misericórdia divina é tal que pode converter os piores tipos em ótimas pessoas, e recolher aos estranhos na Igreja. É assim que o Senhor procede a fim de contrariar aos homens e destruir sua temeridade, pela qual presumem atribuir a si mais autoridade do que lhes compete.

10. Quanto ao que Cristo promete: que será ligado no céu aquilo que os seus tiverem ligado na terra (Mt 18.18), concluímos que estas palavras limitam a autoridade de ligar às censuras da Igreja, pelas quais os que são excomungados não são lançados na ruína e na danação, mas vendo reprovados a sua vida e costumes, sentem-se temerosos de que a condenação eterna os aguarda, se não se arrependerem. Porque a diferença entre o anátema e excomunhão consiste em que o anátema não dá esperança alguma de perdão e entrega o transgressor à morte eterna; a excomunhão, porém, visa antes de tudo à correção dos costumes. Pois, embora o atinja diretamente, o faz de tal modo que o prenúncio da condenação eterna o reconduz à salvação. Se o pecador quiser obedecer, a Igreja está pronta a oferecer-lhe reconciliação e restituir-lhe a comunhão. Poucas vezes ou quase nunca se usa o anátema. Portanto, ainda que a disciplina eclesiástica proíba a frequentação e a familiaridade com os excomungados, devemos, na medida do possível, nos esforçar para que eles se convertam a uma vida melhor e sejam reintegrados na comunhão da Igreja, como nos ensina o Apóstolo: "Não o tenhais por inimigo, mas repreendei-o como irmão" (2 Ts 3.15). Caso não se zele por esse trato humano, tanto em particular como em público, corre-se o risco de que a disciplina converta-se rapidamente em carnificina.

11. Ao moderar o uso da disciplina, convém, sobretudo, observar o conselho de Agostinho na disputa com os donatistas: que os fiéis não se afastem da Igreja promovendo divisão quando os presbíteros se mostrarem menos diligentes na correção dos vícios. Do mesmo modo, se os pastores não conseguirem remediar as coisas que carecem de emenda, nem por isso devem se afastar do ministério, perturbando a Igreja inteira com sua aspereza desmedida. Essas palavras encerram uma grande verdade: quem for capaz, que corrija repreendendo; quem não conseguir agir assim, que despeça o trangressor. Por outro lado, está livre de maldição e de culpa quem suporta com dureza o pecador ao qual não pôde excluir. O motivo disso é apresentado em outra passagem: "toda a regra da disciplina eclesiástica deve sempre visar à unidade do espírito no vínculo da paz, o que é feito, segundo o preceito do Apóstolo, "suportando-nos uns aos otros" (Ef 4.2,3). Caso descuidemos disso, o remédio do castigo faz-se não somente supérfluo, mas também pernicioso, pois deixa de agir como remédio." E acrescenta: "quem medita diligentemente nesse assunto, não deixará de recorrer à severidade da disciplina quando quiser conservar a unidade, nem romperá a unidade da comunidade ao ser imoderado na correção." Reconhece que não só os pastores devem procurar a extirpação dos vícios na Igreja, mas que o mesmo deve ser feito por todo fiel em particular, conforme a sua condição; além disso, não dissimula o fato de que é culpado diante do Senhor aquele que não repreende e corrige aos maus, ainda que não os favoreça nem peque com eles; acrescenta, ainda, que quem tem autoridade de excomungar alguém do uso dos sacramentos, mas não o faz, não se mancha com pecado alheio, mas com sua própria negligência. A única recomendação de Agostinho é que se proceda com prudência, o que, aliás, é também exigido pelo Senhor, a fim de que, arrancando a erva daninha, não se arranque também o trigo (Mt 13.29). Conclui o assunto com uma citação de Cipriano: "Castigue o pecador com clemência quem o conseguir; quem não o conseguir, suporte-o com paciência, gemendo e chorando por amor"'.

12. Agostinho assumiu essa posição em vista da excessiva severidade dos donatistas, os quais, constatando que os bispos se limitavam à mera repreensão verbal dos vícios e não os puniam com a excomunhão por considerá-la inútil, acusava-os de traidores da disciplina, e, fato ainda mais grave, movidos por sua impiedade cismática, separaram-se da grei de Cristo. De modo semelhante agem hoje os anabatistas, os quais, não reconhecendo por Igreja de Cristo senão aquela em que resplandece a perfeição angélica, sob pretexto de zelo destroem tudo o que foi construído. Diz Agostinho: "Essa gente deseja atrair e separar o povo simples da Igreja, seduzindo-o com exterioridades, fazendo isso não por ódio à iniquidade, mas por seu amor à disputa; gente inchada de soberba, alucinada pela obstinação, insidiosa nas calúnias, sedenta de revoltas, e, a fim de disfarçar sua cegueira, esconde-se sob a aparência de uma rígida severidade, abusando do que a Escritura manda fazer para a correção dos vícios e conservação da paz, a saber: o uso da moderação. Pelo contrário, provocam cismas e divisões deploráveis na Igreja. Eis, de fato, como satanás transfigura-se em anjo de luz (2 Co 11.14), tratando o próximo com perversa crueldade sob pretexto de justa severidade, nada desejando senão corromper e destruir o vínculo da paz e da união, porque, quando este é preservado, todo seu poder se enfraquece, e são desfeitos seus planos de subversão".

13. Eis o testemunho de Agostinho. Há algo, no entanto, que ele recomenda de modo especial: quando todo o povo estiver contaminado pelo vício, como por uma doença contagiosa, então a severidade da disciplina deve ser temperada pela clemência. A divisão, diz ele, é um conselho enganador, pernicioso e sacrílego, pois serve antes para perturbar aos bons, que são fracos, que para corrigir aos maus, que são decididos, sugestão esta que o próprio Agostinho seguia fielmente. De fato, escrevendo a Aurélio, bispo de Cartago, ele deplorava que, embora fosse um vício severamente condenado na Escritura, a embriaguez grassava em África; em vista disso, exortou-o para que convocasse um sínodo de bispos para remediar o problema, acrescentando a seguir: "na minha opinião, esse tipo de pecado não é eliminado com dureza e autoridade, mas deve ser corrigido antes de tudo pelo ensinamento, mais pela exortação que pela repressão e pela ameaça. É assim, portanto, que é preciso proceder quando um vício domina o povo. A severidade, entretanto, pode ser exercida quando não são muitos os pecadores". Esse conselho, porém, não quer dizer, como o próprio Agostinho declara a seguir, que os bispos devem se calar e se mostrar conivente com os vícios públicos, mas que lhes compete castigá-los severamente sempre que isso for possível. Agostinho quer que a correção seja moderada de sorte a proporcionar a cura do corpo, e não a sua morte. E conclui dizendo: "de modo algum deve ser negligenciado aquele preceito do Apóstolo segundo o qual convém afastar os maus sempre que isso possa ser feito sem o risco de perturbação da paz; de fato, ele não deixou nenhuma outra instrução (1 Co 3.7); de todo modo devemos cuidar para que, suportando-nos uns aos outros, procuremos sempre a unidade do espírito no vínculo da paz" (Ef 4.2-3).

14. O restante da disciplina, que não está propriamente associado ao poder das chaves, consiste em que os pastores, conforme a necessidade dos tempos, exortem o povo a que se dedique aos jejuns, às súplicas solenes ou a outros exercícios de humildade, penitência e fé; em relação a tais práticas, nada se prescreve na Palavra de Deus sobre o tempo, modo, disposição, mas que tudo é deixado ao juízo da Igreja. Sabemos que a observância desses atos é proveitosa, e que estes existiram na Igreja antiga desde o tempo dos Apóstolos, embora estes não tenham sido seus verdadeiros autores, uma vez que se limitaram a seguir o exemplo da Lei e dos Profetas. Naqueles textos, de fato, lemos que, quando ocorria um acontecimento grave, convocava-se o povo e se ordenavam orações e jejuns (Jl 2.15).

Os apóstolos, que seguiram esse uso, sabiam que não estavam diante de nenhuma novidade para o povo de Deus e consideravam-no útil (At 13.2-3). A mesma razão se dá para os outros exercícios que incentivam o povo a cumprir os seus deveres, ou mantê-lo em suas obrigações e na obediência. Deles temos exemplos a cada passo na história sagrada, motivo pelo qual não é preciso apresentá-los aqui. Esse assunto pode ser exposto assim: sempre que surge uma controvérsia em matéria de religião, esta deve ser submetida a um sínodo ou tribunal eclesiástico; é útil e salutar que os pastores exortem o povo à prática do jejum público e das orações solenes se escolher um ministro; ou surgir algo árduo e de grande importância; ou a ira do Senhor enviar a peste, guerra ou fome. Se alguém não admite os testemunhos do Antigo Testamento em confirmação dessa doutrina, por lhes parecer inconvenientes à Igreja cristã, responderei que os Apóstolos lançaram mão desses testemunhos. A respeito das orações, acho que dificilmente se encontrará quem duvide de sua utilidade. Falemos então do jejum, pois são muitos os que, não compreendendo sua utilidade, acham que não é necessário. Outros o rejeitam como absolutamente supérfluo. Em contrapartida, é verdade que é fácil se cair na superstição, caso não seja bem entendido o seu uso.

15. O jejum santo e legítimo possui três finalidades: mortificar e submeter a carne a fim de que esta não se exalte; bem dispor-nos para a oração e santas meditações; humilhar-nos diante de Deus ao confessarmos nossos pecados. A primeira finalidade nem sempre é possível se observar no jejum público, porquanto as pessoas não têm a mesma condição de saúde; entende-se assim que tal escopo se perfaz principalmente no jejum privado. A segunda finalidade convém ao jejum público e ao privado, uma vez que tanto a Igreja como cada fiel em particular têm necessidade de preparar a oração mediante o jejum. O mesmo se diga da terceira finalidade; de fato, por vezes Deus decide afligir uma nação com guerras, pestes e outras calamidades: diante desse castigo geral, é justo que o povo todo se reconheça réu e confesse seu pecado. Mas se a mão do Senhor fere especialmente a uma pessoa, esta deve reconhecer sua culpa em particular ou com sua família. É certo que este reconhecimento diz respeito principalmente ao afeto do coração, mas quando o coração sente-se tocado, dificilmente pode conter-se sem dar alguma mostra exterior de seus sentimentos, e sobretudo quando isso serve de edificação para os outros, a fim de que todos juntos, confessando abertamente o próprio pecado, rendam glória a Deus por sua justiça, e se exortem mutuamente dando exemplo uns aos outros.

16. Por conseguinte, enquanto sinal de humilhação, o jejum é mais frequente em sua forma pública que na particular, embora convenha às duas situações, como se disse. No que concerne à disciplina de que estamos tratando, seria oportuno conclamar o povo para o jejum e a oração sempre que se quiser suplicar a Deus por algum assunto de grande importância. Eis por que os fiéis de Antioquia jejuaram e oraram antes da imposição de mãos sobre Paulo e a Bernabé; com isso ofereciam a Deus o ministério deles que tanta importância teria depois (At 13.3). Do mesmo modo, Paulo e Barnabé costumavam orar e jejuar quando iam estabelecer ministros nas igrejas. Neste gênero de jejum procuravam apenas uma melhor diposição para a oração. Decerto já tivemos oportunidade de experimentar que se o ventre está cheio, a mente não é capaz de elevar-se e perseverar na oração ardente e perseverante. É isso que podemos entender sobre o que Lucas diz de Ana, que servia ao Senhor com jejuns e orações (Lc 2.37). Não que Lucas reduzisse o culto divino ao jejum, mas sim que essa santa mulher se exercitava daquele modo para dedicar-se continuamente à oração. Tal era o jejum de Neemias, quando, com grande fervor, orava a Deus pela libertação do povo (Ne 1.4). No mesmo sentido, Paulo diz que os fiéis fazem bem em privar-se temporariamente do leito conjugal, para se entregarem com maior zelo à oração e ao jejum (1 Co 7.5). Ao fazer do jejum um auxílio à oração, o Apóstolo nos adverte que o jejum só tem importância quando se destina a este fim. Além disso, quando nessa mesma passagem ordena aos casais que deem provas de mútua consideração (1 Co 7.3), é claro que ele não está falando das orações diárias, mas de orações solenes que requerem maior atenção.

17. De modo semelhante, quando a peste, a guerra, ou a fome e outras calamidades ameaçarem cair sobre uma região ou povo, então cabe aos pastores exortar a Igreja à prática do jejum, a fim de que a deprecação humilde ante o Senhor faça cessar sua ira. De fato, quando ele nos ameaça com algum perigo é para mostrar que está preparado para infligir um castigo. Portanto, assim como outrora os criminosos usavam a barba crescida, o cabelo despenteado, e vestes de luto para comover o juiz mediante esses sinais de humilhação, assim também nós, quando somos acusados ante o tribunal de Deus, devemos suplicar que Ele afaste de nós a sua ira, dando sinais exteriores de nossa tristeza, pois isto lhe rende glória e serve para edificação de todos. Que isto tenha sido usado no povo de Israel, facilmente se conclui pelas palavras do Joel. Pois, ao mandar que se convocasse a assembleia ao soar da trombeta e se proclamasse o jejum (Jl 2.15) e outras providências, ele estava falando de coisas conhecidas em seu tempo. Pouco antes, ele disse que havia sido instaurado um processo contra o povo, que os delinquentes foram citados em juízo, e que o dia da sentença estava próximo. Depois, exorta que todos se vistam de sacos e se cubram de cinza, que chorem e jejuem; ou seja, que se prostrem diante do Senhor, dando mostras exteriores de seu arrependimento (Jl 2.12-13). É bem verdade que vestir-se de saco e cobrir-se de cinza eram práticas mais afeitas àqueles tempos, mas convocar o povo, chorar, jejuar e outras semelhantes decerto cabem a nossos dias, desde que as circunstâncias o exijam. Por que, à semelhança dos antigos, não faríamos uso desse exercício de humilhação e humildade? Sabemos, além disso, que não somente a Igreja de Israel, que foi formada e constituída pela Palavra de Deus, jejuou em sinal de tristeza (1 Sm 7.6; 31,13; 2 Sm 1.12; 1 Re 21.12), mas também os ninivitas, que não haviam recebido nenhuma outra instrução que a pregação de Jonas (Jn 3.5). Por que, pois, não poderíamos fazer o mesmo? Talvez alguém diga que se trata de uma cerimônia externa, que findou em Cristo, como as demais. Replico, porém, que ainda hoje o jejum é um excelente auxílio aos fiéis, como sempre o foi, e proveitosa advertência para que redobrem a atenção e não continuem provocando a Deus, por indolência e excessiva autoconfiança, sempre que forem castigados por seus flagelos. Por isso, ao justificar o fato de seus apóstolos não jejuarem, Cristo não disse que o jejum tinha sido abolido, mas que deve ser feito em tempo de calamidade, associando o jejum ao pranto e à tristeza: "Virão dias em que o esposo será tirado" (Lc 5.35; Mt 9.15).

18. Para que não haja engano quanto à terminologia, definamos o que é o jejum. De fato, por jejum não entendemos simplesmente a abstinência e parcimônia na alimentação, mas algo específico. De fato, as almas piedosas devem moderar seus hábitos pela frugalidade e sobriedade, de sorte que toda a sua vida seja, na medida do possível, uma espécie de jejum. Além dessa prática, há outro tipo de jejum, feito por tempo determinado, pelo qual nos afastamos, por um só dia ou por período determinado, de algo costumeiro em nossa alimentação, fazendo abstinência mais estrita e severa que a comum. Essa restrição se manifesta de três modos: no tempo, na qualidade dos alimentos e na quantidade dos mesmos. Por tempo quero dizer que devemos jejuar segundo as circunstâncias em vista das quais o jejum foi instituído. Assim, por exemplo, se alguém jejua por causa de uma oração solene, deve permanecer em jejum até que esta seja realizada. A qualidade dos alimentos consiste em que não nos servirmos de comidas refinadas, excitando nosso paladar com delicadezas, mas que nos bastemos com os alimentos mais simples e baratos. A quantidade consiste em que comamos mais parca e ligeiramente do que costumamos, fazendo-o apenas por necessidade, e não por simples prazer.

19. Mas antes de tudo devemos nos precaver para que não se introduza nenhuma superstição, como antes aconteceu com grande prejuízo para a Igreja. Porque é muito melhor não fazer qualquer jejum, que observá-lo diligentemente imbuído de falsas e perniciosas opiniões, para as quais o povo resvala pouco a pouco se os pastores não as reprovam com a máxima assiduidade e prudência. Em primeiro lugar, é preciso insistir sempre no que ensina Joel: que rasguem os corações, e não as vestes (Jl 2.13); ou seja, que o povo seja advertido de que, para Deus, o jejum não tem valor em si mesmo, mas unicamente enquanto é expressão do afeto do coração, da verdadeira abjeção de si mesmo e do pecado cometido, sinais estes de verdadeira humilhação e de verdadeira dor que procedem do temor de Deus. Mais importante ainda será advertir que o jejum é útil somente enquanto serve a estes fins. Não há coisa mais abominável a Deus que as formas de hipocrisia com as quais os homens procuram se enganar, trocando a inocência do coração por sinais exteriores de culto. Eis por que Isaías fala tão severamente contra a hipocrisia, visto que os judeus imaginavam agradar a Deus com seus jejuns, embora mantivessem a cruel-dade e maus pensamentos no coração. "É esse o jejum que eu escolhi?" (Is 58.5). Assim, o jejum dos hipócritas não somente é um cansaço inútil e supérfluo, mas insuperável abominação. É preciso, além disso, evitar cuidadosamente outro mal que tem grande parentesco com a hipocrisia: considerar o jejum obra meritória e culto divino. Porque sendo o jejum apenas um meio que não tem sentido senão em vista daqueles fins por que o fazemos, seria uma superstição perniciosíssima confundi-lo com as obras ordenadas por Deus, e por si mesmas necessárias. Tal foi outrora o delírio dos maniqueus, aos quais Agostinho refuta ensinando claramente que o jejum deve ser avaliado somente pelos fins que expusemos, e que Deus não pode aprová-lo senão enquanto estiver dirigido àqueles fins. Embora não seja tão ímpio, há um terceiro erro bem perigoso que consiste em impor o jejum com grande severidade, como se fosse uma das principais obrigações cristãs, exaltando-o com tão grandes louvores ao ponto de se fazer crer que se faz algo exímio ao se jejuar. Nesse particular não ousarei escusar completamente aos antigos por terem lançado as sementes da superstição, dando ocasião à tirania que depois vicejou. É certo que, em seus escritos, acham-se bons e prudentes conselhos sobre os jejuns, mas com frequência encontramos louvores excessivos que os colocam entre as principais virtudes.

20. Já naquela época se alastrara por toda parte a supersticiosa observância da Quaresma, seja porque o povo pensava prestar assim um culto a Deus, seja porque os pastores a recomendavam como se fosse uma santa imitação de Cristo (Mt 4.2). Ora, é evidente que Cristo não jejuou para impor seu exemplo aos outros, mas para anunciar, iniciando dessa maneira a pregação do Evangelho, que sua doutrina não era humana, mas divina. É surpreendente que uma tamanha alucinação tenha dominado a mente de homens de tão agudo engenho, quando, na verdade, sobravam razões para afastá-los desse erro. Cristo, de fato, não jejuou diversas vezes, como deveria tê-lo feito se queria impor a lei do jejum anual, mas jejuou uma só vez, enquanto se preparava para iniciar a pregação do Evangelho. Além disso, o Senhor não jejuou de modo humano como seria razoável que o fizesse se queria que os homens o imitassem, mas, antes, propôs um exemplo divino, mais apto para suscitar a admiração que emulação. Finalmente, a natureza deste jejum não é diferente da do jejum que Moisés fez por ocasião do recebimento da Lei da mão do Senhor (Ex 24.18; 34.23). Pois, assim como Moisés jejuou de modo miraculoso por quarenta dias e quarenta noites a fim de confirmar a autoridade da Lei, era razoável que o mesmo milagre se cumprisse em Cristo, para que não parecesse que o Evangelho era inferior à Lei. Ora, ninguém teve a ideia de introduzir em Israel essa forma de jejum sob pretexto de que era preciso imitar Moisés. Nenhum profeta ou fiel o seguiram nisto, por mais que tivessem grande disposição e zelo por todos os atos de piedade. Porque aquilo que se conta de Elias, a saber, que passou quarenta dias sem comer nem beber (1 Re 19.8), não dizia respeito senão à necessidade de obter, por parte do povo, o reconhecimento de que a sua missão fora suscitada por Deus para manter a Lei, da qual quase todo o povo se afastara. Foi, portanto, por mero erro, saturado de superstição, que os antigos foram levados a impor o jejum sob pretexto de que assim se imitava a Cristo. Quanto ao modo de jejuar, havia grande diversidade de costumes, como narra Cassiodoro no livro nono de sua História Tripartida. Porque os romanos não jejuavam por mais de três semanas seguidas, excetuando o sábado e o domingo. Os ilírios e os gregos por seis semanas; outros, por sete; isso quer dizer que o jejum não era contínuo, mas feito por períodos determinados. Em relação aos alimentos, as diferenças eram ainda mais notáveis. Uns se mantinham a pão e água; outros acrescentavam legumes; outros comiam peixes e aves; outros se serviam de todos os alimentos. Também Agostinho, em sua segunda epístola a Januário, menciona essa diferença.

21. Sobrevieram tempos ainda piores, e aos gostos extravagantes do povo, somaram-se outros males porque os bispos, em parte ignorantes e grosseiros, em parte sequiosos por dominação e tirania implacável, promulgaram leis iníquas que estrangulavam as consciências com laços insuportáveis. Proibiu-se comer carne, como se isso contaminasse alguém. Umas sobre as outras, somaram-se opiniões sacrílegas até se alcançar um cúmulo insuportável de erros. E, para que não faltasse nada, começaram a zombar de Deus com o absurdo pretexto da abstinência. Chegou-se ao paradoxo de se fazer jejum a base de refinadíssimos manjares; nunca, de fato, se viu tanta fartura, variedade e delicadeza de alimentos. E, com tão esplêndido aparato, imaginava-se servir a Deus como se deve. Deixo de mencionar que esses grandes santos encontraram em seu jejum a melhor ocasião de encher o ventre. Em suma: para eles, o maior ato de culto divino é o jejum, e este consiste na abstenção de carne, acompanhada, porém, da maior afluência possível de delícias. Por outro lado, consideram a máxima impiedade, digna de ser punida com a morte, que alguém coma toucinho ou um pedaço de carne seca com pão. Conta-nos Jerônimo que já em seu tempo havia alguns que zombavam de Deus com semelhantes disparates, porquanto, para não usarem azeite, trocavam-no por manjares delicadíssimos; e assim, para forçar a natureza, não bebiam água, mas corriam atrás de bebidas suaves e raras, que não tomavam em copos, mas numa concha. Este vício, que então era de poucos, passou a ser comum entre os ricos, que jejuam tendo como único motivo comer melhor e mais refinadamente. Vou parar por aqui, pois não quero deter-me em assunto tão conhecido. Somente digo que, em seus jejuns e no resto de sua disciplina, os papistas nada têm de correto, sincero, bem disposto e ordenado que possa lhes envaidecer.

22. Analisemos agora a segunda parte da disciplina, que diz respeito especificamente ao clero, e está contida essencialmente nos cânones que os antigos bispos impuseram a si e aos clérigos. Estes, por exemplo, foram proibidos de se entregarem às caçadas, aos jogos de azar, aos prazeres da mesa, bem como à usura, ao comércio, às danças lascivas e outras atividades do gênero. Ademais, foram estabelecidas as penas para garantir a salvaguarda dos cânones, para que ninguém as infrigisse impunemente. Para tanto, cada bispo se encarregava de governar seu clero, regendo-o conforme os cânones e obrigando-o a cumprir seu dever. Foram instituídas com esse fito as visitas anuais e os sínodos, a fim de que os negligentes fossem advertidos, e os transgressores punidos conforme o delito. Os próprios bispos reuniam-se anualmente em sínodos provinciais, e, em tempos mais antigos, até mesmo duas vezes ao ano para julgarem aos que não procediam corretamente. Qualquer bispo que tivesse se mostrado duro ou violento para com seu clérigo, devia dar satisfação ao sínodo, ainda que houvesse apenas um reclamante. A repreensão era severíssima, e quem tivesse abusado da autoridade era deposto ou privado temporariamente da comunhão. Dada a regularidade desse governo, não se encerrava um sínodo sem que fosse designado o lugar e a data do próximo. Convocar um concílio universal competia somente ao Imperador, conforme atestam os registros antigos. Enquanto reinou esta severidade, os clérigos não exigiam do povo mais do que faziam e davam exemplo; além disso, eram mais rigorosos consigo mesmos que com o povo. Convém, de fato, que o povo seja regido por uma disciplina mais humana e, por assim dizer, mais livre e que as censuras sejam rigorosas apenas para os clérigos. Não é preciso detalhar de que modo tudo isso tornou-se obsoleto e se desfez, de sorte a não ser possível se encontrar nada mais desenfreado e dissoluto que o clero; a sua devassidão é tal que o mundo inteiro clama contra isso. Mas nossos adversários, simulando que toda a tradição antiga não está completamente enterrada entre eles, lançam terra nos olhos da gente simples, enganando-a com suas sombras: a bem da verdade, todas essas práticas são tão semelhantes aos antigos costumes quanto os gestos de um macaco aos de um homem governado pela razão. Memorável é a passagem de Xenofonte na qual se lê que os persas tanto haviam se afastado dos costumes de seus antepassados, que, abandonando o austero modo de viver dos antigos, entregavam-se à moleza e efeminação, mas procuravam encobrir sua ignomínia observando com grande diligência os ritos antigos. De fato, nos tempos de Ciro tal era a sobriedade e a temperança, que não se permitia assoar o nariz em público, pois isso era considerado grande descompostura; esse uso manteve-se por longo tempo, e assoar o nariz continuou proibido, mas se tolerava toda a excrecência originada da glutonaria, mesmo que estivesse podre. Do mesmo modo, as antigas regras tinham por prática abominável pôr os copos sobre a mesa, mas se tolerava o excesso de vinho até a embriaguez. Foi estabelecido que não se comesse mais que uma só vez ao dia, mas aqueles bons atores faziam com que o banquete se estendesse do meio-dia até meia-noite. E como a lei antiga prescrevia que o exército marchasse à noite, e em jejum, também isso foi mantido, mas restringiu-se a jornada noturna a duas horas. Assim, sempre que os papistas vierem se gabar de suas degeneradas regras, querendo mostrar que imitam os santos Padres, será o bastante citar o exemplo dos persas para desmascarar sua ridícula pretensão, pois é impossível achar um pintor que os retrate melhor.

23. Ao não permitirem que os sacerdotes se casem, nossos adverários mostraram-se mais do que rígidos e implacáveis. Não é necessário dizer quanta impunidade há entre eles no que diz respeito à moral. Sob o seu fétido celibato esconde-se todo tipo de lascívia, bastando essa proibição para mostrar quão perniciosas são as tradições humanas, não somente por que privam a Igreja de bons e idôneos pastores, mas por serem ocasião para uma infinidade de abominações que precipitam muitas almas no abismo do desespero. Especialmente no que concerne à proibição do casamento dos sacerdotes, digo que essa ímpia tirania é contrária não somente à Palavra de Deus, mas também a toda equidade. Primeiro, pelo fato de não haver razão alguma em proibir aquilo que o próprio Senhor deixou à liberdade de cada um. Além disso, está mais do que claro, ao ponto de não ser preciso provar, que Deus, em sua Palavra, nos preveniu expressamente de que esta liberdade não deveria ser violada. Desnecessário é lembrar que Paulo ordena a Tito e Timóteo que o bispo seja marido de uma só mulher (1Tm 32; Tt 1.6). Mas que poderia o Apóstolo dizer de mais veemente senão que nos últimos tempos adviriam ímpios que proibiriam o casamento dizendo que essa proibição é vontade do Espírito Santo? A estes, porém, Paulo chama não somente de sedutores, mas inclusive de demônios? (1Tm 4.1-3). Eis, portanto, uma profecia do Espírito Santo mediante a qual, desde o início, ele preveniu a sua Igreja contra esses perigos, declarando que proibir o casamento é doutrina diabólica. Não obstante, nossos adversários pensam ter encontrado uma boa escapatória, ao dizerem que a sentença do Apóstolo aplicava-se aos montanistas, seguidores de Taciano, e também aos encratitas e outros hereges antigos. Somente tais hereges, dizem os romanistas, condenaram o casamento; de nossa parte, dizem eles, não o condenamos, mas somente o proibimos aos clérigos, pois não nos parece oportuno que estes se casem. Como se essa profecia se cumprisse nos hereges que mencionei, mas não também neles! Mais ainda: acham que essa resposta pueril é digna de ser ouvida! Na verdade, eles negam que proíbem o casamento, uma vez que não o proíbem a todos. Fazem-se semelhantes ao tirano cujas leis não seriam iníquas se oprimissem apenas uma parte da cidade, e não toda.

24. Replicam dizendo que o sacerdote deve ter algo que os diferencie do povo. Como se o Senhor não tivesse previsto quais ornamentos deviam resplandecer nos sacerdotes. Mas, ao sustentarem sua doutrina, acabam insinuando que o Apóstolo subverteu a ordem e adulterou o decoro da Igreja, visto que, ao propor a perfeita imagem do bom bispo, entre outros dotes ele ousou colocar um bom matrimônio (1Tm 3.2). Bem sei como interpretam essa passagem: que não deve ser eleito bispo quem tiver casado uma segunda vez. Concedo que esta interpretação não é nova, mas, pelo contexto, vê-se claramente que é falsa, porque a seguir se estabeleceu como devem ser as mulheres dos bispos e diáconos (1 Tm 3.11). Vemos, pois, que Paulo enumera o casamento entre as principais virtudes de um bom bispo, mas nossos adversários ensinam que se trata de vício intolerável no estado eclesiástico. Pior ainda: não contentes em vituperá-lo de modo geral, vão adiante e, em seus cânones, o chamam de imundície e corrupção da carne. Cada um pense consigo mesmo de que ambiente procede isso. Pois Cristo honra o casamento ao ponto de considerá-lo imagem da sua sagrada união com a Igreja (Ef 5.22-23). Que poderia se dizer de mais honroso para enaltecer a dignidade do casamento? Com que cara então nossos adversários atrevem-se a chamar imundo e sujo àquilo que é uma imagem brilhante da graça espiritual de Cristo?

25. Mesmo que essa proibição seja tão abertamente contrária à Palavra de Deus, todavia procuram na Sagrada Escritura uma escusa para defendê-la. Era obrigatório, dizem, que os sacerdotes levíticos não se deitassem com suas esposas sempre que estivessem escalados para servir no templo, para que estivessem puros e sem mancha para oficiar as ações sagradas. Sendo, pois, nossos sacramentos muito mais nobres e frequentes, seria indecoroso que fossem administrados por homens casados. Dizem isso como se fossem idênticos o ministério evangélico e o sacerdócio levítico. Muito pelo contrário: os levitas representavam a pessoa de Cristo, o qual, sendo Mediador entre Deus e os homens, por força de sua absolutíssima pureza nos reconciliou com o Pai. Mas os levitas, sendo pecadores, não podiam se mostrar à altura de tal santidade, e, por isso, sempre que se aproximavam do Tabernáculo, deviam representar uma pureza que superasse aquela que era comum entre os homens. Pelo fato de serem figura de Cristo, uma vez que se apresentavam diante de Deus como pacificadores, o Tabernáculo servia como imagem do tribunal celeste. Mas, visto que os atuais pastores eclesiásticos não representam a Cristo, é em vão que se comparam aos levitas. Por isso o Apóstolo não faz exceção alguma e declara que o matrimônio é honroso para todos, mas que os fornicários e adúlteros serão julgados por Deus (Hb 10.4). E os próprios Apóstolos, com seu exemplo, confirmaram que o casamento não desmerece a santidade de nenhuma atividade humana, por mais elevada que seja. Paulo, de fato, atesta que os Apóstolos não somente mantiveram suas mulheres, mas que até mesmo as levavam consigo em suas viagens (1 Co 9.5).

26. Sustentando dessa maneira a necessidade do celibato, eles lançam grande ignomínia sobre a Igreja primitiva, cuja santidade era superada apenas por sua exímia pureza doutrinal. Pois, se por vezes eles não fazem caso nem dos Apóstolos, que dirão dos antigos Padres, os quais não somente toleravam o casamento dos bispos, mas até mesmo o aprovavam? Como poderiam eles tolerar tamanha profanação dos mistérios do Senhor, se, como dizem nossos adversários, o casamento não fosse louvável? É fato que no Concílio de Niceia tentou-se proibir o matrimônio, pois, na verdade, nunca faltaram supersticiosos querendo inventar algo novo a fim de serem admirados. Mas o que se passou então? Foi aceita a sentença de Pafnúcio segundo a qual deitar-se com a própria esposa também é castidade. E assim, o santo matrimônio foi por eles mantido em sua integridade, não se considerando indecoroso que os bispos estivessem casados, nem que isso lhes manchasse o ministério.

27. Vieram depois outros tempos, nos quais se passou valorizar e admirar muito a superstição do celibato. Daí os sucessivos elogios à virgindade, de tal modo que dificilmente o vulgo conseguiria imaginar algo que lhe pudesse ser comparada. E, ainda que não condenassem o matrimônio como coisa impura, a sua dignidade e santidade eram de tal modo obscurecidas que parecia ser impossível aspirar à perfeição cristã estando casado. Vieram a seguir os cânones que proibiam os padres de se casarem; depois, outros cânones dispuseram que não fossem ordenados senão os solteiros ou aqueles que, sendo casados, renunciassem ao leito conjugal com consentimento da esposa. Reconheço que esses cânones foram aceitos com grande aplauso, porque pareciam imprimir maior dignidade ao sacerdócio. Mas, se os nossos adversários querem objetar a antiguidade, responderei primeiro que, nos tempos apostólicos, existia a liberdade de os bispos se casarem, e essa situação durou muito tempo. Digo ainda que os próprios Apóstolos e demais pastores de grande autoridade que se seguiram aos primeiros usaram desse direito sem criar qualquer dificuldade. Em segundo lugar, sustento que por muitos motivos devemos considerar o exemplo da Igreja primitiva, e que não devemos pensar ser ilícito e indecoroso aquilo que foi recebido e esteve em uso. Sustento, além disso, que quando o matrimônio não gozava mais da estima necessária, por conta da desmedida valorização que se deu à virgindade, não se impôs de imediato a lei do celibato aos sacerdotes, como se tratasse de coisa necessária em si mesma, mas porque se dava preferência aos solteiros. Digo enfim que essa disciplina foi imposta, obrigando a guardarem forçadamente a continência aqueles que não tinham aptidão para ela. Isto se lê claramente nos cânones antigos, que previam penas severíssimas aos clérigos fornicários; quanto aos que se casavam, dispunham somente que continuassem desempenhando suas funções.

28. Portanto, sempre que os defensores desta nova tirania recorrerem ao pretexto de antiguidade a fim de defender seu celibato, devemos replicar que restabeleçam em seus sacerdotes a castidade que brilhava nos antigos; que despeçam aos adúlteros e amancebados; que não tolerem mais a lascívia por parte daquele a quem proíbem a união conjugal honesta e casta; que ponham em vigor aquela disciplina que caiu em desuso entre eles; que livrem a Igreja desta monstruosa torpeza que há tanto tempo a desfigura. Quando tiverem feito isso, então devem ser advertidos que não proclamem como necessárias as matérias que são livres e dependem da utilidade da Igreja. Com isso, não estou a dizer que o celibato deve ser aceito sob condição, mas que os mais avisados entendam a petulância de nossos adversários, que, sob pretexto de antiguidade, difamam o santo matrimônio dos sacerdotes. No que diz respeito aos antigos Padres, cujos livros chegaram até nós, digo que, exceto Jerônimo, ninguém combateu tanto a honestidade do casamento, mesmo quando falavam reservadamente. Contentar-nos-emos com um elogio de Crisóstomo, que tendo sido o maior admirador da virgindade, não pode ser suspeito de favorecer muito o matrimônio. Diz ele: "O primeiro grau da castidade é a sincera virgindade; o segundo, o leal matrimônio. É, pois, uma espécie de segunda virgindade o casto amor matrimonial".

Dos votos que temerariamente se emitem sob o papado, e de que modo as almas tornam-se miseravelmente escravas.

deplorável que a Igreja, cuja liberdade foi comprada pelo inestimável preço do sangue de Cristo, tenha sido oprimida por tão cruel tirania e esteja sobrecarregada por uma infinita multidão de tradições. Mas a demência generalizada mostra que, por justíssimo motivo, Deus concedeu a satanás e a seus ministros a liberdade de agir. Porque muitos que quiseram passar por piedosos não se limitaram a desprezar o jugo de Cristo, substituindo--o pelos fardos que os falsos doutores lhes impuseram, mas cada um se adiantou em cavar o próprio foço para ali afundar completamente. Isso se verificou quando uns quiseram se mostrar mais hábeis que os outros na arte de inventar votos, desejando contrair uma obrigação maior e mais estrita que aquela imposta pelo uso comum. Acima ensinamos que o culto divino foi viciado pela audácia daqueles que, sob o título de pastores, se assenhoraram da Igreja e sobrecarregaram as pobres almas com suas leis iníquas. Não é sem propósito, portanto, que vamos desmascarar outro vício semelhante a este, de modo a mostrarmos que o homem, seguindo a perversidade de suas inclinações, sempre se opôs aos auxílios que Deus lhe ministrava. Para melhor se ver o gravíssimo mal que os votos ocasionam, é preciso ter em mente os princípios que antes propusemos. De fato, antes de mais nada ensinamos que a Lei contém tudo quanto é preciso para uma vida santa e piedosa. Mais acima ensinamos que o Senhor, a fim de nos afastar da mania de inventar novas formas de cultuá-lo, resumiu a essência da justiça na simples obediência da sua vontade. Se isto é verdade, concluiremos imediatamente que todos os falsos cultos inventados para agradar a Deus, não podem ser por ele aceitos, por mais que nos agradem. E, de fato, em muitas passagens, o próprio Senhor não somente os rejeitou,

mas disse veementemente que os abominava. Essa constatação suscita uma dúvida em relação aos votos que se fizeram, mesmo com a expressa proibição divina, isto é, é preciso saber se os cristãos podem emiti-los e se estão obrigados a observá-los aqueles que os fizeram. De fato, aquilo que entre os homens diz-se "promessa", em relação a Deus diz-se "voto". Aos homens prometemos o que, segundo nosso entendimento, lhes é agradável ou lhes cabe por dever de justiça. Portanto, é necessário um discernimento muito maior quando se trata de votos feitos a Deus, pois não podemos agir levianamente para com ele. Nessa matéria, sempre grassou uma incrível superstição; pois os homens se sentiram autorizados a prometer a Deus, sob a forma de votos e sem qualquer reflexão, tudo o que lhes vinha à cabeça. Daí nasceram os desvarios e absurdos dos votos com os quais os pagãos debochavam de seus deuses. Prouvera a Deus que essa audácia não tivesse sido imitada pelos cristãos, pois isso de modo algum lhes convinha. Constatamos, porém, que nada se disseminou tanto como esta presunção, de modo que o povo, menosprezando a Lei de Deus, se precipita insanamente na mania de fazer voto de tudo o que sonha. Não pretendo exagerar, nem enumerar detalhadamente a enormidade e variedade desse pecado; quero tão somente aludir a esse problema de modo a vermos melhor que não se trata de assunto desprezível.

2. Se não quisermos errar sobre que tipo de votos são legítimos, e quais perversos, é preciso considerar três coisas: primeiro, a quem se faz o voto; segundo, quem o faz; e, por fim, com que intenção é feito. O primeiro ponto a ser considerado é que estamos tratando com Deus, o qual se compraz somente com a nossa obediência, e declara malditos todas as formas de culto inventados pelos homens, por mais belos e esplêndidos que lhes pareçam (Cl 2.23). Se Deus abomina todos os cultos inventados, segue-se que nenhum culto lhe pode ser aceito, a não ser que seja aprovado por sua Palavra. Não tomemos, pois, a liberdade de formular votos sobre aquilo que não sabemos ser conforme à vontade de Deus. Pois o que Paulo ensina: "tudo o que não vêm de fé é pecado" (Rm 14.23), refere-se a todas as nossas ações, mas aplica-se principalmente às coisas que dizem respeito a Deus. Mais ainda: se estamos sujeitos a cair e pecar nas mínimas coisas do dia a dia, se a certeza da fé não nos ilumina, com quanta maior modéstia devemos nos portar diante das realidades divinas. Porque não há nada mais sério que servir a Deus. Seja essa, pois, a primeira precaução no que diz respeito aos votos: jamais fazê-lo sem que a nossa consciência esteja plenamente segura de que não estamos a proceder temerariamente. Esse risco será evitado se tivermos a Deus bem presente, como se nos ditasse o que é oportuno fazer ou não.

3. A segunda consideração que fizemos nos faz medir nossas forças, de sorte que tenhamos clara a nossa vocação, não negligenciando assim o benefício da liberdade que Deus nos fez. Pois quem faz um voto daquilo que não é capaz de cumprir, ou contraria a sua vocação, peca por temeridade e mostra-se ingrato, menosprezando a generosidade de Deus que o constituiu senhor de todas as coisas. Ao falar assim, não pretendo dizer que todas as coisas estão ao nosso alcance de forma que, confiantes em nossa própria força, podemos prometê-las a Deus. Porque, com todo motivo, decretou-se no concílio de Orange que a Deus só conseguimos ofertar aquilo que dele mesmo recebemos, pois tudo o que lhe oferecemos são dons seus. Mas como algumas coisas nos são dadas por liberalidade, e outras nos são negadas por equidade, cada um, seguindo a exortação de Paulo, considere a medida da graça que lhe foi concedida (Rm 12.3; 1Co 12.11). Quero tão somente dizer que os votos devem se ajustar àquilo que Deus, em sua liberalidade, nos prescreveu, a fim de não irmos além do que ele nos permitiu, caindo por força de nossa temeridade. Lembremos do exemplo daqueles sicários mencionados por Lucas, que fizeram voto de que não comeriam nada enquanto não tivessem matado a Paulo (At 23.12): mesmo que sua intenção não fosse abominável, como de fato era, seria inadmissível sua temeridade porquanto pretendiam submeter a vida de um homem ao capricho deles. Lembremos de Jefté, que foi castigado por sua loucura por ter feito um voto imprudente e irresponsável (Jz 11.30,31). Ora, nesse gênero de audácia ocupa o primeiro lugar o voto de celibato. Esquecendo a própria debilidade, clérigos, frades e freiras acham que podem guardar o celibato. Mas, que oráculo ensinou que lhes seria possível guardar a castidade a vida inteira? Ouçam o que disse o Senhor acerca da condição normal dos homens: "Não é bom que o homem esteja só" (Gn 2.18). No entanto, eles sentem — e prouvera a Deus que não o sentissem —, quão agressivos são os aguilhões da carne. Com que ousadia se atrevem a rejeitar, pela vida inteira, o matrimônio, visto que, na maioria das vezes, o dom da continência é dado por tempo limitado e quando as circunstâncias o exigem? Não esperem, pois, que Deus os socorra em sua obstinação; lembrem-se, antes, do que está escrito: "Não tentarás o Senhor teu Deus" (Dt 6.16; Mt 4.7; Lc 4.12). Ora, isto é tentar a Deus: lutar contra a natureza que ele nos deu e macular os dons que nos oferece, como se não tivéssemos necessidade deles. Mas é isso o que eles se atrevem a fazer, ousando chamar impureza o matrimônio, ao qual Deus não julgou coisa indigna instituir, declarando-o "honroso entre todos" (Hb 13.4), e Cristo Senhor santificou com sua presença honrando--o ao realizar seu primeiro milagre (Jo 2.1-11). Mas eles ousam chamar o matrimônio de impureza, tendo como único escopo a exaltação de seu celibato, como se não mostrassem, por seus maus exemplos, que celibato e pureza de vida nem sempre andam juntos. Sua arrogância chega ao ponto de chamar "angélica" o seu estado, e com isso injuriam gravemen-te aos anjos, comparando-os aos fornicários, aos adúlteros, e algo pior e mais repugnante. Sobre esse assunto, não precisamos de argumentos, pois suas ações mesmas atestam o que dizemos. Vemos todos os dias os horrendos flagelos com que o Senhor se vinga desse tipo de arrogância e deformação nascida da excessiva confiança pessoal e desprezo de seus dons. Por motivo de pudor não mencionarei outros vícios, mais encobertos, porque o pouco que se sabe deles já basta. Portanto, não resta dúvida de que não devemos fazer votos que impeçam o cumprimento de nossa vocação. Assim agiria o pai de família que fizesse voto de deixar os filhos e a mulher para assumir outro gênero de vida; ou um magistrado idôneo que fizesse voto de levar uma vida retirada. Afirmamos que a nossa liberdade não deve ser desprezada, isso, porém, pode dar lugar a equívocos se não for bem entendido. Eis o sentido dessa expressão: uma vez que Deus nos constituiu senhores de todas as coisas e as submeteu a nós, a fim de que as usemos para nossa comodidade, não devemos achar que prestamos culto a Deus ao nos submeter às coisas exteriores que devem nos servir de auxílio. Digo isto porque muitos consideram prova de humildade o fato de se enlaçarem em diversas prescrições, das quais, não sem motivo, Deus quis que estivéssemos livres e imunes. Portanto, se queremos evitar este perigo, lembremo-nos sempre de não nos afastarmos da ordem que o Senhor instituiu para a sua Igreja.

4. Passemos agora ao terceiro ponto que propus: antes de fazer um voto é necessário examinar atentamente com que intenção o formulamos, se queremos que Deus o aprove. Porque o Senhor olha o coração e não a aparência exterior, uma vez que a mesma coisa, conforme o propósito, por vezes lhe agrada e aceite, por vezes lhe desagrada veementemente. Se alguém faz voto de abster-se de vinho, vendo nisto um exercício de piedade, será justamente taxado de supersticioso. Porém, se decidiu isso por outro motivo qualquer, ninguém deve condená-lo. A meu ver, quatro são as finalidades às quais nossos votos devem ser feitos: dois concernem ao passado; dois ao futuro. Ao passado dizem respeito os votos que fazemos com a finalidade de mostrar gratidão a Deus pelos benefícios recebidos, ou para nos impor alguma pena pelos delitos que fizemos, com o fito de afastar a ira divina. Podemos chamar aos primeiros de votos de ação de graças; aos outros, votos de penitência. Exemplo dos primeiros foi o voto de Jacó, no qual prometeu a décima parte daquilo que adquirira no exílio, se Deus o fizesse voltar incólume do desterro (Gn 28.20-22). Outro exemplo comum são os sacrifícios antigos, chamados sacrifícios pacíficos, que os reis piedosos e demais governantes prometiam oferecer se vencessem alguma dificuldade; outro exemplo, ainda, são os sacrifícios prometidos a Deus quando o povo estava premido por alguma dificuldade. É nesse sentido que devemos entender todos os salmos que falam de votos (Sl 22.25; 56.12; 61.8; 116.14-18). Estes, de fato, podem ser feitos ainda hoje, por exemplo, quando Deus nos livrar de alguma calamidade, de uma grave doença, ou de qualquer perigo. Porque não contraria às obrigações de uma alma piedosa oferecer, em tais circunstâncias, alguma oferta que tenha sido prometida a Deus como mostra solene de reconhecimento pelos benefícios recebidos, pois jamais devemos parecer ingratos ao Senhor. Quanto à segunda espécie de votos, darei um só exemplo familiar: se alguém tiver caído no pecado da gula, nada perderá caso renuncie por algum tempo aos prazeres da mesa a fim de castigar sua intemperança, e não terá problema algum se fizer um voto que leve a empenhar-se seriamente nisso. Note-se que não pretendo estabelecer nenhuma regra fixa acerca desse assunto; estou apenas mostrando o que é permitido fazer aos que acham que um voto pode lhes ser útil. Portanto, declaro lícito um voto dessa natureza, e ao mesmo tempo deixo à liberdade de cada um de fazê-lo ou não.

5. Como dissemos, dos votos que valerão somente no futuro, uns servem para nos fazer mais cautelosos; outros, para nos incentivar no cumprimento do dever. Um exemplo: se alguém se sente fortemente atraído por um vício a ponto de não conseguir se manter moderadamente em coisas que em si mesmas são boas, não fará mal algum, se, por algum tempo, fizer voto de se abster daquilo que o solicita. Ou ainda: se alguém reconhece que vestir certa veste representa ceder à vaidade, mas sente um forte desejo de usá-la, não poderá fazer nada melhor que refrear-se, considerando seu dever a abstenção dessa roupa em vista de pôr fim a esse desejo. De modo semelhante, se alguém não tem boa memória ou é preguiçoso para com os deveres de piedade, por que não poderia se obrigar, por um voto, a fazer o que costuma negligenciar? Em ambos os casos, admito, lançamos mão de um auxílio pedagógico que são meios úteis aos rudes e imperfeitos. Em consequência, consideramos legítimos os votos desse tipo, sobretudo os que concernem às coisas exteriores, uma vez que estão garantidos pela aprovação divina, convêm à nossa vocação e correspondem à graça que nos foi dada por Deus.

6. Não será difícil concluir o que devemos pensar sobre os votos em geral. Há um único voto comum a todos os fiéis, feito no batismo, confirmado no catecismo e na ministração da ceia. Porque os sacramentos são como que contratos pelos quais o Senhor nos promete a sua misericórdia, e consequentemente a vida eterna; de nossa parte lhe prometemos a obediência. A essência do voto batismal é a renúncia a Satanás, pela qual nos submetemos a Deus para obedecer aos seus santos mandamentos, e não seguirmos aos maus desejos de nossa carne. Não resta dúvida de que esse voto é santo e salutar, visto que Deus não somente o aprova na Escritura, mas o exige de todos os seus filhos. Nem se opõe a isso o fato de que ninguém cumpre perfeitamente a obediência da Lei, que Deus exige de nossa parte. Pois o pacto que Deus faz conosco está incluído na aliança da graça, que promete a remissão dos pecados e a regeneração que nos torna novas criaturas. Por isso, a promessa por nós formulada pressupõe o pedido de perdão e a intervenção necessária do Espírito Santo para socorrer nossa fragilidade. Ao julgar os votos particulares, é preciso lembrar as três regras acima mencionadas, pelas quais podemos avaliar qualquer voto. Contudo, não se pense que estou a recomendar os votos, mesmo os que considero santos, como se devêssemos fazer uso diário deles. Pois, ainda que não ouse dar alguma indicação quanto ao número e circunstâncias, quem quiser seguir meu conselho será sóbrio ao formular votos, e o fará apenas por tempo determinado. Pois, se descambas a fazer muitos votos, a religião se desvaloriza completamente por conta dessa assiduidade, e logo se cai na superstição. Se te obrigas a um voto perpétuo, ou bem o cumprirás com grande enfado e tédio, ou então ousarás quebrá-lo muitas vezes cansado pela duração.

7. Bem claro está quanta superstição domina esse assunto há séculos. Um fazia voto de não beber vinho, como se a abstinência de vinho fosse de per si um culto aceite a Deus; outro se obrigava a jejuar; outro, de que não iria comer carne em certos dias, julgando-os mais santos que os outros. Havia votos ainda mais infantis, embora não fossem as crianças que os fizessem. Considerava-se grande sabedoria as peregrinações votivas aos Lugares Santos, feitas muitas vezes a pés descalços, ou com calçados simples, a fim de tornar a peregrinação mais meritória pelo cansaço. Se compararmos essas práticas, nas quais havia tão inacreditável dedicação, com as normas que propusemos mais acima, iremos concluir que não somente são vãs e absurdas, mas que estão cheias de manifesta impiedade. Seja qual for o juízo que delas fizerem a sensibilidade humana, nada é mais abominado por Deus que os falsos cultos. Não obstante, essas perniciosas e deploráveis opiniões estão disseminadas em meio ao povo; e os hipócritas, que jazem soterrados por tais loucuras, creem que alcançaram o cume da justiça, fazendo a piedade cristã repousar nessas observâncias externas, menosprezando aos que, segundo eles, não as têm em alta estima.

8. Não é o caso de enumerar todas as formas de voto. Dado, porém, que os votos monásticos são tidos em maior consideração pelo juízo público da Igreja, é preciso falar algo brevemente sobre eles. Antes de tudo, para evitar que alguém defenda o monaquismo, tal como hoje se apresenta, basendo-se na antiguidade, é preciso notar que nos primitivos mosteiros vivia-se de forma muito diferente da de hoje. De fato, aos mosteiros acorriam os que queriam se entregar à máxima austeridade e paciência. Diz-se que os monges viviam uma disciplina semelhante àquela existente entre os lacedemônios na época de Licurgo; mais que isso: a disciplina monástica era muito mais austera. Os monges dormiam no chão, bebiam apenas água, comiam ervas e raízes, seu maior refinamento era um pouco de azeite e grãos-de-bico. Abstinham-se de toda delicadeza no comer e no vestir. Tais práticas pareceriam exageradas se não tivéssemos os testemunhos daqueles que as praticaram, como Gregório Nazianzeno,[266] Basílio e Crisóstomo. Com semelhantes disciplinas preparavam-se para exercer os ministérios. As escolas monásticas serviam de seminário, conforme o testemunho dos três autores que mencionamos, que foram educados nos mosteiros e, depois, chamados ao episcopado; desse costume falam também muitos varões eminentes que viveram naquele tempo. Agostinho, por exemplo, mostra que em sua época era usual que os mosteiros dessem clérigos a Igreja, como se vê nessa epístola aos monges de Caprária: "irmãos, nós vos exortamos no Senhor, que mantenhais o vosso propósito e persevereis até o fim; mas se a Igreja, vossa mãe, tiver necessidade de vós, não aceiteis o cargo por cobiça, nem o rejeiteis por desídia, mas com mansidão de coração obedecei a Deus. E não prefirais a vossa comodidade às necessidades da Igreja, que não vos teria dado à luz se não tivesse sido auxiliada pelos bons cristãos que viveram antes de vós". Agostinho refere-se aqui ao ministério pelo qual os fiéis renascem espiritualmente.[267] Em

---

266 Gregório Nazianzeno, Discurso IV, c.21 (Contra Juliano Apóstata); Pseudo-Basílio: Constituições monásticas, c.25, 30; Crisóstomo: Contra os inimigos da vida monástica, livro II, c.2.
267 Agostinho, Epístola 48, 2 (a Eudoxo).

outra epístola, escreve a Aurélio: "Quando, no clero, são admitidos monges que desertaram da vida monástica, dá-se ocasião aos outros clérigos de tornarem maus, infligindo-se assim uma grave injúria ao estado eclesiástico, porque dentre os monges que perseveram na vocação monástica, costumamos escolher somente aos mais provados e melhores. É preciso proceder assim se não quisermos dar ocasião ao que o povo diz: o mal panderista virou bom músico; de nós, dir-se-ia assim: o mal monge virou bom clérigo. Seria lamentável elevar os monges a tão ruinosa soberba, fazendo assim grave injúria ao clero, visto que dificilmente do bom monge se faz o bom clérigo, pois, embora possa ter conduta exemplar, não tem a instrução necessária".[268] Nessas passagens vê-se que muitos homens piedosos consideravam a disciplina monástica como uma preparação ao governo da Igreja, tornando-se mais capazes e melhor formados para tão alto múnus. Não quero dizer que todos atingiam essa meta, ou mesmo que a procurassem, uma vez que a maioria dos monges era iletrada, e, também por isso, apenas os monges mais idôneos eram indicados.

9. Em dois lugares principais, Agostinho descreve a forma do monaquismo antigo, a saber: no livro "Sobre os costumes da Igreja católica", onde se opõe às calúnias dos maniqueus à santidade da vida monástica cristã;[269] e também no livro "Sobre o trabalho dos monges", onde fala contra certos monges, que degeneraram e começavam a corromper a vida monástica. Resumirei o que ele diz, empregando na medida do possível as mesmas palavras: "Desprezando as seduções deste mundo, vivem congregados numa vida castíssima e santíssima, em orações, leituras e conferências; desconhecem a soberba, a perturbação ou a inveja. Ninguém possui nada de próprio; ninguém é pesado ao outro. Com trabalhos manuais ganham o suficiente para o corpo sem impedir que a alma se volte para Deus; entregam seus trabalhos aos decanos que, com grande solicitude, prestam contas àquele a quem chamam de pai. Estes são não somente pessoas de costumes santíssimos, mas também excelentes na doutrina divina, elevados em todas as coisas: sem soberba alguma aconselham aos que chamam de filhos e, ordenando todas as coisas com grande autoridade, e por todos são obedecidos prontamente. Ao fim do dia saem de suas celas, ainda em jejum, para ouvir o pai." Agostinho acrescenta que, sobretudo no Egito e no Oriente, o pai poderia ter sob seus cuidados mais de três mil monges. A seguir, tomam sua refeição, na

---

268 Agostinho, Epístola 60, 1 (a Aurélio).
269 Cf. especialmente Livro I, c.31, 67; c.33, 70-73.

medida que pede a conservação da saúde e o bem-estar; e cada um controla o seu apetite a fim de que não coma mais que o necessário, mesmo se quando a comida é simples e pouco apetitosa. Assim, para dominar a concupiscência, não só se abstêm de carne e vinho mas de todos os alimentos atraentes que provocam a gula; com isso pretendem se livrar do torpe desejo de alimentos refinados, porque não comem carne. Tudo o que sobra da refeição, e sobra bastante porque eles são muito laboriosos e sóbrios no comer, é distribuído aos pobres com diligência maior que a que tiveram em ganhá-lo. Porque não se preocupam em ter provisões, mas procuram, de todos os modos possíveis, não guardar nada do que sobrou.[270] Depois de mencionar a austeridade que viu em Milão e em outros lugares, Agostinho diz: "nessa vida rigorosa, ninguém está obrigado a levar um fardo mais pesado do que pode ou deseja levar; o mais fraco não é condenado pelos demais; todos têm consciência de que a caridade é necessária e que "aos puros, todas as coisas são puras" (Tt 1.15). Por isso, sua atenção não se volta para a abstenção desse ou daquele alimento como se fossem impuros, mas em dominar a concupiscência e viver a caridade com os irmãos. Recordam que "o alimento é para o ventre e o ventre para os alimentos" (1Co 6.13). Todavia, muitos que são fortes se abstêm de certas coisas por respeito aos fracos. Muitos não têm motivo para agir assim, mas o fazem porque lhes agradam os alimentos simples e baratos. De modo semelhante, os que fazem jejum quando gozam de boa saúde, alimentam-se normalmente quando ficam doentes. Muitos não bebem vinho, mas não acham que o vinho irá contaminá-los se o beberem. De fato, eles mesmos dispõem que, por motivo de humanidade, o vinho seja dado aos que não estão bem dispostos e aos que dele precisam por motivo de saúde. Além disso, admoestam, de modo fraternal, aos que recusam o vinho por motivo fútil, a não se tornarem mais fracos do que santos. Continuamente exercem assim a piedade. Quanto ao exercício do corpo, sabem que isso lhes aproveita por pouco tempo. Antes de tudo, a caridade: à caridade se conforma o alimento, a palavra, o vestuário, o semblante. Cada um se esforça em guardar a caridade, e considera-se grande desgraça e ofensa a Deus a ocasião de violá-la. Se alguém resiste à caridade, é mandado embora; se alguém a ofende, não é tolerado nem por um só dia.[271] Eis as palavras de Agostinho, que nelas nos descreve como num quadro, o antigo monaquismo. Resolvi inseri-las aqui, ainda

---

270 Agostinho, Sobre os costumes da Igreja católica e dos maniqueus, livro I, c.31, 67.
271 Ibidem, livro I, c.33, 70-73.

que extensamente, achando melhor proceder assim que resumir essas informações de diversos autores, estendendo-me ainda mais.

10. Não é meu propósito tratar deste tema em toda sua inteireza, quero apenas mostrar, brevemente, que tipos de monges houve na Igreja antiga, e qual era a natureza da profissão monástica que então se fazia, para que os leitores honestos possam avaliar, comparando o monaquismo antigo e hodierno, quão despudorados são os que apelam para a antiguidade a fim de sustentar a situação atual. Ao descrever o monaquismo santo e legítimo, Agostinho afasta toda forma de rigidez nas coisas que são livres conforme a Palavra de Deus.[272] Hoje em dia, porém, em nenhum lugar se exerce maior severidade. Porque têm por crime imperdoável o mínimo afastamento das suas prescrições acerca da cor ou do tipo do hábito, ou do gênero de alimento e de suas frívolas cerimônias. Agostinho sustenta firmemente que não é lícito aos monges viver na ociosidade às custas dos outros, e nega que em sua época existisse algum mosteiro bem constituído que procedesse assim. Nossos monges, porém, resumem no ócio o principal elemento de sua santidade. Porque se forem privados do ócio, como poderão levar a vida contemplativa, da qual se gloriam, e que os torna superiores a todos colocando-os ao lado dos anjos? Finalmente, Agostinho entende que o monaquismo nada mais é que um exercício e um auxílio às obras de piedade que são recomendadas a todos os cristãos. Quando, porém, Agostinho reduz todas as observâncias monásticas à caridade, estará ele de acordo com uma instituição de poucos homens conjurados que se afastam do corpo da Igreja? Muito pelo contrário: ele deseja que o exemplo dos monges brilhe para todos em vista de manter a unidade da Igreja. As formas atuais de monaquismo estão tão longe daquela de outrora que dificilmente se poderia encontrar algo mais destoante, para não dizer mais contrário. Nossos monges não contentes com aquela piedade, cujo permanente exercício Cristo ordena aos seus, inventam para si não sei que tipo de novidade, por conta da qual se imaginam muito mais perfeitos que todos os outros.

11. Caso o neguem, gostaria que me respondessem por que somente a sua condição merece o nome de "estado de perfeição", e negam esse título a qualquer outra vocação instituída por Deus. Não desconheço sua resposta sofística: o monaquismo não é a perfeição em si, mas é o melhor meio para se chegar à perfeição. Mas quando querem se engrandecer ante o povo, ou atrair à sua rede a juventude imprudente e ignorante, alardeiam

---

272 Agostinho, Sobre o trabalho dos monges, cf. c.23-27

seus privilégios, exaltam a dignidade da vida consagrada e rebaixam as demais condições de vida vangloriando-se do seu "estado de perfeição". Mas quando são postos contra a parede, e não conseguem justificar essa fútil arrogância, recorrem ao subterfúgio de dizer que não alcançaram ainda a perfeição, mas que seu estado os leva desejá-la mais que os outros homens. No entanto, a admiração do povo ainda perdura, como se somente a vida religiosa fosse angélica, perfeita e expurgada de todo vício. E, com esse pretexto, desviam a água para o seu moinho, como se costuma dizer, e lucram bastante com a sua santidade. A moderação monástica, porém, permanece oculta e como que sepultada nos livros. Quem não vê que isso é uma zombaria intolerável? Seja como for, deixemos de lado o resto e analisemos apenas a profissão monástica enquanto meio de se alcançar a perfeição. Ao dar este nome à sua condição, os religiosos diferenciam-na particularmente de todos os outros gêneros de vida. Mas como pode se admitir que toda honra seja transferida a um gênero de vida acerca do qual não se lê uma sílaba na Escritura? Além disso, consideram indignas as outras vocações que Deus instituiu por sua santa Palavra, e as exaltou com insignes elogios. Peço-vos que considereis quanta injúria fazem a Deus ao preferir não sei que gênero de vida, inventado pelos homens, àqueles por Ele instituídos e aprovados por seu testemunho.

12. Provem que é calúnia dizer que eles não se bastam com a regra que Deus prescreveu. Mesmo que calasse, eles próprios se acusariam. Pois ensinam abertamente que assumem fardos mais pesados que aquele imposto por Cristo aos seus discípulos. De fato, prometem observar ao que chamam de "conselhos evangélicos" – amar os inimigos, não vingar, não jurar em vão etc. –, aos quais os cristãos não estão estritamente obrigados. Mas que testemunho da antiguidade podem nos ofercer a esse respeito? Nenhum dos Padres jamais pensou nisso, mas são unânimes em proclamar que as palavras de Cristo devem ser necessariamente obedecidas; mais ainda, consideram verdadeiros mandamentos tais sentenças.[273] Como já ensinamos[274] sobre esse pestilentíssimo erro de reduzir a simples conselhos as coisas que nos são claramente ordenadas, basta considerar agora que o monaquismo, qual se encontra hoje, se baseia sobre a valorização de coisas que com toda razão devem ser execradas pelas almas piedosas, a saber: que há um modo de vida mais perfeito que o estabelecido por Deus

273 Cf. Crisóstomo, Tratado da compulsão, livro I, c.4; Contra os inimigos da vida monástica, livro III, c.14; Agostinho, Sobre a doutrina cristã, livro I, c.30-32; Gregório Magno, Homilia sobre os evangelhos, livro II, homil. 27, 1.
274 Institutas Lb II, c.VIII, 56 e 57.

para a Igreja inteira. Ora, tudo que se edifica sobre esse fundamento é abominável.

13. A fim de exaltar a perfeição de seu estado, fazem uso ainda de outro argumento que lhes parece muito sólido. De fato, disse o Senhor ao jovem que perguntava sobre a perfeição da justiça: "Se queres ser perfeito, vende tudo o que tens e dá aos pobres" (Mt 19.21). Não questionarei se nossos adversários seguem de fato esse conselho ou não, mas suponhamos que sim. Gloriam-se de que são perfeitos porque abandonam todos os seus bens.[275] Ora, se o cume da perfeição consiste nisto, como devemos interpretar o que ensina Paulo: "Se desse todos os meus bens aos pobres, se não tivesse caridade, nada seria" (1Co 13.3)? Afinal, que tipo de perfeição é essa, que de nada serve se não for acompanhada da caridade? Portanto, eles devem necessariamente admitir, queiram ou não, que a renúncia aos próprios bens é muito importante, mas não é toda a perfeição. Paulo, porém, declara que a caridade é o vínculo da perfeição, sem mencionar a renúncia dos próprios bens (Cl 3.14). Se é certo que entre o Mestre e o discípulo não há contradição, se um deles nega claramente que a perfeição do homem consiste em deixar o que possui, e que esta pode existir sem tal renúncia, será preciso entender o sentido das palavras de Cristo: "Se queres ser perfeito, vende tudo o que tens" (Mt 19.21). Ora, de modo algum ficará duvidoso o sentido destas palavras se consideramos — como devemos sempre fazer ao nos depararmos com as sentenças de Cristo —, a quem se dirigem essas palavras. Pergunta o jovem o que deveria fazer para entrar na vida eterna (Mt 19.16). Como o jovem perguntou sobre as obras (Mt 19.16; Mc 10.17; Lc 18.18), Cristo o remeteu, com toda razão, à Lei (Mt 19.17-19; Mc 10.18,19; Lc 18.19,20). Porque a Lei, considerada em si mesma, é o caminho da vida eterna, e a incapacidade de ela nos alcançar a salvação deve ser atribuída à nossa depravação. Com esta resposta, Cristo declara que não estava ensinando um modo de vida distinto daquele que antigamente fora prescrito na Lei do Senhor. Assim o fazendo, dava testemunho de que a Lei divina é a doutrina da perfeita justiça, e, ao mesmo tempo, evitava calúnias, para que não parecesse estar, com alguma nova regra de viver, incitando o povo ao abandono da Lei. Embora não tivesse má vontade, o jovem estava entumecido de vã confiança, e respondeu que desde criança observara a todos os preceitos (Mt 19.20; Mc 10.20; Lc 18.21). Contudo, não resta dúvida de que ele estava bem longe de onde se imaginava

---

275 Cf. João Eck, *Enchiridion*, c.18, H 3a.

instalado. Se sua jactância correspondesse à verdade, nada lhe faltaria para a suma perfeição. Provamos mais acima[276] que a Lei contém em si mesma a perfeita justiça, e isso se vê também nessa passagem, porque a observância da Lei é chamada caminho da salvação eterna. Por isso, a fim de ensinar ao jovem quão pouco avançara na justiça, de cuja observância atrevidamente ele se gabava, foi necessário desmascarar seu vício interior, uma vez que, possuindo grandes riquezas, tinha seu coração preso a elas. E porque desconhecia essa chaga interna, Cristo o atingiu nesse ponto, dizendo-lhe: "Vai e vende tudo o que tens" (Mt 19.21). Se o jovem fosse tão diligente em guardar a Lei como dizia ser, não teria se entristecido ao ouvir essas palavras. Pois quem ama a Deus de todo coração, não somente tem por estrume tudo o que contraria ao seu amor, mas também o abomina como algo mortífero. Portanto, a ordem que Cristo deu ao rico avarento para que abandonasse tudo o que possuía, corresponde àquela que dá ao ambicioso para que renuncie às honras; ao voluptuoso para que renuncie aos deleites; ao lascivo para que deixe a sua corrupção. E assim, sempre que as consciências não se deixarem tocar pelas admonições feitas em geral, devem ser reconduzidas ao sentimento particular de seus males seguindo esse procedimento de Cristo. É em vão, portanto, que se apresenta essa passagem para justificar a vida religiosa, pois se toma um caso particular como se fosse geral, isto é, como se Cristo fizesse a perfeição consistir na renúncia aos bens. Na verdade, Cristo queria apenas obrigar aquele jovem, tão contente e satisfeito de si mesmo, a reconhecer sua chaga, para que compreendesse quão distante estava da perfeita obediência à Lei que falsamente atribuía a si. Admito que essa passagem foi mal compreendida por alguns Padres; e daí nasceu a pretensão da pobreza voluntária, por força da qual eram tidos por bem-aventurados os que, abnegando a todas as coisas terrenas, ofereciam-se sem nada a Cristo.[277] Espero, porém, que os leitores honestos e não contenciosos se deem por satisfeitos com a minha interpretação, e não duvidem de que este é o sentido autêntico daquela passagem.

14. De modo algum os Padres cogitaram estabelecer um tipo de perfeição semelhante àquela que os sofistas de cogula inventaram depois, dando origem a uma segunda forma de cristianismo. De fato, faltava vir à luz a doutrina sacrílega que compara a profissão monástica ao batismo, afirmando abertamente que é um segundo batismo. Quem não sabe

---

276 Cf. *Institutas*, livro II, c.VII, 13; c.VIII, 5 e 51.
277 Cf. Ambrósio, *Sobre as viúvas*, c.12, 73; Jerônimo, *Comentário sobre Mateus*, livro III, em 19:21.

que os Padres abominaram de todo coração essa blasfêmia? Quanto à caridade que, segundo Agostinho, conformava completamente a vida dos antigos monges, será preciso demonstrar quão alheia a ela é a profissão tal como se faz hoje. A realidade mesmo nos diz que todos os que entram para os mosteiros se separam da Igreja. Por quê? Por se separarem da legítima sociedade dos fiéis, ministrando em particular os sacramentos. Se isso não significa destruir a comunhão da Igreja, o que é então? Seguindo adiante e concluindo a comparação que iniciei, pergunto: em que os monges atuais se parecem com os antigos? No passado, de fato, embora os monges habitassem longe dos demais fiéis, não constituíam contudo uma igreja separada, uma vez que participavam dos sacramentos com os outros, assistiam às reuniões solenes delas participando com o povo.[278] Mas, ao erigir para si um altar particular, que fizeram os monges de hoje senão romper o vínculo da unidade? Pois eles deixaram a comunhão do corpo da Igreja e desprezaram o ministério ordinário mediante o qual o Senhor quis manter a caridade e a paz entre os seus. Afirmo, por isso, que os mosteiros atuais são conventículos cismáticos, que, perturbando a disciplina eclesiástica, separaram-se da legítima sociedade dos fiéis. Para tornar mais evidente tal separação, essas seitas assumiram nomes diversos e não têm vergonha de se gloriar daquilo que Paulo execrava acima de tudo (1Co 1.12,13; 3.4). A não ser que pensemos que Cristo estava dividido entre os coríntios, quando cada um se vangloriava de seu próprio mestre. Hoje, porém, ninguém acha que se inflige injúria a Cristo quando ouvimos que, em lugar de chamar-se cristão, alguns preferem se dizer beneditinos, outros franciscanos, outros dominicanos; e, ao darem a si mesmos tais nomes, fazem-no orgulhosamente como se tratasse de uma profissão de fé pela qual se distinguem dos demais cristãos.

15. A diferença que há entre os antigos monges e os de nossa época não diz respeito, portanto, apenas aos costumes, mas à própria natureza da vida monástica. Recordem os leitores do que falei mais sobre o monaquismo que dos monges, e que os vícios denunciados não são os deste ou daquele indivíduo, mas os de seu próprio modo de viver. Quão grande disparidade há nos costumes, não é necessário expô-lo detalhadamente. De fato, ninguém desconhece que não há gênero de homens mais inquinado por toda torpeza de vícios, e que não há lugar em que fervam mais as facções, os ódios, as intrigas e as ambições que nos conventos. De fato, em poucos mosteiros vive-se castamente, se é que pode se chamar castidade

---

278 Cf. *Constituições Apostólicas*, livro II, c.57.

a repressão da concupiscência apenas para não cair na infâmia. Contudo, mal se acha um mosteiro entre dez que não seja antes um lupanar que um sacrário de castidade. Frugalidade na alimentação? A mesma com que porcos são cevados nas pocilgas. Mas, para não ser arguido de que os trato sem piedade alguma, não insistirei mais; quem conhece o assunto concordará que nada disse difamatoriamente. Citamos o testemunho de Agostinho de que os monges de seu tempo viviam de modo muito casto. Contudo, ele lamenta que muitos vagabundos, com péssimos artifícios e imposturas, arrancavam dinheiro aos mais simples do povo, carregando as relíquias dos mártires de um lado para outro, ou exibindo como relíquias os ossos de um morto qualquer. Com semelhantes maldades, cobriam de ignomínia o estado monacal.[279] Por outro lado, em outra passagem, Agostinho sustenta que não viu melhores cristãos que os que haviam progredido na vida monástica, mas deplora o fato de não haver encontrado piores que aqueles que se corromperam nos mosteiros.[280] Que diria hoje, se visse que em quase todos os mosteiros crepitam tantos e tão deploráveis vícios? Nada afirmo que não seja conhecidíssimo de todos, mas não digo que esta recriminação se estenda a todos sem exceção alguma. De fato, assim como nenhuma disciplina e regra de vida monástica conseguiu impedir que alguns canalhas se unissem aos bons, do mesmo modo não afirmo que os monges tenham decaído tanto da santidade dos antigos que não restem ainda, em sua grei, alguns bons. Mas esses poucos estão dispersos e ocultos em meio à ingente multidão dos maus e dos ímprobos. Além disso, são desprezados e injuriados petulantemente, e, por vezes, tratados com crueldade pelos maus, os quais, conforme o provérbio dos milésios, nada de bom querem que exista entre eles.

16. Na comparação que fiz entre o antigo monaquismo e o hodierno, acho que consegui o que pretendia, a saber, provar claramente que os nossos encapuzados falsamente invocam o exemplo da Igreja primitiva em defesa da vida que levam, visto que entre os antigos monges e eles há uma diferença não inferior àquela existente entre homens e macacos. Seja como for, sustento que também naquela primeva instituição, louvada por Agostinho, existiam coisas bem pouco convincentes. Admito que os monges não foram supersticiosos no uso das disciplinas externas, mas sustento que aí se aninhava exagero sem limites e perniciosa competição entre eles. Digno de elogio era renunciar aos bens para ficar livre de

---

279 Agostinho, *Sobre o trabalho dos monges* c. XXVIII, 36.
280 Agostinho, Epístola 78,9.

toda solicitude terrena; Deus, porém, aprecia muito mais a condição de um homem que, desvencilhado e livre de toda avareza, ambição e outros apetites da carne, governa piedosamente sua família, assumindo como propósito servir a Deus seguindo uma vocação particular. Belo é retirar--se da companhia dos homens a fim de filosofar em lugar afastado; mas não é próprio da mansidão cristã buscar o deserto e a solidão, como que movido por ódio ao gênero humano, abstendo-se, por conta disso, das obrigações principais instituídas pelo Senhor. Mesmo se concedêssemos que nenhum outro mal tenha se originado daí, é preciso dizer que essa prática introduziu na Igreja um mal não desprezível: um exemplo inútil e perigoso.

17. Vejamos agora de que natureza são os votos com que os monges são iniciados nessa preclara ordem. Primeiro, visto que sua intenção é instituir um culto novo e fictício para merecer mais diante de Deus, concluo, daquilo que foi exposto, que todos seus votos são abomináveis diante de Deus. Além disso, visto que inventam um gênero de vida novo conforme o seu capricho, sem levar em conta a vocação de Deus e a aprovação do mesmo, declaro que essa ousadia é temerária e, portanto, ilícita, pois nada possui em que possa se apoiar diante de Deus, pois "tudo quanto não procede da fé é pecado" (Rm 14.23). Em terceiro lugar, uma vez que se consagram a muitos cultos perversos e ímpios, que se abrigam no monaquismo atual, sustento que não se consagram nem se dedicam a Deus, mas ao demônio. Ora, se o profeta acusa aos israelitas de sacrificarem seus filhos aos demônios, e não a Deus (Dt 32.17; Sl 106.37), somente por terem corrompido o verdadeiro culto divino com cerimônias profanas, por que não se poderia dizer o mesmo dos monges, sob cuja cogula ocultam-se milhares de ímpias superstições? Que espécie de votos fazem? Prometem a Deus virgindade perpétua, como se antes tivessem feito um pacto com ele a fim de os dispensar do matrimônio. E é inútil replicar que o voto é feito confiando na graça de Deus. Porque ele diz que tal dom não é conferido a todos (Mt 19.11,12), logo não há razão para achar que nos dará efetivamente aquilo que concede a poucos. Aqueles que o receberam, que usem dele; quando sentirem o aguilhão da carne, que recorram àquele por cuja virtude podem resistir. Se isso não for suficiente, que não desprezem o remédio que lhes é oferecido: o casamento. Porque decerto são chamados ao matrimônio todos os que não receberam o dom da continência. Chamo de continência não somente a pureza do corpo, mas também a guarda da alma numa incorrupta castidade. Porque Paulo nos ordena não somente a pureza exterior, mas também toda abrasão interior (1 Co 7.9). Mas eles replicam que o voto de continência foi observado desde tempos imemoriais por aqueles que queriam dedicar-se inteiramente ao Senhor. Concedo que se trate de um costume antigo, não penso porém que essa opção dos antigos tenha sido tão livre de vícios ao ponto de estarmos obrigados a mantê-la. Com efeito, pouco a pouco se impôs uma inexorável severidade, segundo a qual, depois de se ter feito o voto, não se permitia voltar atrás. Isso o atesta Cipriano, ao dizer: "Se, pela fé, as virgens se consagraram a Cristo, que perseverem honesta e castamente sem simulação alguma. Fortes e estáveis aguardem o prêmio da virgindade. Mas se não querem, ou não podem perseverar, é melhor casar que arder no fogo por força dos delitos".[281] Que insultos não há de padecer quem hoje quiser moderar o voto de continência com semelhante equidade? Bem longe estão, portanto, dos antigos costumes os que de modo algum admitem moderação ou escusa àquele que é incapaz de cumprir o que prometeu, mas antes declaram, sem nenhum pudor, que maior pecado é casar-se para remediar a intemperança da carne, que conspurcar corpo e alma com a fornicação.

18. Não obstante, eles apresentam outro argumento a fim de demonstrar que esse tipo de voto foi usado no tempo dos Apóstolos. Paulo, de fato, disse que as viúvas recebidas no ministério público da Igreja, rompiam com sua primeira promessa ou fé se viessem a se casar de novo (1Tm 5.12). De modo algum nego que as viúvas recebidas num serviço da Igreja se obrigavam a não contrair matrimônio, não porque atribuíssem a essa abstenção algo de santidade, como depois aconteceu, mas por que não podiam assumir sua função se não gozassem da mais absoluta liberdade, livres do jugo conjugal. Por isso, se depois de empenhar a palavra, quisesse casar de novo que seria isso senão renunciar à vocação de Deus? Não devemos, pois, estranhar que o Apóstolo diga que, ao terem preferido o casamento, levadas pelo desejo, rebelaram-se contra Cristo (1Tm 5.11). Mas a seguir, à guisa de complemento, Paulo acrescenta que a tal ponto essas viúvas violaram a promessa feita à Igreja, que chegavam a invalidar a primeira promessa, feita no batismo, que encerra esse ponto: cada um deve servir a Deus conforme sua vocação. A menos que se prefira entender essas palavras no sentido de que, perdendo o pudor, eles não davam a mínima à honestidade, e se entregavam à dissolução, de sorte a não mais lembrarem uma mulher cristã. Essa interpretação muito me agrada. Portanto, respondamos aos nossos adversários que as viúvas

---

281 Cipriano, *Epístola* 4, c.2-3.

recebidas no ministério público da Igreja se obrigavam ao celibato perpétuo. Se depois viessem a se casar, facilmente concluímos que acontecia o que Paulo disse: estas mulheres despudoradas se tornavam insolentes, condição imprópria de qualquer mulher cristã (1Tm 5.13). Desta maneira, não só pecavam ao violar a promessa feita à Igreja, mas abandonavam até mesmo o comportamento de mulheres honestas. De minha parte, sustento que não tinham qualquer outro motivo para abraçar o celibato que a real incompatibilidade do casamento com as funções que haviam assumido. Quero dizer: obrigavam-se ao celibato apenas na medida em que a necessidade de sua vocação assim o exigia. Não concordo que se sentissem obrigadas a ponto de preferirem arder de desejo ou cair na obscenidade que se casarem. Em terceiro lugar, sustento que Paulo, ao proibir que fossem acolhidas as viúvas com menos de sessenta anos, prescrevia assim uma idade em que, normalmente, a maior parte das pessoas já não teme o perigo de incontinência. Além disso, o Apóstolo especifica que devem ser admitidas somente as viúvas que, contentes com um único matrimônio, davam provas assim de seu apreço pela continência. Ora, somente por dois motivos nós impugnamos o voto do celibato: porque é erroneamente tido como culto que se oferece a Deus; porque é formulado temerariamente por quem que não têm a capacidade de mantê-lo.

19. Pergunto-me, além disso, que relação existe entre essa passagem de Paulo e as atuais freiras? Porque as diaconisas eram constituídas, não para entreter a Deus com cânticos e murmúrios ininteligíveis, passando o resto do tempo na ociosidade, mas para servirem aos pobres publicamente, em nome da Igreja, com todo zelo, constância e diligência. Não faziam voto de celibato com intenção de prestarem culto a Deus pela abstenção do matrimônio, mas procuravam estar mais livres, a fim de cumprirem suas obrigações. Finalmente, não faziam voto de castidade na primeira juventude, ou na flor da idade, de modo a se lançarem no fundo de um precipício, mas faziam esse voto, não menos seguro que santo, quando se sentiam livres do perigo da incontinência, e não antes. De resto, deixando de lado os dois pontos anteriores, sustento que não era lícito receber a uma viúva com menos de sessenta anos (1Tm 5.9), pois o Apóstolo o proibiu, ordenando às mais jovens que se casassem e tivessem filhos (1Tm 5.11). Nada pode justificar, então, que esse limite tenha sido reduzido a quarenta e oito, depois para quarenta, e, por fim, a trinta anos.[282] E é muito menos

---

282 Cf. Concílio de Saragoça (380), cânon 8; Concílio de Calcedônia (451), cânon 15; Concílio de Hipona (393), cânon 1.

tolerável que essas míseras jovens sejam induzidas não só por dolo, mas até mesmo pela força a que atarem por esses malditos votos antes de que possam se conhecer e aprender algo por conta própria. Não irei refutar os dois outros votos, a saber, o de pobreza e o de obediência. Direi apenas isso: além do fato de estarem eivados de não poucas superstições, como se podemos ver nos dias de hoje, parecem que foram inventados a fim de que seus emitentes zombassem de Deus e dos homens. Mas, para que não pareça que exageramos maliciosamente nos pormenores, contentar--nos-emos com a refutação geral que acima se expôs.

20. Creio que expus suficientemente quais são os votos legítimos e aceitos por Deus. Frequentemente, porém, deparamos com consciências simplórias e tímidas, que, embora arrependidas do voto que fizeram, continuam a achar que estão obrigadas a guardá-lo. Por isso se atormentam gravemente, uma vez que temem desobedecer à promessa que fizeram a Deus; por outro lado, temem pecar de modo ainda mais grave se mantiverem o voto, e, por tais motivos, é preciso ajudá-las a resolver este problema. Para acabar de uma vez por todas com esses escrúpulos, digo que nada são diante de Deus os votos que contrariam a razão e o direito, e, por esse mesmo motivo, devem ser considerados nulos. Pois, se nos contratos humanos é considerado vinculante somente aquilo que o outro contratante resolveu nos obrigar, seria absurdo nos obrigarmos àquilo que Deus de modo algum exige de nós; sobretudo porque as nossas obras devem ser consideradas boas somente na medida em que agradam a Deus, e recebem da nossa consciência o testemunho de que ele as aceita. Pois será sempre válido que "tudo o que não provém de fé é pecado" (Rm 14.23). Com isso Paulo pretende dizer que toda iniciativa tomada com consciência duvidosa está viciada, porque a fé é a raiz de todas as boas obras: é a fé que nos certifica de que tais obras agradam a Deus. Ora, se o cristão nada deve empreender sem esta convicção, será ilícito renunciar a um voto feito temerariamente e por ignorância, se depois se toma consciência do erro? Ora, como os votos feitos sem reflexão são dessa natureza, então, longe de constituírem uma obrigação, são necessariamente nulos. Digo mais ainda: Deus não somente os despreza, mas os abomina, como já demonstramos mais acima. É supérfluo tratar mais longamente de um assunto desnecessário. Para tranquilizar e livrar de todo escrúpulo as consciências timoratas, o seguinte argumento parece-me ser mais que suficiente: todas as obras que não procedem de uma fonte pura e não se destinam a um fim legítimo não são aceitas por Deus, e ele de tal modo as repudia que nos proíbe não só de iniciá-las, mas até mesmo de desejá-las.

Disso se conclui que os votos originados do erro ou da superstição são privados de valor diante de Deus e devem ser deixados.

21. Esse argumento permite responder também aos ímprobos que caluniam os que saíram dos mosteiros para se dedicar a algum gênero honesto de vida. Eles são acusados de violarem a fé e de perjúrio, porque romperam o vínculo indissolúvel, conforme vulgarmente se crê, com o qual estavam obrigados diante Deus e da Igreja. Eu, porém, sustento que, se Deus anular e desfizer um vínculo, nenhuma obrigação imposta pelo homem subsistirá. Além disso, supondo que essa obrigação de fato existisse no tempo do erro e da ignorância de Deus, sustento que, depois de terem sido iluminados pela luz da verdade, estão livres pela graça de Cristo. Porque, se a cruz de Cristo é eficaz o bastante para livrar da maldição da Lei, à qual de fato estávamos vinculados (Gl 3.13), quanto mais nos livrará de vínculos impróprios, que não são senão que enganosas redes de Satanás! Não há dúvida, portanto, de que todos os que foram iluminados por Cristo com a luz de seu Evangelho foram libertados dos laços em que haviam caído pela superstição. Há ainda a situação daqueles que emitiram votos, mas não eram aptos ao celibato: se o voto é de natureza tal que possa arruinar a alma, cuja preservação e salvação é vontade de Deus, segue-se que de modo algum tal voto deve ser observado. Pelo que já ensinamos, o voto de continência é impossível para quem não recebeu este dom singular; aliás, a própria experiência o mostra, sem que haja necessidade de palavras. De fato, ninguém ignora quanta obscenidade há em quase todos os mosteiros. E, se alguns parecem mais honestos e pudicos, nem por isso são castos, uma vez que a impureza está oculta. Assim, Deus pune com exemplos horríveis a ousadia daqueles que se esquecem de sua fraqueza e contrariam a natureza, menosprezando, ademais, os remédios que Deus pôs em suas mãos, imaginando superar, mediante a obstinação e a contumácia, a enfermidade de sua incontinência. Que nome merece tudo isso senão contumácia? Pois, se alguém foi advertido de que convém se casar, e que este é o remédio que o Senhor lhe oferece, que lhe sucederá se não somente despreza o matrimônio, mas obriga-se por juramento a menosprezá-lo?

Capítulo XIV

Os sacramentos.

 á outro auxílio à nossa fé, afim à pregação do Evangelho, nos sacramentos, sobre os quais é muito importante que ensinemos uma doutrina certa, a partir de onde aprendamos para que finalidade foram instituídos e qual o seu uso agora. Primeiro, é preciso considerar que é um sacramento. Parece-me que será uma definição simples e própria, se dissermos que é um símbolo externo com o qual o Senhor sela em nossas consciências as promessas de sua benevolência para conosco, a fim de dar sustentação à fraqueza de nossa fé e de que testemunhemos, por nossa vez, diante dele e dos anjos e entre os homens, nossa reverência para com Ele. Também é lícito defini-lo de outra forma, com maior brevidade: que é um testemunho da graça de Deus para conosco, confirmado com um sinal externo e com o mútuo testemunho de nossa reverência perante Ele. Qualquer dessas duas definições que escolhas em nada difere em sentido daquela de Agostinho, que ensina que "sacramento é um signo visível de uma coisa sagrada",[283] ou "a forma visível de uma graça invisível".[284] Mas explica a realidade de modo melhor e mais claro. Pois, uma vez que há certa obscuridade em sua brevidade, na qual muitos incultos se perdem, quis explicar a sentença de forma mais completa, com mais palavras, para que não reste qualquer dúvida.

2. A razão pela qual os antigos empregaram o termo nesse sentido não é obscura. Pois todas as vezes que o antigo intérprete quis traduzir para o latim a palavra grega μυστήριον (*mystérion*), e principalmente

---

283 Aug., De catechiz. Rud. C. 26, 50 MSL 40, 344.
284 Aug., Ep. 105 (ad Donatistas) c. 3, 12 MSL 33, 401; CSEL 34 II, 604, 12s.

quando se tratava de coisas divinas, traduziu-a por "sacramento". Assim, aos efésios: "Ele nos fez conhecer o sacramento de sua vontade (Ef 1, 9). E: "suponho que ouvistes falar da graça que Deus me concedeu em vista de vós. De fato, por revelação me foi anunciado o sacramento" (Ef 3, 2-3). E aos colossenses: "o mistério que ele manteve escondido desde séculos e por inúmeras gerações e que, agora, acaba de manifestar aos seus santos, a quem quis revelar a riqueza da glória deste sacramento" (Cl 1, 26-27). Igualmente a Timóteo: "é grande o sacramento de nossa fé: Ele se manifestou em carne" (1 Tm 3, 16). Porém, não quis traduzir "arcano", para não parecer que dizia algo inferior à grandeza do tema. Logo, pôs "sacramento" em lugar de "arcano", mas de uma coisa sagrada. Este termo aparece frequentemente nos escolásticos eclesiásticos com este significado. E é bem conhecido que os latinos chamam "sacramentos" o que os gregos chamam "mistérios"; sinonímia que dirime toda discussão. Daí resultou que fosse aplicado àqueles sinais que continham uma representação das coisas sublimes e espirituais. Coisa que Agostinho também aponta em certo lugar: "Seria longo disputar sobre a variedade dos signos, que, como se referem às coisas divinas, chamam-se sacramentos".[285]

3. Além disso, a partir dessa definição que demos, compreendemos que nunca há sacramento sem que uma promessa o preceda, mas ele é acrescentado a ela como um apêndice, a fim de que confirme e sele a promessa e no-la faça mais firme e até, de certa forma, mais válida, conforme Deus vê que nos é necessário, primeiramente por nossa ignorância e lentidão, e depois por nossa fraqueza. E, no entanto, propriamente falando, não é tanto para firmar sua palavra santa, quanto para confirmar-nos na fé dela. Porque a verdade é Deus, por si mesma suficientemente sólida e certa; e não pode receber melhor confirmação de outra parte que não de si mesma. Mas, como nossa fé é pequena e fraca, ela, se não é apoiada por todos os lados e sustentada por todos os meios, rapidamente se abala, agita, vacila e cai. Mas o Senhor misericordioso, por sua imensa indulgência, de tal maneira se acomoda aqui à nossa condição que, por sermos animais que, sempre arrastando-nos pelo chão e apegando-nos à carne, não pensamos em nada espiritual e nem sequer o concebemos, não se importa de atrair-nos a si também com estes elementos terrenos, e propor-nos, na própria carne, um espelho dos bens espirituais. Pois, se fôssemos incorpóreos (como diz Crisóstomo), Ele nos daria essas coisas puras e incorpóreas. Porque temos as almas inseridas nos corpos, ensina-

---

285 Aug., Ep. 138, 1, 7 (ad Marcellinum) MSL 33,527; CSEL 44, 131, 9s.

-nos agora as coisas espirituais sob as visíveis.[286] Não porque tais sejam os dotes naturais das coisas que nos são propostas nos sacramentos, mas porque foram assinaladas por Deus para que tenham esse significado.

4. Isto é o que se diz comumente: que o sacramento consiste na Palavra e no signo externo. Porque por Palavra devemos entender que tem força para consagrar o elemento, não aquilo que é sussurrado sem sentimento e sem fé, só com ruído, como um encantamento mágico; mas aquilo que nos é pregado e nos faz entender o que significa o signo visível. Logo, o que se faz repetidamente sob a tirania do Papa não deixa de ser uma grande profanação dos mistérios; pois eles pensaram que bastava que o sacerdote murmurasse ou dissesse entre dentes uma fórmula de consagração, enquanto o povo permanecia estupefato, sem entender nada. E até ocuparam-se propositalmente de que nenhuma doutrina chegasse ao povo por aí; pois pronunciavam tudo em latim, entre homens iletrados. Depois, a superstição chegou a tal ponto que creram que a consagração não se podia fazer segundo a regra senão num murmúrio rouco, para que fosse ouvida por poucos. Agostinho ensina algo bem diferente sobre a palavra sacramental: "que a Palavra se una ao elemento e dar-se-á o sacramento. Pois de onde vem esta virtude tão grande da água, que toque o corpo e lave o coração, a menos que o faça a Palavra? E não porque se diz, mas porque se crê. Pois na mesma Palavra, uma coisa é o som que passa, e outra a virtude que fica. Esta é a Palavra de fé que pregamos, diz o Apóstolo (Rm 10, 8). Daí se diz nos Atos dos Apóstolos: "purificou o coração deles mediante a fé" (At 15, 9). E o Apóstolo Pedro diz: "assim o Batismo nos torna salvos; não a limpeza da sujeira do corpo, mas o compromisso de uma boa consciência" (1Pd 3, 21). Esta é a Palavra de fé que pregamos, pela qual sem dúvida alguma o batismo é consagrado, para que possa purificar".[287] Vês como exige a pregação, da qual nascerá a fé. E não há por que esforçar-se em prová-lo, uma vez que não é de forma alguma obscuro o que Cristo fez, o que nos mandou fazer, o que os Apóstolos seguiram e o que a Igreja mais pura observou. É sabido até que, desde o princípio do mundo, sempre que Deus concedeu algum sinal aos santos Pais, havia um laço inseparável com a doutrina, sem a qual nossos sentidos ficariam atônitos com sua visão desnuda. Logo, quando ouvirmos que se faz menção à palavra sacramental, entendamos a promessa, que

---

286 Chrysostomus, ed. Basil. 1530 t. IV. p. 581.

287 Aug., In Ioh. Tract. 80, 3 MSL 35, 1840; Contra Faustum 19. c. 16 MSL 42, 356s.; CSEL 25 I, 512, 19ss.

deve ser pregada pelo ministro com voz clara, para conduzir o povo pela mão para onde o signo aponta e nos dirige.

5. Nem devem ser ouvidos alguns que tentam lutar contra isso com um dilema mais arguto que sólido. Ou sabemos, dizem, que a Palavra de Deus que precede o sacramento é a verdadeira vontade de Deus, ou não o sabemos. Se o sabemos, nada de novo aprendemos com o sacramento, que se segue depois. Se não o sabemos, tampouco o ensinará o sacramento, cuja virtude toda reside na Palavra. A isto respondo brevemente que os selos que se põem nas atas e outros documentos públicos por si só tampouco valem nada, e seriam colocados em vão se o pergaminho não tivesse nada escrito; e, no entanto, não deixam de confirmar e selar o que está escrito, quando são acrescentados aos escritos. E não podem jactar-se de que essa comparação foi inventada por nós recentemente, pois já Paulo a usou, chamando à circuncisão σφραγίς (*sphagís*, confirmação) (Rm 4, 11); onde pretende provar que a circuncisão foi dada a Abraão não por justiça, mas como um selo de seu pacto, pela fé do qual havia sido antes justificado. E o que é, por favor, que ofende alguém grandemente, se ensinamos que a promessa é selada com os sacramentos, quando é evidente pelas próprias promessas que uma é confirmada pelos outros? Pois quanto mais clara é a promessa, tanto mais idônea ela é para apoiar a fé. Ora, os sacramentos trazem promessas claríssimas; e têm isto de peculiar, além da Palavra: que nos representam as promessas ao vivo, como que pintadas num quadro.

E tampouco deve comover-nos o que se costuma objetar da distinção entre os sacramentos e os selos dos documentos: que, como uns e outros consistem de elementos carnais deste mundo, os sacramentos não podem ser suficientes ou capazes para selar as promessas de Deus, que são espirituais e eternas, do mesmo modo que se costuma colocá-los para selar os éditos dos príncipes acerca de coisas transitórias e caducas. Porque o fiel, quando tem os sacramentos diante dos olhos, não se detém na visão carnal, mas, por uma piedosa consideração, eleva-se aos mistérios sublimes que se ocultam nos sacramentos, segundo a conveniência da figura sensível com a realidade espiritual.

6. E, uma vez que o Senhor chama a suas promessas "alianças" (Gn 6, 18; 9, 9; 17, 20-21), e aos sacramentos, símbolos das alianças, podemos estabelecer uma semelhança com as alianças dos homens. De que serviria a porca imolada, sem que as palavras intercedessem? Ou antes, precedessem? Pois porcas são mortas muitas vezes, sem que haja nisso nenhum mistério mais profundo ou mais sublime. Para que dar a mão, uma vez que as mãos não raro trazem hostilidade? Mas, quando as palavras vêm antes, as leis são devidamente sancionadas com tais símbolos de alianças, ainda que tenham sido concebidas, estabelecidas e decretadas antes, pelas palavras. Portanto, os sacramentos são exercícios que nos tornam a fé da Palavra de Deus mais segura. E, porque somos carnais, mostram-se sob coisas carnais, para instruir-nos desta maneira, conforme a capacidade de nossa rudeza, e conduzir-nos pela mão, como os pedagogos aos meninos. Esta é a razão pela qual Agostinho chama ao sacramento "palavra visível":[288] porque representa as promessas de Deus como se pintadas num quadro, e as põe diante de nossos olhos expressas graficamente, sob uma forma εἰκονικῶς (imageticamente).

Poder-se-iam fazer outras comparações com que explicar os sacramentos mais claramente, como se os chamássemos de colunas de nossa fé. Pois, assim como um edifício se mantém em pé e se apoia sobre seu fundamento, mas está mais seguro se lhe são postas colunas embaixo, assim também a fé reside na Palavra de Deus, como sobre seu fundamento; mas, quando se lhe acrescentam os sacramentos, como se fossem colunas, apoia-se neles ainda mais firmemente. Ou como se disséssemos que são espelhos, em que podemos contemplar as riquezas da graça de Deus, que Ele nos distribui. Pois neles (como já foi dito), manifesta-se tudo quanto é dado conhecer à nossa estupidez, e neles nos atesta sua benevolência e amor para conosco mais expressamente que na Palavra.

7. Não raciocinam bem o bastante quando, a partir daí, argumentam que os sacramentos não são testemunhos da graça de Deus, porque também são estendidos aos ímpios, os quais, no entanto, não sentem que Deus lhes seja mais propício em nada, mas sim que por isso atraiam para si uma condenação ainda mais pesada. Pois, por esse argumento, nem o Evangelho seria testemunho da graça de Deus, uma vez que é ouvido e rejeitado por muitos. Não o seria nem mesmo o próprio Cristo, que foi visto e conhecido por muitos, mas recebido por pouquíssimos.

Algo semelhante se pode ver também nos documentos oficiais. Ainda que boa parte do povo saiba que aquele selo αὐφεντικός (authentikós, autêntico) foi posto pelo príncipe para selar sua vontade, no entanto, ri-se e zomba dele. Uns fazem pouco dele como se não lhes dissesse respeito absolutamente; outros até o execram. Por isso, uma vez percebida a condição tão parecida de ambas as coisas, sendo que uma é mais e mais superior à outra, a comparação empregada por mim deverá cair bem.

---

288 Aug., In Ioh. Tract. 80, 3 MSL 35, 1840; Contra Faustum 19, c. 16 MSL 42, 356 sq.; CSEL 25 I, 513, 8s.

E, assim, é certo que o Senhor nos oferece sua misericórdia e um penhor de sua graça, tanto na sagrada Palavra como nos sacramentos. Mas compreendem-no somente aqueles que, com fé inabalável, recebem a Palavra e os sacramentos; do mesmo modo que Cristo é a todos oferecido e apresentado pelo Pai para a salvação; e, no entanto, não é reconhecido e aceito por todos. Agostinho queria indicar isso, quando disse em algum lugar que "a eficácia da Palavra se mostra no sacramento, não porque é dita, mas porque é crida".[289] Por isso Paulo, quando fala entre os fiéis, explica os sacramentos de tal forma que inclui neles a comunhão de Cristo, como quando diz: "vós todos que fostes batizados em Cristo, vos revestistes de Cristo" (Gl 3, 27). E: "um só corpo e um só espírito somos todos que fomos batizados em Cristo" (1Cor 12, 13). Mas, quando fala do uso errado dos sacramentos, não lhes atribui nada mais que umas figuras vãs e frívolas, com o que quer dizer que, por mais que os ímpios e hipócritas oprimam, obscureçam ou impeçam, com sua perversidade, o efeito da graça divina nos sacramentos, isso, no entanto, não impede que, onde e quando aprouver a Deus, os sacramentos deem verdadeiro testemunho da comunicação de Cristo e que também o Espírito do próprio Deus mostre e ofereça aquilo que eles prometem. Logo, concluímos que os sacramentos são em verdade chamados de testemunhos da graça de Deus, e que são como certos selos da benevolência pela qual demonstra seu afeto para conosco; selos que, ao selar em nós a graça, sustentam, alimentam, confirmam e aumentam assim a nossa fé.

As razões que alguns costumam objetar contra esta opinião são demasiado frívolas e fracas. Dizem que nossa fé não pode se tornar melhor, se é boa; pois, dizem, não é fé senão aquela que se apoia de modo firme e inabalável na misericórdia de Deus. Estes fariam melhor em orar, com os apóstolos, para que o Senhor lhes aumentasse a fé (Lc 17, 5), em vez de pretender a segurança de uma perfeição de fé tal que ninguém entre os filhos dos homens jamais alcançou, nem alcançará nesta vida. Que me respondam qual pensam que era a fé daquele que dizia: "creio, Senhor, ajuda-me, que careço de fé" (Mc 9, 24). Porque esta fé, como quer que tenha começado, era boa e podia tornar-se ainda melhor, suprimida a incredulidade. Mas nenhum argumento é mais certo para refutá-los do que sua própria consciência. Pois, se confessam-se pecadores (o que, quer queiram quer não, não podem negar), é necessário que o imputem à imperfeição de sua fé.

---

289 Aug., In Ioh. Tract. 80, 3 MSL 35, 1840.

8. Mas Felipe, dizem, respondeu ao eunuco que ele podia ser batizado, se cresse com todo o coração (At 8, 37). Que lugar há aqui para a confirmação do batismo, quando a fé enche todo o coração? Por outro lado, pergunto, não sentem boa parte de seu coração vazia de fé? Não percebem que aumenta a cada dia? Aquele[290] orgulhava-se de ter envelhecido aprendendo. Bem miseráveis, então, seríamos nós, cristãos, se envelhecêssemos sem aproveitar coisa alguma, quando a fé deve progredir gradualmente no decorrer da vida, até que cheguemos ao "homem perfeito" (Ef 4, 13). Assim, neste lugar, crer de todo coração não é crer em Cristo perfeitamente, mas somente abraçá-lo com a alma e sinceramente; não é estar preenchido dele, mas, com um afeto ardente, ter fome e sede dele, e por ele suspirar. Este é o costume da Escritura, para dizer que algo deve ser feito com todo o coração, o que significa que deve ser feito com sinceridade e disposição. Por isso, estas palavras: "de todo o meu coração eu te procurei", "confessar-te-ei com todo o meu coração" e semelhantes (Sl 119, 10; 111, 1; 138, 1). Da mesma forma, ao contrário, quando repreende aos enganadores e falazes, costuma lhes atirar à cara que têm "coração e coração" (Sl 12, 2).

Insistem ainda: "se a fé aumenta pelos sacramentos, o Espírito Santo, cuja virtude e obra é começar, manter e tornar perfeita a fé, foi dado em vão. Concedo-lhes que a fé é, de fato, inteira e propriamente, obra do Espírito Santo, pois, iluminados por ele, conhecemos a Deus e os tesouros de sua benignidade, e, sem sua luz, nossa mente seria tão cega que não poderia ver nada; e tão tola que não poderia perceber nada das coisas espirituais. Mas, em lugar do único benefício que eles apregoam, nós consideramos três. Pois, primeiramente, o Senhor nos instrui e nos ensina com sua Palavra; então nos confirma pelos sacramentos; e, por último, ilumina nossas mentes com a luz de seu Espírito Santo e abre a porta para nosso coração à Palavra e aos sacramentos, os quais, de outra maneira, somente golpeariam nossos ouvidos e se apresentariam aos nossos olhos, mas não atingiriam nosso coração.

9. Por essa razão, gostaria de avisar ao leitor que atribuo aos sacramentos o ministério da confirmação e do aumento da fé (o que já expressei com palavras indubitáveis, parece-me), não porque creia que têm sempre em si não sei que virtude oculta, com a qual são por si mesmos capazes de promover e aumentar a fé; mas porque Deus os instituiu para isto: servir à fé, que deve ser confirmada e aumentada. No mais, eles cumprem perfei-

---

290 Cícero, De sen. 8, 26.

tamente seu ofício quando sobrevêm o Espírito, nosso mestre interior, por cuja virtude penetram os corações, movem-se os afetos e abre-se a porta aos sacramentos para que penetrem em nossas almas. Se ele faltar, os sacramentos não podem ser úteis em nada a nossas mentes, não mais do que se a luz do sol brilhar para olhos cegos ou a voz ressoar em ouvidos surdos. E, assim, eu faço uma divisão entre o Espírito e os sacramentos, de forma que a virtude de agir resida apenas no Espírito e aos sacramentos reste somente o ministério; e este, sem a operação do Espírito, é fraco e frívolo; mas, se o Espírito age interiormente e mostra sua força, então está repleto de muita energia.

Agora fica claro como, segundo esta doutrina, a mente pia é confirmada na fé pelos sacramentos; a saber, do mesmo modo como os olhos vêm o fulgor do sol e os ouvidos ouvem o som da voz. Nem os olhos seriam afetados pela luminosidade, por maior que fosse, se não estivessem dotados da visão que, por si própria, recebesse a luz, e o som, qualquer que fosse, faria vibrar os ouvidos em vão, se eles não fossem aptos e feitos para ouvir. E, se é verdade o que já está definido entre nós de uma vez por todas, que o mesmo que a visão faz em nossos olhos para que vejamos a luz e a audição em nossos ouvidos para que ouçamos a voz, é a obra do Espírito Santo em nossos corações para conceber a fé, sustentá-la, fomentá-la e fortalecê-la, segue-se, da mesma forma, que os sacramentos não servem de nada sem a virtude do Espírito Santo, e que nada impede que eles tornem a fé mais robusta e maior nos corações já instruídos anteriormente por aquele mestre. A única diferença é que a faculdade de ouvir e de ver é inerente aos ouvidos e aos olhos; em contrapartida, Cristo age em nossas almas fora da ordem da natureza, por uma graça especial.

10. Com isso dissolvem-se ao mesmo tempo as objeções que mantêm alguns em aflição. Se atribuímos às criaturas o aumento e a confirmação da fé, faz-se uma injúria ao Espírito de Deus, o único que seria correto reconhecer como seu autor. Pois não o privamos do louvor da confirmação e do aumento da fé: já que afirmamos que isto mesmo, confirmar e aumentar a fé, não é outra coisa senão preparar nossas mentes com sua iluminação interior para que recebam a confirmação que lhe é oferecida pelos sacramentos.

E, caso algo ainda permaneça obscuro até aqui, esclarecer-se-á completamente com esta comparação que farei. Se pretendes persuadir a outrem com palavras a que faça algo, meditarás em todas as razões pelas quais ele será induzido e quase obrigado à tua opinião, para que obedeça teu conselho. Mas isso não terá servido de nada se ele, por sua vez, não tiver um discernimento perspicaz e agudo, para que possa julgar quanto valor há em tuas razões; e se não for de gênio dócil e pronto a escutar a doutrina; e, por último, se ele não conceber uma opinião acerca da tua credibilidade e prudência pela qual o convenças a subscrever o que lhe aconselhas. Pois há muitas cabeças obstinadas, que não poderás dobrar nunca, com nenhum argumento. E pouco se ganha quando a credibilidade for suspeita, quando a autoridade for desprezada, mesmo entre os dóceis. Mas, pelo contrário, se todas estas coisas estiverem presentes, certamente farão que seja aquele que ouve os conselhos concorde com seu conselheiro, que, de outra maneira, seria motivo de escárnio.

É isso que o Espírito faz em nós. Pois, para que a Palavra não fira nossos ouvidos em vão, para que os sacramentos não fustiguem nossos olhos em vão, ele mostra que é Deus quem nos fala ali, suaviza a dureza de nosso coração e produz a obediência que é devida à Palavra do Senhor. Finalmente, transmite a Palavra e os sacramentos dos ouvidos à alma. Logo, a Palavra e os sacramentos confirmam nossa fé, quando põem diante de nossos olhos a boa vontade do Pai celestial para conosco, em cujo reconhecimento consiste toda a firmeza de nossa fé, e sua força se multiplica. O Espírito a confirma quando, imprimindo em nossas almas esta confirmação, torna-a eficaz. No entanto, não se pode proibir que o Pai das luzes, assim como ilumina nossos olhos corpóreos com os raios do sol, ilumine nossas mentes com os sacramentos, como com um fulgor intermediário.

11. O Senhor ensinou que esta propriedade subjaz à Palavra externa, quando a chamou "semente" na parábola (Mt 13, 4;[291] Lc 8, 15). Pois, do mesmo modo que a semente, não fará senão perder-se, se cair na parte deserta e não cultivada; mas, se for jogada em terra bem cultivada e lavrada, produzirá fruto em grande abundância. Da mesma forma, a Palavra de Deus, se cair numa cerviz dura, ficará estéril, como se tivesse sido jogada na areia; se cair numa alma cultivada pela mão do Espírito celeste, será muito frutífera. E, se vale a semelhança entre a semente e a Palavra, assim como dizemos que o trigo nasce da semente, cresce e chega a amadurecer, por que não diremos também que a fé da Palavra recebe seu início, aumento e perfeição?

Paulo explica ambas as coisas muito bem em diversos lugares. Quando quer trazer à memória dos coríntios quão eficazmente Deus serviu-se de seu trabalho (1Cor 2, 4), gloria-se de que tem o ministério do Espírito

---

291 Mt 13, 3-23.

(2Cor 3, 6); como se a força do Espírito Santo estivesse unida por um vínculo indissolúvel com sua pregação, a fim de iluminar e mover o coração interiormente. Mas quando, em outro lugar, quer chamar a atenção para o que a Palavra de Deus vale quando pregada por um homem, compara os ministros com os lavradores, que, depois de realizar seu trabalho e esforço de lavrar a terra, não têm mais nada a fazer. Mas de que serviria arar, semear e irrigar, se o que foi plantado não brotasse por benefício celeste? E daí conclui: "nem o que planta nem o que rega são importantes; tudo deve ser atribuído a Deus, o único que faz crescer" (1Cor 3, 6).

Logo, os Apóstolos mostram em sua pregação a potência do Espírito, visto que Deus usa dos meios que ordenou para a manifestação de sua graça espiritual. No entanto, há que se fazer uma distinção, para que nos lembremos daquilo de que o homem é capaz por si mesmo e do que é próprio de Deus.

12. Os sacramentos são confirmações de nossa fé, de tal maneira que às vezes o Senhor, quando quer tirar a confiança nas coisas que foram prometidas por Ele nos sacramentos, tira os próprios sacramentos. Quando priva e despoja Adão do dom da imortalidade, diz: "para que não tome do fruto da árvore da vida e viva eternamente" (Gn 3, 22). Que ouvimos? Acaso aquele fruto podia restituir a Adão sua incorruptibilidade, da qual já havia decaído? Absolutamente não. Mas é como se dissesse: para que não tenha uma confiança vã se tiver o símbolo da minha promessa, que lhe seja tirado o que poderia dar-lhe alguma esperança de imortalidade. Por esta razão, quando o Apóstolo exortou os efésios a que recordassem que em outro tempo estavam afastados da cidadania de Israel e alheios aos pactos da promessa, sem Deus e sem Cristo, disse que não foram partícipes da circuncisão (Ef 2, 11-12). Com isso quer dizer, por metonímia, que estão excluídos da promessa aqueles que não haviam recebido o sinal da promessa.

Mas fazem ainda outra objeção: a de que a glória de Deus é desviada para as criaturas, às quais se atribui o tanto de virtude que se subtrai a Deus.

É fácil responder: não pomos virtude nenhuma nas criaturas. Somente dizemos isto: que Deus usa dos meios e instrumentos que Ele sabe que são necessários para que todas as criaturas se submetam à sua glória, uma vez que Ele é o Senhor e Juiz de todas. Logo, assim como nutre nossos corpos por meio do pão e de outros alimentos, e ilumina o mundo por meio do sol e o aquece por meio do fogo; e, no entanto, nem o pão, nem o sol nem, o fogo são nada, a não ser na medida em que Ele, por meio destes instrumentos, nos dispensa suas bênçãos; assim também alimenta nossa fé espiritualmente por meio dos sacramentos, cujo único ofício é pôr ante nossos olhos as promessas que devem ser vistas, e servir-nos como penhor delas. E, assim como é nosso dever não depositar nenhuma confiança nas outras criaturas, que foram destinadas a nosso uso pela liberalidade e beneficência de Deus, por meio das quais nos prodigaliza os bens de sua bondade, e não são admiradas nem louvadas como causas de nosso bem; assim também nossa confiança não deve repousar nos sacramentos, nem a glória de Deus deve ser transferida para eles. Mas, deixando de lado todas as coisas, a confissão e a fé devem elevar-se ao autor dos sacramentos e de todas as coisas.

13. Mas, a partir disso, alguns discutem a própria palavra "sacramento", o que não tem solidez. "Sacramento", dizem, embora tenha muitos significados em autores conhecidos, tem só um que convém aos signos, a saber, quando significa aquele juramento solene que o soldado presta a seu comandante quando se alista sob sua bandeira. Assim como os novos soldados, com esse sacramento militar, sujeitam sua fé ao comandante, e declaram-se soldados seus, assim também nós, com nossos signos, declaramos que Cristo é nosso comandante e atestamos que combatemos sob sua bandeira.

Acrescentam ainda algumas comparações, para elucidar o assunto. Assim como a toga diferenciava os romanos dos gregos, que usavam mantos; assim como em Roma as diversas ordens se diferenciavam por certos símbolos: os senadores dos patrícios, pela púrpura e pelos calçados pontiagudos; e, por sua vez, o equestre do plebeu pelo anel; assim também nós temos nossos símbolos, que nos diferenciam dos profanos.

Mas, pelo que foi dito mais acima, é mais do que evidente que os antigos que deram aos signos o nome de sacramentos não levaram em conta absolutamente qual era o uso desta palavra pelos escritores latinos, mas criaram uma nova significação, segundo seu interesse, com a qual simplesmente designaram os signos sagrados. E, se quisermos discutir isso num nível mais elevado, parece que podem, por analogia, ter aplicado este nome com tal significado pela mesma razão que tomaram a palavra "fé" no sentido em que agora se emprega. Porque, embora a fé seja a verdade nas promessas que hão de ser cumpridas, disseram, no entanto, que a fé é a certeza ou a convicção certa que se tem da verdade mesma. Do mesmo modo, ainda que o sacramento seja o juramento pelo qual o soldado se obriga por voto a seu comandante, eles o tomaram como o signo com que o comandante recebe os soldados em suas fileiras. Pois, por meio de seus sacramentos, o Senhor promete que será nosso Deus e que nós seremos seu povo.

Mas deixemos de lado tais argúcias, uma vez que me parece que provei com argumentos suficientemente claros que eles não observaram outra coisa senão que os signos o eram de coisas santas e espirituais. Quanto às comparações que fazem a partir dos sinais exteriores, nós as admitimos, mas não consentimos que aquilo que é a última coisa nos sacramentos seja estabelecido por eles como o primeiro e até o único. O primeiro é isto: que sirvam para nossa fé em Deus; e, posteriormente, que deem testemunho de nossa confissão perante os homens. Suas comparações valem segundo este argumento posterior; entretanto, permanece o primeiro, porque os mistérios (como já foi visto) nada seriam, se não fossem auxílios para nossa fé e acessórios da doutrina, destinados a este mesmo uso e finalidade.

14. Devemos ainda estar de sobreaviso, porque, assim como estes enfraquecem a força dos sacramentos e suprimem totalmente seu uso, há outros que, pelo contrário, inventam para eles não sei que virtudes arcanas, que não lemos em nenhum lugar da Escritura que tenham sido colocadas por Deus. Com esse erro os simples e ignorantes são perigosamente enganados, quando são ensinados a procurar os dons de Deus onde nunca podem ser encontrados; e assim, pouco a pouco se afastam de Deus de tal maneira que, no lugar da sua verdade, abraçam uma mera vaidade. Pois as escolas sofísticas ensinaram com grande consenso que os sacramentos da nova Lei, isto é, os que estão hoje em uso na Igreja cristã, justificam e conferem a graça, contanto que não coloquemos o obstáculo do pecado mortal. Não é possível dizer quão destrutiva e pestilencial é esta opinião; tanto mais que antes, durante muitos séculos, foi aceita em boa parte do mundo, com grande prejuízo para a Igreja. É totalmente diabólica, de fato; pois, ao prometer a justiça fora da fé, precipita as almas para sua ruína total. Além disso, porque põe a causa da justiça nos sacramentos, ata com esta superstição as pobres almas dos homens, que por si mesmas são tão inclinadas a fazê-lo, para que se detenham ante o espetáculo de uma coisa corpórea, mais do que em Deus mesmo. Quem dera não tivéssemos demasiada experiência de ambas as coisas, tão pouco falta para que precisem de provas!

Mas que é o sacramento sem a fé, senão a ruína certíssima da Igreja? Pois, como não se deve esperar nada fora da promessa, e como a promessa ameaça os incrédulos com a ira não menos do que oferece a graça aos fiéis, engana-se quem pensa que algo mais lhe é oferecido pelos sacramentos, exceto aquilo que, apresentado pela Palavra de Deus, é recebido com verdadeira fé. Do que se deduz ainda outra coisa: que a confiança na salvação não depende da participação do sacramento, como se nossa justificação estivesse situada aí. Sabemos que ela está colocada somente em Cristo, e, não obstante, é-nos comunicada pela pregação do Evangelho e pelo selo do sacramento, podendo existir perfeitamente sem este. Porque é muito verdadeiro o que foi escrito por Agostinho: que "a santificação invisível pode existir sem o signo visível; e, ao contrário, o signo visível pode dar-se sem a verdadeira santificação". Pois (como ele mesmo escreve em outro lugar) "os homens algumas vezes se revestem de Cristo até receber os sacramentos; e, outras vezes, até a santificação da vida. O primeiro pode ser comum a bons e maus; mas o segundo é próprio dos bons e dos piedosos".[292]

15. Da correta compreensão dessas palavras faz-se aquela distinção entre o sacramento e a realidade do sacramento, frequentemente notada por Agostinho. Pois não significa somente que a figura e a realidade estejam contidas ali, mas que de tal maneira estão unidas que não podem ser separadas, e que, na própria união, é necessário sempre distinguir a coisa do signo, para não atribuamos a uma o que é próprio da outra.

Ele fala dessa separação, quando escreve que somente nos eleitos os sacramentos fazem o que figuram.[293] E também quando escreve assim a respeito dos judeus: "embora os sacramentos fossem comuns a todos, sua graça não era comum, o que é a virtude dos sacramentos. Assim também agora o banho de regeneração é comum a todos; mas a graça pela qual os membros de Cristo são regenerados com sua Cabeça não é comum a todos (SI 78)".[294] E, em outro lugar, sobre a Ceia do Senhor: "nós também recebemos hoje o alimento visível; mas uma coisa é o sacramento, e outra, a virtude do sacramento. O que é que muitos recebem do altar e morrem, morrem recebendo-o? Pois até o bocado do Senhor foi veneno para Judas; não por ter recebido algo mau, mas porque, sendo ele mau, recebeu mal o que era bom".[295] E pouco depois: "o sacramento desta realidade, isto é, da unidade do corpo e sangue de Cristo, é preparado na mesa do Senhor, em toda parte todos os dias, em toda parte a certas horas do dia; e nesta

---

292 Aug., De baptismo contra Donatistas V 24, 34 MSL 43, 193; CSEL 51, 291, 4s.
293 Aug., De pecc. mer. et rem. et de bapt. parv. I 21, 30 MSL 44, 126; CSEL 60, 29, 6ss.
294 Aug., In Ps. 77 v. 2. MSL 36, 983s.
295 Aug., In Ioh. Tract. 26, 11 MSL 35, 1611.

mesa alguns alimentam-se para a vida, e outros, para a morte. Mas a realidade mesma, à qual está ligado o sacramento, é vida para todos e morte para ninguém, quem quer que dele for partícipe".[296] E pouco antes havia dito: "não morrerá aquele que tiver comido; aquele que chegar à virtude do sacramento, e não ao sacramento visível; aquele que comer por dentro, e não por fora; aquele que comer com o coração, não quem mastigar com os dentes".[297]

Ouves aqui em toda parte que o sacramento é separado de sua verdade pela indignidade de quem o recebe, de tal maneira que não reste senão uma figura vã e inútil. Mas, para que tenhas não o signo vazio, sem sua verdade, mas a coisa com o signo, é preciso que apreendas pela fé a palavra que está incluída nele. Desta maneira, extrairás tanta utilidade dos sacramentos quanto avançares, por meio deles, na comunicação com Cristo.

16. Se, devido à minha concisão, este tema ainda está obscuro, expô-lo-ei com mais palavras.

Digo que Cristo é a matéria de todos os sacramentos, ou (se o preferes) a substância dos mesmos, uma vez que têm nele toda sua solidez e fora dele não prometem nada. Por isso é ainda menos tolerável o erro de Pedro Lombardo, que expressamente torna-os as causas da justiça e da salvação.[298] Pois, prescritas todas as causas de salvação que o entendimento humano inventa, convém determo-nos nesta única, Cristo. Portanto, os sacramentos têm eficácia para nós na medida em que nos ajudam a conservar, confirmar e aumentar em nós o verdadeiro conhecimento de Cristo e possuí-lo mais plenamente e usufruir de suas riquezas. E isto ocorre quando, com verdadeira fé, recebemos o que ali nos é oferecido.

Dirás: então os ímpios, com sua ingratidão, fazem que a ordenação de Deus seja anulada e resulte em nada? Respondo que não se deve entender assim o que eu disse, como se a força e a verdade do sacramento dependessem da condição e do arbítrio de quem o recebe. Pois o que Deus instituiu permanece firme e conserva sua natureza, por mais que os homens mudem. Mas, como uma coisa é oferecer e outra, receber, nada impede que o símbolo consagrado pela Palavra do Senhor seja a coisa real que se diz que é, e que conserve sua virtude, e que, não obstante, não tenha nenhuma utilidade para o homem mau e ímpio.

---

296 Aug., In Ioh. Tract. 26, 15 MSL 35, 1614.
297 Aug., In Ioh. Tract. 26, 12 MLS 35, 1612.
298 Petr. Lomb., Sent. IV dist. 1. c. 5. MSL 192, 840.

Agostinho resolve bem esta questão em poucas palavras. Diz: "se o recebes carnalmente, nem por isso deixa de ser espiritual. Mas para ti não o é".[299] E, assim como Agostinho demonstrou nos textos antes citados que o sacramento não é nada, se está separado de sua verdade, assim também em outro lugar adverte que também na própria união é necessário fazer essa distinção, para que não nos detenhamos demais no signo externo. "Assim como seguir a letra", diz, "e tomar os signos por sua realidade é próprio de uma fraqueza servil; assim também é próprio de um erro leviano interpretar inutilmente os signos".[300] E aponta dois vícios, contra os quais temos de nos precaver. Um é receber os signos de tal maneira como se nos tivessem sido dados em vão, e, desprezando ou esvaziando com nossa maldade seus significados ocultos, fazer que não nos tragam nenhum fruto. O outro é, por não elevar nossas mentes acima do signo visível, transferir ao sacramento o louvor dos bens que somente Cristo nos confere, por meio do Espírito Santo, que nos faz partícipes do próprio Cristo. De fato, contamos com a ajuda dos signos externos, que, no entanto, se nos convidam a ir a Cristo, mas, se desviam para outro lugar, perdem indignamente toda sua utilidade.

17. Portanto, que seja dado como certo que os ofícios dos sacramentos não são outros senão os da Palavra de Deus, que são: trazer-nos e apresentar-nos Cristo, e, nele, os tesouros da graça celestial; eles, porém, não nos dão nada nem nos servem de nada se não os recebemos com fé; não menos do que, se derramares vinho, óleo ou qualquer outro líquido, este se escoará e se perderá, a menos que a borda do copo esteja aberta; mas, se o copo estiver tampado, permanecerá sempre vazio.

Ademais, temos de nos cuidar também para que os escritos dos antigos não nos induzam a outro erro parecido, o de aumentar um pouco mais a dignidade dos sacramentos; como, por exemplo, julgarmos que há certa virtude oculta acrescentada aos sacramentos, de tal modo que por si mesmos nos confiram as graças do Espírito Santo, do mesmo modo que o vinho é servido numa taça; uma vez que este dom somente lhes foi dado pela Divindade, e eles atestam e sancionam em nós a benevolência de Deus para conosco; mas não servem de nada, a menos que o Espírito Santo, que abre nossas mentes e nossos corações, se aproxime e nos faça capazes deste testemunho, em que claramente aparecem também várias e distintas graças de Deus.

---

299 Aug., In Ioh. Tract., 26, 11.12.15 MSL 35, 1611ss.
300 Aug., De doctrina christiana III c. 9 MSL 34, 71.

Pois os sacramentos (como o mencionamos acima) são para nós, da parte de Deus, aquilo que são os mensageiros de boas novas da parte dos homens; ou seja, fiadores no cumprimento do pacto. Por si mesmos, eles não dão a graça, mas anunciam-na e mostram-na, e (como são garantias e sinais) ratificam-nos as coisas que nos foram dadas pela generosidade divina. O Espírito Santo (que os sacramentos não dão indiferentemente a todos, mas que o Senhor confere aos seus em particular) é quem traz consigo as graças de Deus, que dá lugar em nós aos sacramentos, que faz que frutifiquem. Mas, ainda que não neguemos que Deus mesmo auxilia sua instituição com a virtude valorosíssima de seu Espírito, no entanto afirmamos que, a fim de que a administração dos sacramentos que ordenou não seja infrutífera e vã, é necessário considerar e julgar a graça interna do Espírito em si mesma, como algo distinto do ministério externo. Logo, Deus cumpre verdadeiramente tudo o que promete e figura em seus signos; e os signos não carecem de efeito, para que se prove que o autor dos mesmos é veraz e fiel. Somente se pergunta aqui se Deus opera com sua virtude própria e intrínseca (como dizem), ou se confia seu ofício aos símbolos externos. Mas afirmamos que, quaisquer que sejam os meios empregados por Deus, sua obra principal não perde nada.

Quando é isso o que é ensinado sobre os sacramentos, e a dignidade dos mesmos é devidamente louvada e seu uso é indicado claramente; e sua utilidade grandemente apregoada, e entendido o melhor lugar em que se deve mantê-los, de modo que nem seja atribuído a eles algo que não lhes convêm, nem, por outro lado, lhes seja tirado o que lhes pertence, dissipa-se ao mesmo tempo a ficção de que a causa de nossa justificação e a virtude do Espírito estão encerradas nos elementos, como em vasos, e se expõe claramente sua principal virtude, que fora preterida por outros.

Aqui deve-se notar também que aquilo que o ministro figura e atesta com a ação externa, Deus o cumpre interiormente, para que não se atribua ao homem mortal aquilo que Deus reivindica somente para si. Agostinho no-lo admoesta prudentemente, dizendo: "como Moisés santifica? E Deus? Moisés não santifica em nome de Deus; mas Moisés o faz com signos visíveis, conforme seu ministério; mas Deus o faz com sua graça invisível pelo Espírito Santo; no qual está todo o fruto dos sacramentos visíveis. Pois sem esta santificação da graça invisível, de que servem os sacramentos visíveis?".[301]

---

301 Aug., Quaest. In Hept. III. 84. MSL 34, 712; CSEL 28 II, 305, 1ss.

18. O nome de "sacramento", como já expusemos, abrange todos os signos em geral que Deus deu aos homens, para tornar-nos mais certos e seguros sobre a verdade de suas promessas. Às vezes, quis mostrá-los em coisas naturais; às vezes, exibiu-os em milagres.

São exemplos do primeiro tipo: quando deu a Adão e Eva a árvore da vida como penhor da imortalidade, para que a possuíssem com segurança enquanto comessem de seu fruto (Gn 2, 9.17; 3,3). E quando pôs o arco-íris no céu, como prova para Noé e sua posteridade de que dali em diante não destruiria a terra com um dilúvio (Gn 9, 13). Adão e Noé consideraram estas coisas sacramentos. Não que a árvore lhes desse a imortalidade que por si mesma não poderia lhes dar, nem que o arco-íris fosse capaz de conter as águas (pois é somente a repercussão dos raios solares nas nuvens opostas[302]), mas porque traziam uma marca, esculpida pela Palavra de Deus, que lhes servia como autenticação e selo de seus testamentos. Evidentemente, antes a árvore era árvore, e o arco-íris, arco--íris. Mas, quando foram marcados pela Palavra de Deus, uma nova forma lhes foi inserida, para que começassem a ser o que antes não eram. E, a fim de que ninguém pense que se diz isso em vão, o arco-íris nos é dado ainda hoje em dia como testemunho daquele pacto que Deus fez com Noé; e, sempre que o contemplamos, lemos nele aquela promessa de Deus, de que a terra jamais será destruída por um dilúvio.

Por isso, se algum filosofastro, para rir-se da simplicidade de nossa fé, afirmar que tal variedade de cores se origina naturalmente dos reflexos dos raios do sol a da nuvem oposta, admitiremos que é assim; mas nos riremos de sua tolice, pois não reconhece a Deus como senhor e governante da natureza, que usa, segundo seu arbítrio, todos os elementos à serviço de sua glória. Se tivesse impresso estes sinais no sol, nas estrelas, na terra e nas pedras, todas estas coisas seriam sacramentos para nós. Pois por que a prata em estado bruto e a cunhada não têm o mesmo valor, embora sejam o mesmo metal? Porque aquela não tem senão o que lhe pertence por natureza; mas, em contrapartida, quando está cunhada com a forma oficial, torna-se moeda e recebe uma nova taxação. E Deus não poderia selar suas criaturas com sua Palavra, para que se tornem sacramentos as coisas que antes não eram senão elementos nus?

Foram exemplos do segundo tipo: quando Deus mostrou a Abraão a tocha no forno fumegante (Gn 15, 17); quando encheu de orvalho o velo de lã, e deixou a terra seca; e, ao contrário, quando derramou o orvalho

---

302 Plinius, Naturalis hist. II 59, 150; Seneca, Natur. Quaest. I, 3.

sobre a terra, sem tocar o velo de lã, para prometer a vitória a Gideão (Jz 6, 37-40); quando fez a sombra do relógio voltar atrás dez linhas, para prometer a Ezequias que ficaria incólume (2Rs 20, 9.11; Is 38, 7-8). Como estas coisas aconteciam para confirmar e confortar a fraqueza de sua fé, eram também sacramentos para eles.

19. Mas o interesse agora é dissertar sobre aqueles sacramentos que o Senhor quis que fossem ordinários em sua Igreja, para manter os seus fiéis e servos numa mesma fé e na confissão da mesma fé. Pois (para usar as palavras de Agostinho) "os homens não podem reunir-se num nome de religião, seja verdadeiro ou falso, se não forem ligados por algum consórcio de sinais ou sacramentos visíveis".[303] Logo, tendo previsto esta necessidade, nosso Pai excelente instituiu desde o início para seus servos certos exercícios de piedade, os quais Satanás, transferindo-os depois a cultos ímpios e supersticiosos, depravou-os e corrompeu-os de muitas maneiras. Daí surgiram aquelas iniciações dos pagãos em seus cultos, e outros rituais degenerados, que, embora estivessem cheios de erro e de superstição, eram ao mesmo tempo, no entanto, indício de que os homens não podiam de forma alguma carecer de sinais externos na profissão da religião. Mas, porque todos esses sinais não se submetiam à Palavra de Deus nem se referiam àquela verdade que deve ser exposta por todos os sacramentos, são indignos de ser levados em conta quando se faz menção dos símbolos sagrados que foram instituídos por Deus e que não se afastaram de seu fundamento, a fim de servir de ajuda à verdadeira piedade. E consistem não de simples signos, como eram o arco-íris e a árvore, mas de cerimônias; ou (se o preferes) os signos que estão aqui são cerimônias. Assim como já foi dito, são testemunhos da graça e da salvação do Senhor; servem-nos ainda de marcas de nossa profissão de fé, com as quais juramos em nome de Deus publicamente, enquanto lhe consagramos nossa fé. Por isso Crisóstomo, em outro lugar, chama-os com razão pactos,[304] pelos quais Deus compactua conosco, e pelos quais nós nos comprometemos à pureza e santidade. Porque aqui se estipula um pacto mútuo entre Deus e nós. Pois, assim como o Senhor promete ali destruir e apagar a culpa que tivermos cometido, e a pena recebida por nossa delinquência, e nos reconcilia consigo em seu Filho Unigênito; assim também nós, por nossa vez, nos obrigamos a Ele com esta profissão de piedade e de inocência, de tal forma que possas dizer com razão que tais

---

303 Aug., Contra Faustum Manichaeum XIX. c. 11 MSL 42, 355; CSEL 25 I, 510, 1ss.
304 Chrysost., opp. ed. Erasmus. Basil. 1530 t. II p.82.

sacramentos são cerimônias com as quais Deus quer exercitar seu povo, primeiro para manter, despertar e confirmar interiormente a fé; e, em segundo lugar, para dar testemunho de nossa religião perante os homens.

20. Estes sacramentos foram diferentes, segundo as diferentes épocas, segundo a dispensação pela qual aprouve ao Senhor mostrar-se aos homens de um ou de outro modo. Pois a circuncisão foi ordenada a Abraão e a sua posteridade (Gn 17, 10), à qual se acrescentaram as purificações, sacrifícios e outros rituais da Lei mosaica.[305] Todas estas coisas foram sacramentos dos judeus até o advento do Cristo, pelo qual foram abolidos, sendo instituídos os dois sacramentos de que agora a Igreja cristã faz uso: o batismo e Ceia do Senhor (Mt 28, 19; 26, 26). Falo dos sacramentos instituídos para uso de toda a Igreja. Pois a imposição de mãos, mediante a qual os ministros da Igreja são iniciados em seu ofício, embora aceite de boa vontade que seja chamada sacramento, não a conto, entretanto, entre os sacramentos ordinários. Quanto aos outros, que comumente são considerados sacramentos, logo veremos em que lugar devem ser colocados.

Mas os sacramentos antigos visavam ao mesmo objetivo a que os nossos agora tendem, a saber, encaminhavam os homens a Cristo e os conduziam a Ele quase que pela mão; ou antes o representavam e davam a conhecer como imagens. Pois, como já ensinamos antes, os sacramentos são certos selos com os quais se selam as promessas de Deus; e é certíssimo que nenhuma promessa de Deus jamais foi feita aos homens senão em Cristo (2Cor 1, 20). Portanto, para que nos ensinem acerca de alguma promessa de Deus, é necessário que nos mostrem a Cristo. Aquele celestial exemplo do tabernáculo e do culto legal que foi mostrado a Moisés no monte (Ex. 25, 8) dizia respeito a isso. Há somente uma diferença: que os sacramentos mosaicos figuravam a Cristo prometido, quando ainda era esperado, ao passo que os nossos atestam que já se cumpriu e veio.

21. Quando essas coisas tiverem sido expostas por partes e uma a uma, ficarão muito mais claras.

A circuncisão serviu de signo aos judeus, com o que eram advertidos que tudo quanto procede do sêmen humano, isto é, toda a natureza dos homens, está corrompido e tem necessidade de ser amputado. Além disso, foi um documento e memorial com que se confirmaram na promessa, dada a Abraão, sobre a semente bendita em que todas as nações da terra haviam de ser abençoadas (Gn 22, 18), e de onde esperavam a

---

305 Lv. 11-15; 1-10.

bênção para si mesmos. Além disso, aquela semente salutar (como Paulo nos ensina) era Cristo (Gl 3, 16), único no qual confiavam que haviam de recobrar tudo quanto haviam perdido em Adão. Por isso a circuncisão era para eles o mesmo que Paulo diz ter sido para Abraão, a saber, "selo da justiça da fé" (Rm 4, 11), isto é, um selo com o qual confirmavam com mais certeza a sua fé, por meio da qual esperavam que aquela semente lhes seria dada por Deus, e recebida como justiça. Mas em outro lugar e numa melhor ocasião, prosseguiremos na comparação entre a circuncisão e o batismo.

As abluções e purificações punham-lhes diante dos olhos sua imundície, sujeira e impureza, com que estavam contaminados por natureza; mas lhes prometiam outro banho, com que limpariam e lavariam todas as suas sujidades (Hb 9, 1.14). E este novo banho era Cristo. Purificados com seu sangue (1 Jo 1,7; Ap. 1, 5), levamos sua pureza ao olhar de Deus, para que cubra todas as nossas manchas.

Os sacrifícios os acusavam de sua iniquidade e, ao mesmo tempo, os ensinavam que é necessária alguma satisfação com que o julgamento de Deus fosse menos rigoroso. Logo, deveria haver certo sumo Pontífice, mediador entre Deus e os homens, que satisfazia a Deus mediante a efusão do sangue e a imolação de um sacrifício, que fosse suficiente para a remissão dos pecados. Este sumo sacerdote foi Cristo (Hb 4, 14; 5, 5-6; 9, 11), que derramou seu próprio sangue e que foi, ele próprio, a vítima, pois, obedecendo ao Pai, ofereceu-se para a morte (Fl 2, 8) e, com esta obediência, aboliu a desobediência do homem, a qual havia provocado a ira de Deus (Rm 5, 19).

22. No que diz respeito aos nossos sacramentos, tanto mais claramente nos apresentam Cristo quanto mais de perto ele se manifestou aos homens, desde que em verdade nos foi dado pelo Pai, como fora prometido. Pois o batismo nos atesta que somos lavados e purificados; e a Ceia da eucaristia, que estamos redimidos. Na água está figurada a ablução; no sangue, a satisfação. As duas coisas se encontram em Cristo; que (como diz João) "veio mediante água e sangue" (1 Jo 5, 6), isto é, para limpar e para redimir, coisa de que também o Espírito de Deus é testemunha. Ou melhor, três são testemunhas, ao mesmo tempo: a água, o sangue, o Espírito. Na água e no sangue temos testemunho de nossa purificação e redenção; e o Espírito, que é a principal testemunha, nos convence disso de maneira indubitável. Este sublime mistério nos foi manifestado admiravelmente na cruz de Cristo, quando água e sangue brotaram de seu corpo (Jo 19, 34); e, por causa disso, Agostinho o chamou, com toda razão, fonte de nossos sacramentos.[306] Deles, no entanto, temos de tratar um pouco mais longamente.

Não há dúvida, além disso, se comparares um tempo com outro, de que a graça do Espírito se mostra agora muito mais plenamente. Pois assim convém à glória o reino de Cristo, como o deduzimos de muitos passos da Escritura, e principalmente do capítulo sétimo de João. E neste mesmo sentido se deve entender também o que diz Paulo: que houve sombras sob a Lei, mas o corpo era de Cristo (Cl 2, 17). E não é sua intenção privar de seu efeito os testemunhos da graça com que Deus outrora quis provar aos Pais que é veraz; não menos do que hoje em dia no batismo e na Santa Ceia; mas quis, comparativamente, ter em grande conta o que foi dado a nós, para que ninguém se admirasse de que as cerimônias tenham sido abolidas com a vinda de Cristo.

23. Mas o dogma dos escolásticos (de que tratarei também em outro lugar), que estabelece tanta diferença entre os sacramentos da velha e da nova Lei, como se aqueles não fizessem senão figurar a graça de Deus, e estes a tornassem presente,[307] deve ser totalmente excluído. O Apóstolo não fala destes com mais admiração do que dos outros, quando ensina que os Pais comeram conosco o mesmo alimento espiritual, e explica que este alimento era Cristo (1Cor 10, 3). Quem se atreveu a declarar vão aquele signo que a verdadeira comunhão de Cristo mostrava aos judeus? A causa de que o Apóstolo trata ali milita claramente em nosso favor. Pois, para que ninguém, apoiado num frio conhecimento de Cristo, num título vão de cristianismo e nuns signos externos, ouse desprezar o julgamento de Deus, o Apóstolo mostra, para que lhes prestemos atenção, os exemplos da severidade divina para com os judeus, para que saibamos que nos ameaçam essas mesmas penas que deu a eles, se cairmos nos mesmos vícios. Assim, pois, para que a comparação fosse adequada, teve de mostrar que não há entre eles e nós desigualdade alguma nestes bens, de que nos proibia gloriar-nos falsamente. Então, primeiro equipara-nos a eles nos sacramentos, e não nos deixa a menor prerrogativa que possa convencer-nos da esperança de impunidade. Nem é permitido atribuir a nosso batismo mais do que em outro lugar se atribui à circuncisão, quando a chama "selo da justiça da fé" (Rm 4, 11). Logo, tudo o que se nos apresenta hoje em nossos sacramentos, os judeus o recebiam anti-

---

306 Aug., In Ioh. Tract. 120, 2 MSL 35, 1953; In Ps. 40, 10 MSL 36, 461; In Ps. 126, 7 MSL 37, 1672; In Ps. 138, 2ibid. col. 1785; SeRm 5, 3 MSL 38, 55.
307 P. Lomb., Sent. IV dist. 1. c. 1 MSL 192, 839; Thom. Aq., S. th. III q. 62. art. 6; II 1, q. 101. art. 2.

gamente nos seus, a saber, Cristo com suas riquezas espirituais A mesma virtude, que têm nossos sacramentos, eles a percebiam também nos seus; para que lhes servissem de selos da benevolência divina para a esperança da salvação eterna.

Se eles fossem intérpretes hábeis da Epístola aos Hebreus, não teriam se enganado tanto. Mas, como liam ali que os pecados não tinham sido expiados com as cerimônias legais e que as sombras antigas não foram ocasião para justiça (Hb 10, 1), sem ter em conta a comparação de que ali se trata, agarram-se numa única coisa: que a Lei, por si, não serviu de nada para aqueles que a observaram, pensaram simplesmente que as figuras estavam vazias da verdade. Mas a intenção do Apóstolo é reduzir a nada a Lei cerimonial enquanto ela não chegar a Cristo, o único de que depende toda sua eficácia.

24. Mas me objetarão o que se lê em Paulo acerca da circuncisão: que ela não tem lugar diante de Deus, que não confere nada e que é vã.[308] Pois semelhantes palavras parecem colocá-la muito abaixo do batismo. Mas não, absolutamente. Pois o mesmo, e com toda razão, se poderia dizer do batismo. Aliás, Paulo é o primeiro a dizê-lo, ao afirmar que Deus não faz caso da ablução exterior (1Cor 10, 5), pela qual entramos na religião cristã, a menos que a alma esteja purificada interiormente e persevere nesta pureza até o fim. Isso é atestado também por Pedro, ao dizer que a verdade do batismo não está na ablução externa, mas no bom testemunho da consciência (1Pd 3, 21).

Mas parece que também, em outro lugar, despreza totalmente a circuncisão feita pela mão do homem, ao compará-la à circuncisão de Cristo. Respondo que tampouco naquele lugar diminui em nada sua dignidade. Porque Paulo disputa ali contra aqueles que a exigiam como necessária, uma vez que já estava abolida. Adverte, pois, aos fiéis que, deixando de lado as sombras antigas, preocupem-se pela verdade. Estes doutores, diz, insistem em que vossos corpos sejam circuncidados. Mas sois circuncidados espiritualmente, segundo a alma e o corpo. Tendes, pois, a manifestação da realidade, que é muito mais do que a sombra.

Alguém poderia replicar que não se deveriam desprezar a figura por terem a realidade, uma vez que também entre os Pais deu-se a morte do homem velho de que falava o Apóstolo; e, no entanto, a circuncisão externa não foi vã nem supérflua. O Apóstolo resolve esta objeção quando acrescenta em seguida que os colossenses foram sepultados com Cristo

---

308 Rm 2, 25-29; Gl 5, 6.

pelo batismo (Cl 2, 12). Com isso quer dizer que o Batismo é hoje para os cristãos o mesmo que era a circuncisão para os antigos; e que, portanto, não poderia ser impingida aos cristãos sem injúria ao batismo.

25. O que vem a seguir, e que já citei acima, é mais difícil de resolver: que todas as cerimônias judaicas foram sombras das coisas futuras, mas o corpo é o de Cristo (Cl 2, 17). E o que é de longe o mais difícil de tudo é o que se diz em muitos trechos da Epístola aos Hebreus: que o sangue dos animais não chegava às consciências;[309] que a Lei foi sombra dos bens futuros, não imagem das coisas;[310] que os que observavam a Lei não alcançaram perfeição nenhuma pelas cerimônias mosaicas;[311] e outras semelhantes.

Repito o que já disse: que Paulo não reduz as cerimônias a sombras por não terem nada de sólido, mas porque seu cumprimento de certa maneira estava suspenso até a vinda de Cristo. Digo, além disso, que isto deve ser entendido não sobre sua eficácia, mas antes sobre seu modo de significar. Pois, até que Cristo se manifestou em carne, todos os signos o figuravam como ausente, ainda que interiormente Ele se mostrasse, a si mesmo e sua virtude, a seus fiéis

Mas convém observar, antes de mais nada, que nestes passos Paulo não fala simplesmente, mas está em disputas. Uma vez que ele estava em combate contra os pseudoapóstolos, que queriam colocar a piedade somente nas cerimônias, sem levar Cristo em consideração; para refutá-los, bastava tratar somente do que as cerimônias valem por si mesmas. Este mesmo objetivo perseguiu o autor da Epístola aos Hebreus. Recordemos, pois, que aqui se disputa sobre as cerimônias, consideradas não em sua significação verdadeira e inata, mas distorcidas para uma interpretação falsa e depravada; não de seu uso legítimo, mas do abuso da superstição. Que há, pois, de estranho se as cerimônias, separadas de Cristo, fiquem privadas de toda sua virtude? Pois tudo o que há nos signos se reduz a nada, quando se suprime a realidade representada. E assim Cristo, ao lidar com aqueles que pensavam que o maná não era nada senão alimento do ventre, acomoda sua fala à crassa opinião desses e diz que Ele fornece um alimento melhor, que sacia as almas com a esperança da imortalidade (Jo 6, 27).

Se quiseres uma solução mais clara, um resumo de tudo isso aponta para cá: que, em primeiro lugar, todo aquele aparato das cerimônias que

---

309 Hb 9, 9.
310 Hb 8, 4s.; 10, 1.
311 Hb 7, 19; 9, 9; 10, 1.

houve na Lei mosaica é coisa vã e nula, se não se dirige a Cristo. Em segundo lugar, que de tal maneira as cerimônias diziam respeito a Cristo que, quando ele se manifestou em carne, tiveram seu cumprimento. Finalmente, que foi necessário que, com a vinda de Cristo, tudo fosse abolido, não menos do que a sombra que desaparece com a clara luz do sol.

Mas, porque escreverei mais longamente sobre este tema no lugar em que farei uma comparação entre o batismo e a circuncisão, agora trato-o de passagem.

26. Talvez os desmedidos elogios aos sacramentos que se leem sobre os nossos signos nos antigos tenham enganado a estes miseráveis sofistas. Assim, por exemplo, um de Agostinho: "os sacramentos da Lei antiga somente prometiam o Salvador; mas os nossos dão a salvação".[312] Como não perceberam que essas figuras de linguagem e símiles eram hiperbólicas, promulgaram seus dogmas também hiperbólicos, mas, ao contrário, num sentido alheio aos escritos dos antigos. Pois Agostinho não quis ali dizer senão o mesmo que em outro lugar: que os sacramentos da Lei mosaica prenunciavam a Cristo; mas os nossos o anunciam.[313] E contra Fausto: "aqueles eram promessas de coisas que haviam de se cumprir; mas os nossos são provas de coisas já cumpridas".[314] Como se dissesse: aqueles figuravam algo que ainda era esperado; os nossos mostram aquele que já veio, como se estivesse presente. Ademais, fala aqui do modo de significar, como indica em outro lugar, ao dizer: "a Lei e os profetas tinham seus sacramentos, que prenunciavam o que viria; mas os sacramentos de nosso tempo dão testemunho de que já veio o que aqueles pregavam que havia de vir".[315]

Quanto ao que pensava sobre a realidade e sua eficácia, explica-o em muitos lugares, como quando diz: "os sacramentos dos judeus foram diferentes nos signos, mas iguais na realidade que era significada; diferentes na aparência sensível, iguais na virtude espiritual".[316] E: "a mesma fé em signos diferentes; assim como em signos diferentes, em palavras diferentes; porque as palavras mudam de som com o tempo, e as palavras não são outra coisa senão signos. Os Pais bebiam a mesma bebida espiritual, porque a corporal não era a mesma. Vide, pois, que, permanecendo a fé, os signos mudaram. Lá, a pedra era Cristo; para nós, Cristo é o que se

---

312 Aug., In Ps. 73, 2 MSL 36, 931.
313 Aug., Quaest. In Hept. IV, 33 MSL 34, 732; CSEL 28 II, 340, 23 sqq.
314 Aug., Contra Faustum Manich. XIX, 14 MSL 42, 356; CSEL 25 I, 511, 17s.
315 Aug., Contra literas Petiliani II, 37, 87 MSL 43, 289; CSEL 52, 71, 13ss
316 Aug., In Ioh. Tract. 26, 12 MSL 35, 1612.

oferece no altar. Eles beberam, como um grande sacramento, a água que fluía da pedra; o que nós bebemos, sabem-no os fiéis. Se olhas a espécie visível, é outra coisa; se olhas a significação inteligível, beberam a mesma bebida espiritual".[317] E em outro lugar: "no mistério, o alimento e bebida deles são os mesmos que os nossos: o mesmo, porém, no significado, não na aparência. Porque o mesmo que lhes foi figurado na pedra, foi-nos manifestado em carne".[318]

Concedemos, no entanto, que há alguma diferença também nessa parte. Porque uns e outros sacramentos dão testemunho de que a paternal benevolência de Deus em Cristo e as graças do Espírito Santo nos são oferecidas; mas os nossos o fazem de uma maneira muito melhor e mais claramente. Em ambos Cristo mostra-se, mas nos nossos mais inteira e plenamente; quer dizer, tanto quanto o permite a diferença entre o Antigo e o Novo Testamento, de que já falei. Foi isso mesmo o que quis Agostinho (que citamos muitíssimas vezes como a melhor e mais fiel testemunha dos antigos), quando disse: "tendo Cristo se revelado, os sacramentos foram instituídos, em número, poucos; em significado, muito mais excelentes; em virtude, mais eficazes".[319]

É preciso que os leitores estejam de sobreaviso também sobre todos os gracejos dos sofistas acerca da obra "opus operatum"; não somente é falso, mas está em conflito com a natureza dos sacramentos que Deus instituiu para que os fiéis, privados e carentes de todos os bens, não lhe apresentassem senão sua mendicância. De onde se segue que, ao receber os sacramentos, não fazem nada por que mereçam elogio; e que, nesta ação (que com respeito a eles é meramente passiva), não pode ser-lhe atribuída nenhuma obra.

317 Aug., In Ioh. Tract. 45, 9 MSL 35, 1723.
318 Aug., In Ps. 77, 2 MSL 36, 983.
319 Aug., Contra Faustum XIX, 13 MSL 42, 355; CSEL 25 I, 510, 25s.; De doct. Christ. III 9, 13 MSL 34, 71; Ep. 54, 1 MSL 33, 200; CSEL 34 II, 159, 8s.

Capítulo XV

O batismo.

batismo é um signo de iniciação pelo qual somos recebidos na sociedade da Igreja, para que, enxertados em Cristo, sejamos contados entre os filhos de Deus. Além disso, foi--nos dado por Deus para este fim (que ensinei ser comum a todos os mistérios): para servir, primeiro a nossa fé nele; e, então, para confessá-la perante os homens. Explicaremos a razão da instituição de cada um desses dois pontos pela ordem.

O batismo aporta três coisas à nossa fé, as quais devem ser, elas também, estudadas separadamente.

O primeiro que o Senhor nos propõe nele é que nos sirva de símbolo e de documento de nossa purificação; ou (para explicá-lo melhor o que quero) de diploma autenticado, que nos confirme que todos os nossos pecados de tal maneira nos são perdoados, prescritos e esquecidos que nunca se apresentarão perante seu olhar, nem serão recordados ou imputados. Pois Ele quer que todos os que creram sejam batizados para a remissão dos pecados. Por isso, aqueles que pensam que o batismo não é outra coisa que um sinal ou marca, com que confessamos diante dos homens nossa religião, como os soldados portam as insígnias de seu comandante, para mostrar sua profissão, estes não consideram o principal do batismo, ou seja, que devemos recebê-lo com a promessa de que todos aqueles que crerem e forem batizados serão salvos (Mc 16, 16).

2. Neste sentido deve ser entendido o que escreve Paulo, que a Igreja é santificada pelo esposo, Cristo, e purificada no banho da água pela palavra de vida (Ef 5, 26). E, em outro lugar: "salvou-nos não por causa dos atos de justiça que tivéssemos praticado, mas por sua misericórdia, mediante o banho da regeneração e renovação do Espírito Santo" (Tt 3, 5).

E o que diz Pedro, que o batismo nos faz salvos (1Pd 3, 21). Paulo não quis dizer que nossa ablução e salvação se deem pela água, ou que a água contenha em si a virtude de purificar, regenerar e renovar, nem que resida nela a causa da salvação; mas somente que neste sacramento o conhecimento e a certeza de tais dons são recebidos, como o explica de modo bem evidente com suas próprias palavras. Pois Paulo une ao mesmo tempo a Palavra da vida e o batismo da água; como se dissesse que pelo Evangelho nos é dada a boa nova de nossa ablução e santificação, que é selada pelo batismo. E Pedro diz em seguida que este batismo não consiste em tirar a sujeira do corpo, mas na boa consciência diante de Deus, a qual advém da fé. E, ademais, que o batismo não nos promete outra purificação senão aquela que se faz pela aspersão do sangue de Cristo, que está figurada na água, pela semelhança que tem ela de limpar e lavar. Quem, pois, dirá que somos lavados com água, a qual certamente atesta que nosso verdadeiro e único banho é o sangue de Cristo (1Pd 1, 2)? E, assim, em nenhum outro lugar se pode procurar uma razão mais segura para refutar a alucinação daqueles que relacionam tudo à virtude da água, do que no significado mesmo do batismo, que nos afasta tanto do elemento visível que contemplamos com nossos olhos, como de quaisquer outros meios, para levar nossas almas somente a Cristo.

3. Tampouco devemos pensar que o batismo é conferido somente para o tempo passado, de modo que, para as novas faltas em que recairmos depois do batismo, devam ser procurados em não sei que outros sacramentos novos remédios de expiação, como se a força do batismo estivesse já obsoleta. De fato, por causa deste erro, acontecia antigamente que alguns não queriam ser iniciados pelo batismo até o último momento de vida e até mesmo entre os últimos suspiros, para que deste modo obtivessem o perdão pelos pecados da vida toda. Os bispos antigos invectivam muitas vezes em seus escritos contra essa precaução fora de propósito.

Mas, qualquer que seja o tempo em formos batizados, nem por isso devemos pensar que estamos lavados e purificados de uma vez por todas, para a vida toda. E assim, quantas vezes tivermos caído, a memória do batismo deverá ser repetida, e, com esta, a alma há de se armar, para que esteja sempre certa e segura da remissão de seus pecados. Pois, ainda que pareça que já passou, por ter sido administrado uma vez, no entanto, não está abolido com respeito aos pecados posteriores. Pois nele a pureza de Cristo nos é oferecida, e ela mantém sempre sua força, e não há máculas que a possam diminuir; mas ela remove e apaga toda nossa sujeira. Mas nem por isso devemos tirar daí licença para pecar no futuro (pois certamente não somos de forma alguma convidados a tal audácia). Simplesmente esta doutrina é ensinada àqueles que, porque pecaram, gemem, fatigados e oprimidos pelo peso de seus pecados, para que eles tenham como levantar-se e consolar-se, para que não sucumbam à confusão e ao desespero. Por isso Paulo diz que Cristo nos foi destinado como propiciação para remissão dos delitos passados (Rm 3, 25); com o qual não nega que se obtenha por ele uma perpétua e contínua remissão dos pecados até a morte; mas quer dizer que Cristo foi dado pelo Pai somente para os pobres pecadores, que, feridos pelo ferro em brasa de sua consciência, suspiram pelo médico. A estes é oferecida a misericórdia de Deus. Mas aqueles que, na esperança da impunidade, tomam motivo e licença de pecar, esses não fazem senão provocar contra si mesmos a ira e o julgamento de Deus.

4. Sei bem que isso é comumente interpretado de outra forma, ou seja, que, depois do batismo, obtemos a remissão pelo benefício da penitência e das chaves, enquanto que, na primeira regeneração, ela nos é dada somente pelo batismo. Mas erram aqueles que imaginam isso, porque não consideraram que o poder das chaves de que falam depende de tal maneira do batismo que não deve se separar dele de forma alguma. O pecador recebe a remissão pelo ministério da Igreja; quer dizer, não sem a pregação do Evangelho. E que pregação é esta? Que ficamos limpos de nossos pecados pelo sangue de Cristo. E qual é o sinal e o testemunho desta purificação, senão o batismo? Vemos, pois, que esta absolvição se refere ao batismo. Este erro gerou o sacramento imaginário da penitência, sobre o qual já tratei e que solucionarei o que falta em seu devido lugar.

Em nada se deve estranhar que os homens que, em conformidade com a rudeza de seu intelecto, se aferram de forma desmedida às coisas externas, tenham mostrado esse vício também nesta parte; e que, não contentes com a pura intenção de Deus, introduzissem novos subsídios, inventados por eles mesmos. Como se o batismo não fosse em si mesmo um sacramento de penitência. Porque, se esta penitência é exigida de nós durante toda a vida, a virtude do batismo deve estender-se também até o fim da vida. Por essa razão, não há dúvida de que todos os homens piedosos, durante todo o curso de sua vida, sempre atormentados pela consciência de seus pecados, ousam renovar a memória de seu batismo, para daí confirmar-se na confiança daquela única e perpétua ablução que temos no sangue de Cristo.

5. Aporta-nos ainda outro fruto, porque nos mostra a mortificação em Cristo e a vida nova nele. Porque (como diz o Apóstolo) "pelo batismo, fomos sepultados com ele em sua morte, para que assim também nós vivamos uma vida nova" (Rm 6, 4). Com estas palavras não só nos exorta a que o imitemos (como se dissesse que pelo batismo somos admoestados a que, a exemplo da morte de Cristo, morramos para nossa concupiscência, e, a exemplo de sua ressurreição, nos levantemos para viver em justiça); mas afirma algo muito mais sublime: a saber, que Cristo nos fez, pelo batismo, partícipes de sua morte, para sermos inseridos nela. E, do mesmo modo como a muda extrai sua substância e alimento da raiz em que está enxertada, assim também aqueles que aceitam o batismo com a devida fé sentem verdadeiramente a eficácia da morte de Cristo na mortificação de sua carne, e, ao mesmo tempo, a da ressurreição, na vivificação do Espírito. Daí toma ocasião para esta exortação: que, se somos cristãos, devemos estar mortos para o pecado e viver em justiça. E utiliza o mesmo argumento em outro lugar, ao dizer que nele fomos circuncidados e despojados do homem velho, depois de termos sido sepultados pelo batismo em Cristo (Cl 2, 11-12). E, no mesmo sentido, no lugar que citamos antes, chama-o banho de regeneração e renovação (Tt 3, 5). Assim, primeiro, são-nos prometidos o perdão gratuito dos pecados e a imputação da justiça; e, em seguida, a graça do Espírito Santo, que nos reformará na novidade da vida.

6. Por último, nossa fé recebe do batismo também esta utilidade: a que nos atesta com toda certeza que não somente somos enxertados na morte e vida de Cristo, mas somos unidos a ele de tal maneira que sejamos partícipes de todos os seus bens. Pois ele dedicou e santificou o batismo em seu corpo (Mt 3, 13), para que o tivesse em comum conosco, como o mais firme vínculo da união e da sociedade que houve por bem estabelecer conosco, até o ponto de que Paulo prove que somos filhos de Deus porque nos revestimos de Cristo no batismo (Gl 3, 27). E assim vemos que o cumprimento do batismo está em Cristo, a que, por esta razão, chamamos objeto próprio do batismo.

Não é estranho, pois, se contam que os apóstolos batizavam em seu nome (At 8, 16; 19, 5), ainda que tivessem sido enviados para batizar também em nome do Pai e do Espírito Santo. Pois todos os dons de Deus que são oferecidos no batismo se encontram somente em Cristo. No entanto, é impossível que alguém batize em Cristo, sem que, ao mesmo tempo, invoque o nome do Pai e do Espírito Santo (Mt 28, 19). Pois somos purificados com seu sangue, porque o Pai misericordioso, querendo receber-nos em sua graça por sua incomparável clemência, pôs entre si mesmo e nós este Mediador, que nos obterá o favor junto a Ele. E assim conseguimos a regeneração por sua morte e ressurreição, se, santificados por seu Espírito, somos vestidos de uma natureza nova e espiritual. Por isso, alcançamos a causa tanto de nossa purificação quanto a de nossa regeneração no Pai; a matéria, no Filho; e o efeito, no Espírito e desta maneira os distinguimos claramente.

E assim João batizou primeiro, e em seguida os apóstolos, com o batismo de penitência para a remissão dos pecados; entendendo com o termo "penitência" a regeneração, e com "remissão dos pecados", a ablução (Mt 3, 6-11; Lc 3, 16; Jo 3,23; 4, 1).

7. Por isso, é certíssimo que o ministério de João foi exatamente o mesmo que o que depois se delegou aos apóstolos. Pois as diferentes mãos que administram o batismo não o fazem diferente; mas a mesma doutrina demonstra que é o mesmo batismo. João e os apóstolos estavam de acordo na mesma doutrina. Um e outros batizaram para a penitência; um e outros batizaram para a remissão dos pecados; um e outros batizaram em nome de Cristo, de quem procediam a penitência e a remissão dos pecados. João disse que Cristo era o cordeiro pelo qual se tiravam os pecados do mundo (Jo 1, 29), quando o mostrou como o sacrifício aceito pelo Pai, a propiciação de justiça e o autor da salvação. Que os apóstolos poderiam acrescentar a esta confissão?

Por essa razão, que ninguém se perturbe pelo fato de que os antigos escritores estabeleceram diferença entre um batismo e outro; ademais, o parecer deles não deve ter para nós tanto valor que abale a certeza da Escritura. Pois quem pode dar mais crédito a Crisóstomo, que nega que a remissão dos pecados estivesse compreendida no batismo de João, que a Lucas, que afirma o contrário: que João pregou o batismo de penitência e remissão dos pecados (Lc 3, 3)? Tampouco se pode admitir a argúcia de Agostinho, que os pecados foram perdoados pelo batismo de João na esperança, e pelo batismo de Cristo em realidade. Pois, como o evangelista claramente atesta que João prometeu em seu batismo a remissão dos pecados, para que privá-lo desse título, quando nenhuma necessidade obriga a isso? Mas, se alguém procurar na Palavra de Deus uma diferença entre o batismo de um e de outro, não encontrará senão que João batizava em nome daquele que haveria de vir; e os apóstolos, no daquele que já havia vindo (Lc 3, 16; At 19, 4).

8. Que as graças mais plenas do Espírito foram derramadas pela ressurreição de Cristo, isso em nada tem a ver para provar que os batismos eram diferentes. Porque o batismo que os apóstolos administravam quando Cristo ainda vivia na terra chamava-se de Cristo e, no entanto, não tinha mais abundância do Espírito do que o batismo de João. E os samaritanos, ainda que tenham sido batizados em nome de Jesus, nem por isso receberam mais dons do Espírito depois da ascensão do que os que os demais fiéis haviam recebido normalmente, até que Pedro e João lhes foram enviados, para que lhes impusessem as mãos (At 8, 14-17). Julgo que o que enganou os antigos, para que dissessem que o batismo de João era somente uma preparação para o outro batismo, foi ler que foram rebatizados por Paulo aqueles que haviam recebido o batismo de João (At 19, 3.5). Mas explicar-se-á com toda clareza em outro lugar quão equivocados estavam.

Que foi então o que disse João: que ele realmente batizava em água, mas que logo viria o Cristo, que batizaria em Espírito Santo e fogo (Mt 3, 11)? Isso pode ser resolvido em poucas palavras. Pois não quis distinguir um batismo de outro batismo, mas comparou sua pessoa com a pessoa de Cristo, afirmando de si mesmo que era ministro da água, mas que Cristo dava o Espírito Santo, e que havia de manifestar esta virtude com um milagre visível no dia em que enviasse o Espírito aos apóstolos em forma de línguas de fogo (At 2, 3). Que mais além disso poderiam os apóstolos pretender? Que mais podem pretender também os que batizam hoje em dia? Pois eles são somente ministros do signo exterior; mas Cristo é o autor da graça interior; como os próprios antigos ensinam a cada passo, e mais que todos Agostinho, que se apoia contra os donatistas principalmente nisto: "seja quem for que batize, contudo quem preside é Cristo".

9. As coisas que dissemos tanto da mortificação quanto da ablução foram figuradas no povo de Israel, razão pela qual o Apóstolo diz que "todos foram batizados na nuvem e no mar" (1Cor 10, 2). A mortificação foi figurada quando o Senhor, livrando-os da mão do faraó e da cruel servidão, abriu-lhes caminho pelo mar Vermelho e submergiu nele o próprio faraó e seus inimigos, os egípcios, que iam em seu encalço e já estavam para alcançá-los (Ex. 14, 21-26). Pois também deste modo nos promete e nos mostra no batismo, com signo dado, que Ele, com sua virtude, nos tirou do cativeiro do Egito, isto é, da servidão do pecado; que submergiu nosso faraó, ou seja, o Diabo, mesmo que nem assim ele desista de molestar-nos e fatigar-nos. Mas, como aquele egípcio não foi atirado no fundo do mar, mas derrubado à margem, e ainda atemorizava os israelitas com seu aspecto terrível, embora não pudesse causar-lhes dano, assim também este nosso egípcio ainda nos ameaça até agora, mostra suas armas e se faz ouvir; mas não pode vencer.

Na nuvem estava o símbolo da purificação (Nm 9, 14).[320] Pois, assim como então o Senhor os cobriu com uma nuvem que lhes serviu de refrigério, para que não desmaiassem e se consumissem com o ardor do sol, assim, da mesma forma, reconhecemos que somos cobertos e protegidos no batismo com o sangue de Cristo, para que a severidade de Deus, que é verdadeiramente uma chama intolerável, não caia sobre nós.

Embora este mistério fosse então obscuro e conhecido por poucos, porque, no entanto, não há outro modo de alcançar a salvação além destas duas graças, Deus não quis privar os Pais antigos dos signos de cada uma delas, pois os havia adotado como herdeiros seus.

10. Já está evidente quão falso é aquilo que alguns ensinaram há tempos e em que muitos ainda persistem: que pelo batismo somos libertados, eximidos do pecado original e da corrupção que se estendeu a toda posteridade desde Adão e restituídos na mesma justiça de natureza que Adão teria tido, se tivesse permanecido na integridade em que foi criado. Este tipo de doutores nunca entendeu o que é pecado original, que é a justiça original, que é a graça do batismo.

Mas já debatemos antes que o pecado original é uma depravação e corrupção de nossa natureza, que primeiramente nos faz réus da ira de Deus, e então produz em nós obras, a que a Escritura chama "obras da carne" (Gl 5, 19). Assim, há que observar distintamente duas coisas: a saber, que em todas as partes de nossa natureza estamos viciados e pervertidos, e que somente por causa de tal corrupção já estamos com razão condenados e sentenciados diante de Deus, a quem não agrada senão a justiça, a inocência, a pureza. E também que até os bebês trazem consigo, do útero da mãe, sua própria condenação; eles que, embora não tenham produzido frutos de iniquidade, têm sua semente dentro de si. E mais, toda a sua natureza é uma certa semente de pecado; e, por isso, não pode ser senão odiosa e abominável a Deus.

Os fiéis asseguram-se de que, pelo batismo, esta condenação lhes foi tirada e expelida deles, uma vez que (como já foi dito) o Senhor, com este sinal, promete conceder-nos plena e sólida remissão dos pecados; tanto da culpa, que nos seria imputada, como da pena, que, pela culpa, teríamos de cumprir. Assim, alcançam também a justiça, mas tal como o povo de Deus pode obtê-la nesta vida; a saber, somente por imputação, porque o Senhor os considera justos e inocentes por sua misericórdia.

---

320 Nm. 9, 15; Ex. 13, 21.

11. O segundo é que esta perversidade nunca cessa em nós, mas antes produz continuamente novos frutos, ou seja, aquelas obras da carne que já descrevemos; não menos do que uma fornalha acesa lança chamas e faíscas incessantemente, ou como uma nascente jorra água sem fim. Pois a concupiscência nunca morre nem se extingue completamente nos homens até que, libertados do corpo de morte pela morte, são verdadeiramente despojados de si mesmos.

É verdade que o batismo nos promete que nosso faraó seja submerso, e com ele a mortificação do pecado; no entanto, não de tal maneira que não exista mais nem nos dê trabalho, mas somente que não nos superará. Pois enquanto vivermos encerrados no cárcere de nosso corpo, os resquícios do pecado habitarão em nós; mas, se mantivermos pela fé a promessa que nos foi dada no batismo, eles não nos dominarão nem reinarão em nós.

Mas que ninguém se engane, que ninguém se lisonjeie a si mesmo com o mal, quando ouvir que o pecado habita sempre em nós. Não se dizem estas coisas para que os homens, que já são mais do que propensos a pecar, durmam tranquilamente em seus pecados; mas somente para que não titubeiem nem desanimem aqueles que se veem tentados e espicaçados por sua carne; antes considerem que estão a caminho, e creiam que tiveram muito proveito quando sentirem que sua concupiscência está diminuindo um pouquinho a cada dia, até que cheguem à meta aonde se dirigem, a saber, a destruição final de sua carne, que se completará na destruição desta vida mortal. Entretanto, que não deixem de lutar valentemente e de animar-se a avançar e de estimular-se à vitória plena. Pois esse esforço a mais deve encorajá-los, ao verem que, depois de terem se empenhado por tanto tempo, ainda lhes resta não pouca dificuldade.

Devemos pensar assim: somos batizados para mortificação de nossa carne, que começa em nós desde o batismo, que perseguimos a cada dia; mas que será perfeita quando migrarmos desta vida para o Senhor.

12. O que dizemos aqui não é senão o que o Apóstolo Paulo expõe da forma mais clara, no capítulo sétimo aos Romanos.[321] Pois, depois de ter disputado acerca da justiça gratuita, como alguns ímpios inferiam dali que cada um poderia viver como desejasse, porque não seríamos gratos a Deus pelos méritos das obras, acrescenta em seguida que todos aqueles que estão vestidos da justiça de Cristo são ao mesmo tempo regenerados

---

321 Na realidade, no capítulo sexto; Calvino o corrigirá em seguida.

no Espírito; e que no batismo temos a garantia desta regeneração.[322] Daí exorta os fiéis a que não permitam que o pecado se apodere de seus membros.[323] Mas, porque sabia que sempre existe alguma fraqueza nos fiéis, para que não desanimassem por causa disso, acrescenta o consolo de que já não estão sob a Lei (Rm 6, 14). Porque poderia parecer que os cristãos, por sua vez, podiam se ensoberbecer por não estarem sob o jugo da Lei, trata da natureza dessa ab-rogação, e, ao mesmo tempo, de qual é o uso da mesma, questão que já levantara no capítulo segundo.[324] Em resumo: somos liberados do rigor da Lei para unir-nos a Cristo. E o ofício da Lei é que nós, convencidos de nossa maldade, confessemos nossa impotência e miséria.

Ademais, porque essa maldade da natureza não aparece tão facilmente num homem profano, que, sem o temor de Deus, é indulgente para com seus apetites: este põe o exemplo no homem regenerado, isto é, em si mesmo. Diz, pois, que mantém uma luta perpétua com os resquícios da sua carne, e que ele, atado a uma mísera servidão, está impedido de consagrar-se totalmente à obediência da Lei divina. E, assim, vê-se forçado a exclamar, num gemido: "infeliz que sou, quem me libertará deste corpo de morte?" (Rm 7, 24). Porque, se os filhos de Deus estão detidos, prisioneiros no cárcere enquanto viverem, necessariamente hão de estar inquietos ao pensar no perigo que correm, se não lhes for dado um remédio contra esse temor. Por isso acrescentou um consolo: que já não há condenação para os que estão em Jesus Cristo (Rm 8, 1). Quando ensina que aqueles que o Senhor recebeu uma vez em sua graça, inseriu-os na comunhão de Cristo e introduziu-os pelo batismo no convívio da Igreja, enquanto perseverarem na fé em Cristo, ainda que estejam cercados pelo pecado e levem-no em si mesmos, estão, entretanto, livres do castigo e da condenação. Se esta é a interpretação simples e genuína de Paulo, não deve parecer que ensinamos algo inusitado.

13. Assim, o batismo serve de confissão nossa diante dos homens. Porque é uma marca com a qual professamos abertamente que queremos ser contados como povo de Deus; com a qual atestamos que consentimos, juntamente com todos os cristãos, no culto de um só Deus e numa única religião; com a qual, finalmente, afirmamos nossa fé publicamente, de tal maneira que não somente nossos corações, mas nossas línguas e todos

---

322 Rm 6, 3ss.
323 (Rm 6, 12)
324 Rm 2, 12-24.

os membros de nosso corpo entoem de todas as formas possíveis um louvor a Deus. Desta maneira, pois, tudo o que é nosso é dedicado como se deve ao serviço da glória de Deus, da qual nada deve estar vazio; e os demais sentir-se-ão incitados pelo nosso exemplo ao mesmo esforço. Paulo tinha isso em vista, quando perguntou aos coríntios se não haviam sido batizados em nome de Cristo (1Cor 1, 13), indicando que, pelo fato de serem batizados em nome dele, haviam se oferecido a ele, jurado em seu nome e empenhado sua fé diante dos homens; de tal maneira que já não podiam confessar a outro, além de Cristo, a menos que quisessem renegar a confissão que haviam feito no batismo.

14. Agora, depois de haver demonstrado o que o nosso Senhor esperava na instituição do batismo, é fácil julgar de que maneira deve ser usado e recebido por nós. Pois uma vez que nos é dado para elevar, manter e confirmar nossa fé, deve ser recebido como se nos fosse administrado pela mão mesma de seu autor; e convém estarmos certos e persuadidos de que é ele quem nos fala por este signo; é ele que nos purifica, limpa e apaga a recordação dos delitos; é ele que nos faz partícipes de sua morte; que tira o reino de Satanás; que enfraquece as forças de nossa concupiscência; mais ainda, que se faz uma só coisa conosco, para que, revestidos dele, sejamos contados entre os filhos de Deus. Estas coisas, afirmo, estão tão presentes interiormente em nossa alma, verdadeira e certamente, quanto é certo que vemos que o corpo é lavado, submergido e rodeado pela água por fora. Porque esta analogia ou semelhança é a regra certíssima dos sacramentos: que vejamos as coisas espirituais nas corporais, da mesma forma como se estivessem colocadas diante de nossos olhos, uma vez que o Senhor houve por bem representá-las com estas figuras. Não porque tais graças estejam ligadas ou incluídas no sacramento, para que nos sejam conferidas pela virtude do mesmo; mas somente porque o Senhor nos atesta, mediante tais signos, sua vontade; a saber, que gostaria de prodigalizar-nos todas essas coisas. E não oferece a nossos olhos somente um mero espetáculo, mas nos guia até a realidade que se nos apresenta; e que Ele figura e, ao mesmo tempo, realiza eficazmente.

15. Exemplo disso é o centurião Cornélio, que foi batizado depois de ter recebido a remissão dos pecados e as graças visíveis do Espírito Santo (At 10, 48); não porque pedisse do batismo uma remissão mais ampla, mas sim um exercício de fé mais seguro, e até um aumento da confiança a partir desse penhor.

Pode ser que alguém objete: por que, então, Ananias dizia a Paulo que lavasse seus pecados pelo batismo (At 9, 17; 22, 16), se os pecados não são lavados pela virtude do batismo? Respondo que dizemos que recebemos, obtemos e alcançamos o que, segundo o sentir de nossa fé, nos é dado pelo Senhor, quer ele o ateste então, quer, tendo-o testado já, ainda mais o confirme, e de um modo mais seguro. Assim, Ananias quis dizer somente isto: para que tu, Paulo, estejas seguro de que teus pecados te são perdoados, batiza-te. Pois o Senhor promete no batismo a remissão dos pecados; recebe-a e assegura-te dela.

Mas minha intenção não é diminuir a força do batismo, dizendo que a realidade e a verdade não se unem ao signo, uma vez que Deus opera por meios externos. No mais, afirmo que deste sacramento, assim como dos outros, não recebemos nada a não ser o que alcançamos pela fé. Se falta fé, o Senhor será testemunha de nossa ingratidão, e, por isso, seremos levados a julgamento diante de Deus, porque teremos sido incrédulos com a promessa dada ali. E, enquanto símbolo de nossa confissão, devemos atestar que nossa confiança reside na misericórdia de Deus, e nossa purificação, na remissão dos pecados que foi obtida para nós por Jesus Cristo; e que nós ingressamos na Igreja de Deus para que vivamos em harmonia com todos os fiéis num mesmo sentimento de fé e caridade. Isto, finalmente, é o que Paulo quis dizer, quando disse que "todos fomos batizados num só Espírito, para formarmos um só corpo" (1Cor 12, 13).

16. Ademais, se é verdade o que dizemos, que o sacramento não deve ser avaliado pela mão que o administra, mas como se o aceitássemos da própria mão de Deus, da qual sem dúvida alguma o recebemos, pode deduzir-se daqui que nada é tirado ou acrescentado ao sacramento pela dignidade da mão de quem o administra. E assim como, entre os homens, se uma carta for enviada, pouco importa quem ou qual terá sido o mensageiro, contanto que se reconheça a assinatura e o sinete, do mesmo modo nos deve bastar reconhecer a assinatura e o sinete de nosso Senhor em seus sacramentos, quem quer que seja o mensageiro.

Com essas palavras, fica totalmente refutado o erro dos donatistas, que mediam a força e o valor do sacramento pela dignidade do ministro. Tais são hoje em dia os nossos catabatistas, que negam que tenhamos sido batizados devidamente, porque fomos batizados por ímpios e idólatras, no reino papal. E, assim, insistem furiosamente no anabatismo.

Contra tais despropósitos, estaremos munidos de um firme argumento se pensarmos que somos batizados não em nome de um homem qualquer, mas em nome do Pai, do Filho e do Espírito Santo (Mt 28, 19); e que, portanto, que o batismo não é do homem, mas de Deus, quem quer que o tenha administrado. Por mais ignaros ou detratores de Deus e da religião que tenham sido os que nos batizaram, no entanto não nos banharam para que nos juntássemos à sua ignorância ou sacrilégio, mas à fé de Jesus Cristo. Porque eles não invocaram seu nome, mas o de Deus, e não nos batizaram em nome de nenhum outro. Ora, se o batismo era de Deus, certamente teve, encerrada em si mesmo, a promessa da remissão dos pecados, da mortificação da carne, da vivificação espiritual, da participação de Cristo. Assim, em nada prejudicou aos judeus terem sido circuncidados por sacerdotes impuros e apóstatas; nem por isso o signo foi invalidado, de maneira que fosse necessário reiterá-lo, mas lhes bastou voltar a sua origem pura.

Aquilo que objetam, que o batismo deve ser celebrado em companhia de homens pios, não prova que o que é em parte vicioso extinga toda a força do batismo. Pois quando ensinamos o que se deve guardar para que o batismo seja puro e livre de toda sujeira, não abolimos a instituição de Deus, ainda que os idólatras a corrompam. Pois, quando a circuncisão estava outrora corrompida com muitas superstições, nem por isso deixou de ser considerada símbolo da graça de Deus. Nem tampouco Josias e Ezequias, quando reuniram todos os israelitas que haviam se afastado de Deus, os conclamaram a se circuncidar de novo.[325]

17. Quanto ao que nos perguntam: que fé é a nossa, que seguiu o batismo por tantos anos, para daqui deduzir que é vão, pois não nos é santificado, a menos que a Palavra da promessa seja aceita pela fé? Respondemos a essa questão que nós certamente estivemos cegos e incrédulos, e que por um longo tempo não aceitamos a promessa que nos era dada no batismo. Mas que a promessa, uma vez que vinha de Deus, permaneceu sempre constante e firme e verdadeira. Ainda que todos os homens sejam mentirosos e pérfidos, Deus, no entanto, não deixa de ser veraz (Rm 3, 3); e, ainda que todos estivéssemos perdidos, Cristo continua sendo a salvação. Admitimos, pois, que o batismo não nos serviu de nada durante aquele tempo, uma vez que estava abandonada a promessa que nos era feita em Cristo, e sem a qual o batismo é nada. Mas agora, quando, pela graça de Deus, começamos a recobrar os sentidos, censuramos nossa cegueira e dureza de coração, por termos sido tão ingratos diante de sua bondade por tanto tempo. No mais, não cremos que a promessa mesma tenha se desvanecido; ao contrário, pensamos antes assim: Deus promete a remissão dos pecados pelo batismo e indubitavelmente cumprirá a promessa feita a todos os que nela creram. Essa promessa nos

---

325 (2Rs 23; 2 Cr. 29)

foi oferecida no batismo; abracemos-na, pois, pela fé. É certo que esteve sepultada por longo tempo por causa de nossa infidelidade; recebamos-na agora, pois, pela fé. Por esta razão, quando o Senhor convida o povo judeu ao arrependimento, não lhe prescreve outra circuncisão, apesar de terem sido circuncidados (como dissemos) por mão ímpia e sacrílega e terem vivido algum tempo embaraçados na mesma impiedade; mas insiste somente em que se convertam de coração. Porque, embora o pacto tenha sido violado por eles, o símbolo do pacto, no entanto, permanecia sempre firme e inviolável para sempre por instituição do Senhor. Logo, eram restituídos ao pacto que Deus havia uma vez estabelecido com eles na circuncisão, com a única condição de que se arrependessem; embora, ao terem-na recebido pela mão de um sacerdote sacrílego, tenham-na manchado e destruído sua eficácia, naquilo que dependia deles.

18. Mas lhes parece que lançam uma flecha ardente quando alegam que Paulo rebatizou aqueles que haviam sido batizados uma vez com o batismo de João (At 19, 3-5). Pois se, segundo nossa confissão, o batismo de João foi em tudo o mesmo que o nosso é agora, assim como então aqueles, mal-instruídos, rebatizaram-se nesta fé, quando aprenderam a fé correta, assim também devemos considerar o mesmo que nada o batismo administrado sem a verdadeira doutrina; e devemos ser batizados de novo, na verdadeira religião de que agora somos imbuídos.

Alguns pensam que havia sido algum κακόζηλος (*kakózelos*, erro) de João, que os havia iniciado mais numa vã superstição do que no batismo. E lhes parece uma boa razão para tal conjectura que eles se confessem ignorantes sobre o Espírito Santo, com respeito ao qual João nunca teria deixado seus discípulos na ignorância. Mas não é verossímil que os judeus, mesmo os não batizados, fossem destituídos de qualquer conhecimento acerca do Espírito Santo, que é mencionado na Escritura em tantos testemunhos. Logo, aquilo que respondem, que não sabiam da existência do Espírito, deve ser entendido como se dissessem que ainda não tinham ouvido falar que as graças do Espírito, sobre as quais Paulo lhes perguntava, eram concedidas aos discípulos de Cristo.

Eu, porém, concedo que aquele batismo de João era verdadeiro, e que era uno e o mesmo que o batismo de Cristo; mas nego que tenham sido rebatizados. Que querem, então, dizer estas palavras: foram batizados em nome de Jesus? Alguns o interpretam assim: que somente foram instruídos por Paulo na verdadeira doutrina. Eu preferiria entendê-lo de uma forma mais simples, isto é, que as graças visíveis do Espírito foram concedidas pela imposição de mãos. Não é novidade que essas graças recebam o nome de batismo. Assim, no dia de Pentecostes, diz-se que os apóstolos se lembraram das palavras do Senhor sobre o batismo de fogo e do Espírito (At 1, 5). E Pedro menciona que as mesmas palavras lhe vieram à memória, quando viu essas graças derramadas sobre Cornélio e sua família (At 11, 16). E não se opõe a isto o que vem em seguida: que, quando lhes impôs as mãos, o Espírito Santo desceu sobre eles. Pois Lucas não se refere a duas coisas diferentes, mas continua sua narração na forma familiar aos hebreus, que primeiro propõem um resumo do assunto e depois o expõem mais amplamente. Qualquer um pode perceber isso pelo próprio contexto das palavras. Pois diz que, ouvidas estas coisas, foram batizados em nome de Jesus; e que, quando Paulo lhes impôs as mãos, o Espírito Santo desceu sobre eles. Nesta última expressão se descreve que tipo de batismo foi aquele. Porque, se a ignorância manchasse o primeiro batismo, e este tivesse de ser corrigido por outro, os apóstolos teriam de ser os primeiros a ser rebatizados, porque em três anos inteiros depois de seu batismo apenas haviam provado uma mínima parte da verdadeira doutrina. E, entre nós, que rios bastariam para repetir tantos batismos quanta é a ignorância, que pela misericórdia do Senhor se corrige a cada dia?

19. Se não me engano, a força, a utilidade e a finalidade deste mistério devem estar esclarecidos.

No que diz respeito ao símbolo exterior, quem dera que a genuína instituição de Cristo tivesse o valor que lhe é devido, para coibir a audácia dos homens. Pois, como se fosse coisa desprezível batizar com água, conforme o preceito de Cristo, inventaram uma benção, ou melhor, um encantamento, para profanar a verdadeira consagração da água. Depois acrescentaram o círio com a crisma; e lhes pareceu que um sopro abria a porta ao batismo.

Não ignoro quão antiga é a origem de onde veio essa interpolação; no entanto, é preciso que eu e todos os homens pios refutemos tudo o que os homens se atreveram a acrescentar à instituição de Cristo.

Quando Satanás viu que suas imposturas haviam sido recebidas sem oposição quase desde o princípio mesmo do Evangelho pela tola credulidade do mundo, entregou-se a embustes ainda mais grosseiros. Daí o cuspe e outras zombarias semelhantes que com desenfreada licença inventaram para expor o batismo ao opróbrio publicamente.

Aprendamos com estas experiências que não há nada mais santo, melhor nem mais seguro que contentar-nos com a autoridade de Cristo. Assim, deixando de lado estas pompas teatrais que cegam os olhos da gente simples e embotam suas mentes, seria mais do que suficiente, sempre que alguém for batizado, apresentá-lo à reunião dos fiéis, e, com toda a Igreja como testemunha e orando por ele, oferecê-lo a Deus; recitar a confissão de fé em que há de ser instituído catecúmeno; falar das promessas contidas no batismo, e que o catecúmeno seja batizado em nome do Pai, do Filho e do Espírito Santo; e, finalmente, despedi-lo com orações e ação de graças. Assim não se omitiria nada do que pertence ao tema, e brilharia da forma mais clara aquela única cerimônia de que Deus foi autor, sem que fosse ofuscada por quaisquer sujidades exóticas.

De resto, pouco importa se o batizado é submerso inteiro, se três vezes ou somente uma, se apenas derramando água sobre ele. Isto deve ser deixado a critério da Igreja, segundo a diversidade dos países. Ainda que a palavra mesma "batizar" signifique "submergir"; e consta que a igreja primitiva observou este rito de submergir.

20. Também diz respeito a este assunto saber que não é bom que uma pessoa particular usurpe para si a administração, pois ela é parte do ministério eclesiástico, tanto quanto a dispensação da Ceia. Pois Cristo não ordenou nem às mulheres nem a quaisquer homens que batizassem, mas deu este mandato àqueles que ele havia constituído apóstolos. E quando mandou que os discípulos fizessem, ao administrar a ceia, o que viram que ele havia feito, quando cumpriu a função de um legítimo administrador, sem dúvida quis que eles imitassem nisso seu exemplo.

Mas de muitos séculos a esta parte, e mesmo quase desde o princípio da Igreja, introduziu-se o uso de que os laicos pudessem batizar quando havia perigo de morte, se um ministro não chegasse a tempo. Não vejo como esse costume possa ser defendido com algum argumento consistente. Consta que os próprios antigos que ou mantinham ou toleravam este costume não estavam certos de agir retamente. Pois Agostinho expõe esta dúvida, quando diz: "se um laico, mesmo que forçado pela necessidade, administrar o batismo, não sei se alguém pode dizer piedosamente que o batismo deve ser reiterado. Pois, se o administra sem que tenha sido forçado pela necessidade, é usurpação do ofício alheio; se, porém, a necessidade urgir, ou não é pecado, ou é pecado venial".[326]

Com respeito às mulheres, ademais, sancionou-se no Concílio de Cartago que não tivessem a presunção de batizar de forma alguma, sem qualquer exceção.

---

326 Aug., Contra epist. Parmen. II 13, 29 MSL 43, 71; CSEL 51, 80, 6ss.

Objetam que há o perigo de que aquele que está doente, se morrer sem o batismo, seja privado da graça da regeneração. Não é verdade. Deus diz que adota nossos filhos como seus antes de que nasçam, quando promete que há de ser o Deus de nossa descendência depois de nós.[327] A salvação de nossos filhos está contida nessas palavras. E ninguém ousará fazer tão grande injúria a Deus, a ponto de negar que sua promessa é por si suficiente para que seja levada a efeito.

Poucos se deram conta do grande dano ocasionado pela má interpretação do dogma de que o batismo é necessário para a salvação; e pior, acautelam-se ainda menos. Pois quando se estabelece a opinião de que todos aqueles que não foram tocados pela água estão perdidos, nossa condição é pior que a do povo judeu, como se a graça de Deus fosse mais limitada agora do que sob a Lei; e assim se poderia pensar que Cristo tinha vindo não para cumprir as promessas, mas para aboli-las, já que a promessa, que antigamente era eficaz por si mesma para conferir a salvação antes do dia oitavo, agora, sem a ajuda do signo, não teria validade.

21. Pode-se ver primeiramente em Tertuliano qual havia sido o costume antes do nascimento de Agostinho: não era permitido à mulher falar na Igreja, nem ensinar, nem batizar, nem fazer oferenda, a fim de que não reivindicasse para si nenhum tipo de ofício próprio do homem, e menos ainda o de sacerdote. Temos também Epifânio, testemunha digna de fé, quando lança à cara de Marcião que este dava às mulheres licença de batizar.

Não ignoro o que eles respondem a isto: que há muita diferença entre o uso comum e o remédio extraordinário, quando a necessidade extrema o exige. Mas como Epifânio diz que é um despropósito dar às mulheres licença de batizar, e não faz exceção nenhuma, é suficientemente claro que esta corruptela é condenada por ele de tal maneira que não lhe parece desculpável sob nenhum pretexto. E mesmo no livro terceiro, ensinando que isso não foi permitido sequer à santa mãe de Cristo, não restringe o que havia dito.

22. O exemplo de Séfora é citado intempestivamente (Ex. 4, 25). Pois dizem que o anjo de Deus se aplacou desde que ela circuncidou seu filho com uma pedra pontiaguda, de onde concluem indevidamente que seu feito foi aprovado por Deus. Então, dever-se-ia dizer que também agradou a Deus o culto que os povos trazidos da Assíria estabeleceram.

---

327 (Gn 17, 7)

Mas prova-se com outras sólidas razões que é um grande disparate apresentar como algo a ser imitado o que uma mulher louca fez. Se eu dissesse que isso foi um caso único que não deve ser citado como exemplo, principalmente quando nunca se lê que havia outrora um mandato especial que ordenasse aos sacerdotes circuncidar, e que é diferente a razão do batismo e a da circuncisão, isso talvez bastasse para refutá-los. Pois as palavras de Cristo são claras: "ide, ensinai a todas as nações e batizai-as" (Mt 28, 19). Uma vez que ele constitui pregadores do Evangelho os mesmos ministros do batismo, e que ninguém na Igreja, segundo o Apóstolo, deve usurpar esta honra, senão aquele que for chamado, como Aarão (Hb 5, 4), qualquer um que batize sem vocação legítima apodera-se do ofício de outro. Paulo clama claramente que tudo o que se empreende com a consciência dividida, ainda que em coisa sem importância, como a comida e a bebida, é pecado (Rm 14, 23). Portanto, peca-se muito mais gravemente quando uma mulher batiza, uma vez que a regra estabelecida por Cristo é claramente violada; pois bem sabemos que é pecado separar as coisas que Deus juntou.

Mas omito tudo isso. Gostaria apenas que os leitores atentassem a que nada foi menos imaginado por Séfora do que prestar um serviço a Deus. Ela, vendo seu filho em perigo, grita e murmura; e, não sem indignação, atira o prepúcio ao solo e afronta seu marido, para que ele também se volte contra Deus. Afinal, é claro que tudo isso advém de uma impotência do espírito, porque ela se encoleriza contra Deus e contra o marido, porque se vê obrigada a derramar o sangue do filho. Acrescenta que, mesmo se tivesse se conduzido bem em todo o resto, sua temeridade em circuncidar seu filho quando estava presente seu marido, não um homem qualquer, mas Moisés, principal profeta de Deus, como nunca houve outro maior em Israel, é totalmente indesculpável. Porque isto não lhe era mais lícito do que seria agora às mulheres batizar, sob os olhos do bispo.

Mas esta premissa dirimirá esta controvérsia imediatamente e sem qualquer dificuldade: as crianças que partem desta vida antes de terem sido mergulhadas em água não são excluídas do reino dos céus. Como já foi visto, faz-se uma grave injúria ao pacto de Deus, se não repousarmos nele, como se ele fosse insuficiente, uma vez que seu efeito não depende nem do batismo nem de nenhum outros acessórios quaisquer. O sacramento se acrescenta depois, como um selo, não porque confira eficácia à promessa de Deus, como se ela fosse débil em si mesma, mas somente porque no-la confirma. De onde se segue que os filhos dos fiéis não são batizados para que aqueles que antes eram estranhos para a Igreja tornem-se então filhos de Deus; mas antes para que sejam recebidos na Igreja por meio deste sinal solene, porque, pelo benefício da promessa, já pertenciam ao corpo de Cristo anteriormente. Por isso, quando não se omite o signo por preguiça, nem por desprezo ou por negligência, estamos a salvo de todo perigo.

Logo, é muito mais santo prestar reverência à ordenação de Deus, para que não recebamos os sacramentos senão do lugar onde Deus os depositou. E, quando não for possível recebê-los da Igreja, não pensemos que a graça de Deus está de tal maneira ligada aos sacramentos que não a possamos conseguir pela fé na Palavra do Senhor.

Capítulo XVI

O pedobatismo está de acordo com a instituição de Cristo e com a natureza do signo.

 as, uma vez que certos espíritos frenéticos provocaram graves turbações na Igreja em nosso tempo, e ainda não desistiram de causar tumultos, não posso deixar de acrescentar um apêndice para coibir-lhes a fúria. Se talvez parecer a alguém que me demoro aqui com maior prolixidade, que este pense consigo, por favor, que a pureza da doutrina deve ser para nós a coisa principal, juntamente com a paz da Igreja, de sorte que não aceitemos de forma desdenhosa nada que leve a comprometer uma ou outra. Acrescenta que me esforçarei em compor esta questão de tal forma que haja não pouca ocasião para explicar mais claramente o mistério do batismo.

Eles impugnam o pedobatismo com um argumento bastante favorável em aparência: jactando-se de que ele não está fundamentado sobre uma instituição de Deus, mas somente na audácia dos homens, e que foi inventado por uma curiosidade depravada e recebido temerariamente com tola facilidade. Pois o sacramento, a menos que se apoie no firme fundamento da Palavra de Deus, pende de um fio. Mas e, pelo contrário, ficar claro que são eles que falsa e iniquamente inventam esta calúnia contra a santa ordenação de Deus?

Portanto, investiguemos primeiro a origem do pedobatismo. E, se realmente foi inventado, imaginado apenas pela temeridade dos homens, confesso que é preciso deixá-lo e seguir a regra da verdadeira observação do batismo segundo apenas a vontade de Deus. Mas, se for comprovado que não é destituído da autoridade de Deus, é preciso tomar muito cuidado para não lhe fazer uma afronta, ao reprovar sua sacrossanta instituição.

2. Primeiro, é um dogma suficientemente conhecido e confessado por todos os homens piedosos que a devida consideração dos signos não consiste somente nas cerimônias externas, mas depende principalmente da promessa e dos mistérios espirituais que o Senhor ordena figurar com tais cerimônias. E, assim, aquele que quiser aprender o valor do batismo, a que finalidade está destinado e que é, afinal, não deve deter-se no elemento e no aspecto corpóreo, mas sim elevar seu pensamento às promessas de Deus, que ali nos são oferecidas, e aos arcanos interiores que são ali representados. Quem apreendeu isto alcançou a sólida verdade do batismo e, por assim dizer, sua substância inteira; e por isso compreenderá ainda qual é a razão e qual a finalidade da aspersão externa. Pelo contrário, aquele que, tendo desprezado essas coisas desdenhosamente, mantiver sua mente fixada e ligada somente à cerimônia visível, não entenderá nem a virtude nem a propriedade do batismo, nem para que serve a água ou que utilidade tem. Mas esta doutrina já foi comprovada por muitos e claríssimos testemunhos da Escritura, para que haja necessidade de prosseguir neste tema agora. Logo, resta que investiguemos, a partir das promessas feitas no batismo, qual é a força e a natureza do mesmo.

A Escritura nos mostra que a purificação dos pecados, que obtemos pelo sangue de Cristo, nos é representada primeiro no batismo. Em seguida, na mortificação da carne, que consiste na participação em sua morte, pela qual os fiéis são regenerados para a novidade da vida e mesmo para a união com Cristo.

A isto pode se resumir tudo o que nos é ensinado pelas Escrituras acerca do batismo, exceto que é também, além disso, um símbolo da religião que testemunhamos diante dos homens.

3. Uma vez que, antes de o batismo ser instituído, o povo de Deus tinha a circuncisão em seu lugar, investiguemos em que estes dois signos diferem entre si e por qual semelhança convergem; a partir daí, ficará patente qual é a anagoge de um em relação ao outro.

Quando o Senhor ordena a circuncisão a Abraão, afirma que há de ser o Deus dele e de sua descendência (Gn 17, 7-10), acrescentando que nele há abundância e plenitude de todas as coisas, para que Abraão soubesse que a mão do Senhor é a fonte de todo bem. Nestas palavras está contida a promessa da vida eterna, como o interpreta Cristo, quando apresenta esse passo como argumento para provar a imortalidade e a ressurreição dos fiéis. Pois diz: "porque não é Deus dos mortos, mas dos vivos" (Mt 22, 32; Lc 20, 38). E por isso Paulo, mostrando aos efésios de que ruína o Senhor os livrou, conclui que não haviam sido admitidos na aliança da circuncisão; que estavam sem Cristo, sem Deus, sem esperança, estranhos às promessas (Ef 2, 12); tudo o que a aliança compreendia em si. Mas o primeiro passo em direção a Deus, a primeira porta para a vida eterna é a remissão dos pecados. De onde se conclui que, quanto à nossa purificação, esta promessa corresponde à do batismo.

Depois o Senhor estipula a Abraão que caminhe diante dele em sinceridade e inocência de coração; o que diz respeito à mortificação ou regeneração. E, para que ninguém duvide que a circuncisão é signo da mortificação, Moisés explica-o mais claramente em outro lugar, quando exorta ao povo de Israel a circuncidar o prepúcio do coração para o Senhor (Dt 10, 16), porque era o povo que Deus havia escolhido entre todas as nações da terra. Da mesma forma que Deus, quando adota a posteridade de Abraão como seu povo, prescreve-lhe que se circuncide, assim também Moisés declara que é preciso ser circuncidado no coração; isto é, dizendo qual é a verdade dessa circuncisão carnal (Dt 30, 6). Então, para que ninguém tentasse chegar a ela por suas próprias forças, Moisés ensina que ela é obra da graça de Deus. Todas essas coisas são repisadas tantas vezes nos profetas que não há necessidade de acumular testemunhos, os quais ocorrem espontaneamente a cada passo.

Por conseguinte, concluímos que os Pais tiveram na circuncisão a mesma promessa espiritual que nos é dada agora no batismo, visto que figurava para eles a remissão dos pecados e a mortificação da carne. Além disso, como já o ensinamos, Cristo é o fundamento do batismo, em que ambas coisas residem; e igualmente o é da circuncisão. Pois ele é o que foi prometido a Abraão, e, nele, está a benção de todas as nações (Gn 12, 2). A esta graça que deve ser selada, acrescenta-se o signo da circuncisão.

4. Já não há nenhuma dificuldade em ver que há de semelhante entre esses dois signos, ou que há de diferente.

A promessa, na qual dissemos que consiste a virtude dos signos, é a mesma em ambos, a saber, a do favor paternal de Deus, da remissão dos pecados e da vida eterna. Então, a coisa significada é também uma só, e a mesma: a saber, a regeneração. O fundamento em que se apoia o cumprimento destas coisas é também o mesmo em ambas. Por conseguinte, segue-se que não há diferença nenhuma quanto ao mistério interno, pelo qual há que se avaliar toda a força e propriedade dos sacramentos. Resta uma diferença, aquela que jaz na cerimônia externa, que é o menos importante, uma vez que a parte principal depende da promessa e da coisa significada.

E, assim, é lícito concluir que tudo o que convém à circuncisão pertence ao mesmo tempo ao batismo, exceto a diferença da cerimônia visível. A esta anagoge e comparação nos conduz a regra do Apóstolo, segundo a qual toda a interpretação da Escritura deve ser medida conforme a proporção da fé (Rm 12, 3.6). E, de fato, a verdade se deixa tocar com as mãos neste ponto. Pois, da mesma forma que a circuncisão, porque era para os judeus certa marca com que se certificavam de que Deus os adotava como seu povo e família; e eles, por sua vez, manifestavam que Ele era seu Deus, servindo-lhes como de uma primeira entrada na Igreja, agora também somos admitidos a Deus pelo batismo, para sermos considerados seu povo, e, por nossa parte, juramos em seu nome.

Por aí vê-se, fora de qualquer controvérsia, que o batismo substituiu a circuncisão, para desempenhar entre nós as mesmas funções.

5. E se a alguém aprouver questionar se o batismo pode ser comunicado às crianças, dizemos: acaso não seria louco e até delirante aquele que quisesse deter-se somente no elemento água e na observação externa, e não considerasse o mistério? Porque, se sua razão for considerada, constatar-se-á fora de dúvida que o batismo é administrado às crianças com toda razão, e que lhes é devido. Pois outrora, quando o Senhor ordenou a circuncisão, Ele os fez partícipes de tudo o que era representado pela circuncisão. De outra maneira, seu povo teria sido ludibriado com meros embustes e seduzido com símbolos falazes; o que já é horrendo só de ouvir. Pois Ele diz expressamente que a circuncisão do menino lhe serve de selo para confirmar a promessa futura do pacto. Porque, se o pacto permanece fixo, sempre o mesmo, compete hoje aos filhos dos cristãos não menos do que contemplava as crianças dos judeus no Antigo Testamento. E, se são partícipes da realidade significada, por que hão de ser afastados do signo? Se possuem a verdade, por que alijar a figura? Embora o signo exterior no sacramento esteja de tal forma unido à Palavra que não se pode separar dela, se, contudo, se estabelece uma diferença entre eles, a qual, pergunto, daremos maior valor? Evidentemente, como vemos que o signo serve à Palavra, diremos que está submetido a ela, e o colocaremos em posição inferior. Sendo assim, e uma vez que a Palavra do batismo está destinada às crianças, por que proibir-lhes o signo, isto é, o acessório da Palavra? Se não houvesse outra razão além dessa, já seria mais do que suficiente para fechar a boca de todos os que queiram protestar.

A objeção de que havia um dia estabelecido para a circuncisão (Gn 17, 12; 21, 4) não passa de subterfúgio. É verdade que o Senhor não nos obrigou a certos dias, como o fez com os judeus; mas, deixando-nos em liberdade quanto a isso, declarou-nos, no entanto, que os meninos devem ser solenemente recebidos em seu pacto. Queremos algo mais do que isso?

6. No entanto, a Escritura nos abre um conhecimento ainda mais certo da verdade. Porque é evidentíssimo que o pacto que uma vez o Senhor fez com Abraão não se aplica hoje aos cristãos menos do que antigamente ao povo judeu; e esta palavra não se dirige menos aos cristãos que aos judeus naquele tempo. A menos que julguemos, talvez, que a vinda de Cristo diminuiu ou interrompeu a graça do Pai, o que é uma blasfêmia execrável.

Assim como os filhos dos judeus foram chamados linhagem santa, porque, herdeiros desse pacto, eram separados dos filhos dos ímpios, assim também os filhos dos cristãos são contados entre os santos, ainda que gerados por apenas um genitor fiel, e diferem da linhagem impura dos idólatras, segundo o testemunho de Paulo (1Cor 7, 14). Ora, o Senhor, imediatamente depois de ter estabelecido este pacto com Abraão, deu o preceito de que ele fosse selado nos meninos com este sacramento externo (Gn 17, 12). Por que motivo, então, os cristãos alegam que hoje não devem testemunhá-lo e selá-lo em suas crianças? E ninguém pode me objetar que o Senhor não prescreveu nenhum outro sacramento para confirmar este pacto, senão o da circuncisão, que já está abolido. Pois a isso se responde facilmente que o Senhor instituiu a circuncisão, no tempo do Antigo Testamento, para confirmar seu pacto; mas que, tendo ela sido abolida, no entanto permanece sempre a mesma razão para confirmar o pacto, a qual temos em comum com os judeus.

Assim, pois, convém considerar sempre diligentemente o que há em comum entre nós e os judeus e o que nos separa deles. O pacto é comum, e comum o motivo para confirmá-lo. Somente o modo de confirmá-lo é diferente, porque eles tinham a circuncisão, no lugar da qual nós temos o batismo. De outra forma, se nos foi tirado o testemunho pelo qual os judeus tinham a confirmação da salvação para sua descendência, então ele nos foi dado no advento de Cristo, de forma que a graça de Deus nos tenha sido testemunhada menos do que era antes para eles, e de modo mais obscuro. Se isto não pode ser dito sem extrema ofensa a Cristo, por quem a infinita bondade do Pai se derramou sobre a terra e se declarou aos homens mais ampla e benignamente do que nunca, é necessário conceder que esta graça não deve ser suprimida nem demonstrada por um testemunho menor do que quando estava sob as sombras escuras da Lei.

7. E por isso o Senhor Jesus, que haveria de dar a prova pela qual o mundo entenderia que havia vindo mais para aumentar a misericórdia do Pai do que para diminuí-la, abraça amavelmente as crianças que se aproximavam, repreendendo seus apóstolos, que tentavam proibir-lhes a

entrada, uma vez que elas, a quem pertencia o reino dos céus, afastar-se-
-iam dele, que é a única porta para o céu (Mt 19, 13-14).

Mas (dirá alguém) que semelhança há entre o batismo e esse abraço
de Cristo? Pois não se conta que ele os tenha batizado, mas somente que
os recebeu, abraçou e orou por eles. Portanto, se o exemplo dele deve
ser imitado, ajudemos as crianças com preces, mas não as batizemos.

Mas consideremos as atitudes de Cristo um pouco mais atentamente
do que o faz esse tipo de homens. Pois não devemos deixar passar levianamente que Cristo ordena que se lhe apresentem as crianças, tendo
acrescentado esta razão: porque delas é o reino dos céus. E, além disso,
mostra em seguida de fato sua vontade, quando as abraça e as recomenda ao Pai com uma prece e uma bênção. Se é razoável levar as crianças
a Cristo, por que não o será também admiti-las no batismo, símbolo da
comunhão e da sociedade que temos com ele? Se delas é o reino dos céus,
por que lhes será negado o sinal pelo qual se abre como uma porta para a
Igreja, para que, ingressando nela, sejamos declarados herdeiros do reino
de Deus? Quão malvados seremos, se expulsarmos aqueles que Cristo
convida? Se tirarmos deles os dons que o Senhor lhes dá? Se fecharmos a
porta àqueles a quem ele próprio permite a entrada? Porque, se quisermos
discutir aqui quanto o que Cristo fez se afasta do batismo, que teremos
em maior conta: o batismo (com o qual atestamos que as crianças estão
contidas no pacto) ou que o próprio Cristo, presente, os tenha recebido,
abraçado, posto as mãos sobre eles e orado por eles, declarando assim
que são seus? Com outras sutilezas, pelas quais esforçam-se para escapar
deste texto, não provam senão sua ignorância. Pois argumentam que estes
meninos já eram crescidinhos e capazes de andar, uma vez que Cristo disse "deixai que venham a mim as criancinhas". Mas os evangelistas dizem
βρέφη καὶ παιδία; palavras gregas que querem dizer "bebês de peito".
Logo, "vir" simplesmente significa "aproximar-se". Eis aqui como tentam
colocar ciladas aqueles que se endurecem contra a verdade.

Além disso, não é mais consistente sua alegação de que o reino dos
céus não é atribuído às crianças, mas aos que são semelhantes a elas,
uma vez que se diz literalmente "dos que são tal como elas", e não "delas". Pois, se fosse assim, qual haveria de ser a razão por que Cristo quer
mostrar que as crianças em idade não são alheias a ele? Quando diz que
se deve deixar que as crianças venham a ele, não pode ser mais claro
que se refere às crianças em idade. E, para que se veja que isso não é
absurdo, acrescenta: "porque dos que são tal como elas é o reino dos
céus". Que é necessário incluir-se aqui as crianças, vê-se claramente pela

expressão "tal como", pelo qual designam-se as crianças e aqueles que são tal como elas.

8. Já não há quem não veja que o pedobatismo não foi inventado temerariamente pelos homens, pois se apoia na Escritura. Não tem cabimento tampouco o disparate que alguns cometem, quando objetam que não se pode encontrar uma única criança que tenha sido batizada pelos apóstolos. Pois, mesmo que os evangelistas não o narrem expressamente, uma vez que as crianças nunca são excluídas sempre que se faz menção de que a família de alguém foi batizada, quem, a menos que esteja louco, pode inferir que elas não foram batizadas? Pois, se este tipo de argumento fosse válido, as mulheres também deveriam ser proibidas na Ceia do Senhor, uma vez que não lemos na Escritura que fossem admitidas a ela no tempo dos apóstolos (At 16, 15.33). Mas aqui nos contentamos com a regra da fé. Pois, quando pensamos na finalidade da instituição da Ceia e, a partir daí, a quem seu uso deve ser comunicado, a decisão é fácil. Assim observamos também no batismo. Porque, quando consideramos para que finalidade foi instituído, evidentemente percebemos que compete às crianças não menos do que aos adultos. E, por isso, não podem ser privados do mesmo, a menos que se cometa um crime contra a vontade de Deus, seu autor. Porque aqueles que disseminam entre o povo simples que o pedobatismo foi desconhecido por muitos anos depois da ressureição de Cristo, estes mentem quanto a isso da forma mais baixa. Porque não há escritor, por mais antigo que seja, que não se conte que este batismo teve origem já no tempo dos apóstolos.

9. Resta indicar brevemente qual fruto advém deste costume quando os fiéis comparecem à Igreja para batizar seus filhos e qual as crianças recebem quando são batizadas com água sacra, para que ninguém o despreze como coisa inútil e supérflua. E, se ocorrer a alguém rir-se do pedobatismo com este pretexto, pela mesma razão este escarnecerá do preceito da circuncisão, ordenado pelo Senhor. Pois que podem dizer para impugnar o batismo que não se possa aplicar à circuncisão? Desta maneira, Deus castiga a arrogância daqueles que imediatamente condenam o que não compreendem com seus sentidos carnais.

Mas Deus nos equipou com mais armas com que rebater sua loucura. Pois esta santa instituição pela qual sentimos que nossa fé é ajudada com um exímio consolo não merece ser chamada de supérflua. Porque o sinal de Deus comunicado ao menino confirma, como se fosse com um selo impresso, a promessa dada ao pai piedoso, e declara que está ratificado que o Senhor será não apenas seu Deus, mas também o de sua descendência;

que quer cumular de bondade e de graça não somente a ele, mas também os seus descendentes, até a milésima geração. Nisso mostra-se a enorme bondade de Deus, primeiramente em dar motivos de sobra por que pregar sua glória; e em penetrar os corações piedosos com uma alegria incomum, pela qual sejam incitados mais veementemente a entregar-se a um Pai tão piedoso, ao verem seu cuidado para com sua posteridade. E não hesito, se alguém replicar que a promessa deveria bastar para confirmar a salvação de nossos filhos. Porque o parecer de Deus era outro, pois, como conhecia a fraqueza de nossa fé, quis somente favorecê-la neste ponto. Portanto, aqueles que abraçam a promessa de que a misericórdia de Deus há de se estender a seus filhos pensam que é seu dever apresentá-los à Igreja, para que sejam marcados com o símbolo da misericórdia; e, a partir daí, ganhar uma confiança mais certa, porque veem com seus próprios olhos a aliança do Senhor, inscrita nos corpos de seus filhos.

O proveito que as crianças, por sua vez, extraem de seu batismo é que estão inseridos no corpo da Igreja, sendo mais estimados pelos outros membros. E depois, quando crescerem, serão seriamente estimuladas ao amor do culto de Deus, por quem foram recebidos como filhos num símbolo solene de adoção, antes que elas, por causa de sua tenra idade, pudessem reconhecê-lo como Pai.

Finalmente, devemos temer sobretudo esta condenação: que, se alguém desdenhar de marcar seu filho com o símbolo do pacto, Deus há de castigá-lo; porque, com esse menosprezo, cospe e como que rejeita a graça oferecida (Gn 17, 14).

10. Discutamos agora os argumentos com que certas bestas não cessam de investir furiosamente contra esta santa instituição de Deus. Primeiramente, opõem-se a ela sobremaneira, uma vez que se sentem constrangidos com a semelhança que expusemos entre o batismo e a circuncisão, e esforçam-se em provar que existe uma grande diferença entre esses dois signos, para que não pareça haver nada em comum entre um e outro. Pois dizem que as coisas significadas são várias, que o pacto é diferente e sequer o termo "crianças" é o mesmo.

Para provar o primeiro ponto, alegam que a circuncisão foi figura da mortificação, não do batismo; o que nós lhes concedemos de muito bom grado, pois nos favorece perfeitamente. De fato, para a comprovação de nossa opinião, não empregamos outras palavras senão estas: o batismo e a circuncisão são signos da mortificação. Disso concluímos que aquele sucedeu esta, para representar para nós o mesmo que aquela significava outrora para os judeus.

Ao insistir na diferença do pacto, com que bárbara audácia dissipam e corrompem a Escritura! E não só num único lugar, mas de tal forma que não deixam um único passo a salvo e inteiro. Pois eles nos pintam os judeus carnais a tal ponto que se parecem mais aos animais que aos homens. Então, não lhes seria útil um pacto para além desta vida temporal, e as promessas dadas a eles reduzir-se-iam aos bens presentes e corpóreos. Se este dogma for aceito, que nos resta senão pensar que o povo judeu foi naquele tempo alimentado com o benefício de Deus (não menos do que uma vara de porcos engordados numa pocilga), para finalmente perecer numa morte eterna? Pois sempre que citamos a circuncisão e as promessas ligadas a ela, respondem que a circuncisão era um signo literal; e suas promessas, carnais.

11. Certamente, se a circuncisão era um signo literal, o mesmo se deve pensar do batismo, nada mais nada menos, uma vez que o Apóstolo, em Colossenses 2, não torna um mais espiritual que a outra. Pois ele diz que, em Cristo, fomos circuncidados não com uma circuncisão feita pela mão, a qual tirou de nós o corpo de pecado que habitava em nossa carne, a que ele chama circuncisão de Cristo (Cl 2, 11). E depois, para explicar isso, acrescenta que, pelo batismo, somos sepultados com Cristo. Que querem dizer estas palavras, senão que o cumprimento e a verdade do batismo é também, ao mesmo tempo, o cumprimento e a verdade da circuncisão, porque figuram a mesma coisa? Pois ele pretende demonstrar que o batismo é o mesmo para os cristãos que a circuncisão era para os judeus.

Mas, como já expusemos bem claramente que as promessas de ambos os signos e os mistérios que eles representam concordam entre si, não me deterei mais nisso agora. Somente admoestarei os fiéis a que cogitem por si mesmos, quando eu me calar, se deve ser considerado terreno e literal um signo que não contém nada que não seja espiritual e celestial. Mas, para que não ludibriem a gente simples, contestaremos a seguir uma objeção que eles usam como pretexto para a mentira mais impudente.

É mais do que certo que as principais promessas nas quais estava contido o pacto que o Senhor fez com os israelitas no Antigo Testamento eram espirituais e referiam-se à vida eterna. Foram então, por sua vez, recebidas espiritualmente pelos Pais, como era devido, para que concebessem a partir daí a confiança da vida futura, à qual aspiravam com todo o afeto de seu coração. Não negamos, entretanto, que lhes tenha testemunhado sua benevolência com benefícios carnais e terrenos, com os quais dizemos ainda que aquela esperança das promessas espirituais foi confirmada. Por exemplo, quando Deus, depois de ter prometido a seu servo Abraão a beatitude eterna, acrescenta a promessa da terra de Canaã, para pôr diante de seus olhos um indício claro de seu favor para com ele (Gn 15, 1-18). Convém entender desta maneira quaisquer promessas terrenas dadas ao povo judeu, para que a promessa espiritual, à qual as outras se referem, tenha a primazia. Toco neste assunto de leve agora, porque já tratei dele extensamente ao falar da diferença entre o Antigo e do Novo Testamento.[328]

12. Eles veem esta diferença no termo "meninos": que no Antigo Testamento eram chamados filhos de Abraão os meninos que eram sua descendência; mas agora recebem este nome aqueles que o imitam na fé. Por isso, aquela infância carnal, que ingressava no pacto pela circuncisão, figurava as crianças espirituais do Novo Testamento, que são regeneradas para a vida imortal pela Palavra de Deus. Vemos nestas palavras certa ínfima centelha de verdade; mas esses espíritos levianos pecam gravemente, porque se agarram à primeira coisa que lhes cai em mãos e, em vez de continuar avançando mais longe e comparando muitas outras coisas entre si, insistem pertinazmente numa só palavra. De onde se segue que não podem senão enganar-se; porque não têm conhecimento sólido de coisa nenhuma.

Admitimos que a descendência carnal de Abraão certamente ocupou por algum tempo o lugar da descendência espiritual, que é incorporada a ele pela fé. Pois nós somos chamados filhos dele, apesar de não haver entre nós e ele nenhum parentesco natural (Gl 4, 28; Rm 4, 12). Mas se eles pensam, como parecem demonstrar, que a benção espiritual não foi jamais prometida à descendência carnal de Abraão, enganam-se enormemente. Portanto, é melhor que apontem em outra direção: aquela para a qual somos guiados no caminho seguro da Escritura. Pois o Senhor promete a Abraão uma descendência futura, na qual todas as gentes da terra hão de ser benditas; e, ao mesmo tempo, Ele afirma que será seu Deus e o de sua posteridade. Todos os que recebem a Cristo, autor desta benção, são herdeiros desta promessa; e por isso se chamam filhos de Abraão.

13. E, mesmo depois da ressurreição de Cristo, as fronteiras do reino de Deus começaram a dilatar-se para mais longe, para todas as nações indiferentemente, a fim de que, segundo o que diz Cristo, os fiéis sejam reunidos de todas as partes do mundo e se sintam na glória celestial, em companhia de Abraão, Isaac e Jacó (Mt 8, 11). No entanto, durante muitos séculos, toda essa misericórdia havia estado reservada para os judeus. E

---

328 Liv. II, cap. X.

porque, tendo preterido todos os outros, havia eleito um só povo, ao qual havia concedido sua graça por um tempo, Ele o chamava sua herdade e seu povo peculiar (Ex 19, 5). Para dar testemunho desse benefício, deu--lhes a circuncisão, por cujo símbolo ensinava-se aos judeus que Ele era o Deus de sua salvação; e, ao sabê-lo, suas almas elevavam-se à esperança da vida eterna. Pois que há de faltar para aquele a quem Deus uma vez recebeu em sua fé?

Por isso, o Apóstolo, para provar que os gentios são filhos de Abraão juntamente com os judeus, fala desta maneira: "Abraão foi circuncidado como selo da justiça que possuía, pela fé, quando ainda era incircunciso. Assim, tornou-se o pai de todos os crentes incircuncisos, aos quais foi conferida a justiça; tornou-se pai, também, daqueles circuncisos, que, além de circuncidados fisicamente, seguem as pegadas da fé do nosso pai Abraão quando ainda tinha prepúcio" (Rm 4, 10-12). Acaso não vemos como equipara uns a outros em dignidade? Pois foi, durante todo o tempo estabelecido pelo decreto de Deus, pai dos circuncidados; mas, quando a parede foi derrubada (como escreve o Apóstolo em Ef 2, 14), para que a porta do reino de Deus fosse aberta também para os povos que eram separados dos judeus, tornou-se pai deles, mesmo sem o signo da circun-cisão; porque o batismo faz as vezes de circuncisão. E o que o Apóstolo nega expressamente: que Abraão não tenha sido pai senão daqueles que tinham apenas a circuncisão, ele o disse para abater a arrogância de alguns, que, sem fazer caso da piedade, preocupavam-se apenas com as cerimônias. Da mesma forma como hoje se poderia refutar a vaidade daqueles que não procuram no batismo senão a água.

14. Mas o que outro trecho do Apóstolo quer dizer, quando ensina que os filhos de Abraão não são aqueles que o são segundo a carne, mas aqueles que são filhos da promessa (Rm 9, 7)? Pois parece concluir que o parentesco carnal, que nós colocamos em outro patamar, não serve de nada. Mas é preciso que consideremos mais atentamente aquilo de que o Apóstolo trata neste lugar. Pois, para demonstrar aos judeus que a bondade de Deus não está ligada à descendência de Abraão, e mais, que este parentesco em si mesmo não vale de nada, ele dá o exemplo de Ismael e Esaú, os quais, embora fossem descendentes de Abraão segundo a carne, no entanto, foram rejeitados como se fossem estranhos, e a bênção recaiu sobre Isaac e Jacó. De onde se conclui o que ele mesmo afirma: que a salvação depende da misericórdia de Deus, a qual Ele outorga a quem lhe aprouver; e, portanto, não há por que os judeus deleitarem-se ou vangloriarem-se por causa do pacto, se não guardarem a lei do pacto, isto é, obedecerem sua Palavra. Por outro lado, quando os tinha abatido na vã confiança de sua origem, como, no entanto, sabia que o pacto uma vez estabelecido por Deus com Abraão e sua posteridade de modo algum poderia ser anulado, declara no capítulo onze que não se deve privar a descendência de Abraão de sua dignidade, por cujo benefício, ensina, os judeus são os primeiros e naturais herdeiros do Evangelho, a não ser que, por sua ingratidão, tenham sido indignos ou deserdados; mas de tal maneira que a benção celestial não se afastou por completo desta nação. Por isso Paulo chama-os santos, ainda que contumazes e violadores do pacto (tão grande é a honra que atribui à sua origem santa, que Deus honrou com seu pacto sagrado). Quanto a nós, se nos compararmos com eles, somos os últimos filhos, ou até os filhos abortivos de Abraão; e mesmo isso por adoção, e não por natureza; como se um ramo arrancado fosse enxertado em outra árvore. E por isso, para que não perdessem sua prerrogativa, foi necessário que o Evangelho fosse anunciado a eles em primeiro lugar. Pois eles são os primogênitos na família de Deus. Por isso foi preciso dar-lhes esta honra, até que eles mesmos a lançaram fora e, com sua ingratidão, fizeram que ela fosse oferecida aos gentios. Mas, por maior que seja sua contumácia em persistir em fazer guerra ao Evangelho, não devemos desprezá-los, se pensarmos que a bondade de Deus ainda está sobre eles, por causa da graça da promessa, como certamente o atesta o Apóstolo, ao dizer que a graça nunca se afastará deles, uma vez que são dons e vocação de Deus, sem penitência (Rm 11, 29).

15. Eis quanto vale e em que balança deve ser pesada a promessa dada à posteridade de Abraão. Por isso, embora não duvidemos de que só a eleição de Deus tenha o poder de diferenciar os verdadeiros herdeiros do reino dos ilegítimos e estrangeiros, no entanto vemos, ao mesmo tempo, que agradou a Deus abraçar com sua misericórdia a raça de Abraão em particular e, para tê-la ainda mais atestada, selá-la com a circuncisão. E o mesmo vale também para a Igreja cristã. Pois assim como Paulo afirma ali que os judeus são santificados por seus antepassados, assim também ensina em outro passo que os filhos dos cristãos são agora santificados por seus pais (1Cor 7, 14). De onde se conclui que com razão devem ser separados dos outros, que permanecem condenados em sua impureza. Quem poderá dizer que não é falsíssimo o que estes concluem: que os meninos que eram outrora circuncidados figuravam somente a infância espiritual, que procede da regeneração da Palavra de Deus? Pois o Após-tolo não filosofa tão sutilmente quando escreve que "Cristo era servo dos circuncisos, para mostrar que Deus é fiel e cumpre as promessas feitas aos pais" (Rm 15, 8). Como se dissesse: uma vez que o pacto feito com Abraão pertence também à sua descendência, Cristo, a fim de cumprir a promessa uma vez feita pelo Pai, veio para a salvação do povo judaico. Vês como, mesmo depois da ressurreição de Cristo, julga que a promessa do pacto deve ser cumprida não apenas alegoricamente, mas ao pé da letra, na descendência de Abraão? E o mesmo diz Pedro, nos Atos: anuncia aos judeus que o benefício do Evangelho lhes é devido, a eles e a seus descendentes, por direito do pacto. E no capítulo seguinte chama-os filhos do pacto (At 3, 25), isto é, herdeiros. E assim o confirma outro texto já citado do Apóstolo, onde ele põe a circuncisão marcada nos meninos como testemunho da comunhão que têm com Cristo (Ef 2, 11-12). Mas, se dermos ouvidos a suas cantilenas, para que aquela promessa pela qual o Senhor, no segundo capítulo de sua Lei, diz a seus servos que será propício à descendência deles até a milésima geração? Porventura recorremos a alegorias? Ou a uma tergiversação demasiado ridícula? Ou diremos talvez que o pacto já está abolido? Isto seria destruir a Lei, que Cristo veio mais para confirmar, uma vez que serve para nosso bem.

Fique, pois, fora de controvérsia que o Senhor é a tal ponto bom e liberal com os seus que, por causa deles, quer contar como seu povo também os filhos que procriarem.

16. As outras diferenças que se esforçam por apontar entre a circuncisão e o batismo não apenas são ridículas e desprovidas de qualquer razão, como se contradizem entre si. Pois, quando afirmam que o batismo pertence ao primeiro dia da batalha espiritual e a circuncisão, ao oitavo, depois que a mortificação já foi realizada toda, esquecem-no e logo mudam a cantilena, chamando à circuncisão figura da mortificação da carne, e ao batismo, sepultura, à qual são levados os que já morreram com Cristo.

Que delírios de frenéticos espalham com tanta leviandade? Pois numa sentença afirmam que o batismo deveria preceder a circuncisão no tempo; e, em seguida, que deveria ser-lhe posterior. E esse exemplo nem é novo, porque o espírito do homem, quando, em vez da certíssima Palavra de Deus, põe-se a adorar o que quer que sonhe, transtorna tudo de cima a baixo.

Se era lícito falar alegoricamente ἀλληγορεῖν no oitavo dia, não convinha, porém, que fosse dessa maneira. Muito melhor teria sido expor, como os antigos o fizeram, que o número oito refere-se à ressurreição, a qual teve lugar no oitavo dia, de onde sabemos que depende a renovação da vida; ou que esta mortificação deve ocorrer durante todo o percurso da vida presente, até que esta também termine. Mesmo que possa parecer que Deus, ao retardar a circuncisão até o oitavo dia, tenha levado em conta a tenra idade dos meninos; porque a ferida nos recêm-nascidos seria mais perigosa.

Tanto mais inconsistente é dizerem que somos sepultados pelo batismo depois da mortificação, quando a Escritura ensina claramente que somos sepultados com a condição de que morramos e por conseguinte meditemos nesta mortificação (Rm 6, 4).

Finalmente, divertem-se com as palavras, quando dizem que, se equipararmos a circuncisão ao batismo, as meninas não deveriam ser batizadas. Pois, se é mais do que sabido que, com o signo da circuncisão, atestava-se a santificação da descendência israelita, conclui-se a partir daí, sem qualquer dúvida, que servia igualmente para as meninas e para os meninos que seriam santificados. Apenas o sinal era marcado somente nos corpos dos meninos porque estes podiam recebê-lo, por sua natureza. No entanto, as mulheres de certo modo participavam da circuncisão por meio dos varões.

Assim, tendo deixado de lado tais despropósitos, apeguemo-nos à semelhança entre o batismo e a circuncisão, cuja simetria observamos nitidamente no mistério interior, nas promessas, no uso, na eficácia.

17. Parece-lhes também que têm a mais concreta das razões por que as crianças não sejam batizadas, quando alegam que estas, por causa da idade, ainda não são aptas a compreender o mistério ali representado, isto é, a regeneração espiritual, que não pode acontecer na primeira infância. Daí concluem que não devem ser consideradas senão como filhos de Adão, até que tenham chegado a uma idade compatível com este segundo nascimento.

Mas a verdade de Deus é totalmente contrária a tudo isto. Pois, se devem ser abandonadas entre os filhos de Adão, são deixadas na morte, uma vez que em Adão não podemos senão morrer. Cristo, pelo contrário, manda que as levem a ele.[329] Por quê? Porque ele é a vida. Logo, para vivificá-las, fazê-las partícipes dele. Mas estes as condenam à morte, rejeitando-as. Pois, se tergiversam que as crianças não perecem se são consideradas filhos de Adão, seu erro é mais do que refutado pelo testemunho da Escritura. Ao dizer que todos morrem em Adão (1Cor 15, 22), segue-se que não há nenhuma esperança de vida senão em Cristo. Portanto, para sermos herdeiros da vida, é preciso que tenhamos comunhão com ele. Da mesma forma, está escrito em outro lugar que todos somos filhos da ira por natureza (Ef 2, 3), concebidos no pecado (Sl 51, 7), o qual traz

---

329 Mt 19, 14.

sempre consigo a condenação; portanto, devemos deixar nossa natureza para trás, antes que a porta do reino de Deus se abra para nós. E que se pode dizer de mais claro do que estas palavras: "a carne e o sangue não podem herdar o reino de Deus" (1Cor 15, 50)? Que seja pois aniquilado tudo o que há em nós (o que não terá lugar fora da regeneração), para que alcancemos a posse do reino. Finalmente, se é verdade o que Cristo diz, que ele é a vida (Jo 11, 25; 14, 6), é necessário que nós sejamos enxertados nele, para ficarmos livres da servidão da morte.

Mas como as crianças são regeneradas, argumentam eles, se não têm o conhecimento do bem e do mal? A isto respondemos que não é porque a ação de Deus está além do nosso alcance que ela não exista. Além disso, é totalmente evidente que as crianças que hão de ser salvas (e é claro que algumas são salvas desde aquela idade) são regeneradas antes pelo Senhor. Pois, se trazem consigo do útero da mãe a corrupção inata, é preciso que sejam purificadas antes de ser admitidas no reino de Deus, onde nada poluído ou manchado pode ingressar (Ap 21, 27). Se nascem pecadoras, como Davi e Paulo o afirmam (Ef 2, 3; Sl 51, 7), ou permanecem ingratas e odiosas a Deus, ou necessariamente serão justificadas. Mas para que procurar mais, quando o próprio Juiz afirma abertamente que ninguém entrará na vida celestial, a menos que renasça (Jo 3, 3)? E, para refrear esses altercadores, oferece-nos o exemplo de João Batista, a quem santificou no ventre de sua mãe (Lc1, 15), o que podia fazer com os demais.

E nem levam qualquer vantagem com a tergiversação com que se divertem aqui. Dizem que Deus fez isto uma única vez: e que daí não se segue que o Senhor costume fazer o mesmo com as outras crianças. Mas nós não afirmamos tal coisa; apenas pretendemos mostrar que eles, de forma iníqua e maligna, restringem a virtude de Deus dentro de limites estreitos.

Tampouco tem maior peso o outro subterfúgio a que recorrem. Alegam que é o modo costumeiro de falar da Escritura dizer "desde o ventre da mãe", como se dissesse "desde a infância". Mas se pode ver claramente que o anjo, quando o anunciou a Zacarias, quis dizer outra coisa: a saber, que menino ainda não nascido haveria de ser repleto do Espírito. Não tentemos, pois, impor uma lei a Deus, mas que Ele santifique aqueles que quiser, uma vez que nada é impossível para sua virtude.

18. De fato, Cristo foi santificado desde a primeira infância, para que Deus santificasse nele seus eleitos de qualquer idade, sem fazer diferença. Pois, da mesma maneira que, para apagar a culpa da desobediência que fora perpetrada em nossa carne, revestiu-se desta mesma carne, na qual, por nossa causa e em nosso lugar, prestou perfeita obediência, assim também foi concebido do Espírito Santo, para que, plenamente cheio desta santidade na carne que assumira, no-la comunicasse. E, se temos em Cristo o mais absoluto exemplar de todas as graças que Deus dá a seus filhos, também nesta parte nos servirá de prova de que não afastou a infância da santificação. Seja como for, está fora de controvérsia para nós que nenhum dos eleitos é chamado à vida eterna sem ter sido antes santificado e regenerado com o Espírito de Deus.

Quanto ao que objetam contra isso, dizendo que a Escritura não conhece nenhuma outra regeneração a não ser a da semente incorruptível, isto é, a que se faz pela Palavra de Deus (1Pd 1, 23), respondemos que interpretam muito mal a sentença de Pedro, pois ela compreende apenas os fiéis que haviam sido ensinados com a pregação do Evangelho. A estes respondemos que a Palavra de Deus é a única semente da regeneração espiritual; mas negamos que disto se deva concluir que as crianças não possam ser regeneradas pela virtude de Deus, que é tão fácil e comum para Ele quanto é oculta e admirável para nós. Então, não seria algo seguro afirmar que o Senhor não possa manifestar-se também às crianças.

19. Mas a fé, dizem, vem pelo ouvido,[330] e as crianças ainda não são capazes de compreender nem podem conhecer a Deus, uma vez que Moisés ensina que são destituídas do conhecimento do bem e do mal (Dt 1, 39).

Mas eles não levam em conta que o Apóstolo, quando diz que a fé começa pelo ouvido, está descrevendo somente a economia e a dispensação costumeiras que o Senhor usa para chamar os seus. Ele não determinou uma regra perpétua, de tal forma que não possa usar outra, como certamente o faz no chamamento de muitos, aos quais deu conhecimento verdadeiro de si de uma forma interior, pela iluminação de Espírito, sem que tenha havido pregação. Mas, como pensam que seria absurdo atribuir algum conhecimento de Deus às crianças, as quais Moisés priva da compreensão do bem e do mal (Dt 1, 39), que me respondam, por favor: qual o perigo em dizer que elas recebem agora uma parte da graça da qual usufruirão plenamente pouco depois? Pois, se a plenitude da vida consiste no conhecimento perfeito de Deus, é certo que algumas delas, arrebatadas daqui pela morte já na primeira infância, são recebidas por Deus, para contemplar-lhe a face poderosíssima, uma vez que passam à vida eterna.

---

330 Rm 10, 17.

Logo, se o Senhor há de se mostrar a elas no pleno fulgor de sua luz, por que não lhes irradiar uma pequena centelha também no presente, se assim o desejar, principalmente se não as tira desta ignorância antes de livrá-las da prisão do corpo? Não que eu queira afirmar temerariamente que as crianças sejam dotadas da mesma fé que nós temos ou que tenham um conhecimento da fé semelhante ao nosso (o que prefiro deixar em suspenso), mas para conter um pouco a arrogância presunçosa dos que negam ou afirmam com segurança e de boca cheia qualquer coisa que lhes ocorra.

20. Mas, para insistir ainda mais nesta parte, dizem que o batismo é sacramento de penitência e de fé. E como nem uma nem outra ocorre na mais tenra infância, deve-se tomar cuidado para que, ao admitir as crianças no batismo, não tornemos o significado deste vão e inútil.

Mas essas flechas dirigem-se mais a Deus do que a nós. Pois está claríssimo em muitos testemunhos da Escritura que a circuncisão foi signo de penitência. Daí que Paulo a chame "selo da justiça da fé" (Rm 4, 11). Que perguntem, pois, ao próprio Deus, por que ordenou que se aplicasse a crianças. Pois o batismo e a circuncisão têm a mesma causa; e a esta não podem dar nada que não concedam ao mesmo tempo ao outro. Se recorrem ao subterfúgio de costume, que as crianças figuraram então aqueles que são crianças espirituais, este caminho já foi interditado para eles.

O que nós dizemos é, pois, isto: como Deus havia comunicado a circuncisão de penitência e de fé às crianças, não é absurdo se agora as faz partícipes do batismo; a menos que queiram rebelar-se abertamente contra a instituição de Deus. Mas a sabedoria e a justiça de Deus brilham em todas as suas obras, para refutar as difamações dos ímpios. Pois, ainda que os meninos, circuncidados em sua carne, não compreendessem qual o significado do signo, no entanto eram circuncidados para mortificação de sua natureza corrompida e contaminada, para que meditassem nisso quando adultos. Finalmente, esta objeção pode ser solucionada sem problema, dizendo que as crianças são batizadas na penitência e na fé futuras; mesmo que não estejam ainda formadas nelas, a semente de uma de outra fica, no entanto, plantada nelas, por uma operação oculta do Espírito.

Com esta resposta se resolve de uma vez por todas o que quer que se diga referente ao batismo, cujo significado distorcem contra nós. Por exemplo, Paulo chama ao batismo banho de regeneração e de renovação (Tt 3, 5); e eles concluem daí que o batismo não deve ser conferido senão àquele que é capaz de regeneração e de renovação. Mas nós, em contrapartida, replicamos que a circuncisão é sinal de regeneração; logo, não deveria ser conferida senão aos que eram capazes da regeneração que significava. Se fosse assim, o que foi ordenado por Deus seria condenado por nós. Por conseguinte (como já dissemos algumas vezes), os argumentos que usam para abalar a circuncisão não têm qualquer força para combater o batismo.

E nem vão escapar, se disserem que aquilo que se apoia na autoridade de Deus deve ser para nós firme e imutável, como se não houvesse para isso nenhuma razão; uma reverência que não se deve ao pedobatismo e a outras coisas semelhantes, que não nos foram expressamente recomendadas por Deus. Eles sempre são apanhados nesse dilema. Pois ou a prescrição de Deus para que os meninos fossem circuncidados foi uma ordem legítima e sem quaisquer gracejos, ou foi algo digno de repreensão. Se não havia ali nada de insano ou de absurdo, tampouco na observação do pedobatismo se poderá notar algo de absurdo.

21. Mas desfaremos aqui a pecha de absurdo com que eles tentam nos infamar.

Se aprouve ao Senhor receber por sua eleição as crianças que deixam esta vida antes de chegar à idade adulta, estas, tendo aceitado o signo da regeneração, são renovadas pela virtude de seu Espírito, incompreensível para nós, de um modo que só Ele conhece. Se chegarem a uma idade em que possam ser instruídas na verdade do batismo, chegarão ao amor da renovação, cujo sinal levam em si desde sua primeira infância e na qual hão de meditar por todo o decorrer de sua vida. Assim também deve ser entendido o que Paulo ensina em dois lugares: que "somos sepultados juntamente com Cristo pelo batismo" (Rm 6,4; Cl. 2, 12). Pois ele não quer dizer que esse sepultamento deva preceder o batismo; mas declara simplesmente qual é a doutrina do batismo, a qual pode ser transmitida àqueles já batizados, para que certos loucos não viessem a combater pela precedência do batismo a partir dessas palavras. Desse modo, Moisés e os profetas mostravam ao povo para que servia a circuncisão, com a qual eles, no entanto, haviam sido marcados quando crianças.[331]

Paulo quer dizer a mesma coisa, quando escreve aos gálatas que, quando eles foram batizados, revestiram-se de Cristo (Gl 3, 27). Com que fim? Para que vivessem em Cristo a partir daí, não porque tinham vivido antes. E, embora as pessoas mais velhas devam alcançar a compreensão do mistério do signo antes de recebê-lo, as crianças pequenas devem ser consideradas de outra forma, como exporei em seguida.

---

331 Dt 10, 16; Jr 4, 4.

Nem se deve entender de forma diferente a fala de Pedro, quando diz que o batismo não é uma ablução para limpar as sujeiras do corpo, mas o testemunho de uma boa consciência para com Deus, em virtude da ressurreição de Jesus Cristo (1Pd 3, 21). A partir disso, eles retrucam que só resta ao pedobatismo ser como uma fumaça inconsistente, uma vez que longe dele está essa verdade. Mas pecam sempre pelo mesmo engano, porque querem que a realidade sempre preceda o signo na linha do tempo. Pois a verdade da circuncisão também consistia no testemunho da boa consciência, mas se este tivesse necessariamente de vir antes daquela, Deus nunca teria mandado circuncidar os meninos. Mas, quando o próprio Senhor nos ensina que esta é a substância da circuncisão, e, no entanto, ordena que os meninos se circuncidassem, demonstra-nos claramente com isso o que lhes concedia a esse respeito para o futuro.

Por esse motivo, não se deve procurar no pedobatismo, para sua eficácia no presente, nada mais do que um testemunho para confirmar e sancionar o pacto que foi estabelecido com eles pelo Senhor. Chegarão depois à compreensão dos demais significados deste sacramento, no tempo em que aprouver a Deus.

22. Acho que já não há ninguém que não perceba claramente que todas essas razões são meras inversões da Escritura. As que restam, afins a essas, tratá-las-emos brevemente.

Objetam que o batismo é dado para a remissão dos pecados. Eu o concedo, pois redundará enormemente em favor de nossa opinião. Pois, como nascemos pecadores, temos necessidade de perdão e remissão já desde o ventre da mãe. Ademais, como o Senhor não impede a esperança da misericórdia nesta tenra idade, mas antes a torna mais certa, por que proibiremos o signo da mesma, que é muito inferior à realidade? E por isso nós voltamos contra eles mesmos a arma que brandiam contra nós: é dada às crianças a remissão dos pecados; logo, não devem ser privadas do signo da mesma.

Alegam também o que se diz na Epístola aos Efésios, que o Senhor purificou pela Palavra a Igreja que Ele purifica no banho da água (Ef 5, 26). Não se poderia citar nada mais apropriado para refutar o erro deles. Pois daí nasce uma prova fácil a nosso favor. Se Cristo quer que a ablução com que ele purifica sua Igreja seja atestada pelo batismo, não parece justo privar de seu testemunho as crianças, que com direito são contadas como parte da Igreja, uma vez que são chamadas de herdeiras do reino dos céus. Pois Paulo compreende a Igreja toda, quando diz que ela é purificada com o banho de água.

Nada menos concluímos também do que Paulo diz em outro lugar, que pelo batismo todos somos um só corpo em Cristo (1Cor 12, 13). Pois as crianças, que ele conta entre seus membros, devem ser batizadas, para que não sejam separadas de seu corpo.

Eis com que ímpeto arremetem com tantas máquinas de guerra contra os exércitos de nossa fé.

23. Recorrem então à prática e ao costume do tempo dos apóstolos, no qual ninguém era batizado antes de fazer profissão de fé e penitência. Pois Pedro, perguntado por aqueles que tinham a intenção de converter--se sobre o que era necessário fazer, responde-lhes que primeiro façam penitência e então se batizem, para remissão de seus pecados (At 2, 37-38). Da mesma forma, quando o eunuco pergunta a Felipe quando deveria batizar-se, ele lhe responde que isso lhe seria permitido quando ele cresse de todo coração (At 8, 37). Disto lhes parece que podem concluir que não é lícito conceder o batismo senão àquele que antes teve fé e penitência. Mas então, se aceitarmos este argumento, no primeiro texto citado, quando não se ouve nenhuma menção à fé, bastaria somente a penitência; e no segundo, por sua vez, que não exige a penitência, bastaria somente a fé. Responderão, creio, que um texto e outro se completam, e que devem estar unidos. Eu também digo, por minha vez, que devemos citar ainda outros passos que ajudem a desfazer este nó, visto que há muitas sentenças na Escritura cuja compreensão depende do contexto. O que ocorre no presente exemplo; pois Pedro e Filipe dizem estas coisas àqueles que estão na idade para meditar na penitência e ter a fé idônea. Negamos que estes devam ser batizados a menos que sua conversão e fé sejam conhecidas (ao menos tanto quanto o julgamento humano pode verificá-lo). Mas é mais do que sabido que as crianças devem ser colocadas em outra lista; pois, se alguém antigamente se juntava à comunhão da religião de Israel, era preciso que fosse instruído no pacto do Senhor e ensinado na Lei antes de ser marcado com a circuncisão: porque era ἀλλόφυλος (*allóphyros*, estrangeiro), isto é, estrangeiro para o povo israelita, com o qual firmara um pacto, sancionado pela circuncisão.

24. Tampouco o Senhor começou pela circuncisão quando fez aliança com Abraão, ocultando-lhe o que aquele signo queria dizer; mas primeiro lhe explica o que está instituindo ao fazer o pacto com ele (Gn 15, 1); e então, depois que Abraão acreditou na promessa, então o fez partícipe do sacramento (Gn 17, 11). Por que em Abraão o sacramento vem depois da fé, mas em seu filho Isaac o sacramento precede a compreensão do mesmo? Porque é justo que o homem que é recebido já em idade adulta na aliança da qual estava até então excluído saiba antes as condições do pacto. Mas não é assim para a criança gerada por este homem, que, por direito de herança, segundo a fórmula da promessa, já está incluída no pacto desde o ventre da mãe. Ou (para dizê-lo mais clara e brevemente), se os filhos dos fiéis são partícipes do pacto de Deus sem compreendê-lo, não há por que negar-lhes o signo por não poderem prestar o juramento do pacto. Esta certamente é a razão pela qual Deus afirma que os filhos dos israelitas são seus filhos, como se Ele os tivesse gerado (Ez 16,20; 23, 37), pois sem dúvida Ele se considera Pai de todos aqueles a quem prometeu ser seu Deus e o de sua descendência. Mas quem é infiel, nascido de pais ímpios, é considerado excluído da comunhão do pacto até que, pela fé, una-se com Deus. Não é, pois, de estranhar que não lhe seja comunicado o signo, cujo significado seria para ele falaz e vão. Por isso também Paulo diz que os gentios estavam fora da aliança durante o tempo de sua idolatria (Ef 2, 12).

Se não me engano, toda esta matéria ficará bem clara, se resumida desta maneira: os adultos que abraçam a fé em Cristo, uma vez que haviam sido até então alheios ao pacto, não devem receber o batismo antes de ter fé e penitência, pois somente estas podem abrir a porta para que ingressem no pacto. Mas as crianças nascidas de cristãos, acolhidas por Deus, devem ser admitidas no batismo, uma vez que o pacto já lhes pertence por herança. A isto se refere o que conta o Evangelista sobre os que confessavam seus pecados para que João os batizasse (Mt 3, 6), exemplo que deve ser seguido hoje em dia. Pois, se um turco se apresentasse para ser batizado, não deveríamos acolhê-lo temerariamente, a menos que tenha feito uma confissão que satisfaça a Igreja.

25. Ademais, citam ainda as palavras de Cristo, no terceiro capítulo de João: "ninguém, a menos que renascido da água e do Espírito, poderá ingressar no reino de Deus" (Jo 3, 5), com as quais argumentam que a regeneração é exigida no batismo. Eis (dizem) como o batismo é chamado regeneração pela boca do Senhor. Logo, uma vez que é mais do que sabido que as crianças não são capazes de regeneração, com que pretexto lhes damos o batismo, que não pode existir sem aquela?

Primeiro, enganam-se ao pensar que este texto faça menção ao batismo, por causa da palavra "água". Pois, depois que Cristo expôs a Nicodemo a corrupção de nossa natureza, e ensinou-lhe que é preciso que renasçamos, como Nicodemo imaginava um renascimento corporal, Cristo lhe mostra aqui de que maneira Deus nos regenera, a saber, pela água e pelo Espírito. Como se dissesse: pelo Espírito, que, purificando e irrigando as almas, faz as vezes da água. Logo, eu entendo a água e o Espírito simplesmente como Espírito, que é água. E esta expressão não é nova, pois está de acordo com a que se encontra no capítulo terceiro de Mateus: "o que vem depois de mim vos batizará em Espírito Santo e fogo" (Mt 3, 11). Portanto, da mesma forma que batizar em Espírito Santo e fogo é conferir o Espírito Santo, o qual tem o ofício e a natureza do fogo na regeneração, assim também renascer pela água e pelo Espírito não quer dizer senão receber a virtude do Espírito, que faz na alma o que a água faz no corpo.

Sei que outros interpretam este passo de outra maneira; mas eu não tenho dúvida de que este é o sentido próprio do mesmo, porque a intenção de Cristo não é outra senão ensinar a todos os que aspiram ao reino celestial que é necessário despojar-se da própria natureza. Entretanto, se nos agradasse andar com afetações e sutilezas, no estilo deles, seria fácil (quando lhes concedêssemos tudo o que quiserem) replicar-lhes que o batismo é anterior à fé e à penitência, uma vez que o batismo precede o Espírito nas palavras de Cristo. É certo que trata dos dons espirituais; se estes vêm depois do batismo, consegui o que quero. Mas, deixando de lado essas sutilezas, contentemo-nos com a simples interpretação que dei: que ninguém pode entrar no reino de Deus até que seja regenerado com a água viva, isto é, com o Espírito.

26. A partir daí refuta-se também o erro dos que condenam à morte eterna todos os que não foram batizados. Suponhamos, conforme o que postulam, que o batismo não deve ser administrado senão aos adultos. Que diriam que acontece a um jovem que, imbuído sincera e convenientemente dos rudimentos da religião, se, enquanto anseia pelo dia do batismo, tiver toda a esperança arrebatada por uma morte súbita? Clara é a promessa do Senhor: "quem crê naquele que me enviou possui a vida eterna e não vai a julgamento, mas passou da morte à vida" (Jo 5, 24). Não se encontra nenhum lugar em que condene aos que ainda não foram batizados. Não quero que isso seja entendido como se eu achasse que se pode prescindir impunemente do batismo (pois afirmo que, com tal menosprezo, o pacto do Senhor haveria de ser violado); somente quero dizer que não é tão necessário que se pense que aquele que foi privado da possibilidade de recebê-lo perece em consequência disso. Mas, se concordássemos com a invenção destes, condenaríamos a todos aqueles a quem o acaso tivesse impedido o batismo, sem nenhuma exceção, por mais que tivessem a fé com a qual possuímos a Cristo. E, além disso, transformam em réus a todas as crianças às quais negam o batismo, necessário, segundo sua própria confissão, para a salvação. Vejam agora quão lindamente isso concorda com o que Cristo diz: que às criancinhas está prometido o reino dos céus (Mt 19, 14).

Mas, ainda que lhes concedamos tudo quanto diz respeito à compreensão deste passo, nada poderão concluir daí, a menos que contradigam o dogma da regeneração das crianças, que já foi explicado por nós.

27. Mas vangloriam-se de ter a mais inexpugnável das fortalezas na própria instituição do batismo, a qual, dizem, teve lugar no último capítulo de Mateus, quando Cristo, enviando seus apóstolos a todos os povos, deu-lhes a ordem de primeiro ensinar, depois batizar (Mt 28, 19-20). Então acrescentam ainda o que está escrito em Marcos: "aquele que crer e for batizado será salvo" (Mc 16, 16). Que mais, dizem, podemos querer, quando as palavras do Senhor dizem claramente que se deve ensinar antes de batizar, e mostram que o batismo vem depois da fé? Ordem que o próprio Senhor cumpriu, pois quis ser batizado na idade de trinta anos (Mt 3, 13; Lc 3, 23).

Mas de quantas formas, meu bom Deus, eles se complicam aqui e mostram sua ignorância! Pois insistem da forma mais pueril em que o batismo foi instituído ali pela primeira vez, sendo que o Senhor havia ordenado a seus apóstolos que o administrassem desde o começo de sua pregação. Não há, pois, por que afirmar que a lei e regra do batismo deva ser extraída destes dois passos que citam, como se eles contivessem a instituição primeira do mesmo. Mas, mesmo perdoando-lhes este erro, quão consistente pode ser sua argumentação? Realmente, para aquele que quiser tergiversar, abre-se não um esconderijo, mas um vastíssimo campo para escapar deles. Pois, já que insistem com unhas e dentes na ordem das palavras, pretendendo que, como está dito: "ide e batizai" e "quem crer e for batizado", concluem que deve-se pregar antes de batizar, e deve-se crer antes que ser batizado, por que não replicamos, por nossa vez, que deve-se Batizar antes de ensinar a observar o que Cristo mandou, quando disse: "batizai, ensinando a guardar tudo o que vos ordenei"? O mesmo que notamos na outra sentença de Cristo, que pouco antes citei, acerca da regeneração de água e de Espírito. Pois, se for entendido como eles postulam, será necessário concluir daí que o batismo deve preceder a regeneração espiritual, uma vez que foi nomeado em primeiro lugar. Pois Cristo não ensina que devemos ser regenerados pelo Espírito e pela água, mas pela água e pelo Espírito.

28. Parece já abalado o argumento inexpugnável em que confiam tanto. Mas, porque a verdade tem na simplicidade defesa suficiente, não quero me esquivar de suas argúcias levianas. Que tenham, pois, uma resposta firme. O principal mandamento dado aqui por Cristo é sobre a pregação do Evangelho, à qual acrescenta o ministério de batizar, como um apêndice. Portanto, não se fala aqui do batismo senão enquanto algo cuja administração está subordinada à função de ensinar. Pois Cristo envia os apóstolos para pregar o Evangelho a todas as nações do mundo, para que, pela doutrina da salvação, chamem de todas as partes homens antes perdidos para seu reino. Mas que homens, e de que tipo? Evidentemente, não há nenhuma menção senão àqueles que são capazes de receber a doutrina. A seguir acrescenta que estes, quando tiverem sido instruídos, devem ser batizados, tendo adicionado a promessa: "os que crerem e forem batizados serão salvos". Há acaso em toda esta discussão uma única sílaba sobre crianças? Qual será então essa fórmula de argumentação com que nos atacam? As pessoas que têm idade adulta devem ser instruídas, para que creiam, antes de ser batizadas. Logo, está proibido dar-lhes o mesmo batismo que às crianças. Por mais que se atormentem, não poderão mostrar a partir deste passo senão que se deve pregar o Evangelho àqueles que são capazes de ouvi-lo, antes de batizá-los, uma vez que se trata deles somente. Que apontem ali, se puderem, algum obstáculo que impeça o batismo das crianças.

29. E, para que suas falácias sejam palpáveis até para os cegos, demonstrá-las-ei com não mais do que uma comparação claríssima.

Se alguém concluir que as crianças devem ser privadas de alimento com o pretexto de que o Apóstolo só permite que comam aqueles que trabalham (2Ts 3, 10), este tal não seria digno de que todos cuspissem nele? E por quê? Porque ele aplica a todos, indiferentemente, o que foi dito de um determinado tipo de homem e de uma determinada idade. A esperteza destes na presente causa não é maior. Porque aplicam às crianças o que qualquer um vê que diz respeito somente à idade adulta, como se valesse para a infância uma regra que não fora posta a não ser para os mais crescidos.

Quanto ao exemplo de Cristo, não serve de apoio à sua causa em nada. Dizem que Cristo não foi batizado antes dos trinta anos (Lc 3, 23). É verdade, realmente; mas a razão é clara: porque ele então, com sua pregação, começou a lançar, ou melhor, a firmar o fundamento sólido do batismo, que pouco antes João já havia lançado. Logo, como quisesse instituir o batismo com sua própria doutrina, santificou o batismo em seu próprio corpo para dar maior autoridade a esta instituição; e isso na melhor ocasião possível, a saber, quando sua pregação seria mais auspiciosa.

Finalmente, não podem deduzir outra senão que o batismo tem sua origem e começo na pregação do Evangelho. E se lhes parece que a idade de trinta anos foi determinada, por que não a observam, mas batizam a todos aqueles que julgam encontrar-se suficientemente instruídos? Até Servet, um de seus mestres, embora insistisse pertinazmente nos trinta anos, havia já começado a jactar-se de ser profeta aos vinte e um. Como se fosse admissível que um homem se arrogue o lugar de doutor na Igreja antes mesmo de ser membro dela!

30. Objetam ainda que não há mais motivo por que dar às crianças o batismo do que a Ceia do Senhor, que, no entanto, não é concedida a elas. Como se essa diferença não fosse notada na Escritura, de todas as formas possíveis! Realmente se fazia assim na Igreja antiga, como se vê em Cipriano e em Agostinho, mas este costume foi abolido, e com toda razão. Pois, se pensarmos na natureza e propriedade do batismo, veremos que certamente é a entrada para a Igreja, como que uma iniciação pela qual somos contados entre o povo de Deus; é o signo espiritual de nossa regeneração, pelo qual renascemos como feitos filhos de Deus. Pelo contrário, a Ceia é dada aos mais crescidos, que, tendo superado a primeira infância, já são capazes de um alimento mais sólido. Distinção demonstrada na Escritura com toda evidência. Pois ali o Senhor, no que diz respeito ao batismo, não faz diferença nenhuma de idade. Mas não permite que todos tomem parte na Ceia, mas somente aqueles que sejam capazes de discernir o corpo e o sangue do Senhor, que podem examinar suas consciências, que podem anunciar a morte do Senhor e avaliar sua virtude. Podemos desejar algo mais claro do que aquilo que o Apóstolo ensina, quando exorta a que cada um examine-se a si mesmo e só então coma do pão e beba do cálice (1Cor 11, 28)? É preciso, pois, que o exame venha antes, o que em vão se esperará das crianças. E: "quem come indignamente, sem distinguir o corpo do Senhor, come e bebe sua própria condenação" (1Cor 11, 29). Se não podem participar dignamente senão aqueles que sabem distinguir bem a santidade do corpo de Cristo, por que daríamos veneno a nossos filhos pequenos, em lugar do alimento da vida? Que quer dizer este preceito do Senhor: "fazei isto em minha memória"? Que quer dizer o que daí conclui o Apóstolo: que todas as vezes que comerdes deste pão, anunciais a morte do Senhor até que ele venha?[332] Que recordação, pergunto, podemos exigir das crianças a respeito daquilo que nunca chegaram a entender? E que pregação da cruz de Cristo, cuja

---

332 1Cor 11, 26.

força e benefício ainda não compreendem com a mente? Nenhuma dessas coisas se requer no batismo. Portanto, a diferença é muito grande entre estes dois signos; diferença que também percebemos no Antigo Testamento entre signos semelhantes a estes. Porque a circuncisão, que evidentemente corresponde a nosso batismo, era destinada aos meninos; mas a Páscoa, cujas vezes a Ceia faz, agora, não admitia a todos indistintamente, mas era comida somente por aqueles capazes de perguntar pelo significado do rito (Ex 12, 26). Se restasse a esta gente uma migalha de discernimento, deixariam de enxergar uma coisa tão clara e óbvia?

31. Embora me envergonhe de cumular os leitores com tal amontoado de tolices, as quais Servet, não o menor entre os anabatistas, mas antes uma grande glória dessa caterva, armando-se para esta batalha, acreditou ter apontado como razões decisivas, valerá a pena refutá-las brevemente.

Ele pretende que os símbolos de Cristo, como são perfeitos, exigem também aqueles que são perfeitos ou capazes de perfeição. A solução é fácil. A perfeição do batismo, que se estende até a morte, não deve se restringir a um único instante de tempo. Acrescento ainda que ele tolamente exige perfeição no homem no primeiro dia em que é batizado, quando o batismo nos convida a ela todo o tempo de nossa vida, em graus sucessivos.

Objeta que os símbolos de Cristo são instituídos para a memória, para que cada um recorde de que foi sepultado com Cristo. Respondo que o que ele inventou da sua cabeça não precisa de refutação. E mais, o que ele atribui ao batismo, as palavras de Paulo mostram que é próprio da sagrada Ceia; ou seja, que cada qual se examine (1Cor 11, 26-28); em parte alguma se diz isso do batismo. De onde concluímos que são batizados devidamente aqueles que pela idade ainda não são capazes de examinar-se a si mesmos.

Quanto ao que aduz em terceiro lugar, que todos aqueles que não creem no Filho de Deus permanecem na morte, e que a ira de Deus está sobre eles (Jo 3, 36), e por causa disso as crianças, que não podem crer, jazem na sua condenação, respondo que Cristo não fala ali da culpa geral em que todos estão implicados desde Adão, mas que ameaça somente os detratores do Evangelho; que, de forma soberba e contumaz, escarram na graça que lhes é oferecida. Mas isso nada tem a ver com as crianças. Oponho-lhe, ao mesmo tempo, outra razão contrária: que tudo o que Cristo bendiz está livre da maldição de Adão e da ira de Deus. Logo, como sabemos que bendisse as crianças, segue-se que estão livres da morte. Ademais, cita falsamente o que não se lê em parte alguma: todo aquele que nasceu do Espírito ouve a voz do Espírito. Mas, ainda que admitamos que isso está escrito, não poderá concluir senão que os fiéis, segundo o Espírito que opera neles, são formados para o serviço de Deus. Ora, é um grave defeito aplicar a todos igualmente o que se diz de alguns em particular.

Sua quarta objeção é que, como vem antes o que é animal (1Cor 15, 46), há que esperar um tempo conveniente para o batismo, que é espiritual. Eu, porém, admito que todos os descendentes de Adão, gerados da carne, têm consigo sua condenação desde o ventre de sua mãe; no entanto, nego que isto impeça a Deus de nos trazer um remédio. Pois Servet nunca demonstrará que Deus tenha prescrito uns quantos anos em que começar a renovação espiritual. Segundo o testemunho de Paulo, os filhos nascidos dos fiéis estariam perdidos, quanto a sua natureza; no entanto são santificados por graça sobrenatural (1Cor 7, 14).

Apresenta ainda uma alegoria, porque Davi, ao subir à fortaleza de Sião, não levou consigo cegos nem coxos, mas soldados esforçados (2Sm 5, 8). Mas se eu lhe opuser a parábola em que Deus convida ao banquete celestial os cegos e os coxos (Lc 14, 21), como Servet se soltaria deste nó? Pergunto-lhe: também os coxos ou mutilados teriam lutado anteriormente com Davi? Mas é supérfluo insistir mais tempo nisto, uma vez que não é senão outra falsidade que ele inventou, como os leitores depreenderão da História Sagrada.

Segue depois outra alegoria: que os apóstolos foram pescadores de homens (Mt 4, 19), e não de criancinhas. Mas eu lhe pergunto o que Cristo quer dizer, ao afirmar que "na rede do Evangelho se recolhe todo tipo de peixes" (Mt 13, 47). Mas, como não me agrada brincar com alegorias, respondo que quando o ofício de ensinar foi ordenado aos apóstolos, não foram proibidos de batizar as crianças. E gostaria de saber por que ele nega que as crianças sejam homens, uma vez que o Evangelista usa ἄνφρωποι (ánthropoi, palavra que compreende todo o gênero humano, sem exceção).

Diz em sétimo lugar que as coisas espirituais devem se acomodar às espirituais (1Cor 2, 13); e que, não sendo as crianças espirituais, não estão aptas para o batismo. Mas, em primeiro lugar, vê-se claramente quão perversamente distorce o texto de Paulo. Ali se trata da doutrina; como os coríntios se compraz
iam com uma agudeza vã, Paulo repreende sua preguiça, porque ainda têm necessidade de aprender os primeiros rudimentos da doutrina celeste. Quem concluirá daí que o batismo deve ser negado às crianças, as quais Deus consagra a si mesmo por uma adoção gratuita, embora geradas pela carne?

Quanto ao que se segue, que, se são homens novos, devem ser alimentados com um sustento espiritual, é fácil a resposta. As crianças são admitidas no rebanho de Cristo pelo batismo, e este símbolo de sua adoção lhes é suficiente, até que cresçam e possam manter-se com um alimento sólido; por conseguinte, deve-se esperar o tempo do exame que Deus claramente exige para a santa Ceia.

Objeta depois que Cristo convida a todos os seus para a Ceia. Mas está bem claro que não admite senão aqueles que já estão preparados para celebrar a memória de sua morte. De onde se segue que as crianças, que houve por bem abraçar, não estão excluídas da Igreja, ainda que permaneçam num grau inferior, apropriado para elas, até que cresçam.

Quanto ao que se segue, que é algo monstruoso que um homem, depois de ter nascido, não coma, respondo que as almas se nutrem com outro mantimento, diferente do alimento externo; e que, portanto, Cristo é alimento também para as crianças, ainda que se abstenham do símbolo. No batismo, a razão é muito diferente; pois somente por ele se abre a porta para a Igreja.

Objeta também que um bom administrador distribui o alimento à família a seu tempo (Mt 24, 46). De bom grado o admito. Mas com que direito define para nós o tempo do batismo, para provar que não é dado às crianças convenientemente?

Aduz, ademais, a ordem de Cristo aos apóstolos, para que se apressassem para a colheita, pois os campos já estavam brancos (Jo 4, 35). Com isto Cristo somente quis que os apóstolos, ao ver o fruto de seu trabalho, se preparassem para ensinar com alegria. Quem concluirá daí que o único tempo oportuno para o batismo é o da colheita?

Seu décimo primeiro argumento é que todos os cristãos eram chamados discípulos na Igreja primitiva (At 11, 26). Mas já vimos como ele raciocina tolamente, do particular para o geral. São chamados discípulos os homens na idade da razão, que já haviam sido instruídos e confessavam a Cristo, assim como, sob a Lei, os judeus se chamavam discípulos de Moisés; mas ninguém concluirá daí que as crianças eram estranhas, quando Deus havia atestado que eram membros de sua família.

Diz também que todos os cristãos são irmãos, e que, se repelimos as crianças da Ceia, não as consideramos tais. Mas eu volto ao princípio: que não são herdeiros do reino dos céus senão aqueles que são membros de Cristo, e que o abraço de Cristo foi um verdadeiro penhor de sua adoção, mediante o qual as crianças uniram-se aos adultos; e que a abstinência temporal da Ceia não impede que pertençam ao corpo da Igreja. Pois nem o ladrão que se converteu na cruz deixou de ser irmão dos homens piedosos por nunca ter tido acesso à Ceia.

Acrescenta em seguida que ninguém se torna irmão nosso senão pelo Espírito de adoção, que é conferido somente pela pregação da fé. Respondo que sempre volta ao mesmo paralogismo, porque aplica às crianças, de forma despropositada, o que se diz somente dos adultos. Paulo ensina ali que este é o modo corrente do chamamento a Deus: para conduzir seus eleitos à fé, suscita bons doutores entre eles, por cujo ministério e obra lhes estende a mão. Mas quem se atreverá a impor a Ele uma lei, para que não incorpore as crianças a Cristo por alguma outra razão secreta?

Quanto ao que objeta, que Cornélio foi batizado depois de ter recebido o Espírito Santo (At 10, 44), quão fora de propósito é extrair uma regra geral de um um único exemplo! O que é evidente pelo eunuco e os samaritanos (At 8, 27), com os quais Deus observou uma ordem diferente, uma vez que o batismo precedeu os dons do Espírito.

A décima quinta razão é mais do que tola. Diz que, pela regeneração, nós nos tornamos deuses; e que são deuses aqueles a quem a Palavra de Deus foi anunciada (Jo 10, 35), o que não compete às crianças pequenas. Atribuir divindade aos fiéis é um de seus delírios, de que não quero tratar aqui. Mas é de uma impudência desesperada distorcer o passo do Salmo em outro sentido muito diferente. Cristo diz que os reis e os magistrados são chamados deuses pelo profeta, porque mantêm o ofício que Deus lhes atribuiu. Mas este intérprete sutil aplica à doutrina do Evangelho o que se diz do mandato de governar dado a certos homens, a fim de expulsar as crianças da Igreja.

Argumenta também que as crianças não podem ser consideradas homens novos, porque não são geradas pela Palavra. Mas eu repito o que já disse tantas vezes: que a doutrina é a semente incorruptível para nos regenerar, se realmente somos dignos de recebê-la. Mas quando, pela idade, ainda lhes resta alguma indocilidade, Deus tem seus caminhos para regenerar os seus.

Ele volta em seguida a suas alegorias: que, sob a Lei, a ovelha e a cabra não eram oferecidas em sacrifício imediatamente depois de nascidas. Se é lícito forçar as figuras assim, é fácil para mim retrucar-lhe que todos os primogênitos eram consagrados a Deus tão logo saíam do ventre de suas mães (Ex 13, 2); então, era preciso imolar um cordeiro de um ano (Ex 12, 5). De onde se segue que não devemos esperar a robusteza viril, mas antes que bebês recém-nascidos e tenros são aceitos por Deus para os sacrifícios.

Afirma também que ninguém pode vir a Cristo se não foi preparado por João Batista. Como se o ofício de João não tivesse sido temporal! Mas nem levarei isso em conta, pois tal preparação certamente não teve lugar nas crianças que Cristo abraçou e bendisse. Portanto, não façamos caso dela, com seu falso princípio.

Finalmente, recorre a seus patronos, Trismegisto e as Sibilas, segundo os quais as abluções sagradas não convêm senão aos adultos. Eis que considera o batismo de Cristo tão reverentemente que o exige conforme os ritos profanos dos pagãos, de tal maneira que seja administrado como agradava a Trismegisto! Mas a autoridade de Deus deve ser mais valiosa para nós; e a Ele lhe aprouve consagrar a si as crianças e iniciá-las com um símbolo sagrado, cuja virtude ainda não entendem. Ensinamos que não é lícito tomarmos das expiações dos gentios coisa alguma que mude em nosso batismo a eterna e inviolável Lei de Deus, que Ele sancionou na circuncisão.

Por último, argumenta: se é lícito batizar as crianças sem entendimento, também é válido o batismo que é administrado pelas crianças quando brincam, com mímicas e por brincadeira. Mas, com respeito a isso, que entre em litígio com Deus, que ordenou que a circuncisão fosse aplicada a meninos antes de que alcançassem a compreensão. Terá sido uma brincadeira? Ou as tolices ineptas de uns meninos poderão mudar a santa instituição de Deus? Mas não é espantoso que esses espíritos réprobos, como se fossem tomados de um frenesi, apelem aos mais crassos absurdos em defesa de seus erros, porque Deus castiga justamente sua soberba e pertinácia por meio de tal vertigem.

Confio ter demonstrado com quão débeis subsídios Servet ajudara a seus irmãozinhos, os anabatistas.

32. Creio que agora não há de ser ambíguo para ninguém que esteja sóbrio o quão temerariamente perturbam a Igreja de Cristo aqueles que promovem rixas e contendas sobre o pedobatismo. Mas vale a pena observar o que Satanás pretende com tão grande astúcia; a saber, arrebatar-nos aquele singular fruto de confiança e de alegria espiritual a que se pode chegar pelo batismo e tirar-nos também a glória da divina bondade. Pois quão agradável é para as almas piedosas certificarem-se, não somente pela Palavra, mas também com seus próprios olhos, de que alcançaram tanta graça perante o Pai celestial que sua posteridade está a cargo dele!

Pois aqui podemos ver como Deus assume para conosco o papel do mais provedor dos pais de família, que nem depois de nossa morte deixa de cuidar de nós, e até vela e olha por nossos filhos. Acaso não devemos saltar de alegria e dar graças de todo coração, a exemplo de Davi, para que seu nome seja santificado, por tal demonstração de bondade (Sl 48, 11)? Isto, isto certamente move Satanás a combater o pedobatismo com tantas armas; sua finalidade é que, ao ser apagado o atestado da graça de Deus, que se apresenta a nossos olhos, finalmente vá desaparecendo pouco a pouco a promessa. De onde não somente nasceria uma ímpia ingratidão para com a misericórdia de Deus, mas também certa negligência em instruir nossos filhos na religião. Pois não é pequeno estímulo para incitar-nos a educá-los no verdadeiro temor de Deus e na observação da Lei saber que, imediatamente a partir de seu nascimento, segundo pensamos, ocupam o lugar de filhos, considerados legítimos. Portanto, a menos que seja lícito diminuir malignamente a beneficência de Deus, ofereçamos a Ele nossas crianças, às quais concedeu um lugar entre seus familiares e domésticos, isto é, os membros da Igreja.

Capítulo XVII

Da Santa Ceia de Cristo e dos benefícios que ela nos traz.

epois que Deus recebeu-nos em sua família, e para conside-rar-nos não somente como escravos, mas como filhos, Ele, a fim de conduzir-se como um bom pai, preocupado por seus filhos, pensa ainda num modo de sustentar-nos no decorrer de nossa vida. E, não contente com isto, quis dar-nos mais segurança acerca de sua contínua liberalidade para conosco, dando-nos um penhor dela. Para este fim, deu outro sacramento à sua igreja por intermédio de seu Filho Unigênito, a saber, um banquete espiritual, no qual Cristo atesta que ele é o pão da vida, com o qual nossas almas são alimentadas para a verdadeira e bem-aventurada imortalidade (Jo 6, 51).

E, uma vez que é muito necessária a compreensão de um mistério tão grande e este, por sua magnitude, requer uma explicação acurada; e que Satanás, a fim de privar a Igreja deste tesouro inestimável, envolveu sua luz primeiramente com névoas, e em seguida com trevas, para obscurecê--lo, e além disso promoveu contendas e disputas que afastaram a gente simples do gosto deste alimento sagrado e, mesmo em nossa época, serviu-se de idêntico artifício, farei um resumo desta matéria, conforme a capacidade dos leigos, e exporei os laços com que Satanás esforçou-se em atar o mundo.

Primeiro, os signos são o pão e o vinho, os quais representam para nós o alimento invisível que recebemos do corpo e sangue de Cristo. Pois, assim como no batismo, quando Deus nos regenera, insere-nos na sociedade de sua Igreja e nos torna seus por adoção, assim também dissemos que desempenha o ofício de um pai de família provedor, que nos proporciona continuamente o mantimento com que nos sustenta e mantém naquela vida para a qual nos gerou com sua Palavra. Ora, o único alimento de nossas almas é Cristo; e, por isso, nosso Pai celestial nos convida a que vamos a Ele, para que, refeitos por meio desta comunicação, recobremos o vigor a cada dia, até chegarmos à imortalidade celestial. E, uma vez que este mistério da arcana união de Cristo com os homens piedosos é incompreensível por natureza, Ele nos mostra sua figura e imagem em signos visíveis, muito mais apropriados à nossa condição. Mais ainda: como se nos desse penhores e garantias, dá-nos tal certeza que é como se o víssemos com nossos próprios olhos; porque esta comparação tão familiar, de que nossas almas são alimentadas com Cristo da mesma forma que o pão e o vinho sustentam a vida corporal, penetra até mesmo nas mentes mais rudes.

Já sabemos, pois, a que fim visa esta bênção mística, a saber, para confirmar-nos que o corpo do Senhor foi uma vez imolado por nós, de tal maneira que agora nos nutrimos dele, e, nutrindo-nos, sintamos em nós a eficácia de seu sacrifício único; e que seu sangue de tal maneira foi uma vez derramado por nós que nos sirva de bebida perpétua. Isto é o que dizem as palavras da promessa, ali acrescentadas: "tomai; este é meu corpo, que é dado por vós" (Mt 26, 26; Mc 14, 22; Lc 22, 19; 1Cor 11, 24). Logo, é-nos ordenado que tomemos e comamos o corpo que foi uma vez oferecido para a nossa salvação, a fim de que, quando virmos que nos tornamos partícipes dele, certifiquemo-nos de que a virtude desta morte vivificante há de ser eficaz em nós. E por isso chama ao cálice "aliança em seu sangue". Pois ele de alguma maneira renova a aliança que uma vez santificou com seu sangue, ou, melhor dizendo, continua-a, no que se refere à confirmação de nossa fé, sempre que nos dá seu sangue sagrado para que o bebamos.

2. As almas piedosas podem tirar deste sacramento grande fruto de confiança e de suavidade; porque têm o testemunho de que se uniram num só corpo com Cristo, de tal maneira que podemos chamar nosso a tudo o que é dele. Advém daí que nos atrevamos a anunciar com segurança que a vida eterna de que ele é o herdeiro é nossa; e que o reino dos céus, em que ele já ingressou, não pode deixar de ser nosso, tanto quanto é de Cristo; e, pelo contrário, que não podemos ser condenados por nossos pecados, de cuja culpa nos absolveu, quando quis imputá-los a si mesmo como se fossem seus. Tal é a admirável comunicação que ele, por sua infinita benignidade, usou conosco; porque ele, ao fazer-se filho do homem juntamente conosco, fez-nos filhos de Deus juntamente consigo; porque ele, com sua descida à terra, fez-nos ascender ao céu; porque ele, tendo aceitado nossa mortalidade, conferiu-nos sua imortalidade; porque ele, tendo tomado sobre si nossa fraqueza, fortaleceu-nos com sua virtude;

porque ele, tendo recebido em si nossa pobreza, transferiu-nos sua opulência; porque ele, tendo tomado para si o peso de nossa injustiça, com a qual estávamos sobrecarregados, nos deu sua justiça.

3. Temos neste sacramento um atestado tão sólido dessas coisas que devemos ter certeza de que elas nos são mostradas nele, não menos do que se Cristo estivesse presente e o víssemos com nossos próprios olhos, ou o tocássemos com nossas mãos. Pois esta palavra não pode mentir-nos ou iludir-nos: tomai, comei, bebei; este é o meu corpo, que é entregue por vós; este é o sangue que é derramado para remissão de vossos pecados. Ao ordenar que o tomemos, dá a entender que é nosso; ao ordenar que o comamos, dá a entender que se faz uma mesma substância conosco. Quando prega sobre seu corpo, que entregou por nós, e sobre o sangue, que derramou por nós, ensina-nos que eles não são tanto seus como nossos, porque os tomou e deixou não para comodidade sua, mas para nossa salvação.

Devemos observar diligentemente que a principal força do sacramento consiste quase toda nestas palavras: "que por vós se entrega", "que por vós se derrama"; porque de outra maneira não nos serviria de grande coisa que o corpo e o sangue do Senhor nos sejam distribuídos agora, se já não tivessem sido entregues uma vez por nossa redenção e salvação. E assim nos são representados sob o pão e o vinho, para que aprendamos que não somente são nossos, mas que também estão destinados a nós, como alimento da vida espiritual. Isto é o que já advertimos antes, que, pelas coisas corporais que nos são propostas no sacramento, devemos dirigir--nos às espirituais, segundo certa analogia. E assim, quando o pão nos é dado como símbolo do corpo de Cristo, devemos recordar em seguida esta semelhança: que, como o pão alimenta, sustenta, mantém a vida de nosso corpo, da mesma maneira o corpo de Cristo é o único mantimento para alimentar e vivificar a alma. Quando vemos que o vinho nos é dado como símbolo do sangue, devemos cogitar que benefícios o vinho traz para o corpo, para que entendamos que o sangue de Cristo nos traz as mesmas coisas espiritualmente São elas: aquecer-nos, restaurar-nos, animar-nos, alegrar-nos. Pois, se considerarmos atentamente para os motivos por que o corpo sacrossanto de Cristo nos foi entregue, e seu sangue, derramado por nós, veremos claramente que o que se atribui ao pão e ao vinho lhes convém perfeitamente, segundo a analogia a nosso respeito, quando nos são comunicados.

4. Logo, a parte principal do sacramento não é simplesmente dar-nos o corpo de Cristo, sem uma consideração mais elevada; mas antes esta promessa na qual Cristo nos atesta que sua carne é verdadeira comida e seu sangue, bebida, mediante as quais somos alimentados para a vida eterna e nos afirma que ele é o pão da vida, do qual viverá eternamente aquele que o tiver comido. Digo que, para selar e confirmar essa promessa, e para torná-la eficaz, o sacramento nos remete à cruz de Cristo, onde esta promessa foi verdadeiramente cumprida e preenchida completamente. Pois não nos alimentamos de forma correta e salutar senão do Cristo crucificado, na medida em que apreendemos com um sentimento vivo a eficácia de sua morte. Pois ele se chama pão da vida, não porque tomou esse nome do sacramento, como muitos interpretam perversamente, mas porque nos foi dado como tal pelo Pai; e como tal se mostra quando, tendo se feito partícipe de nossa mortalidade, fez-nos consortes de sua divina imortalidade; quando, oferecendo-se em sacrifício, tomou para si nossa maldição, para derramar sobre nós sua bênção; quando, com sua morte, devorou e engoliu a morte; quando, em sua ressurreição, ressuscitou esta nossa carne corruptível que ele vestira para a glória e a incorrupção.

5. Resta que convenha aplicar isto tudo a nós; o que ocorre quando o Senhor se oferece a nós juntamente com todos os seus bens e nós o recebemos com fé, primeiro pelo Evangelho, e então mais admiravelmente pela Santa Ceia. Logo, o sacramento não faz que Cristo comece a ser pão da vida, mas antes nos traz à memória que ele se fez pão da vida, para que dele nos alimentemos constantemente; faz-nos provar o gosto e o sabor deste pão, para que sintamos sua força. Pois nos promete que tudo o que Cristo fez e padeceu foi para vivificar-nos. E, além disso, que esta vivificação é eterna, pois por ela somos sempre alimentados, sustentados e mantidos nesta vida. Porque, assim como Cristo não teria sido pão da vida para nós se não tivesse nascido por nós, morrido por nós e ressuscitado por nós, tampouco o seria se a eficácia e o fruto não fossem coisa eterna e imortal.

Cristo expressa tudo isso muito bem com estas palavras: "o pão que eu darei é minha carne, que eu darei pela vida do mundo" (Jo 6, 51); palavras com as quais demonstra sem dúvida nenhuma que seu corpo haveria de ser para nós o pão para a vida espiritual da alma, porque havia de ser entregue à morte para nossa salvação. Foi-nos dado, porém, para que dele nos alimentemos, uma vez que nos faz partícipes dele pela fé. E, assim, ele o deu uma vez, para que se fizesse pão, quando o entregou para ser crucificado para a redenção do mundo, e o dá diariamente, quando no-lo oferece, crucificado, para que dele participemos pela palavra do Evangelho; quando sela tal participação com o mistério sagrado da Ceia; quando cumpre interiormente o que designa externamente.

Além disso, há aqui dois vícios contra os quais devemos nos acautelar, para que, ao enfraquecer os signos demasiadamente, não os separemos de seus mistérios, aos quais de certa forma estão ligados; ou para que, ao elevá-los demasiadamente, não pareçamos obscurecer também os próprios mistérios. Não há ninguém, a menos que totalmente irreligioso, que não admita que Cristo é o pão da vida, com o qual os fiéis são alimentados para a vida eterna. Mas não há acordo entre todos acerca do modo de realizar-se tal participação. Pois há alguns que afirmam, numa palavra, que comer a carne de Cristo e beber seu sangue não é outra coisa senão crer nele. Mas a mim me parece que Cristo quis ensinar algo mais elevado e mais sublime neste sermão notável, ao recomendar-nos que comamos sua carne, a saber, que sejamos vivificados por sua verdadeira participação, a qual ele designou pelas palavras comer e beber, a fim de que ninguém pensasse que a vida que compreendemos por ele é compreendida por simples conhecimento. Pois como só o olhar não basta, e requer-se o pão como alimento para o corpo, assim também é necessário que a alma se torne verdadeiramente partícipe de Cristo, para que, pela virtude dele, seja conservada para a vida eterna.

Entretanto, confessamos que este comer não é outro senão o da fé, pois não se pode imaginar nenhum outro. Mas a diferença entre minhas palavras e as deles é que para eles comer não é outra senão crer. Eu afirmo que nós, crendo, comemos a carne de Cristo, porque pela fé se dá que este comer seja fruto e efeito da fé. Ou, se o queres ainda mais claramente: para eles, o comer é a fé; mas a mim me parece que ele procede da fé. Nas palavras a diferença é pequena, mas na realidade é grande. Pois, embora o Apóstolo ensine que Cristo habita em nossos corações pela fé (Ef 3, 17), ninguém interpretará que tal habitação é a própria fé; mas todos compreendem que explicou um exímio efeito da fé, porque, por ela, os fiéis conseguem que Cristo permaneça neles. Deste mesmo modo o Senhor, ao chamar-se pão da vida (Jo 6, 51), não somente quis ensinar que nossa salvação consiste na fé em sua morte e ressurreição, mas também que, por sua verdadeira comunicação, dá-se que sua vida seja transferida para nós e se torne nossa, assim como o pão, quando é tomado como alimento, dá vigor ao corpo.

6. Agostinho, que eles citam como seu defensor, escreveu que comemos crendo, não em outro sentido senão o de indicar que tal comer se faz com a fé, e não com a boca.[333] Coisa que eu não nego, mas, ao mesmo tempo,

---

333 Aug., In Ioh. Tract. 26, 1 MSL 35, 1607.

acrescento que nós, com a fé, abraçamos a Cristo, que não se mostra de longe, mas que se une a nós, para que ele seja nossa cabeça e nós sejamos seus membros. Não reprovo totalmente essa maneira de falar; apenas nego que seja uma interpretação perfeita, se quiserem definir o que é comer a carne de Cristo. Vejo que Agostinho usa essa forma de falar muitas vezes, como quando diz no livro terceiro da Doutrina Cristã: "'se não comerdes a carne do Filho do Homem' é uma figura, que prescreve que comuniquemos com a paixão do Senhor e que imprimamos bem firmemente na memória que sua carne foi crucificada e ferida por nós".[334] E o mesmo quando diz que aquelas três mil pessoas que se converteram pela pregação de Pedro (At 2, 41), crendo, beberam o sangue de Cristo, o qual haviam cruelmente derramado.[335] Mas em muitos outros lugares enaltece enormemente o benefício da fé, porque, por ela, nossas almas se restabelecem pela comunhão com a carne de Cristo, não menos do que nossos corpos alimentam-se de pão.[336]

E isso mesmo é o que Crisóstomo escreveu em outro lugar: "Cristo nos dá seu corpo não somente pela fé, mas realmente".[337] Pois ele não entende que um bem tão grande provenha de outra parte senão da fé, mas apenas quer excluir isso, para que ninguém, quando ouvir dizer fé, conceba que se trata de mera imaginação.

Passo ao largo daqueles que querem que a Ceia seja somente marca de uma profissão externa; porque me parece que já refutei suficientemente o erro deles, quando tratei dos sacramentos em geral. Que os leitores observem somente isto: que, quando o cálice é chamado pacto no sangue (Lc 22, 20), é necessário que haja uma promessa que sirva para confirmar a fé. De onde se segue que não usamos bem a Santa Ceia, se não olhamos para Deus e não aceitamos o que Ele nos oferece.

7. Tampouco me satisfazem aqueles que, reconhecendo que temos uma certa comunicação com o corpo de Cristo, fazem-nos, quando querem mostrá-la, partícipes somente do Espírito, sem fazer menção à carne e ao sangue, como se não fosse nada dizer que sua carne é verdadeiramente comida e seu sangue é verdadeiramente bebida e que não têm vida senão aquele que tiver comido esta carne e bebido este sangue; e outras sentenças semelhantes. Por isso, se é evidente que a real comunicação de Cristo vai além da descrição deles (que é demasiado restrita), tentarei expor em

---

334 Aug., De doctrina christiana III, 16, 24 MSL 34, 74s.
335 Aug., In Ioh. Tract. 31, 9; 40, 2 MSL 35, 1640.1686.
336 Aug., Sermo 131, 1 MSL 38, 729; Sermo 57, 7 MSL 38, 389.
337 Chrysostomus, in ed. Basil 1530 t. IV p.581.

poucas palavras até onde se estende e se revela, antes de falar sobre o vício contrário do excesso. Pois terei uma disputa mais longa com certos doutores hiperbólicos, que, inventando com sua tolice um modo absurdo de comer e de beber, despojam a Cristo de sua carne e o transformam num fantasma. Se, no entanto, for possível abarcar tão grande mistério com algumas palavras; pois bem, vejo que não posso compreender o suficiente com meu entendimento, e de bom grado o confesso, para que ninguém meça sua grandeza pela medida de minha incapacidade de falar. Por isso exorto aos leitores a que não contenham seus sentidos nestes limites tão estreitos, mas a que se esforcem por subir muito mais alto do que eu poderia levá-los. Pois eu mesmo, sempre que trato deste tema, depois de esforçar-me por dizer tudo, parece-me que disse muito pouco, diante da dignidade desta matéria. E, ainda que, pelo pensamento, o entendimento possa ir além do que vai a língua, pela expressão, ele, entretanto, é vencido e ultrapassado pela magnitude do assunto. E, assim, não resta senão entregar-se à admiração deste mistério, que nem a mente pode estar à altura de compreender nem a língua de explicar inteiramente. Não obstante, exporei aqui o resumo de minha doutrina, a qual, como não duvido de que seja verdadeira, assim também confio que não há de ser reprovada pelos corações piedosos.

8. Antes de mais nada, aprendemos pelas Escrituras que Cristo foi desde o início aquele Verbo vivificador do Pai (Jo 1, 1), fonte de vida e origem de onde todas as coisas receberam seu ser, para que vivessem. Por isso João ora o chama Verbo de vida, ora escreve que nele estava a vida; querendo dizer que ele, derramando-se então sobre todas as criaturas, instilou nelas a virtude de respirar e de viver. No entanto, acrescenta em seguida que a vida se manifestou quando o Filho de Deus, tendo assumido nossa carne, fez-se visível aos olhos e palpável às mãos. Pois, embora também antes derramasse sua virtude sobre as criaturas, no entanto, porque o homem, afastado de Deus pelo pecado, tendo perdido a comunicação da vida, divisava a morte iminente por toda parte, tinha necessidade de ser recebido de novo na comunhão deste Verbo, para recuperar a esperança da imortalidade. Pois que confiança poderás conceber, se ouvires que o Verbo de Deus contém em si a plenitude da vida e tu, entretanto, estás muito afastado dele, e em ti e em teu redor não ocorre e não se apresenta diante dos teus olhos senão a morte? Mas quando aquela fonte de vida começa a habitar em nossa carne, já não está escondida longe de nós, mas oferece-se claramente, para que participemos dela. Eis como a carne vivificadora, na qual ele reside, vem até nós, a fim de que, pela participação da mesma, sejamos sustentados na imortalidade. Cristo nos aproximou do benefício da vida, cuja fonte e origem é ele mesmo. Eu sou, diz, o pão da vida, que desceu do céu; o pão que eu darei é minha carne, a qual eu darei pela vida do mundo (Jo 6, 48.51). Ensina nestas palavras que ele é vida não só enquanto Verbo eterno de Deus, que desceu do céu até nós, mas também que, ao descer, derramou esta virtude na carne que tomou, para que dela a comunicação da vida chegasse até nós. Daí também o que se segue: que sua carne é verdadeiramente mantimento, e seu sangue é verdadeiramente bebida. Alimentos com os quais os fiéis são sustentados para a vida eterna. Por conseguinte, os homens piedosos têm o grande consolo de saber que acham a vida agora em sua própria carne. Pois assim não somente penetram nessa vida pela entrada fácil, mas, além disso, consideram que ela é clara e óbvia para eles. É só abrir o peito para abraçar a vida presente, e obtê-la-ão.

9. E, ainda que a carne de Cristo não tenha por si mesma tanta virtude que nos vivifique, uma vez que, em sua primeira condição, esteve sujeita à mortalidade, e agora, que possui a imortalidade, não vive por si mesma, é no entanto chamada vivificadora com todo direito, por estar repleta da plenitude da vida, a qual é transmitida a nós. Neste sentido interpreto, com Cirilo, o que diz Cristo: "assim como o Pai possui a vida em si mesmo, do mesmo modo concedeu ao Filho possuir a vida em si mesmo (Jo 5, 26). Pois ali discorre propriamente sobre seus dons, não os que possuía desde o início junto ao Pai, mas aqueles com que foi dotado na própria carne, em que se manifestou. Portanto, demonstra que a plenitude da vida habita também em sua humanidade; de tal maneira que quem quer que se comunique com sua carne e com seu sangue, usufruirá ao mesmo tempo da participação nesta vida".[338] Podemos explicar o que é isso com um exemplo familiar. Pois do mesmo modo como ora se bebe, ora se tira, ora se conduz a água da fonte por canais, para irrigar os campos, e, no entanto, a fonte não tem tal abundância para tantos usos em si mesma, mas esta lhe vem do manancial, que a preenche e lhe fornece nova copiosidade com um fluxo perene; do mesmo modo a carne de Cristo é semelhante a uma fonte rica e inesgotável, que faz a vida que emana da divindade fluir até nós.

Quem não vê ainda que a comunhão da carne e do sangue de Cristo é necessária a todos aqueles que aspiram à vida celestial? A isto tendem estas sentenças do Apóstolo: que a Igreja é o corpo de Cristo e sua ple-

---

338 Cyril. Alex., Expositio in Evang. Ioh. Libr. II c. 8 MSG 73, 381/82ss.

nitude (Ef 1, 22-23); que ele é a cabeça, da qual todo o corpo, ligado e unido pelas juntas, recebe seu crescimento (Ef 4, 15-16). Nossos corpos são membros de Cristo (1Cor 6, 15). Entendemos que todas essas coisas não podem verificar-se de nenhuma outra forma, a menos que ele, com seu corpo e seu Espírito, una-se totalmente a nós. Mas ele ilustra esta união tão profunda pela qual nos unimos à sua carne com uma sentença ainda mais esplêndida, quando diz que nós somos "membros de seu corpo", de seus ossos e de sua carne (Ef 5, 30). E, finalmente, para atestar que o tema é maior do que todas as palavras, conclui sua fala com esta exclamação: "grande é este mistério!" (Ef 5, 32). Portanto, seria extrema demência não reconhecer nenhuma comunhão entre a carne e o sangue do Senhor e dos fiéis, quando o Apóstolo declara que ela é tão grande que, mais do que explicá-la, prefere admirá-la.

10. Para resumir, nossas almas não se alimentam da carne e do sangue de Cristo menos do que o pão e o vinho mantêm e sustentam a vida corporal. Pois, de outra forma, se nossas almas não encontrassem em Cristo seu alimento, a analogia do signo não caberia. O que não pode acontecer, a menos que Cristo verdadeiramente se una a nós, e nos restabeleça com o alimento de sua carne e a bebida de seu sangue. E, ainda que pareça incrível que a carne de Cristo, tão afastada de nós pela distância, penetre em nós para tornar-se nosso mantimento, lembremo-nos do quanto a virtude oculta do Espírito supera todos os nossos sentidos, e de quão tolo é querer medir sua imensidão com nossa medida. Logo, pois, o que a nossa mente não compreende, receba-o a fé: que o Espírito une verdadeiramente as coisas que são afastadas, e Cristo atesta e sela na Ceia esta sagrada comunicação de sua carne e de seu sangue, pela qual transfere a nós sua vida, não menos do que se penetrasse em nossos ossos e em nossa medula. E não nos oferece um objeto vão ou um signo vazio, mas nos mostra nele a eficácia de seu Espírito, pela qual cumpre o que promete. E verdadeiramente oferece e mostra a todos os que tomam parte neste banquete espiritual a realidade nele significada, ainda que somente os fiéis a recebam com fruto, uma vez que aceitam tão grande benignidade com verdadeira fé e gratidão na alma.

Por isso o Apóstolo disse que o pão que partimos é comunhão com o corpo de Cristo e o cálice que consagramos com a Palavra e com preces é comunhão com o corpo de Cristo (1Cor 10, 16). E não há por que alguém objetar que se trata de uma figura de expressão, na qual o nome da coisa significada é dado ao signo. Admito que partir o pão é um símbolo, não a coisa mesma. Mas, isto posto, podemos concluir que a coisa mesma nos é mostrada quando nos é mostrado o símbolo. Pois ninguém, a não ser que queira dizer que Deus é falaz, jamais ousará dizer que um signo vão nos é proposto por Ele. E, assim, se o Senhor representa verdadeiramente a participação de seu corpo pelo "partir o pão", não deve haver dúvida de que o dá e mostra verdadeiramente. Por isso esta é a regra que deve ser mantida por todos os homens pios: que, sempre que vejam os símbolos instituídos pelo Senhor, convençam-se e tenham como certo que a verdade da coisa significada está presente. Pois com que finalidade o Senhor te poria na mão o símbolo de seu corpo, senão para assegurar-te de tua verdadeira participação nele? E se é verdade que o signo visível nos é dado para selar a doação da realidade invisível, então, uma vez aceito o símbolo de seu corpo, confiemos que o próprio corpo também certamente nos é dado.

11. Digo, pois (o que sempre foi aceito na Igreja e que hoje ensinam aqueles que pensam corretamente) que o sagrado mistério da Ceia consiste em duas coisas: nos signos corpóreos, que nos são postos diante dos olhos e que representam as realidades invisíveis para nós, de acordo com nossa incapacidade; e na verdade espiritual, que é figurada e ao mesmo tempo mostrada por meio dos símbolos.

Como quero demonstrar de um modo familiar qual é esta realidade, costumo afirmar que há aqui três coisas: o significado, a matéria que dela depende e a virtude ou efeito que procede de ambos.

O significado consiste nas promessas, que de certa forma estão implícitas no signo.

Matéria ou substância chamo a Cristo, com sua morte e ressurreição.

E, por efeito, entendo a redenção, a justiça, a santificação, a vida eterna e todos os demais benefícios que Cristo nos faz. Além disso, embora todos esses benefícios digam respeito à fé, no entanto não deixo lugar algum a este estratagema: que, ainda que recebamos a Cristo pela fé, ele é percebido somente pela inteligência e pela imaginação. Pois as promessas no-lo oferecem não para que o apreendamos somente na aparência e por um mero conhecimento, mas para que usufruamos verdadeiramente de sua comunicação. E realmente não vejo como um homem pode confiar em que tem sua redenção e justiça na cruz de Cristo, e a vida em sua morte, se primeiro não está apoiado na verdadeira comunhão de Cristo. Pois estes bens não virão até nós se antes Cristo não se fizer nosso. Digo, pois, que, por meio dos símbolos do pão e do vinho, Cristo nos é dado no mistério da Ceia, verdadeiramente, em corpo e sangue, nos quais cumpriu toda justiça com sua obediência, para que primeiro nos unamos com ele num só corpo; e, em seguida, feitos partícipes de sua substância, sintamos também sua virtude, pela comunicação com todos seus bens.

12. Passo agora às misturas hiperbólicas que a superstição introduziu. Pois Satanás empregou aqui uma astúcia admirável, a fim de que, tendo afastado do céu o pensamento dos homens, pudesse instruí-los num erro perverso, como se Cristo estivesse encerrado no elemento do pão.

Em primeiro lugar, não devemos imaginar uma presença de Cristo no sacramento tal qual os artífices da cúria romana a inventaram, como se o corpo de Cristo se apresentasse com uma presença local, de modo que pudesse ser tocado pelas mãos, mastigado pelos dentes e engolido pela boca. Pois esta foi a fórmula da retratação que o Papa Nicolau ditou a Berengário, como prova de seu arrependimento.[339] Estas palavras são a tal ponto prodigiosas que o autor da glosa exclama que, se os leitores não se acautelassem com prudência, haveria o perigo de tirarem daí numa heresia pior que a de Berengário. E Pedro Lombardo, embora se esforce muito para desculpar tal absurdo, inclina-se mais à opinião contrária.[340] Porque como não duvidamos de que seja finito, conforme a medida de seu corpo humano, e de que esteja contido no céu, ao qual uma vez foi admitido, até que volte para julgar; assim também pensamos, por outro lado, que é ilícito prendê-lo sob esses elementos corruptíveis ou imaginar que seu corpo esteja presente em todo lugar. É claro que isso não é necessário para usufruirmos de sua participação, uma vez que o Senhor nos prodigaliza, mediante seu Espírito, o benefício de que em corpo, espírito e alma sejamos uma mesma coisa com Ele. Assim, o vínculo desta união é o Espírito de Cristo, mediante o qual somos unidos; e é como um canal por onde tudo o que Cristo é e tem chega até nós. Pois se vemos que o sol, ao iluminar a terra, de certa maneira envia com seus raios a substância para gerar, manter e fazer crescer os frutos da terra, por que a irradiação do Espírito de Cristo ser-lhe-ia inferior para trazer-nos a comunhão de sua carne e de seu sangue? Por isso a Escritura, quando fala da nossa participação com Cristo, relaciona toda a força desta ao Espírito. Um único exemplo bastará, entre muitos. Pois Paulo, no capítulo oito aos Romanos, declara que Cristo não habita em nós senão por seu Espírito. Com isso, no entanto, não suprime essa comunhão da carne e do sangue de que agora tratamos; mas ensina que ela se dá pelo Espírito, o único meio pelo qual possuímos e temos a Cristo inteiramente, e ele permanece em nós.

---

339 Decret. Grat. III (de consacrat.) dist. 2, c. 42 FRIEDG. I 1328s.; Glossa ordinaria in Decretum Gratiani, ad III dist. 2. c. 42.
340 Lomb., Sent. IV dist. 12. c. 4. 5 MSL 192, 865.

13. Os escolásticos, a quem o horror de tão bárbara impiedade detém, falam mais comedidamente; mas eles tampouco fazem outra coisa senão jogar com artifícios mais sutis.

Concedem que Cristo não está contido ali, nem circunscriptivamente, nem de forma local; mas inventam outra coisa, que nem eles mesmos entendem, nem podem explicar aos demais, que reduz tudo a isto: que Cristo seja procurado na espécie (como eles a chamam) do pão. Quê, então? Quando dizem que a substância do pão se converte em Cristo, acaso não a vinculam a sua brancura, que eles afirmam que permanece ali? Cristo está contido no sacramento de tal forma que permaneça no céu, dizem; e concluímos que esta não é outra senão a presença de habitude. Mas, quaisquer que sejam as palavras que empreguem para encobrir sua mentira, o fim de tudo é que o que antes era pão se torna Cristo pela consagração; de tal forma que Cristo está oculto sob a cor do pão. E não se envergonham de dizê-lo claramente! Pois estas são palavras de Lombardo: "o corpo de Cristo, que em si é invisível, se oculta e se encobre sob a espécie do pão, uma vez feita a consagração".[341] Assim, a figura daquele pão não é senão uma máscara que impede de se ver a carne.

Não há para quê estar com muitas conjecturas para perceber as armadilhas que quiseram colocar-nos com essas palavras, pois os fatos mesmos mostram-no claramente. É evidente a grande superstição com que desde alguns séculos aprisionaram não somente o vulgo, mas também os grandes doutores; como mesmo hoje se pode ver nas igrejas papísticas. Pois eles fazem pouco caso da verdadeira fé (a única pela qual chegamos à união com Cristo e ligamo-nos a ele) e têm somente sua presença carnal, que fabricaram além do Verbo, e pensam que o têm suficientemente presente. Em suma, vemos que tudo o que conseguiram com esta engenhosa sutileza é que se considere o pão como o próprio Deus.

14. Saiu daí essa transubstanciação fictícia pela qual combatem hoje mais energicamente do que por todos os outros artigos de sua fé.

Pois os primeiros que arquitetaram essa presença local não podiam resolver de que maneira o corpo de Cristo havia de se misturar à substância do pão, sem que imediatamente lhes ocorressem numerosos absurdos. Por conseguinte, tiveram de se refugiar na invenção de que o pão se converte em corpo; não porque, propriamente falando, do pão se faça o corpo, mas porque Cristo, para ocultar-se sob a figura do pão, reduz a substância deste a nada. É assombroso que tenham caído em tal ignorância, ou melhor,

---

341 Lomb., Sent. IV dist. 10. c. 2 MSL 192, 860.

estupidez, de tal forma que se opuseram não só à Escritura como também ao consenso da Igreja antiga, para meter no meio esse monstro.

Admito, claro, que alguns antigos usaram o termo conversão, não porque quisessem abolir a substância nos signos externos, mas para ensinar que o pão dedicado ao mistério está longe de ser comum, e que é outro. Mas todos eles pregam claramente por toda parte que a Santa Ceia consiste de duas partes: a terrena e a celestial. E interpretam que o pão e o vinho são a terrena, sem qualquer controvérsia.

Certamente, digam o que disserem, é claro que abandonam a autoridade dos antigos, que eles, para confirmar este dogma, muitas vezes ousam opor à Palavra evidente de Deus. Pois ele foi inventado não faz muito tempo; e é certo que era ignorado não apenas naqueles bons tempos em que a pura doutrina da religião ainda florescia, mas até quando essa pureza já estava de certa forma maculada. Não há um só entre os antigos que não confesse com palavras claras que o pão e o vinho são os símbolos sagrados da Ceia; ainda que, como já foi dito, às vezes, para enaltecer a dignidade do mistério, atribuam-lhes vários epítetos. Pois já adverti acima que o que eles dizem, que na consagração dá-se uma conversão misteriosa, de tal maneira que já não são pão e vinho, não quer dizer que o pão e o vinho sejam reduzidos a nada, mas sim que devam ser considerados de uma forma diferente do que os alimentos comuns, que se destinam somente a alimentar o ventre; já que neste pão e neste vinho nos são dados um alimento e uma bebida espirituais. Nós tampouco o negamos. Mas, se há conversão, dizem eles, é necessário que de uma coisa se faça outra. Se entendem que se faz algo que antes não era, consinto-o. Mas se o querem aplicar a esta sua fantasia, que me respondam que transformação acham que ocorre no batismo. Pois os Pais também afirmam que há aqui uma conversão admirável, quando dizem que do elemento corruptível se realiza o banho espiritual das almas; e, no entanto, ninguém nega que a água permanece.

Dizem que não há nada no batismo semelhante ao que há na Ceia: este é meu corpo. Como se se tratasse de palavras, que têm sentido suficientemente claro, e não do termo "conversão", que não deve significar na Ceia nada mais amplo do que no batismo. Que nos deixem, pois, em paz com suas sutilezas capciosas, pelas quais não demonstram senão sua tolice.

Realmente, seu significado não conviria, se a verdade que é figurada ali não tivesse uma imagem viva no signo exterior. Cristo quis atestar pelo símbolo exterior que sua carne é alimento. Se tivesse proposto somente um inconsistente espectro de pão, não um pão verdadeiro, onde estaria a analogia ou semelhança, que deve levar-nos da coisa visível à invisível? Pois, como todas essas coisas concordam entre si, o significado não se estenderia além do que somos alimentados pela espécie da carne de Cristo. Da mesma forma como se, no batismo, uma figura da água nos enganasse os olhos, isto não nos serviria de penhor de nossa ablução; e mais, com esse espetáculo falaz, dar-se-nos-ia ocasião de vacilar. Logo, a natureza do sacramento se confunde, se o signo terreno não corresponde à realidade celestial no modo de significar. Assim, a verdade deste mistério perece para nós, a menos que o verdadeiro pão represente o verdadeiro corpo de Cristo.

Repito mais uma vez que, como a Ceia não é senão um testemunho claro da promessa feita no capítulo sexto de João, a saber, que Cristo é o pão da vida que desceu do céu, é necessário que o pão visível interceda para figurar o espiritual; a não ser que desejemos que todo fruto que Deus nos deu para sustentar-nos em nossa fraqueza se perca.

Por que então Paulo poderia concluir que nós, que participamos todos de um pão, somos um pão e um corpo (1Cor 10, 17), se houvesse somente um espectro de pão, e não a verdade natural do mesmo?

15. Mas nunca teriam sido tão torpemente iludidos pelas astúcias de Satanás, se não tivessem se deixado fascinar pelo erro de que o corpo de Cristo, oculto sob o pão, passa da boca corpórea ao ventre. A causa dessa fantasia bestial foi que a consagração tinha para eles o mesmo valor que um encantamento mágico. Não compreenderam o princípio de que o pão não é sacramento, a não ser para os homens aos quais se dirige a Palavra, assim como a água do batismo não muda em si mesma; mas começa a ser o que antes não era quando está ligada à promessa.

Isto ficará mais claro com o exemplo de outro sacramento semelhante. A água que fluía da rocha no deserto (Ex 17, 6) servia para os Patriarcas de sinal e marca da mesma coisa que o vinho figura para nós na Ceia. Pois Paulo ensina que eles "beberam a mesma bebida espiritual" (1Cor 10, 4). E, no entanto, a mesma água era dada de beber aos animais de carga e ao gado. De onde facilmente se conclui que, quando os elementos terrenos se aplicam a um uso espiritual, não ocorre neles conversão alguma, senão a que diz respeito aos homens, enquanto lhes servem de selos das promessas.

E, uma vez que o propósito de Deus é elevar-nos até Ele pelos meios convenientes, como o repiso com frequência, frustram-no impiamente com sua obstinação aqueles que nos chamam para Cristo, mas como se ele estivesse oculto de forma invisível no pão. Pois não pode se dar que a mente dos homens, partindo de um lugar tão distante, suba até os céus, em direção a Cristo. Por isso tentaram corrigir com um remédio muito mais pernicioso o que a natureza lhes negava: que, enquanto permanecermos na terra, não teremos nenhuma forma de nos aproximar do Cristo celestial. Eis a necessidade que os forçou a transfigurar o corpo de Cristo. No tempo de Bernardo, ainda que se empregasse uma maneira de falar mais tosca, a transubstanciação não era conhecida ainda. E, em todos os séculos antes dele, a comparação que estava na boca de todos era a de que, neste mistério, a realidade espiritual está unida ao corpo e ao sangue.

Parece-lhes que respondem com agudeza acerca dessas palavras, mas nada acrescentam de coerente à presente causa. Dizem que a vara de Moisés, convertida em serpente, embora assumisse o nome de serpente, contudo retinha o nome antigo, e se chamava vara (Ex 4, 3; 7, 10). Assim, segundo eles, é igualmente provável que, ainda que o pão tenha se transformado numa nova substância, καταχρηστικῶς, não erroneamente, porém, ainda é chamado segundo a aparência que tem para os olhos. Mas que encontram de semelhante ou próximo entre este ilustre milagre e sua ilusão fictícia, da qual não há olho na terra que seja testemunha? Os magos iludiam com seus encantamentos, para persuadir os egípcios de que estavam dotados da virtude divina de transformar as criaturas, além da ordem da natureza. Moisés os enfrenta, e, desbaratando suas falácias, mostra que a insuperável potência de Deus está ao seu lado; porque com somente uma vara destrói todas as demais (Ex 7, 12). Mas porque a conversão foi à vista de todos, nada tem a ver com a presente causa, como dissemos; ademais, pouco depois a vara voltou à sua antiga forma (Ex 7, 15). Acrescenta que não se sabe se essa conversão extemporânea foi da substância. Deve-se notar também a alusão às varas dos magos; a que o Profeta não quis chamar cobras, para que não parecesse que admitia uma conversão que era nula, uma vez que aqueles prestidigitadores haviam feito que uma coisa parecesse outra, enganando assim, com seus encantamentos, os olhos de quem os contemplavam.

Mas que têm de semelhante a isso estas sentenças: "o pão que partimos" (1Cor 10, 16); "todas as vezes que comerdes deste pão" (1Cor 11, 26); "repartiam-no na fração do pão" (At 2, 42); e outras semelhantes? É certo, realmente, que os magos, com seus encantamentos, não faziam senão enganar os olhos. Quanto a Moisés, a coisa é mais ambígua, pois não foi mais difícil para Deus fazer, por sua mão, uma serpente de uma vara, ou, vice-versa, uma vara de uma serpente, do que vestir e pouco depois despir os anjos com corpos de carne. Se a razão deste mistério fosse essa ou tivesse algo que ver com isso, ainda haveria algum pretexto para sua solução. Logo, que fique claro que não havia razão nem fundamento para que nos fosse prometido que a carne de Cristo nos é verdadeiro alimento na Ceia, a menos que a verdadeira substância do símbolo externo correspondesse a isso.

E (como de um erro nasce outro) um passo de Jeremias foi distorcido tão loucamente para provar a transubstanciação que me envergonha citá-lo. O Profeta se queixa da lenha colocada em seu pão (Jr 11, 19), querendo dizer que a crueldade de seus inimigos contaminou-lhe o pão com seu amargor. Assim também Davi, com uma figura parecida, queixa-se de que lhe estragaram a comida com fel e a bebida, com vinagre (Sl 69, 22). Mas estes pretendem que o corpo de Cristo foi afixado na cruz alegoricamente, pois assim o entenderam alguns antigos. Como se não fosse necessário desculpar-lhes a ignorância e sepultar-lhes essa vergonha, mais do que acrescentar a elas a impudência, para obrigá-los a declarar hostilidade ao sentido genuíno do Profeta.

16. Os outros, ao ver que não se pode destruir a analogia entre o signo e a coisa significada sem que caia por terra a verdade do mistério, confessam que o pão da Ceia é verdadeiramente substância do elemento terreno e corruptível, e que não sofre modificação nenhuma em si; mas dizem que o corpo de Cristo está encerrado nele. Se afirmassem que o sentido disso é que, quando o pão nos é dado no mistério, também o corpo nos é mostrado verdadeiramente, porque a verdade é inseparável de seu signo, eu não discutiria mais. Mas, porque, ao colocar o próprio corpo no pão, imaginam para ele uma ubiquidade contrária à sua natureza, e, ao acrescentar que está sob o pão, querem ocultá-lo ali, é necessário extrair tais astúcias pouco a pouco de seus esconderijos. Não com a intenção de solucionar toda essa questão, mas somente para lançar os fundamentos da disputa que terá lugar em breve.

Eles querem que o corpo de Cristo seja invisível e imenso, para que fique oculto sob o pão; porque pensam que não podem comunicar-se com ele, se ele não descer ao pão. Mas não compreendem o modo de descer com que nos eleva até ele. Eles podem citar muitos pretextos; mas, quando tudo tiver sido dito, vê-se que insistem ainda na presença local de Cristo. De onde vem isso? De que não podem conceber outra participação do corpo e do sangue de Cristo que não consista ou da união ou do contato local ou de alguma outra prisão grosseira.

17. E, para manter obstinadamente o erro uma vez concebido, alguns deles não duvidam em afirmar que a carne de Cristo jamais teve outras dimensões senão aquelas que contêm o céu e a terra em sua imensidão. Quanto ao menino que nasceu do ventre de sua mãe, que cresceu, que foi crucificado, que foi colocado no sepulcro, dizem que isso se deu por certa dispensação, para que ele cumprisse as funções humanas de nascer, morrer e as demais. Quanto a que tenha sido visto depois da ressurreição com sua aparência física usual, que tenha ascendido ao céu, e, finalmente, que tenha sido visto depois da ascensão por Estevão e Paulo (At 1, 3.9; 7, 55; 9, 3), dizem que isso se deu em virtude da mesma dispensação, para que mostrasse aos homens como o supremo rei do céu. Mas que significa isso, senão ressuscitar Marcião do inferno? Pois ninguém duvidará de que o corpo de Cristo era como um fantasma ou ser fantástico, se tivesse tal condição.

Outros escapam de forma um pouco mais arguta, dizendo que o corpo que se dá no sacramento é glorioso e imortal; e que, portanto, não há nenhum absurdo em que esteja em diversos lugares, ou em nenhum, e que não tenha forma no sacramento. Mas pergunto: que corpo Cristo deu a seus discípulos na véspera de sua paixão? Acaso suas palavras não dizem que ele deu aquele corpo mortal, que pouco depois havia de ser entregue? Já antes, dizem, havia demonstrado sua glória a três dos discípulos no monte (Mt 17, 2). Isso é certo, realmente; no entanto, quis mostrar a eles, com aquela claridade, o gosto de sua imortalidade, e por um momento. Mas não encontrarão ali um corpo duplo, mas um só, aquele que Cristo tinha, adornado com nova glória. Mas quando distribuiu seu corpo na primeira Ceia, aproximava-se já a hora em que seria ferido e humilhado (Is 53, 4), e seria arrastado sem qualquer honra, como um leproso. Tão longe estava de querer mostrar então a glória de sua ressurreição!

E que porta não abririam aqui a Marcião, se o corpo de Cristo fosse visto num lugar, mortal e humilde; e em outro, imortal e glorioso? Se a opinião destes tem valor, assim ocorre a cada dia. Porque se veem forçados a confessar que o corpo de Cristo, visível em si mesmo, encontra-se invisivelmente encerrado sob o símbolo do pão. E, não obstante, os que vomitam tais monstruosidades não apenas não se envergonham de sua falta de vergonha como nos atacam com insultos atrozes, porque não concordamos com eles.

18. E mais, se se quiser unir o corpo e o sangue do Senhor ao pão e ao vinho, um terá necessariamente de ser separado do outro. Pois assim como o pão é dado separadamente do cálice, assim também será preciso dividir o corpo unido ao pão do sangue contido no cálice. Pois, como afirmam que o corpo está no pão e o sangue, no cálice, o pão e o vinho estão distantes entre si, cada um em seu lugar; e não poderão evitar com nenhuma tergiversação que o corpo esteja separado do sangue. E o que costumam responder, que o sangue está no corpo por concomitância (segundo imaginam), e o corpo, por sua vez, está no sangue, é algo demasiado frívolo; já que os símbolos, nos quais estão encerrados, são igualmente distintos.

No mais, se elevarmos nossos olhos e nossos espíritos ao céu, para ali buscarmos a Cristo na glória de seu reino, então, assim como todos os símbolos nos convidam a ele inteiro, assim também alimentar-nos-emos de seu corpo sob o símbolo do pão, e, por outro lado, beberemos de seu sangue sob o símbolo do vinho, para que assim usufruamos dele todo. Pois, ainda que ele nos tenha privado de sua carne e tenha subido ao céu com seu corpo, está sentado à direita do Pai, isto é, reina no poder, majestade e glória do Pai. Este reino não está limitado por espaços nem por lugares, nem está circunscrito por quaisquer dimensões; Cristo mostra sua virtude onde quer que lhe aprouver, tanto no céu quanto na terra; mostra-se presente com sua potência e virtude; sempre está com os seus, inspirando-lhes sua vida; vive neles, sustenta-os e confirma-os, dá-lhes vigor e os conserva incólumes, não menos do que se estivesse presente de corpo; finalmente, nutre-os com seu próprio corpo, pois transfere a eles a comunhão do mesmo pela virtude de seu Espírito. Tal é o modo como o corpo e o sangue de Cristo nos são mostrados no sacramento.

19. Devemos, pois, estabelecer uma tal presença de Cristo na Ceia que não o ate ao elemento do pão nem o encerre dentro do pão; que não o circunscreva aqui embaixo (coisas que, é claro, diminuem sua glória celestial), nem tampouco o prive de seu limite, quer para pô-lo em diversos lugares ao mesmo tempo, quer para impor a ele um tamanho infinito, que o espalhe por todo lugar, no céu e na terra. Tudo isto claramente repugna à verdade de sua natureza humana.

Mas digo que não suportaremos jamais que estas duas exceções nos sejam tiradas: não permitir que se rebaixe em nada a glória celestial de nosso Senhor, o que se verifica quando o atraímos a este mundo com a imaginação, ou o vinculamos às criaturas terrenas; nem que se atribua a seu corpo nada que repugne a sua natureza humana, o que tem lugar quando é proclamado infinito ou posto em diversos lugares. No mais, suprimidos estes dois absurdos, admito de bom grado tudo o que possa ajudar a explicar a verdadeira e substancial comunicação do corpo e do sangue do Senhor, que ele mostra aos fiéis sob os símbolos sagrados da Ceia, de sorte que se saiba que não são recebidos somente pela inteligência da mente, mas que realmente os recebemos, para alimento da vida eterna.

Não há nenhuma razão para que esta doutrina seja tão odiosa para o mundo, nem para que tão injustamente se proíba sua defesa, exceto que Satanás enlouqueceu as mentes de muitos com seu horrível fascínio. Certamente, o que ensinamos está plenamente de acordo com a Sagrada Escritura; e não contém em si nada de absurdo, nem de obscuro ou de ambíguo; nem é contrária à verdadeira piedade e à sólida regra da fé. Finalmente, não contém nada que possa escandalizar nem ofender ninguém, mas uma luz tão clara e uma verdade tão evidente foram indignamente oprimidas desde faz já muitos séculos, quando a ignorância dos sofistas e a barbárie reinavam na Igreja. Mas, porque Satanás se esforça ainda hoje em dia para mutilá-la com quaisquer calúnias e opróbrios, por meio de espíritos turbulentos, e para consegui-lo emprega toda a sua capacidade, vale a pena que também nós velemos por ela e a defendamos mais acuradamente.

20. Além disso, antes de passar adiante, é necessário tratar da instituição de Cristo, principalmente porque parece plausível a nossos adversários a objeção de que não estamos de acordo com as palavras de Cristo. Logo, para livrar-nos, pois, desta falsa acusação de inveja que nos fazem, será mais do que conveniente começar pela interpretação dessas palavras.

Três evangelistas e Paulo contam que Cristo, tendo tomado o pão, partiu-o e, depois de dar graças, ofereceu-o a seus discípulos dizendo: "tomai, comei; este é meu corpo, que é dado por vós". Com respeito ao cálice, Mateus e Marcos dizem como segue: "este é meu sangue da nova aliança, derramado por muitos para remissão dos pecados" (Mt 26, 28; Mc 14, 24). Paulo e Lucas mudam um pouco as palavras, dizendo "este cálice é o novo pacto em meu sangue" (Lc 22, 17.20; 1Cor 11, 24-25).

Os defensores da transubstanciação querem fazer notar que o pronome "este" refere-se à espécie do pão, porque a consagração não se faz senão por todo o conjunto da fórmula; e não há, segundo eles, nenhuma substância visível, que se possa mostrar. Mas, se a reverência às palavras os detém a esse ponto, uma vez que Cristo afirmou que o que dava com suas mãos a seus discípulos era seu corpo, está muito longe disso essa sua invenção, de que o que era pão é agora o corpo de Cristo. Sustento, além disso, que Cristo afirma que o que ele havia tomado entre suas mãos para dar a seus discípulos era seu corpo. Ora, ele havia tomado o pão. Quem, pois, não vê que era o mesmo pão que ele mostrava? Por isso, não há nada mais absurdo que aplicar à aparência o que expressamente se diz do pão.

Outros, quando interpretam que o verbo "é" substitui transubstanciar, recorrem a uma explicação ainda mais forçada e violentamente distorcida. Pois isto é algo inaudito para toda gente e em todas as línguas, que se entenda o verbo "é" neste sentido, a saber, ser transformado em outra coisa.

Quanto àqueles que confessam que o pão permanece na Ceia, mas contudo entendem que é o corpo de Cristo, contradizem-se entre si.

Aqueles que falam mais modestamente, embora insistam excessivamente na letra, dizendo que, conforme as palavras de Cristo "este é meu corpo", estes, no entanto, logo cedem de seu rigor e explicam as palavras como se quisessem dizer que o corpo de Cristo está com o pão, no pão e sob o pão. Já dissemos algo com respeito à opinião destes, e mais ainda deve ser dito. Agora me refiro somente às palavras de Cristo, pelas quais dizem que se veem forçados a não admitir que o pão seja chamado corpo, por ser signo do mesmo. Mas se recusam toda figura de linguagem, como se fosse necessário ater-se estritamente às palavras, por que, afastando-se do que Cristo diz, seguem outras expressões, tão diversas? Porque são coisas muito diferentes uma da outra, que o pão seja corpo e que o corpo esteja no pão. Mas, como viam que é impossível sustentar esta simples proposição: o pão é verdadeiro corpo de Cristo, tentaram escapar servindo-se destas expressões, como por desvios oblíquos.

Outros, mais atrevidos, não duvidam em afirmar que, propriamente falando, o pão é o corpo, no qual provam ser verdadeiramente literais. Se lhes é objetado que desta maneira o pão é Cristo e Deus, negá-lo-ão, porque isso não está expresso nas palavras de Cristo. Mas nada ganharão negando-o, uma vez que todos consentem em que Cristo todo nos é oferecido na Ceia. Agora, é uma blasfêmia intolerável dizer que, sem figura alguma, um elemento caduco e corruptível seja Cristo. Eu lhes pergunto se estas duas proposições: Cristo é Filho de Deus; e o pão é corpo de Cristo são equivalentes. Se dizem que são diferentes (o que lhes será arrancado contra sua vontade), que me respondam de onde procede tal diferença. Julgo que não saberão indicar-me outra senão que o pão se chama corpo à maneira sacramental. De onde se segue que as palavras de Cristo não estão sujeitas à regra comum, nem devem ser examinadas segundo a gramática.

Pergunto também a todos esses ousados e pertinazes defensores da letra se, quando Lucas e Paulo dizem que o cálice é o testamento no sangue (Lc 22, 20; 1Cor 11, 25), acaso não queriam dizer o mesmo que estava dito no primeiro membro: que o pão é o corpo? Certamente devem observar o mesmo escrúpulo numa parte do mistério que na outra; e, como a brevidade é obscura, uma explicação mais longa elucida melhor o sentido. Portanto, quando combaterem por causa de uma única palavra, que o pão é o corpo de Cristo, eu lhes apresentarei com muitas palavras a interpretação de Paulo e de Lucas: o testamento está no corpo. Quê, pois? Onde encontrar interpretação melhor do que essa?

No entanto, não tenho a intenção de diminuir em nada a participação que já admiti que temos com o corpo de Cristo; apenas tento destruir sua louca obstinação em combater de forma tão hostil por causa de palavras. Eu entendo, seguindo o que Lucas e Paulo declaram, que o pão é o corpo de Cristo, porque é o pacto no corpo. Se eles impugnam isto, sua luta não é comigo, mas com o Espírito de Deus. Por mais que protestem que professam tal reverência às palavras de Cristo que não se atrevem a entender figuradamente as coisas que foram ditas claramente, esse pretexto, no entanto, não é suficiente para que reprovem todas as razões que nós alegamos em contrário. Mas convém notar qual é este testamento no corpo e no sangue de Cristo. Porque de muito pouco nos serviria o pacto de graça sancionado pelo sacrifício de sua morte, se não houvesse esta arcana comunicação, com a que estamos unidos a ele.

21. Resta, pois, que pela afinidade que as coisas significadas têm com seus símbolos, confessemos que o nome da coisa foi atribuído ao símbolo; figuradamente, de fato, mas não sem uma analogia muito apropriada. Omito alegorias e parábolas, para que ninguém me reprove por buscar subterfúgios e afastar-me da questão presente.

Digo que esta fala é metonímica, o que é muito usado na Escritura, quando se trata dos mistérios. Pois não se pode entender de outra maneira que a circuncisão é pacto (Gn 17, 13); que o cordeiro é a saída (Ex 12, 11); os sacrifícios da Lei são expiações (Lv 17, 11; Hb 9, 22); e, finalmente, que a rocha da qual brotou água no deserto (Ex 17, 6) era Cristo, se não o entenderes metaforicamente. E o nome não se transfere somente do superior ao inferior, mas também, ao contrário, o nome do signo visível se atribui à coisa significada; como quando se diz que Deus apareceu a Moisés na sarça (Ex 3, 2), que a arca da aliança se chama Deus e rosto de Deus (Sl 84, 7; 42, 2), e que a pomba se chama Espírito Santo (Mt 3, 16). Porque, ainda que, pela essência, o símbolo difira da coisa significada, porque esta é espiritual e celestial e aquele, corporal e visível; mas como ele não figura somente a coisa representada a que está consagrado, como se fosse uma simples e mera figura, mas mostra-a verdadeiramente, por que o nome daquela não lhe competiria justamente? Porque, se os símbolos inventados pelos homens, que mais são imagens de coisas ausentes que sinais das presentes, que muitas vezes representam de forma falaz, ornam-se, contudo, com os títulos daquelas, com maior razão as que Deus instituiu poderão, de forma segura e nada falaz, tomar os nomes das coisas que significam, cuja verdade levam unidas a si.

Logo, é tanta a semelhança e proximidade entre um e outro que esta dedução se dá por reciprocidade. Deixem, pois, nossos adversários cumular-nos com tolos sarcasmos, chamando-nos de tropistas, uma vez que expomos as coisas de acordo com o uso da Escritura quando se refere aos sacramentos. Pois, uma vez que os sacramentos concordam entre si, então, o que há de comum entre eles todos está nesta metonímia.

Por isso, assim como o Apóstolo ensina que a rocha de que brotou a bebida espiritual para os israelitas era Cristo (1Cor 10, 4), como símbolo visível sob o qual estava verdadeiramente, ainda que não à vista, aquela bebida espiritual; igualmente no dia de hoje se chama ao pão corpo de Cristo, uma vez que é símbolo sob o qual nosso Senhor nos apresenta a verdadeira comida de seu corpo. E, para que ninguém o condene como uma nova invenção, Agostinho entendeu-o e disse-o da mesma maneira: "se os sacramentos", diz, "não tivessem uma certa semelhança com as coisas de que são sacramentos, certamente não seriam sacramentos. Em virtude desta semelhança, muitas vezes tomam os nomes das coisas que figuram. Por isso, como o sacramento do corpo de Cristo é de certa maneira o corpo de Cristo, e o sacramento do sangue de Cristo é o sangue de Cristo, assim também o sacramento da fé é chamado fé".[342] Há muitas outras sentenças em suas obras a este respeito; reuni-las e expô-las aqui seria supérfluo; baste, pois, o lugar citado. Somente advertirei aos leitores que este santo doutor repete o mesmo na Carta a Evódio.[343]

Frívola, portanto, é qualquer tergiversação de que Agostinho, ao ensinar que a metonímia é frequente e usual nos mistérios, não faz menção da Ceia. Se isso fosse assim, não se poderia raciocinar do gênero à espécie nem valeria o argumento de que todo animal é provido de movimento; logo, o boi e o cavalo são providos de movimento. Embora a disputa seja dirimida em outro lugar, quando diz que Cristo, quando dava o signo de seu corpo, não duvidou em chamá-lo seu corpo.[344] E, em outro lugar: "admirável paciência a de Cristo, ao admitir a Judas no banquete, no qual instituiu e deu a seus discípulos a figura de seu corpo e de seu sangue".[345]

---

342 Aug., Ep. 98 (ad Bonifacium), 9 MSL 33, 364; CSEL 34 II, 531, 3ss.
343 Aug., Ep. 169 (ad Evodium)c. 2, 9 MSL 33, 746; CSEL 44, 618, 6s.
344 Aug., Contra Adimantum c. 12, 3 MSL 33, 746; CSEL 44, 618, 6s.
345 Aug., In Psal. 3, 1 MSL 34, 73.

22. No entanto, se algum obstinado, fechando os olhos a todas essas coisas, insistir somente nas palavras "este é", como se o verbo "é" separasse este mistério de todos os outros, a solução é fácil.

Dizem que a ênfase do verbo substantivo é tanta que não admite figura de linguagem. Mesmo que lhes concedêssemos isso, lê-se que Paulo usa o verbo substantivo; por exemplo, quando chama o pão κοινωνία do corpo de Cristo (1 Cor 10, 16). Agora, comunicação é uma coisa diferente do corpo mesmo. Mais ainda, o mesmo verbo ocorre quando se fala dos sacramentos. Por exemplo: "isto será para vós o pacto comigo" (Gn 17, 13); "este cordeiro vos será Pessah" (Ex 12, 11). Para abreviar, quando Paulo diz que a pedra era Cristo (1 Cor 10, 4), por que o verbo substantivo há de ser aqui menos enfático que nas palavras de Cristo? Respondam-me também como entendem o texto de Paulo que diz que o batismo é banho da regeneração e renovação (Tt 3, 5); pois consta que muitos não aproveitam o batismo. Mas nada tem mais força para refutá-los do que aquilo que o mesmo Paulo diz em outro lugar: que a Igreja é Cristo (1 Cor 12, 12). Pois, depois de expor a semelhança do corpo humano, acrescenta: "assim é Cristo", quando entende o Filho Unigênito de Deus não em si, mas em seus membros.

Julgo que o que disse já é suficiente para que os homens sãos e íntegros se horrorizem com as calúnias de nossos inimigos, quando espalham que nós negamos as palavras de Cristo, as quais abraçamos com não menos obediência do que eles e consideramos com piedade muito maior. E mais, sua orgulhosa segurança é indício sobretudo de que eles não se preocupam com o que Cristo quis dizer, contanto que lhes sirva de escudo para encobrir sua obstinação; da mesma forma que nossa disposição em investigar deve ser testemunho do quanto a autoridade de Cristo vale para nós.

Acusam-nos da forma mais odiosa de que o sentido humano nos impede de crer no que Cristo pronunciou com sua própria boca sagrada. Mas em grande parte já deixei claro, e o demonstrarei ainda mais claramente, quão perversamente nos injuriam com esta ignomínia. Nada nos impede de crer no que Cristo diz, e, assim que ele disser isto ou aquilo, concordaremos. Trata-se agora somente de saber se é pecado investigar qual é o sentido genuíno das palavras.

23. Estes bons mestres, para parecer muito letrados, proíbem que nos afastemos um tantinho da letra. Eu, ao contrário, digo: quando a Escritura chama a Deus "varão belicoso" (Ex 15, 3), eu, porque vejo que esta expressão, sem tradução, seria muito áspera, não duvido que seja uma comparação tirada dos homens. De fato, os antropomorfistas incomodaram os Pais da ortodoxia por nenhum outro pretexto, senão o de que se agarravam com unhas e dentes a expressões como estas: os olhos de Deus veem; chegou a seus ouvidos; sua mão está estendida; a terra é o apoio de seus pés (Pr 15, 3; Sl 18, 6; Is 9, 12; 66, 1); e clamavam que os Pais privavam a Deus do corpo que a Escritura lhe atribuía. Se se admitisse esta regra, a barbárie mais atroz encobriria a luz da fé. Pois que monstruosidades absurdas os fanáticos não poderiam produzir, se lhes for permitido discutir cada sutileza para impor sua vontade?

Quanto ao que objetam, que não é verossímil que Cristo, querendo dar uma singular consolação a seus discípulos em seus trabalhos, lhes tenha falado obscuramente e como por enigmas, isto fala em nosso favor. Pois, se os discípulos não tivessem entendido que o pão era para ser chamado pão figurativamente, porque era símbolo do corpo, sem dúvida teriam se perturbado com uma coisa tão prodigiosa. João narra que a cada momento eles se sentiam perplexos diante das mínimas dificuldades. Aqueles que disputam entre si sobre o modo como Cristo irá a seu Pai e encontram dificuldade em como partirá deste mundo; aqueles que não entendem nada do que lhes é dito sobre o Pai celestial até que o tenham visto (Jo 14, 5.8; 16, 17), como haveriam de crer tão facilmente naquilo que a razão repudia: que Cristo estava sentado à mesa, diante de seus olhos, e estava ao mesmo tempo encerrado sob o pão invisivelmente? Portanto, porque atestam que estão de acordo, comendo sem duvidar, vê-se por aí que entendiam as palavras de Cristo como nós agora as entendemos; porque lhes ocorria que, nos mistérios, não deve parecer insólito que o nome da coisa significada seja dado ao símbolo. Logo, serviu para os discípulos de consolo certo e claro, como o é para nós, sem o embaraço de qualquer enigma. E não é outra a razão pela qual resistem à nossa interpretação senão porque o encantamento do Diabo os cegou, de modo que fingem que há trevas de enigmas quando a interpretação da figura é óbvia.

Além disso, se quiséssemos insistir na precisão das palavras, estaria fora de propósito que Cristo fale do pão de uma maneira e do vinho de outra. Ao pão chama seu corpo, e ao vinho, seu sangue. Isto é uma repetição desnecessária ou é uma partição que divide o corpo do sangue. E mais: na verdade, poder-se-ia dizer do cálice "este é meu corpo", como do próprio pão; e poder-se-ia, igualmente, predicar que o pão é o sangue.

Se responderem que se deve considerar o fim ou o uso para o qual os símbolos foram instituídos, também eu o admito; mas, no entanto, eles não poderão evitar que seu erro traga consigo este absurdo: que o pão é sangue e o vinho, corpo. Tampouco não sei como seja possível que, concedendo que o pão e o corpo são coisas diferentes, eles, no entanto, afirmem que se predica um do outro propriamente e sem figura. Como se alguém dissesse que a roupa é diferente do homem; e, no entanto, é chamada homem propriamente. Apesar disso, como se sua vitória residisse em sua pertinácia e em suas injúrias, dizem que acusamos a Cristo de mentiroso, se buscamos a interpretação de suas palavras. Agora os leitores poderão julgar facilmente quão injusta injúria fazem-nos estes caçadores de sílabas, quando incutem na gente simples a opinião de que nós somos detratores da fé de Cristo, que é tão furiosamente pervertida e confundida por eles, ao passo que demonstramos que ela é explicada por nós fiel e corretamente.

24. Mas a infâmia desta mentira não pode ser totalmente apagada, a menos que se esclareça outro crime. Pois nos acusam de que somos a tal ponto afeitos à razão humana que não atribuímos à potência de Deus nada além do que a ordem da natureza comporta e o senso comum dita. Diante de tão ímpias calúnias, eu apelo à própria doutrina que ensinei, a qual mostra de modo suficientemente claro que não medi absolutamente este mistério segundo os cálculos da razão humana, ou o submeti às leis da natureza. Pergunto eu: por acaso aprendemos da física que Cristo, do céu, alimenta nossas almas com sua carne, como os corpos são sustentados com o pão e com o vinho? De onde vem esta força à carne, para que vivifique as almas? Ninguém dirá que isto se dá naturalmente. Tampouco será aceitável à razão humana que a carne de Cristo penetre de tal maneira em nós que seja nosso alimento. Finalmente, quem quer que tenha provado nossa doutrina se sentirá arrebatado de admiração pela arcana potência de Deus. Mas estes bons zelotes imaginam um milagre sem o qual o próprio Deus se desvanece, com sua potência. Desejo advertir novamente aos leitores a que avaliem diligentemente o que diz nossa doutrina, e vejam se depende do senso comum, ou se, com as asas da fé, não ultrapassa este mundo e se eleva até o céu. Dizemos que Cristo desce até nós tanto pelo símbolo exterior quanto por seu Espírito, para vivificar verdadeiramente nossas almas com a substância de sua carne e de seu sangue. Quem não entende que nestas poucas palavras ocultam-se muitos milagres é mais do que estúpido, uma vez que não há nada mais contrário à natureza do que afirmar que as almas emprestam sua vida espiritual e celestial da carne que aceitou sua origem da terra e esteve sujeita à morte. Não há nada mais incrível do que afirmar que coisas tão afastadas e separadas entre si por tão grande distância como a imensidão do céu e o tamanho da terra não somente se juntam, mas se unem de modo que nossas almas recebam alimento da carne de Cristo.

Deixem, pois, estes agitadores de acusar-nos com esta calúnia infecta, como se nós malignamente restringíssemos algo da imensa potência de Deus. Pois eles mesmos, ou erram tolamente, ou mentem de forma descarada. Pois não se busca aqui o que Deus pôde fazer, mas o que quis fazer. Nós afirmamos que se fez o que a Ele lhe aprouve. Ora, aprouve-lhe que Cristo se fizesse semelhante a seus irmãos em todas as coisas, exceto no pecado (Hb 4, 15). Como é nossa carne? Acaso não consta que é determinada em sua dimensão, que é contida por um lugar, que é tocada, que é vista? Mas por que, dizem eles, Deus não faz que uma mesma carne ocupe muitos e diferentes lugares, em vez de estar contida num só, que careça de medida e de forma? Que insanidade! Que pedes da potência de Deus, senão que a carne ao mesmo tempo seja e não seja carne? Isto é como se pedisses que a luz fosse ao mesmo tempo luz e trevas. Mas Ele quer que a luz seja luz, e as trevas, trevas; e a carne, carne. É verdade que Ele transformará, quando quiser, as trevas em luz, e a luz em trevas. Mas quando exiges que a luz e as trevas não difiram entre si, que é isso, senão perverteres a ordem da sabedoria divina? É preciso, pois, que a carne seja carne, e o espírito, espírito; cada um sob a lei e na condição em que Deus os criou. Ora, a condição da carne é que esteja num único e determinado lugar, com sua forma. Com esta condição, Cristo vestiu a carne; e deu a ela, segundo o testemunho de Agostinho,[346] incorrupção e glória; mas não lhe tirou sua natureza e verdade.

25. Replicam que eles têm a Palavra pela qual a vontade de Deus se manifestou. Seria assim, se lhes fosse concedido extirpar da Igreja o dom da interpretação (1Cor 12, 10), o qual leva luz à Palavra. Admito que eles têm a Palavra, mas aquela que os antropomorfistas tinham outrora, quando tornavam Deus corpóreo; ou aquela de Marcião ou de Maniqueu, quando imaginavam que o corpo de Cristo era celestial ou fantástico. Pois eles citavam estes testemunhos: "o primeiro Adão é da terra, terreno; o segundo Adão é do céu, celestial (1Cor 15, 47)".[347] E também: "Cristo despojou-se, assumindo a condição de escravo e tornando-se igual aos homens (Fl 2, 7)".[348] Mas estes crassos comedores pensam que a potência de Deus é nula, a menos que toda a ordem da natureza seja subvertida pelo monstro fabricado em seus cérebros. Pôr limites a Deus é isto, precisamente: quando desejamos que Ele lance mão de seu poder segundo nossas fantasias. Pois de que Palavra deduziram que o corpo de Cristo

---

346 Aug., Ep. 187 (ad Dardanum) c. 3, 10 MSL 33, 835ss.; CSEL 57, 89, 13.
347 Aug., Contra Faustum Manichaeum lib. 24, 1 MSL 42, 473; CSEL 25 I, 720, 15ss.
348 Aug., Contra Fortunatum Manichaeum c. 7 MSL 42, 115; CSEL 25 I, 87, 20ss.

está visível no céu, enquanto, invisível, está encerrado na terra sob uma infinidade de pedacinhos de pão? Dirão que assim o exige a necessidade, para que o corpo de Cristo seja dado na Ceia. De fato, porque eles quiseram deduzir das palavras de Cristo uma comida carnal, e, arrebatados por sua fantasia, viram-se obrigados a lançar mão desta argúcia, refutada por toda a Escritura. É tão falso que queiramos diminuir a potência de Deus, que nossa doutrina é seu maior elogio.

Mas, porque sempre nos acusam de que privamos a Deus de sua honra, quando rejeitamos o que é difícil de acreditar segundo o senso comum, mesmo que Cristo o tenha prometido com seus próprios lábios, respondo de novo que nós não consultamos o senso comum nos mistérios da fé, mas, com a plácida docilidade e o espírito de mansidão que Tiago nos recomenda, recebemos a doutrina revelada do céu. Mas não deixamos de seguir uma útil moderação, para não cair em seu erro pernicioso. Eles, ao ouvir as palavras de Cristo: "este é meu corpo", imaginam um milagre muito distante do propósito de Cristo. Dessa invenção emergem horríveis absurdos, e, como já se enredaram em sua precipitação, lançam-se ao abismo da onipotência de Deus, e, desse modo, extinguem a luz da verdade. Daqui lhes vem esta desdenhosa presunção: "não queremos saber de que maneira Cristo está encerrado sob o pão, mas contentamo-nos com estas palavras dele: 'este é meu corpo'". Mas nós, aqui como em toda a Escritura, procuramos alcançar o real entendimento deste texto, com obediência não menor do que nosso cuidado. E não aceitamos temerariamente, com fervor irrefletido e sem critério, a primeira coisa que nos vem à cabeça; mas, tendo realizado uma cuidadosa meditação, abraçamos o sentido que o Espírito de Deus nos sugere; apoiados sobre ele, desprezamos do alto o que quer que a sabedoria mundana pode opor-nos em contrário. E mais, mantemos nossas mentes cativas, para que não se façam barulho somente por uma palavrinha, e as humilhamos, para que não ousem insurgir-se. Daqui nasceu nossa exposição das palavras de Cristo, a qual todos os que são medianamente versados na Escritura sabem que é comum a todos os sacramentos desde sempre. E, a exemplo da Virgem santa, não ensinamos que é proibido, numa questão tão árdua, perguntar como pode ser isto (Lc 1, 34).

26. Mas, porque nada terá mais força para confirmar a fé dos homens piedosos do que mostrar-lhes que a doutrina que expusemos para que a aprendessem foi tirada da pura Palavra de Deus e se fundamenta em sua autoridade, esclarecerei também isso com toda brevidade que puder.

Não é Aristóteles, mas o Espírito santo, que ensina que o corpo de Cristo, que ressuscitou, permanece finito, e foi recebido no céu, onde ficará até o último dia. Não ignoro que nossos adversários zombam dos textos que citamos. Sempre que Cristo diz que partirá deste mundo (Jo 14, 3.28; 16, 7.28), replicam que essa sua partida não é senão uma mudança de seu estado mortal. Mas, se fosse assim, Cristo não enviaria o Espírito Santo como substituto, para suprir, como dizem, a falta de sua ausência, uma vez que não o sucede, nem tampouco Cristo desceu outra vez de sua glória celestial para assumir uma condição terrena e mortal. Certamente o advento do Espírito e a ascensão de Cristo são coisas antitéticas; portanto, é impossível que Cristo habite em nós segundo a carne do mesmo modo para que envia seu Espírito.

Acrescenta o que diz claramente: que não estará sempre com seus discípulos neste mundo (Mt 26, 11). Parece-lhes que explicam lindamente este texto, como se Cristo negasse que haveria de ser sempre pobre e miserável ou sujeito às necessidades desta vida caduca. Mas se opõe a isso a circunstância do lugar, uma vez que não se trata ali de carência ou de pobreza, ou do mísero estado da vida terrena, mas de prestar culto e honra. A unção não agradou a seus discípulos, que pensavam que aquele gasto era supérfluo e inútil, e mesmo um luxo, e até prefeririam que aquela quantia fosse dada aos pobres, porque pensavam que havia sido desperdiçada. Mas Cristo responde que nem sempre estará presente para ser cultuado com tal honra (Mt 26, 11). Agostinho expõe o mesmo, e suas palavras não deixam lugar a dúvida: "quando Cristo dizia: 'não me tereis sempre convosco', falava da presença de seu corpo. Pois, segundo sua majestade, segundo sua providência, segundo sua graça inefável e invisível, cumpriu-se o que fora dito por ele: 'eu estarei convosco até a consumação dos séculos' (Mt 28, 20); mas, segundo a carne que o Verbo havia assumido, que nasceu da Virgem, que foi aprisionado pelos judeus, que foi crucificado, que foi tirado da cruz, envolvido em lençóis, colocado no sepulcro e ressuscitado, então: 'nem sempre me tereis convosco'. Por quê? Porque, segundo a presença do corpo, viveu quarenta dias com seus discípulos e subiu ao céu, enquanto eles o olhavam, mas não o seguiam. Não está aqui, pois está sentado lá, à direita do Pai. E, no entanto, está aqui, porque não se retirou quanto à presença de sua majestade. Segundo a presença de sua majestade, sempre temos a Cristo; segundo a presença de sua carne, disse corretamente: 'nem sempre me tereis'. Pois, segundo a presença da carne, a Igreja o teve por uns poucos dias; tem-no agora pela fé, mas não o vê com os olhos".[349]

---

349 Aug., In Ioh. Tract. 50, 13 MSL 35, 1763.

Aí (como também o farei notar brevemente), faz que ele nos seja presente de três maneiras: em sua majestade, em sua providência e em sua graça inefável, sob a qual compreendo esta admirável comunhão de seu corpo e de seu sangue; contanto que entendamos que se verifica pela virtude do Espírito Santo, e não por aquela fictícia inclusão do corpo sob o elemento. Porque o Senhor atestou para nós que tinha carne e ossos, que podiam ser tocados e vistos (Jo 20, 27). E ir-se e subir não significam a aparência de ir-se ou de subir, mas que verdadeiramente fez o que as palavras indicam.

Então, dirá alguém, designaremos alguma determinada região do céu para Cristo? A isto respondo, com Agostinho, que esta questão é demasiado curiosa e supérflua; somente acreditemos que ele está no céu.[350]

27. E que significa a palavra ascensão, tantas vezes repetida, senão a passagem de um lugar para outro? Eles o negam; porque, segundo eles, por "altura" apenas se mostra a majestade de seu império. Mas e o modo como subiu? Não se elevou até o alto à vista de seus discípulos? Os evangelistas não narram claramente que foi recebido nos céus (At 1, 9.11; Mc 16, 19; Lc 24, 51)? Mas esses agudos sofistas rebatem que uma nuvem se interpôs e eles não o viram quando foi levado, para que os fiéis entendessem que ele já não haveria de ser visível no mundo. Como se não devesse desaparecer num momento, para fazer-nos crer em sua presença invisível, ou a nuvem não devesse cobri-lo, antes de que ele movesse um pé! Mas, ao ser levantado no ar e ao interpor-se a nuvem, ele ensina que já não deve ser procurado na terra; de onde concluímos seguramente que agora tem seu domicílio no céu. Assim o afirma também Paulo, e nos manda que o esperemos até que volte dali (Fl 3, 20). Por isto os anjos advertem aos discípulos que estes olham para o céu em vão, porque Jesus, que foi levado para o céu, há de vir do mesmo modo como o viram subir (At 1, 11).

Também aqui nossos inimigos recorrem a uma elegante tergiversação, como lhes parece, da doutrina sadia, ao dizerem que ele então voltará visível, porque nunca se foi deste mundo de tal maneira que não ficasse invisível entre os seus. Como se os anjos insinuassem ali uma dupla presença e não fizessem simplesmente que os discípulos fossem testemunhas oculares da ascensão de Cristo, para que não ficasse nenhuma dúvida. É como se dissessem: Cristo, recebido no céu como o vistes com vossos próprios olhos, tomou posse do reino celestial; só resta que o espereis

---

350 Aug., De fide et symbolo 6, 13 MSL 40, 188; CSEL 41, 16, 5s.

pacientemente até que volte de novo, como juiz do mundo; porque não entrou agora no céu para ocupá-lo sozinho, mas para reunir-vos com ele, a vós e a todos os homens piedosos.

28. Mas, uma vez que não os envergonha em nada ornar os defensores de um dogma adulterino com os sufrágios dos antigos, e principalmente os de Agostinho, demonstrarei em poucas palavras quão perversamente o intentam. Pois, como os testemunhos deles foram coletados de homens doutos e piedosos, não quero fazer uma coisa já feita. Que os procure nas elocubrações deles quem assim o quiser. Nem sequer citarei de Agostinho tudo o que nos possa servir; mas contentar-me-ei com demonstrar brevemente que ele está completamente do nosso lado.

Antes de mais nada, nossos adversários, para tirá-lo de nós, pretendem que muitas vezes se encontra nos livros de Agostinho esta afirmação: que a carne e o sangue de Cristo nos são administrados na Ceia; a saber, a vítima que uma vez foi oferecida na cruz. Mas isso é frívolo, uma vez que ao mesmo tempo chama-os eucaristia ou sacramento do corpo.[351] No mais, em que sentido emprega as palavras "corpo" e "sangue", não é preciso que o busquemos mais, já que ele mesmo o explica, dizendo: "os sacramentos recebem os nomes da semelhança das coisas que significam; e, assim, o sacramento do corpo é, de certa maneira, o corpo".[352] Com o que está de acordo um outro texto, bastante conhecido: "o Senhor não duvidou em dizer: este é meu corpo, quando dava o signo de seu corpo".[353] Objetam de novo que Agostinho escreve expressamente que o corpo de Cristo cai na terra e entra na boca; certamente no mesmo sentido em que afirma que é consumido, porque une um e outro ao mesmo tempo. Nem impede o que diz: que, "acabado o mistério, o pão é consumido".[354] Porque pouco antes havia dito: "porque estas coisas são conhecidas pelos homens, uma vez que são feitas por homens, podem somente receber a honra como coisas santas, mas, como milagres, não podem".[355] E diz o mesmo em outro lugar: que nossos adversários puxam para seu lado, sem qualquer consideração, o argumento de que Cristo, ao distribuir o pão místico a seus discípulos, de certo modo levou a si mesmo em suas próprias mãos.[356] Pois, ao acrescentar o advérbio de semelhança, demonstra claramente que

---

351 Aug., De Trin. III 4, 10 MSL 42, 873; De pecc. mer. et rem. I24, 34 MSL 44, 128.
352 Aug., Ep. 98 (ad Bonifacium), 9 MSL 32, 364; CSEL 34,II, 531, 5s.
353 Aug., Contra Adimantum c. 12 MSL 42, 144; CSEL 25 I, 140, 19s.
354 Aug., De Trin. III c. 10, 19 MSL 42, 880.
355 Ibid. c. 10, 20.
356 Aug., In Ps. 33 sermo 1, 10 MSL 36, 306.

o corpo de Cristo não foi encerrado verdadeira e realmente sob o pão. O que não é estranho, uma vez que em outro lugar sustenta abertamente que, se os espaços dos lugares são tirados dos corpos, estes não estarão em lugar nenhum; e, porque não estarão em parte alguma, não existirão em absoluto. Seu argumento de que ali não se trata da Ceia, na qual Deus mostra uma virtude especial, é vão. Porque a questão era acerca da carne de Cristo; e este santo homem, respondendo francamente, diz que Cristo deu a imortalidade à sua carne; mas que não lhe tirou sua natureza. E: "segundo essa sua forma, não se deve pensar que está difuso por toda parte. Pois temos de tomar cuidado para não afirmar a divindade do homem retirando a verdade de seu corpo. Porque não se segue que o que há em Deus esteja também em todo lugar, como Deus".[357] E em seguida dá outra razão: "pois Cristo é Deus e Homem numa Pessoa, e ambos são Cristo. Enquanto Deus, está em todo lugar; enquanto homem, está no céu".[358] Não teria sido negligência não excetuar o mistério da Ceia, coisa tão séria e grave, se algo da doutrina de que tratava lhe fosse contrário? E, no entanto, se alguém ler com atenção o que se segue pouco depois, verá que sob aquela doutrina geral se incluía também a Ceia. Porque ele diz que Cristo, o Filho Unigênito de Deus, sendo ao mesmo tempo Filho do Homem, está presente em todo lugar, como Deus; habita, como Deus, no templo de Deus (isto é, na Igreja); e está em algum lugar do céu, em virtude da medida de seu corpo verdadeiro. Vemos como, para unir Cristo com sua Igreja, não retira seu corpo do céu, o que certamente deveria fazer, se o corpo de Cristo não fosse verdadeiramente nosso mantimento senão encerrado sob o pão. E, em outro lugar, definindo como os fiéis agora possuem a Cristo, diz: "tu o tens pelo sinal da cruz, pelo sacramento do batismo e pelo alimento e bebida do altar".[359] Não discuto aqui se era correto enumerar um gesto supersticioso entre os símbolos da presença de Cristo; mas digo que aquele que compara a presença da carne ao sinal da cruz demonstra suficientemente que não concebe dois corpos em Cristo, um para que esteja oculto sob o pão, e outro, visível, que está sentado no céu. E, se ainda faz falta uma explicação, acrescenta em seguida: "sempre temos a Cristo segundo a presença de sua majestade; segundo a presença da carne, foi dito corretamente: 'não me tereis sempre convosco' (Mt 26, 11)".[360]

---

357 Aug., Ep. 187 (ad Dardanum), 3, 10 MSL 33, 835; CSEL 57, 89, 21ss.
358 Ibidem, col. 836; CSEL 57, 90, 2.
359 Aug., In Ioh. Tract. 50, 12 MSL 35, 1763.
360 Ibidem, c. 13.

Retrucam também que ele acrescenta isto: "segundo sua graça inefável e invisível se cumpre o que foi dito: 'eu estarei convosco até a consumação do mundo' (Mt 28, 20)".[361] Mas isso não lhes favorece em nada, porque isso, afinal, está restrito à majestade, que sempre se opõe ao corpo, e diferencia nominalmente a carne da graça e da virtude. Assim como, em outro lugar, lê-se em Agostinho a mesma antítese: que Cristo deixou seus discípulos quanto à presença corporal, para estar com eles quanto à presença espiritual.[362] Onde está claro que distingue a essência da carne da virtude do Espírito, que nos une a Cristo, ainda que estejamos longe, separados dele por grande distância. Muitas vezes emprega este mesmo modo de falar; como quando diz: "Cristo virá com sua presença corporal para julgar os vivos e os mortos, segundo a regra da fé e da sã doutrina; pois com a presença espiritual já veio até eles e há de estar com toda a sua Igreja neste mundo, até o fim dos tempos".[363] Logo, esta fala se dirige aos que creem, ele já havia começado a preservar quando estava presente com seu corpo, e aos que havia de deixar privados de sua presença corporal, para preservá-los com sua presença espiritual. É enganoso tomar corporal por visível; uma vez que ele opõe o corpo à potência divina; e, ao acrescentar que "ele os preserva juntamente com o Pai",[364] expressa claramente que Deus derrama sobre nós a graça do céu pelo Espírito.

29. Mas, já que depositam tanta confiança neste esconderijo da presença invisível, vejamos então quão bem se ocultam nele.

Em primeiro lugar, não apresentam uma sílaba das Escrituras para provar que Cristo é invisível, mas dão como certo o que ninguém em sã consciência lhes concederá: que o corpo de Cristo não pode ser dado na Ceia senão encoberto pela máscara do pão. Mas é precisamente sobre isso que disputam conosco, tão longe está de ser um princípio infalível.

E, enquanto matraqueiam desta maneira, veem-se forçados a tornar duplo o corpo de Cristo; porque, segundo eles, está visível no céu, mas é invisível na Ceia, por uma espécie de dispensação especial. Quão belamente isto convenha, pode-se julgar facilmente por outros passos da Escritura; em particular pelo testemunho de Pedro. Diz Pedro: "é necessário que o céu o receba, até que venha de novo" (At 3, 21).

Estes ensinam que Cristo está em todo lugar, mas sem forma. Dizem que não se pode submeter a natureza de um corpo glorioso às leis da

---

361 Ibidem.
362 Aug., In Ioh. Tract. 92, 1 MSL 35, 1862.
363 Aug., In Ioh. Tract. 106, 2 MSL 35, 1909.
364 Aug., l. c.

natureza comum. Esta resposta traz consigo o delírio de Servet (que é, com razão, detestável a todos os homens pios): que o corpo de Cristo foi absorvido pela divindade. Não digo que eles sejam desta opinião. Mas, se entre os dotes de um corpo glorificado se conta enchê-lo todo de um modo invisível, é claro que está privado da substância corpórea e que não resta diferença alguma entre a deidade e a natureza humana. Então, se o corpo de Cristo é tão multiforme e vário que apareça num lugar mas seja invisível em outro, onde está sua natureza de corpo, que consiste de suas dimensões? Onde está sua unidade?

Tertuliano argumenta muito mais corretamente, ao dizer que o corpo de Cristo era verdadeiro e natural, porque sua figura nos é dada no mistério da Ceia como penhor e certeza da vida espiritual. E que certamente era sobre seu corpo glorioso que Cristo dizia: "Vede e tocai, porque um espírito não tem carne nem ossos" (Lc 24, 39). Eis como pela boca do próprio Cristo se prova a verdade de sua carne, pois esta pode ser tocada e vista. Tira-lhe isso e deixará já de ser carne.

Eles se refugiam sempre no pretexto da dispensação, que eles inventaram. Mas é nosso dever abraçar o que Cristo pronunciou absolutamente, de tal maneira que o que ele quis dizer tenha validade para nós, sem exceção. Ele prova que não é um espectro, porque é visível em sua carne. Tire-se-lhe o que reivindica como próprio à natureza de seu corpo; acaso não resultará uma nova definição de corpo? Além disso, por mais voltas que deem, sua dispensação fictícia não tem lugar no passo de Paulo, quando diz: "do céu aguardamos o salvador, que transformará o nosso pobre corpo em seu corpo glorioso" (Fl 3, 21). Pois não devemos esperar uma conformidade naquelas qualidades que eles imaginam em Cristo, de tal forma que cada um tenha um corpo invisível e imenso. E não encontrarão ninguém tão tolo no mundo ao qual possam persuadir de tal absurdo. Que não atribuam, pois, ao corpo glorioso de Cristo este dote de estar em muitos lugares ao mesmo tempo, e de não estar contido por nenhum espaço. Enfim, ou neguem abertamente a ressurreição da carne ou concedam que Cristo, vestido de glória celestial, não se despojou da carne; e que em nossa carne nos há de fazer partícipes e companheiros de sua glória, uma vez que a ressurreição nos há de ser comum com ele. Que há de mais claro em toda a Escritura do que isto: que, assim como Cristo se revestiu de nossa verdadeira carne quando nasceu da Virgem, e na carne verdadeira padeceu, quando deu satisfação por nós, assim também voltou a tomar esta mesma verdadeira carne ao ressuscitar, e a elevou ao céu? Pois a esperança que temos de nossa ressurreição e ascensão ao céu é que Cristo ressuscitou e ascendeu, e (como diz Tertuliano) levou consigo ao céu a garantia de nossa ressurreição. Ademais, quão débil e frágil seria nossa esperança, se esta mesma carne nossa não tivesse ressuscitado em Cristo e entrado no reino dos céus? E esta é a própria verdade do corpo: que esteja contido num espaço, que consista de suas dimensões, que tenha sua face. Portanto, que cesse aquele tolo erro que liga ao pão tanto as mentes dos homens como Cristo. Pois de que serve a presença oculta sob o pão, senão para que aqueles que desejam ter a Cristo consigo se detenham no símbolo? Mas o Senhor não somente quis afastar da terra nossos olhos, mas também todos os nossos sentidos, proibindo àquelas mulheres que o tocassem, porque ainda não havia subido ao Pai (Jo 20, 17). Ao ver que Maria ia, com piedoso afeto de reverência, beijar-lhe os pés, por que não lho permite e proíbe que o toque, porque não havia ainda sido recebido no céu? Não há outra razão senão porque não quer ser procurado em nenhuma outra parte.

A objeção de que depois foi visto por Estevão (At 7, 55) é de fácil solução; pois, para isso, não foi necessário que Cristo mudasse de lugar, porque pôde dar aos olhos de seu discípulo uma capacidade de ver que penetrasse nos céus. E o mesmo deve se dizer de Paulo (At 9, 4). Aos que objetam que Cristo saiu do sepulcro fechado (Mt 28, 6) e que, estando as portas fechadas, entrou aonde os discípulos estavam (Jo 20, 19), isso em nada favorece a defesa de seu erro. Pois, assim como a água foi para Cristo não menos que um sólido caminho pavimentado quando andou sobre o lago (Mt 14, 25), da mesma forma, não há nada de estranho em que a dureza da pedra tenha cedido para deixá-lo passar. Ainda que pareça mais provável que a pedra, a seu comando, tenha se movido, e, tendo lhe dado passagem, tenha voltado imediatamente a seu lugar. E entrar pelas portas fechadas não quer dizer o mesmo que penetrar pela matéria sólida, mas sim que, por virtude divina, abriu passagem para si, de maneira que, de repente, se apresentou entre seus discípulos de um modo totalmente admirável, uma vez que as portas estavam fechadas.

Quanto ao passo de Lucas que citam, em que Cristo subitamente desapareceu da vista dos discípulos com que havia ido a Emaús (Lc 24, 31), não prova nada em favor deles, mas antes nos ajuda. Pois não se tornou invisível para impedi-los de vê-lo, mas somente desapareceu. Da mesma forma, segundo o testemunho de Lucas, ele, quando caminhou ao lado deles, não adquiriu um rosto novo a fim de não ser reconhecido, mas como que vendou os olhos deles (Lc 24, 16). Mas estes não somente transformam a Cristo, para que permaneça na terra, mas o imaginam outro, diferente de si mesmo. Enfim, quando brincam desta maneira, transformam a carne de Cristo em espírito, não com uma palavra, mas com uma perífrase. E, não contentes com isso, atribuem-lhe qualidades totalmente contrárias. De onde se segue necessariamente que há dois Cristos.

30. Mas, ainda que lhes concedamos o que matraqueiam sobre a presença invisível, contudo ainda não estará provada a imensidão, sem a qual em vão tentarão encerrar a Cristo sob o pão. Se o corpo de Cristo não puder estar em todo lugar ao mesmo tempo, sem qualquer limitação de lugar, não será crível que Cristo esteja encerrado sob o pão da Ceia. Esta necessidade os levou a introduzir a monstruosa ubiquidade. Porque já está demonstrado, com firmes e claros testemunhos da Escritura, que o corpo de Cristo se encontra circunscrito e contido num determinado lugar, exatamente como os demais corpos, segundo o requer a medida do corpo humano. Além disso, mostrou claramente, com sua subida ao céu, que não está em todo lugar, mas que, quando se traslada a um lugar, abandona o primeiro onde estava.

E não deve ser entendida com relação ao corpo a promessa que aduzem: "eis que estou convosco todos os dias, até a consumação dos tempos" (Mt 28, 20). Em primeiro lugar, tal união não seria eterna, a menos que Cristo habitasse em nós corporalmente, fora do uso da Ceia; e, assim, eles não têm nenhum motivo justo para discutir tão acaloradamente sobre as palavras de Cristo, a fim de encerrar Cristo na Ceia sob o pão. Da mesma forma, vê-se claramente pelo contexto que Cristo não fala aqui de sua carne, mas promete a seus discípulos um auxílio invencível, com o qual os defenderá e manterá contra todos os assaltos de Satanás e do mundo. Pois, como lhes confiava uma tarefa difícil, fortalece-os com a confiança de sua presença, para que não duvidassem em aceitá-la ou não tivessem medo ao cumpri-la; como se lhes dissesse que sua assistência, que é insuperável, nunca havia de lhes faltar.

Se não lhes agradasse confundir todas as coisas, não deveriam distinguir o modo desta presença? Mas decerto preferem ostentar sua tolice com o maior descaramento a afastar-se minimamente de seu erro. Não falo dos papistas, cuja doutrina é mais tolerável, ou ao menos mais comedida. Mas a disputa a tal ponto arrebata a outros que chegam a dizer que, por causa das duas naturezas unidas em Cristo, onde quer que esteja a divindade de Cristo, está também sua carne, da qual não pode separar-se. Como se de tal união surgisse, das duas naturezas, não sei que meio-termo, que nem é Deus nem homem. Assim realmente o imaginaram Êutiques e depois dele Servet. Mas conclui-se claramente da Escritura que a Pessoa única de Cristo consiste de duas naturezas, mas que cada uma delas mantém preservada sua propriedade. Nossos adversários envergonhar-se-ão de negar que Êutiques foi condenado com razão; mas é estranho que não vejam a causa de tal condenação: que, ao suprimir a diferença entre as naturezas e insistir na unidade da Pessoa, tornava a Deus homem; e ao homem, Deus. Que demência é essa de preferir misturar o céu à terra a não tirar o corpo de Cristo do santuário celestial?

Quanto a estes testemunhos que aduzem em sua defesa: "ninguém subiu ao céu senão aquele que desceu do céu: o Filho do Homem" (Jo 3, 13); "O Filho Unigênito, que está no seio do Pai, foi quem o disse" (Jo 1, 18); com eles demonstram sua tolice, ao menosprezar a κοινωνία (koinomía) de idiomas, a qual, não sem motivo, foi inventada pelos santos Pais. Certamente, quando diz que o Senhor da glória foi crucificado (1 Cor 2, 8), Paulo não entende que Ele tenha padecido coisa alguma em sua divindade; mas sim que o Cristo, que, humilhado e desprezado, sofria em sua carne, era ele mesmo o Senhor da glória. Deste modo, o Filho do Homem estava no céu, porque o mesmo Cristo que, segundo a carne, era Filho do Homem e habitava na terra, enquanto Deus estava no céu. E por isso se diz no mesmo lugar que desceu do céu segundo sua divindade; não que sua divindade tenha descido do céu para encerrar-se no corpo, como numa prisão; mas porque, embora ela preenchesse tudo, contudo habitava corporalmente, isto é, naturalmente, na humanidade de Cristo, e isto de um modo inefável.

Há entre os escolásticos uma distinção muito usada, que não me envergonho de citar: que, ainda que todo o Cristo esteja em todo lugar, no entanto nem tudo o que está nele está em todo lugar. Quem dera os escolásticos tivessem considerado a força de sua própria sentença! Porque, assim, teria caído por terra essa sua tola invenção sobre a presença carnal de Cristo.

Logo, nosso Mediador, como está todo em todo lugar, sempre está com os seus, e apresenta-se-lhes de modo particular na Ceia; mas está presente de tal maneira que não traga consigo tudo o que há nele; porque, como já foi dito, quanto à carne, tem de estar no céu quanto à sua carne, até que apareça para o Juízo.

31. No entanto, enganam-se ainda mais os que não concebem nenhuma presença da carne de Cristo na Ceia, a menos que vinculada ao pão. Pois, assim, reduzem a nada a arcana operação do Espírito que nos une com Cristo. Não lhes parece que Cristo esteja presente conosco, a menos que desça até nós. Como se, ao elevar-nos até ele, não usufruíssemos igualmente de sua presença.

Logo, nossa questão é só quanto ao modo. Porque eles colocam Cristo no pão; para nós, entretanto, não é lícito fazê-lo descer do céu. Quem de nós está certo, que o julguem os leitores. Mas que cesse essa calúnia de tirar Cristo da Ceia, a menos que se oculte sob o abrigo do pão. Pois, uma vez que este mistério é celestial, não é necessário que Cristo seja trazido aqui para baixo, para que esteja unido conosco.

32. Ademais, se alguém me perguntar como isto se dá, não terei pudor em confessar que é um mistério mais sublime do que aquele que pode ser compreendido pelo meu intelecto ou contado com minhas palavras. E, para dizê-lo mais claramente: experimento-o mais do que o entendo. E, assim, abraço aqui a verdade de Deus, na qual se pode descansar em segurança, sem controvérsia. Ele declara que sua carne é o alimento de nossa alma, e seu sangue, a bebida. Eu lhe ofereço minha alma, para que ele a sustente com tais alimentos. Ele ordena que, em sua Ceia sagrada, eu receba seu corpo e seu sangue sob os símbolos do pão e do vinho, e que o coma e beba-o. Não duvido de que ele mesmo verdadeiramente mos dá, e recebê-los-ei. Somente refuto as coisas absurdas que, ou são indignas da celestial majestade de Cristo, ou são alheias à verdade de sua natureza humana, uma vez que necessariamente são contrárias também à Palavra de Deus, a qual nos ensina que Cristo foi recebido na glória do reino celestial (Lc 24, 26) para elevá-lo para além de toda condição do mundo, e elogia em sua condição humana as coisas que são próprias da verdadeira humanidade.

E isto não deve parecer incrível ou absurdo. Porque, assim como todo o reino de Cristo é espiritual, do mesmo modo tudo o que faz com sua Igreja não deve ser examinado conforme a ordem natural deste mundo. Ou, para usar as palavras mesmas de Agostinho: "este mistério, como os demais, é tratado pelo homem, mas de um modo divino; na terra, mas de um modo celestial". Digo que essa presença do corpo é tal qual a razão do sacramento a postula, a qual dizemos que se mostra aqui com tanta virtude e com tanta eficácia que não somente trará a nossas almas uma indubitável confiança na vida eterna, mas também nos fará seguros da imortalidade de nossa carne. De fato, já é vivificada por sua carne imortal, e, de certa maneira, comunica-se com sua imortalidade.[365] Aqueles que, com suas hipérboles, vão além disto, não fazem senão obscurecer com tais invólucros uma verdade simples e evidente.

---

365 Irenaeus, Contra haer. IV, 18, 5 Stieren I, 617ss.

Se ainda há alguém que não se dê por satisfeito, gostaria que pensasse um pouco comigo sobre o sacramento de que agora tratamos, no qual tudo deve referir-se à fé. Com essa participação do corpo que expusemos, alimentamo-nos da fé de forma não menos lauta e abundante do que aqueles que descem a Cristo do céu. No entanto, confesso com gosto que repudio a mistura da carne de Cristo com nossa alma, ou transfusão, como eles ensinam; porque nos deve bastar que Cristo, da substância de sua carne, difunda a vida em nós, ainda que ela não entre em nós.

Acrescenta que a analogia da fé, conforme a qual Paulo ordena que se paute toda a interpretação da Escritura (Rm 12, 3), nesta parte, parece-me, não traz qualquer dúvida. Pelo contrário, que aqueles que contradizem uma verdade tão evidente vejam a que regra de fé se conformam. Aquele que não confessa que Jesus Cristo veio em carne, não é de Deus. E estes, ainda que o dissimulem, ou não o percebam, privam-no de sua carne.

33. O mesmo se deve dizer da comunhão, a qual creem que é nula se não comerem a carne de Cristo sob o pão. Mas faz-se uma grave injúria ao Espírito Santo se não cremos que nossa comunicação com o corpo e o sangue de Cristo se dá por sua virtude incompreensível. E mais, se a força deste mistério, como é ensinada por nós e foi conhecida na Igreja antiga, tivesse sido mantida durante estes quatrocentos anos, teríamos motivo mais do que suficiente de satisfação, e ter-se-ia fechado a porta a muitos erros terríveis, dos quais saíram as horrendas dissensões pelas quais a Igreja se viu miseravelmente atormentada, tanto em nosso tempo como no passado, uma vez que homens curiosos exigem um modo hiperbólico de presença que a Escritura nunca mostrou. E fazem grande tumulto sobre esse tema, concebido tola e temerariamente, como se a inclusão de Cristo sob o pão fosse toda a religião.

Importa saber primeiro como o corpo de Cristo, que uma vez foi oferecido em sacrifício por nós, torna-se nosso e como nós somos feitos partícipes de seu sangue derramado; porque isto é possuir Cristo todo inteiro crucificado, para que possamos usufruir de todos os seus bens. Mas eles, deixando de lado estas coisas de tanta importância, e ainda menosprezando-as e quase sepultando-as, encontram prazer nesta única questão espinhosa: como o corpo de Cristo está oculto sob o pão ou sob a aparência do pão.

É falso o que nos atiram à cara: que tudo o que ensinamos sobre o alimento espiritual opõe-se à verdadeira e real manducação (como eles dizem). Porque não atentamos senão para o modo, que para eles é carnal, já que encerram a Cristo no pão; para nós é espiritual, porque a arcana virtude do Espírito é o vínculo de nossa união com Cristo.

A outra objeção não é mais verdadeira em nada: que nós apenas tocamos o fruto ou o efeito que os fiéis recebem de comer a carne de Cristo. Já dissemos antes que o próprio Cristo é a matéria da Ceia, e que daqui se segue o efeito de sermos absolvidos de nossos pecados pelo sacrifício de sua morte; de sermos lavados com seu sangue, e elevados por sua ressurreição à esperança da vida celestial. Mas a tola invenção cujo autor foi Lombardo perverteu suas mentes, já que julgam que comer a carne de Cristo é o sacramento. Assim diz ele: "o sacramento sem a coisa são as espécies do pão e do vinho; o sacramento e a coisa são a carne e o sangue de Cristo; a coisa sem sacramento é sua carne mística". E pouco depois: "a coisa significada e contida é a própria carne de Cristo; a significada e não contida é seu corpo místico".[366] Quanto a distinguir entre a carne de Cristo e a eficácia de alimentar, estou de acordo com ele; porém, inventar que a carne é o sacramento enquanto está encerrada debaixo do pão é um erro intolerável. Daí nasceu a falsa interpretação da expressão "comer sacramental". Porque os ímpios e os malvados pensavam que comiam o corpo de Cristo, ainda que estivessem afastados dele. Mas a carne de Cristo no mistério da Ceia não é coisa menos espiritual que nossa salvação eterna. De onde concluímos que todos aqueles que estão vazios do Espírito de Cristo não podem comer a carne de Cristo, assim como não podem beber do vinho quem não tem paladar. Certamente, dilacera-se a Cristo da forma mais indigna, quando, como um corpo morto e sem vigor, é entregue aos incrédulos. Suas palavras se opõem a isto claramente: "quem se alimenta com minha carne e bebe meu sangue permanece em mim e eu nele" (Jo 6, 56). Replicam que não se trata aqui do comer sacramental. Eu o concedo, contanto que não repitam sempre o mesmo: que se pode comer a carne de Cristo sem receber fruto algum. Gostaria de saber deles por quanto tempo a conservam no estômago, depois de tê-la comido. Aqui, a meu ver, não encontrarão uma saída.

Mas objetam que a verdade das promessas de Deus sobre a fé não pode sofrer qualquer detrimento ou deteriorar-se pela ingratidão dos homens. Admito-o totalmente, e digo que a força deste mistério permanece íntegra, por mais que os ímpios se esforcem para destruí-la com tudo o que está a seu alcance. Uma coisa é oferecer, outra, receber. Cristo dá a todos em geral esta comida espiritual e oferece esta bebida espiritual;

---

366 Lomb., Sent. IV dist. 8. c. 4 MSL 192, 857.

uns alimentam-se avidamente, outros vomitam com nojo. Acaso a recusa destes fará que a comida e a bebida percam sua natureza?

Dirão que esta comparação favorece sua opinião, porque a carne de Cristo, ainda que não pareça ter sabor, nem por isso deixa de ser carne. Mas eu nego que esta carne possa ser comida sem o gosto da fé; ou (se falar com Agostinho agradar mais) nego que os homens possam tirar mais do sacramento do que podem tirar com o vaso da fé. Assim, nada diminui no sacramento; antes permanecem intactas sua verdade e eficácia, ainda que os ímpios, depois de sua participação externa, continuem vazios.

Se de novo objetam que se tira o valor das palavras de Cristo: "este é meu corpo", porque os ímpios recebem pão corruptível e nada mais, a solução é fácil. Deus não quer ser reconhecido como veraz no fato de ser recebido, mas na constância de sua bondade, quando está disposto a conceder aos indignos o que eles rejeitam, e de novo liberalmente lhos oferece. Esta é a integridade do sacramento, que ninguém no mundo pode violar: que a carne e o sangue de Cristo são verdadeiramente dados aos ímpios, não menos do que aos fiéis eleitos de Deus. E, ao mesmo tempo, é verdade que, assim como a chuva, ao cair sobre uma rocha dura, escorre, porque não encontra nenhuma entrada na pedra, assim também os ímpios repelem a graça de Deus com sua dureza, para que não penetre neles. Acrescenta que Cristo ser recebido sem fé não é mais coerente que uma semente germinar no fogo.

Quanto a sua pergunta: como Cristo veio para condenação de muitos, a não ser que eles o recebam indignamente, é frívola, uma vez que não lemos em nenhuma parte da Escritura que os homens adquiram sua morte por receberem a Cristo indignamente, mas sim por rejeitá-lo. E não os ajuda a parábola de Cristo, quando diz que uma semente nasce entre os espinhos e depois se corrompe, sufocada (Mt 13, 7). Porque ele fala ali do valor da fé temporal, a qual acham que não é necessária para comer a carne de Cristo e beber seu sangue aqueles que, nesta parte, equiparam Judas a Pedro, como companheiro. E mais, seu erro é antes refutado nesta mesma parábola, quando Cristo diz que uma semente caiu sobre o caminho e a outra sobre as pedras, e que nenhuma das duas deitou raízes (Ibidem 4, 5). De onde se segue que sua dureza é obstáculo aos incrédulos para que Cristo seja recebido por eles.

Quem quer que deseje que nossa salvação seja auxiliada por este mistério, não encontrará nada mais apropriado do que conduzir os fiéis à fonte, para que bebam a vida do Filho de Deus. A dignidade é louvada de sobra quando sustentamos que é uma ajuda pela qual somos inseridos no corpo de Cristo; ou pela qual, já inseridos, sejamos fortalecidos mais e mais, até que ele nos una perfeitamente consigo na vida celestial.

Eles objetam que os incrédulos não teriam sido feitos réus do corpo e do sangue de Cristo por Paulo (1Cor 11, 29), se não fossem partícipes deles. Eu, porém, respondo que não estão condenados porque comeram, mas somente porque profanaram o mistério, calcando aos pés os penhores de nossa sagrada união com Deus, que deveriam respeitar com reverência.

34. Ademais, porque principalmente Agostinho, entre os escritores antigos, manteve o artigo de doutrina de que em nada se prejudica os sacramentos ou se esvazia a graça que eles figuram por causa da infidelidade ou da malícia dos homens, será útil provar claramente, por suas próprias palavras, que aqueles que jogam o corpo de Cristo para que os cães o comam o arrastam indevidamente para esta discussão. O comer sacramental, segundo eles, consiste em que os ímpios recebem o corpo e o sangue de Cristo sem a virtude do Espírito ou o efeito da graça. Agostinho, pelo contrário, examinando prudentemente estas palavras: "aquele que comer minha carne e beber meu sangue não morrerá jamais" (Jo 6, 54), diz: "certamente a virtude do sacramento, não o sacramento visível somente; por dentro, não por fora; quem come com o coração, não quem morde com os dentes". De onde conclui, afinal, que o sacramento da unidade do corpo e do sangue de Cristo nos é proposto na Ceia dominical, a uns para a vida, a outros para a condenação; mas a coisa em si, que o sacramento representa, é dada a todos para a vida e a ninguém para a condenação, quem quer que dela seja partícipe.

Para que ninguém pense que o que aqui se chama "coisa" não é o corpo, mas a graça do Espírito que se pode separar dele, a antítese entre os epítetos "visível" e "invisível" dispersa essas nuvens; pois o corpo de Cristo não pode estar compreendido sob a palavra "visível". De onde se segue que os incrédulos comunicam somente com o símbolo visível.

E, para melhor dirimir esta dúvida, Agostinho, depois de ter dito que este pão requer um apetite do homem interior, acrescenta que Moisés, Aarão, Fineias e muitos outros comeram do maná (Ex 16, 14) e agradaram a Deus. Por quê? Porque entendiam espiritualmente o alimento visível, espiritualmente o apeteciam, espiritualmente o provavam, para saciarem-se espiritualmente. Pois também nós recebemos hoje o alimento visível; mas uma coisa é o sacramento, e outra a virtude do sacramento. E pouco depois acrescenta: "e, por isso, não há dúvida de que aquele que não permanece em Cristo, e aquele em quem Cristo não permanece, não come sua carne nem bebe seu sangue espiritualmente, ainda que carnal e visivelmente rompa com os dentes o signo do corpo e do sangue". Outra vez ouvimos como o signo visível se opõe ao comer espiritual; com o qual se refuta o erro de que o corpo de Cristo, sendo invisível, se come realmente no sacramento, ainda que não espiritualmente. Ouvimos também que ele não concede nada aos profanos e impuros, além da recepção do signo visível. E por isso aquela sua notável sentença, em que diz que os outros discípulos comeram o pão que era o Senhor, mas que Judas comeu o pão do Senhor. Com o que exclui claramente os incrédulos da participação do corpo e do sangue. E a isso mesmo diz respeito o que diz em outro lugar: "por que te admiras de que se dê a Judas o pão de Cristo, pelo qual se entregou às mãos do Diabo, quando vês que, pelo contrário, o anjo do Diabo foi dado a Paulo, para que fosse aperfeiçoado em Cristo (2Cor 12, 7)?". E diz em outro lugar, "que é verdade que o pão da Ceia foi o corpo de Cristo para aqueles sobre os quais Paulo dizia: 'quem comer indignamente, come e bebe para sua condenação' (1Cor 11, 29); mas não deixaram de recebê-lo, por tê-lo recebido mal". Mas em que sentido o disse, explica-o mais plenamente em outro lugar: pois, ao expor por extenso de que modo os ímprobos e malvados que professam a vida cristã com a boca, mas a negam com seus atos, comem o corpo de Cristo (e contra a opinião de alguns que pensavam que não somente comiam o sacramento, mas também sua realidade), diz: "mas não se deve dizer que estes tais comam o corpo de Cristo, pois não devem ser contados entre os membros de Cristo. Pois, por mais que me cale sobre outras coisas, não podem ser ao mesmo tempo membros de Cristo e de uma meretriz (1Cor 6, 15). Finalmente, quando o Senhor diz: 'quem come minha carne e bebe meu sangue permanece em mim e eu nele' (Jo 6, 56), mostra o que é comer verdadeiramente, e não a título de sacramento, o corpo de Cristo; isto é, permanecer em Cristo, a fim de que ele permaneça em nós. Pois disse isso como se dissesse: quem não permanece em mim, e aquele em quem eu não permaneço, não pense nem diga que come minha carne ou bebe meu sangue". Que os leitores pesem bem esta antítese: "a título de sacramento" e "comer verdadeiramente", e não lhes restará dúvida alguma.

Não menos claramente confirma a mesma coisa com estas palavras: "não prepareis a garganta, mas o coração; esta Ceia é dada para ele. Cremos em Cristo, quando o recebemos pela fé; ao recebê-lo, sabemos o que pensamos; recebemos um bocadinho de pão, e ficamos saciados no coração. Logo, o que sacia não é o que se vê, mas o que se crê". Também aqui restringe ao signo visível o que os ímpios recebem; e ensina que Cristo não pode ser recebido de outra maneira, senão pela fé. Assim também em outro lugar, dizendo abertamente que todos, bons ou maus, comunicam com os signos; mas exclui os maus do verdadeiro comer da carne de Cristo. Pois, se eles recebessem a coisa significada, ele não teria se calado acerca daquilo que era mais conveniente a essa causa.

E, em outro lugar, tratando do comer e de seu fruto, conclui desta maneira: "o corpo e o sangue de Cristo serão vida para cada um se aquilo que se toma visivelmente é em verdade comido espiritualmente, bebido espiritualmente". Portanto, aqueles que, para estar de acordo com Agostinho, querem fazer os incrédulos partícipes do corpo e do sangue de Cristo, que nos apresentem o corpo de Cristo visível; uma vez que, segundo ele, toda a verdade é espiritual. A partir de suas palavras, prova-se que o comer sacramental quer dizer apenas o comer visível e externo, quando a incredulidade fecha a porta à verdade. E, se o corpo de Cristo pudesse ser comido verdadeiramente, ainda que não espiritualmente, que quereria dizer o que ele mesmo afirma em outro lugar: "não haveis de comer este corpo que vedes, nem haveis de beber o sangue que derramarão os que me crucificarão. Eu vos instituí um sacramento, que, entendido espiritualmente, vivificar-vos-á"? Evidentemente, não quis negar que o mesmo corpo que é dado na Ceia seja aquele que Cristo ofereceu em sacrifício; mas destacou o modo de comê-lo, a saber, que ele, recebido na glória celestial, inspira-nos vida pela secreta virtude do Espírito. Admito que ocorre muitas vezes em seu texto esta forma de falar: "os infiéis comem o corpo de Cristo"; mas ele se explica, acrescentando "no sacramento". E, em outra parte, descreve o comer espiritual, no qual nossos bocados não consomem a graça.

E, para que os adversários não digam que eu combato com um amontoado de citações, gostaria de saber como se desembaraçarão de uma única sentença de Agostinho, que diz: "os sacramentos realizam o que figuram somente nos eleitos". Não ousarão negar, claro, que o pão figura o corpo de Cristo na Ceia. De onde se segue que os réprobos estão banidos da participação nele.

Estas palavras declaram que Cirilo pensava da mesma forma: "assim como uma pessoa, se jogasse mais cera sobre outra cera já derretida, misturaria totalmente uma com a outra, assim também é necessário que uma pessoa que receber a carne e o sangue de Cristo una-se com ele, para que se ache todo em Cristo, e Cristo nele".[367]

Creio que, com essas palavras, esclareci que aqueles que só comem sacramentalmente o corpo de Cristo estão privados do comer verdadeiro

---

367 Cyrill.Alexandr., In Ioh.Evang. cap. 6. v.57 (lib. IV. c. 2) MSG 73, 583 B.

e real, porque este não pode ser separado de sua virtude; e nem por isto se enfraquece a fé das promessas de Deus, que não deixa de fazer chover do céu, ainda que as pedras e as rochas não recebam o líquido da chuva.

35. Este conhecimento nos afastará facilmente da adoração carnal, que alguns, com perversa temeridade, introduziram no sacramento, porque pensaram consigo: se está o corpo, e a alma e a divindade são uma só coisa com o corpo, já não podem separar-se; logo, deve-se adorar ali a Cristo.

Antes de mais nada, se lhes for negada essa sua concomitância, que farão? Pois, por mais que insistam em que é um absurdo separar a alma e a divindade do corpo, no entanto, quem, se estiver são e sóbrio, se convencerá de que o corpo de Cristo é Cristo? Eles realmente parecem crer que isto se segue perfeitamente de seus silogismos. Mas como Cristo fala claramente de seu corpo e de seu sangue, mas não descreve o modo de sua presença, como podem concluir o que querem de uma coisa duvidosa? Quê, então? Se acontecer de suas consciências serem atormentadas por algum pensamento mais grave, acaso não ficariam atônitos e confusos com seus silogismos? Por exemplo, quando virem que lhes falta a Palavra segura de Deus, única na qual nossas almas podem apoiar-se quando chamadas a prestar contas, e sem a qual imediatamente perecem, ou quando pensarem que a doutrina e os exemplos dos apóstolos os contradizem, e que eles são os autores de suas invenções.

A tais ataques acrescentar-se-ão também outras graves exasperações. E quê? Acaso era coisa de pouca importância adorar a Deus desta forma, sem que nada nos tenha sido ordenado? Quando se trata do verdadeiro culto de Deus, deve-se fazer com tanta leviandade aquilo sobre o que não se lê uma palavra em parte alguma? Se tivessem contido todos esses seus pensamentos com a devida humildade, certamente teriam escutado o que ele disse: "tomai, comei, bebei". E teriam obedecido ao mandamento pelo qual ordena que o sacramento seja recebido, não adorado. Por isso, aqueles que o recebem sem adoração, como o Senhor o ordenou, estão seguros de que não se afastam do mandamento de Deus. Não há nada melhor do que podemos esta segurança, quando empreendemos alguma coisa. Eles também têm o exemplo dos apóstolos, os quais nunca lemos que o adoraram de joelhos, mas sim que o tomaram e comeram como estavam, recostados. Têm o costume da Igreja apostólica, quando os fiéis, segundo Lucas, comunicavam não na adoração, mas na fração do pão (At 2, 42). Têm a doutrina apostólica, com a qual Paulo instrui a

Igreja dos coríntios, mostrando que ele havia recebido do Senhor aquilo que ensinava (1Cor 11, 23).

36. Todas essas coisas tendem a que os leitores piedosos atentem para o quão perigoso é afastar-se da Palavra de Deus com fantasias em coisas tão difíceis para nosso entendimento. O que expusemos até agora deve livrar-nos de qualquer escrúpulo nesta matéria. Pois, para que as almas piedosas apreendam a Cristo neste sacramento como convém, é preciso que elevem seu espírito ao céu. E, se o ofício deste sacramento é ajudar a mente fraca do homem a que se eleve, para perceber a grandeza dos mistérios espirituais, aqueles que se detêm no signo externo se afastam do verdadeiro caminho reto para buscar a Cristo.

Quê, então? Negaremos que é um culto supersticioso quando os homens se põem de joelhos diante do pão, para nele adorar a Cristo? Não há dúvida de que o Concílio de Niceia quis prevenir esse mal, quando quis que nos detivéssemos com humildade nos símbolos mostrados. E não havia outrora outra razão para que, antes da consagração, o povo fosse exortado em voz alta a levantar seus corações para o alto. E também a própria Escritura, além de narrar-nos diligentemente a ascensão de Cristo, pela qual retira a presença de seu corpo de nossa vista e convivência, a fim de afastar de nós todo pensamento carnal, ordena, sempre que no-lo recorda, que levantemos nossas mentes para o alto e que o procuremos no céu, sentado à direita do Pai (Cl 3, 2). De acordo com esta regra, deveria ser adorado espiritualmente na glória celestial, antes de ter sido inventado este perigoso gênero de adoração, pleno de uma concepção de Deus carnal e crassa.

Por isso, aqueles que inventaram a adoração do sacramento não somente a sonharam eles mesmos, sem a Escritura, onde não existe nem menção disso (coisa que, no entanto, não teria sido deixada de lado, se fosse agradável a Deus), mas ainda, opondo-se à Escritura, forjaram para si um Deus segundo sua vontade e desejo, abandonando o Deus eterno. Ora, que é a idolatria, se não é isto: cultuar os dons, no lugar do doador? Nisto há um pecado duplo; pois tiraram a honra de Deus e a transferiram à criatura; e, além disso, desonraram a Deus quando mancharam e profanaram seu benefício, ao fazer de seu santo sacramento um ídolo execrável.

Nós, pelo contrário, para não cair no mesmo buraco, fixamos completamente nossos ouvidos, olhos, corações e mentes na sagrada doutrina de Deus. Pois ela é a escola do Espírito Santo, que é o melhor dos mestres, na qual se aproveita de tal maneira que não é necessário aprender de nenhum outro; e de bom grado se há de ignorar tudo o que não se ensine nela.

37. Mas (como a superstição, uma vez tendo saído de seus limites, não sabe pôr fim a seu erro) eles foram muito mais longe. Pois imaginaram ritos totalmente estranhos à instituição da Ceia, somente para honrar o signo, como se este fosse Deus. Dizem que é a Cristo que eles concedem tal veneração.

Em primeiro lugar, se isto se desse na Ceia, eu lhes diria que a adoração legítima não reside no signo, mas se dirige a Cristo, que está sentado no céu. Ora, com que pretexto jactam-se de honrar a Cristo no pão, quando não têm nenhuma promessa disso? Consagram a hóstia, como a chamam, para levá-la em procissão com grande pompa, e a exibem como um espetáculo solene, para ser vista, cultuada, invocada. Eu lhes pergunto em virtude de que pensam que esta hóstia está consagrada. Dirão que em virtude daquelas palavras: "este é meu corpo". Mas eu lhes replicarei que, juntamente com estas palavras, o Senhor disse: "tomai e comei". E não o farei a troco de nada; pois, como a promessa está unida ao mandamento, afirmo que de tal maneira está encerrada nele que, separada dele, torna-se nada. Isto ficará mais claro com o exemplo seguinte.

O Senhor nos deu um mandamento quando disse: "invoca-me"; e acrescentou a promessa, dizendo: "eu te ouvirei" (Sl 50, 15). Se alguém, tendo invocado a Pedro ou a Paulo, se vangloriasse dessa promessa, todos os demais não lhe diriam que estava agindo mal? E que fazem, pergunto, aqueles que, tendo deixado de lado o mandamento do comer, aferram-se à promessa mutilada "este é meu corpo", para abusar dela em ritos estranhos à instituição de Cristo? Recordemos que essa promessa foi feita àqueles que observam o mandamento unido a ela; mas estão totalmente destituídos da Palavra aqueles que transferem o sacramento a outra parte.

Já expusemos antes como este mistério da Ceia sagrada serve à nossa fé diante de Deus. Mas, uma vez que nosso Senhor não somente nos recorda tão grande liberalidade de sua bondade, como já dissemos anteriormente, mas também no-la concede como se no-la desse com a própria mão e nos obriga a que a reconheçamos, ao mesmo tempo nos admoesta a que não sejamos ingratos com sua tão grande beneficência, mas que antes é justo que a apregoemos com grandes elogios e a celebremos com ação de graças. Assim, quando outorgou a instituição deste sacramento aos apóstolos, ensinou-lhes a fazê-lo em sua memória (Lc 22, 19). O que Paulo interpreta por "anunciar a morte do Senhor" (1 Cor 11, 26), quer dizer que publicamente e como a uma só voz confessemos que toda a confiança de nossa vida e salvação está posta na morte do Senhor; a fim de que, com nossa confissão, o glorifiquemos, e, com nosso exemplo, exortemos os demais a dar-lhe glória.

Aqui é evidente também qual o objetivo deste sacramento, a saber, para exercitar-nos na recordação da morte do Senhor. Pois somos ordenados a que anunciemos a morte do Senhor até que venha para julgar, o que não significa senão que preguemos com a confissão em voz alta o que a nossa fé entendeu no sacramento: que a morte de Cristo é a nossa vida. Este é o segundo uso deste sacramento, que se refere à confissão externa.

38. Em terceiro lugar, o Senhor quis que nos servisse de exortação; e o é de tal forma que nada mais pode inflamar-nos com maior veemência e animar-nos à santidade de vida, à caridade, à paz e ao consenso. Pois ali o Senhor nos comunica seu corpo de tal maneira que se faz uma mesma coisa conosco plenamente, e nós com ele. Além disso, como ele não tem senão um corpo do que fazer-nos todos partícipes, é necessário que também nós sejamos feitos todos um mesmo corpo por esta participação. Unidade que o pão que nos é dado no sacramento representa, pois é feito de muitos grãos, misturados de tal forma que não é possível distinguir um do outro. Assim, é preciso que nós estejamos unidos e como que entrelaçados uns com os outros, em união de almas que não haja entre nós nenhuma diferença ou divisão. Prefiro explicar isto com palavras de Paulo: "o cálice da bênção que pronunciamos não é comunhão com o sangue de Cristo? E o pão que partimos não é comunhão com o corpo de Cristo? Todos os que participamos de um mesmo pão somos, pois, um mesmo corpo" (1Cor 10, 16).

Grande proveito encontraríamos neste sacramento, se estivesse impresso em nosso coração o pensamento de que não é possível que algum de nossos irmãos seja lesado, desprezado, rejeitado, agredido ou ofendido por nós de alguma forma, sem que juntamente com ele lesemos, desdenhemos e firamos com nossas injúrias também a Cristo; que não podemos nos afastar de nossos irmãos sem que ao mesmo tempo nos afastemos de Cristo; que não podemos amar a Cristo, a menos que o amemos em nossos irmãos; que o mesmo cuidado que temos com o nosso corpo, devemos tê-lo também como o de nossos irmãos, que são membros de nosso corpo; assim como nenhuma parte de nosso corpo é atingida por uma dor sem que esta se espalhe por todos as outras, assim também não devemos tolerar que nossos irmão sejam afligidos de nenhum modo, sem que, ao mesmo tempo, nós sejamos tocados pela compaixão.

Por estas razões, Agostinho, não sem razão, chama tantas vezes a este sacramento "vínculo de caridade". Pois que estímulo mais agudo poderia haver para incitar-nos à mútua caridade, que ver a Cristo, que, ao dar-se a si mesmo a nós, não somente nos convida com seu exemplo que nos devotemos e nos entreguemos uns aos outros, mas, porque se faz uma coisa com todos, faz-nos também a todos uma mesma coisa com ele.

39. A partir daí se confirma perfeitamente o que já disse antes: que a verdadeira administração dos sacramentos não pode existir sem a Palavra. Pois qualquer utilidade que nos advenha da Ceia requer a Palavra; quer tenhamos de ser confirmados na fé, quer exercitados na confissão, quer exortados ao dever cristão, a pregação é necessária.

Portanto, não se pode fazer nada mais perverso do que transformar a Ceia em um ato mudo, como se faz sob a tirania do papa. Porque os papistas querem que toda a força da consagração dependa da intenção do sacerdote, como se não dissesse respeito ao povo, a quem este mistério deveria ser explicado. Daqui nasceu o erro de não observar que as promessas de que a consagração depende não se referem aos elementos, mas àqueles que os recebem. Pois Cristo não fala com o pão, para que ele se transforme em corpo, mas ordena a seus discípulos que o comam e promete-lhes a comunhão de seu corpo e de seu sangue. E Paulo não ensina outra ordem senão que, ao distribuir o pão e o cálice, se anunciem as promessas aos fiéis. E assim é, de fato. Não devemos imaginar aqui uma encantamento qualquer, como se bastasse murmurar umas palavras, como se elas fossem ouvidas pelos elementos; mas devemos entender que aquelas palavras são uma pregação viva, que edifica aqueles que a ouvem; que penetra em seus espíritos, que se imprime e se fixa em seus corações, e que mostra sua eficácia ao cumprir o que promete.

Por essas razões, fica claro que é inútil guardar o sacramento para distribuí-lo aos enfermos em caráter extraordinário. Pois, ou o receberão sem as palavras da instituição de Cristo, ou o ministro, juntamente com o signo, lhes dará a verdadeira interpretação do mistério. Em silêncio, é um abuso e um vício. Se lhes conta as promessas e o mistério, para que os que hão de recebê-lo o recebam com fruto, não há por que duvidarmos de que isto é a verdadeira consagração. Com que fim, pois, realizar a outra, cuja força não alcança os doentes?

Dir-me-ão que aqueles que agem assim atêm-se ao exemplo da Igreja antiga. Admito-o. Mas em coisa de tão grande importância, e na qual não se pode errar sem grande perigo, nada é mais seguro do que seguir a verdade.

40. Além disso, assim como vemos que este sagrado pão da Ceia do Senhor é um alimento espiritual, tão suave e delicado quanto saudável para os piedosos servos de Deus, com cujo gosto sentem que Cristo é sua vida, aos quais induz à ação de graças, e aos quais serve de mútua exortação à caridade; assim também transforma-se em um veneno mortal para todos aqueles a quem não alimenta e confirma a fé, e aqueles que não incentiva à confissão de fé e à caridade. Porque, da mesma forma que o alimento corporal, quando chega a um ventre ocupado por maus humores, também ele, viciado e corrompido, mais causa dano do que nutre, assim também este alimento espiritual, se cai numa alma poluída de malícia e maldade, precipita-a em maior ruína; não por culpa do alimento, mas porque nada é limpo para os impuros e infiéis (Tt 1, 15), ainda que santificado pela bênção do Senhor. Pois, como diz Paulo, os que comem e bebem indignamente são réus do corpo e do sangue do Senhor, e comem e bebem sua condenação, ao não discernir o corpo do Senhor (1 Cor 11, 29). Pois tal tipo de gente, que se lança como porcos para usurpar a Ceia do Senhor, sem nenhuma centelha de fé e sem nenhum desejo de caridade, não discerne o corpo do Senhor. Pois, quando não creem que aquele corpo seja sua vida, cometem contra ele a maior afronta possível, despojando-o de toda a sua dignidade. E, finalmente, ao recebê-lo dessa maneira, profanam-no e contaminam-no. Mas, visto que, separados e alienados de seus irmãos, atrevem-se a misturar o símbolo sagrado do corpo de Cristo com suas discórdias, não é certo que o corpo de Cristo seja feito em pedaços por eles, membro por membro.

Assim, não sem motivo são réus do corpo e do sangue de Cristo, a quem mancharam de forma tão injuriosa com sua sacrílega impiedade. Recebem, pois, a condenação com seu indigno comer. Porque, ainda que não tenham nenhuma fé em Cristo, no entanto, ao receber o sacramento, protestam que em nenhuma outra parte têm a salvação senão nele, e renunciam a confiar em ninguém mais. Com o que se acusam a si mesmos, dão testemunho contra si mesmos, e assinam sua condenação. Além disso, estando divididos e separados de seus irmãos, isto é, dos membros de Cristo, por seu ódio e malevolência, não têm parte alguma com Cristo, e, no entanto, atestam que sua única salvação consiste em comunicar com Cristo e estar unidos com ele. Por isso, Paulo ordena que cada um se examine a si mesmo antes de comer deste pão e beber deste cálice (ibidem, 28). Com o qual (como realmente penso) quis dizer que cada um entre dentro de si mesmo e considere se reconhece a Cristo como Redentor com confiança e de coração, e o confessa como tal com seus lábios. E, ademais, se aspira a imitar a Cristo em inocência e santidade de vida; se, a exemplo de Cristo, está preparado para dar-se a seus irmãos, e a comunicar-se àqueles aos quais vê que Cristo se comunica; se, como Cristo os considera seus membros, igualmente ele considera a todos como tais; se como a membros seus deseja ampará-los, protegê-los e ajudá-los. Não porque estes deveres da caridade possam ser perfeitos em nós nesta vida presente, mas porque devemos esforçar-nos e animar-nos com esses desejos, para a cada dia aumentarmos mais nossa fé imperfeita.

41. Em geral, quando querem preparar os homens para a dignidade da Ceia, já atormentaram e torturaram suas pobres consciências da forma mais terrível; e, no entanto, não lhes ensinaram nada do que era preciso. Disseram-lhes que comem dignamente aqueles que estão em estado de graça. E por estado de graça entendiam estar limpos e puros de todo pecado. Com este dogma excluíam da participação do sacramento todos os homens que viveram e vivem na terra. Pois se se trata de exigir esta dignidade em nós, acabou-se para nós! Só nos resta o desespero e a ruína mortal. Pois, por mais que nos empenhemos com todas as forças, não conseguiremos senão vir a ser tanto mais indignos quanto mais tivermos nos preocupado em conseguir esta dignidade.

Para remediar esse mal, inventaram um novo modo de adquirir dignidade: que, tendo examinado bem tudo o que há em nós, expiaremos nossa indignidade com a devida razão, a contrição, a confissão e a satisfação de todos os nossos atos. Já dissemos que tipo de expiação é essa quando tivemos ocasião.

No que diz respeito ao presente tema, afirmo que estes remédios e consolos são excessivamente vãos e frios para as consciências consternadas, abatidas e afligidas com o horror de seu pecado. Pois, se o Senhor não admite na participação de sua Ceia ninguém que não for justo e inocente, é preciso uma caução importante, que torne a pessoa segura de sua justiça, tal como ouve que lhe é exigida por Deus. Mas como confirmar esta segurança de que cumpriram seu dever para com Deus aqueles que fizeram o que estava a seu alcance? Porque, mesmo que assim fosse, quem ousará responder que fez tudo o que lhe era possível? Assim, como não há segurança de nossa dignidade, a porta sempre estará sempre fechada com aquela horrível proibição, segundo a qual comem e bebem sua condenação os que comem e bebem o sacramento indignamente.

42. Agora se pode julgar facilmente qual é e de que autor saiu a doutrina que reina no papado, que, com sua cruel austeridade, priva e despoja do consolo deste sacramento os pobres pecadores e os que estão aflitos pela tribulação e pela moléstia; mesmo que nele estivessem propostos todos os dons do Evangelho. Certamente o Diabo não poderia achar melhor método para perder os homens do que entorpecendo-os assim, para que não sintam o gosto nem o sabor do alimento com que o Pai celestial queria mantê-los. A fim, pois, de não cairmos nesse precipício, tenhamos na memória que esta sagrada refeição é fármaco para os enfermos, consolo para os pecadores, esmola para os pobres; que teriam pouco valor para os sãos, os justos e os ricos, se fosse possível achar tais homens. Porque, uma vez que Cristo nos é dado como alimento neste banquete, entendemos que sem ele definharíamos, consumir-nos-íamos e desfaleceríamos, assim como a fome extingue a força do corpo. Além disso, uma vez que nos é dado para a vida, entendemos que sem ele estamos totalmente mortos em nós mesmos.

Portanto, a única e melhor dignidade que podemos apresentar a Deus é oferecer-lhe nossa pequenez (por assim dizer) e indignidade, para que Ele, movido à misericórdia, nos faça dignos de si; confundir-nos a nós mesmos, para sermos consolados por Ele; humilhar-nos, para sermos elogiados por Ele; acusar-nos a nós mesmos, para sermos justificados nele; morrer para nós mesmos, para sermos vivificados nele. E, além disso, que desejemos e procuremos tal união, concórdia e amizade, como nos é ordenado na ceia. E, assim como Ele nos faz a todos uma só coisa com Ele, igualmente desejemos que haja em nós uma mesma vontade e alma, um mesmo coração, uma mesma língua.

Se pensarmos e considerarmos bem essas coisas, por mais que nos perturbassem, nunca nos venceriam pensamentos como estes: de que maneira, estando nós desprovidos e desnudos de todo tipo de bens; estando manchados e sujos com tanta imundície de pecados; estando semimortos, podemos comer dignamente o corpo do Senhor. Antes pensaríamos que, pobres, vamos ao benigno benfeitor; enfermos, ao médico; pecadores, ao autor da justiça; e, enfim, mortos, a Ele, que vivifica. E compreenderíamos que toda a dignidade que lhe pedimos consiste, primeira e principalmente, na fé, que tudo atribui a Cristo, e se entrega a ele inteiramente, sem imputar-nos a nós mesmos coisa alguma; e, em segundo lugar, à caridade, a qual basta inclusive que a apresentemos imperfeita a Deus, para que Ele a melhore e aperfeiçoe, pois não podemos oferecê-la inteira.

Há alguns que, embora estejam de acordo conosco em que a dignidade consiste na fé e na caridade, erraram grandemente na medida de tal dignidade, exigindo tal perfeição da fé que nada se pode acrescentar a ela; e uma caridade tal, como foi a que Cristo teve para conosco. Mas com isso afastam os homens, impedindo-os de se aproximar para receber a ceia, exatamente da mesma maneira que os outros, de quem falamos.

Porque, se sua opinião prevalecesse, ninguém receberia a Ceia senão indignamente, uma vez que todos, sem nenhuma exceção, seriam culpados e convencidos de sua própria imperfeição. E certamente foi uma demasiada ignorância, para não chamar de estupidez, exigir tal perfeição para receber este sacramento que o torna vão e supérfluo. Porque este sacramento não foi instituído para os perfeitos, mas para os fracos e débeis, a fim de despertar, incitar e exercitar o afeto da fé e da caridade, e de corrigir as faltas de ambas.

43. No mais, no que diz respeito ao rito externo do ato, se os fiéis devem aceitar o pão com a mão ou não; se devem dividi-lo entre si, ou se cada um deve comer o que lhe foi dado; se devem devolver o cálice na mão do diácono ou dá-lo a quem está sentado ao lado; se o pão deve ser fermentado ou ázimo; se o vinho tem de ser tinto ou branco; nada disso importa. São coisas indiferentes, que ficam a critério da Igreja. Embora esteja fora de toda dúvida que o costume da Igreja primitiva foi que todos os aceitassem com a mão; e que Cristo disse: "fazei-o passar entre vós" (Lc 22, 17).

As histórias narram que, antes da época de Alexandre, bispo de Roma, usava-se pão fermentado e comum; e que ele foi o primeiro que usou o pão ázimo. Não vejo outra razão para que ele tenha agido assim senão querer atrair a admiração do povo com o novo espetáculo, em vez de instruí-lo na verdadeira religião. E pergunto a todos os que são movidos por algum sentimento de piedade, mesmo leve, se não percebem com toda evidência como a glória de Deus resplandece aqui muito mais claramente, e como a suavidade deste consolo espiritual chega aos fiéis muito mais facilmente do que naquelas tolices vãs e histriônicas, que não servem para nada, a não ser para enganar os sentidos de um povo estupefato. Eles dizem que manter o povo na religião é quando este é arrastado daqui para lá, embotado e entorpecido pela superstição. Se há alguém que deseje manter essas invenções sob pretexto de antiguidade, eu não ignoro certamente quão antigo é o uso da crisma e do soprar no batismo; nem tampouco quão pouco tempo depois dos apóstolos a Ceia do Senhor foi manchada com invenções humanas. Mas é tal a temeridade dos homens que não se pode conter para que não se atrevam a zombar dos mistérios divinos. Nós, ao contrário, tenhamos em mente que Deus estima em tanto a obediência à sua Palavra que quer que somente por ela julguemos aos anjos e a todo o universo.

Deixando de lado, pois, todo este sem fim de cerimônias e pompas, a Santa Ceia poderia ser administrada corretamente, se com frequência, ou ao menos uma vez por semana, se propusesse à Igreja como se segue: primeiramente, que se começasse com as orações públicas; depois houvesse um sermão, e então o ministro, estando o pão e o vinho na mesa, recitasse a instituição da Ceia, e, por conseguinte, explicasse as promessas que nela nos foram feitas; ao mesmo tempo, que excomungasse a todos aqueles que, por proibição do Senhor, ficam excluídos dela; e depois que orasse para que, pela liberalidade que o Senhor usou dando-nos este santo mantimento, queira ensinar-nos e instruir-nos para que o recebamos com fé e gratidão, e que por sua misericórdia nos faça dignos de tal banquete, uma vez que por nós mesmos não o somos. Então, poderia-se-ia cantar salmos, ou ler algo da Sagrada Escritura, enquanto os fiéis, na ordem conveniente, receberiam estes santos alimentos, enquanto os ministros partissem o pão e o distribuíssem e dessem o cálice aos comungantes. E, acabada a ceia, se houvesse uma exortação à verdadeira fé, a uma firme confissão de fé, de caridade e a uma conduta digna de um cristão. Por último, que se fizesse a ação de graças e se entoassem louvores a Deus. Acabado tudo isso, que a congregação fosse despedida em paz.

44. O que até agora expusemos deste sacramento mostra suficientemente que não foi instituído para ser recebido uma vez por ano e mesmo isso de forma negligente (como agora se costuma fazer); foi antes instituído para que os cristãos o usem com frequência, a fim de sempre recordar a paixão de Cristo, com cuja recordação sua fé seja mantida e confirmada, e eles se exortem a louvar a Deus e a engrandecer sua bondade, pelo que se mantenha entre eles uma recíproca caridade, e que deem testemunho dela uns aos outros na unidade do corpo de Cristo. Porque, sempre que comunicamos o símbolo do corpo do Senhor, nos obrigamos uns aos outros, como que por um contrato, a todas as obrigações da caridade, para que nenhum de nós faça coisa alguma com que prejudique a seu irmão, nem deixe passar coisa alguma com que possa ajudá-lo e socorrê-lo sempre que a necessidade o requeira e tenha a possibilidade de fazê-lo.

Lucas conta nos Atos que o costume da Igreja apostólica era como o expusemos, assegurando que os fiéis "perseveravam na doutrina dos apóstolos, na comunhão uns com os outros, no repartir do pão e nas orações" (At 2, 42). Assim se deveria fazer sempre; a congregação da Igreja nunca deveria se reunir sem a Palavra, sem esmola, sem a participação na Ceia e na oração. Pode-se conjecturar ainda acerca do que escreveu Paulo, que esta mesma ordem era observada na igreja dos coríntios, e é evidente e manifesto que assim se manteve longo tempo depois. Daqui procederam aqueles cânones antigos, atribuídos a Anacleto e a Calixto, nos que se manda que todos, sob pena de excomunhão, comunguem depois de fazer a consagração. Da mesma forma, o que se diz nos cânones chamados dos apóstolos: que todos os que não ficarem até o fim e não receberem o sacramento, devem ser considerados perturbadores da Igreja e reprimidos. De acordo com isso, determinou-se no Concílio de Antioquia que os que entram na Igreja, ouvem o sermão e não recebem a Ceia devem ser excomungados até que se corrijam deste vício. Disposição que, embora mitigada no primeiro Concílio de Toledo, foi confirmada quanto à substância, pois nele se ordenou que aqueles que se souber que não haviam comungado o sacramento depois de ter ouvido o sermão, deviam ser admoestados; e, se não se submetessem a tal admoestação, expulsos da Igreja.

45. Com estes estatutos, estes santos homens quiseram manter e observar o uso habitual da comunhão, ensinado pelos próprios apóstolos, porque viam que era muito salutar para os fiéis; e que, no entanto, devido à negligência do vulgo, viam cair em desuso pouco a pouco.

Agostinho dá testemunho sobre sua época, dizendo: "o sacramento de união que temos do corpo de Cristo se celebra em algumas igrejas todos os dias; e uns o tomam para salvação, e outros para sua condenação".[368] E, na primeira carta que escreveu a Januário, diz: "em algumas igrejas não se passa um dia em que não se receba o corpo e o sangue do Senhor; em outras não se recebe mais do que no sábado ou no domingo; e, em outras, somente no domingo".[369]

Mas, uma vez que, como dissemos, o povo descuidava do cumprimento de seu dever, os pais antigos repreendiam severamente tal negligência, dando a entender que não a aprovavam. Disso temos um exemplo em Crisóstomo, na carta aos efésios, onde diz: "não se disse àquele que desonrava o banquete 'por que te sentaste?' mas 'por que entraste?' (Mt 22, 12). Assim, pois, aquele que se acha presente e não participa do mistério é um ímprobo e um despudorado. Pergunto-vos: se alguém fosse convidado a um banquete e se lavasse e se sentasse e se dispusesse a comer, e depois não provasse nada, não faria uma grave injúria ao banquete e a quem o convidou? Tu assistes aqui entre aqueles que com a oração se preparam para receber o sacramento; enquanto não te retiras, confessas que és um do número deles; mas, se ao final não participas com eles, não seria melhor que não tivesses te deixado ver entre eles? Tu me dizes que não

---

368 Aug., In Ioh. Tract. 26, 15 MSL35, 1614.
369 Aug., Ep. 54 (ad Ianuarium) II 2 MSL 33, 200; CSEL 34 II,160ss.

és digno; eu te respondo que tampouco és digno de orar, uma vez que a oração é uma preparação para receber este santo mistério".[370]

46. E, certamente, o costume que manda comungar uma vez ao ano é sem dúvida uma invenção do Diabo, seja lá quem for que tenha introduzido seu uso. Dizem que Zeferino, bispo de Roma, foi o autor deste decreto; mas não é crível que em seu tempo fosse como o temos hoje. Quanto a ele, talvez nem tenha servido mal à Igreja com esse seu decreto, segundo as necessidades de seu tempo. Porque não há dúvida nenhuma de que naqueles tempos a ceia era proposta aos fiéis sempre que se juntavam em assembleia, e que uma boa parte deles comungava; mas, como a duras penas sucedia que comungassem todos juntos, e, por outro lado, era necessário que, estando misturados com profanos e idólatras, dessem testemunho de sua fé com algum símbolo externo, por causa disso aquele homem santo instituiu um dia, por razão de ordem e de política, no qual todo o povo cristão de Roma fizesse profissão de sua fé com a participação da Ceia de nosso Senhor. No mais, nem por isso deixavam de comungar muitas vezes.

Mas os que depois vieram a perverteram para o mal a instituição de Zeferino, que por outra parte é boa, quando se estabeleceu a lei de uma comunhão por ano, lei da qual se originou que quase todos, depois de comungar uma vez por ano, como se tivessem cumprido perfeitamente com seu dever, põem-se a dormir sossegadamente no restante do ano. Ora, as coisas deveriam ser muito diferentes. A Ceia do Senhor deveria ser proposta à congregação dos fiéis pelo menos uma vez por semana, expondo as promessas que nela nos mantêm e sustentam espiritualmente. Ninguém deve ser obrigado a recebê-la por necessidade, mas deve-se exortar a todos que o façam; e os negligentes deveriam ser repreendidos e corrigidos. Então, todos de uma só vez, como famintos, se uniriam para saciar-se deste alimento.

Não sem razão, pois, desde o princípio me queixei de que este costume que, ao assinalar-nos um dia no ano, nos torna preguiçosos para o ano todo, foi introduzido por arte do Diabo. Vemos, é verdade, que já no tempo de Crisóstomo este abuso começou a tornar-se geral; mas bem se vê com que força o reprova. Pois se queixa com palavras pesadas de que alguns não recebiam o sacramento em todo o restante do ano, ainda que estivessem puros, e, em contrapartida, recebiam-no na Páscoa, mesmo impuros. E por isso exclama: "ó costume! ó presunção! É inútil fazer

---

370 Chrysostomus, In ep. ad Ephes. (cap. 1) hom. 3, 5 opp. ed. Montf. 1834ss. t. XI26 Cs.

uma oblação por dia: em vão estamos perante o altar, pois não há quem participe do que oferecemos".[371] Basta sua autoridade para comprová-lo.

47. Da mesma invenção procedeu também a outra instituição que privou ou arrebatou da metade da Ceia a maior parte do povo de Deus; a saber, o símbolo do sangue; o qual, proibido para os leigos e profanos (com estes títulos designam a herdade do Senhor), ficou reservado para uns poucos tonsurados e ungidos. O édito do Deus eterno é que todos bebam; o homem se atreve a anulá-lo ou aboli-lo, estabelecendo uma lei nova e contrária, dispondo que nem todos bebam. E estes legisladores, para não parecer que combatem contra Deus sem nenhuma razão, alegam os inconvenientes que se seguiriam se se desse o cálice a todos. Como se isto não tivesse sido previsto pela sabedoria de Deus! Em seguida, raciocinam com argúcia que uma das espécies basta pelas duas. Porque se ali (dizem) está o corpo, também está todo o Cristo, que não pode ser separado de seu corpo; o corpo, pois, contém o sangue por concomitância. Eis o acordo de nossos sentidos com Deus: tão logo lhes soltamos as rédeas um tantinho, começam a saltar e a mostrar-se indômitos.

O Senhor, ao apresentar o pão, diz que é seu corpo; e, ao mostrar o cálice, chama-o seu sangue. O atrevimento e a sabedoria humana diz e replica, ao contrário, que o pão é sangue, e o vinho é corpo; como se nosso Senhor, sem causa nem razão alguma, tivesse estabelecido diferença entre seu corpo e seu sangue com palavras e com signos: como se alguma vez se tivesse ouvido chamar Deus e homem ao corpo de Cristo ou a seu sangue. Certamente, se ele tivesse querido mostrar toda sua pessoa, teria dito "este sou eu" (como costuma fazê-lo na Escritura) e não "este é meu corpo", "este é meu sangue". Mas, querendo ajudar a debilidade de nossa fé, separou o cálice do pão, para ensinar que ele nos basta como bebida não menos do que como alimento. Mas, ao suprimir uma dessas partes, não encontraremos senão metade de nosso sustento. Portanto, ainda que fosse verdade o que eles pretendem, que o sangue está com o pão por concomitância, como a chamam, e igualmente o corpo com o cálice; no entanto, é privar as almas dos fiéis da confirmação da fé que Cristo lhes deu como coisa necessária.

Assim, deixando de lado suas argúcias, tenhamos sempre em mente a utilidade que nos vem da garantia dupla que advém da ordenação de Cristo.

48. Sei muito bem que os ministros de Satanás (como têm o costume de zombar da Escritura solenemente) gracejam também aqui. Primeiro,

---

371 Chrysostomus, In Ep. ad Ephes. (cap. 1) hom. 3, 4 opp. ed. Montf.1834ss.

argumentam que não se deve deduzir de um fato único uma regra, com a qual se obriga a Igreja a sua perpétua observação. Mas mentem ao dizer que se trata de um simples fato. Pois Cristo não só deu o cálice aos apóstolos, mas, além disso, lhes ordenou que o fizessem assim. Pois as palavras "bebei todos deste cálice" (Mt 26, 27) são palavras de quem ordena. E Paulo não as menciona meramente como um feito passado, mas as recomenda como uma ordenação certa (1Cor 11, 25).

Seu segundo subterfúgio é que Cristo admitiu à participação na Ceia somente seus apóstolos, os quais havia ordenado e consagrado na ordem dos sacrificadores. Mas gostaria que me respondessem a cinco perguntas, das quais não podem escapar de modo nenhum, sem que sejam facilmente apanhados em suas mentiras.

Primeira: por intermédio de que oráculo chegaram a essa solução revelada, tão alheia à Palavra de Deus? A Escritura conta que doze pessoas se sentaram com Cristo; mas não obscurece a dignidade de Cristo a ponto de chamá-los de sacrificadores. Mas disto falaremos depois, em seu lugar. E, embora ele então tenha dado o sacramento aos doze, lhes ordena que depois eles o façam assim; a saber, que da mesma maneira o distribuíssem entre si.

Segunda: por que naquela época mais excelente, que vai dos apóstolos até mil anos depois, todos sem exceção participavam do símbolo em suas duas partes? Acaso a Igreja primitiva ignorava quem Cristo havia admitido na Ceia? Péssima impudência seria andar aqui com desculpas e tergiversações. Subsistem as histórias eclesiásticas, subsistem os livros dos antigos, que dão evidentes testemunhos disso. "Nossa carne (diz Tertuliano) é alimentada com o corpo e o sangue de Cristo, para que a alma seja mantida por Deus".[372] "Como tu tomarás com tuas mãos (dizia Ambrósio ao imperador Teodósio) o corpo do Senhor? Como te atreverás a beber seu sangue?".[373] E Jerônimo: "os sacerdotes que consagram o pão da ceia e distribuem o sangue do Senhor ao povo".[374] E Crisóstomo: "nós não somos como na Lei antiga, onde o sacerdote comia sua porção e se dava o resto ao povo; mas aqui o mesmo corpo é dado a todos; e o mesmo cálice; e tudo o que há na eucaristia é comum ao sacerdote e ao povo".[375] E em Agostinho se encontram a cada passo sentenças semelhantes, que confirmam o mesmo.

---

372 Tert., De ressurrect. Carnis c. 8 CSEL 47, 37, 3s.
373 Theodoret., Hist. eccl. V 18.
374 Hieron., In Zephaniam c. 3. MSL 25,1375.
375 Chrysostomus, In Ep.II ad Cor. Hom. 18, 3 opp. ed. Montf. 1834-1840 t. X 670 BC.

49. Mas para que discuto acerca de uma coisa tão evidente? Leiam-se todos os doutores gregos e latinos; a cada passo ocorrem testemunhos desse tipo.

Este costume não se perdeu enquanto houve na Igreja um pingo de integridade. Gregório, a quem podemos chamar com justiça o último bispo de Roma, mostra que este costume ainda se conservava em seu tempo, quando escreve: "vós aprendestes qual é o sangue do cordeiro, e não por ouvi-lo, mas por bebê-lo"[376] e "seu sangue é derramado sobre a boca dos fiéis".[377] E mesmo quatrocentos anos depois de Gregório, quanto tudo já se havia degenerado, este costume permaneceu. E isto não se considerava um mero costume, mas lei inviolável. Porque ainda permanecia em pé a reverência à instituição divina; e não se duvidava de que era um sacrilégio separar as coisas que o Senhor unira. Pois Gelásio, bispo que foi de Roma, fala desta maneira: "ouvimos que alguns, depois de tomar o corpo do Senhor, abstêm-se do cálice; os quais, como são culpados de superstição, devem ser obrigados a receber ao Senhor inteiro, ou então que se abstenham de tudo". Considerava também as razões que Cipriano aduz como capazes de persuadir a todo coração cristão. "Como", diz ele, "exortaremos o povo a derramar seu sangue pela confissão de Cristo, se lhe negamos o sangue de Cristo quando deve combater? Como o faremos capaz de beber o cálice do martírio, se antes não o admitimos a beber o cálice do Senhor?".[378] Quanto ao decreto de Gelásio, que os canonistas restringem aos sacerdotes, é um gracejo tão pueril que não deve ser refutado.

50. Terceira: por que, acerca do pão, Cristo disse somente que o comessem e, do cálice, que todos bebessem? Como se o Senhor tivesse querido evitar esta deliberada malícia de Satanás.

Quarta: se nosso Senhor considerou dignos de sua Ceia somente os sacrificadores (como eles pretendem), quem teria sequer ousado convidar a participar dela todos os demais, depois de ter sido excluídos pelo Senhor, sem uma ordem expressa do único que poderia dá-la? Da mesma forma, como ousam distribuir ao povo o símbolo do corpo de Cristo em nossos dias, se não existe ordem nem exemplo de nosso Senhor?

Quinta: acaso Paulo mentia, quando dizia aos coríntios que ele havia aprendido do Senhor aquilo que lhes havia ensinado (1Cor 11, 23)? Pois

---

376 Gregor.I, Homil. in Evang. II hom. 22, 7 MSL 76, 1178 A.
377 Gregor. I, Dial. IV c. 58 MSL 77, 425 D.
378 Cyprian., De lapsis 25 CSEL3 I, 255, 1s.

ele afirma depois que esse ensinamento foi que todos sem diferença alguma comunicassem em ambos símbolos da Ceia. E, se Paulo aprendeu do Senhor que todos sem distinção fossem admitidos, olhem muito bem de quem aprenderam aqueles que rejeitam quase todo o povo de Deus, uma vez que já não podem responder que foi de Deus, em quem não há sim e não (2Cor 1, 19).

E ainda ousam encobrir tais abominações com o nome da Igreja, e defendê-las com esse pretexto! É como se fossem Anticristos da Igreja, que tão facilmente pisoteiam, destroem e corrompem a doutrina e as instituições de Cristo; ou como se não tivesse sido Igreja aquela Igreja apostólica na qual toda a força do cristianismo floresceu.

Capítulo XVIII

Da missa papal, sacrilégio pelo qual a Ceia de Cristo foi não apenas profanada, mas destruída por completo.

om essas invenções, e outras semelhantes, Satanás, como que espalhando suas trevas, esforçou-se em ofuscar e obscurecer a santa Ceia de Cristo, para que nem mesmo sua pureza fosse mantida na Igreja. Mas o cúmulo desta horrenda abominação teve lugar quando se estabeleceu um signo por meio do qual esta sagrada Ceia foi não apenas obscurecida e pervertida, mas se desvaneceu, totalmente esquecida e abolida, e saiu da memória dos homens; a saber, quando cegou a quase todo o mundo com o mais pestilento dos erros: o de crer que a missa é sacrifício e oferenda para alcançar a remissão dos pecados.

Pouco me importa em que sentido os escolásticos mais sensatos possam ter entendido este dogma a princípio; prevaleceram estes, com suas argúcias espinhosas, as quais, ainda que possam ser defendidas com cavilações, devem, entretanto, ser repudiadas por todos os homens de bem, porque não servem senão para obscurecer a claridade da Ceia com muitas trevas.

Logo, e uma vez que eles prevaleceram, os leitores entenderão que minha intenção aqui é combater a opinião com que o Anticristo de Roma e seus profetas embriagaram o mundo, a saber: que a missa é uma obra meritória, por meio da qual tanto o sacerdote que oferece a Cristo, como os outros, que participam da oblação, fazem a Deus propício e favorável; ou que é uma vítima expiatória, por meio da qual se reconciliam com Deus. Esta opinião não somente foi aceita pelo vulgo em geral, mas o ato que executam foi ordenado de tal forma que é uma espécie de expiação para satisfazer a Deus pelos pecados, tanto dos vivos como dos mortos. Certamente, soam assim as palavras que eles usam; e o uso cotidiano não permite concluir outra coisa.

Sei muito bem quão arraigada está esta peste. Sei muito bem sob que pretexto e aparências se esconde. Sei muito bem como se encobre com o nome de Cristo. Sei muito bem que há muitos que creem que toda a suma da fé se compreende só sob o nome de missa. Mas, quando houver sido claramente comprovado pela Palavra de Deus que essa missa, por mais ornamentada e esplêndida que seja, faz a Cristo uma grande injúria, oprime e sepulta sua cruz, faz cair no esquecimento sua morte, tira-nos o fruto que nos advém dela, destrói e dissipa o sacramento pelo qual nos foi deixada a memória de sua morte, haverá algumas raízes, por mais profundas que sejam, que este fortíssimo machado da Palavra do Senhor não corte e lance por terra? Haverá alguma bela face sob a qual o mal se oculte, que esta luz não exponha?

2. Demonstremos, pois, o que foi proposto em primeiro lugar: que na missa se comete uma blasfêmia intolerável e uma afronta a Cristo. Pois o Pai não o ordenou e consagrou como sacerdote e pontífice por um período limitado de tempo, como lê-se que o foram os sacerdotes do Antigo Testamento, cujo sacerdócio não podia ser imortal, uma vez que sua vida era mortal; por isso era necessário que tivessem sucessores, que ocupassem seu lugar quando morressem. Mas Cristo, como é imortal, não precisa de que nenhum vigário o substitua. Ele, pois, foi assinalado pelo Pai como "sacerdote para sempre segundo a ordem de Melquisedec", a fim de que exercesse o ofício de sacerdote que durasse e permanecesse para sempre (Hb 5, 5. 10; 7, 17. 21; 9. 11; 10. 21; Sl 110, 4; Gn 14, 18).

Este mistério foi muito tempo antes figurado em Melquisedec, do qual jamais se volta a fazer menção, depois de ser apresentado uma vez na Escritura como sacerdote do Deus vivente, como se tivesse vivido uma vida sem fim. Por esta semelhança, Cristo foi chamado sacerdote segundo a ordem de Melquisedec. Ora, todos aqueles que oferecem sacrifícios todos os dias têm necessidade, para fazer suas oblações, de sacerdotes, que são colocados no lugar de Cristo, como vigários e sucessores seus; com o que não apenas privam a Cristo de sua honra e dignidade e lhe tiram sua prerrogativa de sacerdote eterno, mas ainda se esforçam por tirá-lo da direita do Pai, onde não pode estar sentado, imortal, sem que permaneça ao mesmo tempo Sacerdote eterno, para interceder por nós.

E que não aleguem que seus sacrificadorezinhos não substituem a Cristo já morto, mas que somente são seus substitutos em seu sacerdócio eterno, o qual não deixa de ser perfeito por isso. Porque pelas palavras do Apóstolo veem-se apanhados sem que possam escapar. O Apóstolo diz que "os sacerdotes da antiga aliança sucediam-se em grande número, porque a morte os impedia de permanecer" (Hb 7, 23). Cristo, portanto, que não pode ser impedido pela morte, é único e não tem necessidade de companheiros.

Mas o descaramento de nossos adversários é tal que se atrevem a lançar mão do exemplo de Melquisedec em sua defesa, para assim manter sua impiedade; porque, como se diz que ele ofereceu pão e vinho, concluem daí que isso foi prelúdio de sua missa, como se a semelhança entre ele e Cristo estivesse na oferenda de pão e de vinho. Isto é tão frívolo e infundado que nem sequer merece resposta. Melquisedec deu pão e vinho a Abraão e a seus acompanhantes para que se refizessem, pois vinham cansados da viagem e da batalha. Que há aqui de sacrifício? Moisés elogia a humanidade deste santo rei (Gn 14, 17). Mas estes inventam aqui um mistério, sem fundamento algum, uma vez que não se faz menção de tal coisa.

Entretanto, douram este seu erro com outro artifício, dizendo que no texto se segue imediatamente depois que "era sacerdote do Deus altíssimo" (Gn 14, 18). Respondo que bem tolamente atribuem ao pão e ao vinho o que o Apóstolo atribuía à benção, querendo com isso dar a entender que Melquisedec, como sacerdote de Deus, bendisse a Abraão. Pelo qual o Apóstolo (que é o melhor intérprete que podemos encontrar) demonstra a dignidade de Melquisedec: porque o menor recebe a bênção do maior (Hb 7, 6-7). Ora, por favor, se a oferenda de Melquisedec tivesse sido figura do sacrifício da missa, o Apóstolo teria omitido uma coisa tão séria e tão grave, quando ele trata minuciosamente coisas que não são de tanta importância? Mas (por mais que eles matraqueiem) em vão tentarão invalidar a razão que o próprio Apóstolo aduz, que o direito e a honra do sacerdócio já não está entre os homens mortais, porque Cristo, que é imortal, é o único e eterno sacerdote.

3. A outra virtude da missa é que oprime e sepulta a cruz e a paixão de Cristo. Realmente, é mais do que certo que a cruz de Cristo cai por terra no mesmo momento em que se erige um altar. Porque se ele se ofereceu a si mesmo na cruz como sacrifício para santificar-nos para sempre, e para obter-nos redenção eterna (Hb 9, 12), sem dúvida a virtude e eficácia deste sacrifício dura eternamente, sem que jamais tenha fim. Porque de outra maneira não atribuiríamos a Cristo mais valor do que aos touros e bezerros que eram imolados sob a Lei, e cujas oblações provam-se ineficazes e sem valor, porque tinham de ser reiteradas com frequência. Por isso, temos de confessar ou que o sacrifício que Cristo ofereceu na cruz não teve força suficiente para conseguir uma purificação eterna, ou que

Cristo ofereceu um só sacrifício, de uma vez por todas. Isto é o que diz o Apóstolo: que este grande sacerdote e pontífice, Cristo, "apresentou-se de uma vez por todas, para destruir o pecado pela imolação de si mesmo" (Hb 9, 26); e que "somos santificados pela oferenda do corpo de Jesus Cristo, realizada de uma vez por todas"; e, da mesma forma, "com esta única oblação, levou à perfeição definitiva os que são por ele santificados". E acrescenta a seguir uma sentença admirável: que "onde existe o perdão, já não se faz oferenda pelo pecado" (Hb 10, 10.14.18).

Cristo deu a entender o mesmo nas últimas palavras que pronunciou ao entregar seu espírito: "está consumado" (Jo 19, 30). Temos o costume de guardar como divinamente inspiradas as últimas palavras dos moribundos. Cristo, ao morrer, nos declara que por este único sacrifício seu aperfeiçoou e cumpriu tudo o que se referia a nossa salvação. Será, pois, lícito para nós acrescentar-lhe continuamente outros inúmeros sacrifícios, como se o de Cristo, cuja perfeição ele nos demonstrou tão claramente, tivesse sido imperfeito? Uma vez que a sacrossanta Palavra de Deus não somente afirma mas também proclama e declara que este sacrifício foi oferecido uma vez, e que sua virtude e eficácia são eternas, aqueles que ainda exigem outro sacrifício acaso não o acusam de imperfeição e de ineficácia? Ora, a missa, que se ordenou segundo a regra de que a cada dia se ofereçam milhares de centenas de sacrifícios, que pretende ela senão que a paixão de Cristo, na qual ele se ofereceu ao Pai como única hóstia, fique sepultada e submersa? Quem, se não for totalmente cego, não vê que isto foi um ardil de Satanás para poder resistir e combater contra a verdade de Deus, tão evidente e tão clara?

Não ignoro as ilusões com que o pai da mentira costuma encobrir sua astúcia, querendo persuadir-nos de que não se trata de diversos nem de diferentes sacrifícios, mas antes de um só, o mesmo, repetido muitas vezes. Mas tais trevas dissipam-se sem esforço. Porque o Apóstolo diz em toda sua disputa não somente que não há outros sacrifícios distintos, mas que este único foi oferecido uma vez, e que não deve mais ser reiterado.

Outros, mais sutis, refugiam-se em outro esconderijo ainda mais secreto, dizendo que não se trata de uma repetição, mas de uma aplicação do sacrifício. Mas este sofisma pode ser refutado muito bem e sem grande dificuldade, pois Cristo não se ofereceu uma vez para que seu sacrifício fosse ratificado a cada dia com novas oferendas, mas para que seu fruto nos fosse comunicado pela pregação do Evangelho e pela administração da santa Ceia. Por isso Paulo, depois de ter dito que Cristo, nosso cordeiro pascal, foi imolado, nos manda que comamos dele (1 Cor. 5, 7-8). Esta é a razão (digo) pela qual o sacrifício da cruz nos é aplicado convenientemente; ou seja, quando ele nos é comunicado para que usufruamos dele, e nós recebemos com verdadeira fé.

4. Mas vale a pena ouvir com que fundamento pretendem manter seu sacrifício da missa.

Servem-se aqui do vaticínio de Malaquias, no qual o Senhor declara que em todo o orbe se oferecerá incenso a seu nome, e oferenda limpa (Mal. 1, 11). Como se fosse coisa nova e insólita que os Profetas, quando se referem à vocação dos gentios, designem o serviço espiritual de Deus, ao qual os exortam, pelas cerimônias externas da Lei, para demonstrar mais facilmente aos homens de seu tempo que os gentios haviam de ser chamados à verdadeira participação do pacto de Deus. De fato, eles tinham por costume descrever a verdade das coisas que se cumpriram no Evangelho com figuras de seu tempo. Em lugar de dizer que todos os povos se converterão a Deus, dizem que subirão a Jerusalém (Is. 2, 2 ss.). Em lugar de afirmar que os povos adorarão a Deus, dizem que oferecerão todo tipo de riquezas de seus países como presentes (Sl 68, 31; 72, 10; Is 60, 6 ss.). Para demonstrar a plenitude e abundância do conhecimento que se havia de dar aos fiéis no reino de Cristo, dizem que os jovens terão visões e os velhos terão sonhos (Jl 2, 28).

O que eles citam é semelhante a outro vaticínio de Isaías, onde o Profeta prediz que na Assíria, Egito e Judeia se levantarão três altares (Is. 29, 21. 23. 24). Em primeiro lugar, pois, pergunto aos papistas se concordam que o cumprimento dessa profecia está no reino de Cristo. Em segundo lugar, que me respondam onde estão estes altares e quando foram erigidos. Além disso, gostaria de saber, em terceiro lugar, se creem que a cada um destes dois reinos está destinado um templo, como aquele que havia em Jerusalém. Se também eles pensam assim, acho que se verão forçados a confessar, como é verdade, que o profeta vaticina propagando para todo o mundo a verdade do culto espiritual de Deus sob as figuras de seu tempo. Pois esta é a solução que nós damos. Mas como exemplos óbvios como estes ocorrem com grande frequência, não me demorarei em enumerá-los. Embora também nisto se enganem miseravelmente, porque não reconhecem outro sacrifício senão o de sua missa, uma vez que os fiéis em verdade sacrificam a Deus e lhe oferecem uma oblação pura, como em seguida exporei.

5. Passo agora à terceira parte da missa, onde se explicará como ela apaga e faz sair da memória dos homens a verdadeira e única morte de Cristo. Porque, assim como entre os homens a confirmação do testamento depende da morte do testador, da mesma maneira nosso Senhor confirmou com sua morte seu testamento, pelo qual nos assegurou a remissão de nossos pecados e a justiça eterna. Os que se atrevem a tirar, mudar ou inovar algo neste testamento negam a morte de Cristo e consideram como se fosse nada. E que é a missa, senão um outro testamento, novo e muito diferente? Quê, então? Não promete cada uma das missas uma nova remissão dos pecados, e uma nova aquisição de justiça, de modo que há tantos testamentos como missas? Que Cristo venha, pois, outra vez, e confirme de novo, com uma outra morte, este novo testamento; ou, melhor dizendo, que confirme com mortes infinitas os inúmeros testamentos das missas. Não era, pois, verdade o que disse no começo, que a única e verdadeira morte de Cristo é apagada e destruída pelas missas?

Além disso, a missa acaso não pretende diretamente que Cristo seja, se possível, novamente trucidado? Porque (como diz o Apóstolo) "onde há testamento, é preciso que seja constatada a morte do testador" (Hb 9, 16). A missa pretende ser um novo testamento de Cristo; portanto, exige sua morte. Ademais, é necessário que a vítima oferecida seja morta e imolada. Se Cristo é sacrificado em cada missa, é preciso que a cada momento seja morto cruelmente em mil lugares. O argumento não é meu, mas do Apóstolo, que diz assim: se Jesus cristo tivesse necessidade de oferecer-se a si mesmo muitas vezes, deveria haver padecido muitas vezes desde o princípio do mundo.

Admito que eles têm uma resposta pronta, com a qual também nos acusam de calúnia. Dizem que os acusamos de algo que eles jamais cogitaram, e nem sequer poderiam ter imaginado. Ora, sabemos perfeitamente que nem a morte nem a vida de Cristo estão em suas mãos. Tampouco afirmamos que eles deliberadamente pretendem matar a Cristo; minha intenção é somente mostrar que espécie de absurdo é consequência de seu dogma ímpio e horrendo, como o provo pela boca do Apóstolo. Que gritem e repliquem quanto quiserem que este sacrifício é ἀναίματος (anaímatos, "incruento"); eu negarei que os sacrifícios dependam do arbítrio dos homens ou mudem de natureza. Porque, se fosse assim, a sagrada e inviolável instituição de Deus cairia por terra. De onde se segue que permanece firme este princípio do Apóstolo: que sem efusão de sangue não há perdão (Hb 9, 22).

6. Tratemos agora do quarto ofício da missa, a saber, que ela nos arrebata o fruto que nos adviria da morte de Cristo; faz isso para que não o reconheçamos nem o consideremos. Porque quem se considerará redimido pela morte de Cristo, ao ver na missa uma nova redenção? Quem confiará que seus pecados lhe são perdoados, ao ver uma nova remissão? E não evitará a questão aquele que disser que só obtemos a remissão dos pecados na missa porque ela já foi adquirida pela morte de Cristo. Pois isso é o mesmo que dizer que fomos resgatados por Cristo com a condição de que nós mesmos nos resgatemos. Pois esta doutrina foi semeada pelos ministros de Satanás, que a mantêm hoje aos gritos, a ferro e fogo. Esta doutrina ensina que quando oferecemos Cristo ao Pai na missa, por obra desta oblação alcançamos a remissão dos pecados e somos feitos partícipes da paixão de Cristo. Que lhe resta, então, à paixão de Cristo, além de ser um exemplo de redenção, pela qual nós aprendemos que somos nossos redentores? O próprio Cristo, quando nos assegura na Ceia a confiança no perdão, não manda que seus discípulos se detenham naquela ação, mas remete-os ao sacrifício de sua morte, dando a entender que a Ceia é um monumento ou memorial (como comumente se diz), para que aprendessem que o sacrifício expiatório com que Deus havia de ser aplacado deveria ser oferecido somente uma vez. Pois não é suficiente saber que Cristo é a única vítima, a menos que ocorra uma única imolação, para que nossa fé se fixe à sua cruz.

7. Chego agora à última parte, a saber, a santa Ceia, na qual o Senhor deixou esculpida e impressa a memória de sua paixão; ela nos é tirada, abolida e arruinada pela missa. Porque a Ceia é um dom de Deus, que deveria ser recebido com ação de graças; mas, pelo contrário, fingem que o sacrifício da missa é um pagamento que se faz a Deus, e que Ele o recebe de nós como satisfação. Quanta é a diferença que há entre dar e receber, tanta é a que existe entre o sacramento da Ceia e o sacrifício. Certamente, é esta infeliz ingratidão do homem, porque, quando tinha de reconhecer a liberalidade da bondade divina e dar-lhe graças por ela, faz de Deus seu devedor.

O sacramento nos prometia que pela morte de Cristo estávamos restituídos à vida, e isto não somente por uma vez, mas que éramos continuamente e para sempre vivificados, porque tinha se cumprido ali tudo o que se referia a nossa salvação. O sacrifício da missa canta outra cantilena, muito diferente: que é preciso que Cristo seja sacrificado a cada dia, para que nos sirva de algo. A Ceia deveria ser celebrada e distribuída na congregação pública da Igreja, para instruir-nos na comunhão, com a qual somos todos unidos a Jesus Cristo. O sacrifício da missa rompe e desfaz esta comunidade. Porque, desde que se estabeleceu o erro de que é necessário que haja sacerdotes que sacrifiquem pelo povo, como se a Ceia estivesse reservada para eles, esta já não foi comunicada à Igreja dos fiéis, segundo o mandamento do Senhor. E abriu-se a porta às missas privadas ou particulares, que mais representam uma certa excomunhão que a comunhão instituída pelo Senhor; uma vez que o sacrificadorzinho, querendo devorar sozinho seu sacrifício, se separa da congregação dos fiéis. E (para que ninguém se engane) eu chamo missa privada àquela em que não há nenhuma participação por parte dos fiéis na Ceia do Senhor, ainda que uma grande multidão de homens assista a elas.

8. Quanto ao próprio nome da missa, nunca pude saber ao certo de onde nasceu; mas me parece verossímil que tenha sido tirado das oblações que eram feitas na Ceia. Daí que os antigos o usem quase sempre no plural. Mas, para que deixemos de lado essa controvérsia sobre o nome, digo que as missas privadas opõem-se frontalmente à instituição de Cristo; e, portanto, que são uma ímpia profanação da Santa Ceia. Pois o que o Senhor nos ordenou? Não foi tomar o pão e dividi-lo entre nós? E como Paulo nos ensina que devemos observar este mandamento? Não é que a fração do pão seja para nós a comunhão do corpo e do sangue de Cristo (1 Cor. 10, 16)? Portanto, quando um homem o come a sós, sem dar nenhuma parte aos demais, em que isso se parece com a ordem de Cristo?

Eles nos dizem que esse único sacerdote o faz em nome de toda a Igreja. Eu lhes pergunto: com que autoridade? Não é zombar abertamente de Deus que um homem faça à parte o que deveria verificar-se entre todos os demais? Mas, como as palavras de Cristo e de Paulo são suficientemente claras, podemos concluir brevemente que, onde quer que o pão não é partido para ser distribuído entre os fiéis, ali não há Ceia do Senhor, mas apenas uma falsa e perversa imitação, para destruí-la. Ora, uma falsa imitação é uma corrupção; e a corrupção de tão grande mistério não pode ser realizada sem impiedade. A conclusão é, pois, que nas missas privadas há um abuso ímpio.

Além disso (uma vez que, em matéria de religião, um vício sempre leva a outro), depois de ser introduzido o costume de oferecer sem comungar, começaram pouco a pouco a cantar e rezar uma infinidade de missas em todos os cantos dos templos, e desta maneira dividiram o povo para este e para aquele lado, quando deveria estar todo reunido num só lugar, para reconhecer e receber o sacramento de sua união.

Que venham agora e neguem que é idolatria mostrar o pão em suas missas, para que o povo o adore no lugar de Cristo. Pois em vão se jactam de que as promessas falam da presença de Cristo; pois, como quer que sejam entendidas, certamente não foram dadas para que homens impuros e profanos transformem o pão em corpo de Cristo sempre que quiserem e para qualquer tipo de abuso; mas para que os fiéis, quando seguem o mandamento de Cristo ao celebrar a Ceia, usufruam de sua verdadeira participação.

9. Acrescenta que tal perversidade era desconhecida na Igreja mais pura. Pois, por mais que aqueles que são os mais despudorados entre nossos adversários tentem nos ludibriar, é no entanto certíssimo que toda a antiguidade está contra eles, como o demonstramos em outros passos acima[379] e como se pode julgar a partir dos ensinamentos dos antigos.

Mas, antes de terminar esta matéria, pergunto a nossos doutores missados: como é possível que, sabendo que obedecer a Deus é muito melhor que fazer-lhe oferendas (1 Sm. 15, 22), creiam que esta maneira de sacrificar seja aceitável ao Senhor, não havendo mandamento algum para isso, uma vez que não veem uma única sílaba na Escritura que a aprove? Além disso, ouvindo o Apóstolo dizer que ninguém usurpa para si a honra de ter o nome de sacerdote, senão aquele que é chamado por Deus, como o foi Aarão, e que nem o próprio Cristo se glorificou a si mesmo fazendo-se sacerdote, mas antes obedeceu ao chamado do Pai (Hb 5, 4-5), ou demonstram que Deus é o autor de seu sacerdócio, ou terão de confessar que essa sua honra não provém de Deus, uma vez que, sem ter sido chamados, irromperam nela temerariamente por si mesmos. Mas não podem mostrar uma só palavra na Escritura que fale em favor de seu sacerdócio. Como, pois, não vão se reduzir a nada os sacrifícios que não podem ser oferecidos sem sacerdote?

10. Se alguém citar sentenças dos antigos, e insistir, apoiado em sua autoridade, em que o sacrifício que se faz na Ceia deve ser entendido de modo muito diferente do que expomos, a este lhe respondo brevemente: se se trata de aprovar a fantasia do sacrifício, que os papistas inventaram na missa, de forma alguma os antigos aprovaram tal sacrilégio. É certo que usam a palavra "sacrifício"; mas, ao mesmo tempo, declaram que não entendem com isso senão a recordação daquele verdadeiro e único sacrifício que Cristo ofereceu na cruz, único Sacerdote nosso, como correntemente se expressam. Os hebreus, diz Agostinho, nos sacrifícios dos animais que ofereciam a Deus, celebravam a profecia do sacrifício futuro, que Cristo ofereceu; os cristãos celebram agora, com a sacrossanta oblação e a comunhão do corpo de Cristo, a memória do sacrifício já realizado. Isto é ensinado mais por extenso no livro de nome *Sobre a fé, a Pedro diácono* (comumente atribuído a Agostinho), por quem quer que

---

379 Cap. 17ss.

seja seu autor. Eis suas palavras: "considera certíssimo, e não duvides de forma alguma, que o Filho Unigênito de Deus, tendo-se feito homem por nós, ofereceu-se a Deus, seu Pai, como sacrifício e hóstia de odor de suavidade; ao qual, juntamente com o Pai e o Espírito santo, sacrificavam-se animais no tempo do Antigo Testamento; e ao qual agora, com o Pai e o Espírito santo (com os quais tem a mesma divindade), a santa Igreja não cessa de oferecer-lhe em todo o mundo sacrifícios de pão e de vinho. Porque, naqueles sacrifícios carnais, havia uma figura da carne de Cristo, que ele havia de oferecer por nossos pecados; e de seu sangue, que havia de derramar para remissão de nossos pecados. Mas neste sacrifício que nós usamos, há ação de graças e comemoração da carne de Cristo, que ele ofereceu por nós; e de seu sangue, que derramou por nós".[380] Daí que em muitos passos o próprio Agostinho interprete a Ceia como um sacrifício de louvor. E, finalmente, verás que ele chama muitas vezes à Ceia do Senhor sacrifício, não por outra razão senão porque é comemoração, imagem e testemunho daquele singular, verdadeiro e único sacrifício pelo qual Cristo nos expiou.

Há outro passo memorável no quarto livro da Trindade, em que, depois de ter disputado do sacrifício único, conclui que há nele quatro coisas que considerar: a quem se oferece; quem oferece; que oferece; e por que oferece. Somente o Mediador que nos reconcilia com Deus por meio do sacrifício de paz permanece uma mesma coisa com aquele a quem ofereceu; ele fez uma mesma coisa em si àqueles por quem oferecia; um mesmo é o que ofereceu e o que ofereceu. Crisóstomo diz o mesmo. Os sacerdotes reivindicam a honra de Cristo, como há de fazê-lo a voz do Anticristo, segundo o testemunho de Agostinho: "se algum bispo se fizer intercessor entre Deus e os homens".

11. Quanto a nós, não negamos que a imolação de Cristo nos é mostrada de tal maneira que quase podemos contemplá-lo com nossos olhos na cruz, como o Apóstolo diz que Cristo foi crucificado entre os gálatas (3, 1), quando lhes foi feita a pregação da cruz. Mas, como vejo que os mesmos antigos desviaram esta recordação a outra parte do que convinha, a saber, a instituição do Senhor (posto que a Ceia deles representava não sei que espetáculo de um sacrifício reiterado, ou pelo menos renovado), não há nada mais seguro nem mais certo para os fiéis que ater-se à simples e pura instituição do Senhor, de quem também é a Ceia, a fim de somente sua autoridade seja sua regra. É verdade que, como vejo que

---

380 Aug. MSL 40, 772 (in: Apêndice).

seus sentimentos são piedosos e ortodoxos acerca deste mistério, e que sua intenção jamais foi rebaixar minimamente o único sacrifício de Cristo, não posso condená-lo por impiedade. Contudo, não creio que se lhes possa ser desculpado de ter faltado de algum modo quanto à forma exterior. Pois seguiram muito mais o modo judeu de sacrificar do que a instituição de Cristo o permitia. Devem, pois, ser repreendidos com razão por esta anagoge, porque, não contentes com a simples e original instituição de Cristo, inclinaram-se demais às sombras da Lei.

12. Se alguém considerar diligentemente essa diferença entre os sacrifícios mosaicos e nossa Eucaristia, observará que foram instituídas pela Palavra do Senhor, porque, na medida em que aqueles representaram para o povo judeu a eficácia da morte de Cristo, da mesma maneira que se mostra para nós hoje na Ceia (Lv 1, 5); mas a maneira de representá-lo é, no entanto, muito diferente. Porque no Antigo Testamento os sacerdotes levíticos figuravam o que Cristo havia de cumprir; a vítima fazia as vezes de Cristo; havia um altar em que oferecer o sacrifício; em resumo, tudo se fazia de tal maneira que estava à vista que era um sacrifício destinado a alcançar a remissão dos pecados. Mas, depois que Cristo cumpriu a verdade de todas essas coisas, o Pai celestial nos indicou outra ordem, a saber, apresentar-nos o fruto do sacrifício que seu Filho lhe ofereceu. E assim nos deu uma mesa em que comer, e não um altar para sacrificar sobre ele. Não consagrou sacerdotes que lhe ofereçam sacrifícios, mas ordenou ministros que distribuam ao povo o alimento sagrado. Quanto mais profundo e maravilhoso é este mistério, com tanta maior reverência e veneração deve ser tratado. Portanto, não há coisa mais segura que renunciar ao atrevimento humano, e ater-nos com toda segurança ao que a Sagrada Escritura nos ensina. E, certamente, se considerarmos que se trata da Ceia do Senhor, e não a dos homens, não deve haver nada capaz de separar-nos de sua vontade; nem autoridade dos homens, nem antiguidade, nem aparência de qualquer tipo que seja. Por isso o Apóstolo, querendo restituir a Ceia a sua perfeição entre os coríntios, entre os quais se havia corrompido com alguns vícios, o caminho melhor e mais certo que pôde tomar foi reduzi-la a sua instituição primeira, a qual nos mostra que há de ser para nós regra perpétua (1 Cor. 11, 20 e ss.).

13. Além disso, para que nenhum amigo de discussões ache no nome de sacerdote ou de sacrifício ocasião para nos mover guerra, exporei o que entendo por sacrifício e por sacerdote em toda essa disputa.

Não vejo que razão podem ter os que estendem o nome de sacrifício a todas as cerimônias e observâncias pertinentes ao culto divino. Porque sabemos que, segundo é costume perpétuo da Escritura, o nome de sacrifício se toma pelo que os gregos ora chamam φυσία, ora προσφορά, e ora, enfim, τελετή, que geralmente significa tudo aquilo que se oferece a Deus. Portanto, é necessário que os distingamos; mas a distinção há de ser de tal maneira que seja uma anagoge dos sacrifícios da Lei mosaica, sob cuja sombra o Senhor quis representar a seu povo toda a verdade dos sacrifícios espirituais. Ora, embora tenha havido muitos tipos de sacrifícios, todos eles podem ser reduzidos a dois. Porque, ou a oferenda era feita pelo pecado, à maneira de satisfação, mediante a qual se resgatava a falta diante de Deus; ou era feita como sinal do culto divino e testemunho da honra que lhe era dada. Sob este segundo membro se compreendiam três gêneros de sacrifícios. Porque, ou fosse porque se pedisse algum favor ou graça em forma de súplica, ou que se lhe honrava por seus benefícios, ou simplesmente se pretendesse renovar a recordação de seu pacto, tudo ia encaminhado a testemunhar a reverência devida a seu nome. Por isso, deve-se atribuir a este membro o que na Lei se chamava holocausto, libação, oferenda, primícias e sacrifícios pacíficos.

Por causa disso, dividiremos os sacrifícios em duas partes: a um chamaremos, por razões didáticas, λατρευτικόν (servil) e σεβσικόν (reverente), uma vez que consiste na veneração e na honra a Deus, a quem os fiéis devem e rendem culto; ou, se preferires, ευχαριστικόν (eucarístico), pelo qual os fiéis o reconhecem como autor dos benefícios e lhe retribuem com todas as suas ações. O outro tipo é chamado sacrifícios propiciatórios, ou de expiação. Sacrifício de expiação é aquele se faz para aplacar a ira de Deus e satisfazer sua justiça, purificando e limpando com isso os pecados, a fim de que o pecador, limpo de suas manchas e devolvido à pureza da justiça, seja restituído à graça de Deus. Os sacrifícios que eram oferecidos na Lei para purificação dos pecados (Ex. 29, 36) se chamavam assim, não porque fossem suficientes para destruir a iniquidade ou reconciliar os homens com Deus, mas porque figuravam o verdadeiro sacrifício que, finalmente, Cristo verdadeiramente realizou, e que ele somente, e ninguém mais, ofereceu, porque a virtude e eficácia deste sacrifício que Cristo ofereceu é eterna, como ele mesmo o atesta por sua própria boca, ao dizer que tudo estava consumado e cumprido (Jo 19, 30), quer dizer, que tudo quanto era necessário para reconciliar-nos na graça do Pai, a fim de alcançar a remissão dos pecados, justiça e salvação, foi realizado e cumprido mediante somente a oblação que Cristo ofereceu; e não faltou nada, tanto que dali em diante não restava lugar para nenhum outro sacrifício.

14. Concluo, portanto, que é o mais criminoso opróbrio e uma blasfêmia intolerável, tanto contra Cristo como contra o sacrifício que ofereceu por nós ao morrer na cruz que alguém, tendo repetido uma oblação, pense que deve alcançar a remissão dos pecados, reconciliar-se com Deus e obter justiça. Ora, que mais se faz na missa, senão fazer-nos partícipes pelo mérito de um novo sacrifício da morte e paixão de Cristo? E mesmo, para não pôr freio a seus desvarios, creram que era pouco dizer que seu sacrifício tinha sido oferecido em geral por toda a Igreja, se não acrescentavam que podiam aplicá-lo à vontade a tal ou qual pessoa em particular, ou, melhor dizendo, vendê-lo ao que melhor pagasse por ele. E, como não podiam elevar o preço de sua mercadoria até atingir a taxa de Judas, no entanto, para reproduzir de alguma maneira o exemplo de seu mestre, retiveram e guardaram a semelhança do número. Judas vendeu a Cristo por trinta moedas de prata; estes o vendem, conforme a moeda atual, por trinta moedas de cobre. Mas Judas o vendeu uma só vez; estes, em contrapartida, o fazem sempre que encontram quem queira comprá-lo. Nesse sentido, nego que os sacerdotes do Papa sejam verdadeiros sacerdotes, pois não intercedem com esta sua oblação pelo povo perante Deus, nem aplacam sua ira purificando os pecados. Porque só Cristo é o sacerdote e pontífice do Novo Testamento, a quem se transferiram todos os sacerdócios, e em quem todos desembocam e têm seu fim. E, ainda que a Escritura não fizesse menção nenhuma do sacerdócio de Cristo, mesmo assim, uma vez que Deus, anulando o sacerdócio que havia estabelecido no tempo da Lei, não estabeleceu nenhum outro novo, o argumento do Apóstolo é firmíssimo, quando diz que ninguém tome para si esta honra, se não for chamado por Deus (Hb 5, 4).

Com que ousadia, pois, estes sacrílegos, que se jactam de ser verdugos de Cristo, atrevem-se a chamar-se sacerdotes do Deus vivente!

15. Há um passo belíssimo em Platão, no livro segundo da República, em que, quando trata dos antigos pagãos, se ri da tola arrogância dos homens ímprobos e criminosos, que, depois de ter perpetrado inúmeras maldades, pensavam que seus deuses não o perceberiam, e, como se tivessem feito um pacto com os deuses, folgavam com segurança ainda maior. Com isso, parece que está aludindo ao uso da missa de expiação, que há hoje em dia. Todos sabem que é pecado fraudar e enganar o próximo. Todos confessam que é ímpio atormentar as viúvas com injustiças, roubar os órfãos, causar incômodo aos pobres, apoderar-se de bens alheios por meios ilícitos, lançar-se com perjúrios e fraudes sobre a fortuna de outrem, oprimir alguém pela força ou com terror tirânico. Como, então, são tantos os que ousem fazer tudo isso, como se não temessem castigo nenhum? Certamente, se considerarmos bem tudo isso, todo esse atrevimento não procede senão de que confiam em satisfazer a Deus com o sacrifício da missa, como se com isso lhe pagassem tudo o que lhe devem; ou, pelo menos, como se fosse o meio de reconciliar-se com ele.

Platão, prosseguindo neste tema, zomba da crassa tolice dos homens, ao pensarem que com tais atos poderão livrar-se das penas que haviam de padecer, se não fizessem assim, no outro mundo. E para que fim, pergunto eu, os aniversários e a maior parte das missas, senão para que aqueles que foram os tiranos mais cruéis no decurso de toda sua vida, ou os ladrões mais rapaces, ou entregues a todo vício, como que resgatados com esse preço, escapem do fogo do purgatório?

16. No outro gênero de sacrifício, a que chamamos ευχαριστικόν (*eucharistikón*), estão compreendidos todos os deveres de caridade, os quais, ao exercitá-los com nosso próximo, de certa maneira se exercitam com Deus, quem é desta maneira honrado em seus membros. Também ficam compreendidas todas as orações, louvores, ações de graças, quando as fazemos para honrar a Deus. Todas as oblações dependem daquele grande sacrifício pelo qual somos consagrados de corpo e alma como templos santos de Deus. Porque não basta empregar nossos atos externos no serviço de Deus, mas, além disso, devemos primeiramente dedicar-nos a Ele com todas as nossas obras, a fim de que tudo o que há em nós sirva para sua glória e louve sua grandeza.

Este gênero de sacrifício não tem nada que ver com aplacar a ira de Deus, com alcançar o perdão dos pecados nem com merecer e adquirir justiça; mas tende exclusivamente a engrandecer e glorificar a Deus. Porque de nenhuma maneira lhe pode ser agradável se não procede daqueles que, tendo já obtido o perdão dos pecados, estão reconciliados com Ele e justificados por outro caminho.

Da mesma forma, este gênero de sacrifícios é tão necessário à Igreja que não pode estar fora dela; e por isso será tão eterno quanto durar o povo de Deus, como diz o profeta. Porque assim deve ser entendido o texto de Malaquias: "desde onde o sol nasce até onde se põe, é grande meu nome entre as nações; e, em todo lugar, se oferece a meu nome incenso e oferenda limpa, porque grande é meu nome entre as nações" (Mal. 1, 11). Tão longe estamos de tirá-lo. E assim Paulo nos manda que apresentemos nossos corpos em sacrifício vivo, santo, agradável a Deus, como culto racional (Rm 12, 1); passagem em que se expressou com toda propriedade, acrescentando, em seguida, que este é o serviço racional que fazemos a

Deus. Pois ele nos indica uma forma espiritual de honrar e servir a Deus, a qual tacitamente se opõe aos sacrifícios carnais da Lei mosaica. Desta maneira, a benignidade com que os filipenses socorreram a necessidade de Paulo é chamada "sacrifício de boa fragrância" (Fl 4, 18); e, assim, todas as boas obras dos fiéis, "sacrifícios espirituais" (1Pd 2, 5).

17. E o que mais ainda persigo? Pois trata-se de um modo de expressão corrente na Escritura. Embora o povo de Deus estivesse sob a doutrina infantil da Lei, no entanto os profetas declaravam com suficiente clareza que os sacrifícios externos encerravam em si uma substância e verdade que perdura atualmente na Igreja cristã. Por isso, Davi pedia que subisse sua oração diante do Senhor como incenso (Sl 144, 2). E Oseias chama à ação de graças "oferenda de nossos lábios" (Os. 14, 2); como Davi em outro lugar os chama "sacrifícios de justiça" (Sl 51, 19); e (a sua imitação) o Apóstolo manda oferecer a Deus sacrifícios de louvor; o que Ele interpreta como "frutos de lábios que confessam seu nome" (Hb 13, 15).

Não é possível que este sacrifício não se ache na Ceia de nosso Senhor, na qual, quando anunciamos e recordamos a morte do Senhor, e lhe damos graças, não fazemos outra coisa senão oferecer sacrifícios de louvor. Por causa deste ofício de sacrificar, todos os cristãos somos chamados "sacerdócio régio" (1Pd 2, 9); porque por Cristo oferecemos seu nome, como acabamos de ouvir pela boca do Apóstolo. Porque nós não poderíamos apresentar-nos com nossos dons e presentes diante de Deus sem intercessor. Este intercessor é Cristo, que intercede por nós, pelo qual nos oferecemos a nós e tudo quanto é nosso ao Pai. Ele é nosso Pontífice, que, tendo entrado no santuário do céu, nos abre a porta e dá acesso; ele é nosso altar, sobre o qual depositamos nossas oferendas; nele nos atrevemos a tudo o que nos atrevemos. Ele, digo, é quem nos fez reino e sacerdotes para seu Pai (Ap. 1, 6).

18. Que resta, senão que os cegos vejam, os surdos ouçam e até as crianças compreendam esta abominação dessa missa? Que, apresentada num cálice de ouro, de tal maneira embriagou e levou ao sono e à vertigem todos os reis e povos da terra, desde o maior até o menor, que, sendo mais bestas que os próprios animais, constituíram como princípio e fim de sua salvação este abismo mortal. Certamente, Satanás jamais inventou um engenho mais poderoso para combater e abater o reino de Deus. Esta é outra Helena, pela qual os inimigos da verdade lutam no dia de hoje com tanta crueldade, com tanta raiva e furor. E, certamente, é uma Helena com a qual cometem fornicação espiritual, que é a mais execrável fornicação de todas as que existem.

E não toco aqui, nem com o dedo mínimo, os sujos e enormes abusos com que poderia alegar que foi profanada e corrompida sua sagrada missa; a saber, quão vil mercado exercem, quão ilícitos e desonestos são os ganhos que obtêm tais sacerdotes com seu comércio de missas, e com quão enormes latrocínios saciam sua avareza. Somente me limito a mostrar, e em poucas e simples palavras, qual é a santíssima santidade da missa, pela qual ela mereceu faz já tanto tempo ser estimada e considerada em tão grande veneração. Porque seria preciso um livro muito mais volumoso que o presente para louvar e enobrecer tão grandes mistérios conforme sua dignidade. E não quero misturar aqui imundícias tão vis como são as que se mostram aos olhos de todos, a fim de que compreendam que a missa, mesmo tomada em sua mais linda perfeição e pela qual pode ser estimada, no entanto não deixa de estar, desde sua raiz até o topo, mesmo sem considerar seus apêndices, repleta de todo gênero de impiedade, blasfêmia, idolatria e sacrilégio.

19. Os leitores têm aqui, coletadas como num resumo, quase todas as coisas que julgamos ser necessário saber acerca destes dois sacramentos, cujo uso foi confiado à Igreja cristã desde o princípio do Novo Testamento até o fim do mundo; a saber, para que o batismo nos sirva como de entrada na Igreja e de profissão primeira da fé; e a Ceia como de alimento perpétuo, com o que Cristo espiritualmente mantém e sustenta os fiéis. Por isso, assim como não há mais que um Deus, uma fé, um Cristo e uma Igreja, que é seu corpo, assim o batismo não é mais que um, e não pode ser reiterado. Em contrapartida, a Ceia se distribui muitas vezes, a fim de que aqueles que já uma vez foram admitidos e incorporados à Igreja, compreendam que são continuamente alimentados e sustentados por Cristo.

Fora destes sacramentos, como não há nenhum outro que Deus tenha instituído, tampouco a Igreja deve admiti-los. Pois não é coisa que compita à autoridade e dignidade dos homens ordenar e instituir novos sacramentos. Entenderemos isso facilmente se recordarmos o que já expusemos com toda clareza: a saber, que os sacramentos são instituídos por Deus para mostrar-nos algumas de suas promessas, e testemunhar-nos sua boa vontade para conosco. Se além disso considerarmos que Deus não teve nenhum conselheiro (Is 40, 13; Rm 11, 34) que possa nos prometer algo com sua boa vontade, dar-nos segurança e certeza do afeto que nos professa, nem dizer-nos que é o que quer nos dar ou o que nos quer negar, veremos que disto se segue que ninguém pode ordenar nem instituir nenhum sinal que nos sirva de testemunho de alguma determinada vontade ou promessa de Deus. Só Ele é quem, ao dar o sinal, pode dar testemunho de si mesmo á nós. Eu o direi mais brevemente, e talvez mais rudemente, mas mais claramente: nunca pode existir sacramento sem a promessa de salvação. Todos os homens, unidos em um ao mesmo tempo, não podem nos prometer por si mesmos nada referente a nossa salvação. Portanto, não podem ordenar e instituir por si mesmos nenhum sacramento.

20. Logo, que a Igreja cristã dê-se por satisfeita com estes dois sacramentos e não apenas não admita ou reconheça um terceiro no presente, mas nem sequer o deseje nem o espere jamais até a consumação do mundo. Porque foi ordenado aos judeus outros diversos sacramentos além dos ordinários, conforme as diversas circunstâncias (como o maná, a água que brotava da pedra, a serpente de bronze e outros semelhantes (Ex 16, 14; 17, 6; 1Cor 10, 3; Nm 21, 8; Jo 3, 14)), isto se fez a fim de que, pela diversidade dos mesmos, fossem admoestados a não deter-se em figuras, cujo estado não era firme nem durável; mas que esperassem de Deus outra coisa melhor, que havia de permanecer imutável e sem fim.

Nós, a quem Cristo se revelou e manifestou, temos uma razão muito diferente; pois nele "estão escondidos todos os tesouros da sabedoria e do conhecimento" (Cl 2, 3). Por isso, esperar ou exigir um novo aumento destes tesouros seria verdadeiramente tentar a Deus, irritá-lo ou provocá-lo contra nós. Somente devemos ter fome de Cristo, buscá-lo, esperá-lo, (apanhá-lo) e tê-lo até que chegue aquele grande dia no qual o Senhor manifestará plenamente a glória de seu reino e se mostrará para nós para que abertamente o vejamos tal qual é (1Jo 3, 2).

Por essa razão, está indicado e descrito nas Escrituras o tempo em que nos encontramos, com as expressões: a última hora, os últimos dias, os últimos tempos (1Jo 2, 18; 1Pd 1, 20), a fim de que ninguém se engane com a vã esperança de alguma nova doutrina ou revelação. Porque "Deus falou outrora aos nossos pais, pelos profetas. Nestes dias, que são os últimos, falou-nos por meio do Filho" (Hb 1, 1-2), único que nos pode manifestar ao Pai (Lc 10, 22), e o fez realmente enquanto nos convinha, apresentando-se-nos como um espelho em que poder contemplá-lo (1Cor 13, 12).

E, assim como privou aos homens do poder de fazer e ordenar novos sacramentos na Igreja de Deus, igualmente deveríamos desejar que nos que Deus ordenou não introduzam os homens suas invenções humanas senão o menos possível. Porque como o vinho se enfraquece e estraga com a água, e toda a massa se azeda com a levedura, assim, nem mais nem menos, a pureza dos mistérios de Deus se perde quando os homens lhe acrescentam alguma coisa.

No entanto, vemos de quantas maneiras os sacrifícios, como hoje são realizados, degeneraram de sua pureza. Por toda a parte mais pompa, mais cerimônias, mais gesticulação do que o suficiente. E, enquanto isso, não se leva em conta nem se faz menção da Palavra de Deus, sem a qual os mesmos sacramentos não são sacramentos. Já não se reconhecem as próprias cerimônias que Deus instituiu entre tão grande multidão, mas antes jazem como que oprimidas. Como justamente nos queixamos em outro lugar, que se vê no batismo que seja a única coisa que se deveria ver e mostrar-se ali, ou seja, o batismo mesmo? A Ceia foi totalmente sepultada, quando transformada em missa; e somente uma vez por ano ela é vista, mas de forma despedaçada, pela metade e dilacerada por completo.

Capítulo XIX

Outras cinco cerimônias falsamente chamadas sacramentos. Onde se demonstra que as cinco restantes cerimônias até aqui comumente tidas por sacramentos não o são, e então se mostra o que são.

disputa anterior sobre os sacramentos poderia deter as pessoas dóceis e sóbrias, para que não avançassem adiante com maior curiosidade nem abraçassem quaisquer outros sacramentos além desses dois, que sabem que foram instituídos pelo Senhor. Mas, uma vez que se introduziu a opinião dos sete sacramentos, tão repisada na fala de todos, e tratada nas escolas e em todos os sermões, e que por sua própria antiguidade deitou raízes e se fixou nos corações dos homens, pareceu-me que valeria a pena examinar os outros cinco, que comumente são contados entre os verdadeiros e reais sacramentos do Senhor, e revelar às pessoas simples o que realmente são, sem qualquer disfarce, e quão falsamente foram tidos por sacramentos até agora.

Em primeiro lugar, quero protestar aqui, ante todos os leitores piedosos, que eu não estou suscitando esta contenda por causa do nome em si, nem pelo desejo de polemizar; mas porque o abuso do nome leva a graves consequências, vejo-me forçado a reprová-lo. Não desconheço que os cristãos são senhores tanto das palavras quanto o são das coisas, e que podem, por conseguinte, acomodar as palavras às coisas segundo seu critério, para que seja mantido somente o sentido mais pio, embora haja alguma impropriedade no falar. Concordo com tudo isso, embora seja melhor que as palavras estejam sujeitas às coisas do que as coisas às palavras. Mas é muito diferente a questão com a palavra sacramento. Porque aqueles que afirmam que são sete, aplicam esta definição aos sete ao mesmo tempo: que são formas visíveis da graça invisível; dizem que todos os sete são vasos do Espírito Santo, instrumentos para conferir justiça, causas para obter a graça. E até o próprio Mestre das Sentenças diz que os sacramentos da

Lei Mosaica foram chamados sacramentos de forma imprópria, porque não mostravam o que figuravam. É tolerável, pergunto, que os símbolos que o Senhor consagrou com sua própria boca e que adornou com tão admiráveis promessas não sejam considerados sacramentos, enquanto essa honra é transferida a cerimônias que os homens inventaram ou que observam sem um mandamento expresso de Deus?

Portanto, é necessário que mudem essa definição ou que se abstenham de empregar mal esta palavra, para que não seja depois causa de opiniões falsas e absurdas. A extrema-unção (dizem eles) é figura e causa da graça invisível, porque é um sacramento. Se de alguma maneira se admite o que inferem do nome, certamente no nome mesmo há que sair em seu encalço, para que não aceitemos por causa desse nome nada que ofereça ocasião ao erro.

Da mesma forma, quando querem provar que a extrema-unção é um sacramento, apresentam como razão que ela consiste no signo exterior e na Palavra. Mas, se não encontramos nem mandamento nem promessa a este respeito, que mais podemos fazer senão opor-nos?

2. Já se vê claramente que nós não debatemos acerca de uma palavra, mas pela realidade mesma; e que não nos move uma controvérsia supérflua. É necessário, portanto, que retenhamos firmemente o que já confirmamos antes com razões invencíveis: que ninguém mais senão o próprio Deus tem autoridade e poder para instituir sacramentos. O sacramento, com efeito, deve, mediante uma promessa certa de Deus, dar segurança e consolo às consciências dos fiéis; as quais jamais poderão conseguir tal certeza de homem nenhum. O sacramento deve servir-nos de testemunho da boa vontade de Deus para conosco, da qual nenhum homem, nem anjo nenhum, pode ser testemunha, já que ninguém foi conselheiro de Deus (Is 40, 13; Rm 11, 34). Logo, só Ele mesmo é quem nos dá testemunho de si, mediante sua Palavra, com legítima autoridade. O sacramento é um selo com que o testamento ou promessa de Deus são selados. E não podem ser selados por coisas corpóreas e por elementos deste mundo, a menos que sejam formados e destinados para isso pela virtude divina. Logo, o homem não pode instituir um sacramento, porque não é próprio da potência humana fazer que tão grandes mistérios de Deus sejam encerrados sob coisas tão abjetas. É necessário que a Palavra de Deus preceda aquilo que faz que o sacramento seja sacramento, como Agostinho ensina muito bem.[381]

---

381 Aug., In Ioh. Tract. 80, 3 MSL 35, 1840.

Além disso, a menos que queiramos cair em grandes absurdos, ser-nos-á útil estabelecer a diferença entre os sacramentos e as demais cerimônias. Os apóstolos fizeram uma oração de joelhos (At 9, 40; 20, 36); logo, não se ajoelharão sem sacramento? Os discípulos afirmavam que se devia orar em direção ao oriente; será um sacramento para nós olhar para o oriente? Paulo quer que "os homens orem em todo lugar, levantando as mãos limpas" (1 Tm 2, 8), e que, com mãos levantadas, uma prece rememore os feitos dos santos; será um sacramento também levantar as mãos? Enfim, todos os gestos dos santos transformar-se-iam em sacramentos.

Mas eu nem me demoraria nessas coisas, se não viessem acompanhadas de despropósitos ainda maiores.

3. Se quiserem nos coagir com a autoridade da Igreja antiga, digo que eles recorrem a um artifício. Pois em nenhum dos doutores da Igreja se encontra o número de sete sacramentos, nem consta quando começou pela primeira vez. Admito que os doutores realmente usaram mais livremente o nome de sacramento, mas o que querem dizer com ele? A saber, todas as cerimônias e ritos externos e todos os exercícios da religião cristã. Mas quando falam dos sinais que devem ser para nós testemunho da graça divina, contentam-se com estes dois: o batismo e a eucaristia. E, a fim de que ninguém pense que me jacto deles falsamente, citarei aqui alguns poucos testemunhos de Agostinho.

Falando com Januário, diz assim: "primeiro, quero que saibas (coisa que é o ponto principal de nossa disputa) que nosso Senhor Jesus Cristo (como ele mesmo o diz no Evangelho) nos submeteu a um jugo muito suave e a uma carga leve. E por isso reuniu a assembleia do novo povo com sacramentos bem poucos em número, fáceis de observar e excelentes na significação. Assim são o batismo, consagrado em nome da Trindade, e a comunhão do corpo e sangue do Senhor, e se há alguma outra coisa recomendada nas Escrituras canônicas".[382] Também no livro *Da doutrina cristã*: "depois da ressurreição de nosso Senhor, o próprio Senhor e o ensinamento apostólico nos transmitiram poucos sinais dados em prol de muitos; e eles são os mais fáceis de realizar, os mais excelentes em significado, os mais puros quanto à observação; assim é o batismo e a celebração do corpo e do sangue do Senhor".[383]

Por que não faz aqui nenhuma menção ao número misterioso, isto é, o sete? É verossímil que tivesse sido deixado de lado, se tivesse sido ins-

---

382 Aug., Ep. 54 (ad Ianuarium) c. 1 MSL 33, 200; CSEL 43, II, 159, 4ss.
383 Aug., De doctr. Christ. III c. 9, 13 MSL 34, 71.

tituído na Igreja, principalmente quando ele foi um homem mais curioso do que o necessário em observar os números? No entanto, nomeia o batismo e a ceia; e cala sobre os demais. Não quer dar a entender com isso que estes dois sinais têm uma dignidade singular, e que todas as outras cerimônias lhe são inferiores?

Digo, pois, que esses doutores sacramentários não somente têm contra eles a Palavra de Deus, mas também o consenso de toda a Igreja antiga, por mais que se orgulhem com o pretexto de ambas.

Mas passemos já a essas cerimônias.

A confirmação

4. Aqui, existia outrora o costume de que os filhos dos cristãos, ao crescer, fossem apresentados ao bispo, para realizar a confissão de fé que se exigia daqueles que se apresentavam adultos para o batismo. Pois estes sentavam-se entre os catacúmenos, até que, devidamente instruídos nos mistérios, pudessem fazer sua confissão de fé diante do bispo e de todo o povo. Do mesmo modo, os que haviam sido iniciados de crianças pelo batismo, como não haviam então formulado essa confissão junto à Igreja, eram, ao saírem da infância e chegarem à idade adulta, apresentados outra vez ao bispo por seus pais para que fossem examinados segundo a fórmula do catecismo que então tinham como certa e geral. E, para que este ato, que com razão devia ser solene e santo, tivesse mais reverência e dignidade, empregavam a cerimônia da imposição das mãos. Assim, aquela criança, tendo provado sua fé, era dispensada com uma benção solene.

Os antigos fazem menção deste costume muitas vezes. O Papa Leão diz: "se alguém se converter de alguma heresia, não seja batizado outra vez, mas que aquilo que lhe faltava antes, a virtude do Espírito, lhe seja conferido pela imposição de mãos do bispo". Aqui, nossos adversários gritarão que a esta cerimônia se deve chamar sacramento, uma vez que nela se confere o Espírito Santo. Mas o próprio Leão explica em outro lugar o que ele quis dizer com essas palavras, dizendo que "aquele que foi batizado pelos hereges não seja rebatizado; mas que, pela invocação do Espírito Santo, seja confirmado mediante a imposição das mãos, porque essa pessoa havia recebido somente a forma do batismo, sem a santificação.

Também Jerônimo o recorda, contra os luciferianos. E embora eu não negue que Jerônimo se equivocava um tanto aqui, ao chamá-la de observância apostólica, estava no entanto muito longe dos desvarios de nossos papistas. E ele mesmo se corrige, quando acrescenta que esta benção era permitida somente aos bispos, mais para honrar o sacerdócio que por necessidade da Lei. Logo, louvo tal imposição de mãos, contanto que se faça simplesmente à maneira de bênção, e gostaria que fosse hoje restituída a seu uso puro.

5. Mas a época posterior, tendo abandonado essa prática, colocou no lugar do sacramento de Deus não sei que confirmação fictícia. E inventaram que é virtude da confirmação que o Espírito Santo, que fora concedido no batismo para inocência, contribua para aumento da graça e confirme para a batalha aqueles que no batismo haviam sido regenerados para a vida. Faz-se esta confirmação com a unção e com esta fórmula: "eu te marco com o sinal da santa cruz, e te confirmo com a crisma de salvação, em nome do Pai, do Filho e do Espírito Santo".

Todas essas coisas são belas e agradáveis; mas onde está a Palavra de Deus que prometa aqui a presença do Espírito Santo? Eles não podem mostrar nem uma letra. Logo, de onde nos darão a certeza de que sua crisma é instrumento do Espírito Santo? Vemos o óleo, que é um líquido oleoso e espesso; e nada mais. "A Palavra", diz Agostinho, "una-se ao elemento, e transformar-se-á em sacramento". Mostrem-nos, pois, esta Palavra, digo, se querem que nós enxerguemos no óleo outra coisa além do óleo. Porque, se se reconhecessem, como deveriam, ministros dos sacramentos, já não haveria entre nós motivo de discussão. A primeira condição de um ministro é que não tente nada sem ter mandato para isso. Ora, que nos mostrem o mandato desse ministério, e não direi uma palavra mais. Mas, se não têm tal mandato, não podem desculpar-se de tal audácia sacrílega.

Por esse mesmo motivo, o Senhor perguntava aos fariseus se o batismo de João era do céu ou dos homens. Se respondessem que era dos homens, Cristo concluía que tal batismo era vão e frívolo; se diziam que era do céu, viam-se obrigados a reconhecer a doutrina de João. E, assim, para não ofenderem a João, não se atreviam a confessar que seu batismo era dos homens (Mt 21, 25). Do mesmo modo, se a confirmação é dos homens, é evidente que é coisa vã e frívola. Mas, se eles querem persuadir-nos de que é do céu, que o provem.

6. Eles se defendem com o exemplo dos apóstolos, os quais estimam não haver feito nada temerariamente. Isto é correto, de fato; e não os repreenderíamos, se se mostrassem imitadores dos apóstolos. Mas que fizeram os apóstolos?

Lucas conta nos Atos que os apóstolos que estavam em Jerusalém, tendo ouvido que Samaria havia recebido a Palavra do Senhor, enviaram para lá Pedro e João, os quais oraram pelos samaritanos, a fim de que recebessem o Espírito Santo, que ainda não havia descido sobre eles, já que somente haviam sido batizados no nome de Jesus; e que, depois de ter feito uma oração, os apóstolos puseram as mãos sobre os samaritanos, que, mediante esta imposição de mãos, receberam o Espírito Santo (At 8, 14-17). E Lucas fez menção dessa imposição de mãos algumas vezes (At 6, 6; 13, 3; 19, 6).

Ouço o que os apóstolos fizeram, a saber: cumpriram fielmente seu ministério. O Senhor quis que as graças visíveis e admiráveis de seu Espírito Santo, que naqueles dias derramava sobre seu povo, fossem administradas e distribuídas por seus apóstolos com esta imposição de mãos. Mas eu não acho que nessa imposição de mãos se oculte algum mistério mais sublime; eu a interpreto antes como uma cerimônia empregada por eles para dar a entender, com esse gesto, que se encomendavam a Deus e que como que lhe ofereciam aquele sobre quem punham as mãos. Se este ministério que os apóstolos usavam então tivesse sido mantido na Igreja até agora, ainda seria necessário observar a imposição de mãos. Mas como essa graça deixou de ser conferida, de que serve a imposição de mãos? Certamente o Espírito Santo continua assistindo o povo de Deus até agora, e sem sua condução e direção a Igreja de Deus não pode subsistir. Pois, de fato, temos a promessa de sua presença eterna e para sempre, com a qual Cristo chama a si todos aqueles que têm sede, para que bebam as águas vivas (Jo 7, 37). Mas estes milagres de virtudes e operações manifestas que se distribuíam pela imposição de mãos cessaram, e não podiam durar senão por algum tempo. Pois era conveniente que a nova pregação do Evangelho e o novo reino de Cristo fossem louvados e engrandecidos com milagres que jamais haviam sido vistos nem ouvidos. Mas, quando o Senhor fez que cessassem, nem por isso deserdou sua Igreja, mas ensinou que a magnificência de seu reino e a dignidade de sua Palavra estavam suficientemente demonstradas. Em que, pois, estes histriões dizem imitar os apóstolos? Com sua imposição de mãos deveriam conseguir que a virtude do Espírito Santo imediatamente se mostrasse com toda evidência. Isso eles não fazem. Para quê, pois, jactam-se da imposição de mãos, que nós lemos que realmente foi usada pelos apóstolos, mas totalmente para outra finalidade?

7. Isso é como se alguém dissesse que o sopro que o Senhor insuflou sobre seus discípulos (Jo 20, 22) é um sacramento em virtude do qual o

Espírito Santo é dado. Mas, como o Senhor o fez uma vez, não quis que seja feito também por nós. Do mesmo modo, os apóstolos usavam a imposição de mãos enquanto aprouve ao Senhor distribuir as graças do Espírito Santo; não para que aqueles que haviam de vir depois imitassem este signo vazio e vão (como o fazem os símios), como uma mímica e sem substância.

Ademais, ainda que provassem que com a imposição de mãos imitam os apóstolos (na qual não têm nada de parecido com os apóstolos, além de não sei que κακοζηλίαν, afetação às avessas), de onde tiram o óleo, a que chamam de salvação? Quem lhes ensinou a buscar a salvação no óleo? E a atribuir-lhe a virtude de nos fortalecer? É porventura Paulo, que de tal maneira nos afasta dos elementos deste mundo (Gl 4, 9), que não há o que condene mais que deter-se em tais observâncias (Cl. 2, 20)? Mas eu declaro corajosamente, e não por mim mesmo, mas em nome de Deus, que todos aqueles que chamam ao óleo de salvação renunciam à salvação que há em Cristo, rejeitam a Cristo e não têm parte nenhuma no reino de Deus. Porque o óleo é para o ventre e o ventre, para o óleo; e o Senhor destruirá ambos (1Cor 6, 13). Pois todos esses frágeis elementos que perecem com o uso não pertencem ao reino de Deus, que é espiritual e não perecerá jamais.

Quê, então? Dirá alguém: queres medir com esta medida a água com que somos batizados? E o pão e o vinho sob os quais o corpo e o sangue do Senhor nos são apresentados na Ceia? A isto respondo que nos sacramentos que Deus instituiu há duas coisas que devem ser consideradas: a substância da coisa corpórea que nos é proposta, e a forma que é impressa nela pela Palavra de Deus, na qual reside toda a virtude. Portanto, enquanto o pão, o vinho e a água, que são o que nos sacramentos se apresenta a nossos olhos, retêm sua substância natural, vale o que diz Paulo: "os alimentos são para o ventre, e o ventre, para os alimentos. Mas o Senhor destruirá um e outros" (1Cor 6, 13). Pois passam e se desvanecem com a figura deste mundo. Mas, enquanto essas coisas são santificadas pela Palavra de Deus para ser sacramentos, não nos detêm na carne, mas nos ensinam verdadeira e espiritualmente.

8. Mas olhemos mais de perto quantos monstros esse óleo mantém e alimenta.

Esses ungidores dizem que o Espírito Santo é dado no batismo para inocência, e, na confirmação para aumento da graça; afirmam que no batismo somos regenerados para a vida, e, na confirmação, somos armados para lutar. Já nada os envergonha, de tal forma que negam que o batismo seja perfeito sem a confirmação. Ó perversidade! Acaso não somos sepultados com Cristo para sermos partícipes, por sua morte, de sua ressurreição (Rm 6, 6.4)? Ora, Paulo interpreta que esta participação na morte e vida de Cristo é a mortificação de nossa carne e vivificação do Espírito, porque nosso "velho homem é crucificado juntamente com ele", para que "assim andemos na novidade da vida". Que poderia nos instruir melhor para a luta, além disso? E se ousam pisotear a Palavra de Deus a troco de nada, por que não respeitam ao menos a Igreja, da qual querem parecer ser filhos obedientes? Pois não se poderia proferir sentença mais severa contra essa sua doutrina do que este decreto do Concílio Milevitano, que diz: "qualquer um que afirmar que o batismo é dado somente para remissão dos pecados, e não para ajuda da graça que há de vir, seja anátema".

Quanto ao relato de Lucas, que já citamos no devido lugar, diz que os samaritanos haviam sido batizados no nome de Jesus, mas ainda não haviam recebido o Espírito Santo (At 8, 16); não nega simplesmente que tivessem recebido qualquer dom do Espírito, uma vez que acreditavam em Cristo de coração e o confessavam com a boca (Rm 10, 10); mas entende que não haviam recebido a doação do Espírito, pela qual se recebiam as virtudes aparentes e as graças visíveis. Por isso se diz que os apóstolos receberam o Espírito no dia de Pentecostes (At 2), embora lhes tenha sido dito muito tempo antes: "não sois vós que falais, mas o Espírito de vosso Pai que fala em vós" (Mt 10, 20).

Vide a maliciosa e nociva astúcia de Satanás, vós que sois de Deus. Pois aquilo que verdadeiramente era dado no batismo, ele mente que é dado em sua confirmação, a fim de afastar furtivamente aos incautos do batismo. Quem duvidará agora de que essa é uma doutrina de Satanás, essa que, tendo separado do batismo as promessas que lhe são próprias, desviam-nas e transferem-nas a outra parte? Depreende-se, digo, qual é o fundamento em que se baseia esta sua famosa unção. A Palavra de Deus é que todos os que foram batizados em Cristo estão revestidos de Cristo e de seus dons (Gl 3, 27). A palavra desses besuntadores é que não recebemos promessa nenhuma no batismo pela qual fôssemos instruídos para o combate. A primeira voz é a da verdade; portanto, a outra necessariamente há de ser a voz da mentira.

Assim, pois, posso muito bem definir essa confirmação de forma mais verdadeira do que eles o fizeram até aqui, a saber, como uma grande afronta ao batismo, que obscurece e mesmo abole seu uso; é uma falsa promessa do Diabo, para afastar-nos da verdade de Deus. Ou, se o preferires, é um óleo manchado com a mentira do Diabo, que engana as mentes das pessoas simples com trevas difusas.

9. Acrescentam ainda que todos os fiéis devem receber o Espírito Santo pela imposição de mãos depois do batismo, a fim de que sejam cristãos plenos; porque ninguém nunca será cristão, a menos que for crismado com a confirmação episcopal. Estas são palavras suas. E eu, que pensava que tudo o que se refere à religião cristã estava compreendido e exposto na Santa Escritura! Mas, pelo que vejo agora, é preciso buscar e aprender a verdadeira regra da religião em outra parte, não na Escritura! Logo, a sabedoria de Deus, a verdade celestial e toda a doutrina de Cristo só valem para começar a fazer cristãos; o óleo os completa. Com esta doutrina são condenados todos os apóstolos e todos os mártires, que certamente nunca foram crismados, pois ainda não existia esse seu óleo santo, com que os adeptos do Cristianismo se aperfeiçoavam, ou, melhor dizendo, com que se tornavam cristãos aqueles que antes não o eram.

Mas, ainda que eu cale, eles mesmos se refutam suficientemente. Porque quantos são os que eles ungem depois do batismo? Por que, então, permitem tantos semicristãos em seu rebanho, quando é tão fácil remediar essa sua imperfeição? Por que permitem tão negligentemente que seus súditos omitam o que não se pode omitir sem grave ofensa a Deus? Por que não insistem com mais seriedade em coisa tão necessária, e sem a qual não se pode alcançar a salvação? A não ser que alguém seja impedido por uma morte repentina. Certamente, ao consentir tão facilmente que a abandonem, confessam tacitamente que não é de tanta importância como pretendem.

10. Por último, estabelecem que esta sagrada unção deve ser tida em muito maior reverência do que o próprio batismo. Isso porque aquela é administrada somente pelas mãos dos sumos pontífices, ao passo que o batismo é realizado de forma trivial, por todos os sacerdotes.

Que se pode dizer a isto, senão que estão completamente loucos aqueles que se apegam a suas invenções a tal ponto que, em nome delas, desprezam as sagradas instituições de Deus? Boca sacrílega! Tu te atreves a opor ao sacramento de Cristo a gordura infectada com o fedor de teu hálito e encantada com certas palavras murmuradas? Tu te atreves a compará-la à água santificada com a Palavra de Deus? Estes são os decretos da Santa Sé, estes seus oráculos apostólicos!

Mas alguns dentre eles começaram a moderar um pouco essa desenfreada loucura, também em sua opinião. E afirmam que a confirmação deve ser considerada com mais reverência do que o batismo não pela maior virtude ou proveito que confira, mas porque é administrada por pessoas de uma dignidade mais elevada, e porque se dá na parte mais digna do corpo, que é a fronte; ou, enfim, porque causa maior aumento de virtudes, ainda que o batismo valha mais para a remissão dos pecados.

Acaso não se mostram donatistas pela primeira razão, ao estimar a virtude do sacramento pela dignidade daquele que o administra? Seja que a confirmação seja mais digna por razão de maior dignidade das mãos episcopais. Mas se alguém lhes perguntasse quem outorgou tal prerrogativa aos bispos, que outra razão poderiam aduzir, além de seu bel-prazer? Dizem que somente os apóstolos exerceram esta dignidade, quando somente eles, e ninguém mais, outorgaram o Espírito Santo. Mas eu pergunto se só os bispos são apóstolos. Mais ainda: são apóstolos de verdade? Mas concedamos isso também. Por que não tentam provar, com esse mesmo argumento, que somente os bispos devem tocar o sacramento do sangue na Ceia do Senhor? Pois o negam aos laicos, porque afirmam que nosso Senhor o distribuiu somente a seus apóstolos. Se somente aos apóstolos, por que não concluem daí que, então, só aos bispos? Mas, a esse respeito, tornam os apóstolos simples presbíteros; em contrapartida, no outro tema, fazem-nos bispos de repente. Finalmente, Ananias não era apóstolo; no entanto, foi enviado a Paulo para fazê-lo recobrar a vista, para batizá-lo e para enchê-lo do Espírito Santo (At 9, 17). Acrescentarei uma pergunta, para encerrar: se esse ofício fosse por direito divino próprio dos bispos, por que o comunicaram aos simples presbíteros? Assim se lê numa carta de Gregório.

11. E quão frívola, inepta e tola é a segunda razão! Dizem que sua confirmação é mais digna que o batismo de Deus porque, naquela, a fronte é ungida, e, no batismo, a cabeça! Como se o batismo fosse de óleo e não de água! Mas eu convoco aqui como testemunhas a todos os homens pios, se esses tratantes não pretendem infectar a pureza dos sacramentos com seu fermento. Já disse em outra parte que a duras penas se pode divisar nos sacramentos o que é de Deus, entre a infinidade de invenções humanas. Se alguém então não me deu crédito então, ao menos creia agora em seus mestres. Eis aqui a água, menosprezada e considerada como nada; eles estimam no batismo somente o óleo. Nós, ao contrário, afirmamos que no batismo também a fronte é tocada pela água, em comparação com a qual não estimamos vosso óleo em mais do que esterco, seja no batismo ou na confirmação. E se alguém alegar que o óleo é vendido mais caro, fica corrompido por esse aumento de preço algo de bom que possa ter; para traficar essa péssima impostura, só falta o mercadejar por meio do furto.

Deixam ver sua impiedade em sua terceira razão, quando palreiam que na confirmação se dá um aumento muito maior de virtude que no batismo. Os apóstolos administraram as graças visíveis do Espírito Santo mediante a imposição de mãos. Em que se mostra proveitoso o óleo desses enganadores? Mas não façamos caso desses mestres, que, para encobrir um sacrilégio, cometem muitos outros. Este é um nó górdio, que é muito melhor cortar de vez do que se esforçar em desfazer.

12. Mas, quando se veem desprovidos da Palavra de Deus e da razão provável, pretendem, como costumam fazer, que esta observância é muito antiga, e que está confirmada pelo consenso de muitos séculos. Mesmo que isso fosse verdade, ainda assim não conseguiram nada. O sacramento não é da terra, mas do céu; não dos homens, mas somente de Deus. Que provem que Deus é o autor da sua confirmação, se quiserem que a consideremos sacramento.

Mas para que alegam a antiguidade, quando os antigos, quando queriam falar com propriedade, nunca mencionaram senão dois sacramentos? Se tivéssemos de buscar nos homens a certeza de nossa fé, teríamos uma fortaleza inexpugnável no fato de que os antigos não tenham considerado sacramentos aos que estes falsamente chamam assim. Os antigos fazem menção da imposição de mãos; mas acaso a chamam sacramento? Agostinho afirma abertamente que isso não é senão oração. E não me venham aqui dizer, com suas frívolas distinções, que a afirmação de Agostinho não deve ser entendida da imposição de mãos confirmatória, mas da curativa ou reconciliatória. O livro está aí, e corre em mãos de todos. Se eu distorço as palavras de Agostinho num sentido diferente do que ele escreveu, dou-me por vencido, e que todos me cubram não apenas com escárnios, segundo seu costume solene, mas também com cusparadas.

Ele fala ali dos cismáticos que voltavam à unidade da Igreja. Nega a necessidade de batizá-los de novo, pois bastava uma imposição de mãos, a fim de que, pelo vínculo da paz, o Senhor lhes desse seu Espírito Santo. E, como poderia parecer absurdo repetir a imposição das mãos mais do que o batismo, acrescenta que existe uma grande diferença, já que (diz) a imposição de mãos não é senão uma oração que se faz sobre o homem. E vê-se que este é o verdadeiro sentido por outro lugar, em que diz: "impõem-se as mãos aos hereges que se corrigiram, para juntá-los na caridade, que é o dom principal do Espírito Santo, e sem a qual não pode haver salvação alguma para o homem".[384]

---

384 Aug., De baptismo contra donatistas V c. 23, 33 MSL43, 193.

13. Quem dera mantivéssemos o costume que havia entre os antigos, como já fiz notar, antes de que surgisse esta abortiva invenção de sacramento! Não uma confirmação como a que estes imaginam, a qual não se pode nem sequer nomear sem injúria ao batismo, mas que fosse uma catequese, com a qual as crianças, ou aqueles que estão na primeira juventude, expusessem a razão de sua fé em presença de toda a Igreja. Uma excelente maneira de catequizar seria que houvesse uma fórmula apropriada para isso, que contivesse e explicasse familiarmente os pontos principais de nossa religião, com os quais a Igreja universal dos fiéis, sem controvérsia alguma, deveria confessar: que a criança até dez anos se apresentasse à Igreja para fazer confissão de sua fé; que fosse interrogado sobre cada um dos pontos principais e respondesse a eles; e que, se ignorasse algo, ou o compreendesse menos, que fosse ensinada. E assim confessasse, em presença da Igreja e tendo-a por testemunha, a única, verdadeira e sincera fé, com a que todo o povo cristão honra a Deus de comum acordo.

Se essa disciplina ainda estivesse em vigor hoje em dia, a preguiça de alguns pais, que, no presente, não fazem muito caso da educação dos filhos como se não lhes dissesse respeito, corrigir-se-ia; porque então não poderiam deixar de instruir a seus filhos sem grande vergonha pública. Haveria maior consenso quanto à fé entre o povo cristão, e não seria tão grande a ignorância e a rudeza de muitos. Alguns não seriam arrastados tão facilmente por dogmas novos e peregrinos. Enfim, cada um teria algo como um método da doutrina cristã.

A penitência

14. Instituem em segundo lugar a penitência, da qual falam de forma tão confusa e perturbada que as consciências não podem obter deles nada de certo ou sólido. Já expusemos por extenso o que as Escrituras nos ensinaram sobre a penitência, e além disso o que eles ensinam com respeito a esta matéria. Agora trataremos brevemente apenas do que podem ter de razão aqueles que edificaram toda uma teoria do sacramento, a qual reinou outrora nos templos e nas escolas. No entanto, exporei em resumo, antes de mais nada, qual foi o costume antigo à sombra da qual os papistas introduziram sua louca imaginação.

Os antigos observavam o costume na penitência pública de que, quando os penitentes haviam cumprido o que lhes fora imposto, fossem reconciliados com a Igreja pela imposição de mãos. Isto lhes servia como símbolo de absolvição, pelo qual o próprio pecador se levantava diante de Deus com a confiança do perdão, e era advertido pela Igreja, para que, esquecida a recordação de sua ofensa, ele fosse recebido na graça benignamente. A isto Cipriano chama muitas vezes "dar a paz". E, para que este ato fosse muito mais solene e obtivesse mais consideração entre o povo, ordenou-se que houvesse sempre intercessão da autoridade do bispo. Daqui aquele decreto do segundo Concílio de Cartago: que não fosse lícito ao presbítero reconciliar o penitente publicamente na missa; e outro decreto do concílio arausicano: que aqueles que vão partir deste mundo podem ser admitidos à comunhão sem a imposição reconciliatória das mãos durante o tempo de sua penitência; mas que, se os tais convalescessem de sua enfermidade, deviam permanecer na ordem dos penitentes e, terminado o tempo do mesmo, receber do bispo a imposição reconciliatória das mãos. Igualmente, no concílio terceiro de Cartago: que o sacerdote não reconcilie a nenhum penitente sem a autorização do bispo.

Todas essas determinações tendiam a que se mantivesse a severidade que eles queriam conservar nesse tema. Logo, quiseram que o bispo fosse conhecedor da causa; pois era mais verossímil que ele fosse mais circunspecto no exame. Ainda que Cipriano ateste em outro lugar que não era somente o bispo que impunha as mãos sobre o penitente, mas também todo o clero com ele, pois ele diz assim: "fazem penitência em seu tempo justo; depois, vêm à comunhão; e pela imposição de mãos do bispo e do clero aceitam o direito da comunhão". Depois, com o passar do tempo, esse costume decaiu de tal maneira que usaram esta cerimônia em abluções particulares; quer dizer, fora da penitência pública. Daqui nasceu aquela distinção que Graciano faz e que recolheu nos Decretos, entre reconciliação pública e particular. Quanto a mim, julgo que essa observação de que fala Cipriano foi muito santa e salutar para a Igreja, e gostaria que fosse restituída hoje em dia. A outra, mais recente, embora não a condene de todo, julgo-a menos necessária.

Seja como for, vemos que a imposição de mãos na penitência é uma cerimônia instituída pelos homens, não por Deus, que deve constar entre as coisas indiferentes ou entre as práticas externas, que não devem ser realmente desprezadas, mas que devem estar num lugar inferior àquele em que estão as coisas que nos são recomendadas pela Palavra do Senhor.

15. Mas os teólogos romanos e os escolásticos (de quem é próprio corromper solenemente tudo com suas interpretações) suam de ansiedade para achar aqui um sacramento. Não há por que estranhar que lhes custe tanto trabalho; pois procuram pelo em ovo, como se costuma dizer. E, ao fim, não podendo conseguir nada melhor, deixam tudo revolvido, em suspenso, incerto e confuso e perturbado pela diversidade de opiniões.

Dizem que a penitência exterior é sacramento; e, sendo assim, que é preciso considerá-la sinal da penitência interior, quer dizer, da contrição de coração, por esta razão será a substância do sacramento; ou antes que ambas são sacramentos; não dois, mas um único, perfeito; mas que a exterior é somente sacramento, e a interior, sacramento e substância daquela; e que a remissão dos pecados é somente substância do sacramento, mas não sacramento.

Aqueles que tiverem na memória a definição de sacramento já dada por nós, que cotejem com ela o que nossos adversários chamam sacramento, e verão que não convêm em nada, uma vez que não é cerimônia externa estabelecida pelo Senhor para confirmação de nossa fé.

Mas se replicarem a isso, que minha definição não é uma lei a que estejam obrigados a obedecer, que ouçam a Agostinho, a quem fingem considerar sacrossanto. Os sacramentos (diz ele) foram instituídos visíveis por causa dos carnais; para que, pelos graus dos sacramentos, sejam transportados das coisas que se veem com os olhos às coisas que se compreendem com o entendimento. Que veem eles, ou podem mostrar aos outros, que tenha que ver com isto no que chamam sacramento de penitência?

Agostinho diz em outro lugar: "chame-se sacramento, porque nele uma coisa se vê e se entende outra. A que se vê tem figura corporal; a que se entende, tem fruto espiritual".[385] Estas coisas de modo algum convêm ao sacramento da penitência (como eles o fingem), uma vez que nele não há nenhuma espécie corporal que represente o fruto espiritual.

16. Mas (para matar estas bestas em sua própria arena) pergunto-lhes: se houvesse aqui algum sacramento, não seria muito melhor jactar-se de que o sacramento é a absolvição do sacerdote, e não a penitência interior ou exterior? Porque seria simples dizer que é uma cerimônia estabelecida para confirmar nossa fé quanto à remissão dos pecados, e que têm a promessa das chaves, como eles chamam: "tudo o que atardes na terra será atado no céu, e tudo o que desatardes na terra será desatado no céu" (Mt 18, 18).

Mas alguém poderia objetar a isso, que muitos são absolvidos pelos sacerdotes, mas de nada lhes serve tão absolvição, uma vez que, confor-

---

385 Aug., Sermo 272 MSL 38, 1247.

me seu dogma, os sacramentos da nova Lei devem obrar eficazmente o que figuram. Isso é ridículo! Assim como estabelecem duas maneiras de comer na Eucaristia, uma a sacramental, comum indistintamente a bons e maus, e a outra especialmente própria dos bons; porque não inventariam que a absolvição seja recebida de duas maneiras? Não obstante, nunca pude entender completamente que querem dizer com esse seu dogma, o qual já ensinamos quão contrário é à verdade de Deus. Somente quero mostrar aqui que este escrúpulo não os impede em nada de chamar sacramento à absolvição do sacerdote. Poderiam responder pela boca de Agostinho que a santificação se dá algumas vezes sem sacramento visível; e o sacramento visível existe às vezes sem a santificação interna; que só nos eleitos os sacramentos operam o que figuram; que uns se revestem de Cristo até a recepção do sacramento, e outros até a santificação. O primeiro acontece indistintamente a bons e a maus; o segundo, somente aos bons. Certamente, enganaram-se da forma mais pueril e foram como cegos ao sol, pois inquietaram-se com tantas dificuldades e não perceberam uma coisa tão clara e óbvia para qualquer um.

17. No entanto, para que não se ensoberbeçam, nego que seja considerado sacramento o que quer que tenham apresentado como sacramento.

Primeiro, porque não tem nenhuma promessa singular de Deus, o que é a única hipóstase do sacramento. Depois, porque qualquer cerimônia que se possa propor aqui é mera invenção humana; e já provamos que as cerimônias dos sacramentos não podem ser instituídas senão por Deus. É, pois, mentira e impostura tudo o que eles inventaram acerca do sacramento da penitência. Além disso, adornaram este suposto sacramento com o título que julgavam conveniente, assegurando que é a segunda tábua depois do naufrágio. Porque, se alguém mancha com o pecado o vestido da inocência recebido no batismo, pode lavá-lo com a penitência. Dizem que tal é a opinião de Jerônimo. De quem quer que seja, é totalmente ímpia, se é entendida como eles o fazem. Como se o batismo ficasse destruído pelo pecado, e não que o pecador devesse antes trazê-lo à memória todas as vezes que busca a remissão do pecado, para daí confortar-se, animar-se e confirmar sua fé de que alcançará a remissão dos pecados, como lhe foi prometido no batismo.

O que Jerônimo disse, um tanto rude e impropriamente, é que o batismo (do qual caíram todos aqueles que merecem ser excomungados da Igreja) é reparado pela penitência, mas esses bons intérpretes o distorcem, para confirmar sua impiedade. Sendo assim, com toda propriedade podereis chamar sacramento de penitência ao batismo, uma vez que foi dado para confirmação da graça e sinal de confiança àqueles que se dedicam a fazer penitência. E, para que não penses que isso é uma invenção nossa, vê-se claramente que isso, além de estar totalmente conforme com a Escritura, foi uma doutrina muito usada na Igreja antiga, como um certíssimo axioma. Pois no livro intitulado *Acerca da fé, a Pedro*, comumente atribuído a Agostinho, é chamado sacramento de fé e de penitência.

Mas para que recorrermos a coisas incertas? Como se se pudesse buscar coisa mais clara ou mais certa do que aquilo que o evangelista conta: que João pregou o batismo de penitência para remissão dos pecados (Mc 1, 4; Lc 3, 3).

A extrema-unção, como a chamam

18. O terceiro sacramento fictício é a extrema-unção, a qual não é administrada senão por um sacerdote, e isso somente em último caso (assim o dizem) e que consta do óleo consagrado pelo bispo, e, como forma, destas palavras: "que, por esta santa unção, e por sua piedosa misericórdia, Deus te perdoe por tudo o que pecaste com a vista, o ouvido, o olfato, o tato e o gosto". E imaginam que este sacramento tem duas virtudes: a remissão dos pecados e o alívio da dor corporal, se assim convém; ou, se não, para a saúde da alma.

Afirmam que sua instituição se encontra em Tiago, quando diz: "algum dentre vós está doente? Mande chamar os presbíteros da Igreja, para que orem sobre ele, ungindo-o com óleo no nome do Senhor. A oração feita com fé salvará o doente, e o Senhor o levantará. E, se tiver cometido pecados, receberá o perdão" (Tg 5, 14-15).

Esta unção é do mesmo tipo que a imposição das mãos de que falamos acima; ou seja, uma hipocrisia histriônica, com a qual pretendem, contra toda razão e sem proveito algum, imitar aos apóstolos. Marcos conta que os apóstolos, em sua primeira missão, conforme a ordem que haviam recebido do Senhor, ressuscitaram mortos, expulsaram demônios, curaram leprosos, sanaram enfermos; e que, na cura dos enfermos, usavam óleo: "ungiam com óleo a muitos enfermos, e os curavam" (Mc 6, 13). A isto atentou Tiago quando ordenou que os presbíteros fossem chamados, para que ungissem o enfermo.

Aqueles que considerarem a grande liberdade que o Senhor e seus apóstolos permitiam nestas coisas externas, verão facilmente que sob tais cerimônias não se ocultava nenhum mistério mais sublime. O Senhor, quando quis devolver a vista ao cego, fez barro com pó e saliva (Jo 9, 6). E curou a uns por contato (Mt 9, 29); a outros, com a palavra (Lc 18, 42). Da mesma maneira, os apóstolos curaram a uns só com a palavra; a outros, tocando-os; a outros, com a unção (At 3, 6; 5, 14-15; 19, 12).

Mas eles dirão que é verossímil que essa unção não tenha sido empregada temerariamente (como nem as demais coisas). Admito-o; no entanto, não para que fosse instrumento de cura, mas somente como símbolo, com o qual a ignorância do povo simples fosse advertida sobre a procedência de tão grande virtude, a fim de que não atribuíssem a glória aos apóstolos. Pois é coisa corrente e trivial que o óleo signifique o Espírito Santo e seus dons (Sl 45, 8).

De resto, a graça de curar enfermos já cessou, assim como os demais milagres que o Senhor quis prolongar durante algum tempo, para fazer a pregação do Evangelho admirável para sempre. Assim, pois, por mais que admitamos que a unção foi sacramento das virtudes que então eram administradas pelas mãos dos apóstolos, isso já não nos diz respeito, já que não nos é concedida a administração das virtudes.

19. E por que razão fazem desta unção um sacramento, mais do que a quaisquer outros símbolos de que se faz menção na Escritura? Por que não enviam a alguma piscina de Siloé, na qual mergulhem em certas épocas do ano aqueles que têm certos males (Jo 9, 7)? Isto, dizem, seria inútil. Certamente; mas não mais do que sua unção. Por que não se deitam sobre os mortos, uma vez que Paulo ressuscitou um jovem morto estendendo-se sobre ele (At 20, 10.12)? Por que não fazem um sacramento de lodo composto de cuspe e de pó? Todos esses exemplos, dizem, foram particulares; mas o da unção foi ordenado por Tiago. De fato. Mas Tiago falava para o tempo em que a Igreja gozava desta benção que mencionamos. Eles afirmam que em sua unção há ainda a mesma força; mas nós experimentamos o contrário.

Que ninguém, pois, se maravilhe de que tenham enganado com tanto atrevimento as almas que sabiam estar ignorantes e cegas, tendo-as despojado da Palavra de Deus, isto é, da vida e da luz, já que não se envergonham de querer enganar os sentidos do corpo, os quais vivem e sentem. Com isso, tornam-se ridículos quando se jactam de ter em suas mãos a graça da cura. Nosso Senhor certamente assiste os seus todo o tempo, e, quando é preciso, socorre-os em suas enfermidades, não menos do que outrora. Mas não faz exibição dessas virtudes, nem dos milagres que operava pelas mãos dos apóstolos; porque este dom era temporal, e também porque em parte pereceu rapidamente pela ingratidão dos homens.

20. E assim como a graça de curar do apóstolo era não sem motivo representada com o símbolo do óleo, atestando claramente que ela não era virtude sua, mas do Espírito Santo; assim também, pelo contrário, fazem enorme injúria ao Espírito Santo aqueles que transformam sua virtude num óleo pútrido e sem nenhum valor. Isto é exatamente como se alguém dissesse que qualquer óleo é a virtude do Espírito Santo, porque é chamada com este nome na Escritura; ou que qualquer pomba é o Espírito Santo, porque ele apareceu sob essa forma (Mt 3, 16; Jo, 1, 32).

Mas, no que nos diz respeito, percebemos da forma mais indubitável que sua unção não é sacramento, já que não é uma cerimônia instituída por Deus, nem tem nenhuma promessa dele. Porque, quando exigimos estas duas coisas no sacramento: que seja cerimônia instituída por Deus e que tenha a promessa de Deus, postulamos ao mesmo tempo que essa cerimônia seja legada também a nós, e que a promessa nos pertença. Portanto, que ninguém mais objete que a circuncisão é sacramento da Igreja cristã, por ter sido cerimônia estabelecida por Deus e que levava junto uma promessa, uma vez que não nos foi ordenada, nem sua promessa, que lhe fora acrescentada, nos foi dada sob a mesma condição. Não nos foi dada a promessa de que eles se jactam tão ferozmente em sua unção, como claramente o demonstramos, e eles mesmos o declaram por experiência. A cerimônia não devia ser empregada senão por aqueles que tinham a graça de conferir a cura, e não por esses carniceiros, que são mais capazes de matar e trucidar que de curar.

21. Mas, ainda que provassem que o que Tiago prescreve acerca da unção convém a nosso tempo (o que está muito longe de acontecer), nem assim, no entanto, conseguiriam chegar a provar sua unção, com a qual não fizeram senão engordurar-nos. Tiago quer que todos os enfermos sejam ungidos (Tg 5, 14); mas estes besuntam com seu óleo não os enfermos, mas os corpos já meio mortos, quando a alma já está para lhes sair pela boca, ou (como eles dizem) nas últimas. Se têm em seu sacramento uma verdadeira medicina, com a qual amenizam o rigor da enfermidade, ou ao menos trazem algum consolo à alma, então são cruéis aqueles que não a aplicam a tempo jamais.

Tiago quer que os anciãos da Igreja deem unção ao doente; estes não admitem outro ungidor que não o sacrificadorzinho. Porque zombam ao dizer que em Tiago os presbíteros são sacerdotes, e que o número plural serve simplesmente de enfeite, o que é muito frívolo. Como se naquele tempo tivesse havido uma multidão de sacrificadores a ponto de poderem levar sua caixa de óleo sagrado em procissões de grande pompa! Tiago, quando ordena simplesmente que os enfermos devem ser ungidos, não quer me dizer senão a unção do óleo comum; e tampouco há outro na narração de Marcos (Mc 6, 13). Estes não têm em conta senão o óleo consagrado pelo bispo, isto é, aquecido com seu hálito, encantado com murmúrios e saudado de joelhos nove vezes, dizendo três vezes: "ave, santo azeite"; e três vezes: "ave, santa crisma"; e três vezes: "ave, santo bálsamo". De onde tiraram tais exorcismos?

Tiago diz que, quando o doente tiver sido ungido com óleo e tiverem orado sobre ele, ele, se estiver em pecado, será perdoado, porque, tendo sido absolvido de seu castigo, será também aliviado de sua pena. Tiago não entende que os pecados lhe são apagados pela unção, mas que não hão de ser vãs as orações dos fiéis com as quais o irmão aflito é encomendado a Deus. Estes mentem impiamente, ao dizer que, por sua sagrada unção, que não passa de uma abominação, os pecados são perdoados.

Eis o belo proveito que tiram, quando lhes é permitido abusar do testemunho de Tiago segundo sua louca fantasia. E, para que não nos demoremos mais tempo em prová-lo, seus próprios anais nos liberam dessa dificuldade; pois relatam que o papa Inocêncio, que estava à frente da Igreja Romana na época de Agostinho, determinou que não somente os presbíteros, mas também todos os cristãos, usassem óleo ao ungir seus enfermos, em caso de necessidade.

As ordens eclesiásticas

22. Ocupa o quarto lugar em seu catálogo o sacramento da ordem, o qual é tão fecundo que produz de si mesmo sete sacramentosinhos. Mas isso é totalmente ridículo, uma vez que afirmam que os sacramentos são sete, e, quando querem contá-los, enumeram treze. E não podem alegar que esses sete sacramentos são somente um, porque todos os sete tendem a um único sacerdócio, e são como escadas para subir a ele. Porque, como em cada um deles há cerimônias distintas, e eles dizem que as graças são distintas, ninguém duvidará de que devem ser chamados de sete sacramentos, se forem entendidos segundo o que eles dizem. Mas para que discutir como se fosse coisa ambígua, quando eles mesmos declaram clara e nitidamente que são sete?

Exporemos em primeiro lugar, como que de passagem, quantos e quão inconvenientes absurdos se nos apresentam, quando querem impor-nos suas ordens como sacramentos. Depois veremos se a cerimônia que as igrejas usam na ordenação dos ministros deve ser chamada sacramento.

Eles estabelecem sete ordens ou graus eclesiásticos, aos quais dão o título de sacramentos. São eles: ostiários, leitores, exorcistas, acólitos, subdiáconos e sacerdotes. E são sete, segundo dizem, por causa da graça do Espírito Santo, que tem sete formas, da qual devem estar de posse aqueles que são promovidos a estas ordens; mas que lhes é aumentada e cumulada muito mais em sua promoção.

Mas já esse próprio número foi inventado a partir de uma interpretação perversa da Escritura; porque lhes parece que leram em Isaías que há sete virtudes do Espírito Santo, quando em verdade Isaías não faz referência a mais do que seis; nem quis o profeta enumerar todas as graças do Espírito Santo naquele passo (Is. 11, 2). Pois em outros lugares a Escritura o chama Espírito de vida (Ez 1, 20), de santificação (Rm 1, 4), de adoção dos filhos de Deus (Rm 8, 15), da mesma forma que na passagem de Isaías citado acima é chamado de espírito de sabedoria, de inteligência, de conselho e de força, de conhecimento e de temor do Senhor.

No entanto, outros, mais sutis, não se contentam com sete ordens, mas inventam nove, à semelhança, como dizem, da Igreja triunfante. E até entre eles mesmos há disputa, porque uns querem que a tonsura clerical seja a primeira ordem, e o bispado, a última. Outros excluem a tonsura, mas acrescentam às ordens o arcebispado. Isidoro os distingue de outra maneira; pois faz distinção entre salmistas e leitores, nomeando aqueles para o canto, e estes para ler as Escrituras, pelas quais o povo deve ser instruído. E essa distinção é observada nos cânones.

Entre tanta diversidade, que querem que sigamos ou evitemos? Acaso diremos que há sete ordens? Assim o ensina o Mestre das Sentenças, mas os doutores mais iluminados determinam outra coisa. Uma vez mais eles mesmos discordam entre si. E, além disso, os cânones mais sagrados nos chamam a outro caminho. Eis o consenso que há entre os homens, quando disputam sobre coisas divinas sem a Palavra de Deus.

23. Mas o que ultrapassa toda essa tolice é que fazem de Cristo seu colega em cada uma de suas ordens. Primeiro, dizem que ele fez ofício de ostiário, quando expulsou do templo os que compravam e vendiam (Jo 2, 15; Mt 21, 12). E que quer dizer que é um ostiário, quando diz: "eu sou a porta"[386] (Jo 10, 7); que fez ofício de leitor, quando, na sinagoga, leu o livro de Isaías (Lc 4, 17); que representou o ofício de exorcista, quando,

---

386 *Ostium* significa "porta", e *ostiarius* é algo como "porteiro".

tocando com sua saliva as orelhas e a língua do surdo-mudo, o fez voltar a ouvir (Mc 7, 33); que se vê que foi acólito por estas palavras: "quem me seguir não andará nas trevas" (Jo 8, 12); que desempenhou o ofício de subdiácono quando, com uma toalha, lavou os pés de seus apóstolos (Jo 13, 4-5); que fez o papel de diácono, quando distribuiu seu corpo e seu sangue na Ceia (Mt 26, 26); e que cumpriu a parte de um sacerdote, quando se ofereceu a si mesmo em sacrifício ao Pai na cruz (Mt 27, 50; Ef 5, 2).

Estas coisas certamente não podem ser escutadas sem provocar o riso, de tal maneira que se estranha que tenham podido ser escritas a sério, se os que as escreviam eram homens. Mas é sobretudo digna de observação a argúcia com que filosofam acerca do nome de acólito, interpretando-o como ceroferário, nome (a meu ver) mágico e certamente desconhecido em todas as línguas e nações. Porque ἀκόλουφος em grego significa simplesmente "aquele que acompanha a outro". Mas, se me detivesse a refutar tais absurdos a sério, com razão eu mesmo também seria motivo de riso, por serem tão frívolos esses gracejos.

24. No entanto, para que não consigam ludibriar nem sequer as mulherzinhas, será preciso descrever de passagem sua vaidade.

Eles ordenam a seus leitores, salmistas, ostiários e acólitos com grande pompa e solenidade, para que executem as funções de que se ocupam ou as crianças ou aqueles a que chamam laicos. Porque quem acende as velas na maioria das vezes, quem lhes serve a água e o vinho da jarra, senão algum menino ou o mais pobrezinho dos laicos, que ganha a vida com isso? Acaso não são estes mesmos que cantam? Não são os que abrem e fecham as igrejas? Quem, com efeito, já viu em suas igrejas algum acólito ou ostiário que cumprisse seu ofício? Ao contrário, aquele que de criança fazia as vezes de acólito, ao ingressar na ordem dos acólitos deixa de ser aquilo de que passa a ser chamado. De tal maneira que parece que eles querem de propósito afastar de si o ofício que pertence a seu cargo quando recebem o título do mesmo. Eis para que têm necessidade de ser consagrados a tais sacramentos e receber o Espírito Santo: para não fazer nada.

Se replicarem que abandonam e negligenciam seus ministérios pela perversidade de nossos tempos, terão de confessar ao mesmo tempo que suas ordens sagradas, que reverenciam tão enormemente, não tem hoje utilidade nem fruto nenhum, e que toda a sua Igreja está cheia de anátema, pois permite aos laicos e às crianças andar com as velas e jarras que ninguém deveria ser digno de tocar, se não tivesse sido ordenado acólito;

porque delega o canto, que não deveria ser ouvido senão de uma boca consagrada para isso, às crianças. Quanto aos exorcistas, para que fim são ordenados? Ouço que os judeus tinham seus exorcistas, mas vejo que se chamavam assim pelos exorcismos que exerciam (At 19, 13). Mas quem alguma vez ouviu que esses exorcistas falsificados tenham dado mostras de sua profissão? Fingem que lhes é dado o poder de pôr as mãos sobre os energúmenos, os catacúmenos e os endemoninhados; mas não podem convencer os demônios de que têm tal poder; não somente porque os demônios não cedem a seus comandos, mas também porque os próprios demônios mandam neles. Pois a duras penas encontrarás um entre dez que não esteja governado por algum mau espírito. Portanto, o que quer que balbuciem de suas ordens inferiores foi inventado a partir de ignaras e tolas mentiras.

Já falamos acima dos acólitos, ostiários e leitores antigos, ao tratar da ordem da Igreja. Nosso propósito aqui é somente combater esta novidade de inventar um sacramento dividido em sete nas ordens eclesiásticas: coisa de que não se lê nada em parte alguma, senão nestes rábulas ineptos, sorbonistas e canonistas.

25. Vejamos agora que cerimônias conduzem.

Primeiramente, quaisquer inscrevem-se em sua milícia, e iniciam-se no clericado com um símbolo comum: pois lhes raspam a parte superior da cabeça, porque a coroa significa a dignidade régia, já que os clérigos devem ser reis que governem a si mesmos e aos demais. Pois Pedro diz a esse respeito: "vós sois gente escolhida, o sacerdócio régio, a nação santa, o povo que Ele conquistou" (1Pd. 2, 9). Mas certamente cometeram um sacrilégio, porque arrogaram-se a si somente o título que é atribuído a toda a Igreja, e vangloriam-se com soberba do que arrebataram aos fiéis. Porque Pedro fala a toda a Igreja; mas eles o distorcem só a uns poucos tonsurados, como se somente a eles tivesse sido dito: "sede santos" (Lv 11, 44; 19, 2; 20, 7); como se eles, e ninguém mais, tivessem se tornado o reino e o sacerdócio para Deus, por meio de Cristo.

Assinalam ainda outras razões: que o mais alto de sua cabeça está desnudado para mostrar que sua mente está livre para o Senhor, para contemplar a glória de Deus, uma vez revelada sua face; e para ensinar que os vícios da boca e dos olhos hão de ser extirpados. Ou a cabeça raspada é o abandono das coisas temporais; e que a circunferência de cabelo que resta, como uma coroa, significa o resto dos bens que retêm para seu sustento. Tudo isto em figura, porque, evidentemente, o véu do templo ainda não se rasgou para eles. E assim, persuadidos de que cumpriram muito bem com suas obrigações ao figurar tais coisas com sua coroa, não fazem nada do que representam.

Até quando vão continuar enganando-nos com tais mentiras e presti-digitações? Os clérigos, tendo cortado uns quantos cabelos, querem dizer que abandonaram todos os bens temporais, e que contemplam a glória de Deus; que mortificaram a concupiscência de seus ouvidos e olhos; e, no entanto, há alguma espécie de homens mais rapaz, mais estúpida, mais libidinosa? Por que não mostram antes a verdadeira santidade, em vez de simular sua representação com mentiras e falsos sinais?

26. Além disso, quando dizem que sua coroa clerical tem origem e razão nos nazarenos (Nm 6, 5), que fazem senão afirmar que seus misté-rios nasceram das cerimônias judaicas; ou, melhor dizendo, que são mero judaísmo? Aquilo que acrescentam, que Priscila, Áquila e o próprio Paulo, tendo feito um voto, rasparam a cabeça para serem purificados (At 18, 18), demonstra sua crassa ignorância. Pois em nenhum lugar da Escritura se lê que Priscila tenha feito tal coisa; e o que se diz de Áquila também é incerto; porque a tonsura de que fala Lucas tanto pode se referir a Paulo como a Áquila. E, a fim de não lhes darmos o que querem, a saber, que eles seguiram o exemplo de Paulo, a gente simples deve prestar atenção em que Paulo jamais se raspou a cabeça para qualquer santificação, mas somente para adaptar-se à fraqueza de seus irmãos. Eu costumo chamar a tais votos "votos de caridade", não de religião, isto é, votos que não foram feitos para se fazer um serviço a Deus, mas somente para suportar a igno-rância dos fracos, como ele mesmo diz que se tornou "como judeu para os judeus" (1Cor 9, 20). Logo, fez isso uma única vez e por um breve tempo, para adaptar-se um pouco aos judeus. Mas estes, ao querer imitar as puri-ficações dos nazarenos sem proveito nenhum, que outra coisa fazem, senão erigir um novo judaísmo, enquanto afetam emular o antigo (Nm 6, 18)?

Nesse mesmo sentido foi composta aquela *Carta Decreto* que proíbe aos clérigos, conforme o apóstolo, que deixem crescer o cabelo, mas, em vez, que o cortem em círculo, à maneira de esfera. Como se o Apóstolo, ao ensinar o que convém a todos os homens (1Cor 11, 14), tivesse se preocupado com a tonsura esférica de seus clérigos!

Que os leitores julguem por aqui quais serão as outras ordens de sua força e dignidade, as quais seguem os mistérios.

27. Qual foi a origem da tonsura dos clérigos, vê-se claramente em Agostinho. Porque como naquele tempo ninguém deixava o cabelo crescer, a não ser os afeminados e os que afetavam uma beleza e uma elegância não suficientemente viris, pareceu que não seria um bom exemplo se isso fosse permitido aos clérigos. Em consequência, ordenou-se que os clérigos ou tosquiassem ou raspassem a cabeça, para não terem aparência de um modo de viver efeminado. E isso era tão comum que alguns monges, para mostrar-se mais santos que os demais e ter algum sinal com que diferenciar-se dos outros, deixavam o cabelo crescer. Mas, como depois se começou de novo a deixar o cabelo crescer, ao converterem-se ao cristianismo, muitas nações que haviam mantido o costume de deixar o cabelo crescer, como a França, a Alemanha e a Inglaterra, é verossímil que os clérigos de toda parte raspassem a cabeça, para que não parecessem ter afeto à cabeleira como ornamento. Finalmente, logo que a Igreja se corrompeu, e todas as boas instituições antigas se perverteram ou se degeneraram em superstição, e porque não havia razão alguma para a tonsura clerical (pois não mantiveram nada além de uma tola imitação), refugiaram-se na desculpa do mistério, que, supersticiosamente, agora nos impõem com sua aprovação como se fosse um sacramento.

Os ostiários recebem em sua consagração as chaves do templo, para que entendam que lhes foi confiada sua custódia. Aos leitores, dão a Bíblia sagrada. Aos exorcistas, fórmulas de exorcismos, para serem empregadas sobre os energúmenos e os catacúmenos. Aos acólitos, dão as velas e o jarro. Eis as cerimônias que contêm (se Deus quiser) tanta virtude misteriosa que poderiam ser não somente sinais e marcas da graça invisível de Deus, mas também causas dela! Pois, segundo sua definição, isto é o que pretendem, ao querer que as consideremos sacramentos.

Mas, para concluir em poucas palavras, digo que é absurdo que transformem essas ordens menores em sacramentos em suas escolas e cânones, uma vez que elas eram desconhecidas da Igreja primitiva, como eles mesmos o ensinam em sua confissão, e só foram inventadas muitos anos depois. Os sacramentos, porém, porque contêm a promessa de Deus, não devem ser instituídos nem pelos anjos, nem pelos homens, mas somente por Deus, o único que pode fazer a promessa.

28. Restam três ordens, a que eles chamam maiores. Entre elas, o subdiaconato (como dizem), transferido para este grupo depois que começou a pulular uma multidão de ordens menores. Mas, como lhes parece que a Palavra de Deus dá testemunho dessas três ordens, são particularmente denominadas "ordens sagradas", por causa de sua dignidade. Mas quão perversamente abusam das instituições do Senhor, para provar seu propósito!

Comecemos, pois, pela ordem presbiteral ou sacerdotal. Para eles, essas duas palavras significam uma mesma coisa, e chamam assim àqueles de quem dizem ser a prerrogativa de oferecer o sacrifício do corpo e sangue de Cristo no altar, recitar as orações e benzer os dons de Deus. E, assim, quando são ordenados, recebem o cálice e as hóstias, como símbolos de que têm o poder de oferecer a Deus sacrifícios propiciatórios; e suas mãos são ungidas, para que aprendam por esse símbolo que lhes foi dado o poder de consagrar.

Mas tratemos das cerimônias depois. Sobre este tema, digo que não há absolutamente nada do que eles querem provar a partir da Palavra, a ponto de não poderem corromper de forma mais vil a ordem estabelecida por Deus.

Primeiro, deve se considerar certo o que já dissemos, ao tratar da missa papista: que todos aqueles que se fazem sacerdotes para oferecer sacrifício propiciatório insultam a Cristo. É ele quem foi ordenado e consagrado sacerdote com juramento pelo Pai, segundo a ordem de Melquisedec, sem que tenha de ter fim nem sucessão (Sl 110, 4; Hb 5, 6; 7, 3). Ele quem uma vez ofereceu a hóstia de expiação e de reconciliação eterna, e que agora, tendo entrado no santuário do céu, intercede por nós. Nele todos somos sacerdotes; mas para oferecer louvores e ação de graças a Deus, e para oferecer-nos a nós mesmos, e, enfim, tudo o que é nosso. Mas foi um dom singular seu, o aplacar a Deus e expiar os pecados com seu sacrifício. Mas, como estes usurpam tal privilégio, que resta, senão que seu sacerdócio seja ímpio e sacrílego? Certamente sua falta de vergonha é excessiva, ao ousarem dignificá-lo com o título de sacramento.

No que diz respeito ao verdadeiro ofício do presbítero, que nos foi encomendado pela boca do próprio Cristo, de boa vontade considero-o sacramento. Porque, em primeiro lugar, é uma cerimônia tirada da Escritura; e, além disso, não é vã nem supérflua, mas um símbolo fiel da graça espiritual, como atesta Paulo (1 Tm 4, 14). E que não tenha sido colocado depois dos outros dois deve-se ao fato de que não é ordinário nem comum a todos os fiéis, mas sim um rito especial, com uma função específica.

No mais, quando atribuo essa honra ao ministério cristão, nem por isso os sacerdotes papísticos devem se orgulhar. Pois falamos daqueles que Cristo manda que sejam ordenados como dispensadores do Evangelho e dos sacramentos, e não para oferecer vítimas. Cristo lhes deu ordem de pregar o Evangelho e apascentar o rebanho de Cristo, e não para imolar vítimas (Mt 28, 19; Mc 16, 15; Jo 21, 15). Prometeu-lhes a graça do Espírito Santo, não para realizar a expiação dos pecados, mas para manter e dar continuidade ao governo da Igreja como se deve.

29. As cerimônias estão perfeitamente de acordo com a realidade. Nosso Senhor, quando enviou seus apóstolos para a pregação, soprou sobre eles (Jo 20, 22). Com esse símbolo, representou a virtude do Espírito Santo, que doava a eles. Aqueles bons homens retiveram esse sopro, e como se lançassem fora da garganta o Espírito Santo, murmuram sobre seus sacrificadorezinhos quando os formam: "recebei o Espírito Santo". E mais, não deixam passar nada que não invertam às avessas; não digo como palhaços (que gesticulam com alguma arte e algum sentido); mas como símios, que imitam tudo o que veem, de forma impertinente e confusa. Nós (dizem) conservamos o exemplo do Senhor. Mas o Senhor fez muitas coisas que não quis que nós fizéssemos. Ele disse a seus discípulos: "recebei o Espírito Santo" (Jo 20, 22). Ele disse a Lázaro: "Lázaro, vem para fora" (Jo 11, 43). Ele disse ao paralítico: "levanta e anda" (Jo 5, 8; Mt 9, 5). Por que eles não dizem o mesmo a todos os mortos e paralíticos? Ele mostrou uma obra de sua divina virtude quando, soprando sobre seus apóstolos, encheu-os da graça do Espírito Santo. Se eles se esforçam em fazer o mesmo, procuram imitar a Deus, e é como se o provocassem para um desafio, mas bem longe estão de fazê-lo, e não fazem outra coisa com seu gestual inepto senão zombar de Cristo. É certo que são tão desavergonhados que ousam dizer que conferem o Espírito Santo. Mas quão verdadeiro é isso, demonstra-o a experiência, que clama que todos os que são consagrados sacerdotes, de cavalos tornam-se asnos, e de tontos, frenéticos.

No entanto, não é por isso que lhes faço guerra. Somente condeno essa cerimônia que não deveria ser tida como exemplo, uma vez que foi empregada pelo Senhor como um símbolo especial de seu milagre. Tão longe está a desculpa da imitação de servir-lhes de alguma coisa.

30. E, finalmente, de onde tiraram a unção? Respondem que a receberam dos filhos de Aarão, de que sua ordem se originou. Logo, preferem sempre defender-se com exemplos distorcidos do que confessar que foi inventado por eles aquilo que empregam temerariamente. Mas, enquanto isso, não percebem que, quando se proclamam sucessores dos filhos de Aarão, insultam o sacerdócio de Cristo, que foi representado e figurado como um só a todos os sacerdotes antigos. Portanto, todos esses sacerdócios tiveram sua conclusão e cumprimento no de Cristo, e nele cessaram, como já dissemos várias vezes, e a Epístola aos Hebreus o atesta, sem glosa de nenhum tipo (Hb 10, 2). E, se tanto se deleitam com as cerimônias mosaicas, por que não arrastam ao sacrifício bois, bezerros e cordeiros? De fato, conservam boa parte do antigo Tabernáculo e de todo o culto judaico, e só falta isso à religião deles, porque não imolam bois e bezerros. Quem não vê que esta observação da unção é muito mais perniciosa que a circuncisão, principalmente quando vai unida a uma superstição e opinião farisaica da dignidade da obra? Os judeus punham a confiança de sua justiça na circuncisão; estes põem as graças espirituais na unção. Logo, quando desejam ser imitadores dos levitas, tornam-se apóstatas de Cristo e abdicam do ofício de pastores.

31. Este é (se Deus quiser) seu santo óleo, que imprime um caráter indelével. Como se não fosse possível remover o óleo com pó e sal, ou (se aderisse mais) com sabão! Mas esse é um caráter espiritual. Que tem o óleo a ver com a alma? Esqueceram-se do que eles mesmos citam de Agostinho: que, se a Palavra for separada da água, não restará senão a água, mas é pela Palavra que ela se converte em sacramento. Que Palavra eles mostrarão em seu óleo? Será a ordem dada a Moisés, para ungir os filhos de Aarão (Ex 30, 30)? Mas ali recebeu ordens também sobre a túnica e o barrete sacerdotais, sobre o *ephod*, sobre a coroa de santidade e todas as coisas com que Aarão deveria adornar-se e sobre as túnicas, cintos e mitras com que seus filhos deveriam se vestir. Foi-lhe ordenado ainda matar um bezerro, queimar sua gordura, imolar os carneiros e queimá-los, consagrar as orelhas e as vestimentas com o sangue de um dos carneiros; e inúmeras outras cerimônias, as quais me surpreende que tenham omitido, já que lhes agrada somente a unção do óleo. Se, porém, alegram-se tanto em ser aspergidos, por que são aspergidos com óleo, e não com sangue? Certamente, inventaram uma coisa bem engenhosa: fundaram uma religião à parte, composta de cristianismo, judaísmo e paganismo, como uma colcha de retalhos. Logo, é hedionda essa unção deles, porque não tem sal, isto é, o sal da Palavra de Deus.

Resta a imposição de mãos, a qual concedo que se pode chamar sacramento entre as verdadeiras e legítimas ordens; mas nego que tenha lugar nesta farsa que representam, em que nem obedecem a um preceito de Cristo, nem consideram o fim a que a promessa deve conduzir. Se não quiserem, pois, que lhes negue o signo, é necessário que o acomodem à realidade para a qual foi destinado.

32. Tampouco combateria em nada a ordem dos diáconos, se esse ministério fosse restituído à sua integridade, tal como foi na Igreja mais pura, no tempo dos apóstolos. Mas os diáconos que estes inventam, que têm de semelhante a isso? Não falo das pessoas (para que não se queixem maldosamente de que julgamos sua doutrina pelos vícios dos homens), mas afirmo que consideram diáconos indignamente aqueles que sustentam em sua doutrina que contam com o testemunho da Escritura a seu favor e que exercem o ofício que a Igreja apostólica instituiu a partir de seu exemplo.

Dizem que corresponde aos diáconos assistir aos sacerdotes e servir--lhes em tudo o que for preciso para os sacramentos; por exemplo, no batismo, na crisma, na pátena, no cálice; trazer as oferendas e dispô-las sobre o altar, arrumar a mesa do Senhor, levar a cruz, pregar o evangelho e a epístola ao povo. Acaso há nisso uma só palavra acerca do verdadeiro ofício de diácono?

Ouçamos agora como é sua instituição. O bispo só põe a mão sobre o diácono que é ordenado. Coloca o lenço e a estola sobre suas costas, do lado esquerdo, a fim de que entenda que tomou sobre si o jugo leve de Deus, para que submeta ao temor de Deus tudo o que pertence ao lado esquerdo. Apresenta-lhe um texto do Evangelho, para que reconheça que é pregador do mesmo. Que tem isso tudo que ver com os diáconos? Porque eles agem como alguém que dissesse que ordena apóstolos somente para acender as velas, limpar as imagens, varrer os templos, apanhar ratos e enxotar cachorros. Quem suportaria que esse tipo de homem fosse cha-mado de apóstolo, e que fosse comparado com os apóstolos de Cristo? Assim, que daqui por diante não mintam que são diáconos aqueles que eles ordenam para nada mais do que seus jogos histriônicos.

Além disso, com seu nome próprio declaram qual é seu ofício. Pois os chamam levitas e querem relacionar sua origem aos filhos de Levi. Por mim, isso estaria bem, contanto que não vestissem depois plumas alheias.

33. Quanto aos subdiáconos, que há para dizer? Porque, antigamente estavam à frente dos cuidados aos pobres, mas agora lhes atribuem não sei que função ridícula, como levar ao altar o cálice, a pátena, a vasilha com água, a toalha, que coloquem água para que o sacerdote lave as mãos, etc. Já o que dizem sobre receber e apresentar as oferendas, entendem que as engolem, como ofertas destinadas.

Seu rito de iniciação corresponde otimamente a esse ofício. Do bispo, recebe com as mãos a pátena e o cálice; do arquidiácono, a vasilha com a água; e outras tolices semelhantes. E querem que confessemos que o Espírito Santo está encerrado em tais inépcias! Que homem piedoso po-derá suportar conceder-lhes isso?

Mas, para concluirmos de uma vez, é preciso dizer destes o mesmo que dissemos dos demais, pois não é necessário repetir de novo o que já foi explicado acima. Será suficiente para as pessoas moderadas e dóceis (para os quais concebi este livro) que não há nenhum sacramento de Deus a não ser onde a cerimônia se mostra acrescentada à promessa; ou, melhor dizendo, a não ser onde a promessa é vista na cerimônia. Aqui não se tem nem uma única sílaba de promessa alguma; em vão, pois, busca-se a cerimônia para confirmar a promessa. Além disso, nenhuma de todas as cerimônias que usam foi instituída por Deus. Logo, não pode haver sacramento nenhum.

O matrimônio

34. O último sacramento é o matrimônio. Embora todos admitam que tenha sido instituído por Deus, ninguém tinha visto que fosse um sacramento até o tempo de Gregório. E a que homem sóbrio e de bom-senso isso ocorreria? A ordenação de Deus é boa e santa; mas também o são a agricultura, a arquitetura, o ofício de sapateiro e o de barbeiro, são ordenações de Deus legítimas, e, no entanto, não são sacramentos; pois, para que haja sacramento, não somente se requer que seja obra de Deus, mas é necessário ainda que exista uma cerimônia externa, ordenada por Deus, para confirmar a promessa. Ora, até as crianças poderão julgar que não há nada semelhante no matrimônio.

Mas replicam que é signo de uma coisa sagrada, isto é, da união espiritual de Cristo e sua Igreja. Se com a palavra signo entendem um símbolo que Deus nos propôs para erigir a certeza de nossa fé, estão muito longe do alvo. Se por signo entendem simplesmente o que é proposto por semelhança, provarei como argumentam com agudezas. Paulo diz: "assim como uma estrela é diferente da outra em claridade, assim também será a ressurreição dos mortos" (1Cor 15, 41-42); eis um sacramento. Cristo diz: "o reino dos céus é semelhante a um grão de mostarda"; eis outro sacramento. E: "o reino dos céus é semelhante ao fermento" (Mt 13, 31.33); eis um terceiro sacramento. Isaías diz: "como pastor, o Senhor apascentará seu rebanho" (Is 40, 11); eis um quarto sacramento. E, em outro lugar: "Jeová, como valente, sairá a campo" (Is 42, 13); eis aí um quinto sacramento. E qual seria o fim e a medida? Não haveria nada que, de acordo com esse argumento, não fosse sacramento. Quantas comparações e parábolas há na Escritura, tantos seriam os sacramentos. Até o latrocínio seria sacramento, uma vez que está escrito: "o dia do Senhor virá como um ladrão" (1Ts 5, 2). Quem poderá suportar estes sofistas que palreiam tão tolamente? Admito, claro, que sempre que virmos alguma videira é muito louvável trazer à memória o que diz o Senhor: "eu sou a videira e vós, os ramos, e meu pai é o agricultor" (Jo 15, 1, 5). E que, todas as vezes que passar um pastor com seu rebanho, está bem que nos ocorram as palavras de Cristo: "eu sou o bom pastor; minhas ovelhas ouvem minha voz" (Jo 10, 11. 27). Mas, se alguém quiser transformar todas essas comparações em sacramentos, seria preciso mandá-lo ao manicômio.

35. Citam, entretanto, as palavras de Paulo, nas quais dizem que o matrimônio é chamado sacramento. Estas são suas palavras: "aquele que ama sua esposa ama a si mesmo. Ninguém jamais teve ódio a sua própria carne. Pelo contrário, nutre-a e cerca-a de cuidado, como Cristo faz com a Igreja; e nós somos membros do seu corpo, de sua carne e de seus ossos! Por isso, o homem deixará seu pai e sua mãe e se unirá à sua esposa, e os dois serão uma só carne. Grande é este sacramento. Eu digo isso com referência a Cristo e à Igreja" (Ef 5, 28-32). Mas tratar as Escrituras assim é misturar o céu com a terra.

Paulo, para mostrar aos maridos o singular amor que deveriam ter por suas mulheres, propõe-lhes a Cristo como exemplo. Porque, assim como ele derramou sobre a Igreja, que ele havia desposado, os tesouros da piedade, assim também quer que cada um tenha afeto para com sua esposa. E continua, em seguida: quem ama a sua mulher, ama a si mesmo, como Cristo amou a Igreja. E, para explicar como Cristo amara a Igreja como a si mesmo, ou, melhor dizendo, como se fizera uma só coisa com sua Esposa, a Igreja, relaciona a isso aquilo que Moisés conta que Adão dissera de si mesmo. Pois, quando o Senhor apresentou Eva diante de Adão, a qual sabia que havia sido formada de sua costela, diz-lhe: "isto é agora osso de meus ossos e carne de minha carne" (Gn 2, 23). Paulo afirma que tudo isto se cumpriu espiritualmente em Cristo e em nós quando nos chama membros de seu corpo, de sua carne, de seus ossos; ou melhor, uma mesma carne com ele. E, no fim, conclui com um epifonema: "grande é este mistério!". E, para que ninguém se enganasse com tal anfibologia, diz expressamente que não fala da união carnal do marido e da mulher, mas da união espiritual de Cristo e sua Igreja. E é verdadeiramente um grande mistério que Cristo tenha permitido que lhe tirassem uma costela, da qual fôssemos formados; isto é, que, sendo ele forte, quis tornar-se débil, para robustecer-nos com sua fortaleza, a fim de que não vivamos, mas de que ele viva em nós (Gl 2, 20).

36. O nome "sacramento" os enganou. Mas era justo que toda a Igreja pagasse o preço de sua ignorância? Paulo tinha dito mistério; e, embora o intérprete pudesse deixar esse termo assim, "mistério", palavra não desconhecida para os ouvidos latinos, ou traduzi-lo por segredo, preferiu pôr sacramento; mas não num sentido diferente do empregado por Paulo em grego, ao dizer mistério. Que se apresentem agora e invectivem clamorosamente contra o conhecimento das línguas, por cuja ignorância em coisa tão fácil e óbvia a qualquer um foram ludibriados tão vergonhosamente. Mas por que insistem tanto na palavra sacramento, e às vezes deixam-no passar, sem fazer caso dele? Pois o tradutor o usou também na primeira epístola a Timóteo (1 Tm 3, 9), e nesta mesma carta aos Efésios muitas vezes (Ef 1, 9; 3, 9); e sempre no sentido de mistério.

E, ainda que lhes perdoasse este lapso, os mentirosos deveriam ao menos ter boa memória. Mas, depois de honrar o matrimônio com o título de sacramento, chamá-lo em seguida imundície, poluição e sujeira carnal, que vertiginosa leviandade! Que absurdo proibir um sacramento aos sacerdotes! Se negarem que lhes é proibido o sacramento, mas apenas a cópula sexual por prazer, não se livrarão assim de mim. Pois eles ensinam que a cópula é parte do sacramento, e nela se figura a união que temos com Cristo, em conformidade de natureza, porque o homem e a mulher não se fazem uma só carne senão na cópula carnal. Mas alguns deles encontraram aqui dois sacramentos: um de Deus e da alma, no noivo e na noiva; e o outro de Cristo e da Igreja, no marido e na mulher. Como quer que seja, a cópula carnal é sacramento, e não é lícito excluir dele nenhum cristão. A não ser que queiram talvez sustentar que os sacramentos dos cristãos estão tão pouco de acordo entre si que não podem existir ao mesmo tempo.

Há ainda outro absurdo em seus dogmas. Afirmam que no sacramento é conferida a graça do Espírito Santo, e ensinam que a cópula carnal é sacramento; e, no entanto, negam que o Espírito Santo se encontre presente nela.

37. Mas não brincaram simplesmente com a Igreja; que longa série de erros, mentiras, enganos e maldades acrescentaram a este único erro! A tal ponto que poderias dizer que, quando fizeram do matrimônio um sacramento, não quiseram senão procurar um esconderijo para todas as abominações. Porque, uma vez que o lograram, imediatamente reservaram para si o julgamento das causas conjugais, porque uma coisa sagrada não devia ser tratada por juízes profanos. Além disso, sancionaram leis com que firmaram sua tirania; mas tais que em parte são ímpias e abertamente contra Deus, e em parte muito injustas para com os homens. Por exemplo: que os casamentos entre jovenzinhos, contraídos contra a vontade dos pais, sejam válidos e irrevogáveis; que não sejam legítimos os casamentos de parentes até o sétimo grau; e que os que foram contraídos assim sejam desfeitos.

Mas inventam graus contra as leis de todas as nações e contra as disposições do próprio Moisés (Dt 18, 6). Que não seja lícito ao homem que tenha repudiado sua mulher por adultério tomar outra. Que parentes espirituais não podem unir-se em matrimônio. Que não sejam celebradas núpcias da septuagésima até as oitavas da Páscoa, nem três semanas antes da festa de João Batista, nem do Advento até a Epifania. E inúmeras outras, que seria longo enumerar.

Mas é hora de sair desta lama, em que ficamos por muito mais tempo do que era nossa intenção. No entanto, parece-me que isso foi um tanto proveitoso, porque em parte arranquei a estes asnos a pele de leão.

Capítulo XX

Do poder civil.

ma vez que antes[387] havíamos distinguido duas formas de governo que concernem ao homem, e já falamos suficientemente da primeira, que consiste no governo da alma, ou do homem interior, e visa à vida eterna, é preciso agora tratar da segunda forma, que diz respeito somente à justiça civil e à reforma dos costumes. De fato, ainda que tal explanação pareça estranha à teologia e à doutrina da fé que tratamos, o andamento da matéria provará que é oportuno estudá-la; sou compelido a fazê-lo sobretudo porque, por um lado, não faltam desatinados e bárbaros que tentam arruinar toda a autoridade estabelecida por Deus, e, por outro, os aduladores dos príncipes lhes engrandecem ilimitadamente a autoridade que não duvidam em compará-la ao senhorio que é próprio de Deus. Por isso, a pureza da fé ficaria ofuscada caso não refutássemos esses dois erros. Acrescente-se ainda que esse assunto de muito nos serve para que nos mantenhamos no temor de Deus, reconhecendo quão grande é a sua bondade ao prover o gênero humano desses meios, a fim de que nos sintamos ainda mais incentivados a servi-lo e testemunhar que não lhe somos ingratos. De início, antes de entrarmos na matéria, será necessário recordar a distinção que acima fizemos, para que não ocorra o que comumente sucede a muitos que confundem inadvertidamente esses assuntos que, na verdade, são absolutamente diversos. Quando, de fato, ouvem que o Evangelho promete uma liberdade que, segundo dizem, não pode reconhecer rei nem magistrado humano, mas somente a Cristo, eles não conseguem entender de que tipo de liberdade se está falando. E, assim, pensam que as coisas

---

387 Cf. *Institutas,* livro III, XIX, 15.

não podem ir adiante, a menos que o mundo inteiro adote uma nova forma de governo, na qual não haja juízes, nem leis, nem magistrados ou funções parecidas, as quais consideram limitações da sua liberdade. Mas aquele que sabe distinguir entre corpo e alma, entre a presente vida que é passageira, e a vindoura que é eterna, dirá com muita clareza que o reino espiritual de Cristo e o poder civil são realidades bem distintas entre si. E, uma vez que é um devaneio judaico procurar ou limitar o reino de Cristo aos elementos do mundo, julgamos que é espiritual, como abertamente a Escritura ensina, o fruto a ser recebido mediante a graça de Deus, de sorte que estejamos dispostos a manter a liberdade que nos é prometida e oferecida em Cristo. Ora, por que o Apóstolo que nos recomenda a firmeza, a fim de não recairmos no jugo da servidão (Gl 1.4), iria proibir, noutra passagem, que os servos se preocupassem com a sua situação, visto que a liberdade espiritual pode coexistir perfeitamente com a escravidão civil (1 Co 7.21)? Pois é justamente nesse sentido que devem ser compreendidas as palavras que se seguem: "No reino de Deus não há judeu nem grego, nem homem nem mulher, nem servo nem livre" (Gl 3.28); e, de modo semelhante: "Não há judeu nem grego, nem incircuncisão nem circuncisão, bárbaro, cita, servo, livre; ao contrário, Cristo é tudo em todos" (Cl 3.11). Com essas afirmações, ele pretende dizer que é indiferente a condição em que nos encontramos, bem como as leis de que país vivemos, porquanto o reino de Cristo não consiste nessas coisas.

2. Apesar disso, a distinção que expusemos não serve para que consideremos como contaminada e inconveniente aos cristãos a ordem social existente. É verdade que, em busca de licença desenfreada, alguns espíritos utópicos andam a sustentar que se estamos mortos em Cristo para o mundo presente e já fomos transportados ao reino de Deus com os habitantes do céu, seria bem mesquinho e indigno de nossa condição ocupar-nos de problemas imundos e profanos, como são os negócios deste mundo, dos quais os cristãos devem estar o mais afastados que puderem. De que servem, dizem eles, as leis sem juízes nem tribunais? E que os cristãos têm a ver com tribunais? Se não é permitido ao cristão matar, de que nos serviriam as leis e tribunais? Mas, assim como há pouco recordamos que o governo civil é distinto do Reino espiritual e interior de Cristo, precisamos considerar que não se opõe a ele. Porque o reino espiritual nos dá, já aqui sobre a terra, uma antecipação do reino celeste, e nos dá, nesta vida mortal e transitória, certo gosto da bem-aventurança imortal e incorruptível; mas o escopo do governo temporal é manter e conservar o culto divino externo, a doutrina e a religião em sua pureza, guardar a integridade da Igreja, levando-nos a viver com retidão, conforme exige a convivência humana por todo o tempo que vivemos, adequando assim nossos costumes à vida civil, a fim de manter e conservar a paz e a tranquilidade comuns. Admito que tudo isso seria supérfluo, se o reino de Deus, tal como se acha agora em nós, anulasse o interesse pela vida presente. Mas, se a vontade de Deus é que caminhemos sobre a terra, embora suspiremos pela verdadeira pátria, e se, além disso, tais meios nos são necessários à caminhada, então aqueles que as querem subtrair aos homens, pretendem lhes arruinar a própria natureza. Porque, a respeito do que alguns alegam, a saber, que na Igreja de Deus deve haver uma perfeição que se sirva como única lei, respondo que isso é insensatez, pois jamais poderá existir semelhante perfeição em nenhuma sociedade humana. De fato, sendo tão grande a insolência dos réprobos, e tão contumaz e rebelde e sua perversidade que mal conseguimos refreá-las pelo rigor das leis, que deveríamos esperar se lhes fosse dada uma licença absoluta para fazerem o mal, visto que não se deixam conter nem mesmo pela força?

3. Posteriormente, teremos melhor ocasião de falar sobre a utilidade do governo civil. No momento, pretendo que se compreenda que se trata de inumana barbárie não querer aceitar a sua necessidade, já que o governo não é menos necessário aos homens que o pão, a água, o sal e o ar, sendo a sua dignidade muito superior a tudo isso, uma vez que não se limita àquilo que os homens comem e bebem para garantir sua existência, embora abranja a todas coisas na medida em que provê o que lhes permite a vida em comum. Por isso, para que a idolatria e a blasfêmia contra Deus e a sua verdade, e outros escândalos contra a religião não se difundam e não se espalhem em meio ao povo, com grande prejuízo para a tranquilidade pública, é preciso que cada um possua o que é seu; que as relações entre os homens sejam justas, sem dano ou fraude; que a honestidade e modéstia reinem, a fim de que resplandeça a forma pública da religião entre os cristãos, e que a civilidade se estabeleça entre os homens. Eis por que não deve estranhar que se confie ao poder civil o cuidado de estabelecer uma sábia ordenação na religião, tarefa que mais acima parece ter sido subtraída à competência dos homens. Porque nesse caso não atribuo aos homens o direito de inventar, a seu bel-prazer, leis concernentes à religião e ao culto divino, embora aprove uma legislação civil que zele para que a verdadeira religião contida na Lei de Deus não seja publicamente violada e contaminada por uma licença impunemente perpetrada. Mas, examinando os detalhes e cada um dos elementos do governo civil, este exame ajudará aos leitores a compreender melhor qual é o consenso de toda a matéria da administração política. Três partes constituem os elementos deste poder: o primeiro diz respeito ao magistrado, que é o guardião e defensor das leis; o segundo, à legislação mediante a qual o magistrado governa; o terceiro, diz respeito ao povo que deve ser governado pelas leis e obedecer ao magistrado.[388] Vejamos, então, a condição do magistrado, isto é, se a sua vocação é legítima e aprovada por Deus; de que natureza é seu ofício; quais são os limites de sua autoridade e poder. A seguir, estudemos com que leis deve ser constituído um governo cristão. Finalmente, que benefício resulta das leis e que tipo de obediência o povo deve aos superiores.

4. No que concerne ao magistrado, o Senhor não somente declarou que este ofício lhe é aceito e agradável, mas também exaltou a sua dignidade com títulos eminentes. Para provar isto, basta dizer que são chamados "deuses" todos os que exercem a função de magistrados (Ex 22.8,9; Sl 82. 1), título que não se deve ser tido em pouca monta, uma vez que demonstra que eles receberam um mandato divino, que foram investidos de autoridade de Deus, e que representam inteiramente à sua pessoa e fazendo de certo modo as suas vezes. Isso não é uma glosa que inventei, mas interpretação de Cristo, que disse: "se a Escritura chamou deuses àqueles a quem foi anunciada a Palavra de Deus" (Jo 10, 35). Que significa isso senão que eles têm o encargo e a missão de servirem a Deus mediante o seu ofício, e, como diziam Moisés e Josafá aos juízes que eles constituíam em cada cidade de Judá (Dt 1,16-17; 2 Cr 19,6), para exercerem a justiça, não em nome dos homens, mas em nome de Deus? O mesmo conceito é confirmado pela sabedoria de Deus conforme as palavras de Salomão; "Por mim reinam os reis, os príncipes mantêm a sua autoridade, e os juízes julgam com retidão" (Pv 8,15-16). Isto vale como se fosse dito que reis e magistrados exercem sobre a terra a sua autoridade, não por conta da perversidade humana, mas por próvida e santa ordenação de Deus, a quem pareceu bem conduzir assim o governo dos homens. Pois é ele que se faz presente e preside a formulação das leis e a reta administração da justiça. É isso o que Paulo demonstra claramente quando enumera a presidência entre os dons de Deus, os quais, sendo distribuídos diversamente aos homens, devem ser empregados para a edificação da Igreja (Rm 12.8). Porque, embora nessa passagem ele esteja falando propriamente da assembleia dos anciãos constituídos na Igreja primitiva para presidir à disciplina pública, ofício que, na epístola aos Coríntios, é chamado dom

---

388 Cícero, *Das leis*, III, 1, 2.

de governo, contudo, sendo o poder civil ordenado a este mesmo fim, não resta dúvida de que Paulo nos recomenda toda forma legítima de autoridade. Isso ele o demonstra, ainda mais claramente quando aborda diretamente a matéria, ensinando que toda autoridade é uma ordenação divina e que não há poder algum que não tenha sido estabelecido por Deus (Rm 13.1,2). Ao contrário, os príncipes são ministros de Deus para honrar àqueles que fazem o bem, e para castigar aos que agem mal (Rm 13.1,4). A essa altura menciona os exemplos daqueles santos varões, como Davi, Josias, Ezequias, dos quais alguns foram reis; outros, como José e Daniel, que foram governadores e grandes magistrados sob as ordens de seus reis; outros ainda, que foram guias de um povo livre, como Moisés, Josué e os Juízes, cujas ações foram agradáveis a Deus, conforme ele mesmo declarou. Ninguém, portanto, deve duvidar de que o poder civil é uma vocação, não somente santa e legítima diante de Deus, mas também a mais sagrada e honrosa de todas as vocações.

5. Aqueles que querem que a anarquia prevaleça, isto é, que não mais existam reis e juízes, replicam que as autoridades foram estabelecidas sobre judeus por conta da rebeldia do povo, mas que hoje, em vista da perfeição trazida por Cristo no Evangelho, não é mais possível manter essa servidão. Falando assim manifesta-se não somente sua bestialidade, mas também seu orgulho diabólico, pois se jactam de uma perfeição da qual não conseguem mostrar nem a centésima parte. Mas, ainda que eles fossem de fato perfeitos, mesmo assim seria fácil refutá-los. Porque Davi, depois de exortar aos reis e os príncipes que honrassem o Filho de Deus em sinal de obediência (Sl 2.12), não lhes mandou renunciar ao governo para se recolherem à vida privada, mas que submetessem sua autoridade e poder a Cristo para que somente Ele prevaleça sobre todos. De modo semelhante, Isaías, ao prometer aos reis que serão lacaios da Igreja, e nutrizes as rainhas, (Is 49. 23), não os degrada de sua honra, mas os estabelece com títulos honoríficos chamando-os de senhores e protetores dos fiéis servos de Deus. Esta profecia, de fato, referia-se à vinda de Cristo. Omito intencionalmente outros muitos testemunhos que a cada passo se apresentam na Escritura, e principalmente nos salmos. Uma passagem notável está em Paulo, o qual, exortando a Timóteo que fizesse orações públicas pelos reis, acrescenta a seguir o seguinte motivo: "para que vivamos em paz conforme toda piedade e honestidade" (1 Tm 2,2), com cujas palavra vê-se claramente que os faz tutores e guardiões do bem-estar da Igreja.

6. Os magistrados deveriam meditar nisso, uma vez que esta consideração pode encorajá-los a trabalhar legitimamente, alcançando-lhes um maravilhoso conforto ao se defrontarem pacientemente com as dificuldades e numerosas inconveniências que encontram em seu ofício. Quão grande integridade, prudência, clemência, moderação e inocência devem possuir os que foram constituídos ministros da justiça divina? Como haveriam de permitir a entrada de qualquer iniquidade em seu tribunal, sabendo que sua boca deve ser instrumento da verdade divina? Em suma, se tiverem bem claro que são representantes de Deus, então hão de aplicar toda a diligência em oferecer aos homens a imagem da providência, proteção, bondade, benevolência e justiça divina. Ademais, devem ter ante os olhos o fato de que Deus amaldiçoa todos os que negligenciam a sua obra (Jr 48. 10), e justamente por isso serão malditos aqueles que se conduzirem deslealmente em tão elevada vocação. Ao exortarem os juízes ao cumprimento de seu dever, Moisés e Josafá não encontraram nenhum argumento melhor para lhes mover o coração que aquele que acima mencionamos: "Ouvi a causa entre vossos irmãos, e julgai justamente entre o homem e seu irmão, e entre o estrangeiro que está com ele" (Dt 1.16). "Vede o que fazeis, porque não estais a julgar por parte dos homens, mas do Senhor, e ele está convosco quando julgardes: seja convosco, portanto, o temor do Senhor; guardai-o, e fazei-o; porque não há no Senhor nosso Deus iniquidade nem acepção de pessoas, nem aceitação de suborno" (2 Cr 19.6,7; Dt. 1,16). Noutro lugar, diz-se que "Deus está na congregação dos poderosos; julga no meio dos deuses" (S1 82.1). Essa exortação deve tocar o coração daqueles que têm alguma responsabilidade, pois são assim advertidos de que agem como substitutos de Deus, a quem deverão prestar contas do ofício que exercem. Com toda a razão esta advertência deve lhes incomodar, porque, quando cometem alguma falta, lesam aos homens, a quem injustamente oprimem, mas também a Deus, cujos sagrados juízos corrompem (Is 3.14,15). De resto, gozarão de grande consolação ao pensarem que a sua vocação não é profana nem estranha aos servos de Deus, mas missão santa que desempenham por delegação de Deus.

7. Aqueles, porém, que se mostram insatisfeitos com tantos testemunhos da Escritura, e condenam esta santa vocação como se fosse uma atividade absolutamente contrária à religião e à piedade cristã, não fazem mais que ultrajar ao próprio Deus, sobre quem lançam as injúrias que fazem a seu ministério? Essa gente não condena somente aos superiores, porque não lhes tolera o governo, mas ao próprio Deus. Porque, se é verdade aquilo que o Senhor disse ao povo de Israel: que não aceitavam o seu domínio sobre eles, porquanto haviam rejeitado a Samuel (1 Sm 8. 7), por que, então, isso não seria verdade ainda hoje quando se fala mal desbragadamente das autoridades estabelecidas por Deus? Objetam que o Senhor proibiu aos cristãos de se ocuparem dos negócios de governo, quando disse aos discípulos: "Os reis das nações as dominam, mas convosco não será assim" (Mt 20.24-27; Mc 10.42-44, Lc 22.25,26). Que bela exegese! Houve uma disputa entre os discípulos sobre quem seria o maior em dignidade; para reprimir essa fútil questão, o Senhor declara que seu ministério não é comparável a um reino, no qual um homem é o cabeça dos demais. Mas eu lhes pergunto, em que essa comparação diminui a dignidade dos reis. Em suma: o que isso prova senão que a condição régia não se identifica com o ministério apostólico? Assim, embora haja diversos tipos e formas de autoridade, devemos contudo aceitá-las como ministérios instituídos por Deus. Paulo, de fato, falava de todos estes tipos ao dizer que "não existe autoridade que não venha de Deus" (Rm 13.1). Ora, a forma que menos agrada aos homens é justamente aquela que ele mais recomenda, a saber, o senhorio e domínio de um só; visto, porém, que isso implica na servidão de todos, exceto daquele a cujo arbítrio submeteu aos demais, esse tipo de autoridade nunca foi do agradado de ninguém de ânimo nobre e elevado. Para remediar os maus juízos humanos, a Sagrada Escritura afirma que é por um ato da providente sabedoria divina que os reis governam (Pv 8. 15), e manda que se honre ao rei (Pv 24.21; 1 Pe 2.17).

8. É certamente inútil que homens privados, que não têm autoridade alguma para assumir decisões, disputem sobre as formas de governo. É perigoso, ademais, estabelecê-las de forma abstrata, uma vez que seu elemento determinante é dado pelas circunstâncias. Enumeram-se três formas de governo civil: a monarquia, isto é, o governo de um só, chamado rei, duque ou de outro nome; a aristocracia, regime fundado sobre o governo da nobreza; a democracia, governo popular no qual todo indivíduo tem poder. É verdade que um rei, ou outra pessoa investida de autoridade única, facilmente caia na tirania; é fácil também que os nobres se conluiem para criar um governo injusto; mais frequente ainda são as sedições, quando o povo assume o poder. Comparando as essas três formas de governo, será preferível que o poder esteja nas mãos daqueles que sabem governar mantendo a liberdade do povo, visto que raramente se constata, sendo quase um milagre, que os reis consigam controlar a sua vontade sem jamais se afastarem da justiça e da retidão. De fato, é raro que tenham a prudência e a inteligência necessária para saber discernir aquilo que é bom e útil. Por isso, na falta de homens aptos, e também por causa do pecado, a forma de autoridade mais segura costuma ser a de um governo constituído por pessoas que se ajudam mutuamente e se admoestam no exercício do seu dever; e, se alguém se exalta mais do que é justo, muitos são os censores e mestres que coibirão esse desregramento. Esta, de fato, é uma forma de governo que se demonstrou válida pela experiência, e que Deus mesmo confirmou, com a sua autoridade, no governo do povo de Israel, durante o período em que quis mantê-lo em melhor condição, reproduzindo em Davi a imagem do Senhor. Na verdade, a melhor forma de governo encontra-se onde existe uma liberdade bem regulada e destinada a durar; considero que quem se encontra em tal condição deve considerar-se feliz e cumprir o seu dever, empenhando-se para mantê-la. Eis por que os governantes de um povo livre devem envidar todo esforço a fim de que a liberdade do povo, do qual são os responsáveis, não desvaneça de modo algum em suas mãos. Mais do que isso: quando dela descuidarem, ou a enfraquecerem, devem ser considerados traidores da pátria. Mas se aqueles que, por vontade e Deus, vivem sob príncipes, dos quais são súditos naturais, transferem o poder a si próprios mediante a revolta, digo que semelhante tentativa deve ser considerada não somente absurdo, mas deplorável e danosa aventura. Não limitando a nossa atenção a uma só cidade, mas olhando o mundo inteiro, e considerando muitos países, constataremos que nada se estabeleceu sem a aprovação da divina Providência, de sorte que regiões diversas são governadas por diversas formas de governo. Como, de fato, os elementos não podem manter-se senão segundo condições desiguais, assim também os governos não podem se manter convenientemente senão baseados em certas desigualdades. Para aquele que considera que a norma suficiente é a vontade de Deus não é preciso continuar discorrendo exaustivamente sobre essa matéria. Portanto, se a Deus pareceu bom constituir reis sobre os reinos, senados ou decuriões sobre as cidades livres, nosso dever é submeter-nos e obedecer aos superiores que dominam no lugar onde vivemos.

9. Agora, é preciso expor brevemente qual é o ofício dos magistrados, tal como é descrito pela Palavra de Deus, e examinar sua natureza. Se a Escritura não nos ensinasse que essa autoridade diz respeito às tábuas da Lei, estaríamos em condições de entendê-lo pelos autores profanos; porque nenhum deles discorreu sobre o ofício do magistrado, da promulgação das leis e da ordenação da sociedade sem que tivesse começado pela religião e o culto divino. Ensinam assim que não é possível estabelecer um regime político, sem antes providenciar que aquilo que concerne ao culto divino, e que as leis que não levam em conta a honra devida a Deus, mas procuram somente a consecução do bem comum, colocam a carroça à frente dos bois. Portanto, se a religião ocupou sempre o primeiro e supremo lugar entre os filósofos, e essa prioridade foi constantemente observada pelos povos, os príncipes e magistrados cristãos devem envergonhar-se de sua negligência caso não se apliquem com grande empenho nessa matéria. Demonstramos em outro lugar que, não sem motivo, Deus lhes confiou este encargo. É, pois, perfeitamente razoável que, sendo seus representantes, devam se empenhar na manutenção da honra divina. Os bons reis eleitos por Deus são expressamente louvados na Escritura por haverem restaurado o culto divino quando este se achava corrompido ou decadente, ou então por terem se ocupado para que a verdadeira religião florescesse e permanecesse em sua integridade. Ao contrário, porém, a História Sagrada diz que entre os vícios decorrentes da ausência de rei em Israel está a superstição porque "cada um faz o que bem lhe parece" (Jz 21.25). Daí é fácil de desmascarar a estultice daqueles que desejam que os magistrados negligenciem o culto divino e a religião para se ocuparem apenas em fazer justiça aos homens. Como se Deus tivesse constituído as autoridades para que, em seu nome, decidissem as controvérsias terrenas, mas deixassem de lado o principal, a saber, que ele deve ser servido com pureza conforme a determinação de sua Lei. Mas o afã e a sede de inovação assenhora de tal maneira os espíritos rebeldes e belicosos que são levados a pensar que podem suprimir a função de juiz, os quais são os vingadores da piedade quando esta é violada. Quanto à segunda tábua, Jeremias exorta aos reis a serem justos, que livrem o oprimido da mão do opressor, que não enganem nem furtem ao peregrino, ao órfão e à viúva, nem derramem sangue inocente (Jr 22.3). Com isso concorda o Salmo 82.3 ao dizer que se proteja o direito do pobre e do necessitado, e os livre do opressor. Moisés, por sua vez, ordena aos magistrados que pusera em seu lugar: "Ouvi a causa de vossos irmãos e julgai entre um homem e seu irmão, e o peregrino; não façais acepção de pessoas no juízo; ouvi tanto ao pequeno quanto ao grande; não vos arreceeis de homem algum, porque o juízo pertence a Deus" (Dt 1.16,17). Nada direi sobre as seguintes injunções: "Que os reis não multipliquem cavalos para si; não inclinem a mente à avareza; não se exaltem sobre seus irmãos; que sejam assíduos em meditar a lei do Senhor todos os dias de sua vida" (Dt 1.16-19); "que os juízes não recebam subornos" (Dt 16.19), e outras sentenças semelhantes que aparecem com frequência na Escritura. Porque, ao examinar os problemas atinentes ao ofício dos magistrados, minha intenção não foi a de lhes ensinar quais são as suas obrigações, mas mostrar ao público qual é a natureza e a finalidade para a qual o Senhor as instituiu. Vemos, pois, que os magistrados são constituídos como tutores e mantenedores da tranquilidade, da ordem, da moralidade e da paz pública (Rm 13.3), e que devem ocupar-se do bem-estar e da paz comum. Quando foi elevado ao trono, Davi prometeu ser exemplo dessas virtudes (Sl 101.3-7), isto é, prometeu não dissimular os pecados e a iniquidade, mas detestar aos ímpios, caluniadores e soberbos, cercando-se apenas de justos e leais conselheiros. Ora, os magistrados não podem cumprir essas obrigações senão defendendo os bons contra os ataques dos maus, assistindo e socorrendo aos oprimidos. Por isso, estão revestidos de autoridade para reprimir e punir rigorosamente aos malfeitores cuja maldade perturba a paz pública. Por experiência, constatamos aquele dito de Sólon: que toda a ordem social consiste em dois elementos: remunerar aos bons e punir aos maus; eliminados esses dois procedimentos, dissolve-se e anula-se toda a disciplina da sociedade humana.[389] Muitos têm pouco interesse em fazer o bem ao virem que a virtude não é recompensada; por outro lado, não é possível se pôr freio à iniciativa dos maus caso as penas não estejam bem à vista. Esses dois elementos constam naquela exortação profética em que se manda reis e demais autoridades a fazerem justiça e juízo (Jr 22.3): a justiça consiste em assegurar o direito aos inocentes, protegê-los, defendê-los, sustentá-los e libertá-los; o juízo, em resistir à presunção dos maus, reprimir a violência e punir seus delitos.

10. A essa altura põe-se um problema muito difícil e complexo, a saber, se a Lei de Deus proíbe aos cristãos de matar. Porque se Deus o proíbe (Êx 20.13; Dt 5.17; Mt 5.21), e o profeta anuncia que a Igreja, que é o Monte Santo de Deus, não fará mal algum (Is 11.9; 65.25), como é possível que os magistrados derramem sangue sem cometer pecado? Contudo, se compreendemos que o magistrado, ao punir, nada faz em nome próprio, mas executa os juízos de Deus, então este escrúpulo não poderá nos confundir. É verdade que a Lei proíbe matar; no entanto, a fim de que os homicidas não fiquem impunes, Deus, sumo legislador, pôs a espada na mão de seus ministros para usá-la contra os homicidas. Portanto, não se pode considerar dano ou ofensa o fato de que os juízes vinguem, por mandato do Senhor, as aflições padecidas pelos bons. Prouvera que nos lembrássemos sempre de que isso se faz não por iniciativa temerária dos homens, mas por autoridade divina, a qual nos impede de desviar do bom caminho, a menos que se pretenda impedir a justiça divina de punir a perversidade. Mas, se não é lícito impor leis a Deus, por que caluniar os

389 Cícero, *Epístola* 15 (a Brutus).

seus ministros? Não é em vão que trazem a espada, diz Paulo, pois são ministros de Deus e instrumentos de sua justiça para punir àqueles que fazem o mal (Rm 13.4). Entendam os príncipes e demais autoridades que não há nada mais agradável a Deus que a obediência, a piedade, a justiça e a integridade, e se empenhem na correção e punição dos maus. Moisés foi conduzido por este sentimento quando matou o egípcio a fim de cumprir a vontade de que lhe ordenava libertar o povo (Êx 2.12; At 7.24); e, de modo semelhante, quando puniu a idolatria do povo com a morte de três mil homens (Êx 32.27,28). Também Davi estava consumido por esse zelo quando, no fim de seus dias, mandou que seu filho Salomão punisse a Joab e a Simei (1Rs 2.5,6,8-9). Consideremos, além disso, que entre as virtudes de rei se conta a de arrancar os ímpios da terra, extirpando os injustos da cidade de Deus (Sl 101. 8). A isso diz respeito também o louvor que Salomão recebeu: " amastes a justiça e detestastes a iniquidade" (Sl 45. 7). Como é possível que Moisés, homem doce e pacífico, pudesse abrasar-se de crueldade de sorte que, embora tivesse ensanguentando as mãos no sangue de seus irmãos, não desistiu de perpetrar outras carnificinas por todo o acampamento (Êx 32,28)? Como é possível que Davi, homem tão manso em sua vida privada, fizesse um testamento tão cruel na hora de sua morte, mandando que seu filho não deixasse Joab e Simei em paz (1 Rs 2.5,6,8,9)? Não resta dúvida de que ao executarem a vingança que Deus lhes confiara, ambos santificaram suas mãos com esta crueldade, se se pode dizer assim, mãos que ficariam manchadas se tivessem sido complacentes. Diz Salomão: "Os reis abominam a impiedade, porque com justiça é que se estabelece o trono" (Pv 16.12). E ainda: "Assentando-se o rei no trono do juízo, com seus olhos dissipa todo o mal" (Pv 20.8). Igualmente: "O rei sábio dispersa os ímpios e faz passar sobre eles a roda" (Pv 20.26). Também: "Tira da prata as escórias, e sairá vaso para o artífice; tira o ímpio da presença do rei, e seu trono se firmará na justiça" (Pv 25.4,5). Assim: "aquele que justifica o ímpio, e aquele que condena o justo são ambos abomináveis ao Senhor" (Pv 17.15). Ainda: "o rebelde não busca senão o mal; por fim, um mensageiro cruel será enviado contra ele" (Pv 17.11). Ainda: "O que disser ao ímpio: tu és justo, será amaldiçoado pelos povos, e as nações o detestarão" (Pv 24.24). A autêntica justiça consiste em perseguir aos ímpios com a espada desembainhada, e aqueles que querem se privar da severidade, conservando as mãos limpas de sangue, enquanto os ímpios matam e fazem violência, tornam-se culpáveis de grave injustiça; longe de serem louvados por sua bondade e justiça, fazem-se culpáveis diante da suma injustiça. Sustento, porém, que não se deve usar de excessiva violência, isto é, que a justiça seja um muro contra o qual todos se arrebentem. Pois estou entre os que pretendem favorecer uma forma desregrada de crueldade ou pretendem que uma boa e justa sentença não deva ser temperada pela clemência, a qual sempre deve manter seu lugar no conselho dos reis, porquanto, como disse Salomão, "ela sustenta o trono" (Pv 20,28). Eis por que se diz que a clemência é a principal virtude dos príncipes,[390] cumpre ao magistrado considerar que a excessiva severidade não deve causar mais dano que proveito, e que uma absurda e supersticiosa clemência não permita que cada um faça o que bem entender com grave prejuízo de muitos. Não sem motivo se disse do imperador Nerva: se é difícil viver sob um príncipe que não permite nada, pior ainda é viver sob aquele que permite todas as coisas.[391]

11. Dado que por vezes é necessário aos reis e aos povos fazerem guerra para dar cumprimento à vingança, podemos sustentar que são lícitas as guerras feitas com este fim. Pois, se ao rei foi dado poder para salvaguardar a paz e a tranquilidade de seus estados, reprimindo às sedições de homens rebeldes e inimigos da paz, socorrendo às vítimas da violência e castigando aos malfeitores, de que modo poderiam empregar melhor o seu poder senão destruindo os intentos daqueles que perturbam a ordem pública, promovendo tumultos, violentas opressões e outros males? Se os reis devem ser os guardiões e defensores da lei, sua obrigação é destruir os intentos de todos os que, com sua injustiça, ameaçam a observância das leis. De fato, se agem com toda justiça ao punir aos salteadores, cujos latrocínios prejudicam algumas pessoas, poderiam eles consentir que o país inteiro fosse saqueado impunemente, sem se opôr à devastação? Porque é irrelevante que seja rei ou particular aquele que, matando e saqueando, avança sobre o território alheio: deve de ser tratado como ladrão, e como tal deve ser punido. A própria natureza nos ensina que é dever dos príncipes usar a espada, não somente para corrigir as faltas dos súditos, mas também para defender o território que está sob seus cuidados quando este for invadido. Na Escritura, o Espírito Santo nos declara que tais guerras são legítimas.

12. Se alguém objetasse que não há qualquer testemunho ou exemplo no Novo Testamento pelo qual se possa provar que é lícito aos cristãos fazerem guerra, respondo que continuam válidas as razões do Antigo Testamento; sustento ainda que não há motivo algum que impeça aos príncipes

---

390 Sêneca, *Da Clemência*, I, 3, 3.
391 Díon Cássio, *Epítomes*, 58, 3.

de defenderem seus vassalos e súditos. Em segundo lugar, sustento que não é necessário buscar nenhuma declaração apostólica concernente a esse assunto, já que a intenção dos apóstolos era pregar o reino espiritual de Cristo, e não a legislar para os reinos temporais. Respondo, enfim, que do Novo Testamento podemos deduzir facilmente que a vinda de Cristo nada alterou as disposições do Antigo. Porque, se a disciplina cristã, como disse Agostinho, condenasse todo tipo de guerra, então João Batista teria aconselhado aos soldados, que tinham vindo até ele para saberem da salvação, que abandonassem as armas, que deixassem de ser soldados e procurassem outra ocupação. Ele, porém, lhes proibiu que cometessem violência ou dano injusto, e que se bastassem com seu soldo. Ao dizê-lo, evidentemente não os proibiu[392] de guerrear (Lc 3.14). Quanto aos magistrados, é preciso que evitem dar vazão, ainda que minimamente, à sua cobiça; ao contrário, quando impuserem a pena, devem se abster da ira, do ódio, ou da excessiva severidade; que se compadeçam daquele que foi punido pelos danos que causou, como diz Agostinho,[393] e, ao tomarem armas contra o inimigo, isto é, contra os ladrões armados, não devem fazê-lo sem motivo grave, e façam uso desse recurso somente quando a necessidade os obrigar. Porque é preciso agir melhor que os pagãos, segundo os quais a guerra deve ser feita apenas para se conseguir a paz.[394] Convém por isso procurar todos os meios antes de recorrer às armas. Em suma, que os magistrados não se deixem levar por sentimentos pessoais quando for necessário derramamento de sangue, mas que tenham em vista a responsabilidade pelo bem público, pois, caso contrário, estarão abusando perigosamente de sua autoridade, que não é conferida para vantagens pessoais, mas para servir aos demais. Da existência das guerras lícitas, segue-se a necessidade de haver guarnições, alianças e outras defesas civis. Chamo "guarnições" às tropas que estão nas fronteiras para a proteção da região; de "alianças", às confederações que os príncipes de regiões vizinhas celebram para auxílio mútuo; chamo "defesas civis" às provisões que se fazem a serviço da guerra.

13. Para concluir, parece-me útil acrescentar que os tributos e impostos que os príncipes recebem são um direito que lhes assiste, do qual devem fazer uso para manutenção de seu ofício, embora também possam usá-lo licitamente se manterem decorosamente conforme sua condição social, a qual, de certo modo, está ligada à majestade de seu encargo. Vemos, de

---

392 Agostinho, *Epístola*, 138, c.2, 15.
393 Agostinho, *Epístola*, 153, c.3, 8.
394 Cícero, *Dos ofícios*, I, 23, 79 et 11, 35.

fato, que Davi, Ezequias, Josias, Josafá e os outros reis santos, bem como José e Daniel viveram luxuosamente com recursos do bem público, sem escrúpulo de consciência, conforme requeria a sua condição. Lemos em Ezequiel que, por disposição divina, grandes possessões foram entregues aos reis (Ez 48.21), e ainda que esta passagem se refira ao reino espiritual de Cristo, usou-se aí a figura de um reino terreno, justo e legítimo. Não obstante a isso, os príncipes devem se recordar que seus domínios não são tesouros seus, mas, como Paulo o declarou (Rm 13.6), erário do povo inteiro. Portanto, quando gastam prodigamente, não o fazem sem grave violação do direito, pois esses bens são como o próprio sangue do povo, sendo crudelíssima desumanidade gastá-lo inutilmente. Devem considerar, além disso, que os impostos e demais formas de tributos são apenas subsídios para as necessidades públicas, e, por isso, sobrecarregar a população sem motivo é tirania e latrocínio. Que estas ponderações desencorajem os príncipes de fazerem gastos desordenados; de fato, não é o caso de excitar ainda mais a sua cobiça, que por si mesma costuma ser bem grande. Se for preciso, porém, então tomem iniciativa com reta consciência diante de Deus, mas não ousem gastar mais que o necessário, pois terão que prestar contas a Deus. Não é inútil repetir esse ensinamento aos cidadãos comuns, os quais aprenderão a não criticar e censurar insolentemente as despesas dos príncipes, mesmo quando excedem a medida e contrariam os costumes do lugar.

14. Ao estudo da magistratura segue-se o das leis, as quais podem ser tidas como verdadeiros nervos, ou, como Cícero as definiu seguindo Platão,[395] como a alma do Estado. Sem as leis os magistrados não podem exercer sua função, e as leis são conservadas e mantidas por eles. Não se pode recorrer, portanto, a uma expressão mais adequada que chamar as leis de "magistrado mudo", e de "lei vivente" ao magistrado.[396] Formulando o propósito de discorrer sobre as leis que presidem o governo de um estado cristão, não pretendo iniciar um tratado sobre a melhor legislação; semelhante disputa seria interminável e não se enquadra em nosso objetivo. Falarei de passagem que tipo de leis o Estado pode servir-se santamente diante de Deus, e os homens possam conduzir-se justamente. Deixaria de lado esse problema se não visse perigosos erros serem cometidos nessa matéria. Alguns, de fato, negam que um Estado possa ser bem governado se, abandonando as disposições políticas de Moisés, for regido pelas leis

---

395 Cícero, *Das leis*, II, 4ss.
396 Cícero, *Das leis*, III, 42.

comuns das demais nações. Deixo à consideração de outros quão perigo-sa e sediciosa é essa opinião; basta-me provar que é falsa. Em primeiro lugar, é preciso fazer uso da distinção que divide a lei dada por Deus a Moisés em três partes: moral, cerimonial e judicial. Cada uma dessas partes deve ser considerada em si mesma, para que possamos entender quais são as que nos dizem respeito atualmente. Ninguém deve, porém, deixar-se levar pelo escrúpulo de que também a legislação cerimonial e jurídica está incluída de algum modo na lei moral. Embora não ignorassem que estas últimas duas partes dizem respeito aos costumes, os antigos, quando propuseram esta distinção, não as definiram como morais, uma vez que ambos os aspectos da Lei podiam ser abolidos ou alterados sem perigo de que se corrompessem os bons costumes. Com o termo "moral" designaram especificadamente aquele aspecto da lei da qual depende a verdadeira integridade dos costumes e a regra imutável do bem viver.

15. Começaremos, pois, pela lei moral, a qual se expressa em dois ar-tigos principais: um manda honrar sinceramente a Deus com verdadeira fé e piedade sincera; o outro manda amar aos homens com verdadeira caridade. Eis aí a verdadeira e eterna regra da justiça, estabelecida para todos os homens em qualquer lugar do mundo, caso queiram conformar sua vida segundo a vontade de Deus, porque sua vontade eterna e imutável é que o honremos e nos amemos mutuamente. A lei cerimonial teve valor pedagógico para os judeus, ensinando-os uma doutrina elementar que o Senhor considerou oportuna para esse povo no tempo de sua infância, até que viesse o tempo da plenitude, no qual ele manifestaria a realidade que estava figurada em sombras (G14.3,4). A lei judicial, que lhes foi dada para reger o povo, ensinando certas normas seguras de justiça e equidade para uma vida comum sem culpa e pacífica. E pelo fato de o aspecto cerimonial, embora pertença ao âmbito da piedade, representa o primeiro elemento da lei moral porquanto mantinha a Igreja judaica na reverência devida a Deus, distinguia-se contudo da verdadeira piedade; de modo semelhante, a lei judicial, embora não tivesse outro fim que a conservação da caridade preceituada na Lei de Deus, conservava todavia seu caráter peculiar, e não estava compreendida sob o mandamento da caridade. Portanto, assim como foram ab-rogadas as cerimônias, enquanto a verdadeira piedade e religião permaneciam em pé, assim podem ser cassadas e ab-rogadas as leis judiciais sem que os deveres da caridade sejam violados. Se isto é verdade, e certamente o é, aos povos e nações se reconhece a liberdade de fazerem as leis que lhe pareçam melhores, as quais, contudo, devem estar de acordo com a lei eterna da caridade de sorte que, sendo distintas apenas na forma, todas tenham o mesmo fim. Não penso que são leis certos costumes bárbaros e inumanos, como, por exemplo, premiar aos ladrões, permitir uniões conjugais promíscuas e outras coisas piores e execrandas, estranhas não somente a toda norma de justiça, mas também a toda humanidade e urbanidade.

16. Facilmente se entenderá o que disse até agora, se, nas leis, soubermos avaliar dois elementos: a norma jurídica e a equidade sobre a qual essa norma se apoia. A equidade, como é algo natural, é sempre a mesma para todas as nações; por isso, todas as leis que existem no mundo, seja qual for a sua natureza, devem reduzir-se a um único conceito de justiça. Quanto às constituições e ordenanças, estas dependem parcialmente das circunstâncias, e nada proíbe que sejam distintas, desde que todas visem à equidade. Ora, visto que a Lei de Deus, que nós definimos moral, não é senão um testemunho da lei natural e da consciência que o Senhor imprimiu no coração dos homens, não resta dúvida de que nela se manifesta claramente a equidade de que falamos. É preciso, portanto, que o único escopo e regra de todas as leis seja a equidade. Por outro lado, as leis que estiverem de acordo com esta norma, isto é, as que tendem para este fim e que se mantêm dentro destes limites não devem nos desagradar, por mais que se diferenciem da lei de Moisés ou entre si. No Êxodo, podemos ler as penas cominadas na legislação judaica contra os ladrões (Êx 22.1). As leis antigas de outras nações puniam aos ladrões fazendo-os pagar o dobro daquilo que haviam furtado; leis posteriores estabeleceram a diferença entre furto manifesto e não manifesto. Outras nações recorriam ao banimento; outras ao açoitamento; outras, enfim, à pena de morte. A Lei de Deus proíbe o falso testemunho, e os judeus puniam a falsa testemunha com a mesma pena que receberia quem era falsamente acusado, caso fosse condenado (Dt 19.19). Em algumas nações a pena era pública ignomínia; em outras, o enforcamento; em outras, era crucifixão. Todas as leis do mundo punem o homicídio com sangue, mas com tipos diversos de pena capital. Contra os adúlteros, certas nações possuíam leis mais severas que outros. Contudo, vemos que, apesar dessa diversidade de penas, todas se dirigiam ao mesmo fim. Vemos, de fato, que as legislações humanas punem esses delitos condenados pela lei eterna de Deus, a saber, homicídios, furtos, adultérios e falsos testemunhos, embora não haja concordância quanto à penalidade. Aliás, isso não seria necessário nem oportuno. Há regiões que logo seriam devastadas pelos homicídios e latrocínios caso não se impusessem severos castigos aos criminosos. Certas ocasiões exigem que as penas sejam aumentadas. Se alguma nação for perturbada pela desordem ou revolta, será preciso punir, com novos éditos, os males que daí são decorrentes. Em tempo de guerra, todo sentimento de humanidade seria esquecido se o medo das penas não punisse os excessos. Em tempo de peste ou de carestia, a confusão seria maior se não fosse usada grande severidade; vemos também que há povos inclinados a certos vícios, aos quais é preciso rebater de modo mais austero. Não deve ser tido como indivíduo nocivo ao bem público quem se mostra ofendido por essa diversidade, apta a manter a observância da Lei de Deus? E é absolutamente inútil objetar que se faz injúria à lei de Deus, dada por Moisés, quando se considera a esta abolida e outras leis são postas em seu lugar. As legislações, de fato, que os governos instauraram em seus países não são preferidas à de Moisés como se fossem absolutamente melhores, mas em razão das circunstâncias de tempo, lugar e nação. Além disso, agindo assim não se abole à Lei, a qual, na verdade, não foi promulgada para nós, que procedemos dos gentios. Porque o Senhor não a entregou pelo ministério de Moisés para que fosse promulgada para todas as nações, nem para que fosse guardada pelo mundo inteiro, mas apenas pelo povo judeu, ao qual Deus pôs sob sua proteção, amparo e defesa, e deu leis particulares como compete a um bom e sábio legislador, manifestando seu especial interesse pelo bem daquele povo.

17. Resta ver agora o assunto que deixamos por último: de que modo a comunidade dos cristãos possa servir-se das leis, dos tribunais e dos magistrados. Daí nasce outra questão: que tipo de distinção os particulares devem tributar aos magistrados e autoridades, e até onde deve chegar essa obediência. Muitos pensam que a função do magistrado é inútil entre os cristãos, aos quais não é lícito recorrer à justiça, uma vez que a vingança, a violência e o processo estão proibidos aos fiéis. Mas, ao contrário, dado que Paulo declara abertamente que o magistrado é ministro de Deus para o bem (Rm 13.4), devemos concluir que é vontade de Deus que a sua autoridade e auxílio nos defendam e tutelem contra a maldade e a injustiça dos maus, de modo que possamos viver em paz sob a sua proteção. Em vão Deus ter-nos-ia constituído juízes para nos tutelar caso não fosse lícito usar desse benefício; daí se segue, evidentemente, que podemos recorrer ao magistrado sem cometer pecado. Aqui, porém, convém falar de dois tipos de pessoas. Porque muitos há que sentem tanto prazer em litigar, que jamais se satisfazem senão quando estão enredados em algum processo. Além disso, não somente abrem processo movidos por ódio implacável e ensandecida paixão de causar dano e vingar-se, como também perseguem obstinadamente a seus adversários até destruí-los.

Para não parecer que lhes falta retidão, mascaram a sua perversidade sob pretexto de justiça. Se é lícito entrar em juízo com um irmão, nem por isso é permitido odiá-lo e persegui-lo sem misericórdia.

18. Tais pessoas pensam que os tribunais são legítimos e lícitos àqueles que deles se servem corretamente deles; e que ambas as partes podem servir-se legitimamente dos mesmos, tanto quem acusa como quem é acusado. Primeiramente é lícito ao que pede justiça, caso tenha sido injustamente tratado ou oprimido em sua pessoa ou bens, colocar-se sob a proteção do magistrado, expondo-lhe sua queixa, formulando sua justa e ponderada petição, sem desejo algum de represália ou de dano, sem ódio, amargura ou desejo de litigar; muito pelo contrário: estando disposto a abandonar seu direito e sofrer algum prejuízo que a nutrir ódio e ira contra seu adversário. Em segundo lugar, ao acusado cabe apresentar-se no dia determinado pelo juiz a fim de defender sua causa com os melhores argumentos e justificativas, sem nenhum rancor, mas animado unicamente pelo desejo de conservar o que lhe cabe por justiça. Por outro lado, se os ânimos estão contaminados por ódio, corrompidos de inveja, inflamados de ira, movidos pela vingança, e a caridade degradada, a mais justa causa do mundo não pode ser senão iníqua e injusta. Porque é preciso que os cristãos tenham bem clara essa verdade: "ninguém pode processar o outro, por boa e justa que seja sua causa, caso não tenha, para com a parte adversa, o mesmo afeto e benignidade que teria se a questão debatida já tivesse sido resolvida amistosamente. Poder-se-ia replicar que estamos bem longe de verificar semelhante moderação e temperança nos processos; se por acaso tais qualidades fossem encontradas, seriam tidas como aberrante exceção. Admito que por conta da perversidade humana não é possível encontrar hoje em dia muitos que recorram aos tribunais movidos pelo zelo de justiça; mas, nenhuma realidade é tão boa e pura que não possa ser contaminada por alguma coisa estranha. De resto, recordemos que a tutela do magistrado é um santo dom de Deus, que não deve ser corrompido por nossos vícios.

19. Aqueles que condenam de modo absoluto todo recurso aos tribunais, precisam se dar conta de que rejeitam uma santa ordenação de Deus e um dom que é puro para os puros (Tt 1.15). A não ser que pretendam acusar a Paulo de ter cometido um grave erro quando recusou as mentiras e falsas calúnias de seus acusadores, desmascarando inclusive a malícia e seus subterfúgios em juízo, reivindicando seus direitos de cidadão romano (At 24.12-21), ao apelar para César (At 25. 10,11) contra a sentença injusta do governador. Essa posição não se opõe à proibição do desejo de vingança, o qual, de fato, devemos manter bem longe dos tribunais cristãos (Lv 19.18; Dt 32.15; Mt 5.39; Rm 12.19). De fato, numa causa civil, não age corretamente senão aquele que encomenda seu pleito aos cuidados do juiz na qualidade de tutor e protetor, e o faz com simplicidade e inocência, não pensando em pagar o mal com o mal (Rm 12.17), pois isso seria desejo de vingança. No caso de um processo penal, não aprovo senão aquele que não está movido pelo ardor da vingança e ressentimento pela ofensa sofrida, mas somente pelo desejo de impedir a maldade de quem o acusa, e por fim à sua atividade, para que não cause dano à ordem pública. Quando, portanto, o desejo de vingança estiver afastado, não se age contra o mandamento de Deus. Se alguém objetar que deve aguardar o auxílio do Senhor, o qual promete socorrer aos aflitos e oprimidos, e, portanto, aqueles que recorrem ao magistrados, para si ou para outrém, antecipam a vingança de Deus, a estes respondo que isso é falso porque a punição do magistrado não procede do homem, mas de Deus, a qual, como diz Paulo, é aplicada pelo ministério dos homens e para o bem destes (Rm 13.4).

20. De modo algum nos opomos às palavras de Cristo que proíbem resistir ao mal e ordenam dar a face direita a quem nos bater na esquerda, e entregar o manto a quem nos tiver tomado a túnica (Mt 5.39,40). É verdade que, com tais sentenças, Cristo exige que o coração de seus servos esteja de tal modo livre do desejo de represália, que antes prefiram o dobro da injúria que retribui-la, tolerância esta da qual não pretendemos afastar os fiéis. De fato, é necessário que os cristãos se comportem como um povo nascido e criado para sofrer injúrias e afrontas, perversidades, imposturas e zombarias de gente da pior espécie. Não somente isso, mas devem suportar todos esses males com paciência, isto é, com o coração de tal modo disposto, que, ao receber uma injúria, estejam prontos para a seguinte, sem nada prometer a si mesmos senão a constância de carregar a cruz por toda a vida, fazendo o bem aos que lhes fazem mal, orar pelos que os amaldiçoam, procurando vencer o mal com o bem (Rm 12.14), nisso consiste a sua única vitória. Se de fato tiverem seus afetos mortificados, jamais pedirão "olho por olho e dente por dente" (Mt 5.38), como os fariseus, os quais instilavam a vingança em seus discípulos; ao contrário, como Cristo nos ensina, suportarão as ofensas em seus corpos e em seus bens, sempre prontos a perdoá-las de bom grado. Todavia, esta equidade e moderação de sentimentos não impedirá de recorrerem ao magistrado quando a conservação de seus bens o exigir, embora conserve sua amizade para com os adversários, ou que, por amor ao bem comum, exijam que sejam punidos os ímpios e perigosos, os quais só podem ser detidos pela morte. Agostinho interpreta que esses preceitos tendem para o seguinte fim: é preciso que o homem piedoso e justo esteja preparado a sofrer pacientemente a maldade daquele cuja conversão esperam, para que o número dos bons aumente, e não para que ele próprio descambe para o número dos maus. Além disso, que se tenha em mente que esses preceitos se referem antes à preparação interior do coração que à obra exterior, de modo que se mantenha a paz de espírito, e façamos aquilo que é útil à salvação daqueles a quem devemos amar.[397]

21. É falsa a proposição segundo a qual Paulo condena todo tipo de processo. Isso se deduz facilmente das palavras do Apóstolo acerca do excessivo ardor dos coríntios para discutir e pleitear (1 Co 6.5-8), ao ponto de darem ocasião de os infiéis amaldiçoarem o Evangelho e a religião cristã. Eis, então, o problema que Paulo aborda em primeiro lugar: a intemperança e disputas nos pleitos difamavam o Evangelho entre os infiéis. Paulo repreende a incapacidade de os coríntios suportarem a injúria, que estavam sempre litigando entre si procurando avidamente arrebatar os bens alheios e infligir danos. Foi precisamente contra este insano apetite de litigar que Paulo se insurgiu, e não contra toda forma de processo. Pois nessa passagem o Apóstolo denuncia que os coríntios não sabiam tolerar qualquer prejuízo material, e, por isso, recorriam às disputas e processos, litigando pela mínima perda ou dano que lhes sobrevinha, e sempre à busca de um processo. Esse comportamento é sinal de que eram muito irritadiços, e por conseguinte, intolerantes. A isso se resume todo o problema. Os cristãos devem renunciar a seu direito antes de iniciar um processo que dificilmente poderão conduzir sem ânimo exacerbado e inflamado de ira contra seu irmão. Quando, porém, alguém vê que pode defender seus bens sem causar dano e ferir a caridade, não estará contrariando o ensinamento de Paulo, sobretudo quando se tratar de questões de grande importância cuja perda representaria um grande prejuízo. Em suma: como, já disse no princípio, a caridade é boa conselheira sobre aquilo que é preciso fazer, indispensável em todas as contendas, e que são considerados ímpios e malditos todos os que a violam sem motivo.

22. O primeiro dever dos súditos para com os superiores consiste em tê-los em alta consideração,[398] reconhecendo que a sua jurisdição lhes foi confiada por Deus; por esta razão, é preciso honrá-los e reverenciá-los

---

397 Agostinho, *Epístola*, 138, c.2, 12.
398 Cícero, *Das leis*, III, 2, 5.

como ministros e legados de Deus. De fato, vereis que alguns mostram-se obedientes aos magistrados, e certamente se rebelariam se não houvesse superiores a quem obedecer, porque essa função é indispensável ao bem comum. Não obstante isso, consideram o magistrado um mal necessário, do qual o gênero humano não pode prescindir. Pedro, porém, exige muito mais de nós ao ordenar que honremos ao rei (1 Pe 2.17), e também Salomão, ao dizer que temamos a Deus e ao rei (Pv 24.21). Pedro, de fato, sob o termo "honrar" supõe "a boa opinião e a estima que ele quer que tenhamos para com os reis"; Salomão, ao estabelecer um nexo entre Deus e o soberano, atribui a este uma grande dignidade. Há também aquela notável recomendação de Paulo: devemos obedecer não somente por razão do castigo, mas também "por motivo de consciência" (Rm 13.5); com essas palavras o Apóstolo pretende dizer que os súditos devem reverenciar seus príncipes e magistrados, não só por medo do castigo, como aquele que cede à força do inimigo armado ao ver o mal que lhe sobrevirá resistindo, mas por temor a Deus, uma vez que dele procede o poder dos príncipes. Não aqui me refiro às pessoas, como se uma máscara de dignidade devesse encobrir toda a estupidez, loucura, crueldade e maus costumes saturados de abominação, e assim os vícios adquirissem a condição de virtudes; digo apenas que a condição em que está o superior é, por sua própria natureza, merecedora de distinção e reverência de sorte que tenhamos estima por aqueles que nos presidem, e os respeitemos por conta da autoridade que possuem.

23. Disso deriva outra conclusão: juntamente com a honra e estima, é preciso tributar toda obediência às autoridades, seja acatando suas ordens e constituições, seja pagando os impostos, seja aceitando algum encargo público destinado à defesa do povo, seja executando algum mandato. Diz Paulo: "Toda alma submeta-se às autoridades superiores, porque quem se opõe à autoridade, opõe-se a Deus" (Rm 13.1,2). A Tito, ele escreve as seguintes palavras: "adverte-os que se mantenham sujeitos aos governantes e autoridades, que obedeçam aos magistrados, que estejam dispostos para toda boa obra" (Tt 3.1). Pedro, por sua vez, diz: "sede sujeitos, por amor do Senhor, a toda autoridade instituída pelos homens, ao rei, como a superior, aos governadores que por ele são enviados para punir aos malfeitores e louvor dos que fazem o bem" (1 Pe 2.13,14). Além disso, para que os súditos obedeçam fingidamente, mas de boa vontade, Paulo acrescenta que devem orar a Deus pela conservação e prosperidade daqueles sob cuja autoridade vivem. "Exorto primeiramente a que se façam súplicas, orações, petições e ações de graças por todos os homens, especialmente pelos reis e por todos os que foram constituídos em dignidade, a fim de que levemos uma vida tranquila e sossegada, com toda piedade e honestidade" (Tm 2.1,2). Que ninguém se engane a respeito disso. Pois, uma vez que não é possível resistir ao magistrado sem que se esteja resistindo também a Deus, ainda que alguém ache que pode desprezar ao magistrado que se mostra medíocre e incapaz, Deus é poderoso o bastante para vingar esse desprezo de sua vontade. Sob o nome de obediência incluo também a moderação que os cidadãos privados devem ter em face dos negócios públicos, para que evitem invadir as funções do magistrado ou tomem iniciativas de natureza pública. Quando se encontrarem, no governo comum, erros que precisam ser corrigidos, os cidadãos não devem tomar a iniciativa de remediar um problema que não lhes compete; devem, antes, expor a situação ao superior, que é o único autorizado a gerir os negócios públicos. Com isso pretendo dizer que não se deve fazer nada sem que haja uma ordem precisa de execução. Onde, de fato, for dada uma ordem pela autoridade superior, os cidadãos estarão revestidos de autoridade pública. Porque, como se costuma dizer, os conselheiros de um príncipe são seus olhos e seus ouvidos,[399] porquanto têm a missão de zelar por ele, de sorte que possamos chamar de mãos àqueles que foram estabelecidos para executar o que se decidiu fazer.

24. Até agora falamos da figura do magistrado tal como deve ser, para que corresponda genuinamente a esse título, isto é, pai da pátria que governa, pastor do povo, guardião da terra, mantenedor da justiça, conservador da inocência:[400] não resta dúvida de que se mostra insano quem se opõe a esse governo. Mas, como na maioria das vezes os príncipes andam longe do bom caminho, pois alguns, descurando completamente de seu ofício, entregam-se aos prazeres e deleites; outros, dominados pela cobiça, põem à venda todas as leis, privilégios, direitos, juízos; outros saqueiam ao povo para manter seu luxo desvairado; outros, enfim, dedicam-se ao crime, saqueando casas, violando donzelas e mulheres casadas, oprimindo inocentes. Semelhantes desmandos tornam difícil convencer algumas pessoas de que os soberanos são os príncipes do povo, e que é preciso lhes obedecer na medida do possível. De fato, em meio à tamanha enormidade de vícios estranhos, nada se encontra nos superiores que lembre a Deus, cuja imagem deve resplandecer num magistrado; nem se vê neles o ministro de Deus, posto ali pelo Senhor para louvor dos bons e

---

399 Cf. Xenofonte, *Ciropédia*, VIII, 2, 10.
400 Cf. Homero, *Odisseia*, 2, 234; *Ilíada* 2, 243.

castigo dos maus, nem o superior cuja autoridade e dignidade a Escritura nos recomenda. Pois é certo que o sentimento de execração e ódio aos tiranos sempre acompanhou, no coração dos homens, ao amor aos reis justos que cumprem o seu dever.

25. A Palavra de Deus, porém, nos conduzirá mais adiante, pois nos fará obedecer, não somente aos príncipes que cumprem o seu dever e mandato, mas a todos os que ocupam uma posição eminente, embora não façam aquilo que sua condição exige. Porque o Senhor declara que os magistrados foram constituídos para a conservação do gênero humano, e, embora lhes imponha limites definidos, declara no entanto que, sendo quem forem, receberam o governo diretamente dele. Assim, agindo em vista do bem público, os governantes são verdadeiros espelhos e exemplares de bondade divina; ao contrário, aqueles que governam injusta e violentamente foram suscitados para castigo do povo; ambos, porém, foram investidos da majestade que é conferida às autoridades legítimas. Não prosseguirei antes de citar algumas passagens da Escritura que confirmam meu dizer. De fato, é fácil mostrar que um mal rei representa a ira de Deus sobre a terra (Jó 34.30; Os 13.11; Is 3.4; 10.5); parece-me que isso é aceito por todos, sem contradição. Considerando dessa maneira o assunto não devemos julgar o rei como se fosse um ladrão que rouba nossa fazenda, um adúltero que toma a mulher alheia, um homicida que procura nos exterminar, visto que essas calamidades constam no decálogo das maldições de Deus na Lei (Dt 28.29). É preciso insistir em provar aquilo que dificilmente conseguimos entender: que um homem perverso e indigno esteja investido de toda dignidade e autoridade que o Senhor, em sua Palavra, confere aos ministros da sua justiça; aos súditos compete que tributem à má autoridade a mesma reverência que rendem a um bom rei.

26. De início, exorto aos leitores a que considerem atentamente a especial dispensação da qual se serve Deus ao distribuir reinos e estabelecer reis conforme seu beneplácito, pois não é sem motivo que a Escritura recorda isso muitas vezes. Lê-se em Daniel: "O Senhor muda os tempos e as idades; destitui reis, e também os constitui" (Dn 2.21,37). E ainda: "a fim de que todos saibam que o Altíssimo é poderoso sobre os reinos, Ele os dará a quem lhe aprouver (Dn 4.17); Semelhantes declarações, embora muito frequentes na Escritura, são repetidas com particular insistência no livro de Daniel. Ora, sabemos que tipo de soberano foi Nabucodonosor, que tomou Jerusalém: um salteador e devastador de reinos. Contudo, o Senhor afirma pelo profeta Ezequiel que ele lhe dera a terra do Egito como paga por tê-la destruído e saqueado (Ez 29.19,20). E Daniel lhe disse: "Tu, ó rei, és rei de reis, a quem o Deus dos céus deu um reino, poderoso, forte e glorioso. Deu-te também as terras onde habitam os filhos dos homens, animais do campo e aves do céu; entregou-as em tua mão, e te fez dominar sobre elas" (Dn 2.37,38). O próprio Daniel disse a Baltazar, filho de Nabucodonosor: "O Altíssimo Deus, ó rei, deu a Nabucodonosor teu pai o reino e a magnificência, a glória e a majestade. E pela grandeza que lhe deu, todos os povos, nações e línguas tremiam e temiam diante dele" (Dn 5.18,19). Quando ouvimos que Deus o constituíra soberano, devemos recordar a disposição celeste que nos manda temer e honrar ao rei, e assim não teremos escrúpulos em tributar a um tirano a honra com que o Senhor dignou revesti-lo. Quando Samuel anunciou ao povo de Israel o que iria sofrer na mão de seus reis, disse: "Este será o direito do rei que reinará sobre vós: ele tomará a vossos filhos e os empregará em seus carros, para que sirvam de cavaleiros, para que arem seus campos e seguem sua messe, forjem suas armas; tomará vossas filhas para que sejam perfumistas, cozinheiras e padeiras; por fim tomará vossos campos, vossas vinhas e melhores olivais e os dará a seus servos; dizimará vossas sementes e vinhas, e dará a seus eunucos e a seus servos; tomará servas e jumentos e os usará como bem entender; dizimará também vossos re-banhos, e vós sereis servos seus" (1 Sm 8.11-17). Certamente os reis não podiam agir desse modo, com a pretensão de viver segundo a justiça; a Lei, de fato, exortava à prática da temperança e sobriedade (Dt 17.16), mas Samuel invoca a autoridade sobre o povo, porquanto era necessário obedecer e ilícito resistir. Como se dissesse: a cobiça dos reis se manifestará nesses ultrajes, e a vós não caberá reprimi-la, mas somente se submeter às suas ordens e obedecê-las.

27. Em Jeremias há uma passagem que é mais oportuna citar; embora seja mais longa, resolverá a questão de modo exemplar: "Eu fiz a terra, o homem e os animais que estão sobre a face da terra, com meu grande poder e com meu braço estendido, e a dou àquele que me convém. Agora, pois, eu entreguei todas estas terras nas mãos de Nabucodonosor, rei de Babilônia, meu servo, e a ele servirão todas as nações e grandes reis, até vir o tempo de sua terra. E sucederá que os povos e reinos que ao rei de Babilônia não tiverem servido, visitá-los-ei com espada, fome e peste: servi, pois, ao rei de Babilônia e vivereis" (Jr 27.5-8,17). Essas palavras demons-tram que tipo de obediência o Senhor quis que fosse tributada àquele tirano perverso e cruel, pelo único fato de que possuía o reino. Esse domínio por si só mostrava que aquele soberano fora elevado ao trono por disposição divina, e justamente pelo fato de ter sido elevado à majestade real, não devia ser lesada. Quando estiver bem clara e estabelecida em nosso entendimento que a vontade de Deus, em virtude da qual se firma a autoridade dos reis, é a mesma que escolhe os soberanos elevando-os à posição de autoridade, jamais nos virão à mente essas ideias insanas e sediciosas de que um rei deve ser tratado segundo seus méritos, e que é razoável nos revoltarmos contra aquele que não age como bom rei em relação a nós.

28. Em vão se objetará que essa ordem foi dada especialmente ao povo de Israel sendo preciso considerar a motivação em que se apoia. "Agora eu entreguei todas estas terras na mão de Nabucodonosor, rei de Babilônia, meu servo; e até mesmo os animais do campo lhe dei, para que o sirvam" (Jr 27.6). Não resta dúvida, pois, de que é preciso obedecer a quem tiver recebido autoridade. Assim, quando o Senhor eleva alguém ao poder, declara-nos que sua vontade é que ele reine. A Escritura, de fato, nos dá testemunho disto. Diz Salomão: "Em decorrência da iniquidade da terra, há muitos príncipes sobre ela" (Pv 28.2). Igualmente, Jó: "Aos reis tira a soberania e de novo os cinge com um cinto" (Jó 12.18). Dito isto, nada mais resta que obedecer, se quisermos viver. Lê-se também no profeta Jeremias outra ordem de Deus, convidando seu povo a desejar a prosperidade de Babilônia, na qual estavam cativos, e mandando ainda que orem por ela, porquanto sua prosperidade dependia também a deles (Jr 29.7). Com essas palavras, foi ordenado aos israelitas que orassem pela prosperidade daqueles que os derrotaram, expoliaram de todos os bens, desterraram de suas casas, arrastaram ao exílio, e os puseram em mísera escravidão. E não somente lhes foi ordenado que orassem por eles, assim como estamos obrigados a orar por nossos perseguidores, mas também que orassem a fim de que seu reino florescesse em paz e quietude sob aquele rei. Assim Davi, designado rei por ordem de Deus e ungido com óleo santo, foi injustamente perseguido por Saul, a quem, porém, considerava pessoa sagrada, porquanto o Senhor o investira da majestade real: "Longe de mim", dizia ele, "que eu faça isto a meu rei, o ungido do Senhor; longe de mim que minha mão se volte contra ele, visto que é o ungido do Senhor" (1Sm 24.6). Igualmente: "Poupou-te minha alma e eu disse: não levantarei minha mão contra meu senhor, porquanto é o ungido do Senhor (1Sm 24.10). Ainda: "Quem levantará sua mão contra o ungido do Senhor e ficará inocente? " (1 Sm 26.9-1).

29. Devemos ter um grande senso de reverência e piedade para com os nossos superiores, reverência semelhante àquela de que estava imbuído Davi. Insisto sempre nesse assunto a fim de que não fiquemos esquadrinhando àqueles a quem devemos obedecer, mas nos bastemos em saber que, por vontade de Deus, as autoridades foram postas numa posição revestida de inviolável majestade. Mas alguns poderão replicar que deve existir reciprocidade de deveres entre superiores e súditos. Esse ponto já foi examinado, mas argumentaria muito mal quem concluísse que devemos obedecer apenas aos governos justos. Porque também os maridos e os pais têm suas obrigações para com suas mulheres e filhos; pergunto, porém, o seguinte: se os pais não cumprem seus deveres para com os filhos (Ef 6.4), mas os incitam à ira, maltratando-os a cada passo, e se os maridos menosprezam e atormentam suas mulheres, que deveriam ser guardadas como vasos frágeis (Ef 5.25; 1 Pe 3.7), então os filhos poderão deixar de obedecer a seus pais, e as mulheres a seus maridos? É claro que não: pois estão submetidos ao pai de família pela Lei de Deus, mesmo quando estes são maus e injustos. Portanto, ninguém deve ficar avaliando de que modo o próximo cumpre o seu dever, mas ter em mente o próprio dever a cumprir. Esta consideração deve valer sobretudo para aqueles que estão submetidos a outros. Portanto, se somos cruelmente oprimidos por um príncipe desumano; se somos saqueados por um príncipe avarento e pródigo ou menosprezados e abandonados por um que seja negligente; se somos afligidos pela confissão do nome do Senhor por um rei sacrílego e infiel, recordemos então, antes de tudo, das ofensas que fizemos contra Deus, ofensas que são punidas por tais flagelos. Daí virá a humildade para dominar a nossa impaciência. Em segundo lugar, pensemos que não cabe a nós remediar tais males, e que nada nos resta senão implorar a ajuda do Senhor, em cujas mãos está o coração dos reis e as mudanças dos reinos. Deus está na assembleia dos deuses e os julgará (Sl 82.1): diante de sua face cairão por terra e serão esmagados os que não honrarem ao seu ungido (Sl 2.10-12), e tiverem feito leis injustas "para livrar aos pobres do juízo, e para arruinar o direito dos aflitos, para despojar as viúvas e furtar aos órfãos" (Is 10.1,2).

30. Nisto manifesta-se maravilhosa bondade, poder e Providência de Deus. De fato, por vezes ele suscita algum de seus servos para vingar a tirania de quem injustamente os domina, livrando da calamidade um povo oprimido; por vezes, para o mesmo fim, suscita o furor de homens que cogitam uma coisa e executam outra. Do primeiro modo, por Moisés livrou o povo de Israel da tirania de Faraó (Êx 3.7-10); por Otoniel, da violência de Cusã, rei da Síria (Jz 3.9); por outros reis e juízes, de outras servidões. Do segundo modo, submeteu o orgulho de Tiro pelos egípcios; a insolência dos egípcios pelos dos assírios; a ferocidade dos assírios pelos caldeus; a arrogância de Babilônia pelos medos e persas, depois que Ciro venceu aos medos; submeteu a ingratidão e a ímpia rebeldia dos reis de Judá e Israel, pelas mãos dos assírios e dos babilônios. Todos esses foram ministros e executores da justiça divina, mas grande é a diferença que subsiste entre ambos. Porque os primeiros, como tinham sido legitimamente comissionados por Deus para tais feitos, não violavam a majestade que ele havia conferido aos reis. Porque, armados por Deus, corrigiam um poder inferior por outro maior, assim como é lícito aos reis castigar aos nobres. Os demais, embora guiados pela mão de Deus a fazer aquilo que ele determinara, cumpriam sua missão sem o saber, não obstante em seu coração não tivessem outra intenção e pensamento que fazer o mal.

31. Embora tais ações fossem distintas considerando os agentes, porque uns agiam sabendo que faziam o bem, outros movidos por outros motivos, contudo o Senhor realizava sua obra por meio deles, quebrando os cetros dos insolentes cujo domínio não se podia tolerar. Ouçam, pois, os príncipes e tremam. Cumpre, porém, acima de tudo que nos guardemos de desprezar e desobedecer a autoridade de nossos superiores, a qual, como vimos, permanece revestida de majestade mesmo quando exercida por pessoas indignas que a corrompem com sua maldade. Porque embora a punição de uma autoridade desordenada seja ato de vingança de Deus, não devemos concluir que ela nos tenha sido confiada e seja lícito exercê-la; cabe-nos apenas obedecer e suportar. Refiro-me sempre a pessoas particulares. Porque, se em nossos dias existissem magistrados instituídos para a tutela do povo e para conter a excessiva licença e a cobiça dos soberanos, como outrora os éforos entre os espartanos e os tribunos da plebe entre os romanos, os demarcas atenienses, ou como os três estados quando se reúnem as cortes, a estas pessoas, que estão investidas de autoridade, não posso de modo algum proibir, segundo as exigências de seu ofício, que façam oposição e resistam à excessiva licença dos reis, pois, deixando de fazê-lo, trairão ao dever de proteger a liberdade do povo. De fato, tão grande traição não pode ser dissimulada, visto que contraria abertamente a liberdade do povo, para cuja preservação e amparo foram constituídos por mandato divino como defensores.

32. Conforme ensinamos, há sempre um limite na obediência devida aos superiores, ou, mais exatamente, uma regra que se deve ser sempre observada: tal obediência não deve nos afastar da obediência devida a Deus, sob cuja vontade todos os éditos reais e constituições devem estar contidos, e sob cuja majestade deve se rebaixar e humilhar todo poder. Que perversão seria a nossa se, para contentar aos homens, incorrêssemos na indignação daquele por cujo amor devemos obedecer aos homens? O Senhor, portanto, é o rei dos reis, e a ele devemos ouvir acima de todos tão logo abra sua boca. De forma secundária, devemos estar sujeitos aos homens que têm preeminência sobre nós, mas somente sob a autoridade de Deus. Se as autoridades ordenam algo contra o mandamento de Deus, devemos desconsiderá-la completamente, seja quem for o mandante. Não se faz qualquer injúria ao magistrado, por mais elevado que seja, quando o submetemos ao poder de Deus, que é o único verdadeiro. Por tal motivo Daniel afirma que não ter ofendido ao rei (Dn 6.22), embora tivesse desobedecido o édito injustamente por ele emanado, porque o rei havia ultrapassado os limites da sua competência, e não somente cometera um excesso no que diz respeito aos homens, mas havia alçado sua fronte contra Deus, de sorte que, procedendo assim, perdeu toda a autoridade. Por outro lado, Oseias reprova ao povo de Israel por haver obedecido voluntariamente às leis ímpias de seu rei (Os 5.11). Porque, quando Jeroboão mandou fazer os bezerros de ouro, abandonando assim o templo de Deus, todos os súditos, querendo agradá-lo, seguiram-no abraçando sua superstição (1Rs 12.25-30). Com prontidão ainda maior, os seus filhos e sucessores se dobraram aos decretos de reis idólatras, e conformaram-se a seus vícios. O profeta reprova severamente a aceitação desse édito real, e longe de considerar louvável a submissão interesseira de aduladores que exaltam a autoridade dos reis para enganar o povo simples, enquanto dizem que é preciso aceitar tudo que for imposto por seus reis, como se, na verdade, Deus tivesse renunciado aos seus direitos quando constituiu os governos humanos, ou que a autoridade terrena ficasse diminuída quando se submete ao domínio soberano de Deus, diante de quem os principados celestes estremecem de temor. Sei muito bem que tipo de perigos podem advir desse posicionamento de firmeza que aqui reivindico, porque os reis não toleraram sofrer contradição, e sua indignação, como disse Salomão, é prenúncio de morte (Pv 16.14). Mas, como permanece válida a sentença proclamada por Pedro, celeste pregador, ao dizer que importa "antes obedecer a Deus do que aos homens" (At 5.29), consolemo-nos com essa exortação, certos de que obedeceremos genuinamente a Deus quando estivermos prontos a sofrer qualquer coisa para não nos desviarmos de sua santa Palavra. E, para não arrefecermos, Paulo nos instiga com outro aguilhão, ao dizer que Cristo pagou um alto preço para nos redimir, a fim de que não fôssemos escravos dos maus desejos dos homens, e muito menos de sua impiedade (1 Co 7,23).

Louvor a Deus.

SOBRE O LIVRO
Formato: 16 x 23 cm
Mancha: 27,5 x 49 paicas
Tipologia: ITC Symbol Medium 10/14
Papel: Pôlen soft 80 g/m² (miolo)
Cartão (capa)
1ª edição: 2009

EQUIPE DE REALIZAÇÃO
Maria Teresa Galuzzi (Preparação de original)
Alexandre Agnolon (Revisão)
Eduardo Seiji Seki (Editoração Eletrônica)